신약성서신학 II

페르디난트 한 지음
김문경·김희영 옮김

대한기독교서회

신약성서신학 II

2010년 12월 30일 초판 1쇄

지은이 / 페르디난트 한
옮긴이 / 김문경 · 김희영
펴낸이 / 정지강
펴낸곳 / 대한기독교서회

등록 / 1967년 8월 26일 제1-77호
주소 / 135-090 서울시 강남구 삼성동 169-1
전화 / 출판 553-0873~4 영업 553-0870~2
팩스 / 출판 3453-1639 영업 555-7721
e-mail / cls1890@chol.com
edit1890@chol.com
http://www.clsk.org

직영서점 / 기독교서회
종로5가 기독교회관 1층, 전화 744-6733, 팩스 745-8064

값 45,000원 / 책번호 1734
ISBN 978-89-511-1386-4 94230
ISBN 978-89-511-0990-4 (세트)

Theologie des Neuen Testaments II
by Ferdinand Hahn
tr. by Moon-Geoung Kim, Hee-Young Kim

신약성서신학 II

루마니아, 헤르만슈타트(Hermannstadt) 개신교 신학부에

이 책을 헌정한다.

제2판 서문

출판사가 내게 전체를 검토하고 보완한 개정판을 준비하라는 간청을 해왔다. 내 저서에 보여 준 관심에 나는 매우 기쁘고 감사하다. 개인적인 편지와 서신에서 나의 저서가 폭 넓게 긍정적인 반응을 얻었다. 특히 초기 기독교의 신학역사(제1권)와 신약성서의 통일성을 주제적으로 설명하려는(제2권) 나의 이중 목적을 긍정적으로 평가했다. 수많은 입장 표명은 분명하게 제2권과 관련되었다. 물론 나도 제2권에 비중을 두었었다. 그러나 기꺼로 초기 기독교 신학역사의 서술을 결코 소홀히 다루지 않았다. 그것으로 두 권이 같은 무게를 지니게 된 것이다. 이 서문에서 먼저 제1권의 구상을 다시 고찰하고, 특정사항에 대한 나의 의도를 해명하려 한다.

1. 처음 과제 제기에서 나는 연구사를 고려하여 전개하였고 토의가 필요한 두 주제에 집중하였다. 문제 하나는 지금까지 해결되지 않은 것으로 신약성서의 통일성에 대한 정의를 규명하는 과제와 관련된다. 그것은 제2권을 전제한다. 다른 문제는 아직도 논쟁중인 역사적 예수 탐구의 신학적 의미이다. 여기서 예수 전승과 초기 기독교의 선포 사이의 관계에 대한 기본적인 질문이 동시에 제기된다. 이것을 초기 기독교의 신학역사 영역에서 설명해야 한다. 구전 전승과 문서 전승들을 개별적으로 연구하여 서로 정렬시켜야 한다.

2. 제1권의 첫 번째 주요 단락은 예수 전승과 그 전승의 수용이 부활 이후의 공동체의 시각에서 볼 때 함께 관련되고 있음에 집중한다.

2.1. 회고적 질문은 역사적 분석에 근거한다. 회고적 질문이 신학적 중요성을 갖

는가? 만일 그렇다면 어떤 형태로 그러한가? 나는 예수의 지상사역에 대한 설명을 시종일관 초기 기독교 공동체의 수용과 관련시켰다. 그러한 방식으로만 예수에 대한 회고적 질문의 신학적 크기를 표현할 수 있기 때문이다. 예수의 사역에서 과거에 완료된 사건이 중요한 것이 아니다. 오히려 예수사역은 현재에 큰 영향력을 끼치며 계속해서 미래를 조망한다. 정확하게 부활 이후의 선포가 예수의 사역을 새롭게 표현하였고, 부활 이전 예수의 역사가 제공하는 근본 토대와 지속적으로 연결시켰다. 부활 이전의 전승에서와 부활 이후 가장 오래된 선포에서 구약과 초기 유대교와의 관련성이 중요한 역할을 하였다. 그것은 사고의 전제와 중심 내용에 해당된다. 오늘날 미국 연구에서 부분적으로 수용하고 있는 비유대적인 측면이 예수 전승에 끼친 영향력을 나는 결코 인정할 수 없으며 내용적으로 중요하지도 않다. 예수는 그 당시 성서와 유대 전승으로 성장하였고 오직 그러한 근거 아래 예수를 올바로 이해할 수 있다. 예수와 세례 요한과의 연결은 예수가 묵시적 예언을 전제로 자신의 사역을 시작했다는 사실을 드러낸다. 물론 예수가 자신의 메시지에서 결정적인 것을 변경시켰지만, 자신의 기본 입장에서 유대인으로 남아 있다. 이것은 예수의 메시지를 수용하고 설명한 부활 이후의 교회 공동체에도 해당된다.

2.2 부활 사건이 예수의 신-중심적 구원의 메시지와 그 메시지의 기독론적 변형을 수용하는 전환점이 되었다. 예수 전승의 결정적인 모티브, 종말적 구원의 시작은 예수의 부활과 관련되며, 예수의 위격(Person)이 지니는 구원의 의미라는 관점에서 해석된다. 부활이 예수의 지상전권, 그의 죽음, 그의 재림의 기대에 특별한 빛을 주었다. 초기 기독교 교회 공동체가 예수 전승을 기독론적으로 수용한 것이 초기 기독교 선포의 기초가 되었으며 그로써 전체 기독교 메시지의 기초가 되었다. 예수역사에 대한 일방적인 회고적 질문이나 초기 기독교 공동체의 케뤼그마를 향한 배타적인 방향 설정은 신약성서의 성격에 맞지 않다. 신약성서에는 부활 이전과 부활 이후의 전승이 서로 관련되어 교차되고 있다.

2.3 부활 이후 예수의 중심 관심사를 통합시키고 발전시키는 선포는 아람어를 말하는 교회 공동체에서 생성되었다. 유대적인 사고의 전제 아래 기독론 및 공동체와 공동체의 과제에서 자기 이해를 위한 방향을 제시해 주는 단초가 생성되었다. 헬라 지역으로 전이되는 과정에서 이러한 이해의 전제가 강한 영향력을 끼쳤다. 그것이 가능하게 되었던 것은 무엇보다도 헬라적 유대교가 헬라적 유대교의 사고방식을 이미 유대적인 특정한 형태로 수용하였기 때문이다. 초기의 헬라적-유대 기독교 교회 공동체가 가

장 초기의 기독교 전승을 몇몇 경우에 특징적으로 변경시켰기 때문에 내 생각으로는 아람어를 말하는 유대 기독교 교회의 선포와 헬라어를 말하는 유대 기독교 교회의 선포를 구별하여 다루는 것이 불가피하다. 그러나 이러한 구별은 예나 지금이나 논쟁이 되며, 나의 서술에 대한 비평적인 질문도 야기하였다. 물론 내가 아람어나 헬라어를 사용하는 교회들이 보유한 전승 상태가 지니는 전체적으로 단편적인 성격을 간과하려는 것은 아니다. 전승이 지니는 단편적인 성격이 어느 관점에서나 확실한 추론을 허용하지 않는다. 그러나 고유성을 분명하게 주장할 수 있으며 그러한 고유성이 각 교회의 구별을 허용한다. 그러므로 수많은 개별 전승과 함께 로기온 자료가 아람어를 사용하는 교회 공동체의 기독론적인 해석을 특징짓는 것으로 주장할 수 있다. 거꾸로 신앙고백 전승과 이방인들을 향한 안디옥 교회의 선포를 헬라적 유대 기독교 전승의 특징으로 볼 수 있다.

3. 처음 두 부분에서 문서자료에 근거하여 역사-비평적 방법으로 재구성되어야 할 구전 전승이 관련된다면, 1세기 중엽의 바울은 문서 전승과 관련된다. 그 문서 전승을 규명하는 요소는 이미 앞서 수행된 신앙고백 형성, 선포, 가르침들이다.

3.1 바울신학이 고유하게 큰 복합체를 드러낸다. 내 판단으로는 바울신학의 통일성을 발전가설이라는 의미로 논쟁할 수 없다. 거기서 서술을 위해 전제해야 할 구성이 중요한 문제가 된다. 복음의 내용과 구체적인 선포를 위한 방향 설정이 내게 개별적인 모든 주제를 포괄하는 의미심장한 구상으로 보인다. 그러한 구상으로 바울신학의 가치를 그 전체성에 입각하여 평가할 수 있다. 그러한 평가가 계속 받아들여졌다. 물론 전체를 조망하는 다른 형태를 배제하지 않는다. 그러나 드물게 율법 문제에 대한 나의 입장이 비판을 받았다. 율법의 폐기(abrogatio legis)에 관한 사도의 과격한 진술을 내가 충분히 올바르게 다루지 않았기 때문이다. 그러나 바울의 독특한 논증을 재차 숙고하면서 나는 원칙상 유효하며, 믿음과 사랑 안에서 구체화되고, 죄와 불신앙을 거부하는 율법이 지니는 양면가치를 인정하는 나의 서술이 바울의 율법이해에 대한 적절한 해석이라는 확신에 이르렀다. 그것이 의미하는 것은 율법의 종결이신 그리스도가 인간이 자기 의를 성취하려는 해결되지 않은 모든 시도와 관련되고 있다는 것이며(롬 10:1, 4), 율법의 성취가 그리스도에게 속하는 것으로 가능하게 되었음을 말하는 것이다. 율법의 성취는 물론 수많은 개별 계명을 이행하는 것이 아니라, 하나님의 기본 요구를 실천하고 그리스도를 믿는 믿음에서 결정적으로 이루어진다.(롬 8:3 이하, 13:9 이하) 같은 내용

이 지나간 옛 것, 하나님을 대적하는 모든 것, 죄에도 해당된다.(고후 5:17) 반면에 옛 계약의 원(原) 문서인 성서가 덮개를 벗기며, 그리스도의 빛 안에서 성서의 참된 의미, 앞을 제시하는 의미를 인식할 수 있다.(고후 3:14-17)

3.2 이어서 바울학파의 문서를 다루며 나는 바울과의 차이를 부각시키는 것만이 아니라, 오히려 바울신학이 매우 다양한 방향으로 계속 발전하였음을 특히 드러내었다. 묵시적인 강한 특징을 드러내는 데살로니가후서는 사고방식에서 헬라적인 강한 특징을 지니는 골로새서 및 에베소서와 구별된다. 다른 한편 교회질서에 우선적으로 집중하는 목회서신은 고유한 위치를 보유한다. 게다가 전승사적으로 긴밀하게 관련된 골로새서와 에베소서에서 선재, 창조의 중재자, 미래 기대의 관점에서 빈번히 충분하게 고려되지는 않았지만 신학적 차이를 주장할 수 있다. 특히 에베소서는 심사숙고된 교회론으로 초기 기독교 문서에서 우위를 차지한다.

3.3 헬라적-유대 기독교의 많은 문서들이 시간상 바울 후기서신 바로 곁에 놓인다. 직접적인 내용상의 관련성은 없다. 야고보서가 바울 및 바울 이후의 전승에서 제외되고 베드로전서가 세부사항에서 바울과 접촉하지만 바울 이전 전승과의 관련성을 언급할 수 있다. 헬라적-유대 기독교 문서에 함께 속하는 네 개의 문서는 그들이 지니는 1세기 초 헬라적 유대 기독교라는 공통의 기원에도 불구하고 서로 매우 다르다. 야고보서는 유대교 지혜 전승에 종속한다. 히브리서는 알렉산드리아 신학에 근접하는 사고방식의 특징을 지닌다. 요한계시록은 매우 묵시적인 특징을 지니는 현재 경험과 미래 기대를 드러낸다. 제4복음서와의 산발적인 병행을 허용한다. 그에 반해 베드로전서는 소아시아의 전승을 짐작하게 한다. 이 소아시아의 전승은 사도 베드로의 영향권 안에서 형성되었을 것이다. 이 네 경우 모두 고유하게 작업한 신학적 구상을 제시한다. 야고보서의 구상은 권면에 머무르며, 그 근거 제시가 제한되고 있다. 제2바울문서에서 다시 다양성을 고려할 수 있다. 개별문서들의 병행이 다양성을 드러낸다.

3.4 공관복음서와 사도행전으로 1세기의 마지막 삼분의 일에 해당되는 시기에 지금까지 구두로 전달된 예수 전승의 문서화가 철저하게 수행되었다. 누가는 기독교 교회의 초기역사를 함께 포함시키면서 자신의 이중 저작을 구성하였다. 복음서 저자들에게 주어진 전승물이 지니는 다층성(多層性) 이외에 우리는 자료를 다루는 복음서 저자들 각각의 차이에 주목하게 된다. 예수에 대한 회고적 질문에 답하고 초기 기독교 전승 형성을 알기 위하여, 복음서를 통시적으로 분석하는 것이 중요하다면, 결정적인 것은 복음서 각각의 신학적 구상과 관련된 공시적인 문제 제기이다. 복음서 저자 마가가 예

수의 사역과 선포를 공관적으로 서술할 수 있는 틀과 기본적인 구조를 꾀하였지만, 마태와 누가는 전체 의도를 상당히 수정하였다. 마가는 '계시의 비밀'이라는 모티브로 기본 사고를 도입하였다. 이 모티브로 예수의 메시지와 사역, 그의 죽음, 그의 부활, 미래 기대에 관한 전승물을 요약할 수 있었다. 마가는 이 과정에서 신학적인 능력을 발휘하였다. 그러나 그 중요성을 과대평가할 수 없다. 마가는 무엇보다도 예수의 위격(Person)과 사역에 집중하였다. 마태는 마가와 함께 로기온 자료와 자신의 특수자료를 포함시키면서 예수의 가르침을 전면에 부각시켰다. 나아가 마태는 기독론과 관련하여 구약성서 약속의 성취라는 사고를 특히 강조하였고 교회론을 고려하였다. 마태와 다르게 누가가 또 마가의 구상을 수정하였다. 누가도 로기온 자료와 그에게 주어진 그 밖의 말씀 전승과 비유 전승물을 통합시켰다. 그러나 누가는 특히 구원사의 영역을 강조했다. 구약의 역사에서 예수의 생애와 사역을 넘어서 미래를 제시하였다. 예수의 죽음과 승천 이후 성령이 역사하시는 전 세계에서 구원의 메시지의 선포가 결정적인 역할을 하였다. 그러므로 누가의 서삭은 누가복음과 사도행전을 함께 고려할 때에만 올바르게 평가할 수 있다. 세 공관복음서 저자 모두에게서 오해의 여지없이 분명한 공통성이 놀라울 정도의 다양성에 이르게 되었음을 주목할 수 있다.

3.5 요한신학은 이중적인 관점에서 고유한 복합체를 드러낸다. 다른 특징을 갖는 예수 전승을 사용하며 아주 고유한 신학적 구상을 갖는다. 요한복음과 요한서신이 긴밀하게 관련된다. 주목할 만한 많은 이견(異見)이 있지만 나는 편지가 보다 후기에 생성되었음을 주장한다. 복음서 이전에 편지가 생성되었다는 논증은, 내 생각에 요한 이전의 요소가 제2요한문서 안에 포함되었음을 나타낼 뿐이다. 제4복음서는 저자의 편집작업에도 불구하고 요한 이전의 예수 전승을 고려할 때만 설명할 수 있다. 이는 갈릴리보다는 예루살렘에 더 집중하는 전승의 특수한 특징을 배제하는 경우에도 해당된다. 예수의 부활 이전의 영향력에 대한 회고적 질문과 관련하여 제4복음서는 공관복음서보다 더 적은 자료를 가지고 있다. 부활 이후 전승의 수용이 관련되며, 거기서 상당한 신학적 통찰을 인식할 수 있다. 그러한 점에서 요한신학을 고유한 전승과 그 전승에 대한 깊은 숙고가 용해된 것으로 이해할 수 있다. 물론 초기 기독교의 신학역사의 맥락에서, 무엇보다도 제4복음서의 관점에서 특히 공시적인 문제 제기가 다시 중요하다. 신학적인 전체 개관에서 하나님, 예수의 성육신, 그의 승귀, 성령의 사역에 관한 진술이 고정된 틀을 제공한다. 나머지 개별 주제들을 이 틀 안에 함께 포함시킬 수 있다. 기독론적으로 예수의 성육신과 승귀에 관심을 기울인다. 이 신학이 현재와 관련된 성령론을 포

함한다. 거기에 상당 정도 변경된 요한의 종말론이 결정적인 영향력을 끼친다. 요한복음과 요한서신에서 제2요한적인 추가는 무엇보다도 요한신학을 옹호하고 발전시키는 것에 관심을 기울이고 있다. 추가된 관점도 흥미롭다.

3.6 마지막 장에서는 2세기의 신학역사로 전이하는 과정을 다루었다. 내가 여기에 유다서와 베드로후서를 포함시키는 것은 놀라울 것이 없다. 그 두 문서가 초기 기독교의 전승요소를 수용하는 것과 관련되는 일이다. 그 수용방식이 신약성서의 다른 문서들과 달리 2세기 초기 시기를 나타낸다. 짧게 거론한 사도 교부의 문서는 고대교회의 신학으로 완전하게 이행되는 전이 과정을 드러낸다. 나는 의식적으로 외경문서를 제외시켰다. 나의 기본적인 숙고 때문이다. 제2권의 서문에서 다시 밝히겠지만, 나는 초기 기독교 신학역사의 범위를 정경(正經)과 정경 이후에 교회가 인정한 문서로 제한한다.

4. 이 1권에서 나의 관심은 초기 기독교의 선포에서 예수 전승을 수용하는 것에 대한 기본 질문과 함께 특히 신학적 구상의 다양성을 서술하는 것이다. 모든 다양성에도 불구하고 예수의 메시지 이래로 주요한 기본 주제는, 시작하는 현재와 성취하는 구원의 현실에 담겨 있다.

다음 2권에서 통일성에 대한 문제를 제기하는 바로 그 사실에 직면하여 신약성서 전승이 지니는 놀라울 정도의 넓이와 다양성을 시야에서 놓치지 말아야 한다. 매우 다양한 모습을 드러내며, 기독교의 기본 신앙고백이 얼마나 다양하게 발전되었는지를 밝혀 준다. 신약성서의 개별문서들 안에 얼마나 풍요로운 신학적인 가능성이 잠재하고 있는지가 드러난다.

5. 새 개정판에서 본문을 고치지 않았다. 인쇄상의 오류를 개선하였으며 몇 가지 사항을 명확하게 밝혔다. 독자들이 많이 놓쳤던 색인을 첨가하였다. 드물게 설명이 부족하다는 지적이 있어왔다. 나의 연로(年老)함이 불가능하게 한 것이 아니라면 저작의 범위나 나의 작업 능력상 그것을 수행하기가 어려웠던 것이고 탈고(脫稿)가 상당히 지연되었던 것이다. 제1판의 간행 이후 출간된 주석 문헌을 고려하지 않았다. 이 저작이 생성 시기에 속하는 연구들로 제한하는 것이 적절하다고 생각한다. 미국 지역의 연구에 대해 드물게 언급하였고 부분적으로 비평적인 각주를 달았다. 이것은 내가 다룬 전문적인 신학적 문제들이 종교사적이며 주석적인 세부 연구들과 함께 지난 십여 년 사이에 독일 지역의 연구에서 보다 더 깊이 있게 논구(論究)되었다는 사실과 관련된다. — 이 저

작의 보충으로 2006년에 같은 출판사에서 나의 신약성서신학의 기초가 된 이전 연구들이 포함된 두 권의 논문집이 출간되었다. 그 책에서 개별적인 문제점들을 전체 저작에서 가능했던 것보다 더 상세하게 언급하였다.

2005년 봄
뮌헨의 이펠도르프
페르디난트 한

제1판 서문

오랫동안 예비 작업을 한 후에 신약성서신학을 출간한다. 이 신약성서신학에서 나는 초기 기독교 증거의 다양성을 고려할 뿐만 아니라, 개별적인 주제에 따라 통일성을 파악하려고 애썼다. 이 두 권의 책은 서로 긴밀하게 관련되며 서로를 보충한다.

키일, 마인츠, 뮌헨에서 내가 활동적으로 가르치는 시기에 신약성서신학에 대한 기본 질문이 언제나 거듭 나를 사로잡았다. 개별문서들과 문서 전체에 관한 서술이 긴요한 것이면서 동시에 불충분한 것으로 여겨졌다. 나는 계속 제기되는 문제들을 함께 포함시키는 여러 번의 시도를 감행하였다. 그렇게 하여 이 간행물이 단계적으로 형태를 갖추어갔다. 나의 교육 활동 시기가 공식적으로 끝날 무렵인 1993/1994년에 이 책이 완성되기 시작했다. 그 이후로 여러 군데가 재작업되었고 보충되었다.

신약성서신학이 그 자체의 신학적 요구를 채우려면 문서의 다양성과 함께 초기 기독교 증거의 통일성에 대한 질문을 함께 이해해야 한다. 다양한 전승 복합체들을 다루는 것이 더 이상 초기 기독교의 신학역사일 수 없다. 그러한 방법으로 물론 신약성서의 특성과 전체적인 다양성을 고려할 수 있지만, 신약성서가 내적으로 결속되어 있음을 제한적으로만 인식할 뿐이다. 단지 짧은 결론부에서만 신약성서의 중심에 대해 질문하는 것으로는 불충분하다. 신약성서의 중심은 오히려 신약성서의 통일성이 규정하는 대로, 주요 주제들에 따라 제시되어야 한다. 따라서 이 책을 두 권으로 출간하게 되었다. 1권에서 초기 기독교의 신학역사에 집중하였으며, 이어서 2권에서 초기 기독교의 증거를 주제적으로 서술하였다.

1권에 제시된 신학역사 부분은 전승된 신약성서 문서들과 문서 복합체 각각의 신학적 이해를 특별히 고려하는 내용으로 구성된다. 여기서 예수의 선포와 가장 오래된 초기 기독교 전승들의 순서를 따른다. 이들이 계속 이어지는 초기 기독교 신학의 전제가 된다. 개별문서들의 생성이나 저자에 대한 질문이 고려되는 경우에, 결국 역사적으로 어떤 전제하에서 개별문서들의 신학을 다루는지를 밝혀야 한다. 나는 종교사적 문제제기에 대한 상세한 설명을 포기하였다. 물론 구약성서-초기 유대교 전승들은 예외로 한다. 연구사와 관련해서는 개별적인 신학적 입장을 파악하는 것이 중요한 경우에만 특징적인 입장들을 상술하였다. 나는 주변적인 입장에 대한 논쟁을 포기하였다. 내가 관심을 두는 것은 전체 윤곽을 그리는 것이다. 주석상의 토의가 드러내듯이 개별 문제들이 논쟁되기는 하지만 이 전체 윤곽은 신약성서신학에 대한 하나의 통찰을 전달하는 시도이다.

초기 기독교 신학역사뿐만 아니라 신약성서의 통일성을 다룰 때에 기준이 되는 기초 본문에 대한 질문이 제기된다. 현재의 연구는 빈번히 신약성서 이후 문서들까지의 한계를 넘어서 소위 외경(外經) 문서에까지 이르고 있다. 물론 후기의 본문에서 초기 전승을 어느 정도 역으로 추론할 수 있지만, 외경문서에서는 중복과 이질화 현상이 나타나며 문서 자체가 전승형성의 시기를 떠나 있다. 신약성서신학은 경전으로 인정된 초기 기독교 증거에 집중해야 한다. 이제 초기 기독교 신학역사에서 시간적인 한계로 인한 상대성을 고려해야 할 것이다. 몇몇 신약성서 문서들이 사도 교부들의 가장 오래된 문서보다도 더 후에 생성되었기 때문이다. 그러한 점에서 초기 기독교 신학역사에서 1세기에서 2세기로 전환하는 시기에 계속된 발전과 고대교회의 신학으로 전이되는 과정을 고려하는 것이 의미가 있다. 그러나 실재 본문의 기초는 신약성서의 경전이다. 이 사실은 내적인 통일성을 물을 때 비로소 그 타당성을 갖는다.

이 저서를 작성하면서 나는 이 저서에 관심을 갖게 될 그룹을 폭 넓게 생각했다. 초기 기독교 신학을 개관(概觀)하기 원하는 학생들의 그룹이 거기에 속한다. 그러나 신학적인 기본 질문에 사로잡힌 목사들과 종교교사들도 생각했다. 따라서 내가 특별히 관심을 기울인 것은 헬라어 원본문을 끌어들이는 것이었다. 많은 것들이 초기 기독교의 원어로 파악할 때에만 비로소 완전하게 이해되기 때문이다. 개념이나 복합 단어들의 경우 나는 기본 형태(부정사 혹은 주격)를 사용하였고 인용문이나 인용 문장의 일부는 그들 각각의 구성을 따랐다. 이 책이 관심을 가진 평신도들에게도 읽혀져야 하기 때문에 헬라어 개념과 인용문 모두를 번역하였다. 따라서 신약성서의 언어를 모른다고 할지라도 설명을 따라갈 수 있다. 번역에 내 자신의 견해를 첨가하지 않았으며 구절마다 가능한 한 다각도로 본문에 가장 근접한 번역을 하였다. 나는 특히 전문가인 동료들과의 유익한 대화를 기대한다.

가능한 한 포괄적인 개관을 얻기 위하여 나는 십진법의 수(數) 체계를 이용하였다. 따라서 상위 단락과 하위 단락이 쉽게 이해될 것이다. 선정된 주석적인 참고문헌은 이 책의 끝에 정리하였다. 나 자신의 예비 작업들인 과거의 연구들과 함께 연구사적으로 중요한 저작과 연구들, 최근의 연구들을 함께 고려하였다. 대부분 독일어 참고문헌들이 제시되었다. 다른 언어로 기록된 중요한 간행물을 빼놓지는 않았다. 신약성서신학이라는 과제는 의심의 여지없이 독일어 주석 분야에서 가장 활발하게 논의되었다. 따라서 독일어 연구 분야를 향한 집중은 타당한 것으로 보인다.

두 권으로 이루어진 이 저서를 완성함에 있어서 나는 많은 조력자들에게 감사해야 한다. 먼저 나는 미하엘 슐리어바흐(Michael Schlierbach) 목사에게 감사한다. 그는 10년 전에 컴퓨터를 다루는 법을 내게 가르쳐 주었고, 그 이후로 기술적인 문제가 생길 때마다 늘 나를 도와 주었다. 저술의 마지막 과정에서 베를린에 있는 나의 제자인 교수 실리어스 브라이텐바흐(Cilliers Breytenbach) 박사가 나를 매우 많이 도와 주었다. 그는 때때로 자기 연구소의 동역자들이 나를 돕도록 하였다. 그래서 특히 로타르 트리벨(Lothar Triebel) 박사와 조교 학생인 군나르 헬트(Gunnar Held)와 마리안느 타츠슈너(Marianne Tatschner)가 나를 도와 주었다. 브라이텐바흐(Breitenbach) 씨 이외에 세부사항과 관련하여 비평적으로 이 저서를 읽고 도움이 되는 여러 질문을 제기해 준, 나의 여 제자들인 크리스티네 게르버(Christine Gerber) 박사(뒤셀도르프-베를린), 크리스티나 회겐-롤스(Christina Hoegen-Rohls) 박사, 마리아 노이브란트(Maria Neubrand) 박사(아이슈테트)와 나의 제자들인 교수 헤르만 폰 립스(Hermann von Lips) 박사(할레), 교수 페터 뮐러(Peter Müller) 박사(헤렌알브-칼스루에), 강사이며 목사인 토마스 크뇌플러(Thomas Knöppler) 박사(크라일스하임-뮌헨), 강사인 알프 크리스토퍼슨(Alf Christophersen) 박사(뮌헨), 로데빅 비셔스(Lodewijk Visschers, 네델란드 헤얼렌)에게 진심으로 감사드린다. 여러 가지로 뒷받침해 준 뮌헨의 나의 동료 교수 외르크 프라이(Jörg Frey) 박사에게 특별한 감사를 표한다. 그의 중재로 율리아네 슐레겔(Juliane Schlegel) 부인(예나)이 이 책의 색인을 만들어 주었다. 헬라어 본문을 검토해 준 오스발드 우터묄렌(Oswald Utermöhlen) 박사에게 감사드린다. 그는 뮌헨에서 오랫동안 나와 함께 일하였다. 여기 언급한 사람들 모두의 열심 있는 도움이 없었다면 이 저서가 간행되지 못했을 것이다. 마지막으로 말하지만 가장 중요한 것인데(Last but not least) 오래 지속된 연구를 인내해 주었을 뿐만 아니라 교정으로 함께 도와 준 나의 부인에게 고마움을 표한다.

덧붙여 방대한 이 저서를 자신의 출판프로그램에 호의로 기꺼이 받아들여 준 명예박사 게오르크 지벡(Georg Siebeck) 씨에게 진심으로 감사드린다. 나아가 감수자의 위치에서 친절하게 지원해 준 헤닝 치브리츠키(Henning Ziebritzki) 박사, 책 간행 업무에 광범위하게 관여한 마르티나 트뢰거(Martina Tröger) 부인, 인쇄물로 만들어지는데 세심한 주의를 기울여 준 마르틴 피셔(Martin Fischer) 씨에게도 감사드린다. 끝으로 팔츠와 바이어른 지역의 연합교회에 감사를 표한다. 그들의 재정적인 도움으로 기술(技術)적인 작업을 완성할 수 있었다.

나는 이 저서를 루마니아의 헤르만슈타트에 위치한 개신교 신학부에 헌정한다. 오래전부터 나는 그 학교와 긴밀한 관계를 유지했다. 그 학교와 클라우젠부르크에 위치한 신학부가 내게 명예신학박사의 학위를 수여하였다.

2002년 가을
뮌헨의 마르틴스리트
페르디난트 한

한국어판 저자 서문

나의 책 『신약성서신학』의 첫 번역이 오래전부터 친분이 있는 극동아시아에서 출판되어 특별히 기쁘다. 제I권이 2006/7년에 두 권으로 일본어로 출간되었으며, 거의 동시인 2007년에 한국어 번역이 간행되었다. 이제 2010년 제II권이 출간됨으로, 나의 저서가 지금 완전하게 한국어판으로 나오게 되어 내게 큰 기쁨이 된다. 한국어판 번역을 위해 수고한 신학박사 김문경 교수에게 진심으로 감사한다. 그녀는 뮌헨의 나의 연구소에서 수년간 공부했다. 부피가 큰 내 저서의 한국어판은 놀라울 정도로 짧은 기간 안에 완성되었다.

나와 한국 및 일본과의 관계는 내가 하이델베르크(Heidelberg) 대학의 신학과 연구조교 및 강사로 있었던 20세기의 50-60년대로 거슬러 올라간다. 그 당시 나는 안병무와 뜻 깊은 우정을 맺게 되었고 그 우정은 그가 죽을 때까지 계속되었다. 우리는 종종 주석적인 문제들, 근본적이며 신학적인 문제들에 관해 서로 논의하곤 했다. 거기서 나는 유럽과 극동아시아 지역의 다양한 사고 전제들에 관해 매우 많은 것을 배웠다. 다른 한 편 바로 성서적인 사고 자체가 연결점을 형성하는 하나의 다리임이 드러났다.

신약성서신학에 대한 나의 구상은 가능한 서구의 해석전통에 얽매이지 않고 기독교 신앙의 원래 증언에 접근하는 통로를 찾으려는 목적을 갖는다. 물론 인간이 자신의 고유한 사고 전제들로부터 완전히 벗어날 수는 없지만, 여러 다른 사고구조와 진술의도를 향해 신뢰를 줄 수 있을 것이다. 바로 거기서 또한 이해를 위한 공통의 기초가 있음이 드러난다. 그것은 구약성서와 신약성서의 전승에 먼저 해당되는 내용이다. 따라서 성서해석을 위한 공통의 노력에 내가 기여할 수 있기를 바란다.

2010년 12월 9일 '이펠도르프'에서 페르디난트 한

Vorwort

Es ist eine besondere Freude für mich, dass die ersten Übersetzung meiner "Theologie des Neuen Testaments" in Ostasien veröffentlicht werden, weil ich seit langer Zeit persönliche Kontakte dorthin habe. Der erste Band ist 2006/07 in zwei Teilbänden in japanischer Sprache erschienen. Fast gleichzeitig ist dieser Band 2007 in koreanischer Übersetzung veröffentlicht worden. Nun erscheint 2010 der zweite Band, sodass zu meiner großen Freude das Werk jetzt vollständig in koreanischer Fassung vorliegt. Dafür bin ich Frau Prof. Dr. Moon-Geoung Kim, die mehrere Jahre in meinem Institut in München tätig war, zu ganz großem Dank verpflichtet. In erstaunlich kurzer Zeit ist die koreanische Fassung meines umfangreichen Werkes fertiggestellt worden.

Meine Beziehungen zu Korea und Japan gehen in die 50er und 60er Jahre des 20. Jahrhunderts zurück, als ich Assistent und Dozent an der Theologischen Fakultät der Universität Heidelberg gewesen bin. Bedeutung gewann für mich vor allem die Freundschaft mit Bjung-Mu Ahn, die damals entstanden ist und bis zu seinem Tod Bestand hatte. Häufig erörterten wir miteinander exegetische und grundsätzlich–theologische Probleme. Ich lernte dabei sehr viel über die unterschiedlichen Denkvoraussetzungen im europäischen und im fernöstlichen Bereich, andererseits zeigte sich, dass gerade das biblische Denken eine Brücke darstellt, die Verbindung schafft.

Meine Konzeption einer Theologie des Neuen Testaments hat die Zielsetzung, möglichst unabhängig von der abendländischen Auslegungstradition einen Zugang zu dem ursprünglichen Zeugnis des christlichen Glaubens zu finden. Zweifellos kann man sich von den eigenen Denkvoraussetzungen nicht völlig distanzieren, aber man kann sich vertraut machen mit anderen Denkstrukturen und deren Aussageintentionen. Dabei zeigt sich auch, dass es gemeinsame Grundlagen für das Verstehen gibt. Das gilt nicht zuletzt für die alttestamentliche und die neutestamentliche Überlieferung. So hoffe ich, einen Beitrag liefern zu können für ein gemeinsames Bemühen um die Interpretation der biblischen Schriften.

Iffeldorf. 09. 12. 2010 Ferdinand Hahn

신약성서신학 I, II 전체의 개관

제I권 신약성서의 다양성: 초기 기독교의 신학역사

1장 과제의 제시

1부 예수의 선포와 사역 및 초기교회를 통한 예수 전승의 수용

2장 원칙적인 문제
3장 세례 요한
4장 다가오는 하나님 통치(나라)에 관한 예수의 메시지와 그의 공적인 사역들
5장 예수의 제자도(따름)와 새로운 하나님의 백성
6장 예수의 종말론적 윤리
7장 예수의 전권, 그의 논쟁과 그의 죽음

2부 초기 기독교 공동체들의 선포와 신학

8장 예수의 부활과 기독교 신앙고백 형성의 시작
9장 아람어를 사용하는 초기교회의 선포와 신학
10장 초기 헬라적-유대 기독교 교회의 복음의 메시지

3부 사도 바울의 신학

11장 바울신학의 서술 문제
12장 구약성서에 약속된 구원 성취의 선포로서 복음
13장 예수 그리스도의 인격과 사역에 관한 메시지로서 복음
14장 인간, 그의 죄와 상실에 대한 인식으로서 복음과 율법 문제
15장 구원을 일으키는 능력으로서 복음
16장 믿음과 믿음의 공동체 안에서 생활의 근거가 되는 복음
17장 세상을 위한 구원의 메시지로서 복음
18장 희망의 증언으로서 복음
특별주해 : 바울과 예수

제II권 신약성서의 통일성: 주제적 서술

차례

1부 초기 기독교의 성서로서 구약성서

3부 하나님의 계시 행위의 구원론적 영역

4부 하나님의 계시 행위의 교회론적 영역

5부 하나님의 계시 행위의 종말론적 영역

I장

과제 제시

1. 사전 고찰

이 책 『신약성서신학』의 제I권은 초기 기독교의 신학역사의 형태로 된 신약신학의 다양성을 기술하는 데 집중하고 있다. 제II권에서 주요주제에 따라 체계적으로 전체를 조망하여 신약성서신학의 통일성을 다루어야 한다면, 그러한 서술이 가능한지, 방법론적으로 그 실행이 가능한지를 먼저 질문해야 한다.

1.1 초기 기독교의 신학역사를 다루면서 몇 몇 주석가들이 신약성서의 통일성을 요구하고 있음을 이미 지적하였다. 그러나 지금까지 전승의 다양성에 맞게 초기 기독교 증언의 통일성을 광범위하게 서술하려는 시도는 단지 산발적으로 실행되었다. 어쨌든 초기 기독교의 신학역사에 대한 단순한 설명을 어느 정도로 '신약성서의 신학'이라고 명명할 수 있는가를 질문해야 한다. 엄밀하고 실제적인 의미로 신학을 논할 수 있는 것은 전체 맥락이 언급되는 곳에서만 가능하다. 거기서 무엇이 기독교 신앙이며, 기독교 신앙이 무슨 내용을 갖는지가 숙고된 방법으로 표현된다. 물론 바울의 신학에 관하여 언급할 수 있지만, 그것의 통일성을 (바라건대) 논박하지 않을 것을 전제한다. 그에 상응하여 요한신학에 관해 언급할 수 있다. 공관복음서, 에베소서, 히브리서 등이 강조하는 신학적 구상이 어떠한지를 말하는 것도 가능하다. 그러한 신학적 기도(企圖)를 나란히 정렬시켜 서술하는 것이 이미 '신약신학'이 아닌가? 그런 경우에 이미 '신약성서의

신학'을 언급해야 하며 빌헬름 튀징(Wilhelm Thüsing)이 했던 것처럼 예수 그리스도와의 관계를 질문해야 한다.

1.2 신약성서의 개별문서들이나 문서복합체 각각의 특별한 구상을 강조하는 것이 매우 중요하다. 초기 기독교 증거가 지니는 다양성에 대한 연구를 포기할 수 없다. 그러나 하나의 신약신학이라는 의미를 실제로 진지하게 받아들이는 경우, 신약성서 저자들 각각의 신학적 구상들을 다루는 것이 '신약성서신학'은 아니다. 초기 기독교의 신학역사라는 의미로 다양성을 서술하는 일은 필연적이고 불가피한 부분이지만, 그 자체로 보아 단지 한 단편에 불과하다. 초기 기독교의 다양한 신학적 구상들을 서로 연결시키고 그들의 통일성에 대하여 질문하는 노력과 관련하여, 엄격하고 사실적인 의미에서 하나의 '신약성서신학'을 언급할 수 있다.

1.3 그러한 과제의 제시는 순전히 주석적인 분석과 해석을 넘어서 한걸음 더 나아간다. 그것은 주석적인 연구와 체계적이며 신학적인 연구 사이의 교차부분에 놓이는 과제이다. 여기서 관건이 되는 것은 근본적인 신학적 문제이며, 근본적인 신학에서 모든 신학의 기본토대가 중요하다는 점에서 그러하다. 이 기본토대는 성서의 증언으로 앞서 주어져 있다. 그러므로 근본적 신학은 필연적으로 성서해석으로 제한된다. 그러한 점에서 신약성서의 신학이 초기 기독교 증언의 복잡한 통일체를 그대로 제시하려고 노력하며, 근본적 신학의 기능을 수행한다. 원래적이며 언제나 기준이 되는 믿음의 증언이 중요하다. 신앙고백이 여전히 그렇게 다양하고, 또 각기 한계를 지니며 단편적일 수 있지만, 기본증언에 일치한다면, 단편적임에도 불구하고 하나의 통일된 의도를 지니며, 그 의도를 인식하고 규명할 수 있다. 성서적인 믿음의 증언은 일반적으로 중심이신 예수 그리스도와만 관련되지 않는다. 중심이 모든 것을 규명한다는 점에서 성서적 신앙의 증언은 그 중심으로부터 빛을 발하는 인식의 움직임도 내포한다. 그 인식의 움직임이 생생한 체험을 가능하게 한다. 물론 이러한 인식의 움직임이 초기 기독교의 신학역사가 드러내었듯이 다양한 각도로 발전해 왔지만, 공통된 '기본이 되는 흐름' 또는 '기본경향'(Grudtendent)으로 인해 단단하게 하나로 결합되었다.

2. 초기 기독교 신학역사의 성과

신약성서신학은 원칙적으로 초기 기독교의 종교사와 구별된다. 복음의 진리에 대한 질문을 배제시킬 수 없다는 점에서 그러하다. 그것은 초기 기독교의 신학역사 및 주제적으로 구상하는 신약성서의 신학에도 해당된다. 따라서 기본적으로 신약성서의 경전에 집중한다.

2.1 신약성서신학은 예수의 선포, 사역, 역사와 회고적으로 관련된다. 그러나 부활 이전의 전승에는 직접적으로 접근할 수 없다. 오히려 비평적인 분석과정을 거쳐 밝혀야 한다. 예수에 대한 회고적인 역사적 탐구는 초기 공동체가 부활 이전의 예수 전승을 수용한 것을 고려하는 경우에만 신학적인 기능을 갖게 된다. 역사적으로 주어진 것은 수용 및 해석과정에 함께 포함된다. 그 과정을 간과할 수 없다. 이러한 이유에서 새 구성된 부활 이전의 예수의 역사와 메시지에 대한 서술은 초기 공동체를 통한 수용에 대해 질문하는 것과 연결된다. 이러한 이유에서 부활사건이 신약성서신학을 기술하는 데 있어서 결정적인 출발점이다. 레온하르트 고펠트(Leonhard Goppelt)가 다음과 같이 바르게 표현하였다. "그러므로 부활 케뤼그마에 대한 해석이 … 주석적으로 보아 신약성서신학의 뿌리였다. 그러나 그 기본토대는 예수의 지상사역에 관한 보고들이었다. 따라서 우리가 신약성서신학을 그 고유한 구조에 맞게 서술하기를 원한다면, 먼저 이러한 관점에서 지상의 예수에 대해 질문해야 한다."(고펠트의 『신약신학』 I권 58쪽)

2.2 아람어를 사용하는 공동체와 헬라어를 사용하는 공동체, 즉 가장 초기 공동체의 선포와 신학적 숙고는 부활 이전의 예수의 선포처럼 현재 남아 있는 초기 기독교 문서들로부터 재구성하는 것으로 부각시킬 수 있다. 그러나 가장 초기 공동체의 선포와 신학적 숙고는 이미 부활을 기점으로 수용된 예수 전승이 관건이 된다는 점에서 부활 이전의 예수의 선포와는 다른 가치를 지닌다. 그것은 초기 케뤼그마, 즉 성금요일과 부활사건을 전제하며, 예수를 구원을 가져오는 분으로 인정한다는 의미에서 예수에 대한 신앙고백에 근거한다. 이것은 말씀전승에도 해당되는 내용이다. 말씀전승은 전체적인 틀을 매우 조심스럽게 기독론과 결합시키려 하였다. 예수 전승을 수용하기 시작하는 것과 관련하여 방법론적인 어려움에도 불구하고, 초기 공동체에서 형성된 가장 오래된 형태의 선포에 대한 질문을 피할 수 없다. 그것으로 인용된 신앙고백 진술들을 재구성하

는 것만을 해서는 안 된다. 오히려 초기의 수용시기에 메시지와 신학의 기본 윤곽이 어떻게 그려지고 있는지를 설명해야 한다. 여기서 주목해야 할 것은 팔레스틴 공동체와 헬라적-유대 기독교 공동체의 선포 사이에 언어적인 차이만 존재했던 것이 아니라, 내용적으로도 다른 개관(概觀)을 하고 있다는 사실이다.

2.3 전승된 신약성서의 문서들은 아람어를 사용하는 초기 공동체와 헬라어를 사용하는 초기 공동체에서 수행된 부활시기와 부활 이후의 모든 수용과정을 전제한다. 그 특징이 신약성서가 보유하는 초기 문서자료, 사도 바울의 진정성 있는 일곱 개 서신에 나타난다. 거기서 명료한 윤곽을 갖는 신학적 구상이 처음으로 등장한다. 그 구상이 초기의 전승을 수용하였고, 전승을 깊이 고찰하여 발전시켰다. 독자적인 발전은 다각도로 전승을 발전시킨 제2 바울서신에 나타난다. 데살로니가후서는 묵시적인 사고를 반영한다. 골로새서와 에베소서는 헬라적 표상 요소를 더 많이 고려한다. 반면에 목회서신은 무엇보다도 먼저 전승물을 보존하며, 보다 더 공고한 공동체 질서 확립에 관심을 기울인다.

2.4 초기 기독교의 후기 시기에 헬라적 유대기독교 전승이 고유한 의미를 갖게 된다. 그 전승은 바울에게 의존한다. 접촉점의 존재가 여기저기 통합되었던 공통의 전승이 있었음을 드러낸다. 통일된 복합체가 아니라 서로 긴밀한 관계에 있는 복합체가 관건이 되고 있다. 거기에 야고보서, 베드로전서, 히브리서, 요한계시록이 포함된다.

2.5 공관복음서는 사도행전과 함께 1세기의 마지막 세 번째 시기에 확장된 전승의 통일체를 표현한다. 그들은 특히 부활 이후의 특징인 예수전승의 수용을 통하여 서로 연결되어 있다. 그 예수 전승은 전승의 복합체(수난사화, 로기온 자료)와 개별 전승 안에 남아 있다. 기본 형태는 마가에게서 예수의 역사와 그의 수난, 죽음, 부활사건으로 나타난다. 마태와 누가는 그것을 발전시켰다. 누가는 복음서를 사도행전과 함께 이중 저작으로 결합시켰다. 전승물을 요약하고 매만지는 것을 넘어서 복음서 저자들은 제각기 고유한 신학적 구상을 발전시켰다. 마가에게 있어서 메시아 비밀과 미래 구원의 완성이 결정적인 의미를 갖는다. 마태에게서 예수의 교육활동과 승귀하신 분으로 지속되는 그의 현재가 전면에 놓인다. 누가에게서는 예수의 지상사역의 시기 이후 특히 그의 부활이 중요하며, 사도행전과 연계하여 성령의 능력 안에 지속되는 예수의 사역이 관건이 된다.

2.6 요한복음과 요한서신이 고유한 신학적 특징을 갖는다. 공관복음서와 비교하여 눈에 띄는 차이는 제4복음서에 사용된 전승물에 있다. 이 전승물은 상당히 다른 형

태를 지니며 수난사화와 부활사화 이외에 직접적인 병행은 소수의 몇몇 만을 인식하게 한다. 더 중요한 것은 내러티브적이며 논증적인 고유한 문체이다. 이 문체가 신학적인 구상과 직접 관련된다. 전체적으로 매우 기독론적으로 엮어진 전승물과 함께 신학적인 숙고를 인식할 수 있다. 그것은 무엇보다도 설교복합체에서 강조된다. 이미 구성이 다르게 형성되었다. 복음서 저자가 선재(先在)로 시작하여 특히 예수의 성육신에 비중을 두기 때문이다. 이어서 예수께서 아버지께로 돌아가는 것과 파라클레토스를 보내는 것에 매우 중요한 의미를 부여한다. 요한서신에서 계속 발전되는 내용인 구원의 현재가 매우 강조되고 있다.

2.7 유다서와 베드로후서는 2세기로 전이(轉移)해 가는 시기의 문서로 나타난다. 그들이 옛 전승을 보존하고 옹호하려 애쓰기 때문에 신약성서 경전 안에 수용되었다. 그들은 사도교부문서와 맞닿아 있다. 사도교부문서 자체는 변증가들로부터 시작하여 고대교회의 신학으로 나아가는 다리를 놓는다. 계속되는 신학역사라는 의미로 교회에서 인정받았나는 섬에서 사도교부문서들은 선제적으로 초기 기독교의 신학역사에 포함된다. 반면에 이교적인 내용이 겹쳐진 외경문서는 영지주의 특징을 지니는 도마복음서를 포함하여 고려의 대상이 되지 못한다.

2.8 중요한 것은 부활사건으로부터 유래한 그리스도 증인이다. 그것은 예수의 지상생애와 사역, 그의 십자가 죽음, 그의 승귀나 재림 각각이 신학적으로 어떻게 설명되고 어떤 비중을 갖는가라는 문제와는 별개의 것이다. 그러므로 통일성에 대한 질문은 어쨌든 처음부터 규범이 되고 있는 부활의 관점을 고려해야 한다.

3. 신약성서 통일성에 대한 질문

신약성서신학의 역사는 이 책 제I권의 처음 시작 단락에서 개괄적으로 서술하였다. 신약성서의 통일성에 대한 질문을 고려하는 내용을 여기서 다시 한 번 회고하여 언급한다.

3.1 통일성 규명에 대한 포기

신약성서 증거들의 다양성과 차이점에 직면하여 수많은 주석가들이 통일성을 규명하는 것이 불가능하다고 보았다.

3.1.1 통일성 표현의 원칙적인 불가능성

원칙적인 불가능성에 대한 결정적인 주장은 루돌프 불트만(Rudolf Bultmann)에 의하여 1949-53년에 처음 간행된 그의 『신약성서신학』에서 등장하였다.(여기서 오토 메르크[Otto Merk]가 보충하여 간행된 제9판을 사용한다.) 한스 콘첼만이 불트만을 뒤따르며, 허버트 브라운(Herbert Braun)도 변경된 형태로 그 뒤를 쫓는다.

3.1.1.1 신약성서신학의 과제를 이해하기 위한 열쇠는 루돌프 불트만의 『신약성서신학』 첫 부분인 '에필레고메나'(Epilegomena)에서 발견된다. 하나의 신약성서신학이란 '체계적인 구성을 갖는 통일성'으로서가 아니라, "개별적인 문서들이나 문서그룹들 각각에 따른 다양성 안에서" 서술할 수 있다. "개개의 형태들을 역사적인 맥락의 구성부분으로 이해할 수 있다."(585쪽)

3.1.1.1.1 여기서 각각의 믿음 이해가 관련된다. "신학적 사고가 믿음에 대한 사고로 이해되어 설명되고, 즉 신학적 사고 안에서 하나님, 세상, 인간에 관한 믿음의 이해가 발전되기" 때문이다.(586쪽) 이러한 믿음 이해가 구원의 확언인 케뤼그마에서 비롯된다. 믿음은 '예수 그리스도에 관한 선포 안에서 하나님을 만나는, 하나님의 말씀에 대한 응답'이다. 그러나 "케뤼그마나 믿음의 자기 이해도, 그들이 단어와 문장으로 표현된다는 점에서, 이미 특정한 해석방식, 즉 신학적 사고 안에서 나타난다."(587쪽 이하) 그러므로 케뤼그마적인 문장과 신학적인 문장 사이를 단순하게 구별할 수 없다. 선포된 구원의 메시지는 인간의 언어와 인간의 생각으로 형성되기 때문이다. 그러나 그러한 케뤼그마를 규명할 수 없다. 케뤼그마는 구체적인 상황에서 단지 말을 건네는 것으로 이해할 수 있다. 그것은 '케뤼그마를 통하여 일깨워진 자기 이해가 인간적인 자기 이해의 가능성으로 이해되고 그것으로써 결단을 호소하게 되는 경우'이다.(589쪽)

3.1.1.1.2 그러므로 신약성서의 신학적 진술들은 '믿음 안에서 선사된 하나님, 세상, 인간에 대한 새로운 자기 이해', '자기 자신의 실존적인 자기 이해'인 '새로운 자기 이해'에서 비롯된다.(587쪽) 따라서 "신학적인 문장들은-신약성서의 문장들도-… 결코 믿음의 대상일 수 없으며, 오히려 그 자체 안에 담겨진 이해에 대한 설명일 뿐이다."(586쪽) 믿음의 사고는 근본적으로 완료된 것이 아니며 완전하지 않다. 이러한 불완전성은 "믿음의 이해가 소진(消盡)되지 않는 데 근거하며, 믿음의 이해는 늘 새롭게 현실화되어야 한다."(586쪽) 케뤼그마에 관한 모든 진술이 지니는 역사적인 한계로 신약

성서신학의 서술은 다양할 수밖에 없다. 증언의 다양성은 그 본질상 구원의 확언인 케뤼그마의 필연적인 반영(反映)이다. 증언의 다양성은 단순하게 취급할 수 없는 중심, 케뤼그마를 케뤼그마로 만드는 것을 가리킨다. 또한 이러한 다양성 안에서 케뤼그마가 전달된다. 케뤼그마적 의도와 신학적 설명 사이가 단순하게 분리될 수 없기 때문이다.

3.1.1.1.3 여기서 불트만이 도출해 내는 결론이 그의 저작의 기초 구성과 서술방식을 결정한다. 케뤼그마와 믿는 자기 이해 사이가 서로 관련되는 것에 신학과 인간론의 관계가 상응한다. 신학은 인간론의 영역에서만 혹은 인간론으로서만 가능하다. 여기서 인간론은 물론 객관적인 현상이라는 의미에서 인간존재에 대한 묘사가 아니라, 인간의 자기 이해와 실존적인 만남을 실존적으로 상세하게 규명하는 것으로 이해된다. 특별히 신약성서와 관련하여 케뤼그마에서 새롭게 성장된 새로운 자기 이해를 실존적으로 상세하게 규명하는 것을 말한다. 이러한 자기 이해는 단순한 자의식이나 인간존재에 대한 객관적인 묘사와 구별된다.(586쪽) 불트만에게 있어서 초기 기독교의 신학역사라는 의미에서 신약성서신학의 서술은 신학적으로 불가피하며 정당하다.

3.1.1.2 한스 콘첼만(Hans Conzelmann)은 1967년 처음 간행된 자신의 저서 『신약성서신학의 개요』(여기서 안드레아스 린데만[Andreas Lindemann]이 개정한 1987년 제4판을 인용한다.)에서 불트만의 난초(端初)를 다음과 같이 넘겨받는다. "우리가 케뤼그마로 시작한다면, 신약성서 안에서 통일성을 강조할 것인지 혹은 다양성을 강조할 것인지에 대한 양자택일이 극복된다. 케뤼그마에서 증거되는 주님을 대상으로 하는 신학과 관련하여, 역사적인 다양성이 드러나며, 동시에 통일성이 가시화된다."(8쪽, 비교. XVII쪽) 전승과 본문의 해석에서만 통일성을 뒷받침하는 케뤼그마를 인식할 수 있다. 물론 여기서 콘첼만은 가장 오래된 신앙(Credo)진술을 더 강조한다.

3.1.1.3 허버트 브라운(Herbert Braun)은 1961년 간행된 그의 소논문 "신약성서신학의 문제성"에서(슈트레커[Strecker]의 책, 『신약성서신학의 문제』. 총서, 연구의 길[Wege der Forschung] 367, 405-425쪽) 통일성을 드러낼 수는 없지만, 내재적으로는 인식할 수 있다는 주장을 발표한다. 그러나 그는 케뤼그마를 결정적인 척도로 이해하지 않고, 오히려 인류학을 '지속적인 것'으로 파악한다. 그것으로부터 신약성서의 의도가 '마침내 통일적인 것'이 된다.(417쪽) 게다가 결정적으로 중요한 것은 '신약성서에 흐르고 있는 하나님과 그의 세상을 객관적인 대상으로 바라보는 생각을 뒤따르도록 하는' 것이다. 그러한 생각이 신약성서의 기본 의도에 부합하는 것은 아니다.

3.1.2 통일성 표현의 실제적인 불가능성

위에 거론된 주석자들에게서 관건이 된 것은 통일성을 내용적으로 상세하게 규명하는 것에 대한 원칙적인 포기이다. 그와 함께 통일성을 드러내는 것이 실제적으로 불가능하다는 주장도 등장한다.

3.1.2.1 요아힘 그닐카(Joachim Gnilka)는 1994년 간행된 자신의 『신약성서신학』의 끝에서 초기 기독교 증언의 통일성을 규명하는 것을 포기해야 한다고 주장한다. 부분적인 결과물을 체계화하는 것은 '진술의 풍부함과 주목해야 할 부분적인 차이들'에 직면하여 결코 가능하지 않다며, 곧바로 거절하였다.(454쪽) 그가 늘 제기하는 문제는, 다양성을 연결하는 무엇인가가 있는가이다. 최소한 그가 강조하는 것은 초기 기독교 문서들이 '서로 종속되고 영향력을 끼치고' 있으므로 신약성서신학을 연결시키는 어떤 망을 인식하도록 한다는 것이다.(463쪽)

3.1.2.2 게오르그 슈트레커(Georg Strecker)도 그의 사후에 프리드리히 빌헬름 호른(Friedrich Wilhelm Horn)에 의해 1996년에 간행된 자신의 『신약성서신학』에서 통일성을 규명하는 모든 시도를 포기한다. 그는 문서의 최종형태로부터 출발하는 '신약성서의 편집사적 신학'을 중시한다. 1992년에 마드리드에서 열린 신약성서학회(Studiorum Novi Testamenti Societas) 회의에서 행한 발표에서 슈트레커가 강조했듯이, '신약성서 저자들의 신학을 설명할 때, 전승물의 수용과 해석을 존중하는 것'은 마땅하다. '신약성서의 본문을 포괄적으로 접할 때, 인식에서 인정을 넘어 고백으로 이끄는 믿음의 길을 걷는 것이 중요하다. 그것이 신약성서의 근간을 이루는 의도'이기 때문이다.(4쪽) 통일성을 표현할 수는 없다. 초기 기독교의 증거는 그 자체의 역사적인 발전과정 안에서만 파악할 수 있다.

3.1.2.3 마찬가지로 클라우스 베르거(Klaus Berger)도 자신의 책인 1994년의 『초기 기독교의 신학역사』에서 초기 기독교전승의 다양성으로 인해 통일성의 상세한 규명을 거절한다. 그 대신 그는 '일반적 내용'(Generelles)이라는 장에서 전승물을 정리(整理)하면서, 초기 기독교 문서에 전제되고 있지만 그 자체로 완결된 관계를 알 수 없는 요소들을 다룬다. 따라서 자료를 요약적으로만 정렬한다. 그에 상응하여 결론적으로, 후기 문서들에서 수많은 단초들을 통합시키려는 다소의 경향을 주장할 수 있지만, 아주 다양한 신학들이 존재하며, "신학적으로 통일된 체계를 말할 수는 없다."고 언급한다.(718쪽)

3.2 통일성 규명에 대한 한정적 포기

통일성 규명의 한정적 포기에 관해서는 경전 안에 경전이나 신약성서의 중심에 대해 질문하는 곳에서 언급할 수 있다. 여기서 수많은 모델들을 구별할 수 있다. 문제제기를 설명하기 위해 가장 중요한 논고만을 다룬다.(비교. 이 책 I권, 1장 8.1)

3.2.1 경전 안에서 경전 찾기

3.2.1.1 경전 안에 경전을 찾으려는 요구를 에른스트 캐제만(Ernst Käsemann)이 확고한 입장을 갖고 강조하였다. 1951년 간행된 논문에서 그는 교회의 통일성의 기초가 되는 것이 신약성서의 경전인지 아니면 수많은 신앙고백인지를 질문한다. "신약성서 안에 매우 큰 다양한 가변성이 있으므로 상당한 긴장들뿐만 아니라 일치시킬 수 없는 신학적 대립문장들을 우리가 입증할 수 있다."고 캐제만은 말한다.(『주석적 시도』 I, 218쪽) 이미 신약성서 자체가 신학적 진술들과 함께 '영분별(diakrisis pneumatoon)의 과제를 등장시키는 것'이 '경전이 복음과 동일하지 않음'을 의미한다.(221, 223쪽) 이로부터 경전 안에 경전에 대한 질문이 발생된다. 1970년 캐제만에 의해 편찬된 총서 『경전으로서의 신약성서』의 요약에서 그러한 주장의 내용이 명확해졌다. 그 내용은 다음과 같다. 성서에서 "십자가에 달리신 분의 메시지와 사역으로서 예수의 메시지와 사역, 즉 그의 영광과 통치가 분명하게 모든 다른 종교적 진술들과 구분되므로, 그것이 경전 안에 경전으로 고려되어야 하며, 그것이 영을 시험하는 기준이다."(405쪽) 캐제만은 무엇보다도 바울신학을 참으로 경전적인 것으로서 중심에 위치시킨다. 그 중심에 근거하여 신약성서의 모든 문서들이 측정되어야 하고, 경우에 따라 내용을 비판적으로 평가해야 한다.

3.2.1.2 베르너 게오르그 큄멜(Werner Georg Kümmel)이 1950년 간행된 "신약성서 경전의 필연성과 경계구분"(캐제만의 『경전으로서의 신약성서』, 62-97쪽)이라는 주요 논문에서 동일한 문제에 몰두하였다. 고대교회가 확정한 경전이 출발점일 수 있다. "경전이 … 그리스도의 증언이라는 점, 오직 그러한 관점에서만, 경전이 교회의 선포를 위한 기준이며 그로써 신앙을 위한 기준이기 때문이다."(92쪽) 그러나 그리스도의 증언이 명백하게 미리 주어져 있지 않다. 오히려 그리스도의 증언은 오직 "신약성서 선포의 다양한 형태 전체를 비평적으로 조망함으로써 드러날 수 있다."(94쪽) 신약성서의 역사적인 경전화에 직면하여 경전의 필연성과 경전의 경계구분을 내용에 따라 규명해

야 한다. 한편으로는 긴장을 인식할 수 있고, 거기서 경전의 경계를 구분 짓는 일이 경전 전체에 흐르고 있음이 밝혀진다. 다른 한편으로 중심점이 분명하게 두드러진다. 그러한 중심점이라는 의미로 큄멜이 1969년 처음 간행된 자신의 『주요 증인들에 따른 신약성서신학』에서 예수, 바울, 요한에 집중한다.

3.2.1.3 에른스트 캐제만을 기념하여 1976년 출간한 "신약성서의 중심과 경전에 대한 질문"이라는 중요 논문에서 볼프강 슈라게(Wolfgang Schrage)가 상세하게 이 문제를 다루었다. 예수 그리스도가 경전의 중심이라는 주장이 매우 일찍이 고정화되었음을 그는 지적한다. 오히려 중요한 것은 "어떤 내용이 그러한 주장과 연결되는가이다. 신약성서 내용의 중심에서 출발한다면 그리스도를 다만 의롭게 하시는 그리스도(Christus iustificans) 혹은 우리를 위한 그리스도(Christus pro nobis)로 … 선포할 수 있다. 중심에 대한 그러한 규명이 경전 전체에 뒤덮여 있지는 않으나 … 합당한 이유로 신약성서의 핵심이며 주요 관점으로 등장한다."(439쪽) 슈라게가 의미하는 바는, '신약성서 증언이 내는 다양한 음색의 합창이 억지로 한 소리(unisono)를 내는 것은 아니며, 가냘픈 불일치와 주변 소음에 여러 번 빼앗기지만, 정선율(定旋律, cantus firmus)을 분명하게 들을 수 있음'을 말한다. "중요한 것은 결정적인 관계점과 목표점이며, 그것은 주석과 선포에서 그러한 것으로서 끊임없이 새롭게 검토되어야 하고 보존되어야 한다."(442쪽) 물론 거기서 개별문서들을 주석할 때 내용을 비평적으로 보는 많은 결과들이 도출된다. '중심을 찾으려는 단호한 추구와 그것에 기초한 내용에 대한 비판'이 관건이 되기 때문이다.(417쪽)

3.2.2 신약성서 중심을 향한 방향설정

경전 안에서 경전을 규명하는 것에서 성서의 중심을 묻는 질문으로 이전하는 과정은 유동적이다. 그러나 다음과 같은 점에서 차이점을 인식할 수 있다. 경전 안에서 경전을 규명하는 경우에 좁은 의미로 이해한 경전의 내용을 반대 흐름의 경향에서 비평하며 한계를 정하는 것이 중요하다. 반면에 성서의 중심을 질문하는 경우에 보다 더 정확하게 명명할 수 있는 중심에서 출발하여 그러한 중심을 향하도록 초기 기독교 전승을 광범위하게 정렬시켜야 한다.

3.2.2.1 에두아르트 로제(Eduard Lohse)는 1974년 처음 간행된 그의 『신약성서신학의 개요(概要)』를 신약성서신학의 통일성에 관한 짧은 연구로 종결하였다.(비교. 그의 저서 『신약성서신학의 통일성』에서 소논문 "신학적 문제로서 신약성서의 통일

성", 괴팅엔 1982, 231-246쪽) 자신의 개요에서 로제는 마지막 제40장의 명제로 다음과 같이 진술한다. "신약성서는 통일된 신학이 아니라, 다양하고 때때로 모순되는 증언을 담고 있다." 그러나 신약성서 전체 문서가 십자가에 달리신 부활하신 그리스도의 선포를 전개하므로, 다양한 진술에서 분명해지는 메시지의 통일성에 대해, 그리고 '경전 안에 있는 경전'에 대해 질문해야 한다. 이를 통해 말씀들의 다양성 가운데서 복음의 말씀을 듣게 된다. 신약성서의 통일성은 케뤼그마 안에 그 기초가 놓여 있으며, 그 케뤼그마가 최초의 기독교 설교에서 해석되고 있다."(161쪽) 로제는 논박할 수 없는 다양성을 넘어서 신약성서의 일치점과 공통된 중심에 대해 질문한다. 그것을 위해 그가—비평적이라기보다는 정렬한다는 의미에서 '경전 안에 있는 경전'을 말한다. 신약성서 문서들은 초기 기독교 케뤼그마의 발전이다. 기록된 모든 내용 "이전에 이미 그리스도 사건과 초기 기독교 케뤼그마가 있으며, 문서들 각각이 자기 입장에서 그것을 수용하고 해석한다. … 물론 이러한 케뤼그마를 고정된 기준으로 곧바로 사용할 수 없다. 오히려 케뤼그마에 대한 문제가 기독교 설교의 중심에 대한 문제를 난순하게 포함시킨다."(163쪽)

3.2.2.2 훨씬 더 상세하고 구체적으로 페터 슈툴마허(Peter Stuhlmacher)가 1999년에 출간된 자신의 『신약성서의 성서신학』 두 번째 권에서 성서의 중심을 상세하게 규명하려고 애쓴다. 그에게 중요한 것은 두 권으로 나누어진 기독교 성시라는 틀 안에서 신약성서의 중심이다. 케뤼그마에 집중하는 성서의 중심을 언급할 수 있을 뿐만 아니라, 그것을 진술하고 해명할 수 있다는 것이 그의 견해이다. 그에 대한 결정적인 표현은 다음과 같다. "예수께서 헌신했고, 바울이 모범적으로 선포했으며, 요한학파가 영적으로 깊이 숙고한 사도적인 복음, 하나님이 자신의 외아들, 예수 그리스도를 통하여 인간과 화해(화목)하신 복음이 단순하게 세상을 위한 구원의 메시지이다. 그 복음이 이해시키며 가르치는 내용은, 세상을 창조하고 이스라엘을 자기 백성으로 선택하신 유일하신 하나님이 자기 아들의 파송, 사역, 대속적 죽음, 부활에서 유대인들과 이방인들을 위한 최종적인 구원을 위해 유일회적으로 충분하게 행하셨다는 사실이다."(320쪽) 중요한 것은 "신약성서가 내포하는 다양한 전승증언의 차이를 넘어서는 믿음의 가르침이다. … 신약성서의 증언들은 그리스도 안에서 그들 앞서 주어진 신학적 진리와 실체에 공통의 책임을 지니는 것으로 보인다. 이 진리가 신약성서를 하나로 만들지만, 단순한 일치를 강요하지 않는다."(311쪽) 이로써 차이를 충분하게 고려하지 않았음에도 통일성과 다양성을 의미 있게 관련짓는 한 개념을 얻게 된다. 이렇게 답변되는 성서의 중심에 대한 질문이 주제적인 세부연구에서 신약성서의 통일성을 찾으려는 과제로부터 우리를

해방시키지 못한다. 놀라운 것은 그렇게 체계적으로 연구에 몰두하는 주석가가 이러한 기본 인식을 포괄적으로 서술하지 않는다는 사실이다.

3.3 신약성서의 통일성을 규명하려는 노력

주목할 만한 흥미로운 사실은 19세기와 20세기 초에 특히 보수신학의 옹호자들이 신약성서의 통일성의 문제를 고려했다는 것이다. 그와 반대로 자유주의 신학이나 종교사학파의 대표자들은 초기 기독교 증언의 다양성을 단편적으로 이해했다. 이는 하인리히 율리우스 홀츠만(Heinrich Julius Holtzmann), 빌헬름 부세트(Wilhelm Bousset), 하인리히 봐이넬(Heinrich Weinel)이 드러내는 바와 같다.

3.3.1 베른하르트 봐이스(Bernhard Weiß)

당대 보수신학의 가장 명망 있는 대표자들 중의 하나는 베른하르트 봐이스(Bernhard Weiß)이다. 그가 지은 교과서인 『신약성서의 성서신학』(1868, 1903년 7판)이 주석에서 중요한 위치를 차지한다.

3.3.1.1 베른하르트 봐이스는 그의 교과서에서 기초가 되는 중요한 서문을 앞에 놓는다. 중요한 것은 '하나님을 향한 인간의 관계와 관련되는 표상들과 가르침'이며(슈트레커, 45쪽 이하), 이는 '그리스도의 계시 안에서 … 하나님의 완전한 계시가 주어진다는 전제' 아래 있다.(47쪽) 그 계시가 신약성서 안에 '다양하게 이해되며 서술되고' 있다.(48쪽) 따라서 다양한 '가르침의 개념들'을 제시하는 것이 마땅하다. 그 개념들이 각각의 개별성과 계속적인 역사적인 발전을 고려하면서 '그리스도 안에서 역사하는 하나님의 계시에 관한 종교적인 자의식'으로부터 출발한다.(49쪽)

3.3.1.2 매우 흥미로운 것은 봐이스가 그 개념을 '성서적 교의학'과 연결시킨다는 것이다. 이 교의학은 가르치는 형태가 갖는 다양성이 아니라, 오히려 '그러한 형태로 증언된 진리의 통일성'과 관련된다.(49쪽) 주목할 만한 것은 이러한 성서적 교의학이 "교회적으로나 철학적으로 주어진 어떤 체계도 비평적이며 체계화시키는 작업의 기준으로 삼지 않는다는 사실이다. 오히려 성서의 일치된 진술에서 밝혀지는 계시사실의 근본적인 의미가 중요하다."(51쪽) 성서적 교의학이 "성서신학의 결과를 전제하며 그 결과를 자료로 사용한다."(50쪽) 물론 신약성서의 성서신학에서 이미 모든 다양한 가르치는 방법에 기초가 되는 통일성을 보아야 한다.(66쪽) 이러한 내용이 그의 교과서에 물론 내

재적으로만 나타나지만, 그가 요구한 성서적 교의학을 그 자신도, 그 주변의 주석가들도 수행하지 못하였다.

3.3.2 아돌프 슐라터(Adolf Schlatter)와 파울 파이네(Paul Feine)

슐라터와 파이네는 서로 다양한 중점을 두고 있지만, 신학적 기본입장에서 서로 근접한다. 무엇보다도 신약성서신학의 서술에서 서로 맞닿아 있다.

3.3.2.1 아돌프 슐라터는 1909년의 계획적인 소논문에서 '신약성서신학과 교의학'에 관해 진술한다.(비교. 슈트레커[Strecker]의 책, 『신약성서신학의 문제』, 155-214쪽) 무엇보다도 역사적 연구와 교의학 사이의 상호관계가 그에게 중요하였다.

3.3.2.1.1 결정적인 것은 모든 믿음과 사고 이전에 놓여 있는 사건이다. 그것을 이해하기 위해 '주어진 것들을 인식'하는 올바르게 '보는 행위'가 필요하다.(167쪽) 역사적 사건이 근본적으로 중요하다는 사실에 직면하여, 역사적 연구를 피할 수 없다. "신약성서는 하나님을 원래 저자로 명명한다. 예수를 하나님의 아들로, 예수의 사신(使臣)을 하나님의 사신으로 말하기 때문이다. 이는 언제나 역사가 자신의 확신이 고려될 수 있는 것과 같다. 이로부터 자료에 몰두하는 역사가의 관심이 생긴다. 역사가는 그 자체가 하나님의 계시로 명명되며 그것으로부터 역사적인 힘을 이끌어 내는 진술들을 연구한다. 그 진술들은 그러한 것으로 유효하게 되며 그러한 진술이 된다."(195쪽 이하) 이러한 계시의 성격에 믿음의 요구가 상응한다. 사도적인 말씀은 그것이 믿어져야 한다는 것으로 말미암아, 우리에게 자신을 버리고 온전하게 관찰하는 순전함을 요구한다. 여기서 '그 사건이 충만함과 깊이에 있어서 우리의 보는 능력'을 능가한다.(177쪽) '보는 행위'에 '생각하는 행위'가 애초부터 부합(符合)하고 있다.(169쪽) '생각하는 행위'에서 믿음을 확신하게 하는 근거가 중요하다.(172쪽) 그러한 점에서 신약성서에서 교의학의 형성이 이미 시작되고 있다. 이는 "교육방침이라는 의미에서가 아니라 … 여기서 모든 것에 이식(移植)되어 공통성을 서로 만들어내는 확신이 생성된다는 사실에서이다."(182쪽) 그러한 점에서 '사도들의 인식을 지니는 것'이 훨씬 더 중요하다.(204쪽)

3.3.2.1.2 베른하르트 봐이스와 비슷하게 슐라터가 '가르침의 양식(樣式)'을 언급한다. '신약성서신학의 다양한 형성'이 중요하다. '신약성서에 나오는 사상들의 통계'가 아니라, '생생한 발전과정'을 파악하는 것이 관건이 된다.(177쪽 이하) 여기서 특히 언어사(言語史)를 주목해야 한다.(206쪽) 이런 의미로 그가 '성서적 교의학'을 말한다.(208쪽 이하) 성서적 교의학에서 중립적인 역사 연구가 아니라, 진리의 문제가 관건이

된다. 이 문제가 우리 자신의 사고와 의지를 규정하므로 주석적 연구와 체계적 연구 사이의 상호관계가 나타난다.

3.3.2.1.3 신약성서신학을 위한 슐라터 고유의 구상은 두 부분으로 나누어진다. 제1권은 복음서 저자들의 메시지에 기초한 『그리스도의 역사』를 담고 있다.(슈투트가르트 1909, 1923년의 제2판) 제2권은 복음서 저자들 각각의 특별한 증언을 포함하여 『사도들의 신학』을 담고 있다.(슈투트가르트 1910, 1922년의 제2판) 제2권의 끝에 '기독교의 하나님'과 '교회가 완성하는 일'에 관한 소항목과 함께 '처음 교회의 인식'에 관해 한 장을 할애한다.(485-562쪽) 그것으로 슐라터가 내용을 요약하려 했다.

3.3.2.2 파울 파이네의 『신약성서의 신학』은 20세기 전반기에 교과서로서 큰 영향력을 끼쳤다. 1910년에 처음 간행된 저작을 1931년에 저자가 마지막으로 제5판 개정판을 출간하였다. 그 개정판이 그 이후 계속 간행되었으며 1948년에 다시 한 번 인쇄되었다.

3.3.2.2.1 '예수의 선포 내용 및 그 선포에 근거하는 사도와 초기 기독교의 믿음을 신약성서 문서들에 맞게 기술하는 것'은 역사적인 과업이다. 그러나 그러한 과업은 "신약성서의 내용이 고유하며 오늘날 우리에게도 규범이 된다."는 믿음의 확신을 전제로 한다.(1쪽) 여기서 파이네는 원자료의 배후에 놓인 자료를 찾아내려는 것이 아니라, 성서의 증언에서 출발한다. 그는 슐라터와 아주 유사하게 '복음서가 서술하는 예수의 가르침'과 초기 공동체의 신학적 관점을 다룬다.

3.3.2.2.2 그의 저작을 특징짓는 것은 '신약성서신학의 주요 사상'에 관한 마지막 장이다.(그 책의 402-420쪽) 그가 아주 짧게 매우 상세하게 서술하면서 주석상의 문제도 언급한다. 그러나 그것이 광범위한 자료에 대한 연구를 대신할 수는 없다.

3.3.3 오스카 쿨만

이러한 맥락에서 신약성서신학의 통일성에 대한 문제를 구원사의 개념으로 답변하려고 하는 한 주석가의 저작을 언급할 가치가 있다.

3.3.3.1 오스카 쿨만(Oscar Cullmann)은 그의 두 저서 『그리스도와 시간』(1947년, 1962년의 제3판)과 『역사로서의 구원』(1965년)에서 한 개념을 발전시켰다. 그것에 따르면 시간과 역사에 대한 성서에 따른 이해 가운데 신약성서신학을 위한 기본전제와 통일성이 보여진다. 이로써 그는 불트만의 역사이해와 신학에 대항하는 구상을 제시하려 했다. '이미 (성취되었고)' '아직 (완성되지 않은)' 구원사적인 긴장을 그는 '신약성서

의 구원사를 이해하는 열쇠'로 명명한다.(1965년, 147쪽) 그 안에 놓여진 역동성은 포괄적인 역사 관찰의 틀 안에 위치하고, 그리스도의 사역이 그 중심을 형성한다. 계속되는 구원의 연속선과 구원의 시기를 포함하는 시간의 영역이 중요한 역할을 수행한다. 여기서 쿨만은 맨 처음에 '상승하는 시간의 연속선'을, 나중에 '파도 형태로 흐르는 시간의 연속선'을 말한다. 이러한 개념을 제2권에서 '신약성서의 주요 대표자들'(예수, 초기 기독교, 바울과 요한)에 의거하여 서술하고, 끝으로 현재와 관련된 체계적인 전망에 적용시킨다. 그러나 통일성에 대한 내용적인 서술을 제시하지는 않는다. 의심의 여지가 없는 특징적 기본원칙과 다양한 전승에서 그러한 원칙이 갖는 중요성을 중시한다.

3.3.3.2 구원사에 대한 연구와 함께 쿨만의 『처음 기독교 신앙고백』(취리히, 1949년) 연구를 주목해야 한다. 여기서 그는 옛 신앙규칙의 사도적 성격, 사용, 구조를 연구할 뿐만 아니라, '처음 신앙고백들의 기독교적 신앙의 근본 내용'도 질문한다. 여기서 기독교 메시지의 형태를 확장시킨, 역사적이면서 동시에 도그마적인 '핵심'이 중요하다.(44쪽) 그리스도 중심적인 이러한 기본 진술 안에서 "예수 그리스도가 하나님의 아들이라는 것, 죽음과 부활의 결과로서 주(主)의 위엄으로 그가 승귀하는 것이 1세기 대부분의 신앙고백의 근본적인 두 요소이다."(51쪽) "가장 초기 형태에서 – 매우 짧을 수 있는 – 규칙적으로 반복되는 공통의 관심이 복음적인 메시지의 근본 요소를 서술하며, 이는 초기 기독교가 그것을 이해했던 바이다."(44쪽)

3.3.3.3 여기서 부록으로 1941년에 초판이, 제4/5판이 1948년에 간행된 에텔베르트 슈타우퍼(Ethelbert Stauffer)의 『신약성서신학』을 더 언급한다. 마찬가지로 이 저서도 계시의 역사를 서술하는 것에 관심을 갖기 때문이다. 물론 저자는 묵시적인 특징을 지니는 '그리스도 중심의 역사신학'이라는 상당히 문제성 있는 형태로 신약성서의 신학을 구상한다. 물론 저자가 이러한 방법으로 통일된 시각을 얻고 있지만, 매우 다른 의도를 지니는 다양한 전승들과 본문들 대부분을 전체 조망 안에 매우 과격하게 흡수시켜, 초기 기독교 증언의 다양성을 고려하지 않았다.

3.3.4 마틴 알베르츠와 칼 헤르만 쉘클레

흥미롭게도 양식사에 근거 기반을 둔 두 주석가들이 전쟁 직후에 신약성서신학을 요약적으로 서술하려고 노력한다. 한 사람은 먼저 개신교 신학자 마틴 알베르츠(Martin Albertz)이고, 이어서 다른 한 사람은 가톨릭 신약성서학자 칼 헤르만 쉘클레(Karl Hermann Schelkle)이다. 물론 두 저서에 대한 반향은 크지 않았다. 제기되는 문제들을 비평적으로 충분하게 연구하지 않았기 때문이다.

3.3.4.1 마틴 알베르츠는 네 권으로 구성된 『신약성서의 메시지』라는 자신의 저서에서 먼저 '메시지의 생성'(I/1, 취리히 1947 ; I/2, 1952)을 다루고 이어서 '메시지의 발전'(II/1, 1954, II/2, 1957)을 서술한다. 이미 메시지의 생성을 신약성서 입문이라는 전통적인 의미에서 다루지 않았다. 오히려 철저하게 신학적인 관점에서 다룬다. 이는 신약성서가 "문학서적이 아니라, 그 자체가 축복이 되는 구두 메시지를 전달하기 때문이다."(I/1 15쪽) 메시지의 전개에서 먼저 역사적인 틀, 메시지를 전하는 자들, 그 메시지의 근거인 하나님의 행동을 질문한다. 여기서 결정적인 것은 메시지의 근본인 통일성이다. 언어, 듣는 자들과의 관계, 섬기는 자들의 과제 같은 다양성이 통일성을 제거하지 않으며, 막아야 할 거짓 가르침만이 통일성을 건드린다.(II/1 133-154쪽) 이러한 전제 아래 모든 긴장을 제거한 체계적인 서술이 뒤따른다.

3.3.4.2 칼 헤르만 쉘클레는 네 권으로 구성된 『신약성서신학』이라는 자신의 저서에서 '창조'(I, 뒤셀도르프 1968), '그리스도 안에 계신 하나님'(II, 1973), '에토스'(III, 1970), '창조와 구속의 완성'(IV/1, 1974), '제자공동체와 교회'(IV/2, 1976)라는 주제들을 차례로 다루었다. 그는 제I권 서문에서 "신약성서 전체가 지니는 단어들, 개념들, 주제들을 추적하고 체계적으로 요약하여 서술하려 하며, 개별 문서들과 문서그룹 각각의 진술형태들에 주목해야 한다."고 자신의 구상을 말한다.(7쪽) 이러한 의미로 그는 신약성서 주요 구절들을 요약한다. 그러나 다양한 진술들을 서로 연결시켜 긴장들을 효과적으로 설명하지 못하고 단지 종종 나란히 정렬시킬 뿐이다.

3.3.5 하인리히 슐리어

포괄적인 통일성 규명의 가능성과 필연성을 1957년 하인리히 슐리어(Heinrich Schlier)가 "신약성서신학의 의미와 과제에 관하여"라는 그의 계획적인 논문에서 주장한다.(슈트레커[Strecker]의 책, 『신약성서신학의 문제』, 323-344쪽) 이것은 특별히 불트만의 서술에 대한 반작용으로 일어났다. 여기서 주목할 가치가 있는 것은 슐리어가 불트만의 한 제자였다는 사실이다. 늘 주목해야 할 가치를 지니는 그 기고의 의미가 보다 상세한 설명을 요구한다.

3.3.5.1 슐리어는 기본적으로 다음과 같은 주장을 한다. "우리가 훈육이라고 명명하는 것과 그 훈육 안에 이미 파악되어져 있는 개념은 다양한 신학들의 종합만이 아니라, *하나의* 신약성서신학, 그 신약성서신학을 목표로 한다."(328쪽) 역사비평적 연구

에서 그는 신앙의 지식(intellectus fidei)과 연결되는 신약성서신학을 요구한다. 신약성서신학이 거기서 개념화되어 진술된 사실 정황 안에서 신약성서신학의 통일성을 향해, '그 통일성 안으로' 몰입해 간다.(330쪽) 그러나 이 통일성은 "실제 사실이며, 의식할 수 없는 그런 정도로 감추어진 것이 아니다." "이미 저 신앙고백문의 신학적 단초 안에서 그 통일성의 기초를 인식할 수 있기 때문이다. 많든 적든 신약성서 문서들은 그러한 영향력 아래 있다."(339쪽)

3.3.5.2 이러한 논증의 전제는 1951년에 처음 간행된 "케뤼그마와 소피아. 도그마의 신약성서적 기초에 대하여"라는 기고이다.(『교회의 시기』, 1956년, 206-232쪽) 여기서 슐리어의 요지는 불트만에 맞서서 변경된 케뤼그마의 개념을 얻어내는 것이다. 그가 고린도전서 15:1-11에 의거하여 상술하는 바와 같이 케뤼그마는 쓸모없는 위로가 아니라 '부활하신 분의 자기 증언'이며 '증인의 언어와 단어 안으로 들어가 계시되는 것'(215쪽)이다. 그러한 점에서 케뤼그마는 앞서 주어진 것이고 '기준이 되는 로고스'이며, 동시에 발전할 수 있는 로고스이기도 하다. 이러한 파라도시스(Paradosis, 遺傳)가 "복음의 근본적 핵심이며 … 규범적인 사도적 파라도시스로서의 케뤼그마는 시간적으로, 결국 내용적으로도 선포로서의 복음 이전에 놓인다."(216쪽) 이 파라도시스가 '선(先)상징'(Praesymbola)의 기능을 지니며 나중에 교회의 신조문에서, 특히 신앙의 규범(regula fidei)에서 계속된다.(216쪽, 각주 17과 230쪽 이하)

3.3.5.3 그에 상응하여 슐리어는 신약성서신학에 관한 그의 논문에서 다음과 같이 표현한다. "예수 생존 시의 말씀이 이미 신약성서 문서들 이전에 응집되어 표현되었고 초기 교회신앙고백의 형태로 신약성서 문서들 안에 다양하게 주어지지 않았는가?"(333쪽) 개별 문서들 모두를 '기본 케뤼그마의 해석'으로 이해하고 그런 의미에서 서로 결합된다는 점에서 신약성서 문서들의 통일성을 강조할 수 있고 강조해야 한다. 이로부터 다음 결론이 도출된다. 즉 신약성서 "신학의 과제는 다양한 '신학들'의 통일성을 가시화시키는 데 성공하는 경우에 비로소 성취된다."(338쪽 이하) "신약성서신학은 진정한 모든 신학처럼 구체적인 신학"이기 때문이다.(340쪽) 결정적으로 방향을 제시하는 것은 신약성서 자체 안에서 모든 선포의 근본토대가 되는 저 신앙고백들과 신조문들이다.(여기서 '선상징'[先象徵, Praesymbola]이라는 개념을 피한다.) 따라서 신약성서 개별 문서들의 신학 안에서 발전되고 있는 '케뤼그마의 표준이 되는 원래 형태'가 전체 신약성서신학의 통일성을 규명할 수 있다.(333쪽 이하)

3.3.5.4 '성서적이며 도그마적인 신학'이라는 부제를 갖는 세 번째 기고에서(슈트

레커[Strecker]의 책, 『신약성서신학의 문제』, 425-437쪽) 슐리어는 다음과 같이 말한다. "신약성서의 신학은 계시 사실을 밝히고 내적인 맥락에서 계시 사실을 드러내고자 애쓴다. 이는 신약성서의 믿음 이해가 계시 사실을 파악하는 바와 같다."(432쪽) 성서 말씀의 개방성은 "성서적 신학과 더불어, 성서적 신학에 따라 도그마적 신학을 허용하고 요구하는 개방성이다."(428쪽) 여기서 신약성서신학과 관련된 결정적인 내용은 예수 그리스도 안에서 하나님의 자기 계시가 증인들에게 맡겨져 있다는 사실이다. "그 증인들이 계시 전승을 그것이 요구하는 그대로 인식했고, 형성시켰으며, 선포하였다."(426쪽) 인간적이며 역사적인 모든 한계에도 불구하고 "예수 그리스도 안에서 하나님이 전하시는 말씀은 감추어지지 않고 곡해되지 않은 상태로 나타난다." 그럼에도 불구하고 신약성서는 "예수 그리스도 안에 나타나는 하나님의 계시의 증언을 이미 숙고된 믿음으로 제공하고 있다."(426쪽) 성서 진술이 지니는 원칙적인 개방성은 자체의 고유한 충만함에 근거한다. 그 충만함은 진술된 말씀 안에 진술되지 않은 것이 감추어져 있고 말씀되지 않은 것이 진술 자체를 드러낸다는 사실에 있다.(427쪽) 이로써 도그마적인 신학의 근거가 제공되어 정당화된다.

3.3.5.5 유감스러운 것은 슐리어가 이 프로그램을 신약성서신학의 서술로 상술하지 않았다는 사실이다. 케뤼그마를 부활하신 분의 자기 증언으로 주장하는 데 동의하는 경우, 이 프로그램은 방향을 제시하는 기능을 내포한다. 어쨌든 신약성서의 증언을 그 내적인 맥락에서 제시하고 신약성서신학을 통일성 안에서 인식해야 한다는 요구가 정당화된다.

3.3.5.6 부록으로 슐리어에 매우 근접하고 있는 빅토르 바르나흐(Victor Warnach)를 언급해야 한다. '신약성서신학에 대한 사고(思考)'(비교. 슈트레커[Strecker]의 책, 『신약성서신학의 문제』, 309-332쪽)에서 그는 다음과 같이 말한다. "신약성서신학의 특별한 과제는 결정적으로, 성서 자체 안에 담겨진 신학적 단초(端初)들과 관점들을 강조하는 것이다."(316쪽 이하) 도그마적 신학과 함께 신약성서신학은 '성서의 고유한 사고형태와 사고방식으로 … 기독교 가르침을 전체적으로 이해하는' 과제를 갖는다.(319쪽) 따라서 중요한 것은 신약성서에서 개별적으로 제시되고 있는 신학적 구상들이 묘사적으로 다루어지고 있는 것을 의도적으로 넘어서는 과제이다.

3.3.6 빌헬름 튀징

신약성서신학의 개념 문제에 대한 의심의 여지없이 가장 중요한 최근 기고는 미

완성으로 종결된 빌헬름 튀징(Wilhelm Thüsing)의 『신약성서신학과 예수 그리스도』이다.(I, 뒤셀도르프 1981, 뮌스터 ^{2}1996; II, 뮌스터 1998; III 토마스 죄딩[Thomas Söding]에 의해 사후 출간됨, 뮌스터 1999)

3.3.6.1 튀징은 제I권에서 신약성서 안에 다양한 신학들이 존재한다는 것으로부터 출발한다. 그러나 그는 무엇보다도 내적인 공통성을 드러내는 데 관심을 둔다. 중요한 것은 예수 그리스도와의 연속성이라는 관점 아래 신약성서신학을 새롭게 구성하는 일이다.(I, 15쪽) 다양한 신학들은 '종극적인 통일성을 발견할 수 있는 가능성만을 제공하는 것'과 관련되어야 한다.(I, 15쪽) 여기서 중요한 기준은 오직 지상의 예수도 아니고 오직 승귀하신 믿음의 그리스도도 아니다. 오히려 신약성서 전승 전체에 면면히 흐르는 근원이 되는 바로 그 두 구조가 중요한 기준이다.(26쪽) 따라서 예수의 메시지와 사역 및 '부활 신앙 안에 담겨 있는 부활절 이후에 새로운 것'(33쪽)에 대한 질문은 본문을 평가할 수 있는 두 가지 기준선의 기초이다.(비교. 70쪽 이하와 208-211쪽의 개관) 부활사건을 통하여 변형과정이 시작되었다. 그 과정에 예수 자신뿐만 아니라 선포전승도 관련된다.(126쪽 이하, 131쪽)

3.3.6.2 이러한 전제하에서 신약성서신학의 프로그램을 두 권으로 전개하였다. 기본적으로 다음과 같은 주장을 한다. "다양성을 진실하게 고려한다면, 감추어진 통일성에 대한 질문도 피할 수 없다."(II, 24쪽) 결정적인 출발점은 이스라엘의 하나님이 지니시는 유일성이며 '하나님을 향한 예수 그리스도의 순종'이다.(II, 27쪽, III권) 그러나 다양성과 통일성의 문제를 두 부분으로 나누어 검토하지 않고, 오히려 복잡한 내용으로 서로 묶어놓았다.(34쪽 이하, 비교. 67쪽 이하) 여기서 '신약성서신학의 감추어진 통일성을 인식하기 위한 길로서' 연속성과 전체성에 대한 질문이 중시된다.(38쪽) 개별적인 요지는 여기서 '구조를 규명하고 구조를 비교하는 것'이다.(93-102쪽) 이를 위해 주제와 질문의 범주들을 발전시키고 있다.(121쪽) 그렇게 수행된 본문분석이 다양성에서 전체성으로 나아가고 있으며(114쪽), '신약성서 전체 증언의 풍요로움과 통일성'을 인식시킨다.(비교. 146쪽)

3.3.6.3 따라서 여기서 통일성의 문제는 슐리어가 뜻하듯이 내용적으로 제기되는 것이 아니라, 오히려 진정한 모든 초기 기독교 선포에 내재되어 주어진 것으로, 그리고 심층영역으로 연구되고 있다. 이것을 방법론적으로 놀라울 정도로 세세하게 설명하고 있어 읽는 독자에게 상당한 인내를 요구한다. 다양한 진술들을 직접 대조하지 않고, 오히려 근본적인 공통 구성요소라는 관점에서 서로 관련시킨다.

3.3.7 그 밖의 기고(寄稿)

신약성서신학의 통일성에 대한 질문은 불트만의 저작에 잇대어 특히 독일어권 주석에서 검토되었다. 그러나 독일어권 밖의 몇 몇 연구들을 주목해야 한다.

3.3.7.1 찰스 해럴드 다드(Charles Harold Dodd)가 자신의 소책자 『사도적 설교와 발전』(런던 1936, [8]1956)으로 많은 영향력을 끼쳤다. 그에게 중요한 것은 '사도적 설교 배후에 놓인 경험이 지니는 나눌 수 없는 통일성'이다.(34쪽) 원래 사도적 증언이 초기 기독교 메시지의 모든 전개에 기초가 된다. 그러한 점에서 다양한 본문의 분석은 초기 기독교 전체 선포의 기준이 되는 전승이 전체 방향을 제시하고 있었음을 드러낸다.

3.3.7.2 던(J. D. G. Dunn)은 『신약성서의 통일성과 다양성』(런던 1977, [2]1991)에서 '통일된 흐름'(unifiing strand)을 언급한다. 그 흐름은 세 가지 공통 요소 안에 나타난다. 그것은 부활하신 주님의 선포, 믿음으로의 호소, 구원의 확언이다.(1991, 29쪽 이하)

3.3.7.3 존 류만(John Reumann)은 『신약성서 사상의 다양성과 통일성』(옥스퍼드 1991)에서 연구 상황을 개관한 이후에, 짧은 결론 장에서 "중심이 유지될 것인가?"라는 질문에 답변하기 위해 초기 기독교 전승의 다양성을 상세하게 다룬다. 여기서 그는 구원자로서 예수 그리스도에 대한 신앙고백과 함께 특히 신앙의 기본 경험을 강조한다.(290쪽)

3.3.7.4 이 기고들에서 신약성서 증언의 기본 구조에 대한 질문이 요지가 된다. 그와 같이 차일드(B. S. Childs)가 여러 기고에서 경전의 의미에 대해 주의를 기울였다.(무엇보다도 『구약과 신약성서의 성서 신학』, 런던 1992) 여기서 그가 관심을 기울이는 것은 전승사적으로 복원할 수 있는 이전의 형태가 아니라, 두 부분으로 나누어진 기독교 경전의 최종형태이다. 그가 이것을 통일성 문제와 직접 결합시키고 있음에도 불구하고 경전으로 받아들인 문서들로 되돌아가는 것이 큰 의미를 지닌다. 물론 여기서 이전의 단계들을 배제시킬 수 있는지를 질문할 수 있다.

3.3.7.5 통일성에 대한 문제뿐만 아니라, 경전의 기초에 대해서도 양식사적으로 연구하는 간행물을 페터 발라(Peter Balla)가 『신약성서신학의 요구』로 제시하였다.(튀빙엔 1997) 여기서 무엇보다도 중시하는 것은 여러 경향들에 대한 논의이며, 이는 특히 레이제넨(Räisänen)이 주장하는 바와 같다.(참조. 이 책 I권 제1장) 발라는 신약성서신학에서 경전을 전제로 하는 것이 무조건적이라고 생각한다. 통일성을 묻는 질문과 관련하여 그는 다드(Dodd), 던(Dunn), 류만(Reumann)의 노선을 따라, 초기 기독교 신학

의 대부분이 '기초 신학'(basic theology)에 참여한다고 주장한다.(253쪽)

3.4 결과와 미해결 과제

3.4.1 통일성을 묻는 질문에 대한 기본적인 포기는 불트만(Bultmann)의 케뤼그마 개념을 전제로 한다. 그 개념은 주목할 만한 가치가 있지만 단편적인 성격으로 인해 문제가 된다. 신약성서 전승의 통일성을 규명하는 과제를 배제하지 말아야 하기 때문이다. 사실상의 포기는 결국 중요한 신학적 과제를 앞에 두고 체념하는 것이다.

3.4.2 경전 안에서 경전을 규명하는 일은 신약성서의 경전이라는 의미에 맞지 않다. 중요한 것은 신약성서의 개별문서들을 정렬하여 단계를 구분하는 일이다. 그에 반해 신약성서의 중심을 표명하는 일은 어떤 의미에서 통일성을 내용적으로 설명하기 위한 전(前)단계이다.

3.4.3 통일성의 규명은 어쨌든 방법론적으로 숙고되어야 하고, 내용적으로 근거가 제시되어야 하며, 주제적으로 연구되어야 한다. 이러한 과제가 마땅하게 요구되었지만 아직 폭 넓게 해결되지는 않았다. 물론 쉘클레(Schelkle)가 광범위하게 구분된 자료수집록을 제시했지만, 공통점과 차이점은 구체적으로 연구하지 않았다. 뒤징(Thüsing)의 저작은 꽤 주목할 만한 가치가 있다. 그가 기본 구조에 의거하여 통일성에 대해 질문하기 시작했기 때문이다. 그러나 내용에 따라 주제적으로 기술할 것에 대한 슐리어의 요구가 여전히 남아 있다. 여기서 어떻게 그 과제를 해결할 수 있을 것인가에 대한 질문이 제기된다.

4. 통일성을 묻는 신약성서신학

4.1 초기 기독교 신학역사에 대한 관계

초기 기독교 신학역사와 통일성을 묻는 신약성서신학이 병렬되어야 한다면, 그들이 서로 어떤 관계에 있는지가 밝혀져야 한다. 한 편으로는 역사적인 의미에서, 다른 한 편으로는 사실적인 의미에서 신학적인 과제를 이해해야 하는 것이 실제 정황에 맞는 것은 아니다. 초기 기독교 신학역사 안에서 개별 신학적 구상을 기술하는 것도 신학적 과제이기 때문이다.

4.1.1 신약성서의 본문을 신학사적으로 다루는 일은 이중적 과제를 갖는다. 그 과제는 가장 초기 기독교의 선포와 믿음의 역사를 서술할 것을 목표로 한다. 그 과제는 인식할 수 있는 전승 역사와 보존된 자료문서들을 각각의 특별한 신학적 프로필에 따라 서술해야 한다. 여기서 다양성이 전체를 규명하는 특징이다. 한 편으로 이것은 초기 기독교 메시지를 발전사적인 관점에서 다루어야 함을 의미한다. 여기서 제시되는 것은 믿음의 인식에서 얻어지는 것은 무엇이며, 무엇이 신학적 숙고를 시작하게 했으며, 어떤 기독교의 자기 이해가 형성되었는가이다. 다른 한편으로 기존의 신학적 구상들을 그들 고유성에 따라 정확하게 설명해야 한다.

4.1.2 신약성서의 통일성을 묻는 신약성서신학은 초기 기독교의 신학역사를 전제하며, 거기서 전제되는 선포진술과 신학적 구상 위에 세워진다.

4.1.2.1 신약성서신학은 다양한 증언들이 갖는 공통 의도를 질문함으로써 초기 기독교의 신학역사가 필연적으로 계속되는 것을 서술한다. 다양성을 내적으로 결합시키는 것이 무엇이며 수많은 긴장과 모순에도 불구하고 함께 관련되는 것이 무엇인지를 고찰한다. 이런 의미에서 공통의 구조를 질문해야 한다. 다양한 전승 줄기를 이러한 방법으로 서로 관련시키는 일은 공통의 노선(路線)을 인식시키고, 구별되는 여러 경향들에서 다양성을 위한 근거가 무엇인지를 설명하는 것이다. 그러한 점에서 어떤 구절에서 어느 정도로 초기 기독교의 실제 정황이 다양하게 해석될 수 있는지를 밝혀야 한다. 이로써 통일성의 문제가 제기되지는 않는다. 모든 선포진술들, 신앙의 모든 인식, 구체적인 기독교의 모든 존재양식을 결정적으로 규명하는 것이 무엇인가에 대한 숙고가 관건이 된다.

4.1.2.2 공통의 구조와 경향을 넘어서 통일성을 상세하게 제시해야 한다. 이것은 주제에 따른 서술을 요구한다. 여기서 마땅히 개별 주제에 대한 다양한 진술들을 그들의 다양한 특징에 따라 파악해야 한다. 그러한 비교에서 개별적인 특수성과 마찬가지로 공통성이 분명하게 부각된다. 그 공통성들을 보다 더 큰 주제의 맥락 안으로 포함시켜야 한다.

4.1.2.3 이에 덧붙여 끝으로 초기 기독교에서 언급된 것과 문학적으로 고정된 것을 드러내는 관점들을 가시화시키는 과제가 등장한다. 그러한 수고는 단초(端初)에서 볼 때 체계적인 신학의 과제와 맞닿을 것이다. 신약성서신학을 주제적으로 다루는 일이 물론 교의학을 대신할 수도 없고 대신해서도 안 된다. 한 편으로 신약성서신학의 고유

한 전제들을 전개해야 하고, 다른 한 편으로 교의학역사와 신학역사의 흐름에서야 비로소 드러나게 된 문제제기들을 신약성서신학과 연루시키지 말아야 한다. 어쨌든 신약성서신학이 그 문제제기들을 다루는 것은 교의학적 문제들과 신학사적 문제들이 신약성서가 지니는 개방적인 경향으로부터 곧바로 필연적으로 비롯된다는 점에서이다.

4.2 기초로서 신약성서 경전

초기 기독교의 종교사와 근본적으로 구분되는 신약성서신학은 경전, 즉 예로부터 인정된 문서들에서 출발한다. 그 문서들이 기독교 선포, 기독교 교회, 기독교 신앙의 기초이다.(참조. I권, 제1장, 6. 레이제넨[Räisenen]과 타이센[Theißen])

4.2.1 신약성서 경전이 (후대의) 교회 결정에 근거한다는 사실이 경전이 갖는 규범적인 의미에 반대되지 않는다. 이미 부활 이전의 예수 전승을 보존하고 그 전승을 그리스도 증인과 결합시킨 것은 신앙공동체의 결정이었다. 미찬가지로 서신과 복음서들을 기록하고 교회의 생활과 관련된 초기 기독교 문서들 모두를 수집한 것도 신앙공동체의 결정이었다. 초기 기독교 선포의 생성과 전승은 교회론적 맥락을 떠나 이해할 수 없다. 이는 신약성서 경전의 형태로 지속적인 신앙의 기초가 고정된 것에도 같은 방식으로 관련된다. 게다가 고대교회가 행한 경전의 경계설정은 자의적으로 이루어진 것과는 아주 다르다. 경전의 경계설정은 예배에서 관철된 것과 초기 기독교에서 폭넓게 구속력 있는 것으로 인정된 것에 기초한다. 그것은 이미 2세기에 사용할 수 있었던 조화시킨 복음서 대신에 4개의 복음서가 수용된 것에도 해당되며, 바울문서와 제2 바울문서들의 병렬이나 요한신학에도 해당된다. 4세기에 아타나시우스와 아우구스티누스 시기의 마지막 공식적인 결정은 히브리서와 요한계시록의 경우처럼, 결국 동방교회와 서방교회 사이에서 논쟁된 문서들에만 해당된다.

4.2.2 신약성서 안으로 수용된 문서들은, 의심의 여지가 없는 진정한 7개 바울서신들을 제외하고, 물론 모두가 65-100(120)년 사이의 '사도 이후 시기'에서 유래하지만, 그 자체로 예외 없이 '사도적 전승'을 확정시키려는 의도를 갖는다. 사도 시기의 선포 및 신학과 비교하여 그 문서들이 지니는 모든 고유성에도 불구하고 그들은 초기 기독교의 기초전승을 대표한다. 그 문서들이 그 자체로 이미 초기 기독교 이전의 전승과 관련되므로, '사도적 전승'이기를 스스로 요구하지 않는다는 점에서 사도교부들과의 차이를 분명하게 인식할 수 있다. 이는 안디옥의 이그나티우스와 클레멘스일서에도 해당

되지만, 바나바서신과 폴리갑, 클레멘스이서와 변증의 전(前)단계인 크바드라투스 및 디오그네트서신에도 해당된다. 이러한 관점에서 디다케만이 특별한 위치에 놓인다. 디다케는 권고적이며 예전적인 부분에 있어서 초기 기독교 전승에 매우 근접하지만, 부차적으로 첨가된 제목 이외에 그 자체가 사도적 기원을 요구하지 않는다는 사실에서 성격상 신약성서 문서들과 구별된다. 역으로 베드로후서는 비록 후기에 생성되었지만, 베드로에게서 유래하는 전승을 끌어들인다. 베드로후서는 언급된 바울서신들을 덜 전제하며, 오히려 바울서신들과 동등한 위치에 있는 것으로 간주한다.(비교. 3:14-16)

4.2.3 게다가 신약성서 문서들과 신약성서 이후의 문서들과의 비교에서 알 수 있는 것은 규범적인 것으로 인정된 초기 기독교 기본 증언으로서의 신약성서에 비하여, 전승된 다른 어느 문서도 신약성서와 동등한 위치의 것으로 인정되지 않는다는 사실이다. 이러한 내용은 (예를 들어 이그나티우스의 서신은 신학적으로 중요한 위치를 지니고 있음에도 불구하고) 사도교부 문서들에 해당되며(물론 전승사적으로 가치가 있지만, 영지주의 내용이 겹쳐 있는 도마복음서를 포함하여), 특히 묵시전승에 해당된다. 물론 거꾸로 고대교회에서 경전의 한계설정이 다소 너무 광범위하게 이루어지지는 않았는지를 질문해야 한다. 일반적으로 적용된 것은 먼저 사복음서, 사도행전, 13개의 바울서신, 요한일서와 베드로전서이다. 야고보서, 유다서, 베드로후서의 경우 요한이서와 요한삼서의 경우처럼 인정의 과정이 훨씬 더 길게 진행되었다. 히브리서와 요한계시록의 경우도 마찬가지이다. 그러나 이 일곱 개의 문서들이 결국 함께 포함되었다는 사실이 중요하다. 그들이 초기 교회를 특징짓는 전승을 각기 독특한 방법으로 고정시켰기 때문이다.

4.2.4 경전으로의 방향설정은 물론, 신약성서의 모든 부분들이 무차별적으로 다루어지고 원칙적으로 똑같이 정렬되었음을 의미하지는 않는다. 내용에 근거하여 보다 더 중요한 위치를 갖게 된 문서들이 있고, 단지 특정의 질문만을 수용하는 다른 문서들이 있다. 그러한 점에서 각각의 신학적인 중요성에 적합하게 정렬시키는 것이 중요하다.

4.2.5 이로써 신약성서가 전해 받은 경전을 출발의 기초로 보아야 하는 충분한 근거가 제시된다. 이에 덧붙여 먼저 나타나는 것은 경전 안에 함께 포함된 문서들이 교회사에서 기준이 되었고 영향력을 끼치게 되었다는 사실이다. 신약성서 경전 각각의 신학이 교회와 교회의 선포 및 가르침에 기여한다는 점에서, 모든 시대에 걸쳐 보유해 온 경전의 기초문서를 향해 방향을 설정하는 것이 중요하다.

4.2.6 이제 제기되는 질문은 고대교회에서 경전이 형성될 때 두 개로 구분된 경전이 관건이 되었다는 사실에 직면하여, 경전의 문제를 신약성서로 제한시키는 것이 내용상 적절한가 하는 점이다. 두 개의 성서를 나란히 놓고 함께 보는 것이 기독교의 특징이다. 따라서 최근에 늘 재차 요구하듯이, 단순하게 신약성서신학의 자리에 '성서신학'(Biblische Theologie)을 등장시키지는 말아야 할 것이 아닌가? 그러나 그것이 신약성서의 고유성에 대한 질문을 배제하지는 않는다. 두 가지 과제를 아주 구별해야 한다. 한 편으로는 신약과 구약 전체의 성서신학을 꾀하는 시도가 있으며, 다른 한 편으로는 신약성서의 관점에서 구약성서의 의미를 연구하는 시도가 있다. 후자의 연구가 불가피하며 이 책의 제1장에서 상세하게 언급할 것이다.

4.3 주요 사상

주제적인 기술에서 신약성서 전체가 중요하다면, 주요사상을 질문해야 한다. 주요사상에 의거하여 문제들이 취급되도록 해야 한다. 그것은 본문 자체에서 중요한 역할을 하는 단지 하나의 모티브에 불과할 수 있다.

4.3.1 구약성서와 신약성서에서 하나님의 계시 행위가 중심이 되는 의미를 지닌다. 하나님은 만물을 창조하시고, 세상과 인간을 사랑하시며 그것으로 자신을 알게 하시는 분이시다. 하나님은 세상의 모든 운명을 이끄시고 하나의 목표로 인도하시는 분이시다. 하나님은 하나님과 함께 하는 데서 떨어져 나간 인간을 용납하고 예수 그리스도의 역사와 위격(Person) 안에서 구원의 길을 인간에게 열어 놓으신 분이시다. 그러므로 하나님의 계시만이 서술의 주요사상일 수 있다.

4.3.2 이미 이 책의 제I권을 시작하며 신약성서신학의 교과서들에서 계시 역사의 단초(端初)가 인간론적 출발점과 맞서고 있음을 언급한 바 있다. 그러나 결국 둘 사이의 양자택일은 아무런 유익이 없는 것으로 나타난다. 여기서 계시 사건과 체험의 상태를 함께 결합시키는 '증언'(Martyria)이라는 성서적인 개념을 고려할 때, 양자택일을 피할 수 있다.

4.3.2.1 마르튀리아(*μαρτυρία*)는 하나의 사건, 하나의 체험에 대한 '증언'이다. 동시에 그 증언은 그것을 경험한 인간의 증언이다. 이러한 이중적 관점 아래 이미 구약성서에 증언의 개념이 등장한다. 그 개념은 근본적으로 사실에 대한 증언이며 증언의 신빙성에 근거한다. 신약성서의 경우에 예수의 한 제자, 한 신앙인을 통한 사건에 대한

증언이 중요하다. 증언을 질문하는 경우, 그러한 관점에서 계시의 역사적인 구성내용과 동시에 인간론적인 구성내용을 함께 관련시켜야 한다.

4.3.2.2 계시에 관한 증언에 집중하는 방향설정에 있어서 다양한 이해들을 서로 단순하게 상호 보완시키는 것이 초점이 되지는 않는다. 신학적 사고에서 서로 다른 두 개의 단초들이 지속적으로 유지되고 있다면, 오래전부터 그러했듯이, 두 경우에 신약성서에서 무엇인가 근본적인 것이 확정되어야 한다는 결론을 내릴 수 있다. 그러나 이어서 곧바로 그러한 종류의 관점들이 서로 함께 속하는지 또 어느 정도로 함께 속하는지 질문하게 된다.

4.4 구성과 내용구분

내용구성에서 신약성서 본문에 근거하여 다섯 개의 부분이 서로 병존한다. 구약성서 안에 나타나는 하나님의 계시와 관련되며, 이어서 예수의 위격(Person) 안에 나타나는 계시 사건을 다룬다. 그것에 이어 구원사건의 구원론적, 교회론적, 종말론적 영역을 상고해야 한다. 이어서 개별적으로, 이 주요 부분들의 구성을 어떻게 조망할 수 있는지를 질문한다.

4.4.1 '구약성서'는 '거룩한 성서'라는 의미에서 초기 기독교 전승 전체 각각의 전제이다. '신약성서'는 초기 기독교에 아직 등장하지 않는다. '성서'와 함께 오히려 구약에 약속된 종말적인 기쁨과 구원의 메시지로서 입으로 전달된 복음의 메시지가 있다. 구약성서는 한스 폰 캄펜하우젠(Hans von Campenhausen)이 언젠가 적절하게 표현하였듯이, 2세기까지 '초기 기독교의 성서'이었다. 따라서 '초기 기독교의 성서로서 구약성서'가 첫 번째 주요 부분을 차지한다. 여기서 초기 기독교의 시기에 구약성서가 어떤 모습을 드러냈는지를 먼저 더 정확하게 설명해야 한다. 나아가 이 거룩한 성서가 내용적으로, 즉 하나님의 이전 행위에 대한 증언으로서, 도래할 하나님의 행위에 대한 약속으로서 초기 기독교에 얼마나 중요했는지를 연구해야 한다. 끝으로 초기 기독교가 구약성서를 수용하는 문제를 '기독교적 해석'(Interpretatio Christiana)과 관련하여 생각해야 한다.

4.4.2 신약성서의 특별한 주제를 다룰 때, 더 광범위한 부분들과 관련하여 어디에서 시작할 수 있고, 주요 주제들이 어떻게 서로 정렬될 수 있는지를 숙고해야 한다. 분명히 여러 중심 주제들이 있다. 그 중심 주제들이 지속적으로 유지되고 있으므로 그

들을 출발점으로 삼을 만하다.

4.4.2.1 현재와 미래 구원의 긴장 가운데 있는 종말론이 가능한 한 단초(端初)인지를 예를 들어 질문할 수 있을 것이다. 전적으로 전면에 놓이는 기독론으로 시작할 수 있는지를 마찬가지로 고려할 수 있을 것이다. 성령론도 생각할 수 있는 출발점일 수 있다. 초기 기독교 전체 전승은 부활 경험으로 시작하는 성령이 역사하시는 영향력에 근거한 증언이기 때문이다.

4.4.2.2 그러나 신약성서 자체의 기본 의도로부터 또 다른 가치기준이 제공된다. 초기 기독교의 선포와 신학이 여러 다양한 영역에서 설명하고 있는 하나님의 계시 행동이 결정적으로 중요하다. 따라서 두 번째 주요 단락에서 예수 그리스도 안에 나타난 하나님의 계시 행동을 상술한다. 여기서 뒤따르는 부분단락들은 동트는 하나님의 통치, 기독론, 성령론을 고려할 수 있다. 이들이 동시에 하나님의 행하심 안에 나타나는 삼위일체 구조를 내재적으로 드러낸다.

4.4.3 세 번째 주요 단락은 구원론의 영역과 관련하여 인간과 세상의 피조성 및 상실로 시작할 수 있다. 거기에 율법문제도 포함된다. 이어서 이미 일어난 인간과 세상의 구원을 다룰 수 있으며, 나아가 하나님의 구원의 행위가 광범위하게 구원을 보장한다는 선포를 언급할 수 있다. 그 선포가 복음이 이해에서 특별하게 표현된다.

4.4.4 네 번째 주요 단락은 계시 사건의 교회론적 영역을 취급한다. 여기서 제자도와 신앙, 신앙의 공동체, 세례와 성만찬 및 기도, 예배, 공동체 지도가 중요하다. 이러한 맥락 안에 기독교인의 생활과 세상에서의 책임, 즉 윤리 문제도 포함된다.

4.4.5 마지막 주요 단락에서 계시사건의 종말론적인 영역이 지속되는 구원의 현재와 구원의 미래적 완성이라는 이중적 관점 아래 언급되어야 한다.

4.4.6 구성과 내용구분에 대한 질문에서 물론 구체적으로 상술하는 것을 염두에 두어야 한다. 체계적으로 전체를 함께 조망하려는 서술에 있어서는 각기 관련된 본문들을 차례로 언급하고 비교해야 한다. 비교를 할 때 세 가지 관점 각각을 고려해야 한다. 먼저 인식할 수 있는 공통성들을 제시해야 한다. 이어서 존재하는 긴장과 모순들을 질문해야 한다. 끝으로 경우에 따라 아직 해결되지 않은 문제들이 어느 정도로 있는지를 밝혀야 한다. 특별한 경우에 신학적인 결과물들을 질문해야 할 것이다. 그 결과물들은 공통성에서, 때때로 수많은 긴장의 병렬이나 아직 해결되지 않은 문제들에서 초래된다.

5. 신약성서의 언어와 전제된 사고

신약성서의 신학적 진술들은 특징적인 사고형태를 드러내며, 특정한 사고의 전제에 의존한다. 이미 초기 기독교 신학사가 관심을 기울인 것을 신약성서 증언의 통일성에 대한 질문이 비로소 올바르게 주목할 수 있었다.

5.1 각각의 언어 표현은 현실(現實, Wirklichkeit)을 이해하는 능력에 의존한다. 이는 우리 주변에 객관적으로 주어진 것과도 관련된다. 그것은 우리 앞에 있는 인간관계들과 그것을 넘어서는 초월적인 현실이 우리의 현존(現存)에 종속되는 것과 같다. 앞에 놓인 현실이 인식과정에서 구체화되고 인식된 현실이 습득된 인식에 반영된다면, 인식된 것과 표현된 것 사이의 근본적인 차이가 존재한다. 객관적인 소여들을 광범위하게 파악할 수 있는 반면에, 다른 이들에 대한 이해는 제한적으로만 가능하다. 초월적인 현실을 궁구(窮究)하는 데에는 상당한 한계가 있다. 초월적인 현실을 파악할 때 우리 인간의 이해로 접근이 불가능한 깊은 이치를 끊임없이 존중해야 한다.

5.2 초월적인 현실에 관한 진술들은 경험과 경험의 근거가 되는 인식에 대한 인간적인 답변이다. 그러한 진술이 신약성서에서 계시 사건을 표현한다. 그 표현은 계시의 현실과 완전히 동일하지 못하다. 신앙의 인식에 앞서 주어진 것은 언제나 관련된 관점에 따라서만 인간의 수용능력의 한계 아래 파악된다. 모든 인식이, 신앙의 인식도 '부분적'이라는(고전 13:9) 바울의 언급은 우연이 아니다. 모든 인식이 부분적이라는 데에 이해와 언어 표현이 다양하며, 여러 가지 표상의 모델로 나타나는 근거가 있다. 따라서 이해하는 접근법의 다양성이 필연적이다. 이 다양성이 서로 결합되어 있기도 하며, 그러한 결합을 통하여 이해가 깊어질 수 있다. 어쨌든 다양한 표현은 하나의 동일한 현실을 말하고 동일한 의미로 이해되기를 바란다.

5.3 언어표현이 이해와 진술의 관계에 근본적으로 의존할 뿐만 아니라, 특별히 각각의 이해 전통과 언어 전통에 의존한다. 이해하는 것과 말하는 것(언어)은 이미 습득되어진 인식과 가능한 여러 다양한 진술들을 끊임없이 필요로 한다. 그 진술들은 대부분 여러 세대에 걸쳐 오랜 기간 여러 다른 사람들이 습득한 것이다. 이것은 전승된 본문이 아주 특정의 사고습관과 사고구조에 의존하고 있음을 의미한다. 이러한 내용은 한 언어 영역에서 다른 언어 영역으로 이전할 때 특히 주목할 수 있다. 따라서 번역을 할 때 주어진 언어의 고유성만이 아니라 번역하려는 언어의 고유성을 함께 고려해야

한다. 다른 언어로의 참된 전이(轉移)는 원래의 사고구조가 통합적으로 이해될 때에만 적절하게 이루어진다.

5.4 언어와 사고가 상호 제한적이라는 사실은 독특한 방법으로 성서전승에도 해당된다. 매우 단순한 헬라어 언어 형태를 지니는 마가복음이나 요한계시록에서 시작하여, 아주 품격 높은 언어 스타일을 지니는 바울, 누가, 히브리서 저자, 그들 개별 저자들 개인의 언어 스타일 이외에, 공통된 사고가 전제되고 있다.

5.4.1 신약성서가 헬라어로 기록되었지만 구약성서와 초기 유대교의 히브리적 사고구조에 의존한다. 헬라어 일상 언어를 사용함에도 불구하고, 소위 코이네(Koine) 언어가 구약성서와 초기 유대교 사고에 매우 의존되고 있음을 알 수 있다. 초기 기독교에서 헬라적 유대교의 언어전승이 결정적인 역할을 한다. 헬라적 유대교는 셈어적인 사고방식에서 받아들인 유산을 상당 정도 보존한다. 예를 들어 기원전 3세기와 2세기에 생성된 구약성서의 헬라어 번역인 칠십인역은 구약성서의 헬라화라기보다는 오히려 광범위하게 훨씬 더 헬라어의 셈화이다. 기독교적 사고의 철저한 헬라화는 2세기 중엽의 변증가들에게서 비로소 시작되어 고대교회 교부들에 의해 형성된다.

5.4.2 사고구조를 넘어서 구체적인 표상과 기대가 한 역할을 수행한다. 이는 초기 기독교가 넘겨받아 수용한 구약성서에 약속된 구원과 구원의 방식에 대한 이해에서 먼저 나타난다. 그러한 표상들에서 비교적 고정된 이해가 관건이 될 수 있지만, 빈번하게 적지 않은 변화의 가능성도 고려해야 한다. 더 중요한 것은 개별적인 양상과 관점들이다. 이들이 표상과 기대 안에 표현되어 변형되는 전승전달과정에서 한 역할을 한다. 어쨌든 이해의 배경을 고려해야 한다.

5.5 구약성서적이며—유대적인 사고는 그리스적이며—헬라적인 사고의 전제들과 상당히 다르다. 초기 기독교 선포와 신학이 지니는 언어적인 고유성은 무엇보다도 헬라적 사고처럼 본질을 규명하고 주로 정적(靜的)인 개념에서 출발하는 것이 아니라, 관계, 기능 역동적인 모티브들로부터 시작한다. 이는 특히 기독론에서 분명하게 드러난다.

5.5.1 곧바로 기독론에서 히브리 언어와 관련된 사고의 전제가 사용되고 있음을 주목할 수 있다. 이러한 사고의 전제가 후기의 헬라적 사고구조에서 빈번하게 간과되었다. 예를 들어 예수를 '하나님의 아들'이라고 언급하는 경우, 그것은 빈번히 "예수께서 신적인 본질에 속한다."는 후기 전승의 의미로 이해되었다. 이러한 이해는 더 계속 제기되는 문제들을 아주 도외시한 채, 신적이며 인간적인 본성이 서로 어떻게 관련되는가

하는 질문으로 다시 이끌었다. 이로써 예수를 하나님의 아들로 고백하는 초기 기독교의 신앙고백에 도달하게 되었다. 여기서 중요한 것은 예수께서 하나님과 완전하게 함께 한다는 것이고, 하나님이 주시는 무제한적인 전권으로 행하신다는 것이며, 완벽하게 인간이며 인간으로 계신다는 것이다. 그러한 점에서 믿는 자들이 예수 그리스도를 통하여 구원을 보장하는 하나님과의 교제 안으로 받아들여진다는 관점에서 유비적(類比的)으로 믿는 자들이 하나님의 자녀들로 불리어진다. 이러한 관점은 예수께서 지니신 신적인 본성에 관한 진술에 비하여 예수께서 지니신 존귀함을 축소시키는 것이 아니다. 오히려 예수께서 구원과 관련하여 특별히 중요한 위치를 지니시고 계심을 분명한 방법으로 표현하는 내용이다. 이는 후기에 고대 교회의 신학이 그들의 사고 전제 아래 해석하여 설명한 바와 같다.

5.5.2 구약성서적이며 유대적인 사고의 전제하에 이해된 예수의 양자 되심에 비해 본성에 따라 신성을 지닌다는 의미 규명은 상당한 변경을 뜻한다. 이러한 변화는 물론 고대교회의 해석학적 과정의 맥락에서 나온 것이기는 하나, 본래 의미에 맞지 않는다. 여기서 논박하지 말아야 할 것은 고대교회의 신학도 성서적 사고의 근본적 요소를 넘겨받았지만 전체적으로 차이가 있음을 간과하지 말아야 한다는 사실이다.

5.6 고대교회의 사고방식이 서구 전체에 막대한 영향력을 끼쳤으므로, 신약성서가 지속적으로 후세대에 이러한 전제 아래 읽혀졌고 이해되었으며, 오늘날까지 그러한 영향력을 끼치고 있다. 따라서 신약성서의 언어성격을 특히 주목해야 한다. 언어가 지니는 특성이 신학적인 중요성을 많이 지니고 있기 때문이다. 신학적 사고는 계속하여 새롭게 기원으로 되돌아가야 한다. 이는 원래의 것을 올바르게 수용하기 위함이다. 올바른 수용은 중간 시기의 신학적인 발전을 단순하게 지나치지는 않지만, 비평적으로 걸러내어 자유롭게 새로운 자극을 가한다. 이러한 점에서 신약성서로부터 늘 결정적인 인식을 반복하여 얻을 수 있으며, 이는 예를 들어 아우구스티누스(Augustinus), 루터(Luther), 제2바티칸 공의회가 드러내는 바와 같다. 게다가 결정적으로 구약성서적 사고의 영향력 아래 있는 독특한 신약성서의 사고방식이, 예수께서 인간이 되신 것과 그의 위탁을 고대교회의 교부들이 했던 것보다 더 부적절하게 오늘날 우리가 더 잘 실감하여 따라갈 수 없도록 표현하지는 않았는지를 질문하게 된다.

6. 근본적인 신학적 과제

신약성서의 통일성을 추구하는 신학이 지니는 근본적인 신학의 중요성을 이미 앞서 행한 고찰에서 드러났다. 그것을 보다 더 정확하게 상술해야 한다.

6.1 근본적 신학의 개념과 이해

6.1.1 근본적 신학의 개념과 과제의 제시는 주지하는 바와 같이 가톨릭 전통에서 유래한다. 거기서 19세기와 20세기 전반기에 근본적 신학은 계시의 진리를 미리 합리적으로 설명하는 것이라는 의미로 이해하였다. 계시에 관한 인식에서 이미 인간의 이성으로 무엇을 얻을 수 있는지를 분명하게 해야 할 것이다. 여기서 예수 생애의 역사적 사실들, 무엇보다도 예수의 이적이 중요한 역할을 한다. 이러한 개념은 그동안 포기되었고, 가톨릭의 근본적 신학은 원칙적인 문제들인 믿음 이해와 해석학에 더 집중하고 있다.

6.1.2 얼마 전부터 복음주의적 근본적 신학에 대한 질문을 특히 게르하르트 에벨링(Gerhard Ebeling)과 빌프리드 요에스트(Wilfried Joest)가 정당하게 제기하고 있다. 에벨링에 따르면 신학적으로 근본적인 것들, 신학의 진리, 신학의 통일성, 신학의 필연성과 한계에 대한 질문이 중요하다. 요에스트는 신학적인 기본문제들과 함께 신학의 방법론적인 문제들, 즉 교의학의 프롤레고메나 아래 전통적인 방법으로 무엇을 다루는지를 검토한다.

6.1.3 주석과 근본적 신학의 관계에 대한 주제에 대하여 나는 이미 일찍이 나의 입장을 밝혔다. 그 당시 서술한 내용을 여기서 더 상술하려 한다. 1975년에 간행된 '주석과 근본적 신학'에 관한 소논문에서 나는 신약성서신학이 지니는 근본적인 신학의 의미를 중요시했다. 신약성서신학은 예수에 대한 회고적 질문을 통합시키는 것뿐만 아니라 신약성서신학이라는 통일된 개념을 추구한다. 이러한 단초를 나는 1982년 간행된 "초기 기독교의 가르침과 신약성서신학"이라는 기고에서 더 상술하였다. 거기서 나는 무엇보다도 과제의 제시를 더 정확하게 규명하는데 관심을 기울였다. 끝으로 1994년 "신약성서의 다양성과 통일성. 신약성서신학의 문제"에서 그것에 대해 진술하였다.

6.2 근본적인 신학을 위한 주석적 기고

신학적으로 근본적인 것, 복음의 진리, 신학의 통일성이 초점이 된다면, 주석은 근본적인 신학적 과제에 직접 관여하게 된다. 어쨌든 거기서 주석은 본문해석의 문제나 신약성서 안의 다양성을 검토하는 개별 문제만을 다루는 것이 아니라, 신약성서 전체를 조망한다.

6.2.1 기독교 신학 각각은 기독교의 특수성(Specificum Christianum)이 관건이 된다는 점에서 성서 문서와 관련된다. 성서 증언에 대한 설명은 신학적인 모든 노력에 근본적인 관심을 기울인다. 오직 성서 증언으로부터만 기독교 신앙, 기독교 선포, 기독교 공동체가 무엇인지를 언급할 수 있다. 이런 의미에서 주석이 성서 본문에 집중한다는 점에서, 주석은 신학의 기초적인 문제들을 중시한다. 여기서 주석이 아니라, 오히려 성서 문서 자체가 우위를 차지한다. 그러나 거꾸로 주석이 단순한 예비 작업의 기능만을 지니는 것이 아니라, 오히려 주석 자체가 기본적인 신학적 과제들을 해결하려고 애쓴다.

6.2.2 이로써 주석이 나머지 다른 분야들과 어떤 관계에 있는지에 대한 질문이 주석에서 제기된다. 이것은 신약성서 주석에 있어서 구약성서 및 초기 교회사와 관련하여, 여기서 다양한 전승사적 관계가 관건이 된다는 점에서 어려운 것은 아니다. 그러나 구약성서가 신약성서 안에 어떻게 수용되는지, 혹은 구약성서를 신약성서와 함께 거룩한 성서의 경전으로 어떻게 이해할 수 있는지를 묻는 내용에 대한 질문이 제기되면 곧바로, 주요한 근본적인 신학적 문제들을 다루게 된다. 고대 교회의 전승이나 보다 후기 교회가 발전시킨 전승이 신약성서 증언과 어떠한 관계에 있는지를 설명해야 하는 경우에도 마찬가지이다. 끝으로 바로 근본적 신학 안에 공통의 연구영역을 갖는다는 점에서, 신약성서신학과 체계적인 신학의 과제제기 사이의 관계 형성을 필요로 한다.

6.2.3 그러나 근본적인 신학적 문제제기는 결코 연구 분야들 사이의 관계만을 다루지 않으며, 오히려 신약성서 자체의 복잡한 내적 구조와 관련된다. 여기서 주석이 특별한 한 과제를 갖으며, 역사적인 연구와 성서 신학적 현황목록의 제시만으로 결코 충분하지 않다. 본문 안에 내재된 내용관계를 고려해야 한다. 그것이 근본적인 신학적 문제에 대한 연구를 필요로 한다. 나는 이미 1975년에 내가 제시한 세분화로 되돌아간다. 그것에 따라 신약성서 안에서 기본 사건, 기본 증언, 기본 전승을 구분할 수 있다.

6.2.3.1 '기본 사건'은 모든 신앙과 모든 선포를 앞서며 그들의 근거를 제공하는

것이다. 그것은 예수 그리스도 안에서 행하시는 하나님의 계시 행동이며 그것이 지니는 구원론적인 중요성이다. 이 '기본 사건'이 모든 신학의 사실상의 '내용'이다. 그것에 대해 질문하고 그것의 영향력을 규명해야 한다.

6.2.3.2 이 기본 사건은 처음 제자들이 행한 '기본 증언'과 구별되는 다른 방법으로 접근할 수 없으며 이해할 수 없다. 특히 초기 교회의 신앙고백의 형태로 된 부활 이후의 그리스도 증언이 중요하다. 이 기본 증언은 예수의 생애 및 사역, 부활사건 및 오순절 사건과 관련된다. 동시에 이 기본 사건은 구원사건이 증인들에게 임한 것을 포함한다. 그러한 점에서 초기 기독교의 신앙고백 진술이 참된 기독교 신앙을 위한 지속적인 기준이 된다. 이 기준이 이미 초기의 공동체와 바울에게 적용되고 있다. 거룩한 성서로서 구약성서와 함께 구속력 있는 신앙고백전승이 복음의 구두 선포를 위한 결정적인 토대이었다.

6.2.3.3 결론적으로 우리는 기본 증언에 대한 확장된 설명, 즉 신앙과 선포의 내용에 관한 신학적 숙고가 신약성서 안에 이미 적지 않게 있음을 주장한다. 여기서 중요한 것은 '기본 전승'이며 이 기본 전승이 신학적인 모든 숙고와 설명을 위한 모델이 된다. 이 기본 전승은 그 자체로 다양한 형태를 지니지만, 공통된 기본 증언으로 소급한다. 물론 초기 기독교에서는 신학적인 문제들이 단지 단초(端初)로만 부분적으로 파악되었다. 그러나 신학적인 문제들을 어떻게 통찰하는가에 대한 종류와 방법을 주목해야 한다. 여기서 중요한 것은 신학적인 교훈 형성의 기원이다. 물론 그러한 교훈 형성이 아직 완전하게 선포에 기여하지는 못하였다. 사도들 및 예언자들과 함께 초기 기독교에 아주 일찍 이미 교사들이 등장하고 있었음은 우연이 아니다. 이 교사들이 공동체 안에서 높은 지위를 차지했다.(참조. 고전 12:28) 기본 사건과 기본 증언이 서로 직접 관련되듯이, 기본 증언과 신학적인 숙고도 기본 전승으로 긴밀하게 서로 관련된다. 그러나 그러한 밀접한 관계가 그들이 서로 구별될 수 있다는 것과 내용상 그들을 서로 구별해야 한다는 것을 배제하지 않는다.

6.2.4 기본 사건, 기본 증언 및 기본 전승을 구별하므로, 비로소 근본적이며 신학적인 주석 과제를 위한 선행(先行)된 설명을 하게 된다. 결정적인 것은 이제 기본 증언 및 다양한 기본 전승과 관련하여 성서의 공통된 전체 증언이 무엇인지를 설명하는 일이다. 여기서 주석 작업은 다양한 증언을 넘어서 신약성서 안에 주어진 전제들의 틀 안에 있는 광범위한 구상을 위한 단초들을 밝혀야 한다.

6.3 확장되는 과제

결론적으로 근본적인 신학의 의미에서 이해되고, 통일적으로 구상된 신약성서신학이 부연 설명을 필요로 함을 언급한다. 그것은 다른 곳에서 수행되어야 한다.

6.3.1 해석사와 영향사가 상당히 중요하다. 이들은 교회사와 교리사의 영역에서 성서 본문이 여러 세기를 걸쳐 어떤 의미로 이해되고 해석되었는지를 밝혀야 한다. 동시에 인식을 돕거나 인식을 방해하는 발전을 어느 정도로 주목할 수 있는지를 검토해야 한다. 즉 어디에서 본문이 실제로 이해되고, 어디에서 본문이 지나치게 이질화되었는지를 검토해야 한다. 그러나 신약성서 메시지의 어떤 관점이 고려되고 발전되었는지, 반대로 간과되지는 않았는지에 대한 질문도 그 검토에 포함된다.

6.3.2 통일성을 추구하는 신약성서의 서술이 그 자체로 근본적이며 신학적인 과제를 갖는다면, 그것을 조직신학이 근본적인 신학의 맥락 안으로 정렬시켜야 한다. 거기서 과거와 현재 각각의 사고 전제와 이해의 가능성에 관해 상세하세 토론해야 하며, 나아가 신학적 교훈의 원칙들을 광범위하게 숙고해야 한다. 조직신학, 교의학, 윤리학은 역사와 현재가 제기하는 문제제기들과 관련하여 성서증언을 끌어들이는 특별한 과제를 갖는다. 이는 그러한 방법으로 기독교 증언의 진리에 대한 질문에 대해 현재와 관련된 답변을 제공하기 위함이다.

6.3.3 특별한 기능이 모든 신학 훈련을 통해 공통적으로 발전시킬 수 있는 해석학에 주어진다. 해석학은 다양한 관점 아래 수행되어야 하고 다양한 이해 조건들을 고려해야 한다. 그러한 점에서 주석가, 교회사가, 조직신학자들은 성서해석의 문제에 각기 고유한 기여를 해야 한다. 그로부터 다양한 이해의 전제들을 서로 관련시켜야 하는 과제가 발생한다.

I 부

초기 기독교의 성서로서 구약성서

2장

성서와 경전으로서 구약성서

앞으로 나올 단락들의 제목을 정하는 데 있어 나는 나의 스승들로부터 받은 표현들을 사용하였다. 한스 폰 캄펜하우젠(Hans von Campenhausen)은 구약을 '초기 기독교의 성서'(Bibel des Urchristentums)라 하였고, 프리드리히 호르스트(Friedrich Horst)는 '성서와 정경'(Heilige Schrift und Kanon)이라 하였다. 이 두 명칭은 본실석인 사실관계를 표현하는 것으로, 즉 한편으로 초기 기독교에는 '구'약만이 성서본문으로 존재하였다는 것과 다른 한편으로 예배 강독에 사용된 성경과 공식적으로 제한된 정경을 구분해야 한다는 점이다.

1. 개념 설명

1.1 성경(Bibel)[1)]

1.1.1 1534/1545년에 마틴 루터(Martin Luther)가 번역한 신구약 독일어 성경의 표제는 다음과 같다. '비블리아, 즉 거룩한 문서 전체'(Biblia, das ist: Die gantze Heilige

1) 번역상 다음과 같이 용어를 정리하였다. Bibel-성경, Heilige Schrift-성서, Kanon-정경, Schrift-문서, heilige Schriften-거룩한 문서들.

Schrifft) 여기서 "비블리아"라는 단어는, 중세에 널리 알려진 대로 성서에 대한 특수한 명칭으로 이해할 수 있다. 이때 라틴어 비블리아(biblia)는 비블리아 사크라(biblia sacra, 거룩한 성경)의 의미로 사용되었으며, 단수형태이다. 이 단어는 헬라어 비블리온/비블리아(*βιβλίον/βιβλία*)의 복수형태에서 온 것으로, 원래는 부피가 큰 서적(*βιβλίος/βίβλοι*)과 구별하여 작은 책자 혹은 몇 권의 작은 책자들을 일컫는 명칭이었다. 헬라어 전통에서 이 두 개념은 책의 내용과 상관없이 그 외형을 칭하는 개념이었다.

1.1.2 비블리아(사크라)(biblia[sacra])를 성경의 책에 사용하게 된 것은 세페르(סֵפֶר)의 번역과 관련이 있다. 이 히브리어 단어를 이용하여 율법, 더 정확하게는 율법-두루마리를 '책'이라고 칭하였다. 그리고 그와 똑같은 방식으로 성서의 다른 두루마리도 '책'으로 표기하였다. 신약에서는 마태복음 1:1에서 이에 상응하여 비블로스(*βίβλος*)를 사용하였다.

1.1.3 수집된 성경의 책들이 헬라적 유대교에서 (하이) 비블로이([*αἱ*] *βίβλοι*, 책들) 혹은 비블로이 히에라이(*βίβλοι ἱεραί*, 거룩한 책들), 그리고 (타) 비블리아 히에라([*τὰ*] *βιβλία ἱερα*, 거룩한 책들)라는 복수형태의 명칭을 얻게 된다.(참조. 요세푸스, 『유대 전쟁사』 II, 159, 142) 당연히 이 명칭을 유대교 랍비들은 공식적으로 인정하지 않았다. 따라서 '히브리어 성경' 혹은 '유대교 성경'이라는 말 또한 순수한 유대 전통 안으로 침투하지 못했다. 오히려 유대교 전통에서는 정경의 세 부분(토라 Tora, 느비임 N[e]bi'im, 크투빔 K[e]tubim)의 첫 글자를 따서 율법서, 예언서, 그리고 성문서를 포괄하는 트나크(T[e]nach) 혹은 타나크(Tanach)(תְּנַךְ, תַּנַךְ)라는 명칭이 중요하다.

1.2 구약(Altes Testament)

팔라이아 디아테케(*παλαιὰ διαθήκη*, 옛 언약)는 고린도후서 3:14에서 바울이 처음으로 사용한 개념으로 옛 언약과 동시에 그 언약에 토대가 되는 언약의 글(그 위에 덮개가 덮여 있고, 이 덮개는 그리스도 혹은 그리스도의 영을 통해서만이 벗길 수 있다.)을 의미한다. 고린도후서 3:7-17의 문맥이 보여주듯이, 여기서는 전적으로 율법을 의도하는 것이며, 결코 주후 1세기 말에 비로소 확정된 세 부분으로 이루어진 유대교 정경을 뜻하지 않는다.

1.2.1 헬라어 '디아테케'(*διαθήκη*, 계약, 언약)의 배경에는 구약의 브리트(בְּרִית)라는 개념이 있다. 에른스트 쿠취(Ernst Kutsch)는 여러 해 동안 수많은 저작을 통해 그

단어의 기본적인 의미는 '의무'(Verpflichtung), 즉 내 편에서의 의무뿐만 아니라 상대방의 의무, 나아가 쌍방의 의무라는 사실을 밝히는 데 몰두하였다. 그의 주장을 따르자면 토라(תּוֹרָה '지시'[Weisung])와 호크(חוֹק '규정'[Satzung])에 가깝다. 브리트(בְּרִית)의 개념은 계약의 이미지와는 아무 상관이 없고, 따라서 '계약'으로 번역되면 안 된다고 한다. 그러나 지그프리트 헤어만(Siegfried Herrmann)이 적절히 주장한 대로, 계약의 개념은 자기 편에서 의무라는 요소를 통해 규정한다. 그러므로 비록 계약이라는 용어로 히브리어 브리트(בְּרִית)가 지닌 모든 의미요소를 포괄할 수는 없다 하더라도, 계약의 모티브를 너무 쉽게 배제할 필요는 없다. 어쨌거나 쿠취가 제기한 출발점은 고려할 만하다. 즉 하나님이 허락하신 브리트(בְּרִית)에서는 승인, 자기 의무, 그러나 동시에 규정이 중요한 요소이다.

1.2.2 헬라어 '디아테케'(*διαθήκη*, *διατίθημι* '지시하다, 결정하다'에서 파생. 참조. 눅 22:29–30)는 지시의 성격이 주개념이 될 때, 해당 히브리어의 의미에 부응한다. 물론 신약 시대에 디아테케(*διαθήκη*)는 주로 유언으로 남긴 지시의 의미로 사용되었고(참조. 갈 3:15–18), 따라서 라틴어에서 테스타멘툼(testamentum)으로 받아들여졌다. '계약'(Bund)의 의미는 헬라어 쉰테케(*συνθήκη*)에 보다 더 가깝다. 이 용어는 필로(Philo)가 브리트(בְּרִית)를 번역할 때 즐겨 선택하였다. 반면 칠십인역은 지시나 의무의 성격을 고려하여 눈에 띄게 디아테케(*διαθήκη*)를 사용한다.

1.2.3 분명한 것은 디아테케(*διαθήκη*)에서 관건은 규정과 지시 안으로 인간을 끌어들이는 하나님의 행위와, 공동체를 목표로 하는 규정이다. 일찍이 예레미야 31:31에서 '브리트 하다샤'(בְּרִית חֲדָשָׁה '새로운 지시' 혹은 '새 계약')라는 용어를 언급하였다. 예수의 사역으로 말미암아 새로운 브리트(בְּרִית)가 이루어졌다는 인식을 근거로 초기 기독교에서 이스라엘의 브리트(בְּרִית)는 '옛 계약'이 되어야 한다는 합의가 성립되었다. 그러나 이러한 합의는 '폐기되었다'는 의미에서가 아니라 '지나갔다'는 의미를 내포한다. 따라서 토라뿐만이 아니라 모든 이전의 문서들은 '옛 언약', 즉 '구약'의 의미를 띠게 되었다.

1.3 문서, 문서들, 거룩한 문서들, 성서[2)]

1.3.1 그라파이 하기아이(*γραφαὶ ἅγιαι*, 거룩한 문서들. 롬 1:2에만 있음. 참조. 필로와 랍비적 표현법 כְּתָבֵי הַקֹּדֶשׁ[키트베 하코데쉬])나 혹은 하이 그라파이(*αἱ γραφαί*,

문서들, 초기 기독교에 아주 흔한 용례)라고 말하는 것은 신약이 유대교의 언어용례를 받아들인 것이다. 그에 비해 단수형 헤 그라페(ἡ γραφή, 문서)는 일반적으로 하나의 개별 저작물을 일컫지만, 헬라 유대인 사이에서는 문서를 칭하는 말로 총체적으로 사용되었다. 그와 같은 용례가 신약에서도 관찰된다.(예를 들면, 갈 3:22과 딤후 3:16의 *πᾶσα γραφή*, 모든 문서들) 자주 사용되는 게그라프타이(*γέγραπται* '기록된바')는 각각의 구절과 연결된다.

1.3.2 '문서' 또는 '문서들'(*γραφή, γραφαί*)에 대해 위와 같은 정도로 이야기할 수 있고, 더 이상 자세히 설명할 수 없다는 사실은 유대교와 초기 기독교에서 '거룩한 문서들' 혹은 '성문서'를 예배 때에 어떤 위치로 생각하였는지와 관련이 있다. 포로기 이전과 포로기 직후에 구약의 문서들이 예배 때 어떻게 사용되었는지에 관하여는 뭐라 말하기가 어렵다.(신 31:9–13 참조. 칠일 동안 율법을 낭독함. 느 8:1–8은 분명히 특별한 일회적 예배축제를 다룬다.) 회당 예배 때에 사용한 것을 분명히 파악할 수 있으며, 그 사용법의 기본적인 특징은 의심할 바 없이 기독교 이전 시기로 거슬러 올라간다. 이때에는 규칙적인 낭독이 예배의 중심적인 요소로 자리하고 있었고, 거룩한 문서는 보다 후기에는 바로 터부적 특성을 가지게 되었다.(그로부터 접촉, 매장 등에 관한 랍비의 규정이 유래한다.) 중요한 사실은 예배 때에 규칙적인 사용을 통해 문서들이 '성서'의 특성을 얻었다는 것이다. 그와 더불어 문서들은 종교적 생활과 사고를 위한 근간도 형성하였다.

1.4 정경(Kanon)

이미 언급한 대로 '성서'와 '정경'은 구분된다. 기록물들을 예배에 사용함으로써, 즉 철저하게 규칙적으로 사용함으로써 '거룩한 문서'가 된 것이다. 그에 비해 정경화는 이차적인 작업이다. 어느 문서가 예배에 적합한지, 어느 문서는 그렇지 않은지를 결정하는 것이 정경화 과정이었다. 물론 이 과정에서 한 번 더 실제 사실을 통한(via facti) 정경화와 법률적 행위에 의한 정경화로 구분할 수 있다.

2) 원문은 다음과 같다. "Schrift, Schriften, heilige Schriften, Heilige Schrift" – 역자 주.

1.4.1 유대교의 정경화

1.4.1.1 사실 정황에 의한 정경화는 포로기 이후 완결된 토라 내에서, 그리고 보다 늦게 예언서(여호수아부터 역대하에 이르는 '전기 예언서'와 이사야, 예레미야, 에스겔, 그리고 열두 예언서를 포함하는 '후기 예언서')의 수집으로 완성되었다. 사실 포로기 이전부터 이미 성서의 첫 두 부분은 확정되어 있었고 세 번째 부분, 즉 '성문서'의 범위가 미결인 채로 남아 있었다. 유대 전쟁 직후 바리새인들이 유대교를 재조직하는 것과 맥락을 같이 하여 요하난 벤 자카이(Jochanan ben Zakkai)가 세운 야브네(Jabne)에 있는 학교가 주후 1세기 말에 '성문서'의 범위를 결정하였고, 이로써 전체 성서가 등장하게 되었다. 히브리 성경은 이러한 과정을 통해 법적으로 유효하고 그 이후로도 구속력을 지니는 의미에서 정경화되었다.

1.4.1.2 알렉산드리아의 헬라 유대인들 사이에는 위와 유사한 정경화 사건은 존재하지 않았다. 여기서는 우선 토라가 헬라어로 번역되었다.(참조. 아리스테아스의 서신) 그리고 비록 어느 정도 차이가 있긴 했지만, '예언서'가 번역되었다. '성문서'에는 헬라어 권에서 새롭게 발생한 문서들이 덧붙여졌다.(예를 들면 솔로몬의 지혜서[Sapientia Salomonis]) 정경의 범위를 법적으로 제한하지는 않았으며, 이는 개별 문서들을 칠십인역 필사본에 포함할지, 포함하지 않을지에 대한 결정이 유동적이었기 때문이다.(예를 들면 제3, 제4마카베오서) 게다가 칠십인역 필사본이나 근래의 인쇄본에서 알 수 있듯이, 헬라 유대인들은 책의 배열에 있어서 또 다른 정렬원칙을 갖고 있었다. 즉 역사서는 모세 오경에 속했고, 시가서는 예언서와 묶여 있었다. 그리고 개별 문서들의 본문의 순서와 명칭도 차이가 났다. 예를 들면 예레미야에서는 장(章)의 위치가 달랐고, 시편은 장(章)을 다르게 매겼다. 느헤미야는 에스라2서라 하여 에스라와 한데 묶었고, 따라서 히브리 원문에는 포함되지 않는 에스라1서가 있다.(후에 불가타에 있는 에스라3서는 이와 관련된 것으로, 거기서는 에스라와 느헤미야가 각각 에스라1, 2서로 명명되었다.)

1.4.2 기독교에서의 정경화

1.4.2.1 신약성서의 정경화도 위와 같은 방식으로 시작하였다. 초기 기독교의 문서들이 예배에 사용되면서 구약과 더불어 '성서'의 특성을 얻었다. 문서들은 점차 수집록(들)으로서 일반적으로 통용되었고, 이 같은 사실은 이레네우스(Irenaeus) 이후 2세기 말엽에 분명히 감지된다. 이러한 과정은 4세기에 구속력 있는 결정을 통해 막을 내

렸다. 즉 한편으로는 367년 아타나시우스(Athanasius)의 오순절 축제 편지(Osterfestbrief)를 통해서, 다른 한편으로는 아우구스티누스(Augustinus)가 이끈 393년의 히포 레기우스(Hippo Regius) 공의회를 통해서이다. 이로써 이제 정경으로서의 '신약'이 존재하게 되었다. 공식적인 정경화의 차원에서 법적 효력을 지닌 결정이 필요했던 것은 신약의 모든 문서들이 모든 지역의 교회에 전수된 것이 아니기 때문이다. 특히 헬라 지역의 교회에 묵시적 성향이 강한 요한계시록에 대한 반발이 있었고, 라틴 서방 교회에서는 두 번 회개가 불가능하다고 말한 히브리서에 대한 반감이 있었다. 그 내용이 박해와 박해 이후 그 곳의 실정과 맞지 않았기 때문이다. 시리아 교회는 5세기에 비로소 신약 정경에 대한 위의 규정에 찬성하였다.

1.4.2.2 '구약'으로서 칠십인역이 교회에 의해 전수되었으며, 처음에는 사본 상의 유동적인 범위에 대한 명확한 한계가 없었다. 칠십인역은 라틴어 번역의 원문 구실을 했다. 즉 고대 라틴어로 된 '이탈라'(Itala)와 히에로니무스(Hieronymus)가 히브리 본문을 기준으로 점검하고 수정한 '불가타'의 원문이 되었다. 1546년 트리엔트 공의회를 통해서 비로소 기독교가 공인한 불가타의 형식을 갖춘 구약에 최종적인 한계를 그었고, 이로 인해 정경화가 완성되었다.

1.4.2.3 종교개혁 시기에, 특히 인문주의의 영향을 받아, 구약과 신약의 원문에 관심을 가졌다. 구약의 경우 히브리어 본문뿐만 아니라 유대교 정경을 기초로 삼았다. 이것은 범위에 있어서는 야브네에서 설정한 한계를 이어받은 반면, 배열 순서에 있어서는 불가타가 신뢰한 순서를 포괄적으로 고수한다는 의미이다. 칠십인역에만 있는 문서들을 루터는 '외경'이라 부르며, 다음과 같이 덧붙였다. "그것은 성서와 동일하게 여겨지지는 않으나, 읽어서 유용하며 유익한 책들이다." 이로써 그 당시까지의 기독교 전통에 반대하는 결정에 이르게 되었다.

1.5 '구약' 이라는 명칭의 사용

최근에 와서는 여러 모로 '구약'이라는 명칭을 쓰지 말자는 의견이 제기되어 왔다. 그 명칭과 관련하여 낡은, 시대에 뒤진, 이미 끝났다는 어감의 오해가 생기기 때문이다. 그 대신에 '히브리어 성경'이라고 하든지 아니면 '첫 언약'이라고 하자는 제안이 있다.(에리히 젱어[Erich Zenger])

1.5.1 '히브리어 성경'이라는 명칭은 여러 가지 난점을 지닌다. 우선 본문의 대부

분을 히브리어로 기록하였지만, 부분적으로는 아람어도 사용하였다. 그리고 이 명칭은 최근의 유대교와 기독교간의 대화에서 사용되는 호칭에 관한 규정을 잘 알지 못한다면, 유대인들 사이에서는 익숙하지 않은 표현이다. 보다 더 중요한 것은 신약과의 관련이다. 신약은 유대교 정경을 전제로 붙여진 명칭으로 유대교 정경이 초기 기독교 시대에는 아직 존재하지 않았다. 특히 유념해야 할 사실은 헬라어판 구약이 기독교 전승에 있어 중요한 의미를 지닌다는 것이다. 물론 주석을 통해서 비로소 원(原) 본문으로서의 구약과 구약이 지닌 고유성이 보장되어져야 한다. 따라서 '히브리어 성경' 혹은 보다 나은 표현인 '유대교 성경'이라는 말은 기독교가 수용한 것과 구분하여 그 문서의 진정한 유대교적 특성을 칭하는 데에 사용되어야 한다. 이때 유대인들의 이해에 있어서는 일차적으로 토라가 언약의 문서이며, 기독교 이전 시대부터 거룩한 문서로 존재했었다.

1.5.2 '첫 언약'이라는 명칭은 '신약'과의 연관성을 충분히 표현하지 못하고, 또한 고린도후서 3:14이 증명하듯이, 초기 기독교의 언어 전승에도 부합하지 않는다. 그런데 신약에서 '첫 언약'이라고 말한 구절이 딱 한 곳 있다. 히브리서 8:13로, 바로 (제사의식의 관점에서) "낡아지게 하신 것"이라고 말하였다. 이 구절에서 '구약'이라는 명칭을 문맥에 맞게 해석하는 것이 중요하다. 위 구절은 이스라엘의 언약 문서를 '최초의 언약'으로 특징짓고, 새 언약의 질서와 구원의 질서를 '종말론적인 언약'으로 규정하면서 최초의 언약에 편입시킨다. 이런 의미에서 '구'(舊)는 낡았다는 의미가 아니라, 오히려 근본적이라는 의미로, 그리고 이미 도래한 종말론적인 구원의 현실의 관점에서 첫 언약의 갱신을 '신'(新)으로 칭한다. 위와 같이 두 언약의 상호 공속(共屬) 관계를 '첫 언약'과 '두 번째 언약'라는 명칭으로는 명확하게 표현할 수가 없다. 기독교가 수용한 이스라엘의 성서라는 관점에서도 '구약'이라고 부르는 것이 적절하다.

2. 초기 기독교에서 전제한 구약의 본문

2.1 본문의 범위

2.1.1 앞서 정경화 역사에 대한 짧은 설명에서 분명히 보았듯이, 예수와 초기 기독교 시대에는 오늘날 우리에게 알려진 범위의 '구약'이 존재하지 않았다. 토라와 예언서가 구속력 있는 문서가 되었을 때에, 시편은 아직 동떨어져 있었다. 시편은 사람들의

생활과 신앙을 규명하고, 기준이 되는 '성문서'이었다. 왜냐하면 일반적으로 인정되었기 때문이다. 그 외에도 더 많은 문서들이 있었다. 이미 일반적으로 인정된 문서들과 같은 정도의 위치는 얻지 못했으나 신앙생활을 위해 중요하고, 또 적어도 부분적으로는 예배에 사용되기도 했었다.(예를 들면 '예수시락서')

2.1.2 위와 같은 사실이 신약에 매우 분명하게 표현되어 있다. 여기서는 이스라엘의 성서라는 관점에서 일반적으로 '율법과 선지자'(*νόμος καί προφῆται*)라는 어구를 사용하거나(마 5:17, 7:12, 11:13, 22:40, 눅 16:16, 요 1:45, 행 13:15, 24:14, 28:23, 롬 3:21, 행 13:15은 '율법과 선지자의 글'을 낭독한 것에 대해 말한다.) 혹은 다음과 같이 말한다. '모세의 율법과 선지자의 글과 시편'(눅 24:44). 구약 가운데서 이 부분을 구속력 있는 것으로 여기는 것은 무엇보다도 인용구 속에서 볼 수 있다. '기록된 바'(*γέγραπται* 등)라고 분명하게 명기한 곳에서는 위의 문서들을 인용하였다.(예외에 대해서는 아래 4.1.1을 보라.) 다니엘서 같은 다른 문서들도 영향을 끼치고, 또한 관심을 받았으나, 위와 같은 방식으로 인용되지는 않았다.(막 13:14 비교. 약 5:11에 기록된 욥도 위와 똑같은 관계에 해당한다.) 이 외에도 후에 유대교나 기독교 어디에서도 정경으로 여겨지지 않은 다른 많은 문서들이 있다.(유다서에서 에녹서의 모티브를 사용한 것을 참조하라. 이 내용을 벧후 2장은 비평적으로 수용하면서 삭제하였다.)

2.1.3 유념해야 할 것은 초기 기독교의 정경화가 구약성서 세 번째 부분을 확정짓는 일과는 별개로 '내용상'의 이유로 종결되었다는 사실이다. '옛 언약의 원래 문서'가 중요하다면 더 이상의 확장은 있을 수 없다. 오히려 새로운 어떤 것이 등장한다. 초기 기독교의 문서가 아직 존재하지 않지만 아마도 구원의 선포와 선포의 전승이 있는 곳에서 이미 그런 일이 발생한다. 문서들이 생성되고, 그들이 고유한 '거룩한 문서들'의 지위를 곧바로 확보한 후에 나중에 정경으로서의 가치를 획득하게 된 것은 필연적인 결과였다.

2.2 히브리어 언어 형태

2.2.1 팔레스틴 지역의 초기 기독교에서 히브리어 본문이 성경의 근간이 되었다는 것은 의문의 여지가 없다. 예수에게도 이 언어형태가 기본 전제가 될 수 있다. 물론 회당 예배 때 아람어 번역, 소위 '탈굼'이 혼용되었고, 또한 구어(口語)로 원문을 전수했던 것을 간과해서는 안 된다. 탈굼은 문자 그대로 직역한 것이 아니라 대체로 의역이었

고, 따라서 번역 과정에서 해석 전통이 번역과 결합되었다.(비교. 보다 후대에 문자로 고정된 탈굼)

2.2.2 공관복음서에 포함된 오래된 예수 전승들에 대해서도 히브리어 본문, 사실은 아람어 의역을 포함한 히브리어 본문을 전제로 하고 출발해야 한다. 그러나 이것은 산발적으로 인식할 수 있을 뿐이다. 왜냐하면 이 전승이 헬라어로 번역되는 과정에 결정적으로 다른 또 하나의 본문 형태로 변했고, 원래 사용된 구약 원(原)본문 위에 하나의 층을 이루게 되었기 때문이다.

2.3 헬라어 번역

2.3.1 헬라지역 유대인들 사이에 소위 칠십인역(Septuaginta)이라 일컫는 알렉산드리아 번역본이 많은 지역에 퍼져 있었다. 그 외에도 다른 번역본들, 예를 들면 부분 번역본, 특히 토라 번역본이 존재했다는 사실은 잘 알려져 있으며, 신약성서에서도 볼 수 있다. 초기 기독교 이후 시기에 대체 역본들(Alternativ-Uebersetzungen)이 출현한 것을 우리는 알고 있다. 이는 기독교인들이 칠십인역을 사용하는 것에 유대인들이 반발했기 때문이다. 아퀼라(Aquila)의 저작(철저히 축어적임)과 데오도선(Theodotion)의 저작(칠십인역에 가깝다. 비교. 기독교적인 본문 전승을 선택적으로 수용한 다니엘 번역본)이 이에 속한다. 오리게네스(Origenes)는 세 개의 번역본을 더 알고 있었다. 그의 책이 얼마나 멀리까지 기독교 이전 전승에 근거하는지 우리는 알 수 없다. 이는 그의 '헥사플라'(Hexapla)가 아주 미미한 파편으로만 남아 있기 때문이다. 어쨌거나 이로써 초기 기독교 시대에 칠십인역 외에도 다른 번역본들이 존재했었다는 사실을 추측할 수 있다.

2.3.2 초기 기독교 초창기에 헬라어판 구약이 기존의 번역본들에 의존하고 있었는지에 대한 문제가 있다. 이 문제는 그때그때의 목적에 따라 무수히 많이 구약을 인용했으며, 특히 헬라 유대인들이나 혹은 유대 기독교인들이 히브리어 지식을 다룰 수 있는 곳에서 그렇게 했다는 사실로부터 미루어 짐작할 수 있다. 크리스터 스탕달(Krister Stendahl)이 마태복음 13:52에 나오는 기독교 서기관을 근거로, 그리고 마태복음에 인용된 구약의 본문들을 보고 추측한 것처럼, 자신들의 번역본과 해석본을 연구한 '학파'(Schule) 같은 것이 있었을 수 있다. '증언'(Testimonien) 수집물도 이 맥락에 속한다. 그것의 존재는 신약 몇 군데에서 알아볼 수 있다.(참조. 롬 9:33과 벧전 2:6의 복합

인용문) 그러한 종류의 수집물이 아마도 이미 있었다고 할 수 있는 것은 한 편으로 초기 기독교 공동체가 어디서나 완전한 구약 혹은 완전한 개별 문서를 사용했다고는 생각할 수 없기 때문이고, 다른 한편으로 그러한 증언집과 유사한 기독교 이전의 기록물을 쿰란에서 볼 수 있기 때문이다.(참조. 특히 4 Q Testimonia = 4 Q 175)

2.3.3 1세기 중반 무렵부터 초기 기독교에서 칠십인역을 점점 더 많이 사용하게 되었다. 바울이 이미 이 본문을 두루 사용하였고, 마태도 역시 알고 있었다.(사 7 : 14!) 누가와 히브리서의 저자는 시종일관 칠십인역 본문을 사용하였다. 그러나 신약성서 연구 전반에 걸쳐 칠십인역에 집중해서는 안된다. 구약 사용 현황은 훨씬 더 복잡하다.

3. 구약의 위치와 의미

3.1 초기 유대교에서

3.1.1 유대교에 있어 성서는 이스라엘을 선택하셨다는 원증서(原證書)이며 자기 민족에 대한 하나님의 특별한 역사를 기록한 것이다. 성서는 그에 대한 확언과 약속을 담고 있으며, 그 확언과 약속은 자손만대에 이르도록 유효하다. 초기 유대교 시대의 해석의 전승은 예배를 위해 인정된 문서들과 관련이 있다. 이에 대해서 간략히 살펴보아야 한다.

3.1.1.1 팔레스틴 유대교에는 다양한 분파가 있었다. 예를 들면 사두개파, 바리새파, 엣세네파, 그리고 묵시적 성격의 분파가 공존했음을 알 수 있으며, 이들은 각각 특수한 성서 이해와 그들 고유의 해석학적 전통을 소유하고 있었다. 그러나 한편으로는 공통적으로 토라에 구심점을 두고 있다는 것과 이에 상응하여 성서 해석에 있어 율법적 경건주의를 기준으로 삼고 있다는 것을 확인할 수 있다. 논란의 여지가 없는 토라 본문의 유효성은 특별한 의미가 있다. 해석의 전통은 중요하긴 하지만 수정 가능한 것으로 여겨졌고, 우리가 바리새파의 전승으로부터 알고 있듯이, 해석의 문제를 둘러싸고 분파 내에서 자주 논쟁이 있었다.

3.1.1.2 헬라적 유대교도 토라를 우선적인 기준으로 삼았지만, 그들의 성서 해석은 무엇보다도 다른 사상에 관심을 갖고 통합하려고 노력하였음을 보여준다. 이에 대한 예로 아리스테아스의 서신(Aristeasbrief)과 알렉산드리아의 필로(Philo von Alexandrien)의 (유대인들 편에서는 익숙하지 않은) 알레고리적인 본문 해석을 들 수 있다. 그리고 우리가 요세푸스(Josephus)의 "아피온에 반박하여"(Contra Apionem)에서 명확하게 알 수 있듯이, 유대교의 신앙을 가장 오랜 전통이 있는 것으로 여기고, 그것으로부터 모든 다른 종교가 유래되었고 그것에 반하는 것은 진리를 은폐(隱蔽)하는 것이며 타락한 것으로 보았다.

3.1.2 헬라적 이방인들도 유대교 전통을 존중하였다. 유대교의 거룩한 문서들을 유일신 사상의 문서로 여겼으며, 이는 고대 그리스 로마 시대 말기에 관찰할 수 있는 몇몇의 유일신 사상의 경향과 일치하는 것이었다. 토라의 높은 도덕적 요구 또한 이방인들에게 인정받았다. 알려진 대로 유대교로 들어와 이스라엘의 선택 조건을 받아들인 '개종자'(*προσήλυτοι*) 뿐만 아니라, 유대교 신앙 가운데서 그 근본 틀인 참된 하나님에 대한 경외심을 알지만, 이스라엘의 특별한 지위를 인정하지 않고 토라의 규정을 엄밀하게 고수하지 않는 소위 '하나님을 경외하는 자들'(*σεβόμενοι/φοβούμενοι τὸν θεόν*)이 무수히 많았다. 그들은 회당 공동체 내부로 통합되지는 않았다. 특히 '하나님을 경외하는 자들'이 그러했다. 이들 가운데 기독교 이방 선교를 지지하는 이들이 있었다.

3.2 태동기 기독교

3.2.1 구약의 유효성

3.2.1.1 태동기 기독교에 있어 구약이라 함은 그 형태에 있어서는 토라, 예언서, 시편을 성서로 전제하였고, 그 유효성과 구속력에 있어서는 논쟁의 여지가 없었다고 확정할 수 있다. 위와 같은 상황은 우선 본문의 형성에 관한 문제나 개별 구절에 대한 집중의 정도, 그리고 횟수와 무관하고, 또한 널리 기반을 형성한 해석의 변형이나 새로운 해석으로부터 독립적이다.

3.2.1.2 사도 교부들이나 그 밖에 신약 이후의 저작들에게도 구약은 효력이 있고 구속력을 지녔다. 그러나 안디옥의 이그나티우스(Ignatius von Antiochien)는 구약의 문서들의 가치를 그에게 알려진 초기 기독교의 문서들에 비해 낮게 평가하였다.(이그나티우스가 마그네시우스 공동체에 보낸 서신[IgnMagn] 10, 3. 참조. 필라델피아인들에게 보내는 서신[Phld] 8:2) 반대로 바나바 서신(Barnabasbrief)은 전적으로 구약 본문에 의거하여 알레고리적인 방법을 사용해 그 신학을 전개하였다. 물론 이때 그렇게 광범위하게 기독교적으로 변형하여 해석하는 것이 구약 본연의 의미를 너무 많이 훼손하

는 것이 아닌가 하는 문제가 제기되었다.

3.2.1.3 2세기에 마르시온(Marcion)이 특별히 조명을 받았다. 그에게 있어 복음은 (지금까지) 생소한 하나님의 구원의 소식이고, 그 분이 유일하신 참된 하나님이다. 구약은 벌을 내리고 분노하는 다른 하나님에게서 나온 것으로, 폐기되어야 한다는 것이다. 이러한 그의 견해는 교회 내에서 이어지지 못하였고, 구약은 신약이 선포하는 내용의 전제와 토대로 간주되고 존경받았다.

3.2.1.4 그러나 간과할 수 없는 사실은 구약의 특정 부분을 버리는 경향이 점점 늘어났다는 것이다. 우선은 예언서와 성문서는 해당이 되지 않았으나, 토라의 특정 부분이 그러했다. 2세기에 프톨레메우스(Ptolemäus)가 플로라에게 보낸 편지는 특별히 시사하는 바가 많다. 비록 그 자신이 편지의 중간 부분에서 전개하고 하고 있는 바 영지주의적 개념을 대변하고 있기는 하지만, 당시 교회 내부에 널리 퍼져 있는 사상이 그 편지의 전체 구조에서 대단히 잘 드러난다. 사람들은 토라 내부에 있는 다양한 층들을 구분했다. 그 층들은 각기 구속력의 정도가 달랐고, 그 정도에 따라 취급되고 해석될 수 있었다. 따라서 가장 순수한 하나님의 법은 십계명이고, 이를 예수께서 성취하였다. 그 다음은 인간에 의해 선포되고, 불순한 것들과 뒤섞인 법이 있으며, 이를 예수께서 폐지하였다. 그리고 마지막으로 '전형적이고 상징적인 것'으로, 이는 영적이고 눈에 보이지 않는 것 안으로 이입(移入)되어야 한다. 그에 반하여 유념해야 할 것은 신약성서는 구약성서를 그 전체로서 중시한다는 사실이다.

3.2.2 구약의 중요성에 대하여

구약의 가치에 대한 기본적인 질문과 더불어 내용상의 중요성에 대하여 질문할 수 있다. 우선 초기 기독교인들 사이에 행해진 구약에 대한 특수한 해석은 별개로 한다.

3.2.2.1 한 가지 중요한 현상은 구약과 함께 제시된 언어와 사고 체계이다. 구약에 존재하는 사고와 언어의 특성이 헬라어와 라틴어의 언어 전통과 비교하여 그 차이점을 분명히 드러낸다면, 초기 기독교의 선포와 저작들이 구약적인 사고 전통이나 언어 전통을 통해, 그리고 그것에 의해 영향을 받았다는 사실을 부인할 수 없다. 이 같은 사실은 당연히 히브리-아람어권에 먼저 해당되나, 성경적 사고가 각인된 헬라적 유대인 기독교 지역, 특별히 칠십인역이 전수된 지역에도 해당된다. 이미 언급했듯이 칠십인역은 구약의 헬라어화라고 하기보다는 오히려 헬라어의 히브리어화이다. 물론 헬라적 사상의 영향을 분명히 감지할 수 있기는 하다.(출 3:14을 *ἐγώ εἰμι ὁ ὤν* '나는 있는 자

다, Ich bin der Seiende'로 번역한다.) 초기 기독교에서 헬라적 사고 방식은 직접적인 논쟁에 의해 적응, 변형되었고, 부수적으로는 2세기 중엽부터 광범위하게 확산되었다.

3.2.2.2 유일하신, 그리고 동일하신 하나님이 핵심이라는 것이 내용상 결정적으로 중요하다. 이러한 자기 이해는 구약의 하나님 숭배와의 내적인 결합을 간과할 수 없다는 사실을 전제로 한다. 유일하신 하나님에 대한 신앙을 구비하고 초기 기독교의 선포와 신학은 구약을 결정적인 토대로 삼았다.(참조. 이 책 3장) 따라서 예수 그리스도에 대한 신앙을 받아들이지 않은 유대인들과의 그 모든 논쟁에도 불구하고 초기 기독교가 무엇보다도 유대교 내부의 한 흐름으로 여겨졌고, 그들 스스로도 자신을 그렇게 이해했다는 것은 우연이 아니다. 주후 1세기 말엽에 가서야 유대교와 기독교가 철저하게 분리되었다.

3.2.2.3 유대교에서 구약은 선민(選民)의 원증서였고, '하나님을 경외하는' 이방인들에게 구약이 유일신 사상의 기록물이라면, 기독교인들에게는 예수 그리스도 안에서 성취된 과거의 계시역사와 하나님의 약속에 대한 증언이다. 구약은 신앙의 결정적 전제로서 중요할 뿐만 아니라, 기존 역사에 대한 틀을 형성한다. 이 틀 안에서 예수의 선포와 사역이 이루어졌다. 여기서 더 나아가 기존의 역사 안에서 일어난 것들을 파악하고 설명할 수 있는 핵심적인 해석의 범주를 제공한다. 예수의 지상사역, 그의 죽음과 부활, 오순절 사건과 이미 도래한 구원에 대한 확신은 전적으로 구약을 근거로 했을 때에만 이해하고 기술할 수 있었다. 곧 여기서 헬라적 표상과 개념은 부차적이었다. 왜냐하면 그것들은 기본적으로 구약에 뿌리를 둔 약속의 전통을 표현한 것을 전달하는 데에 사용되었을 뿐이기 때문이다.

3.2.2.4 구약의 해석을 위해서 예수의 사역과 위격(Person)이 하나의 새로운 기준점을 제공하였다. 비록 여전히 구약이 하나님의 창조 행위와 이스라엘 역사에서 그의 행위의 증거로서 중요하긴 하지만, 그러나 구약에서 보도된 것을 뛰어 넘는 요소, 그것이 이제 결정적이다.(참조. 이 책 4장) 그 요소들은 그리스도 안에 나타난 하나님의 계시 행위로부터 이해되고 설명된다. 이로 인해 구약의 본문은 하나의 새로운 지평과 좌표 안에 위치하게 되었고, 그 해석은 확실히 본문 외부로부터 도출되었다. 그리스도 사건을 통해 그 문서에 대한 결정적인 접근로와 열쇠가 주어졌고, 그리하여 초기 공동체는 그제야 비로소 구약의 완전하고도 참된 의미를 인식할 수 있었다. 물론 상호적인 관계가 관건이었고, 내용상의 공속(共屬)관계가 이러한 이해 과정을 위한 전제였다.

3.2.2.5 해석 방법과 관련하여서 사람들은 기존의 해석 모델을 가져왔다. 다양한

본문의 분류, 약속과 미래의 성취 관계에 대한 질문, 구속사적 시대 구분, 현상들의 유형별 대조, 본문 내용의 알레고리화 등이다. 그러나 해석의 근본 의도는 이제 전혀 다른 새로운 것이 되었다. 그 의도는 '기독교적 해석'(Interpretatio Christiana)을 시도할 때 거룩한 문서의 특정 부분에 매우 집약적으로 해석의 변형을 초래했다.(참조. 이 책 5장)

4. 초기 기독교의 구약성서 사용

4.1 인용과 암시

신약에 등장하는 구약 사용 방법은 우선 형식적인 관점에서 설명할 수 있다. 무엇보다도 특정 구절에 대한 인용과 분명한 암시가 이에 해당한다. 명시적으로 인용하거나 혹은 본문의 상관성을 환기시키지 않더라도, 구약을 성서로 전제한 수많은 구절들을 예측할 수 있다. 이것은 한 분 하나님을 향한 신앙에 대한 진술과 하나님의 창조행위와 역사 안에서 그의 활동뿐만 아니라 고대하는 종말론적인 하나님의 개입에 대한 진술에도 해당한다.

4.1.1 인정된 문서들과의 관계

4.1.1.1 초기 기독교 시기에 이미 전반적으로 인정받은 구약 문서들에 대한 관계와 다른 문서들이나 전승들에 대한 관계에는 분명히 차이점이 있다. 그 위치에 대해 논란의 여지가 없는 문서에서만 명시적으로 인용하였다. 그런 문서로는 율법서와 (전, 후기) 예언서 외에는 오직 시편과 그리고 단초(端初)로 잠언을 인용한 것을 들 수 있다. 이미 공식적으로 인정된 문서들에서 인용한 구절의 본문을 확인할 수 있는 범위 내에서 다음과 같이 구약 문서의 사용 방법을 세분화할 수 있다.

– 도입문구가 붙어서 소개된 인용구, 이때 포괄적으로 문자 그대로의 재생이 관건이나, 때때로 변형도 가능하다.

– 구약의 본문이 분명히 인지되나 소개가 없는 인용구, 해당 구절이 원문 표현 내에서 재생된 것인지 혹은 이미 적용의 과정을 거친 흔적을 감지할 수 있는지와는 별개이다.

– 사건, 인물 혹은 성서 본문을 분명하게 감지할 수 있는 암시.

4.1.1.2 고린도전서 2:9은 당시에 인정된 문서들에서만 본문을 인용하였다는 주장과는 반대로 언급하는 것으로 보인다. "하나님이 자기를 사랑하는 자들을 위하여 예비하신 모든 것은 눈으로 보지 못하고 귀로 듣지 못하고 사람의 마음으로 생각하지도 못하였다."(*ἃ ὀφθαλμὸς οὐκ εἶδεν καὶ οὖς οὐκ ἤκουσεν καὶ ἐπὶ καρδίαν ἀνθρώπου οὐκ ἀνέβη, ἃ ἡτοίμασεν ὁ θεὸς τοῖς ἀγαπῶσιν αὐτόν*) 더욱이 이 구절은 "기록된 바"(*καθὼς γέγραπται*)로 시작하고 있다. 오리게네스(Origenes)는 이 인용이 엘리야의 묵시록에서 한 구절을 사용한 것으로 추측했다. 그러나 이 묵시록 중 우리에게 알려진 구절의 범위 내에서는 위의 구절을 입증할 수 없다. 이 구절과 관련하여 히에로니무스(Hieronymus)가 이미 문제 삼은 바 있다. 그는 위 구절이 이사야 64:3(개역 한글판에는 64:4 – 역자 주)을 자유롭게 번역한 것이라 이해했다. "주 외에는 자기를 앙망하는 자를 위하여 이런 일을 행한 신을 예로부터 들은 자도 없고 귀로 들은 자도 없고 눈으로 본 자도 없었나이다." 비록 인용된 본문이 위 구절과 부분적으로 일치하기는 하지만, 그에 대해서는 할 말이 많다. 바울은 신약 이후의 전승에서 출처를 확인할 수 있는 구절들을 분명히 이사야의 글에서 인용한 것으로 생각했다.(볼프강 슈라게[Wolfgang Schrage] 참조. 마가복음 1:2 이하에서 말라기 3:1과 이사야 40:3을 결합한 구절을 이사야의 인용이라고 한 것도 위와 비교할 만한 병행이다. 야고보서 4:5 이하도 이와 비슷한 경우로, '일렀으되'(*ἡ γραφὴ λέγει*)라는 도입구에 이어 구약에서 지명도 있는 문장인 칠십인역 잠언 3:34을 인용하며, 그 인용구 앞에 기독교적 해석을 결합하였다. "하나님이 우리 속에 거하게 하신[!] 성령이 시기하기까지 사모한다. 그러나 더 큰 은혜를 주신다."[3](*πρὸς φθόνον ἐπιποθεῖ τὸ πνεῦμα, ὃ κατῴκισεν ἐν ἡμῖν, μείζονα δὲ δίδωσιν χάριν*) 끝으로 요한복음 7:38을 더할 수 있다. 이 구절은 에스겔 47:1, 8 이하(욜 4:18)에 나오는 흐르는 물의 모티브를 자유로운 형태로 수용하였다.

4.1.2 일반적으로 인정되지 않는 문서를 참조한 예

성경 본문에서 또 다른 본문을 동원하면서, 문서의 인용에 대한 분명한 소개가 빠져 있다. 물론 그 구절들은 권위 있는 본문들과 같은 무게로 여겨지지는 않는다. 여기서는 아래와 같이 사용의 방식을 구분할 수 있다.

3) 이 책의 저자인 F. Hahn의 원문을 번역하면 다음과 같다. "그가 우리 속에 살게 한[!] 성령을 시샘하며 지켜 보신다. 그러나 더 큰 은혜를 주신다." – 역자 주.

4.1.2.1 도입구가 없는 본문들로서, 광범위하게 후기 구약시대나 구약시대 이후 문서의 범위와 일치하며, 여러 곳에서 볼 수 있다.

– 다니엘서에 기댄 예는 아주 많다. 특히 마가복음 13:24 이하와 그 병행구절처럼, 마지막 때에 인자가 나타나신다는 문맥에서 그러하다. 그런데 위와 같은 구절들은 독특하게 한 번도 인용으로 표기되지 않았다.

– 베드로전서 3:18c–20에 나오는 그리스도의 '지옥 순례'에 관한 진술은 틀림없이 에녹전승을 전제로 한다. 베드로전서에서 인용한 내용은 에티오피아판 에녹서 9:10, 10:11–15에 있다.

– 유다서에도 역시 에녹서에 대한 암시가 존재한다.(율법서, 선지서, 다니엘서에서 인용한 본문과 더불어) 유다서 4b절은 에녹서 48:10과, 유다서 6절은 에녹서 12:4, 10:6, 22:11과, 유다서 13절은 에녹서 60:8, 93:3과, 유다서 14절은 에녹서 1:9과 관계가 있다. 흥미로운 사실은 유다서를 수정하여 받아들인 베드로후서 2장에서는 에녹서와 관련된 모든 본문이 삭제되었다는 점이다. 베드로후서는 다니엘서를 성서로 여겼으나 에녹서를 성서로 보지 않은 시대나 혹은 공동체에서 발생하였다. 따라서 에녹서를 암시하거나 에녹서와 관련이 있는 것은 인정하지 않았다.

4.1.2.2 네슬–알란트판 신약성서의 부록에 있는 관련 본문들의 목록을 훑어본다면, 율법서, 선지서, 그리고 시편 이외에 우리가 알고 있는 초기 기독교 문서들의 영향을 받은 다른 본문들의 숫자도 무시할 수 없다는 것을 확인할 수 있다.

4.1.2.3 여기에 덧붙여 문자적으로 의존하지는 않으나, 공통적인 전승을 참고한 내용상의 접촉점을 들 수 있다. 예를 들면 에스라4서 같이 신약의 문서들이 형성된 이후에 나타난 유대교 본문들과의 접촉점이 이에 해당한다.

4.1.3 문서 사용 방식의 결론

4.1.3.1 율법서, 선지서, 그리고 시편을 사용한 다양한 방식을 살펴보면, 초기 기독교 전승이 얼마나 강하게 이스라엘의 권위 있는 성서에 의존하고 있는지 알 수 있다. 명시적이든 암시적이든 늘 관련이 있다. 이러한 현상은 내용상 여러 관점에서 일어난다. 특히 과거의 하나님의 행위와 약속하고 이제 임할 하나님의 행위라는 관점이 중요한 역할을 한다.(참조. 이 책 3장과 4장) 이에 비해 그 외의 문서들이나 전승에서 사용된 구절들은 그 가치가 종속적이고, 이미 보았듯이 인용 도입구를 사용하지 않는다.

4.1.3.2 위와 같은 의미에서 슈툴마허(Stuhlmacher)의 주제, "구약과 신약 사이

의 단절 없는 전승의 연속성"(『신약성서의 성서신학』 제I권, 8쪽)이 좀 더 명확해질 수 있다. 물론 율법서, 선지서, 그리고 시편 이외의 문서들과 특정한 해석 전승도 확실히 의미가 있으나, 초기 기독교는 권위 있는 '거룩한 문서들'과 그것과 동등한 지위를 획득하지 못한 다른 문서들이나 전승들 사이에 중요한 구분을 두었다. 이와 같은 사실은 또한 나중에 히브리어 정경에 수용된 문서나, 칠십인역에 포함된 문서들에도 해당된다.

4.2 문서 사용의 집중도에 있어서 차이점

4.2.1 초기 기독교의 성서신학(Schrifttheologie)

신약의 두 저자에게서 명확한 형태의 성서신학[4]을 확인할 수 있다. 마태복음의 저자와 히브리서의 저자는 자신들을 성서신학자로 이해했다. 전자는 예수 전승을 성서신학적으로 자리잡게 하고 후자는 자신의 신학논문의 기독론적 주제를 구약성서에 근거하여 발전시켰다.

4.2.1.1 마태복음의 저자는 그에게 전수된 예수 전승을 인식하였고, 분명하게 성서신학적 숙고를 거쳐 작업하였음을 감지할 수 있다. 그는 이미 존재하던 자료를 가지고 시작하였지만, 그의 손길을 통하여 비로소 수많은 성경의 인용구절들이 그의 진술 속에서 특별한 무게를 얻게 되었다. 이를 위해 저자는 이전의 약속이 성취되었다는 사실관계를 부각시키는 전형적인 도입 문구를 두루 사용하였다. 기본 형태는 다음과 같다. "…에 기록된 대로 이루려 하심이라."(참조. 1:22 이하, 2:5 이하, 15, 17, 3:3, 4:14, 8:17, 11:10, 12:17–21, 13:14 이하, 35, 15:7–9, 21:4 이하, 27:9) 이로부터 '숙고된 인용'(Reflexionszitaten)이라는 용어를 사용하게 되었다. 특별히 눈에 띄는 것은 13:52에 나오는 복음서 저자의 '서기관'에 대한 분명한 언급이다. 그는 '천국의 제자 된 자'(γραμματεὺς μαθητευθεὶς τῇ βασιλείᾳ τῶν οὐρανῶν)이다.

4.2.1.2 "옛적에 선지자들로 여러 부분과 여러 모양으로 우리 조상들에게 말씀하신 하나님이 이 모든 날 마지막에 아들로"(히 1:1, 2a) 말씀하신다는 도입부의 주제를 근거로 하여, 히브리서 저자는 예수 그리스도에 대한 고백의 진술(1:2b–4)을 시작한

---

4) 원문 표현은 'Schrifttheologie'이다. 근래에 들어 '성서신학'이라 함은 독일 튀빙엔대학을 중심으로 하여 구약과 신약의 통일성에 중심을 두고 연구하는 방법론을 일컫는 'biblische Theologie'를 뜻한다. 따라서 위에서 '성서신학'이라고 번역한 표현이 튀빙엔학파의 '성서신학'과 혼란의 여지가 있어 여기에 밝힌다. — 역자 주.

다. 이어서 곧 구약의 본문과 그 해석을 관련시킨다. 이것은 예수의 승귀와 천사보다 높은 위치(1:5-14)에 대한 진술과, 아들의 인간 되심(2:5-18)에 대한 진술, 방황하는 하나님의 백성(3:7-4:13), 대제사장이신 예수(5:5-10, 7:1-10:18), 뿐만 아니라 참된 믿음의 예로 열거한 사례들(11:1-40)에도 해당한다. 이 저자는 성서해석자이며, 자신의 글을 '권면의 말'(*λόγος τῆς παρακλήσεως*, 13:22)로 이해한다.

4.2.2 신학적 숙고에 사용된 문서

바울 서신과 베드로전서, 그리고 누가의 이중 저작에서 우리는 저자 자신의 신학적 논쟁 가운데 들어 있는 성경 인용과 그 해석을 다양하게 접하게 된다.

4.2.2.1 바울이 자신의 각 서신에서 매번 같은 강도로 성서신학적 고찰을 반영하지는 않았으나(데살로니가전서, 빌립보서, 빌레몬서에서는 신학적 반영이 약하다.), 바울의 사고와 논쟁에 있어 성서적 고찰은 본질적 요소이다. 이러한 경향은 고린도전후서와 갈라디아서, 특히 로마서에 강하게 나타난다. 바울에게 있어 특기할 만한 점은 그가 구약 본문을 단순히 설명에 필요한 인용 자료나 '증거 본문'으로 사용하지 않고, 그의 사고가 진행되는 과정 안에서 그 본문들을 해석하면서 통합한다는 것이다. 로마서 4장과 9-11장의 논쟁이 이에 대한 좋은 예이다.

4.2.2.2 베드로전서의 저자 역시 자신의 주제를 설명하면서 구약 본문을 자주 끌어들인다. 거룩한 행실과 흠 없는 제물이신 그리스도에 관한 단락(1:13-21), 세례와 교회론(1:22-2:10), 그리고 하나님의 고난 받는 종이신 예수에 관한 단락이 이에 해당한다. 생활 속에서 바르게 책임을 지라는 권면(3:8-12)과 종말론의 맥락에서 주는 권면(4:7-11)에서도 위와 같은 방법을 확인할 수 있다.

4.2.2.3 누가의 이중 저작은 마태복음만큼 집중적으로 성서신학적 작업을 거치지는 않았지만, 여기서도 역시 구약의 약속과 그 성취가 해석의 본질적 요소를 형성한다. 이러한 사실은 누가복음 1장과 2장의 예수의 어린시절에 관한 역사와 3장의 수세 장면에서부터 시작하여, 4:16-21의 소위 취임설교를 거쳐 24:25-27, 44-47에서 그리스도의 강령을 제시하는 진술에 이르기까지 일관되게 드러난다. 사도행전에서는 2:16-21, 2:25-36, 3:22-26, 10:43, 13:34-41, 14:15b, 17:24-27의 선교설교와 15:15-18의 사도회의석상에서의 진술, 그리고 가장 중요한 종결부인 28:25-28도 거듭 구약을 참조한다. 누가의 이중 저작의 전반적인 진술의 중심에는 시종일관 구약의 약속이 성취되었다는 모티브가 관철된다.

4.2.3 성서신학적 요소(Schrifttheologiescher Elemente)에 대한 고려

다른 신약성서에는 성서신학적 논증이 전면에 드러나지는 않으나, 역시 성서신학의 요소가 수용되었다. 마가복음, 요한복음, 그리고 야고보서가 이에 해당한다.

4.2.3.1 마가복음은 구약 인용을 눈에 띄게 많이 하지는 않는다. 그러나 1:2 이하에서 말라기 3:1과 이사야 40:3의 인용이 분명히 드러나는 본문을 보여주었고, 또한 그는 때때로 '기록된바'(*ὅτι γέγραπται*, 14:27)라는 구절을 사용하여 구약인용문을 끌어낸다. 그 외에 아주 일반적인 어투로 '이는 성경을 이루려 함이니라.'(*ἵνα πληρωθῶσιν αἱ γραφαί*, 14:49)라고 말하기도 한다. 대체로 그에게 이미 주어진 수난사화와 저자 자신의 전체 서술에 깔려 있는 하부구조에서 구약을 분명하게 인지할 수 있으나, 도입구가 있는 인용문이 아니라 암시의 형태만 감지된다. 그는 예수의 십자가상의 말씀도 시편 22:2을 인용하며 도입구 없이 가지고 왔다.(막 15:34, 비교. 15:24)

4.2.3.2 요한복음은 기독교 복음을 자유롭게 독자적으로 펼치긴 하나, 여기서도 구약이 중요한 역할을 한다는 사실은 간과할 수 없다. 이러한 사실은 1:17과 6:32에서 보여주듯이 모세와 그리스도를 구분하는 데에서, 그리고 13:18, 19:24, 28, 36 이하와 20:9에서와 같이 의도적으로 구약을 인용한 데 해당한다. 한편으로는 "성경은 폐하지 못하나니"(*οὐ δύναται λυθῆναι ἡ γραφή*, 10:35)라고 말하면서, 다른 한편으로는 2:17, 22과 6:31, 35에서 드러나듯이 구약의 말씀과 예수 본인의 말씀을 병행시키면서 이로써 그 관계를 분명하게 설정하고 있다. 5:39의 진술도 이에 해당한다. "너희가 성경에서 영생을 얻는 줄 생각하고 성경을 상고하거니와(*ἐραυνᾶτε τὰς γραφάς*) 이 성경이 곧 내게 대하여 증거하는 것이로다."(*ἐκεῖναί εἰσιν αἱ μαρτυροῦσαι περὶ ἐμοῦ*) 여기서도 물론 구약의 성취라는 차원이 요지이다.

4.2.3.3 야고보서에는 몇몇 구절에서 구약을 명시적으로 인용하였다. 2:8의 사랑의 계명이라든지 혹은 아브라함의 의를 말하는 2:23이 이에 해당한다.(참조. 앞서 언급했던 4:5b, 6) 다른 구절에서는 예를 들면 5:4과 5:11의 경우와 같이 인용 도입구 없이 구약의 본문을 끌어왔거나 혹은 그에 대한 암시만 준다.

4.2.4 암시적인(implizite) 구약 사용

신약에는 구약의 권위 있는 본문을 인용한 것도 아니고 또 명시적으로 사용한 것도 아니지만, 내용상 분명히 구약의 전승에 의존하고 있고, 나아가 일반적으로 인정되지 않은 보다 후대의 문서를 사용한 구절이 여러 군데 있다.

4.2.4.1 데살로니가후서의 서언인 1:3-12은 이사야 2:10, 19, 21과 66:4 이하, 15의 모티브를 수용하였다. 묵시적 단락인 2:3-12에는 에스겔 28:2과 이사야 11:4, 그리고 다니엘서 11:36의 요소가 있다.

4.2.4.2 요한계시록은 1:3에서 예배시간에 낭독할 것을 지시하는 것과 22:18 이하의 정경화 구문에서 드러나듯이 스스로를 성경으로 이해한다. 요한계시록은 다니엘서에서 유래하는 광범위한 자료들은 차치하더라도 에스겔의 환상과 스가랴 11-14장, 다른 문서들의 요소들을 사용하였다. 그러나 육안으로 식별할 수 있는 인용구절은 어디에도 없다.

4.2.4.3 베드로후서에서는 이미 언급했듯이 유다서가 사용한 에녹서의 구절들을 배제한다. 이는 에녹서가 인정된 구약의 문서에 속하지 않았고, 그와 달리 다른 본문 관계를 고려하기 때문이다. 1:20 이하에서는 구약의 예언을 독단적으로 해석하지 말 것을 경고한다. 이는 곧 '성령의 감동하심을 입고 하나님께 받아 말한'(*ὑπὸ πνεύματος ἁγίου φερόμενοι ἐλάλησαν ἀπὸ θεοῦ ἄνθρωποι*) 사람들에게서 발원하기 때문이다.

4.2.5 구약 사용의 쇠퇴

위에서 마지막으로 언급한 문서에서 구약 본문과의 명시적인 관계가 쇠퇴하였다면, 몇몇 다른 신약 문서에서는 이러한 경향이 보다 더 강하다.

4.2.5.1 구약과 관련을 맺고 있는지에 대한 근거를 찾아볼 수 없는 짤막한 빌레몬서는 예외적인 경우로 하면, 제일 먼저 골로새서와 에베소서가 있다. 골로새서에서는 3:1과 3:10의 암시를 제외하면 구약을 끌어들이지 않았다. 그에 비해 골로새서를 참조한 에베소서에서는 오히려 구약과의 관계가 약간 강해졌으며, 특히 권고 부분(참조. 4:25, 5:31)에서 그러하다. 하늘의 선물에 관해 언급하는 에베소서 4:8은 시편 68:19을 인용하였다. 4:8에서 사용한 인용도입구와 똑같은 '그러므로 이르기를'(*διὸ λέγει*)을 이용해 5:14에서는 초기 기독교의 한 진술을 소개한다. "잠자는 자여 깨어라." 그러나 위 두 편의 제2바울서신의 전체 주제는 구약 전승을 제외하고는 이해할 수 없으며, 이는 창조, 유대인과 이방인의 관계 또는 종말의 구원이라는 개별 주제에서도 그러하다.

4.2.5.2 목회서신에서도 구약 본문이 차지하는 역할은 미미하다. 그럼에도 불구하고 구약에 대한 전이해나 토대가 빠질 수 없음을 확인할 수 있다. 그리하여 디모데후서 1:3-5에서는 유대인 조상들의 경건함을 기억하고 있고, 3:15 이하에서는 어려서부

터 안 '성경'(ἱερὰ γράμματα)을 언급하며, 그 성경이 '성령의 감동'(πᾶσα γραφὴ θεόπνευστος)으로 된 것이라고 말한다. 디모데전서 4:14에서는 (성경을) 읽을 것을 권한다. 이는 의심의 여지없이 구약성경을 이른다. 그 외에는 구약 본문과의 관계가 거의 눈에 띄지 않는다. 그보다는 '바른 가르침'(ὑγιαίνουσα διδασκαλία)과 '맡겨진 것'(παραθήκη, 참조. 딤전 1:10, 6:20)으로 표현된 독립적인 기독교 전승이 보다 더 부각된다.

4.2.5.3 세 개의 요한서신에서는 구약과의 관계가 가장 두드러지게 쇠퇴한다. 요한서신의 주요주제는 잘못된 교리에 의해 혼란스러워진 신앙과 근원적인 기독교 전승과의 관계를 논하는 것이다. 이는 '처음부터'(ἀπ' ἀρχῆς) 효력이 발휘된 소식이라는 언명에서 드러난다.(요일 3:11) 비록 구약 본문을 한 군데도 인용하지 않았지만, 요한1서 3:12에 가인을 제시한 것은 구약에 대한 지식을 전제로 한다. 또한 요한서신에는 대단히 독립적으로 적그리스도-모티브 전승을 수용하여 사용하였다. 이 전승은 구약-유대교적 전(前)이해를 바탕으로 한 것이다. 요한서신에서는 역시 구약을 전제로 하는 서로 사랑하라는 중심 계명을 새 계명으로, 그리고 동시에 옛 계명으로 규정하며(요일 2:7), 요한복음과 마찬가지로 예수의 계명으로 이해한다.

5. 성서인 구약의 근본 내용

5.1 유대교에서 유지되는 유효성

유대교에서 성경은 오늘날까지 히브리어-아람어 본문의 형태로 신앙 전승의 유일한 근거가 되고 있다.

5.1.1 유대교는 성경을 고대와 마찬가지로 근본인 '토라', 토라의 해석인 '예언서', 그리고 토라와 예언서의 보충인 '성문서'로 구분한다. 주후 1세기 말엽 정경이 확정되고 주후 2세기에 헬라 유대교가 그 영향력을 잃자, 그때부터 이 본문의 존재만이 지속적으로 가치가 있었다. 중세기 초두에 마소라 연구가들에 의해 본문의 모음이 확정되었다. 그러나 예배 때에는 여전히 모음을 찍지 않은 두루마리를 사용한다.

5.1.2 정경화된 유대교 성경은 랍비들의 해석 전통을 통해 보충되었다. 토라의 해석인 이른바 할라카는 처음에는 주후 2세기 말엽에 '미쉬나'로, 5/6세기에는 소위 '게

마라'(G^{e}mara)를 통해 보충되었고, '예루살렘 탈무드'와 (구속력 있는 것으로 여겨지는) '바빌로니아 탈무드'로 확정되었다. 여기에 더해 정통 유대교에는 중세의 전승, 예를 들면 '라쉬'(Raschi)나 혹은 '슐칸 아루크'(Schulchan Aruch)의 주석이 존재한다. 그에 비해 성경을 보충하는 주석 전승은 소위 '학가다'의 형태로 종속적인 지위를 차지한다. '탈굼'도 마찬가지이다.

5.2 초기 기독교에서 계속되는 유효성

초기 기독교에 있어서 이스라엘의 성서는 신약성서에서 알 수 있듯이, 예수의 선포와 사역을 위한 근본적인 전제였고, 부활 이후 제자들의 메시지를 위한 것이기도 했다.

5.2.1 기독교가 구약을 받아들인 것은 기독교 공동체 안에서 처음부터 결정적인 역할을 하였다. 이때 수집된 성서 문서들이 어떤 형태로 사용되었느냐는 것은 부차적인 문제이다. 본문의 범위 측면에서 보자면 히브리어-아람어 본문과도 일치하지 않고, 신약성서 안에서 사용된 칠십인역 본문과도 일치하지 않는다. 원(原)본문은 드러나지 않고, 칠십인역이 점차 그 기반을 굳히고 있었지만, 원(原)본문과 칠십인역 외에 초기 기독교에서 사용한 여러 다른 본문들이 존재했다. 본문의 종류뿐만 아니라 거룩한 문서들의 범위에 있어서도 사정은 마찬가지이다. 1세기 말엽에 가서야 확정된 유대교 정경이 초기 기독교 시대에는 아직 없었다. 이 정경이 '초기 기독교 성서'의 가장 오래된 상태에 해당되기는 하지만, 그것과 동일하지는 않다. 초기 기독교에 있어 구약에 관한 한 명백하게 공식적인 제한이 없었고, 당시 유대교 전통에 상응하는 관례 가운데 하나를 따랐다. 그러나 내용상 '구약'을 어떤 원칙적인 의미에서 완결된 것으로 여겼다.

5.2.2 이미 보았듯이 초기 기독교 문서들에서 구약을 사용한 강도는 다양하나, 내포된 연관성은 도처에서 분별할 수 있다. 초기 기독교 문서들은 그 형태가 어찌되었든 간에 구약이 논란의 여지가 없는 기반이었음을 분명히 한다. 따라서 구약은 결정적으로 사고의 전제조건이 되었고, 설명할 때의 자료였으며, 그리고 실질적인 신앙의 요소였다.

5.2.3 유대교에 있어 '성서'는 무엇보다도 율법서에 집중되어 있지만, 초기 기독교에서 '성서'는 처음부터 다른 무게 중심을 갖고 있었다. 이제 구약을 넘어서서 지시하는 전승들, 특히 예언적 본문들은 방향을 제시하는 역할을 하였다. 그리하여 다가오는

하나님의 역사를 구원의 현재라는 빛 아래에서 새롭게 해석하게 되었다. 그리스도 사건을 구약의 조명 하에 이해했을 뿐만 아니라, 구약 역시 예수 그리스도 안에 나타난 계시 사건을 통해 해석되었다. 토라나 혹은 예언서들 안에 있는 약속의 본문들의 모든 무게에도 불구하고 그리스도 사건은 새로운 해석이 가해진 토라의 율법적인 부분에도 연결되었다.

5.2.4 유대교로부터 전수받은 성경이 중요한 역할을 하긴 했으나, 기독교 신앙에 있어 그것이 유일한 토대는 아니었다. 처음부터 구원의 소식에 관한 구전 선포가 공존했고, 초기 기독교의 전승이 한 단계 한 단계 문자로 고정화되고 수집되면서, 곧바로 구약 이외에 자신들의 거룩한 문서를 갖게 되었다. 그렇게 시작하여 2세기부터 기준이 되는 고유한 신약 본문 집합체가 형성되었고, 이것이 4세기에 마침내 신약성서로 정경화되었다.

5.3 교회사에서 계속되는 영향력

5.3.1 고대교회는 구약성서를 그 사이 존재하게 된 신약성서와 함께 두 부분으로 구성된 정경의 형태로 넘겨받았다. 그리고 구약을 희생시키려는 이미 언급한 경향에 맞서서 의도적으로 구약과 신약의 공속성(共屬性)을 고수하였다. 그때부터 신구약 두 성서의 말씀은 교회의 선포와 신앙을 위한 토대를 형성하였다. 두 부분으로 이루어진 정경을 결정함에 있어 물론 통일성 있는 기독론적 해석이 전제가 되었으며, 이러한 해석은 처음 수세기 동안 일관되었다. 그럼에도 불구하고 구약은 자신의 독립성을 유지하였다.

5.3.2 고대교회의 정경 형성에 있어 라틴어 성경의 원본이었던 칠십인역 문서 수집물을 이용하였지만, 유대교의 구약 정경을 재수용하면서 그것의 고유성을 보다 더 강하게 고려해야만 했다. 4세기에서 5세기 전환기에 이미 히에로니무스(Hieronymus)의 불가타-개정본에서 유대교 정경을 간접적으로 재수용하였고, 개혁교회에서는 유대교 정경이 그 기반을 다져갔으며, 그러는 사이 로마 가톨릭교회에서도 집중적으로 유대교 정경을 중시했다.

5.3.3 구약은 우리에게 그 본문들의 원본이 아니라 칠십인역 형태로 남아 있다. 이것은 그리 흥미로운 일이 아니다. 왜냐하면 칠십인역이 히브리어 본문을 재수용하기도 하였고 혹은 칠십인역이 헬라적 유대교의 역사와 신학을 밝히는 역할을 하기 때문만

이 아니라, 오히려 칠십인역이 원래 기독교 정경의 한 부분을 차지했기 때문이다. 칠십인역은 그리스 정교회에서 오늘날까지 권위가 있다. 구약의 두 판본, 즉 구약의 원본과 고대교회 이후로 영향력을 얻게 된 헬라어 번역본인 칠십인역 모두 신약의 전승과 두 부분으로 구성된 정경 이해를 위해 중요하다.(참조. 슈툴마허 『신약신학』 II. 40장)

6. 마무리 고찰

6.1 기독교 신학에서 차지하는 구약의 위치

구약은 기독교 신학에 있어 특수한 위치를 차지하고 있으며, 그런 점에서 두 가지 관점에서 보아야 한다. 즉 기능상 구약의 문서들이며 또한 기독교 이전의 증거인 구약으로서, 그리고 기독교 신앙 전통에 의해 수용된 구약으로서 이해해야 한다는 것이다.

6.1.1 구약의 고유성은 어떤 경우든 존중되어야 한다. 이러한 사실은 오랜 시간 일방적으로 기독론적 이해를 바탕으로 한 신학사가 진행되면서 관심 밖에 있었다. 그러나 역사비평적 연구의 틀 안에서 구약성서의 고유성을 재발견하여, 때때로 구약성서 자체만을 순전히 종교사적으로 평가하고 광범위하게 신약과 분리하는 데 이르게 되었다. 하지만 구약성서의 문서들을 해석함에 있어 기독교 이전의 특성을 모두 고려하면서 미래에 방향을 둔 하나님의 행위의 의미와 개방성을 인식하도록 유지하는 것은 구약성서 주석가들의 과제이다.

6.1.2 그에 비해 신약성서 주석은 분명하게 구약성서와 관련되어 이루어져야 하며, 이때 구약성서가 내재적으로 초기 기독교 전승을 지시하는 기능이 있다는 점도 고려해야 한다. 무엇보다도 종말론적인 구원의 메시지를 토대로 새로이 형성된 시각들을 제시하고, 다양한 초기 기독교의 전승에 힘입어 구약성서를 기독교적으로 해석하는 근본적인 문제를 부각시켜야 한다.

6.2 두 부분으로 구성된 기독교 정경의 의미

기독교 신학의 기본 과제는 형태상 두 부분의 정경으로 구성된 성서의 특징과 의미를 고려하는 것이다. 즉 구약성서와 신약성서의 상관관계를 보다 더 정확하게 규명해야 한다. 기독교 전승에 있어 두 언약이 짝을 이룬다는 사실은 간과할 수 없는 문제이다. 그 공속관계가 상호 영향력을 주고받는다는 사실을 확실히 인지해야 할 부분은 그리스도 사건을 구약의 빛 아래에서 보아야 하고 구약은 그리스도 사건의 조명 하에서 이해되어야 한다는 점이다.

6.2.1 구약성서와 신약성서 두 문서 수집물들 가운데 실제 예배에서 확증되고 널리 통용되었던 것들이 공인되었다. 구약성서에 해당되는 것들은 초기 기독교 시대에 광범위하게 영향력을 얻은 문서 복합체였고, 신약의 경우는 사도시대와 후기 사도시대의 문서들로서, 예수 전승과 더불어 최초의 기독교적 증거를 기록한 것들이다. 비록 초기 기독교에 있어 위의 두 경우 모두 형식상 정경화된 문서들이 아니었지만, 그렇게 이미 효력을 얻은 것들이 나중에 공인 과정을 거치게 되었다.

6.2.2 구약성서가 '초기 기독교의 성경'이라면 신약은 예수의 위격(Person)과 역사, 그리고 그의 부활과 성령의 도래와 관련된 구원 사건의 관점에서 구약과 상관관계에 있다. 가장 처음의 기독교가 확고부동한 신앙 인식을 갖고 옛 언약을 받아들이는 과정에서 구약성서와 신약성서의 내적 연관성이 형성되었다.

6.2.3 기독교 선포와 기독교 신앙, 그리고 기독교 공동체는 다름 아닌 두 부분의 성서를 근거로 존재한다. 모든 구원 경험과 신앙의 체험은 당시에는 당연히 여겨지던 것들이 새롭고 또한 현실적으로도 의미가 있는 선포를 통해 해방되었다는 최초의 고백으로 이어졌다. 그와 더불어 기독교 복음의 해석사와 영향사를 부정하는 것은 아니지만, 성서의 가장 기본적인 증거들이 갖는 방향 지시적 기능은 지금도 지속되고 있음을 확인하였다. 기독교 신학이 성서에 정초하고 있고 성서에 방향을 맞춘 신학이라면, 구약성서와 신약성서 두 부분의 정경 문제와 그 해석에 끊임없이 천착해야 한다. 이는 좁은 의미로 성서주의라는 의미로 이해하라는 뜻이 아니라 그 형태상 성서의 근본 내용이라는 차원에서 상호 반영하며 결합되어 있음을 인식해야 한다는 뜻이다.

3장

초기의 하나님 행위의 증거로서 구약성서

1. 한 분 하나님에 대한 고백

이스라엘의 자기 이해에 따르면 하나님은 족장들에게 나타나셨고, 모세와 여러 예언자들에게 자신을 계시하셨다. 토라에 최종형태로 나타난 의미에서 '아브라함과 이삭과 야곱의 하나님'은 시내산에서 모세에게 자신의 이름을 '야웨'(Jaweh)라고 알려준 바로 그 하나님이다. 이스라엘 민족은 이 하나님을 유일하신 하나님으로, 그리고 하늘과 땅의 창조자로 고백했다. 이것은 신약성서에 있어서도 뒤집을 수 없는 전제이다. 여기서 한 분 하나님에 대한 고백은 이전의 하나님의 행위를 회고하는 것과 관련되어, 이전의 하나님의 행위는 이미 도래한 하나님의 종말적 행위와 상관관계가 있다.

1.1 쉐마 이스라엘

1.1.1 '쉐마 이스라엘'은 이스라엘의 기본신앙고백이 되었다. 신명기 6:4과 여호수아 24:17을 비교해 보면 전(前)역사를 분명하게 알 수 있다. '야웨 엘로헤이누'(יהוה אֱלֹהֵינוּ, 야웨는 우리의 하나님이시다)가 '쉐마 이스라엘 야웨 엘로헤이누 야웨 에하드'(שְׁמַע יִשְׂרָאֵל יהוה אֱלֹהֵינוּ יהיה אֶחָד, 들으라 이스라엘아, 야웨가 우리 하나님이시다, 야웨는 한 분이시다)로 확장되었다. 이것은 처음에는 단일신[5]적으로 이해되었다. "야웨만이 (우리의) 하나님이시다." 그러나 아무리 늦게 잡아도 제2이사야 이후로 유일신적

으로 해석되었다. "야웨는 한 분, 유일하신 하나님이시다." 칠십인역에서는 이 구절이 그 사이 하나님의 이름을 신성히 여겨 삼가게 된 경향을 따라 다음과 같이 기록한다. "들으라, 이스라엘아, 주는 우리의 하나님이시니, 주는 유일하신 분이다."(*ἄκουε Ἰσραήλ, κύριος ὁ θεὸς ἡμῶν, κύριος εἷς ἐστιν*) 결과적으로 위 표현은 헬라어권에서 유일신론으로 이해되었고, 헬라 유대인들에게 '주 하나님'(*κύριος ὁ θεός*)은 하나의, 그리고 참된 하나님에 대한 권위 있는 칭호가 되었다.

1.1.2 쉐마 이스라엘의 칠십인역 표현법은 신약에서 단 한 번 인용되었으나, 그 내용은 도처에 전제되어 있다. 가장 두드러지게 헬라적 유대교의 영향을 보여주는 사랑의 이중 계명에 관한 대화 가운데 신명기 6:4과 6:5, 그리고 레위기 19:18을 그 표현 그대로 인용하였다는 사실은 시사하는 바가 많다. 예를 들면 마가복음 12:28-34(그 중에서도 29b절)이 그러하다. 그에 비해 마태와 누가의 병행구절은 쉐마 이스라엘의 고백이 없고, 두 가지 사랑의 계명(신 6:5과 레 19:18)만 취하였다. 위의 사실을 통해 볼 때, 유대교의 틀 안에서 형성된 전승의 경우 그 기본 신앙고백은 자명한 것이므로 그것을 언급할 필요가 없었으나, 반면 이방 세계에서는 신명기 6:4을 함께 인용하였다.(참조. 신 4:35)

1.2 헤이스 테오스-환호

환호란 고대에 존중을 나타내는 적절한 표현법이었다. 환호는 신약성서에서도 중요한 역할을 한다.(참조. 에릭 페터손[Erik Peterson]) 그 중에서도 '한 분 하나님'(*εἷς θεός*) 환호는 특수한 기능을 한다.

1.2.1 신약에서는 신명기 6:4의 인용 대신 환호적인 어법, '한 분 하나님'(*εἷς θεός*)이 하나님의 유일성의 뜻으로 여러 번 나온다. 고린도전서 8:6a, 에베소서 4:5a, 디모데전서 2:5, 야고보서 2:19에서 그렇다. 이 환호 어법은 몇몇 군데에서 확장되고 기독론적으로 보충되었다. 따라서 고린도전서 8:6에서 한편으로는 "한 하나님 곧 아버지, 만물이 그에게서 났고 우리도 그를 위하여"라고 하면서, 이어서 다른 한편으로는 "한 주 예수 그리스도께서 계시니 만물이 그로 말미암고 우리도 그로 말미암았느니라."(참조. 8:4)라고 기록한다. 에베소서 4:6은 확대된 본문이다. "하나님도 하나이시니 곧

5) 단일신교는 많은 신 가운데 특정한 하나의 신을 주신으로 삼아 숭배하는 종교이다. — 역자 주.

만유의 아버지시라 만유 위에 계시고 만유를 통일하시고 만유 가운데 계시도다." 앞서 5절에는 다음 말씀이 나온다. "주도 하나이요 믿음도 하나이요 세례도 하나이요."(비교. 4:6, 행 17:28) 디모데전서 2:5은 "하나님은 한 분이시요"에 "하나님과 사람 사이에 중보도 한 분이시니 곧 사람이신 그리스도 예수라."를 넣어 보충한다.

1.2.2 쉐마 혹은 축약된 환호 어법인 '한 분 하나님'(*εἷς θεός*)의 이면에는 초기 기독교 전승이 있고, 그 같은 사실은 여러 구절들에서 분명해진다. 마가복음 2:7과 그 병행구절에서는 '오직 하나님 한 분 외에는'(*εἰ μὴ εἷς ὁ θεός*, 이에 반해 눅 5:21은 *εἰ μὴ μόνος ὁ θεός*이다. 반면에 유대기독교인인 마태는 9:3에서 이 표현을 자명한 것으로 여겨 빼고 *οὗτος βλασφημεῖ*["이 사람이 참람하도다"]만 기록하였다.) 아무도 죄를 사할 수 없다고 말한다. 예수와 부자 청년의 대화 가운데서 마가복음 10:18은 다음과 같이 기록한다. "하나님 한 분 외에는 선한 이가 없느니라."(*οὐδεὶς ἀγαθὸς εἰ μὴ εἷς ὁ θεός*, 눅 18:19도 동일하다. 이에 비해 마 19:17에는 *εἷς ἐστιν ὁ ἀγαθός* ["선한 이는 오직 한 분이시니라."]라고 한다.) 로마서 3:30과 갈라디아서 3:20도 참조할 수 있다. 더 나아가 요한복음 17:3의 '유일하신 참 하나님'(*ὁ μόνος ἀληθινὸς θεός*, 참조. 요일 5:20과 요 3:33, 롬 3:4)도 이 맥락에 속한다. 독점적인 의미로 이해된 '살아계신 하나님'도 역시 언급할 수 있다.(*ὁ θεός ὁ ζῶν* 마 16:16, 다른 구절들 중에서 특히 요 6:57, 살전 1:9과 비교하라.)

1.3 우상들의 무가치함

1.3.1 구약성서에 기록된 이방 신들과 우상들의 무가치함에 대한 논쟁은 유일신론적인 기본 태도에 부합한다. 특히 제2이사야는 40:12-26과 44:6-20에서 우상의 무가치함을 서술하였고, 시편 96:5에서는 우상의 무가치함에 대해 '헛 것'(אֱלִילִים)이라는 용어를 사용하였다.

1.3.2 신약성서에서는 우상과 우상숭배(*εἴδωλα, εἰδωλολατρία*), 그리고 하나님에 대해 적대적인 세력에 대해 여러 번 언급한다. 그러나 무엇보다도 눈에 띄는 것은 위와 같은 진술들에서 단지 몇 군데에서만 '신들'(*θεοί*)을 말한다는 사실이다.

1.3.2.1 사도행전은 7:40, 43에서 광야 시절 이스라엘의 우상 숭배에 대해, 12:22 이하에는 헤롯의 신격화에 대해 언급한다. 19:23-40은 '큰 여신 아데미'(*μεγάλη θεὰ Ἄρτεμις* 27절. 참조. 28절과 34절의 환호)에 대해 기록하였다. 여기에 더하여 두

곳을 추가할 수 있다. 루가오니아의 주민들이 바나바와 바울을 '신들'로 혹은 바울만 '신'으로 경배하려 한 장면이다.(14:11, 28:6) 사도행전 17:25, 29에 기록되어 있는 아레오바고 설교에서 바울이 아텐의 '알지 못하는 신'(*ἀγνωστος θεός*)과 연결시키고자 한 것은 당연히 한 분 참된 하나님이다.

1.3.2.2 바울의 서신에는 우상에 관한 몇몇 구절이 있다. 고린도후서 4:4에서 바울은 '이 세상 신'(*ὁ θεὸς τοῦ αἰῶνος τούτου*)에 관해, 갈라디아서 4:8에서는 '본질상 하나님이 아닌 자들'(*οἱ φύσει μὴ ὄντες θεοί*)을 논한다. 고린도전서 8:4 이하에는 다음과 같이 기록한다. "우상은 세상에 아무것도 아니며 또한 하나님은 한 분 밖에 없는 줄 아노라, 비록 하늘에나 땅에나 신이라 칭하는 자가 있어 많은 신과 많은 주가 있으나, 그러나 우리에게는 한 하나님 곧 아버지가 계시니…."(*οἴδαμεν ὅτι οὐδὲν εἴδωλον ἐν κόσμῳ καὶ ὅτι οὐδεὶς θεὸς εἰ μὴ εἷς· καὶ γὰρ εἴπερ εἰσὶν λεγόμενοι θεοὶ εἴτε ἐν οὐρανῷ εἴτε ἐπὶ γῆς ὥσπερ εἰσὶν θεοὶ πολλοὶ καὶ κύριοι πολλοί, ἀλλ' ἡμῖν εἷς θεὸς ὁ πατήρ* …)

1.3.3 다른 신을 숭배하는 것은 인간의 죄에 해당한다. 로마서 1:23, 25에서 바울은 인간이 썩어지지 아니하는 하나님의 영광을 썩어질 사람의 형상으로 바꾸었고, "피조물을 조물주보다 더 경배하고 섬김이라."(*ἐλάτρευσαν τῇ κτίσει παρὰ τὸν κτίσαντα*)고 질책한다. 사도행전 17:29에 기록된 진술, '신을(*τὸ θεῖον*) 금이나 은이나 돌에다 사람의 기술과 고안으로 새긴 것들과 같이' 여길 것이 아니라고 하는 것도 이에 상응한다. 사도행전 17:24에 따르면 하나님은 '손으로 지은 전에' 계시지 않는다.(행 7:48-50을 대상 8장과 연결하여 참조) 여기에 더하여 17:25에서는 사고방식이 자유로운 헬레니즘에서 유래한 모티브를 부족함이 없으신 하나님께 적용시켜 사용한다. 참된 하나님을 우상과 같이 숭배해서는 안 된다.

1.4 성서에 나타난 하나님 명칭

1.4.1 구약성서에 나타난 하나님 칭호

1.4.1.1 구약성서에는 하나님 이름이 중요한 역할을 한다. 이때 '야웨'(יהוה)라는 이름이 중심에 있다. 이 이름은 출애굽기 3:14의 진술 "나는 스스로 있는 자니라."(Ich werde sein, der ich sein werde, אֶהְיֶה אֲשֶׁר אֶהְיֶה)에 의하면 하나님의 자유와 또한 하나님을 인간 마음대로 다룰 수 없다는 사실, 그리고 또한 하나님 스스로가 자신을 증명하

시고 우리 곁에 계신다는 특징을 담고 있다. 번역하기가 쉽지 않은 이 용어는 현재적 요소와 미래적 요소를 동시에 갖고 있다. 야웨는 나타나신 분이고 오실 분이다. 따라서 다음과 같이 번역될 수도 있다. "나는 지금 (너희를 위해) 있는, (늘) 그런 나일 것이다." 야웨라는 이름은 후대에는 삼가게 되었다. 여기서 결정적으로 중요한 것은 제2이사야 이후 하나님을 경외한 바와 같이, 한 분 하나님께 어떠한 이름도 적절하지 않기 때문이다. 따라서 그 분을 더 이상 발음해서는 안 되게 되었다. 수많은 대체 명칭 중에서 '아도나이'(אֲדֹנָי, 主)가 널리 통용되게 되었고, 이것이 칠십인역에서 '야웨'라는 이름을 '퀴리오스'로 시종일관 번역하게 된 원인이다. 신약에서는 '퀴리오스'(*κύριος*)라는 칭호가 많은 구절에서 기독론적 용어이지만, 하나님의 이름을 전제하고 있다.(참조. 콘코던스)

1.4.1.2 보통명사 '엘'(אֵל)과 '엘로힘'(אֱלֹהִים)은 구약성서에서 가장 다양한 용례로 나타난다. 이방 신들을 지칭하기도 하였으나, 점차 이스라엘의 한 분 하나님의 칭호가 되어갔다. 이스라엘 민족 가운데 사용된 특수한 용례가 세 구절의 가장 오래된 전승 가운데 나타난다.

– '자기소개의 형식'으로: "나는 야웨, 너의/너희의 하나님이다." 물론 야웨-이름과 분명하게 연결된 형태이다.(참조. 예를 들면 신 5:6a)

– '계약 형식'으로: "나는 너희 하나님이 되겠고, 너희는 나의 백성이 될 것이다." 즉 하나님과 백성 사이의 쌍방의 관계로 나타난다.(참조. 여타 구절 중 특히 레 26:12, 렘 24:7)

– 제2이사야의 선포의 형태로: "나는 여호와라 나 외에 다른 이가 없다."(참조. 45:5, 46:9. 비교. 신 4:35)

1.4.1.3 구약에서 하나님의 이름 '야웨'(יהוה)가 지배적이고 이스라엘의 하나님을 나타내는 종속(種屬) 명칭인 '엘'(אֵל)과 '엘로힘'(אֱלֹהִים)도 이 이름들과 같은 맥락에 있다는 사실은 오해의 여지가 없다. 이와 병행하여 속격과 결합된 형태, '아브라함의 하나님', '아브라함과 이삭과 야곱의 하나님', '이스라엘의 하나님'이 등장한다. 그 외에도, 다른 단어가 첨가되지 않은 형태의 '엘로힘'(אֱלֹהִים)을 지배적으로 또는 거의 배타적으로 이스라엘의 하나님을 나타내는 데 사용하는 다른 층들이 존재한다. 소위 엘로히스트 사료층(E 문서)에서, 제사장 문서에서, 시편 42-83장, 전도서와 욥기 일부에서 나타난다. 그러나 각각의 전체 맥락을 통해 야웨와 동일함이 드러난다. 후대에 이르러 야웨 이름 뿐만 아니라 특별한 경우에는 하나님의 칭호 자체를 삼가게 된 경향을, 신약성서에

서 마태의 경우 '하늘의 통치'(*βασιλεία τῶν οὐρανῶν*)로 혹은 마가복음 14:62에서는 '권능자의 우편에 앉은 것'(*ἐκ δεξιῶν καθήμενος τῆς δυνάμεως*)으로 우회적으로 표현하며 보여준다.

1.4.2 신약성서에 나타난 하나님 칭호

신약성서의 구약 인용문에 주로 나타나는 하나님의 칭호인 '퀴리오스'(*κύριος*) 외에도 시종일관 한 분 참된 하나님을 나타내는 '테오스'(*θεός*) 칭호가 등장한다.

1.4.2.1 이 칭호는 결코 명확하지 않다. 왜냐하면 헬라어에서 '테오스'(*θεός*)는 일반명사이고, 종속명칭이기 때문이다. '엘로힘'(אֱלֹהִים)과 비슷하게 그 단어가 한 분 참되신 하나님을 의도한다는 사실이 일반적으로 분명하게 표현되지 않는다. 그러나 '하나님'(Gott)이 구약의 하나님과 완전히 동일하다는 사실은 확실하다. 위의 사실은 우리에게 전수된 신약 문서들이 이방 세계에서 발생되었고 그 곳에서 사용되었다는 사실을 고려할 때에 더욱 놀랍게 느껴진다. 여기서 새삼 신약성서가 얼마나 빌섭하게 구약성서에 매여 언어적 측면에서 또한 내용적 측면에서 구약-유대교 전승을 출처로 삼고 있는지를 보게 된다.

1.4.2.2 한 분 참된 하나님에 대한 '하나님' 칭호가 구약-유대교 전승에서 전수되었다면, 하나님을 '아버지'(*πατήρ*)라고 부르는 데에서 기독교적인 독특한 하나님 칭호가 나타난다. 하나님을 아버지라고 부르는 것은 이미 구약에서도 보이지만, 그것은 백성이나 혹은 선택된 왕과 관련된 맥락에서 사용되었다. 그러나 신약의 아버지는 그리스도 고백과 연결되어 또 하나의 다른 위치를 차지하였다. 이 호칭의 중심축은 분명히 '예수 그리스도의 아버지'라는 의미이다. 위의 특수한 용례는 의심할 바 없이 예수의 아바-호칭(Abba-Anrede)(참조. 요한복음에 자주 나오는 '나의 아버지' 어구)을 전제로 한다. 이로 인해 문제가 되는 것은 기독교에 의한 새로운 해석이 광범위하게 전파되었고, 하나님 이해에 있어 무시할 수 없는 변형이 생겼다는 점이다. 하나님은 이제 예수 그리스도에게 자신을 결합시킨 형태로 이해되었다. 즉 이 예수에게 하나님이 전권을 위임하고 그를 전능하게 하였으며, 그리고 그를 통해 하나님이 일하신다. 고린도전서 8:6의 '한 하나님 곧 아버지'(*εἷς θεός ὁ πατήρ*)에서 나타나듯이 하나님을 아버지라고 부르는 것은 초기 기독교 신앙고백전승에서 고정된 요소가 되었다. 따라서 셀 수도 없을 만큼 자주 하나님을 아버지라고 말하게 되었다. 그리고 그것과 관련하여 역으로 예수를 '아들' 혹은 '하나님의 아들'이라고 칭하였으나, 또한 부활하시고 승귀되신 그리스

도에게 '퀴리오스'(*κύριος*)라는 칭호가 전이되었다. 이러한 사실은 빌립보서 2:9–11에 의하면 하나님 자신에 의해 전개되었다. 위 구절에서 퀴리오스–환호는 승귀한 분에게 해당되는 것이나, '하나님 아버지께 영광을 돌리게'(*εἰς δόξαν θεοῦ πατρός*) 하는 것이다. 예수의 선포에서 이미 드러나듯이 하나님은 예수의 아버지이며 동시에 모든 믿는 자들의 아버지, '우리 하나님'이시다.(참조. 롬 1:7b와 같이 서신서 인사말에 있는 축복의 말)

1.4.2.3 하나님의 개념에 대한 '정의'나 하나님의 '본질'에 대한 구체적인 진술, 즉 하나님의 자생적 성격을 밝혀주는 내용은 성서에 없다.

1.4.2.3.1 하나님에 대한 구약적 사상은 출애굽기 3:14에 가장 극명하게 담겨 있다. 하나님의 '존재'(Sein)는 인간이 마음대로 다룰 수 없는 그의 '현존, 그 곳에 계심'(Da–Sein)이며 그의 새로운 행위 자체이다. 그 범위 안에서 그의 역할에 대해서 논할 수 있다. 그는 하늘과 땅을 창조한 분이시며, 모든 권세 위에 주 되시며, 이스라엘을 택하시고 자신을 계시하신 분이시고, 그 분은 자기 백성을 위해 그 곳에 계신 분이시다. 칠십인역은 출애굽기 3:14을 약간 다르게 읽고 있다. "나는 (영원히) 있는 자이다."(*ἐγώ εἰμι ὁ ὤν*) 여기에는 존재에 관한 헬라적 규명이 반영되었다.

1.4.2.3.2 우리가 신약에서 어떤 정의의 성격을 공식적 진술, 예를 들면 요한의 어구들, "하나님은 사랑이시다", "하나님은 빛이시다", "하나님은 영이시다"(*ὁ θεός, ἀγάπη ἐστίν, ὁ θεός φῶς ἐστιν, πνεῦμα ὁ θεός*, 요일 4:8, 1:5b, 요 4:24)와 같은 말씀을 만나지만, 그것은 그의 존재에 관한 진술이 아니라 그의 영향력에 관한 진술이다. 위 구절들이 의미하는 바는 그의 사랑의 행위, 세상을 비추는 빛, 그리고 그의 영의 능력이다. 이러한 의미는 '자비의 아버지시요 모든 위로의 하나님이시며'(고후 1:3)나 '모든 은혜의 하나님'(벧후 5:10)과 같은 구절에서 비로소 적절하게 드러난다. '평강의 하나님'(고후 13:11, 살전 5:23)이라는 칭호도 위와 유사하게 이해할 수 있다. 바울은 하나님이 '어지러운 (무질서의) 하나님'이 아니라고 단호히 선언하기도 하였다.(고전 14:33)

1.4.2.3.3 요한계시록은 출애굽기 3:14을 확장하여 "이제도 있고 전에도 있었고 장차 올 자요."(*ὁ ὢν καί ὁ ἦν καί ὁ ἐρχόμενος*, 계 1:8. 세 번의 '거룩하다'와 연결하여 4:8:b에도 있음)라고 기록하였다. 이와 같이 세 가지 시제를 나란히 놓음으로써 하나님의 과거, 현재, 미래의 행위를 제시하고 있으며, "나는 알파와 오메가다."(*ἐγώ εἰμι τὸ ἄλφα καὶ τὸ ὦ*, 계 1:8)라는 칭호도 그와 유사한 경우에 해당한다. '합당하오

니'라는 외침만 비교해 보아도(ἄξιος εἶ κτλ., 4:11, 5:9 이하, 12) 괄호 안에 언급된 구절의 주요 논지는 하나님의 존재에 관한 구체적인 개념규정이 아니라, 그의 영향력의 특징을 서술하고 있음을 확인할 수 있다. 중요한 것은 창조하실 때, 역사 가운데서 계시하실 때, 그리고 완성하실 때에 그의 행동이 하나의 내적 통일성을 이룬다는 점이다.

1.4.2.4 위 진술들의 특징이 관심을 끈다. 그 진술들로부터 하나님의 표상에 대한 헬라적 사고와 대비해 성서적 사고의 차이점이 분명하게 드러났다. 즉 성서의 기록된 것들은 절대적인 존재의 의미에서 하나님의 존재를 진술한 것이 아니라 행동하시고 계시하시고 오시는 하나님에 관한 진술을 핵심개념으로 삼았다.

2. 하나님의 창조 행위

구약에 있는 하나의, 그리고 참된 하나님이 세상의 창조사라는 사실이 신약에서 무수히 언급되었다. 그러나 또한 자명하게 종종 한 분 하나님의 하나님이심(Gottsein)을 전제한다. '창조자'를 칭하기 위한 명칭인 '호 크티스테스'(ὁ κτίστης)는 베드로전서 4:19에서 한 번 나온다. 로마서 1:25, 에베소서 3:9, 골로새서 3:10에서 볼 수 있듯이 '호 크티사스'(ὁ κτίσας)가 훨씬 더 여러 번 사용되었다. 대체로 창조행위는 '크티제인'(κτίζειν)이나 '포이에인'(ποιεῖν) 같은 동사로 표현한다.

2.1 세상의 창조

2.1.1 창조 행위나 혹은 창조 실재의 시초를 여러 번 언급한다. 이를테면 '창조시로부터'(ἀπ' ἀρχῆς κτίσεως, 참조. 막 10:6과 병행구. 막 13:19과 병행구절에서는 '하나님의 창조하신'[ἣν ἔκτισεν ὁ θεός]이 첨가되어 있다. 참조. 마 13:35, 벧후 3:4), 또는 '세상을 처음 창조할 때부터'(ἀπό καταβολῆς κόσμου, 참조. 마 25:34, 눅 11:50, 히 4:3, 9:26, 계 13:8, 17:8), 그리고 "창세로부터"(ἀπό κτίσεως κόσμου, 롬 1:20) 등이다. 여기에 '창세 전에'(πρό καταβολῆς κόσμου, 엡 1:4, 벧전 1:20), 그리고 '세상이 존재하기 전에'(πρό τοῦ τὸν κόσμον εἶναι 요 17:5)도 더할 수 있다.

2.1.2 드문 경우지만, 의심할 바 없이 중요하고 또한 살펴볼 가치가 있는 진술이 로마서 4:17에 있다. 거기서 창조주 하나님에 관해 '없는 것을 있는 것 같이 부르시는

이'(ὁ καλῶν τὰ μὴ ὄντα ὡς ὄντα)라고 말한다. 이 구절로 바울은 무에서의 창조(creatio ex nihilo)에 해당하는 유대적 신앙고백 진술을 받아들인다.

2.1.2.1 무에서의 창조라는 사상은 창세기 1장 제사장 문서의 창조역사에서 그 단초가 발견되나, 그 곳에서도, 그리고 이사야 48:13과 지혜서 11:17에서도 뚜렷하게 표현되지는 않았다. 제2마카베오서 7:28에서 비로소 이 개념이 분명하게 서술되었으며, 그 내용은 다음과 같다. "하늘과 땅과 그 안에서 볼 수 있는 모든 것을 보라. 하나님이 그것들을 존재하는 것으로부터 만드시지 않으셨다."(… γνῶναι ὅτι οὐκ ἐξ ὄντων ἐποίησεν αὐτα ὁ θεός) 의심할 바 없이 이 구절은 구약 창조 신앙의 맥락 안에 있는 것이지만, 다른 한편으로는 또한 헬라의 존재와 비존재의 표상을 전제한다. 로마서 4:17에서는 '부르시는 이'(ὁ καλῶν)라는 어구를 이용해 성경적 창조 개념과 분명한 관계가 설정되도록 하였다. 주목해야 할 사실은 하나님의 창조행위에 대한 이 개념이 초기 기독교 시기에 완전히 형성되어 있었다는 점이다.(시리아 바룩 48:8, 주후 약 100년경) 확실히 전체 신약의 창조 진술에 대해 용이하게 위의 사실을 전제로 삼을 수 있는 것은 아니지만, 모든 것이 창세기 1장의 전제 하에 있음은 의심의 여지가 없다.

2.1.2.2 무에서의 창조(creatio ex nihilo)는 로마서 4:17과 또한 제2마카베오서 7:28에서 죽은 자들의 부활과 바로 병행하여 기술되어 있다.(비교. 롬 4:24. 여기서 바울이 죽은 사람들의 부활에 대해 앞서 나온 일반적 진술을 기독론적으로 해석한다.) 창조와 새 창조의 사상은 서로 상응한다. 비록 무에서의 창조 개념이 새 창조 사상과 연결되어 있는 것은 신약에서 이 구절 한 곳 뿐이지만, 그 구절이 창조 진술들을 위해 지닌 의미는 간과할 수 없다. 왜냐하면 그렇게 이해된 창조 역사가 결국 성서의 하나님 사상에 부합하기 때문이다.

2.1.3 하나님이 만물의 창조주라는 것은 다른 공식화된 표현으로, 또는 관계문과 분사구문의 형태로 자주 표현되었다. 요한계시록 10:6에서는 다음과 같은 형태이다. "하늘과 그 가운데 있는 물건이며 땅과 그 가운데 있는 물건이며 바다와 그 가운데 있는 물건을 창조하신 이"(ὃς ἔκτισεν τὸν οὐρανὸν καὶ τὰ ἐν αὐτῷ καὶ τὴν γῆν καὶ τὰ ἐν αὐτῇ καὶ τὴν θάλασσαν καὶ τὰ ἐν αὐτῇ)이다. 요한계시록 4:11b의 환호진술은 위 내용에 부합한다. "주께서 만물을 지으신지라 만물이 주의 뜻대로 있었고 또 지으심을 받았나이다."(σὺ ἔκτισας τὰ πάντα καὶ διὰ τὸ θέλημά σου ἦσαν καὶ ἐκτίσθησαν) 여기에 더하여 '하늘과 땅을 만드신 이'(ὁ ποιήσας τὸν οὐρανὸν καὶ τὴν γῆν)라는 구약성서적 표현으로 된 구절을 추가할 수 있다. 사도행전 4:24, 14:15,

요한계시록 14:7과 히브리서 1:10(시 102:25의 인용)도 참조하라. 나아가 '전지전능한' 하나님(*ὁ παντοκράτωρ*, 계 1:8, 4:8)에 대한 언급도 지금까지의 맥락에 속한다. 전지전능한 하나님의 개념에서는 칠십인역이 '야웨 즈바오트'(만군의 야웨)에 해당하는 용어로 쓴 하나님 명칭이 중요하며, "권력이 세세무궁토록 그에게 있을지어다."(벧전 5:11)라는 영광송이 그 개념과 일치한다. 그밖에 헬라사상에서 유래한, 원래는 범신론적으로 이해된 표현이 있으며, 로마서 11:36에 인용된다. "만물이 주에게서 나오고 주로 말미암고 주에게로 돌아감이라."(*ἐξ αὐτοῦ καὶ δι' αὐτοῦ καὶ εἰς αὐτὸν τὰ πάντα*) 이 구절은 성서적 창조사상의 전제 하에서 이해된다. 고린도전서 8:6a, b에서는 하나님과 창조의 중재자로 나뉘어 보도된다.(*ἐξ αὐτοῦ*, 그리고 *εἰς αὐτόν*은 하나님과 연결되고 *δι' αὐτοῦ*는 그리스도와 연결된다.)

2.1.4 위의 정형화된 어구들 외에 신약의 몇몇 구절은 하나님의 창조 행위를 분명하게 주제화하였다. 마태복음 6:25-34, 마가복음 10:6-8, 그리고 사도행전 14:15-17에 기록된 이방인 앞에서 행한 바울의 선교설교에 그 내용이 기술되어 있다. 어쨌거나 구약의 창조 신앙을 수용함으로써 모든 신약 문서들 사이의 근본적인 공통점이 형성되었다. 그것은 창조 신앙을 명확하게 관찰할 수 없는 부분에도 해당한다.

2.1.5 하나님의 창조 행위에 대한 신앙이 선재하신 그리스도가 창조의 중재자 되신다고 말하는 초기 기독교의 본문에서 본질적으로 변형되었다.(요 1:3, 10, 고전 1:15, 17, 히 1:2, 벧전 1:20, 그리고 계 3:14) 이 문제에 관해서는 다른 곳에서 다시 다룰 것이다.(참조. 이 책 6장과 8장)

2.2 창조된 현실

2.2.1 하나님이 창조한 현실과 관련하여서도 역시 신약의 문서들 사이에 광범위한 공통점이 있다. 구약적 표현인 '하늘과 땅', '하늘과 땅과 바다와 그 안에 있는 모든 것', '만물' 외에도 '피조물'과 '우주'라는 개념이 등장한다.

2.2.1.1 하나님이 창조한 현실로서의 세상이 지닌 특징은 '크티시스'(*κτίσις*, 피조물)라고 말하는 데서 함축적으로 드러난다. 이 용어를 가지고 전체 피조물을 지칭할 수도 있고(롬 1:25, 8:19-22, 히 9:11), 특수하게 인류 혹은 인류의 질서(막 16:15b, 골 1:23, 히 4:13, *ἀνθρωπίνη κτίσις*, 벧전 2:13)를 의미하거나 때로는 개별적인 피조물을 나타낼 수도 있다.(예를 들면 롬 8:39) 이에 반해 디모데전서 4:4, 야고보서

1:18과 요한계시록 5:13, 8:19에서는 개별적인 피조물을 '크티스마'(*κτίσμα*)로 표기하였다. 피조된 이 땅의 현실은 고린도후서 5:17, 갈라디아서 6:15에서 '새로운 피조물'(*καινὴ κτίσις*)과 대립된다.(참조. 계 21:5)

2.2.1.2 많은 구절에서 '피조물' 대신 헬라적 개념인 '코스모스'(*κόσμος*, 세상)라는 단어가 하나님에 의해 창조되고 유지되는 세계의 현실을 칭하는 데에 사용되었다. '크티시스'(*κτίσις*, 피조물)는 '창조'와 '피조물'의 이중적 의미를 지닌다. 따라서 바울은 로마서 1:20에서 이 두 개념을 서로 묶을 수 있었고, '크티시스 코스무'(*κτίσις κόσμου*, 피조물의 창조)라고 말했다. 사도행전 17:24에는 디아스포라 유대교에 의존하는 방법으로 하나님을 표현하기를 "우주와 그 가운데 있는 만유를 지으신 신"(*ὁ ποιήσας τὸν κόσμον καὶ πάντα τὰ ἐν αὐτῷ*)이라 한다. '크티시스'(*κτίσις*)의 경우와 마찬가지로 '코스모스'(*κόσμος*)도 피조된 전체 현실을 칭한다.(막 8:36과 병행구, 막 16:15a, 요 1:9 이하, 고전 5:10, 8:4, 딤전 1:15, 히 10:5) 그러나 '코스모스'(*κόσμος*)는 직접적으로 인간세상을 칭하는 경우가 많다.(예를 들면 막 14:9, 마 26:13, 요 3:16, 4:42, 롬 1:8, 고전 1:20 이하, 27 이하, 고후 5:19, 딤전 3:16) 몇몇 구절에서는 창세기 1:27, 2:7과 관련하여 인간의 피조성을 논한다.(막 10:6과 병행구절, 고전 6:16) 그러한 논의에는 인간의 죄가 연루되어 있고, 따라서 '이 세상'(*ὁ κόσμος οὗτος*)이라는 용어가 '이 시대'(*ὁ αἰὼν οὗτος*)와 더불어 번번이 매우 부정적으로 사용된다. 특히 요한복음에서 '코스모스'(*κόσμος*) 자체의 그러한 부정적 개념을 읽을 수 있다.

2.2.2 창조세계 속에서 계속되는 하나님의 행위는 예수께서 말씀하신 성장에 관한 비유와 혹은 마태복음 5:45, 하나님은 악인과 선인에게 해를 비치게 하시고, 의로운 자와 불의한 자에게 비를 내리신다는 진술에 전제되어 있다.(참조. 약 5:7) 사도행전 14:15-17과 17:22-31에 기록된 바울이 이방인 앞에서 행한 두 편의 선교설교에 '계속되는 창조'(creatio continua)가 뚜렷하게 언급되어 있다. 첫 번째 설교에서는 말하기를, 천지와 바다와 그 가운데 만유를 지으신 '살아계신 하나님'(*θεὸς ζῶν*)이 '자기를 증거하지 아니하신 것이 아니고'(*οὐκ ἀμάρτυρον ἑαυτὸν ἀφῆκεν*), 비를 내리시며 결실기를 주시는 '선한 일을 하셨다'(*ἀγαθουργῶν*)고 한다. 아레오바고 설교에서는 아덴의 '알지 못하는 신'(*ἄγνωστος θεός*, 행 17:23)을 한 분 하나님, 그리고 하늘과 땅의 창조주로 선포하였다. 그는 한 인간으로부터 인류 전체를 만드시고 연대를 정하고 거주의 경계를 제한하신 분이다. '계속되는 창조'라는 이 모티브는 디모데전서 6:13에서도 역시 '만물을 살게 하신 하나님'(*ὁ ζῳογονῶν τὰ πάντα*)이라는 정형화된 표현으로 수

용되었다. 골로새서 1:17b와 히브리서 1:3b에서는 이 모티브가 기독론적으로 변형되었다.

2.2.3 창조된 세상에 유한함과 무상함이 함께 속한다. 이 또한 구약과 공통되는 기본사상이다. 창조된 현실은 시작이 있고 그에 따라 또한 마지막이 있다. 이러한 사상이 신약에서는 종말론적 주제의 맥락 가운데 강하게 부각된다. 특히 마가복음 13장과 병행구절, 데살로니가후서 2장, 그리고 요한계시록과 같이 묵시적 성격이 강한 신약의 본문은 대단히 단호하게, 그리고 매우 자세하게 그것을 역설한다.

2.2.3.1 신약성서는 헬라적인 두 가지 시간 개념을 사용한다. '흘러가는 시간'이라는 의미의 '크로노스'(*χρόνος*)와 특정하게 '규정된 시간'이라는 의미의 '카이로스'(*καιρός*)로 나눌 수 있다. '크로노스'와 '카이로스'라는 이 두 개념은 데살로니가전서 5:1에서와 같이 시간이 지닌 이중적 특성을 명확하게 인식하게 하기 위하여 때때로 나란히 사용되기도 한다. 대체로 '크로노스'(*χρόνος*)는 하나님이 정한 시간의 의미로 사용된다. 물론 '크로노스'(*χρόνος*)가 예를 들면 '해산할 기한'(눅 1:57)과 같이 특성한 시간에 사용되기도 하고, 반대로 '카이로스'(*καιρός*)의 복수형 '카이로이'(*καιροί*)가 일반적인 시간을 나타내기도 한다.(행 3:20) 중요한 것은 종말론적으로 임박한 시간(참조. 막 1:15, 갈 4:4) 외에, 피주된 세상을 조망하면서 특별히 규정된 시간을 인급한나는 점이다. 사도행전 17:26에 분명히 언급한 '연대를 정하시며'(*προστεταγμένοι καιροί*)가 그와 같은 경우다. 시간과 기한은 여러 번 언급되었다. 창조주 하나님이 시간을 구분하셨다는 것이 사도행전 17:26에만 언급되어 있는 것은 아니다. 디모데전서 1:17에 따르면 그는 무한한 시간을 지배하시고, 마가복음 13:20과 그 병행구절에 의하면 그는 시간을 감하실 수 있다.(*κολοβοῦν*) 중요한 것은 하나님 자신이 시간의 만료를 보류하고 있다는 사상이며, 그래서 마가복음 13:32과 병행구절에서는 하늘의 천사도 아들도 아닌 오직 아버지만이 이 땅의 시간이 언제 끝날지 그 날과 시각을 알고 있다고 한다.(참조. 행 1:6 이하)

2.2.3.2 피조물의 무상함에 대해서는 피조물이 '허무한 데'(*ματαιότης*) 굴복한다고 한 로마서 8:20과 "이 세상의 형적은 지나감이니라."(*παράγει γάρ τὸ σχῆμα τοῦ κόσμου τούτου*)라고 기록한 고린도전서 7:31 두 곳에서 직접적으로 다루고 있다. 이 문맥에서는 특히 '육체', 즉 '살'(*σάρξ*)이 중요한 역할을 한다. 그 용어는 피조된 실체가 그것의 한계와 무상함 가운데 있음을 특징짓는다. 그런데 여기서 오해하지 말아야 할 것은 이 용어가 죄에 의해 부정적으로 규정된 육체라는 뜻으로 바울이 특수하게 사

용한 것에만 해당하는 것이 아니고, '영'(*πνεῦμα*) 혹은 '영광'(*δόξα*)으로 특징 지워지는 하나님의 영원한 현존에 대비되는 이 세상의 현실을 가리킨다는 점이다.(예를 들면 롬 1:3b, 4a, 딤전 3:16a, b, 벧전 3:18a, b, 눅 24:26, 요 1:14) '살과 피'(*σάρξ καὶ αἷμα*)라는 구약의 용어도 이 땅의 실존을 가리키는 데 사용된다.(예를 들면 마 16:17, 고전 15:50) 이사야 40:6의 진술도 모든 피조물의 무상함에 해당한다. "모든 육체는 풀이요."(*πᾶσα σὰρξ ὡς χόρτος*) 이 구절을 베드로전서 1:24 이하에서 분명하게 인용하였고, 야고보서 1:10 이하도 수용하였다. 마태복음 6:30과 병행구절은 이사야 40:6과 비슷한 시편 90:4 이하를 받아들였다.

2.2.4 이 세상의 현실에 인간의 죄와, 죄로 인해 커져가는 악의 세력도 포함된다. 죄와 악은 피조된 세상의 현실과 밀접한 관계에 있다. 그래서 인간을 넘어서는 세력이 생겨났고, 악의 원천은 하나님 앞에서 자신의 책임을 다하지 못하는 인간의 피조된 상태 속에 자리하고 있다. 이 세상의 악에 관해서는 나중에 자세히 논할 것이다.(참조. 이 책 11-13장과 24장)

2.2.5 수많은 증빙본문과 또 그 본문들이 광범위하게 퍼져 있는 점으로 보아 하나님에 의해 창조된 현실이 초기 기독교 복음의 기본 전제였음이 분명하다. 그 주제는 구약에 정초하고 있으나 동시에 초기 유대교적 숙고도 수용하고 있다.

3. 역사 가운데 나타난 하나님의 행위

구약은 초기 기독교에 있어 하나님의 창조 행위 때문만이 아니라, 기독교 이전 시기에 해당하는 하나님의 역사적 행위 때문에도 역시 중요하다. 우리는 다양하지만 그러나 상호 밀접하게 연결된 관찰 방법을 접할 것이다.

3.1 이스라엘 역사 가운데 나타난 행위

선택된 민족의 역사 가운데 나타난 하나님의 행위가 구약의 중심주제이다. 신약에서 그 주제는 종말론적 계시 행위에 비해 쇠퇴하긴 하지만 시종일관 고려된다.

3.1.1 역사 개요

역사개요는 구약에 자주 등장한다. 여호수아 24장, 느헤미야 9장, 시편 105편을 참조하라. 신약에서는 드물게 나타나지만, 흥미롭게도 완전히 없는 것은 아니다.

3.1.1.1 가장 중요한 예는 사도행전 7장에 기록된 스데반의 설교다. 그 내용 중 상당부분은 헬라적 유대교 전승으로 소급된다. 그 설교는 해당 맥락에서 결정적인 것은 아니다. 두 가지 내용을 살펴볼 가치가 있다. 아브라함부터 솔로몬까지의 역사를 요약적으로 서술한다. 여기서 관건은 족장의 선택에서부터 다윗-솔로몬 왕국의 건설까지가 이스라엘로서는 중요한 시대이고, 이에 반해 왕국 분열, 포로기, 포로기 이후 시기는 그렇지 않다는 점이다. 그리고 이 시기에 해당하는 연속적인 하나님의 행위가 부각된다. 즉 이 시기에 일어난 일련의 사건들은 그것으로서 하나의 완결된 사건맥락에 해당하며, 그 시기는 역사적 초기로 특징지을 수 있다. 이 역사적 '태고'(Urzeit)는 예수에 의해 도래한 '종말'(Endzeit)과의 관계 속에서 끝나게 된다. 그와 더불어 역사 개요는 유형론적인 방향을 지닌다.

3.1.1.2 히브리서 11장이 스데반의 설교와 유사하나, 그 의도는 하나의 서술적인 역사 이야기를 하려는 것이 아니라, 믿음의 능력에 대해 구약으로부터 일련의 긴 예를 드는 것이다. 11:1 이하에서 시종일관 믿음을 하나님에 대한 믿음으로 이해하며, 그리고 지상의 현실과 하늘의 현실을 관계 짓는 상황에서 믿음을 자세히 규정한다.(참조. 15장) 그런 점에서 믿음이 구약과 신약의 사람들을 서로서로 결합시켜주는 특징이다. 중요한 것은 신앙은 하나님의 창조와 역사행위 안에 정초하고 있으며, 모든 시대에 걸쳐 미래의 완성을 지향한다는 점이다. 혹은 미래의 완성을 고대하며 바라본다는 것이다. 이러한 소망하는 믿음을 근거로 하여 하나님을 믿는 모든 이들에게 역사를 관통하는 연속성이 존재한다.

3.1.2 개별 사건과 개인과의 관계

사도행전 7장에서는 연속적인 하나님의 역사적 행위를, 히브리서 11장에서는 구약과 신약에 있는 믿음의 증거에 대한 긴 예를 다룬다면, 신약의 다른 본문에서는 이스라엘의 역사 가운데서 특별히 중요한 개별 사건을 언급한다.

3.1.2.1 이때 역사의 특정 국면을 각인하거나 특징짓는 사건들과 관련을 짓는 것이 특별한 역할을 한다. 여기서 관건은 성서적, 특히 신약성서적 사고의 특징을 띤 '원근법적(perspektivisch) 관찰방법'이다. 그 관찰법은 중심 사건에서부터 전체 시대를 총

괄하여 보고, 그 의미를 밝히는 방법이다. 갈라디아서 3:6-26에 기록된 아브라함에게 선포된 약속과 모세를 통해 이루어진 율법의 수여에 대한 서술방식이 이에 해당한다. 이 원근법적 관찰방법에는 역사의 시기에 대한 사상이 결합되어 있다. 갈라디아서 3장에도 바로 적용될 수 있다. 바울은 구원사를 약속, 율법, 그리고 성취의 시기로 구분한다. 이러한 특징을 지닌 것이 마태복음 1:17의 도식으로 예수 그리스도까지의 시기를 14세대씩 3등분하였다. 이 외에 아주 유사한 것이 누가의 개념으로, 그는 창조에서부터, 약속의 시기, 예수의 시기, 교회의 시기, 그리고 성취의 시기를 말한다.(참조. I권 31장)

3.1.2.2 만일 누군가가, 원근법적 관찰법으로 볼 때 신약성서에서 어느 인물과 사건이 특별히 시야에 포착되느냐고 질문하면, 특별히 이스라엘의 태고역사와 초기역사가 중요하다는 것이 나타난다. 그때 발생한 일들이 여전히 그 의미가 유지되며 참조기능을 수행하기 때문이다. 다음의 이름들과 사실들이 고려된다.

- 아담(눅 3:38, 롬 5:14-16, 고전 15:22, 45-46, 딤전 2:14 이하), 가인과/또는 아벨(마 23:35과 병행구절, 히 11:4, 12:24, 요일 3:12, 유 11절), 에녹(유 14절). 이 인물들은 특히 죄의 문제와 관련이 많다.
- 노아(마 24:37 이하와 병행구절. 히 11:7, 벧전 3:20, 벧후 2:5). 그의 삶은 죄악이 관영한 가운데서 하나님이 보호해 주셨다는 것이 특징이다.
- 아브라함(마 1:1 이하, 17, 8:11과 병행구절, 눅 16:19-31, 요 8:33-58, 행 3:13, 25, 롬 4장, 갈 3장, 히 6:13-15, 7:1-10, 약 2:20-24, 막 12:26과 병행구절에는 이삭과 야곱이 함께 나옴)과 그와 함께 나오는 장면의 멜기세덱(히 5:6, 10, 6:20, 7:1, 10 이하 15, 17). 아브라함은 하나님이 선택하신 자의 대표자이며, 그와 함께 선택의 역사가 시작된다.
- 모세(막 12:26과 병행구절, 행 7:20-44, 히 3:1-6), 출애굽과 광야의 체류(요 3:14, 6:30-35, 고전 10:1-13, 히 8:1-6, 3:7-14), 시내산의 율법 수여(요 1:17, 5:45, 7:19, 갈 4:21-25, 약 4:12). 모세는 노예 생활의 해방자이며 하나님의 뜻을 구현하는 중재자이다.
- 다윗(막 2:25과 병행구절, 11:10, 12:35-37a과 병행구절, 눅 1:32, 69, 2:4, 11, 요 7:42, 사도행전 곳곳에, 롬 1:3, 4:6, 11:9, 딤후 2:8, 히 4:7, 11:32, 계 3:7, 5:5, 22:16), 성전 건축을 포함하여 솔로몬(마 6:29과 병행구절, 12:42과 병행구절, 요 10:23, 행 3:11, 5:12, 7:47-50). 이 두 왕은 앞서 있었던 약속이 역사 내적인 차원에서 성취되었음을 대표한다.

– 여기저기서 산발적으로 언급되는 포로기는(마 1:11 이하, 행 7:43) 하나님의 심판과 아울러 그가 구원하시기 위해 개입하심을 암시한다.

3.1.2.3 본래의 기준점이 어디에 있는지를 식별하기는 어렵지 않다. 아담 외에 누구보다도 아브라함과, 광야 생활을 포함하여 모세, 마지막으로 솔로몬과 함께 다윗이다. 언급된 각각의 인물들은 옛 계약 백성의 역사에 있어 결정적인 시기를 대표하는 사람들이다. 이러한 관점에서 초기 기독교가 이스라엘에 대한 하나님의 역사를 어떻게 보는지를 말할 수 있다.

3.2 모든 인간 가운데 나타난 하나님의 행위

3.2.1 창세기 1장과 2장의 창조역사를 제외하고 구약에서는 이스라엘과 하나님이 맺은 언약 밖에 있는 사람들에 대해 여러 번 부정적으로 진술한다.(참조. 선지자들이 외치는 주변 민족과 백성에게 내리는 경고에 관한 사화) 유일하게 페르시아의 왕 고레스는 이사야 45:1–7에서 하나님의 도구로 긍정적으로 해석된다. 그러나 조상의 역사 중에는 이와 반대로 모든 민족에게 내린 축복의 약속이 있다.(창 12:3, 26:4, 28:14) 그리고 예언에는 모든 민족이 종말에 시온으로 올 것이라 하였다.(예를 들면 사 2:2–5, 학 2:6–9)

3.2.2 신약성서는 기독교 이전 시기에 모든 인간 가운데 나타난 하나님의 행위에 대해 아주 미미하게 언급하였다.

3.2.2.1 로마서 1:19 이하와 요한복음 1:5에 기록된 창조주의 계시가 받아들여지지 않은 것에 대한 진술이 여기에 속한다. 이방인들은 하나님을 외면했다. 로마서 1:23–25에 따르면 그들은 그들 자신의 이상을 만들어 그것으로써 진리를 거짓으로 바꾸었다. 사도행전 14:16에서는 말하기를 하나님이 지나간 세대에는 모든 족속으로 자기의 길들을 다니게 묵인하셨다 한다. 사도행전 17:30에 의하면 그들은 '알지 못하던 시대'(*χρόνοι τῆς ἀγνοίας*)를 살고, 27절에 따르면 하나님을 찾아 발견할 수 있음에도 불구하고 하나님께로 돌이키지 않는다.

3.2.2.2 이에 상응하여 '이방인'(*ἔθνη*)이 행하는 것도 광범위하게 부정적으로 여긴다. 마태복음 6:32 병행구절과 누가복음 22:24–27을 참조하라. 갈라디아서 2:15에서 바울은 유대교 전승을 이용하여 "우리는 본래 유대인이요 이방 죄인이 아니다."(*ἡμεῖς φύσει Ἰουδαῖοι καὶ οὐκ ἐξ ἐθνῶν ἁμαρτωλοί*)라고 말한다. 그들은 자발적으

로 하나님의 의를 따르기 위해 노력하지 않았다.(롬 9:30) 그들의 행위는 불경건하고 악하다.(요한계시록 도처에 있음) 누가는 그의 이중 저작에서 약간 다르게 평가한다. 누가복음 7:3-5에 한 이방인 백부장이 등장한다. 그는 유대교에 관심을 갖고 회당도 짓게 하였다. 그리고 사도행전에서는 여러 번 '개종자'와 '하나님을 경외하는 자'를 언급한다. 이들은 하나님을 인정하고, 그로 인해 유대교 공동체에 들어왔거나 혹은 공동체 가까이에 있는 자들을 말한다.(참조. 행 10장의 가이사랴의 백부장 고넬료와 16:14 이하의 자주장사 루디아에 관한 사화)

3.2.3 모든 민족들은 그리스도의 계시와 복음의 선포의 맥락에서 비로소 진정으로 시야에 들어온다. 그들 모두에게 복음의 내용이 해당되며, 그들은 '제자가 되어야' 한다.(*μαθητεύειν* 마 28:19) 중요한 것은 예수 그리스도를 통해 온 인류에게 구원이 실현되었다는 것이다. 예수의 생애 동안 이미 자연스럽게 생겨난 이방인에 대한 관심이 부활 이후 초기 기독교의 선교 사역을 특징지었으며, 이러한 사실이 바로 참 하나님과 구원을 인식하도록 이끌었다.

4. 하나님의 말씀과 규례

이스라엘 가운데 나타난 하나님의 행위는 그의 말씀과 뜻을 알리는 것과 연결되어 있다.

4.1 하나님의 선택의 말씀

하나님이 이스라엘을 택하셨다는 것은 구약의 중심주제이다. 선택에는 선택의 말씀, 즉 아브라함에게 기본적으로 일어났던 것과 같은 특별한 의무로의 부르심이 속한다. 비록 신약성서에서 선택(*ἐκλέγεσθαι, ἐκλογή*)의 사상과 개념은 특별히 구원을 위한 종말적 선택과 관련되지만(참조. 벧전 2:9), 이스라엘의 선택받음을 전제로 하고 있다. 사도행전 13:17에서는 이스라엘 민족의 하나님이 조상들을 택하셨음을 제시한다. (*ὁ θεός τοῦ λαοῦ τούτου Ἰσραὴλ ἐξελέξατο τοὺς πατέρας ἡμων*)

4.1.1 예수께서 하나님의 백성인 이스라엘에 나타나시고 활동하였다는 내용도 분명히 선민사상과 맥을 같이한다. 그는 자기가 '이스라엘 집의 잃어버린 양'(*τὰ πρόβατα* *τὰ ἀπολωλότα οἴκου Ἰσραήλ*)에게 보냄 받은 것을 안다. 말하자면 그의 임무는 그 민족에게 속한 이들에게 해당하는 것이다. 이것은 마태복음 10 : 6, 15 : 24에만 나오는 표현이 나중에서야 성립되었으리라는 경우에 한해 전제할 수 있다. 이러한 사실은 예수 사역의 중요한 실태를 규정하며 동시에, 분명히 예수 고유의 비유인 마태복음 18 : 12-14과 병행구절의 잃어버린 양의 비유에 의해 뒷받침된다. 이에 상응하여 부활 이후 복음의 내용은 '먼저 유대인에게로'(행 13 : 46, 18 : 6, 28 : 28, 롬 1 : 16) 방향을 정한다. 처음 공동체가 유대기독교인 공동체라는 것이 우연이 아니다. 유대 기독교인들이 옛 언약과 보편적인 새 언약 사이를 잇는 연속성의 대표자이다.

4.1.2 사도 바울은 이스라엘의 선택이라는 주제를 비판적으로 고찰했다. 우선 로마서 9장에서 그는 말하기를 이스라엘 민족이 하나님의 구원 행위와 구원의 은혜에 참여하였다(9 : 4 이하)고 한다. 이때 중요한 것은 하나님의 선택의 말씀과 약속의 말씀이 "폐하여진 것 같지 않다."(*οὐχ οἷον δὲ ὅτι ἐκπέπτωκεν ὁ λόγος τοῦ θεοῦ*, 9 : 6a)는 내용이다. 그러므로 '택하심을 따라 되는 하나님의 뜻'(*ἡ κατ᾽ ἐκλογὴν πρόθεσις τοῦ θεοῦ*, 9 : 11)이 여전히 유효하며, 이는 역사 속에서 늘 입증되었다.(9 : 6-13) 예전에는 이스라엘의 선택이 하나님의 긍휼의 행위(9 : 14-23)였다면, 오늘날에는 이스라엘에서 믿는 '은혜로 택하심을 따라 남은 자'(*λεῖμμα κατ᾽ ἐκλογὴν χάριτος*)에게 해당된다.(참조. 11 : 5 이하, 11 : 1-10) 과거의 선택이 이스라엘 미래에 어떤 의미를 가지는지는 로마서 11 : 11-36에 상술되어 있고, 이에 대해서는 다음에 다시 다룬다.(참조. 이 책 24장, 25장)

4.2 토라에 나타난 하나님의 뜻

이집트의 노예 생활에서 해방하심으로 이스라엘을 택한 사건은 시내산의 율법 수여에서 정점에 이른다. 토라에는 선택과 계명이 서로 결합되어 있다. 그것은 하나님의 구원 의지와 그가 요구하는 뜻이 짝을 이루고 있다는 표현이다. 그 요구들이 하나님의 선택 행위에 합당한 삶을 가능하게 한다. 그것은 선택받은 민족을 위한 삶의 질서이다.

4.2.1 구약의 율법 수여는 신약의 여러 곳에서 거론된다. 시내산은 사도행전 7 : 30, 38과 갈라디아서 4 : 24 이하에 언급된다. 야고보서 4 : 12에서는 정형화된 표현으로 하나님 자신을 '율법수여자'(*νομοθέτης*)로 칭하였고, 로마서 9 : 4에서는 이스라엘이

그에게서 받은 선물 가운데서 '율법수여'(*νομοθεσία*)를 언급한다. 모세를 주제로 삼는 곳에서도 대체로 율법수여(막 9:4 이하와 병행구절, 요 1:17)가 문제이나, 그가 주었다는 할례의 계명에 관해 뚜렷하게 말하는 구절에서 비로소 적절하게 드러난다.(요 7:22) 갈라디아서 3장에서 바울은 모세의 이름을 거론하지 않으면서 아브라함 축복 이후 430년 만에 제정된 율법과, 그것을 제정하게 한 '중보자'(*μεσίτης*)를 말한다.(갈 3:15-20) 그런 점에서 모세는 하나님 계명의 전수를 위해 구성적인 위치를 차지한다.

4.2.2 토라의 개별 계명들은 기본 요구들인 '십계명' 안에 정리되어 있다. 이 십계명은 하나님이 직접 주신 계명이다.(출 20:1, 32:15 이하, 34:1) 다른 계명들은 하나님의 위임을 받아 모세가 공포하였으며, 그 외에 초기 유대교 이후 신약성서에 전수된 율법들은 천사가 전하였다.(행 7:53, 갈 3:19, 히 2:2) 따라서 신약성서의 경우에도 십계명은 하나님의 뜻을 담은 기본적인 언명이다. 이는 마가복음 10:19과 병행구절에 기록된 부자 청년과 대화하는 중에 하신 예수의 말씀이나, 마태복음 5:21, 27에 기록된 십계명에 대한 예수의 해석을 통해 알 수 있다. 로마서 13:9과 야고보서 2:11 이하에 드러나는 초기 기독교의 권고도 그런 사실을 드러낸다. 토라의 다른 부분에 해당하는 개별 계명들도 초기 기독교 전승에 역시 수용되었다. 무엇보다도 신명기 6:5과 레위기 19:18에 나온 하나님과 이웃에 대한 사랑의 계명이 그 중 하나이다. 다른 계명들도 수용되었으며, 두 사람의 증인을 요구하는 신명기 17:6, 19:15(막 14:56과 병행구절, 마 18:16, 고후 13:1, 딤전 5:19, 히 10:28)이나 또는 밭가는 소의 입에 망을 씌우지 말라는 신명기 25:4의 계명(참조. 고전 9:9, 딤전 5:18) 등이다. 이와 같이 토라는 초기 기독교 내부에서 깊숙이 받아들여져 동기화되었고, 그만큼 율법은 거의 폐기되지 않았다.(롬 3:31)

4.2.3 율법에 충실한 유대인들에게는 레위기 18:5과 신명기 27:26에 기록된 대로 토라의 계명을 빠짐없이 완수해야 하는 규정이 해당하며, 이는 뒤늦게 이 율법을 받아들이기를 원하는 모든 이들에게도 역시 해당된다는 것을 신약성서가 제시한다.(참조. 갈 3:10, 12, 5:2, 롬 10:5) 초기 기독교에서 토라는 시종일관 사랑의 이중 계명을 중심으로 이해되었다. 누가복음 10:25-28에 기록된 누가가 기록한 최고의 계명에 관한 대화에는 한 '율법사'(*νομικός*)가 나온다. 그는 영생을 얻기 위해 무엇이 필요한지 예수에게 질문하였으며, 이 율법사는 이미 하나님과 이웃사랑이라는 두 계명의 우선성을 알고 있었다. 비슷한 내용의 마가복음 12:28-34에서는 '서기관'(*γραμματεύς*)이 예수께서 인용한 사랑의 이중 계명에 동의한다. 예수께서 하나님 사랑과 이웃 사랑을 강조

한 것은 구약에 계시된 하나님의 뜻과 연결되며, 그리고 이것을 넘어 이 두 계명에 특별한 지위를 부여한 초기 유대교의 경향과 연결선상에 있다. 왜냐하면 예수의 경우에는 이러한 귀결만이 그 자신의 특징을 드러내며, 이러한 결론으로 그는 이 이중 계명을 중심으로 이동시켰다. 그리고 이것이 초기 기독교가 토라를 수용하는 데 방향을 제시하였다.

4.2.4 유대 기독교인들에게는 토라에 대한 의무가 여전히 남아 있었다. 비록 예수의 메시지와 위격(Person)에서 드러나는 구원의 의미에서 볼 때 토라의 위치가 변하지 않은 것은 아니지만, 다른 한편으로 토라와 연결되는 것은 유대 기독교인들의 특수한 역사적 상황과 관련이 있다.(마 5 : 18 이하) 우선 토라에 연결되는 것이 당시 시작된 이방 선교에서 중요한 문제였다. 이 연결 때문에 격렬한 분쟁이 일어났고, 이로 인해 제일 먼저 사도회의가 열렸고(행 15 : 5, 갈 2 : 1–10), 그리고 나서 안디옥 사건으로 이어졌으며(갈 2 : 11–14), 마지막으로 사도 칙령을 작성하기에 이르렀다.(행 15 : 20) 이 사도 칙령은 유대 기독교인들에게 여전히 남아 있는 율법의 규정들을 이방 기독교인들이 고려해 줄 것을 핵심으로 삼고 있다.(참조. 이 책 12장)

4.2.5 하나님의 선택하시는 행위는 여러 족장들과 이스라엘 민족의 역사 가운데서 입증되었고, 예수 그리스도와 함께 시작된 종말적 구원의 역사를 위한 결정적인 전제이기도 하다. 이러한 하나님의 선택하시는 행위와 마찬가지로 구약성서에 나타난 하나님의 계명도, 율법을 기본명령으로 보존하면서 동시에 그것을 넘어 지시할 때, 그 효력은 유지된다. 하나님의 이전 행위 없이 하나님의 새로운 행위를 이해할 수 없다면, 하나님의 의지를 아는 데에도 동일한 것이 적용된다. 구약성서의 율법이 그가 세운 공동체에 대한 그의 의지이며 따라서 또한 심판 때의 기준이라면, 초기 기독교를 위한 하나님의 구원 의지와 그에 상응하는 삶의 질서 역시 짝을 이룬다.

4.3 예언자들의 사명과 그들의 운명

이스라엘을 향한 하나님의 말씀이 처음에 한 번 알려지고 만 것이 아니라, 역사가 흐르는 동안 예언자들의 증언을 통해 거듭 알려졌다. 신약성서에는 예언자들의 선포뿐만 아니라 그들의 운명 또한 중요한 역할을 한다.

4.3.1 모세는 구원자 및 율법수여자이면서 동시에 신명기 18 : 15에 따르면 예언자이기도 하다.(행 3 : 22, 7 : 37) 물론 토라의 중재자로서의 역할이 전면에 부각된다.(예

를 들면 요 1:17, 5:45 이하) 그리고 이런 의미를 갖고 그가 예수의 변모 사건에 등장한다.(참조. 막 9:4 이하와 병행구절) 한편 엘리야는 곤궁에 처하였을 때 도와주는 사람의 표상(막 15:36과 병행구절)과 다시 올 것이라는 기대를 받고 있는 예언자의 표상(막 9:12 이하와 병행구)으로 묘사된다. 모세와 엘리야는 하나님의 유일하심과 그의 긍휼하심에 대한 두 증인이다.(계 11:3-13) 엘리야의 제자이며 후계자인 엘리사도 언급된다.(눅 4:27)

4.3.2 예언자들은 신약 여러 곳에서 특히 그들의 말씀과 관련하여 언급된다. 초기 기독교는 물론 약속의 말씀에 초점을 맞춘다. 이 말씀은 미래를 지향하는 하나님의 계시 행위를 말한다. 이에 대해서는 다음 장에 소개하겠다. 그렇지만 당시에 믿지 않는 자들, 불의한 자들, 그리고 무자비한 자들에 대한 예언의 말씀에도 관심을 기울였다.(예를 들면 막 7:6 병행구절, 요 12:38, 롬 10:21)

4.3.3 기독교 태동기에는 예언자들의 운명이 특히 중요한 주제였다. 예언자들이 그들의 증언 때문에 핍박받고 죽임을 당하기까지 했다는 사실은 초기 유대교 전승에서부터 이미 중요한 역할을 했었다.(이사야 승천기[Ascensio Jesajae] c. 1-5, 예언자들의 생애[Vitae Prophetarum]) 신약에서는 예수의 고난과 죽음을 예언자들의 운명에 자주 소급하였다. 즉 예수께서는 사람들이 듣지도 않고 오히려 경멸하며 박해한 구약성서의 모든 증인들과 연속선 상에 있다는 것이다.(마 23:34 이하와 병행구절, 살전 2:15, 히 11:36-38)

5. 신약성서에서 하나님의 이전 행위의 의미

5.1 한 분 하나님에 대한 공통된 고백

5.1.1 모든 신약성서 문서의 기본적인 공통점은 한 분 하나님에 대한 고백이다. 구약의 기본 신앙고백이 똑같은 방식으로 초기 기독교의 신앙고백 전승을 위한 토대가 되었다. 이에 신약성서와 구약성서 사이에, 그리고 그로 인해 기독교와 유대교 사이에는 간과할 수 없는 통일성이 존재하게 되었다.

5.1.2 한 분 하나님에 대한 고백은 창조주 하나님에 대한 고백과 뗄 수 없게 결합되어 있다. 이것은 신약성서와 구약성서의 상관관계를 나타내는 분명한 특징이기도

하다. 구약성서에서뿐만 아니라 신약성서에서도 창조주 하나님에 대한 신앙은 예전에 한 번 있었던 창조 행위로서가 아니라 이 땅에서 계속되는 하나님의 창조 행위와 연결된다.

5.1.3 모든 창조 세계가 창조주 하나님과 관계가 있다는 것이 신약의 기본전제이다. 이는 동식물과 같은 자연과 특히 창조주 하나님과의 관계에서만 그 실존을 진정으로 파악할 수 있는 인간에게 해당된다.

5.1.4 그리고 또 신약 문서들에는 하나님이 역사 가운데, 즉 태고 역사와 이스라엘을 택하시고 이끄시는 역사 가운데서 행하신다는 사상이 전제되어 있다. 역사 가운데 나타나는 하나님의 행위는 그의 창조 행위와 마찬가지로 과거의 시간에만 국한되어 있는 것이 아니다. 하나님의 역사 행위는 계속 진행 중이다. 이것은 특히 이스라엘의 역사에 해당한다. 즉 구원의 소식을 거부한 곳에서도 선택받은 민족은 하나님의 보호 아래 있으며, 하나님이 예정하신 목적을 향해 인도되고 있다.(롬 9-11장)

5.2 기독교적 수용

신약성서와 구약성서 사이에 공통점이 존재하긴 하나 기독교적으로 수용하는 과정에서 역시 변화가 생겨났다. 그 변화는 무엇보다도 세 가지 개념에서 발견되며, 하나님의 창조행위와 하나님의 행위에 대한 이해, 그리고 율법의 중요성에 대한 부분이다.

5.2.1 하나님의 창조물인 이 땅의 현실을 바라보면, 그것의 창조와 그것의 보존에 관한 한 차이가 없다. 그렇다면 신약성서에서 일반적으로 하나님의 유일하신 창조 행위를 말하면서 동시에 선재하신 그리스도가 창조에 참여했다고 한다면, 그 점에서 구약성서의 진술을 현저하게 수정하였다.(참조. 이 책 8장) 신약성서에서는 창조에 있어 하나님의 직접적인 행위와 그리스도를 통한 중재적 행위에 대한 진술이 곳곳에 결합되어 있고, 이러한 형태는 두 역할을 상호 교환할 수 있음을 보여준다. 이러한 기독교적 수용은 점차 그 비중이 증가되었다.

5.2.2 이스라엘에 대한 하나님의 역사적 행위를 이제 더 이상 하나의 특정 민족에게만 해당하는 선택 행위로 이해하지 않고, 그 사이 이미 진행되고 있는 우주적 구원사의 맥락에서 이해하게 되었다. 게다가 하나님의 역사적 행위는 저 너머를 지향하는 기능을 갖게 되어, 종말론적 행위와 연결되었다. 사실 그 안에 이미 종말론적 구원사건이 반영되어 있다. 그러므로 이스라엘 역사 가운데 나타난 하나님의 행위를 묘사함에

있어서 여러 각도에서 예수 및 초기 기독교의 역사와 하나의 유사점을 형성하게 하였다. 이것은 종말론적 구원 사건이 선취의 틀 안에서, 여전히 존재하고 있는 세상 가운데 일어난 행위가 되었기 때문에 특별한 의의가 있으며, 그리고 지금까지 있었던 하나님의 역사적 행위와 비교 가능한 특징을 지니고 있다는 점에서 특별한 의의가 있다.

5.2.3 하나님의 뜻이 계시된다는 차원에서 보면 구약성서의 증언이 고수되기는 하나, 시종일관 예수와 초기 기독교 복음의 조명 아래서 이해된다. 토라가 기독교적으로 수용되면서, 새로운 관점으로 이해되었고, 따라서 대단히 변경되었다. 그러나 토라의 기본 의도는 유지되고 있다.(참조. 이 책 12장) 그리고 이때 구약성서의 기본 의도와 새로운 해석 사이에는 분명한 긴장이 존재한다. 그렇다면 그러한 변경이 무엇을 의미하는가 하는 질문이 제기된다. 만일 구약성서의 진술을 폐기하지 않으면서 어떤 특정한 빛으로 비추고자 한다면 그런 종류의 긴장은 불가피하며, 또 구원을 경험하면서 구약성서의 내용을 수용하는 과정에서 드러나는 특징이기도 하다.

5.2.4 신약의 이해에 따르면 구약에는 그리스도 사건에 대해 그보다 앞선 하나님의 선택과 계시 행위가 있었고, 그것을 통해 그의 종말적 행위를 준비하였으며, 종말적 행위를 위한 근거를 놓았다는 것이 요지이다. 여기에 무엇보다도 이스라엘의 초기 역사와 예언자들의 활동이 속한다. 이것을 근거로 신약성서에서는 역사 가운데 나타난 하나님의 이전의 행위를 여러 번 내포하고 있고, 동시에 수많은 구절에서 명시적으로 관련된다. 명시적으로 표현된 하나님의 행위는 예수 그리스도를 통해 실현되었고, 궁극적인 구원 행위로 이해된다.

6. 마무리 고찰

구약성서가 초기 기독교에서 하나님의 이전의 행위에 대한 증거로서 자리매김하고 있다는 사실을 기독교 신학에서 간과할 수 없다. 여기서 관건은 구원사의 연속성이며, 이는 기독교 신앙 이해를 구성한다.

6.1 하나님의 이전 행위가 현재를 위해 갖는 의미

6.1.1 구약성서가 증거하는 하나님의 이전의 행위는 세상의 기원과 역사를 통해

구체화된 하나님의 사랑을 회상하는 것이 그 내용이다. 그리고 이전 세대의 신앙 경험도 상기시킨다. 이것은 시편에서 볼 수 있듯이, 여전히 의의가 있다. 새로운, 그리고 구체적인 기독교적 신앙 인식 및 신앙 경험과 관련하여 볼 때 구약에 기록된 신앙 증거는 기독교 신앙이 이전의 것에 기초하여 세워졌음을 일깨워준다.

6.1.2 구약성서를 신약성서의 관점에서 회상하는 방식으로 보는 새로운 해석들이 있긴 하지만, 구약성서 본연의 의도를 시야에서 놓쳐서는 안 된다. 하나님의 이전의 행위에 대한 증거 없이는 약속하신, 그리고 이미 도래한 하나님의 미래적 행위를 진정으로 이해할 수 없다. 게다가 이러한 사실관계에 있어 유대인과 기독교인 사이에 공통점이 존재한다. 즉 한 분 하나님에 대한 신앙과 그 분의 창세 때의 행위가 지닌 의미를 공통의 기반으로 공유하고 있으며, 그 기반 위에 각각의 자기 이해를 세운 것이다.

6.2 구원사적 관찰 방법

구원사의 개념은 신학에서 19세기 이후로 여러 번 사용되었으나, 각기 서로 다른 내용을 갖는다. 이러한 신학사적인 문제들을 상세히 다루지 않고, 두 가지 관점에서 경계를 설정해야 한다. 구원사는 역사 가운데 일어나는 사건들을 지시하는 것도 아니고, 세속사와 함께 진행되는 특수한 역사도 아니다. 일반 역사 가운데 구원사가 감추어져 있고 함축되어 있다.

6.2.1 성서의 증거에 부응하는 구원사 이해를 위해 꼭 필요한 것은 계시역사와의 관련성이다. 지상의 모든 존재가 하나님으로부터 왔고, 하나님에게 지배를 받는 만큼, 하나님은 언제나 그 분의 구체적인 행위를 통해 인식할 수 있다. 그 분은 항상 역사 안에서 자신을 계시하시며, 믿는 자들만이 알 수 있는 형태로 계시하신다. 이런 의미에서 구원사는 감추어져 있고, 외적인 기준을 이용하여 제시할 수 없다.

6.2.2 하나님이 역사에 개입하심을 믿는 자들은 항상 개별사건 가운데서만 경험할 수 있다. 그런 점에서 구원사의 특징은 하나님의 계시 행위가 임의로 일어난다는 것이다. 즉 구원의 사건은 늘 새롭게 경험되는 것으로서, 경험 그 이상을 향하면서 동시에 경험과 관련되어 있다. 구원사는 역사 내적인 맥락이 아니라 하나님의 신실하심과 늘 새로운 사랑의 맥락에 있다. 위의 방식으로 구원사의 연속성을 말했다면 구원사에는 구체적인 사건에 해당하는, 그러나 그 구체적인 사건을 포괄하는 차원도 있다고 말해야 한다. 구원사를 대할 때에는 이 땅의 관점이 아니라 계시를 통해 열려진, 하나님의 행위

를 보는 시각이 필요하다.

6.2.3 세속사 안에 감추어져 있음과 계시행위의 우연성(Kontingenz)이 구원사 안으로 함께 편입된다면, 그로 인해 구약성서와 신약성서의 증거들이 지닌 고유성에 적합한 관찰을 할 수 있다. 동시에 그 방법을 통해 신구약성서 각각의 특수성의 측면과 또 그 둘의 상관성의 측면을 기술할 수 있다. 그리고 각각의 새로운 신앙 경험은 그에 상응하는 과거의 경험과 늘 결합되어 있다는 것도 고려해야 한다. 그러므로 구원사의 관찰은 지금까지의 역사를 아우르면서 동시에 미래를 향한 관점을 열어두고 있다.

4장

도래하는 하나님 행위의 증거로서 구약성서

1. 구약 선승의 미래 지향성

1.1 초기 이스라엘

1.1.1 족장 사화, 특히 아브라함 전승은 시종일관 미래지향적이다. 창세기 11 : 1 이하에 따르면 아브라함의 아버지 데라가 이미 가나안을 향해 갈대아 우르를 떠났다가 하란에서 죽었다. 창세기 12 : 1에 의하면 그 곳에서 아브라함에게 "내가 네게 지시할 땅으로 가라."는 하나님의 지시가 임한다. 아브라함은 가나안으로 향하지만 그에게는 후손도, 땅도 없다. 그러나 하나님이 그 둘을 그에게 약속하였다. 후손의 약속과 땅의 약속은 다른 족장들의 역사와 마찬가지로 아브라함의 역사를 규정한다. 아브라함과 사라는 나이가 많이 든 후에 아들을 하나 얻었고, 아브라함은 그의 아내를 위해 매장지로 쓸 땅을 얻었다. 그 땅은 후손이 나중에 땅을 소유한다는 징표이다.

1.1.2 야곱이 그의 전 가족과 함께 이집트에 있는 그의 아들 요셉에게 오고, 수많은 그의 후손들이 큰 민족이 되어 노예 생활을 살게 된 이후에, 이스라엘 민족의 시각은 새로이 미래를 향했다. 그들은 모세의 영도 아래 목숨의 위협을 느끼면서 그 땅을 떠나, 하나님이 약속하신 목적지를 향해 나아간다. 따라서 출애굽은 하나의 기대와 미래 지향의 역사이다.

1.1.3 이스라엘 민족이 광야에서 보내야만 하는 시간은 약속된 땅으로 들어갈 희

망으로 각인된 시간이다. 모든 절망과 불평에도 불구하고 그들의 시선은 미래를 향하고 있다. 이것은 땅을 막 점령하기 시작하는 그 시점에도 해당한다. 왜냐하면 처음으로 땅의 한 부분을 소유할 수 있게 되었으니, 이제 그 땅을 전부 소유한다는 기대가 남아 있기 때문이다.

1.1.4 다윗-솔로몬 왕국에 이르러 비로소 족장시대 이후로 지속되던 희망이 성취된 듯하다. 이제 온 땅이 이스라엘의 손 안에 있다. 이로써 지금까지 늘 위협당하던 삶에 처음으로 평안이 왔고, 이 지점에서 미래에 대한 기대가 쇠퇴하거나 아니면 목표에 도달하기 위해 현재 상태를 꾸준히 지속하는 것으로 이해할 수 있다.

1.2 포로기 귀환까지의 예언자 시대

1.2.1 다윗과 솔로몬의 왕국 분열 이후 그 시선을 다시 미래로 향한 것은 예언자들이다. 그러나 예언자들의 일차적 임무는 미래를 향한 발언을 하는 것이 아니었다. 그들은 잘못된 상황을 밝히고 하나님을 향한 이스라엘의 신앙을 강화하거나 혹은 새로이 기초를 세워야 했다. 진정한 이스라엘의 예언자들 중 가장 앞에 선 엘리야와 엘리사는 이런 차원에서 활동했다. 이와 똑같은 내용이 주전 8세기의 선지서들에 해당하며, 아모스나 호세아, 그리고 이사야에서 확인된다. 신앙의 원천을 돌이켜보는 데에서 미래의 차원을 다시 볼 수 있다. 이스라엘의 하나님 야웨는 항상 다시 자기 민족에게로 오시는 하나님이며, 회복을 허락하시고 앞을 향하여 보게 하는 분이시다.

1.2.2 이 시기에 남왕국 유다에는 하나님이 보내신 왕과 다윗의 후손을 통한 부흥과 갱신의 약속이 주어진다. 이러한 희망을 분명하게 표현한 예언의 말씀이 이사야 9:1-7과 미가 5:2-4이다. 이사야 11:1-10이 기술하는 핵심은 역사 내적인 희망이다. 그러나 어쨌거나 그 구절에 따르면 하나님이 보내신 왕이 오는 것과 더불어 곧바로 지상낙원의 시기가 임할 것이다.

1.2.3 선지자들의 활동과 계속해서 불순종하는 자들에게 임할 심판에 대한 경고에도 불구하고 나라는 망하고 망명 생활을 하기에 이르렀다. 마지막으로 예레미야가 회개하라고 촉구하였다. 이제 추방당한 자들의 실망과 절망 앞에서 귀환과 갱신에 대한 희망을 깨우는 것이다. 에스겔과 더불어 무엇보다도 제2이사야는 이제 곧 임할 하나님의 개입과 포로 생활에서의 해방을 선포하였다. 이 내용은 이사야 52:7에서 분명하게 드러난다.

1.2.4 귀환 시기 근심스런 새 출발 앞에서 시선을 앞으로 향하고 성전 재건을 고무한 것은 선지자 학개와 스가랴였다. 성전 재건과 예배 중심의 체제와 더불어 다시금 미래를 향한 기대가 주춤해졌다. 이는 제사장 문서의 사상에서 드러나는 것과 일치하며, 그 문서들에는 종말론적인 차원이 없다.

1.3 후기 구약 시대와 초기 유대교 시대

1.3.1 제의에 초점을 맞추긴 했지만 미래를 향한 기대가 꺼진 것도 아니고, 선지자 전승이 단절된 것도 아니다. 제2이사야를 특징짓는 희망, 그리고 자신들의 땅으로 귀환하는 것과 연결된 희망이 이제 부분적으로 이루어졌을 뿐이었다. 따라서 제3이사야 전승에서 약간 수정된 희망의 형태로 이미 면전에 임한 종국적인 구원을 선포하였다.(참조. 사 65:17-25)

1.3.2 제3이사야 전승과 더불어 묵시적 색채가 강한 예언과 미래에 대한 기대가 단계적으로 형성되기 시작했다. 예를 들면 제2스가랴의 한 단락(슥 9-14장), 요엘서 후반부(욜 3-4장), 그리고 소위 이사야-묵시록(사 24-27장)에서 볼 수 있다. 다니엘서의 환상과 더불어 확대된 묵시적 개념이 초기 유대교의 역사 속에서 상당한 정도로 그 시대의 사상과 희망을 규정하였다.(단 2, 7, 8, 10-12장) 전면적인 갱신을 바라는, 묵시적 색채가 강한 미래대망도 역사 내적인 개혁을 포함하는 전통적인 메시아 대망을 밀어내지 못했다. 이는 솔로몬의 시편 17, 18장과 쿰란 문서 가운데 수정된 형태로 드러난다. 그러나 묵시적 예언과 더불어 전면적인 갱신을 바라는 미래에 대한 희망이 점점 더 강하게 번져나갔다.

1.3.3 묵시적 전승 안에는 다양한 개념이 있었다. 한쪽에서는 세례 요한 때까지 영향력이 있었던, 완전히 신 중심적인 미래 대망이 존재했다.(참조. 모세의 승천기 [Assumptio Mosis] 10) 다른 한편으로는 다니엘 7:13 이하와 관계가 있는 '인자' 대망이 생겨났다. 이 인자는 구원자이며 동시에/또는 종말에 구원을 가져오는 자로 등장한다.(에티오피아 에녹서의 묘사, 제4에스라 13장) 그 외에도 시간적으로 기한이 정해져 있는 메시아 통치가 궁극적인 개혁 및 구원의 실현과 결합되기도 하였다.(제4에스라 7:26-44, 특별히 28절 이하) 위의 다양한 형태의 소망들이 어쨌거나 초기 기독교 시대부터 가장 생생한 미래 대망의 내용이었고, 이것들이 새로운 방식으로 예수의 복음 및 그의 제자들의 복음과 결합되었다.

1.4 하나님의 미래 행위를 대망함의 의미

구약 전체와 특히 후기 문서들에 암시적으로, 그리고 명시적으로 존재하는 하나님의 미래의 행위에 대한 기대는, 예수와 초기 공동체가 이 기대에 접목하였고, 그것이 성취 사상과 결합된다는 데에 그 의의가 있다. 이를 통해 구약성서와 신약성서 전승 사이에 중요한 비중을 갖는 교차점이 성립되었다. 여기서 유의해야 할 점은 이미 성취된 약속을 모두 인정하면서도 아직 완결되지 않은 완성을 향한 시선을 거두지 않는다는 사실이다. 그래서 창조와 하나님의 모든 이전의 행위에서부터 미래의 행위로 더 멀리 활을 겨눈다. 이 미래의 행위는 예수의 선포와 기독교적 복음에 있어서는 결정적인 관점에서 이미 실현되었으나, 그 완성에는 아직 이르지 않았다.

2. 예수 그리스도가 성취하실 하나님의 행위에 대한 약속

2.1 예비자에 대한 약속

세례 요한은 자신을 심판하러 오실 하나님의 선구자로 이해하였다. 이는 마태복음 3:11/누가복음 3:16의 말씀에서 드러나며, 여기서 그는 뒤이어 올 '성령과 불'세례를 선포한다. 초기 기독교 전승은 세례 요한을 줄곧 예수의 선구자로 이해하였고, 그와 관련하여 구약에서 특징적인 구절들을 인용하였다.(참조. I권 3장)

2.1.1 세례 요한에 대해서는 일찍이 말라기 3:1의 말씀을 인용하여 하나님의 면전으로 나아가야 할 사자로, 혹은 이것을 적용하여 예수 앞에 올 자로 이해하였다.(출 23:20에 맞추어서) 이러한 내용은 마태복음 11:10/누가복음 7:27에 기록된 구두말씀 자료에서 나온 본문에서 보여주는 바와 같다. 마가복음 1:2 이하는 이 인용구절에 이사야 40:3을 추가하였다.(참조. 막 1:2 이하의 본문에 관해서는 이 책 5장) 마태, 누가, 그리고 요한은 그 구절에서 말라기의 구절 없이 이사야 40:3만 인용하였다. 누가는 3:5 이하에 이사야 40:4 이하를 더 보충하였다. 이 모든 구절을 통해 나타나는 분명한 주제는 세례 요한이 종말의 때에 하나님의 사자이며 동시에 예수의 선구자라는 사실이다.

2.1.2 말라기 3:1의 약속은 말라기서를 따르자면 3:23 이하의 다시 올 엘리야와 연결된다. 이 개념이 신약에서 세례 요한에게 적용되었다. 이러한 내용이 무엇보다도

마가복음 9:11-13//마태복음 17:10-13에서 드러난다. 거기에는 엘리야가 먼저 와야 하지 않느냐는 이의에 대해 "엘리야가 이미 왔으되"(*Ἠλίας ἤδη ἦλθεν*, 마 17:12)라고 대답한다. 마태복음 11:14에 기록된 마태복음의 세례 요한에 관한 예수의 말씀도 엘리야 전승과 연결된다. 요한복음 1:21에 기록된 세례 요한에 대한 질문에서도 똑같은 상황이다.(참조. 1:25)

2.1.3 요한복음 1:21에서 세례 요한을 향해 스스로 다시 올 엘리야로 이해하는지 질문할 뿐만 아니라, 그를 향해 '그 선지자'(*ὁ προφήτης εἶ σύ;*)이냐고 질문하는 것을 보면, 세례 요한을 신명기 18:15에 기록된 종말에 올 예언자의 의미로 이해했다는 사실이 연상된다. 그러나 이러한 이해는 거부되었다. 왜냐하면 요한복음서 저자가 이 전승을 수용하지 않고 세례 요한을 그저 예수를 위한 증인으로만 묘사하기 때문이다. 요한복음 1:22 이하에 수용된 이사야 40:3에 기록된 구약의 약속이 이에 대한 결정적 증거이다.

2.1.4 끝으로 세례 요한은 마가복음 6:17-29(축약된 형태로 마 14:3-12)에 전설적인 전승으로 기술된 그의 순교를 통해 박해받고 죽임당한 예언자들의 반열에 서게 되었고, 이러한 해석이 마가복음 9:13//마태복음 17:12 이하에 드러난다. 이런 점에서 세례 요한은 자기 스스로 임박한 예수의 운명을 암시하였다.

2.1.5 세례 요한의 활동은 초기 기독교에서 앞선 약속의 성취 전승과 연결된다. 구약의 전승과 세례 요한의 구체적인 삶의 역사가 서로서로 융합되었고, 예수의 역사의 맥락에 자리하게 되었다. 세례 요한은 단순히 앞선 전령이 아니다. 그는 바로 예수의 선구자이며, 예수의 오심을 선포하고 그의 세례를 수행했다.

2.1.5.1 매우 특징적인 점은 세례 요한의 활동과 예수의 사역이 마태복음 11:12에서 하나님의 통치를 기준으로 설정된다는 사실로 그 구절의 내용은 다음과 같다. "세례 요한의 때부터 지금까지…."(*ἀπο δὲ τῶν ἡμερῶν Ἰωάννου τοῦ βαπτιστοῦ ἕως ἄρτι* …) 그리고 13절에서는 다음과 같이 말한다. 모든 선지자와 율법의 "예언한 것이 요한까지니."(…*ἕως Ἰωάννου ἐπροφήτευσαν*) 마태복음에서는 선구자 요한이 선지 시대의 마지막과 하나님 나라 선포의 처음에 이중으로 자리하고 있었다.(참조. 마 3:3 이하)

2.1.5.2 위 구절과 병행구절인 누가복음 16:16에는 요한의 등장과 예수의 등장 사이에 매우 분명한 간극이 설정되었다. 여기서는 요한을 분명히 율법과 선지자의 시대에 두고 있고(*ὁ νόμος καὶ οἱ προφῆται μέχρι Ἰωάννου*), 다음의 구절도 추가하였다.

"그 후부터는 하나님 나라의 복음이 전파된다."(ἀπὸ τότε ἡ βασιλεία τοῦ θεοῦ εὐαγγελίζεται) 이 구절은 분명 예수의 활동으로 연결된다. 그렇지만 여기저기 표현된 바로는 세례 요한은 예수의 직접적인 선구자이다. 이는 초기 공동체가 세례 요한 전승을 받아들인 기본 경향과 일치한다.

2.2 구원자에 대한 약속

성서 전체, 즉 예언서와 마찬가지로 율법서도 예수 그리스도의 오심을 앞서 제시한다는 것이 신약에 나타난 공통적인 증언이다.(참조. 마 5:17, 롬 3:21) 이때 주의를 기울여야 할 사실은 예수의 위격, 선포, 그리고 행위에 대한 예언자들의 약속과 예언으로 이해되는 수많은 시편의 구절들뿐만 아니라 율법서의 본문, 원래는 하나님의 미래적 행위와는 관련이 없는 본문까지 끌어온다는 것이다.

2.2.1 토라에서 가져온 본문

2.2.1.1 아담에 대한 고찰은 기독교 이전 유대교에서도 다양한 형태로 존재했었다. 그는 원인(原人)으로서 한편으로는 하나님에 의해 지음받은 인간의 참된 형상이었다. 다른 한편으로 아담은 하나님으로부터 떨어져 나간 인간이었다. 예수께서 새 아담으로 그와 대비되는 것은 우연이 아니다. 그래서 바울은 로마서 5:14에서 아담을 '오실 자의 표상'(τύπος τοῦ μέλλοντος)이라 말하고, 로마서 5:15-19과 고린도전서 15:22, 45에서는 첫 번째 아담과 두 번째 아담을 비교한다. 이러한 사실을 표현하기 위해 고린도전서 15:45에서는 창세기 2:7(칠십인역)을 분명하게 인용한다. 그리고 누가의 경우 3:23-38에 기록된 예수의 족보에서 하나님의 아들로 표현된 아담에게까지 거슬러 올라간다.(ὢν υἱός, ὡς ἐνομίζετο, Ἰωσὴφ τοῦ Ἠλί··· τοῦ Ἀδάμ τοῦ θεοῦ)

2.2.1.2 아브라함에게 주어진 후손의 약속은 역사적 의미뿐만 아니라, 미래를 지시하는 의미도 있었다. 바울은 갈라디아서 3:16-19에서 창세기 13:15 혹은 17:8을 수용하여 그 후손에 그리스도를 연결시켰다. 즉 갈라디아서 3:16에 따르면 그 약속은 '네 자손, 곧 그리스도'(καὶ τῷ σπέρματί σου, ὅς ἐστιν Χριστός)에 해당하며, 3:19에서는 율법에 대해 말하기를, 그것은 '약속하신 자손이 오시기까지'(ἄχρις οὗ ἔλθῃ τὸ σπέμα ᾧ ἐπήγγελαται, 롬 4:18에서는 이 인용문을 다르게 사용한다. 아래를 보라.) 기능한다고 한다. 마태복음 1:1(2-6)에서도 예수를 '아브라함의 아들'이라 칭한다.

2.2.1.3 창세기 28:12의 야곱 위에 천사들이 오르락내리락하는 모티브가 요한복음 1:51에서 구원자에게 연결된다. 즉 인자 예수께서는 그의 지상 사역기간 동안 끊임없이 하늘나라와 연결되어 있다.

2.2.1.4 출애굽기 12:21에 기록된 유월절 어린양을 죽이는 의식이 고린도전서 5:7에서는 그리스도를 의미한다. "우리의 유월절 양 곧 그리스도께서 희생되셨느니라." (*τὸ πάσχα ἡμῶν ἐτύθη Χριστός*) 요한복음 19:36은 이와 비슷하게 예수께서 죽은 후에 다리를 꺾지 않은 것을 유월절 의식과 연결하였다. 출애굽기 12:10, 46에 유월절 어린 양은 뼈를 꺾지 말라고 기록되어 있다. 요한복음 1:29의 '세상 죄를 지고 가는 하나님의 어린 양'(*ὁ ἀμνὸς τοῦ θεοῦ ὁ αἴρων τὴν ἁμαρτίαν τοῦ κόσμου*)에 대한 진술은 이사야 53장에 기댄 것이다. 복음서 저자는 분명 1:29을 19:36과 관련지어 논했고, 따라서 1:29도 유월절 모티브와 같은 맥락에 있다.(그에 반해 레위기 16:20 이하에 서술된 속죄양 모티브에 의존한 것은 아니다.)

2.2.1.5 마가와 마태 본문에 기록된, 예수의 십자가 피 흘림에 대한 제정의 말씀은 출애굽기 24:8에 기록된 시내산 언약 체결을 원형으로 삼고 있다. 마가복음 14:24// 마태복음 26:28에서 알 수 있다.(바울과 누가의 본문은 다르다.)

2.2.1.6 민수기 27:17과 열왕기상 22:17에 기록된 목자 없는 양의 모티브가 마가복음 6:34// 마태복음 9:36에서 방황하는 백성 가운데서 일하시는 예수의 사역과 연결되어 있다. 예수께서는 그들을 돕기 원하신다.

2.2.1.7 신명기 18:15-18에 나오는 한 선지자에 대한 약속, 이 약속은 원래 그 당시에 등장할 선지자들에 대한 약속이었다. 이것이 포로기 이후 전반적으로 종말에 나타날 유일한 선지자를 의미하게 되었다. 특이한 형태로 위의 해석은 사마리아인들의 구원 대망에도 적용되었다. 그들은 토라만 성서로 인정하였고, 신명기 18:15-18을 메시아에 관한 의미로 해석하였다. 종말이 오기 전에 마지막 선지자가 먼저 와야 한다는 전제 아래, 요한복음 1:21b에 기록되어 있듯이 세례 요한에게 그가 '그 선지자'인가 하는 질문을 제기하였다. 그리고 사도행전 3:22, 7:37에 따르면 예수 또한 종말의 예언자로 이해되었다.

2.2.1.8 쿰란 문서에서 드러난 바와 같이(11 Q 64:6b-13), 사형 선고에 따라 형이 집행된 후 나무에 매달린 자는 하나님께 저주를 받은 자라는 신명기 21:23의 말씀이 십자가에서 죽은 예수와 연결되었다. 바울은 갈라디아서 3:13에서 명시적으로 이 구절과 관련을 지었다. 이 구절 전체가 초기 공동체에서 확실히 중요한 역할을 했다.

2.2.2 예언서에서 가져온 본문

초기 공동체에서 앞으로 올 하나님의 행위와 관련하여 선지서는 특별한 의미가 있었다. 수없이 많은 구절 중에서 여기서는 가장 중요한 것만 언급하겠다.

2.2.2.1 '전기 예언서' 중에서는 다윗에게 한 나단의 약속, 즉 하나님이 그의 아버지가 되고 다윗은 하나님의 아들이 되리라는 사무엘하 7:14을 선택하였다. 누가복음 1:32 이하, 요한복음 1:49, 요한계시록 21:7이 메시아적으로 이해된 이 본문과 관련지어졌고, 히브리서 1:5b도 이 구절을 인용하였다.

2.2.2.2 '후기 예언서' 중에서 가장 자주 인용된 본문은 이사야서이다.

2.2.2.2.1 첫 번째로 이사야 7:14의 약속을 언급할 수 있다. 그 구절은 젊은 여자의 임박한 해산에 대해 말하고 있다. 그 본문은 칠십인역의 번역 과정에서 '젊은 여자'(עַלְמָה)가 '처녀'(*παρθένος*)로 바뀌었다. 이 형태로 그 본문은 마태와 누가 복음의 예수 탄생 사화의 자료가 되었고, 마태복음 1:23 이하에는 원문 표현 그대로 재현되었다.

2.2.2.2.2 이사야 9:1–2에 기록된 흑암 중에 광선을 발하는 빛에 대한 약속이 마태복음 4:15 이하에서는 예수께서 천국을 선포하셨다는 기록 앞에 붙어 있다. 약속된 왕에게 영이 임한다는 이사야 11:2은 예수의 수세 사화의 배경이 되었다. 이 구절은 베드로전서 4:14에도 인용되었다. 거기서는 믿는 자들에게 성령이 임한다는 의미로 사용되었다.

2.2.2.2.3 누가복음 4:16–21에 보도된 나사렛에서 행한 예수의 첫 번째 설교 기사에서 영이 임하여 예수께서 복음을 선포한다는 이사야 61:1 이하를 낭독한다. 그리고 곧이어 예수께서 확언한다. "이 글이 오늘날 너희 귀에 응하였느니라."(*σήμερον πεπλήρωται ἡ γραφὴ αὕτη ἐν τοίς ὠσὶν ὑμῶν*, 21절)

2.2.2.2.4 마태복음 11:5∥누가복음 7:22에 나오는, 옥에 갇힌 세례 요한에게 보내는 예수의 대답은 이사야 29:18과 35:5 이하의 두 구절을 인용하여 결합한 것으로, 이 구절이 드러내고자 하는 바는 구원의 때에 나타날 징조이다.

2.2.2.2.5 이사야 42:1–4과 42:9에 나온 첫 번째 하나님의 종의 노래가 마태복음 12:17–21에 빠짐없이 인용되었고, 복음서 저자는 그 노래를 예수와 관련지었다. 마가복음 1:11과 병행구절에 기록된 예수께서 세례 받을 때 하늘에서 들려온 음성은 이사야 42:1의 내용과 동일하다. 고난받는 하나님의 종에 관한 네 번째 노래도 예수의 수난을 의미하는 것으로 해석되어, 이사야 53:4–6은 베드로전서 2:22–25에, 이사야 53:7 이하는 사도행전 8:32 이하에 채택되어 수난사화의 본문이 되었다. 이사야

53:10–12에 나오는 세상 죄의 대속에 관한 모티브는 마가복음 10:45과 병행구절, 14:24과 병행구절, 그리고 디모데전서 2:6에 적용되었다.

2.2.2.3 다른 예언서들에서 인용한 구절들도 있다. 우선 예수의 위격(Person)과 관련이 있는 본문들만 살펴보고자 한다.

2.2.2.3.1 미가 5:1–3의 베들레헴과 관련된 약속은 마태복음 2:5 이하의 탄생사화와 관련하여 인용하였다. 누가복음 2:1–20에는 출처에 대한 분명한 언급은 없지만 미가의 본문이 그 이면에 있다. 마태복음 2:15의 애굽으로 피신한 사건은 호세아 11:1과, 마태복음 2:18b의 베들레헴 영아 살해 사건은 예레미야 31:15의 라헬의 통곡과 관련지어졌다.

2.2.2.3.2 호세아 6:6, "나는 인애를 원하고 제사를 원치 아니하며"(*ἔλεος θέλω καὶ οὐ θυσίαν*)는 마태복음 9:13과 12:7에서 죄인들 가운데서 행한 예수 행동의 정당성과 예수의 제자들이 안식일에 밀 이삭을 훑은 것과 관련하여 인용되었다.

2.2.2.3.3 스가랴 9:9은 마태복음 21:4 이하의 예루살렘 입성 장면에서 명시적으로 인용되었고, 마가와 누가에서는 내용상 전제가 되었다. 요한복음 12:15에서는 스가랴 9:9을 인용한 후 그 예언의 내용이 성취되었음을 예수께서 영광을 얻은 후에야 제자들이 뒤늦게 깨달았다고 보도한다.

2.2.2.3.4 아모스 9:11 이하에 기록된 다윗의 장막을 다시 일으킨다는 말씀을 사도행전 15:15–17에서 누가가 구상한, 주의 형제 야고보가 사도회의에서 행한 설교 가운데에 칠십인역 원문으로 재현되었다.

2.2.2.3.5 은 삼십에 관한 스가랴 11:13이 마태복음 27:9에서 수난 사화 가운데 유다가 배반한 내용 중에 인용되었다.(비교. 렘 18:2 이하) 하나님께서 치신 목자와 흩어진 양떼에 관해 말하는 스가랴 13:7은 마가복음 14:27과 병행구절에 사용되었다.

2.2.2.3.6 고린도전서 11:25과 누가복음 22:20에 나온 마지막 만찬 때에 예수께서 잔을 들고 한 제정의 말씀에 따르면 바울과 누가는 예수의 피 흘림을 통한 새 언약의 제정을 예레미야 31:31–34의 성취로 이해하였다.

2.2.3 시편에서 가져온 본문

시편은 비교적 일찍 예언서 옆에 자리를 잡았다. 그 책의 저자로 간주되는 다윗 역시 예언자로 평가되었기 때문이며, 이러한 사실은 사도행전 2:29 이하에 분명히 드러난다.(*προφήτης οὖν ὑπάρχων*) 따라서 시편은 예수와 관련을 맺었고, 특히 기독론적으로 해석된 구절들은 예수의 수난, 부활, 그리고 높이 들림을 설명하는 데 사용되었다.

2.2.3.1 수난 사화 바로 앞 단락에 속하는 마가복음 12:10 이하와 병행구절에 포도원 농부의 비유가 나온다. 이 비유 가운데 버려진 모퉁이 돌에 대해 말하는 시편 118(칠십인역 117):22을 끌어왔다. 이 구절은 베드로전서 2:7에서도 볼 수 있다.(사 8:14, 28:16과 결합하여) 순례자의 노래인 시편 118:25 이하가 시편 148:1과 결합하여 마가복음 11:9 이하와 병행구절의 입성사화와 요한복음 12:13에 인용되었다. 마가복음 14:34과 병행구절의 겟세마네 기도에는 죽을 만큼 힘든 비애를 표현하기 위해 시편 42(칠십인역 41):6을 이용하였다. 그러나 이와 유사한 본문인 요한복음 12:27에서는 두려움으로 인한 떨림을 읊은 시편 6:4 이하를 인용한다.

2.2.3.2 고난의 시편인 22, 31, 69편(칠십인역 21, 30, 68편)은 암시적으로, 그리고 명시적으로 수난 사화에 사용되었다. 시편 22:18의 겉옷을 나눈다는 모티브가 마가복음 15:24과 병행구절에서, 그리고 요한복음 19:24에서 실현되었다. 시편 22:8에 있는 조롱의 말이 대제사장들과 장로들의 입으로 옮겨진 것을 마태복음 27:43에서 볼 수 있다. 시편 22:1의 "내 하나님이여 내 하나님이여 어찌 나를 버리셨나이까."의 기도가 마가복음 15:34과 그 병행구절에서는 예수의 임종의 말씀으로 등장한다. 누가복음 23:46에는 시편 22:1 대신 시편 31:6의 말씀을 십자가상의 말씀으로 사용한다. "내가 나의 영을 주의 손에 부탁하나이다." 마가복음 15:23에서는 시편 69:21의 초를 마시게 한다는 구절의 암시를 고려해 볼 수 있다. 주의 집에 대한 열심을 노래한 시편 69:10이 초기 수난 예언으로 요한복음 2:17에 도입되었다.

2.2.3.3 수난 사화 이외에 예수의 부활의 맥락에도 오순절 사건을 성서의 조명하에 두기 위해 시편을 인용하였다. 여기서는 특히 음부로 보내어지지 않을 것이라는 확신을 노래하는 시편 16(칠십인역 15):8-11을 언급할 수 있겠다. 이 구절은 사도행전 2:25-28에 인용되었고, 2:29-31에서는 기독론적으로 해석되었다. 시편 16:8-11은 요약된 형태로 사도행전 13:35에서 다시 한 번 더 숙고되었다.

2.2.3.4 시편 110(칠십인역 109):1a "여호와께서 내 주에게 말씀하시기를, 너는 내 우편에 앉으라."(*εἶπεν ὁ κύριος τῷ κυρίῳ μου· κάθου ἐκ δεξιῶν μου*)는 신약성서에서 특별한 역할을 한다. 이것은 예수의 높이 들림과 관련하여 사용되는 핵심구절이다. 이 구절은 마가복음 12:36과 병행구절에서 다윗의 자손에 관한 대화에도 적용되었고, 마태복음 26:64a와 누가복음 22:69에 나오는, 공회 앞에서 이루어진 마태와 누가

의 예수의 자기 증언 중에도 인용되었다. 이에 덧붙여 사도행전 2:34 이하, 로마서 8:34, 히브리서 1:13과 더 많은 구절들에서 시편 110:1a의 암시를 찾아볼 수 있다. 시편 110:1a은 신약에 가장 많이 도입된 구약 본문이다. 예수의 부활, 그리고 승귀와 관련하여 사도행전 13:33과 히브리서 1:5a, 5:5에서는 시편 2:7을 끌어오기도 하였다. 이 구절의 논지는 하나님에 의해 아들로 받아들여진다는 것이다.(비교. 롬 1:4) 이 구절은 누가복음 3:22에서 보이듯이 예수의 수세장면에도 사용되었다.(막 1:11 병행구절에서는 시 2:7 대신 사 42:1을 기준으로 삼았다.)

2.2.3.5 멜기세덱에 관한 진술인 시편 110:4은 히브리서 5:6, 7:21에서 특별한 기능을 한다. 예수의 승귀의 맥락에서 핵심 내용은 그가 멜기세덱의 반차를 따라 영원한 대제사장의 자리에 앉아 간구하신다는 것이다. 히브리서의 저자에게 시편 110:4은 하나님 앞으로 승귀되어 간구하시는 모티브와 하늘의 대제사장이라는 표상을 결합하기 위한 열쇠본문이었다. 히브리서 7:25, 9:24의 중보 모티브는 로마서 8:34c과 요한일서 2:1과 비교할 수 있다.

2.2.4 구원자를 지시하는 인용문의 중요성

예수의 생애와 사역에 연결되는 토라, 선지서, 그리고 시편의 수많은 본문들을 훑어보면, 구약성서 문서들이 가장 초기의 그리스도 선포에 얼마나 중대한 의미를 지녔는지가 분명해진다. 인용 빈도는 부차적인 문제이며, 명시적인 참조를 제외하더라도, 특히 수난사화에서 관찰할 수 있는 것처럼 암묵적인 관련도 존재하기 때문이다. 어쨌거나 이런 사실관계가 전체적으로 구약 본문에 얼마나 분명히, 그리고 얼마나 자주 의존하였는지를 보여준다. 성서를 인용하는 그러한 방법을 통해서만 기독교 초기에 기본적인 신앙 내용을 표현할 수 있었고, 성서의 범주 안에서만 그 내용이 분명해질 수 있었다. 구약성서의 토대 아래 예수의 위격(Person)과 역사가 이해되고 그 의미 안에서 또 선포되었다.

2.3 구원의 참여 및 구원 공동체에 대한 약속

구약성서 중 여러 본문을 가져와, 기독교 공동체 안에서 성취된 구원의 실현과 연결하였다.

2.3.1 토라에서 가져온 본문

2.3.1.1 창세기 13:15, 17:8에 나오는 아브라함에게 주신 후손의 약속을 갈라디아서 3:16, 19에서는 그리스도에게 해당되는 것으로 본다. 바울은 이 구절을 로마서 4:18에서 모든 믿는 자들에게 연결시켰다. 창세기 15:6에 나오는 아브라함을 믿음으로 의롭다 여긴다는 내용은 로마서 4:3-5:23 이하에서 유형론적으로 그리스도를 믿는 모든 자에게 적용되었다.(비교. 갈 3:6 이하) 창세기 12:3, 18:18의 민족에 대한 축복의 약속을 갈라디아서 3:8에서 인용한 것이나, 창세기 17:5(칠십인역)에서 아브라함에게 주신 모든 민족의 아버지가 되리라는 약속이 로마서 4:17a에서 해석된 것도 같은 현상이다.

2.3.1.2 출애굽기 34:33-35에서 모세가 자기 얼굴 위에 덮었던 수건은, 고린도후서 3:14-17에 따르면 옛 계약문서 위에만 있는 것이 아니라 동시에 옛 계약에 속하는 구성원들 위에도 덮여 있다. 그리고 그것은 인간이 '주의 영'을 향하는 곳에서 벗겨진다.(참조. 이 책 5장)

2.3.1.3 레위기 19:2에 있는 "너희는 거룩하라, 나 여호와 너희 하나님이 거룩함이니라."는 정결율법의 핵심문장이 베드로전서 1:16에 인용되어, 기독교 공동체에 적용되었다.

2.3.1.4 율법의 말씀이 '가까이' 입과 마음에 있다는 진술이 로마서 10:6-8에서 심오한 해석을 거쳐 믿음으로 인한 의에 연결되었다.(참조. 이 책 5장)

2.3.2 예언서에서 가져온 본문

2.3.2.1 먼저 요엘 2:28-32을 들 수 있다. 이 본문은 사도행전 2:17-21에 있는 베드로의 성령 강림 설교 안에 빠짐없이 인용되었고, 그 마지막 구절을 로마서 10:13에도 끌어왔다.

2.3.2.2 이사야를 부르시는 장면 가운데 나오는, 듣지 못하고 깨닫지 못한다는 6:9 이하 말씀이 마가복음 4:12 병행구절과 요한복음 12:39 이하에서 예수의 선포를 대면하고도 믿지 않는 자들에게 적용되었다. 사도행전 28:26 이하에서는 예수를 증거하는 복음에 대해 믿기를 거부하는 사람들에게 연결되었다. 복음을 들을 준비가 되어 있지 않음을 질타하는 이사야 53:1을 요한복음 12:38은 예수의 말씀을 불신앙하는 자세에, 로마서 10:16은 기독교적 복음에 순종하지 않는 태도에 적용하였다.

2.3.2.3 이사야 8:14과 28:16의 '거치는 돌'에 관한 선지자의 말씀이 시편 118

(칠십인역은 117):22과 결합하여 로마서 9:32 이하와 베드로전서 2:4, 6, 8에서 그리스도의 선포와 관련지어졌다.(비교. 고전 1:18-25) 이때 로마서와 베드로전서에서 사용한 복합인용문을 눈여겨볼 필요가 있으며, 위 두 구절은 어떤 발췌초록집(Florilegium)을 사용했음을 암시한다.

2.3.2.4 예레미야 31(칠십인역 38):31-34의 새 언약의 약속은 큰 의미가 있다. 이 본문은 고린도전서 11:25과 누가복음 22:20의 잔을 들고 축사하시는 장면에 수용된 것 이외에도, 히브리서 8:8-12에서 상세하게 인용되었다.(10:16 이하에서는 부분적으로 재인용하였다.) 그 구절을 인용하면서 새 언약의 구원 공동체를 옛 언약의 공동체와 비교한다.(8:7, 13)

2.3.2.5 이신칭의에 관한 바울의 진술에서는 로마서 1:17과 갈라디아서 3:11에 두드러지게 나타나듯이 하박국 2:4이 중요한 역할을 한다. 또한 히브리서 10:37 이하에서도 위의 구절을 인용하였다. 여기서는 하박국 2:3의 오실 이가 지체하지 않고 오신다는 것에 더 비중을 둔다.

2.3.3 시편에서 가져온 본문

시편에서도 역시 기독교 공동체가 경험한 구원의 현실을 묘사하기 위해 수많은 본문이 사용되었다.

2.3.3.1 죄 사함에 관한 말씀인 시편 32(칠십인역 31):1 이하는 로마서 4:6-8에서 이신칭의에 관한 진술에 직접 인용되었다.

2.3.3.2 예수 그리스도가 보낸 사자의 목소리를 온 땅에서 들었다는 내용을 로마서 10:18에서 시편 19(칠십인역 18):5을 이용하여 표현하였다. 그 내용에 따르면 그의 음성은 '땅 끝까지'(*εἰς τὰ πέρατα τῆς οἰκουμένη*) 퍼졌다.

2.3.3.3 예수 그리스도의 희생 죽음을 근거로 더 이상의 희생제물을 드릴 필요가 없다는 주제를 히브리서 10:5-7, 10:9에서는 시편 40(칠십인역 39):6-8의 내용을 근거로 삼았다.(비교. 마 9:13과 12:7에서 예수의 행동과 연결한 호 6:6)

2.3.3.4 주의 음성을 들으라는 촉구와 동시에 불순종에 대한 경고를 말하는 시편 95(칠십인역 94):7-11 전체가 히브리서 3:7-11에 인용되었고, 3:15, 4:3, 5, 7에 부분적으로 재수용되었다.(시 95:7-11 자체는 출 17:7에 기록된 이스라엘 민족의 불평과 관련이 있다.)

2.3.3.5 삶 가운데서 도달해야 할 기준을 노래한 시편 34(칠십인역 33):13-17이

베드로전서 3:10-12에서는 믿음을 갖고 책임감 있게 살아가라는 권고에 적용되었다.

2.3.4 공동체에 적용된 인용구의 의의

신약성서의 내용 중 약속의 성취에 대한 진술은 예수의 위격(Person)의 맥락에서뿐만 아니라 공동체에 임한 구원의 실현과, 그리고 공동체가 선포하는 구원의 소식의 측면에서도 볼 수 있다. 이러한 현상은 복음이 지닌 근본적인 본질이다. 즉 예수 그리스도와 더불어 계시된 구원이 그때그때의 현재에 계속된다는 것을 말하는 것이기 때문이다. 약속하신 하나님의 미래적 행위는 이 땅에서 지속적으로 실현되고 있고, 구원의 소식을 받아들이는 사람들에게 임한다.

3. 종말의 완성에 대한 약속

아직 일어나지 않은 미래의 사건과 관련하여 역시 토라, 예언서, 그리고 시편에서 인용한 본문들이 있으나, 그 수는 미미하다. 여기에 다니엘과 다른 묵시적 문서들의 본문들이 추가된다.

3.1 토라, 예언서, 시편에서 가져온 본문

3.1.1 창세기 13:15에 유산으로 약속된 땅이 초기 기독교 전승에서는 종말적인 구원의 유업의 의미를 띤다. 이는 마태복음 5:5의 팔복 가운데에도 해당되고, 갈라디아서 3:29과 로마서 8:17에 드러나듯이 바울도 그 전승의 영향을 받았다.

3.1.2 땅을 소유하는 것과 더불어 '안식에 들어가게'(*εἰσέρχεσθαι εἰς τὴν κατάπαυσιν*, 히 3:11, 4:1)되고, '안식일의 쉼'(*σαββατισμός*, 히 4:9)에 참여하게 된다는 히브리서 3:7-4:11의 진술은 이미 언급한 하나님의 말씀을 청종하라는 요청과 결합되어 있다. 이 구절에서 핵심적 역할을 하는 것은 종말론적으로 표현된 창세기 2:2의 모티브다.

3.1.3 로마서 15:7-12에서는 이미 시작된 이방 선교를 넘어 유대 기독교인과 이방 기독교인이 장차 함께 하나님을 찬양할 미래로 그 시야를 넓힌다. 그리고 이러한 사상을 펼치기 위해 시편 18(칠십인역 17):50, 신명기 32:43(칠십인역), 시편 117(칠십인

역 116):1, 그리고 이사야 11:10(칠십인역)을 끌어왔다.

3.1.4 로마서 15:12에서 이사야 11:10(칠십인역)과 연결하여 종말에 이방 민족을 통치한다고 언급한 내용이 로마서 11:26 이하에서는 이사야 59:20 이하와 결합하여 종말에 이스라엘의 구원자가 시온에서 온다는 것으로 표현된다.

3.1.5 요한복음 19:37에서는 예수의 죽음과 그의 뼈를 꺾지 않은 것을 언급하면서 추가로 스가랴 12:10을 인용하여 예수를 찌른 자들을 미래에 (예수의 재림 때) 볼 것이라고 보도한다.

3.1.6 시편 110(칠십인역 109):1a의 진술대로 그리스도가 주로 자리 잡고 온 땅에 통치권을 발휘하는 것은 시편 110:1b에 따르면 모든 적들이 그의 발아래 놓일 때까지이다. 그 후에 그는 바울이 고린도전서 15:25-28에 상술한 대로 그의 통치권을 하나님께 반환할 것이다. 이 구절은 만물을 발아래 둔다는 시편 8:6의 모티브도 함께 인용하였다. 그때에는 바울이 고린도전서 15:54 이하에서 확언한 바와 같이, 이사야 25:8과 호세아 13:14을 묶어서 한 약속의 말씀을 따라 죽음도 이기게 된다.

3.1.7 마가복음 13:24과 병행구절에서는 종말에 이 세상이 붕괴되는 것을 묘사하면서 바벨론의 몰락을 노래한 이사야 13:10을 끌어 왔다. 바로 이어지는 마가복음 13:25과 병행구절은 이사야 34:4에 의존하고 있다. 이사야 본문의 내용은 이스라엘 적들의 최후에 관한 것이다. 위 두 구절은 마가복음 13:26의 병행구절과 더불어 다니엘-예언의 묵시적 맥락과 통한다.

3.1.8 완성의 시간은 하나님이 예정하시고 또 잠시도 지체하지 않을 것이니, 인내하며 기다려야 한다는 히브리서 10:36-38의 내용은 이사야 26:20(칠십인역)과 하박국 2:3 이하의 두 구절을 인용하여 결합한 것이다.

3.2 묵시적 예언을 근거로 기대함

묵시적 모티브가 사용된 본문에서 유념해야 할 점은, 그 본문들은 인용구로 소개되지 않는다는 것이다. 이미 언급한 대로 다니엘서를 포함한 묵시적 문서들은 초기 기독교 시대에 정경의 자리에 오르지 못했다. 그러나 그렇다고 하여 몇몇 신약의 본문들이 이러한 전승을 사용하였다는 사실을 결코 배제할 수는 없다.

3.2.1 마가복음 13장과 병행구절의 종말론적 설교에서 7, 14, 26절의 모티브는 다니엘 2:28 이하, 11:31, 혹은 12:11, 7:13 이하에서 가져왔다. 마가복음 13장은 선지

서의 요소와 결합하기도 하였으며, 그 요소들도 역시 인용구절로 도입되지 않고 묘사를 위한 수단으로 사용되었다. 이러한 현상은 마태복음 25:31에도 일어난다. 세상 심판에 관한 예수의 설교 첫머리에 다니엘 7:13 이하와 스가랴 14:5을 묶어서 취하였고, 마가복음 14:26의 예수의 자기 증언에서는 종말에 인자로 나타날 것이라고 진술하면서 다니엘 7:13과 시편 110:1a을 결합하여 사용하였다. 누가복음 23:30이 무너지는 산에 대한 호세아 10:8의 표현을 사용한 것도 이러한 맥락에 속한다. 마지막으로 (제3)이사야 65:17-25에 선포된 새 하늘과 새 땅은 초기 기독교의 종말 기대에 결정적 의미를 지닌다. 이는 고린도후서 5:17, 갈라디아서 6:15, 요한계시록 21:1-22:5의 새 창조 모티브에서 드러난다.

3.2.2 요한계시록은 자신의 어법과 표상 자료에서 다니엘의 환상에 강하게 영향을 받았고, 언어에 있어서도 다니엘서에 기대고 있다는 점에서 고유한 입장을 취한다. 그러나 또한 이사야, 에스겔, 스가랴와 다른 구약 문서의 수많은 표현들도, 비록 인용구로 도입되지는 않았지만, 역시 고려되고 있다. 여기에 초기 유대교의 묵시적 예언 전승에서 가져온 수많은 모티브와 표상들이 더해진다.

3.3 종말의 완성과 연결된 인용구와 전승의 중요성

3.3.1 아직 오지 않은 미래의 사건을 진술하는 과정에 도입된 대부분의 인용구는 다른 어느 때보다도 묵시적 이미지 세계에 강하게 연결되어 있고, 그 세계를 배경으로 이해된다. 초기 유대교에는 생동감 있게 활동하는 예언자 전승이 있었다. 이 전승들은 공인된 거룩한 문서들을 뛰어넘어, 아직 오지 않은 완성을 외치는 측면에서 초기 기독교에서 특별한 의미를 획득하게 되었다. 이것은 구약성서와 신약성서를 연결하는 어떤 전승을 추정해 볼 수 있는 가능성을 시사한다. 그렇다고 해서 구약 본문으로부터의 인용이나 적용과 차이를 두지 않는다는 것은 아니다.

3.3.2 아직 이루어지지 않은 약속을 기대하는 것은 사실 오시는 하나님의 행위가 이미 성취되기 시작했음을 확인하는 것만큼이나 큰 의미가 있다. 구원의 현재성과 구원의 미래성 사이의 문제는 아직 오지 않은 미래와 관련된 인용구나 전승에 대한 초기 기독교의 신학적 성찰로 인해 생겨났고, 다양하게 표현되었다.(참조. 이 책 24장, 25장)

4. 구약성서의 약속이 갖는 의미

4.1 하나님의 이전의 행위와의 관련성

4.1.1 초기 기독교에서 구약성서는 오시는 하나님의 행위에 대한 약속의 차원에서 특히 의미가 있다. 이미 이루어진 현실에 대한 증언에서뿐만 아니라 아직 이루어지지 않은 완성을 소망한다는 점에서 그러하다. 이러한 약속은 그것이 지금까지의 하나님의 행위와 뗄려고 해도 뗄 수 없는 관계에 있다는 점에서 그 의의가 있다. 이전의 하나님의 행위는 처음부터 앞으로 올 사건들을 겨냥하고 있었다. 구약성서는 전체적으로, 게르하르트 폰 라트(Gerhard von Rad)와 발터 침멀리(Walter Zimmerli)가 제시하였듯이, 중단 없이 지속되는 하나님의 행위에 대해 개방적이다. 그런 점에서 하나님의 이전의 행위는 이미 그 자체를 뛰어넘어 궁극적인 목적을 지닌 하나님의 미래의 활동을 내포하고 있다. 창조의 모티브와 이사야 65:17-25에 예고된 새 창조의 모티브에서 특히 이러한 관점이 드러난다. 이전의 것과 앞으로의 것에 대한 이러한 관계가 구약 자체에 이미 함축되어 있다면, 조기 기독교 전승과 신약성서에서, 비록 이해의 관점이 다소 다르긴 하지만, 제대로 확립되었다고 볼 수 있다.

4.1.2 구약성서의 증언들은 과거와 관련을 맺고 있는 동시에 미래와도 관련을 맺고 있다. 특히 기억에 근거한 희망, '기억과 희망'(memoria와 spes, *ἀνάμνησις*와 *ἐλπίς*)이 중심축이다. 하나님의 선택행위로 인해 유대교 전승이 과거사와 중요한 관계를 맺고 있다면, 미래를 향한 관점은 지금까지 경험한 바를 통해 필연적으로 생겨난다. 장차 올 구원에 대한 구약성서의 모든 약속은 하나님의 이전의 행위와의 관련성 가운데서 주어졌다. 이것은 약속한 새 일을 위하여 옛적 일을 생각지도 말라고 하는 이사야 43:18 이하의 진술에도 적용된다. 이 구절에서 제시하는 핵심은 기대할 수 있는 어떤 새로운 것으로 눈을 돌리라는 것이다. 기독교의 경우는 물론 구원의 현재와 미래에 보다 더 큰 비중이 있으나, 동시에 하나님의 이전의 행위로 되돌아가는 것도 본질적인 요소이다. 즉 앞으로 중단 없이 계속되는 역사, 이것은 과거와의 관련성에서부터 비로소 제대로 이해할 수 있다는 것이다.

4.1.3 하나님의 이전의 행위와 앞으로 올 행위는 구약에 있어서 구원사의 연속성 안에 서로 얽혀 있다.(참조. 구원사의 이해에 관해서는 이 책 3장 마지막 부분) 하나님

께서 과거의 행위를 통해 자신의 사랑과 신뢰를 입증하셨다면, 미래를 위해서 그것들을 또한 약속하셨다. 이것은 초기 기독교 문서에도 전제되어 있다. 그 내용에는 약속의 상당 부분이 그 사이에 이미 성취되기 시작했다고 보는 시각이 드러난다. 그리고 하나님의 이전 행위와 현재의 행위가 짝을 이룬다는 것은 아직 이루어지지 않은 약속이 성취되리라는 희망을 가지고 기다릴 수 있다는 점을 시사한다.

4.1.4 신약에서도 입증하듯이 하나님의 미래적 행위가 구약성서에서 상당히 제한적인 의미로 이해되었으나, 그렇다고 하여 신약성서와 구약성서의 상관관계가 해체되는 것은 아니다. 옛 계약에서 하나님 인식이 점점 자라나듯이, 구원의 표상과 또한 구원의 표상을 근거로 하여 이미 경험하는 구원의 현실도 점점 커져간다.

4.2 성서의 증거를 재수용

4.2.1 신약성서에서 구약성서 본문을 인용하거나 또는 구약성서의 본문을 암시하는 작업의 배후에는 약속된 하나님의 미래의 행위가 성취되었다는 사상이 있다. 기존의 문맥에 들어 있는 인용문과 암시 중에서 대표적인 것만 선택하여 살펴보더라도 약속의 본문이 얼마만큼 광범위하게, 그리고 얼마나 집중적으로 동원되었는지 알 수 있다. 만일 모든 인용구절을 고려하고 수많은 암시들을 인정한다면, 이때 만들어지는 구약성서와의 연결망은 더욱 더 조밀해질 것이다.

4.2.2 앞서 살펴본 본문들을 통해, 한편으로는 구약성서의 다양한 문서그룹을 인용의 출처로 삼았다는 점이, 다른 한편으로는 명시적으로 인용할 때에는 토라, 예언서, 그리고 시편을 사용한다는 점이 눈에 띈다. 따라서 약속의 본문은 당시 권위가 인정된 성서의 모든 부분에서 동원되었다. 그 외에도 일반적으로 인정되지 않은 문서나 전승에서 가져온 본문도 부분적으로 사용하였으나 명시적으로 인용한 것은 아니고, 무엇보다도 완성을 소망하는 문맥에서 그 역할이 컸다. 그러한 본문 중 신약성서에서 비중 있게 다루어진 것은 묵시적 형태이며, 그 묵시적 형태로부터 수많은 모티브와 표상이 수용되었다.

4.2.3 초기 기독교에 수용된 구약성서 본문들을 신약성서의 모든 전승 분야가 전제하는 것은 아니지만, 그러나 그 본문들을 근거로 하여 대부분의 신약성서 문서들이 상당량의 약속의 구절을 채택하였다. 구약성서 본문과의 간격이 점점 커져가는 곳에서 구약성서가 기본자료로 확정되었다. 그 외에 때때로 구약성서 문서와의 관련성이 미미

하거나 빈약한 인용구는 초기 기독교의 모든 공동체가 완전한 성서 두루마리를 갖고 있지 않았기 때문이 아니고, 오히려 기독교 이전 시대부터 그 존재가 입증되는 소위 증언 수집물을 가지고 작업했다는 것과 관련이 있다. 여기에 더하여 여러 문서에서 뽑은 본문들의 결합문도 고려해야 한다. 로마서 9:33과 베드로전서 2:6, 8에서 사용한 공통된 전승에서 특히 분명하게 드러난다. 위 두 구절에는 이사야 8:14과 이사야 28:16을 한데 묶은 결합문이 모두 수록되어 있다.(벧전 2:7에는 시 118:22을 추가로 사용하였다.) 말라기 3:1과 출애굽기 23:20, 그리고 이사야 40:3을 인용하여 한 자리에 나란히 묶고서 획일적으로 이사야-인용구로 칭한 마가복음 1:2 이하도 비슷한 경우다. 인용구의 상이한 횟수나 비중이 신약에서는 사실 중요하지 않다. 즉 초기 기독교의 모든 증언의 밑바탕에는 구약성서의 약속이 깔려 있다.

4.2.4 신약성서 해석에서 자주 사용하는 개념인 '성서의 증거'를 검토해야 한다. 예전에는 그 용어를 초기 기독교 진술에 대한 증거로 구약성서의 본문을 덧붙인 것에 적용하여, 순전히 형식적인 방법으로 이해하였다. 그러나 그 과정에서 구약성서의 본문이 통합되는 논의의 맥락은 충분히 고려되지 않았다. 따라서 그런 식으로 구약성서 본문을 평가하는 것은 대부분 신약성서의 내용을 일방적 기준으로 삼고, 구약성서 자체의 의도는 간과하는 것이다. 결국 초기 기독교의 진술을 입증하기 위해 구약성서를 합당하지 않은 방법으로 이해해서는 안 되며, 구약성서의 인용문과 암시가 오시는 하나님의 행위에 대해 어떤 식으로 예고하는지 그 내적 관계를 밝혀야 한다.

4.3 이전에 반포된 약속의 성취

약속된 하나님의 행위가 성취된다는 맥락에서 고대 유대교 전승을 인용하거나 사용할 때에 그것을 이해하는 전제조건이나 통합과정이 중요한 역할을 한다.

4.3.1 우선 예수의 역사와 선포 사건, 그리고 기독교 공동체의 실존과 사명을 파악하는 데 근거가 되는 전제 조건이 관건이다. 만일 예수께서 하나님의 통치가 도래한다고 선포했다면, 그것은 구약성서의 약속과 관련하여서만 이해할 수 있다. 또한 초기 공동체의 기독교의 메시지도 하나님이 위임한 구원의 중재자의 구약성서적 표상을 전제할 때에만 가능하다. 물론 다양한 모델들이 이미 존재했고 그것을 넘어서 상당한 수정이 있었다. 어떤 새로운 것이 인간의 삶에 원칙이 되기 위해서는 특정한 이해조건을 전제로 하며, 비록 이해의 전제 조건이 변형되거나 깨어진다 해도 그렇다는 뜻이다. 이

런 의미에서 구약성서의 문서와 고대 유대교 전승은 예수와 그의 제자들의 선포를 이해하는데 결정적 기능을 했다.

4.3.2 신약에서 사용한 구약성서의 인용문들이 얼마나 많이 또 얼마나 집중적으로 구약성서를 토대로 예수의 역사와 믿는 자들의 현재를 이해하였는지 보여준다면, 다른 한 편으로는 이와 같이 새로운 맥락에 놓여 새로운 방법으로 이해되지 않은 구약성서 전승, 고대 유대교 전승은 없음을 말해준다. 즉 상호관계 속에서의 통합이라고 요약할 수 있으며, 구약성서의 본문이 예수의 선포와 초기 공동체 메시지의 조명 하에서 사용되었다는 것이다. 결과적으로 그리스도의 계시를 토대로 구약성서를 이해하게 되었다. 이것은 그 의도를 드러내며 구약성서 본문을 설명하고 있는 곳뿐만 아니라 단순히 인용하였거나 혹은 구약성서의 모티브를 사용하여 사실관계를 묘사하기만 하는 곳에도 해당된다. 이런 과정에서 원래는 약속의 성격을 띠지 않은 수많은 구약성서의 본문들이 동원되었고, 그 구절들도 위와 같은 틀 안에서 이해되었다. 그것도 지나쳐 원래의 표현이 변경된 본문들도 적지 않고, 나아가 의식적인, 그리고 철저히 의도된 '기독교적 해석'(Interpretatio Christina) 방법을 사용하였다. '기독교적 해석'(Interpretatio Christina)과 관련된 초기 기독교 성서해석의 방법론적 문제와 객관적 문제는 다음에 논의된다. (참조. 이 책 5장)

4.4 지속되는 약속의 성격

하나님의 미래적 행위를 증거하는 구약성서의 본문들이 강력하게 주지시키는 그 약속들은 지금도 유지되고 있다는 점에서 더 큰 의의가 있다. 이미 시작된 구원의 현실에서 구약성서의 약속이 유지되고 있고, 결코 배제될 수 없다. 이러한 요소를 통해 기독교 신학이 확증과 약속에 기대어 있음을 알 수 있다.

4.4.1 구약성서 전승의 약속이 지닌 본질적인 성격은 장차 도와주실 것과 구원하실 것이라는 확신이 아직 철저히 개방되어 있다는 점에 있다. 원래 그 약속들은 세속사 가운데서 성취되는 것을 목표로 삼았다. 그러나 그러한 소망은 궁극적인 구원의 밑그림을 그리는 곳에도 나타난다. 이사야 11:1-10에서와 같이 메시아에 대한 기대와 천국이 다시 오리라는 소망이 한데 얽혀 있는 장면에서 드러나는 바와 같다. 포로기와 포로기 이후 시기에 역사 안에서 실현될 수 없는 소망이 형성되기 시작했다. 이 시기에 형성된 소망에는 묵시적 전승의 색채가 짙다. 따라서 역사 안에서 구원이 실현되기를 바라는

소망과 더불어 전면적인 갱신에 대한 바람이 형성되었고, 이 바람이 초기 유대교와 예수 시대를 두루 지배하였다. 따라서 공인된 구약 문서들 안에 있는 약속들은 이미 묵시적 사상의 배경 아래에서 채택되었음을 고려해야 한다. 구원을 순전히 미래적인 것으로 보는 약속의 구조가 어쨌든 계속해서 권위가 있었다.

4.4.2 이에 반해 예수의 메시지와 초기 기독교 선포의 주요 핵심은 현재에 이미 구원이 도래하였으나 아직 완성되지는 않았다는 데 있다. 초기 유대교-묵시적 사상을 모델로 수용하면서, 동시에 종말론을 대단히 새롭게 구성하는 변형과정이 동반되었다. 구원은 더 이상 순수하게 미래적인 것이 아니지만, 여전히 변경할 수 없는 미래적 차원을 포함하고 있다. 따라서 신약성서에서 이미 약속이 실현되고 있다는 진술이 완성의 사건은 아직 오지 않았다는 진술과 결합되어 있으며, 이것은 개별 사건들 가운데서 그 둘의 관계가 어떻게 규정되는가 하는 것과는 별개의 문제다. 위의 사실관계는 하나님의 미래적 행위에 관한 구약성서의 진술을 받아들이면서, 이중적 관점에서 약속들을 해석하였음을 보여준다. 즉 약속들은 구원의 현재성과 동시에 아직도 열려 있는 미래성을 지시한다는 것으로, 이 두 관점은 상호 보완한다.

4.4.3 그러나 신약성서에서 특징적인 이 이중적 관점은 이미 성취된 약속에 대해서는 그것을 믿음으로 받아들이고 확증해야 함을 시사한다. 약속의 성취는 아직 열려 있는 완성의 조짐 가운데에도 있지만, 동시에 가려져 있다. 요지는 일시적인 것의 형태로 궁극적인 것이 시작된다는 것이다. 그러나 이러한 사실이 현재에 본래 의미의 구원이 중요하다는 것을 폐하지 않는다. 오히려 세상의 이중성 가운데서 구원은, 그 구원이 선취된 서광 속에서 경험된다. 구원의 현재성은 구원의 미래성과 마찬가지로 현재의 경험과 이해를 넘어서는 차원을 지니고 있다. 바로 그 점에 여전히 지속되고 있는 약속의 특성이 자리한다.

4.4.4 기독교적 소망이 나름대로의 특성을 띠고 있음에도 불구하고, 하나님에 의해 성취된 구원의 완성이 요지인 점에서 유대교의 미래 대망과 밀접하게 연결되어 있다. 즉 역사와 인간의 삶 속에서 활동하시는 하나님이 세상의 창조주이며 수호자라고 믿는 믿음의 관점에서 유대인들과 공통점이 있을 뿐만 아니라, 종말적인 구원의 성취와 관련하여서 역시 공유하는 부분이 있다. 기독교적 신앙은 하나님의 구원 행위는 이미 시작되었다고 믿고, 그리고 현재에 경험하는 구원의 완성은 미래에 있다고 이해한다면, 유대인들은 약속된 구원이 아직 오지 않은 것으로 본다. 이런 관점에서 보면 유대인들에게나, 그리고 우리 기독교인들에게나 구약성서의 증거에 근거를 둔 미래에 대한 소망

혹은 완성에 대한 소망이 공통적으로 존재한다.

5. 마무리 고찰

구약의 약속이 지닌 높은 의의는 신약에서도 간과할 수 없다. 그렇다면 도대체 구약의 약속이 기독교 신학에서 의미하는 바가 무엇인가 하는 질문이 대두된다.

5.1 예수 그리스도 안에 나타난 하나님의 계시 행위는 멀리 거슬러 올라가 선택의 역사와 약속의 역사에서부터 시작한다. 실현되어 가고 있는 이 궁극적 구원의 전(前)역사는 지속적으로 구약성서와의 관계 안에서만 파악할 수 있다. 신약성서에 있는 많은 인용문들과 암시가 구약성서와의 관계를 알게 한다. 이러한 사실 관계를 분명하게 하는 것이 선포와 신학의 지속적인 과제이다.

5.2 신약성서에서 확증된 구원의 실현은 그 전제와 뿌리를 구약성서의 미래 대망에 두고 있지만, 그렇다고 하여 그 둘을 단순히 동일시할 수는 없다. 이미 시작된 구원을 인식하게 되자 구약의 약속을, 그 지평을 뛰어넘어 새로운 관점을 여는 차원에서 이해하게 되었다. 이것은 벌써 성취되기 시작한 약속뿐만 아니라, 이미 도래한 구원 사건과 관련하여 이해되어야 할 아직 성취되지 않은 예언에도 역시 해당된다. 구약-유대교 전승에서는 구원의 소망을 순전히 미래에 두고 있는 반면, 신약성서에서 확증하고 있는 기독교적 소망은 구원의 완성이 이미 시작되었다고 본다.

5.3 그런 점에서 약속은 기독교 신학에서 두 가지 의미로 해석된다. 이미 선행된 약속의 차원과 저 멀리 미래를 지향하는 차원이 그것이다. 과거의 하나님의 행위를 기억함이 의미가 있듯이(참조. 이 책 3장), 이미 이루어지기 시작한 약속, 벌써 현재에 와 있고 완성을 향해가는 그 약속을 기억하는 것은 특별한 의미가 있다. 거기에 약속의 본질적인 의미가 있다. 오늘을 위해 예정된 약속, 그 약속이 이미 성취되기 시작한 오늘, 이 오늘은 선취하시는 하나님의 행위와 끝맺음하시는 하나님의 행위로 감싸여 있다.

5.4 약속의 차원은 구원사적인 관점에서만 의미가 있는 것이 아니고 기독교적 실존과 관련하여서도 의미가 있다. 원래 인간은 자신의 기원을 두고 있는 과거와 그가 향해 가야 할 기대에 의존한다. 이에 상응하여 또한 인간은 성서의 관점에서 볼 때 과거의 요소와 미래의 요소로 규정된다. 그러나 이때 단순히 개인이나 집단의 기원과 기대 자체가 중요한 것이 아니라, 오히려 믿는 사람들은 이미 성취된 약속, 그리고 동시에

미래를 제시하는 약속에 의해 지지되는 하나님의 계시 행위 안에 속해 있다는 사실이 관건이다.

5.5 이러한 약속의 차원은 구약성서와의 관계 속에서만 완전히 파악가능하다. 이것을 잊는다면, 기독교 역사에서 자주 그랬던 것처럼, 기독교적 실존을 이해할 때에 그것을 포괄적인 하나님의 계시역사 안에서 파악할 수 없고, 그와 더불어 구원사적인 닻을 상실하게 된다. 이러한 기반은 바로 신약성서의 증언을 근거로 해야만 완전하게 확보된다. 구약성서 없이는 ― 구약성서 자체의 고유성과 기독교적으로 수용된 구약성서라는 두 가지 측면에서 ― 책임 있는 기독교 신학은 불가능하다.

5장

구약성서의 기독교적 해석

하나님의 과거 및 미래 행위와 관련하여 기독교가 구약성서를 어떻게 해석했는지는 이미 이야기했다. 이제 '기독교적 해석'(Interpretatio Christina)의 전제, 방법과 원리, 결론과 의미에 대해 질문해야 하겠다.

1. 기본 내용

1.1 성서 '연구'

1.1.1 성서를 '연구한다는 것'은 예수 시대의 유대교나 맨 처음의 기독교에 있어서 당연한 일이었다. 일반적으로 바리새인 서기관이나 혹은 쿰란의 의의교사(여기서 주요 개념이 דרש였다.)만을 생각할 것이다. 초기 기독교에 있어서 성서연구는 무조건 필요한 것이었다. 왜냐하면 그리스도 계시를 '초기 기독교의 성서'와 관련하여 파악해야만 했기 때문이다. 요한복음 5:39에 분명하게 '성서를 상고'(*ἐραυνᾶν τὰς γραφάς*)한다고 말하면서 동시에 약속의 특징도 지적한다. 이것이 초기 기독교 성서 연구와 성서해석의 원칙이었으며, 이는 신약성서 몇몇 부분에서 구약성서를 어떻게 사용했는지 확인되는 바와 같다.

1.1.2 초기 기독교의 확신에 따르면 하나님의 과거와 미래의 행위에 대한 증거인

구약성서는 이미 도래한 구원에 대해 직접적인 의미를 갖는다. 하나님은 창조행위를 통해, 그리고 이스라엘 역사 가운데서 자신을 계시하셨으며, 임박한 구원 행위를 알리셨다. 그 구원 행위가 이제 시작된다. 하나님 자신은 '예로부터 거룩한 선지자의 입으로'(눅 1:70 = 행 3:21) 말씀하셨다. 히브리서 1:1에 따르면 하나님은 '여러 부분과 여러 모양으로'(*πολυμερῶς καὶ πολυτρόπως*) 선지자들을 통해 조상들에게 말씀하셨고, 이제 '아들로 우리에게' 말씀하신다.(*ἐλάλησεν ἡμῖν ἐν υἱῷ*) "하나님의 복음, 이 복음은 하나님이 선지자들로 말미암아 … 성서에 미리 약속하신 것이라."(*ὃ προεπηγγελείλατο διὰ τῶν προφητῶν ἀυτοῦ ἐν γραφαῖς ἁγίαις*)라고 기록한 로마서 1:2은 특별히 중요하다. 구약성서에 기록된 약속의 말씀은 하나님 자신의 말씀으로, 그것이 지금 성취된다. '선지자들을 통하여 말씀하신 것'(*τὸ ῥηθὲν διὰ τοῦ προφήτου*)이나 혹은 '성서에 이른 것'(*ἡ γραφὴ λέγει*)은 다가오는 구원에 대해 하나님이 미리 확언하신 것이다. 선지자들은 당대에는 아직 성취되지 않을 것들을 선포했었다.(벧전 1:10-12) 후기 신약 문서들은 구약의 이러한 증언을 '하나님의 감동으로 된 것'으로 이해했다.(*θεόπνευστος*, 딤후 3:16. 비교. 벧후 1:19-21)

1.1.3 성서란 하나님 자신이 약속하신 말씀이기 때문에, 그것은 성취된다. "선지자들로 기록된 모든 것이 응하리라."(*τελεσθήσεται πάντα τὰ γεγραμμένα διὰ τῶν προφητῶν*, 눅 18:31b) 성서에서 여러 번 사용한 '데이'(*δει*, …해야 하다.)도 위의 맥락에 속한다. 그 의미는 헬라 전통에 나타나는 운명적 신앙과 관계가 없고, 구약에서 증거하는 하나님의 구원 의지와 관련이 있다. 예를 들면 누가복음 24:44에서 다음과 같이 사용된다. "모세의 율법과 선지자의 글과 시편에 나를 가리켜 기록된 모든 것이 이루어져야 하리라."(*δεῖ πληρωθῆναι πάντα τὰ γεγραμμένα ἐν τῷ νόμῳ Μωϋσέως καὶ τοίς προφήταις καὶ ψαλμοίς περί ἐμοῦ*) 이러한 전제 아래에서 마가복음 14:49에 있는 일반적인 표현, "이는 성서를 이루려 함이니라."(*ἵνα πληρωθῶσιν αἱ γραφαί*)를 이해해야 하고, 마태복음에 있는 인용구들도 마찬가지이다. 성서가 이루어져야만 한다는 것은 유대교도 아는 기본명제이다. 그러나 초기 기독교에서는 새로운 시야가 열렸으며, 이것은 종말적인 사건이 이미 시작되었고 그에 상응하여 그 사건들을 하나님의 구원의 의지라는 관점에서 이해할 수 있게 되었기 때문이다. 누가복음 24:44은 율법과 선지자의 글과 시편에서 약속들이 발견된다고 지적한다. 이것은 또한 바울에게도 중요한 전제였다. 그가 '약속'과 '율법'을 구분한 것은 형식적인 기준이 아니라 내용상의 기준에 따른 것이며 그 둘은 구약성서 전체를 일컫는 표현이다.

1.2 부활을 기점으로 한 성서 이해

1.2.1 성전정화 사건 마지막 부분인 요한복음 2:22에 다음과 같은 문장이 있다. "죽은 자 가운데서 살아나신 후에야 제자들이 이 말씀하신 것을 기억하고 성서와 및 예수의 하신 말씀을 믿었더라."(*ὅτε οὖν ἠγέρθη ἐκ νεκρῶν, ἐμνήσθησαν οἱ μαθηταὶ αὐτοῦ ὅτι τοῦτο ἔλεγεν, καὶ ἐπίστευσαν τῇ γραφῇ καὶ τῷ λόγῳ ὃν εἶπεν ὁ Ἰησοῦς*) 이때 '성서'라 함은 2:17에 인용된 예수의 죽음을 알리는 시편 69:10을 말하고, 예수의 하신 '말씀'은 2:19에서 성전의 붕괴와 복구의 말씀으로 자신의 부활을 예언한 내용을 뜻한다. 요한복음 12:16도 위와 유사하게 제자들이 예수의 예루살렘 입성 사건을 돌이켜보며 시편 118:25 이하와 스가랴 9:9에서 인용한 다음의 본문을 담고 있다. "제자들은 처음에 이 일을 깨닫지 못하였다가 예수께서 영광을 얻으신 후에야 이것이 예수께 대하여 기록된 것임과 사람들이 예수께 이같이 한 것인 줄 생각났더라." (*ταῦτα οὐκ ἔγνωσαν αὐτοῦ οἱ μαθηταὶ τὸ πρῶτον, ἀλλ' ὅτε ἐδοξάσθη Ἰησοῦς τότε ἐμνήσθησαν ὅτι ταῦτα ἦν ἐπ' αὐτῷ γεγραμμένα καὶ ταῦτα ἐποίησαν αὐτῷ*) 이 두 경우를 통해 알 수 있는 것은 기독교의 성서 인식과 성서와 결부된 그리스도 신앙은 예수의 부활 혹은 예수의 영광 받으심을 근거로 할 때에만 가능한 것이며, 또한 부활 사건에 기초한다는 사실이다.

1.2.2 위에서 논한 요한복음의 두 구절이 주제로 삼는 것은 일반적으로 초기 기독교에도 해당된다. 예수의 사역과 함께 시작된 구원은 부활 사건의 전제 하에서 구약성서와 연결된다. 아무리 예수 자신의 선포와 그의 활동을 통해 구약성서 약속 전승의 결정적인 관점이 포착되었고, 또한 예수의 제자들에게 어떤 역할을 했다고 하더라도, 구약성서의 구원 선포와 관련지어 예수의 출현과 그의 운명을 분명하게 기독론적으로 해석한 것은 부활사건 이후에야 비로소 가능했다. 결과적으로 그제야 구약성서가 그리스도 안에 나타난 하나님의 계시 행위의 지평에서 읽히고 해석되었다.

1.2.3 초기 기독교에 있어 예수의 전체 지상 사역은 부활사건에서 그 정점에 이른다. 따라서 그의 부활이 그의 사역과 그의 위격 전체를 조명(照明)한다. 구약성서에서 하나님의 미래적 행위로 선포된 종말의 구원 사건이 예수와 함께 진행되기 시작했다. 따라서 부활을 기준으로 구약성서를 수용한다는 것은 예수의 위격(Person)을 토대로, 그리고 아버지가 예수를 인정했다는 것을 토대로 성서를 이해한다는 의미이다.

1.3 성령의 감동으로 된 해석

성령의 역사에 의한 이해가 부활의 인식과 직접적으로 관련이 있다. 성령을 통해 신자들은 예수와 더불어 구원의 현실이 시작되는 것이 무엇인지를 인식하였다. 이러한 사실이 신약성서 몇몇 군데에 분명하게 나타난다.

1.3.1 성령의 감동으로 성서를 깨닫게 됨을 보도하는 가장 중요한 본문은 바울의 고린도후서 3:14-17이다. 그 구절에서 처음으로 구약, 특별히 토라를 '팔라이아 디아테케'(*παλαιὰ διαθήκη*, 옛 언약)라고 언급하였다. 여기서 그는 '옛 언약'과 '옛 언약의 질서'를 다루면서, 그것을 "읽는다."라고 말한다.(*ἀνάγνωσις τῆς παλαιᾶς διαθήκης*) 그리스도와 더불어 참 의미를 인식할 수 있게 된 옛 언약의 질서를 조망하며 성서를 이해하게 된 것은 성령의 역사 덕분이다. 옛 언약의 참 의미를 깨닫게 한 분은 그리스도이며, 그렇게 성서를 이해하도록 역사하는 이는 성령이다.

1.3.1.1 바울은 위의 사실과 관련해 출애굽기 34:29-35의 모티브를 수용한다. 그 구절에 따르면 모세는 거룩한 곳에서 나올 때, 그의 얼굴에 '수건'을 덮었다.(33-35절, 그 구절에서 히브리어 용어는 מַסְוֶה로 원래는 가면이라는 의미이다. 칠십인역과 바울은 그 단어를 *κάλυμμα*로 번역한다.) 이 '수건' 또는 '덮개'가 고린도후서 3:14b, 15에 따르면 '오늘까지' 옛 언약의 질서 위에와 그것을 읽을 때에 덮여 있고, 그것은 옛 언약에 속한 믿지 않는 자들의 마음 위에도 놓여 있다. 그 수건은 그리스도를 통해서, 그리고 그리스도를 통해서만 비로소 벗겨진다.(*ἐν Χριστοῷ καταργεῖται*, 3:14b)

1.3.1.2 바울은 고린도후서 3:14b, 15의 진술을 16절에서 극적으로 전환한다. 그는 출애굽기 34:34을 인용한다. "그러나 언제든지 주께로 돌아가면 그 수건이 벗어지리라."(*ἡνίκα δὲ ἐὰν ἐπιστρέψῃ πρὸς κύριον, περιαιρεῖται τὸ κάλυμμα*, 칠십인역을 문자 그대로 인용한 것은 아니다.) 모든 믿는 사람들은 '주'께로 돌아가면 누구든지 그로 인해 옛 언약의 '수건'이 벗겨지게 된다. 인용구에 있는 '주'는 바울이 여타 구절에서 승귀된 주를 의미했던 것과는 달리 여기서는 영을 의미하고, 따라서 17절에 다음과 같이 덧붙였다. "주는 영이시니 주의 영이 계신 곳에는 자유함이 있느니라."(*ὁ δὲ κύριος τὸ πνεῦμά ἐστιν· οὗ δὲ τὸ πνεῦμα κυρίου, ἐλευθερία*) 승귀된 주님이 성령 안에 자신을 분명하게 드러내시고 살리는 영을 통해 역사하신다는 점에서, 바울이 그러한 방식으로 위의 인용구에서 성령론적 방향을 설정하고 있다.

1.3.1.3 위의 본문에서 눈에 띄는 점은 '주의 영'을 통해 옛 언약의 원칙이 제거

되는 것이 아니라, 오히려 그것의 진정한 의미를 인식할 수 있게 된다는 사상이다. 비록 바울이 앞서 고린도후서 3:6에서 '새 언약'(*καινὴ διαθήκη*)에 대해 짧게 언급했으나, 이는 문자로 기록된 것을 말하는 것이 아니고, 성령에 기초함을 말한다. 왜냐하면 "문자[6]는 죽이는 것이요, 영은 살리는 것임이니라."(*τὸ δὲ γράμμα ἀποκτέννει, τὸ δὲ πνεῦμα ζῳοποιεῖ*)라고 하였기 때문이다. 이 구절이 뜻하는 바는 수건이 벗겨지게 되면 옛 언약의 원칙이 새로운 언약과의 연관성 속에서 인식된다는 것이다. 이제 성서는 그 본래의 의미로 이해될 수 있고, 따라서 '문자'로서 만나는 것이 아니라 '영'에 의해 밝혀지고 생명력을 얻게 된다.

1.3.2 제사복음서 저자는 성령에 의해 영향을 받는 이해 과정과 해석 과정을 이미 도래한 구원의 다양한 증거와 특히 파라클레토스의 활동과 관련지었다.

1.3.2.1 요한복음 5:35–40에는 이미 도래한 구원에 대해 서로 일치하는 증거가 여러 번 나온다. 만일 예수 자신의 말씀과 증거들이 타당하지 않다면, 이런 여러 번의 증거도 없을 것이다.(5:31) 예수에 대한 증인으로서 말씀하는 이는 아버지 자신이시며(5:32, 37), 또한 옛 언약의 문서들도 그에 대해 증거한다.(5:39) 여기에 더해 세례 요한의 증거가 있고(5:33–35, 비교. 1:6–8, 15, 29–34, 3:27–30), 나아가 아버지께서 그에게 위임하셔서 이루게 하는 역사가 증거이며, 그 역사가 또한 아버지께서 예수를 보내셨음을 증거한다.(비교. 5:36, 8:13–18, 10:25)

1.3.2.2 하나님 자신, 성서, 세례 요한, 예수의 사역에 제시된 일련의 증거들은 성령의 증거에서 정점에 달한다. 세 번째 파라클레토스 말씀인 요한복음 15:26에 언급된 예수에 대한 증거도 파라클레토스의 다양한 기능들 가운데 속한다. "내가 아버지께로서 너희에게 보낼 보혜사(파라클레토스) 곧 아버지께로서 나오시는 진리의 성령이 오실 때에 그가 나를 증거하실 것이요."(*ἐκεῖνος μαρτυρήσει περὶ ἐμοῦ*) 이러한 성령의 증거는 바로 뒤이어 오는 15:27에 따르면 제자들의 증거에 토대가 된다. 제자들에게 '모든 것을 가르치시고', 예수 자신의 말을 '생각나게'(14:26) 하는 이는 바로 성령이며, 또한 성령은 그들을 '모든 진리 가운데로 인도'하고 그들에게 '장래 일을 말'한다.(16:13) 14:26의 '성령이 제자들에게 모든 것을 가르치신다.'(*ἐκεῖνος ὑμᾶς διδάξει πάντα*)는 약속 안에 5:39에서 원칙적으로 언급하는 성서에 대한 기독론적 인식이 함축되어 있다.

6) 개역한글성서에는 '의문'으로, 개역개정은 '율법조문'으로 번역한다. — 역자 주.

1.3.3 세 번째 본문으로 베드로전서 1:10-12을 살펴볼 수 있다. "이 구원에 대하여는 너희에게 임할 은혜를 예언하던 선지자들이 연구하고 부지런히 살펴서 자기 속에 계신 그리스도의 영(*τὸ ἐν αὐτοῖς πνεῦμα Χριστοῦ*)이 그 받으실 고난과 후에 받으실 영광을 미리 증언하여 누구를 또는 어떠한 때를 지시하는지 상고하니라. 이 섬긴 바가 자기를 위한 것이 아니요 너희를 위한 것임이 계시로 알게 되었으니 이것은 하늘로부터 보내신 성령을 힘입어 복음을 전하는 자들로 이제 너희에게 알린 것이다."(*διὰ τῶν εὐαγγελισαμένων ὑμᾶς πνεύματι ἁγίῳ ἀποσταλέντι ἀπ᾽ οὐρανοῦ*) 여기서 성령은 지금 성서를 밝히는 역할을 할 뿐 아니라, 동시에 그는 옛적에 이미 드러나지 않는 방법으로 다가올 구원을 제시한(참조. 고전 10:4) 선재한 그리스도의 영이기도 하다. 구약의 약속은 미래에 있을 은혜를 계시한다는 점과, 약속을 통해 선포된 구원이 성령의 역사로 말미암아 지금 착수된다는 점에서 의미가 있다. 선지자들의 탐색과 연구는 한시적이지만, 그 선지자들 가운데서 활동하신 똑같은 그리스도의 영이 지금도 하늘에서 복음전파의 능력을 행사한다.

1.3.4 성서의 해석이 성령의 역사를 전제로 이루어진다는 점은 위에서 분명히 언급하였다. 성령의 이끄심을 받아야만 이미 도래한 구원 사건의 맥락에서 제대로 성서를 깨달을 수 있다고 초기 기독교는 전반적으로 확신하였다. 예수 그리스도의 사건과 부활의 빛 아래에서 이루어지는 성서 해석은 성령을 신뢰하는 곳에서 이루어진다.

2. 초기 기독교 성서해석의 방법

2.1 약속과 성취

초기 기독교에서 가장 자주 사용한 약속과 성취라는 해석학적 모델의 관건은 현재의 상황을 구원의 시간, 혹은 구원이 시작되는 시간으로 해석한다는 점에 있다. 구약성서의 약속은 하나님의 행동을 지금 혹은 얼마 지나지 않아 곧 일어날 것에 대한 예고로 이해한다.

2.1.1 '약속'의 개념

2.1.1.1 독일어에서는 '약속'(Verheißung)과 '예언'(Weissagung)을 구분한다.

그러나 그 개념들은 겹치기도 하고 일반적인 용례에서는 서로 경계를 구분하기가 쉽지 않다. '약속'은 앞서 일어나는 확언으로, '예언'은 특별한 내용의 예보로 구분하는 것이 한 방법이 될 수 있다. 신약성서에서는 하나의, 그리고 동일한 헬라어 개념, 즉 '에팡겔리아'(*ἐπαγγελία*)가 관련된다. 그렇다면 어떤 독일어 단어로 번역하는 것이 적합할까 하는 질문이 제기된다. '약속'(Verheißung), 라틴어로는 '프로미시오'(promissio)가 보다 더 적합하다고 할 수 있다. 왜냐하면 이 단어에서는 인격적 관계가 분명하게 표현되고, 내용적인 요소들은 전면에 드러나지 않기 때문이다.

2.1.1.2 신약성서의 문맥에서 볼 때 '에팡겔리아'(*ἐπαγγελία*)와 동사 '에팡겔레스타이'(*ἐπαγγέλεσθαι*)는 히브리어 구약성서와 칠십인역에서 적당한 대체어가 없는 전문용어를 다룬다는 점에 특별히 주의해야 한다. 분명 구약성서에서 그 단어로 지칭되는 것이 존재하지만, 예언과 약속의 요소를 포함한 헬라어 개념이 여기서부터 이해된다는 것은 우연이 아니다. 이 용어의 개념이 헬라적 유대교 안에 이미 있었는지, 그리고 얼마만큼 확산되어 있었는지는 빈약한 증거자료 때문에 말하기 어렵다. 신약성서에는 그 용어에 대한 개념이 분명하게 형성되어 있다. 복음서에서는 누가복음 24:49에서만 사용되었으며, 약속의 내용이 무엇인지는 서술하지 않았다.(막 14:11에서 그 단어의 동사형태를 볼 수 있으며, 일반적인 의미의 '서약하다/다짐하다'의 의미를 띠고 있다.) 그 용어의 개념은 바울과 히브리서에서 유난히 눈에 띄며, 사도행전과 일반 서신 여기저기에서도 볼 수 있다.(참조. 콘코던스) 특별히 특징적인 용례가 드러나는 곳은 로마서 4:13 이하, 16 이하, 20, 갈라디아서 3:14-18, 히브리서 10:36이며 로마서 1:2의 "미리 약속하신 것이라."(*προεπαγγέλεσθαι*)이다. 이것에 대응하는 '이루다, 이루어지다'의 의미를 지닌 어휘로는 다른 것들 중에서 특히 '플레룬, 플레로테나이'(*πληροῦν, πληρωθῆναι*)가 있다.

2.1.1.3 약속과 성취를 초기 기독교가 어떻게 이해하였고, 얼마나 자주 사용하였는지는 이미 언급한 누가복음 24:44에 도식적으로 잘 나타나 있다. "모세의 율법과 선지자의 글과 시편에 나를 가리켜 기록된 모든 것이 이루어져야 하리라."(*δεῖ πληρωθῆναι πάντα τὰ γεγραμμένα ἐν τῷ νόμῳ Μωϋσέως καὶ τοῖς προφήταις καὶ Ψαλμοῖς περὶ ἐμοῦ*) 바울도 로마서 1:1b, 2에서 "하나님의 복음, 이 복음은 하나님이 선지자들로 말미암아 성서에 미리 약속하신 것이라."(*εὐαγγέλιον θεοῦ, ὃ προεπηγγείλατο διὰ τῶν προφητῶν αὐτοῦ ἐν γραφαῖς ἁγίαις*)라고 하였다.

2.1.2 약속에 대한 분명한 지시

'에팡겔리아'(*ἐπαγγελία*)라는 용어 사용과는 별개로 신약성서에서는 약속과 성취 구조가 도처에 전제되어 있으며, 그런 곳에서는 특정한 사건의 맥락에 성서의 예언을 관련짓는다. 몇 가지 특징적인 적용 형태가 있다.

2.1.2.1 많은 경우 자주 '기록된 것'을 지시하며, 간단히 '기록되기를'(*γέγραπται*)이나, 혹은 '성서에 이르기를'(*ἡ γραφὴ λέγει*)이라는 어구가 나온다. 혹은 유사한 어구가 성서의 장절을 제시하여 또는 장절의 제시 없이 등장한다.

2.1.2.2 구약의 특정 본문이 '성취되었음'을 드러내는 본문들도 있다. 그런 본문들은 자주 '이루기 위하여'(*ἵνα πληρωθῇ*)라는 어구를 사용한다. 이 성서 성취의 모티브는 마태의 소위 숙고된 인용문 가운데 전형적인 구문인, "이는 주께서 선지자로 말씀하신 바 … 이루려 하심이니라."(*ἵνα πληρωθῇ τὸ ῥηθὲν ὑπὸ κυρίου διὰ τοῦ προφήτου* …)에 특별히 잘 드러난다. 마태복음 1:22과 조금씩 다르지만 다른 많은 구절들에서도 볼 수 있다.(참조. 2:15, 17, 23, 4:14, 8:17, 12:17, 13:35, 21:4, 26:54, 56)

2.1.2.3 그 외에 성서 장절을 언급하지 않고 구약성서를 일반화시켜 인용하는 사례가 있다. 이 경우를 특징적으로 보여주는 본문은 고린도전서 15:3b-6로 바울은 예수의 속죄 죽음과 제삼일째 부활하신 것을 소방하며 인용한 신앙고백문에서 '성서대로'(*κατὰ τὰς γραφάς*)를 두 번 사용한다. 마가복음 14:49도 같은 경우로, 그 구절에서도 예수의 체포와 관련하여 다음과 같이 매우 일반화된 표현을 사용한다. "이는 성서를 이루려 함이니라."(*ἵνα πληρωθῶσιν αἱ γραφαί*) 그리고 앞서 언급한 여러 번 나오는 '데이'(*δεῖ*, …해야 한다)도 구체적인 성서의 장절을 말하지 않으면서 하나님이 예정하시고 예고하신 사건이라는 의미에서 약속과 관련이 있음을 암시한다.

2.1.3 성취된 약속

2.1.3.1 성취된 약속이라는 개념이 신약성서에서 근본적인 의미를 갖는다. 그러면서 구약성서에서 하나님이 약속하신 궁극적인 구원이 실현되기 시작했다는 것을 주제로 삼는다. 앞 장에서 토라, 전후기 예언서, 그리고 시편에서 얼마나 많은 본문을 약속의 본문으로 파악하였는지 보았다. 그리고 그러한 과정에서 원래는 약속의 특징을 띠지 않는 본문이 고려되었다.

2.1.3.2 성취의 개념에서 본질적인 핵심은 예수의 위격(Person) 및 그의 역사와 더불어 구원의 실현이 시작되고, 구약성서의 예언이 구체적인 윤곽을 잡기 시작했다는

점이다. 이 중심적 사상은 신약성서 안에 일괄적으로 전제되어 있고, 마가에 비해 마태에 인용횟수가 많으며, 산발적으로 약속과 관련을 맺고 있는 후기 바울서신이나 일반서신에 비해 히브리서에 인용 구절이 많다. 인용횟수와는 상관이 없다. 바울 스스로도 약속전승이나 구약의 인용문들을 어디에서나 똑같은 강도로 고려하고 있지 않다. 근본적인 이해에 있어 차이가 없다. 즉 성취된 약속이 구약성서와 신약성서를 이어주는 결정적인 고리이다.

2.2 유형론적 해석

약속과 성취라는 해석학적 모델 외에 유형론도 신약성서에서 중요한 역할을 한다. 약속에서는 약속된 내용 그대로 일어나는 것이 중요하다면, 유형론은 인물, 사건, 그리고 제도에 초점을 둔다.

2.2.1 유형론이라는 해석 방법

2.2.1.1 루돌프 불트만(Rudolf Bultmann)은 그의 주요 논문인 "유형론이라는 해석학적 방법의 기원과 의미"(Ursprung und Sinn der Typologie als hermeneutischer Methode)에서 다음과 같은 말을 하였다. "해석학적 방법인 유형론으로 우리는 신약성서 이래로 교회에서 어떤 식으로 구약성서를 해석했는지를 파악한다. 유형론은 구약성서의 인물, 사건 혹은 제도 안에 예수 그리스도의 오심과 함께 시작된 구원의 시대에 합당한 인물, 사건 혹은 제도가 미리 형성되어 있는 것으로, 혹은 앞서 설명되어 있는 것으로 해석하는 것이다."(「Exegetica」, 369쪽) 그는 유형론을 구약의 본문을 예언의 증거로 보는 해석법과 구분할 뿐만 아니라 구약 본문을 사용하는 다른 방법들과도 구분한다.

2.2.1.2 불트만에 따르면 유형론은 원래 동일한 것이 다시 오는 것에 관한 관찰을 전제한다. 즉 완성이 아니라 규칙적으로 순환하는 되풀이에 대한 근본 사상이 전제되고 있다. 유형론은 태초와 종말이 낙원과 낙원의 재건이라는 의미에서 서로 맞물린다는 일련의 사고 속에서도 볼 수 있다. 이러한 기대감은 유대교 사상 가운데서 역사화 과정을 겪었고, 태초의 시간이 아담에서부터 모세를 거쳐 다윗에 이르면서 역사 가운데 실현되어야 하는 종말의 때, 특히 메시아의 구원의 때라는 형태로 연결되었다. 이러한 전통적인 이스라엘의 종말론 이외에 묵시 문학의 형태로 또 다른 개념이 등장했다. 그

사상은 어떤 결정적인 복구가 아니라 하나의 전면적인 갱신을 원하는 것이었다. 여기서 새 창조의 사상이 중요하게 다루어졌다.

2.2.1.3 용어에 주목할 가치가 있다. '튀포스'(*τύπος*)라는 개념은 원래 밀랍, 목재 혹은 금속을 쳐서(*τύπτειν* = '치다') 생긴 '눌린 자국'에 쓰인 용어로, 눈에 보이는 자국 또는 흔적이라는 뜻으로 사용되었고, '본, 모범'(예를 들면 빌 3:19, 딤전 4:12, 롬 6:17), 그리고 '원형'(Urbild)에 대한 명칭이 되었다. '튀포스', '안티튀포스', 그리고 '튀피코스'(*τύπος, ἀντίτυπος*, 그리고 *τυπικῶς*, '원형', '대상', '원형의, 대응물의')라는 개념들은 신약성서에서 특수한 해석상의 용도로 여러 번 등장한다. 유형론의 범위 안에서 앞에 나온 '튀포스'(*τύπος*)는 뒤에 나온 '안티튀포스'(*ἀντίτυπος*)와 대립관계를 이루고, '튀피코스'(*τυπικῶς*)는 해석 방식과 관계가 있다. 신약성서에서 '튀포스'는 역사적 원형이고, '안티튀포스'는 종말의 대응물이다. 이 대응물이 반드시 '튀포스'와 대립적인 개념이 될 필요는 없고, 상응 관계 혹은 점층의 개념이 될 수도 있다. '튀포스'(*τύπος*)의 용례는 로마서 5:14, 고린도진서 10:6, 히브리서 8:5에서, '안티튀포스'(*ἀντίτυπος*)는 히브리서 9:24, 베드로전서 3:21에서, '튀피코스'(*τυπικῶς*)는 고린도전서 10:11에서 볼 수 있다.

2.2.2 초기 기독교가 유형론을 사용한 방법

용어들이 이미 보여주듯이, 초기 기독교는 유형론을 의식적으로 받아들여 사용하였다. 물론 유형론의 특징적 개념이 나타나지 않는 유형론도 등장한다. 평화의 나라로 실현된 메시아 시대나 세상의 전면적인 갱신이 태고나 창조의 대응물이 아니라, 예수 그리스도의 역사와 함께 실현되고 있는 하나님의 구원행위로 이해한다는 점에서 초기 기독교는 유형론을 초기 유대교가 사용하는 것에 비해 수정하여 적용시켰다.

2.2.2.1 고린도전서 10:11에 있는 바울의 진술은 위와 같은 관점에서 시사하는 바가 많다. "그들에게 일어난 이런 일은 본보기가 되고 또한 말세를 만난 우리를 깨우치기 위하여 기록되었느니라."(*ταῦτα δὲ τυπικῶς συνέβαινεν ἐκείνοις, ἐγράφη δὲ πρὸς νουθεσίαν ἡμῶν, εἰς οὓς τὰ τέλη τῶν αἰώνων κατήντηκεν*) 이 문장은 '튀피코스'(*τυπικῶς*)와 복수형 '타 텔레 톤 아이오논'(*τὰ τέλη τῶν αἰώνων*, 때의 마지막) 때문에 번역하기가 어렵다. 의미상 이전 사건들의 유형론적 기능과 연결된다면, 그 복수형 '타 텔레 톤 아이오논'(*τὰ τέλη τῶν αἰώνων*, 때의 마지막)은 이미 도래한 그러나 완결되지 않은 구원의 때와 연결된다. 다음과 같이 번역하는 것이 가장 좋다. 이 일이

그들에게 원형과 같은 방식대로 일어났지만 우리를 권고하기 위해 기록되었다. 그 권고가 시대의 종말이 시작하고 있을 때 임하고 있다. 이 문장이 분명하게 말하고자 하는 바는 종말의 구원 사건이 과거의 사건을 돌아보는 것과 관련된다는 점이다. 이것을 전제해야 각각의 유형론이 이해된다. 가장 중요한 내용이 여기서 거론되고 있다.

2.2.2.2 로마서 5 : (12 이하)14–21과 고린도전서 15 : 21 이하, 44b–49에 바울의 아담–그리스도 유형론이 나온다. 로마서 5 : 14에 따르면 아담은 '튀포스 투 멜론토스'(*τύπος τοῦ μέλλοντος*, 오실 자의 표상)이다. 이때 아담과 그리스도는 각각 옛 인류와 새 인류의 대표자이다. 이 유형론은 예수의 족보를 아담에게로 거슬러 올라가는 누가복음 3 : 23–38에도 적용되었다. 이 두 본문의 차이점은 모형(Typos)을 다르게 평가하는 데 있다. 바울은 아담을 죄인으로, 그리스도를 의롭게 하는 자로 대립관계에 두는 반면, 누가의 경우 첫 번 아담과 종말의 아담을 상응관계에 두었으며, 이것은 고양시켜 강조한 의미로 이해할 수 있다.

2.2.2.3 고린도후서 5 : 17, 갈라디아서 6 : 15, 요한계시록 21 : 5에서 볼 수 있는 새 창조 모티브도 유형론의 맥락에 속한다. 베드로전서 3 : 20 이하에서는 홍수와 세례를 유형론적으로 서로 결합하였다. 노아는 그의 식구들과 함께 옛적에 '물로 말미암아 구원을 얻은'(*διεσώθησαν δι' ὕδατος*) 것처럼 이제는 세례 받는 모든 자가 그러하다. "이제 너희를 구원하는 표니 곧 세례라."(*ὃ καὶ ὑμᾶς ἀντίτυπον νῦν σῴζει βάπτισμα*)

2.2.2.4 아브라함이라는 인물과 그의 역사도 유형론의 틀 안에서 여러 번 인용되었다. 히브리서 7 : 1–10에 나오는 그와 멜기세덱의 관계가 그러하다. 거기서 아브라함으로부터 십일조를 받은 멜기세덱은 대제사장으로 일하시는 그리스도의 표상으로 도입되었다. 갈라디아서 4 : 21–31의 하갈–사라 유형론은 아브라함의 후손들을 자유자의 자녀로 칭한다. 로마서 4 : 3–25에 따르면 아브라함은 믿는 자들의 표상이다. 이 본문의 유형론적 특징은 4 : 23 이하에서 분명히 표현되며, 이 구절은 핵심 구절인 고린도전서 10 : 11과 아주 비슷하다.("… 아브라함만 위한 것이 아니요 … 우리도 위함이니 …") 이에 반해 갈라디아서 3 : 6–18에서는 아브라함을 구원사적인 관찰 방식의 틀 안에서 평가한다.

2.2.2.5 모세의 시대도 자주 유형론적으로 해석된다. 고린도전서 5 : 7과 요한복음 19 : 14과 36에서 그리스도의 죽음을 유월절 양을 잡는 것과 연결하는 것이 이에 해당한다. 히브리서 3 : 7–4 : 13의 광야에서 방황하는 하나님의 민족이라는 모티브도 역시 그렇다. 그리고 무엇보다도 고린도전서 10 : 1–4에서 홍해를 건너는 것에 이어 만나를 먹

고 바위에서 나오는 샘물을 마신 것도 유형론적으로 해석하였다.(계속해서 5-13절은 광야 세대가 불평하는 것으로 이어진다.) 여기서 바울은 은폐되어 있고, 계시된 하나님의 행위를 토대로 하여 만나를 먹은 것을 주의 만찬에 긍정적으로 상응시키는 의미를 부여한 반면, 요한복음 6:31-35, 49-51에서는 이와 반대로 그리스도의 계시행위와 대립관계에 둔다. 고린도후서 3:4-4:6에는 모세의 직분과 바울의 사도직이 유형론적으로 연결되어 있다. 사도행전 7:2-53에 기록되어 있는 스데반의 설교에서 '지도자', 그리고 '해방자/구원자'(ἄρχων, 그리고 λυτρωτής, 7:35)의 역할을 하는 모세는 종말의 구원자이신 그리스도의 표상이다.

2.2.2.6 하늘의 현실과 지상의 현실이 상응하는 것을 앞으로 올 사건의 앞선 설명과 그것의 실현으로 연결시킨다는 점에서, 히브리서에는 유형론의 이중적 형태가 나온다.

2.2.2.6.1 히브리서 7:1-10, 18에 기록된 지상에서 하나님께 예배드리던 장막은 그리스도가 참된 대제사장으로서 하늘의 성소에 들어간 후에는 하늘의 참된 성소와 하늘의 제사에 대한 모사(模寫)일 뿐이다. 출애굽기 25:40과 연계하여 서술한 장막은 모세가 '본(Urbild)을 좇아' 지었으며, 이 본은 그에게 산에서 보이던(*κατὰ τὸν τύπον τὸν δειχθέντα σοι ἐν τῷ ὄρει*) 것이다. 갈라디아서 4:25 이하에 기록된 이 땅의 예루살렘과 위에 있는 예루살렘도 같은 경우다. 이에 비해 히브리서 12:22은 반대의 입장이다. 이 구절에서는 과거와 현재 혹은 미래의 사건이 아니라, 지상과 하늘의 현실이 동시에 존재하는 것으로 서술하였다.

2.2.2.6.2 옛 언약에 따르는 지상의 제사가 하늘에서 행해지는 예배의 모사라고 한다면, 히브리서 7:1-10:18에서 지상의 제사는 궁극적인 제사 행위에 대한 유형론적인 앞선 설명이다. 이 궁극적인 제사는 예수 그리스도의 죽음과 그가 하늘의 성소에 들어감을 통해 완성된다. 따라서 레위 계통의 제사장직을 통해서는 '완성'(τελείωσις)이 있을 수 없고, 오히려 멜기세덱의 반차를 좇는 또 다른 제사장이 임명되어야 한다.(히 7:11) 그러므로 구약의 제사 율법은 다름 아닌 미래의 참된 현실의 그림자이다.(8:5, 10:1)

2.2.3 초기 기독교가 유형론적 해석을 한 의도

유형론은 신약성서의 수많은 곳에서 특징적으로 표현되어 있다. 유형론은 가장 강한 효과를 지닌 해석방법이다. 비록 초기 기독교에서 아주 예외없이 사용된 것은 아니지만, 유형론은 초기 기독교 사상에서 중요한 위치를 차지하였다.

2.2.3.1 신약성서에서 유형론은 역사적으로 연관짓자면, 원래 지금까지의 역사와 현재 사이에 전환점이 시작되는 곳에서 출발한다. 예수께서 오신 것과 더불어 종말의 현실이 이미 나타나기 시작하였다. 인류 역사는 그때부터 또 다른 징조 아래에 있다. 인류 역사는 더 이상 기원과 지나간 것의 빛 아래서 보이거나 평가되지 않고, 오히려 새로운 것, 그리고 영속적인 것의 차원에서 관찰되고 평가된다. 물론 이 새로운 것, 그리고 영속적인 것은 이전의 것과 관계를 유지한다. 이것은 이 땅의 현실과 하늘의 현실을 유형론적으로 연결짓는 것에도 비슷하게 해당한다.

2.2.3.2 유형론은 튀포스(Typos, 본보기)와 안티튀포스(Antitypos, 대응물)가 상호 어떻게 정리되느냐에 따라 다양하다. 대체로 튀포스는 안티튀포스에 대해 앞선 설명의 특징을 지니지만, 다양하게 평가할 수 있다. 즉 무효화나 능가의 관계가 될 수도 있고 아니면 지금까지 감추어진 맥락에 있는 것일 수도 있다.

2.2.3.2.1 튀포스는 안티튀포스가 대립 관계를 형성하는 곳에서는 현재 사건의 새로움이 관건이 되며, 이 새로움은 지금까지의 것과는 상반된다. 튀포스는 저 너머를 지향하고, 따라서 튀포스 자체는 이중적 의미에서 '폐기된 것'으로 이해된다. 말하자면 예전의 것은 지금까지 지니고 있던 그 자신의 의미를 잃었다는 뜻이다. 이것은 로마서 5:12(-21)의 죄인인 아담에게 해당하며, 아담은 의인이며 의롭게 만드는 분인 그리스도로 전환되었다. 이와 비슷하게 요한복음 6:30-35에서는 만나를 먹은 것이 하나의 앞선 묘사이고, 만나를 먹은 것은 진부한 것으로 생명의 떡과 대립관계이다. 고린도전서 10:5-10에 나오는 이스라엘의 타락에 관한 설명도 여기에 속한다. 마가복음 14:58의 '손으로 지은 성전'과 고린도전서 3:16에 있는 바울의 말, "너희가 하나님의 성전인 것과 하나님의 성령이 너희 안에 거하시는 것을 알지 못하느뇨?"도 위와 같은 의미에서 이해할 수 있다.

2.2.3.2.2 다른 본문에서는 안티튀포스가 튀포스를 능가한다. 예를 들면 새 창조의 모티브가 그런 경우다. 순전히 그림자에 불과한 선취가 일어나는 곳도 그러하다. 이 능가의 모티브는 언뜻 보기에 고린도전서 10:1-4의 경우와 같이 튀포스와 안티튀포스는 객관적으로 대등하게 두는 곳에도 전제되어 있다. 이스라엘 민족이 이미 어떤 세례와, 그리고 구원을 주는 식사와 음료를 통해 구원의 사건에 참여하였으나, 옛적에는 보이지 않게 일어났던 것이 이제 눈에 보인다. 이때 선재하신 이의 활동이 파악되고, 이스라엘 역사 가운데서 행하신 그의 지난날의 활동이 현재에 비로소 인식된다.

2.2.3.3 유형론에서 옛적과 지금의 차이가 서로 다르게 강조될 수 있다면, 초기 기독교는 역사 가운데 하나의 새로운 시작이 있다는 것에 결정적인 비중을 두었다. 유형론은 어떤 근본적인 새로운 것, 인간이 신뢰하고 의지할 수 있는 궁극적인 것이 이 세상에서 역사 가운데 실현되는지에 대한 시각을 날카롭게 한다.

2.3 구원사적인 관찰 방법

구원사적인 맥락은 구원이 그것의 전(前)역사를 포괄하며 실현되는 곳에서 전개된다. 그런 점에서 약속과 성취의 관련성 및 유형론에서 어떤 역할을 한 의도들이 여기서 계속 이어진다.

2.3.1 다양한 모델들

구원사적인 관찰법은 이전의 하나님의 행위에 관해 상술하는 맥락에서 이미 언급하였다. 이어지는 역사 시대에 대해 말하자면, 그 시대는 예수 그리스도를 통해 열린 구원의 시대로 이어진다.(참조. 이 책 3장) 그러한 시대 구분으로 마태복음 1:1-16과 17에서 열네 대씩 세 번에 나누어 제시한다. 그러나 히브리서 1:1, 2a의 진술, 하나님이 옛적에는 선지자들을 통해 조상들에게 말씀하셨으나, "이 모든 날 마지막에(*ἐπ᾽ ἐσχάτου τῶν ἡμερῶν τούτων*) 아들로 우리에게 말씀하셨으니"도 구원사적인 시대 구분을 단초로 하여 고려한 것이다.

2.3.1.1 바울은 매우 흥미로운 방식으로 구원사적인 관찰방법을 두 번 사용하였다.

2.3.1.1.1 갈라디아서 3:6-26에서 그는 율법보다 약속의 우선성을 부각시키고자 애썼다. 왜냐하면 그는 약속의 시대, 즉 율법의 시대와 성취의 시대 사이를 구분했기 때문이다.(3:6-14, 15-24, 25-29) 그러한 주제를 바울은 약속은 하나님 자신의 말씀으로 천사를 통해 중보되었고(3:19), 하나님의 아들을 보내심으로 말미암아 성취되었다고(3:24, 4:4 이하) 진술하며 강조한다. 아브라함에게 준 약속의 말씀은 모든 예언적 약속에 앞서는 기본 약속이다. 이러한 맥락과 더불어 의식적인 시대 구분도 다룬다. 이 시대 구분에서는 다양한 역사적 시기를 식별할 수 있다는 점과 객관적으로 특징을 그려낸다는 점이 핵심이다. 그러나 이 시대 구분은 단순하게 시간적으로 나열하는 것이 아니다. 왜냐하면 약속은 율법 시대에도 역시 해당하고, 더욱이 율법의 시대와 성취의 시대는 겹치기 때문이다. 이것이 갈라디아서 4:21-31에서 유형론을 이용하여 설명하

는 바이다.

2.3.1.1.2 로마서 9–11장의 주제는 이스라엘의 선택이다. 이것은 그리스도 사건에 앞서고, 그리스도 사건의 유효성과 더불어 유지되고 있다. 왜냐하면 하나님의 약속은 무효화되지 않기 때문이다.(9:6) 여기서부터 그리스도 계시와 모든 시대의 마지막 사이에 있는 역사로 시선을 돌린다. 그 시기는 우선 이스라엘의 남은 자들이 신앙으로 돌아서는(11:1–10) 시기이다. 이는 복음이 이방 민족에게 전파될 수 있게 하기 위해서이다. 그러나 '이방인의 충만한 수'(*πλήρωμα τῶν ἐθνῶν*, 11:25)가 구원에 들어오게 될 때, 또한 '온 이스라엘이 구원을 얻을 것이다.'(*πᾶς Ἰσραὴλ σωθήσεται*, 11:26a)

2.3.1.2 누가도 역시 구속사적인 해석 모델을 사용하였다. 그리고 그에게도 성취의 시기가 결정적으로 중요하다. 그러나 그는 기독교 이전의 시기를 조망하며 바울처럼 약속과 율법을 구분하지 않는다. 그 둘이 공통적으로 그 이전 시기를 특징짓는다. 따라서 누가복음 16:16에 따르면, "율법과 선지자는 요한의 때까지요, 그 후부터는 하나님 나라의 복음이 전파된다."(*ὁ νόμος καὶ οἱ προφῆται μέχρι Ἰωάννου, ἀπὸ τότε ἡ βασιλεία τοῦ θεοῦ εὐαγγελίζεται*) 여기서 아브라함의 선택 이후로 기독교 이전 시기를 구속사적으로 통일된 하나의 시대로 간주한다.(참조. 행 7장의 스데반의 설교) 이에 상응하여 예수의 하나님 나라 선포로 구원 선언의 때가 시작되었다. 이 구원 선언의 때란 교회의 때와 복음의 우주적 선포를 아우른다. 누가복음 16:16에 따르면 특별히 구분되는 예수의 시간이 있는 것이 아니다. 그러나 복음의 때와 완성의 때 사이는 구분이 되며, 이는 누가복음 17:20–35과 21:1–36의 종말론적 말씀에서 인지되는 바이다.

2.3.1.3 요한계시록에서는 구속사적 관점이 조금 다르다. 바울과 누가의 경우는 무엇보다도 구약의 역사가 예수 그리스도 안에 계시된 구원과 연결되어 있다. 이때 선택, 약속, 그리고 율법이 기독교 이전 시대를 특징짓는다면, 요한계시록에서는 창조에서부터 역사를 개괄하고 따라서 처음부터 이스라엘 민족의 세계가 시야에 들어와 있다. 이러한 성찰의 중심은 구원의 이전 역사에 있지 않고, 예수 그리스도의 죽음, 부활, 그리고 보좌에 앉으신 이후로 수행되는 역사에 있다. 그 역사는 재앙의 때이며 동시에 구원의 때이다. 이 역사는 궁극적인 결말에 이를 때까지 다양한 단계에 걸쳐 일어난다. 그리스도의 통치가 집행되면서부터 종말의 고난이 많아지는 시대가 시작되었고(6:1–19:10의 일련의 환상), 이 시대 동안 믿는 자들에게는 현재적 구원이 있으며 동시에 믿음을 지켜야 할 필요도 있다.(1:5b, 6, 2–3장의 일곱교회에 보내는 서신, 여기에 더해 하늘에서 실현될 구원에 대한 전망이 있다. 7:1–17, 14:1–5, 19:1–8) 심판의 때와 구원의

완성이 뒤따른다.(19:11-22:5)

2.3.2 구속사적 고찰의 유래와 의도

내용상 다양하게 각인된 시대를 구분하는 구속사적 고찰 방법은 분명히 유대교의 묵시사상에 그 기원을 갖는다. 구속사적 고찰방법은 철저히 보편사적인 관점으로 향하는 경향이 있다. 초기 유대교 전승과 달리 기독교적 확신의 경우, 구속사적 전환점이 이미 역사 안에 들어왔으며, 역사의 마지막에 이르러서야 들어오는 것이 아니라는 점이 결정적이다. 그로 인해 역사적 시대 또한 초기 유대교 때와는 다르게 규정한다. 구속사적 개념이 매우 다양하게 적용될 수 있었다는 것을 바울, 누가, 그리고 요한계시록이 보여준다. 그러나 이 세 가지 경우 모두 구원의 전제조건과 계속되는 구원의 역사를 기술하는 것이 관건이다. 이를 통해 광범위한 사건의 관련성을 인식할 수 있게 하기 위해서이다.

2.4 또 다른 해석방법들

신약성서에서 사용한 또 다른 해석방법들이 있다. 그러나 약속과 성취의 모델, 유형론, 혹은 구속사적 고찰 방법과 같은 비중을 차지하지는 않는다.

2.4.1 우의적 해석(Allegorese)

우의적 해석은 헬라적 유대교 전승(참조. 예를 들면 아리스테아스의 서신과 필로)과 비교할 때 신약성서에서 그저 부차적인 역할을 할 뿐이다. 적어도 완전히 없는 것은 아니지만, 매번 그저 돕는 역할을 한다. 처음부터 전이된 의미를 의도하는 '알레고리'(Allegorie)와 달리, '우의적 해석'은 기존의 본문을 추후에 달리 해석하거나 새롭게 해석하는 것이다. 초기 기독교의 사용법에서는 오로지 소수의 우의적 해석의 모티브와 우의적으로 해석하려는 의도가 나타난다.

2.4.1.1 갈라디아서 4:22-31의 구조 가운데 24절에서 분명하게 언급한다. "이것은 비유다."(*ἅτινά ἐστιν ἀλληγορούμενα*) 이는 노예 상태로 규정한 하갈과 시내산을 동일시하며, 또한 하갈을 현재의 지상의 예루살렘과 동일시하는 것을 말한다. 물론 이 본문 단락에서 중요한 것은 우의적 해석이 아니라, 옛 언약과 새 언약의 관계라는 의미에서 이 땅의 예루살렘과 하늘의 예루살렘을 유형론적으로 대립시키는 것이다.

2.4.1.2 또 다른 우의적 해석의 모티브가 고린도전서 10:4의 구약성서 본문 해석에 사용되었다. 그 구절에서는 '저희를 따르는 신령한 반석'에 관해 다음과 같이 말한다. "그 반석은 곧 그리스도시라."(*ἡ πέτρα δὲ ἦν ὁ Χριστός*) 또한 10:1-4에서도 유형론적 성서해석이 주가 되며, 우의적 해석의 모티브가 이를 보충한다. 이런 방법으로 구약의 하나님의 백성 가운데 계신 선재하신 그리스도를 암시한다.

2.4.1.3 구약성서 본문의 해석 외에 비유를 해석하는 데에도 우의적 해석의 경향과 요소들이 발견된다. 예를 들면 마가복음 4:3-9, 14-20과 병행구절에 있는 씨 뿌리는 사람의 비유와 마태복음 13:24-30, 36-43의 밭의 가라지 비유가 그러하다. 우의적 해석의 모티브를 사용하는 몇몇 경우는 유동적으로 알레고리화하는 해석으로 넘어간다. 마가복음 4:14-20에서는 4:3-9에 언급한 예수의 비유에 대한 해석을 다룬다. 4:3-9의 비유는 원래는 우의적으로 이해되지 않았다. 반면 부활 이후에 생성된 본문인 마태복음 13:24-30은 아마도 알레고리로 구상하였고, 처음부터 그것의 해석 부분인 36-43절과 연결되어 있었을 것이다. 다른 비유의 이야기들도 우의적 해석의 모티브를 이용하여 해석한다. 예를 들면 마태복음 25:1-13의 열 처녀 비유나 혹은 누가복음 19:11-27의 열 므나 비유가 그러하다.

2.4.2 범례로 사용

마지막으로 구약성서의 본문을 범례로 사용한 경우를 언급해야 한다. 그러한 용법이 자주 나오지는 않지만, 그럼에도 불구하고 몇몇 구절에서 비중이 있다.

2.4.2.1 중요한 한 가지 예가 히브리서 11장의 '구름같이 허다한 증인들'(참조. 12:1 *νέφος μαρτύρων*)이다. 여기서는 눈에 보이지 않는 것들과 바라는 것들을 신뢰하는 믿음, 따라서 예수 그리스도에 대한 고백과 상관없이 이미 구약성서에서 다양하게 증언된 믿음에 대한 일련의 구약성서의 범례를 제시하는 것이 목적이다.

2.4.2.2 신약성서에서 구약성서의 본문을 범례로 사용한 경우로 야고보서를 더 언급할 수 있다. 5:10 이하에서 선지자들과 욥이 고난당할 준비가 되어 있음을 상기시키며 분명하게 '본'(本)이라는 개념을 사용한다.(*ὑπόδειγμα*, 참조. 히 4:11) 주목해야 할 것은 야고보서 2:20-24의 아브라함에 관한 예로, 좀 더 자세히 말하자면 믿음과 행함의 상관관계의 관점에서 든 예이다.(이는 롬 4장에서 바울이 아브라함을 유형론적으로 관련지은 것이나, 갈 3장에서 구속사적으로 관련지은 것과는 다르다.)

2.4.3 상기 방법들의 중요성

구약성서를 우의적으로 해석하거나 범례로 사용한 것은 앞서 언급한 모델과 더불어 구약성서를 예수 그리스도 안에서 실현된 구원과 연결지을 수 있는 더 많은 가능성이 있었음을 보여준다. 이러한 사용법들의 객관적인 비중은 다소 떨어지지만, 그럼에도 불구하고 다양한 방법으로 구약성서를 수용하고 해석했음을 분명하게 해준다.

2.5 해석 방법들의 공통적인 의도

각각의 해석 방법들은 구약성서 안에 증거된 사건들이 그 자체를 넘어서며 예수 그리스도 안에 나타난 하나님의 행위가 하나님의 구원 행동이 성취되기 시작한 것으로 이해되어야 한다는 신앙고백에서 출발한다. 이전의 하나님의 행위는 전제 및 토대이며, 반면 구약성서에서 선포된 미래적인 하나님의 행위는 하나의 새로운 해석의 맥락에 놓이게 되었다. 그러한 정황이 앞서 언급한 해석방법을 통해 여러 가지 방법으로 이루어졌다. 다양한 기능과 관련하여 위의 해석 방법들은 공통적인 기본 의도를 갖고 있고, 모두 초기 기독교가 구약성서를 기독교적으로 해석(Interpretatio Christina)하는 데 사용된다.

3. 신약성서의 구약성서 본문 이해

앞서 초기 기독교의 시각과 다양한 해석방법들을 논했다면, 이제 그것의 적용과 의미의 문제로 들어가야 한다. 구약성서를 인용할 때에, 그것의 원래 의미와 문자적 표현 그대로 채택될 수 있었던 본문 구절들이 있다. 그 외에 부분적으로는 거의 눈에 띠지 않으나, 상당하게 해석이 변경되어 온 본문들이 있다. 마지막으로 원래 사용된 의미와 완전히 대비되는 의미를 지닌 본문들을 볼 수 있다.

3.1 인용구절을 다양하게 사용함

형태상으로는 긴 본문 단락을 구약성서로부터 넘겨받은 것은 상대적으로 드물다는 사실을 확인할 수 있다. 일반적으로 낱개의 구절들이 있다. 또한 인용한 구절을 의

역하여 재생한 경우에는 원문과 비교하여 볼 때 전혀 문자 그대로 수용하지 않는다. 이러한 현상은 단지 다르게 번역했기 때문이 아니라, 원문 본문을 비교적 자유롭게 다룰 수 있었다는 사실과 관련이 있다. 유의해야 할 점은 자주 인용구들의 결합이 있다는 점이다.(여러 구절 중에서도 특히 막 1:2 이하, 10:6 이하, 13:24, 마 11:5, 21:13, 요 12:38, 40 이하, 롬 11:8–10, 26 이하, 마 11:17[Q] 병행구절과 막 1:2 혹은 롬 9:33에 공통적으로 있는 구절∥벧전 2:6에 있는 결합인용문)

3.1.1 문맥과 관련지어 해석하기

원래의 의미대로 전수되었으나 문맥에 따라 새로운 관계가 성립되고, 그로 인해 하나의 특수한 해석을 경험하게 되는 구약 인용구에서는 새로운 상황의 관점에 맞추어 적용하는 것이 관련된다.

3.1.1.1 특별히 이런 특징을 지닌 경우가 누가복음 4:21이다. 그 구절에서는 이사야 61:1 이하를 낭독한 후에 다음과 같이 확언한다. "이 글이 오늘날 너희 귀에 응하였느니라."(*σήμερον πεπλήρωται ἡ γραφὴ αὕτη ἐν τοῖς ὠσὶν ὑμῶν*) 문자 그대로 하자면 '너희 귀에서 성취되었다'로 번역할 수 있다. 이는 이 예배에 참석한 사람들이 성서구절과 그 메시지가 성취되었음을 들었다는 표현이다. 이와 똑같은 경우에 해당하는 것이 고린도후서 6:2a, b로, 그 구절에서는 이사야 49:8을 인용하고 은혜의 때와 구원의 날이라고 덧붙인다. "보라, 지금은 은혜 받을 만한 때요 보라 지금은 구원의 날이로다."(*ἰδοὺ νῦν καιρὸς εὐπρόσδεκτος, ἰδοὺ νῦν ἡμέρα σωτηρίας*) 비록 똑같은 방식으로 현재와 관련되어 있음을 제시할 수는 없지만, 이런 범주에 해당하는 수많은 구절이 있다. 그 중에서 베드로전서 2:21–24만 제시한다. 이 구절에서는 이사야 53:4–6, 9, 12을 예수의 고난과 연결시킨다. 여기서 이 본문은 그 원래의 의미대로 수용되었다. 그리고 그 의미가 성취된 것으로 간주된다.

3.1.1.2 계속해서 기존의 원문 표현 그대로 인용하여 사용하는 한 그룹의 본문들이 있으며, 그 인용문들의 상황은 또 다르다. 바울은 창세기 18:18, 22:17 이하에서 아브라함에게 허락된 자손의 약속을 로마서 4:13, 16에서 받아들인다. 이는 그 약속을 단순히 육적인 후손들에게가 아니라, 보다 확장된 자손의 의미에서 그리스도를 믿는 사람들에게 적용하기 위해서이다. 이 약속은 '율법에 속한 자에게뿐 아니라 아브라함의 믿음에 속한 자에게도' 해당된다.(… *παντὶ τῷ σπέρματι, οὐ τῷ ἐκ τοῦ νόμου μόνον ἀλλὰ καὶ τῷ ἐκ πίστεως Ἀβραάμ*, 4:16) 여기서 바울이 '후손'(*σπέρμα*)을 구약에서

처럼 집합적으로 이해한다면, 갈라디아서 3:16에서는 한 개인, 즉 그리스도로 해석한다. "여럿을 가리켜 그 자손들이라 하지 아니하시고 오직 하나를 가리켜 … 곧 그리스도라."(*οὐ λέγει· καὶ τοῖς σπέρμασιν, ὡς ἐπὶ πολλῶν ἀλλ' ὡς ἐφ' ἑνός· … ὅ ἐστιν Χριστός*)

3.1.1.3 베드로전서 2:9, 요한계시록 1:5b, 5:10의 택하신 족속과 왕 같은 제사장에 대한 진술에 특징적인 교회론적 해석이 등장한다. 여기에는 몇 개의 구약성서적 모티브가 있다. 그 모티브들을 원래의 문맥에서 가져와 기독교 공동체에 적용하였다. 에베소서 5:31 이하에서도 이와 비슷하게 남자와 여자가 하나 된다는 창세기 2:24의 본문을 우의적으로 해석하여 그리스도와 교회에 적용하였다.

3.1.1.4 이 상황에서 눈여겨보아야 할 것은 다양한 문맥에서 여러 번 인용된 구약성서 구절이다. 강퍅해진 마음과 눈에 대한 이사야 6:9 이하의 진술이 이런 경우에 해당하는 흥미로운 예이다. 이 본문은 마가복음 4:12과 병행구절, 요한복음 12:40과 사도행전 28:26에 등장한다. 사도행전 28:26 이하에서는 이 본문을 칠십인역을 따라 완전하게 재생하여 복음 선포의 상황에 적용한 반면, 다른 네 구절에서는 이 본문을 예수 고유의 사역과 관련짓는다. 여기서 인용문이 다양한 모습을 띤다. 요한복음 12:40에서 그 본문은 마음이 단단하여지고 깨닫지 못함을 회개의 불가능성과 연결하는 결정적인 구절인 이사야 6:10에만 제한한다.(칠십인역 그대로 인용하지 않음, 40b절에 *ἵνα*-절을 동반함) 마가복음 4:12∥마태복음 13:13-15∥누가복음 8:10b에 대한 판단은 좀 더 복잡하다. 마가복음 4:12에서는 이사야 6:9 이하의 본문이 매우 축약된 형태로 나타난다.(*ἵνα*-절의 형태로) 그러나 더 이상 회개의 가능성이 없다는 모티브는 여전히 포함되어 있다. "돌이켜 죄 사함을 얻지 못하게 하려 함이니라."(*μήποτε ἐπιστρέψωσιν καὶ ἀφεθῇ αὐτοῖς*, 12c절) 누가복음 8:10b에서는 마가의 본문을 한 번 더 줄이고, 무엇보다도 회개의 불가능성이라는 모티브를 빼버렸다. 마태는 이 본문을 마가를 모범으로 하여 13:13에서 제시하면서 우선 회개의 모티브를 빼고 재현하였고, 목적절(*ἵνα*) 대신 이유절(*ὅτι*)을 제시한다. 그리고 나서 그는 칠십인역을 따라 이사야 6:9 이하를 완전하게 인용한다. 그러므로 여기서 비유 말씀은 '밖에 있는 자들'이 이해하지 못한다는 표징 아래에 있는 것이 아니라, 그들이 이해하지 못하기 때문에 이사야의 말씀이 성취된다.(참조. I권 29-30장)

3.1.1.5 덧붙여서 같은 인용구를 사용하지 않는 신약성서의 병행 본문들이 있다. 이런 경우에 대한 특징적인 예 중의 하나가 성전정화 보도이다. 마가복음 11:17에서는

아버지의 집을 강도의 굴혈로 만든 것에 대해 이사야 56:7과 예레미야 7:11을 결합한 인용문을 사용한다. 이것을 마태복음 21:13과 누가복음 19:46에서도 전수받기는 하였으나, '만민의' 기도하는 집의 모티브로 축약하였다. 이에 반해 요한복음 2:17에는 "주의 전을 사모하는 열심이 나를 삼키리라."하는 시편 69:10의 인용문을 포함하고 있다. 물론 여기서는 이 인용문을 기독론적으로 사용한 것이다.

3.1.2 '주' 칭호의 새로운 해석

예수에게 전가된 '주'(*κύριος*)라는 하나님 칭호에 대한 새로운 해석이 광범위한 영향력을 끼쳤다. 결과적으로 구약성서 본문을 기독론적인 의미에서 이해하고 전수할 수 있게 되었다.

3.1.2.1 기독교 이전 유대교 지역인 팔레스틴에서 이미 '주'(אֲדֹנָי, 아도나이)라는 용어를 야웨 이름에 대한 대체어로 통용하였다. 이에 상응하여 헬라적 유대교에서도, 마침내는 칠십인역에서 일괄적으로 '주'(*κύριος*)를 사용하게 되었다.(처음부터 그랬는지는 논란의 여지가 있으나, 그 용어가 기독교적으로 사용하면서부터 등장한 것은 확실히 아니다.) 그와 더불어 '주'라는 칭호는 하나의 보통 명사 술어에서 하나님에 대한 (대체)이름이 되었다.

3.1.2.2 '주'(מָרֵא)에 대한 또 다른 아람어 개념을 일반적으로 사람 사이에 통용되는 의미로 사용하였고, 분명히 부활 이전 시기에 이미 '선생'(רַבִּי, 랍비)과 같이 예수에게 적용하였다. 그렇게 부활 이후 팔레스틴 언어권의 초기 공동체에서는 재림할 예수에 대해 '우리 주'라는 칭호를 통용하였고, 이는 '마라나타', '주여, 오시옵소서.'와 같은 기도의 외침에서 볼 수 있는 바이다.(*μαράνα θά*, 고전 16:22. 참조. 명령법적인 이해에 관해서는 계 22:20)

3.1.2.3 하나님 칭호와 동화시킨 것은 예수에게도 '퀴리오스'(*κύριος*, 주)라는 단어가 사용된 헬라적 유대 기독교 공동체 영역에서 비로소 생겨났고, 처음에는 신약성서에서 여러 번 나타나는 형태인 '호 퀴리오스 헤몬'(*ὁ κύριος ἡμῶν*, 우리 주)으로 사용되었다. 그러나 곧바로 '퀴리오스 예수'(*κύριος Ἰησοῦς*, 예수께서는 주시다)라는 고백에서 알 수 있듯이, 절대형을 사용하기에 이르렀다. 그로 인해 하나님을 '주'(*κύριος*)라 하던 구약성서의 진술들이 예수에게 전이될 수 있었고, 이는 초기 기독교의 선포와 신학을 위한 괄목할 만한 성과였다.

3.1.2.4 그에 반해 빌립보서 2:9-11의 찬미송에서 묘사된, 이 이름을 하나님께

서 승귀된 예수에게 공식적으로 위임했다고 하는 것은 부차적인 것이다. 비록 상대적으로 오래된 본문이라 할지라도 그렇다. 그렇게 하여 주-이름을 예수에게 적용하는 데에 신학적인 근거를 제공한다. 여기에 더해 시편 110:1도 자주 인용한다. 인용할 때에 원문 본문과는 달리 헬라어 번역에서 '퀴리오스'(*κύριος*)를 이중적인 의미로 사용한다. (참조. 이 책 8장) 이것으로 하나님에 대한 진술을 기독론적으로 적용하는 데 필요한 토대가 마련되었다.

3.1.2.5 하나님에 관한 '주'-술어가 예수 그리스도에게 전이된 것은 신약성서의 많은 구절에서 나타나고, 핵심적인 구약성서의 본문이 내용상 철저하게 변형되었음을 암시한다. 이러한 용례는 결과적으로 '주'(*κύριος*)를 하나님과 그리스도에게 이중적으로 사용하기에 이르렀다.

3.1.3 구약성서 본문의 문자적 표현 변경

문자적 표현에서 변경된 일련의 구약성서 본문들이 있나. 가끔씩은 강제적으로 해석을 다르게 하는 경우도 있다. 비록 그러한 구절의 수가 그다지 많지는 않으나 이러한 정황이 전체적인 판단을 하는 데 있어 중요한 역할을 한다.

3.1.3.1 '주' 칭호가 예수에게 전이된다는 전제 아래에서 수많은 구약성서 본문이 예수에게 사용될 수 있었고, 이 과정에서 가끔은 별로 수정할 필요가 없었다. 이런 경우에 해당하는 특징적인 경우가 마가복음 1:2 이하에서 말라기 3:1(출 23:20)과 이사야 40:3을 결합한 본문을 기독론적으로 달리 해석한 것이다. 2b절에서 하나님보다 앞서 오는 사자에 대한 진술이 이미 예수 그리스도에게로 연결된 것처럼(참조. 마 10:11와 병행구절), 3절에 있는 광야에서 외치는 자도 역시 그러하다. 그는 '주의 길'(*ὁδὸς κυρίου*)을 예비해야 한다. "광야에서 외치는 자의 소리가 있어 가로되 너희는 주의 길을 예비하라. 그의 첩경을 평탄케 하라."(*φωνὴ βοῶντος ἐν τῇ ἐρήμῳ· ἑτοιμάσατε τὴν ὁδὸν κυρίου, εὐθείας ποιεῖτε τὰς τρίβους αὐτοῦ*) 외치는 그 사람은 하나님을 위해서가 아니라 예수를 위해 길을 예비하며, 여기서 '주'(*κύριος*)가 예수에게 연결된다. 따라서 이 인용구의 끝부분에서 길을 평탄케 하라고 명할 때 '우리 하나님'(칠십인역: *τοῦ θεοῦ ἡμῶν*)이 아니라 '그'의 길을 평탄케 하라고 말한다.(여기서 *αὐτοῦ*는 기독론적으로 해석된 *κυρίος*에 다시 연결된다.) 마가복음 1:2 이하에 있는 이사야 말씀이라고 이름 붙여진 말라기 3:1(출 23:20)과 이사야 40:3의 결합인용문과 달리 요한복음 1:23을 포함하여 마태복음 3:3과 누가복음 3:4-6의 병행구절에서는 이사야 본문

만을 기독론적으로 변형시켜 인용한다.(누가복음에서는 사 40:3–5을 완전히 다 인용한다.)

3.1.3.2 이미 언급한 고린도후서 3:16 이하(참조. 이 책 5장 1.3)에서는 눈에 띄게 다른 해석을 보여준다. 여기서 출애굽기 34:34a을 기독론적으로 이해하여, '주'께로 간다는 것은 하나님이 아니라 '그리스도의 영'(*πνευμα Χριστοῦ*)에게 돌아가는 것에 해당한다. 이를 위해 그 내용을 바꾸어, 모세가 아니라, 오히려 영을 향하는 모든 이들에게 이 본문이 적용된다. 그 밖에도 모세가 자기편에서 '덮개를 벗었다.'(칠십인역에서는 *περιηρεῖτο*라는 중간태 동사를 쓴다.)는 능동태 문장이 '수건이 벗겨졌다.'(*περιαιρεῖται τὸ κάλυμμα*)는 수동태 문장으로 바뀌었다.

3.1.3.3 율법에 관한 본문도 광범위하게 변형된다. 의심의 여지없이 토라를 새롭게 해석하는 데 있어 예수께서 모범을 남겼고, 이것을 초기 기독교가 계속 이어갔다. 본 맥락에서 중요한 것은 율법 이해의 문제(참조. 이 책 12장)가 아니라, 토라와 연결되는 본문을 다룬다는 점이다.

3.1.3.3.1 눈에 띄는 점은 토라의 계명을 인용할 때 보충하거나 축약한다는 점이다. 산상수훈의 반대명제 가운데 마태복음 5:43에서 레위기 19:18의 이웃 사랑의 계명에 "네 원수를 미워하라"는 구절을 덧붙인다. 이 구절은 구약성서 전체 어디에도 그 근거가 없다.(쿰란 문서에만 이와 유사한 것이 있다.) 종종 인용되는 십계명 가운데 로마서 7:7에서 탐심의 대상에 대한 구체적인 언급이 빠져 있다는 사실에(참조. 출 20:17, 신 5:21) 주목할 가치가 있다. 이를 통해 '탐내지 말라'(*οὐκ ἐπιθυμήσεις*)가 어떤 원칙적인 성격을 얻는다.

3.1.3.3.2 율법과 관련하여 로마서 10:6–8이 특히 주목을 끈다. "믿음으로 말미암는 의는 이 같이 말하되 네 마음에 누가 하늘에 올라가겠느냐 하지 말라 하니 올라가겠느냐 함은 그리스도를 모셔 내리려는 것이요, 혹 누가 무저갱에 내려가겠느냐 하지 말라 하니 내려가겠느냐 함은 그리스도를 죽은 자 가운데서 모셔 올리려는 것이라, 그러면 무엇을 말하느냐, 말씀이 네게 가까워 네 입에 있으며 네 마음에 있다 하였으니 곧 우리가 전파하는 믿음의 말씀이라." 신명기 30:11–14에서 인용한 본문을 현저하게 줄인 것과 설명의 구절을 덧붙인 것은 차치하더라도, 여기서 율법에 관한 진술이 믿음의 의에 관한 진술이 되었다는 점이 관건이다. 이것이 본문의 재해석이며, 곧 찬탈하는 성격을 띤다. 그러나 이렇게 하여 바울은 율법의 의도와 믿음의 의 사이의 내적 관련성을 제시하고자 하며, 그에 따르면 율법에 관해 이야기된 것은 그리스도 메시지를

통해서만 비로소 실현된다. 물론 이것은 구약성서 본문의 현 상태와 의도에 강력하게 개입하는 경우에 일어난다.

3.1.3.4 구약성서의 자기 증거에 반하여 우리에게 부적당하게 보이는 이런 종류의 해석들은, 이스라엘의 거룩한 문서들이 새로운 방식으로 이해되어야 하고, 그런 방법으로 적절하게 설명될 수 있다는 확신과 연결되어 있다. 성서 전체는 시종일관 그리스도 사건으로부터 읽혀지고, 이해되고, 해석된다.

3.2 방법론적 문제

신약성서에 나오는 해석 방법에 직면하여, 이것이 오늘날 본문 해석에 대한 이해와 어떻게 관련되느냐는 질문이 제기된다.

3.2.1 방법론적인 관점에서 쉽게 말할 수 있는 것은 초기 공동체가 실질적으로 사용한 방법을 우리는 더 이상 적용할 수 없다는 사실이다. 최소한 구약성서 본문이 재해석되고 변경되는 곳에서는 그러하다. 역사비평적 방법을 통하여 우리는 초기 기독교 외에도 고대교회와 중세, 그리고 심지어 종교개혁 시대에도 자명했던 그런 방법으로 기독론적 인식을 단순하게 구약성서에 주입하여 읽는 것으로부터 보호받고 있다. 그럼에도 불구하고 다음의 사실을 생각해야만 한다. 즉 우리의 방법론적 접근을 피할 수 없으며, 일방적으로 신약성서와 이후 시대의 해석방법을 단순히 부적절한 것으로 간주하지 말아야 한다는 점이다. 이러한 방법의 의도를 다른 식으로 파악하는 것도 중요하다.

3.2.2 신약성서에서는 분명, 특히 약속의 성취를 중시하는 경우에 문맥을 통해 새로운 이해를 형성하는 해석과 광범위하게 재해석하거나 달리 표현한 것은 구분된다. 그럼에도 불구하고 모든 경우 구약성서를 직접적으로 사용하고 해석하는 것이 관건인 한, 그러한 구분은 정도의 차이가 있을 뿐이다. 그렇다고 오늘날 우리가 본문에 접근하는 데 있어 각각의 본문 진술들의 고유성을 존중하는 것을 포기할 수 없다. 즉 구약성서와 신약성서의 진술은 간단히 일치하지 않으며, 혹은 깊이 생각하지 않고 일치시켜서는 안 된다는 것이다. 내용의 관련성을 설명하기에 앞서 우선 구약성서와 신약성서의 거리부터 고려해야 한다.

3.2.3 그러나 그렇다고 하여 두 성서가 내적으로 연관되어 있으며, 서로가 서로를 지향하고 있음이 폐기되지 않는다. 중요한 것은 우연히 혹은 임의적으로가 아니라, 주어진 구약성서 전승의 중요한 요소 자체에 근거를 두고 수용하는 것이다. 그러는 한

인용된 본문을 그것의 원래 의도에서뿐만 아니라 초기 기독교 공동체 증거와의 내적인 공통성 가운데서 파악하는 것이 필요하다. 여기서 본문 전수의 동기와 의도를 설명할 수 있다. 즉 믿음의 내용이 관건이다. 그 내용이란 신약성서의 공동체 스스로가 지금까지의 하나님 행위에 뿌리를 두는지 질문하면서 동시에 약속된 오실 하나님의 행위가 실현되기 시작했다고 확증한다. 따라서 구약성서로 소급하는 것은 역시 새로운 경험과 새로운 인식만큼이나 본질적이다. 이것은 인용의 흔적이 흐릿하거나 혹은 전혀 구약의 인용구가 드러나지 않는 곳에도 내포되어 있다.

3.2.4 오늘날 우리의 방법론은 구약성서의 진술을 신약성서에 수용하는 방법과 관련하여 질문한다. 예나 지금이나 우리는 구약성서에 대한 기독교적 이해를 어떻게 보아야 하는지에 대해 명확히 말해야 할 책임이 있다. 구약성서 본문 자체는 고려하지 않은 채, 계속되는 하나님의 행위에 대한 구약성서의 근본적인 개방성으로부터 단순히 시작하는 것은 신약성서의 구약성서 해석 방법에 부응하지 않는다. 개별 본문 구절을 골라내고, 그 과정에서 본문 간의 차이점을 분명하게 언급하지 않는 발췌 방법 또한 적절하지 않다. 반대로 신약성서에서 고려하지 않는 구약성서 본문을 파악해야 할 책임도 있다. 이런 관점에서 고대교회와 중세 시대는 당시 널리 통용된 해석방법을 적절하게 실행했다. 그들의 방법론을 용인할 수 없고, 그리고 성찰함이 없이 구약성서 본문에 기독교적 신앙의 확신을 주입하여 읽는 것을 우리가 결코 추구할 수 없지만, 그 차이와 거리를 관찰하는 데에만 만족해서도 안 된다.

3.2.5 구약성서와 신약성서 본문의 역사비평적 해석의 틀 안에서 상호 연관된 진술들을 수렴하고 내적 연관성을 분명하게 해야 하며, 성서를 현재와 관련지어 이해하는 것에도 도움이 되어야 한다. 주석은 본문에 대한 또 다른, 차별화된 접근에서 출발해야 하지만 초기 기독교 진술의 의도를 이해해야 한다. 신약성서의 해석방식은 그것이 구체적인 본문에 대해 구약성서의 증거와 관련성이 있음을 제시하는 한 지속적인 기능을 계속한다. 그런 점에서 바로 본문예증에서 어떻게 원문을 독립적으로 평가하면서 동시에 연관성을 구성할 것인지를 볼 수 있다. 이 연관성은 해석을 새로이 하거나 아니면 달리하여 분명하게 밝혀야 한다.

4. 신약성서가 행한 구약성서 해석의 중요성

초기 기독교가 구약성서를 부분적으로 상당 정도 다른 방식으로 해석하며 이용한 것과 관련하여, 그것의 방법론적 문제를 넘어 오늘날 기독교 신앙을 위해 이것이 무엇을 의미하는가 하는 질문이 제기된다.

4.1 기독교적 해석(Interpretatio Christina)의 의도

신약성서는 그리스도 사건을 기점으로 비로소 구약성서의 의미를 완전하게 이해할 수 있다고 하는 데서 출발한다. 왜냐하면 그렇게 함으로써 오실 하나님의 행위가 어떠한 관점을 지니고 있는지 그 내용의 윤곽이 분명하게 드러나기 때문이다. 고린도후서 3:14-17에서는 옛 언약의 질서라는 '덮개'가 벗겨지고, 성령이 인도하심으로 이해가 가능하다고 한다.

4.1.1 신약성서가 구약성서를 기독교적으로 해석하면서 의도하는 바는 신약성서에서 확증된 계시사건의 표징 아래에서 구약성서를 전체적으로 개관하려는 것이다. 하나님의 창조 행위, 이스라엘과 함께하는 그의 역사적 행위, 토라와 예언자의 증언들이 그리스도 계시의 맥락 안으로 연계되어야 한다. 구약성서는 여전히 한 분 하나님에 대한 기본적인 신앙고백이며, 여전히 이전의 하나님의 행위에 대한 증언이며, 하나님 앞에(coram Deo) 있는 인간과 세상의 상황을 드러낸다. 구약성서는 오실 하나님의 행위에 대한 증거로서 기다림의 자세를 표현하고 있으며, 이 기다림은 하나님의 활동이 지향하는 궁극적인 목표를 알고 있다. 구약성서에서 희미하게나마 종말론적인 지향점을 갖고 있거나 혹은 아예 없는 부분에서도 어쨌거나 가까이 계신 하나님과 경우에 따라서는 숨겨져 있는 하나님의 활동을 말한다.(참조. 시 23:139, 욥기) 초기 기독교 증언 가운데서 구약성서의 본문은 기존의 구약성서 본문이 유지되었든 혹은 변경되었든 상관없이, 하나의 또 다른 좌표계로 편입되면서 전혀 새로운 관점이 생겨났다. 그렇지만 이 다양한 해석 방법들은 하나의, 그리고 똑같은 기본 관심을 표현한다.

4.1.2 초기 기독교가 행한 구약성서 해석의 전(前)단계가 약속의 전승 자체 안에 있으며, 주목할 만하다. 이미 다양한 종류의 기대를 나란히 표현한 구약성서의 본문들이 원래는 바로 멀지 않은 때를 겨냥한 약속들이었으나, 신약성서에서 발전되어 매우

확대된 하나의 역사적인 혹은 종말론적인 지평에 놓이게 되었다.

4.1.2.1 구약성서의 예언서에서 구원을 선포할 때에 구약성서 본문 내부의 해석 과정을 여러 번 보여주며, 이 과정은 초기의 이해를 분명히 넘어선다. 이 경우에 해당하는 특징적인 한 가지 예가 제3이사야의 한 단락인 이사야 61:1 이하이다. 이사야 52:13-53:12이 42:1-4과 49:1-6에 있는 제2이사야의 하나님의 종의 노래로 소급되는 것과 같이 이 본문도 그러하다. 52:13-53:12의 저자가 제2이사야의 예언적 형태를 생각한 것과 같이, 이사야 61:1 이하의 저자는 자기 자신이나 혹은 앞으로 올 어떤 예언자가 저 하나님의 종을 계승하는 것으로 본다. 영을 통한 전권 위임과 가난한 자들에게 복음을 전할 사명은 어떠한 경우든 하나님의 위임을 받아 갱신되어야 한다. 누가복음 4:16-21에 따르면 예수께서는 위의 구절을 약속의 뜻에서 이해하고 이 말이 "오늘날 성취되었다."(참조. 마 11:5 이하 병행구절)고 한다. 누가복음의 본문은 원래 이사야 진술의 의도가 그대로 남아 있긴 하지만, 하나의 새로운 차원이 함께 포함된다. 이것은 역사 내적인 구원 대망이 묵시사상에서 세계 갱신의 틀 안으로 편입된 방법에도 역시 해당한다. 그런 식으로 기독교 이전 시기에 이미 발전된 본문을 포함한 다양한 요소들이 추가되었다. 거기에 기독교적 신앙고백을 통해 새로운 관점이 도입되었다.

4.1.2.2 신약성서에서부터 생겨난 견해는 자연스럽게 수많은 곳에서 철저한 변형을 초래했으며, 이 변형이 본문과 전승 가운데에 아무런 문제없이 주장되어 온 것은 아니다. 그러나 이런 경우를 통해 또한 지속적으로 본문을 사용하려는 의도에 담긴 초기 기독교의 시각을 이해할 수 있다. 매 경우마다 원래의 본문과 잠재적인 관계가 전제되어 있다. 이렇게 이해할 때에 로마서 10:6-8에 나오는 신명기 30:12, 14의 본문과 같은 그 자체로 매우 광범위하게 변형되어 새롭게 된 해석으로 판단될 수 있다. 그런 점에서 초기 기독교의 개념에 따라 율법이 지닌 구원 실현의 의도가 그리스도 메시지와 믿음의 의 안에서 성취된다. 이와 똑같은 것이 마태복음 1:22 이하에 있는 이사야 7:14의 해석에도 해당한다. 여기서 칠십인역이 하나의 다리가 되어, '젊은 여자'(עַלְמָה)를 '처녀'(παρθένος)로 번역하였다. 신약성서 본문 중 "과도한 해석"(Überinterpretation)을 하는 바로 그 지점에서 또한 내적 상관관계에 특별히 주의를 기울여야 한다. 변형된 해석은 구약성서 본문에 내재된 읽혀져야 할 진술의도를 드러내려는 것이다.

4.1.3 우리가 구약성서의 독립성과 구약성서-유대교 전승 안에 놓인 기독교의 뿌리에 대해 질문한다는 점에서, 역사적으로 각인된 우리의 사고의 틀 안에서는 구약성서에서부터 신약성서를 읽기는 상대적으로 쉽다. 그런 과정에서 우리는 그동안 직접적

인, 그리고 간접적인 구약성서의 인용문을 고려하는 것뿐만 아니라 히브리식 사고와 신앙에서 출발하는 신약성서의 특성에 유념하는 방법을 배워왔다. 역으로 초기 기독교가 구약성서를 해석하는 방법을 뒤좇아 실감하는 것은 우리에게는 좀 더 어렵다. 왜냐하면 바로 우리 자신이 방법론적 문제를 의식하기 때문이다. 그래도 현대의 수용미학(Rezeptionsästhetik) 가운데에 이를 도와줄 수 있는 모델이 있다.

4.1.3.1 우선 최근에 자주 주목받는 '다시 읽기'(Relecture) 모델을 언급할 수 있다. 기존의 본문은 항상 독자들의 수용가능성에 맡겨져 있기 때문에, 현저하게 바뀐 상황과 그 상황을 통해 제한받는 또 다른 이해의 조건에서 하나의 해석에 이르며, 이 해석이 본문을 통합한다. 그러나 동시에 이 이해가 내용상 새로운 모티브를 갖고, 경우에 따라서는 본질적인 요소를 포기하지 않으면서 다른 모티브를 밀어내는 방법으로 적응한다.

4.1.3.2 그 다음은 이른바 '다차원적 성서해석'이 하나의 길을 제시할 수 있다. 본문은 일반적으로 여러 방향을 가리키는 여러가지 구성요소를 포함하며, 따라서 다양한 방법으로 이해될 수 있다. 이 방법은 새로운 것이 아니다. 고대교회와 중세의 해석에서 여러 층의, 대부분은 사중의 의미를 지닌 이 모델을 사용하였다. 잘 알려진 원칙은 다음과 같다. '리테라 게스타 도케드. 퀴드 크레나스, 알레고리아. 모랄리스, 퀴드 아가스. 퀴드 스페레스(쿠오 텐다스), 아나고기아'(littera gesta docet; quid credas, allegoria; moralis, quid agas; quid speres [quo tendas], anagogia,) "문자는 무슨 일이 일어났는지를, 알레고리는 네가 무엇을 믿어야 하는지를, 도덕적인 해석은 네가 무엇을 해야 하는지를, 신비적(anagogische) 해석은 네가 무엇을 소망해야 하는지를(네가 무엇을 향해 정진해야 하는지를) 가르친다." 이 해석모델에 대한 비판은 너무 도식적으로 적용한다는 것과, 특히 이 도식을 이용하여 부분적으로는 지나치게 임의적으로 해석한다는 것이다. 그러나 본문에 독자 자신이 표현하고자 하는 그 무엇을 강요하지 않고 본문 내에 존재하거나 혹은 목표로 하는 다양한 의미의 구성요소에 대해 질문한다면, 이 모델의 기본 의도는 전적으로 적절하다.

4.1.3.3 결정적인 것은 '깨달음을 얻는 것'에 대한 질문이다. 본문 해석은 그것이 특정 본문을 참작해서든 아니면 변형해서든, 새로운 깨달음과 또 새로운 이해를 가능하게 한다. 그러니까 바로 새로운 깨달음과 또 새로운 이해를 필연적으로 만들어낸다는 확신에 의해 수행된다. 따라서 상황 변화에 의한 하나의 새로운 관점이나 또한 단순히 하나의 본문 안에 있는 특정한 구성 요소를 찾아내는 것만이 아니라 하나의 발전적인

깨달음의 과정이 중요하며, 이 과정은 이미 구약성서 자체에서도 확인된다. 그렇지만 이 깨달음의 획득은 먼저 일어나는 계시사건과, 그리고 그 계시사건에 근거를 두는 믿음과 불가분의 관계이다.

4.1.4 기독교적 해석(Interpretatio Christina)을 위해 수용하는 해석방법의 기준은 원래의 진술 의도 가운데 있는 구약성서 본문과 연결 고리가 있든 없든 신약성서 본문 안으로 수용된 구약 본문이다. 이때 신약성서의 본문이 구약성서 인용구를 새롭게 해석한다. 우리는 구약성서와 또한 신약성서를 오늘날 우리가 신뢰하는 방법으로 연구해야 하지만, 그저 조사 결과만 진술할 것이 아니라 초기 기독교가 표현할 때 사용한 구약성서 수용 과정에 담긴 신학적 근본 의도를 전수해야 한다.

4.2 두 성서의 관련성과 그 의미

기독교적 해석(Interpretatio Christina)을 진지하게 받아들인다면, 그것은 신구약 두 성서가 짝을 이룬다는 것에 대한 구체적인 표현이다. 그 안에 기독교의 신학을 위한 본질적인 의미가 있다. 그 때문에 신약성서는 구약성서로부터, 구약성서는 신약성서로부터 읽을 필요가 있다. 이때 두 성서의 각각의 접근법이 중요하며, 이 접근법은 서로를 침범하지 않으나, 서로 의존한다.

4.2.1 구약성서와 신약성서는 우리의 신앙에 있어서 하나의 통일체이다. 신약성서의 메시지는 구약성서 증언의 진일보이며 구약성서 전승은 기독교 신학의 통합적 구성요소이다. 여기에 존재하는 상호관계가 신앙고백을 구성한다. 신앙고백이란 창조자이며 수호자인 하나님에게서 유래하여 인간과 함께하는 하나님의 역사의 시간을 거쳐 완성에까지 이르는, 그러면서 동시에 이미 도래한 실현된 구원의 현실을 아는 것이다. 구약성서에서 제시한 포괄적인 사고의 틀이 신약성서에 전제되어 있고, 특수한 방법으로 현재적 구원과 관련을 맺는다.

4.2.2 기독교 신학의 경우, 구약성서 본문에 대한 신약성서의 해석이 없는 곳에서도 구약성서를 그리스도 계시와의 관계 안에서 통합적으로 파악해야 할 책임이 있다. 그러므로 신약성서 안에 받아들여진 구약성서(*Vetus Testamentum in Novo receptum*)를 고려하는 것만으로는 충분하지 않고(휘브너[*Huebner*]에 반대하여), 오히려 여러 가지 요소 가운데 있는 구약성서가 관건이다. 구약성서 자체(*Vetus Testamentum per se*)가 신약성서(*Novum Testamentum*) 앞에서, 그리고 곁에서 자신의 위치를 확보하지

만, 분리되지 않고 오히려 그리스도 선포의 조명 아래 있다. 그것 때문에 구약성서 본문의 의미에 대해 신약성서의 지평에서 탐색해야 한다. 그러므로 샬롬 벤-코린(*Schalom Ben-Chorin*)의 표현을 빌자면, 구약성서 본문은 신약성서를 조망할 때에 하나의 '범례적인 투과성'(paradigmatische Transparenz)을 지니고, 역으로 하면 그리스도 사건은 이전의 하나님의 행위와 상호 짝을 이루어 파악된다는 사실이 핵심이다. 지금까지 말한 것이 구약성서를 취급하는 것과 관련된 결과이며, 그런 점에서 신구약성서 상호 관계에 대한 총체적인 문제를 늘 염두에 두어야 한다.

4.2.3 구약성서의 기독교적 해석(Interpretatio Christina)은 하나님의 계시에 대해 앞서 행해진 증거에 연결되는 표현이다. 그것은 기독교 신앙과 불가분의 관계이며 그런 점에서 또한 기독교적 특수성(*Specificum Christianum*)과 불가분리이다. 마치 고대교회나 종교개혁시대 성서해석을 그들의 해석학적 전제 아래서 행했던 것과 같은 방법으로 구약성서 전체를 이해하도록 애쓰는 것이 기독교 신학의 과제에 속한다. 구약성서를 전체적으로 그것의 고유한 의도와, 그리고 기독교적 인식에서 얻은 관점에서 보고, 그 둘을 서로 연결할 때에야 비로소 근본적인 신학의 과제를 깨닫게 되고 두 성서의 하나 됨과 또한 상호관계를 규정할 수 있다. 이것이 그 의도에 따라 신약성서 안에 제시되어 있다. 그러나 현대의 성서해석이나 신학에서는 구약성서나 신약성서의 고유의미에 대해 더욱 더 일방적으로 질문한다. 왜냐하면 우리는 초기 기독교 시대나 혹은 교회의 성서해석사에서 사용한 방법론을 더 이상 넘겨받을 수 없고, 논리에 맞게 구약성서를 기독교적으로 해석(Interpretatio Christina)하기 위한 설득력 있는 새 길이 더디게나 열리기 때문이다.

5. 마무리 고찰

5.1 오늘날 기독교적 해석의 과제

5.1.1 현대의 기독교 신학이 초기 기독교에서 사용한 해석 방법의 문제에 직면하여 구약성서를 기독교적으로 해석하는 것을 도외시하고 전적으로 기독교 이전의 의미에서 그것을 고려하려는 경향이 있다. 그로 인하여 진정한 신약성서의 모티브뿐만 아니라, 전체 성서의 증언으로 정향되어야 할 신학의 핵심과제까지 포기하였다.

5.1.2 세상의 창조와 역사 안에 담긴 하나님의 계시가 믿는 사람들에게 무엇을 의미하는지를 말할 수 있기 위해서는 구약성서와 신약성서 본문을 그저 병치시키는 것뿐만 아니라, 두 성서의 내적인 통일성 가운데서 이해하려고 시도하는 포괄적인 시각이 필요하다. 그러나 이는 기독교적 메시지가 구약성서를 포괄할 것을 요구할 때에, 구약성서의 증언이 갖는 모든 고유성에도 불구하고 의식적으로 기독교적 관점에서 보아야 한다는 것을 의미한다. 많은 경우에 그런 의도가 있을 수 있으나, 종종 기독교적 해석에 대해 방법론적으로 명료하게 숙고하지 않고 생겨난다. 기독교적 신앙은 구약성서를 자신들의 신앙의 증거 안으로 통합하는 데에 그 특징이 있다. 따라서 그 통합의 과정을 명료하게 하는 것이 본질적으로 중요하다.

5.2 기독교적 해석이 유대교와의 분리를 뜻하는가?

본 문제를 숙고하는 것과 관련하여, 기독교적 해석(Interpretation Christina)으로 인해 바로 유대교와 분리되고, 그리고 계속 그 상태가 유지되는 것은 아닌가 하는 질문이 제기된다.

5.2.1 구약성서를 보는 기독교의 시각은 예수의 메시지와 초기 기독교의 증언에 닻을 내리고 있다. 기독교 신앙은 처음부터 다름 아닌 이스라엘의 신앙과의 관계성 가운데서 이해될 수 있었다. 또한 후대의 교회 역사에서는 자주 잊혀졌을지라도 그것을 도외시할 수는 없다. 구약성서로 소급하는 것과 마지막 때의 구원의 계시라는 관점에서 구약성서를 해석하는 것이 중요한 가치를 지닌다. 그런 점에서 구약성서의 증거에 대한 기독교적 해석(Interpretatio Christiana)은 기독교 신앙이해와 자기 이해에 속하고, 그리고 이런 의미에서 포기될 수 없는 것이다.

5.2.2 결정적인 것은 기독교적 해석을 구약에 대한 특수한 시각으로 볼 수 있으며, 그러한 시각이 구약의 원래 가치를 폐기하지 않는다는 점이다. 이는 기독교 이전의 구약성서의 특성을 진지하게 고려해야 할 뿐만 아니라, 유대교 신앙 공동체를 위한 그것의 중요성과 기능 또한 받아들여야 한다는 것을 뜻한다. 그런 점에서 예수를 구원자로 인정한다, 혹은 인정하지 않는다는 근본적인 차이점에도 불구하고 우리를 결합시키고, 그리고 우리의 관련성을 폐기하지 않는 공통적인 뿌리가 관건이다. 관점에 있어서는 차이가 있지만, 유대인에게든 또한 우리 기독교인에게든 세상의 창조자인 한 분 하나님에 대한 믿음과 역사의 주인이신 하나님에 대한 믿음, 그리고 완성될 구원에 대한

기대가 중요하다. 그것이 가려져서는 안 된다. 유대교도와 기독교인은 눈 먼 회당과 혜안을 가지고 개가를 부르는 교회로서 공존하는 것이 아니고, 둘 다 미래의 구원을 추구하고 바라며 나아간다. 우리가 아직 길 위에 있는 한, 자기 자신의 정체성을 지키는 것, 그리고 다른 이의 정체성을 존중해 주는 것, 그리고 공통의 토대 안에 함께 머무는 것이 필요하다.

2부

예수 그리스도 안에서 하나님의 계시 행위

6장

스스로 계시하시는 하나님

하나님 이해에 관한 기본적인 것은 이미 이 책 2장에 언급하였다. 구약성서를 이전의, 그리고 오시는 하나님의 행위에 대한 증거로서 다루는 것과 관련하여 이 책 3장과 4장에서도 계시를 말하였다. 하나님의 창조 행위뿐만 아니라 이스라엘의 역사 가운데서 행하신 그의 행위, 그리고 미래의 구원과 심판 행위에 대한 약속에 있어서도 계시 사건이 핵심이다. 계시는 세상을 향한 하나님의 사랑을 인식할 수 있는 것과 관련된 모든 것에 해당한다. 신약성서의 중심주제는 이제 예수 그리스도 안에 나타난 계시 행위이다.

1. 예비적 고찰

1.1 계시의 기본적인 의미는 하나님은 성서의 관습에 따라 사변적으로 이해할 수 있는 것이 아니라, 그 분이 스스로를 알게 하는 것을 통해, 그리고 알게 하는 한에서만 파악될 수 있다는 것이다. 하나님의 현실은 은폐되어 있고, 우리 인간은 그의 사랑 안에서 느낄 뿐이다. 따라서 그의 활동은 그것을 우리가 깨달을 수만 있다면, 총체적으로 계시의 특성을 지닌다. 고린도전서 13:9-12에 따르면, 하나님과 그의 계시 행위에 대한 인간적인 인식은 물론 제한적인 상태이다. 우리가 지금은 "부분적으로"(*ἐκ μέρους*) 알지만, 미래에는 "얼굴과 얼굴을 대하여"(*πρόσωπον πρὸς πρόσωπον*) 볼 수 있을 것

이다. 비록 하나님은 자신을 유일한, 그리고 참된 하나님으로 계시하시고, 우리는 그의 사랑과 은혜를 경험하지만, 우리는 그의 신성과 그의 뜻을 궁극적으로 규명할 수는 없다. 그리하여 바울은 로마서 11:33에서 다음과 같이 말한다. "깊도다 하나님의 지혜와 지식의 부요함이여, 그의 판단은 측량치 못할 것이며 그의 길은 찾지 못할 것이로다."(*ὢ βάθος πλούτου καὶ σοφίας καὶ γνώσεως θεοῦ· ὡς ἀνεξεραύνητα τὰ κρίματα αὐτοῦ καὶ ἀνεξιχνίαστοι αἱ ὁδοὶ αὐτοῦ*, 참조. 34-36절) 따라서 하나님의 자기-계시에 대한 인식뿐만 아니라 그의 감추어진 현실에 관한 지식도 성서의 하나님 이해에 속한다.

1.2 하나님의 은폐는 그의 피안성과 관련이 있다. 이 피안성은 그는 세상과 본질적으로 다르다는 것에 대한 표현이다. 세상의 창조자로서 그는 모든 피조물과 대립한다. 하나님의 피안성과 은폐의 차원에 대해서는 요한복음 1:18a에서 말한 정도로 결론을 내릴 수 있을 뿐이다. "본래 하나님을 본 사람이 없다."(*θεὸν οὐδεὶς ἑώρακεν πώποτε*, 5:37과 6:46에서 거듭 말한다.) 하나님의 은폐에 관한 이러한 사고가 얼마만큼 신약성서에 반영되어 있고 증명될 수 있는지와는 별개로 그러한 사고가 요한복음만큼 명료하게 표현되지는 않아도 도처에 전제되어 있다. 구약성서의 경우에는 이러한 내용을 별 문제없이 적용할 수 있다. 특히 태고역사나 족장시대의 경우와 같이 산발적으로 하나님의 가시성에 대해 말하는 구절들에서(참조. 창 3:8, 17:1, 28:13) 계시사건이 요지이다. 이는 인간이 하나님을 직접적으로 만나고 그를 알 수 있다는 의미이다. 그러나 구약성서에서도 전체적으로 하나님의 초월성을 점점 더 강조하고 있음을 관찰할 수 있다. 이에 대해 가장 특징적인 본문이 출애굽기 33:18-23이다. 그 구절에 따르면 모세는 하나님의 영광은 볼 수 있었으나, 그의 얼굴을 보는 것은 허락되지 않았다.

1.3 하나님의 피안성과 불가시성은 계시 행위에서 특수한 상관개념이다. 즉 하나님은 세상에 대해 마주하면서 자신을 보여주지 않는 것이 결코 아니다. 구약성서의 현현전승이 그런 특징을 잘 보여준다. 그 전승에서는 하나님이 가까이 계심을 보여주는 현상들이 핵심이다. 그러나 이사야 6:1-13의 이사야를 부르시는 장면에서 자세하게 기술된 것과 같은 그러한 방법으로 그 분 자신을 보여주지는 않는다. 많은 구절에서 하나님의 음성을 들었다고 말한다. 그에 대한 예로 예레미야 1:1 이하와 1:4만 언급하겠다. 전체적으로 계시에서는 다양한 방법으로 하나님의 가까이 계심과 행위를 인식하는 것이 관건이다. 그러나 그의 완전한 신적인 현실에 직접적으로 닿을 수 있음을 말하는 것은 아니다. 그 경우에 마치 그리스-헬라 전통에 전제되어 있는 것처럼 신적인 현실

과 지상의 현실 사이에서 유동적으로 넘나드는 것은 결코 존재하지 않는다는 것이 성서적 사고의 계시 사상을 구성한다.

1.4 신약성서에서 우리는 기존의 구약성서적인 계시 이해의 변형을 마주하게 된다. 여기서 하나님의 계시 행위는 예수 그리스도의 위격(Person)과 뗄 수 없게 결합되어 있다. 계시는 예수 그리스도를 통해서만 일어나지 않고, 그의 위격(Person) 안에서도 실현된다. 그런 점에서 계시 이해의 기독론적 변형이 존재하며, 그것의 고유성과 중요성에 대해 질문해야 한다.

1.5 근본이 되는 사실은 계시 사건에서 초자연적인 지식의 전달이 아니라 하나님의 사랑과 그의 사역을 인식할 수 있다는 것이 관건이라는 점이다. 이때 천상의 세계에 관한 특정한 표상이 함께 사용되는 범위만큼 – 초기 유대교 묵시문학에서는 이러한 관념이 상당히 퍼져 있었으나, 신약성서에서 뚜렷하게 감소되었다. – 그것은 하나의 해석적 기능을 한다. 계시 사건의 차별성이 모든 지상적인 것과 대비하여 분명해져야 한다. 여기서 결정적인 점은 자신을 계시하시고 그의 행위를 통해 알리시는 이는 바로 하나님 자신이라는 사실이다.

1.6 이어서 다룰 계시의 개념과 이해에 대한 논의는 그것과 연결된 토론과 관련하여 하나의 예비적 특징을 띤다. 수많은 개별 측면들이 회복되어야 하고, 자세하게 논의되어야 한다. 나는 한 편 계시에 대한 질문은 포괄적인 기능을 하면서 모든 개별적인 서술들이 내용상 긴밀하게 서로 연결되어 있다는 것을 분명하게 한다.

2. 계시의 개념과 이해

'계시'는 하나님의 관심의 특성과 방법을 특징적인 용어로 파악하려는 해석 개념이다. 계시개념은 구약성서와 또한 신약성서에서 사용되었다. 비록 그 개념이 계시 사건이 관건인 곳 어디서나 등장하는 것은 아니지만, 그 개념을 이용하여 성서에 있어 본질적인 정황을 기술한다.

2.1 용어

구약성서에서도 신약성서에서도 우리는 계시용어와 관련하여 독점적으로 사용된 신학적 개념을 만날 수 없다. 일상적 영역에서 사용되어 매우 일반적으로 '밝히다', '공개하다'로 명명되면서, 동시에 하나님의 행위와 관계되는 특수한 의미를 지니는 표현이 관련된다.

2.1.1 '갈라'(גלה)의 첫 번째 뜻이 이에 해당한다.(גלה의 두 번째 뜻은 '떠나다' 혹은 '옮겨지다'를 뜻한다. 참조. גֹּלָה, גָּלוּת) 물건의 덮개를 들어 올리거나 벗기는 것과 더불어 이 단어는 감각기관(눈, 귀)을 '열다', 그리고 감추어진 것을 '열다'를 뜻한다. 이 단어의 특징을 가장 잘 보여주는 경우가 발람-보도이다. 민수기 24:4에 다음과 같이 기록되어 있다. "엎드려서 눈을 뜨고." 발람은 전능자의 역사를 보았다. 이에 상응하여 이사야 40:5의 야웨의 영광이 '나타나리라.' 혹은 이사야 56:1이나 시편 98:2의 그의 의가 '나타나리라.'라는 구절을 말할 수 있다. 특히 신명기 29:29은 시사하는 바가 많다. "감추어진 일(הַנִּסְתָּרֹת)은 우리 하나님께 속하였거니와, 나타난 일(הַנִּגְלֹת)은 영원히 우리와 우리 자손에게 속하였다." 위 구절들에는 그 개념이 하나의 분명한 신학적 내용을 지닌다. 감추어진 것이 계시된다, 좀 더 정확히 말해 하나님의 행위를 통해 계시된다는 이러한 모티브는 초기 유대교 묵시문학의 기본주제이다. 쿰란에서도 이 사상이 역시 중요한 역할을 한다.

2.1.2 칠십인역은 '갈라'(גלה)의 첫 번째 뜻을 주로 '아포칼륍테인'(*ἀποκαλύπτειν*)으로 번역하였다. 이는 예를 들면 덮개(*κάλυμμα*)를 '벗겨서 드러내다', 혹은 '들어내다'를 뜻한다. 역시 일상적인 단어이며, 이는 히브리어 동사에 상응하여 신학적 의미를 띠게 되었고, '드러나다'로 묘사될 수 있다. 명사 '아포칼륍시스'(*ἀποκάλυψις*, 계시)도 이러한 맥락에 있다. 그와 더불어 칠십인역에서 '에피파이네인'(*ἐπιφαίνειν*, 현현하다. 파생어와 함께)을 볼 수 있고, '파네룬'(*φανεροῦν*, 알리다)은 가끔 나온다. 헬라적 유대교의 이러한 언어 용례를 초기 기독교가 이어받았다.

2.1.3 신약에는 계시 사건을 나타내는 몇 개의 개념들이 등장한다. 이 개념들은 광범위하게 같은 뜻으로 사용된다. 신명기 29:29에서 드러내시는 하나님의 행위가 관건인 것처럼, 드러내고 감추어진 어떤 것을 공개하는 행동을 뜻한다.

2.1.3.1 동사 '아포칼륍테인'(*ἀποκαλύπτειν*)과 명사 '아포칼륍시스'(*ἀποκάλυψις*, 계시)를 자주 사용한다. '파네룬'(*φανεροῦν*, 공개하다)과 '파네로시스' (*φανέρωσις*, 공개)도 대등하게 사용된다. 이 용어들은 역시 일상적인 기본 의미를 지니고 있으며, 마가복음 4:22의 문장에서 드러나는 바와 같다. "드러내려 하지 않고는 숨긴 것이 없다." (*οὐ γάρ ἐστίν τι κρυπτὸν ἐὰν μὴ ἵνα φανερωθῇ*) 나아가 '파이네인'(*φαίνειν*), '에

피파이네인'(ἐπιφαινειν, 현현하다), 그리고 '에피파네이아'(ἐπιφάνεια)도 '현현'에 대한 명칭으로 등장한다. '그노리제인'(γνωρίζειν)과 '델룬'(δηλοῦν)도 '밝히다, 공개하다'의 의미로 사용되고, '세마이네인'(σημαίνειν)은 '알려주다', '포티제인'(φωτίζειν)은 '밝게 비추다'의 의미를 띤다. 그 밖에 요한계시록의 환상에는 '데이크뉘에인'(δεικνύειν, 보여주다)을 언급한다.(참조. 1:1, 4:1 등) 또한 '옵타시아'(ὀπτασία, 환상)(예를 들면 고후 12:1)가 가끔 등장한다.

2.1.3.2 그 개념들의 분포에 주목할 가치가 있다. 공관복음은 계시 용어를 산발적으로만 사용한다.(참조. 마 11:25, 27∥눅 10:21 이하, 마 16:17, 눅 2:32, 17:30의 *ἀποκαλύτειν/ἀποκάλυψις,* 마 1:20, 2:13, 19, 눅 1:79 *φαίνειν/ἐπιφαίνειν*) '아포칼테인'(ἀποκαλύπτειν)과 '아포칼립시스'(ἀποκάλυψις, 계시)의 개념은 특히 바울과 베드로전서, 그리고 요한계시록 1:1에 등장한다. 단어 '파네룬'(φανεροῦν, 공개하다)과 '파네로시스'(φανέρωσις, 공개)는 바울서신과 제2바울서신, 요한복음과 요한일서에서 사용된다. '파이네인'(φαίνειν)은 드물게 사용되고(참조. 마 1:29), '에피파이네인'(ἐπιφαίνειν)과 '에피파네이아'(ἐπιφάνεια)는 여러 번 바울서신에 등장한다.(딤전 6:14, 딤후 1:10, 4:1, 8, 딛 2:11, 13, 3:4) 수동형태 '옵세나이'(ὀφθῆναι)는 천상의 존재(여타 구절 중 막 9:4, 눅 1:11)나 부활한 자(예를 들면 고전 15:5-7, 눅 24:34)의 등장에 나온다.

2.1.4 인간의 차원에서 계시사건은 보는 것과 듣는 것에 상응한다. 신약성서에서 다음의 말을 여러 번 발견하게 되는 것은 우연이 아니다. "들을 귀 있는 자는 들으라."(*ὅς ἔχει ὦτα ἀκούειν ἀκουέτω,* 막 4:9과 병행구절, 계 1:11) 요한복음에는 성육신과 관련하여 '그의 영광을 보는 것'을 말한다.(*ἐθεασάμεθα τὴν δόξαν αὐτοῦ,* 1:14) 특히 무엇보다도 "얼굴과 얼굴을 대하여 본다."에서의 '본다'는 것은 계시의 완성과 관련된다.(고전 13:12, 고후 5:7, 계 22:4)

2.1.5 계시의 전달과 관련하여서 구약성서와 마찬가지로 하나님 고유의 말씀과 행위와 더불어 위임받은 사자가 언급된다. 무엇보다 예언자들과 또한 천사들이 그에 해당한다. 그들은 하나님에 의해 파견되었다.(참조. 예를 들면 눅 1:26 이하, 계 1:2) 신약성서에서 계시는 예수 그리스도 안에서, 그리고 그를 통하여 특별한 역할을 한다. 나아가 계시의 중재는 성령을 통해서 일어난다. 초기 기독교 이해에 따르면 모든 믿는 사람들, 특히 은사를 받은 공동체 구성원들 가운데 역사한다. 말씀의 계시 외에(계 2-3장) 때때로 꿈의 계시(마 1:20, 2:12 이하, 19)나 환상도 한 역할을 한다.(예를 들면 행

16:9 이하, 계 1:12-20, 4:1-22:5)

2.2 계시 이해를 위한 기본내용

신약성서에는 다양한 계시 용어들과 특정 계시 사건에 대한 수많은 진술들이 존재하지만, 계시가 하나의 고유한 주제가 된 경우는 드물다.

2.2.1 기독론적으로 형성된 계시 이해를 위해서는 마태복음 11:25-27∥누가복음 10:21 이하가 특별히 의미 있다. 자신의 선포를 지혜롭고 슬기 있는 자들에게는 숨기고 어린 아이에게는 나타내셨다고 하는 예수의 찬미(마 11:25 이하와 병행구절)에 이어, 아버지에 의해 전권이 위임되었다는 진술과 예수의 계시 실행에 관한 로기온이 뒤따른다.(11:27과 병행구절) "내 아버지께서 모든 것을 내게 주셨으니 아버지 외에는 아들을 아는 자가 없고 아들과 아들의 소원대로 계시를 받은 자 외에는 아버지를 아는 자가 없느니라."(*πάντα μοι παρεδόθη ὑπὸ τοῦ πατρός μου, καὶ οὐδεὶς ἐπιγινώσκει τὸν υἱὸν εἰ μὴ ὁ πατήρ, οὐδὲ τὸν πατέρα τις ἐπιγινώσκει εἰ μὴ ὁ υἱὸς καὶ ᾧ ἐὰν βούληται ὁ υἱὸς ἀποκαλύψαι*) 아들이 계시자라는 사실은 아버지에 의해 전권이 위임되었다는 데에 그 근거가 있다. 그의 계시 행위는 상호적인 '깨달음'에서 기인하며, 이 깨달음은 끊임없는 인격적 관계의 표현이다. 그렇게 아들을 통한 아버지의 계시 행위가 수행된다.

2.2.2 계시 사건의 특성을 살펴볼 때, 한 본문복합체가 시사하는 바가 많다. 이 본문복합체는 분명 바울 이전의 전승으로 거슬러 올라가며 '하나님의 비밀'이 알려진 것에 대해 다루고 있다. 닐스 알스트럽 달(Nils Alstrup Dahl)의 견해를 본받아 '계시 도식'이라 부른다. 그 본문복합체의 근저에는 지금까지 감추어져 있던, 구원을 주시는 하나님의 사랑이 이제 계시되었다는 사상이 자리하고 있다. 그러나 비밀의 특징도 지니고 있으며 따라서 신앙 안에서만 인식할 수 있다.

2.2.2.1 가장 오래된 증거가 바울에게서 나타난다. 고린도전서 1:18-2:5의 '십자가의 말씀'에 대한 그의 상술 안에서, 그는 자신이 전하는 소식을 '하나님의 비밀'(*μυστήριον τοῦ θεοῦ*, 2:1 이하. 더 나은 이본[異本]을 따름)이라고 부른다. 이 소식을 통해 바울은 다름 아닌 '예수 그리스도와 그가 십자가에 달린 이'임을 알게 하고자 한다. 그는 다음 단락인 2:6-10에서 설명한다. 이 소식과 관련하여 관건은 '성숙한 사람들 가운데서 지혜'(2:6), 즉 '비밀한 가운데 있는 지혜'(*σοφία ἐν μυστηρίῳ ἀποκεκρυμμένη*,

2:7)를 말한다는 것이다. 그 지혜가 세상의 관원들에게는 감추어져 있는 반면(2:8 이하), 하나님께서 "성령으로 우리에게 보이셨다."(*ἡμῖν δὲ ἀπεκάλυψεν ὁ θεὸς διὰ τοῦ πνεύματος*, 2:10a) 그리고 성령은 "모든 것, 곧 하나님의 깊은 것이라도 통찰하신다."(*τὸ γὰρ πνεῦμα πάντα ἐραυνᾷ, καὶ τὰ βάθη τοῦ θεοῦ*, 2:10b) 하나님의 깊은 것이라 함은 지금까지 감추어 있던 하나님의 구원 실현의 의지를 말한다. 그리고 2:11-16에서 계속 이어 설명하며 지적하기를, 자연적인 인간이 아니라 오직 하나님의 영에 의해 붙들린 사람만이 "주의 마음"(*νοῦς κυρίου*)을 알 수 있다고 한다.(2:16) 그러므로 바울에게 있어 그리스도 사건과 '비밀'인 그것을 선포하는 것은 그것이 계시되었음과 동시에 신앙 안에서 받아들이지 않는 한 여전히 감추어져 있다는 이중적인 징표 아래에 있다.

2.2.2.2 골로새서 1:26 이하에도 아주 유사하게 기록되어 있다. "이 비밀은 영원 전부터 모든 세대에게 감추어져 있었으며", 이제는 "하나님의 성도들에게(*τοῖς ἁγίοις αὐτοῦ*) 이 비밀의 영광이 얼마나 풍성한지를 알게 하려 하신다." 이때 독특하게 "이방인 가운데서"(*ἐν τοῖς ἔθνεσιν*) 비밀의 계시를 말한다. 이 비밀이란 "너희 안에 계신 그리스도요 곧 영광의 소망"(*ὅ ἐστιν Χριστός ἐν ὑμῖν, ἡ ἐλπὶς τῆς δόξης*)을 뜻한다. 바울은 고린도전서 2:1, 6-10에서 비밀을 십자가 소식을 선포하는 것과 연결한다. 그 십자가 소식이 믿음을 일으킨다. 반면에 제2바울서신인 골로새서에서는 전 세계적인 신앙 공동체로 시선을 돌린다. 그 공동체는 그리스도 안에 근거한 소망을 가지고 그리스도를 경험하였다.(참조. 골 3:1-4)

2.2.2.3 에베소서는 구원 비밀의 계시 전승을 몇몇 군데에서 받아들였다. 에베소서 1:9 이하는 하나님의 비밀을 알리는 것을 '때가 찬 구원의 계획'(*οἰκονομία τοῦ πληρώματος τῶν καιρῶν*)과 관련지었다. 때가 차면 '그리스도 안에서 모든 것을 하나의 머리 아래 통일시킬 것'이며(*ἀνακεφαλαιώσασθαι τὰ πάντα ἐν τῷ Χριστῷ*), 하늘에 있는 것과 땅에 있는 모든 것을 통일시킨다. 에베소서 3:3-6은 지금까지 감추어져 있었으나, 이제 "그의 거룩한 사도들과 선지자들에게"(*τοῖς ἁγίοις ἀποστόλοις αὐτοῦ καὶ προφήταις*) 성령을 통해 비밀이 나타났다고 한다. 이 비밀이란 "이방인들"(*ἔθνη*)이 복음의 소식을 통해 "그리스도 예수 안에서 공동 상속자가 되고, 함께 한 몸이 되고 약속을 함께 가지는 자가 되었다."(*συγκληρονόμα καὶ σύσσωμα καὶ συμμέτοχα τῆς ἐπαγγελίας ἐν Χριστῷ Ἰησοῦ*)는 사실이다. 이러한 전제 하에 에베소서 3:9 이하에서 예전에는 창조주 하나님 안에 감추어진 '비밀의 구원 계획'(*οἰκονομία τοῦ *μυστηρίου*)이 드러났으며, 이것은 이제 '교회를 통하여' 모든 우주적인 권력과 권세들을 향해 '하나님의 각종 지혜'를 알게 하기 위함(*ἵνα γνωριαθῇ νῦν … διὰ τῆς ἐκκλησίας ἡ πολυποίκιλος σοφία τοῦ θεοῦ*)이라고 한다. 그러므로 사도는 에베소서 6:19에서 그가 '복음의 비밀을 담대히 알릴 수 있도록'(*ἐν παρρησίᾳ // γνωρίσαι τὸ μυστήριον τοῦ θεοῦ*) 공동체에게 기도를 부탁한다. 이 서신에서 구원의 비밀의 계시는 하나님의 구원 계획의 맥락에 위치해 있다. 그러면서 사도의 특별한 봉사, 교회의 증인 기능, 그리고 머리이신 그리스도 아래에서 모든 피조물들의 하나 됨이라는 목적을 부각시킨다.

2.2.2.4 추가된 영광송인 로마서 16:25-27에서 한 번 더, 이전에는 감춰었으나 이제는 계시된 비밀 전승을 수용한다. 여기서 복음의 선포를 '영세 전부터 감춰어진 비밀의 계시를 좇아'된 것이라고 말한다.(*κατὰ ἀποκάλυψιν μυστηρίου Χρόνοις αἰωνίοις σεσιγημένου*) 이에 덧붙여 '이제는 나타내신 바 되었으며 … 선지자들의 글로 말미암아 모든 민족에게 알게 하신 바' 되었다고 한다.(*φανερωθέντος νῦν διά τε γραφῶν προφητικῶν … εἰς πάντα τὰ ἔθνη γνωρισθέντος*) 지금까지 '내밀한' 또는 '침묵 상태인' 비밀(*σεσιγημένος*는 *σιγή*에서 파생된 것임!)에 대한 진술과 더불어 여기서 또한 놀랍게도 '선지자의 글'에서 알려지게 되었다는 것이 문제이다. 이 구절에서 말하는 '선지자들의 글'은 그 사이 존재하는 초기 기독교의 거룩한 문서들을 뜻한다. 25절에 따르면 이 문서들이 광범위하게 선포의 근거가 되었다.

2.2.2.5 이상의 변형된 몇몇 계시도식으로부터, 다음과 같이 기독교적 계시 이해에 있어 근본적인 결론을 도출할 수 있다.

- (궁극적인) 구원의 계시는 하나님의 의지에 근거한다. 이것은 태초부터 있었으나 지금까지 알려지지 않았다.

- 계시는 알려질 비밀이라는 특성을 지닌다. 즉 그것은 알려질 수 있으나 동시에 그것이 지닌 비밀의 특성을 잃지 않는다.

- 알 수 있게 되는 비밀의 특성 때문에 계시는 근본적으로 하나님의 사랑을 신뢰하며 받아들이는 믿음에 부합한다. 계시는 믿음으로만 인식될 수 있다.

2.2.3 이때 계시는 필연적으로 신앙과 상관개념을 갖기 때문에, 여러 번 부정적인 방법으로 하나님의 사랑을 거부하는 것에 대해서도 언급한다. 이러한 태도를 취할 수 있는 것은 인간이 자신의 실존을 스스로 책임져야 할 피조물로 만들어졌다는 데에 그 근거가 있다. 그러나 인간은 항상 하나님의 계시에 응답해야 한다. 복음서에도 예수

의 선포를 듣고 많은 지지자들이 있었으나 또한 많은 사람들이 그를 거부하고 그의 적대자가 되었다는 사실을 늘 보도한다. 이에 상응하여 바울은 고린도후서 2:16에서 복음이 '이 사람에게는 사망으로부터 사망에 이르는 냄새(*ὀσμὴ ἐκ θανάτου εἰς θάνατον*)가 되고, 저 사람에게는 생명으로부터 생명에 이르는 냄새(*ὀσμη ἐκ ζωῆς εἰς ζωήν*)'라고 기록하였다. '하나님의 심판' 주제도 이러한 전제 아래에 있다.(참조. *κρίμα/κρίσις τοῦ θεοῦ*, 그리고 *ὀργὴ θεοῦ*에 대해서는 이 책 25장)

2.3 계시와 하나님 인식

계시는 하나님이 자신을 알려주시는 것이다. 하나님의 사랑을 신뢰하며 자신을 열어 둔 사람은 그로 인해 자기편에서 하나님 인식을 얻게 된다. 계시와 하나님 인식도 계시와 믿음처럼 짝을 이룬다.

2.3.1 성서적인 인식 개념은 헬라의 언어전통에서와 같이 의식적인 앎, 객관적인 대상에 대해 알고 이해하는 학습에만 국한되는 것이 아니다. 그것은 완전히 다른 방식으로 파악하는 것과 그것을 넘어 하나의 상호간의 인격적 관계를 포괄한다. 이 같은 사실은 성적인 관계를 '안다'로 지칭할 수 있다는 점에서 가장 분명해진다.(여타 구절 중에서 특히 창 4:1을 보라. 비교. 마 1:25, 눅 1:34) 인간 상호간의 영역에서 알아볼 수 있는 이러한 인격적 관계는 하나님과 인간 사이의 관계에도 적용된다.

2.3.1.1 히브리어 단어 '야다'(ידע)와 그것의 파생어는 구약에서 다양한 의미로 나온다. 이 개념은 아는 것과 깨닫는 것의 일상적인 형태 외에도 특히 하나님과의 관계에서 한 역할을 한다. '다아트 야웨'(דַּעַת יהוה, 야웨 인식)는 참된 하나님 인식이라는 의미에서 하나님의 계시 행위와 결합되어 있다. 인간을 향한 하나님의 사랑은 하나님 인식을 위한 전제이다. 자발적으로 인간에게 다가오는 인식의 가능성이란 존재하지 않는다. 계시와 하나님 인식은 서로를 조건으로 삼는다.

2.3.1.2 신약은 이러한 언어용례를 이어받는다. 신약에서 사용한 개념 '기노스케인'(*γινώσκειν*)－더 강하지만 전반적으로 같은 의미인 *ἐπιγινώσκειν*－은 '알다'와 '인식하다'의 의미를 포함한다. 이에 상응하여 '그노스토스'(*γνωστός*)는 '알려진'과 '인식할 수 있는'이라는 뜻이다. 이에 속하는 명사 '그노시스'(*γνῶσις*)는 일반적으로 '인식', 곧 인식의 과정과 인식의 내용으로 연결된다. 때때로 '기노스케인'(*γινώσκειν*)과 '에이데나이'(*εἰδέναι*, 알다)와 바꿔 쓸 수 있다. 이 용어는 하나님의 계시를 인식하

는 것과 관련하여 중심적인 역할을 한다.

2.3.2 하나님 인식은 살아 있는 과정이다. 이 과정은 여러 가지 조건들과 다양한 상황 가운데서 일어난다. 문제는 단 한 번으로 확정된 하나님에 관한 앎이 아니라 늘 새로운 확인이다. 이 확인은 매번 인식의 새로운 측면을 포함한다.

2.3.2.1 구약을 살펴볼 때, 하나님 인식은 이스라엘 민족의 역사가 진행되는 동안 얻어진 것이다. 물론 모든 유혹에도 불구하고 그러한 인식을 확증하였고, 수많은 위기를 거치면서 그 인식을 고수하였다. 그것을 넘어 하나님 인식은 자라난다는 것을 알게 되었다. 먼저 야웨가 이스라엘의 구원자였고 이 민족의 신으로 존경받았다면, 점차 그의 우주적인 권능을 인식할 수 있게 되었다. 단일신론적 하나님 경외에서 유일신론적 하나님 경외로 나아갔다. 창조의 사고와 전지전능의 사고는 이러한 인식으로부터 결과적으로 생겨났다.

2.3.2.2 신약에는 한 분 하나님에 대한 고백과 그와 함께 구약의 기본적인 하나님 인식이 전제되어 있다. 그러나 이제는 무엇보다도 하나님의 행위에 의해 예수 그리스도 안에서 시작된 인식이 중요하다. 그것은 하나의 계시사건이며, 그 사건을 통해 기대하던 구원이 구체화되었다. 그런 점에서 신약성서의 하나님 인식은 하나님의 구원 행위에 관하여 하나의 새로운 신앙의 확신을 내포한다. 마지막 때에 행하실 하나님에 대한 인식이 예수 선포의 내용과 예수 그리스도에 대한 복음의 내용에 있어 보다 더 결정적이다.

2.3.3 매우 특이한 점은 하나님과 예수께서 상호 간에 인식함이(마 11:27과 병행구절) 믿는 자들에게도 전이될 수 있다는 것이다. 하나님에 관해 언급한 곳에서 이미 논의했던, 그가 인간을 '안다'(kennen)는 것은 단순히 인간이 무엇이고 무엇을 하는지를 '안다'(wissen)는 것보다 더 깊은 표현이다. 그가 '자신의 사람들을 안다'는 것은 그의 돌봄이나 도움과 연결된다. 인간이 '하나님을 안다'는 것은 인정을 의미한다. 그것에 대한 매우 특징적인 예는 하나님이 인간을 '아시기' 때문에 인간이 하나님을 '안다'는 바울의 언어사용이다.(고전 8:13, 13:12, 갈 4:9) 이것은 계시이해와 직접적으로 관련된다.

3. 계시의 다양한 차원

일상적인 이해(예를 들면 독일어의 '공시선서'[Offenbarungseid][7])를 제외하고, 신학적인 언어용례에서 다양한 계시개념의 사용방식을 구분할 수 있다. 종교적인 의미에서 이해된 계시는 다양한 차원을 지닌다. 즉 간접적인 계시와 직접적인 계시, 과거, 현재, 그리고 기대되는 미래의 계시, 부분적인 계시와 궁극적인 계시가 있다. 간접적인 계시는 무엇보다도 창조와 유지, 그리고 세계의 역사와 연결된다면, 직접적인 계시는 이스라엘의 선택과 역사 가운데서 그 민족을 인도하신 것과 연결된다. 이때 격려이기도 하고 요구이기도 한 계시의 말씀은 하나의 방향지시적인 의미가 있다. 구약을 살펴볼 때, 이스라엘과 관련된 특수한 계시가 관건이라면, 예수 그리스도의 위격(Person) 안에 나타난 계시에서는 모든 사람들에게 해당하는 보편적 계시가 관건이다.

3.1 창조와 세계사 안에 나타난 계시

3.1.1 하나님의 세상 창조는 하나님 자신이 스스로 등장하신 것이며 이런 의미에서 하나의 계시 사건이다. 똑같은 것이 그의 세상을 보존하시는 행위에도 해당된다. 이 두 가지 경우에 하나님은 자신을 간접적인 방법으로 드러내신다.

3.1.1.1 구약에서는 하나님의 창조 행위를 다양하게 제시하며, 창세기 2장을 제외하더라도 수많은 시편(예를 들면 19:1-7, 24:1 이하, 104)과 지혜문학(잠 8:22-31, 욥 38)에서 그러하다. 특히 흥미로운 점은 제사장 문서의 창조보도인 창세기 1장은 이 창조 행위를 하나님의 창조의 말씀과 연결시킨다는 점이다. 말씀은 직접적인 계시의 한 형태이다. 이 계시는 하나님을 창조주로 찬양하는 이들에게만 유효하다. 이는 하나님의 창조 행위에 방향을 맞춘 제2이사야의 선포와 밀접한 관련이 있다.

3.1.1.2 신약에서 창조주의 행위를 말하는 곳에서는(예를 들면 마 5:45과 병행구절, 계 4:11), 일반적으로 간접적인 계시의 의미로 이해한다. 이에 반해 고린도후서 4:6에서는 하나님의 창조 말씀과 관련이 있고, 똑같은 것이 하나님의 새 창조의 말씀과 연결된다. 요한계시록 21:5도 역시 그러하다. 그 구절은 하나님의 말씀을 다음과 같이

7) 영어로는 'declaration of bankruptcy'로 '공식파산선언'의 의미이다. – 역자 주.

기록한다. "보라 내가 만물을 새롭게 하노라."(*ἰδοὺ καινὰ ποιῶ πάντα*) 요한복음 1:1-3은 특수한 방법으로 '말씀'을 통한 창조를 말한다. 여기서 '말씀'은 선재하신 로고스이며, 이는 하나님 곁에 있고 하나님의 역할을 받아들인다.

3.1.1.3 같은 내용이 세상을 보존하는 행위, 즉 계속적인 창조(creatio continua)를 말하는 데에도 해당한다. 신약성서에서 골로새서 1:17과 히브리서 1:3b이 그 경우이며, 각각 선재하신 창조의 중재자와 연결된다.

3.1.2 창조 시의 하나님의 행위에 대한 것처럼, 세상의 역사 가운데 나타난 하나님의 활동에 대해 구약성서와 신약성서가 말하는 것도 역시 간접적인 하나님의 행위이다.

3.1.2.1 구약성서에서는 민족의 역사, 특히 예언자들이 민족을 향해 외치는 선포 가운데 있는 진술들이 이에 해당한다. 이사야 45:1-4은 비록 고레스의 직접적인 외침의 형태로 표현되었지만, 페르시아 왕 고레스를 통한 하나님의 행위가 이에 해당한다. 이 외에도 모든 민족과 관련된 다니엘서의 환상이나 초기 유대교의 묵시사상도 제시할 수 있다.

3.1.2.2 신약성서에서는 하나님의 진노가 나타난다는 로마서 1:18-3:20의 바울의 진술이 특히 주목할 만하다. 이 진노는 하나님의 구원 행위에 앞서 오는 죄의 시대에 적용된다. 여기서 분명하게 "하나님의 진노가 불의로 진리를 막는 사람들의 모든 경건하지 않음과 불의에 대하여 하늘로부터 나타난다."(*ἀποκαλύπτεται γὰρ ὀργὴ θεοῦ ἀπ' οὐρανοῦ ἐπὶ πᾶσαν ἀσέβειαν καὶ ἀδικίαν ἀνθρώπων*)고 말한다. 그러나 이것은 해당된 자들에 의해 계시사건으로 인식되거나 인정받지 못하였다고 요한복음 1:5에서 표현하였다. 그 구절에서는 다음과 같이 기록한다. "세상을 비추는 빛이 어둠 가운데서 '비친다.'(현재형!) 그러나 어둠이 받아들이지 않는다."(*τὸ φῶς ἐν τῇ σκοτίᾳ φαίνει, καὶ ἡ σκοτία οὐ κατέλαβεν*)

3.1.2.3 부활과 재림 사이에 있는 사건들을 조망하며 세상 가운데 있는 하나님의 역사적 행위를 요한계시록에서 주제화하였다. 하나님에 관해 근본적으로 다음 내용을 말한다. "주 하나님이 이르시되 나는 알파와 오메가라. 이제도 있고 전에도 있었고 장차 올 자요 전능한 자라 하시더라."(*ἐγώ εἰμι τὸ ἄλφα καὶ τὸ ὦ … ὁ ὢν καὶ ὁ ἦν καὶ ὁ ἐρχόμενος, ὁ παντοκράτωρ*, 1:8) 그러나 그 분은 자신의 행위를 그가 임명한 어린양에게 위임하였다. 이는 6:1-19:10의 환상에 묘사된 바이다. 여기서도 관건이 되는 것은 믿는 자들에 의해서만 그러한 것으로 인식되는 하나의 계시 사건이다. 하나님을 인정하지 않는 사람들은 모든 체험에도 불구하고 회개할 마음이 없다.(계 9:20 이하, 16:9, 11)

3.2 이스라엘 역사 안에 나타난 계시

3.2.1 이스라엘의 역사에서는 선택, 지시, 그리고 약속을 통해 결정된 하나님의 행위와 그와 더불어 하나의 직접적인 계시가 관건이다. 여기서 하나님의 말씀이 결정적인 역할을 한다. 직접적인 계시는 매 경우 말씀의 형태를 띤 계시이다.

3.2.1.1 구약성서에서 과거의 그러나 아직도 구속력이 있는 계시가 이러한 전제 아래에 있다. 조상들의 선택과 시내산에서 하나님의 뜻을 알리신 것 등이 그러하다. 전권적인 증인을 통해 중재된 형식의 계시가 있고, 예언자들이 선포한 미래지향적인 계시도 있다. 그때에 하나님의 말씀은(예를 들면 아브라함과 모세를 향한) 직접적인 부름의 형태로, 모세를 통해 알려진 지시(시내산의 토라)의 형태로, 예언자들이 선포한 심판의 소식의 형태나 혹은 구원의 약속의 형태로 공표되었다.

3.2.1.2 결정적인 점은 하나님의 말씀은 선택하시고, 촉구하시고, 그리고 구원하시는 말씀으로서 이스라엘 민족의 역사적 삶에 총체적으로 영향을 끼친다는 사실이다. 사건들과 체험들이 전권적인 선포를 통해 계시의 맥락 안으로 편입되고 해석된다. 이스라엘의 역사는 그들의 상호 관계 안에서 하나님의 계시 행위로 이해된다. 이것은 설립하시는 하나님의 행위와 지금 일어나고 있는 현재, 그리고 그것을 넘어 하나님이 약속하신 미래에도 해당한다. 선택과 율법 수여 안에 나타난 기본적인 계시사건과의 모든 결속에도 불구하고, 계시는 시간을 거치면서 매번 새로운 길 안내자로서 나타난다. 이 계시는 현재적인 것과 다가올 것을 밝힌다.

3.2.2 신약성서는 옛 언약의 역사에 나타난 하나님의 계시와 다양하게 관련을 맺고 있다.(참조. 이 책 3장) 여기서 족장들, 특히 아브라함, 모세, 다윗, 그리고 솔로몬이 특별한 역할을 한다. 초기 기독교의 경우에도 예언자들이 단지 약속의 운반자라는 의미만 갖는 것이 아니라, 그들은 역사 가운데 나타난 하나님의 계시 행위의 증인들이기도 하다. 물론 그들의 특별한 영향력은 다가올 구원을 예언하는 데 있다. 따라서 베드로전서 1:10, 12에서 그들의 역할을 되돌아보며 다음과 같이 말한다. "이 구원에 대하여는 너희에게 임할 은혜를 예언하던 선지자들이 연구하고 부지런히 살펴서 … 이 섬긴 바가 자기를 위한 것이 아니요 너희를 위한 것임이 계시로 알게 되었으니 이것은 하늘로부터 보내신 성령을 힘입어 복음을 전하는 자들로 이제 너희에게 알린 것이다."(*περὶ ἧς σωτηρίας ἐξεζήτησαν καὶ ἐξηραύνησαν προφῆται … οἷς ἀπεκαλύφθη ὅτι οὐχ ἑαυτοῖς ὑμῖν δὲ διηκόνουν αὐτά, ἃ νῦν ἀνηγγέλη ὑμῖν διὰ τῶν εὐαγγελισαμένων ὑμᾶς ἐν* *πνεύματι ἁγίῳ ἀποσταλέντι ἀπ᾽ οὐρανοῦ*)

3.2.3 로마서 9-11장은 이스라엘 역사 가운데 나타난 하나님의 계시를 특수한 방법으로 회고한다. 선택과 더불어 임한 직접적인 계시 행위는 여전히 유효하며, 미래를 지시하고, 이스라엘의 잠정적인 완악함의 형태로 나타나는 간접적인 계시사건과 연결된다. 이스라엘의 완악함이 이방인 가운데 임하는 구원의 계시에 도움이 된다.(참조. 이 책 21장)

3.3 예수의 위격(Person)과 역사 가운데 있는 계시

3.3.1 신약성서에 구약성서가 증언하는 다양한 형태를 지닌 하나님의 계시가 있다. 이 계시들은 원인을 말하는 성격, 상황과 관련된 성격, 그리고 앞서 지시하는 성격을 띤다. 이에 반해 예수 그리스도의 위격(Person) 안에 나타난 종말론적 계시는 최종적이지만 완결된 성질은 아니다.

3.3.1.1 히브리서 1:1 이하는 다음과 같이 표현한다. "옛적에 선지자들로 여러 부분과 여러 모양으로(*πολυμερῶς καὶ πολυτρόπως*) 우리 조상들에게 말씀하신 하나님이 이 모든 날 마지막에는 아들을 통하여(*ἐπ᾽ ἐσχάτου τῶν ἡμερῶν τούτων ἐλάλησεν ἡμῖν ἐν υἱῷ*) 우리에게 말씀하셨다." 따라서 계시는 더 이상 아브라함이나 모세 혹은 선지자들에게 온 것이 아니라, '단번에'(*ἐφάπαξ*, 히 10:10) 예수 그리스도의 위격(Person)과 역사, 그리고 메시지에 근거한다. 신약성서가 증거하는 계시는 그것이 예수 그리스도의 위격(Person) 안에 나타난 계시라는 점과 완성을 선취하고 완성을 향해가는 계시라는 점에서 과거의 계시와는 구별된다. 여기서 미래지향성이 지금까지 전면에 있었던 과거 중심성에 비해 결정적인 의미를 얻는다.

3.3.1.2 예수께서 이 땅에 등장한 것은 확실하게 최종적인 하나님의 구원이 나타나신바 되었음을 의미한다는 사실이 초기 기독교 신앙고백 구문에 전제되고, 공관복음 전승과 요한복음에도 그러하다. 요한복음 1:14은 인간이 된 로고스 안에서 하나님의 은혜와 진리가 계시되었다고 말한다. 이런 의미로 예수의 죽음 및 부활을 포함하여 그의 메시지와 역사가 고정되어 있다. 그의 죽음이 인간에 대한 하나님의 무한한 사랑과 관심의 표현이라면, 그의 부활은 구원의 미래를 연 것이다. 이로 인해 바로 부활사건이 계시사건으로 기술되는 것이 우연이 아니며, 무엇보다도 '옵세'(*ὤφθη*, 그가 보이셨다.)라는 용어에서 알 수 있는 바이다.(참조. 눅 24:34, 고전 15:4 이하)

3.3.1.3 위에서 언급한 것은 포괄적인 의미에서 신약성서에도 해당한다. 신약성서에서 하나님의 계시를 말하는 곳에서는 언제나 계시가 명시적이든 혹은 암시적이든 기독론적으로 결정된다. 이러한 사실은 무엇보다도 선재하신 이의 행위가 창조 때에나 혹은 역사 안에서 관건이 되는 곳에서 표현된다.(참조. 이 책 8장) 다시 말해 인간을 향한 관심인 하나님의 계시는 창조 때부터 종말의 구원행동에 이르기까지 예수의 위격(Person)과 관련이 있고, 따라서 간접적인 혹은 직접적인 계시로서 말씀의 성격을 띤다. 창조 시의 행위가 간접적인 계시이고 이스라엘 가운데 나타난 행위가 직접적인, 특수한 선택에 근거한 계시라면, 예수 그리스도가 이 세상에 온 것과 더불어 인격적이며 최종적인, 그리고 보편적인 계시가 시작되었다.

3.3.2 계시는 역사를 전제하는 사건이다. 완성의 때에는 더 이상 계시가 요구되지 않으며, 그때에는 얼굴과 얼굴을 마주한다.(고전 13:12, 고후 5:7) 이제 예수 그리스도 안에 나타난 하나님의 계시 행위는 완성의 선취이기는 하지만, 완성과 동일하지는 않다. 구원의 실현은 최종적인 성격과 완결되지 않음 사이의 긴장 가운데 있다. 인간 편에서 인정하거나 거부하기 때문에 나타나기도 하고 알려지지 않기도 한다는 사실이 계시인식과의 상관성을 보여준다. 즉 일시적인 것 안에서 최종적인 것을 보는 인식, 무상함의 베일 아래에서 지속되는 것을 감시하는 인식이 관건이다. 그런 점에서 하나님의 결정적인 계시는 그의 아들 안에서 인식될 수 있는, 그러나 역시 숨겨져 있는 구원의 관심이다.

3.3.2.1 그로 인해 한편으로는 현현전승을 이용한다. 이 방법으로 예수의 역사는 지상의 역사로 일어난다는 사실에도 불구하고 계시의 성격이 결정적으로 영향을 끼친다는 사실을 입증한다. 이러한 사실은 마가복음 9:2-8과 병행구절의 예수 변모사화에서 가장 강하게 표현되었다. 예수께서는 신적인 영광 가운데 그의 제자들의 눈앞에서 광채를 발하였다. 이는 예수의 수세사화, 특히 마태복음 3:16 이하와 요한복음 1:32-34에도 해당하며, 또는 요한복음 18:1-9의 예수께서 잡히는 것에 대한 보도의 변형에도 해당한다. 비슷한 의미로 바울은 고린도후서 2:14에서 하나님의 개선 행진의 모티브를 사용한다. "그리스도의 개선 행렬에 언제나 우리를 참가시키시고 그리스도를 아는 지식의 향기를 어디에서나 우리를 통하여 풍기게 하시는 하나님께 감사를 드립니다."[8](τῷ δὲ

8) 위의 번역은 새번역을 참조로 한 것이며, 개역개정은 다음과 같다. "항상 우리를 그리스도 안에서 이기게 하시고 우리로 말미암아 각처에서 그리스도를 아는 냄새를 나타내시는 하나님께 감사하노라." – 역자 주.

θεῷ χάρις τῷ πάντοτε θριαμβεύοντι ἡμᾶς ἐν τῷ Χριστῷ καὶ τὴν ὀσμὴν τῆς γνώσεως αὐτοῦ φανεροῦντι δι' ἡμῶν ἐν παντὶ τόπῳ)

3.3.2.2 그러나 다른 한편으로는 여전히 감추어진 상태의 사건이라는 점이 유효하다. 그 때문에 마가복음이 오로지 제자들에게만 열린(막 4:11) '하나님 통치의 비밀'(*μυστήριον τῆς βασιλείας*)을 그토록 강조했다. 또는 요한의 구상에서는 눈으로 볼 수 있게 된 '영광'(*δόξα*)을 보는 것은(요 2:11) 단지 믿는 자들뿐임을 부각시킨다. 이에 상응하여 이미 언급한 이전에는 은폐되어 있었으나 이제는 보이게 된 '하나님의 비밀'(*μυστήριον θεοῦ*) 전승은 오직 믿는 자들에게만 인식될 수 있다고 말한다. 다른 방법으로 바울은 십자가 신학(이것은 좀 더 자세하게 논의될 것이다. 참조. 이 책 13장)으로 믿음과 믿음의 인식은 항상 대립 가운데 관철되고자 한다는 점을 분명히 하였다. 그런 점에서 믿는 자들도 계시가 감추어져 있음에 직면하게 되며, 그것이 유혹과 좌절로 이끌 수 있다.

3.4 성령의 활동을 통한 계시

3.4.1 예수의 위격(Person)과 역사 안에 나타난 하나님 계시의 근본적인 의미와 지속적인 유효성에 광범위한 구원 사건이 포함된다. 부활과 재림 사이의 시기에 예수의 활동과 더불어 시작된 계시는 계속 이어진다. 성령이 행한 복음의 선포를 통해 실제적으로 공표된 구원의 계시가 수행된다.(눅 24:46–49, 롬 1:16 이하, 3:21–23) 베드로의 오순절 설교의 의미에서 보면 요엘 3:1–5의 성령을 주신다는 약속에 근거하여 모든 믿는 사람들은 성령으로 충만할 뿐만 아니라, 예언의 말을 하게 되어야 한다.(행 2:16–21, 32 이하) 세례 받을 때에 임하는 은사가 결정적이다.(행 2:38) 여기에 더해 특별히 성령이 행하는 계시가 온다. 따라서 사도행전에는 성령이 수여하는 구체적인 지시, 바울이 소아시아에서 유럽으로 넘어갈 때 있었던 것과 같은(행 16:9 이하) 지시가 언급된다. 카리스마적인 인식과 계시(고전 14:26), 특별히 아직 장래의 '비밀'(*μυστήριον*, 고전 15:51 롬 11:25 이하)을 예언적으로 알리는 것이 이러한 맥락에 속한다. 마지막으로 요한계시록에 가장 분명하게 깔려 있는 바와 같은, 예언자들을 위한 특수한 사명이 있다.(참조. 계 1:1 이하, 19:10)

3.4.2 뒤를 돌아보거나 또한 앞을 내다볼 때 다양한 방식의 경험들은 성령이 역사하는 계시와 결합되어 있다. 그래서 지속적으로 유효한 과거의 계시(예수의 메시지와

역사)에 대해 늘 새롭게 인식하고, 현재에 성령이 행하는 계시(카리스마)와 미래 지향적인 계시(고전 15장 또는 요한계시록)가 있다. 그러나 그와 관련된 초기 기독교의 확신에 따르면 어떤 경우든 하나의, 그리고 동일한 계시 사건을 경험하고 인식하는 것이다. 이 계시사건이 최종적인 구원의 실현을 시작한다. 물론 이 사건은 역사의 과정 안에서 발생하며, 그때에 구원의 현재와 구원의 미래는 구분되어 유지된다.

3.5 미래적 계시

3.5.1 후기 구약성서와 초기 유대교의 기대의 틀 안에서 종말의 계시는 하나의 분명한 실상이었다. 그것은 미래의 사건이었다. 그 사건을 통해 장차 최종적인 구원이 실현되고, 그것은 지상의 메시아 통치나 최후 심판, 그리고 세계의 갱신을 통해 이루어지는 것이라고 한다. 여기서 미래라고 함은 대망하는 종말의 구원이 실현되기까지의 보다 가까운 혹은 보다 먼 시간과는 상관이 없었다. 또한 세례 요한이 선포했던 것과 같이, 직접적으로 임박한 마지막 계시를 기대하는 데서도 미래적 사건이 관건이다. 이러한 종말의 계시에 대한 이해는, 죄로 얼룩진 현존하는 세상에 예수께서 옴으로써 드러나지 않은 형태로 새로운 것과 최종적인 것이 시작된 곳에서도 변형되지 않고 유지될 수 있었다. 그러나 그와 함께 종결짓는 계시사건의 특징에 대한 질문도 제기되었다.

3.5.2 종말 기대의 변형은 초기 기독교 전승의 중심 현상이다. 구원의 현재와 미래 사이의 긴장이 그 특징이다. 현재적인 구원사건과 미래적인 구원사건 사이의 긴장은 처음부터 본질적이다. 이는 이미 예수의 선포에도 존재한다. 예수에게는 종말의 구원이 그의 등장과 함께 현재에 현실이 되었다는 사실이 결정적이었다. 무엇보다도 겨자씨비유가 보여주듯이, 하나님 통치의 시작과 완성 사이가 구분된다.(막 4:3-9, 26-29, 30-32과 병행구절) 비록 특별한 방식으로 강조되고 설명되기는 하지만, 전체적인 초기 기독교의 종말론은 하나님의 종말적인 계시의 현재적 성격과 미래적 성격이라는 주제로 각인된다.

3.5.3 종말의 구원은 이미 시작되었다는, 초기 기독교의 신앙에 있어 핵심적인 사실이 미래적 차원을 폐기하지 않는다. 구원의 완성은 이미 시작된 종말론적 계시사건을 종결한다. 이때에 믿음 외에도 소망이 중요한 역할을 한다.(참조. 이 책 24장) 초기 유대교 특히 묵시적 전통의 맥락에서 무엇보다도 미래의 계시사건을 아직 더 기다려야

하는가 하는 질문이 제기되었다. 이것은 세 가지 주제에 집중하였다. 그리스도의 재림 기대, 죽은 자들의 부활과 최후 심판이 그것이다.(참조. 이 책 25장)

3.5.4 신약성서는 그리스도 사건 및 광범위한 계시와 완성을 그것이 역사적 한계를 지닌 과정이라는 성격을 지녔음에도 불구하고 하나의 통일체로 이해하고 미래지향성을 통해 규정한다. 여기서 중요한 것은 이미 시작된 계시사건의 예측의 구조 또는 선취의 구조가 하나님의 최종적인 구원 관심의 불완전한 방식이 아니라는 점이다. 관건은 완전한 의미에서의 최종적인 계시이다. 비록 현재적인 구원계시는 지상적인 존재 조건과 제한적인 인간의 인식능력의 전제 아래에 있지만, 그렇다고 제한적인 구원 참여의 징조 아래에 있는 것은 아니다. 이것은 바울과 또한 요한복음이 강력하게 제기한 바로서, 이신칭의의 현재적인 격려나 지금 이미 허락된 영원한 생명에 참여함이 보여주는 바이다. 거기에 또한 믿음을 특징짓는 구원의 확신이 근거한다.

4. 계시신학으로서 신약신학

신약성서의 선포와 신학은 계시사건에 기초한다. 하나님의 자기계시가 기본적으로 관건이기 때문에, 신약신학은 하나의 계시신학의 특성을 띤다. 따라서 하나님의 계시행위가 본 서술의 주된 원칙이다.

4.1 하나님과 근본적인 관계 안에 있는 계시

계시는 하나님과 근본적인 관계 안에 있다. 계시는 결국 하나님의 자기계시이다. 이러한 사실을 기독론의 우세 때문에, 부분적으로는 성령론 때문에 자주 간과한다. 그러나 기독론과 성령론은 하나님의 계시행위에 종속되어 있고, 그런 점에서 그것들은 신(Theo)-학(logie)의 특수한 양식이다.

4.1.1 하나님의 계시는 다양한 형태를 지니며, 창조행위에서 시작하여 약속과 옛 언약의 시기, 예수의 역사와 광범위한 구원의 시기를 거쳐 완성에 이르기까지 상이한 형상을 하고 있다. 행위로든, 말로든 혹은 예수 그리스도의 위격(Person)을 통해서든, 성령의 활동 가운데서든 하나님 스스로의 자발적인 등장이 관건이다. 세상과 인간에게 관심을 갖고 계신 이는 한 분 하나님 바로 그 분이다.

4.1.2 이러한 내용은 기독론적 진술과 성령론적 진술에도 해당하기 때문에 때때로 말하는 방식에서 몇몇 가지 불균형이 생겨난다. 그러나 그 진술들 안에서 표현하고자 하는 의도대로라면 균형이 맞지 않기 마련이다. 예를 들면 하나님의 창조행위를 말하면서 다른 곳에서는 예수 그리스도의 창조의 중재를 말한다.(롬 11:36, 고전 8:6) 이와 유사하게 하나님에 의한 예수의 희생을 말하는가 하면 예수의 자기희생을 말하기도 한다.(비교. 롬 8:32과 갈 1:4) 종종 '하나님의 영'에 관한 진술과 '그리스도의 영'에 관한 진술이 어울리지 않게 병존한다.(*πνεῦμα θεοῦ*/*πνεῦμα Χριστοῦ*, 참조. 롬 8:9a, b) 그러나 그러한 표현들이 병존한다는 것은 모든 형태를 띤 계시사건이 하나님 자신에게로 소급된다는 사실을 보여준다.

4.2 계시이해 안에서 기독론적 구성요소

4.2.1 계시는 기본적으로 하나님의 계시로 이해되어야 한다는 사실과 상관없이 기독론의 확장이라는 맥락에서 변형되었다. 하나님의 행위는 점차 예수 그리스도에게 맡겨진 행위로 생각된다. 기독론의 틀 안에서 좀 더 자세히 논의되어야 할 것을 여기서는 계시이해를 위한 의미에서 짧게 고려한다.

4.2.1.1 가장 오래된 전승에서는 예수의 지상 활동을 기본적으로 하나님이 '보내심'으로 이해하였고, 그런 점에서 하나님에 의한 전권 위임 및 하나님의 대행(代行)으로 이해하였다. 비록 이 파송을 전 생애에 걸친 위임(委任)으로 이해하지만, 하나님 대행은 매번 예수의 말씀이나 활동이라는 구체적인 상황 가운데서 일어난다. 하나님 자신이 그의 대리자를 통해 행동하는 분이시다.

4.2.1.2 첫 번째 중요한 변화가 승귀된 분 스스로가 하나님의 역할을 넘겨받았다는 데서 생겨났다. 이것은 단지 '대리권을 통해'(per delegationem) 행하는 것이 아니라 영구적으로 넘겨받아 소유한다. 이러한 견해는 예수의 부활과 결합되었다. 예수께서 높이 들려 하나님 우편에 앉게 되면서, 빌립보서 2:9-11에 따르면 동시에 그는 하나님의 이름을 넘겨받았다. 예수께서 그 이름으로 지금까지 자신을 계시하였다.(비록 일상적인 대체 명칭이기는 하다.) 그는 '주'로서 세상에 대한 계시기능과 통치기능을 위임받았다. 이러한 사실을 초기 기독교 문서에서 그를 승귀된 분과 주로서 칭하는 곳에서는 어디서나 전제한다.

4.2.1.3 승귀에 부응하여 예수의 선재하심과 연결되는 곳에서는 이 변형이 더욱

강하게 영향을 끼쳤다. 빌립보서 2:6-8의 경우가 그러하다. 이러한 변형에 창조 시의 행위와 이스라엘의 역사 가운데 나타난 행위가 결합되었다. 이는 창조의 중재라는 견지에서 고린도전서 8:6의 오래된 신앙고백 진술이나 나아가 골로새서 1:15-18a에 있는 찬양의 첫 번째 부분에, 그리고 요한복음의 도입단락인 1:3-5에 표현되었다. 이스라엘 역사 가운데 나타난 선재자의 활동을 요한복음 12:41, 고린도전서 10:4, 그리고 베드로전서 1:10 이하에서 수용한다.

4.2.1.4 기독론의 이러한 전개는 마침내 예수의 지상 활동의 이해에 영향을 끼쳤다. 이것은 점차 증가하는 예수존칭, 특히 '주' 및 '하나님의 아들'을 사용하는 것을 통해 알 수 있다. 동시에 모든 예수존칭의 진술에도 불구하고 예수가 인간이심을 시종일관 굳게 유지하고 있었다는 사실을 유념해야 한다. 요한복음에 따르면 인간 되신 '로고스'는 눈에 보이지 않는 피안의 하나님의 계시자이다. 그는 구원을 행하시는 기능을 넘겨받았다. 왜냐하면 그는 아버지와 '하나'이시기 때문이다. 즉 인간으로서 아버지와 불가분리하게 함께 하시며 살고 행동하신다.(요 10:30)

4.2.2 세상과 인간에 대한 하나님의 역할은 여러 가지 방식으로 그리스도에게 위임되었다. 그리고 그러한 인식은 신앙고백 전승이나 찬양에서 보여주듯이 부활 이후 공동체에서 상당히 일찍 발생하였다. 이는 하나님의 전체 계시 행위가 점차 그리스도에 의해 수행되었음을 의미한다. 그를 통해 하나님의 계시가 실행되었을 뿐만 아니라, 예수께서 그의 위격(Person)과 사역으로 계시하신다. 이로 인해 하나님의 계시는 시종일관 기독론적인 윤곽을 띤다. 하나님과 예수의 관계를 좀 더 정확하게 규정하여 무엇인가 이야기하지 않아도, 예수 그리스도가 하나님의 위치에서 행한다는 사실은 분명하다. 예수의 위격(Person)으로 하나님의 계시행위가 위임되었다는 근본 경향은 모든 신약성서의 증언에 일치하며, 항상 개별적으로 서술되는 바와 같다.

4.2.3 성령론에서 하나님을 위한 대리 행위는 위와 같은 방법으로 전개되지 않는다. 그것은 성령을 아직 전통적인 역동성의 의미에서 하나님 혹은 승귀되신 그리스도에게서 시작되는 힘으로 말하는 것과 포괄적으로 관련이 있다. 초기 기독교 후기에 이르러서야 비로소 성령의 독립과 인격화가 이루어졌다. 이는 무엇보다도 요한 신학이 보여주는 바이다. 그리하여 성령이 계시자로 하나님이나 혹은 예수 그리스도 대신에 등장할 수 있다.(참조. 이 책 9장)

4.3 그리스도 안에 나타난 계시의 종말론적 특징

신약성서에서 그리스도 안에 나타난 계시는 종말론적 계시이다. 이 종말론적 계시는 그러한 것으로서 창조 이래로 나타나는 앞선 계시와 연속선상에 있고 동시에 앞선 계시를 포함한다. 또한 구원의 완성과 하나님의 현실이 온 세상 앞에 오지 않을 때라도 완결하는, 그리고 최종적인 계시가 관건이다. 이와 더불어 신약성서의 계시이해에 있어 특징적인 구조적 요소가 생겨난다.

4.3.1 이는 우선 그리스도 안에 나타난 계시가 원칙적으로 선취의 특성을 갖고 있음을 의미한다. 그것은 지금까지 나타난 계시와의 모든 연속성과 관련하여 주로 과거를 기점으로 이해하면 안 되고, 종말 사건의 맥락에서 이해되어야 한다. 그것은 선취된 종말 사건이다. 그로 인해 영속적인 구원이 비록 완결되지 않은 성격에도 불구하고 최종적인 계시로서 그리스도 안에 나타난 계시와 결합된다.

4.3.2 동시에 덧붙여서 그리스도 안에 나타난 계시사건의 유일회성과 최종적 성격과 상관없이 하나님의 계시행위는 계속된다. 증인들의 선포와 성령의 활동을 통한 계속되는 계시는 역사와의 근본적인 관계에도 불구하고 구원의 완성을 향한 목표 안에서 있다. 그런 점에서 그것은 모든 내적 결합에서 예견의 성격을 갖는다.

4.3.3 완성의 사건은 구원의 견지에서 볼 때 이미 계시된 것만을 종결한다. 지상 역사라는 한계 아래에 있음에도 불구하고 현재에 이미 존재하고, 경험될 수 있는 것을 완전하게 실현하는 것이 관건이다.

4.4 하나님 표상의 결론

하나님의 계시행위가 예수 그리스도에게로 점차 이행되는 것은 결과적으로 계시이해의 변화뿐만 아니라 하나님 표상의 변화도 초래하였다.

4.4.1 물론 구약성서와 신약성서에서 증거하는 이는 한 분, 동일한 하나님이다. 그리스도 안에, 그리스도를 통하여 나타난 계시는 다름 아닌 하나님이 작용하신 사건이다. 그것은 하나님의 계시이고 하나님의 계시 상태를 유지한다. 예수 그리스도의 위격(Person) 안에서 하나님은 세상에 관심을 가지고 인간 가운데서 구원을 일으키시며 나타나신다. 하나님에 대한 서술, 기능, 특성이 그리스도에게로 넘어가는 곳 어디서도 그 때문에 하나님이 예수의 행위 가운데서 분리되거나 보다 열등한 신(Deus otiosus)으로

서 무위(無爲)하며 뒷전에 머무른다는 것을 뜻하지 않는다. 반대로 하나님의 피안성과 불가시성을 강조한다. 그가 눈에 보이게 행동하는 한에서 그것은 예수 그리스도의 위격(Person)을 통해 이루어진 행위이다. 하나님 표상의 변화는 그렇게 일어났으며, 더 나아가 자기 안에서 휴식하는, 그리고 자기편에서 직접적으로 활동하지 않는 하나님의 표상으로 옮겨가지 않았다. 계시사건에서 언제나처럼 하나님의 행위가 관건이며, 그러는 동안 예수께서 하나님의 위치에서, 그리고 하나님과 함께 일하고 그를 입증하고 대표한다. 각각 표현되는 방법이나 양식과는 별개로 하나님과 그리스도 행위의 통일성이 결정적이다. 이것은 계시행위가 성령과 결합되어 있는 곳에도 역시 해당한다.

4.4.2 그러나 이런 방식으로 하나님 표상에 있어 더 강력한 초월성이 생겨났다. 하나님과 인간 혹은 하나님과 세상 사이에 보다 더 먼 거리를 두려는 경향이 구약성서와 그보다 한층 더 초기 유대교 전통에 있었다.(위격표상[Hypostasenvorstellung]) 그러나 세상과 인간을 향한 관심과 관련된 모든 역할이 예수 그리스도의 위격(Person)으로 넘어가면서 비로소 하나님의 초월성이 피안성과 불가시성의 의미에서 확고하게 수행되었다. 그러나 이제 반대로 하나님의 다가오심과 그의 현존이 하나의 새로운, 그리고 매우 직접적인 방법으로 이해되며, 그러는 동안 예수의 위격(Person) 안에서, 그리고 성령의 활동을 통해 우리가 사는 세상 가운데 하나님의 친밀함을 경험한다.

5. 마무리 고찰

계시사건의 논의는 핵심적으로 성서적 하나님 이해와 관련된다. 그것은 동일하게 인간이 하나님을 도대체 인식할 수 있는지, 어떻게 인식할 수 있는지, 어떻게 하여 계시사건이 어쨌든 가능한 계시인식을 포괄하는지 하는 질문과도 관련이 있다.

5.1 계시사건의 다양한 형태

신약성서에서 직접적이고 간접적인 계시의 병존 혹은 중간 매개를 통하거나 통하지 않는 계시의 병존은 아무런 관련성 없는 혼합체를 표현하는 것이 아니라, 계시사건의 다양한 형태를 보여준다.

5.1.1 계시사건의 유형에 있어서 표면적으로 매우 상이한 진술들은 그 근원이 하

나님 자신에게 있는 각각의 사건들과 관련되기 때문이다. 다양한 차원들은 한 편의 계시역사를 보여준다. 이 계시역사 안에서 하나님은 준비시키는 방식으로, 계속 나아가는 방식으로, 최종적인 방식으로, 그리고 완결하는 방식으로 인간을 향한 관심을 갖고 있다.

5.1.2 아무리 기독론적으로 변형되었다 하더라도 계시의 기본요소는 하나님의 자기 계시이다. 예수 그리스도의 위격(Person) 안에 나타나는 하나님의 활동만큼 하나님 자신의 등장이 중요하다. 바로 계시이해에서도 한 분 하나님에 대한 신앙고백이 얼마나 그리스도 사건과 내적으로 결합되어 있는지 드러난다. 계시사고에 기독론적인 요소가 스며든 것과 관련하여 비록 상이한 방법으로 이루어지긴 했으나, 신약성서의 증언 내부에 본질적인 공통점이 존재한다. 따라서 하나님에 대한 가르침과 기독론에서뿐만 아니라 바로 계시에 대한 가르침에서 하나님의 행위와 예수 그리스도의 활동의 상관성이 반영될 수 있다.

5.1.3 아직 완결되지 않은 계시사건과 관련하여 부활과 완성 사이의 시기에는 성령의 활동이 특별한 의미를 지닌다. 이때에 성령의 활동이 하나님 행위와 하나일 뿐만 아니라 승귀된 그리스도의 행위와 통일됨이 중요하다. 기독론과 또한 성령론은 하나님의 종말적 계시사건의 특별한 형태로 연결된다. 이 계시사건은 이미 시작되었고 계속 진행하고 있으니, 미래에 이르러서야 비로소 그 목적을 이룬다. 문제는 이미 영향력 있는 하나님의 최종적인 구원이다. 이 구원은 예수 그리스도의 위격(Person) 안에서, 그리고 성령의 활동을 통하여 인식되었고 경험되었다. 그런 점에서 신약성서의 계시이해는 종말론에 의해 결정적으로 각인되어 왔다. 그리고 어떻게 이 종말론적 차원이 기독교적 계시신학의 틀 안에서 수행될 수 있었는지 신중하게 숙고할 필요가 있다.

5.1.4 이미 신약성서의 계시이해의 맥락에서 삼위일체 하나님 이해의 문제를 예고하였다. 이 문제는 신약성서 이후 시기에 보다 강하게 의식되었고, 고대교회에서 중심적 역할을 하였다. 이것은 우선 보다 후대에 중요해진 하나님의 본질과 신의 위격에 대한 문제와는 완전히 별개이다. 신약성서에는 철두철미하게 숙고된 삼위일체 교리가 없고, 암시적인 삼위일체 구조와 기본경향은 인지할 수 있다.(참조. 이 책 10장)

5.2 하나님 인식의 가능성

하나님 인식은 하나님의 관심에 근거해서만 존재한다는 것이 분명하다. 따라서 성서적 계시이해는 직접적으로 하나님 인식의 가능성에 대한 질문과 연결된다.

5.2.1 하나님 인식은 하나님 자신이 인식하게 하는 곳에서만 존재한다. 신약성서의 증거에 따르면 이는 일반적인 하나님 인식이 관건인 곳에도 해당한다. 지속적인 창조 행위에 근거하여 창조 안에, 그리고 창조를 통하여 광범위한 간접적인 계시행위가 있다. 그러나 신약성서의 이해에 따르면 그 계시행위에 대한 이해는 죄를 통해 이루어졌다.(참조. 이 책 11장) 항상 비추고 있는 빛을 인간은 영접하지 않았다.(요 1:5) 때문에 하나님 인식은 죄인 된 상태를 통하여 이루어지거나(롬 1:19 이하), 또는 하나님의 활동을 추측하거나 하나님을 탐구하는 정도로 축소되었다.(행 17:22-27)

5.2.2 하나님과의 거리감으로부터 인간을 불러내고 참된 하나님 인식으로 이끌어가는 직접적인 계시사건이 인간에게 임한 곳에서만 진정으로 하나님을 인식할 수 있다. 그런 점에서 계시와 믿음은 서로 결합되어 있다. 계시를 통해 일어난 믿음 안에 하나님 인식이 근거한다. 하나님의 관심, 신뢰하는 믿음, 그리고 하나님 인식은 서로 보완하며, 그것들의 결정적인 구성요소는 계시를 통해 고양된 하나님에 대한 인간의 인격적 관계 안에 자리한다.

5.3 계시사고의 의미

하나님의 계시가 성서적 증거를 구성한다. 모든 개별 주제들은 계시와 관련이 있든지 혹은 그것에 종속되어 있다. 따라서 계시사고를 중심으로 삼는 것은 불가피하다. 신약신학은 하나님 계시의 신학이다.

5.3.1 계시사건을 중심으로 삼는 것은 성서의 일반적인 사고방식과 부합한다는 점에서 특별히 주목할 가치가 있다. 인식 가능한 하나님의 행위를 말하는 한, 그것은 역사 안에 나타난 그의 계시행위와 관련이 있다. 이것은 해석전통에서 다양하게 개관하였고, 다른 사고모델을 통해 덧붙여졌으나 최근에 다시 관찰되었다.

5.3.2 계시주제가 신약신학의 중심사상임이 드러났다면, 그와 함께 각각의 기독교적 신학을 위해 방향을 제시하는 기본 개념이 제공되어야 한다. 하나님 계시의 방식과 형태에 대한 질문은 그런 점에서 신약신학의 주제일 뿐 아니라, 근본신학의 틀 안에서 개별적으로 다루어져야 한다.

7장

하나님 통치의 실현

1. 이스라엘과 초기 유대교의 구원기대

1.1 이스라엘에게 구원과 생명은 원래 하나님이 수여하신 계약과 하나님이 명령하신 계약의 질서에 따른 행동과 관련되는 현재적 경험이다. 이것은 신명기의 마지막 부분, 특히 28:1–14과 32:46 이하에 분명하게 드러난다. 거기서부터 다가올 시간에 대한 관점이 자라났으나, 미래의 완성이라는 의미의 종말론적 차원은 빠져 있다. 출애굽과 시내산 사건 가운데서 근본적인 하나님의 선택 행위는 현재를 위한 방향을 제시했다. 이러한 계시사건에 상응하는 삶이 영속적인 구원의 특성을 지닌다.

1.2 그러나 역사가 흐르는 동안 이스라엘의 구원기대는 점점 더 강하게 미래적 성격을 띠었다. 이것은 구체적인 역사적 재앙 경험과 관련이 있다. 선지자들과 신명기적 역사저작은 이 재앙의 이유를 하나님에 대한 불신이라고 설명하였다. 구원은 부분적으로만 현재에 경험되었고, 점점 더 강력하게 미래적 구원사건을 기대하게 되었다. 마침내 묵시적 전통에서 그 기대는 현재에는 구원이 완전히 부재한다고 간주하는 데까지 나갔다.(참조. 예를 들면 에스라4서 7:116–127) 그렇게 희망은 오로지 하나님에 의한 미래적 구원의 실현에 집중하였다.

1.3 기독교 이전의 유대교에서는 미래 기대가 다양하게 형성되었다. 한편으로는 현세적 구원소망이나 또는 내세적 현실을 통한 전면적 갱신이라는 묵시적 기대가 있었다. 다른 한편으로는 종말의 예언자들이 앞서 오리라(말 3:1, 23 이하)는 것과 연결된

순전히 신중심적인 기대나 혹은 구원의 중재자에 대한 기대가 자주 있었다. 이 중재자는 메시아라는 지상적 인물이거나 아니면 다니엘 이후로 고대하는 천상의 인자라는 초월적 인물이라고 한다.(단 7:13 이하, 에티오피아 에녹서 46:3-6, 에스라4서 13장) 이에 더하여 제사장적 기대도 있었다.(슥 4장과 쿰란문서)

1.4 세례 요한의 선포와 예수 고유의 선포에서 신 중심적인 구원기대는 오해의 여지가 없으나, 묵시적 특징을 띠고 있다. 세례 요한이 임박한 하나님의 심판을 선포한다면, 예수께서는 이미 시작된 구원하시는 '하나님의 통치'를 선포한다. 요한이 다가올 하나님 행위에 앞서 온 사람이라면, 예수께서는 전권적인 사자로서 등장하였다. 그는 하나님 통치의 시작을 선포하였고, 경험할 수 있게 하였다. 예수로 인해 최후심판에 참여할 인자의 형상이 지금 시작되는 구원계시와 결합되었다는 점은 거의 확실하다.(참조. 눅 12:8 이하) 그러나 우선 초기 기독교에서는 예수의 위격(Person)과 인자 표상의 견지에서 구원의 중재자로 이해하였고, 다른 기독론적 개념을 통해 보충하였다.(이에 대해서는 8장을 보라.)

2. 하나님의 왕적 통치

2.1 구약성서의 전제

2.1.1 하나님의 왕적 통치의 표상과 개념은 구약성서적이다. 여기서 얼마만큼 이스라엘 외부의 영향이 동화되었는지는 본 맥락에서 중요하지 않다. 또한 그 표상이 얼마나 오래된 것인지에 대한 문제도 여기서 논할 필요가 없다. '말쿠트 야웨'(מַלְכוּת יהוה)에서 결정적인 것은 독점적인 야웨의 통치이다. 이것은 온 피조물과 모든 민족에게 미치는 보편적 통치이며, 이스라엘 가운데서 특별한 방법으로 계시되었다.(참조. 시 93:1 이하, 96:10, 97:1, 99:1 이하)

2.1.1.1 이와 관련하여 시사하는 바가 큰 것은 지상의 왕적 통치에 대한 관계를 어떻게 평가하는가이다. 이스라엘 안에 있는 왕국을 야웨의 왕적 통치에 대한 허락되지 않은 대안으로 여기거나(삼상 8장), 아니면 지상의 왕을 하나님이 임명한, 그리고 위임한 통치자로 간주하였다.(참조. 특히 다윗과 그의 후손들, 삼하 7:1-16)

2.1.1.2 구약성서에서는 하나님의 영원한 왕적 통치에 대한 구체적인 사고가 관

건이 아니다. 오히려 이스라엘과 민족들 가운데서 이 통치를 늘 새롭게 증거하는 것이 문제이다. 이는 한편으로는 이미 언급한 이른바 즉위시편과 다른 한편으로는 예언문서들 가운데 민족들을 향한 말씀이 보여주는 바이다. 얼마나 구체적으로 이것을 이해할 수 있었는지는 이사야 52:7에 드러난다. 그 구절에서 "네 하나님이 통치하신다."는 말씀을 바벨론의 포로상태에서 약속한 대로 곧 이끌어내실 것과 연결시킨다.

2.1.2 하나님의 왕적 통치의 실현에 대한 표상은 바벨론 포로기 이후에 점차 미래로 투사되었고, 마침내 하나님의 최종적이며 종말론적인 통치로 나아갔다. 이는 구약성서 가운데 특히 다니엘서의 환상에서 드러나는 바와 같다.(참조. 2, 7, 8, 10-12장) 앞선 구약성서의 전승에서보다 그 뒤에 연결되어 있는 초기 유대교의 묵시와 다니엘서에서 하나님의 통치가 보편적 통치로 보다 더 명확하게 이해되었다. 하나님 통치의 이러한 미래적 성격은 무엇보다도 '이 세대'에서는 하나님의 왕적 통치가 실현되지 않고, 현재의 세상과 시간은 완전히 종류가 다른 '올 세대'와 분리되어야 한다는 점에서 강조된다.(에스라4서 7.49 이하)

2.2 신약성서 전승의 하나님 통치

2.2.1 '바실레이아 투 세우'(*βασιλεία τοῦ θεοῦ*) 이해

2.2.1.1 헬라어 개념 '바실레이아 투 세우'(*βασιλεία τοῦ θεοῦ*)는 독일어 번역에서 '하나님의 통치'(Herrschaft Gottes) 또는 '하나님의 나라'(Reich Gottes)로 표현할 수 있다. 이는 이미 히브리어 단어 '말쿠트'(מַלְכוּת)가 역동적 개념이며, 이에 상응하는 헬라어 개념이 두 가지 의미요소를 포함한다는 사실과 관련이 있다. 신약성서에서는 전자의 의미인지 혹은 후자의 의미인지는 각각의 문맥에 달렸다. 유감스럽게 이 두 가지 측면을 동시에 표현할 만한 단어가 독일어에는 없다. 이런 경우에 종종 선택되는 개념인 '하나님의 왕국'(Königtum Gottes)은 더 이상 도움이 안 된다.

2.2.1.2 '바실레이아 투 세우'(*βασιλεία τοῦ θεοῦ*)는 역동적 개념으로서 하나님의 통치와 그의 나라를 포괄한다. 하나님이 그의 통치를 수행하심으로써 그의 통치가 영향력을 미치는 영역과도 관련을 맺게 된다. 하나님이 통치하시는 곳에서는 그의 통치와 더불어 통치공간 혹은 통치영역이 열려진다. 물론 특별히 구원의 완성이라는 견지에서 '하나님 나라'를 말하면 쉽게 이해된다. 그러나 그 개념을 그렇게 구분하여 '하나님의 통치'는 현재적인 것으로, '하나님의 나라'는 미래의 구원으로 특징지어서는 안 된

다.(신약성서의 몇몇 본문에서는 그런 경향을 보인다 하더라도 그렇다.) 어쨌든 하나님의 통치에 하나님의 나라가 속한다는 사실이 중요하다. 그로 인해 자주 '하나님의 통치와 나라'라고 하는 이중적 명칭을 적절하게 사용하기도 한다.(루돌프 슈나켄부르크 [Rudolf Schnackenburg])

2.2.2 개념의 사용

우선 '바실레이아 투 세우'(*βασιλεία τοῦ θεοῦ*) 개념과 초기 유대교 전승에서 전수받은 변형 용어인 '바실레이아 톤 우라논'(*βασιλεία τῶν οὐρανῶν*, 하늘나라/통치)이 대체로 신약성서 가운데 어디서 나타나는지 밝히는 것이 유익하다. 기독교 이전의 유대교는 하나님의 이름인 야웨 뿐만 아니라 점차 하나님의 개념을 피했다. 그리하여 '하늘통치'라는 명칭이 등장했고, 이는 초기 기독교에서 마태가 선포하였다.

2.2.2.1 '바실레이아 투 세우/톤 우라논'(*βασιλεία τοῦ θεοῦ/τῶν οὐρανῶν*) 개념은 공관복음서에서 가장 자주 사용하였으며, 이는 전해진 예수의 말씀을 수용하는 것과 관련이 있다. 대부분 공관복음서에서 발견된다. 이 표현은 100회 이상 등장한다.(51회는 *βασιλεία τοῦ θεου*, 33회는 *βασιλεία τῶν οὐρανῶν*, 9회는 단독형으로, 9회는 인칭대명사나 혹은 *τοῦ πατρός μου*와 함께)

2.2.2.2 공관복음서 저자들이 자주 사용하는 것에 비해 다른 신약성서 문서들을 통틀어 서른 곳에서 사용하는 것은 대조적이다.

– 사도행전에는 '바실레이아 투 세우'(*βασιλεία τοῦ θεοῦ*)가 8회 등장한다.(1:3, 6, 8:12, 14:22, 19:8, 20:25, 28:23, 31. 이 중 1:6 *βασιλεία τῷ Ἰσραήλ*과 20:25 *κηρύσσειν τὴν βασιλείαν*에는 단독형으로 나온다.)

– 의심의 여지없는 진정한 바울서신에는 8회 나온다.(롬 14:17, 고전 4:20, 6:9, 10, 15:24, 50, 갈 5:21, 살전 2:12) 그 중에서 4회는 하나님의 나라를 유업으로 받다(*κληρονομεῖν τὴν βασιλείαν θεοῦ*)와 결합되어 있다.(고전 6:9, 10, 15:50, 갈 5:21)

– 제2바울서신에서 6회 사용하였다.(골 1:13, 4:11, 엡 5:5, 살후 1:5, 딤후 4:1, 18) 에베소서 5:5은 '그리스도와 하나님의 나라에서 기업'(*κληρονομία ἐν τῇ βασιλείᾳ τοῦ Χριστοῦ καὶ τοῦ θεοῦ*)이라고 말한다.

– 히브리서에 2회 등장한다.(1:8, 12:28) 일반 서신 가운데는 야고보서 2:5 (*κληρονόμοι τῆς βασιλείας*)과 베드로후서 1:11에 등장한다.

- 요한복음에는 두 곳에만 있다. 3:3, 5이다.

- 마지막으로 요한계시록에 다섯 곳이 있다.(1:6, 9 5:10, 11:15, 12:10) 여기서는 동사 '바실류에인'(*βασιλεύειν*)을 더 많이 사용하였다.

2.2.3 하나님 통치의 핵심적 의미

공관복음서 외에는 '바실레이아 투 세우'(*βασιλεία τοῦ θεοῦ*)를 사용하는 것이 쇠퇴함에도 불구하고 종말적인 하나님의 왕적 통치의 시작이 신약성서 전승의 중심점이다. 이러한 단언은 예수의 메시지가 얼마만큼 문자적으로 수용되고 전해졌는지, 혹은 신약성서 가운데 어디서 구체적인 용어가 등장하거나 버려졌는지에 대한 문제와는 상관없다. 특정한 개념을 고수하는 것이 문제가 아니라 이 개념을 가지고 의도한 사건, 즉 시작된 구원의 현실화를 고수하고 분명하게 하는 것이 관건이다.

3. 부활 이전의 예수의 메시지

이 단락에서는 I권 4장에서 상술한 것에 연결하여 다음에 올 8장에서 자세히 논할 것 몇 가지를 미리 다룬다. 본 맥락에서는 특별히 예수의 부활 이전의 메시지와 그것의 변형에 방향을 맞추어 문제를 제기한다.

3.1 예수 메시지의 신 중심적 성격

3.1.1 예수께서 전한 메시지는 지금 시작되는 하나님 통치였다. 계시와 구원의 실현은 오로지 하나님의 사역이다. 예수께서는 하나님의 왕적 통치에 대한 구약성서의 개념을 이용하였으나, 하나님께서 이스라엘과 맺은 언약의 역사 가운데 언젠가, 그리고 나중에 그것이 드러난다고 이해하지 않았다. 그에게는 묵시적 의미에서 현실을 전면적 갱신으로 이끌어 갈 종말론적인 하나님의 왕적 통치가 중요하다.

3.1.2 모든 묵시적인 사고의 전제들을 고려해 볼 때, 거기서 익숙한 '두 세대' 도식은 더 이상 의미가 없다. 초기 유대교 전승과 달리, 예수께서는 말세에 이뤄질 것으로 고대하는 하나님의 왕적 행위가 이미 존재하는 지상의 현실에서 실현된다고 선포한다. 종말적 구원이 인간을 위해 이미 현재에 시작되고 있다는 그의 선포 안에 그가 전한 메

시지가 지니는 결정적인 새로움이 있다. 그의 메시지는 그의 행위를 통해 구체화되었다.

3.2 하나님 통치의 시작과 완성

3.2.1 하나님의 통치와 더불어 구원을 주시는, 인간을 향한 관심이 실현된다. '바실레이아 투 세우'(*βασιλεία τοῦ θεοῦ*)가 하나의 종말론적 현실이라면, 그것의 시작은 하나님이 인간에게 최종적 구원을 허락하셨음을 의미한다. 하나님 통치의 현재적 의미로 인해 그것의 미래적 차원이 폐기되지 않는다. 먼저 일어난 구원 약속의 성취가 중요하지만, 아직 그것이 완성된 것은 아니다. 계시사건으로서 '바실레이아 투 세우'(*βασιλεία τοῦ θεοῦ*)는 현재를 변화시키는 힘이 있다. 이 힘은 구원의 완성을 선취하며 동시에 구원의 완성으로 이끈다. 심판의 요소가 없는 것은 아니지만, 하나님의 통치는 그 본질상 구원의 실현이다.

3.2.2 예수의 '바실레이아 투 세우'(*βασιλεία τοῦ θεοῦ*) 선포는 현재적 진술과 미래적 진술로 구성된다. 한편으로는 미래에 '바실레이아' 또는 '생명'(*ζωή*)에 '들어간다'는(참조. 막 10:23-25과 병행구절, 막 9:43, 45, 47과 병행구절, 마 5:20, 7:21) 표현이 있다. 그리고 하나님 나라에서 미래에 식탁 공동체에 참여한다는 약속이나(막 14:25과 병행구절), 주기도문 가운데 '나라가 임하시오며'(*ἐλθέτε ἡ βασιλεία σου*, 마 6:10과 병행구절)도 있다. 그러나 다른 한편으로는 팔복선언 중 구원의 현재적 확언인 누가복음 6:20b-22과 병행구절도 있다. 덧붙여 누가복음 11:20의 로기온도 있다. "그러나 내가 만일 하나님의 손을 힘입어 귀신을 쫓아낸다면 하나님의 나라가 이미 너희에게 임하였느니라."(*εἰ δὲ ἐν δακτύλῳ θεοῦ ἐκβάλλω τὰ δαιμόνια, ἄρα ἔφθασεν ἐφ' ὑμᾶς ἡ βασιλεία τοῦ θεοῦ*) 누가복음 17:20 이하도 역시 같은 맥락이다. "하나님의 나라는 너희 안에 있느니라."(*ἰδοὺ γὰρ ἡ βασιλεία τοῦ θεοῦ ἐντὸς ὑμῶν ἐστιν*) 이때 현재와의 관련성으로 인해 생기는 긴장이 결정적이다. 현재는 이미 시작된 미래의 기점에서 이해되며, 따라서 미래만큼 현재도 새로운 지평에서 드러난다.

3.2.3 예수 메시지의 고유성은 그의 비유에서 가장 극명하게 표현된다.(이에 대해서는 I권 4장 3.4에서 상세하게 논하였다.) 이 비유는 두 개의 주제 그룹으로 나눌 수 있다. 실현되는 하나님 통치에 대해 말하는 비유와 하나님의 행위가 인간에게 임함을 말하는 비유이다. 이른바 자라나는 비유는 회화적인 형태로 하나님의 통치의 시작과 완성을 다루며(막 4장과 병행구절), 다른 비유들에서는 인간의 태도를 다룬다. 이에 대한

예로서 겨자씨와 누룩(마 13:31 이하, 33과 병행구절), 그리고 보물과 진주 비유만을 언급하겠다.(마 13:44, 45 이하) 어떤 경우에는 아직 눈에 보이지 않는 사건, 그러나 멈추지 않고 완성을 향해 정진하는 사건이 핵심이라면, 다른 경우에는 최종적인 하나님 행위와 현재에 대면하게 됨으로 인해 생성된 결과가 관건이다.

3.2.4 예수의 메시지에 따르면 하나님의 통치는 초기 유대교 묵시사상에서 광범위하게 이해하였던 것처럼 의로운 자와 경건한 자들을 그들의 고난에서 구하기 위해 세워지는 것이 아니다. 오히려 하나님의 통치와 함께 모든 인간, 특히 잃어버린 자들을 위한 구원이 온다.(참조. 눅 15의 잃은 비유) 이것은 세리, 죄인, 그리고 내쫓긴 자들에 대한 예수의 메시지와 또한 그의 행동에서도 드러난다. 예수에게 하나님의 통치는 이 세상에서 방향을 정하지 못하고 도움 받을 곳도 기댈 데도 없는 한 사람 한 사람을 향한 관심이다. 하나님의 통치는 하나님과의 거리를 극복하고, 하나님을 잃어버린 결과 모든 인간 실존에게 이른 결말을 제거한다는 의미에서 죄가 용서되는 효력을 발휘한다. 이는 하나님과의 함께함을 재형성하는 것이며, 여기서부터 인간은 의미 있는 삶을 살 수 있고, 책임있게 행동할 수 있다. 그것은 또한 희망의 근거가 된다. 모든 인간에게는 미래가 있다. 이 미래는 자기 자신에게 달려 있지 않고, 또한 파멸, 절망, 징벌의 심판도 아니다. 이는 하나님 곁에 있는 최종적인 안전함을 의미한다.

3.2.5 예수의 영향력이 아무리 이스라엘에 집중되어 있다 하더라도 하나님의 통치는 보편적이다. 예수의 영향력은 온 세계에 미칠 하나님의 통치를 세우는 시작이다. 이 통치는 모든 인간을 포괄할 것이다. 그것의 구원하는 힘은 하나의 구원 공동체를 구성하게 할 것이며, 그로부터 구체적인 통치영역이 생겨난다. 이런 의미에서 예수께서는 자신을 따를 것을 촉구하고 하나님의 백성을 모은다. 이것을 그는 새롭게 열두 지파를 정하여 상징적으로 보여주었다.(참조. 이 책 16장)

3.3 하나님 통치의 사자로서 예수

3.3.1 예수께서 전한 하나님 통치는 하나님의 종말적 구원에 대한 계시로서 고유한 사역이다. 동시에 그의 위격(Person)이 특별한 의미가 있다. 그는 하나님 통치의 시작을 선포하였고 경험이 가능하게 하였다. 하나님 통치의 사자(使者)로서 예수께서는 하나님 통치를 현실화하였다. 그의 생전에도 이미 그러했지만 부활 이후에야 비로소 제대로 그가 누구인가 하는 질문이 제기된 것은 우연이 아니다.

3.3.2 예수의 활동과 더불어 기독론을 위한 단초(端初)가 이미 내재적으로 주어졌다.(참조. 이 책 8장) 이것이 발전하여 공동체의 전승 안에서 변형이 이루어졌고, 이는 예수에게 있어 그토록 핵심적이었던 하나님 통치의 메시지가 기독론적 인식을 통해 변형되고 심지어는 대체되는 상황에 이르게 하였다.

4. 초기 공동체에서 예수 메시지의 변형

예수의 신중심적 선포의 다양한 변화와 관련하여 초기 공동체에서는 예수의 위격(Person)에 대한 고백을 하나님 통치에 대한 메시지 안으로 포함시키는 것이 관건이었다.

4.1 바실레이아-메시지와 기독론의 결합

우선 바실레이아-메시지(*βασιλεία*-Botschaft)를 고수하지만, 기독론적으로 보완된 전승의 갈래를 추적해야 한다. 여기서 사도행전을 포함해 공관복음서가 중요하다.

4.1.1 구두말씀자료

마태와 누가에 공통적으로 존재하는 본문에서 포괄적으로 재구성할 수 있는 구두말씀자료는 그것이 지닌 신학적 고유성으로 인해 더욱 분명하게 인식할 수 있다.

4.1.1.1 예수의 메시지는 말씀전승으로서 대체적으로 변경되지 않고 전수된다. 그런 점에서 구두말씀자료는 부활 이후 시기에 예수의 메시지를 널리 선포한 것에 대한 증거이다.(참조. I권 9장) 예수 자신에게서와 마찬가지로 하나님 통치의 시작과 기대되는 완성이 요지이다. 이는 우선 팔레스틴 공동체 안에서 유효했다. 그러나 이 본문의 번역이 보여주듯이 헬라어권 공동체 영역으로 확장되었다.

4.1.1.2 '바실레이아 투 세우'(*βασιλεία τοῦ θεοῦ*)는 구두말씀자료 안에서 인자-기독론에 의해 보충되었다. 좀 더 정확히 말해 그것은 묵시적인 인자-개념을 수용하면서 그것의 상관개념을 받아들였다. 구두말씀자료의 인자-기독론에는 전적으로 지상의 예수의 전권과 위엄, 그리고 심판자와 구원의 완성자로서 오는 그의 재림이 요지이다.(수난의 말씀과 부활의 말씀, 그리고 승귀 모티브는 여기서 고려하지 않는다.) 그 결

과 예수께서는 하나님 통치를 가져오는 자로서, 하나님의 통치를 완성하는 자로서 시야에 들어온다. 이러한 관점 아래에서 그의 선포의 주요주제가 변경되거나 후퇴되지 않은 채, 예수의 고유한 메시지에 내재된 기독론이 전개되었다. 만일 누가복음 12:8 이하에서 알 수 있듯이, 예수 자신이 인자 표상에 관심을 가졌다고 전제할 수 있다면, 더욱 더 그러하다. 물론 그 표상을 자기 자신에게 적용하지는 않았다. 그에게 있어 천상의 인자는 그의 지상에서의 활동을 입증해야 할 증인이거나 심판자이었다. 부활 이후의 공동체에서는 예수 그 분이 지상에서 전권적으로 활동하고 재림 때에 그의 사역을 완성할 인자이다.

4.1.2 마가복음

마가복음은 구두말씀자료로서 하나의 다른 전승 상태를 이용하였으나, 역시 예수의 바실레이아 메시지 및 그 메시지와 기독론의 결합에 관심을 가졌다.(참조. I권 2상)

4.1.2.1 마가가 관심을 가진 것은 구원의 현재와 구원의 미래가 짝을 이루는 것을 어떻게 설명하고 어떻게 계속 확장해 나갈 것인가이다. 복음서 저자는 그에게 알려진 서술전승과 말씀전승을 수난사화 및 부활사화와 결합하였고, 그것을 넘어서 마가복음 13장에서 묵시적 설교를 받아들여, 마가복음 13장과 마가복음 4장의 비유설교에 핵심적 위치를 부여하였다.(16:8에 있는 미완의 결론부는 13장의 약속과 관련이 있다.) 시작된 하나님의 통치를 전하는 예수의 메시지는(막 1:14 이하, 4:1–34) 이로써 분명하게 인자의 재림 기대 및 구원의 완성을 겨냥하게 되었다.(13:24–27) 이때 구원의 현재와 구원의 미래는 '환난'(*θλῖψις*)이라는 묵시적 모티브에 의해 서로 결합된다.(13:8c, 19) 예수의 활동, 그의 죽음 및 부활과 함께 묵시적으로 이해되던 종말이 이미 시작되었고, 그의 재림 이전에 있는 계속되는 모든 사건들은 따라서 완성에 앞서 온 종말론적 '환난'으로 특징지어졌다. 이런 이유로 마가는 '교회의 시기'를 몰랐다. 오히려 믿는 사람들은 핍박과 수난으로 규정된 과도기를 살며, 이 시기에는 모든 것이 '인내'에 달려 있다.(참조. 막 13:13) 마가복음 4장과 13장의 두 설교는 그 복음서의 구성과 구조에 토대를 이루는 의의를 지닌다. 여기서 하나님 통치의 시작과 완성, 구원의 현재와 미래가 요지이다.

4.1.2.2 마가는 구두말씀자료에서와는 달리 그저 간단하게 바실레이아–선포에 기독론적 진술을 편입시킨 것이 아니다. 여기에서는 보다 더 강하게 기존의 전승 사이

로 기독론이 스며들었다. 인자-진술과 관련하여 구두말씀자료와의 평행이 확인되지만, 인자의 수난과 부활에 대한 예고가 지상의 활동과 미래의 활동에 대한 말씀에 더해졌다.(마 8:31, 9:31, 10:33 이하) 이는 이 복음서 내에서 수난과 부활사화의 종결적 위치에 부응한다. 게다가 예수를 성령을 지닌 자이며 하나님의 아들로서 이해한다. 그는 전권적으로 바실레이아-메시지를 선포하였고, 많은 사람들을 위한 대속적인 그의 죽음에서(막 10:45, 14:24) 하나님의 현재적인 구원 실현이 정점에 이르렀다. 마가 기독론의 또 다른 요소가 닥쳐오는 바실레이아-선포를 결국 독특하게 변형시킨다. 마가의 입장에서는 하나님의 아들인 예수께서 '하나님 통치의 비밀'(*μυστήριον τῆς βασιλείας τοῦ θεοῦ*, 막 4:11a)이다. 즉 하나님 통치를 기독론적으로 이해한다. 하나님 통치의 선포와 기독론이 여기서는 구두말씀자료에서처럼 병렬적으로 속하지 않고, 그로 인해 하나님 통치의 메시지가 기독론에 의해 해체되지는 않으나, 상호간에 스며든다. 이는 다른 초기 기독교의 전승 줄기들에서 확인되는 바이다.

4.1.3 마태복음과 누가의 이중 저작

마태복음과 누가의 이중 저작에는 마가복음의 개념이 전제된다. 두 저자는 구두말씀자료전승을 처음부터 배치하고 마가의 구상에 맞추어 조정하였다. 그럼에도 불구하고 신학적 근본 자세는 마태도, 누가도 마가와 간단하게 일치하지 않는다. 기독론과 하나님 통치의 상관성의 측면에서 볼 때 한편으로는 승귀 기독론의 숙고를 통해 분명하게 내용상 근본적인 차이가 나는 비중이 생겨나고, 다른 한편으로는 기독론이 각각 다르게 확장되었다.

4.1.3.1 마가에서 승귀 표상은 기껏해야 암시적으로 표현된 반면(막 12:35-37, 14:62), 마태와 누가에서는 현저한 비중을 얻었다. 마태의 경우 28:18의 계획적으로 기술한 말씀에서 그러한 사실이 부각된다. 그 구절에서 부활한 이가 다음과 같이 말한다. "하늘과 땅의 모든 권세를 내게 주셨다."(*ἐδόθη μοι πᾶσα ἐξουσία ἐν οὐρανῷ καὶ ἐπί γῆς*) 누가의 경우 22:69의 공회 앞에서 한 예수의 고백이 전적으로 승귀와 연결된다. 마가복음 14:62 및 마태복음 26:64과 비교하여 그 구절에 유일하게 다음과 같이 보도하기 때문이다. "이제부터는 인자가 하나님의 권능의 우편에 앉아 있으리라."(*ἀπὸ τοὺ νῦν δὲ ἔσται ὁ υἱὸς τοῦ ἀνθρώπου καθήμενος ἐκ δεξιῶν τῆς δυνάμεως τοῦ θεοῦ*) 이 구절에서는 파루시아 모티브를 포기한다. 승귀 모티브는 사도행전 2:33의 성령의 수여라는 맥락에서 강조하여 다시 수용한다.

4.1.3.2 여기서부터 귀결된 결론은 부활과 재림 사이의 시기에 대한 하나의 다른 이해이다. 마가의 경우 하나님 통치의 시작에서 완성으로 넘어가는 '환난'의 시기가 관건이라면, 그리하여 이 시기는 독립적인 특성을 얻었고, 이는 특히 교회론에서 드러나는 바이다.

4.1.3.2.1 마태복음에서는 구원 완성의 현재성을 강하게 강조한다. 더욱이 때의 불확실함(막 13:32∥마 24:36)뿐만 아니라 예수 재림의 지연을 고려한다. 이는 부활 이후에 개작된 열 처녀 비유에서 드러나는 바이다.(마 25:1-13) 그 밖에 '에클레시아'(*ἐκκλησία*) 개념이 등장한다. 한 번은 '내 교회를 세우리니'(16:18)라고 말하는 데서, 다른 한 번은 구체적인 공동체의 질서와 관련하여 나온다.(18:17)

4.1.3.2.2 누가에게도 본질적으로 강한 변형이 있다. 미래기대를 포기하지 않은 채, '교회의 시기'가 성령의 때로서, 그리고 복음의 확장기로서 두드러진 역할을 한다. 게다가 누가는 현재적 구원이라는 관점에서 '바실레이아 투 세우'(*βασιλεία τοῦ θεοῦ*)라는 천상의 현존을 강조한다. 구원의 현재는 그것의 피안성 가운데서도 지금 이미 경험가능하다. 게다가 하나님의 통치는 동시에 '바실레이아 크리스투'(*βασιλεία Χριστοῦ*, 그리스도의 통치)이다.(참조. 고전 15:25) 이 같은 사실은 특별히 십자가에 달린 이와 강도의 대화에서 드러난다. "당신의 나라에 임하실 때에 나를 기억하소서."라는 강도의 간구에 예수께서는 다음과 같이 답한다. "오늘 네가 나와 함께 낙원에 이르리라."(*μνήσθητί μου ὅταν ἔλθῃς εἰς τὴν βασιλείαν σου - σήμερον μετ' ἐμοῦ ἔσῃ ἐν τῷ παραδείσῳ*, 눅 23:42 이하) '바실레이아'는 그 당시 아직은 피안적인 구원의 현실이다. 그 현실 안으로 예수께서 들어가고 용감하게 참회한 강도도 들어가도록 허락받는다. 피안의 통치로서 그것은 아직 현재에 영향력을 끼치지 않고 미래에 세상 전체를 위해 나타날 것이다.(눅 12:35 이하, 21:31) 교회의 존재와 성령의 활동이 이 피안의 바실레이아를 전제로 하지만, 그것과 중복되지는 않는다.

4.2 기독론으로 수용된 바실레이아-메시지

바실레이아-메시지가 기독론과 결합한 것 외에 또 다른 초기 기독교의 전승들이 있다. 이 전승들에서 바실레이아-메시지가 기독론에 의해 교체되었다. 하나님의 통치에서 예수 그리스도의 통치가 되었다.

4.2.1 승귀된 이의 통치

하나님 통치의 메시지가 기독론적으로 변형된 데에는, 이미 마태와 누가가 숙고한 승귀 표상이 중요한 역할을 한다. '마라나타' 외침이 보여주듯이, 그리고 왕적 통치의 표상이 재림과 연결되어 있듯이(참조. 막 14:61 이하, 또한 계 20:4-6), 가장 오래된 기독론에는 예수의 부활이 그의 재림 기대와 바로 결합되는 반면, 비교적 이른 시기에 승귀 기독론이 형성되었다. 메시아 통치는 이제 부활 및 승귀와 관련지어졌다. 여기서 현재적 통치가 결정적으로 중요하다.(마 26:64, 눅 22:69)

4.2.1.1 승귀표상과 더불어 예수의 부활 고백에 구약성서의 전승을 토대로 특수한 의미를 부여한다. 부활(과 승천)의 맥락에서 예수께서는 '하나님 우편에' 앉게 되었고, 즉위하여 세상의 통치자로 임명되었다. 신약성서에 가장 자주 등장하는 구약성서 인용문은 시편 110:1의 즉위진술이다. 그 구절에 따르면 그 왕은 하나님에 의해 그의 대리자로 임명된다. 일반적으로 1절 하반절만이 하나님 우편에 앉으라는 권유와 연결된다. 1절 상반절은 적들의 굴복이라는 모티브와 함께 그것을 넘어서 '종말론적인 유보'(에릭 페터슨[Erik Peterson])를 표현할 가능성을 제공했다.

4.2.1.2 예수께서 부활한 이로서 왕적인 통치자의 지위를 넘겨받았다는 것은 바울이 인용한 찬양시 가운데 빌립보서 2:(6-8)9-11에서도 표현되었다. 그 구절에서 하나님은 승귀된 이에게 '모든 이름 위에 뛰어난 이름', 즉 '퀴리오스'(*κύριος*, 주)라는 이름을 주었다. 그리고 하나님은 이 세상에 대한 모든 통치권을 그에게 주었다. 이 맥락에서 하나님의 통치는 언급하지 않는다.

4.2.1.3 이에 상응하여 골로새서 1:13은 세례 말씀전승의 맥락에서 다음과 같이 기록한다. 하나님 아버지가 우리를 "흑암의 권세에서 건져내사 그의 사랑의 아들의 나라로 옮기셨으니, 그 아들 안에서 우리가 속량 곧 죄사함을 얻었다."(*εὐχαριστοῦτες τῷ πατρί … ὃς ἐρρύσατο ἡμᾶς ἐκ τῆς ἐξουσίας τοῦ σκότους καὶ μετέστησεν εἰς τὴν βασιλείαν τοῦ υἱοῦ τῆς ἀγάπης αὐτοῦ, ἐν ᾧ ἔχομεν τὴν ἀπολύτρωσιν, τὴν ἄφεσιν τῶν ἁμαρτιῶν*) 여기서 매우 특징적인 방법으로 하나님의 고유한 행위와 아들의 통치가 서로 결합된다. 이는 원래의 바실레이아 개념이 아직 남아 공감된다는 분명한 암시이다. 어쨌거나 아들의 바실레이아(*βασιλεία*)에 현재 참여한다는 것이 요지이다. 바실레이아(*βασιλεία*)를 '바실레이아 크리스투'(*βασιλεία Χριστοῦ*, 그리스도의 통치) 또는 '바실레이아 투 크리스투(헤몬)'(*βασιλεία τοῦ κυρίου* [*ἡμῶν*], [우리] 주의 통치)로 이해한 다른 본문들로는 디모데후서 4:1, 4:18과 베드로후서 1:11이 있

다.(살후 1:5, 약 2:5과는 다르다.)

4.2.1.4 이 맥락에서 특히 흥미로운 것은 고린도전서 15:23-28 본문이다. '통치하다'(*βασιλεύειν*)와 '통치'(*βασιλεία*)가 부활하시고 승귀하신 그리스도에게 넘겨졌다. 그는 모든 적들, 사망을 포함하는 모든 원수를 이길 때까지 '왕 노릇 해야 한다.' 그리고 나서 그는 '바실레이아'를 (다시) 아버지께 '바친다.' 이는 하나님이 만유의 주로서 만유 안에 계시기 위함이다.(*δεῖ γὰρ αὐτὸν βασιλεύειν ἄχρι οὗ θῇ πάντας τοὺς ἐχθροὺς ὑπὸ τοὺς πόδας αὐτοῦ … ὅταν δὲ ὑποταγῇ αὐτῷ τὰ παύτα, τὸτε αὐτὸς ὁ υἱὸς ὑποταγήσεται τῷ ὑποτάξαντι αὐτῷ τὰ πάντα, ἵνα ᾖ ὁ θεὸς πάντα ἐν πᾶσιν*, 15:25, 28) 이 구절에 따르면 종말론적인 하나님 통치의 실현은 승귀하신 이의 사역이다. 아버지를 대신하여, 그리고 아버지의 전권을 받아서 그는 그의 부활 이후로 행동하며 이 통치가 마지막으로 실현될 때까지 그러하다. 이런 의미에서 예수 그리스도의 잠정적인 다스림을 말할 수 있다. 바실레이아의 현재적 형태는 어쨌거나 그리스도의 통치이며, 이는 완성의 때에 다시 직접적인 하나님 통치가 될 것이다.

4.2.1.5 신약성서의 몇몇 구절은 '그리스도의 통치' 혹은 '하나님 아들의 통치' 대신 '인자의 통치'(*βασιλεία τοῦ υἱοῦ τοῦ ἀνθρώπου*)를 말한다. 여기서도 또한 승귀표상이 전제되어 있다. 이 표상은 원래는 인자-기독론에 내재하는 구성요소가 아니었다. 밭의 가라지 비유를 설명하는 틀 가운데 있는 마태복음 13:41이 이에 해당한다. 이 구절에서 '그의 나라'를 말하며, 그 나라는 그의 지상의 활동과 그의 종말적인 심판의 직무 사이에 존재한다. 이는 누가의 경우도 마찬가지이다. 그는 매우 의식적으로 인자전승을 승귀표상과 관련지었으며, 이는 앞서 인용한 누가복음 22:69 외에도 사도행전 7:56의 스데반의 진술이 보여주는 바와 같다. "보라 하늘이 열리고 인자가 하나님 우편에 서신 것을 보노라."(*ἰδοὺ θεωρῶ τοὺς οὐρανοὺς διηνοιγμένους καὶ τὸν υἱὸν τοῦ ἀνθρώπου ἐκ δεξιῶν ἑστῶτα τοῦ θεοῦ*) 승귀하신 천상의 인자 표상은 요한계시록에도 나온다. 이는 요한계시록 1:9-20의 도입환상이 보여주는 바이다.(승귀하신 이가 '인자같은 이'[*ὅμοιον υἱὸν ἀνθρώπου*]로 나온다. 13절) 이는 예수께서 인자로서 종말에 재림할 것과 관련이 있으며, 그에 관해 14:14에서는 심판의 견지에서 말한다. 그 밖에 요한계시록 다른 곳에서는 인자-기독론을 사용하지 않는다.

4.2.2 하나님의 통치가 그리스도에게 이행됨을 다루는 위의 본문들 외에 하나님과 그리스도의 동시적인 통치를 언급하는 약간의 구절들이 있다. 에베소서 5:5의 '그리스도와 하나님 나라에서의 기업'(*κληρονομία ἐν τῇ βασιλείᾳ τοῦ Χριστοῦ καὶ* *θεοῦ*)에 대한 미래지향적 어구 외에 요한계시록과 히브리서의 현재와 관련된 진술들을 주목할 만하다. 이 진술들을 간략히 다루어야 한다.

4.2.2.1 하나님과 그리스도 공동의 통치를 요한계시록 11:15의 환호와 또한 12:10의 찬양시에서 찬양한다. 이 두 경우는 21:1-22:5에서 상세하게 거론된 미래적 구원의 완성과 연결되지 않고 현재적 통치와 관련이 있다.

4.2.2.1.1 구약성서의 즉위시편의 문체로 요한계시록 11:15은 표현한다. "세상 나라가 우리 주와 그의 그리스도의 나라가 되어 그가 세세토록 왕 노릇 하시리로다." (*ἐγένετο ἡ βασιλεία τοῦ κόσμου τοῦ κυρίου ἡμῶν καὶ τοῦ Χριστοῦ αὐτου, καὶ βασιλεύσει εἰς τοὺς αἰῶνας τῶν αἰώνων*) 이 내용을 12:10에서 변형하여 재수용하였다. "이제 우리 하나님의 구원과 능력과 나라와 또 그의 그리스도의 권세가 나타났다." (*ἄρτι ἐγένετο ἡ σωτηρία καὶ ἡ δύναμις καὶ ἡ βασιλεία τοῦ θεοῦ ἡμῶν καὶ ἡ ἐξουσία τοῦ Χριστοῦ αὐτοῦ*) 이 세상에서 벌어지는 모든 것은 하나님과 그리스도의 왕적 행위와 관련을 맺으며, 이 행위는 하나의 통일체를 이룬다. 이는 11:15의 '바실류세이'(*βασιλεύσει*, '그가 통치할 것이다')라는 단수 형태를 통해 알 수 있다.

4.2.2.1.2 현재적인 '하나님과 그리스도의 통치'가 있기 때문에, 현재에도 이미 이 통치에 참여한다. 그리하여 요한계시록 1:5b, 6의 신앙고백진술 시작 부분에서 그리스도가 "우리를 나라로 삼으셨다."고 말한다.(*ἐποίησεν ἡμᾶς βασιλείαν*, 참조. 5:10) 왕적인 다스림을 통해 믿는 사람들이 그곳에 속하게 되는 통치영역이 생긴다. 바실레이아에 참여한다는 것은 왕의 현실에 연관됨을 의미한다. 그리하여 5:10b에서 믿는 자들이 함께 통치한다는 모티브를 수용할 수 있다.(*καὶ βασιλεύσουσιν ἐπὶ τῆς τῆς*, 참조. 고전 6:2, 나아가 눅 22:30∥마 19:28) 특징적으로 요한계시록 1:9은 이 바실레이아에 참여함을 동시에 '환난'과 '참음'(*θλῖψις*와 *ὑπομονή*, 참조. 막 13장)에 동참하는 것과 연결한다.

4.2.2.2 히브리서는 1:8에서 승귀하신 그리스도의 견지에서 시편 44:7(70인역) 이하를 끌어와 '주의 나라의 규[9]'(*ῥάβδος τῆς βασιλείας σου*)를 말한다. 그리고 12:22-28은 종말의 바실레이아를 말한다. 그 구절에서는 시온 산과 '살아계신 하나님의 도성'이 관건이다. 그 곳으로 믿는 사람들이 '새 언약의 중재자'(*διαθήκης νέας μεσίτης*)인 예수를 통해 '다가간다.'(*προσεληλύθατε*) 28절에서 끝마치며 다음과 같이

9) 왕권을 나타내는 홀 또는 지팡이 – 역자 주.

기록한다. "우리가 흔들리지 않을 나라를 받았은즉 감사하자."(*βασιλείαν ἀσάλευτον παραλαμβάνοντες*)

4.2.3 지상에 계신 이의 통치

승귀전승으로부터 이해된 '바실레이아' 또는 '바실레이아 크리스투'(*βασιλεία Χριτοῦ*, 그리스도의 통치) 표상은 마침내 예수의 지상 활동과 연결되었다. 여기서 두 가지 다른 전승을 만난다.

4.2.3.1 공관복음서에는 예수를 약속된 지상의 메시아 왕으로, 다윗의 후손으로 보는 상당히 많은 구절들이 있다.(그 중에서도 특히 막 10:11, 15:26을 보라.) 이 구절들은 구약의 왕위 전승에서 기인하며, 예수를 하나님 통치의 선포를 위임받은 약속된 구원의 중재자로 본다.

4.2.3.2 예수의 지상 역사를 선재하신 이의 왕적 통치의 실현이라는 의미인 '그리스도의 통치'(*βασιλεία Χριστοῦ*)로 이해한 본문에서는 상황이 다르다. 빌라도 앞에서의 예수의 말씀인 요한복음 18:36 이하가 이에 해당한다. 이 세상에 속하지 않은(*ἡ βασιλεία ἡ ἐμὴ οὐκ ἔστιν ἐκ τοῦ κόσμου τούτου*) 그의 통치는 지상의 예수의 활동과 승귀하신 이의 활동을 포괄하는 기능이 있고, 그와 함께 나타난 모든 종말론적인 구원의 현실과 관련된다. 예수께서는 왕으로서(*βασιλεύς*) 이 세상에 왔으며, 이는 '진리에 대하여 증언하려'(*μαρτυρεῖν τῇ ἀληθείᾳ*, 요 18:37) 함이며, 하나님의 진리가 관철되고 실현되는 것은 그리스도의 왕적 통치를 통해서이다. 이런 틀 안에 요한복음 안에 있는 또 다른 왕의 진술들도 포함된다.(참조. 1:49, 12:13, 19:3, 12, 14 이하, 19) 이러한 수용은 성육신 기독론과 관련이 있고, 그것을 근거로 예수의 생애 전체가 왕의 행위로 이해된다. 이것은 또한 선재하신 이와 승귀되신 이에게도 연결된다. 따라서 지상의 활동의 견지에서 이미 그의 '영광'(*δόξα*)을 말한다.(빌 2:6-8과는 반대로)

4.3 하나님 통치와 성령론

지금까지 논의된 본문에서 보여준 것은 기독론의 변형이 어떻게 하나님 통치의 메시지를 변형된 모양으로 고수하고 또 지속할 수 있었는지 그 가능성을 제공하는 것이다. 이제 하나님의 통치를 성령론과 결합시킨 다른 노선의 전승을 확인한다.

4.3.1 누가의 경우 '하나님의 통치와 예수 그리스도의 이름'을 선포하는 부활 이

후의 메시지는 제자들과 증인들 위에 부어진 성령에 의해 수행되었다. 기독론과 결합된 시작하는 하나님 통치의 메시지는 그런 점에서 성령론과 긴밀히 연결된다. 이와 관련하여 성령에 대한 진술들은 무엇보다도 승귀하신 주로부터 나오는 구원하시는 능력을 달리 표현한 것이다.

4.3.2 바울에게는 하나님의 통치 개념이 미미한 역할을 할 뿐이다. 증거본문의 수가 그리 많지 않다. 어쨌거나 8개의 본문이 부분적으로는 현재적인 하나님 통치의 현실과 연결되고 부분적으로는 미래적 하나님 통치의 현실과 연결되면서 동시에 성령론과 관련되는 그 사실과 방식은 시사하는 바가 많다.

4.3.2.1 로마서 14:17과 고린도전서 4:20의 두 진술은 직접적으로 현재에 연결되며, 성령의 활동을 지시한다. 그 진술들은 하나님 통치의 전승이 성령에 관한 이해와 얼마나 밀접하게 결합되어 있는지를 분명히 한다. 로마서 14:17에 다음과 같이 기록한다. "하나님의 나라는 먹는 것과 마시는 것이 아니요 오직 성령 안에 있는 의와 평강과 희락이라."(*οὐ γάρ ἐστιν ἡ βασιλεία τοῦ θεοῦ βρῶσις καὶ πόσις ἀλλὰ δικαοσύνη καὶ εἰρήνη καὶ χαρὰ ἐν πνεύματι ἁγίῳ*) 고린도전서 4:20도 역시 중요한 구절이다. "하나님의 나라는 말에 있지 아니하고 오직 능력에 있음이라."(*οὐ γάρ ἐν λόγῳ ἡ βασιλεία τοῦ θεοῦ ἀλλ᾽ ἐν δυνάμει*) 하나님의 통치는 말씀만이 아니라 그 통치의 '역동성'으로 실현된다는 사실이 이 '십자가의 말씀' 선포를 담고 있는 긴 단락의 마지막 부분에 있다. 이 내용은 '성령과 힘의 증거'(*ἀπόδειξις πνεύματος καὶ δυνάμεως*)를 말하는 2:4 진술의 맥락에서만 비로소 제대로 이해할 수 있다. 요지는 두 개의 동의어를 강조하기 위해 병렬하였다는 점이다. 성령 자체가 힘이며, 그 힘은 말씀에 전권을 부여하고, 그로 인해 하나님의 통치가 실현된다.

4.3.2.2 미래 진술에서 바울은 고린도전서 6:9, 10, 15:50, 그리고 갈라디아서 5:21에서 여러 번 전형적인 어구 '하나님의 나라를 유업으로 받다.'(*κληρονομεῖν τὴν βασιλείαν τοῦ θεοῦ*)를 사용한다. 이 어구는 '하나님의 나라에 들어간다.'는 공관복음 구절과 관련된다. 고린도전서 6:9 이하와 갈라디아서 5:21의 진술은 성령의 현재적 활동을 제시하는 것과 관련이 있다. 이는 고린도전서 6:11의 세례에 관한 말씀과 갈라디아서 5:22-25의 덕 목록에서 드러나는 바와 같다. 비슷하게 데살로니가전서 2:12의 진술, '너희를 자기 나라에 부르시는 하나님'(*θεὸς ὁ καλῶν ὑμᾶς εἰς τὴν ἑαυτοῦ βασιλείαν*)은 구원을 현재적으로 규정하려는 사고와 결합되어 있다. 고린도전서 15:50의 표현은 위의 진술과 대립관계이다. '혈과 육'(*σὰρξ καὶ αἷμα*)은 하나님의 나라를 유업으로 받

지 못한다. 이는 그리스도의 부활에 근거한 부활소망의 맥락에서 본 것이다.

4.3.2.3 바울의 신학에 있어서는 다음의 사실이 매우 시사하는 바가 많다. 즉 하나님의 통치는 예수의 선포 이래로 계속된 전승과 같이 현재적 요소와 미래적 요소를 지니고 있다. 여기서 현재적 차원은 성령의 활동과 관련지어진다. '하나님 나라(통치)의 유업'이라는 점에 있어서 최종적으로 실현되는 하나님의 통치가 관건이라면, 현재에 계시될 때에는 성령의 능력이 관건이다. 하나님의 통치를 물려받도록 예정된 이들은 믿는 사람들이다.

4.3.3 제4복음서에도 하나님 통치와 성령론의 결합이 등장한다. 이를 위해 비록 단 한 구절만 끌어올 수 있다. 그러나 이 복음서에서 성령론이 갖는 비중을 고려할 때 그 구절은 매우 중요하다.

4.3.3.1 요한복음 3:5은 '하나님의 통치에 들어간다.'(*εἰσέρχεσθαι εἰς τὴν βασιλείαν τοῦ θεοῦ*)는 전통적인 표현을 수용하였다. 그 말은 이미 요한 이전의 전승에서 세례와 결합되었으며, 이는 '물과 성령으로 거듭남'(*γεννηθῆναι ἐξ ὕδατος καὶ πνεύματος*)이라는 표현에서 나타난다. 제자도에 근거하여 하나님 나라에 들어간다는 공관복음서의 전승이 이런 식으로 부활 이후에 특징적으로 해석되었다. 또한 바울에게도, 이미 언급했듯이, '하나님의 통치를 유업으로 받다.'가 세례 받음과 성령의 활동에 연결된다. 역시 요한복음 3:5에서도 현재에 성령이 역사하는 세례 받은 상태 및 미래에 완성되는 하나님의 통치에 참여한다는 관계가 요지이다.

4.3.3.2 복음서 저자는 이 전통적인 세례에 관한 예수의 구두말씀을 앞서 나오는 요한복음 3:3에서 특수한 방법으로 해석하고 뒤따라 나오는 예수와 니고데모와의 대화에서 계속 설명한다. "진실로 진실로 네게 이르노니, 사람이 거듭나지 아니하면 하나님의 나라를 볼 수 없느니라."(*ἀμὴμ ἀμὴμ λέγω σοι, ἐὰν μή τις γεννηθῇ ἄνωθεν, οὐ δύναται ἰδεῖν τὴν βασιλείαν τοῦ θεοῦ*) 물과 성령으로 세례를 받는다는 것은 복음서 저자에게는 '새로' 혹은 '위로부터 태어난다.'는 것과 같은 의미이다.(*γεννηθῆναι ἄνωθεν*은 이중의 의미로 알려져 있다.) 이는 '하나님의 통치를 보는 것'을 가능하게 한다. 성령이 이미 현재적인 구원의 현실을 보게 한다. 3절과 5절의 주목해야 하는 순서는 3절에서는 새롭게 하시는 하나님 통치의 활동을, 5절에서는 그것에 참여함을 보다 더 강하게 강조한다고 설명할 수 있다. 이 두 절의 병렬을 통해 우선은 새로운 해석을, 그 다음은 전승에서 전수된 예수께서 하신 구두말씀이 지니는 표현 양식을 고려할 수 있다.

4.4 하나님 통치와 교회론

신약성서에 하나님의 통치와 교회론의 결합이 존재하는 것은 하나님의 통치 중 통치의 영역과 관련되는 구성요소와 상관이 있다. 예수님의 말씀전승 중에서 모이는 하나님 백성의 표상이 하나님 통치에 대한 매우 중요한 상관개념이라는 점은 우연이 아니다. 이는 교회론적으로 수용한 것이다.(참조. 이 책 15장과 16장) 이러한 맥락에서 하나님의 통치와 교회론의 직접적인 결합을 관찰할 수 있는 본문 두 곳만 고려한다.

4.4.1 하나님 통치와 교회의 상관관계는 마태복음에서 확인할 수 있다. 그 상관관계는 하나님의 통치를 무엇보다도 미래의 또는 내세적 차원으로 이해한 데서 가능해졌다. 마태는 예수의 때와 부활 이후의 시기에 비해 구원의 미래를 보다 더 강하게 강조하였다. 이는 '하늘 통치' 혹은 '하늘나라'(*βασιλεία τῶν οὐρανῶν*)가 수많은 곳에서 강조되어 미래지향적으로 나타나기 때문이다.(마 5:19, 7:21, 18:3, 25:1-13) 여기서 구원의 완성과 더불어 심판의 주제도 중요한 역할을 한다.(참조. 특히 25:31-46) 온 세상에 선포될 '천국 복음'(*εὐαγγέλιον τῆς βασιλείας*, 4:23, 9:35, 24:14. 비교. 13:19)은 제자 공동체에게 맡겨졌다. 제자들은 구원을 주시는 예수의 메시지와 그의 위격(Person)에 대한 신앙고백의 수호자이다. 현재적인 하나님의 통치는 승귀하신 이의 통치(28:18)에서 분명하게 묘사된다. 그의 통치가 믿는 사람들의 공동체 및 그의 교회 안에 영향력을 끼치는 반면, '하늘의 통치'(*βασιλεία τῶν οὐράνῶν*)의 최종적인 형태는 미래적인 구원의 현실이다. 여기서 '하늘'이 지시하는 것은 하나님에 대한 우회적인 표현이 아니며, 최종적인 구원의 영역을 뜻한다. 결과적으로 구원의 현재는 교회론적인 구성요소를 포함하며, 이는 16:18 이하의 베드로에게 한 약속에서 볼 수 있다. 예수 그리스도에 의해 세워진 '교회'(*ἐκκλησία*)에 '천국 열쇠'(*κλεῖδες τῆς βασιλείας τῶν οὐρανῶν*)가 맡겨졌다. 이는 땅 위에서 곧 교회에서 내려진 결정이 미래의 하나님의 통치인 하늘에서도 유효하기 때문이다.(참조. 이 구절에 대해 더 자세한 것은 이 책 16장) 또한 마태복음 13:24-30, 36-43의 비유에 따라 교회 안에서 좋은 씨앗과 잡초를 나중에 가려내야 한다면, 이것은 현재적인 구원을 대신하여 말하는 것이다. 그것은 바로 현재의 하나님과 그리스도 통치의 양식이며, 그러나 동시에 종말적인 유보도 있다.

4.4.2 누가도 그의 이중 저작에서 구원의 현재를 분명하게 구원의 완성과 분리한다. 여기서 하나님의 통치가 하나의 포괄적인 기능을 한다. 예수께서 오신 이래로 '바실레이아 투 세우'(*βασιλεία τοῦ θεοῦ*)는 복음으로 선포되었다.(*ἀπὸ τότε ἡ βασιλεία* *τοῦ θεοῦ εὐαγγελίζεται*, 눅 16:16) 예수의 활동을 통해 하나님의 통치가 이미 시작되었고(눅 10:20, 17:21), 부활 이후 교회의 선포를 통해 여전히 현재적이다. 예수께서는 그의 고유한 왕위를 받기 위해 떠나가셨고(*λαβεῖν ἑαυτῷ βασιλείαν*, 참조. 눅 19:12, 19:11-27의 누가복음의 맡겨진 열 므나 비유 전체) 그가 재림할 때에 하나님의 통치를 완성할 것이다.(19:12 끝부분, 17:22-37, 22:16-18) 부활 이후 복음의 메시지는 바실레이아 메시지이며 동시에 기독론적인 선포이다. 그런 점에서 교회는 '하나님의 나라와 예수 그리스도의 이름에 관한' 복음의 메시지를 전한다.(*εὐαγγελίζεσθαι περὶ τῆς βασιλείας τοῦ θεοῦ καὶ τοῦ ὀνόματος Ἰησοῦ Χριστοῦ*, 행 8:12. 참조. 1:3, 19:8, 20:25, 28:23, 31) 매우 특징적인 것은 사도행전 1:6-8의 진술이다. 제자들이 부활하신 이에게 그가 (하나님의) 왕국을 '이스라엘 나라를 위하여 지금 회복시키실 것'인지(*κύριε, εἰ ἐν τῷ χρόνῳ τούτῳ ἀποκαθιστάνεις τῷ Ἰσραήλ*, 6절)에 대해 질문하였을 때, 부활하신 이는 이중적인 의미로 답한다. 한편으로는 왕국이 언제 결정적으로 실현될지는 하나님의 고유한 권한에 있다는 것이다.(7절) 그것은 어쨌든 '지금'은 아직 회복되지 않았다. 다른 한편으로 제자들이 성령의 권능을 받고 유대와 사마리아를 넘어 온 세상에 증인이 되어야 한다(8절)는 점이다. 그러므로 여기서 교회는 하나님 통치의 일시적인 형태가 아니고, 하늘의 현실이 능력을 나타내고 가까이에 임한다는 것이 교회의 선포로 드러난다.(눅 23:42)

4.5 하나님 통치와 구원론

하나님의 통치가 이미 시작되었다는 예수의 메시지는 오해의 여지없이 구원론적 구성 요소를 갖고 있다. 기독론과 성령론, 그리고 교회론을 통해 수용하면서 각각 구원론이 함께 포함되지만, 독립적으로 수용되고 설명되기도 한다. 물론 여기서 다루어지는 개념은 하나님의 통치와 주제상 직접적으로 연결되지 않는다는 점을 알 수 있다. 그에 관해서는 다른 곳에서 자세하게 다루어야 한다.(참조. 이 책 14장) 여기서는 간략하게 가장 중요한 개념들만 고려한다.

4.5.1 바울은 십자가 메시지로서의 복음을 그의 선포와 신학의 주요주제로 삼았다. 이때 그에게 있어 결정적인 점은 그리스도 메시지의 선포와 더불어 구원이 현재에 실현된다는 것이다. 예수의 희생을 근거로 하여 그때부터 하나님의 의롭게 하시는 행위가 이루어지며, 이는 죄인들에게 새로운 삶과 참된 미래를 선물한다. 그렇게 하나님의

능력으로서 복음은 언제나 현재를 위해 그 기능을 증명한다.

4.5.2 하나님의 나라가 지금 열린다고 하는 예수의 메시지에 있어 매우 중요한 현재적 차원을 요한 신학만큼 철저하게 수용한 곳은 그 어디에도 없다. 예수의 말씀을 믿으면서 받아들일 때에 이미 '영생'(*ζωὴ αἰώνιος*)에 현재적으로 참여한다는, 신약성서 가운데 유례없는 진술 때문에 모든 새로운 해석에도 불구하고 예수에게 있어 결정적인 현재와의 관계가 유지되고 분명하게 표현된다.

5. 초기 기독교 선포의 기본 모티브로서 하나님 통치

예수의 이해에 있어 결정적인 것은 하나님이 세우시고 현재에 영향력을 끼치는 종말적인 구원이다. 이때에 미래적 차원이 폐기되지 않는다. 시작하는 하나님의 통치라는 주제가 공관복음서 밖에서는 쇠퇴하였다는 인상이 상당히 강하지만, 그 의도는 유지되고 있음을 확인할 수 있다. 모든 변형에도 불구하고 현재에 구원이 시작되었다는 예수의 메시지는 초기 기독교 선포의 기본 모티브로 남아 있다.

5.1 현재 및 미래 이해를 위한 의미

5.1.1 하나님의 종말적인 구원의 계시라는 개념과 그 안에 근거하고 있는 구원의 현재와 구원의 완성 사이의 긴장은 모든 전승들 안에서 고수되었고, 그리하여 구원의 현재와 미래에 대한 규정이 각각의 경우에 상이할 수 있다. 또한 마가복음이나 요한계시록과 같이 가장 강한 미래지향적인 본문에도 구원의 현재가 중요한 의미를 지닌다. 반대로 요한복음이나 요한서신에 해당하는 바와 같이 현재적인 구원의 실현을 강하게 강조하는 경우에도 미래적 차원은 폐기되지 않는다. 구원의 현재와 미래는 신약의 전승을 통틀어 늘 서로 짝을 이루며 상호적으로 파악된다. 예수의 메시지에서 이미 특징적인 그 긴장은 어디서도 희생되지 않는다.(참조. 이 책 24장)

5.1.2 그럼에도 불구하고 예수의 선포에 대해 중요한 변형이 생겨난다. 현재적이며 또한 미래적인 구원의 실현이 부활 이후에 하나님 통치의 선포자이며 전달자인 예수의 위격(Person)과 완전히 결합되고 있다. 이와 함께 현재적 진술과 미래적 진술이 새로운 윤곽을 형성하였다. 거기에 더해 예수의 지상선포 및 행위와 더불어 점차 승귀

하신 이의 활동이 등장한다. 그로 인해 구원의 시작과 구원의 완성 사이의 시기가 보다 강화된 의미를 지니게 되었다.

5.2 하나님 이해를 위한 의미

5.2.1 기독론과 더불어 하나님의 구원행위가 단계적으로 예수 그리스도에게 이양되었다. 점차 그는 하나님 행위의 집행자일 뿐만 아니라 고유한 행위를 행하는 자로 나타난다. 이와 함께 이미 계시이해에서 그러했던 것처럼 하나님 이해에 있어 이러한 변화가 어떤 의미를 지니는가 하는 질문이 제기된다.

5.2.1.1 한 가지 모델은 하나님과 예수 그리스도가 동시에 일하시는 모델이다. 이는 특별히 요한계시록에 분명하게 표현되어 있으며, 여러 번 하나님과 승귀하신 그리스도가 함께 활동하심을 말한다. 특히 위에서 언급한 구절인 12:10이 그러한 내용을 담고 있다. "이제 우리 하나님의 구원과 능력과 나라와 또 그의 그리스도의 권세가 나타났다."

5.2.1.2 다른 모델은 대리자의 활동과 관련되는 것으로, 예수 그리스도는 하나님의 위임자이고 그의 대표자이며, 완성의 때까지 구원의 실현을 넘겨받았다. 그리스도의 활동을 하나님 자신의 활동이 포괄한다. 이에 대한 특징적인 예가 고린도전서 8:6의 신앙고백문에 있다. 그 구절에 따르면 하나님이 모든 사건의 기원이며 목적이다.(*ἐξ οὗ, εἰς αὐτὸν*) 그러나 세계창조와 또한 구원의 행위가 한 분 주이신 예수 그리스도에 의해 수행된다.(*δι' οὗ, δι' αὐτοῦ*) 이는 또한 한시적인 그리스도의 '통치'(*βασιλεύειν*)를 말하는 곳에도 해당된다.(참조. 고전 15:25-28) 비록 어디에나 명확하게 표현되어 있지는 않지만, 위와 같은 이해가 모든 본문에 전제되어 있고, 그런 본문에서 부활하신 이가 즉위함으로써 구원 역사의 중요한 한 시대가 시작된다.

5.2.1.3 세 번째 모델은 요한복음에 등장한다. 거기서는 선재하시며 인간이 되신 로고스가 태초부터 하나님과 결합되어 있다. 그로 말하자면, 그는 세상의 역사 안에서 일어나는 모든 것을 행하는 바로 그 분이다. 그의 활동 안에서 그가 하나님의 뜻에 연결되어 있을 뿐만 아니라, 아버지도 아들과 함께하여 행한다. 이러한 이해는 아버지와 아들의 '하나 됨'이라는 사고로 오해의 여지없이 표현되고 있다.(요 10:30) 따라서 아버지를 아들 안에서 볼 수 있다.(참조. 요 12:45과 14:19)

5.2.2 위의 세 가지 경우에 있어서, 비록 예수 그리스도의 활동과 관련하여 말할

때에 특정 시기를 염두에 둔 것이든 또는 세계의 전체의 역사를 염두에 둔 것이든 간에, 중심은 하나님이 근원이며 행동하시는 분이라는 사실이다. 그 어디에서도 기독론적 진술이 하나님의 행위에 대한 진술로부터 분리된 곳은 없다. 또한 비교적 독립성을 띤 부분에서도 기독론은 전적으로 하나님의 종말론적 계시 행위와 구원 행위의 맥락에 있다. 따라서 하나님의 통치는 본질적으로 유지된다. 원래 예수 그리스도의 활동이 종말론적인 구원의 계시와 그것의 완성에 포함된 것으로 연결되었으며, 나아가 선재하신 이에 대한 사고의 맥락에서 창조와 이전 역사도 고려하게 되었다. 여기서 예수의 종말론적인 활동에서 나온 결론을 회고하는 방식으로 다룬다. 그리스도가 행동하는 곳에서는 그를 통해 그의 안에서 하나님이 계시된다. 이에 상응하여 하나님이 행하는 곳에서는 어디든지 그의 활동이 예수 그리스도의 모습을 계시한다. 구원은 그것이 그리스도를 통해 전달되고, 그 전달이 상이하게 평가되었지만(참조. 이 책 8장), 어쨌든 하나님에게서 나온다. 또한 그러한 내용이 신약성서 여기저기에서 그토록 명확하게 진술되지 않았을지라도, 이러한 관점에서 하나의 통일된 기본 개념을 말할 수 있다.

5.3 구원의 계시 이해를 위한 의미

신약성서의 이해에 따르면 하나님 통치의 시작은 하나의 종말론적인 현상이며, 이와 관련하여 최종적인 구원의 계시와 실현이 관건이다. 거기서 결정적인 것은 시작된 구원이 계속된다는 점이다. 이미 발생한 하나님 통치의 시작은 지속되며, 이는 미래와 완성을 앞서 지시하는 것이다. 이러한 이해를 초기 기독교 선포는 다양한 형태로 표현하고자 한다.

5.3.1 예수 고유의 메시지가 맨 처음에는 임박한 기다림 가운데 수용되었다가 계속 진행되었으며, 이는 바울에게서도 알 수 있는 바이다.(롬 13:11) 비록 때가 언제인지는 아버지만 아시지만(참조. 막 13장, 특히 32절), 마가복음에서도 그러한 미래지향성은 분명하다. 마찬가지로 요한계시록도 세상의 역사가 곧 끝날 것이라는 대단히 강렬한 기대를 전제한다. 그러나 때때로 그렇게 추정하듯이, 임박한 재림 기대가 심각한 위기로 이끌리지 않았고, 공동체는 그 연장된 시간의 경험을 극복해야 할 입장에 있었다.

5.3.2 기대하는 것과 달리 아직 도래하지 않은 파루시아가 초기 기독교의 신앙을 실질적으로 침해할 수 없었다는 사실은 계속되는 현재적 구원의 경험에 결정적인 토대를 두고 구원을 이해하고 있다는 점을 통해 알 수 있다. 이러한 사실은 바로 바울이 주

장하는 바이며, 그는 미래적 차원 외에도 구원의 현재를 분명하게 강조하고, 이 둘을 균형 잡힌 관계 안에서 병렬시키고자 했다. 그 밖에 특히 누가의 이중 저작에서 드러나듯이, 구원의 경험과 계속되는 시간 사이의 긴장이 특수한 역사 인식을 성립케 하였으며, 이는 진정한 신약성서적 종말론의 이해를 통해 규명되고 있다.

5.3.3 그러나 또한 미래적 기대가 쇠퇴할 만큼 현재의 차원이 분명하게 강조된 개념들도 전개되었다. 에베소서와 함께 특히 요한 신학이 이러한 경우이다. 비록 아직 완결되지 않았고 역사의 한계 아래서 이루어지긴 하지만, 현재적 구원을 보다 강하게 강조한다. 이미 시작된 구원을 제한적인 선(先)경험의 의미에서 이해하면 안 되고, 이미 시작된 구원도 그 온전한 의미로 다루고 있다.

5.3.4 내용상 상당히 다른 개념들을 조망해 보면, 초기 기독교에 있어 포괄적인 구원을 선포하는 것이 얼마나 중요한 과제였는지가 드러난다. 그리하여 구원의 현재성을 보다 강하게 강조하고 더 상세히 규정하는가 하면, 반면에 구원의 미래성을 구약성서-유대교적 전승에서부터 나온 표상을 변형하여 기술하기도 하였다.(참조. 이 책 25장)

5.4 초기 기독교 메시지의 통일성을 위한 의미

초기 기독교 증언의 통일성에 대해 질문하는 신약성서신학에 있어, 본문들이 내용상 매우 다른 차이점이 있다 하더라도 그것들의 내적인 연관성을 알고 설명하는 것은 대단히 중요하다. 그것을 통해 본문들의 연관성이 생겨난다.

5.4.1 시작하고 있는 하나님의 통치에 관한 예수의 메시지를 해석하며 계속 이어나가는 과정에서 주제적으로 구분되는 영역들과 내용상 차별되는 중심이 생겨났다. 이때 확실히 신약성서 저자들과 그들 공동체가 처한 각각의 구체적인 경험의 지평이 한 역할을 했다. 그러나 오로지 상황관계만을 기준으로 하여 강조점의 이동을 설명하는 것은 잘못일 것이다. 예수의 메시지 안에 담긴 여러 차원과 함의들을 밝히는 것이 결정적으로 중요했다.

5.4.2 부활 이후의 공동체가 수용하는 과정에 예수 고유의 메시지에 대한 종속성이 매우 중요하다면, 부활사건과 성령강림 사건을 근거로 얻은 인식도 관건임을 고려해야만 한다. 이 사건들은 계시로서 작용하였고, 그리고 예수의 위격(Person)의 견지에서 본질적으로 불가피한 일이었다. 그렇게 초기 기독교에서 성령의 힘으로 기독론적 신앙고백이 형성되었고, 이에 상응하여 예수 전승이 확장되었다.

6. 마무리 고찰

초기 공동체가 예수의 메시지를 수용하는 매우 다른 형태들을 거치는 폭 넓은 노정(路程)은 그 내적 통일성을 인식하기 위해서 필요했다. 예수 고유의 신중심적 메시지는 기독론적으로 현저히 변형되었으며, 이는 또한 성령론, 교회론, 그리고 구원론 내부에도 나타나는 결과이다. 그러나 그 메시지 안에 있는 기본 구조와 결정적인 의도는 유지되며 계속 나아갔다.

6.1 하나님 통치와 그리스도 통치의 상호적 관계

6.1.1 신약성서신학에 있어 초기 공동체가 예수의 역사와 메시지를 수용한 것이 그토록 본질적이라면, 예수에 대해 역사적으로 회고하여 질문하는 것은 우리로 하여금 수용과정을 보다 분명하게 인식하게 하고, 거기서 예수의 하나님 통치 선언과 그리스도의 통치 선포 사이의 상호관계를 인지할 수 있게 한다. 초기 기독교에게 있어 본질적이었던 이 상호관계는 개별 신학을 위해 결정적으로 중요하다.

6.1.2 예수의 메시지와 관련하여 예수의 특별한 위엄과 기능을 부각시키려는 초기 기독교 선포의 모든 노력에도 불구하고, 신중심적 기본 성격을 간과해서는 안 된다. 구원의 실현을 말하는 곳에서는 어디든 하나님 자신의 행위가 요지이다. 이는 구원의 실현이 예수 그리스도의 위격(Person)과 활동에 더욱 더 분명하게 결합된 곳에도 해당된다. 하나님 통치에 대한 예수의 메시지가 아무리 변형되었다 하더라도 근본적인 것으로 증명된다는 점은 하나님의 계시행위가 관건이라는 것과 관련이 있다.(참조. 이 책 6장)

6.2 다양한 여러 수용 모델들의 의미

6.2.1 예수 메시지의 변형은 비록 하나의 공통된 출발점을 지시하지만, 그럼에도 불구하고 광범위한 스펙트럼에 걸쳐 있는 고유한 주제의 노선들을 알아볼 수 있다. 아무리 공통점에 집중한다 하더라도 그 넓이를 간과하거나 무시해서는 안 된다. 그러므로 다양한 모델들을 넘어, 상이한 측면들이 서로 함께 사용되는 하나의 신학적 개념을 전개해야 할 과제가 제시된다. 기독교 신학은 매우 다른 신약성서의 해석 모델들을 그저

서로서로 균등하게 하는 것이 아니며, 공통적인 뿌리를 숙고하는 것 외에도 개별적인 관점들을 나타내고 각각의 강조점을 고려해야 한다.

6.2.2 이러한 사실은 하나님의 통치가 기독론, 성령론 및 교회론과 결합된 곳뿐만 아니라, 반드시 숙고되어야 할 현재적 진술과 미래적 진술 사이에 상이한 긴장이 있는 곳에도 해당된다. 그것을 위해 이러한 모델들의 결정적인 구성요소들을 통합할 수 있는 하나의 개념이 요구된다. 어쨌거나 그 개념은 한편으로는 신중심적인 근본 모티브가 계속 분명하게 인식되고, 다른 한편으로는 구원의 현재를 여전히 기대되고 있는 완성의 전제 하에서 이해하는 그런 것이어야 한다. 관건은 구원의 선취적인 실현과, 이에 상응하여 기대되는 완성이다. 구원의 선취적 실현은 미래를 기준으로 경험되며, 기대되는 완성은 역사적으로 실현되는 구원의 현재와 관련이 있다.

8장

하나님의 계시자로서 예수 그리스도

1. 방법론에 관한 서문

하나님의 종말론적 계시 행위는 예수 그리스도의 위격(Person)과 사역 가운데 나타난다. 기독론은 이런 전제 아래에서 신약성서의 하나의 중심적 주제이며, 폭 넓게 전개되었다.

1.1 신(Theo)-학(logie)의 통합적 구성요소로서의 기독론

1.1.1 기독론은 한 분 하나님 및 이미 시작된 하나님의 통치에 대한 믿음과 불가분리의 관계에서 예수께서 위임받은 것과 그의 위격(Person)의 의미를 밝히는 것이다. 기독론을 통해 바실레이아-주제가 분리되어진 여러 다양한 형태들은 교체나 대체가 아니라 한 분 하나님과 그의 종말적 행위를 믿는 믿음의 특수한 형태이다.(참조. 이 책 7장)

1.1.2 기독론은 예수 그리스도의 위격(Person) 안에 나타난 하나님의 계시 행위에 대한 표현이다. 왜냐하면 예수께서는 종말론적인 하나님의 행위를 선포했을 뿐만 아니라, 예수와 함께 하나님의 통치가 시작되었기 때문에, 기독론은 초기 기독교에 있어 신-학의 통합적 구성요소가 되어갔다. 따라서 모든 기독론적 진술들은 예수 그리스도 안에서, 그리고 예수 그리스도를 통하여 실현된 하나님의 행위에 대한 진술로 이해된다.

1.2 구원론에 대비되는 기독론의 고유성

1.2.1 하나님의 통치에서 구원을 뒷받침하는 요소가 하나님의 행위와 결합되어 있듯이, 구원론도 초기 기독교의 증언에서 기독론과 밀접한 관계를 갖는다. 그럼에도 불구하고 구원론과 기독론은 각각 고유한 의도를 가지고 있고, 그런 점에서 구별 지을 수 있다. 기독론에서는 예수의 위격(Person)을 인정하는 것과 하나님과 예수의 관계가 요지이며, 구원론에서는 인간에 대한 예수의 관계가 요지이다.(이에 대해서는 이 책 13장을 보라.)

1.2.2 예수의 위격(Person)을 그의 기능과 위엄 가운데서 인정하는 것은 당연히 그의 구원론적 행위를 전제로 하며, 그런 점에서 기독론과 구원론 사이의 경계는 유동적이다. 구원론적 모티브가 아무리 중요하다 하더라도 기독론이 신약성서 안에서 하나의 고유한 특징을 지니며, 독립적으로 전개되었다는 사실을 간과해서는 안 된다. 따라서 기독론과 구원론을 구분 짓는 것은 객관적으로 정당하다.

1.3 기독론적 진술의 기본 구조

1.3.1 신앙고백으로서 기독론

기독론에서 신앙고백이 근본이 되는 의미를 갖는다. 근본적인 기독론적 진술이 신앙고백 형태로 등장하는 것은 우연이 아니다.

1.3.1.1 헬라어 단어 '호모로기아'(*ὁμολογία*, 인정[認定])의 의미에서 신앙고백은 환호적이며 선포적인 기능을 한다. 신앙고백은 신앙의 인식을 전제하면서, 예수를 인정하는 행위이며 동시에 그의 위격(Person)에 대한 증언이다. 신앙고백의 기본 형태는 예수라는 이름과 기독론적 존칭이 결합된 데에 있다. 호모로기아의 3가지 기본적인 형태 "예수께서는 그리스도(이시다.)", "예수께서는 주(시다.)", "예수께서는 하나님의 아들(이시다.)"이다.

1.3.1.2 호모로기아는 설명의 성격을 지닌 신앙고백 형식과 다양하게 결합된다. 신앙고백구문은 종종 구원론적 진술을 포함한다. 그러나 기독론적 신앙고백의 토대가 되는 하나님의 행위를 먼저 지시한다. 로마서 10:9이 이에 대한 특징적인 예이다. "네가 만일 네 입으로 예수를 주로 시인하며 또 하나님께서 그를 죽은 자 가운데서 살리신 것을 네 마음에 믿으면 구원을 받으리라."(*ἐὰν ὁμολογήσῃς ἐν τῷ στόματί σου ΚΥΡΙΟΝ*

ΙΗΣΟΥΝ καὶ πιστεύσῃς ἐν τῇ καρδίᾳ σου ὅτι ὁ θεὸς αὐτὸν ἤγειρεν ἐκ νεκρῶν, σωθήσῃ) 여기서 입과 마음을 언급한 것에 주목할 만하다. 입으로 증언한 것이 신앙의 확신으로 마음속에 고정되어야 한다. 이를 위해서 하나님이 일깨우시는 행위가 기본이 된다. 신앙고백진술이 신앙의 인식을 전제로 한다면, 이는 이전에 알려진 어떤 것을 인식하고 그것을 분명히 말한다는 뜻이다. 신앙의 인식은 신앙의 확실성이 되고, 이는 하나의 고백의 형태로 계속 전해질 수 있다.

1.3.2 찬양으로서 기독론

예수의 위격(Person)에 대한 인정으로서 신앙고백이나 다른 사람에게 신앙을 증명해 보이는 것 외에 영광송과 찬양의 형태를 띤 인정이 있다. 그것은 기도문에 가깝고, 경배하기 위해 사용된다. 초기 기독교 시기에 전수된 영광송과 찬양은 구원론적 진술이 없고, 기독론의 독립적 성격을 분명하게 보여준다.

1.3.2.1 영광송은 구약성서-유대교 전승에서 유래하며, 상대적으로 고정된 형태를 띠고, 신약성서에서도 전통적인 방식으로 하나님께 돌려진다.(참조. 롬 11:36b) 그러나 변형된 형태의 영광송도 있으며, 거기서는 예수 그리스도 안에 나타난 구원 사건의 맥락이 함께 고려된다. '그(하나님)에게 교회 안에서와 그리스도 예수 안에서 영광이'(*αὐτῷ ἡ δόξα ἐν τῇ ἐκκλησίᾳ καὶ ἐν Χριστῷ Ἰησοῦ*)라고 기록한 에베소서 3:21이 이에 대한 예이다. 그리스도에게만 연결되는 영광송은 신약성서에 나타나지 않는다. 로마서 9:5b은 늘 예수 그리스도를 직접적으로 향하는 영광송이라고 추측되어 왔다. 그러나 그 구절의 관건은 종결짓는 환호, 앞에 놓인 기독론적 진술과 대비해 독립적인 환호이며, 이 환호는 하나님을 향한 것이다. "그는 만물 위에 계셔서 세세에 찬양을 받으실 하나님이시니라, 아멘."(*ὁ ὢν ἐπὶ πάντων θεὸς εὐλογητὸς εἰς τοὺς αἰῶνας· ἀμήν*) 요한계시록에서도 영광송은 하나님에게 해당하며(계 1:6, 7:10, 14:7) 5:13만 어린 양과 연결된다. 그런데 바로 이 요한계시록이 승귀된 그리스도에게 해당하는 찬양의 다른 형태들을 더 많이 보여준다. 5:9 이하, 12의 '합당하시도다'라는 말씀(*ἄξιος εἶ*), 7:12의 '아멘' 말씀 또는 19:1-8의 '할렐루야' 외침이 그러하다. 무엇보다도 초기 기독교 서신 가운데 인용된 찬양이 그리스도에게 직접적으로 연결된다.

1.3.2.2 찬양은 분명 영광송의 성격을 지닌다. 그것은 찬양의 의미를 띤 기독론적 해설이다. 이것은 바울이 인용한 빌립보서 2:6-11의 찬양이나 골로새서가 받아들인 1:15-20 찬양의 기본 형태에서 드러난다. 디모데전서 3:16과 요한복음 도입단락에

기초가 된 로고스 찬양도 언급할 수 있다. 골로새서 3:16과 에베소서 5:19에서 특징적인 방법으로 공동체를 향해 '주'를 위해 감사할 것과 더불어 '시와 찬송과 신령한 노래들로' 서로 화답하며 그를 찬송하라고 요청한다.(*λαλοῦντες ἑαυτοῖς ψαλμοῖς καὶ ὕμνοις καὶ ᾠδαῖς πνευματικαῖς, ᾄδοντες καὶ ψάλλοντες τῇ καρδίᾳ ὑμῶν τῷ κυρίῳ*, 엡 5:19)

1.3.3 내러티브 기독론

신앙고백 및 영광송과 더불어 기독론의 하나의 고유한 형태가 내러티브와 말씀 전승의 틀 안에 깔려 있다. 부활 이전에 나온 예수 전승을 계속 전수하는 것은 기존의 자료에 아무리 충실하려고 해도 순전히 보고만을 하는 방식이 아닌, 부활 사건의 조명 아래서, 그리고 예수의 위격(Person)에 대한 신앙고백의 전제 아래서 행하여졌다.

1.3.3.1 말씀과 비유는 개별적으로 혹은 수집물로서 예수의 권위를 알게 하려는 의도에서 전수되었다. 따라서 그것들은 그 내부에 기독론적 차원이 분명해지는, 적어도 하나의 틀을 지니고 있었다. 그러나 그들은 명시적인 기독론적 진술과도 결합될 수 있었다. 이는 구두말씀자료의 인자 기독론에서 일어난 것과 같다. 예수 말씀의 전승에서 문제는 그것의 영속적인 의미이다. 그 때문에 그 뜻을 분명히 밝히는 주석이 뒤따른다. 그 다음 새롭게 형성된 주의 말씀이 수용되었다. 이는 예언적 진술로서 부활 이후 시기의 경험을 숙고하였고 자주 기독론적 요소를 포함하였다.

1.3.3.2 내러티브는 말씀 전승에 비해 어쨌든 보도자라는 매개체를 전제한다는 점에서 다른 성격을 지닌다. 이를 통해 결과적으로 처음부터 그것을 다루는 이의 개성이 서술된 사건에 스며들게 되었다. 이것은 명시적인 기독론적 진술이 서술과 결합되지 않은 부분에도 해당된다. 오로지 묘사하는 방식을 통해서만 예수의 위격(Person)을 제시한다. 또한 내러티브 문맥은 수난사화의 기본 형태처럼, 구약성서를 암시하는 것이 드러내듯이, 하나의 특정한 기독론적 관점 아래에서 전달된다.

1.3.3.3 요한복음의 내러티브 기독론은 독특한 형태를 지닌다. 전승 자료가 아주 강하게 존귀의 진술과 연결되었고, 방대한 여러 설교로 보충되었다. 이 설교 단락 안에는 고도의 신학적 숙고가 깔려 있다.

1.3.4 신학적 숙고로서 기독론

신앙을 인식하는 표현으로서 기독론은 신학적 숙고를 필요로 하며, 오직 숙고할 때에야 비로소 전개될 수 있다. 분명하게 신앙고백, 영광송 및 내러티브 기독론은 믿음의 숙고를 필요로 한다. 신학적으로 숙고되어 표현된 형태의 기독론은 무엇보다 초기 기독교의 서신에 나타난다.

1.3.4.1 신학적 사상은 신앙고백 진술의 토대 위에 근거한다. 이 진술들은 매우 다양한 여러 차원에서 숙고된다. 이는 과거, 현재, 그리고 미래의 예수 위격(Person)의 위치 및 기능과 관련된다. 즉 그의 출신에 대한 질문이 한 역할을 하고, 나아가 그의 죽음과 부활을 포함하여 지상의 역사에 대한 영속적인 의미, 그 밖에 그의 현재적 활동과 기대되는 미래의 행위에 대한 질문이 그러하다. 예수 위격(Person)의 비밀에 대한 설명이 요지이다.

1.3.4.2 기독론에서 예수 그리스도 안에 나타난 계시의 '근본사건'을 그것의 의미로 이해하는 것이 요지라면, 그것의 일차적인 표현은 인정과 신앙공식의 '기본 증언'에서 발견된다. 이러한 기본적인 증언은 신학적 숙고를 근거로 '기본 전승'을 통해 보충되었다. 이 기본 전승은 계속 이어지는 모든 해석에 여전히 방향을 지시한다.(이에 대해서는 이 책 1장을 보라.) 신학이 어떤 척도로 신앙에 대해 생각하며 숙고하는 것인지 바로 기독론에서 보여준다. 이때에 신앙인식이라는 결정적인 의미가 전제되며, 그러나 그것의 영향력도 이해되고 설명되어야 했다.

2. 기독론의 단초

기독론과 관련하여 예수의 지상의 위격(Person)과 그의 활동이 짝을 이루는 것에 대한 핵심적 질문이 제기된다.

2.1 다양한 해결 시도

2.1.1 주석적 연구에서 기독론의 단초에 대한 질문이 상당히 중요한 역할을 한다. 이는 I권 2장에서 상세히 설명하였다. 먼저 예수의 선포가 그의 위격(Person)에 대한 명시적인 진술과 결합하게 되었다는 견해가 있다.(요아힘 예레미아스[Joachim Jeremias]의 견해가 그러하다.) 그와 더불어 부활 이전의 예수 활동의 견지에서 하나의 내재적인 기독론을 확신하기도 한다.(한스 콘첼만-안드레아스 린데만[Hans Conzelmann-Andreas Linemann]) 마지막으로 기독론은 전적으로 죽음과 부활과 관련하여 나중에야 비로소 전개되었다는 논제가 있다.(특히 루돌프 불트만[Rudolf Bultmann]) 이러한 매우 다른 견해들은 단지 주석가들의 상이한 견해에 의해 야기된 것이 아니라, 본문과 그것의 분석을 통해 유발되었다. 어쨌든 본문에 대한 연구결과의 실상은 복잡하다.

2.1.2 예수 자신의 말을 명시적 기독론으로 인정하는 것은 대단히 개연성이 없고, 순수한 부활 이후의 설명이라고 하는 것도 어려움을 야기시킨다. 복음서 저자들이 진술하는 명시적인 모든 기독론을 부활 이후의 주석이라고 추론할지라도, 그 진술들은 의심의 여지없이 예수의 고유한 활동 가운데 있는 특정 전제에 소급하여 관련을 맺고 있다. 그런 점에서 내재적인 기독론에서 출발할 수 있으며, 그에 따르면 그의 메시지와 그의 활동의 맥락에 있는 예수의 위격(Person)이 비록 말로 표현되지는 않지만, 결정적인 기능을 하였다.

2.1.3 기독론에서는 이중적인 단초를 고려해야 한다. 또한 예수의 부활 이전 활동의 맥락에서 내재적인 또는 심지어 명시적인 기독론을 받아들일 때에도 기독론에 있어 부활 사건이 지닌 높은 의의를 간과해서는 안 된다. 기독론적 진술은 그 뿌리를 한편으로는 예수의 활동에, 다른 한편으로는 부활 사건에 두고 있다.(참조. 빌헬름 튀징[Wilhelm Thüsing]) 부활을 기점으로 예수께서 누구였는지를 완전하게 인식하였고 표현하였다. 동시에 그의 부활을 근거로 그가 누구인지 증명되었다. 그렇게 내재적인 기독론적 요소가 명시화되었고, 부활 사건과 함께 관계가 맺어졌다. 특히 요한복음에 이러한 정황이 오해의 여지없이 진술되었다. 예수께서 '부활하시고', 그가 '영광스럽게 되었을' 때에야 비로소 제자들이 예수의 말과 그의 삶의 사건들을 제대로 이해했다.(참조. 2:22, 12:16) 그러나 이것을 넘어 비록 제자들이 '모든 것을 가르치기도' 하지만, 14:26의 파라클레토스-말씀에 따르면 제자들에게 예수께서 말씀한 모든 것을 '생각나게' 하고, 16:13의 기록과 같이 그들을 '모든 진리 가운데로 인도하실' 이는 바로 성령이다. 같은 내용이 공관복음서의 제자들에게도 해당한다.

2.2 예수의 전권과 그의 위격(Person)에 대한 질문

부활 사건이 의심의 여지없이 중대한 의미를 지님에도 불구하고, 예수의 메시지와 그의 지상활동이 기독론에 있어 결정적인 역할을 한다. 이때 지상의 예수에 관해 회고적으로 질문하는 과정에서 얼마만큼 내재적 기독론을 인식할 수 있는지가 분명해진다.

2.2.1 예수의 신중심적 선포

2.2.1.1 공관복음서 저자들의 예수 전승을 분석한 결과와 마찬가지로, 종말적인 하나님 통치(*βασιλεία τοῦ θεοῦ*)에 대한 예수의 메시지는 시종일관 신중심적이었다.(참조. 이 책 7장) 그것의 기본적 성격에 따르면 그 메시지는 구원자 표상을 배제한다. 예수 스스로는 그 어떤 전통적인 의미의 구원 중재자로 자신을 이해하지 않았다. 그에게는 다름 아닌 하나님 통치의 선포를 위해 하나님이 그에게 주신 전권이 중요했다.

2.2.1.2 그의 메시지의 특수성은 그가 종말적인 하나님 통치의 시작을 선포하고, 이미 현재에 그 통치가 개입하는 현실을 경험하게 하였다는 데에 있다. 이는 새로움의 경험이다. 이 새로움의 경험에 의해 많은 것들이 인식되었다. 예수께서는 이러한 사실을 분명하게 제시했다. 틀림없이 원래의 형태대로 전수된, 낡은 옷 위에 덧댄 새 헝겊이나 낡은 가죽부대에 담긴 새 포도주에 관한 예수의 상징언어가 그러한 사실을 보여준다.(막 2:21 이하와 병행구절) 이러한 선포에서 나타나는 평범하지 않은 전권(*ἐξουσία*)이 청중들에게는 놀라웠다. 그러므로 그의 출현은 당대의 사람들 사이에서는 엄청난 반향을 일으켰다. 물론 논쟁도 야기시켰으며, 이는 결국 재판과 죽음으로 몰고 갔다.

2.2.2 '이 사람이 누구냐?'

"이 사람이 누구냐?"(*τίς ἄρα οὗτός ἐστιν;* 참조. 막 4:41b와 병행구절, 막 1:27b, 8:28, 마 21:10) 하는 질문은 분명 부활 이전에 제기되었다. 예수께서는 명시적으로 자기 진술을 하지 않았기 때문에 사람들은 그에게 나름대로의 기대들을 걸었다.

2.2.2.1 마가복음 8:27과 병행구절은 예수의 위격(Person)을 특징짓기 위해 무엇보다도 예언자적 범주를 받아들였음을 보여준다. 그를 '예언자 중의 한 사람'(*εἷς τῶν προφητῶν*, 막 8:28) 혹은 '옛 선지자 중의 한 사람'(*προφήτης τις τῶν ἀρχαίων*, 눅 9:19), 구체적으로 말해 부활한 예레미야(마 16:14)나 말라기 3:23 이하에 약속된 종말의 예언자라는 의미에서 다시 온 엘리야로(막 8:28 병행구절) 보았다. 또한 부활한 세례 요한과 동일시하기도 했다.(막 6:14-18) 예수의 활동이 예언자적 특징을 지닌다는 것은 오해의 여지가 없다. 부활 이후에 종말 예언자의 전승을, 특히 예언자와 구원자로서의 모세에 일치시켜(행 7:20-37, 신 18:15을 재수용하며) 그에게 적용한 것은 상당한 근거가 있다.

2.2.2.2 예수께서 지상의 메시아 왕이 될 수 있다는 것은 그를 왕으로 만들고자 했던 백성들뿐만 아니라(요 6:15) 십중팔구 제자들도 기대했었다. 가이사랴 빌립보 지방에서 있었던 메시아 고백에 관한 본문의 기본 상태는 그것이 원래는 예수께서 결정적으로 거부한 위엄이 요지임을 마가복음 8:29, 33에서 보여준다. 반면 메시아에 대한 고백은 후에 30-32절의 수난말씀과 함께 결합되었고, 그를 통해 하나의 새로운 의미를 얻었다. 유다의 행동이 지상의 메시아 기대가 좌절된 것과 상관이 있는지 늘 질문되어 왔지만, 답변되지는 않았다.

2.2.2.3 얼마만큼 예수에 대한 또 다른 기대들이 제기되었는지는 더 이상 확인할 수 없다. '인자' 칭호의 경우 겨우 이것이 묵시적 전승의 틀에서 하나의 천상적 인물이었다는 정도이다. 그런 점에서 복음서들 가운데 예수만이 인자 표현을 사용한다는 사실은 우연이 아니다. 물론 누가복음 12:8 이하에서 그가 제시하듯이, 예수께서 자기 입장에서 천상적 인자라는 인물과 관련을 지었지만 그의 고유한 활동은 심판 때에 인자를 통해 확증될 것이다.

2.2.2.4 예수의 지위와 위엄을 파악하기가 어려웠다. 그러나 예수께서 한 것과 같은 방식으로 종말론적인 하나님의 통치가 열린 것을 자신의 고유한 활동과 연결시키는 자는 평범하지 않은 기능을 지녔음에 틀림없다. 그는 예부터 전해져 내려오는 표상들과 맞지 않다. 그는 '모든 (기대된) 개념을 와해시키는'(에두아르트 슈바이처[Eduard Schweizer]) 인간이었다. 이런 관점에서 특히 특징적인 것은 '요나보다 큰 이가 여기 있으니', '솔로몬보다 큰 이가 여기 있으니'(마 12:41 이하와 병행구절)와 같은 진술이다. 이 진술들이 원래적인 것인지 아닌지는 별개의 문제이다.

2.3 내재적 기독론을 위한 근거

예수의 자의식에 관해서 우리는 아무것도 말할 수 없다. 인식할 수 있는 것은 오로지 그의 말과 행동으로 드러난 요구뿐이다. 그런 맥락에서 내재적 기독론을 위한 몇몇 개의 근거를 얻는다.

2.3.1 우선 이미 구약성서와 이에 상응하여 초기 유대교에서 중요한 기능을 했던 파송 모티브가 시사하는 바가 많다.

2.3.1.1 하나님에 의한 파송에서는 특수한 위임과 관련이 있는 합법성이 요지이다. 초기 유대교 전승에서는 이것이 미쉬나에 포함된 규범인 베라콧(Ber.) 5:5에 정확하

게 기술되었다. “파송된 사자(使者)는 파송한 사람 자신과 같다.”(שְׁלוּחוֹ שֶׁל אָדָם כְּמוֹתוֹ) 파송된 사자는 위임한 자를 대리하며 그의 위치에서 전권적으로 행한다. 이는 고린도후서 5:20의 ‘그리스도를 대신하여’ 하는 행위에 대한 말씀과 일치하는 개념이다. 파송은 구약성서에서 특히 예언자에게 위임하는 맥락에서 중요한 역할을 한다. 또한 신약성서에서도 예언자의 파송이나 세례 요한의 파송을 말한다.(참조. 마 23:37과 병행구절, 요 1:6)

2.3.1.2 거의 확실하게 예수에게로 소급되는 말씀인 마태복음 10:40을 근거로 파송사고는 이미 예수 자신에게 결정적인 의미가 있었음을 추론할 수 있다. 이 구절에서 제자 파송과 관련하여 다음과 같이 기록한다. “너희를 영접하는 자는 나를 영접하는 것이요 나를 영접하는 자는 나를 보내신 이를 영접하는 것이니라.”(*ὁ δεχόμενος ὑμᾶς ἐμὲ δέχεται, καὶ ὁ ἐμὲ δεχόμενος δέχεται τὸν ἀποστείλαντά με*) 여기서 파송 모티브를 이중적인 방법으로 고려한다. 예수께서 제자들을 보내고, 제자들은 예수의 위치에서 행한다. 이는 마치 예수께서 그를 보내신 하나님의 위치에 있는 것과 같다.

2.3.1.3 파송 모티브는 예수 메시지의 신중심적 기본 의도와 밀접하게 관련되어 있다. 기본적으로 하나님을 통한 정당성이 관건이라면, 그 정당성은 예수에게서 하나의 특별한 기능을 얻는다. 왜냐하면 그에게는 하나님의 종말론적 계시가 관건이기 때문이다. 이런 의미에서 이 모티브는 초기 기독교의 전승에서 모든 기독론적 변형에도 불구하고 유지된다. 바울 이전의 신앙고백인 갈라디아서 4:4 이하에 파송사고의 그런 핵심적인 의미가 있다.(참조. 롬 8:3) 무엇보다도 흥미로운 것은 요한복음이다. 그 복음서에서 ‘나를 보내신 아버지’에 대한 진술이 바로 기독론을 위한 결정화(結晶化)의 핵심이다.(참조. 여타 구절 중 요 6:44, 57, 12:49)

2.3.2 예수의 특별한 전권에 대한 또 다른 중요한 근거는 하나님을 ‘아바’라고 부르는 것이다. 누가복음 11:2-4의 주기도문에 있는 원(原) 형태에서 알 수 있듯이 또한 제자들을 위한 기도에서 하나님을 부른 호칭에서와 같이 이 칭호는 아버지와 그의 고유한 관계 및 아버지와의 함께함에 대한 본질적인 표현이다. 인간을 위해 개방된 하나님의 통치를 선포한 예수의 선언과 함께 시작된 하나님께로 가는 직접적인 통로는 하나님에 대한 예수 고유의 직접성에 근거한다. 그의 아들 됨은 계시기능을 통해 특징지어진다. 이 계시기능이 그에게 위임되었고, 이 계시기능을 통해 그가 하나님과 함께함으로 인간을 받아들일 수 있다.

2.3.3 예수께서 선포하고 기도할 때에 아버지를 부른 호칭뿐만 아니라 특징적인

행동양식도 내재적인 기독론을 위해 시사하는 바가 많다.

2.3.3.1 예수께서 귀신을 내어 쫓고 병자를 치유하면서, 그의 전권이 가시적으로 드러났다. 이 두 사건은 하나님 통치의 현재적인 시작과 결합되어 있을 뿐만 아니라(눅 11:20) 그의 요구 및 그의 정당성과도 결합되어 있다. 그가 전권을 갖고 행한다는 것을 그의 적대자조차 한 번도 부인하지 않았으나, 그들은 그가 바알세불과 연루되어 있다고 비난했다.(막 3:22 병행구절)

2.3.3.2 마가복음 2:7과 병행구절 및 누가복음 7:48에 따르면 예수께서는 사람들에게 하나님의 이름으로 그들의 죄를 용서한다고 약속했다. 이것을 하나님 위엄의 권리를 침범하는 것으로, 하나님을 모독하는 것으로 비난한 것은 당연하다.(막 2:7 병행구절) 비록 명시적으로 표현된 용서의 약속이 원래 그대로의 것이 아니라고 해도, 예수께서 병자, 죄인들 및 내쫓긴 자들과 함께하시고 그들에게 죄용서와 하나님께 나아가는 통로를 알려주었다는 것은 분명하다.

2.3.3.3 마지막으로 하나님의 통치를 위해 나를 따르라고 사람들을 부르고, 그들을 그의 위격(Person)에 결합시키는 자는 단순한 하나님 통치의 사자 및 증인 그 이상임에 틀림없다. 그는 하나님의 통치를 가지고 오는 자이며, 그의 제자공동체와 함께 하나님의 통치가 인정되고 영향력이 미치는 구체적인 영역을 확립한다.

2.3.3.4 그의 종말론적인 메시지와 그의 특별한 전권에도 불구하고 예수의 생애는 시간성과 유한성의 징표 아래 있었다. 그의 지상 활동은 그를 수난과 죽음의 길로 이끌었다. 이는 그의 위임과 정당성을 부정하는 것처럼 보였다. 부활 사건과 별개로 생명을 얻고 잃음에 관하여 제자들에게 준 말씀에 주목할 필요가 있다. 이 말씀은 분명 예수 자신에게도 의미가 있었다. "누구든지 자기 목숨을 구원하고자 하면 잃을 것이요, 하나님의 나라를 위하여 자기 목숨을 잃는 자는 그것을 얻으리라."(추측하건대, 이것이 원래의 본문이었을 것이다. 후대의 판에 '복음을 위하여' 혹은 '나를 위하여'가 포함되었다. 비교. 막 8:35 병행구절 및 눅 17:33, 눅 18:29 병행구절과 막 10:29의 표현) 죽음은 생명으로 가는 통로이며, 이것은 지상의 존재가 지닌 조건이나 한계에 지배당하지 않는다.

2.3.4 그리하여 전체적으로 이미 시작된 하나님 통치의 맥락에서 예수의 위엄과 지위에 대해 설명하는 분명한 윤곽을 알 수 있다. 예수 자신은 스스로에 대한 직접적인 진술을 하지 않았고, 또한 전통적인 표상을 자신에게 별 문제없이 적용시킬 수도 없었지만, 예수에 대해 회고적으로 질문하는 과정에서 기독론을 위한 내재적인 근거를 인식할

수 있다. 예수께서는 하나님 통치의 사자(使者)였고, 동시에 그는 그 통치의 대표자였다.

2.4 부활 사건의 의미

예수의 삶과 죽음이 짝을 이루듯이, 역으로 그의 죽음과 부활 경험도 분리할 수 없다. 예수의 메시지와 그의 활동은 그의 위엄과 그의 위격(Person)의 맥락에서만 파악할 수 있고, 죽음과 부활에 이르는 그의 생의 행로는 그의 위격(Person)에 속한다.(참조. I권 8장) 부활 이전의 예수 활동을 독립시키고, 이때 예수의 죽음을 도외시하려는 모든 시도는 신약성서의 관점에서 타당치 않으며 신학적으로 올바르지 않다. 그렇지 않으면 그의 역사에 있어 결정적인 요소가 희미해질 수밖에 없다.

2.4.1 예수의 활동 안에서 하나님 통치가 계시된 것은 기대하는 구원이 순전히 현세적으로 실현된다는 의미에서가 아니다. 오히려 다가오는 구원의 완성과 하나의 새로운 현실이 시작되는 구원과 생명을 의미한다. 이 새로운 현실은 지상의 세계에서 빛을 발하고 점차 형태를 드러낸다. 예수의 부활은 그가 인간이라는 사실에서 볼 때 결정적인 구원의 참여와 완성의 선취이다. 하나님은 죽음을 능가하는 힘을 가졌다는 확신을(참조. 시 16:8-11, 호 6:2, 욘 2:1) 근거로 죽은 사람들이 종말에 부활한다는 기대가 묵시적 예언에 확고히 자리 잡고 있었다.(단 12:2, 사 25:8) 이러한 전제 하에 부활이 이해되었고, 직접적으로 본문을 끌어들이지 않으면서 신앙고백 가운데 예수께서 '성경대로'(*ἐγήγερται … κατὰ τὰς γραφάς*, 고전 15:4) 부활했다고 표현한다. 그의 부활과 함께 하나님이 허락하신 생명이 죽음보다 더 강하다는 것을 경험하게 된다. 이와 함께 예수께서는 단지 하나님의 통치를 강력하게 선포하는 이일 뿐만 아니라, 자기 스스로가 자신의 삶과 죽음 가운데서 하나님 통치가 지닌 구원의 능력을 신뢰하였고, 죽음에 처한 자신의 운명 속에서 하나님 통치가 행하는 구원의 능력을 경험하였다. 예수의 생애 자체가 하나님의 종말적인 행위에 대한 증거이다.

2.4.2 예수의 부활은 동시에 포괄적인 구원 계시의 징조이다. 부활은 하나님 통치의 시작 및 미래에 대한 확증이다. 그 뿐만 아니라 부활사건은 부활 이전의 사건을 새롭게, 그리고 더 깊게 인식하게 한다. 하나님 통치에 대한 선포, 하나님의 통치가 실현되기 시작하는 것, 그리고 예수의 계시 기능이 그때부터 부활 사건의 빛 아래서 이해되었다. 따라서 지상 예수의 유일무이한 전권과 부활사건이라는 두 관점에서 예수의 기능과 위엄이 해석되었다.

3. 기독론의 전개

기독론은 초기 기독교에서 단계적으로 발전되었다. 먼저 기존의 기대들을 받아들이고 변형시켰다. 그 후에 확장시켰다. 단계적으로 포괄적인 개념들이 성립되고, 그 안에 기독론적 여러 진술들이 서로 결합되었다.

3.1 기존의 기대를 수용하고 변형함

언어적으로 고정된 전승들은 특정한 사고구조와 사고전제들에 의존한다. 그러나 구체적인 표상들과 기대들은 그 사고구조를 넘어선다. 예수께서 구약성서적-초기 유대교의 하나님 통치 모티브를 도입할 때, 이러한 사실이 이미 적용되었다. 또한 기독론이 형성될 때에 성서적으로 이미 규정되어 있는 것도 기본 토대가 되었다. 헬라적 요소와 사고방식은 부차적으로만 영향을 끼친다.

3.1.1 초기 공동체의 입장에서는 예수의 위격(Person)과 관련하여 전통적 개념을 손쉽게 전용할 수가 없었다. 메시아 기대나 인자표상 혹은 또 다른 개념을 그저 계승만 한 것이 아니다. 그들을 예수와 관련시킬 때, 그 개념들이 변형되어야 했다. 이는 예로부터 전해져 오는 기대들이 융해되어, 예수에게 적용되거나 다르게 변형되는 것에 해당한다. 즉 예수의 역사와 행위를 근거로 하여 필연적인 경우에 그렇게 융합되었다. 여기서 전승과 상호작용이 일어나서, 예수를 구원자 대망의 빛 아래서 보면서 동시에 구원자의 표상을 예수의 위격(Person)과 역사를 기준으로 새롭게 이해하였다. 이런 방식으로 바로 기독론에서 기독교적 해석(Interpretatio Christiana)이 광범위하게 이루어졌다.

3.1.2 팔레스틴 지역에서는 예수의 고유한 선포가 그러했듯이 같은 이해의 전제 아래에서 구약성서의 전승을 채택하고 변형하였다면, 헬라적 유대교에서는 신학적으로 재작업하였음에 틀림없는 변동이 있었다. 여기서 더 이상 구약성서의 히브리어-아람어 본문이 아니라 헬라어 번역이 구속력을 지니게 되었다. 그러나 이 지역에서 구약성서의 사고방식도 우세하여 아람어를 말하는 유대 기독교에서 획득된 기독론의 기본 개념들이 전수되었다. 시간이 흐르면서 전승의 수용과정이 어느 정도까지 독립되어서, 이미 기독교화된 개념들과 관련하여 이전의 전승에서는 아무런 역할도 하지 않았던 영역들

도 이용되었다.

3.1.3 이방지역에 전달하는 것은 더 어려웠다. 여기서 복음을 선포하는 것은 그 지역에서 이해되고, 오해를 불러일으키지 않는 표현 방식을 필요로 했다. 개별 개념들이 여기서 하나의 다른 의미와 다른 삶의 자리를 갖고 있었다. 이는 황제숭배에서 일반적인 칭호인 '퀴리오스'와 같은 경우이다. 여기에 더해 이해의 전제가 전혀 없는 표현도 있다. '인자'라는 예수 존칭이 그러하며 이런 요소들은 바로 포기되었다. 그럼에도 불구하고 구약성서적 사고방식에서 발생한 기독론적 신앙고백을 의식적으로 고수하였다. 그것 외에도 이방의 구원 기대 및 해방 기대와의 논쟁도 있었다. 비유대적 표상들을 넘겨받는 과정에서 초기 기독교는 위의 과제들의 필요성을 간과하지 않고 매우 주의 깊게 행동하였다. 근본이 되는 것은 이방인들의 기대의 지평이 수용될 수 있느냐는 것과 성취되고 있는 구원 사건 안에 포함될 수 있느냐는 것에 달려 있었다.

3.1.4 기존의 기대들을 구약성서적-유대교적 사상의 전제 아래에서 기독론적으로 수용하였기 때문에 신약성서의 기독론적 진술들은 관계적이고 기능적으로 구상되었다. 즉 상호적 태도 및 대리적인 행위의 의미에서 책임을 위임하는 것을 말한다. 그런 종류의 기능적 사고가 신약성서의 기독론 안에 기본적으로 깔려 있다. 그에 반해 헬라 지역에서는 존재 규명에서부터 출발하는 존재론적 사고가 우세하였다. 기능적 사고가 단순히 존재론적 사고를 대신하는 것이 허락되지 않는다. 왜냐하면 기능적 사고 또한 존재론을 내포하기는 하나, 헬라적 존재론처럼 존재가 그리 중요한 것이 아니라 관계와 행위가 주된 관심사이기 때문이다. 그리스의 존재론으로 각인된 사고가 신약성서 이후 시대에 점차 퍼졌다는 사실은 충분히 알려져 있다. 그에 대해 신약성서의 문서들 안에서는 맨 처음의 단초들만을 인식할 수 있다. 물론 초기 기독교 저자들의 의도와 헬라 지역 사람들의 수용능력을 구분해야 한다. 구약성서의 전승 및 사고방식의 맥락에 있는 많은 진술들이 그 곳에서는 다르게 이해될 수 있었고, 그리하여 이러한 관점에서 확실히 양의성(兩義性, ambivalance)이 생겨났다.

3.2 기독론적 개별 진술

기독론의 기본적인 개별 진술은 예수존칭과 신앙고백문이다. 예수존칭은 서술적이며 환호적인 기능을, 신앙고백문은 해석의 기능을 한다.

3.2.1 예수존칭

의심의 여지없이 예수존칭은 기독론적 전승 형성의 초반에 속한다. 따라서 예수존칭은 신약성서의 기독론에 결정적인 역할을 한다. 기독론적 예수존칭에 관해서는 1995년에 보완된 나의 논문[10]에 상세하게 제시하였다.

3.2.1.1 칭호의 성격을 띤 존귀의 진술은 예수의 말씀을 전수받은 (자기)칭호에서는 거의 대부분 '인자'만 나타나고, 신앙고백진술에서는 '그리스도', '주', 그리고 '아들' 또는 '하나님의 아들' 술어가 사용된다. 산발적으로 '다윗의 아들'과 '구원자'가 있다. 이에 더해 예수를 '의사', '목자' 또는 '포도나무'로 칭하는 것과 같은 수많은 비유 모티브도 있다. 이 기독론적 예수존칭들은 아무리 고유성이 있다 하더라도 그것들 각각의 전제 없이는 서로 이해할 수 없고, 또한 이 칭호들은 개별적인 상황 가운데서는 궁극적으로 분명하게 규정될 수 없다. 그러나 개별적인 존귀 술어의 칭호적 특성도 원칙적으로 부정할 수 없다.

3.2.1.2 '인자'를 사용하는 데 있어서는 하나의 천상적 인물을 지칭한다는 점이 결정적으로 중요하다. 누가복음 12:8 이하에서는 예수 자신이 그 인물과 관련이 있으며, 초기 기독교 전승에서 천상의 인물이 예수에게 전가되었다. 자기 진술의 형태에서는 그가 부활한 자로서 재림할 것이며 심판 때에 하나님을 대신할 것이라고 표현한다. 이러한 내용이 그의 전권적인 지상 사역에 연결되었고, 그 과정에서 그는 인간으로서 미래에 있을 심판의 판결을 이미 선취하였고, 하나님의 이름으로 죄를 용서하였다.(참조. 막 2:10과 병행구절) 한 단계 더 나아가 그의 수난, 죽음, 그리고 부활도 초기 기독교의 인자 개념에 편입되었다.(수난예언) 승귀 표상을 본격적으로 숙고한 것은 후대에 이르러서이다.(눅 22:69, 행 7:56)

3.2.1.3 '주' 칭호를 가장 처음 기독교적으로 사용한 것은 '마라나타'(*μαράνα θά*), 즉 '우리 주여, 오시옵소서'라는 기도에서 발견된다. 그 용법의 근거는 지상의 예수를 '주'라고 부른 호칭에 있다. 그 호칭은 '랍비/선생'(רַבִּי)과 더불어 사용되었다. 그리고 그 용법은 다시 기다리는 부활한 주를 향한 제자들과의 관계를 특징짓는다. 이 예수존칭은 칠십인역 시편 110:1과 연결하여 하나님 칭호인 '퀴리오스'가 하나님 오른편에 앉으신 이에게 전가된 것이다. 즉 재림 때까지 예수께서 세상을 향하여 하나님의 자리에

10) *Christologische Hoheitstitel: ihre Geschichte im frühen Christentum*, Göttingen: Vandenhoeck und Ruprecht, 1995.

서 기능을 수행한다는 것이 요지가 되었다.

3.2.1.4 '메시아/그리스도'와 관련된 상황은 복잡하다. 이 칭호는 구원자적 인물의 모든 유형을 칭하기 위해 다양하게 사용되었다. 그러나 이는 전승사적 정황에 적합하지 않다. 또한 그것은 완전히 일반적인 '기름부음'이라는 모티브에서 유래한다는 것만이 제한적으로 도움이 된다.(마틴 카러[Martin Karrer]) 메시아 칭호는 기독교 이전 시대에 그렇게 분명하게 사용되지 않았고, 하나의 왕적 인물에 대한 기대가 요지인 곳에서 사용되었다.(예를 들면 솔로몬의 시편 17-18장. 나아가 쿰란에서는 왕적 메시아가 대제사장적 메시아와 함께 등장한다.) 그런 점에서 왕적 메시아의 표상을 예수에게 끌어 왔고, 그가 '유대인의 왕'으로 십자가에 못 박힌 것은 우연이 아니다.(막 15:26과 병행구절) 비록 종말적인 하나님의 왕적 통치가 요지였던 예수의 고유한 신중심적 선포에서 이 기대는 어떤 역할도 하지 못했지만, 메시아/그리스도 표상은 초기 기독교의 전승 안에 전수되었다. 이 표상은 메시아적인 왕으로 유죄판결을 받은 것 때문에 특히 그의 죽음의 의미를 부각시키는 데에 기여하였다. 이는 오래된 신앙고백전승에서 알 수 있는 바이다.(고전 15:3b-5, 눅 24:26) 그 외에 승귀된 이와 재림할 이에게 왕적 구원자 기대가 적용되었다. 마지막 단계에 이르러서야 비로소 지상의 활동이 함께 연결되었다. 그와 더불어 지상의 예수에 대해 그와 같은 맥락에 있는 '다윗의 아들'이라는 칭호가 사용되었다.

3.2.1.5 '아들' 혹은 '하나님의 아들'이라고 칭하는 데서 몇 가지 전승 줄기가 합쳐진다. 이때 초기 기독교에 있어 배제해야 할 점은 신적 존재의 측면이다. 선택하고 양자로 삼는 행위 안에 있는 아들 됨은 구약성서적 의미에 그 기반을 둔다. 이것은 우선 이스라엘 민족의 선택과 관련이 있다.(출 4:22 이하, 호 11:1 등) 이러한 이해는 유대교의 기도 전승에 분명하게 반영된다. 기도할 때에 '우리 아버지'라는 부름은 항상 자기 민족과 연결시켰으며, 그 신앙 공동체 안에는 각 개인이 있다. 여기에 더해 '하나님의 아들'로서 왕을 인정하고 임명한 것도 고려해야 한다.(삼하 7:14) 그런 점에서 메시아와 하나님의 아들은 오래 전부터 밀접히 결합되어 있다. 그 외에도 후기 구약성서시대에 모범적인 경건한 자들을 하나님의 아들이라 칭하는 것이 나타난다.(지혜서 2:18) 초기 기독교에서 예수의 아들 됨은 파송사고나(갈 4:4, 요한복음 곳곳에) 그가 성령을 지닌 것(막 1:9-11과 병행구절)과 결합되었다. 그 후에 예수께서 기도할 때에 하나님을 부른 호칭인 '아바'를 재수용하면서 예수의 아들 됨이라는 특수한 표상을 전개하였다. 이에 대하여 다시 논의해야 한다.

3.2.2 신앙고백문

예수존칭이 신앙을 고백하는 행위로, 그리고 서술하는 맥락에서 예수의 위엄을 표현한다면, 신앙고백문은 계시사건에 대한 내용을 진술한다.

3.2.2.1 신앙고백문은 초기 기독교 전승에서 상대적으로 정형화된 형태로 나타난다. 핵심적으로 가장 많이 인용된 신앙고백문은 "하나님이 예수를 죽은 자 가운데서 살리셨다." 혹은 "예수께서는 하나님에 의해 살아났다."라는 증언이다. 그와 더불어 하나님의 뜻과 인간의 적대감 때문에 예수께서 죽었다는 진술도 있다.(막 8:31과 병행구절, 9:31과 병행구절) 거기에 더해 예수의 파송이나(마 10:40) 그의 재림(단 7:13 이하와 연결하여 막 13:26과 병행구절)에 관한 본문도 있다.

3.2.2.2 신앙고백문은 무엇보다도 구원론의 맥락에 나타난다. 여기서는 예수의 대리적인 속죄의 수난이나 희생의 표현을 가리키는 죽음의 정형구문만을 언급한다. 이 문구는 예수의 죽음이 우리를 위해 일어난 것임을 표현한다. 이에 대해서는 다른 곳에서 논한다.(참조. 이 책 13장)

3.3 기독론적 진술들의 초기 병렬

초기 기독교 전승 가운데 기독론적 진술의 기본 형태가 있다. 그 진술들은 주로 예수존칭과 관련되지만, 다른 단초도 포함한다. 그것들 중 대부분은 두 가지 핵심적인 측면이 서로 대립한다는 사실이 특징적이다. 이러한 사실은 무엇보다도 신앙고백과 찬양에서 확인할 수 있으나, 특정 경우 사화(史話)전승에서도 인지된다.

3.3.1 예수의 지상 활동과 미래의 활동을 편입시키는 것이 한 가지 특징적인 모델이다. 이 모델은 인자 기독론과 결합하여 구두말씀자료에서 눈에 띄는 형태로 등장한다. 예수의 말씀과 행위는 지상에 나타난 인자의 전권이라는 징표 아래에 있으며, 그는 종말의 재림 때에 그의 일을 완성할 것이다. 이와 똑같은 모델이 마가의 경우에도 추가적인 요소들과 결합하여 등장하며, 마태와 누가에게도 최소한 영향을 끼쳤다.

3.3.2 다른 모델에서는 예수의 수난이 부활, 또는 신적인 영광에 들어감과 대조되어 등장한다. 이러한 사실은 신앙고백 전승(고전 15:3b-5, 눅 24:26)과 수난사화 및 부활사화에도 해당한다. 십자가에 달린 '그리스도'가 하나님이 일으키시고 하늘의 현실에 받아들인 분이라고 하는 점에서 메시아 기대를 기독론적으로 수용한 것을 인지할 수 있다.

3.3.3 그 이외의 진술형태는 구약성서와 초기 유대교에 널리 퍼져 있던 낮아짐과 승귀의 모델과 관련이 있다. 이것은 초기 기독교의 전승에서 예수의 지상의 존재와 그의 승귀 및 즉위와 연결된다. 이러한 이해는 빌립보서 2:6-11의 찬양시에 (선재 모티브를 함께 고려하면서) 특징적인 형태로 나타난다.

3.3.4 예수의 지상 활동에 연결되는 파송 모티브와 그 안에 근거하는 전권개념은 하늘로부터 내려온다는 모티브와 연결할 수 있으며, 그로 인하여 천상의 존재와 지상의 활동 사이의 대칭이 생겨난다.(요한전승에서 그러하다.) 그러나 선재하신 이의 활동은 승귀하신 이의 행위와 상호적으로 정렬된다.(참조. 골 1:15-20 찬미 본문의 기본 형태)

3.3.5 신학적으로 숙고하는 가운데 이 기본모델들이 생겨났고, 보다 큰 맥락 안에 포함되었다. 이때 모든 부분적인 측면들이 즉각적으로 정렬된 것이 아니고, 오랜 과정을 거쳐 생겨났다. 어쨌든 초기 기독교 시대에 단초의 형태로 전체적인 특징이 발생하였다.

3.4 보다 큰 기독론적 개념

포괄적인 기독론적 개념을 전개하기 위해서는 신약성서에서 특징적인 몇몇 개의 구상을 고려해야 한다. 이에 대해서는 개별적으로 I권의 해당 단락을 참조할 수 있다.

3.4.1 파루시아 기대의 빛 아래 있는 예수전승

공관복음서는 예수의 지상 활동을 그의 죽음과 부활, 그리고 그의 재림에 대한 전승과 결합하였다. 동시에 예수의 지상 활동과 관련하여 말씀수집록과 사화전승의 결합을 수행하였다. 이에 대한 특징적인 경우가 마가의 개념이다.

3.4.1.1 세례와 함께 시작된 예수의 지상 활동, 그의 죽음, 그리고 부활이 마가복음에서는 대망하는 구원의 완성을 향한다. 마가복음 저자에게 있어 결정적인 기독론적 구성 요소는 '인자'로서, 그리고 '하나님의 아들'로서의 예수에 관한 전승이다. 마가에게서 예수의 수난과 부활에 대한 진술을 통해 확대된 인자-개념에서 기독론적인 전체 틀이 주어졌다. 이 틀은 전권적인 지상의 활동을 예수의 죽음 및 부활, 그리고 그의 재림과 결합시킨다. 하나님의 아들에 대한 진술은 무엇보다도 성령을 지닌 이로서 묘사되는 예수의 전권적인 활동과 결합되어 나타난다. 이에 더하여 마가복음 8:27-33에서 알 수 있듯이, 특별히 예수의 수난 및 죽음과 연결되는 메시아적인 요소가 있다.

3.4.1.2 구원의 완성을 지향하는 것은 인자 기독론이 우세한 곳에서만 인지할 수 있는 것이 아니다. 그 점은 마가의 독특한 요소들을 통해 강조된다. 한 편으로 마가복음 4장의 하나님 통치가 시작되었다는 말씀과 연결되고 있는 마가복음 13장의 종말론적 말씀이 강조하는 입장이 이에 해당한다. 비록 마가복음 13:10은 완성에 앞서 온 복음이 전 세계에 선포된 것을 고려하지만, 13장의 말씀에서는 강한 미래 지향성을 의심할 여지가 없다. 여기에 더해 이 복음서의 전체 개념에 있어 매우 중요한 메시아 비밀 모티브가 있다. 예수의 생애 동안, 그리고 연이어 부활에 일어난 모든 일들은 은폐된 상태이다. 비록 예수의 죽음 및 부활과 함께 비밀에 대한 통찰이 열렸지만, 파루시아 때에 그의 포괄적인 의미가 계시될 때까지 이것은 믿음 안에서만 인식될 수 있다.

3.4.2 부활과 파루시아 사이의 시기를 위한 예수전승의 의미

마태와 누가는 마가복음을 그것의 신학적 개념과 함께 넘겨받았다. 그들은 죽었다가 부활하고 다시 올 지상의 예수를 성령이 가득한 하나님의 아들로, 그리고 전권적인 인자로 이해하는 것을 전제로 한다. 비밀 모티브도 포함하지만 더 근본적으로 이해하지는 않았으며, 구원의 계시를 보다 더 강하게 강조한다. 구두말씀 자료와 특수 자료의 추가적인 자료는 마가적인 개념 안으로 상대적으로 쉽게 통합될 수 있었다. 마태와 누가는 기독론적으로 새로운 강조점을 두었다.

3.4.2.1 두 복음서 저자는 비록 상이한 방식이긴 하나, 마가로부터 단지 내재적으로 표현된 승귀 표상을 받아들여 보충하였다. 이것은 파루시아 기대가 마가의 경우와 같은 중요성을 더 이상 지니지 않는다는 것을 의미한다. 이는 물론 미래적 진술을 축소하지 않으면서 생성되었으며, 마태의 경우 오히려 미래적 진술이 보충되었다. 그러나 곳곳에서 부활과 완성 사이의 중간 시기가 보다 더 강하게 시야로 들어온다. 그리하여 기존의 마가적인 개념을 확장하였고, 그러나 동시에 상당하게 무게 중심이 이동된다.

3.4.2.2 마태복음이 아무런 이유 없이 부활한 이의 말씀으로 연결되는 것이 아니다. 부활한 예수께서는 말씀으로 그에게 위임된 우주적인 권능과 그의 영속적인 현재성을 제시한다. 이에 부응하여 제자 공동체는 부활 이후 공동체에 대한 앞선 서술이 되며, 예수께서 지을 "교회"(*ἐκκλησία*)도 문자로 정확하게 표현하여 말한다.(마 16:18) 이에 더하여 마태는 예수의 가르치는 기능을 특히 부각시켰다. 그는 여전히 하나님의 아들이면서, 동시에 마땅히 그를 경청해야 할(마 17:5b, 23:8) 선생이다. 그가 살아 있는 동안 전해 준 선포와 가르침은 계속 전수되어야 하고, 승귀한 이로서 그의 현재성을 통해 늘

새롭게 현실화된다.(마 28:20)

3.4.2.3 누가는 그의 이중 저작을 통해 승귀 기독론에 훨씬 더 많은 비중을 부과하였다. 누가복음의 전체 서술은 예루살렘 안에서 일어난 사건을 향해 간다. 예루살렘 사건에서는 무엇보다도 예수의 부활과 승귀가 관건이다.(눅 9:51) 사도행전의 보도에 따르면 마가와 마태에서는 결정적인 역할을 하지 않는 성령 수여와 함께 승귀된 이가 부활 이후의 활동을 시작한다. 성령을 수여함으로써 파루시아 때까지 제자들의 선교 임무에 동기를 부여한다. 복음의 선포는 예수의 지상 활동과 함께 시작되었고(눅 16:16), 현재에도 계속되며, 사람들을 신앙공동체 안으로 모은다. 그러므로 성령의 시대는 곧 교회의 시대이다. 누가의 복음서에서 미래적 진술이 별로 축소되지 않았다면, 이런 방식으로 누가에게서 마태보다 훨씬 더 분명하게 승귀의 주제가 중심으로 이동한다. 그뿐만 아니라 누가는 예수의 죽음보다는 부활 사건이 지닌 구원의 능력을 강조하는 전승을 받아들였다.

3.4.3 기독론의 중심으로서 예수의 죽음과 부활

신약성서의 기독론적 개념을 살펴보면, 예수의 죽음과 부활이 비록 상이하게 통합되고 해석되기는 하나, 도처에서 고려된다는 사실을 확인할 수 있다. 이는 바울과 그의 학파에, 그리고 바울 이외의 서신 문학에 해당하며, 유사하게 공관복음과 요한복음에도 해당한다. 예수의 죽음과 부활로 정향한 기독론의 대표적인 예는 바울의 신학이다.

3.4.3.1 바울에게 있어 예수의 죽음과 부활이 지닌 높은 의의는 무엇보다도 구원론과 관련된다. 구원은 예수의 죽음에 결정적인 기반을 둔다.(참조. 이 책 13장) 그러나 예수의 죽음과 부활은 좁은 의미에서 기독론적 기능도 지닌다. 예수의 죽음은 예수께서 인간이시라는 것과 낮아지신 것의 결정적인 징표이다. 그의 죽음은 그의 파송과 지상에서의 노정(路程)이 가져온 가장 극명한 귀결이며, 이는 하나님이 일으키시는 행위와 상관 관계를 갖는다.

3.4.3.2 바울 신학의 중심에서 그토록 예수의 죽음과 부활을 서술한다면, 이때 그것은 독립적인 것이 아니라 포괄적인 기독론적 관점 안으로 편입된다. 이 관점은 한편으로는 예수의 선재를 전제조건으로 삼는다. 왜냐하면 바울은 창조의 중재뿐만 아니라 선재하신 이의 역사적 행위도 고려하기 때문이다.(고전 8:6, 10:4) 다른 한편으로 아들을 세상으로 보내심을 전제로 한다.(갈 4:4, 롬 8:3) 바울이 예수의 지상 생애와

활동에 별로 관심을 보이지 않고 그저 소수의 주의 말씀만 인용하였다면, 예수께서 인간이시라는 것과 지상적 존재가 바울에게 있어서 근본적이기 때문이다. 이러한 전제 아래서 십자가의 죽음이 중심적 의미를 지닌다. 그러나 또 다른 방향에서는 예수의 죽음과 부활이 보다 큰 맥락에 포함되었다. 예수의 죽음과 부활은 선재하신 이로서(롬 8:34), 그리고 다시 올 이로서(빌 3:20) 그가 행할 활동에서 결론을 맺는다. 십자가 신학(theologia crucis)이 중심에 있다는 사실을 간과해서는 안 된다. 예수의 십자가 죽음은 그의 위격(Person)에 대한 결정적인 표시(signum)이다.

3.4.4 선재의 빛 아래 있는 예수의 사역

요한의 기독론에는 공관복음과 비슷하게 예수의 지상 사역이 죽음과 부활, 그리고 부활 이후의 사역과 결합되어 있다. 선재와 성육신에서 시작한 요한복음 저자가 이 개념을 보다 강화된 성령론에 연결시켜 근본적으로 확장시켰다.

3.4.4.1 마가복음에서 예수 역시는 미래를 지향하며, 마태와 누가도 이러한 관점을 유지한다. 특히 무엇보다도 승귀된 이를 통한 포괄적인 구원의 실현을 고려한다. 요한은 선재로부터 사고한다. 선재로부터 예수의 성육신과 승귀뿐만 아니라 성령의 활동 가운데 있는 영속적인 구원의 현재성을 이해한다. 그러면서 미래 대망이 쇠퇴한다. 그런 점에서 지금까지 논의된 개념들로부터 제4복음서 저자를 가장 뚜렷하게 구별 짓는 점은 '사고의 방향'이다. 선재기독론으로 인해 기독론의 보다 확장된 관점이 요한의 개념에 포함되었을 뿐만 아니라, 현저하게 무게 중심이 이동하였다.

3.4.4.2 로고스의 성육신과 함께 종말적 구원이 완전하게 실현된다. 물론 이러한 사실은 부활을 기점으로 분명하게 인식되고, 예수께서 아버지께로 가고 성령이 오면서 그가 지니는 우주적인 중요한 의미를 얻는다. 따라서 예수의 지상의 삶에서 이미 종말적 영광(*δόξα*, 참조. 요 2:11)이 빛을 발한다. 선재한 로고스로서 태초부터 아버지와 함께하였던 예수께서는 인간이 되신 이로서 이 함께함을 근거로 또한 이 함께함의 힘으로 그에게 맡겨진 일을 실현한다. 그를 보내신 아버지는 그를 통하여 그 안에서 행하신다. 그리하여 예수께서는 땅 위에서 이미 우주적인 '엑수시아'(*ἐξουσία*, 전권, 권세, 3:35)를 지닌다. 이는 그가 아버지와 똑같은 것을 행한다는 사실뿐만 아니라, 죽음과 부활이 그의 손 안에 주어졌음을 의미하기도 한다. 그는 자기의 생명을 희생하기도 하고 그것을 다시 취할(10:17 이하) 전-권(全-權)을 가지고 있다. 예수의 희생은 그가 완전히 인간이라는 것과 세상의 죄를 떠맡는 그의 구원론적 사명이라는 징표 아래에 있다.

그러나 동시에 그의 희생은 죽음을 꿋꿋하게 극복한 것이며 아버지께로 가는 것이다.

3.4.4.3 예수께서는 승귀된 이로서 구원의 계시라는 그의 사역을 계속해 나간다. 그러면서 아버지와 함께 성령을 보낸다. 성령은 땅에서 종말론적 구원을 제자들의 증거 가운데서 포괄적으로 현재화시킨다. 이러한 일들은 언젠가는 사라질 지상적 조건 아래에서 이루어지긴 하나, 구원에 온전하게 참여하는 것과 아버지와 아들의 상호적인 교제 안으로 들어감을 의미한다.

3.5 기독론적 구상을 되돌아 봄

3.5.1 복음서와 서신서에는 그들이 기록되기 이전의 전승들이 수용되고 서로 결합되어 왔다. 이런 구상에 있어서, 여러 개의 기독론적 모델들이 통합되어 있는 하나의 총괄개념의 기독론이 영향력을 끼쳤다. 그런 점에서 포괄적인 기독론을 구상하려는 노력이 중요하다. 이는 단연 주목해 볼 가치가 있는 골로새서와 에베소서, 베드로전서나 히브리서의 구상에 적용되며, 어떤 방식으로는 요한계시록에도 해당된다. 그러나 이들 모두는 한 가지 중심 되는 사상 아래에 있으며, 이것은 처음부터 해당 주제에 대해 어느 정도 한계를 긋는다.

3.5.2 언급한 네 개의 구상들은 사용한 기독론적 측면에서 볼 때 시종일관 공통점을 보인다. 따라서 마땅히 수렴과 통합가능성에 대한 질문을 제기할 수 있다. 그러나 개별 측면들이 매우 다르게 확대 발전되고 기능한다는 사실을 간과해서는 안 된다. 왜냐하면 신약성서에는 모든 부분 측면들을 그것들이 지닌 각각의 고유성을 유지하며 결합하려는 구상은 없기 때문이다. 그런 점에서 신약성서 기독론의 통일성에 대한 질문을 토론하기 전에, 다양하게 표현된 기독론적 측면들을 좀 더 정확하게 주목할 필요가 있다.

4. 개별적인 기독론적 관점과 전개

신약성서 기독론의 특징을 파악하려면 각각의 독특성을 띤 개별적 관점들을 상세하게 언급해야 한다. 이때 초기 기독교의 선포에서 한 역할을 했던 모든 부분 영역들을 고려해야 한다. 선재 및 창조의 중재, 예수께서 인간이라는 것과 지상의 활동, 그의 죽음, 그의 부활, 그리고 승귀와 대망되는 재림이 그것이다.

4.1 예수의 선재 및 창조의 중재

바울, 히브리서, 베드로전서, 요한계시록과 요한복음, 그리고 요한서신서들은 선재표상을 전제한다. 그에 비해 선재표상이 없는 신약성서의 다른 문서들도 있다. 공관복음, 사도행전, 야고보서가 이에 해당하며, 나아가 유다서와 베드로후서도 그러하다.

4.1.1 선재진술이 없는 신약성서 본문

선재진술은 고린도전서 8:6의 고백이나 빌립보서 2:6의 찬양시 첫 부분이 보여주듯이 매우 오래된 전승에 등장하며, 그와 더불어 예수의 선재를 명확하게 고려하지 않는 보다 후대의 초기 기독교 본문도 있다. 그러한 본문들은 기독론적 신앙고백 형성의 보다 오래된 단계를 아직 고수하며, 그 과정에서 예수의 오심을 또 다른 방법으로 규정하였다.

4.1.1.1 야고보서는 짤막하게 승귀된 '영광의 주'와 '주의 재림'만을 고려하여 기독론적 관점에서는 언급할 것이 별로 없다. 야고보서를 제외하면, 마가복음이 모든 종류의 예수의 전(前)역사를 포기한다는 점이 눈에 띈다. 마가복음은 예수의 세례와 함께 그의 사명과 전권, 그리고 그 근거가 되는 성령을 예수께서 지니는가에 대한 질문에 답한다. 하나님의 통치를 가져오는 이로서 예수께서 행하시는 기능의 원천은 하늘에서부터 내려오는 성령의 능력으로 소급된다.

4.1.1.2 마태복음과 누가복음은 전(前)역사는 수용하였지만, 선재 모티브는 없다. 비록 예수의 오심에 대한 질문의 맥락에서 경이로운 출생에 대한 이해를 받아들이지만, 이것은 선재의 이해와는 분명히 구별된다.

4.1.1.3 사도행전은 선재나 처녀 탄생을 언급하지 않는다. 사도행전에서는 광범위하게 마가의 견해와 일치하는 기독론적 개념이 등장한다. 사도행전 2:22 이하는 '나사렛 예수'와 관련하여 "하나님의 정하신 뜻과 미리 아신 것"(*ὡρισμένη βουλὴ καὶ πρόγνωσις τοῦ θεοῦ*)을 말한다. 그 뜻과 미리 아신 것을 따라 예수의 삶이 실행되었다. 예수의 활동이 포괄적으로 하나님의 구원의 계획 안에 근거하는 것으로 특징지어진다.

4.1.2 내재적인 선재진술

하늘에서 온다는 것과 지금까지 감추어진 구원의 비밀이 나타난다고 하는 이해는 선재표상으로 넘어가는 하나의 과도기이다.

4.1.2.1 파송진술은 원래 하늘에서 오는 것과는 아무 상관이 없고 오히려 위임과 승인에 국한된다.(참조. 세례 요한에 대한 요 1:6) 그러나 그 진술은 일찍이 하늘로부터 내려온다는 의미로 이해되어졌다. 이러한 사실은 특히 바울 이전의 신앙고백 구문인 갈라디아서 4:4 이하와(이 구절에 바울이 *γενόμενον ὑπὸ νόμον, ἵνα τοὺς ὑπὸ νόμον ἐξαγοράσῃ*를 보충하였다.) 이 전승을 바울이 모방한 로마서 8:3 이하를 비교하면 알 수 있다. 갈라디아서 4:4 이하에서는 선재표상이 원래 아무런 역할도 하지 않으나, 바울 자신이 기록한 본문인 로마서 8:3 이하는 선재기독론의 맥락에서만 이해할 수 있다. 이와 똑같은 사실이 요한복음에도 해당된다. 요한복음은 파송진술을 오해의 여지없이 하늘에서 온다는 의미로 해석한다. '세상에 보내심'(*ἀποστέλλειν εἰς τὸν κόσμον*, 요 3:17, 10:36, 요일 4:9)과 '하늘에서 내려옴'(*καταβαίνειν ἐκ τοῦ οὐρανοῦ*, 3:13-17, 6:33, 38 이하, 42-44)이라는 표현은 서로 결합되어 있으며, 이 두 표현은 예수의 선재를 가리킨다.

4.1.2.2 예수의 위격(Person) 안에서 구원이 온다는 것은 전에 이미 언급했던 "계시구문"을 다른 방식으로 표현하는 것이다.(참조. 이 책 6장) 여기서 이전에는 감추어졌으나 이제는 예수의 형상 안에서 계시된 '비밀'이라고 말한다. 이 정형화된 표현을 바울이 이미 알고 사용하였으며(고전 2:7 이하), 무엇보다도 이 표현은 제2 바울서신 전승에서 큰 비중을 차지하였다.(골 1:26 이하, 엡 3:9 이하와 나중에 로마서에 추가된 영광송인 롬 16:25-27) 비록 '비밀'이 계시되었다는 진술은 없으나, 대신 '현현', 즉 예수께서 지상에 '나타남'을 말하며 위와 똑같은 모델을 전제하는 본문들도 이에 해당한다. 즉 디모데후서 1:9b, 10a이 "우리 구주 그리스도 예수의 나타나심으로 말미암아"(*διὰ τῆς ἐπιφανείας τοῦ σωτῆρος ἡμῶν Χριστοῦ Ἰησοῦ*) 이제 드러난다고 말하는 것이 그러하다.(그 밖에 목회서신에서는 현현 개념이 재림과 연결된다. 참조. 딤전 6:14, 딤후 4:1, 8, 딛 2:13) 또한 '나타나다'(*φανερωθῆναι*)라는 동사를 이런 의미에서 예수 그리스도의 오심에 사용할 수 있다.(참조. 딤전 3:16a)

4.1.3 예수의 선재에 관한 명시적 진술

선재진술은 이미 언급했듯이, 매우 이른 초기 기독교 전승에 나타나며, 특히 신앙고백적인, 그리고 찬양시의 본문에 등장한다. 이 진술들은 일반적이지는 않으나 때때로 창조의 중재 모티브와 결합된다.(참조. 이 책 8장 4.1.5)

4.1.3.1 우선 계시자의 이전 존재와 그가 하늘의 세계에 속해 있음을 지상의 삶

과 대립시키는 일련의 진술이 있다. 빌립보서 2:6a은 '그는 근본 하나님과 본체시나'(ὅς ἐν μορφῇ θεοῦ ὑπάρχων), 즉 선재하신 이는 신적인 영역에 속해 있었으나 7a절에 따라 '종의 형체를 가지사'(μορφὴν δούλου λαβών)라고 언급한다. 번역하기 어려운 개념인 '모르페'(μορφή)는 신적인 또는 인간의 현실에 참여함을 지칭한다. 고린도후서 8:9에서는 '예수 그리스도의 가난하게 되심'(ἐπτώχευσεν πλούσιος ὤν)이 이전의 '부요하심'과 대립한다. 이와 비슷하게 베드로전서 1:20에서는 '세상을 창조하기 전에 그리스도를 구세주로 정하심'과 '마지막 때에 나타내심'이 대립한다.(προεγνωσμένου μὲν πρὸ καταβολῆς κόσμου φανερωθέντος δὲ ἐπ' ἐσχάτου τῶν χρόνων) 이때 정하심이란 하나님의 경륜으로 미리 정하셨다는 의미로 이해될 뿐만 아니라 이전의 하늘의 존재라는 의미에서 이해되었다. 이 세대의 통치자들은 감추어진 계시의 비밀을 알지 못하며, 만일 그들이 알았더라면 예수를 십자가에 못 박지 않았을 것이라고 기록한 고린도전서 2:8에는 적어도 선재 모티브가 전제되어 있다. 이에 상응하여 창조의 중재를 제시하는 고린도전서 8:6도 선재사상을 포함한다.

4.1.3.2 두 번째 그룹의 진술들은 선재하신 이와 하나님과의 관계에 대한 진술을 보다 분명하게 하려 한다. 빌립보서 2:6a에서는 신적인 현실에 속해 있으나, "하나님과 동등됨을 취할 것으로 여기지 않았다."(οὐχ ἁρπαγμὸν ἡγήσατο τὸ εἶναι ἴσα θεῷ)고 지적한다. 하나님과 같아지는 것이 예수께서 추구해야 할 가치가 아니었고, 하나님과 비교하여 선재하신 이의 다른 점이 보다 더 결정적으로 중요하다. 똑같은 이해가 골로새서 1:5a에도 해당된다. 이 구절에서는 선재하신 이를 '보이지 아니하는 하나님의 형상'(εἰκὼν τοῦ θεοῦ τοῦ ἀοράτου)이라고 칭한다. '형상' 가운데 보이지 않는 하나님이 계시나 그것과는 구별된다. 마지막으로 같은 맥락에서 히브리서 1:3a을 고려할 수 있다. 이 구절에서는 하나님에 대한 선재하신 이의 관계를 다음과 같이 말한다. "이는 하나님의 영광의 광채시요 그 본체의 형상이시라."(ὅς ὢν ἀπαύγασμα τῆς δόξης καὶ χαρακτὴρ τῆς ὑποστάσεως αὐτοῦ) 이 구절은 2b절의 창조의 중재 모티브와 관련이 있는 진술이다. 그 결과 역시 선재하신 이에게 연결될 수 있다. 하나님 곁에서 신성에 참여하는 예수 안에서 하나님의 영광과 현실이 빛을 발한다.

4.1.3.3 세 번째 그룹의 선재진술은 세상에 대한 관계와 관련이 있다. 골로새서 1:15b에서 선재하신 이는 '모든 피조물보다 먼저 나신 이'(πρωτότοκος πάσης κτίσεως)로 불린다. 이것은 모든 피조물 중에서 첫 번째 것이라는 의미가 아니며, 오히려 '만물보다 먼저' 맨 처음에 태어났다는 것이 요지이다. '또한 그가 만물보다 먼저 계

시고'(*καὶ αὐτός ἐστιν πρὸ πάντων*)라는 17a절의 내용으로 분명하게 드러나는 바다. 똑같은 방식으로 에베소서 1:3 이하도 선재하신 이를 말하며, 그와 함께 믿는 자들이 이미 '창세 전에'(*πρὸ καταβολῆς κόσμου*) 선택되었다고 한다. 그 다음에 요한계시록 3:14c도 전형적으로 표현한다. 그 구절에서는 승귀된 이를 '하나님의 창조의 근본'(*ἡ ἀρχὴ τῆς κτίσεως τοῦ θεοῦ*)이라고 칭한다. 여기서 '아르케'(*ἀρχή*)는 역시 시간적 의미에서가 아니라 창조의 원천과 전제의 의미로 이해될 수 있다. 비록 골로새서 1:15b에서와 같이 순전히 문법적인 해석이 가능하며, 피조물의 처음, 그러니까 생명체의 맏이라고도 할 수 있으나, 이는 문맥을 통해 배제된다. 왜냐하면 요한계시록 1:17, 22:13에서 하나님을 표현하는 '처음과 마지막'(*ὁ πρῶτος καὶ ὁ ἔσχατος*) 또는 "알파와 오메가"(*τὸ ἄλφα και τὸ ὦ*)가 전지전능의 진술로서 예수에게 전이되기 때문이다.

4.1.3.4 위와 같은 개별진술들을 훑어보면 신약성서의 수많은 문서들 가운데 명시적인 선재표상이 한 역할을 한다는 사실이 드러난다. 이 표상은 일찍이 형성되어 광범위하게 스며들었다. 어쨌든 신약성서는 예수 그리스도의 영원한 선재를 분명하게 증언한다.

4.1.4 요한의 선재 기독론

수적으로 많지는 않으나, 선재진술은 요한복음과 요한서신서의 기독론적 총괄개념에서 중심적인 의미를 지닌다.

4.1.4.1 예수의 선재와 인간 되심의 맥락에서 '말씀'(*ὁ λόγος*, 요 1:1, 14)이라는 표현이 중요한 기능을 한다. 여기서 그 개념이 분화된 전(前)역사나 그 의미의 다양성을 논할 수는 없다.(참조. I권 34장) 다만 요한복음 1:1, 14과 관련하여 요한계시록 19:13에서 재림하시는 이에 대해 '하나님의 말씀'(*ὁ λόγος τοῦ θεοῦ*)을 사용한 것과 요한일서 1:1에서 예수를 선포하는 것에 관해 "생명의 말씀"(*ὁ λόγος τῆς ζωῆς*)이라고 칭한 것만을 제시한다. 요한일서 1:1의 예수께서는 구체적인 인간으로 귀에 들리고, 눈에 보이고, 만져질 수 있었다. 문제는 위의 세 구절 모두 계시자에 대해 말씀이라는 개념을 사용한 것이다. 특히 요한복음 1:1, 14에서 특징적인 것은 '로고스'를 독립형태로 사용한 점이다. 행하시고 영향을 끼치는 하나님의 말씀은 예수의 위격(Person)과 동일시되고, 똑같이 선재하신 이와 인간이 되신 이에게도 해당된다.

4.1.4.2 역사 이전의 존재에 대한 진술과 관련하여 우리는 골로새서 1:15b와 요한계시록 3:14c이 사용한 요한복음 1:1a의 "태초에 말씀이 계시니라."(*ἐν ἀρχῇ ἦν ὁ* *λόγος*)는 진술과 마주친다. 위 진술도 역시 모든 피조물보다 앞서 있는 태초, 기원과 관계가 있다. 그리고 요한복음 1:1b의 "하나님과 함께 계셨다."(*εἶναι πρὸς τὸν θέον*)와 결합된다. 이로 인해 선재하신 로고스는 하나님 자신과는 틀림없이 구별된다. 2절에서 분명히 의도적으로 반복한다. 거기서부터 "이 말씀은 곧 하나님이라."(*καὶ θεὸς ἦν ὁ λόγος*)는 중간에 끼어 있는 1c절이 이해된다. 이 문장은 관사 없는 '테오스'(*θεός*) 때문에 번역하기가 어렵다. 그 문장에서 '호 로고스'(*ὁ λόγος*)가 주어이고 '테오스'(*θεός*)가 술어명사이다. 그러나 "말씀이 하나님이었다." 또는 "하나님이 말씀이었다."라는 번역은 여기서 의도하는 바를 충분히 표현하지 못한 것이며, 역으로 "말씀은 신적이었다."는 적확하지 않다. 로고스를 하나님 자신과 동일시하지 않으면서 하나님의 신성에 참여하고 하나님을 대표하고 대신하는 것이 관건이다. 다른 한편으로 로고스는 천사의 경우와 같이 그렇게 신적인 영역의 일원으로 속해 있는 것은 아니다. 아무리 차이점이 있다고 해도 하나님께 직접적으로 속해 있다. 하나님 곁에 있는 특별한 위치가 요한복음 1:18에서 부각된다. "아버지 품속에 있는 독생하신 하나님이 나타나셨느니라."(*μονογενὴς θεὸς ὁ ὢν εἰς τὸν κόλπον τοῦ πατρὸς ἐκεῖνος ἐξηγήσατο*) 아버지 바로 곁에 있는 선재하는 이로서 그는 하나님을 대신하고 소식을 알릴 수 있는 유일한 이다. 그리하여 요한복음 12:45과 14:9에서 예수를 (믿음 가운데서) 본 사람은 아버지를 보았다고 기록한다. 14:10에 따르면 예수께서 '아버지 안에', 그리고 아버지가 '그 안에' 있기 때문이다.(참조. 10:30)

4.1.4.3 예수의 전체 지상 사역은 선재하신 로고스의 인간 되심이라는 예표 아래 있다.(참조. 1:14에 대해서는 뒤에 나올 4.2.3) 자주 나오는 파송진술은 이미 언급했듯이, 하늘에서 옴 또는 내려옴과 결합되어 있다. 결론적으로 요한복음 17장의 진술들이 특별한 의의가 있다. 기도의 도입 단락 중 17:5에서 예수께서는 다음과 같이 간구한다. "아버지여 창세 전에 내가 아버지와 함께 가졌던 영화로서 지금도 아버지와 함께 나를 영화롭게 하옵소서."(*καὶ νῦν δόξασόν με σύ, πάτερ, παρὰ σεαυτῷ τῇ δόξῃ ᾗ εἶχον πρὸ τοῦ τὸν κόσμον εἶναι παρὰ σοί*) 그는 선재한 이로서 자신이 아버지 곁에서 이미 가졌었던 존재방식을 되찾게 해달라고 한다. 이에 상응하여 17:24에서 그가 아버지를 창세 전에 이미 사랑하였기 때문에 아버지가 그에게 주었던 그 영광을 언급한다. 그리고 예수께서는 자기 사람들을 위해 그들이 감추어진 이 영광을 현세에서 볼 수 있게 해달라고 간구한다.

4.1.4.4 요한일서는 선포를 '생명의 말씀'(*λόγος τῆς ζωῆς*, 1:1c)이라는 속격

결합형의 로고스 개념을 사용하여 표현한다. 그 선포 가운데 생명을 일으키는 말씀이 있다. 이때 '생명의 말씀' 진술은 선재하신 이를 '생명'과 동일시하는 요한복음 1:1-4의 진술들과 관련이 있다. 따라서 요한일서 1:2b에 다음과 같이 기록한다. "이 영원한 생명을 너희에게 전하노니 이는 아버지와 함께 계시다가 우리에게 나타내신바 된 이시니라."(*ἀπαγγέλλομεν ὑμῖν τὴν ζωὴν τὴν αἰώνιον ἥτις ἦν πρὸς τὸν πατέρα καὶ ἐφανερώθη ἡμῖν*) 이 구절은 하나님의 사랑이 계시된 것에 관한 요한일서 4:9의 진술과 일치한다. 그 진술의 내용은 다음과 같다. "하나님이 자기의 독생자를 세상에 보내심은 그로 말미암아 우리를 살리려 하심이라."(*ὅτι τὸν υἱὸν αὐτοῦ τὸν μονογενῆ ἀπέσταλκεν ὁ θεὸς εἰς τὸν κόσμον, ἵνα ζήσωμεν δι' αὐτοῦ*) 그러한 관점에서 요한일서 4:2과 요한이서 7절(참조. 요일 2:23)의 예수께서 '육체로 오신 것'과 '참된 인간이심'에 대한 진술도 분명히 예수의 선재와 관련된다.

4.1.5 창조의 중재

선재하신 이가 행한 창조의 중재에 대한 진술은 지금까지 언급한 본문들과 관련하여 나타나며, 물론 선재가 당연히 전제된다는 것과는 상관이 없다.

4.1.5.1 요한복음 1:1의 로고스의 선재에 대한 진술은 3절에서 그가 창조의 중재 역할을 하셨음을 제시하며 계속된다. "만물이 그로 말미암아 지은 바 되었으니 지은 것이 하나도 그가 없이는 된 것이 없느니라."(*πάντα δι' αὐτοῦ ἐγένετο, καὶ χωρὶς αὐτου ἐγένετο οὐδὲ ἕν ὃ γέγονεν*) 이 구절은 로고스가 행한 창조행위의 총체성을 표현하며, 그러므로 1:10b에서 '세상'이 그로 말미암아 창조되었다고 말한다.(*καὶ ὁ κόσμος δι' αὐτοῦ ἐγένετο*) 여기서 로고스에게 창조활동이 전부 넘겨졌다.

4.1.5.2 이와 일치하는 방식으로 골로새서의 찬양시 첫 연인 1:15 이하에서 창조행위가 '보이지 아니하는 하나님의 형상'인 선재하신 이에게 전이된다. 그리하여 골로새서 1:16a에서 "만물이 그에게서 창조되었다."(*τὰ πάντα δι' αὐτοῦ καὶ εἰς αὐτόν ἔκτισται*)라고 기록한다. 이어서 16b-e절에서 그에 의해 창조된 '만물'(*τὰ πάντα*)에 속하는 내용이 기술된다. 동시에 보이지 않는 것들 및 보이는 것들과 함께 초지상적인 권세들도 함께 언급된다.(비교. 빌 2:10) 16절 끝부분에서 "만물이 다 그로 말미암고 그를 위하여 창조되었다."(*τὰ πάντα δι' αὐτοῦ καὶ εἰς αὐτόν ἔκτισται*)는 표현으로 종결된다. 이 본문을 특징짓는 세 개의 전치사 구문(*ἐν αὐτῷ, δι' αὐτοῦ, εἰς αὐτόν*)은 두 번째 연인 1:18b-20에서 그에 상응하는 내용을 갖는다.(17, 18a절은 중간 연이다. 참

조. I권 21장)

4.1.5.3 히브리서 도입부에도 창조의 중재에 대한 진술이 있다. 이 진술은 놀랍게도 선재하신 이를 특징짓는 1:3의 앞 절인 1:2c에 위치한다. "그로 말미암아 모든 세계를 지으셨느니라."(*δι' οὗ καὶ ἐποίησεν τοὺς αἰῶνας*) 그러나 그것을 제외하더라도 1:1-4은 매우 상이한 기독론적 모티브들을 익숙하지 않은 순서로 나열한다. 어쨌든 여기서는 아들의 선재와 창조의 중재가 중요한 주제이다.

4.1.5.4 창조의 중재에 대한 진술은 선재에 대한 분명한 언급과 상관없이 나올 수 있고, 고린도전서 8:6의 신앙고백진술에서 그러하다. 그 구절에서 한 분 하나님에 대한 고백이 주 예수 그리스도에 대한 고백과 결합된다. 하나님에 대해서는 "만물이 그에게서 났고 우리도 그를 위하여 있다."(*ἐξ οὗ τὰ πάντα καὶ ἡμεῖς εἰς αὐτόν*)고 언명한다. 그에 비해 예수에 대해서는 다음과 같이 기록한다. "만물이 그로 말미암고 우리도 그로 말미암아 있느니라."(*δι' οὗ τὰ πάντα καὶ ἡμεῖς δι' αὐτοῦ*) 그리하여 기원과 목적이신 하나님과 창조의 중재자와 구원자이신 그리스도 사이가 구분된다. 어쨌든 '그로 말미암아' 온 피조물이 생성되었다.

4.1.5.5 지금까지 논의된 본문에서 처음 창조 행위가 요지라면, 또 다른 두 구절에서는 선재자에 의해 창조된 현실이 그 안에서 지속된다는 점을 언명한다. 골로새서 1:15-20의 찬양시 가운데 두 번째 연의 일부인 17b절에서 다음과 같이 기록한다. "만물이 그 안에 함께 섰느니라."(*καὶ τὰ πάντα ἐν αὐτῷ συνέστηκεν*) 이에 상응하여 히브리서 1:3b에서 "그의 능력의 말씀으로 만물을 붙드신다."(*φέρων τε τὰ πάντα τῷ ῥήματι τῆς δυνάμεως αὐτοῦ*)라고 말한다. 그의 권능에 찬 말씀은 천지만물을 생겨나게 할 뿐만 아니라 그것을 보존하기도 한다. 세상의 창조뿐만 아니라 계속되는 창조(creatio continua)라는 의미에서 지속적인 창조행위가 관건이다.

4.1.6 선재하신 이의 역사적 행위

창조의 중재와 창조를 보존하는 선재하신 이의 활동에 그의 역사적 행위가 부합한다. 그에 대한 증거자료가 많지 않으나, 이러한 진술들이 본문들 안에 수용된 방식을 통해 매우 잘 알려진 주제를 다루고 있음을 알 수 있다.

4.1.6.1 홍해를 건넌 것과 만나를 먹음, 그리고 바위틈에서 물을 마심에 대해 유형론적으로 진술한 고린도전서 10:1-4을 마무리하는 표현이 4b, c절에 있다. "이는 그들을 따르는 신령한 반석으로부터 마셨으매 그 반석은 곧 그리스도시라."(*ἔπινον γὰρ* *ἐκ πνευματικῆς ἀκολουθούσης πέτρας, ἡ πέτρα δὲ ἦν ὁ Χριστός*) '그들을 따르는 반석'이라는 표상은 유대적 전승에서 유래한다. 그에 비해 '신령한', 즉 영을 선사하는 바위를 언급한 것은 새롭다. 이 모티브는 바위를 알레고리화하여 그리스도와 동일시하면서 도입되었다. 이스라엘 가운데 있는 선재하신 이의 감추어진 행위가 요지이며, 이는 예수의 계시행위에 상응한다. 여기서 이 모티브는 세례 및 주의 만찬과 연결되었다.

4.1.6.2 매우 비슷하게 요한복음 12:(37-40)41 본문은 선재하신 이의 '영광'(*δόξα*)이 선지자 이사야에게 알려졌다는 것을 전제한다. 예수를 대항하는 이스라엘의 불신에 직면하여 두 개의 구약성서 인용문을 끌어온다. 먼저는 이사야 53:1을 인용하여 "주여, 우리에게서 들은 바를 누가 믿었습니까?"라고 하며, 다음은 이사야 6:9 이하의 이사야의 소명사화에 나오는 강퍅한 마음에 관한 말을 인용한다. 그 구절 뒤에 다음과 같이 기록한다. "이사야가 이렇게 말한 것은 주의 영광을 보고 주를 가리켜 말한 것이라."(*ταῦτα εἶπεν Ἠσαΐας ὅτι εἶδεν τὴν δόξαν αὐτοῦ, καὶ ἐλάλησεν περὶ αὐτοῦ*) 이사야의 성전환상도 하나님과 연결되지 않고 선재하신 이와 연결된다. 그는 그 선지자를 부르시고 그에게 앞으로 올 예수의 역사에 대해 말해야 할 것을 위임한 분이시다.

4.1.6.3 베드로전서 1:10 이하도 이와 비슷하다. 선지자들에 관해 그들이 구원을 찾았던 이들이나 스스로 구원에 이르지 못했던 이들이라고 말한다. 그 대신에 그들은 "자기 속에 계신 그리스도의 영이 그 받으실 고난과 후에 받으실 영광을 미리 증언하여 누구를 또는 어떠한 때를 지시하시는지" 상고하였다.(*εἰς τίνα ἢ ποῖον καιρὸν ἐδήλου τὸ ἐν αὐτοῖς πνεῦμα Χριστοῦ προμαρτυρόμενον τὰ εἰς Χριστὸν παθήματα καὶ τὰς μετὰ ταῦτα δόξας*) 여기서 활동하신 이는 선재하신 이 본인이 아니라 선재하신 그리스도의 영이다.

4.1.6.4 예수와의 관계와 관련하여 요한복음 1:15, 30에서 세례 요한은 다음과 같이 말한다. "내 뒤에 오시는 이가 나보다 앞선 것은 나보다 먼저 계심이라."(*ὁ ὀπίσω μου ἐρχομμενος ἔμπροσθέν μου γέγονεν, ὅτι πρῶτός μου ἦν*) 문제는 그 뒤에 오실 이에 관해 편집하여 변형한 표현이다. 예수 앞에서 요한은 신발 끈을 풀 만한(신을 들 만한) 가치도 없다고 한다. 요한복음 1:15, 30을 완전히 문자적으로 번역하면 다음과 같다. "내 뒤에 오시는 이는 나보다 앞서 되어졌다. 왜냐하면 그는 나보다 앞선 첫 번째이었기 때문이다." 이것으로 세례 요한의 전체 활동이 선재하신 이의 예표 아래 놓인다.

4.1.6.5 이 맥락에 속한 가장 특이한 진술은 아브라함의 자손과 독사의 자식들에 관한 예수 말씀의 마지막 부분인 요한복음 8:(30-55)56-58에 있다. "너희 조상 아브라함은 나의 때 볼 것을 즐거워하다가 보고 기뻐하였느니라. 유대인들이 이르되 네가 아직 오십 세도 못 되었는데 아브라함을 보았느냐, 예수께서 이르시되 진실로 진실로 너희에게 이르노니 아브라함이 나기 전부터 내가 있느니라."(… *πρὶν Ἀβραὰμ γενέσθαι ἐγώ εἰμι*) 아브라함이 기뻐했다는 것에 대해서는 그가 환상을 보았거나(부자와 가난한 나사로의 이야기에서와 같이, 눅 16:23-31), 그가 천국에 들어가 머무는 것으로 생각된다. 결정적인 것은 예수의 선재가 역사를 포괄한다는 것이다.

4.1.7 선재표상의 차원

신약성서의 선재진술이 지닌 다양한 차원을 살펴보면 한 편으로는 초기 기독교 시대에 이미 선재기독론이 얼마나 다양한 의미를 지니고 있었는지, 다른 한편으로는 선재기독론이 신약성서 문서들 가운데서 얼마나 자주 고려되는지를 알 수 있다.

4.1.7.1 선재개념은 구약성서-유대교 전승에, 무엇보다도 묵시문학과 지혜문학에 있었다. 분명하게 잠언 8:22-31과 그에 종속된 기독교 이전 전승이 있었다. 그에 따르면 지혜가 이미 창조 때에 그 곳에 있었다. 이 사고 모델은 예수의 선재에 대한 진술을 형성하는 데에 영향을 끼쳤다. 그러니까 선포에 대한 예수의 위임과 도래하고 있는 하나님의 통치의 실현을 위한 전제를 파악하는 것이 관건이었다. 예수의 지상적 존재 및 활동의 기원과 합법성이 하나님의 뜻 안에 있다는 것은 원래 기독론적 증언에 속했다. 그 다음에 예수께서는 태초부터 하나님의 뜻 안에 있었을 뿐만 아니라 오히려 하나님의 영역에 존재했었다는 진술이 위의 증언과 결합되었다.

4.1.7.2 위의 진술에 있어서 결정적인 점은 다음의 사실이다. 즉 예수의 위격(Person)과 지상의 역사 안에서 실현되는 계시사건이 불가분리의 쌍을 이루는 것은 오로지 하나님 자신과, 그리고 하나님의 현실 안에서만 전제된다는 점이다. 예수의 지상활동에 대해 아버지와 완전한 하나였다고 언명하고, 부활의 견지에서는 하나님의 현실과 영광에 그가 참여하는 것이 결정적이며, 부활하고 승귀된 이가 하늘로부터 그가 현재에 살아 있음을 증명한다면, 그가 인간이 된 것도 하나님 곁에서, 그리고 하나님 안에서의 전(前)역사 없이는 있을 수 없다. 태초부터 이미 하나님과 특별한 관계가 성립되었어야 한다. 예수께서 계시하고 실현하는 온 세계를 위한 구원이 관건이기 때문에 지금까지의 세상의 현실이 구원을 이루는 이와 상관이 없을 수가 없다. 이는 창조의 주제

에서 표현되었다. 그리고 구원의 전(前)역사가 이스라엘 안에 있기 때문에 이것은 처음부터 예수 그리스도의 위격 및 그의 미래적인 구원 행위와 관련이 있다. 이런 의미에서 역사 이전에 예수의 기원이나 그가 하나님의 현실에 참여했다는 것이 입증된다. 물론 선재진술은 기독론이 신(Theo)-학(logie)의 한 양식으로서 여겨지는 곳에서만 이해되며, 그런 점에서 특정한 방식을 띤 예수 그리스도에 관한 진술도 모두 하나님에 대한 진술임이 자명하다.

4.1.7.3 구원의 현실은 신앙 안에서만, 그리고 신앙에 대해 심사숙고할 때에만 파악될 수 있다. 예수의 선재와 관련하여 신앙의 인식에 대한 진술이 관건이다. 이 인식은 구체적인 계시사건을 근거로 하여 얻어지지만, 또한 이 인식은 계시사건의 더 넓은 차원을 파악하고자 추구한다. 구원과 관련된 모든 것은 경험 가능한 현실에 근거하기 때문에 선재진술은 사변적인 성격의 신론(theologumenon)이 아니고, 오히려 현실과의 관계를 포함한다. 피조물의, 즉 세상의 무상한 현실과 대비되는 참되고 영속적인 현실이 요지이다. 동시에 예수의 선재에 대한 신앙고백은 예수의 원천은 하나님의 현실이라는 비밀을 기준으로 하나의 경계를 설정하는 진술이다.

4.2 예수의 성육신

예수께서 인간이심은 초기 기독교 전승에 철두철미하게 전제되어 있으나, 소수의 본문에서만 성육신이 주제화되었다.

4.2.1 예수의 자연적인 출생

4.2.1.1 예수의 성육신은 완전히 일반적인 방식으로 '여자에게서 나게 하다.'(*γενόμενος ἐκ γυναικός*)라고 신앙고백적인 본문인 갈라디아서 4:4 이하에서 특징지어졌다. 이와 똑같은 내용이 로마서 1:3b, 4a의 공식화된 진술에도 해당한다. 그 구절에서는 '다윗의 혈통에서 남'(*γενόμενος ἐκ σπέρματος Δαυίδ*)을 하나님의 아들로서 하늘에서 즉위하는 것과 대비시킨다.

4.2.1.2 인간으로서의 출생은 마가복음에 기술된 것처럼, 예수께서 세례 받을 때에 성령을 받은 것에도 전제되어 있다. 예수께서 구체적인 인간이라는 것이 관건인 모든 본문도 자연적인 출생을 전제한다. 사도행전 2:22b의 진술, '하나님이 증언한 나사렛 예수'(*Ἰησοῦς ὁ Ναζωραῖος, ἀνὴρ ἀποδεδειγμένος ἀπὸ τοῦ θεοῦ*)나 그의 육체의

형제자매를 언급하는 마가복음 6:3과 병행구절이 그러하다.

4.2.2 예수의 경이로운 출생

4.2.2.1 또 다른 전승을 마태복음과 누가복음의 전(前)역사에서 만난다. 칠십인역에서 이사야 7:14에 의해 제기된 처녀 수태와 탄생의 모티브는 예수의 인간이심이 출생에서부터 하나님의 활동과 관련이 있음을 표현한다. 이와 관련하여 하나의 신앙고백진술을 내러티브로 전개하여 다루었다는 사실은 처녀 출생의 모티브가 요한복음 1:13에서 믿는 이들 각각에게 전이될 수 있었다는 점만 보아도 드러난다. 요한복음 1:13은 자연적인 출생을 명백하게 전제한다. 이 구절에는 '혈통으로나 육정으로나 사람의 뜻으로 나지 아니하고 오직 하나님께로 난 자들'이 관건이다.(*οἳ οὐκ ἐξ αἱμάτων οὐδὲ ἐκ θελήματος σαρκὸς οὐδὲ ἐκ θελήματος ἀνδρὸς ἀλλ' ἐκ θεοῦ ἐγεννήθησαν*, 참조. 요일 2:29, 3:9, 4:7b) 예수의 인간으로서의 출생이 이 모티브에서도 배제되지 않는다.

4.2.2.2 마태복음의 전(前)역사에는 처녀탄생 모티브가 아브라함 이후의 약속의 전승 및 다윗 후손 출신(마 1:1-18)과 결합되었다. 또한 갓난아이의 우주적인 구원의 의미 모티브(2:1-12) 및 예수의 아동기 사건(2:13-23)의 견지에서 볼 때 모세 유형론과도 결합되었다. 요셉은 처녀탄생을 꿈속의 계시에서 알게 되며(1:18-25), 이때 그는 임신한 마리아를 그의 부인으로 맞이하라는 명령을 받는다. '그에게 잉태된 자는 성령으로 된 것'이기 때문이다.(*τὸ γὰρ ἐν αὐτῇ γεννηθὲν ἐκ πνεύματός ἐστιν ἁγίου*, 1:20c. 비교. 1:18c) 이로써 1:22 이하에서 인용한 칠십인역 이사야 7:14의 약속이 성취되었고, 마리아가 출산한 아이는 '자기 백성을 그들의 죄에서 구원'할 것이다.(*αὐτὸς γὰρ σώσει τὸν λαὸν αὐτοῦ ἀπὸ τῶν ἁμαρτιῶν αὐτῶν*, 1:21b) 경이롭게 탄생한 이는 약속된 '유대인의 왕'(2:2)이며 소명을 받은 '하나님의 아들'(2:15, 호 11:1을 인용)이다. 성령에 의한 수태와 처녀탄생은 여기서 메시아 전승과 결합된다.

4.2.2.3 누가의 전(前)역사는 예수의 탄생과 더불어 세례 요한의 출생에 대해서도 보도한다. 요한의 어머니가 고령에도 불구하고 자연적인 임신을 하였다면(1:5-25, 57-80), 예수의 어머니에게서는 평범하지 않은 임신이 요지이다.(1:26-38, 39-56) 여기서는 칠십인역 이사야 7:14과 뚜렷한 관련은 없지만, 이 진술이 의심의 여지없이 배경에 있다. 천사를 통해 주어진 예수 탄생의 약속(1:26-35)은 출생역사(2:1-10)에 부합하며, 이는 예수를 성전에 데려가는 것, 그리고 시므온과 한나의 축복의 말(2:21-40)

과 결합되고, 또한 12세 예수의 지혜에 관한 사화에도 결합된다.(2:41-52) 베들레헴에서 세상에 태어날 아기의 의미가 '구원자'(*σωτήρ*)라고 알리는(2:9-14. 비교. 마 1:21) 천사의 소식에서 출생역사가 정점에 달한다. 반면 여기서 그 어머니의 특출함은 고려되지 않고, 마리아에게 준 천사의 약속에서는 그녀에게서 태어날 아이의 미래의 위치(1:30-33) 외에 처녀수태(1:34 이하)가 관건이다. '남자를 알지 못하는'(*ἄνδρα οὐ γινώσκω*) 마리아는 다음과 같이 고지 받는다. "성령이 네게 임하시고 지극히 높으신 이의 능력이 너를 덮으시리니 이러므로 나실 바 거룩한 이는 하나님의 아들이라 일컬어지리라."(*πνεῦμα ἅγιον ἐπελεύσεται ἐπὶ σὲ καὶ δύναμις ὑψίστου ἐπισκιάσει σοι· διὸ καὶ τὸ γεννώμενον ἅγιον κληθήσεται υἱὸς θεοῦ*, 35b절) 하나님이 거룩하게 하신 아이의 탄생을 성령이 실현시키며, 이 아이는 '하나님의 아들'로 불리고(35c절), 그럼으로써 '지극히 높으신 이의 아들'(*υἱὸς ὑψίστου*)이라는 명칭이 메시아 약속으로부터(1:32 이하) 재수용된다. 왕을 기다린다는 의미에서 이해된 하나님의 통치가 여기서 처녀수태 및 출생과 함께 기초가 된다.

4.2.2.4 마태와 누가의 두 본문에서 성령의 활동이 결정적이다. 예수께서 선택되시고 특별히 뛰어난 것은 성령의 활동 때문이다. 성령의 활동에 근거하여 예수께서는 약속된 메시아 및 하나님에 의해 임명된 아들이 된다. 여기서 선재표상은 아무런 역할도 하지 않는다. 두 복음서는 이런 관점에서 마가복음이나 구두말씀자료와 차이가 없다. 마태와 누가의 전(前) 역사의 전승을 이용하여 세상 안에서 일어난 경이로운 사건을 환기시키며, 이것을 칠십인역 이사야 7:14에 기대어 표현하였다. 이러한 과정은 칠십인역을 사용하였다는 사실이 보여주듯이 헬라적-유대교 공동체 지역에서 일어났다. 팔레스틴 유대 기독교는 이러한 표상을 전제하지 않는다. 게다가 2세기에는 유대기독교 편에서 처녀탄생의 견해를 엄격하게 거부하였다.(참조. 한스 요아힘[Hans Joachim], 쉅스[Schoeps])

4.2.3 선재하신 이의 성육신(成肉身)

성육신의 행위를 선재표상의 맥락과 관련지어 바라보는 진술들은 특별한 의미가 있다.

4.2.3.1 첫 번째로 디모데전서의 작은 찬양시 시작 부분에 있는 "그는 육신으로 나타난 바 되시고"(*ἐφανερώθη ἐν σαρκί*)라는 3:16의 진술을 언급할 수 있다. 이 진술은 부활과 연결되는 행인 "영으로 의롭다 하심을 받으시고"(*ἐδικαιώθη ἐν πνεύματι*)

와 결합되어 있다. '육신'은 천상적인 현실과 능력으로서의 '영'에 대립하여 지상적인 것과 특별히 인간의 영역에 대한 표시이다. '나타나다'라는 개념으로 예수가 인간이심을 전체적으로 고찰하고 특히 무엇보다도 성육신을 고려한다. 뚜렷하게 언급되지는 않지만, 이 '나타나다'는 천상적 출신을 전제한다.

4.2.3.2 이 진술은 '육체로 오심'을 언급하는 요한일서 4:2 및 요한이서 7절과 밀접하게 연결된다. 이 두 구절에서는 환호적인 표현, 다시 말해 "예수 그리스도가 육체를 입고/육체 안으로 오신 것을 시인"(*ὁμολογεῖν Ἰησοῦν Χριστὸν ἐν σαρκὶ ἐληλυθότα* 혹은 *Ἰησοῦν Χριστὸν ἐρχόμενον ἐν σαρκί*)하는 것이 요지이다. 이교적인 견해에 반대하여 요한일서와 이서에서는 성육신과 인간이심의 현실을 부각시킨다. 여기서 선재사상이 전제되어 있다.

4.2.3.3 지상적인 예수의 위격(Person)을 바라보며 역시나 '사륵스'(*σάρξ*) 개념을 사용하여 "말씀이 육신이 되어"라고 하는 요한복음 1:14의 진술이 특별한 의미가 있다. 무엇보다도 특히 여기서 육신이 됨, 즉 천상적 존재에서 지상적 존재로 넘어 온 것을 묘사하며, 이는 탄생사건을 포함한다.(참조. 롬 1:3b, 빌 2:7b의 *γενέσθαι* 용례) 요지는 선재하신 로고스가 세상에 들어왔고, 완전히, 그리고 철저히 인간이 되었다는 것이다. 이 진술은 인간이 되신 예수에서 하나님의 계시자라는 것과 그가 인간이라는 현실 안에서 감추어진 영광을 볼 수 있다(1:14b, 18, 2:11)는 점 때문에 예수의 위격(Person)이 특별하다는 것을 규정한다.

4.2.3.4 신약성서 안에서 성육신을 보다 더 세밀하게 규정하는 본문은 빌립보서 2:7이다. 여기서는 '케눈'(*κενοῦν*)이라는 단어를 사용하며, 이는 '비우다'라는 의미이다. 이 단어는 자신을 비움, 혹은 자기포기의 의미에서 재귀적이다.(*ἐκένωσεν ἑαυτόν*) 선재하신 이는 '신적인 형체'(*μορφὴ θεοῦ*)를 포기하고, 그 대신 '종의 형체를 가졌다.'(*μορφὴν δούλου λαβών*) 그는 인간적인 실존의 비천함으로 들어왔다. '모르페'(*μορφή*) 개념은 각각 신적인 삶의 현실에 속하는지 혹은 인간적인 삶의 현실에 속하는지를 기준으로 각각의 '형체'를 이해한다. 때문에 그 개념은 '실존양식'으로 번역하는 것이 가장 좋으며, 반면 본질(Wesen)의 개념은 적합하지 않다. 선재하신 이는 지상의 세계에 완전히 들어오기 위해 하늘의 세계에 속한 자신의 소속을 포기하며, 이는 9-11절에 따르면 그에게 부여되어야 할 주의 위엄 및 그의 기원과 강하게 대립된다. 그의 지상적 실존을 보며 7절에서 더 언급하기를 "사람들과 같이 되셨고"(*ἐν ὁμοιώματι ἀνθρώπων γενόμενος*), 따라서 "사람의 모양으로 나타나사"(*καὶ σχήματι εὑρεθεὶς ὡς ἄνθρωπος*)

라고 한다. 이 절에는 '육신' 개념이 없지만, 육신 되신 이가 완전히 지상의 현실에 참여한다고 하는 요한복음 1:14의 본문에 완전히 일치한다. 7b절의 두 표현으로 인해 다른 인간들과의 차이점이 확연하게 드러난다.(특히 *ὁμοίωμα* 개념을 사용함으로써) 그렇다고 7a절 진술의 근본 의도를 폐기하는 것은 아니며, 신적인 현실에 참여함을 완전히 포기하고 전적으로 인간적인 현실에 참여함을 언명한다.

4.2.3.5 히브리서의 경우에도 선재하신 이의 인간 되심이 핵심적 의미를 지닌다. 그는 "천사들보다 잠시 동안 못하게 하심을 입었고"(2:9), "혈과 육을 함께 지니시고"(*κεκοινώνηκεν αἵματος καὶ σαρκός*, 2:14), 그리하여 "모든 일에 우리와 똑같이 시험을 받으신 이로되 죄는 없으시다."(*πεπειρασμένος δὲ κατὰ πάντα καθ' ὁμοιότητα χωρὶς ἁμαρτίας*, 4:15) 그는 또한 유혹과 고난에도 던져졌다.(5:7 이하) 인간이신 상태 가운데서 그를 뛰어나게 하는 것은 오로지 하나님과의 끊어지지 않는 결속이며, 따라서 하나님을 떠나 멀어진다는 의미에서 죄를 범하는 것은 그에게 일어나지 않는다.(4:15, 9:28. 참조. 고전 5:21)

4.2.4 예수의 오심에 관한 다양한 시각

4.2.4.1 예수의 자연적인 탄생, 경이로운 수태, 그리고 선재하신 이의 성육신에 관한 진술에서는 서로 간에 긴장관계에 있는 세 가지 복합체를 만난다. 그럼에도 불구하고 그것들은 하나의 공통된 기본의도를 가진다. 각각 예수의 성육신은 하나님의 행위에 의해 결정된다는 것이 요지이며, 그러한 내용이 그의 지상사역이나 또는 경이적인 탄생사건 혹은 그의 선재에 관한 진술 가운데 어느 맥락에서 표현되든지 그것은 상관이 없다. 그로 인하여 선재진술 및 예수의 처녀탄생에 대한 진술 또는 수세 때의 선택에 대한 진술이 결코 동일시되어서는 안 되지만, 그 진술들은 하나의 공통적인 출발점을 갖고 있다. 예수의 위격과 관계있는 모든 것 안에 계신 하나님의 활동이 그것이다.

4.2.4.2 다양한 서술방식과 상관없이, 예수께서 전적으로 인간이시라는 신앙고백이 시종일관 요지이다. 이러한 사실은 존귀진술을 통해 폐기되지 않으며, 오히려 이 존귀진술은 예수께서는 하나님으로부터 특별한 방식으로 자격이 부여된 인간임을 드러내며 예수의 과업과 기능을 규정하는 데 기여한다. 예수께서 인간으로서 인간 가운데 살았다는 것은 초기 기독교 선포의 기본전제이다. 구원의 메시지를 구성하는 토대가 되는 출발점이다. 그의 인간으로서의 실존 안에 하나님의 계시행위가 경험되고 예수의 기능과 위엄이 알려진다.

4.3 예수의 지상 생애와 활동

예수의 지상 생애와 역사적 활동에 대하여 신약의 문서들은 다양한 방식으로, 그리고 각기 다른 강도로 관련을 맺고 있다. 한편으로는 복음서들과 다른 한편으로는 사도행전, 서신서, 그리고 계시록 사이에 현저한 차이가 있다. 그럼에도 불구하고 지상에서의 예수의 위격(Person)을 회고하는 것은 복음서뿐만 아니라 그 이외의 신약성서를 구성하는 요소이다.

4.3.1 예수의 파송과 전권

예수가 인간이심은 하나님의 계시행위와 관련이 있고, 거기에서부터 그가 중요해진다. 신-학이 계시사건의 의미에서만 이해될 수 있는 것처럼, 예수의 지상의 실존도 하나님의 계시행위의 본질적인 한 부분이다. 인간 예수 안에서 하나님은 지금까지의 계시를 능가하는 방법으로 인식될 수 있고, 이것은 모든 시대를 위해 의미가 있는 방법이다. 파송사고와 함께 전권 모티브는 초기 공동체의 기독론에서 중요한 의의를 얻었다.

4.3.1.1 초기 기독교 전승에서 여러 번 '파송' 모티브를 만나게 되며, 이 모티브는 전권사고와 밀접한 관련이 있다. 이미 언급했듯이, 파송 모티브는 예수 자신에 의해 사용되었을 가능성이 높다.

4.3.1.1.1 의심의 여지없이 마태복음 10:40의 로기온은 오래된 전승자료이다. "너희를 영접하는 자는 나를 영접하는 것이요, 나를 영접하는 것은 나를 보내신 이를 영접하는 것이니라."(*ὁ δεχόμενος ὑμᾶς ἐμὲ δέχεται, καὶ ὁ ἐμὲ δεχόμενος δέχεται τὸν ἀποστείλαντά με*) 이 진술은 약간 변형된 형태로 마가복음 9:37과 병행구절, 누가복음 10:16, 그리고 요한복음 12:44과 13:20에도 나온다.

4.3.1.1.2 갈라디아서 4:4 이하의 정형화된 진술은 파송 모티브가 가장 오래된 신앙고백전승에서도 사용되었음을 보여준다. 바울은 이 모티브를 로마서 8:3 이하에 수용하였다. 그것은 예수의 특별한 사명과 합법성을 특징짓는 데 기여하였다.

4.3.1.1.3 파송사고는 요한복음에서 핵심적인 기독론적 주제가 된다. 요한일서 4:9, 10, 14에서 거듭 수용한 요한복음 3:17의 신앙고백적 진술 외에도 이미 요한 이전의 전승에서 유래한 표현인 '나를 보내신 나의 아버지'가 등장한다. 이 표현은 여러 번 변형되어 하나의 주된 모티브로 예수의 말씀을 이끈다.(요 4:34, 5:2 이하. 참조. I권

36장) 요한신학에서 파송 모티브는 이 표현으로 간결하게 강조되었다.

4.3.1.2 '전권'(*ἐξουσία*) 모티브는 넓은 스펙트럼을 갖고 있다. 어떤 행위에 대한 권한(참조. *ἔξεστιν*), 어떤 행위를 위한 합법성, 무엇인가를 수행할 수 있는 가능성과 능력이 그것이다. 예수의 전승에서는 세 가지 측면이 등장한다. 사람들은 토라에서 허락된 것을 기준으로 예수의 권한에 대해 질책한다.(안식일의 치유, 막 3:4과 병행구절) 어떤 행동에 대해서는 예수의 합법성을 의심한다.(성전정화, 막 11:28 이하, 33과 병행구절) 그리고 때로는 어떤 행동을 할 수 있는 능력 때문에 예수를 찬양한다.(죄용서와 치유, 막 2:12과 병행구절)

4.3.1.2.1 어떤 행위에 대한 그의 사명과 가능성의 의미에서 예수의 '전권'을 문자적으로 정확하게 말하는 몇몇 구절이 있다. 마가복음 1:22에서 예수의 가르침에 대해 사람들이 '매우 당황'하였다고 기록한다. "이는 그가 가르치는 것이 권위 있는 자와 같고 서기관들과 같지 아니함일러라."(*ἐξεπλήσσοντο ἐπὶ τῇ διδαχῇ αὐτοῦ· ἦν γὰρ διδάσκων αὐτοὺς ὡς ἐξουσίαν ἔχων καὶ οὐχ ὡς οἱ γραμματεῖς*) 이 구절은 놀랐다는 진술과 함께 마가복음 1:27에 한 번 더 확대, 수용되었다. "권위 있는 새 교훈이로다. 더러운 귀신들에게 명한 즉 순종하는도다 하더라."(*διδαχὴ καινὴ κατ᾽ ἐξουσίαν· καὶ τοῖς πνεύμασι τοῖς ἀκαθάρτοις ἐπιτάσσει, καὶ ὑπακούσιν αὐτῷ*) 마가가 1:22, 27에서 예수의 가르침을 그 내용은 상술하지 않은 채 언급하는 반면, 누가는 언급한 두 본문구절을 나사렛 입성 설교와 연결하여 4:32, 36에서 수용하였다. 보다 흥미로운 것은 마태복음 7:28 이하로서, 그 구절에서는 마가복음 1:22 이하의 진술이 산상설교 끝부분에 있다. 마가복음 6:7에 따르면 예수의 특별한 전권에는 예수께서 제자들을 파송할 때 그들에게 넘겨 준 전권도 속한다.(참조. 고후 5:20)

4.3.1.2.2 그에게 위임된 전권에 관한 문맥에서 예수의 말씀 전승이 여러 번 보도되는 반면, 그의 행동에 대해서는 제한적으로만 보도한다. 구두말씀자료는 눈에 띄게 마태복음 8:5-13과 병행구절의 가버나움 백부장에 관한 사화를 수용하였다. 여기서 예수의 전권은 간접적으로 암시되며, 그러면서 백부장은 자기 자신의 제한적인 전권을 지적한다.(마 8:9과 병행구절) 예수의 전권은 물론 그의 행위를 제시하는 로기온인 누가복음 11:20에도 전제되어 있다. "내가 만일 하나님의 손을 힘입어 귀신을 쫓아낸다면 하나님의 나라가 이미 너희에게 임하였느니라."(*εἰ δὲ ἐν δακτύλῳ θεοῦ ἐκβάλλω τὰ δαιμόνια, ἄρα ἔφθασεν ἐφ᾽ ὑμᾶς ἡ βασιλεία τοῦ θεοῦ*) 이 구절 앞에 오는 누가복음 11:14-19에 있는, 마가복음 3:22-27에서 넘겨받은 바알세불과의 대화에서는 예수

의 능력이 귀신의 능력보다 강하다는 것을 추가적으로 분명히 한다. 역시 마가복음 1:24과 병행구절의 귀신을 쫓아내는 문맥에서 '하나님의 거룩한 자'(*ὁ ἅγιος τοῦ θεοῦ*)라는 호칭은 그가 특별히 선택받음과 특별한 전권을 지녔음을 가리킨다. 전체적으로 예수의 이적행위는 무엇보다도 영 기독론과 결합된다.

4.3.1.2.3 예수의 활동은 복음서 전승과 또한 그 밖에서도 하나님이 그에게 수여하신 전권이라는 주된 사고 아래 있다. 비록 그 개념이 사용되지 않아도 그러하다. 그것은 제자를 부르심, 논쟁대화, 병자치유, 그리고 귀신축출을 어떻게 서술하는지, 그 서술방식이 보여준다. 따를 것을 요청받은 사람들이 예수의 부름을 받아들인 것, 예수께서 논쟁대화에서 대적자들을 능가하는 것, 병자가 치유되고, 마귀와 또한 자연의 힘이 그에게 복종하는 것(참조. 막 4:41 병행구절)은 대부분의 경우 그의 사명이나 위엄을 제시하며 설명하지 않고, 서사적 형태로 그가 무엇을 할 수 있는지를 인식하게 한다.

4.3.1.3 예수의 전권이 인자 기독론의 맥락에서 특수하게 표현된다. 그의 지상 활동에서 예수께서는 결정을 내리는 일들을 한다. 이것은 종말의 재판관이라는 존귀한 직분과 관련이 있다.

4.3.1.3.1 병행구절인 마태복음 10:32 이하에서도 알 수 있듯이, 예수의 지상 사역을 인정하는 오실 인자에 대한 누가복음 12:8 이하의 진술이 예수 자신과 연결된 후에, 예수의 현재 행위와 미래의 행위 사이에 하나의 관계가 생겨났다. 그리하여 예수 말씀 전승이 구두말씀자료에서 '인자'로서 그의 지상의 사명과 미래 사명의 징표 아래 놓인다. 이로써 하나의 기독론적 개념이 발전되었고, 그 개념 때문에 지상 예수의 전권에서 출발하여 그의 말씀의 영속적인 의미가 미래에 행할 그의 재판관의 예표 아래 있게 된다.

4.3.1.3.2 '인자'로서 그는 마가복음 2:5과 병행구절에서 하나님의 이름으로 죄인을 용서하고, 이를 마가복음 2:10과 병행구절에서 다음 진술로 옹호한다. "인자가 땅에서 죄를 사하는 권세가 있다."(*ἐξουσίαν ἔχει ὁ υἱὸς τοῦ ἀνθρώπου ἀφιέναι ἁμαρτίας ἐπὶ τῆς γῆς*) 이에 상응하여 그는 마가복음 2:28과 병행구절에서 안식일을 범한 것을 다음의 진술로 정당화한다. "인자는 안식일에도 주인이니라."(*κύριός ἐστιν τοῦ σαββάτου ὁ υἱὸς τοῦ ἀνθρώπου*) 누가복음 9:58과 병행구절에서 "인자는 머리 둘 곳이 없도다."라고 말하거나 또는 누가복음 7:33 이하에서 예수를 "먹기를 탐하고 포도주를 즐기는 사람"으로서 요한의 금욕과 대립시키는 것도 예수의 지상 활동을 말하는 것이다. 이것은 누가복음 19:10에도 해당된다. 그 구절에는 다음과 같이 기록되어

있다. "인자가 온 것은 잃어버린 자를 찾아 구원하려 함이니라."(*ἦλθεν ὁ υἱὸς τοῦ ἀνθρώπου ζητῆσαι καὶ σῶσαι τὸ ἀπολωλός*) 마태복음 16 : 13b의 본문에서 제자들에게 던진 예수의 질문, "사람들이 인자를 누구라 하느냐?"(*τίνα λέγουσιν οἱ ἄνθρωποι εἶναι τὸν υἱὸν τοῦ ἀνθρώπου;*)도 예수의 지상의 과업과 관련이 있다.

4.3.1.3.3 요한복음 5 : 27에서 예수에 대해 다음과 같이 기록할 때, 위의 모티브가 아직 요한복음에 남아 있다. "인자됨으로 말미암아 심판하는 권한을 주셨느니라." (*ἐξουσίαν ἔδωκεν αὐτῷ κρίσιν ποιεῖν, ὅτι υἱὸς ἀνθρώπου ἐστίν*)

4.3.2 성령 충만한 하나님의 아들 예수

공관복음과 사도행전에서는 특징적인 형태를 띤 영 기독론이 등장하며, 이는 예수께서 성령을 지니신 이라는 데에 근거한다. 요한복음에서도 이 전승을 분명히 인지할 수 있다.

4.3.2.1 이 주제에서는 예수의 수세 사화가 결정적으로 중요하다. 이 사화는 네 복음서 모두에서 두드러진 위치와 의의를 지닌다.

4.3.2.1.1 이 사화는 마가에서 온 본문으로 특징적인 형태를 띤다. 이 형태는 의심할 바 없이 매우 오래된 것이다. 마가복음 1 : 10에서 다음과 같이 기록한다. "곧 물에서 올라오실새 하늘이 갈라짐과 성령이 비둘기 같이 자기에게[11] 내려오심을 보시더니" (*καὶ εὐθὺς ἀναβαίνων ἐκ τοὺ ὕδατος εἶδεν σχιζομένους τοὺς οὐρανοὺς καὶ τὸ πνεῦμα ὡς περιστερὰν καταβαῖνον εἰς αὐτόν*) 예수께서는 성령에 붙들려 성령을 지닌 이가 된다. 이는 단지 스쳐지나가며 붙들린 상태로서가 아니라, 완전히, 그리고 지속적으로 침투된 상태로 이해할 수 있다. 이것과 11절의 하늘의 음성이 결합된다. "너는 내 사랑하는 아들이라 내가 너를 기뻐하노라."(*σὺ εἶ ὁ υἱός μου ὁ ἀγαπητός, ἐν σοὶ εὐδόκησα*) 이것은 여기서 성령수여를 기준으로 하나님의 아들로 파악된다는 것을 뜻한다.

4.3.2.1.2 다른 복음서의 수세사화에서도 성령을 받으심이 근본적으로 중요한 역할을 한다. 물론 이 성령의 활동은 마태복음과 누가복음의 경우 이미 경이로운 수태에서 시작된다. 여기서 성령에 붙들림은 그의 공적인 활동의 시작과 결합되는 것이 아니라, 그의 지상의 실존과 결합된다. 그런 점에서 여기서는 예수의 수세를 성령을 지닌 것

11) 이 책의 저자인 F. Hahn은 '자기 안으로'(*in ihn*)라고 강조하여 표기한다. — 역자 주.

에 대한 확증으로 이해하고, 따라서 마태복음 3:16과 누가복음 3:22에서 성령이 "그 위에"(*ἐπ' αὐτόν*) 내려왔다고 말한다. 이는 성령이 예수 위에 임하셨고 그 자리에 참여한 증인들이 인식할 수 있는 표시가 되었다는 뜻이다. 이는 적어도 마태의 경우에는 분명하다. 왜냐하면 3:17의 하늘의 음성은 개인적으로 말을 건네는 것이 아니라 선포로 이해되기 때문이다. "이는 내 사랑하는 아들이요, 내 기뻐하는 자라."(*οὗτός ἐστιν ὁ υἱός μου ὁ ἀγαπητός, ἐν ᾧ εὐδόκησα*) 요한복음 1:32-34에도 똑같이 적용된다. 그 구절에서는 성령이 내려와서 머물렀다는 세례 요한의 보도가 "그가 하나님의 아들이시다."(*οὗτός ἐστιν ὁ υἱὸς τοῦ θεοῦ*)라는 그의 증언과 결합되어 있다.

4.3.2.2 공관복음에서는 수세사화가 (다양하게 서술되는) 시험사화로 이어진다. 매우 특징적인 방식으로 마가복음 1:12에서 "성령이 곧 예수를 광야로 몰아내신지라"라고 언급한다.(*τὸ πνεῦμα αὐτὸν ἐκβάλλει εἰς τὴν ἔρημον*) 이와 상응하여 마태복음 4:1은 "성령에게 이끌리어 광야로 가사"(*ἀνήχθη εἰς τὴν ἔρημον ὑπὸ τοῦ πνεύματος*)라고 기록한다. 누가복음 4:1은 "광야에서 성령에게 이끌리시며"(*ἤγετο ἐν τῷ πνεύματι ἐν τῇ ἐρήμῳ*)라고 표현한다. 바로 성령이 주도권을 넘겨받아 끌고 가는 힘이다.

4.3.2.3 전(前)역사를 알 수 없는 마가의 경우, 수세 때에 수여된 성령이 근본적인 의의를 지닌다. 하나님은 수세 때에 수여한 성령을 통해 예수께서 사역을 하도록 준비시킨다. 예수께서는 그에게 하나님의 영이 주어졌기 때문에 '하나님의 아들'이다.

4.3.2.3.1 마가복음 3:29 이하는 예수께서 성령을 지님을 매우 시사하는 바가 많은 형태로 제시한다. 여기서 성령 비방의 로기온이 다른 두 병행구절과는 달리, 예수 안에 있고 그를 통해 활동하는 영과 연결된다. 왜냐하면 대적자가 "더러운 귀신이 들렸다"(*πνεῦμα ἀκάθαρτον ἔχει*)라고 예수에게 말했기 때문이다.

4.3.2.3.2 신령한 영을 지닌 이로서 예수께서는 '더러운 영들'을 제압해야 한다. 이는 수많은 귀신축출을 통해 기술된다. 눈에 띄게 이 영들은 예수를 그들의 정복자라고 인정한다. 이는 마가복음 1:24 이하나 3:11의 많은 무리가 모이는 보도에서 드러나는 바다. 그에 더하여 마가복음 5:28 이하에 따르면 영을 지닌 이인 예수에게서 어떤 힘이 나오며, 그 힘은 스치기만 해도 병을 낫게 한다. 힘의 전이를 언급하는 그런 사화들 가운데서는 예수의 특별한 영의 능력과 관련되고, '테이오스-아네르'(*θεῖος-ἀνήρ*, 神人) 표상의 의미에서 볼 수 있는 일종의 어떤 신령한 존재와 관련되지 않는다.

4.3.2.3.3 예수께서 하나님의 아들이라는 것이 그에게 충만한 영 이해로 규정된

다는 사실이 마가복음 9:2-8 이하의 변모사화에도 적용된다. 비록 이 본문이 부활 경험으로부터 형성되고 성령을 지녔다는 직접적인 지시가 없다 하더라도 그렇다. 그러나 수세사화와의 관련성을 간과해서는 안 된다. 여기서 다시 하늘의 음성이 들리고 예수께서 거듭 하나님의 아들로 선포된다. "이는 내 사랑하는 아들이니, 너희는 그의 말을 들으라."(*οὗτος ἐστιν ὁ υἱός μου ὁ ἀγαπητός, ἀκούετε αὐτοῦ*, 7절) 이 사화에 따르면 하늘의 능력인 하나님의 영으로 충만하여 예수의 전 위격(Person)이 빛을 발하셨다. 즉 부활한 이가 하늘의 영의 현실에 참여하게 되는 것처럼 변형된다. 그러나 여기서 초자연적인 존재 및 신적인 특성이 가시화되는 헬라적 표상을 생각해서는 안 된다. 그런 유동적인 전환은 후대의 이해에 있어서는 있을 수 있으나, 마가복음 내에서는 인식 가능하게 되는 하나님의 영의 능력이 결정적인 것이다.

4.3.2.3.4 종말론적인 하나님의 영을 지닌 이로서 예수께서는 그의 지상 생애 동안 '하나님의 아들'이다. 그는 숨질 때에 영을 '포기하고'(*ἐξέπνευσεν*, 막 15:37), 그렇게 하여 아버지께 돌려드렸기 때문에, 바로 이어지는 백부장의 신앙고백인 마가복음 15:39에서 다음과 같이 기록한다. "이 사람은 진실로 하나님의 아들이었도다."(*ἀληθῶς οὗτος ὁ ἄνθρωπος υἱὸς θεοῦ ἦν*) 따라서 과거형 '엔'(*ἦν*)이 특수한 의미를 얻는다. 마가복음 1:11, 9:7, 그리고 15:39 세 절은 서로 긴밀히 연결되며 예수의 지상 생애와 관련된다. 이에 비해 예수께서 성령으로 세례를 줄 것이라는 마가복음 1:8에 나오는 세례 요한의 약속은 그의 지상 활동을 가리킨다.

4.3.2.4 마태는 마가복음을 받아들이면서 그의 기본개념도 수용하였다. 그 과정에서 물론 고유한 전승에서 유래한 전(前)역사를 통해 세례사화에서 하나의 변형이 생겨났다. 마태에게도 성령을 지님이 중요한 역할을 한다는 것은 마태복음 12:18-21의 숙고된 인용문이 보여준다. 이사야 42:1-4에서는 하나님의 종에 대한 이사야 말씀의 성취가 요지이다 .이 말씀을 마태복음 12:18b의 본문은 다음과 같이 표현하였다. "내가 내 영을 그에게 줄 터이니 그가 심판을 이방에 알게 하리라."(*θήσω τὸ πνεῦμά μου ἐπ' αὐτόν καὶ κρίσιν τοῖς ἔθνεσιν ἀπαγγελεῖ*) 귀신을 축출하며 야기된 하나님 통치의 시작에 대한 예수 로기온을 전해 받으며 마태는 누가복음 11:20의 더 원래적인 본문인 "그러나 내가 만일 하나님의 손을 힘입어(*ἐν δακτύλῳ θεοῦ*) 귀신을 쫓아낸다면 …"을 마태복음 12:28에서 "내가 하나님의 성령을 힘입어(*ἐν πνεύματι θεοῦ*) 귀신을 쫓아내는 것이면 …"이라는 표현으로 보충한다. 백부장의 신앙고백은 마태복음 27:54b에도 과거형태로 담겨 있으며, "이는 진실로 하나님의 아들이었도다"(*ἀληθῶς θεοῦ υἱὸς ἦν* *οὗτος*)라고 하여 마태는 '사람'이라는 단어를 생략하였다.

4.3.2.5 누가의 경우 수세사화와 시험사화 후에 누가복음 4:14에서 성령을 지니심의 모티브를 "예수께서 성령의 능력으로 갈릴리에 돌아가시니"(*καὶ ὑπέστρεψεν ὁ Ἰησοῦς ἐν τῇ δυνάμει τοῦ πνεύματος εἰς τὴν Γαλιλαίαν*)라고 하며 강조하여 수용하였다. 이어서 4:16-21에 소위 나사렛의 취임설교가 뒤따른다. 이 설교에서 이사야 61:1 이하를 받아들이며 복음선포와 권세 있는 사역을 위해 예수께서 파송된 것을 성령에 의해 기름부음 받았다는 의미로 이해한다. "주의 성령이 내게 임하셨으니 이는 가난한 자에게 복음을 전하게 하시려고 내게 기름을 부으시고"(*πνεῦμα κυρίου ἐπ' ἐμὲ οὗ εἵνεκεν ἔχρισέν με· εὐαγγελίσασθαι πτωχοῖς ἀπέσταλκέν με*, 18a절)가 그 내용이다. 이 약속은 성취되고, 그리하여 그는 '주의 은혜의 해를 전파'할 수 있다.(*κηρῦξαι ἐνιαυτὸν κυρίου δεκτόν*, 19절) 여기서 예수의 전체 사역을 하나님께서 그에게 성령을 주신 것으로 이해한다. 이는 사도행전 10:38의 본문과 일치하는 것으로, 그 본문에서는 나사렛 예수의 권세있는 사역을 성령을 지니심과 관련지었다. "하나님이 나사렛 예수에게 성령과 능력을 기름 붓듯 하셨으매 그가 두루 다니시며 선한 일을 행하시고 마귀에게 눌린 모든 사람을 고치셨으니 이는 하나님이 함께 하셨음이라."(*ἔχρισεν αὐτὸν ὁ θεὸς πνεύματι ἁγίῳ καὶ δυνάμει, ὃς διῆλθεν εὐεργετῶν καὶ ἰώμενος πάντας τοὺς καταδυναστευομένους ὑπὸ τοῦ διαβόλου, ὅτι ὁ θεὸς ἦν μετ' αὐτοῦ*) 인간 예수를 통하여 하나님이 행하셨다는 것은 여기서도 하나님이 '그와 함께' 계셨다는 성령의 은사로 논증된다.

4.3.2.6 그리하여 영 기독론은 예수 전승의 본질적인 부분을 규명하며, 공관복음에서 분명히 인지된다. 그러나 제4복음서에도 예수께서 성령을 지니심이 중요한 역할을 하며, 그것을 간과해서는 안 된다. 공관복음에서처럼 예수께서는 성령을 지닌 유일한 분이다. 제자들에게는 부활 이후에야 영이 약속된다.(막 1:8, 13:11과 병행구절) 이는 요한복음 7:39b에서 분명하게 드러난다. 그 구절에서 부활 이전에는 "예수께서 아직 영광을 받지 않으셨으므로 성령이 아직 그들에게 계시지 아니하시더라."(*οὔπω γὰρ ἦν πνεῦμα, ὅτι Ἰησοῦς οὐδέπω ἐδοξάσθη*)라고 뚜렷하게 부각시킨다. 요한복음 3:1-8에 있는 것처럼 영에 대한 진술들은 부활 이후의 시기를 앞서 지시한다. 이어서 고별 설교에서 예수께서 아버지께로 간 후에 영이 올 것을 알린다. 예수께서는 그의 생애 동안 유일하게 영을 지닌 이이다.

4.3.2.7 영 기독론은 분명하게 하나님에 의해 선택된 예언자 전승과 관련이 있

다. 이러한 사실은 이사야 42:1-4과 이사야 61:1 이하의 인용에서뿐만 아니라, 마가복음 1:11과 병행구절의 하늘의 음성 본문에서도 알 수 있다. 이 본문은 분명 '하나님의 종'의 예언자적 형상을 요지로 하는 이사야 42:1에 의거한다. '종'과 '하나님의 아들'은 당시 전승에서 어느 정도까지는 서로 교체될 수 있었다. 요한복음 1:34에는 흥미롭게 이본(異本)으로서 '선택받은 자'(ὁ ἐκλεκτός) 술어를 담고 있다. 초기 기독교는 예언자 전승을 예수에게 전이하는 것에 대해 깊이 생각하지 않았다. 성령에 붙들림을 영속적으로 성령을 지닌다는 의미로 이해하였고, 예수의 사역이 하나님 통치가 시작하는 맥락에 있었다는 것이 결정적이었다.

4.3.3 지상의 메시아로서 예수

예수의 지상 활동에 대한 전승에 메시아 모티브가 단계적으로 수용되었다. 메시아적 왕의 전승이 재림할, 그리고/또는 승귀된 예수에게 전이된 진술 외에 지상의 예수도 '메시아'로 특징짓는 적지 않은 구절이 있다.

4.3.3.1 이미 언급한 것처럼 분명히 예수께서 메시아의 나라를 세우고 지상의 왕으로 통치하리라는 기대가 있었다. 그러나 예수께서는 이런 의미에서 '메시아'가 될 수 없었다. 예수께서는 권위 있는 왕으로서 그의 사명을 실현한 것이 아니다. 그리하여 지상의 예수와 연결할 수 있기 위해 메시아 표상을 시종일관 변형시켜야 했다.

4.3.3.2 의심할 바 없이 메시아 칭호를 지상의 예수에게 전이시키는 데에는 그가 '유대인의 왕'으로 처형당한 것과, 특별히 십자가에 팻말이 결정적인 역할을 했다. 고난받고 죽은 이는 약속된 '메시아'로 이해되었다.(막 14:61 이하와 병행구절, 15:2-20, 26과 병행구절. 참조. 고전 15:3b-5) 이런 의미에서 마가복음 8:29-33에서 메시아 고백이 고난 및 죽음의 예고와 연결되었다. 그리하여 예수의 역사로 인해 메시아 표상에 대한 하나의 새로운 이해가 생겨났다. 이것은 메시아 기대가 기독교적으로 동화되었음을 전제한다. 이런 이유로 신약성서에서 사용된 예수 존칭인 '그리스도'는 비록 구약-유대교적인 '메시아'에서 파생되었으나, 단순히 그것과 동일시할 수 없다.

4.3.3.3 십자가 처형을 기점으로 기독교화된 메시아 칭호가 예수의 지상 사역에 전이되었다. 이때 예수를 다윗의 후손이라는 구약성서의 핵심적 약속을 성취한 이로 여겼다는 것이 결정적인 역할을 했다. 공관복음은 여러 구절에서 그가 다윗 가문의 출신이라는 점을 강조한다.(그 중에서도 마 1:1) 그것과 더불어 로마서 1:3b, 4a에도 해당되듯이, 말하자면 그는 메시아적 위엄을 얻을 이이다. 또한 예수께서는 여러 번 '다윗의

아들'로 불렸다. 흥미롭게 그것은 종종 이적보도와 관련하여 일어났다.(예를 들면 막 10:47과 병행구절) 예루살렘에 입성할 때 그는 스가랴 9:9의 의미에서 '왕'으로 환영받았다. 그렇게 단계적으로 수정된 메시아 기대가 부활 이전의 전승으로 전이되었다. 이는 마태복음과 누가복음의 전(前)역사에도 영향을 끼쳤다.

4.3.3.4 이러한 전제 하에 영 기독론 안에 있는 하나님의 아들이라는 표현과 메시아적으로 이해된 하나님의 아들이신 것 사이에 상호관계가 생겨났다. 흥미롭게 오래된 사본에서(특히 D와 it에서) 누가복음 3:22b에 대한 대체 읽기로 "너는 내 아들이라 오늘 내가 너를 낳았도다."(*υἱός μου εἶ σύ, ἐγὼ σήμερον γεγέννηκά σε.*)라는 시편 2:7의 인용을 담고 있다. 이는 누가복음에는 전제될 수 없는 것으로 수세사화의 오랜 전승에 동의하며, 후대에 고려된 것이다.(히 1:5에서는 시 2:7이 높이 들림과 연결된다.) 예수께서 성령을 지님으로써, 비록 인용되지는 않으나 시편 11:1 이하에 있는 메시아론적 전승과 연결될 수 있었다. 또한 이적행위도 산발적으로 예수의 메시아적 기능과 결합되었고, 이것도 역시 메시아 기대가 기독교적으로 농화된 것을 전제한다. 그리하여 마태복음 11:2의 세례 요한의 질문에 대한 본문에서 (병행구절인 눅 7:18과는 달리) '그리스도께서 하신 일'(*τὰ ἔργα τοῦ Χριστοῦ*)을 언급한다.

4.3.4 아들과 아버지가 함께 함

예수께서 하나님의 아들이시라는 것은 초기 기독교 전승에서 다양한 형태로 나타난다. 영 기독론과 메시아적 전승 외에도 또 다른 특징적인 형태가 있다. 이는 예수께서 기도할 때 부른 호칭인 '아바'와 관련된다.

4.3.4.1 예수께서 기도할 때 부르는 호칭은 초기 기독교에서 특징적으로 아람어 원(原)언어의 형태로 보존되었다. 그 맥락에서 특수한 방식으로 예수를 '아들'(*ὁ υἱός*)이라고 칭하게 된, 더 정확히 말해 하나님이 '아버지'(*ὁ πατήρ*)가 되는 관계에서 '아들'(*ὁ υἱός*)이라고 하는 하나의 표현이 나타났다. 이는 공관복음 전승에서 마태복음 11:27// 누가복음 10:22의 로기온에 보존되어 있다. "아버지 외에는 아들을 아는 자가 없고 아들과 또 아들의 소원대로 계시를 받는 자 외에는 아버지를 아는 자가 없느니라."(*οὐδεὶς ἐπιγινώσκει τὸν υἱὸν εἰ μὴ ὁ πατήρ, οὐδὲ τὸν πατέρα τις ἐπιγινώσκει εἰ μὴ ὁ υἱὸς καὶ ᾧ ἐὰν βούληται ὁ υἱὸς ἀποκαλύψαι*) 여기서 주목해야 할 점은 메시아적 전승의 '아들'과 '하나님'에 대비해 '아들'과 '아버지'로 정렬되는 것이다. 이는 양자입양을 뜻하는 것이 아니라(참조. 삼하 7:14, 시 2:7, 롬 1:4a), 아들과 아버지의 끊을 수 없는

함께함을 말하며, 그 안에 근거하는 계시기능을 말한다. 이는 구약성서적으로 이해되는 '알다'(ידע) 개념으로 표현할 수 있다. 아버지를 알고, 아버지로부터 계시전권을 위임받은 아들이 동시에 하나님께 종속되어 있다는 것을 '아들'에 대한 또 다른 공관복음 로기온인 마가복음 13:32과 병행구절에서 철저하게 일신론의 의미로 강조한다. "그러나 그 날과 그 때는 아무도 모르나니 하늘에 있는 천사들도, 아들도 모르고 아버지만 아시느니라."(*περὶ δὲ τῆς ἡμέρας ἐκείνης καὶ τῆς ὥρας οὐδεὶς οἶδεν, οὐδὲ οἱ ἄγγελοι ἐν οὐρανῷ οὐδὲ ὁ υἱός, εἰ μὴ ὁ πατήρ*)

4.3.4.2 하나님을 '아버지'로 칭하는 것이 초기 기독교에서 중요한 의의를 지니는 반면, 절대형 '아들'은 매우 드물게 사용되었다. 바울에게는 '아들'이 한 번만 나타나고(고전 15:2), 히브리서에는 소수의 용례만이 발견된다.(히 1:2, 5, 3:6) 그에 비해 요한복음에서 '아버지'와 관계하는 '아들'로서 예수의 위치는 중요한 역할을 한다. 비록 그 복음서에서 '하나님의 아들'로서의 예수와 '아들'로서의 예수라는 두 전승이 포괄적으로 서로 동화되었으나, 그 두 전승의 출처가 현저히 다르다는 것은 드러난다.

4.3.4.2.1 제4복음서의 경우 예수의 성육신과 인간이심을 1:14이 결정적으로 제시한다. 이는 예수를 '하나님의 아들', 그리고 '아들'로 칭하는 데에도 해당된다. 요한복음 10:33-36에 따르면 그가 자신을 '하나님의 아들'(*υἱὸς τοῦ θεοῦ*)로 불렀기 때문에, 예수께서 자신을 하나님으로 만든다고 비난받았다. 이에 대하여 예수께서는 모든 믿는 자들에게 연결되는 시편 82:6로 답하였다. "내가 너희를 신이라 하였노라."(*ἐγὼ εἶπα· θεοί ἐστε*, 34절) 이는 신자의 신격화라는 후대의 의미에서 이해해서는 안 되고, 하나님의 아들 됨 또는 하나님의 자녀 됨을 요지로 하는 범위에서 예수께서 인간이심과 또한 제자들이 인간임을 전제한다.

4.3.4.2.2 이것은 '아버지'와 '아들'에 관한 말씀에서 더욱 분명해진다. 위에서 언급한 본문은 핵심적 진술인 요한복음 10:30과 직접적으로 관련이 있다. "나와 아버지는 하나이니라."(*ἐγὼ καὶ ὁ πατὴρ ἕν ἐσμεν*) 이는 위격적(personal) 일치와 상관이 없고(그렇다면 *εἷς*로 기록되어야 한다.), 아들과 아버지가 완전히 함께함을 표현하는 것이다. 요한복음 17:20-33에 따르면 그의 말씀을 듣고 받아들이는 사람은 하나님과 함께하는 것 안으로 받아들여진다. 이는 위의 이해에서 예수의 인간이심이 폐기되지 않으면서, 특별한 방식으로 자격이 부여된 것임을 재차 알려 준다.

4.3.4.2.3 요한복음 3:35에 따르면 아버지는 "만물을 다 아들의 손에 주셨다."(비교. 17:2) 마태복음 11:27과 병행구절에 있듯이 그에게 계시의 전권이 위임되었다. 이

러한 사실은 마가복음 13:32과 병행구절에도 일치하며 아들의 복종을 배제하지 않는다. 그는 스스로는 아무것도 할 수 없고, 오히려 아버지의 뜻만을 행한다.(참조. 요 5:19 이하) 하나님과 완전하게 함께하는 것 및 복종과 의존은 구약성서-유대교적 사고와 대립하지 않는다. 아버지와 하나임을 근거로 예수께서는 전적으로 하나님의 대리자이며, 그의 계시의지를 성취한다.

4.3.4.2.4 요한복음에 따르면 아버지와 하나 됨을 근거로 인간이신 예수 안에서 '영광'이 계시되고, 믿는 자들이 그것을 지상에서 본다. 이 영광은 특별히 그의 가장 심각한 인간적 고난과 죽음에서 극명해진다. 그리하여 예수께서 죽는 것이 바로 영광스럽게 되는 행위이며, 높이 들리는 행위이다. 그에게 자기 생명을 희생하고 또 다시 그것을 취할 전권을 하나님이 넘겨주셨다. 이에 대해서는 더 논의되어야 할 것이다.

4.3.4.2.5 하나님의 계시자로서 예수께서는 '유일한 아들'(*ὁ υἱὸς ὁ μονογενής*)이며, 그를 하나님께서 이 세상에 보내셨다.(요 3:16 이하, 요일 4:9) 그는 '아버지로부터 오신 유일한 이'(*μονογενὴς παρὰ πατρός*, 1:14)이다. 왜냐하면 그는 그의 근원에서부터 하나님과 하나로 존재하고(1:1 이하), 따라서 승귀된 이로서 하나님의 신성에 직접 참여하기 때문이다.(*μονογενὴς θὲος ὁ ὢν*[!] *εἰς τον κόλπον τοῦ πατρός*, 1:18. 비교. 17:5) 그런 점에서 예수를 아들이라고 하는 신앙고백은 특별히 아버지께로 간, 그리고 승귀된 이로서 그의 영을 통해 활동하시는(요일 2:23) 이에게도 연결된다. 천상의 실존으로 예수께서는 하나님의 현실에 참여하고, 하나님의 이 현실이 지상의 인간 예수 안에서 빛을 발하였고, 아버지께로 돌아가 그는 다시 아버지 곁에 있다. 그러므로 아들이라는 것의 요지는 하나님과 가장 긴밀하게 함께한다는 것이며 계시의 전권을 지녔다는 뜻이다.

4.3.5 예수의 지상의 삶에 대한 다양한 진술

다른 어떤 기독론적 측면도 예수의 지상 활동에 대한 진술만큼 다양하지 않다. 이것은 부활 이전의 예수 전승을 집중적으로, 그리고 세분화하여 기독론적으로 수용했다는 것에 대한 분명한 징표다.

4.3.5.1 눈여겨보아야 할 것은 예수 존칭의 진술이 지상의 예수 위격(Person)으로 전이될 때에 동반된 신중함이다. 존칭 진술이 승귀된 그리스도에게, 그리고 선재하신 이에게 시종일관 전이되었다. 그러나 처음에 초기 공동체는 예수의 지상의 삶 및 활동과 관련해서 존칭 진술을 부여하는 데에 조심스러웠다. 종말의 하나님 통치를 가져오

는 이로서 예수에게 부여된 유일한 전권을 해석할 때에 예수께서 인간이심을 간과해서는 안 되었다. 따라서 예수의 지상의 삶과 활동에 대한 존귀진술에 있어서 그것이 후대의 의미에서 해석된 것이 아니라는 점에 특히 주의해야 한다. 이러한 사실이 예수께서 하나님의 아들이라는 견해에서 중요한 역할을 하며, 신적인 존재라는 이해와는 아무런 상관이 없다. 피상적으로 생각할 때 약간은 고대교회 기독론의 의미에서 해석하는 듯한 요한복음에 특별히 고유한, 구약성서-유대교적 전제에서 유래한 사고를 확인할 수 있다.

4.3.5.2 논의된 본문들은 초기 기독교에서 예수께서 아들이심 또는 하나님의 아들이심에 대한 여러 가지 견해가 있었으나, 그것들은 모두 예수께서는 전적으로 인간이시라는 전제 아래 있음을 보여준다. 영 기독론에서 예수께서 하나님의 아들이심은 하나님의 영을 수여함으로써 성립되고 이는 특히 그의 지상 활동과 연결된다. 메시아 전승의 맥락에서 예수께서 하나님의 아들이심은 양자입양과 위임으로 이해된다. 그에게 지정된 사명은 여기서 지상의 역사를 넘어서서 그의 높이 들림과 종말의 활동에도 연결된다. '아버지'와 대비되는 '아들'로서 그의 위치와 존엄은 태초부터 있는 아버지와 완전하게 함께하는 것과 위격적인 소통의 의미에서 이해된다.(하나님과 끊어질 수 없는 결합이라는 의미에서 그는 '죄가 없다.', 참조. 요 8:46, 고후 5:21, 히 4:15) 그리하여 그는 '유일한 아들'로서 제4복음서에서 포괄적인 위치를 차지하며, 이는 선재로부터 종말의 완성에까지 이른다.

4.3.5.3 초기 기독교 전승에서 단계적으로 이러한 견해의 결합이 형성될 수 있었던 것은 바로 세 가지 측면의 아들이심 모두가 존재적으로가 아니라, 관계적으로 이해되었기 때문에 가능했다. 아들이라는 것을 관계적으로 규정한다고 하여 예수의 위엄을 결코 제한하는 것이 아니다. 예수께서 아버지께 묶여 있고 또 아버지와 함께함이 그의 위격(Person)을 뛰어나게 하며, 그의 계시전권의 근거가 된다.

4.4 예수의 죽음

신약성서에 기록된 예수의 죽음과 관련하여 구원론이 중요한 역할을 한다. 예수의 죽음이 지닌 구원의 기능에 대한 수많은 진술은 다른 곳에서 논해야 한다.(참조. 이 책 13장) 그 외에도 전인적(Person) 측면에서 예수의 고난과 죽음만을 말하는 적지 않은 본문들이 있다.

4.4.1 하나님이 예정하신 예수 죽음의 필연성

4.4.1.1 예수께서는 여느 인간처럼 지상의 유한함과 덧없음에 내맡겨졌을 뿐만 아니라 그는 인간의 죽음에 있어 가장 심한 형태의 하나인 십자가 죽음에 넘겨졌다. 마가복음에서 알 수 있듯이 가장 오래된 형태의 수난사화는 예수의 고난과 죽음을 구약성서의 모티브들, 특히 시편 22편, 69편, 그리고 이사야 53장에 나오는 모티브들을 사용하여 묘사한다. 골고다를 향하는 길 위에 있는 예수께서는 하나님의 도움을 확신하며 유혹에도 불구하고 죽음을 받아들이는 고난받는 의인으로 그려진다. 여기서 그에게 일어나는 일들은 "성경을 이루기 위해"(*ἵνα πληρωθῶσιν αἱ γραφαί*, 막 14:49 병행구절)서 일어난 것이다.

4.4.1.2 비슷한 방식으로 예언자와 순교자 이사야의 삶에 관한 본문과 같은 초기 유대교의 전승을 수용하여 예언자에 대한 박해와 살해라고 지적한다. 예수께서는 자기 편에서 하나님의 뜻에 따라 증오와 죽음을 감수해야 하는 대열에 섰다. 이것은 특히 데살로니가전서 2:15과 마태복음 23:34 이하와 병행구절에서 주제화된다.

4.4.1.3 하나님에 의한 예정과 그로 인한 필연성은 신약성서에 여러 번 나타나는 "마땅히 …해야 한다."(*δεῖ*)라는 모티브를 통해 더욱 분명히 표현된다. 이는 헬라적 운명사상과 아무 상관이 없고, 이미 유대교적 묵시 사상 안에서 하나님의 구원계획과 연결되어 있었다. 이는 칠십인역 다니엘 2:28에 있는 "후일에 될 일"(*ἃ δεῖ γενέσθαι ἐπ' ἐσχάτων τῶν ἡμερῶν*)이라는 표현이 보여주는 바이다.

4.4.1.3.1 이 '데이'(*δεῖ*)는 마가에 의해 전수된 인자 전승의 고난과 부활 예언에서도 나타난다. 마가복음 8:31과 병행구절에 다음과 같이 기록되어 있다. "인자가 많은 고난을 당해야 하리라."(*δεῖ τὸν υἱὸν τοῦ ἀνθρώπου πολλὰ παθεῖν*) 이 전승 복합물에서는 앞에서 언급했던 두 곳과는 달리, 고난 진술이 부활의 진술과 연결되어 있다는 점에 주목해야 한다.

4.4.1.3.2 이에 상응하여 누가복음 24:26에서는 특징적인 어법으로 다음과 같이 기록한다. "그리스도가 이런 고난을 받고 자기의 영광에 들어가야 할 것이 아니냐." (*οὐχὶ ταῦτα ἔδει παθεῖν τὸν χριστὸν καὶ εἰσελθεῖν εἰς τὴν δόξαν αὐτοῦ*, 비교. 행 17:3) 누가복음 24:46에 있는 다음의 진술도 이에 상응한다. "그리스도가 고난을 받고 제 삼일에 죽은 자 가운데서 살아날 것이 기록되었다."(*οὕτως γέγραπαι παθεῖν τὸν χριστὸν καὶ ἀναστῆναι ἐκ νεκρῶν τῇ τρίτῃ ἡμέρᾳ*)

4.4.2 하나님의 의지에 대한 예수의 순종

성서에 예언된 고난의 필연성을 받아들이는 예수의 준비는 여러 번 하나님에 대한 순종의 모티브로 표현되었다.

4.4.2.1 한 가지 특징적인 서술이 마가복음 14:32-42 및 그 병행구절의 겟세마네 전승 안에 있는 순종 모티브에 포함되어 있다. 제자들의 태도와 그들을 향한 권고적 훈계를 빼면, 예수께서 순종하기로 결단을 내려야 한다는 것이 결정적이다. 그는 완전히 인간적인 모습으로 임박한 죽음 앞에서 움츠러들었다. 그리하여 다음과 같이 간구한다. “아빠 아버지여, 아버지께는 모든 것이 가능하오니 이 잔을 내게서 옮기시옵소서.”(*ἀββά, ὁ πατήρ, πάντα δυνατά σοι· παρένεγκε τὸ ποτήριον τοῦτο ἀπ᾽ ἐμοῦ*) 그러나 그는 바로 다음의 말을 덧붙인다. “그러나 나의 원대로 마시옵고 아버지의 원대로 하옵소서.”(*ἀλλ᾽ οὐ τί ἐγὼ θέλω ἀλλὰ σύ*) 누가는 22:43에서 예수께서 순종했기 때문에 하늘로부터 온 천사의 도움을 받았다는 내용을 덧붙였다.

4.4.2.2 겟세마네 장면을 모범으로 하는 히브리서 5:5-10의 기독론적 단락에 순종 모티브가 나온다. 시편 2:7과 110:4의 인용문에 따라 임박한 죽음에 직면하여 예수께서 유혹받는 것을 언급한다. 끝맺음하는 9절 이하의 요지는 그의 완성과 천상의 대제사장 직분이다. 그 사이에 있는 8절에 “그가 아들이면서도 받으신 고난으로 순종함을 배워서”(*καίπερ ὢν υἱός, ἔμαθεν ἀφ᾽ ὧν ἔπαθεν τὴν ὑπακοήν*, 참조. 2:10)라고 기록한다. 5:9에서 예수께서 완전하게 되었다는 사고와 함께 순종 모티브를 믿는 자들과 관련하여 재수용한 것에 주목할 가치가 있다. “온전하게 되셨은즉 자기에게 순종하는 모든 자에게 영원한 구원이 되시고”(*τελειωθεὶς ἐγένετο πᾶσιν τοῖς ὑπακούουσιν αὐτῷ αἴτιος σωτηρίας αἰωνίου*)는 겟세마네 사화에 이미 암시적으로 속해 있는 모티브이다. 고난과 죽음은 예수께서 ‘범사에 사람들과 같이 되었다.’는 표시이다.(2:17)

4.4.2.3 빌립보서 2:6-11 찬양시의 첫 부분은 선재와 성육신 외에 예수의 죽음도 주제로 삼는다. 선재하신 이의 성육신이 하늘의 현실을 포기한다는 의미에서, 그리하여 사람들과 같이 되었다는(7b, c절) 의미에서 자기포기의 징표 아래 있다면(*ἑαυτὸν ἐκένωσεν*, 7a절), 이 땅의 사람으로 자기를 낮추심(*ἐταπείνωσεν ἑαυτὸν*, 8a절)도 자기포기와 일치한다. 그리고 그러한 맥락에서 다음과 같이 언급한다. “죽기까지 복종하셨다.”(*γενόμενος ὑπήκοος μέχρι θανάτου*, 8b절) 십자가 죽음을 다루는 부분은(*θανάτου δὲ σταυροῦ*, 8c절) 아마도 바울이 추가한 것이다. 그러나 예수께서 순종하기로 결심해야만 했다는 것을 빌립보서 2:8은 언급하지 않는다. 그는 자발적으로 고난

과 죽음을 받아들이면서 하나님의 의지를 수행한다.

4.4.2.4 똑같은 방식으로 요한복음 12:27도 겟세마네 전승을 받아들인다. "지금 내 마음이 괴로우니 무슨 말을 하리요 아버지여 나를 구원하여 이때를 면하게 하여 주옵소서 그러나 내가 이를 위하여 이때에 왔나이다."(*νῦν ἡ ψυχή μου τετάρακται, καὶ τί εἴπω; πάτερ, σῶσόν με ἐκ τῆς ὥρας ταύτης; ἀλλὰ διὰ τοῦτο ἦλθον εἰς τὴν ὥραν ταύτην*) 여기서 예수께서는 구원해 달라는 간청을 곧바로 철회한다.

4.4.3 예수께서 사람들에게 넘겨짐

신약성서에는 예수의 죽음에 대해 지금까지 논의된 것과는 구별되는 또 다른 전승이 등장한다. 여기서는 예수의 죽음이 자신이 복종해야 할 하나님의 의지 및 예수의 각오와 연결되지 않고, 사람들의 악함과 연결된다.

4.4.3.1 마가복음 8:31과 병행구절의 첫 번째 고난예고와 달리 마가복음 9:31과 병행구절의 두 번째 예고에서는 고난의 신적인 '의무'(muß)를 말한다. "인자가 사람들의 손에 넘겨져 죽임을 당하리라."(*ὁ υἱὸς τοῦ ἀνθρώπου παραδίδοται εἰς χεῖρας ἀνθρώπων, καὶ ἀποκτενοῦσιν αὐτόν*) 수동태가 간접적으로 하나님의 의지를 지시한다면, 직접적으로는 '인자'가 그를 죽일 '인간들'과 대면하는 것과 관련된다.(막 10:33 이하. 참조. 14:41b와 병행구절)

4.4.3.2 이 전승을 그렇지 않아도 그의 신학에서 하나님이 행하시는 부활과 높이 들림에 특히 무게를 두고 있는 누가가 여러 번 수용한다. 사도행전에서 고소의 형태를 띤 특징적인 대립이 자주 나타난다. 사도행전 3:15의 변호설교는 다음과 같이 기록한다. "생명의 주를 너희가 죽였도다. 그러나 하나님이 죽은 자 가운데서 그를 살리셨다." (*τὸν ἀρχηγὸν τῆς ζωῆς ἀπεκτείνατε ὃν ὁ θεὸς ἤγειρεν ἐκ νεκρῶν*) 이에 상응하여 4:10은 "너희가 십자가에 못 박고 하나님이 죽은 자 가운데서 살리신"(*ὃν ὑμεῖς ἐσταυρώσατε, ὃν ὁ θεὸς ἤγειρεν ἐκ νεκρῶν*) 예수를 말한다. 비슷한 본문이 2:23, 36, 4:10, 5:30, 7:52에도 있다. 그런 종류의 진술이 사도행전 10:39b, 40a 같은 문맥에도 등장한다. "그를 그들이 나무에 달아 죽였으나 하나님이 사흘 만에 다시 살리셨다."(*ὃν καὶ ἀνεῖλαν κρεμάσαντες ἐπὶ ξύλου, τοῦτον ὁ θεὸς ἤγειρεν τῇ τρίτῃ ἡμέρᾳ*, 참조. 13:28-30) 인간들의 행동에 하나님의 구원하시는 행위가 대립한다.

4.4.3.3 바울이 예수 죽음의 구원론적 차원을 그토록 강조한다면 그에게 있어 예수의 죽음이 운명으로서도 한 역할을 한다는 사실을 간과해서는 안 된다. 이러한 사실

은 그가 인용한 신앙고백문인 데살로니가전서 4:14 "우리가 예수께서 죽으셨다가 다시 살아나심을 믿을진대"(*πιστεύομεν ὅτι Ἰησοῦς ἀπέθανεν καὶ ἀνέστη*)에서 분명해진다. 이 구절에는 구원론적 모티브가 없다. 이는 바울이 이 세대의 통치자들이 알지 못한(고전 2:6-8) 십자가에 못 박힌 그리스도를 말하거나, 또는 유대인에게는 '거리끼는 것'(*σκάνδαλον*)이요 헬라인에게는 '미련한 것'(*μωρία*)인(고전 1:18-25) '십자가의 도'를 말하는 곳에도 해당한다. 바울 자신은 "예수 그리스도와 그가 십자가에 못 박히신 것"(*εἰ μὴ Ἰησοῦν Χριστὸν καὶ τοῦτον ἐσταυρωμένον*, 고전 2:2)만을 알기로 한다. 문맥을 통해 인지할 수 있는 모든 구원론적 암시에도 불구하고, 이것은 독립적인, 그리고 순수하게 기독론적 성격을 지닌 진술들이다.

4.4.4 요한복음에서 예수의 죽음

요한복음에는 예수의 죽음에 대한 구원론적 진술 외에(예를 들면 1:29, 10:14 이하) 오로지 예수의 위격(Person)에만 연결되는 여러 구절들이 있다.

4.4.4.1 3:13은 인자에 대해 그 외에는 아무도 하늘에서 내려와서 하늘로 올라간 이가 없다고 말하며, 이어서 3:14은 "모세가 광야에서 뱀을 든 것 같이 인자도 들려야 하리라."(*καθὼς Μωϋσῆς ὕψωσεν τὸν ὄφιν ἐν τῇ ἐρήμῳ, οὕτως ὑψωθῆναι δεῖ τὸν υἱὸν τοῦ ἀνθρώπου*)고 기록한다. 마치 민수기 21:8에서 처럼 구원론적 요소가 공명하는 듯하나, 그 진술 자체에는 그런 종류의 구원론적 요소가 없다. 예수께서 십자가에 달린 것을 유형론적으로 일치시킨 것이다.

4.4.4.2 요한복음의 기독론적 진술에서 높이 들림은 예수의 죽음과 부활을 동시에 의미한다. 이런 의미에서 예수의 들림을 말하는 요한복음 8:28, 12:32, 34 세 구절 가운데 8:28과 12:34은 전혀 구원론적 모티브를 포함하지 않으며, 12:32은 예수께서 하늘로 받아들여진 이후에 하늘에서 구원활동을 행하는 것으로 연결시킨다. 수동태 '들린다'(*ὑψωθῆναι*)는 - 철저히 묘사적인 요소와 함께 - 예수께서 십자가에 달림과 관련을 맺으면서, 부활과 아버지께로 가는 것도 포함한다. 그 밖에 초기 기독교 전승이 부활과 승귀(즉위)의 맥락에서만 독점적으로 사용하는 용어를(참조. 행 2:33, 빌 2:9) 여기서 제4복음서 저자는 예수의 죽음에 사용한다. 이와 똑같은 용례가 수동태 '영광스럽게 되다'(*δοξασθῆναι*)에도 해당한다. 이 용어도 역시 예수의 죽음을 그의 부활 및 하늘의 현실로 그가 들어가는 것과 통합시킨다. 이러한 사실은 요한복음 12:23과 13:1에서 가장 분명하게 알 수 있으나, 7:39b, 12:16, 17:1, 4 이하(이 용어를 '영광을 돌리다'의

의미로 사용한 것과 더불어, 참조. 예를 들면 7:18, 8:54)에도 해당한다.

4.4.4.3 요한복음만큼 죽음과 부활이 하나임을 분명하게 강조하는 곳은 없다. 두 사건의 긴밀한 결합을 요한복음 10:18은 예수께서 아버지로부터 '그의 목숨을 버릴 권세'와 '다시 얻을 권세'(*ἐξουσίαν ἔχω θεῖναι αὐτήν, καὶ ἐξουσίαν ἔχω πάλιν λαβεῖν αὐτήν*)를 받았다는 것으로 표현한다. 죽음과 부활이 분리할 수 없도록 쌍을 이루고 있음에도 불구하고 19장과 20장은 죽음과 부활을 두 개의 이어지는 사건으로 기술한다. 순차적인 사건의 외적인 흐름이 내적인 하나 됨과 대립하지 않는다.

4.4.4.4 구원론에 있어서 예수의 죽음이 높은 의의를 지님에도 불구하고 예수의 십자가 죽음은 기독론 내에서 먼저 기능한다는 점을 간과해서는 안 된다. 이 죽음은 그에게 부여된 전권만큼이나 예수를 특징지으며, 이 죽음은 그가 인간 되심의 한 부분이다. 예수께서는 모든 면에서 인간과 같이 되고 그들의 운명에 참여하기 위해 인간이 되었다.

4.5 죽은 자들 가운데서 예수의 부활

기독론의 형성에 있어서 부활 사건이 지니는 중요성은 이미 지적했다. 이 결정적인 사건에 직면하여 초기 기독교 전승에서 예수의 부활이 핵심적 역할을 한다는 것이 그리 놀랍지 않다.

4.5.1 부활 사건은 후기 구약성서-초기 유대교의 죽은 자들의 부활 기대(사 25:8, 단 12:2 이하)의 전제 아래에서만 이해되고 표현될 수 있었다. 이런 의미에서 증언되고 신앙고백문구로 전수되었다. 이 부활사건이 예수께서 죽은 채로 있지 않고 살아 있다는 확신을 설명한다. 하나님에 의한 예수의 부활 사건만을 제시하는 오래된 신앙고백진술들이 있다. 이러한 사실은 로마서 10:9과 수많은 병행구들에서 드러난다. "하나님께서 그를 죽은 자 가운데서 살리셨다."(*ὁ θεὸς αὐτὸν ἤγειρεν ἐκ τῶν νεκρῶν*) 이에 상응하여 구원론적 핵심진술이 예수의 죽음이 아니라 그의 부활과 결합된(참조. 13장) 전승도 있다.

4.5.2 복음서들의 부활사화는 예수의 장례와 빈 무덤에 대해 보도한다.(막 15:42-47, 16:1-8과 병행구절) 그 중심에는 천사의 예고가 있다. "너희가 십자가에 못 박히신 나사렛 예수를 찾는구나. 그가 살아나셨고 여기 계시지 아니하니라."(*Ἰησοῦν ζητεῖτε τὸν Ναζαρηνὸν τὸν ἐσταυρωμένον· ἠγέρθη, οὐκ ἔστιν ὧδε*, 막 16:6과 병행구절)

무덤이 비어 있다는 사실이 결정적인 것이 아니다. 빈 무덤은 증명수단이 아니라, 부활사건이 위격(Person) 전체에 일어났음에 대한 표시이다. 천사의 말이 결정적이다. 그 말이 부활 신앙을 구성한다. 이 말은 분명 부활했음을 아는 것은 인간적인 심사숙고에 의한 것이 아니라 하나님의 행하심으로 우리에게 임한 것에 근거를 둔다는 초기 기독교 신앙고백진술과 관련이 있다. 여자들의 당황함도 이에 일치한다.(막 16:8과 병행구절) 요한복음에 이르러서야 애제자가 가장 신실한 믿음으로 빈 무덤을 보고 무슨 일이 일어났는지를 알 수 있었다고 보도한다.(요 20:3–10)

4.5.3 예수 부활에 대한 확신은 결국 부활한 이의 등장에 근거한다. 따라서 제자들 앞에 그가 나타났다는 매우 이른 전승들이 기독론적 기본신앙고백과 결합되었다. 이는 누가복음 24:34에서 분명히 드러나며, 다음과 같이 말한다. "주께서 과연 살아나시고 시몬에게 보이셨다."(*ὄντως ἠγέρθη … καὶ ὤφθη Σίμωνι*) 이와 상응하여 고린도전서 15:4에도 "성경대로 사흘 만에 다시 살아나사 게바에게 보이시고 후에 열두 제자에게와"(*ὅτι ἐγήγερται τῇ ἡμέρᾳ τῇ τρίτῃ κατὰ τὰς γραφὰς καὶ ὅτι ὤφθη Κηφᾷ εἶτα τοῖς δώδεκα*)라고 기록한다. 이런 의미에서 복음서들의 현현보도도 형성되었다. 그 내용에서는 예수의 정체성 및 제자들이 다시 알아보는 것이 요지이다. 예수를 다시 알아본 것이 제자들의 눈을 열게 하였다. 그들은 구원사건이 계속되고 완성으로 향해 간다는 확신을 가졌다. 그리하여 부활증인들의 특별한 기능이 여러 번 제시되었다.(참조. 고전 15:5–10, 행 1:22, 2:32, 3:15, 4:33, 5:32, 10:41, 13:31)

4.5.4 예수께서 살아 있다는 확신은 죽은 이들이 부활할 것을 기대하는 사고와 관련이 있었다. 이러한 사실은 고린도전서 15:20에서 드러난다. 그 구절에서는 그리스도를 '잠자는 자들의 첫 열매'(*ἀπαρχὴ τῶν κεκοιμημένων*)라고 칭한다. 일반적으로 죽은 자들의 부활에서 기대하는 바가 그에게 벌써 주어졌다. 그는 죽음에서 일어나 신적인 현실로 들어갔다.

4.5.5 동시에 예수의 부활을 그의 지상의 삶과 활동에 대한 확증으로 이해하였다. 그리하여 사도행전 17:31은 하나님이 그를 "죽은 자 가운데서 다시 살리신 것으로 모든 사람에게 믿을 만한 증거를 주셨다."(*πίστιν παρασχὼν πᾶσιν ἀναστήσας αὐτὸν ἐκ νεκρῶν*)라고 한다. 이와 똑같은 모티브가 예수께서는 하나님에 의해 의롭게 되셨다고 말하는 데에도 나타난다. 즉 디모데전서 3:16의 찬양에서 예수께서는 육신으로 나타난 바 되시고, 그가 하나님의 영의 영역에 받아들여지면서 "영으로 의롭다 하심을 받으시고"(*ἐδικαιώθη ἐν πνεύματι*)라는 진술에도 해당된다. 요한복음 16:8도 이러한 맥락에

속한다. 그 구절에서 다음과 같이 말한다. 보혜사가 '죄에 대하여, 의에 대하여, 심판에 대하여' 세상을 책망할 것이다. 10절에는 다음과 같은 표현이 뒤따른다. "의에 대하여라 함은 내가 아버지께로 가니 너희가 다시 나를 보지 못함이다."(*περὶ δικαιοσύνης δέ, ὅτι πρὸς τὸν πατέρα ὑπάγω καὶ οὐκέτι θεωρεῖτέ με*)

4.5.6 비록 예수의 부활이 때때로 명확하게 언급되지 않거나 높이 들림 진술로 대체되기는 하지만, 예수의 부활이 빠진 초기 기독교의 증언은 없다. 예수의 부활은 선포를 구성하는 핵심요소이다. 또 다른 질문은 예수의 부활에 얼마나 비중을 두었는가 하는 것이다. 신약성서에는 예수의 부활이 기독론적 진술로 나오는 본문이 있고, 예수의 부활이 죽음 주제에 속해 있거나 성육신 신학에 포함된 다른 본문도 있다. 이 세 가지 이해와 관련하여 누가, 바울, 그리고 요한의 신학이 특별히 특징적이다.

4.6 예수의 승귀와 현재 활동

예수께서 통치하신다는 의미에서 그의 승귀가 하나님의 통치와 어떤 관계인지를 질문하며 이미 이 책 7장에서 예수의 승귀를 언급하였다. 본 맥락에서는 예수의 위치와 위엄의 측면에서 승귀 표상을 다시 다루어야 한다.

4.6.1 하늘에서 예수의 즉위

예수께서 부활하고 하늘의 현실로 들어갔다는 확신은 그가 공동체 안에서 현존하신다는 경험과 결합되었다. 그는 재림하기 전에 이미 결정적인 어떤 기능을 지녔고, 그리하여 어떤 위치와 위엄이 그에게 부여되었는가 하는 질문이 제기되었다.

4.6.1.1 그에 대해 구약성서 본문이 답한다. 시편 110 : 1a의 진술이 핵심이었다. 이 구절은 예수의 승귀와 '퀴리오스'(*κύριος*)로 임명됨의 의미에서 이해되었다. 이러한 사실은 복음서 가운데 인용문이 들어 있는 마가복음 12 : 35-37a의 다윗의 아들-담화에서 드러난다. "주께서 내 주께 이르시되 내 우편에 앉았으라…."(*εἶπεν κύριος τῷ κυρίῳ μου· κάθου ἐκ δεξιῶν μου* …) 이 본문은 칠십인역에 근접하는 한 번역에서 전수된 형태로 유래한다. 그런 점에서 그렇다면 승귀표상은 헬라어권 공동체에서 비로소 생겨난 것이 아닌가 하는 질문이 제기된다. 히브리어 본문에서는 말씀하시는 '야웨'(יהוה)와 호칭으로 불리운 '아돈'(אָדוֹן, 왕의 호칭으로서 '주')이 분명하게 구별된다. 어쨌든 '야웨'(יהוה)의 이름을 피하고 '아도나이'(אֲדֹנָי, 주)라는 대체어를 사용한 결과 이미 어

느 정도 병행이 생겨났다. 그러므로 팔레스틴 초기 공동체 영역에서 전(前)단계를 배제할 수 없다. 분명한 점은 초기 헬라적-유대기독교 공동체는 예수께서 '하나님의 오른편'에 자리를 차지하신 것으로 그 본문을 이해했다는 것이다. 구약성서 전승을 이해하는 과정에서 '승귀'가 즉위, 위임, 그리고 대리의 의미에 포함되었다. 그러나 이러한 사실이 처음에는 예수에게 하나님의 이름이 주어졌음을 암시하지 않으며, 오히려 시편 110:1a를 채택하면서 '주'(*κύριος*)를 하나님과 '나의 주'(*κύριος μου*)를 승귀된 그리스도에게 연결시켰다. 이러한 구분이 바로 약화되었다는 사실은 명백하다. 시편 110:1a의 진술은 어쨌거나 이미 언급한 대로 신약성서에 가장 많이 인용된 구약성서 구절이며, 승귀사상은 초기 기독교 전승의 모든 부분에서 확고한 위치를 얻었다.

4.6.1.2 하나님의 고유한 이름인 퀴리오스-명칭이 승귀되신 이에게 주어지는 것이 바울이 인용한 빌립보서 2:6-11의 그리스도 찬가에 분명히 나온다. 9절에 따르면 하나님이 낮아진 이를 '지극히 높여'(*ὑπερύψωσεν*) 주셨다. 다시 말해 하나님이 그에게 선재하신 이의 위치를 뛰어 넘는 위엄을 부여하셨고, "모든 이름 위에 뛰어난 이름을 주셨다."(*καὶ ἐχαρίσατο αὐτῷ τὸ ὄνομα τὸ ὑπὲρ πᾶν ὄνομα*) 그 이름은 하나님의 고유한 이름이다. 10절 이하에 따르면 이제 그 이름으로 세상의 모든 권력들이 예수 그리스도를 '주'라고 인정한다.(*κύριος Ἰησοῦς Χριστός*) 그와 더불어 하나님께서 그에게 세상에 대한 그의 기능을 넘겨주셨고, 동시에 승귀된 이는 신적인 능력을 소유한다. 여기서 통치의 위임은 권세들이 복종하고 그들의 환호가 바로 뒤따르는 것으로 묘사된다. 어쨌든 결정적인 것은 퀴리오스-명칭의 수여와 그에 결부된 세상을 다스리는 권좌이다. 이와 똑같은 내용이 신앙고백적 진술인 사도행전 2:36에도 해당된다. "이 예수를 하나님이 주와 그리스도가 되게 하셨느니라."(*κύριον αὐτὸν καὶ χριστὸν ἐποίησεν ὁ θεός*) 퀴리오스-호칭이 승귀된 이에게 옮겨지자 그 결과 하나님의 칭호를 '퀴리오스'(*κύριος*)로 포함하는 수많은 구약의 인용문들이 예수의 위격(Person)에 적용될 수 있었다.(참조. 막 1:3과 병행구절에 있는 사 40:3. 이 책 5장을 보라.)

4.6.1.3 로마서 1:3에 나오는 하늘에서의 왕위즉위 모티브는 시편 110:1이나 퀴리오스-칭호와는 별개로 등장한다. 바울이 전한 이 신앙고백문구에서는 '그(하나님의) 아들에 관한 복음'(*περὶ τοῦ υἱοῦ αὐτοῦ*)을 언급한다. 그 아들은 "성결의 영으로는 죽은 자들 가운데서 부활하사 능력으로 하나님의 아들로 선포"되셨다.(*τοῦ ὁρισθέντος υἱοῦ θεοῦ ἐν δυνάμει κατὰ πνεῦμα ἁγιωσύνης ἐξ ἀναστάσεως νεκρῶν*) 먼저 예수의 출신이 '다윗의 혈통'(*τοῦ γενομένου ἐκ σπέρματος Δαυίδ*)임을 제시한다. 두

단계 기독론의 의미에서 지상에 있는 이는 '지명된 메시아'로, 승귀된 이는 '능력 가운데 있는 하나님의 아들'로 특징지어진다. 여기서 하나님의 아들 칭호가 메시아 전승을 포괄하고 승귀표상과 결합된다.

4.6.1.4 왕위즉위에 대한 상세한 묘사가 요한계시록 5:6-13에 담겨 있다. 죽임당한 어린 양에게 두루마리가 넘겨진다. 죽임당한 어린 양은 "능력과 부와 지혜와 힘과 존귀와 영광과 찬송을 받으시기에 합당하다."(*ἀξιόν ἐστιν τὸ ἀρνίον τὸ ἐσφαγμένον λαβεῖν τὴν δύναμιν καὶ πλοῦτον καὶ σοφίαν καὶ ἰσχὺν καὶ τιμὴν καὶ δόξαν καὶ εὐλογίαν*, 12절) 그와 함께 승귀되신 이는 심판을 행할 전권과 구원을 실현시킬 전권을 갖고 있으며, 그것을 뒤이어 나오는 환상이 자세하게 기술한다. 요한계시록 5장의 왕위즉위 묘사는 요한계시록 1:9-20의 승귀된 인자 환상과 밀접히 연결되어 있으며, 예수의 승귀는 본 서신에 전제되어 있다. 거기서부터 인자전승 가운데서 독특한 진술인 사도행전 7:56이 이해된다. 그 구절에서 스데반은 다음과 같이 말한다. "하늘이 열리고 인자가 하나님 우편에 서신 것을 보노라."(*ἰδοὺ θεωρῶ τοὺς οὐρανὸς διηνοιγμένος καὶ τοῦ ἀνθρώπου ἐκ δεξιῶν ἑστῶτα τοῦ θεοῦ*) 승귀되신 이가 앉아 있지 않고, 서 있다는 것은 아마도 최후심판을 위해 일어서 있다는 것으로 설명할 수 있다.

4.6.2 승귀 표상의 의의

4.6.2.1 승귀된 이에게 권세를 넘겨주는 것이 마태복음 마지막 단락의 중심 모티브이다. 그 단락은 28:18에서 다음과 같은 말로 시작된다. "하늘과 땅의 모든 권세를 내게 주셨다."(*ἐδόθη μοι πᾶσα ἐξουσία ἐν οὐρανῷ καὶ ἐπὶ γῆς*) 이러한 자기 표상 가운데 부활과 승귀가 겹쳐진다. 승귀진술은 20절에서 항시적인 현재에 대한 약속과 결합된다. "볼지어다, 내가 세상 끝 날까지 너희와 항상 함께 있으리라."(*ἰδοὺ ἐγὼ μεθ' ὑμῶν εἰμι πάσας τὰς ἡμέρας ἕως τῆς συντελείας τοῦ αἰῶνος*) 그 밖에 세상 끝 날 때까지 수행되어야 할 선교와 세례를 제자들에게 위임한 것(19:20a)이 요지이다. 마태복음에서는 부활 때에 권세의 위임이 11:27에 언급된 지상의 예수께서 지닌 계시전권과 부응한다는 점에 주목할 필요가 있다.

4.6.2.2 누가의 이중 저작에서는 승귀표상이 하나의 중심적 위치를 차지한다. 마가와 마태의 경우처럼 그에게도 또한 '인자의 날'이 모든 사건의 목표이다.(참조. 눅 17:22-37, 21:25-28, 행 3:19-21, 17:31) 그럼에도 불구하고 그에 비해 부활과 재림 사이의 시기가 본질적으로 보다 더 많은 비중을 차지한다. 누가복음 가운데에 22:69에

있는 대제사장의 질문에 대한 예수의 대답이 이에 대한 특징적인 예이다. 이 구절은 편집을 통해 승귀예언으로 축약되었다. “그러나 이제부터는 인자가 하나님의 권능의 우편에 앉아 있으리라.”(*ἀπὸ τοῦ νῦν δὲ ἔσται ὁ υἱὸς τοῦ ἀνθρώπου καθήμενος ἐκ δεξιῶν τῆς δυνάμεως τοῦ θεοῦ*) 이와 똑같은 내용이 24:26에서 엠마오로 가는 제자와의 대화 가운데 나오는 부활하신 이의 진술에도 해당된다. 이 구절에서 그리스도 고난의 필연성이 ‘그의 영광으로 들어감’과 대립된다.(*οὐχὶ ταῦτα ἔδει παθεῖν τὸν χριστὸν καὶ εἰσελθεῖν εἰς τὴν δόξαν αὐτοῦ;*) 누가복음 24:46-49의 선교명령에서는 영이 오심을 제시한다. 이 영은 사도행전 2:33에 있는 베드로의 오순절 설교에서 분명하게 승귀된 이에게로 소급된다. “하나님이 오른손으로 예수를 높이시매 그가 약속하신 성령을 아버지께 받아서 이것을 부어 주셨느니라.”(*τῇ δεξιᾷ οὖν τοῦ θεοῦ ὑψωθείς, τήν τε ἐπαγγελίαν τοῦ πνεύματος, τοῦ ἁγίου λαβὼν παρὰ τοῦ πατρός, ἐξέχεεν τοῦτο*) 승귀모티브는 5:31에서 분명하게 재수용되며 전체 사도행전의 중심사상이다.

4.6.2.3 바울의 경우에도 승귀 표상이 핵심적 의미를 지닌다. 이러한 사실은 로마서 1:3 이하의 신앙관용구 및 빌립보서 2:6-11의 찬미를 인용한 것 외에도 특히 고린도전서 15:25-28에 분명히 드러난다. 그 본문에 따르면 하나님을 거스르는 세력들이 궁극적으로 복종할 때까지 부활한 이가 세상에 대한 ‘왕적 통치’를 넘겨받았다. 이는 그 세력들을 하나님께 되돌려 드리기 위함이다.(참조. 이 책 7장) 종말론적인 유보를 결코 시야 밖으로 놓치지 않으나, 그럼에도 불구하고 승귀되신 이의 현재적인 활동을 분명하게 강조한다. 이에 대해서 로마서 8:31-39이 시사하는 바가 많다. 그 본문은 8:18-30에서 고려하는 완성의 소망 다음에 믿음의 확신에 관해 말한다. 이 확신은 예수 그리스도의 자기 희생과 하나님 우편에 그가 승귀하심에 근거한다.(34절)

4.6.2.4 요한복음의 경우에는 승귀가 성육신과 더불어 매우 결정적인 기능을 한다. ‘아버지께로 가는 것’(*πρὸς τὸν πατέρα ὑπάγειν*, 16:10)은 꼭 필요하다. 왜냐하면 그렇게 하여야만 보혜사인 성령을 통해 이 땅 위에서 계속 활동하면서(참조. 이 책 9장), 예수께서 그의 일을 포괄적으로 성취할 수 있기 때문이다. 그러면서 미래적 차원이 결코 없어진 것은 아니나, 현저하게 감소하고 모든 비중이 구원의 현재에 놓인다. 특히 승귀표상 안에서 예수의 구원활동, 즉 성령을 통한 그의 현재적 행위와 미래가 함께 통합된다.

4.6.2.5 히브리서에서도 특징적인 형태의 승귀표상이 등장한다. 예수를 하늘의 대제사장으로 특징짓는다. 핵심구절은 히브리서 4:14이다. 그 구절은 예수를 ‘하나님의

아들'과 '승천하신 큰 대제사장'이라고 칭하며, 공동체를 향한 그에 대한 믿음을 고수하라고 촉구한다.(*ἔχοντες οὖν ἀρχιερέα μέγαν διεληλυθότα τοὺς οὐρανούς,'Ιησοῦν τὸν, υἱὸν τοῦ θεοῦ, κρατῶμεν τῆς ὁμολογίας*) 이와 매우 비슷하게 3:1에서는 예수를 '우리가 믿는 도리의 대제사장'(*ἀρχιερεὺς τῆς ὁμολογίας ἡμῶν*)이라고 부른다. 그 다음 중요한 것은 예수 죽음의 맥락에서 이미 언급한 히브리서 5:5–10의 본문이다. 시편 2:7(비교. 5절, 1:5)에서 나오는 '아들'이라는 호칭은 시편 110:4에 나오는 '멜기세덱의 반차를 따르는 영원한 제사장'(*σὺ ἱερεὺς εἰς τὸν αἰῶνα κατὰ τὴν τάξιν Μελχισέδεκ*, 6절)으로 임명한다는 약속과 결합된다. 마무리하며 10절에서 다시 한 번 하나님에 의해 하늘의 대제사장으로 '갱신되심'(*ποσαγορευθεὶς ὑπὸ τοῦ θεοῦ*)을 제시한다. 이러한 기독론적 신앙고백진술을 근거로 승귀표상이 하늘의 대제사장의 구원론적 활동과 특별하게 관련지어진다.(참조. 이 책 13장)

4.6.2.6 신약의 다른 많은 구절들에는 자세한 해설이 붙어 있지 않은 채 승귀표상이 전제되어 있다. 승귀표상은 당연히 현재에 관한 주제에서 높은 의의를 지닌다. 사용된 예수 존칭을 볼 때 퀴리오스-호칭이 눈에 띄게 우세하다. 그러나 메시아적인 하나님의 아들 표상도 통치의 사상과 결합되어 사용되었다. 그에 비해 인자전승은 승귀표상을 통해 이차적으로 확장되었다. 끝으로 히브리서가 대제사장 사상을 기독론적으로 수용하였다.

4.7 대망의 예수 재림

재림 기대가 승귀표상보다 오래되었다는 것, 즉 예수의 부활이 초기 공동체의 가장 이른 단계에서 직접적으로 재림 기대와 결합되었다는 것을 전승사적으로 인식할 수 있다. 부활을 기점으로 하늘의 영광 가운데서 예수께서 나타나시는 것에 시선을 던졌다. 이는 승귀표상에 의해 폐기되지 않았으나, 또 다른 체계 안에 편입되었다.

4.7.1 초기 기독교와 보다 후대의 교회 전승에 아람어 형태로 담겨 있는 예배 시의 기도의 부름인 "주여, 오시옵소서"(*μαράνα θά*, 고전 16:22)는 가장 오래된 공동체가 얼마나 강하게 부활한 이의 (다시)오심을 향하고 있었는지 보여준다. 비록 이 부름에서 부활을 명확하게 언급하지는 않으나, 부활이 전제되어 있음은 자명하다. '주'라는 호칭에서 관건은 제자들과 재림할 이의 관계이지, 보다 후대의 퀴리오스-칭호에서처럼 하나님과의 관계가 아니다.

4.7.2 앞서 언급했던 예수의 '인자'(*ὁ υἱὸς τοῦ ἀνθρώπου*)의 동일시도 이러한 맥락에 속한다. 누가복음 12:8 이하에 따라 최후심판 때에 예수의 지상의 활동을 시인하는 이의 자리에서 예수께서는 온 세상 앞에 나타나는 인자로서 등장한다. 이러한 이해는 마태복음 10:32 이하의 병행구절과 또한 마가전승 및 구두말씀 자료에 드러난다.(참조. 막 13:26, 14:62, 눅 17:24, 26 이하) 계속되는 인자 기독론의 전개는 이러한 동일시를 전제로 한다.

4.7.3 이 맥락에서 마태복음 25:31-46의 최후심판에 관한 비유 설교(rede)에 주목할 필요가 있다. 왜냐하면 거기서 예수께서는 심판하는 인자이며 동시에 왕이기 때문이다.(참조. 31, 34, 40절) 이는 종말에 행하시는 인자에 대한 견해가 왕적인 메시아의 표상과 융합함을 가리킨다. 이와 똑같은 내용이 마가복음 14:62의 마가 본문에 나오는 예수의 자기고백에도 전제되어 있다. 그 구절에서 하늘의 구름을 타고 오시는 인자에 대한 진술은 왕적 통치전승에서 유래한 하나님의 우편에 앉는다는 모티브와 결합한다. 예수께서는 재림하시면서 인자와 왕으로, 통치하는 메시아로서 그의 직무를 수행한다. 이 내용은 마태복음 26:64과 누가복음 22:69에서 승귀표상의 의미에서 수정된다.

4.7.4 마태복음 25:31-46에서 인자가 수행할 심판사상을 강조한다면 역으로 빌립보서 3:20은 재림할 이를 '심판자'로 칭한다. 하늘로부터 "구원하는 자 곧 주 예수 그리스도를 기다린다."(*ἐξ οὗ σωτῆρα ἀπεκδεχόμεθα κύριον καὶ 'Ιησοῦν χριστόν*) 여기서 바울은 데살로니가전서 1:10에서 인용한 전승으로 소급하며, 이 전승에서는 재림하는 이의 구원 행위가 결정적이다. "또 죽은 자들 가운데서 다시 살리신 그의 아들이 강림하실 것을 … 이는 장래의 노하심에서 우리를 건지시는 예수시니라."(*καὶ ἀναμένειν τὸν υἱὸν αὐτοῦ ἐκ τῶν οὐρανῶν, ὃν ἤγειρεν ἐκ τῶν νεκρῶν, 'Ιησοῦν τὸν ῥυόμενον ἡμᾶς ἐκ τῆς ὀργῆς τῆς ἐρχομένης*) 비슷한 방법으로 바울은 이 모티브를 로마서 5:8-10에 수용한다.

4.7.5 신약성서 마가와 마태복음, 그리고 요한계시록에서 분명하게 재림기대가 강하다는 것이 드러난다.

4.7.5.1 마가복음에서 예수의 지상 활동과 그의 죽음, 그리고 부활이 핵심적 요지라면, 앞의 맥락에서 이미 드러났듯이 구원의 완성과 인자로서의 예수 재림을 향하고 있다는 것도 의심의 여지가 없다.(13:234-27) 이것은 마태복음에도 역시 해당된다. 승귀표상을 고려함에도 불구하고(마 26:64, 28:18-20) 종말론적 말씀을 광범위하게 확장하려고 시도하였다.(마 24:37-25:46) 여기서 결정적인 것은 '인자의 파루시아'

(*παρουσία τοῦ υἱοῦ τοῦ ἀνθρώπου*)에 대한 기다림이다. 복음서들 가운데 여기서만 '파루시아'라는 용어를 사용한다.(24:3, 27, 37, 39. 비교. 13:41)

4.7.5.2 요한계시록도 역시 승귀표상의 영향을 받는다. 이는 1:9-20에 나오는 위탁의 환상(Vision)과 5장의 왕위즉위 묘사가 보여주는 바이다. 그러나 그럼에도 불구하고 눈길은 시종일관 미래를 향한다. 19:11-16에서 종말의 완성은 예수의 파루시아와 더불어 시작된다. 그는 '하나님의 말씀'(*ὁ λόγος τοῦ θεοῦ*, 13절)으로, '만왕의 왕이요 만주의 주'(*βασιλεὺς βασιλέων καὶ κύριος κυρίων*, 16절)로서 나타나실 것이다.

4.7.5.3 그에 반해 파루시아 기대가 없는 것은 아니지만, 승귀표상에 비해 더욱 멀리 밀려난 신약의 다른 본문들도 있다. 이는 누가복음에서 일어나는 바이며, 혹은 감지할 만큼 줄어들지만 요한복음이나 요한서신들에서 관찰할 수 있는 바이다.

4.7.6 위에서 언급된 본문들이 보여주듯이, 대망의 예수 재림과 몇 몇의 예수존칭이 결합되었다. 기도의 부름인 '마라나타'에 있는 '주'라는 호칭 외에 특별히 '인자'라는 칭호가 결정적인 역할을 한다. 이 칭호와 더불어 왕적인 메시아 이해가 융합되었다. 예를 들면 '왕들 중의 왕'이라는 언급이 보여주는 바이다. 또한 '하나님의 아들'과 '구원자'도 나온다. '하나님의 말씀'이라는 표현은 특별한 경우이다.

4.8 기독론의 다양한 관점

4.8.1 기독론은 초기 기독교에서 폭넓게 전개되었다. 그것은 선재에서부터 성육신, 죽음, 부활, 그리고 예수의 승귀를 거쳐 그의 재림에 이르기까지 확장되었다. 개별주제와 관련하여 부분적으로 매우 세분화된 진술들이 등장한다. 그러나 역시 분명한 연결선이 드러난다. 비록 특정한 개별 관점들이 다양하게 강조되고 전개되긴 하지만, 그 관점들은 신약성서에서 각각 형태를 갖추어가면서 예수 그리스도에 대한 신앙고백을 위해 의미를 지닌다.

4.8.2 개별 관점들이 독립적으로 있지 않고, 서로서로 관련지어질 수 있다는 것은 이미 가장 이른 초기 기독교 전승에서 단초의 형태로 나타난다. 물론 때때로 하나의 개별진술이 전체 그리스도 신앙고백을 대표하는 위치에 있다. 이미 보았듯이 상호간에 편입되면서, 신약의 증언들 안에서 다양한 길을 걸어 왔다. 그리하여 부분 관점들이 함께 결합되는지, 그리고 어떻게 결합되는지 하는 문제가 제기된다.

5. 신약성서 기독론의 통일성

신약성서에서 기독론적 개념을 포괄하려는 추세를 간과해서는 안 된다. 이는 공관복음에서 드러나며, 특히 바울과 요한복음에서, 그리고 제한된 범위에서 초기 기독교의 다른 문학적 증언에도 나타난다. 그러나 모든 개별적 관점들의 다양성을 유지하면서 그들을 통일시킬 수 있는 전체 조망은 없다. 그런 전체 조망은 기독론의 개별 관점들을 개관하게 하며, 그 자체로 넓은 스펙트럼을 갖춘다. 개별 관점들이 다양하게 발전하는 것에 직면하여 하나의 포괄적인 개념이 도대체 가능한지, 얼마만큼 가능한지 하는 문제가 제기된다.

5.1 예수의 사역과 기독론과의 내적 연관성

신약성서의 기독론은 결정적으로 예수전승의 수용을 통해 각인된다. 이때에 어떤 강도로 예수의 삶과 예수전승을 고려하는지는 별로 중요하지 않다.

5.1.1 공관복음은 기독론 내부에서 예수의 역사가 지니는 의의에 대한 명백한 하나의 증언이다. 이는 다른 방식으로 신앙고백문구, 서신서들, 사도행전 또는 요한계시록에도 해당한다. 여기에 예수의 지상의 현존을 총체적으로 개관하는 진술들이 있다. 이는 로마서 1:3b, 4a, 빌립보서 2:7, 갈라디아서 4:4 이하, 디모데전서 3:16a, 그리고 사도행전 2:22에 나오는 의심의 여지없이 오래된 전승들에서 볼 수 있는 바이다. 그러나 또한 예수의 죽음만을 시야에 포착하는, 예를 들면 요한계시록 5:9과 같은 곳도 그가 인간이라는 것, 또 그의 삶과 관련된다. 통합하건 아니면 개별 본문의 형태로 기술하건 간에, 예수의 지상의 삶을 향한 시선은 예수전승에 속한다. 예수의 위격(Person)이 하나님 통치의 시작에 결정적인 역할을 하고 그 자신이 하나님 통치를 가져오는 자이며, 그 대표자라면, 그의 운명 역시 그의 사역에 필수적인 구성요소이다. 예수의 십자가 죽음과 더불어 그의 부활이 그의 운명을 구성하는 부분이다.

5.1.2 부활사건을 근거로 예수께서 누구였으며 누구인가에 대한 질문에 대하여 제자들이 신앙고백적 형태로 대답하였다. 부활 이후의 예수에 대한 증언은 결정적으로 전권적인 선포 및 지상 예수의 행위와 관련된다. 제기된 암시적 기독론은 기독론 해석을 가능하게 할 뿐만 아니라 바로 기독론의 해석을 필요하게 한다. 그런 점에서 부활은

부활 이전의 전승과 부활 이후의 기독론적 해석을 결합하는 중심축이다.

5.1.3 기독론은 예수의 소식과 활동의 근본 의도를 받아들이고 예수 전승을 계속 수용할 때에만 신약성서의 증언에 적합하다. 이러한 과정이 조건부로 발생되어야 예수 전승이 온전하게 전달된다. 또한 예수전승의 주요 모티브가, 말하자면 기독론 안으로 용해되거나 혹은 예수가 선포한 메시지의 핵심적 관심이 한 초점에 모여 빛을 발하는 곳도 철저하게 사실에 부합하는 것으로 수용할 수 있다. 어쨌거나 예수전승은 기독론과 상호관계에 있으며, 그런 점에서 모든 기독론적 선포의 결정적인 척도이다.

5.2 기독론의 개별 관점

고유성과 다양한 형태 가운데 있는 기독론적 모티브의 개별 관점을 나누어 관찰하는 것은 그들이 지닌 모든 다양함을 인식하는 데에 유용하다.

5.2.1 개별 관점에서는 우선 전승사적인 인식을 얻게 되며, 이는 그 자체로 신학적인 큰 비중을 갖는다. 그리하여 기독론의 전개는 초기에 대단히 급속하게 수행되었음을 확인할 수 있다. 예를 들면 이미 매우 오래된 신앙고백 본문에서 선재와 창조의 중재에 대해 진술하기 때문이다. 그 다음은 역시 매우 빠른 시기에 여러 개의 관점들이 함께 결합되고 있음을 보게 된다. 이는 개별적인 기독론적 진술들이 밀접한 관계를 가짐을 알려준다. 그러나 통합해 보려고 하는 근본적으로 다른 개별 관점들이나 혹은 개념들이 간단히 조화를 이룰 수 있다는 것을 의미하지는 않는다. 그것들은 그들의 고유성을 유지한 채로 관찰되고 유지되어야 한다.

5.2.2 개별 관점들은 고유한 비중을 지니며 통합하는 개념들의 틀 안에서 서로 다른 기능을 한다. 그들은 어떤 식으로는 상호 보완하지만, 종종 서로 결합될 수 없거나 상충한다. 세부적으로 보면 신약성서의 기독론은 매우 다양하고 조화를 이루지 못한다. 따라서 전체적으로 보면 긴장감이 팽배한 구조가 생겨난다. 부분 주제를 보면서 공통성에 대한 질문을 이미 고려하였다. 이제 개별 전승들의 독특한 의도를 희생시키지 않으면서 현재 존립하는 것 전부를 수렴하는 인식이 필요하다. 그렇게 하여 내적 통일성을 규정하기 위해, 다양하게 형성된 기독론적 진술들을 어떤 방법으로 함께 결합할 수 있는지 밝힐 수 있다.

5.3 부분 관점들의 상관성

위에서 언급한 전제 하에 신약성서 기독론의 통일성을 추구한다면, 부분 관점들 간의 조정을 위해 어떤 원칙이 도움이 될 수 있는지 규명해야 한다.

5.3.1 신약성서의 기독론을 전체적으로 보기 위한 기본 토대는 이미 초기 기독교에서 한 역할을 했던 다양한 모든 전승들이어야만 한다. 몇몇 초기 기독교 모델들이 선재나 승귀와 같은 측면들을 포함하지 않는다고 해서, 그것들을 뺄 수는 없다. 반대로 어떤 기본경험으로부터 그런 종류의 신앙 진술들을 얻게 되었는지를 늘 분명히 밝혀야 한다. 어느 것이 더 오래 되었는지와는 별개로 중심 주제들과 인식이 확장되고 있다는 의미에서 그 중심 주제들로부터 파생된 다른 주제들이 있다. 이것은 예를 들면 기독론은 선재나 혹은 파루시아 등 경계에 놓인 진술로부터 파악되기보다는 지상의 역사에서 일어났고 그의 현재적 활동 가운데서 계속 경험할 수 있는 계시사건에 의해 파악되어야 한다는 의미이다. 동시에 특별히 예수의 죽음과 부활이 중심으로 이동하며, 이 사건들을 신약성서의 각 책들이 고려하는 것은 확실히 우연이 아니다. 이 중심을 기준으로 시선이 뒤를 향하기도 하고 앞을 향하기도 한다. 이는 예수 그리스도의 위격(Person) 안에 나타난 하나님의 계시로부터 과거의 것과 미래의 것을 이해하기 위함이다. 말하자면 십자가와 부활이라는 중심을 둘러싼 동심원들 안에서 더 넓게 뻗어나가는 기독론이 자리하고 있으며 상호적으로 서로서로 연결되어야 한다는 의미이다.

5.3.2 동심원의 의미로 하나의 전체 개념을 얻으려 한다면, 상이하게 전개된 개별 관점들은 이 과정에서 서로 간에 예리하게 대조되는 구분선이 있는 것이 아니라, 오히려 시종일관 움직이는 변환을 고려해야 한다는 점을 분명히 한다. 개별적 본문들을 그들의 고유성을 유지하며 고려해야 한다면, 이때 근본적으로 다른 중심점을 모두 평준화시켜버린 윤곽 없는 그림을 만들어내서는 안 된다. 오히려 관건은 부분 관점들이 그들의 고유한 비중을 유지하는, 철저하게 긴장감이 팽배한 연결구조이다. 우선 매우 심하게 다양화된 구원론적 진술들은 제외하더라도, 예수의 성육신, 그의 지상의 활동 또는 재림에 대한 매우 상이한 전승 같은 것들을 생각하면 여러 가지 어려운 문제들이 있다. 여기서 이 긴장들을 어떻게 수용할 수 있을지 자세하게 신학적으로 숙고할 필요가 있다. 한 가지 예만 든다. 수많은 본문에서 핵심적 역할을 하는 파루시아 진술은 요한적인 구상을 토대로 하여 간단하게 제한시켜서는 안 되며, 오히려 요한문서의 본문과 관련하여 해석해야 한다. 역으로 제4 복음서에서 결코 결여되지 않은 요한의 미래적 진술

과 관련하여서는 그것이 하나의 의도적으로 넘겨받은 독자적인 복합체를 기술하며 그 점에서 그것이 의미를 지님을 고려해야 한다. 오히려 부활과 재림 사이의 시기를 단기간에 지나가는 것으로 이해하는 본문들은 배후로 물러난다. 그럼에도 불구하고 그 본문들은 구원의 완성이라는 주제를 결코 과소평가해서는 안 된다는 데에 그 의미를 보유한다. 이러한 방식으로, 근본적으로 다른 견해들 사이의 긴장은 그러한 본문 상황이 지니는 의미를 밝히고 지속적으로 토론하는 성찰로 이끌 수 있다.

5.3.3 그러한 방식의 전체 조망과 부분 관점들의 관련성을 숙고하는 것은 신약성서 기독론이 아무리 다양하다 하더라도 분명하게 수렴되는 것을 인식하게 하여 기독론의 통일성에 대한 질문에 근접한다. 물론 이런 통일성은 여러 다른 요소들을 관련짓는 그런 윤곽을 필요로 한다. 거기서부터 신약성서의 증언 위에 세워진 기독론을 위한 결론을 얻을 수 있다.

6. 마무리 고찰

기독론은 구원론적 구성요소와는 상관없이 수많은 본문 진술이 그들의 고유성을 유지하며 서로 관련짓게 하는 하나의 설명을 필요로 한다. 이것은 근본신학적으로 매우 중요하다. 이 과정에서 주석이 본문의 상황을 상세하게 기술하고 과제제기를 명료하게 하는 기능을 한다.

6.1 성서의 증언과 교회의 전통

우리의 교회 전통이 근대 초기에 이르기까지 그리스 존재론의 형이상학적 사고에 의해 각인되어, 거기서부터 광범위하게 신약성서의 기독론적 신앙고백 진술들이 이해되었다는 사실에 직면하여, 기독교 신앙의 근본토대로 나아가기 위해서는 기독론적 증언의 원천으로 돌아가야 할 필요성이 생겨난다.

6.1.1 고대교회의 기독론과 관련하여서는 해석학적 관점에서 매우 의미심장하나, 또 의미심장한 것으로 평가받기를 원하는 새 해석이 문제이다. 해석 전통이 하나의 과정으로 이해된다면, 그 과정에서 중요한 여러 사실을 추가로 인식하여 얻게 되고 기독론이 지니는 의미의 깊이가 측정되어짐에도 불구하고 그것은 근본적인 사도적 증언

과 일치하지 않는다. 계속되는 교회의 모든 전승들은 긴 시간이 흐르면서 신약성서보다는 훨씬 더 강하게 고대교회의 토대 위에 근거를 두고, 그래서 개별적 관점들을 많이 고려하였다. 종교개혁시대 이래로 비로소 단계적으로 이러한 해석전통으로부터의 분리가 이루어졌으나, 그 전통은 아직도 영향을 끼친다. 성서가 모든 신학을 위해 '규범을 만드는 규범'(norma normans)으로 유지되려면, 시종일관 근본적인 신약성서의 본문과 그것의 사고 전제에서 출발해야 한다는 과제가 제기된다.

6.1.2 문제는 또 다른 편에도 있다. 유럽의 계몽주의 시대 이래로 헬라적 사고의 전제가 점차 포기되고 있다. 헬라적 사고의 전제는 현대인이 이해하기가 매우 어렵거나 또는 연결점이 전혀 없다. 관계적이며 기능적인 카테고리를 지닌 구약성서-초기 유대교의, 그리고 가장 오래된 초기 기독교의 사고가 훨씬 나은 접촉점을 제공하며 성서의 증언으로 새롭게 접근할 수 있게 한다. 원래적인 특성을 광범위하게 유지하고 있는 유대적 사고방식이 오늘날 적지 않은 사람들에게 전통적이며-기독교적인 사고방식보다 훨씬 더 매력적으로 보이는 것은 우연이 아니다.

6.1.3 전승의 근원으로 돌아가는 것이 이러한 이유에서 절박하게 요구된다. 물론 이것이 지상의 예수께서 전한 소식으로만 되돌아가는 것이 관건이라는 뜻은 아니다. 결정적인 것은 예수의 부활 이전의 활동, 그의 죽음과 부활, 그리고 그의 광범위한 행위가 함께 하나의 전제를 이루고 있는 초기 기독교의 고백과 그것의 전개이다. 처음 단계에서의 고찰로 돌아가기 위해서는 성서의 '기본전승'이 관건이다. 이 '기본전승' 안에서 계시의 '기본사건'에 기초한 '기본증언'이 심사숙고되었고 전개되어 왔다. 이 기본전승이 지닌 방향 지시적이며 규범적인 의미가 고수되어야 한다. 왜냐하면 모든 기독교의 선포와 신학, 기독교 교회와 기독교 신앙이 그것에 좌우되고 그 위에 근거하기 때문이다.

6.2 기독론을 위한 오늘의 과제

하나의 주석적 연구는 그 자체로 우리 시대가 이해할 수 있고 수용할 수 있는 기독론을 완성할 과제를 수행할 수 없다. 그러나 어떤 방향으로 기독론이 전개되어야 하는지에 대한 제시는 할 수 있다.

6.2.1 각각의 기독론적 증언은 예수의 선포 및 활동과 연속선상에 서 있어야 하며, 신약성서에 전달된, 부활사건을 포함하고 영속적인 예수 그리스도의 현재와 그의 미래를 확증하는 신앙고백으로부터 이끌려야 한다. 현재와 관련되고 미래로 연결되는

기억이 관건이다.

6.2.2 신약성서에서 다양한 기독론적 진술들이 본질적 역할을 한다면, 이는 예수 위격(Person)의 비밀과 그를 통하여 열린 구원의 현실로 가는 다양한 접근로가 앞서 주어졌음을 의미한다. 즉 기독교 신앙고백의 근본적 관심이 유지된다면, 우리 시대와 연결되는 선포와 신학에서도 역시 다양한 접근법이 가능하며 필요하다는 뜻이다.

6.2.3 다양하게 접근하는 것이 아무리 정당하다 할지라도, 그것이 전체의 구조 안에 편입될 때에만 설득력이 있다. 그러나 이는 포괄적인 통일성을 규명할 필요를 읽고 그것을 고려해야 함을 전제한다.

9장
성령의 사역

1. 기본 내용

1.1 구약성서-초기 유대교 전승과의 관련성

신약성서의 영 진술들은 구약성서-초기 유대교의 전승에 의해 결정적으로 각인된다. 거기에서부터 영에 대한 세 가지 이해가 유래한다. 먼저 영은 하나님의 능력으로 이해된다. 두 번째 영은 창조 시에 이미 현장에 있었고 역사가 진행되는 동안 늘 새롭게 인간을 사로잡는 하나의 능력이다. 마지막으로 영은 종말을 위해 약속된 구원의 능력이다.

1.1.1 하나님의 영은 특별히 하나의 역동적인 현상이다. 이는 하나님으로부터 나온 영의 능력이라는 의미에서 '바람' 또는 '폭풍', 그리고 '영'을 지칭할 수 있는 '루아흐'(רוּחַ)라는 단어만으로도 이미 알 수 있다. 이것은 동시에 영은 세상 또는 인간을 사로잡는 하나의 신적인 호흡의 특성을 지닌다는 의미이기도 하다.

1.1.1.1 이 역동적인 기본 이해는 신약성서에도 있으며, 예수와 니모데모의 대화 가운데 있는 요한복음 3:8의 비유 언어에서 분명하게 확인할 수 있는 바이다. "바람(*πνεῦμα*를 의식적으로 바람과 영이라는 의미에서 이중적으로 사용)이 임의로 불매 그 소리는 들어도 어디로 와서 어디로 가는지 알지 못한다."(*τὸ πνεῦμα ὅπου θέλει πνεῖ καὶ τὴν φωνὴν αὐτοῦ ἀκούεις, ἀλλ᾽ οὐκ οὖδας πόθεν ἔρχεται καὶ ποῦ ὑπάγει*) 오순절

사화와 사도행전에서 이어지는 몇몇 기사들도 역시 성령이 활동할 때에, 어떤 신적인 능력에 의한 갑작스럽고도 일시적인 사로잡힘이 관건이 됨을 보여준다.(행 2:1-4, 4:31, 9:17 이하, 13:9, 19:6) 마지막으로 '영'(πνεῦμα)과 '능력'(δύναμις)이 상호 교환되거나 또는 서로 결합될 수 있다는 것도 확인할 수 있다.(예를 들면 고전 2:4)

1.1.1.2 신약성서는 역동적인 영 이해를 어느 곳에서도 놓치지 않으나, 영을 단순히 역동적인 것으로만 이해하는 열광적인 견해들은 현저하게 수정된다. 이는 세례의 맥락에서 분명하게 드러난다. 사도행전은 두 가지 오래된 전승을 포함하고 있다. 그 전승에 따르면 세례 시에 약속한 성령이 세례 후에 세례받은 사람을 갑자기 사로잡거나, 또는 반대로 사람들이 성령의 사로잡힘을 받은 후 세례를 받는다. 그러나 신약성서에 나오는 대부분의 세례 진술은 영이 세례 시에 부여되고 은사가 지속적으로 유지된다는 의미에서 '영의 은사'(δωρεὰ τοῦ πνεύματος)를 말한다. 이 은사는 영이 살아 있음을 거듭 나타내며, 그러므로 이러한 이해가 역동적인 요소를 전혀 배제하지 않는다. 영이 믿는 사람들과 세례받은 이들 안에 '거한다'는 것은 신약성서의 독특한 진술이다.(롬 8:9, 고전 3:16, 6:19)

1.1.2 하나님의 영은 구약성서에서부터 창조 및 역사와 관련된 능력이다. 창세기 1:2에 따르면 하나님의 영은 바로 창조를 준비하는 삼재력이다. 이어서 하나님의 영은 세상 가운데서 특히 하나님의 백성의 역사 가운데서 지속적으로 계속하여 활동한다. 그 과정에서 하나님의 사람들과 선지자들의 등장이 결정적인 역할을 한다. 쿰란 문서에서도 하나님 영의 활동에 대한 이해가 전제되며 이스라엘 중에 영이 현재화된다는 것과 연속선상에 놓인다. 게다가 이원론적으로 수정된 쿰란 문서의 영 진술들은 자주 간과되는 바, 신약성서의 종말론적 영 진술과 직접 비교할 수 없다.

1.1.3 신약성서에서는 예외 없이 하나님 영의 종말적 활동이 관건이다. 사도행전 2:14-21에서 표현하듯이 요엘 3:1-5에 있는 약속의 성취가 중요하다.(참조. 사 44:3, 겔 11:19, 36:27) 또한 예수의 부활과 직접적으로 관련되는 은사가 중요하다. 이는 특히 요한복음의 고별설교에 표현되고 있다.

1.2 신약성서의 언어 용례

1.2.1 신약성서에서는 '영'을 하나님이 활동하시는 능력으로 다양한 구성방식과 상관관계 가운데서 언급한다. 몇 가지 경우를 제외하고는 항상 계시되는 종말의 영이

언급된다.

1.2.1.1 '하나님의 영'(*πνεῦμα θεοῦ*), '주의 영'(*πνεῦμα κυρίου*), '성령'(*πνεῦμα ἅγιον*), 그리고 절대형으로 사용된 '영'(*τὸ πνεῦμα*)을 구분하지 않고 사용한다. 덧붙여 아주 가끔 사용하는 부차적 형태인 '아버지의 영'(*πνεῦμα τοῦ πατρός*, 비교. 마 10:20, 요 15:26)과 '성결의 영'(*πνεῦμα ἁγιωσύνης*, 롬 1:4)도 있다. 계시 활동의 관점에서 "하나님은 영이시니"(*πνεῦμα ὁ θεός*, 요 4:24)라고 말할 때에, 위의 용어들을 바로 동일시하는 것이다. 이는 본질의 규정이 아니라, 그의 영의 능력 안에서, 그리고 그것을 통해 하나님께서 행하심을 말한다.

1.2.1.2 다른 한 편 '그리스도의 영'(*πνεῦμα χριστοῦ*, 곳곳에), '예수의 영'(*πνεῦμα Ἰησοῦ*, 행 16:7), 그리고 '그 아들의 영'(*πνεῦμα τοῦ υἱοῦ αὐτοῦ*, 갈 4:6)을 말한다. 그러나 이 표현들은 다른 표현과 바꿔 사용될 수 있다.(참조. 콘코던스) 이것은 부활 이후에 활동하는 '하나님의 영' 또는 '성령'을 동시에 '그리스도의 영'으로 이해한다는 뜻이다.

1.2.1.3 이를 넘어서 요한복음에는 '진리의 영'(*πνεῦμα τῆς ἀληθείας*)이라는 표현이 등장한다. 더 나아가 이 복음서는 영을 '조력자, 변호자'(보혜사, *παράκλητος*)로 칭한다. '진리의 영'과 대조적으로 요한일서 4:6에는 '미혹의 영'(*πνεῦμα πλάνης*)이 나온다.

1.2.1.4 이 맥락에 형용사 '프뉴마티코스'(*πνευματικός*, 신령한, 영에 속하는)도 속한다.(참조. 고전 10:4) 그 단어는 '영이 끼치는 영향력' 및 특별히 '영의 은사'를 칭하기 위해 '타 프뉴마티카'(*τὰ πνευματικά*, 고전 9:11, 14:1, 갈 6:1)의 형태로 나오고, 또한 '영적인 능력이 있는 자'를 표시하는 '호이 프뉴마티코이'(*οἱ πνευματικοί*, 참조. 고전 2:15, 12:1, 14:37, 그리고 2:13)의 형태로 나온다. 나아가 부사 '프뉴마티코스'(*πνευματικῶς*, 신령하게, 영적인 방식으로)도 사용한다.(고전 2:13, 계 11:8)

1.2.2 신약성서는 '육체'(*σάρξ*)와 구분하여 하늘의 현실을 묘사하고 그와 더불어 '영광'(*δόξα*)과 병행하여 사용하면서 '영'을 언급하기도 한다. 예를 들어 로마서 1:3b, 4a의 신앙고백진술(*τοῦ ὁρισθέντος υἱοῦ θεοῦ ἐν δυνάμει κατὰ πνεῦμα ἁγιωσύνης*)이나 디모데전서 3:16a, b(*ἐδικαιώθη ἐν πνεύματι*)이 이에 해당한다. 이러한 용례는 그 밖의 영 진술들과 거리가 멀지 않다. 또한 활동하는 권세로서의 영과 관련하여 천상의 현실이 관건이 된다. 그것을 예수의 수세사화가 분명히 보여준다. 하늘이 열리고 그렇게 하여 영이 내려와서 땅 위에서 활동한다.(막 1:9-11과 병행구절)

1.2.3 인간론적인 의미에서 '영'을 사용하는 경우는 상대적으로 드물다. 이때 '영'이란 성서적으로 인간에게 주신 하나님의 창조의 은사를 말한다. 데살로니가전서 5:23에서 이러한 용례는 특징적으로 하나님의 은사인 '목숨'[12](*ψυχή*) 및 인간의 육체적 실존(*σῶμα*)과 관련된다.

1.2.4 공관복음서에는 '더러운 영', '악한 영'(*πνεῦμα ἀκάθαρτον, πνεῦμα πονηρόν*)이라는 단어에서 완전히 다른 용례가 나타난다. 어쨌든 여기서 당시의 표상에 따라 현세의 삶에 침입하는 인간 외적인 현상을 말한다는 점에서 유사한 의미이다.

2. 하나님 영의 활동과 예수의 위격(Person)

영의 종말적인 활동은 예수의 역사와 더불어 시작된다. 그의 위격(Person) 안에 구원을 일으키는 신적인 영의 능력이 있다. 영을 통해 하나님의 계시 행위가 수행되고 종말에 활동하는 이 영을 예수께서 지닌다. 이러한 사실은 승귀된 이의 활동과 보혜사의 형태로 연장된다.

2.1 성령을 지닌 이

공관복음에 따르면 예수께서는 그가 지상에서 활동하는 동안 성령을 지닌 유일한 분이다. 이것은 요한복음에서도 마찬가지이다.(요 3:3-8과 같은 진술, 이 진술은 믿는 자들이 받는 성령의 은사로부터 시작하며, 부활 이후의 시기를 가리킨다.) 이 책 8장에서 고찰한 것을 다시 언급할 수 있다.

2.1.1 예수께서 영을 지니신 이이고 중재자라는 이해에서 결정적인 것은 그의 수세사화이다.

2.1.1.1 마가복음 1:9-11에 하나의 이해가 등장한다. 이 이해에 따르면 비둘기의 형상을 한 영이 예수 안으로 들어간다.(*καταβαῖνον εἰς αὐτόν*) 예수께서는 그의 지상사역을 위해 영의 은사를 지니고 있고, 그리하여 예수 안에서 활동하는 영이 예수의

12) 위의 표기는 한글 개역개정판을 따른 것이다. 저자의 의도가 잘 드러나도록 원문대로 번역하면 '생명의 숨, 숨결'이라고 할 수 있다. – 역자 주.

모든 행위를 결정한다. 복음서 저자 마가에게는 이 이해가 본질적이며, 그는 시종일관 영 기독론의 대표자이다. 하나님의 아들에 대한 그의 이해도 또한 위의 개념에 의해 각인된다.

2.1.1.2 마태와 누가는 세례사화를 수정하였다. 성령의 역사를 통한 출생을 토대로 하여 또 다른 가정이 생겨난다. 예수께서는 태어날 때부터 성령에 사로잡혔다는 것이다.(마 1:18, 20, 눅 1:35) 따라서 영은 세례 받을 때에 예수 안으로 들어가는 것이 아니라, '그 위로' 내려온다.(*ἐρχόμενον ἐπ' αὐτόν*) 이는 무엇인가를 표시하듯이 영이 그의 머리 위에 운행하면서, 그를 영을 지닌 이로서 특징짓는다.(마 3:16. 눅 3:22은 비둘기가 '소마티코 에이데이'[*σωματικῷ εἴδει*, 육체를 갖춘 모습으로] 내려왔다는 좀 더 자세한 기술을 추가한다.) 이 두 복음서 저자의 경우에도 예수께서는 성령을 지닌 이이며, 예수께서 활동할 때에 영의 능력으로부터 영향을 받는다. 이는 시편 42:1을 인용한 마태복음 12:18과 이사야 61:1 이하를 인용한 누가복음 4:18 이하에서 드러나는 바이다. 동시에 누가는 흥미롭게도 마가복음 1:13에 비해 역동적인 특징을 더 강화한다.

2.1.1.3 보다 더 강조하여 요한복음 1:32 이하에서는 "그의 위에 머물렀더라." (*ἔμεινεν ἐπ' αὐτόν*)고 말한다. 제4복음서 저자에게도 예수께서는 성육신하신 이로서 성령을 지닌 이이다. 그런 점에서 예수께서는 그가 살아 있는 동안에는 성령에 참여하지 못한 제자들과 구분된다. 그래서 요한복음 7:39b에 다음과 같이 기록한다. "예수께서 아직 영광을 받지 않으셨으므로 성령이 아직 그들에게 계시지 아니하시더라." (*οὔπω γὰρ ἦν πνεῦμα, ὅτι Ἰησοῦς οὐδέπω ἐδοξάσθη*) 그들이 구원에 참여하는 것은 예수의 지상 위격(Person)을 직접적으로 만나는 데에 근거한다. 성육신하신 로고스이며 성령을 지닌 이인 예수께서는 요한복음 1:51에 따르면 하늘과 지속적인 관계를 갖는다. 창세기 28:12에 의거하여 인자 위로 천사들이 오르락내리락한다는 이 비유 언어로 제자들도 알아볼 수 있었던(*ὄψεσθε*), 예수께서 하나님과 단절되지 않고 함께한다는 사실을 표현한다. 이 함께함이 영을 지닌 상태로 계시된다.

2.1.2 예수께서 영을 지녔다는 것은 또 다른 특징적인 진술들을 통해 제4복음서에 기술된다.

2.1.2.1 마가복음 3:28 이하에 있는 용서받을 수 없는 죄에 대한 말씀이 예수께서 귀신의 왕에게 종속되어 있다는 주장과 관련한 논쟁대화의 문맥에 포함되어 있다. '성령을 모독하는 죄'(*βλασφημεῖν εἰς τὸ πνεῦμα τὸ ἅγιον*)는 용서받을 수 없다. 이

성령은 예수의 위격(Person) 안에서 계시되었으며, 이는 끝맺음하는 30절에서 드러나는 바이다. “이는 그들이 말하기를 더러운 귀신이 들렸다 함이러라.”(*ὅτι ἔλεγον· πνεῦμα ἀκάθαρτον ἔχει*) 예수 안에서 활동하는 영을 모독하는 것은 그렇게 함으로써 그 영과 함께 계시된 구원에서 배제된다는 것을 의미한다. 그러므로 다른 모든 죄와 인간을 모독하는 것과 달리 용서받을 수 없다.(구두말씀 전승에 근거하는 그 말씀의 다른 표현이 눅 12:10과 병행구절 및 막 12:31 이하에 보존되어 있다. 그 곳에서는 영을 모독하는 것을 부활 이후 영의 활동을 통해 구원이 제공되는 것과 관련짓는다.)

2.1.2.2 예수의 귀신축출과 더불어 하나님의 통치가 열린다는 로기온을 누가복음 11:20에서는 예수께서 ‘하나님의 손을 힘입어’(*ἐν δακτύλῳ θεοῦ*), 다시 말해 펼쳐진 하나님의 손을 사용하여 귀신을 내쫓았다고 표현한다. 마태복음 12:28은 이와 일치하는 본문을 예수께서 ‘하나님의 성령을 힘입어’(*ἐν πνεύματι θεοῦ*) 귀신을 이긴다고 특징적으로 기록한다. 예수께서 악한 혹은 더러운 영을 그의 신적인 영적 능력으로 이긴다는 것은 모든 귀신축출에 전제되어 있다.

2.1.2.3 예수의 죽음에 관한 보도에서 마태복음 27:50(*ἀφῆκεν τὸ πνεῦμα*, 비교. 막 15:37과 눅 23:46의 *ἐξέπνευσεν*)과 요한복음 19:30(*παρέδωκεν τὸ πνεῦμα*)의 ‘영혼이 떠나시다.’[13]는 분명히 하나님의 영과 연결된다. 이 영을 예수께서 가지고 있다가 이제 아버지께 돌려드린다. 경우에 따라서는 요한복음 11:33과 13:21의 두 진술도 예수께서 영을 지녔다는 것과 연결될 수 있다. 그 구절에서는 예수께서 심령에 비통히 여겼다고 한다.(*ἐνεβριμήσατο* 또는 *ἐταράχθη τῷ πνεύματι*) 어쨌든 하나님의 영이 한 인간을 사로잡고 들어간 그 장소가 인간의 영이라고 전제할 수 있다.

2.1.3 우리는 공관복음에서 초기 기독교의 영 기독론과 마주친다. 이 기독론에서 예수께서는 수세 때에 그에게 부여된 하나님의 영의 능력으로 활동한다. 이 영 기독론은 마가에게서 특히 분명하게 나타난다.(참조. I권 29장) 기독론과 성령론은 서로 긴밀히 결합되어 있을 뿐만 아니라, 오히려 기독론이 성령론에 의해 결정적으로 각인된다. 이러한 내용은 마태복음과 누가복음에서 유아기 사화를 통해 마가에게 전제되어 있는 개념이 수정되는 곳에도 해당된다. 요한복음의 선재표상의 맥락에서조차도 이러한 이해가 포함되어 있다. 동시에 그것은 오순절 이전과 이후의 차이점을 특징짓는 데에도

13) 위의 표기는 한글 개역개정판을 따른 것이다. 저자의 의도가 잘 드러나도록 원문대로 번역하면 ‘영혼을 맡기시다, 영혼을 내어주다.’가 되어야 한다. – 역자 주.

기여한다.(요 7:39b)

2.2 성령수여자로서 예수

예수께서는 그에게 부여된 하나님의 영을 통해 활동할 뿐만 아니라, 그 자신이 그의 부활과 승귀 후에 영의 수여자가 된다.

2.2.1 영을 수여하겠다는 약속

2.2.1.1 마가복음 1:8에는 세례 요한의 약속이 기록되어 있다. "나는 너희에게 물로 세례를 베풀었거니와 그는 너희에게 성령으로 세례를 베푸시리라."(*ἐγὼ ἐβάπτισα ὑμᾶς ὕδατι, αὐτὸς δὲ βαπτίσει ὑμᾶς ἐν πνεύματι ἁγίῳ*) 여기서 관건은 구두말씀 자료에 포함되어 있는 마태복음 3:11∥누가복음 3:16의 심판과 관련된 세례말씀의 변형이다. 마가복음 1:8과 같은 의미로 요한복음 1:33은 영 세례자로서 예수에 대한 약속을 받아들인다. 두 구절은 이러한 말씀을 통해 지상의 삶을 넘어서서 영 세례자로서 예수의 미래 활동을 제시한다.

2.2.1.2 예수를 문자 그대로 영 세례자로 칭하는 표현이 다른 구절에서 더 이상 나타나지 않지만, 두 가지 상관관계가 부활하신 이와 승귀하신 이의 이러한 기능을 가리킨다.

2.2.1.2.1 오순절에 성령을 부어주신 것을 사도행전 2:17–21은 요엘 3:1–5의 약속과 연결짓는다. 그 구절에 따르면 하나님께서 말세에 영을 부어주실 것이다. 이 같은 내용을 33절은 승귀되신 그리스도가 아버지로부터 그 영을 받아서 '부어주신다.'(*τῇ δεξιᾷ οὖν τοῦ θεοῦ ὑψωθείς, τήν τε ἐπαγγελίαν τοῦ πνεύματος τοῦ ἁγίου λαβὼν παρὰ τοῦ πατρός, ἐξέχεεν τοῦτο*)로 해석한다.

누가는 '성령과 불'로 주는 미래의 세례에 관하여 진술한 누가복음 3:16의 세례 말씀을 오순절 사건과 관련지었다. 사도행전 2:1–4에 따르면 영이 '불의 혀처럼 갈라지는'(*διαμεριζόμεναι γλῶσσαι ὡσεὶ πυρός*) 형태로 나타난다. 그렇게 이해된 세례 요한의 말을 누가의 경우에는 그것을 넘어서 영을 부어준다는 의미로 부활하신 예수께서 두 번 언급하였다. 먼저 누가복음 24:29에서 누가의 선교 명령 안에서 다음과 같이 나온다. "내가 내 아버지께서 약속하신 것을 너희에게 보내리니 너희는 위로부터 능력으로 입혀질 때까지 이 성에 머물라."(*ἐγὼ ἀποστέλλω τὴν ἐπαγγελίαν τοῦ πατρός μου ἐφ' ὑμᾶς· ὑμεις δὲ καθίσατε ἐν τῇ πόλει ἕως οὗ ἐνδύσησθε ἐξ ὕψους δύναμιν*) 그 다음 제자들이 온 세상 가운데서 행할 증인의 임무에 관한 사도행전 1:8의 말씀에서 "오직 성령이 너희에게 임하시면 너희가 권능을 받고"(*λήμψεσθε δύναμιν ἐπελθόντος τοῦ ἁγίου πνεύματος ἐφ' ὑμᾶς*)라고 진술한다. 위의 두 구절에서 "능력/권능"(*δύναμις*)의 개념이 사용된 점에 주목할 만하다.

2.2.1.2.2 누가는 세례 말씀을 기독론적으로, 그리고 성령론적으로 이해하였고, 그 때문에 누가복음 3:16에 따르면 예수의 이름으로 세례를 주는 것과 결부되어 성령에 대한 약속이 생겨났다. 이는 사도행전 2:38에 "그리하면 성령의 선물을 받으리니"(*καὶ λήμψεσθε τὴν δωρεὰν τοῦ ἁγίου πνεύματος*)라고 강령적으로 표현된 바와 같다. 예수께서 영 세례자인 것이 관건이라면, 기독교의 세례는 영의 활동을 구성요소로 포함하는 세례이다.(참조. 이 책 17장) 그런데 마태는 구두말씀자료에서 전수받은 세례말씀인 마태복음 3:11(병행구절 눅 3:16)을 기독교의 세례와 관련짓지 않고 종말의 심판 및 구원과 연결하였다. 그런 점에서 원래의 종말론적인 방향이 그에게 남아 있다. 마태복음 3:2 이하에서, 마태에게는 심판과 구원을 내포하는 '바실레이아 톤 우라논'(*βασιλεία τῶν οὐρανῶν*)의 메시지가 세례 요한에게 다시 넘어 간 것이 이에 일치한다.

2.2.1.3 예수를 영 세례자로 보는 이해가 신약성서의 수많은 구절에서 '성령' 또는 '하나님의 영' 대신 '예수의 영' 혹은 '그리스도의 영'을 언급하도록 이끌었다. 여기에는 승귀된 그리스도가 영을 통해 현재에 이 땅 위에서 행한다는 것이 전제되어 있다.

2.2.1.4 예수 자신이 영을 지녔다는 것과 그가 영 세례자로서 기능하는 것이 가장 밀접하게 상호 관련된다. 초기 기독교의 이해에 있어 부활 이후의 영의 활동은 근본적으로 영을 지녔다는 것을 전제로 한다. 영을 지닌 이로서 예수께서는 영을 보내어 다른 이도 역시 영을 지닌 이로 만든다. 이는 마치 그가 전권을 지닌 이로서 다른 이에게 위탁하고 그들에게 자신의 전권을 위임한 것과 같다.(참조. 파송 설교) 따름과 제자 됨은 예수께 속해 있다는 특징일 뿐만 아니라, 또한 부활 이후에 영의 활동을 통해 경험할 수 있는 구원의 현실에 포함되어 있음을 드러내는 특징이기도 하다.

2.2.2 그리스도의 대리인으로서 영

영은 승귀된 이를 통해 수여될 뿐만 아니라, 그리스도 자신이 영 안에 현존한다. 그리하여 영은 예수의 대리인이 되며, 그를 대신한다. 두 본문이 이에 대해 특별히 시사하는 바가 많다.

2.2.2.1 바울의 경우에는 그리스도가 '우리 안에' 있다는 진술과 병행하여 영이 "우리 안에 있다." 또는 "우리 안에 거한다."라는 진술이 있다. 로마서 8:9b의 표현이 그런 내용이다. "누구든지 그리스도의 영이 없으면 그리스도의 사람이 아니라."(*εἰ δὲ τις πνεῦμα Χριστοῦ οὐκ ἔχει, οὗτος οὐκ ἔστιν αὐτοῦ*) 10절에서 '또 그리스도께서 너희 안에 계시면'(*εἰ δὲ Χριστὸς ἐν ὑμῖν* …)으로 말을 이어나간다. 이와 상응하여 갈라디아서 2:20는 '내 안에 그리스도께서'라고 언급하고, 4:6은 하나님이 '그 아들의 영을 우리 마음 가운데 보내사'라고 한다.(비교. 고전 6:19) 비록 그리스도가 영의 활동 안에서 현존하지만, 동일시되는 것은 없다. 이러한 경우로 자주 인용된 고린도후서 3:16은 그런 의미로 해석되어서는 안 된다. "주는 영이시니"(*ὁ δὲ κύριος τὸ πνεῦμά ἐστιν*, 17a절)라는 표현은 "주의 영이 계신 곳에는 자유가 있느니라."(*οὗ τὸ πνεῦμα κυρίου, ἐλευθερία*, 17b절, 참조. 자세한 설명은 이 책 5장)라는 진술과 관련된다. 이 문장으로 그리스도는 그에게서 비롯하는 영 가운데서 자신을 계시한다는 사실을 분명하게 표현한다. 승귀된 그리스도와 영의 활동 사이의 긴밀한 관계에도 불구하고 바울에게는 '영'과 '주'의 차이가 본질적이다. 영과 단순하게 동일시하지 않으면서, 승귀된 이가 영을 통해 그의 현재를 입증한다.

2.2.2.2 요한복음 14:16 이하의 영에 대한 약속의 맥락에서 예수께서 18절에서 다음과 같이 말한다. "내가 너희에게로 오리라."(*ἔρχομαι πρὸς ὑμᾶς*) 여기서도 역시 영이 그리스도와 동일시된다는 뜻이 아니며, 예수께서는 영 가운데서 현존한다는 뜻이다. 이는 아버지가 아들 안에 계시다는 것과 같다. 비록 요한복음에서는 영이 지상의 그리스도와 또한 승귀된 그리스도에 비해 상당히 독립적인 위치와 기능을 지니지만, 영은 예수를 대신한다.

2.2.3 하나님의 영과 그리스도의 영의 관계

그렇게 분명하게 영을 하나님의 영으로 거듭 언급하지만, 신약성서의 특수함은 승귀된 그리스도의 영도 역시 언급하는 데에 있다. 그러한 사실을 통해 성령론이 기독론적 차원을 포함한다. 예수께서 영을 지녔다는 것과 승귀된 이가 영을 보낸다는 진술의 맥락에서 하나님의 영과 그리스도의 영의 관계를 어떻게 좀 더 정확하게 이해할 수 있는가 하는 질문이 제기된다.

2.2.3.1 신약에 있는 하나님의 영과 그리스도의 영에 대한 진술을 명료하게 구분하는 것은 본문의 현상태로 보아 가능하지 않다. 두 측면이 병존하기도 하고, 때로는 다

르게 표현되며 강조된다. 진술을 사용함에 있어 교체하거나 상호교환이 가능하다는 것이 어떤 전제 아래에서 그것이 가능하고 또한 그러한 사실을 어떻게 이해할 수 있는가 하는 질문에서 자유롭게 해 주지 않는다.

2.2.3.2 '그리스도의 영'이라는 언급은 본질적으로 그의 부활 및 승귀와 관련되며 또 그러한 사실에 근거하여 지속하는 그의 현재와 관련이 있다. 그리스도는 승귀된 이로서 천상에서 신적인 영의 현실에 참여하며(참조. 롬 1:4), 그러므로 그 자신이 영을 보낼 수 있다. 그의 공동체와 그의 증인들 가운데 현재하는 이로서 그는 영을 통해 활동한다. 하나님의 그의 영에 의거하여 예수 그리스도의 위격(Person) 안에서 자신을 계시하신 것처럼, 승귀된 그리스도도 스스로 영의 종말적 활동 안에서 자신을 계시한다. 그러나 그가 참여하는 것은 하나님의 영이다. 그러므로 하나님의 영과 그리스도의 영을 번갈아 언급할 수 있다. 그런 이해 가운데 이 책 10장에서 계속 이어질 내용이 표현된다. 그것은 하나님, 예수 그리스도, 그리고 영의 계시 행위에 관해 분리하여 생각할 수 없고, 말할 수 없다는 표현이다. 요지는 언제나 그들이 하나로 함께 속한다는 것이다.

2.3 '다른 보혜사' 로서 영

지금까지 확인된 것은 신약성서 전체에 유효하다. 성령은 점점 더 기독론에 포함되었고, 그리하여 승귀된 그리스도를 대리할 수 있었다. 이 과정에서 원래 역동적인 하나님 영 개념이 초기 기독교에서 점차 변형되었고, 그것이 영을 확실하게 독립시키는 것으로 이끌었다. 요한복음에 나오는 위격화의 맨 처음 단초가 이것과 관련이 있다.

2.3.1 영 독립의 전(前)단계

2.3.1.1 이런 변형과정에 대한 전제는 생명과 구원을 베푸는 능력인 영에 매번 새롭게 사로잡히는 것이 아니라 지속적으로 영의 능력을 보유하고 있는 것으로 이해했다는 것이다. 지상의 예수께서 영을 지닌 이로서 항상 영을 소유했던 것처럼 영이 그에 의해 '부어지거나', '주어지거나', 혹은 '받아들여진다.'(행 2:33, 살전 4:8, 롬 8:15) 이에 부응하여 영이 '은사'(*δωρεά*)로 이해될 수 있었고, 믿는 자들 안에 영이 '머문다', 혹은 '거한다'라고 말할 수 있었다.(고후 13:13, 히 6:4) 이로써 일찍 영의 독립성이 드러난다. 이 독립성은 영이 실제적으로 나타나고 활동하는 것을 넘어선다.

2.3.1.2 바울의 경우에는 독립화의 단초들을 갈라디아서 4:4, 6에 따르면 영이

하나님의 아들처럼 '보내어졌다'(ἐξαποστέλλειν)는 데에서 인식할 수 있다. 그것을 통해 영이 종속되어 있음에도 불구하고 고유의 전권과 행위능력을 얻었다. 이 같은 내용은 영이 간구하는 이들의 연약함을 친히 담당하고 믿는 자들을 위해 하나님 앞에서 간구한다는 로마서 8:26에 해당한다. 여기서 영은 로마서 8:34, 히브리서 7:25, 9:24, 또는 요한일서 2:1에서 승귀된 그리스도에게 중보의 기능이 귀속된 것처럼 하나의 중보의 기능을 한다.

2.3.1.3 사도행전 8:26에서 '주의 사자'(ἄγγελος κυρίου)가 빌립에게 지시하고, 8:39에서는 '주의 영'(πνεῦνα κυρίου)이 그리스도의 증인을 '이끌어갔다'(ἥρπασεν)고 말한다. 이것 역시 영이 독립되기 시작하는 것을 내러티브적 형태로 암시한다. 그러나 사자와 영의 관계나 혹은 영의 독자적인 행위에 대한 고찰은 여기에 없다. 요점은 위격화(Hypostasierung)의 현상이다. 그 구절에서는 아직 위격화(Personalisierung)에 대해 언급할 만하지 않다.

2.3.1.4 요한계시록에서는 분명히 영이 선지자에게 영감을 주는 능력이다. '내가 성령에 감동되었다.'(ἐγενόμην ἐν πνεύματι, 비교. 4:1, 17:3, 21:10)고 말하는 구절이 이에 대한 예이다. '영들'을 하나님의 보좌로부터 비롯하는 능력으로 말하는 것도 역시 그러하다.(1:4, 4:5, 5:6) 이것 외에 독립된 형태의 '예언의 영'을 직접적으로 언급한다. 그로 인해 그 서신에서 "귀 있는 자는 성령이 교회들에게 하시는 말씀을 들을지어다."(ὁ ἔχων οὖς ἀκουσάτω τί τὸ πνεῦμα λέγει ταῖς ἐκκοησίαις, 2:7, 11, 17, 29, 3:6, 13, 22)라고 여러 번 말할 수 있다. 끝으로 결론부에 다음과 같이 적혀 있다. "성령과 신부가 말씀하시기를 오라 하시는도다."(22:17a) 이러한 이해가 확실하게 계속해서 숙고되지는 않으나, 독립화의 경향은 인지할 수 있다.

2.3.2 영의 위격화의 단초들

독립화의 경향은 요한복음의 고별설교에서 가장 분명하다. 무엇보다도 영이 수행하는 기능들에서 그것이 드러난다. 여기서 이 경향은 시작되고 있는 위격화와 결합된다. 특히 승귀된 이의 행위와 영의 활동이 가까이 근접하고 곧 바로 서로 바꿀 수 있다는 사실이 이러한 새로운 이해의 본질적인 전제조건이다. 영의 활동 안에서 승귀된 이가 행하고, 영은 자신에게 위탁하는 이의 특징을 넘겨받는다.(이에 대해서는 I권 37장에 상술하였다.)

2.3.2.1 '보혜사'(παράκλητος)로서의 영에 대한 요한복음의 진술과 더불어 신약

성서에서 위격화의 특징을 분명히 인식할 수 있다. '파라클레토스'(παράκλητος)라는 단어는 동사적 형용사로서 '파라칼레인'(παρακαλεῖν)이라는 개념에서 파생되었다. 이 동사는 '부르다, 확언하다, 위로하다, 훈계하다'는 뜻이다. 그 명사화된 동사적 형용사도 그러한 어감을 공명한다. 그러나 결정적인 의미는 '아드보카투스'(advocatus, 변호자, 루터 이후로 사용되어온 번역인 '위로자'는 틀린 것은 아니지만 충분하지 않다.)의 의미에서 '부름받아 옆에 온 이, 조력자'이다. '호 파라클레토스'(ὁ παράκλητος)로 남성형의 칭호가 중성적인 영 개념을 대신한다는 점이 많은 것을 시사한다. 동시에 요한일서 2:1이 중재자로서의 승귀된 이에게 연결된 술어를 사용한다는 점을 주목해야 한다. 그러나 고별설교의 보혜사 말씀에서는 여기 이 땅 위에서의 조력자, 즉 인간, 특히 믿는 이들 가운데서 영의 대리적 활동이 요지이다.

2.3.2.2 보혜사 개념은 '성령'(τὸ πνεῦμα τὸ ἅγιον)이라는 전통적인 칭호 및 요한적인 용어인 '진리의 영'(τὸ πνεῦμα τῆς ἀληθείας)과 동일시되었다. 중요한 것은 파송의 모티브이다. 예수께서 파송됨과 병행하여 예수께서 아버지께로 간 후에 뒤이어 보혜사가 파송된다. 여기서 아버지에 의한 파송(14:16. 14:25에서는 '나의 이름으로') 만이 아니라 승귀된 이를 통한 파송(15:26, 16:7b)을 말한다. 이것은 요한복음에서 신학적으로 분명하게 숙고된 배경을 갖고 있다. 즉 아버지와 아들이 하나 됨을 형성하듯이(10:30) 성령도 그들과 하나이다.

2.3.2.3 영은 첫 번째 보혜사 말씀에서 '다른 보혜사'(ἄλλος παράκλητος, 14:16)로 지칭되었다. 이때 지상의 예수께서 자기 백성을 위한 '보혜사'(παράκλητος) 였다는 사실이 명시적으로 전제되지는 않는다. 이것은 영이 특정 시점부터 예수 그리스도의 위치와 그의 임무를 넘겨받음을 의미한다. 이 점은 특히 지상의 예수께서 자신의 결정적 과제를 '진리에 대하여 증거'(μαρτυρεῖν τῇ ἀληθείᾳ, 요 18:37)하는 데에 두고 있다는 것과, 이제 보혜사가 '진리의 영'으로서 하나님의 진리를 계시한다는 데에서 분명해진다.(14:16 이하, 15:26, 16:13, 그 밖에 요일 4:6) 이런 식으로 분명하게 하나의 관계가 규정지어진다. 즉 그리스도와 영은 그들의 조력하는 기능에서 일치한다. 그러나 그들의 과제는 서로 다른 시기에 서로 다른 방법으로 감지된다. 그 다음은 그리스도의 특성, 특히 원래는 예수의 재림과 관련이 있었던 그러한 특성이 영에게 위임된다는 것과도 연결된다. 이러한 사실은 "내가 너희를 고아와 같이 버려두지 아니하고 너희에게로 오리라."(οὐκ ἀφήσω ὑμᾶς ὀρφανούς, ἔρχομαι πρὸς ὑμᾶς)라고 언급하는 14:18에서 가장 분명히 드러난다. 영의 활동 안에서 예수의 지상 사역이 계승될 뿐만 아니라,

동시에 그리스도의 파루시아 때에 완성될(요 14:1–3) 미래의 사건이 선취된다.

2.3.2.4 부활과 완성의 때 사이에서 보혜사는 그가 독립적으로 받아들인 상당히 많은 기능을 수행한다. 그는 제자들과 '함께', 제자들 '곁에', 그리고 제자들 '안에' 있게 될 것이다.(14:16b, 17b) 이때 그는 제자들에게 '모든 것을 알게 하고' 예수께서 그들에게 말씀하신 '모든 것을 기억나게' 한다.(14:26) 그리고 예수 그리스도에 대해 '증거할 것이다.'(15:26) 그는 또한 제자들에게 미래와 관련하여 '모든 진리로 인도'할 것이며 '장래 일을 알릴' 것이다.(16:13a, c) 이를 넘어서 그는 '죄에 대하여, 의에 대하여, 심판에 대하여 세상을 책망'하실 것이다.(16:8) 그가 아무것도 '자의로 말하지 않고 오직 듣는 것을 말하시며'라고 분명하게 언급한다.(16:13b) 이는 예수 자신이 하신 말씀에만 부응한다는 뜻이다. 어쨌든 분명하게 위격의 특성을 갖는 보혜사도 독립적으로 행동한다는 것은 오해의 여지가 없다.

2.3.2.5 요한복음의 보혜사 표상과 더불어 영의 과제와 위격적 특징이 독립적으로 형성되었으나, 계속 전개되지는 않는다. 하나님으로부터 혹은 그리스도로부터 비롯하여 구원을 베푸는 능력으로서의 영에 대한 이해 대신 이제는 영의 활동이 지상 예수의 활동과 완전히 일치하며 그도 예수처럼 고유한 행위를 하는 이로 나타난다는 것이 관건이다. 이로써 삼위일체 신학의 틀 안에 있는 후대의 영 이해를 위한 본질적인 전제가 주어진다.

3. 부활 이후 영의 활동

신약성서에서는 부활 이후에 영이 믿는 이들 가운데서 활동한다고 공통적으로 증거 한다. 이런 형태로 예수의 위격(Person) 및 메시지와 함께 시작된 구원의 실현이 계속된다. 예수 그리스도의 역사 가운데 나타난 하나님의 계시 행위는 성령을 통한 계시사건으로 확장된다. 이 성령은 하나님으로부터 또는 승귀하신 그리스도로부터 나오고 구원을 베푼다. 이와 관련하여 영의 활동이 중요한 의미를 지니는 몇몇 관련 영역이 있다.

3.1 영과 세례

3.1.1 이미 언급했듯이, 오순절 사건의 끝 부분인 사도행전 2:37–41에서 세례와

영이 짝을 이룬다는 사실이 부각된다. 이것은 신약성서의 모든 세례 본문의 특징이다. 보다 긴밀한 혹은 계속되는 문맥을 통해 볼 때 세례 받은 이가 영의 활동 영역 안에 포함된다는 사실이 분명해진다. 이러한 상호관련성은 사도행전의 세례 장면에 나오며, 또한 로마서 6:3-5, 7:5 이하, 갈라디아서 3:26-4:7, 에베소서 1:13, 4:30, 또는 요한복음 3:1-8(*γεννηθῆναι ἄνωθεν*)에도 나온다. 세례에 앞서 영이 부여된 것을 다루는 사도행전 10:44-47의 본문과 영의 은사가 추후에 부여되었다는 사도행전 8:14-17과 19:1-7의 두 본문은 세례와 영의 수여가 짝을 이루는 구조라는 것을 제시할 뿐이다. 거기서부터 물 세례와 영 세례를 나누는 것은 정당한 것으로 인정될 수 없다.

3.1.2 예수의 이름으로 수행되는 세례는 유일회적인 행위이다. 이 세례를 통해 인간은 확언되고 양도된 그리스도 구원 행위의 몫을 받는다. 세례는 인간을 예수의 통치 아래에 두는 것이며 그의 공동체에 받아들이는 것이다. 세례는 에스겔 9:4의 영향을 받아 구원의 미래적 완성의 관점에서 '인 치심'으로 이해된다. 이미 요한의 세례가 그렇게 이해되었다. 고린도후서 1:22과 에베소서 1:13에 따르면 이는 성령을 통해 일어난다. 요한일서 2:20, 27의 '기름부음'(*χρῖσμα*)을 받는다는 모티브가 이에 상응한다. 영과 직접적으로 관련되지는 않으나 요한계시록 7:1-3, 9:4, 14:1에도 예수와 하나님의 이름으로 인 치신다는 모티브가 나온다.

3.1.3 세례는 죄의 세력으로부터의 해방을 허락하면서(참조. 행 2:38, 골 1:14), 동시에 새로운 삶을 살게 한다는 것을 뜻한다.(비교. 롬 6:4과 7:6) 이때 영은 살아 있는 능력이다. 이 능력을 통해 세례받은 이에게 예수와 함께하는 것이 늘 증명되고 또한 이 능력이 그의 모든 행위 가운데서 세례받은 이를 지지한다. 믿음 안에서 세례받은 이는 그에게 허락된 구원과 성령의 이끄심을 신뢰한다.(참조. 막 13:11과 병행구절)

3.2 영과 공동체

3.2.1 영은 세례받은 개인을 위한 은사와 능력일 뿐만 아니라 모든 이들이 참여하는 예수 그리스도 공동체의 살아 있는 힘이기도 하다. 이것은 이미 요엘 3장의 약속의 말씀에서 알려졌고, 사도행전에서 누가를 통해 여러 번 표현되었다. 이는 사도행전 4:31과 13:2만 떠올려도 알 수 있다.

3.2.2 위와 같은 기본이해를 시종일관 가장 많이 받아들이고 명확하게 만든 것은 바울이다. 고린도전서 12:12 이하에 따르면 세례는 '한 영'을 통하여 '그리스도의 몸'인

믿는 이들의 공동체에 한 부분이 되는 것을 의미한다. 영은 이 몸을 다스리고 거기서 구체적으로 나타난다. '한 영'(*ἓν πνεῦμα*)에 '많은 은사'(*πολλὰ χαρίσματα*) 혹은 '다양한 은사'(*διαιρέσεις χαρισμάτων*)가 상응하고, 이때 '은사'는 '신령한 선물'(*πνευματικά*, 성령의 은사)과 일치한다. 각 개인이 '성령의 전'(고전 6:19)이듯이, 고린도전서 3:16에 따르면 공동체 전체도 "하나님의 성전"이다. 그 안에 '영이 계시기'(*ναὸς θεοῦ ἐστε καὶ τὸ πνεῦμα οἰκεῖ ἐν ὑμῖν*) 때문이다. 고린도후서 3:3에서는 공동체를 "그리스도의 편지"로 칭한다. 그 편지는 "먹으로 쓴 것이 아니요 오직 살아계신 하나님의 영으로 쓴 것이다."(*ἐστὲ ἐπιστολὴ Χριστοῦ … ἐγγεγραμμένη ὁ μέλανι ἀλλὰ πνεύματι θεοῦ ζῶντος*)

3.2.3 특별히 교회론에 집중하는 에베소서는 중심부에서 영의 활동의 의미를 부각하였다. 2:14-18에서 결론적으로 18절에서 기독교 공동체 안에서 서로 화해한 유대인과 이방인이 함께 속하였다는 것을 보며 다음과 같이 말한다. 우리 둘이 "한 성령 안에서 아버지께 나아감을 얻게 하려 하심이다."(…*τὴν προσαγωγὴν οἱ ἀμφότεροι ἐν ἑνὶ πνεύματι πρὸς τὸν πατέρα*) 그러므로 바로 이어서 본 편지의 수신자들에게 다음과 같이 말할 수 있다. "너희도 성령 안에서 하나님이 거하실 처소가 되기 위하여 … 함께 지어져 가느니라."(… *συνοικοδομεῖσθε εἰς κατοικητήριον τοῦ θεοῦ ἐν πνεύματι*) 에베소서 4:3 이하의 요지는 '성령이 하나 되게 하신 것'(*ἑνότης τοῦ πνεύματι*)과 또한 '몸이 하나요 성령도 한 분이시니'(*ἓν σῶμα καὶ ἓν πνεῦμα*)라는 공통적 신앙고백이다. 이것은 머리이신 그리스도에게까지 자라야 한다는 사고로 이어진다. 이 머리에 의해 몸이 함께 결합된다.

3.2.4 예수의 제자들을 위한 은사인 영이 그들의 공동체를 이끄는 힘이라는 것은 요한복음에도 해당된다. 보혜사인 영은 '영원토록 너희와 함께 있게'(*ἵνα μεθ' ὑμῶν εἰς τὸν αἰῶνα ᾖ*, 14:16) 하기 위해 아버지에 의해 보내졌다. 그는 "너희와 함께 거하심이요 또 너희 속에 계실" 이이다.(*παρ' ὑμῖν μένει καὶ ἐν ὑμῖν ἔσται*, 14:17b) 그의 도우심을 통하여 믿는 이들은 세상과 구분된다. 왜냐하면 믿지 않는 세상은 영의 현실을 알아차릴 수 없기 때문이다.(14:17a)

3.2.5 마지막으로 요한계시록을 상기할 수 있다. 일곱 교회에 보내는 서신에서는 '성령이 교회들에게 하시는 말씀'(*τί τὸ πνεῦμα λέγει ταῖς ἐκκλησίαις*, 2:7, 11, 17, 29, 3:6, 13, 22)을 들으라고 여러 번 촉구한다. 이에 상응하여 요한계시록의 끝에 '성령과 신부'가 함께 마지막 때에 주가 오신다고 외치고 있음을 기록한다.(22:17)

3.3 영과 예언

3.3.1 영은 다른 은사들과 더불어 공동체의 삶을 위해 없어서는 안 될 꼭 필요한 기능들을 야기하는 이이다. 여기서 특히 예언을 고려해야 한다. 구약의 예언이 영의 활동에 의하였다면, 초기 기독교의 예언도 역시 그러하다. 초기 기독교의 선지자들이 초창기에 사도들과 더불어 중요한 역할을 했다. 고린도전서 12:28과 에베소서 4:11에 사도들 다음에 선지자들이 거명된다. 에베소서 2:20에서 기독교 초기를 회상하며 교회와 교회의 구성원들이 "사도들과 선지자들의 터 위에 세우심을 입은 자라. 그리스도 예수께서 친히 모퉁잇돌이 되셨느니라."(*ἐποικοδομηθέντες ἐπὶ τῷ θεμελίῳ τῶν ἀποστόλων καὶ προφητῶν, ὄντος ἀκορογωνιαίου αὐτοῦ Χριστοῦ 'Ιησοῦ*)고 언급되는 이유가 있다.

3.3.2 예언이 영의 활동에 의한 것이라는 사실은 어디서도 문제가 되지 않는다. 물론 이때 두 개의 특별한 질문이 떠오른다. 하나는 예언과 방언을 동일시하는 것, 즉 순선히 무아경의 예언 개념이며, 다른 하나는 예언에 대한 판단이 필요하다는 것이다.

3.3.2.1 사도행전 2:4-13의 오순절 사화나 요한의 제자들에게 성령이 임한 사화의 마지막 부분인 사도행전 19:6에서는 방언과 예언이 동일시된다. 이러한 동일시가 고린도 공동체에서 나타났고, 무아경의 설교와 현상들을 특별히 높이 평가하게 되었다. 이는 고린도후서 10-13장의 논쟁에서 보여주는 바이다. 고린도전서 12:1에서 드러나듯이, 그 공동체는 이미 그 문제에 대해 바울에게 조언을 구했다. 바울은 고린도전서 14:1-25에서 방언과 예언을 분명히 구분지었다. 방언은 하나님께 하는 인간의 말이고, 그런 점에서 특별한 방식의 기도언어가 될 수 있다. 이에 반해 예언은 인간을 향한 선포이며, 따라서 분명하게 표현되어야 하고 이해되어야 한다.(참조. 특별히 14:2 이하, 17-19) 공동체 예배 시간에 방언을 말하는 것은 방언하는 사람 자신에 의해서건 또는 영적인 능력이 있는 다른 사람에 의해서건 '통역'될 수 있을 때에만 허용된다.(14:13, 26, 28) 이때 바울은 '방언 통역'(*ἑρμηνεία γλωσσῶν*)을 고유한 은사로 본다.

3.3.2.2 방언과 예언을 분명하게 구분지은 것과 더불어 바울로서는 예언을 내용적으로 판단하는 것 또한 포기할 수 없었다. 바울은 일반적으로 '영 분별'(또 다른 특별한 은사로서 *διάκρισις πνευμάτων*, 고전 12:10a)의 필요성을 말하기 때문에, 각각의 영적 은사를 판단하는 것이 필요하다. 이것은 예언적인 선포에 당연히 우선적으로 적용된다. 그러므로 "다른 이들은 그것에 대해 분별할 것이요"(*ἄλλοι διακρινέτωσαν,*

14:29)라고 기록한다. 거짓 예언은 이미 구약성서에도 있었다.(렘 23:9-40) 초기 기독교에서 거짓 예언은 종말의 현상으로 여겨진다.(참조. 막 13:5-7, 22 이하와 병행구절, 마 7:15-20, 요일 2:18 이하) 따라서 예언은 그 진정성이 검증되어야 하고, 비판적으로 평가되어야 한다.(살전 5:20 이하, 살후 2:1 이하, 요일 4:1-3:6, 그리고 디다케 11:7-10) 바울에게 있어서는 믿음의 정도(*ἀναλογία τῆς πίστεως*, 롬 12:6), '세움'의 의미를 지니는 공동체 관계(*οἰκοδομή*, 고전 14:26), 그리고 모든 은사를 뛰어넘는 사랑(고전 12:31)이 결정적인 기준이다.(이에 대한 내용과 고전 2:13b-15에 대해서는 이 책 20장을 참조하라.)

3.3.3 예언에 있어서 공동체를 위한 전권적인 선포가 관건이라면(참조. 고전 14장), 영을 통하여 특별하게 예언적 계시와 미래에 대한 약속이 알려질 수 있다는 사실이 배제되지 않는다.

3.3.3.1 바울은 그가 전달한 예언적 계시에 관해 두 번 언급한다. 이 두 경우에 그는 '비밀'(*μυστήριον*)을 말한다고 한다. 고린도전서 15:51 이하에서는 재림 때에 아직 살아 있는 이들이 변화된다는 견지에서, 그리고 로마서 11:25-27에서는 이스라엘의 종말적 구원의 견지에서 그렇게 언급한다.

3.3.3.2 선지자 요한에게 하나님을 통해 '예수 그리스도의 계시'가 환상(Vision)의 형태로 주어졌다. 이 환상은 '속히 일어날 일들'(계 1:1)과 관련된다. 요한은 자신을 승귀된 주로부터 전권을 위임받은 선지자로 알고(1:9-20), 자신의 임무를 '예수의 증언'으로 칭한다. 이 임무는 '예언의 영'을 통해 이루어진다.(*ἡ γὰρ μαρτυρία Ἰησοῦ ἐστιν τὸ πνεῦμα τῆς προφητείας*, 19:10c)

3.4 영과 깨달음

3.4.1 영의 활동은 신약성서에서 여러 번 믿음의 깨달음과 결합된다. 이것은 특별히 요한복음의 고별 설교에 분명하게 표현되었다. 영은 제자들에게 모든 것을 '가르치고' 동시에 예수께서 말씀하신 모든 것을 '기억나게 한다.'(*ἐκεῖνος ὑμᾶς διδάξει πάντα καὶ ὑπομνήσει ὑμᾶς πάντα ἃ εἶπον ὑμῖν*, 14:26) 그는 그들을 '진리로 이끄는' 이이다.(*ὁδηγήσει ὑμᾶς ἐν τῇ ἀληθείᾳ πάσῃ*, 16:13)

3.4.2 이 주제는 바울의 경우 고린도전서 2:6-13a의 본문단락에 등장한다. 이전에는 감추어져 있던 '온전한 자들 중에 지혜'(*σοφία ἐν τοῖς τελείοις*)는 영에 의한 계

시에 근거한다.(*ἡμῖν δὲ ἀπεκάλυψεν ὁ θεὸς διὰ τοῦ πνεύματος*, 10a절) 인간의 영이 인간 안에 있는 것만을 알 수 있는 것처럼, 하나님의 영은 '하나님의 깊은 것까지도 통달'할 수 있다.(*πάντα ἐραυνᾷ, καὶ τὰ βάθη τοῦ θεοῦ*, 10b절. 참조. 11절) 이것은 믿는 자들에게 '하나님께서 우리에게 은혜로 주신 것을 알게 하려'고(*ἵνα εἰδῶμεν, τὰ ὑπὸ τοῦ θεοῦ χαρισθέντα ἡμῖν*, 12절) 영이 그들에게 주어졌다는 뜻이다. 따라서 그들은 '사람의 지혜의 가르친 말로' 깨닫는 것이 아니라, '오직 성령께서 가르치신 것으로' 깨닫는다.(*οὐκ ἐν διδακτοῖς ἀνθρωπίνης σοφίας λόγοις, ἀλλ' ἐν διδακτοῖς πνεύματος*, 13절)

3.5 영과 기도

하나님을 바르게 인식할 수 있는 곳에서 참된 기도에 이른다. 기도 자체가 성령에 의해 이끌림을 받는다.

3.5.1 갈라디아서 4:6 이하에 따르면 하나님은 그의·아들의 영을 우리 마음속에 보내셨다. 그리하여 우리는 '아빠 아버지'를 부를 수 있다. 로마서 8:14 이하에는 다음과 같이 기록되어 있다. 우리가 바르게 기도하고 아버지를 부를 수 있게 하는 이는 '양자의 영'(*πνεῦμα υἱοθεσίας*)이다. 영은 기도할 때 하나님과 인간의 직접적인 대화를 가능하게 하는 이이다. 이것은 로마서 8:26에 따르면 우리가 '마땅히 빌 바를 알지 못하나'(*τὸ γὰρ τί προσευξώμεθα καθὸ δεῖ οὐκ οἴδαμεν*) '우리의 연약함을 도우시는'(*τὸ πνεῦμα συναντιλαμβάνεται τῇ ἀσθενείᾳ ἡμῶν*) 영이 '말할 수 없는 탄식으로 간구'(*ὑπερεντυγχάνει στεναγμοῖς ἀλαλήτοις*)하는 곳에도 해당된다.

3.5.2 요한복음 4:24에서도 기도는 영과 가장 긴밀하게 결합된다. 왜냐하면 '하나님은 영이시며'(*πνεῦμα ὁ θεός*), 기도할 때에 그가 우리를 향하시기 때문에, '신령과 진정으로'만이 진정한 예배와 각각의 기도가 드려질 수 있다.(*ἐν πνεύματι καὶ ἀληθείᾳ δεῖ προσκυνεῖν*)

3.6 영과 삶의 형성

영이 책임 있는 삶을 바르게 형성하는 힘이라는 사실은 신약성서에서 폭 넓게 전제된다.

3.6.1 바울은 이를 특별한 방식으로 주제화한다. 갈라디아서 5:22–25이 이에 해당한다. 그 구절에서 바울은 '육체의 일'(*ἔργα τῆς σαρκός*)과 '성령의 열매'(*καρπὸς τοῦ πνεύματος*)를 목록의 형식으로 구분하고 마지막에 다음과 같이 말한다. "만일 우리가 성령으로 살면 성령으로 행할지니라."(*εἰ ζῶμεν πνεύματι, πνεύματι καὶ στοιχῶμεν*) 똑같은 내용이 중요한 구절인 로마서 8:3–10에도 적용된다. 거기서는 '육신을 따르는 행실'과 '영을 따르는 행실'을 대립시킨다.(*περιπατεῖν κατὰ σάρκα/κατὰ πνεῦμα*)

3.6.2 영의 활동과 삶의 형성이 관련된다는 특징을 나타내는 증거가 신약성서의 다른 본문에도 있다.

3.6.2.1 제2 바울서신인 에베소서의 후반부 가운데 교회론적 도입부인 4:1–6(7–16)에는 '한 성령'이 결정적인 역할을 한다. 이 도입부 다음에 오는 4:17–6:20의 구체적인 권고의 모티브를 여러 번 성령의 활동으로 제시한다. 이는 4:23, 30, 5:18과 6:17 이후에서 드러나는 바와 같다. 디모데후서 1:7의 진술, 하나님이 우리에게 주신 것은 "두려워하는 마음이 아니요 오직 능력과 사랑과 절제하는 마음이니"(*οὐ γὰρ ἔδωκεν ἡμῖν ὁ θεὸς πνεῦμα δειλίας ἀλλὰ δυνάμεως καὶ ἀγάπης καὶ σωφρονισμοῦ*)는 뒤이어 나오는 훈계를 위한 중심 주제이다. 이는 1:14과 5:22에서 드러나는 바이다.

3.6.2.2 위와 똑같은 내용이 요한일서 3:24의 진술에도 해당된다. 요한복음 및 요한서신들 가운데 그 밖의 다른 곳에서는 올바른 삶의 경영이 직접 예수께 속한 데서 나오는 반면, 이 구절에서는 계명 안에 거하는 것과 그리스도가 우리 안에 거한다는 깨달음은 '우리 안에 주신 성령으로 말미암아'(*ἐκ τοῦ πνεύματος οὗ ἡμῖν ἔδωκεν*) 우리에게 부여된다.

3.6.2.3 영은 야고보서의 권고의 틀 안에서도 두드러진 위치를 차지한다. 중심 단락인 3:13–18의 '위로부터 오는 지혜'(*ἡ σοφία ἄνωθεν κατερχομένη*)는 분명 영을 의미한다. 이 영이 믿는 이들의 생활을 규정한다. 이러한 사실은 한편으로는 3:17 이하의 진술과 갈라디아서 5:16–25의 영 진술의 병행에서 드러나며, 다른 한편으로는 특히 야고보서 4:5b에서 드러난다. 이 구절에서는 영을 '우리 속에 거하는 이'(*τὸ πνεῦμα ὃ κατῴκισεν ἐν ἡμῖν*)라고 말한다.

3.7 영과 선교적 증거

3.7.1 영이 활동하는 곳에서 세상에서의 증거, 즉 복음의 전권적인 선포가 있다. 이것은 누가의 이중 저작에 있는 중심사상이다. 특히 누가복음 24:(46-48)49의 선교 명령과 사도행전 1:8의 강령적인 말씀에서 드러나는 바이다. 누가복음 16:16에 따르면 세례 요한을 포함하는 때까지의 역사는 율법의 시대이며 구원보다 앞서 온 예언의 시대이다. 예수께서 하나님의 통치를 선포한 것과 더불어 구원의 실현이 시작된다. 이 시기는 영을 지닌 이인 예수 자신의 시기와 오순절 이래로 부어진 영의 시기를 포괄한다. 하늘의 능력인 영이 제자 공동체를 충만하게 하고, 그로 인해 특별히 이방인 중에서 복음을 확신시킨다는 견지에서 그들이 선교의 임무를 수행하도록 한다.

3.7.2 요한복음 20:21 이하에 따르면 요한복음의 경우에는 부활한 이의 파송명령이 영의 수여와 결합되어 있다. 분명하게 요한복음 15:26 이하의 보혜사 말씀에서 영이 스스로 그리스도를 증거하는 이라는 사실을 강조한다. 이에 상응하는 제자들의 증거는 영의 활동에 의한 말씀이고, 이 말씀이 제자들에 의해 전해진다. 세상은 이 증거에 맞닥뜨린다. 그것을 받아들이는 이는 믿음에 이르고 영을 받는다. 반면 세상에 사로잡혀 있는 모든 이들은 영을 받을 수 없다. 영과 믿지 않는 세상의 충돌이 일어나고, 이는 세상에 대한 심판을 다루는 16:8-11에서 한마디로 표현된다. 즉 세상의 죄가 드러나고 세상으로부터 유죄판결을 받은 이인 예수께서 아버지로부터 의롭다 칭함을 받고, '이 세상의 권세 가진 자들'이 심판받는다.

3.7.3 선교 사명이 자신의 삶의 과제인 바울은 고린도전서 2:4에서 그의 말과 그의 케뤼그마가 설득력 있는 인간의 지혜의 말로 하는 것이 아니라, '성령의 나타나심과 능력으로'(*ἐν ἄποδείξει πεύματος καὶ δυνάμεως*) 하는 것이라고 강조한다. 이와 매우 비슷하게 그는 로마서 15:18 이하에서 "성령의 능력"을 제시한다. 이 능력을 통해 그는 자신에게 위임된 일을 수행할 수 있었다. 그러므로 그는 고린도후서 3:6에서 다음과 같이 말할 수 있다. 그리스도께서 "우리를 새 언약의 일꾼되는 것을 가능하게 하셨으니 율법조문으로 하지 아니하고 오직 영으로 함이다."(*ὅς καὶ ἱκάνωσεν ἡμᾶς διακόνους καινῆς διαθήκης, οὐ γράμματος ἀλλὰ πνεύματος*) 갈라디아서 3:1-5에 따르면 영은 '믿음의 들음'(*ἀκοὴ πίστεως*)을 통하여 알려지고 받아들여질 수 있다. 바울은 갈라디아의 그리스도인들에게 그들 공동체의 기반을 돌아보며 '믿음의 들음'을 상기시킨다.

3.8 영과 구원의 완성

3.8.1 바울이 영을 '보증'(*ἀρραβών*) 혹은 '처음 익은 열매'(*ἀπαρχή*)로 말한다면, 이는 영의 충만과 그의 활동의 완성이 아직 이르지 않았다는 의미이다.(롬 8:23, 고후 1:22) 동시에 우리가 아직 나아가고 있는 하나님의 현실은 영에 의하여 무한하게 행사되는 영역이라는 것을 전제한다. 이를 넘어서 바울은 로마서 8:11에서 종말의 완성을 보며 다음과 같이 말한다. "예수를 죽은 자 가운데서 살리신 이의 영이 너희 안에 거하시면 그리스도 예수를 죽은 자 가운데서 살리신 이가 너희 안에 거하시는 그의 영으로 말미암아 너희 죽을 몸도 살리시리라."(*ζῳοποιήσει καὶ τὰ θνητὰ σώματα ὑμῶν διὰ τοῦ ἐνοικοῦντος αὐτοῦ πνεύματος ἐν ὑμῖν*. 參照. 고전 6:14. 그 구절에서는 *πνεῦμα* 대신 하나님의 *δύναμις*를 말한다.) 이와 관련하여 '소마'(*σῶμα*)-개념은 고린도전서 15장에서와 같이 인간의 전인적인 존재방식으로서의 육체를 가리킨다. 이 육체는 지상적 삶을 위한, 그리고 영원한 삶을 위한 존재의 기본 근거이다. 그리하여 인간 안에 이미 거하는 영이 바로 죽은 자들의 부활 시에 활동하는 힘이다.(참조. 딤전 3:16의 기독론적 진술) 그러나 바울은 고린도후서 3:6에서 믿는 이들의 현재를 보며 다음과 같이 말한다. "영은 살리는 것이니라."(*τὸ πνεῦμα ζῳοποιεῖ*) 이것은 '영의 새로운 것'(*καινότης πνεύματος*)에 관한 로마서 7:5 이하의 진술과 일치한다.

3.8.2 요한복음의 상황은 좀 다르다. 요한복음 3:34은 하나님께서 성령을 "한량없이 주신다."(*οὐ γὰρ ἐκ μέτρου δίδωσιν τὸ πνεῦμα*)고 한다. 따라서 믿는 이들은 성령을 보증의 형태로서만이 아니라 무제한적으로 가지고 있다. 그리하여 6:63에 다음과 같이 말한다. "살리는 것은 영이다."(*τὸ πνεῦμά ἐστιν τὸ ζῳοποιοῦν*) 본 복음서 저자에게는 현재적인, 그리고 영속적인 '영생'(*ζωὴ αἰώνιος*)에 참여하는 것이 바로 관건인 점에서(참조. 11:25 이하) 위의 진술은 이 곳 지상에서의 갱신과 관련된다. 이와 더불어 제4복음서에서는 미래를 포함하는 영의 기능도 말할 수 있다. 왜냐하면 요한복음 16:13에서 보혜사에 대해 "그가 장래 일을 너희에게 알리시리라."(*καὶ τὰ ἐρχόμενα ἀναγγελεῖ ὑμῖν*)고 말하기 때문이다.

4. 신약성서 성령론의 다양한 차원

신약성서의 성령론적 진술의 통일성에 대해 질문한다면, 두 가지 상이한 측면을 고려해야 한다. 먼저는 영 활동의 개념으로서, 그 개념은 은사로서 이해하는 역동적 진술에서 출발하여 위격화가 시작되도록 이끌었다. 그 다음은 영 주제와 접촉하거나 혹은 영 주제가 관철된 영역의 폭이다.

4.1 영 활동에 대한 다양한 견해

신약성서의 영 진술에서 중요하지 않다고 할 수 없는 변형과정이 확인된다. 전승사적 관찰을 통해 영 진술의 내적 상관성 및 통일성을 묻는 질문을 위한 첫 번째 암시를 얻을 수 있다.

4.1.1 구약성서 도처에서 하나님의 영은 발생하는 매 상황마다 개입하신다는 것이 특징이다. 이 개입을 통해 무엇보다도 그의 계약의 신실성을 입증한다. 초기 기독교의 경우에도 영은 하나님의 능력에 대한 표이다. 그러나 이사야 61:1 이하나 요엘 3:1-5의 약속의 본문에 일치하여 종말적인 영이 계시된다는 것이 중요했다. 신약성서의 모든 진술은 영의 표상이 어떻게 각인되었는지와는 별개로 이러한 종말론적 징후 아래에 있다. 그런 점에서 초기 기독교의 종말론은 영 이해의 변형에 결정적으로 기여했다. 이때 미래에 대망하는 구원의 능력이 중요한 것이 아니라, 이미 실현되는 종말적 구원의 능력으로서 영을 경험한다는 것이 관건이다. 그의 활동에 있어 중요한 점은 그것이 다가오는 구원의 완성에 대한 선취라는 사실이다.

4.1.2 예수께서는 시작되는 하나님의 통치 소식을 선포했을 뿐만 아니라, 그 자신이 하나님의 영을 지닌 이였다. 그것과 더불어 그는 종말에 나타날 하나님 영의 계시자이기도 했다. 이에 더해 그는 부활하고 현재에도 행하는 주로서 하나님과 함께 또는 하나님 대신 부활 이후의 영의 활동을 결정한다. 영의 활동 안에서 승귀된 그리스도의 현재를 경험한다는 것도 이와 같은 것이다. 예수의 소식에 따라 종말론적인 하나님의 통치는 이미 시작되었고, 초기 기독교의 인식에 따라 예수 자신이 종말에 행하시는 하나님의 영을 지닌 이이고 계시자라면, 영 이해를 위한 결론을 얻는다. 그렇게 종말론적인 요소와 더불어 영 진술이 기독론과 밀접하게 관련되었다.

4.1.3 기독론과의 결합에 근거하여 영은 점차적으로 예수의 기능을, 특히 승귀된 그리스도의 기능을 넘겨받았다. 이로 인해 우선 '하나님의 영'과 '그리스도의 영'이라는 용어가 병존하게 된다. 이때 하나님의 행위가 승귀된 그리스도의 행위와 중복된다는 것을 전제한다. 그러나 언제나 하늘에서 비롯하는 하나의 능력으로서 영을 이해하는 것이 기준이 된다.

4.1.4 영이 지상에서 다양한 형태로 활동하는 신적인 능력이라면, 인간이 영을 만난다. 영이 또한 심판의 권세가 될 수 있는 만큼(마 3:16 병행구절, 요 16:8-11), 그는 결정적으로 구원을 일으키는 힘이기도 하다. 이런 의미에서 그는 믿는 이들을 이끌고 인도할 수 있을 뿐만 아니라 그들의 내면에서 그들을 충만하게 할 수 있다. 영은 인간을 점유하고 그들을 종말론적인 구원 영역에 속하게 한다. 영의 은사는 구원의 경험을 선취한다는 것이 특징이다. 반면 영이 속한 하늘의 현실에 완전하게 참여하는 것에는 아직 이르지 않았다. 이런 의미에서 영에 대해 '보증' 또는 '성령의 처음 익은 열매'라고 말한다.(*ἀρραβὼν* 혹은 *ἀπαρχὴ τοῦ πνεύματος*, 고후 1:22, 5:5, 롬 8:23) 이것은 요한복음에서 한량없이 영에 참여한다고 하는 데에도 유사하게 적용된다.(3:34b) 왜냐하면 거기서도 미래적 차원을 배제하지 않고 오히려 다른 방식으로 고려하기 때문이다.

4.1.5 영이 기독론과의 결합을 넘어서서 위격적인 특징을 지니게 될 때에, 능력이나 은사로서 영을 보는 신약성서의 지배적인 견해와 비교하여 근본적인 질적 도약이 있었다. 영의 활동을 독립적인 것으로 여길 뿐만 아니라 예수의 지상 활동과 동일시하였고, 곧바로 승귀된 이의 활동과 대등한 위치에 놓았다. 그는 '보혜사'라는 칭호를 얻었고, 예수의 일을 이어가는 '또 다른 보혜사'로 이해되었다. 첫 번째 보혜사로서 지상 예수와 두 번째 보혜사로서 영의 관계는 요한적인 이해에 있어 중요한 것이다. 여기서 이 관계는 선구자와 완성자의 모델로 규정되기보다는(권터 보른캄[Günter Bornkamm]의 견해), 시작한 이와 이어가는 이의 모델로 규정된다. 거기서부터 두 보혜사의 결합이 생겨났다. 영의 위격화가 시작된 것도 그것과 관련이 있다. 그 결합은 먼저는 같은 유형의 활동에만 관련되고, 이어서 지상의 그리스도와 승귀된 그리스도를 동등하게 두는 것과 관련되며, 동일한 본질의 문제와 관련이 있는 것은 아니다.

4.2 영 활동의 다양한 관련성

신약성서에서 영과의 관계를 상당히 많이 말한다는 점이 눈에 띈다.

4.2.1 우선 그 중심에는 열광적인 경험들이 있다. 이 경험들은 예수의 부활 이후 함께 모인 공동체에 구원 사건이 인식 가능한 것으로 계속되며 구원과 갱신을 창조하는 능력이 하늘에서 비롯한다는 의미를 갖는다. 이런 의미에서 성령강림 사건이 이해되었다. 그러나 공동체의 삶에 있어서는 이례적인 현상들이었다. 이에 대해 사도행전 2:1-13(14-36)과 4:(23-30)31이 보도한다. 이러한 개념은 바울의 공동체 안에서 있었던 열광적 현상의 배후에도 있다. 영의 활동이 초기 기독교의 이해에 따라 처음에는 이런 종류의 현상들과 연결되었음은 거의 의심의 여지가 없다.

4.2.2 그러한 경험들이 인간의 회개와 관련되면서, 영의 활동이 초기에 세례와 결합되었다. 영의 활동에 있어서 역동적인 구성요소들이 보다 강조된 세례 진술들이 있다.(행 9:17 이하) 가장 초기의 기독교는 분명 첫 번째 제자들과 마찬가지로 세례받은 이들 각각이 실제로 영에 붙잡힌 것으로 생각하였다. 세례가 어떤 경우에는 영에 의해 붙잡힌 바 되었다는 확증이라면(행 10:44-48), 다른 경우에는 영을 받아들이는 것 내지는 영에 의해 중재되는 것이었다.(행 2:38) 각각의 세례받은 이들이 영을 '은사'로 받아들였다는 확신이 관철되는 즉시, 영이 인간 안에 '거한다.' 물론 이때의 요지는 영을 사용할 수 있게 소유하는 것이 아니라, 성령의 은사가 언제나 새롭게 드러나는 사역이다. 영을 은사로 이해하는 데에 있어 역동적인 요소들이 통합된다. 그 요소들은 관계의 생명력과 늘 새롭게 자신을 드러내는 능력을 기억하도록 기능한다. 종말론적인 구원의 능력으로서 영은 생명을 생성하는 기능을 갖고 있다.(*ζῳοποιεῖν*) 다시 말해 비록 부활은 미래에 있지만(롬 6:4 이하, 7:6), 그는 세례 받은 이들에게 구원에 참여하도록 허락하고, 삶을 새롭게 바꿀 수 있게 한다.

4.2.3 영은 하나님 및 그리스도와 결합하게 하고 그들과 함께하도록 한다. 그것에 의해 믿음 가운데 삶이 유지되고, 이는 또한 믿음의 인식 및 삶의 형성을 위해 결정적이었다. 특히 영은 소망의 능력이며 완성이라는 목표를 지향하는 능력이다. 이는 공동체에도 해당된다. 그들 고유의 공동생활과 또한 그들의 선교적 선포는 살아 있는 영의 활동에 의해 견인된다. 특히 예언이 근본적인 의미로는 공동체 내부의 전권적인 선포로서 또한 특수한 의미로는 지시와 약속으로서 중요한 기능을 한다. 이런 의미에서 역동적인 기본 개념이 계속하여 강하게 영향을 끼쳤다.

4.2.4 이런 방식으로 영 경험이 모든 것을 관통하고 다양한 개별 현상들이 서로 결합했다. 부활 이후의 시기는 포괄적인 의미에서 영의 활동으로 특징지어진다. 이때 기독론적인, 그리고 종말론적인 견지에서 일어난 영 이해의 변형에 믿는 이들, 공동체, 그리고 세상과의 관계가 더해졌다.

4.3 신약성서 영 이해의 통일성

의심의 여지없이 영에 대한 진술들은 상당히 다양하다. 그러나 그것들이 모순되지는 않는다. 이러한 사실은 전승사적 진행을 통해 볼 수 있다. 그런 점에서 신약성서의 영 진술을 개관하는 것은 전적으로 가능하고 또 필요하다. 종말론적인 영 표상의 기본요소들은 신약성서 안에서 다양한 의미로 이해된다. 그리하여 그 의미들은 빛이 비치는 형태의 스펙트럼처럼 서로 결합하며, 전적으로 하나의 통일성을 이룬다.

4.3.1 이것은 우선 영 개념 자체의 변형에 적용된다. 신학적 숙고를 위해 진술들의 내적 연관성을 제시해야 할 임무가 있다. 영 개념의 변형은 처음에는 영을 역동적으로 이해하며, 하나님 혹은 그리스도에게서 비롯하는 신적 활동 능력으로 이해하는 데서 출발하였다. 이것이 대리적 기능과 위격화로 이어졌다. 대리적 기능과 위격화는 상호관계를 분명하게 보여줄 수 있다.

4.3.1.1 그러나 아무리 영 개념이 변형되었다 하더라도 하나님이 직접 행하신다는 특성과 더불어 영 활동을 마음대로 다룰 수 없다는 모티브가 영 이해의 구성요소이다. 은사의 특성이 전면에 자리하게 되는 것에서도 역동적 구성요소가 여전히 지속적으로 영향력을 끼친다는 사실이 이를 보여준다. 한편으로 영에 의해 붙잡힌 것은 정적인 현상이 아니라 끊임없이 현실화를 지향하는 상태이다. 이는 무엇보다도 은사들 가운데서 드러나는 바이다. 나아가 은사는 항상 그것을 주시는 이에게 묶여 있으며 인간이 마음대로 다룰 수 없다.

4.3.1.2 인간의 편에서 영을 마음대로 할 수 없다는 것과 영의 독립성이 부각되는 점에서 위격화로의 경향이 위의 사실과 대립되지 않는다. 이것은 영이 믿는 자들 안에-있음과 함께-있음을 결코 배제하지 않는다. 동시에 하나님 및 그리스도와 대비하여 영의 독립성을 표현하며 이런 방식으로 부활 이후의 시기를 예수의 시기와 더불어 부각한다. 이때 결정적인 것은 계시된 영이 무한하게 구원을 일으키는 기능을 지니고 있으며, 예수의 지상 생애를 넘어서 종말론적 현실의 현재성을 대표한다는 점이다.

4.3.2 이러한 전제 아래서 보면 영에 대한 진술이 그렇게 넓은 범위를 차지하고 또한 다른 여러 많은 주제들과 결합된다는 점이 그리 놀랍지 않다. 따라서 이처럼 다양한 스펙트럼이 신학적으로 확인되어야 한다. 신약성서의 다양한 영 진술들은 성령론이 전체 신약성서의 선포와 신학의 내재적 구성요소라는 사실을 간과할 수 없음을 명확하게 한다. 한 편으로는 영의 활동 전체와 또 다른 한 편으로는 다양한 현상들이 짝을 이룬다는 사실이 초기 기독교 성령론의 특징이다. 이 둘이 구성요소로 모든 형태의 성령에 대한 가르침을 위해 의미가 있다.

5. 마무리 고찰

신약성서 성령론 중 특히 후대의 이해가 교회 역사에서 확고한 위치를 차지했다. 그런 다음 위격화된 영의 표상이 헬라적 사고의 전제 아래에서 영의 본질과 삼위일체의 기능에 관한 질문과 결합되었다. 그러나 이러한 사실이 기본적으로 카리스마적인 이해가 여전히 유지된다는 점을 배제하지 않는다. 초기 기독교 영 진술의 매우 풍부한 관련성은 거의 고려되지 않았었다.

5.1 역동적 요소와 위격적 요소의 관련성

고대교회의 전제에서 출발하지 않는 신학이 오히려 훨씬 더 초대교회 성령론의 전체 범위를 통합할 수 있는 그런 입장일 것이다. 이는 특히 역동적 요소와 위격적 요소의 관련성을 고려할 때에 그러하다.

5.1.1 기본적인, 그리고 신약성서 안에서 전반적으로 인지할 수 있는 역동적 요소들은 이중의 관점에서 의미가 있다. 먼저 그 요소들은 영이 독자적으로 행하는 것으로 묘사되는 곳에서도 영은 하나님으로부터 나오고 역사 가운데서 수행되는 계시행위에서도 하나님과 직접적으로 관계가 있다는 점을 지시한다. 그 다음 영은 세상과 인간의 견지에서 볼 때 현실적으로 개입하는, 항상 밖에서부터 오는 능력이라는 점을 고려해야 한다. 이는 영이 은사로 수여되거나 인간의 내면에 위치하는 곳에도 역시 해당된다.

5.1.2 먼저 영 표상에서 인지될 수 있는 위격적 요소가 적다고 하더라도, 위격적 특성은 처음부터 영 개념에 내재되어 있다. 영이 하나님에게서 비롯하고 하나님과 연결

되면서, 성서에 있어 특징적인 영 표상의 위격적 특성이 내재적으로 영 이해에 영향을 끼친다. 이것은 영이 지상의, 그리고 승귀된 예수와 관련지어질 때에 비로소 제대로 유효하게 된다. 영이 예수 안에서, 예수를 통하여, 그리고 마침내는 예수를 대신하여 행하면서 그는 점차 예수의 위격적 특성을 넘겨받았다. 이는 '또 다른 보혜사'라는 요한적인 용어로 표현되었다. 승귀된 이의 대리자로서 영은 곧바로 그의 위격적 특성을 획득하였다. 아버지와 아들이 그들의 함께함과 그들의 활동 안에서 하나이듯이, 이는 필요한 수정을 가하여(mutatis mutandis) 아들과 성령에도 적용되었다. 즉 아들과 성령은 서로 동일하지 않으나 매우 긴밀하게 함께 속한다.

5.2 기독교 신학의 통합적 구성 부분으로서 성령론

하나님의 살아 움직이시는 활동과, 그의 계시 행위 및 구원 행위에 포함되어 있음에 대한 표현으로서 성령론은 각각의 기독교 신학을 통합하는 요소이다.

5.2.1 기독론과 마찬가지로 성령론도 신-학(Theo-logie)과 뗄 수 없게 결합되어 있다. 하나님의 전지전능한 창조와 유지, 그리고 완성의 사역은 성서의 증언에 따른 영의 활동 없이는 이해될 수 없다. 나타나는 모든 방식으로 영은 세상의 역사를 규정하는 하나님의 계시 행위를 생생하게 표현한다.

5.2.2 인간의 영이 상호 간에 의사소통할 수 있는 능력이듯이, 하나님의 영도 하나님과 만날 수 있는 전제이며 매개체이다. 이는 창조와 선택, 그리고 구원의 견지에서 볼 때도 동일한 방식으로 해당된다. 영이 우리의 영을 붙잡고 하나님을 향해 열게 한다는 점에서 그는 앞서 온 은사이다. 영이 하나님 및 그리스도와의 함께함을 우리에게 경험하게 한다는 점에서 그는 매개체이다. 그리고 영이 우리를 완성으로 이끈다는 점에서 그는 길 안내자이다.

10장

신약성서 증거 안에 내재된 삼위일체 구조

1. 예비적 고찰

이번 장에서는 두 번째 주요 부분이 완성되어야 한다. 하나님, 예수 그리스도, 그리고 성령에 관한 신약성서 진술을 개관하려는 것과 관련된다. 동시에 계속 발전하고 있는 관점도 개진되어야 한다. 그러나 먼저는 그러한 시도가 무엇을 의도하는지, 그리고 의도하지 않는지에 대해 언급해야 한다.

1.1 고대교회 삼위일체론의 전(前)역사를 서술하거나 신약성서를 넘어서 4, 5세기까지의 전개를 추적하는 것과 관련되지 않는다. 고대교회 시기에 형성된 삼위일체 도그마에서부터 신약성서 본문을 조명하려는 것은 더욱 더 아니다. 후대의 또는 현대의 조직적인 문제제기를 고려하며 삼위일체 문제에 접근하는 것도 역시 목적이 될 수 없다.

1.2 의도하는 바는 신약성서 본문의 연구결과에 의거하여 삼위일체론 각각의 구상에 어떤 성서적 전제가 있는지를 보여주고자 하는 것이다. 삼위일체론에 대한 질문은 마땅히 초기 기독교의 증언을 근거로 제기되어 왔고 제기된다는 점을 분명히 해야 한다. 관건은 신약성서의 본문 상태를 기술하는 것이다. 즉 거기서 생겨난 문제와 관련하여 단초의 형태로만 답변된다. 이때 뒤따르는 시기의 문제제기도 대략적으로 밝혀져야 한다.

1.3 신약성서의 경우 삼위일체론의 개념을 의식적으로 회피한다. 초기 기독교의 본문에는 하나님, 그리스도, 그리고 영에 대한 진술을 숙고하여 통합하려는 시도는 없다. 이러한 방향을 드러내는 본문이 등장하는 곳에서 그것은 일시적인 성격을 띤다. 따라서 그러한 본문들은 삼위일체적(trinitarisch) 표현이 아니라 단지 삼중적(triadisch) 표현들로 간주되어야 한다. 삼위일체론 대신에 신약성서 본문에 내재된 삼위일체 구조라고 말할 수 있다.

2. 신약성서의 삼중적 진술

신약성서에는 분명히 하나님, 그리스도, 그리고 영을 나란히 언급한다는 점에서 후대의 삼위일체론을 위한 시발점을 외형상 갖고 있다. 그러나 이는 삼위일체적인 표현이 아니라 단지 삼중적 표현으로 간주되어야 한다. 이 표현들은 삼위의 병행을 추구하며, 일치에 대해 숙고하는 진술은 포함하고 있지 않다.

2.1 고린도전서 12:4-6

문학적으로 가장 오래된 본문이 고린도전서 12:4-6에서 발견된다. 그 구절에서 바울은 영, 주로서 그리스도, 그리고 하나님을 나란히 언급한다.

2.1.1 그 구절의 맥락은 '프뉴마티카'(*πνευματικά*, 신령한 것)와 관련이 있다. 신령한 것의 확실성과 중요성에 대해 고린도인들이 질문했었다.(12:1) 바울은 열광적 현상이 그 자체로서 성령의 은사나 활동에 대한 증표가 아니며, 특히 공동체 구성원들 자신이 이방인이었던 과거에도 그러한 종류의 것을 이미 알고 있었다는 사실을 상기시킨다.(2절) 신령한 것과 관련하여 결정적인 것은 오로지 예수를 '주'로 시인하는 신앙고백이다.(3절) 영적인 현상들은 처음부터 분명한 것이 아니므로, 그러한 현상들을 평가할 수 있는 분명한 내용적인 기준들이 있다.

2.1.2 바울은 의심할 바 없이 중요한 위의 강조된 설명으로 만족하지 않았다. 뒤이어 나오는 내용에서 바울에게 중요한 것은 신령한 것을 그것의 출처의 견지에서 좀 더 자세하게 특징짓는 것이다. 그는 특별한 은사의 본질과 특징을 '성령을 나타내심'(*φανέρωσις τοῦ πνεύματος*, 7절)으로 더 정확하게 규정하고자 한다. 이를 위해 바울은 '은

사'(*χαρίσματα*), '직임'(*διακονίαι*), 그리고 '역사'(役事, *ἐνεργήματα*, 문자적으로는 '에너지'라는 뜻)라는 개념을 사용하여 그것들의 원천을 제시한다. 이 은사들은 비록 다양하게 나타나지만, 모두 신적인 원천으로 소급되고, 이때 그 원천을 하나님이라고 하든지, 주라고 하든지, 영이라도 말해도 다 같다. 흥미로운 점은 그것들의 정렬이다. '여러 가지 역사들'(*διαιρέσεις ἐνεργημάτων*)과 관련해 바울은 6절에서 다음과 같이 말한다. "모든 것을 모든 사람 가운데서 역사하시는 하나님은 같다."(*ὁ δὲ αὐτὸς θεὸς ὁ ἐνεργῶν*[!] *τὰ πάντα ἐν πᾶσιν*) 그는 이 용어를 잘 알려진 하나님 술어와 연결한다. 5절에서 바울은 '여러 가지 직임'(*διαιρέσεις διακονιῶν*)에서 분명 예수의 '디아코니아'(*διακονία*)를 연상시키며 다음과 같이 말한다. "주는 같다."(*ὁ αὐτὸς κύριος*) 4절에서 '여러 가지 은사'(*διαιρέσεις χαρισμάτων*)와 관련하여 바울은 "성령은 같다."(*τὸ δὲ αὐτὸ πνεῦμα*)고 제시한다. 바울에게는 '카리스마'(Charismen)가 성령의 본질적인 은사이기 때문이다. 두 가지 사실이 주의를 끈다. 우선 분명히 점층법의 형태로 고려된 순서이다. 이 순서는 성령에서 시작하여 주를 말한 후에 마지막으로 모든 것을 일으키시는 하나님을 언급한다. 그 다음은 세 번 반복되는 '아우토스/아우토'(*αὐτός*/ *αὐτό*)가 큰 의미가 있다. 이것은 여러 가지 은사의 공통적인 원천을 지시할 뿐만 아니라, 비록 논리적으로는 정확하지 않다 할지라도 모든 신령한 것의 원천이 통일되어 있음을 드러낸다. 결국 하나님, 주, 그리고 영 사이의 차이점이 관건이 아니라, 그 차이점은 그들의 현현 방식 및 경험되는 방식과 관련된 것이다. 문제는 그들의 상호관련성과 공통성이다. 그런 점에서 적어도 후대의 삼위일체론의 부분적인 관점이 서로 맞닿아 있다.

2.1.3 여기서는 의식적인 삼위일체적 숙고가 관건이 아니라는 사실이 뒤에 나오는 본문들에서 드러난다. 거기서 바울은 전적으로 설명 가능한 위의 모델들을 더 이상 다루지 않는다. 이러한 사실은 11절이 요약적으로 보여준다. 11절에서 바울은 모든 것을 구분하지 않고 '같은 한 성령'과 관련지으며, 이 주어에 '에네르게인'(*ἐνεργεῖν*) 동사를 사용한다. 덧붙여 12장과 관련된 영 이해도 있음을 고려해야 한다. 그 이해는 결코 영을 하나님이나 주와 동일시하지 않는다. 왜냐하면 영을 분명 능력 혹은 은사의 의미로 생각하고 있으며, 영의 위격화에 대해서는 결코 언급하지 않기 때문이다.(14장에서도 거의 그러하다.) 그러나 하나님, 그리스도, 그리고 영의 진술이 병존한다는 문제는 비록 광범위하게 숙고되지 않은 채 나타난다 할지라도 주목할 가치가 있다.

2.2 고린도후서 13:13

똑같은 내용이, 바울이 그의 편지를 끝맺는 축복의 기원인 고린도후서 13:13에도 해당된다. 그 구절에는 그에 의해 작성된 여타 편지의 서두나 추신의 축복의 말에는 없는, 다른 것과 비교해 볼 수 없는 구절이 나온다. 즉 여기서 삼중적 표현이 눈에 띈다.

2.2.1 서두의 축복은 비교적 동일하게 표현하는 반면 추신의 축복은 상당히 서로 다르다. 편지의 서두에서는 '우리 하나님 아버지와 주 예수 그리스도'를 언급하지만(롬 1:7b만 보아도 알 수 있다.) 추신에는 하나님만 언급하거나(롬 15:33) 그리스도만 언급한다.(롬 16:20b, 고전 16:23, 갈 6:18, 빌 4:23, 살전 5:28, 몬 25) 이것이 내용상 각각의 중요한 측면들이 고려된다는 사실을 폐기하지 않는다. 비록 아직 고정적인 모델이 형성되지 않았다 할지라도, 형태상 균형이 잡힌 맺음말의 경향을 알아볼 수 있다. 이러한 사실은 고린도후서 13:13에서 가장 분명하게 드러난다. "주 예수 그리스도의 은혜와 하나님의 사랑과 성령의 교통하심이 너희 무리와 함께 있을지어다."(*ἡ χάρις τοῦ κυρίου Ἰησοῦ Χριστοῦ καὶ ἡ ἀγάπη τοῦ θεοῦ καὶ ἡ κοινωνία τοῦ ἁγίου πνεύματος μετὰ πάντων ὑμῶν*) 이 표현이 바울에 의해 형성된 축복의 기원인지 공동체 전승에서부터 넘겨받은 것인지는 해결되지 않았다.

2.2.2 '은혜'(*χάρις*)를 그리스도와, '사랑'(*ἀγάπη*)을 하나님과, 그리고 '(구원에) 참여'(*κοινωνία*)를 성령과 연결한 것이 고린도후서 13:13에 기록된 축복 기원의 특징이다. '카리스'(*χάρις*)를 그리스도에게, '아가페'(*ἀγάπη*)를 하나님에게 귀속시킨 것은 바울에게서 볼 수 있는 여타 언어용례와 일치한다. 예를 들면 로마서 1:5과 5:5이 보여주는 바와 같다. 물론 로마서 5:15과 8:35에서 볼 수 있는 바처럼 '카리스'(*χάρις*)가 하나님에게 '아가페'(*ἀγάπη*)가 그리스도에게 연결될 수도 있다. '코이노니아'(*κοινωνία*)도 다양하게 사용될 수 있다. 빌립보서 2:1에서는 분명하게 '성령의 교제'(*κοινωνία πνεύματος*)를 언급한다. 그러나 위격적 의미에서 완전하게 형성된 성령론을 전제로 하지 않는다. 구원의 현실에 참여한다는 것이 요지이다. 결과적으로 고린도후서 13:13에서는 오직 특징적인 구원론적 주요 모티브가 하나님, 그리스도, 그리고 영과 결합되고 나란히 위치하게 된다. 고린도전서 12:4-6 만큼이나 이 구절도 고유한 삼위일체 이해를 위한 단초를 거의 제공하지 않는다. 이 구절에서는 특징적인 기능뿐만 아니라 위격적 특징 및 통일성이 관건이다.

2.3 마태복음 28:19

후대의 삼위일체를 위해 가장 중요한 신약성서의 출발점이 된 본문이 종결부 선교 명령의 틀 안에 있는 마태복음 28:19에 있다. "아버지와 아들과 성령의 이름으로 세례를 베풀고"(*βαπτίζοντες αὐτοὺς εἰς τὸ ὄνομα τοῦ πατρὸς καὶ τοῦ υἱοῦ καὶ τοῦ ἁγίου πνεύματος*)가 그것이다. 여기서 분사 '밥티존테스'(*βαπτίζοντες*)는 상위동사인 '마테튜사테'(*μαθητεύσατε*)와 연결된다. 그리하여 "너희는 … 제자로 삼아 … 그들에게 세례를 베풀고"의 구조가 된다.

2.3.1 초기의 기독교에서 "예수 (그리스도)의 이름으로"만 세례를 주었다는 것은 수많은 신약성서의 본문을 근거로 할 때 논쟁의 여지가 없다.(참조. 행 2:38, 8:16, 10:48, 19:5) 여기에 제시된 정형화된 세례구문의 삼중적 표현은 전승사적으로 후대의 것이다. 그 표현은 1세기 말에 속하지만, 아마도 마태공동체 안에서 이미 일반화되어 있었을 것이다.

2.3.2 어떻게 위의 정형화된 삼중적 세례구문이 생겨났는지는 더 밝혀져야 한다. 이방 지역에서는 예수의 이름으로만 세례를 주기가 충분하지 않았다. 여기서 신앙고백 구문이 두 부분으로 구성되고, '한 하나님 곧 한 아버지'에 대한 명시적인 고백이 그리스도에 대한 고백 앞에 위치하게 되었듯이(고전 8:6), 이에 상응하여 세례 시에 '아버지의 이름'이 '아들의 이름'과 결합되었다. 그러나 세례시에 성령의 활동 및 성령의 은사가 구성요소가 되므로, 정형화된 세례구문에 성령을 언급한 것이 쉽게 이해된다. 이때 얼마만큼 의식적으로 영의 '이름'을 언급하였는지는 말하기 어렵다. 의식적으로 영의 '이름'을 언급하는 것은 위격화를 최소한 의도하는 것이다. 그러나 아마도 이것은 다만 형식상의 조정이었을 것이다. 어쨌든 거기서부터 뒤이어 오는 시대에 영의 위격성에 대한 이해를 이 본문과 연결짓게 되었다.

2.3.3 후대의 삼위일체론을 위해 이 구절이 갖는 의의는 아무리 높게 평가해도 지나치지 않다. 역으로 이 본문 자체가 '삼위일체적'으로 구상되지 않았음을 확인할 수도 있다. 따라서 이 구절은 정형화된 삼중적 세례구문에서 암시적인 삼위일체적 구조가 가장 분명하게 식별된다는 점에서만 의의가 있다. 그러나 신약성서의 다른 진술들과 연결지을 때에 비로소 왜, 그리고 어떻게 특별한 의미에서 삼위일체의 문제를 제기하기에 이르렀는지가 분명해질 수 있다.

2.4 요한계시록 1:4b, 5a

위에서 논한 세 개의 구절과 더불어 요한계시록 1:4b, 5a의 본문도 언급할 가치가 있다. 편지 서두의 틀 안에서 축복의 기원이 언명되며, 이것은 하나님과 그의 보좌 앞에 있는 일곱 영, 그리고 예수 그리스도에게서 비롯한다.

2.4.1 하나님을 '이제도 계시고, 전에도 계셨고 장차 오실 이'(*ὁ ἦν καὶ ὁ ὢν καὶ ὁ ἐρχόμενος*)로, 예수 그리스도를 '충성된 증인으로 죽은 자들 가운데서 먼저 나시고 땅의 임금들의 머리가 되신'(*ὁ μάρτυς ὁ πιστός, ὁ πρωτότοκος ἐκ τῶν νεκρῶν καὶ ὁ ἄρχων τῶν βασιλέων τῆς γῆς*) 이로 칭한다. 요지는 이것이 두 개의 신앙고백적 진술이라는 것으로, 이는 요한계시록의 언어전승과 관련된다.

2.4.2 '그의 보좌 앞에 있는 일곱 영'(*τὰ ἑπτὰ πνεύματα ἃ ἐνώπιον τοῦ θρόνου αὐτοῦ*)에 대한 진술이 삽입되었다. 하나님의 보좌 앞에 서 있는 이 일곱 영은 3:1b에서 승귀된 그리스도에게 귀속된다. 5:6에 따르면 그들은 죽임당한 어린 양의 일곱 눈과 동일시되고, "온 땅에 보내심을 받았다."(*ἀπεσταλμένοι εἰς πᾶσαν τὴν γῆν*) 그것은 마치 히브리서 1:14의 천사에게 비슷하게 해당되듯이, 하늘에서 비롯하는 신적인 능력이다. 그런 점에서 일곱 영을 하나님과 그리스도에게 형태상 귀속시키는 것이 눈에 띈다 할지라도, 1:4b도 요한계시록의 명시적 삼위일체 구조를 제시하는 진술을 다루지는 않는다.

2.5 요한일서 5:7 이하

다 다루기 위해 이른바 '콤마 요하네움'(Comma Johanneum, 요한소절[小節])이라는 것도 고려해 볼 수 있다. 이것은 몇몇의 헬라어 소문자 사본과 특히 불가타 필사본 일부에 나타나는, 요한일서 5:7 이하에 추가된 문장이다. 그 구절에는 성령과 물과 피가 증언하는 셋이라고 언급한 것과 더불어 명시적인 삼위일체적 진술이 등장한다. "트레스 순트, 퀴 테스티모니움 디쿤트 인 카엘로, 파테르, 베르붐(혹은 필리우스) 엣 스피리투스, 엣 히 트레스 우눔 순트"(tres sunt, qui testimonium dicunt in caelo, pater, verbum[또는 filius] et spiritus, et hi tres unum sunt. 하늘에서 증언하는 이는 셋이니, 아버지, 말씀[또는 아들], 그리고 영이며, 그들은 하나다.) 여기서 분명 고대교회 삼위일체론의 의미를 지닌 표현이 관련된다. 이 표현은 교회의 가르침을 위한 전거를 그 구절에서 재발견할 수 있게 하기 위해 후대에 신약성서에 삽입한 것이다.

3. 하나님, 그리스도, 영 사이의 관계에 대한 진술

앞에서 보았듯이 실제적으로 삼위일체의 개념을 나타내지 않는 그런 산발적인 본문들보다(요일 5:7 이하에 추가된 문장을 제외하고), 신약성서 안에서 하나님, 그리스도, 그리고 영의 관계를 어떻게 이해하느냐 하는 근본적인 심사숙고가 더 중요하다. 하나님, 그리스도의 관계 또는 아버지와 아들의 관계에 대한 진술은 이미 매우 의식적으로 철저히 숙고되었음을 확인할 수 있다. 반면 영에 대한 하나님 및 그리스도의 관계에 대한 진술은 보다 덜 분명하게 성찰되었다. 어쨌든 몇몇 가지 중요한 관찰들을 할 수 있다.

3.1 하나님의 고유한 활동

신약성서의 암시적 삼위일체 개념의 견지에서 볼 때, 하나님의 고유한 행위를 언급하는 본문들도 반드시 고려되어야 한다.

3.1.1 구약성서의 의미에서 창조와 인류의 역사, 구체적으로 이스라엘의 역사 가운데 있는 하나님의 행위와 연결되는 진술들이 이에 해당한다. 덧붙여 하나님이 예언자들을 통해 약속한 사건들도 있다. 또한 종말적인 하나님 통치의 실현을 알리는 예수의 메시지와 관련된 모든 진술들도 이에 해당한다.

3.1.2 하나님에 대한 구약성서의 진술과 예수께 돌릴 수 있는(jesuanisch) 진술의 기독론적 변형이 전제되는 본문단락 안에도 하나님의 고유한 영향력을 다루는 진술들이 있다. 예를 들면, 비록 요한계시록 6:1에서 시작하는 일련의 환상에서는 보좌에 앉은 양이 사실상 행동하는 이로 나타나긴 하지만, 11:17 이하에 있는 하나님만을 향한 감사의 기도가 그러한 내용을 담고 있다. "이르되 감사하옵나니 옛적에도 계셨고 지금도 계신 주 하나님 곧 전능하신 이여 친히 권능을 잡으시고 왕노릇 하시도다."(… *καὶ ἐβασίλευσας*) 하나님을 찬양하는 형식의 로마서 11:36도 이에 상응한다. "이는 만물이 주에게서 나오고 주로 말미암고 그에게로 돌아감이라."(*ἐξ αὐτοῦ καὶ δι αὐτοῦ καὶ εἰς αὐτὸν τὰ πάντα*) 반면 신앙고백의 형식을 띤 고린도전서 8:6에서는 이러한

기능이 하나님과 그리스도에게 나누어진다. 이러한 내용은 앞서 언급한 고린도전서 12:6에서 가장 눈에 띈다. 그 구절에서 영, 그리스도, 그리고 하나님을 구분하는 문맥 가운데 하나님 칭호는 '모든 것을 모든 사람 가운데서 이루시는 하나님'(*ὁ ἐνεργῶν τὰ πάντα ἐν πᾶσιν*)이다. 그러나 11절에서 성령에 관해서도 이와 유사하게 진술될 수 있다.

3.1.3 위에서 고려된 구절들은 분명 구약성서의 하나님 이해와 밀접하게 연결되어 있으며, 이는 예수와 초기 기독교에도 기준이 되는 것이었다. 그 구절들이 신약성서 안에서 기독론적 변형에도 불구하고 고수된다는 점은 두 가지 관점에서 의의가 있다. 먼저는 모든 것을 일으키시는 한 분 하나님에 대한 기본적인 신앙고백이 희생되지 않았다는 것과, 두 번째는 비록 철저하게 숙고된 방식으로는 아니지만, 예수 그리스도와 영의 활동에서도 모든 것을 포함하는 하나님의 영향력이 강조되었다는 것이다.

3.2 하나님과 예수 그리스도의 관계

8장에서 논의된 하나님과 예수 그리스도의 관계와 관련하여 계속 언급할 수 있다. 그러나 여기서는 삼위일체론을 암시적으로 예시(豫示)하는 요소를 얼마나 식별할 수 있는지를 밝혀야 한다.

3.2.1 사고의 전제

3.2.1.1 기본적으로 하나님과 예수 그리스도의 관계는 초기 기독교에서 구약성서의 전제 아래 기술되었다는 점이 거듭 고려되어야 한다. 즉 그 관계는 관계적이며 기능적으로 이해되었다는 뜻이다. 그에 상응하여 위격적 구성요소, 함께함의 성격, 그리고 대리의 사상이 결정적이다. 이는 의심의 여지없이 특정한 존재론을 내포한다. 그러나 이는 존재의 규정이 아니라 관계의 특성에서 출발하는 존재론이다.

3.2.1.2 이러한 사고방식의 우세함은 근본적으로 고대교회 전승과 구분된다. 고대교회에서는 무엇보다도 아들의 신적인 특성과 아버지와의 본질적 일치에 대한 질문이 중요하다. 두-본성-이론이 이에 해당하며, 그 이론은 중세와 종교개혁 시기를 지나 18세기에 이르기까지 영향력이 남아 있었다. 어쨌든 신약성서의 전체 증언을 통해 삼위일체론이 요구되었지만, 예수께서 하나님의 아들이심에 대한 진술들이 보다 후대의 의미에서 해석되지 않았다는 점에서, 두-본성-이론을 위한 신약성서에서 직접적으로 유

래하는 동기는 없었다. 덧붙여 두-본성-이론을 고대교회의 모든 지역에 있는 교회 공동체가 전수한 것은 아니다. 만일 삼위일체론이 고대교회에서 신약성서의 전제를 토대로 후기 고대의 존재론을 힘입어 숙고되고 표현되었다면, 두-본성-이론은 결단코 후기 고대의 존재론의 토대 위에서만 가능하다. 신약성서에 있어서는 또 다른 사고전제들이 본질적이다. '신적인 본성'(*θεία φύσις*)에 대한 진술은 가장 후대의 문서인 베드로후서에만 등장한다. 그러나 그리스도와 연결되지 않고 구원론적으로 적용되어, 믿는 자들을 언급하면서 "신성한 성품에 참여하는 자"(*θείας κοινωνοὶ φύσεως*, 1:4)라고 한다. 여기서 그에 상응하는 기독론적 이해가 그 배후에 있으나, 그 이해가 발전되지는 않는다.

3.2.2 하나님에 대한 지상 예수의 관계

3.2.2.1 구약성서에 의해 각인된 초기 기독교의 사고에 있어서 하나님과 세상, 하나님과 인간의 분명한 구분은 자명하다. 이러한 전제 아래서 예수께서 전적으로 인간이라는 것이 초기 기독교의 문제이다. 전권, 파송, 그리고 영을 지님의 세 가지 모티브가 결코 우연히 전면에 있는 것이 아니다. 그것은 존귀 칭호나 현현전승이 예수에게 적용되는 곳에도 역시 해당된다. 이는 특히 예수께서 하나님의 아들이라는 진술의 맥락에서 고려되어야 한다. 요한복음의 성육신 신학도 여기서 예외가 될 수 없다.(참조. 이 책 8장)

3.2.2.2 이런 전제 아래에서 부활 직후 시기에 수행된 '예수의 신격화'를 말하는 것은 의미가 없다.(타이센[Theissen]의 *Die Religion der ersten Christen, Eine Theorie des Urchristentums*에 반대하여) 구약성서적 전제가 철저하게 생명력이 유지되고 고수되는 헬라적-유대기독교적 지역에서는 이런 상황이 발생하지 않았다. 이방 기독교 영역에 이르러 비로소 변경되었다. 그리스-헬레니즘의 사고에 있어서 신적인 것과 인간적인 것 사이의 경계가 매우 유동적이었기 때문이다. 여기서 더 자세하게 규정하지는 않은 채, 단계적으로 예수의 인간으로서의 위격(Person)에 신성이 스며들었다는 이해가 관철되었다. 이러한 이해는 뒤이은 시대에 신적인 존재인 예수께서 단순히 겉으로 보이는 인간의 껍데기를 입고 나타났다는 하나의 이론으로 발전하기까지 강력하게 영향력을 끼쳤다. 이는 영지주의적 개념의 틀 안에서 발생한 바와 같다. 그러나 이러한 흐름은 또 다른 방식으로 단성론적 교리 형성(monophysitische Lehrbildung)으로 이어졌다. 그에 반해 신중하게 우회적으로 표현된 두-본성-이론은 어쨌든 주목할 만한 수정이다.

3.2.3 하나님에 대한 선재한 이와 승귀된 이의 관계

선재 진술 및 예수의 승귀와 재림에 대한 진술은 지상 예수에 대한 신약성서의 진술과 구분된다. 여기서는 하나님과 인간 예수 사이의 관계가 문제가 아니라 천상의 혹은 하늘에 받아들여진 인물에 대한 하나님의 관계가 문제이다. 천상의 존재가 그 자체로(eo ipso) 신과 같지 않다는 사실은 성서의 천사표상에서 드러난다. '천사기독론'으로는 예수의 특수한 위치가 고려되지 않으므로, '천사기독론'으로 출발할 수는 없지만, 천상적 존재로서 예수를 보는 신약성서의 이해는 처음부터 그의 신성이 아니라, 보다 더 정확히 말해 그가 결정적으로 가까움을 암시한다.

3.2.3.1 선재의 견지에서 하나님과 가까움, 그리고 하나님과 결합되어 있음을 빌립보서 2:6은 '엔 모르페 테우'(*ἐν μορφῇ θεοῦ*, 하나님의 본체)라는 문구로, 요한복음 1:1은 그가 이미 태초에 '하나님과 함께'(*πρὸς τὸν θεόν*) 있었다는 진술로 표현했다. 선재한 이는 빌립보서 2:6에 따르면 '하나님과 동등됨'(*τὸ εἶναι ἴσα θεῷ*)을 이르러야 할 목표로서 추구하지 않았으나(*οὐχ ἁρπαγμὸν ἡγήσατο*, res rapta[이미 성취한 것]의 의미가 아니라, res rapienda[성취해야 할 것]의 의미에서), 요한복음 1:1에서는 '로고스'의 기능규정을 근거로 그가 하나님의 신성에 참여함을 표현한다.(*καὶ θεὸς ἦν ὁ λόγος*, 1c절) 이것은 골로새서 1:15에도 해당하는 것으로 그 구절에서 선재한 이는 '에이콘 투 테우'(*εἰκὼν τοῦ θεοῦ*, 하나님의 형상)로 지칭된다. 항상 그는 하나님께 직접적으로 귀속된 이이며, 하나님과 함께 혹은 하나님 대신 활동하는 이이다. 이때 세상을 향한 하나님의 세상을 향한 관심이 선재한 이를 통해 인지된다는 것을 전제한다. 그런 점에서 창조와 역사 가운데서 선재한 이의 행위는 대리적 행위이다. 하나님 자신은 '보이지 않고'(요 1:18, 골 1:15) 그가 신성을 지니고 있어 모든 지상적인 것이나 유한한 것들과 근본적으로 구분된다.

3.2.3.2 선재진술은 그 내용이 다소 다르다. 예수의 부활을 '하나님 우편에' 임명된 것의 의미로 이해했다는 사실만으로도 그가 하나님과 가까움이 여기서 특수한 방식으로 규정된다는 것을 보여준다. 바울이 인용한 찬양 중 빌립보서 2:9에서 '휘페루프순'(*ὑπερυψοῦν*), 문자적으로는 '위로 끌어올려진'이라는 개념을 우연히 사용한 것이 아니다. 이는 예수께서 선재를 능가하는 위치를 차지한다는 사실을 표현한다. 그것과 더불어 예수께서는 하나님에 의해 '모든 이름 위에 뛰어난 이름'(*τὸ ὄνομα τὸ ὑπὲρ πᾶν ὄνομα*)을 부여받는다. 그는 하나님 옆에 그의 자리를 가지고, 이제 하나님과 동등하게 되었다. 따라서 "주는 예수 그리스도이시다."(*κύριος Ἰησοῦς Χριστός*)라는 우주의 환

호성이 그에게 돌려진다. 요한복음 17:5의 예수의 기도에서 창세 이전과 같이 그에게 '영광'(δόξα)을 달라는 표현처럼, 요한 신학은 선재한 이와 승귀된 이의 똑같은 위치를 전제하는 반면, 빌립보서 2:6-11은 이를 구분한다. 물론 위 두 구절에서 부활하고 승귀된 이와 마찬가지로 선재한 이도 특별한 방식으로 하나님의 신성에 참여한다는 것이 관건이긴 하다. 그는 하나님의 대리자이며 대표자이다. 그런 점에서 우리는 그의 활동 안에서 하나님 자신을 만나지만, 이것을 양태론적인 의미에서 이해해야 하는 것은 아니다.

3.2.3.3 파루시아와 심판에서도 예수께서 하나님을 대신하고, 하나님의 전권을 받아 행한다는 것이 핵심이다. 그와 관련된 다양한 진술들이 병존한다. 이러한 내용은 인자기독론에서 분명하게 드러난다. 가장 오래된 본문들에서 인자는 하나님의 심판 앞에 선 증인이며 대언자(보혜사)이고 하나님 자신은 재판관이다.(눅 12:8 이하) 그 외에 하나님이 재판관의 직무를 수행한다는 진술들도 있다. 로마서 14:10의 '하나님의 심판대'(βῆμα τοῦ θεοῦ) 문구만 참조해 보아도 알 수 있다. 그러나 그 외에 인자가 심판을 시행하는 이라고 하는 매우 명백한 본문이 있다. 그것은 마태복음 25:31-46의 종말심판에 관한 설교만 보아도 상기된다. 고린도후서 5:10에 있는 '그리스도의 심판대'(βῆμα τοῦ Χριστοῦ)가 이에 상응하는 표현이다. 마가복음 13:26 이하 병행구절에 따르면, 다시 올 인자는 그의 천사들을 보내 구원받은 이들을 모으고, 그것과 더불어 구원을 완성한다. 여기서도 다시 올 이가 하나님을 위해, 그리고 하나님 대신 행한다는 기본 경향은 오해의 여지가 없다.

3.2.4 하나님에 대한 예수 그리스도의 관계에 있어 근본적인 것

3.2.4.1 하나님과 예수 그리스도 사이의 관계를 규정할 때에는 한편으로는 지상 예수에 대한 관계와 다른 한편으로는 선재한 이 혹은 승귀되고 다시 올 이에 대한 관계 사이의 구분도 고려해야 한다. 어떤 경우에는 하나님과 인간 사이의 근본적인 차이가 중요하고, 다른 경우에는 예수께서 유일무이한 위치와 기능을 지닌다는 전제 아래 천상의 세계 안에서 여러 단계로 나뉜 위치가 중요하다. 어쨌든 예수께서 하나님께 귀속됨 혹은 종속됨이 모든 기독론적 본문의 주요 모티브이다. 이는 지상의 예수에 대한 진술에서 오해의 여지없이 유효하며, 승귀되고 다시 올 이가 하나님 곁에 있고 그의 위엄을 소유했다는 본문에서도 역시 유효하다. 성서의 사고에 따르면 종속이 동등함을 배제하지 않는 반면, 고대교회 신학의 경우 종속에 대한 모든 사상은 본질이 하나라는 이해와

모순되었다. 귀속 및 종속은 초기 기독교 사고에 있어서 매우 긴밀하게 함께하는 맥락에 놓이므로 하나님의 신성에 참여함을 포함한다.

3.2.4.2 관계적-기능적 관계규정에 있어서 요한복음 10:30의 진술, "나와 아버지는 하나이니라"(*ἐγὼ καὶ ὁ πατὴρ ἕν ἐσμεν*)가 핵심적 의미를 갖는다. 그 진술이 의도하는 바는 상호관계적 진술인 10:38b에서 표현된다. "아버지께서 내 안에 계시고 내가 아버지 안에 있다."(*ἐν ἐμοὶ ὁ πατὴρ κἀγὼ ἐν τῷ πατρί*) 이러한 내용은 14:10 이하와 17:21, 23에 재수용되었고, 10:15a의 상호적인 앎 또는 인식에 대한 진술도 이에 상응한다. "아버지께서 나를 아시고 내가 아버지를 안다."(*καθὼς γινώσκει με ὁ πατὴρ κἀγὼ γινώσκω τὸν πατέρα*, 참조. 마 11:27과 병행구절) 서로 다르며 위격적인 동일시와 관련하여 '하나이다'라는 것은 함께함과 상관성의 의미로 이해된다. '아버지'와 '아들'에 관한 언급은 동시에 결합과 종속을 지칭한다. 여기서 종속이 예수의 위치를 격하시킨다는 것을 전제하는 것이 아니라, 예수께서는 전적으로 아버지와 결합되어 있고 그리하여 아버지의 대리인이 된다는 것을 의미한다. 후대 삼위일체론의 기본문제 또한 이 '하나이다'로 말할 수 있다. 신약성서와 또한 신약성서 이후 시기에 이 문제는 우선 기독론적 견지에서만 논의되었고 따라서 이위일체적(binitarisch)이었다. 성령론은 매우 후대에 이르러서야 관련되었고, 이것이 삼위일체적 진술로 이끌었다. 니케아 신조(Nicaenum)는 아직 성령을 부르는 것에만 제한되었고, 니케아-콘스탄티노플 신조(Nicaeno-Constantinopolitanum)에서야 비로소 세 번째 조항(Artikel)이 추가되었고, 실제로 삼위일체적 구상에 이르렀다.

3.2.4.3 대리사상(Stellvertretungsgedanke)의 맥락에서 더 숙고해야 할 것이 있다. 하나님의 고유한 행위가 말하자면 넘겨져서 그리스도에게 위임되었다는 인상을 줄 수도 있는 본문들이 분명히 있다. 그러나 그런 의미가 아니다. 무엇보다도 예언자에 관한 전승 가운데 깔려 있는 구약성서적-초기 유대교적 전권위임 모티브에서 출발하면, 거기에는 위임자가 대리인 안에 있다는 것이 전제된다.(참조. 고후 5:20) 따라서 대리행위(Stellvertretung)에는 어떤 경우든 하나님이 함께 일하신다는 것을 전제한다. 대리행위는 하나님과의 함께함 안에, 그리고 하나님을 통한 위임에 기초하기 때문에, 예수 그리스도의 행위 안에는 하나님 자신이 현존하신다. 하나님의 고유한 의지는 하나님이 그리스도의 활동에 함께 참여하는 방식으로 그리스도에 의해 수행된다. 이러한 내용은 요한복음에 분명하게 표현되었고, 특히 요한복음 5:21에 그러하다. 이 구절은 죽은 자들을 일으켜 살리는 것이 아버지께 그리고 같은 방식으로 아들에게 확언되고 있다. 5:26

에 따르면 아버지처럼 아들도 역시 '생명을 그 안에 갖고 있기'(*ἔχει ζωὴν ἐν ἑαυτῷ*) 때문이다. 아버지는 아들을 통해 자신을 계시하고 그와 함께 활동하시기 때문에 아들은 전적으로 아버지의 대리자이다. 그 때문에 다음과 같이 표현할 수 있다. "나를 보는 자는 아버지를 보느니라."(요 12:45, 14:9)

3.2.4.4 하나님과 예수 그리스도의 관계를 관계적-기능적으로 규정하는 것은 초기 기독교에 있어서 계시사상과 직접적인 관계가 있다. 성서의 본문들은 하나님의 자존성(Aseität, 부동성)에 대해 숙고하지 않는다. 언제나 세상과의 관계가 관건이고 그런 점에서 세상의 창조와 함께 시작되어 완성에까지 계속되는 하나님의 계시행위가 관건이다. 그러므로 기본적인 위격적 관계는 기능적인 임무의 규정과 관련된다. 이것은 선재한 이와 또한 승귀되고 다시 오실 이에게도 해당된다. 그리고 그가 파송받은 것과 그에게 맡겨진 전권을 근거로 지상 예수에게 해당한다. 신약성서 안에 있는 관계적-기능적 기독론은 모든 것을 포괄하는 계시 주제의 한 표현이다.(참조. 이 책 6장)

3.3 영에 대한 하나님과 그리스도의 관계

하나님과 영 또는 그리스도와 영의 관계는 초기 기독교 시기에 아버지와 아들의 관계만큼 집중적으로 숙고되지 않았다. 처음에 하나의 기독론이 있었고, 하나의 성령론이 점차 독립적으로 형성되어 기독론과 평행을 이루었다. 이것은 물론 초기에는 소수의 영 진술만이 있었을 것임을 의미하지는 않는다. 신약성서 본문은 성령론에 대한 충분한 여러 관점을 지니며, 여러 관계를 갖는다.(참조. 이 책 9장) 본 맥락에서 설명할 수 있는 것은, 기독교의 성령론의 발전이 신약성서의 선포에 내재된 삼위일체 구조에 대한 질문에서 어느 정도로 중요한가 하는 것이다.

3.3.1 우선 고려해야 할 것은 신약성서 안에서 영의 활동을 어떻게 언급하는가이다. 무엇인가가 '성령을 통해'(*διὰ τοῦ πνεύματος*) 일어났다고 하는 진술들은 수없이 많다. 다른 구절들은 영의 활동만을 언급한다. 그 구절들과 '영이 온다'(*ἔρχεσθαι*) 또는 '주어진다'(*δοθῆναι*) 혹은 믿는 이들 가운데 '거한다'(*οἰκεῖν*)라고 하는 본문들이 결합되어 있다. 거기에 더해 영이 '파송되는 것'에 대해 언급하는(*ἀποστέλλειν, πέμπειν*) 진술들도 추가된다.

3.3.2 앞에서 이미 보여주었듯이, 영은 처음에는 구약성서적-초기 유대교적 전승에서처럼 하나님에게서 비롯하는 영향력 있는 능력으로 이해되었다. 이는 예수께서

영을 지니셨다는 이해에도 해당된다. 물론 그 경우 중요한 것은 지속적인 영의 수여이다. 이어서 승귀된 그리스도가 영 세례자와 영 수여자로 이해되면서, 그는 하나님의 영 활동에 참여했다. 그리하여 '하나님의 영'(*πνεῦμα θεοῦ*)에 대한 진술과 더불어 '그리스도의 영'(*πνεῦμα Χριστοῦ*)에 대한 진술이 생겨났다. 이 두 표현은 한 본문 안에서 여러 번 자리를 바꾸며, 서로 어떤 상호관계가 형성되지는 않는다. 이 둘을 서로 결합시키려는 시도가 사도행전 2:33에 있다. 이 구절에 따르면 승귀된 이가 (역동적으로 이해된) 영을 하나님으로부터 받아 사람들에게 부어 주었다. 어쨌든 아버지와 아들에 대한 영의 보다 더 정확한 관계가 어떤 것이냐 하는 문제가 생겨난다.

3.3.3 바울에게서 인식할 수 있듯이 영과 관련하여 파송사상이 이미 비교적 일찍 사용되었다. '파송'이 모든 종류의 위임이나 전권을 지칭할 수 있는 형식적 개념과 관련되기는 하나, 각각의 문맥을 통해 구체적인 의미가 생겨난다. 이때 위임받은 이의 행위는 전적으로 보낸 이에게 묶여 있고, 특수한 사명을 통해 규정된다는 것을 전제로 한다. 일차적으로 기독론에서 중요했던 것이 성령론으로 넘겨졌다.

3.3.3.1 영을 보내심은 예수를 보내심과 병행한다. 이는 제일 먼저 갈라디아서 4:4, 6에서 분명하게 나타난다. "때가 차매 하나님이 그 아들을 보내사 … 우리로 아들의 명분을 얻게 하려 하심이라. 너희가 아들이므로 하나님이 그 아들의 영을 우리 마음 가운데 보내사 아빠 아버지라 부르게 하셨느니라."(*ὅτε δὲ ἦλθεν τὸ πλήρωμα τοῦ χρόνου, ἐξαπέστειλεν ὁ θεὸς τὸν υἱὸν αὐτοῦ … ἵνα τὴν υἱοθεσίαν ἀπολάβωμεν· ὅτι δέ ἐστε υἱοί, ἐξαπέστειλεν ὁ θεός τὸ πνεῦμα τοῦ υἱοῦ αὐτοῦ εἰς τὰς καρδίας ἡμῶν καρζον· ἀββὰ ὁ πατήρ*) 아들을 보내심이 예수의 위격(Person) 안에서 하나님의 계시가 된 것처럼, 영을 보내심 또한 하나님 또는 승귀된 이의 계시가 된다. 지상의 예수께서 그의 파송을 근거로 하나님을 대신하듯이, 이에 상응하여 영은 부활 이후의 시기에 하나님의 대리자 또는 승귀된 그리스도의 대리자이다.

3.3.3.2 귀속과 종속이 기독론에서 그랬던 것처럼 영을 보내심에 대한 진술에서도 결정적인 역할을 한다. 영을 하나님이나 또는 그리스도에게서 비롯하는 하나의 능력으로만 말하는 곳에서는 순전한 예속이 핵심이다. 파송과 관련하여 이 예속은 전권위임과 결합되며, 이 전권위임을 통해 영이 독립적인 기능을 갖는다. 그는 하나님과/또는 승귀된 그리스도를 대리하여 행동한다. 그런 점에서 승귀된 그리스도와 영에 대한 진술이 교환될 수 있으며, 이는 갈라디아서 2:20a와 로마서 8:9에서 나타나는 바이다. 이에 상응하여 승귀된 이의 말씀에 대한 진술과 영의 활동에 대한 진술이 서로 교환될 수 있

고, 이는 요한계시록의 일곱 교회에 보내는 서신에서 일어나는 바와 같다. 승귀된 이의 '나-말씀'은 여기서 영이 공동체에게 말하는 것을 들으라는 요청과 결합되었다.(참조. 계 2:7 등) 파송은 위임자를 대리하는 것과 결합되며 동시에 대리적 행위와 관련된다. 전통적인 역동적 영 표상에 부응하는 영의 활동 또는 '영을 주심'에 대한 표현들과는 달리, 파송진술에서는 위임자와 위임된 영 사이의 상호적 관계가 함께 고려된다.

3.3.4 파송 개념을 전제로 하면서 동시에 그것을 넘어서는 숙고가 요한복음의 고별설교에 등장한다.

3.3.4.1 요한복음에서 영이 '보혜사'로 특징 지어지고 독립성을 지닌다 하더라도, 그 자신이 들은 것과 다른 것은 그 어느 것도 말하지 않고 행하지 않는다. "그가 스스로 말하지 않고 오직 들은 것을 말하신다."(*οὐ γὰρ λαλήσει ἀφ' ἑαυτοῦ, ἀλλ' ὅσα ἀκούσει λαλήσει*, 요 16:13b) 이것은 시작되고 있는 영의 독립화 및 그것과 결부된 위격화와 모순되지 않는다. 왜냐하면 예수에 관해서도 이와 똑같은 내용이 진술되었기 때문이다. "내가 너희에게 이르는 말은 스스로 하는 것이 아니라 아버지께서 내 안에 계셔서 그의 일을 하시는 것이라."(*τὰ ῥήματα ἃ ἐγὼ λέγω ὑμῖν ἀπ' ἐμαυτοῦ οὐ λαλῶ, ὁ δὲ πατὴρ ἐν ἐμοὶ μένων ποιεῖ τὰ ἔργα αὐτοῦ*, 요 14:10)

3.3.4.2 고별설교의 보혜사 말씀 가운데에는 영을 보내심 또는 하나님을 통해 영을 주심에 대한 진술(14:16, 26)이 겉보기에는 승귀된 이를 통한 보내심에 대한 진술과는 관계가 없다.(15:26, 16:7b) 그러나 그 진술들은 매우 의식적으로 함께 묶여 있다. 그래서 하나님이 영을 주심은 아들의 간청을 근거(14:16)로 행하여지거나 또는 '내 이름으로' 하나님이 파송하신다. 반대로 아들을 통해 "아버지로부터"(*παρὰ τοῦ πατρός*, 15:26) 파송되기도 한다. 이런 방식으로 영의 파송과 관련하여 아버지와 아들의 공통된 행위가 관건이라는 사실이 분명해진다. 이러한 내용은 다양하게 다른 말로 표현될 수 있다.

3.3.4.3 요한의 맥락에 있어서 결정적인 구절, 그리고 뒤이은 시기에도 중요한 역할을 했던 구절은 요한복음 15:26이다. "내가 아버지께로부터 너희에게 보낼 보혜사 곧 아버지께로부터 나오시는 진리의 성령이 오실 때에 그가 나를 증거하실 것이요."(*ὅταν ἔλθῃ ὁ παράκλητος ὃν ἐγὼ πέμψω παρὰ τοῦ πατρός, τὸ πνεῦμα τῆς ἀληθείας ὃ παρὰ τοῦ πατρὸς ἐκπορεύεται, ἐκεῖνος μαρτυρήσει περὶ ἐμοῦ*) 그러므로 영이 "아버지로부터 비롯한다/기인한다."(*παρὰ τοῦ πατρὸς ἐκπορεύεται*) 그리고 아들에 의해 "보냄 받게 된다."(*πέμψω*, 16:7b)라고 진술된다. 그와 더불어 '유래'(Hervorgehen)

의 모티브가 특별한 의미를 얻는다. '에크포류에스타이'(ἐκπορεύεσθαι, 나오다, 유래하다) 개념이 지닌 장소와 관련된 용례 외에도, 예를 들면 말, 소식 또는 일반적으로 내면의 욕구에 관해 말할 때에 이것이 입 밖으로 또는 마음에서 '나온다'고 하는 제한적으로 전용(轉用)된 용례도 있다.(참조. 마 15:11, 눅 4:37, 막 7:15, 20-23) 그런 점에서 요한복음 15:26의 이 용례는 그 표현을 사용할 때에 원래는 영이 하나의 능력으로서 나타난다(Hervorgehen)고 생각했다는 점과 관련이 있다. 그러나 그 말씀은 파라클레토스 표상 및 파송사고와 연결하여 새로운 내용을 갖게 되었으며, 그것이 곧 위격적으로(Personal) 이해된 영의 기원을 제시한다. '유래'의 이 모티브에서 영의 원천은 오로지 아버지에게서만 보이고, 그의 위임은 아들을 통해 또는 아버지와 아들을 통해 상호적으로 이루어진다.(후대에 서방 전통의 신앙고백에 '필리오케'[filioque, 아들로부터]를 삽입하여 된 것과는 다르다.)

3.3.4.4 이미 언급된 영은 들은 것 외에는 아무것도 말하지 않는다는 진술이(16:13) 바로 이어 다음과 같이 상술된다. "내 것을 가지고 너희에게 알리시겠음이라."(*ἐκ τοῦ ἐμοῦ λήμψεται καὶ ἀναγγελεῖ ὑμῖν*, 16:14b) 여기에 추가로 기독론적 모티브가 덧붙는다. "무릇 아버지께 있는 것은 다 내 것이라."(*πάντα ὅσα ἔχει ὁ πατὴρ ἐμά ἐστιν*, 16:15a) 아들이 아버지로부터 받은 것을 함께하는 것에 영도 역시 참여한다. 이를 통해 그의 사명이 특징 지어지고, 그렇게 하여 파라클레토스가 지상 예수의 활동을 이어가는 '또 다른 파라클레토스'(14:16)가 된다.

3.3.4.5 파라클레토스로서 영이 예수의 지상 사역을 이어나갈 때, 그는 하나님과 승귀된 이의 위임을 받아 행한다. 이때 영의 활동은 지상 예수의 활동과 매우 비슷하게 이해된다. 중성의 '토 프뉴마'(*τὸ πνεῦμα*)가 남성형태 '호 파라클레토스'(*ὁ παράκλητος*)로 대체되는 것을 토대로, 그리고 '또 다른 파라클레토스'라는 언급을 토대로 첫 번째 파라클레토스인 성육신한 로고스의 기능과 완전히 병행하게 된다. 그런 점에서 요한의 전승 가운데 기독론에서 나온 특징들이 성령론으로 넘겨지게 된 것은 놀랍지 않다. 이는 특히 재림에 관한 진술이 보여주는 바이다.(요 14:18) 이에 더해 요한일서 2:1은 승귀된 이를 파라클레토스로 칭한다. 승귀된 이는 천상의 '보혜사'로서 자기 사람들을 위한 대언자이다. 그리하여 승귀된 이는 파라클레토스로서 하나님 앞에서 행하고, '또 다른 파라클레토스'는 사람들 가운데서 행한다.

3.3.4.6 파라클레토스의 기능에 대한 규정이 성령론의 매우 한정된 측면에만 제한된다는 사실, 즉 부활과 완성 사이에 지상에서 영의 활동에만 제한된다는 사실에 주

목할 필요가 있다.(참조. 요 20:22 이하, 17:5, 24) 이때 파라클레토스는 하늘에서 오며 영은 하나의 천상의 현실이라는 점을 전제한다. 비록 영의 활동이 구약성서에서도 고려되고(참조. 요 12:41, 고전 10:4), 특히 예수께서 영을 지님은 다른 복음서에서와 같이 중요한 역할을 하지만, 부활 이후에야 비로소 파라클레토스인 영에게 특수한 사명이 할당된다. 처음으로 요한복음에서 전개된 바와 같이 아버지, 아들, 그리고 영 사이의 관계가 이 구원사적인 시기에도 해당된다.

3.3.5 전체적으로 영은 지상의, 그리고 승귀된 예수와 결합됨으로써 구원사으로 규정되었고, 부활 이후 시기에 특별한 방식으로 수행된다. 신약성서에서는 아버지와 아들과 성령의 관계에 대해 영원히 함께 속한다는 의미로 결코 숙고된 적이 없다. 그런 점에서 오히려 이 전승의 결과로 삼위일체를 '구원의 경륜'으로 해석하며, 반면 '내재적' 삼위일체에 대한 질문은 헬라적 사고의 전제하에서 비로소 생겨났다. 삼위일체론이 형성되었다는 의미에서 요한복음의 성령론적 진술도 매우 일시적인 것이다. 다른 한편으로 그 진술들은 어쨌든 계속 이어서 생가할 동기를 제공하고, 암시적으로 혹은 부분적으로는 이미 명시적으로 존재하는 문제에 대해 해명할 것을 촉구한다.

4. 신론의 구성요소로서 기독론과 성령론

신약성서에서 두드러지게 나타난 아버지, 아들, 성령의 관계규정을 넘어서 기독론은 신론의 부분으로 간주된다는 실태를 한 번 더 기억해야 한다. 이것은 성령론에도 역시 동일하게 해당한다. 기독론과 성령론은 신약성서에서 하나님의 구원행위에 대한 메시지의 통합적 구성요소로 이해되어야 한다. 기독론으로 신론이 이미 현저하게 확장되었다면, 성령론이 전개되기 시작하면서 더 넓게 확대되었다.

4.1 성령론적 진술들은 초기 기독교 처음에 구약성서적-유대교적 전승에 맞추어 역동적 진술이라는 의미로 전수되었다. 그러나 기독론과 결합함으로써 고유한 윤곽이 생겼다. 그럼에도 불구하고 하나님의 고유한 행위로 돌이켜 결합하고 거기에 고정되어 있음은 분명했다. 신약성서의 후기 전승에 이르기까지 하나님의 영과 그리스도의 영, 하나님에 의한 영의 파송과 그리스도를 통한 파송을 동시에 말하였다는 사실이 이러한 실태를 분명하게 암시한다. 이것은 하나님에게서 영이 온다는 요한의 진술에 더욱 해당된다.

4.2 이미 상세히 언급했듯이, 신론은 신약성서에서 시종일관 계시의 신학으로 이해된다.(참조. 이 책 6장) 영의 활동을 얼마나 강하게 하나님의 계시 행위의 맥락에서 봐왔는지를 다음의 구절이 보여준다. "하나님은 영이시다."(*πνεῦμα ὁ θεός*, 요 4:24a) 이는 "하나님은 빛이시다." 및 "하나님은 사랑이시다."(*ὁ θεός φῶς/ἀγάπη ἐστίν*, 참조. 요일 1:5, 4:8b)와 일치한다. 이 문장들은 하나님의 존재규정의 의미에서 이해되어서는 안 되며, 오히려 "하나님은 영이시다."에서는 영 안에서, 그리고 영을 통한 그의 계시행위가 요지이다. 그 밖에 이 세 구절이 요한 문헌에서 등장한다는 점도 매우 특징적이다. 하나님의 빛은 창조와 결합된 계시라는 의미에서 이미 늘 세상에 존재해 왔다.(요 1:5) 하나님의 사랑이 예수 그리스도의 역사 안에서 계시되어 왔다.(요 3:16 이하) 그리고 하나님의 영은 현재에 활동하시며, 그 안에서 우리가 하나님께 진정으로 간구할 수 있는 바로 그 분이다.(요 4:24) 따라서 이 구절들은 고린도후서 13:13과 가깝다. 그러나 이런 경우든 저런 경우든 그것과 의식적인 삼위일체적 경향이 결합되지는 않았다.

4.3 예수 그리스도 안에 나타난 하나님의 계시 행위는 성령론도 포함한다. 여기서는 종말론적으로 자신을 계시하시는 하나님을 말하며, 이 계시는 종말의 바실레이아의 실현으로서 예수 그리스도의 위격(Person) 안에 수용된 역사적 형태를 띤다. 그러나 계시는 예수의 역사라는 일회적 사건으로 종결된 것이 아니고, 부활하고 승귀된 그리스도의 활동 안에서 계속된다. 여기에 영 안에서, 그리고 영을 통하여 현재에 계시됨이 무조건 속한다. 그렇게 구원 행위가 영의 살아 있는 활동 가운데서 계속 실현된다. 이런 방식으로 신론, 기독론, 성령론의 내적 통일성이 드러나고, 그와 더불어 신약성서의 진술 가운데 포함된 암시적 삼위일체의 구조도 동시에 드러난다.

5. 마무리 고찰

초기 기독교의 증언이 지닌 암시적 삼위일체 구조에 대한 질문은 본질적으로 근본신학적 의의가 있다. 이 질문은 서로 관련짓고자 하는 주석적 관찰에 기인한다. 온갖 상이성에도 불구하고 하나님, 그리스도, 영에 대한 신약성서의 진술이 일치되는 것을 알 수 있으며 그것이 삼위일체론을 위한 전제이다. 신약성서의 본문상황이 계속해서 설명할 것을 촉구한다.

5.1 고대교회 삼위일체론의 평가

오늘날까지 삼위일체론에 대한 논의는 고대교회의 신학이론교육의 징후 아래에 있다. 그리고 비판적 논쟁이 일어났던 곳의 징후 아래에 있다. 그런 점에서 고대교회의 삼위일체 도그마가 차지하는 가치를 밝히는 것이 중요하다.

5.1.1 출발점은 신약성서는 구약성서적-유대교적 사고방식에 결정적으로 각인되어 있고, 코이네 언어에도 불구하고 헬라적 표상들은 단초의 형태로만 받아들였으며, 반면 고대교회의 삼위일체론은 시종일관 헬라적 전제 아래서 형성되어 왔다는 사실을 확인하는 데서 시작해야 한다. 고대교회는 신약성서의 증언을 철두철미하게 자신들의 사고방식으로 번역해야 할 과제 앞에 있었다. 당시로서는 그것이 설득력 있는 방법으로 이루어졌다. 이 도그마가 중요한 가치를 지녔다는 것은 의심의 여지가 없으나, 그들의 특별한 사고의 전제 때문에 하나의 삼위일체론을 위해 있음직한 유일한 형태는 아니다. 따라서 신약성서에서 출발하여 일방적으로 고대교회의 삼위일체 도그마를 향해서만 시선을 던질 수 없다.

5.1.2 그럼에도 불구하고 고대교회의 신학은 어떻게 신약성서에 암시된 삼위일체적 구조가 계속하여 설명되며, 어떻게 삼위일체론이 형성되었는가 라는 견지에서 하나의 모범이 된다. 비록 후대 세대에게 삼위일체 도그마를 증명하고 실행해야 할 과제가 늘 새롭게 제기되었지만, 오랜 세월 동안 단지 고대교회의 신학이론교육(Lehrbildung)을 좇아 받아들여졌을 뿐이다. 오늘날 우리에게도 이 과제는 지속되며, 지금은 상당히 보다 기본적인 의미를 지닌다. 이것은 진정한 대안이 있느냐 하는 질문과는 상관이 없다. 모든 유대인들이(무슬림은 제외하고) 전통적인 삼위일체적 신 이해와 관련하여 가지고 있는 난점들은 어쨌거나 성서적 근거가 전통적 개념에서 상당 부분 사라져 버렸다는 것을 보여준다. 게다가 고대교회와 중세, 그리고 근대 초기에 비해 이해의 전제가 많이 변했다.

5.2 새롭게 이해된 삼위일체론의 과제

숙고되어 온 삼위일체의 관계를 규정하는 과제는 오로지 성서본문으로만 해결될 수 있는 것이 아니다. 왜냐하면 주석의 현 상황이 많은 것을 해결하지 못하고 있기 때문이다. 그러나 이러한 본문상황에서 핵심은 초기 기독교의 기반이 한 분 하나님의 삼위일체에 관한 신학적 진술을 가능케 하는 근거라는 점이다.

5.2.1 온갖 상이성에도 불구하고 하나님, 그리스도, 영에 대한 신약성서 진술이 일치함을 인식할 수 있다. 이러한 일치는 각각의 삼위일체론을 형성하는 데 필요한 전제로 볼 수 있다. 성서주석은 교리가 토대로 삼아야 할 성서적 근거를 밝히는 데에 그 방향지시적 기능을 지닌다. 관건은 성서적 사고방식과 밀접히 연결된 삼위일체론인가 하는 것이다. 여기서 현재의 이해조건을 고려하는 것도 또한 중요하다. 이런 의미에서 구상된 교의학적 시도가 오늘의 상황에서 성서적인 하나님 신앙과 그 신앙이 특유하게 기독론적으로 형성된 것을 이해하도록 새로운 접근로를 제공할 수 있다.

5.2.2 존재의 범주로 정향된 존재론 대신 관계와 기능의 계시라는 신학의 틀 안에서 출발하고 대리의 모티브를 고려하는 개념이 발전되어야 한다. 이런 의미에서 얼마만큼 삼위일체 진술들이 전개되는지 검증해야 한다. 이 진술들은 하나님의 계시가 구체적으로 지상에 나타나심을 예수께서 인간이시라는 것과 승귀된 그리스도와 성령이 현세에 활동한다는 것과 같은 방식으로 해석한다. 이 방식은 신적인 존재의 범주 및 신적인 특성의 범주를 필요로 하지 않는다. 요지는 하나님의 관심이 지상에서 경험할 수 있게 구체화되었다는 신학적 설명이다. 이것은 하나님 인식 및 구원을 포함한다. 이때 전적으로 인간인 예수 안에서 하나님이 행하고 우리에게 다가와 하나님과 그리스도의 영이 어떻게 현세의 제약들 아래 있게 되었고 우리를 하나님의 구원하시는 의지에 직면시켰는지를 표명해야 한다.

3부

하나님의 계시 행위의 구원론적 영역

기독론에서 관건은 예수를 하나님의 계시자이며 대리자로서 인정하고 확증하는 것이다. 시선은 그의 위격(Person)과 하나님에 대한 관계를 향한다. 구원론에서 요지는 인간에 대한 관계와 절망으로부터의 구원이다. 기독론과 구원론은 가장 밀접하게 관련되어 있으면서 동시에 이미 신약성서 증언에서 그러하듯이 구분이 가능하다. 루돌프 불트만(Rudolf Bultmann)은 기독론은 구원론으로만 기술될 수 있다고 하는, 그리하여 신-론처럼 인류학으로만 전개된다고 하는 명제를 대표한다. 그리고 그는 필립 멜란히톤(Philipp Melanchton)의 다음과 같은 표현을 증거로 내세웠다. '크리스툼 코그노스케레, 이드 에스트 베네피치아 에이우스 코그노스케레.'(Christum cognoscere, id est beneficia eius cognoscere, 그리스도를 안다. 다시 말해 그의 은혜를 안다.) 이것이 인식의 과정에서 볼 때에 타당할지라도, 신앙고백적 진술의 틀 안에서는 영광의 특성을 지닌 기독론이 우선권을 갖는다. 흥미로운 사실은 로마의 옛 신앙고백(Romanum)과 사도신경(Apostolicum)이 순수한 기독론적 신앙고백의 형태를 계속 유지한다는 사실이다. 니케아-콘스탄티노플 신조(Symbolum)에서야 비로소 본체에 관한 진술과 더불어 다음의 구절이 수용되었다. "그는 우리 인간과 우리의 구원을 위해 하늘에서 내려오셨다."(*καὶ δι' ἡμᾶς τοὺς ἀνθρώπους καὶ διὰ τὴν ἡμετέραν σωτηρίαν κατελθόντα ἐκ τῶν οὐρανῶν*, qui propter nos homines et propter nostram salutem descendit de coelis) 자명하게 구원론적 진술들도 중요한 고유의 기능을 갖는다. 지금 일어나는, 그리고 장차 일어날 구원의 실현이 관건이다. 이런 맥락에 인류학도 속한다. 왜냐하면 보호와 구원이 하나님의 피조물로서 죄와 악의 세력에 빠진 인간에게 해당하기 때문이다. 인간은 그 세력으로부터 스스로 해방될 수 없다. 율법의 문제도 마찬가지이다.

II장

피조물이며 죄인으로서 인간

1. 인간론의 위치와 기능

신약성서 안에서 계시사건은 기본적으로 하나님의 행위라는 관점에서 관찰된다. 이때 계시가 누구에게서 나오며 어떻게 수행되는지가 증명될 뿐 아니라, 누구에게 그 계시가 해당되며 어떤 영향력을 끼치는지도 알려진다. 그런 점에서 인간론적 차원이 계시신학에, 특별히 구원론에 내재하는 구성요소이다.

1.1 피조성을 보자면 구약성서로 소급된다. 왜냐하면 바울을 제외하고 신약성서에는 인간론적인 기본진술이 희박하기 때문이다. 구약성서로부터 한 분 하나님과 그의 행위에 관한 근본적 진술들이 전제되는 것처럼, 피조물과 죄인으로서 인간의 형상도 그에 상응하여 생겨난다. 신약성서의 인간론적 진술들은 일반적으로 구약성서적-초기 유대교적 관점에서 제시되어 온 맥락을 따른다. 헬라적 환경에서 온 영향은 산발적으로 확인될 뿐이다.

1.2 하나님의 창조행위는 이전의 하나님의 행위에 대한 증거로서 구약을 말하는 맥락에서 이미 논의했다.(참조. 이 책 3장) 거기서 요점은 하늘과 땅의 주인이신 하나님, 창조 행위, '크레아티오 엑스 니힐로'(creatio ex nihilo, 무로부터의 창조), 피조된 현실, 피조물의 유한함과 무상함, 하나님의 창조행위를 근거로 그 분을 인식할 수 있다는 것이었다. 이제 시선을 특별히 인간에게 던진다.

1.3 하나님의 피조물인 인간에게는 처음부터 지상적 현존을 위한 기본적인 구조

가 정해졌다. 이러한 사실은 하나님이 허락하신 자연적인 재능과 능력이 흐려지거나 포괄적으로 잃을 수 있다는 것을 배제하지 않는다. 따라서 인간의 피조성에 관한 진술과 더불어 죄에 관한 진술들도 중요한 역할을 한다. 신약성서 안에서 죄 진술들은 사실 더욱 첨예화되었다. 이는 먼저 구원의 관점 아래서 볼 때 인간의 상실(Verlorenheit)이 완전하게 드러난다는 것과 관련이 있다.

1.4 하나님의 구원하시는 행위를 통해 인간은 그의 지상적 실존 안에서 참된 피조물의 형상으로 되돌아가는 길을 발견해야만 한다. 또한 인간의 완성이 종말에야 비로소 성취될 때에, 피조물인 인간은 구원에 참여함으로써 참된 인간으로 다시 실현될 수 있다. 그런 점에서 구원받은 인간에 관한 진술들은 인간의 근원을 규정하는 것과 관련이 있다.

2. 인간의 피조성

인간이 하나님으로부터 유래하고 하나님에 의해 창조되었다는 내용은 비록 많은 경우에 분명하게 표현되지 않지만, 초기 기독교의 모든 문헌에 해당한다.

2.1 개념

신약성서의 인간론에 접근하는 길을 발견하기 위해서는 불트만(Bultmann)이 특별히 자신의 신약성서신학의 바울에 관해 언급한 장(章)에서 했던 것과 같은 개념에서 출발하는 것이 가장 좋다. 여기서는 기본적인 틀 안에서만 설명하고, 성서구절은 콘코던스를 참조하여 쉽게 찾을 수 있다.

2.1.1 신약성서에서 등장하는 세 가지 인간론적 기본개념은 '사륵스'(*σάρξ*), '프쉬케'(*ψυχή*), '소마'(*σῶμα*)다. 이 세 가지 개념들은 각각 특수한 의미와 기능을 지닌다.

2.1.1.1 '사륵스'(*σάρξ*, 육체)[14] 개념은 구약성서의 단어 '바사르'(בָּשָׂר)와 상응한다. '프쉬케'(*ψυχή*, 생명의 숨결) 개념은 '네페쉬'(נֶפֶשׁ) 용어를 받아들인 것이다. '사륵

14) 원문의 독일어 단어를 'Fleisch'-육체, 'Körper'-신체, 'Leib'-몸으로 통일하여 번역하였다. – 역자 주.

스'(*σάρξ*)는 한계와 무상함을 지닌 피조성을 특징짓는 반면, '프쉬케'(*ψυχή*)는 하나님이 허락하신 생명, 인간의 실존을 참으로 가능하게 하는 생명력을 의미한다. 신약성서의 개념인 '소마'(*σῶμα*, 몸)도 역시 상응하는 (후기) 히브리어 단어, 즉 '고프'(גּוּף, 아람어로 גּוּפָא)가 있지만, 이 단어는 헬라어권에서 기본적으로 구약성서적 실태를 설명해 온 '해설의 개념'을 지닌 단어이다. 인간의 육체성을 헬라어권에서는 개념적이기보다는 묘사적인 것으로 이해하였고, 인간의 육체성을 특징짓는 단어는 온전한 인간을 지칭하는 데 사용된 단어이다. 그와 함께 위의 세 개념 모두 헬라어 언어전통에 비추어 하나의 새로운 의미를 지닌다. 왜냐하면 '사륵스'(*σάρξ*)는 헬라어 언어영역 안에서는 인간론적 개념이 없고, '프쉬케'(*ψυχή*)는 '혼'의 의미로 이해되면서, 모순된 긴장 가운데 신체라는 의미를 지닌 '몸'인 '소마'(*σῶμα*)에 속하기 때문이다. 세 가지 개념 모두에서 중요한 것은 그 개념들이 신약성서 안에서 사용된 범위 내에서 볼 때, 그 각각은 인간에 대한 부분적 진술이 아니고 오히려 온전한 인간을 표시한다는 점이다. 인간은 '사륵스'(*σάρξ*)이다. 인간은 '프쉬케'(*ψυχή*)이다. 인간은 '소마'(*σῶμα*)이다. 이 세 가지 개념들은 각각 특수한 의미와 기능을 지닌다. 그것은 인간이 보이는 다양한 측면들일 뿐이다.

2.1.1.2 그런 점에서 성서의 인간론과 헬라의 인간론이 기본적으로 구별된다. 헬라의 인간론은 인간과 관련된 여러 가지 다른 구성요소들의 조합에서 출발하며, 이때 '육체와 영혼'의 의미인 '소마'와 '프쉬케'(*σῶμα*와 *ψυχή*)라는 관계 외에 '소마, 프쉬케, 프뉴마'(*σῶμα, ψυχή, πνεῦμα*, 몸, 혼, 영)의 삼분법도 중요한 의미를 지닌다.(이 구분은 신약성서 가운데 살전 5:23에서만 발견된다.) 서양에서 성서적 전승과 함께, 수정되어 지금까지 영향력을 끼치는 바로 이 근본적인 이분법적 인간론 때문에 신약성서 본문 안에서 '프쉬케'를 '혼'으로 번역하는 것은 문제가 있다. 중요한 것은 신적인 '생명의 숨결'이며, 이것이 통일체로 이해된 전인적(全人的) 인간의 존재와 살아 있음을 가능하게 한다.(막 8:35-37과 병행구절) '사륵스'(*σάρξ*)와 '소마'(*σῶμα*)를 독일어로 번역하는 것도 어렵다. 독일어로는 그 단어들을 '플라이쉬'(Fleisch, 육체, 살)와 '라입'(Leib, 몸) 정도로 번역할 수 있을 뿐이다. 그러나 이는 오해의 여지가 있는 것이고, 어쨌거나 설명을 요한다. 성서의 인간론에 있어서는 인간을 통일체로 보는 시각이 전적으로 결정적이므로, '플라이쉬'(Fleisch, 육체, 살)가 인간존재의 피조성, 무상함, 유한함, 그리고 시험당할 가능성을 표시한다면, '라입'(Leib, 몸)은 각각의 개인적인 특징을 지닌 인간의 구체적인 현존을 포착한다고 할 수 있다. 여기서 '라입자인'(Leibsein, 몸으로 있음)

은 우리가 '페르손자인'(Personsein, 개인성[個人性])으로 이해하는 것과 상응한다.

2.1.2 전체를 보는 시각은 언뜻 보기에는 오히려 개별적인 기능들과 관련된 것처럼 보이는 개념에서도 유효하다. 구약성서에서 '레브, 레바브'(לֵבָב לֵב)로 존재의 중심을 지칭하는 것처럼, '카르디아'(*καρδία*, 마음)의 경우가 그러하여, 이 단어는 모든 것과 관련된다. 헬라어 전통에서 넘겨받은, 그러나 통합된 개념인 '누스'(*νοῦς*, 이성, 감각)와 '쉰에이데시스'(*συνείδησις*, 양심)도 이성적 능력 혹은 판단능력을 지닌 인간과 관련이 있다. 이에 상응하여 '에소 안트로포스'(*ἔσω ἄνθρωπος*, 내적 인간)이라는 용어는 '엑소 안트로포스'(*ἔξω ἄνθρωπος*, 외적 인간)로 지칭할 수 있는 세속적인 존재와 달리 인간실존을 결정적으로 규정하는 그 무엇을 가리킨다. 산발적으로 신적인 '영'과 구분하여 인간의 '프뉴마'(*πνεῦμα*, 영)를 말한다. 그것은 인간이 의사소통능력을 지녔음을 의미한다.(막 14:38과 병행구절, 눅 1:47, 행 17:16)

2.1.3 특정한 존재방식과 존재표현에 대해 동사로 서술한다는 점이 특징적이다. 무엇보다도 '셀레인'(*θέλειν*, 원하다)이 이에 해당한다.(*θέλημα*는 의지의 행동 및 의도된 바라는 뜻이며, 인간의 특유한 능력이라는 의미로 '결단'은 아니다.) 인간론적으로 중요한 또 다른 동사들은 '도키마제인'(*δοκιμάζειν*, 판단하다), '메림난'(*μεριμνᾶν*, 걱정하다), '에피쉬메인'(*ἐπιθυμειν*, 열망하다)이다. 이 단어들은 모두 인간을 전체적으로 보는 시각의 맥락에서 인식할 때에만 신약성서적으로 이해된다. 예를 들면 '에피쉬메인'(*ἐπιθυμεῖν*)은 단지 성적 욕망 혹은 물질적 욕망뿐만 아니라 전인적인 개인의 성격을 띤 '소마'(*σῶμα*)로서 인간에게 이기심이 있다는 의미이다. '몸은 눈의 등불'이라는 비유적인 진술도 눈의 상태가 전인적인 인간의 상태에 부응한다는 점에서(마 6:22 이하와 병행구절) 이런 실태를 보여준다.

2.1.4 신약성서에 있어서 핵심적인 실존적 표현에 속하는 것이 '아가판'(*ἀγαπᾶν*, 사랑하다)이다. 이에 더하여 명사 '아가페'(*ἀγάπη*, 사랑)도 있다. 흥미롭게도 히브리어 단어 '아하브'(אהב)에 해당하는 단어로 이미 기독교 이전의 헬라 유대교에서 연애 관계로 규정되는 사랑의 개념인 '에란'(*ἐρᾶν*)이나 우정을 지칭하는 '필레인'(*φιλεῖν*)이 아니라 일상적인 헬라어에서는 거의 사용하지 않는 '아가판'(*ἀγαπᾶν*)이 선택되었다. 비록 구약성서의 사랑의 개념도 연애의 요소를 포함하지만, 결정적인 것은 다른 이를 향해 주저함 없이 나아가는 관계방식이다. 이런 전제 아래에서 그야말로 사랑이 제대로 표현될 수 있으며, 이는 순전히 감정적으로 각인된 사랑에 대한 이해에서는 이해하기 어려운 것이다. 그런 점에서 성서적 의미의 사랑은 의사소통을 일으키고 의사소통을 이끌어

가는 관계형태이다. 예수의 메시지 가운데 있는 하나님과 이웃을 향한 사랑의 이중 계명도 이런 의미로 선포되었다.(구약성서적 전제와 초기 기독교에서의 의미에 대해서는 이 책 22장을 참조하라.) 여기서 사랑은 우리가 전통적으로 받아들인 사랑의 이해보다 훨씬 더 포괄적으로 이해된다.

2.1.5 보충하여 '미세인'(*μισεῖν*, 미워하다)도 역시 감정적 개념이 아니라 결정적인 분리를 의미한다. 이런 전제 아래에서 누가복음 14:26의 따름의 말씀을 이해할 수 있다. 그 구절은 예수께 속하기 위해 자기 가족을 미워하라고 한다.(마 10:37의 변형문도 참조하라. 그 구절은 '보다 더 사랑한다'라는 표현을 사용한다.) 이러한 기본 의미는 당연히 분리가 경우에 따라서는 적대적 행위로 이어질 수 있다는 사실을 배제하지 않는다.

2.2 인간실존의 구조

인간의 피조성이 무엇이냐 하는 것은 인간의 구조와 능력에서 드러난다. 여기서 말하고자 하는 바는 죄성(Sundersein)과 상관없이 인간을 특징짓는 기본구조이다. 즉 인간실존을 표명하는 실존양식과 삶의 형태가 관건이다.

2.2.1 인간은 의존적인 존재이다. 구약성서의 인식에 따라 인간이 하나님으로부터 그의 생명을 받은 것처럼, 그에게서 생명의 숨결을 다시 취하실 이도 하나님이다.(참조. 창 2:7, 욥 34:14 이하, 시 104:29) 거기에 인간의 한계, 유한함, 무상함이 근거한다. 인간은 그의 원천과 목표라는 견지에서 볼 때 영속적으로 하나님께 의존하고, 의식적으로든 무의식적으로든 하나님을 향한다. 이러한 사실은 인간에게 기본적인 하나님 인식을 가능하게 하며, 이것은 그가 하나님 인식을 받아들이는지 받아들이지 않는지와는 별개이다.(롬 1:19 이하) 인간은 자신이 하나님을 외면하기로 결심했을 때에도 여전히 하나님과 관계는 유지된다.

2.2.2 인간은 하나님에 의해 창조된 존재로서 의사소통과 대화를 할 수 있도록 정해졌다. 인간은 들을 수 있고, 이해할 수 있고 말할 수 있다. 이 같은 사실은 기본적으로 인간이 하나님과 닮은 형상이라는 창세기 1:26 이하의 모티브에서 드러난다. 이것은 죄가 있다는 사실로 침해당하지 않는다. 이에 대해서는 죄인인 인간에 관한 단락에서 다루어야 한다. 우선 여기서 제시하여야 할 것은 하나님과 닮은 형상이란 인간이 공동체와 관련을 맺는 것이나 의사소통의 능력을 지녔음을 일컫는 것이며, 이는 원래

피조물이 하나님과 관련되어 있음에 근거한다는 사실이다. 하나님을 닮은 형상이라는 것은 외형이나 존재의 문제가 아니고, 하나님과 대비하여 인간으로서의 개성을 말한다. 그 안에 인간이 이 땅 위에서 위치해야 할, 그리고 인간 편에서 만들어야 할 살아 있는 관계형태가 근거한다.

2.2.3 성서적 이해에 따르면 인간은 하나님 앞에서 살도록 창조되어졌고, 이것을 받아들일 수도 있고 거부할 수도 있다. 인간은 하나님을 긍정할지 또는 거스를지를 결정할 수 있는 원칙적인 가능성을 갖고 있다. 물론 인간은 참된 자유를 하나님과의 함께함 가운데서만 지킬 수 있고, 반면 하나님을 거부할 때에는 실상은 가장 심한 의존과 부자유인 자칭 자유에 빠져든다.(롬 6:12-14) 결정의 가능성은 로마서 1:21, 25, 요한복음 1:5, 9과 창세기 3장에도 전제되어 있다. 이 결정의 가능성은 총체적 실존의 행위로서 인간의 모든 관계와 의사소통에서 그의 존재를 규정하며 또한 인간 사이의 관계에서와 마찬가지로 하나님에 대한 관계에서도 그러하다. 이러한 상호적이며 의사소통적인 관계를 스스로 책임지지 못한다면 인간은 인간이 아닐 것이다. 그러나 이러한 사실이 하나님께 인간이 영속적으로 묶여 있음을 해체시키지 않으며, 이는 하나님에 대한 기본적인 관계상황을 인간 편에서 부정하는 곳에서도 역시 마찬가지로 해당된다.

2.2.4 인간실존의 구소에는 유혹받을 가능성도 포함된다. 인간은 외부로부터 유혹적으로 자기에게 다가오며, 자기를 악으로 유인하는 것에 약하다. 이것이 창세기 3장에서 뱀의 형상으로 상징화되었고, 이는 피조된 현실에 대하여 인간이 처한 불완전한 관계상황을 의인화한 것이기도 하다. 이 불완전한 관계상황 때문에 하나님에 대한 관계를 의심할 수도 있다.

2.2.4.1 이와 관련지어서, 신약성서에서는 '페이라스모스'(*πειρασμός*, 시험)를 말한다. 예수의 시험사화에서 예수를 꾀어 하나님을 배반하도록 부추기는 것은 '사탄'(*σατανᾶς*) 또는 '악마'(*διάβολος*)이다.(막 1:12 이하, 마 4:1-11과 병행구절) 이 사화는 개인의 한계를 초월하는 세력이 시험에 참여함을 범례적으로 보여준다. 그러나 결정적인 것은 당사자의 태도로, 그는 유혹에 굴복할 수도 있고 저항할 수도 있다. 주기도문 가운데 시험에 들게 하지 말라는 간구가(마 6:13과 병행구절) 있는 것은 우연이 아니다. 그 간구의 배경에는 한 편으로는 큰 위험에 대한 예상이 있고, 다른 한 편으로는 욥 전승이 있다. 욥 전승에 따르면 시험은 하나님의 의지와 관련이 있고 믿음 가운데 있음을 입증하는 데 사용된다.(욥 1:9-12) 그러나 동시에 시험의 한계를 하나님이 정하신다. 그래서 바울은 고린도전서 10:13에서 다음과 같이 말한다. "사람이 감당할 시험 밖

에는 너희가 당한 것이 없나니 오직 하나님은 미쁘사 너희가 감당하지 못할 시험 당함을 허락하지 아니하시고 시험 당할 즈음에 또한 피할 길을 내사 너희로 능히 감당하게 하시느니라."(*πιστὸς δὲ ὁ θεός, ὃς οὐκ ἐάσει ὑμᾶς πειρασθῆναι ὑπὲρ ὃ δύνασθε ἀλλὰ ποιήσει σὺν τῷ πειρασμῷ καὶ τὴν ἔκβασιν τοῦ δύνασθαι ὑπενεγκεῖν*) 이 구절은 야고보서 1:13의 진술과 모순 된다. 그 구절에 따르면 아무도 하나님에게 시험받는다고 말해서는 안 된다. 왜냐하면 하나님은 아무도 시험하지 않으시기 때문이다. 이 진술은 헬라화된 하나님 이해의 영향을 받았음에 틀림없다. 그러한 이해에 따르면 하나님은 지상의 모든 구체적인 사건들 밖에 있고, 결코 인간적인 모습을 띤 특징을 지니지 않기 때문이다.

2.2.4.2 겟세마네 사화에서 제자들은 깨어 기도하라는 명을 받는다. "시험에 들지 않게 … 마음에는 원이로되 육신이 약하도다."(*ἵνα μὴ ἔλθητε εἰς πειρασμόν· τὸ μὲν πνεῦμα πρόθυμον ἡ δὲ σὰρξ ἀσθενής*, 막 14:38) 시험에서 좌절하는 것은 인간의 지상적인 구조라는 의미에서 '육체'이다. 이 문맥에서 '육체'는 무상함 가운데 있는 피조물의 현실일 뿐만 아니라, 특별히 연약함과 유혹받을 수 있는 성질을 지닌 피조물의 현실이다. 인간의 영도 애쓰는 중에 시험에 굴복할 수 있다.

2.2.5 유혹에 진 인간은 하나님을 외면한다. 이렇게 인간이 하나님을 외면하는 데에 원죄, 즉 모든 과오와 악의 원천이 있다. 하나님과 하나님의 창조에 대해 인간을 눈멀게 하는 악으로의 몰락이 있다. 그럼에도 불구하고, 인간은 하나님과 불가항력적인 관계에 있으며, 인간이 그러한 사실을 인식하지 못할 때조차도 그러하다. 그것이 인간이 회개로 부름받고 구원의 메시지를 들을 수 있는 전제이다. 비록 신약성서의 증언이 하나님을 찾고 선을 따르려는 노력을 다양하게 판단하지만, 온갖 죄에도 불구하고 하나님을 찾고 선을 따르려는 노력이 유지된다는 사실에서 하나님과의 불가항력적 관계가 드러난다. 누가는 사도행전 17:23에서 '알지 못하는 신'(*ἄγνωστος θεός*)에 대한 경배를 지적하고, 이를 인간은 그의 피조성 때문에 하나님을 찾도록 규정되어 있다는 진술과 결합한다. "사람으로 혹 하나님을 더듬어 찾아 발견케 하려 하심이로되 그는 우리 각 사람에게서 멀리 떠나 계시지 아니하도다."(28절의 Arat-인용문과 함께 17:27) 그들은 죄가 있는 인간으로서 진리와 구원에 대하여 '무지'(*ἄγνοια*, 행 3:17, 17:30)한 상태에 있을 뿐이다. 이에 반해 바울은 죄에 완전히 빠져 있다는 데서 출발한다. 비록 선을 추구하는 것과 하나님의 율법에 원칙적으로 동의하는 것이 죄 때문에 역전되고, 그로 인해 선을 원하지만 선은 제한적으로만 실현되고 악으로 바뀌기도 한다. 그럼에도

불구하고 어쨌든 바울도 로마서 7:14-23에서 선을 추구하는 것과 하나님의 율법에 원칙적으로 동의하는 것을 제시한다.

2.2.6 근본적으로 하나님과 관련되어 있기 때문에 인간은 변함없이 기대하는 자세와 미래를 향하는 자세를 취한다. 인간의 실존은 적어도 감추어진 방법으로 보호와 구원을 향해 있다. 모든 인간 사이에 미래에 대한 소망이 전제되어 있다는 것은 바울이 로마서 8:19에서 전체 피조물을 말하면서 "피조물의 고대하는 바는 하나님의 아들들의 나타나는 것이니"(*ἡ γὰρ ἀποκαραδοκία τῆς κτίσεως τὴν ἀποκάλυψιν τῶν υἱῶν τοῦ θεοῦ ἀπεκδέχεται*)라는 진술로 표현한다. 피조물은 비록 허무한 데 굴복하지만, 그럼에도 불구하고 '소망으로'(*ἐφ' ἐλπίδι*) 바란다.

2.3 인간과 세상

인간은 개별적 존재가 아니다. 인간은 피조된 현실의 일부분, 특히 하나님이 창조하신 인류의 한 부분이다. 이는 다른 피조물에 대한 의존을 뜻할 뿐만 아니라, 이 세상에서의 임무와 관련된다.

2.3.1 인간이 결속의 능력과 공동체와의 관계성이 성서본문에서 핵심적 역할을 한다. 인간이 하나님과 관련된 것과 더불어 다른 사람들 및 세상과 관련된 것도 근본적으로 중요하다. 그가 속해 있는 공동체와 그가 살고 있는 자연환경에 인간이 의존하고 배속되어 있다는 점은 그 때문에 중요하다. 본보기를 항상 인간의 삶에서 뿐만 아니라 자연에서 드는 것은 우연이 아니다. 이 본보기들은 인간이 피조물로서 배속되어 있음과 관련이 있지만, 동시에 하나님과 하나님의 도우심에 맡겨져 있음을 암시하기도 한다. (무엇보다도 예수의 비유가 그러하다.)

2.3.2 인간은 지상의 실존 가운데서 늘 자각해야 할 과제를 갖는다. 인간은 세상에 대한 책임을 지고 있고, 이는 구약성서의 '다스리다'와 '복종시키다' 모티브에서 드러난다.(참조. 창 1:28) 이 명령은 피조물의 현실에 대해 배려하는 행위를 요지로 삼을 때에만 제대로 이해된다. 이는 사회적인 생활과 똑같이 자연에도 해당된다. 인간 사이의 관계와 관련하여 말하자면 동심원이 있다. 그것은 결혼 및 가족이라는 개인적인 원에서 시작한다. 여기서는 남편과 아내의 합법적이며 지속적인 관계와 또한 자녀들에 대한 책임이 결정적인 역할을 한다. 그 다음에는 생활 공동체와 직업 공동체가 있으며, 이와 관련하여 신약성서에서는 '집'이 특별한 기능을 한다.(참조. 예를 들면 골 3:18-4:1

의 '가정 훈계') 여기에 덧붙여 씨족과 지역 공동체, 그리고 무엇보다도 신앙 공동체가 있다. 이것은 오래된 또는 새로운 함께함의 형태로 나타난다고 한다. 마지막으로 하나의 공공조직인 국가적 질서 가운데에서의 위치가 이에 속한다.(참조. 무엇보다 롬 13:1-7)

2.3.3 인간은 피조된 존재로서 하나의 생명의 구조물 안에 놓여 있다. 이 구조물이 인간을 상당히 좌우한다. 인간은 그의 실존이 위치한 보다 좁은, 그리고 보다 넓은 주변 환경에 대한 책임 앞에 있을 뿐만 아니라, 세계의 운명 안에 뒤얽혀 있기도 하다. 인간은 이 세상의 문제들, 궁핍, 재앙의 일부분이다. 그리고 자주 위협적으로 침투하는 악의 세력에 습격당한다. 이러한 내용을 신약성서에서는 특히 미래대망에 관한 장에서 논의한다.(참조. 이 책 24장)

3. 죄인으로서 인간

인간이 드러나는 곳에서 볼 때, 인간은 처음 만들어질 때 정해진 상태 가운데 있는 하나님의 피조물이 더 이상 아니고 죄인이다. 이러한 사실이 그의 피조성을 해체하는 것은 아니지만, 현저히 손상시킨다. 이제 죄와 죄인 됨을 신약성서에서는 어떻게 이해하였는지 질문해야 한다.

3.1 전제들

구약성서를 토대로 하여 인간의 피조성과 마찬가지로 인간의 죄인 됨도 초기 기독교에서 전제로 삼는다. 그러나 적지 않은 차이점이 있다.

3.1.1 구약성서의 전승에 따르면 인류는 총체적으로 죄에 빠졌으나, 야웨의 선택을 통해 이스라엘은 특별한 위치와 책임을 지니게 되었다. 하나님의 백성은 하나님의 친밀함과 관심을 확신해도 된다. 하나님의 뜻에 맞는 삶을 위한 가치 기준으로서 토라를 받았고, 죄를 범한 경우에는 희생제의를 통해 속죄 받을 수 있었다. 인간은 죄 용서가 필요하고, 회개로 부름받았으며, 그에게 도움과 구원이 주어진다는 내용이 거듭거듭 알려진다. 의인은 모범적인 율법준수자이거나 또는 하나님의 죄 용서를 통해 의로움을 되찾은 사람이라고 하며, 이것을 근거로 의인과 죄인이 철저하게 구분된다. 신약성서에

이르기까지 위의 이해를 따른다.

3.1.2 하나님의 백성 가운데 속해 있어도 죄에 빠진다는 것을 초기 유대교의 개별 전승들에서 보다 강하게 강조한다. 솔로몬의 지혜서나 다수의 묵시문학 문서들이 이에 해당한다. 초기 기독교도 이러한 이해를 전반적으로 넘겨받았다. 그러나 그 이해는 구원사건의 빛 아래에서 죄인임을 판단한다는 점에서 새로운 맥락에 자리한다는 점을 간과해서는 안 된다. 그 결과 죄인이라는 것은 각인된 죄의식과는 관련이 없고, 강렬한 구원의 경험과 관련된다.

3.1.3 신약성서뿐만 아니라 구약성서에서도 인간의 타락을 미덕의 범주나 사회적 가치의 범주를 따라 평가하지 않는다. 이때 근본적으로 관건이 되는 것이 하나님 이해이다. 이것은 계명을 기준으로 인간의 행위를 평가하는 곳과 하나님에 대항하는 불신앙을 직접적으로 말하는 곳에도 역시 적용된다. 그런 점에서 죄는 도덕적 개념이 아니라 신학적 개념이다.

3.2 개념

하나님과 마주한 인간의 죄인 됨이 신약성서에서 중요한 역할을 한다. 이미 개념과 그 용례가 이러한 실태의 의미를 보여준다.

3.2.1 주요 개념으로 '하마르티아'(*ἁμαρτία*, 죄)와 그에 속한 동사 '하마르타네인'(*ἁμαρτάνειν*, 죄 짓다)이 등장한다. 명사는 복수와 단수 형태로 사용된다. 이때 단수형은 대체로 존재를 규정하는 현상으로서 근본적인 의미의 죄를 지칭한다. 그러나 그 단어는 구체적인 개별적 죄에도 사용된다. 무엇보다도 복수형을 사용하여 이를 표현한다. 이에 상응하여 '하마르톨로스/하마르톨로이'(*ἁμαρτωλός*/*ἁμαρτωλοί*, 죄인/죄인들)를 말한다. 죄 많은 행동을 지칭하는 용어로 '하마르테마'(*ἁμάρτημα*)도 있다. '에피쉬메인'(*ἐπιθυμεῖν*, 열망하다)과 '에피쉬미아'(*ἐπιθυμία*, 열망)는 '하마르타네인/하마르티아'와 밀접한 관련이 있다. 이는 죄로 이끄는 태도를 그 용어들로 특징짓는다는 점에서 그러하다.(참조. 롬 7:7 이하, 약 1:14 이하)

3.2.2 그에 반해 '파라프토마'(*παράπτωμα*, 위법)와 '파라바시스'(*παράβασις*, 위반)라는 두 개념은 원래 구체적인 계명을 이행하지 않음과 연결된다. 그러나 그 개념들은 일반화되어, 개별적인 죄(들)의 의미에서 '하마르티아'(*ἁμαρτία*)와 '하마르티아이'(*ἁμαρτίαι*)에 동화되었다. 이에 덧붙여 신약성서에는 마태복음의 주기도문에 있듯

이(마 6:13. 참조. 18:28, 30, 34) 구체적인 죄(들)에 대해 비유적으로 사용한 개념인 '오페일레마/오페일레마타'(*ὀφείλημα/ ὀφειλήματα*, 빚/빚들)도 있다.

3.2.3 죄가 무엇이고 어떤 작용을 하는지를 구체적으로 명명하는 일련의 개념들도 이에 속한다. '악'을 지칭하는 명칭인 '포네리아'(*πονηρία*)와 형용사 '포네로스'(*πονηρός*)가 이에 해당한다. 형용사 '포네로스'(*πονηρός*)는 무엇보다도 '토 포네론'(*τὸ πονηρόν*, 악한 것)의 형태로 명사화되어 등장한다.(참조. 마 5:37, 39, 6:13, 요 17:15, 롬 12:9) '아세베이아'(*ἀσέβεια*, 불경건), '아디키아'(*ἀδικία*, 불의), '아노미아'(*ἀνομία*, 불법)도 이런 맥락에 속한다. 그 다음 악덕목록(참조. 여타 구절 중 롬 1:29 이하, 갈 5:19-21, 약 3:15 이하)이 매우 특징적이다.

3.2.4 나아가 상징개념인 '스코토스/스코티아'(*σκότος/σκοτία*, 어둠)와 인격화된 개념 '호 포네로스'(*ὁ πονηρός*, 악)를 언급해야 한다.(참조. 마 13:19, 38, 엡 6:16, 요일 2:13 이하, 경우에 따라서는 마 6:13) '호 포네로스'(*ὁ πονηρός*, 악)는 '호 디아볼로스, 호 사타나스'(*ὁ διάβολος, ὁ σατανᾶς*, 악마, 사탄)와 병행된다. '호 코스모스'(*ὁ κόσμος*, 세상), 특별히 '호 코스모스 후토스'(*ὁ κόσμος οὗτος*, 이 세상)의 형태도 자주 죄 많은 현실을 나타낸다. '호 아이온 후토스'(*ὁ αἰὼν οὗτος*, 이 세대)도 사용된다. 이에 상응하여 '아르콘'(*ἄρχων*, 관원) 또는 '아르콘테스 투 코스무 투투'(*ἄρχοντες τοῦ κόσμου τούτου*, 이 세상의 관원[들])를 말한다.(고전 2:6, 8, 요 12:31, 16:11)

3.2.5 '사륵스'(*σάρξ*, 육체) 개념이 이 맥락에서 특별한 의미를 차지한다. 이 개념은 피조된 실체에 사용될 뿐만 아니라 특별히 바울이 죄 많은 상태에 사용했다는 점에서 그러하다. 그리고 이 개념은 악에 빠짐을 가리킨다. 이때 '사륵스'(*σάρξ*)는 말하자면 죄에 점령당한 것처럼 보이고, 자기편에서 죄의 세력이 될 수 있다. 이와 관련하여(물론 일관되게 그런 것은 아니지만) '엔 사르키'(*ἐν σαρκί*, 육체 안에서)와 '카타 사르카'(*κατὰ σάρκα*, 육체를 따라)를 구분하는 것이나(참조. 고후 10:3) 또는 '페포이세나이 엔 사르키'(*πεποιθέναι ἐν σαρκί*, 육체를 신뢰하다)라는 표현(빌 3:3)이 시사하는 바가 많다. 바울에게는 죄와 관련하여 '카우크사스사이'(*καυχᾶσθαι*, 자랑하다)와 '카우케시스/카우케마'(*καύχησις/καύχημα*, 자랑)가 한 역할을 한다. 이는 인간이 '주 안에서 자랑'하는 대신(렘 9:22 이하를 모범으로 삼은 고전 1:31) 자기의 행동이나 자기 자신의 지혜를 자랑한다는 점에서 그러하다.(롬 3:27, 고전 1:26-29)

3.3 원죄(原罪 Ursünde): 인간이 하나님을 외면함

죄의 개념은 그것이 기본적으로는 하나님을 외면함을 가리킬 수 있으며 또한 그것과 상관이 있는 개별적인 과오들을 지칭할 수도 있다는 점에서 이중적 의미를 갖는다. 그런 점에서 근원죄는 그것에서부터 생겨나는 구체적인 죄들과 구분된다.

3.3.1 근원죄 개념은 죄의 처음과 그것의 결과와 관련이 있는 것이 아니며, 모든 죄 많은 모든 태도들의 실제적인 원천을 가리킨다. 이 개념은 신학역사가 진행되는 동안 수용된, 그리고 오늘날까지 다양하게 사용되는 개념인 '원죄'(Erbsünde)에 비해 장점이 있다. 왜냐하면 '원죄' 개념은 세분화된 사용방법에서 마치 인간의 본성 가운데 유전인자를 통해 심겨진 몇몇 개의 현상들이 있다는 것처럼, 잘못된 연상을 불러일으킬 수 있기 때문이다. 이 개념의 요지는 오히려 처음부터 인류 역사를 규정하고, 각각의 개인에게 적용되며 모든 죄 된 행동들에 영향을 끼치는 기본적인 죄를 뜻한다. 인간의 모든 개별적인 죄나 과오들은 하나님과의 결합이 풀어진 데에 그 뿌리를 두고 있다. 모든 인간은 마찬가지로 자기편에서 스스로 하나님을 외면했고 그 결과 구체적인 의미로 죄를 범하면서, 근원죄(Ursünde)를 함께 범했고 마치 근원죄를 지은 것으로 스스로 이해했다.(참조. 이 책 11장 3.4)

3.3.2 창세기 3장에 따르면 하나님을 외면하도록 이끌었던 인간의 자기주장(Selbstseinwollen)이 바로 죄다. 이것이 모든 타락과 모든 악의 원천인 그 죄다. 그런 점에서 신약성서에서 자주 '죄'를 단수형태로 말하는 것은 우연이 아니다. 하나님을 외면하는 것을 바울이 정확하게 묘사한다. 그는 로마서 1:21, 25에서 사람들이 하나님을 '하나님으로 영화롭게 아니하고'(*οὐχ ὡς θεὸν ἐδόξασαν*) '피조물을 조물주보다 더 경배하고 섬겼다.'(*ἐσεβάσθησαν καὶ ἐλάτρευσαν τῇ κτίσει παρὰ τὸν κτίσαντα*)고 말한다. 요한복음 1:5도 이와 똑같은 내용을 전한다. 세상이 창조주에게서 나온 빛을 받아들이지 않았다.(*τὸ φῶς ἐν τῇ σκοτίᾳ φαίνει, καὶ ἡ σκοτία αὐτὸ οὐ κατέλαβεν*) 이는 사람들이 보지 못하는 자들이기 때문이다.(9:39-41)

3.3.3 인간이 하나님을 외면함은 창세기 1:26에 나오는 인간이 하나님을 닮은 형상이라는 중요한 주제에서 분명해진다. 기독교 이전 시기의 유대교 해석 전통이 늘 판단했듯이, 그리고 그것을 넘어서서 교회 전승 안에서 발전된 죄론(Hamartialogie)에서 늘 그러하듯이, (하나님 닮은 형상은 신앙고백들 가운데서 논쟁적 주제였고, 부분적으로 지금도 여전히 그러하다.) 우리가 바울에게서 발견하는 명시적인 신약성서의 증언

에 있어서 인간이 하나님을 닮은 형상을 상실했다는 점은 이론의 여지가 없다. 이와 관련된 세 가지 주요 구절이 있다.

3.3.3.1 로마서 3:23의 진술, 모든 사람이 죄인으로서 "하나님의 영광에 이르지 못하더니"(*ὑστεροῦνται τῆς δόξης τοῦ θεοῦ*)는 분명히 창세기 1:26a와 관련을 맺는다. 이미 서술했듯이 하나님을 닮은 형상에서 인간의 소통 능력이 요지이고 그것이 먼저 하나님과 연결된다면, 그것은 동시에 인간이 하나님의 영광의 빛 안에 서 있다는 의미이다. 인간이 하나님을 외면하는 곳 또는 외면한 곳에서 인간은 하나님을 잃게 된다. 인간에게는 오로지 사람들을 마주하는 관계만이 남으며, 이 관계는 죄로 인해 괴로운 관계이다. 그렇지만 하나님과의 살아 있는 관계를 회복할 수 있는 가능성이 여전히 존속한다.

3.3.3.2 고린도후서 4:4에 따르면 예수 그리스도는 참된 "하나님의 형상"(*εἰκὼν τοῦ θεοῦ*)이다. 그리고 선재하신 이일 뿐만 아니라(골 1:15) 인간성과 역사성을 지녔다. 그는 참된 인간으로 있는 하나님과의 함께함에서 단 한번도 떨어져 나온 적이 없고, 시험받을 때에도 그러했다.(막 14:32-42 병행구절, 15:34 병행구절) 그래서 신약성서 여러 구절에서 예수에 관해 "죄가 없다."고 말할 수 있다.(참조. 고후 5:21, 히 4:15. 비교. 요 8:46 이하)

3.3.3.3 그러므로 로마서 8:29에 따르면 인간에게 하나님 닮은 형상을 전하고 갱신할 수 있는 이는 바로 예수 그리스도이시다. 믿는 이들은 하나님께서 "그 아들의 형상을 본받게 하기 위하여 미리 정하셨다."(*οὓς προέγνω, καὶ προώρισεν συμμόρφους τῆς εἰκόνος τοῦ υἱοῦ αὐτοῦ*) 그렇게 피조물로서 인간에게 규정된 바가 재건되고, 인간이 그리스도와 함께함으로 하나님을 재발견할 때에 하나님의 형상을 다시 입는다. 이러한 사고는 제2바울서신에서 중요한 역할을 한다. 그리하여 골로새서 3:10 이하에서는 "자기를 창조하신 이의 형상을 따라 지식에까지 새롭게 하심을 입었다."(*κατ᾽ εἰκόνα τοῦ κτίσαντος αὐτόν*)고 기록하며, 에베소서 4:24은 "하나님을 따라 … 지으심을 받은 새 사람을 입으라."고 한다.(*ἐνδύσασθαι τὸν καινὸν ἄνθρωπον τὸν κατὰ θεὸν κτισθέντα*)

3.3.4 하나님을 외면하는 것으로서 죄는 두 가지 본질적인 존재요소를 전제한다. 이에 관해서는 피조물의 구조와 관련하여 이미 언급했다. 인간이 지니는 결정의 자유와 유혹받을 가능성이 그것이다. 근원죄가 관건이 되는 곳에서 인간은 피조물로서 그에게 규정된 것, 그리고 그것과 함께 자유를 포기했고, 죄의 세력에 넘겨졌다.

3.4 권세로서 죄

근원죄는 믿음과 마찬가지로 각각의 개인이 행하는 하나의 행위이다. 그러나 동시에 인간이 죄에 의해 각인된 삶의 현실 속에 서 있다는 점에서 근원죄는 공동체적으로 퍼져 있는 현상이다. 그로 인해 죄는 초개인적인 성격을 얻는다. 그 다음 그 안에 악의 근원이 자리한다.

3.4.1 각각의 개인이 자기편에서 죄를 지으면 지을수록, 그는 동시에 개인의 한계를 초월한 여건에 종속된다. 하나님을 외면하는, 하나님의 말씀을 듣지 않는, 피조된 실존이나 구원의 메시지를 받아들이지 않는 의지 가운데 있는 개인이 갖는 결정의 자유는 성서적 사고에 있어서는 결코 절대적인 자유가 아니다. 인간은 다양한 조건들에 좌우된다. 인간의 불신앙, 하나님을 외면함도 자기 자신만의 결정이 아니다. 인간은 일반적으로 뒤얽혀 나타나는 현상들 안에 연결되어 있다. 이 현상들은 바로 세력의 성격을 지닌다. 죄는 인간과 세상 가운데 악을 풀어 놓는다. 그리하여 신약성서는 인간을 능가하는 '권세들', '세력들' 또는 '악마들'(*ἐξουσίαι, δυνάμεις, δαιμόνια*)을 말한다.

3.4.2 바울의 경우는 권세로서 죄의 모티브를 집중적인 신학적 숙고의 틀 안에서 언급한다. 그러나 이러한 이해가 신약성서에 일반적으로 전제된다는 사실도 비중 있게 고려해야 한다. 이에 대한 특징적인 예들은 다음과 같다.

3.4.2.1 공관복음의 예수전승에서는 죄의 보편성뿐만 아니라 특별히 "더러운 영"(*πνεύματα ἀκάθαρτα*), "악령들"에 종속됨을 전제로 삼는다. 따라서 악령을 몰아내는 것은 사탄의 힘을 이기는 징표로서, 시작하는 하나님 통치에 대한 본보기, 그와 더불어 그러한 권세들로부터 인간을 해방시키는 본보기의 기능을 한다.(참조. 눅 10:18, 11:20) 그리고 죄용서를 선언하는 형태를 통해서든지 또는 단순하게 죄인을 아무런 조건 없이 받아들이는 형태를 통해서든지 그것과는 상관없이, 죄의 권세가 깨뜨려지는 것과 구원의 관심이 결합되어 있다. 그것을 통해 인간은 그가 연루된 곳으로부터 자유롭게 된다. 인간이 경험하고 또 전달해야 할 죄 용서가 특히 비유에서 중요한 역할을 한다. 누가복음 15:11-32의 잃어버린 아들의 비유나 마태복음 18:23-35의 용서할 줄 모르는 종의 비유만 생각해 보면 된다.

3.4.2.2 요한복음의 경우 하나님의 계시의 빛을 받아들이지 않은(1:5, 10 이하) 세상은 어둠의 징표 아래 있다. 이것은 인간이 죄와 악에 빠졌다는 의미이기도 하다. 요한복음 3:16 이하의 변형인 요한일서 3:8b에 기록하기를 "하나님의 아들이 나타나신

것은 마귀의 일을 멸하려 하심이라."(*εἰς τοῦτο ἐφανερώθη ὁ υἱὸς τοῦ θεοῦ ἵνα λύσῃ τὰ ἔργα τοῦ διαβόλου*)라고 한다면, 이 구절로 악이 지닌 권세로서의 성격을 표현한다. 이 권세로서의 성격이 그토록 구체적인 특징을 수용할 수 있으므로, 그 배후에 인격체와 유사한 형상이 있는 것처럼 보인다. 인용된 진술 바로 앞 구절인 요한일서 3:8a에 다음과 같이 기록되어 있다. "죄를 짓는 자는 마귀에게 속하나니 마귀는 처음부터 범죄함이라."(*ὁ ποιῶν τὴν ἁμαρτίαν ἐκ τοῦ διαβόλου ἐστίν, ὅτι ἀπ' ἀρχῆς ὁ διάβολος ἁμαρτάνει*) 요한복음 8:44도 이와 비교할 수 있다. 이 구절에서 마귀는 '처음부터 살인한 자'로 지칭되며 그는 "진리에 서지 못한다."고 한다.(*ἀνθρωποκτόνος ἦν ἀπ' ἀρχῆς καὶ ἐν τῇ ἀληθείᾳ οὐκ ἔστηκεν*) 악은 악의와 하나님에 대한 적대감, 말하자면 바로 죄인의 형상을 하고 있다. 그러나 '이 세상의 주인'으로서 악은 '쫓겨나고' 이미 "심판을 받았다."(*ἐκβληθήσεται ἔξω*, 요 12:31, *κέκριται*, 16:11)

3.4.2.3 요한계시록은 특별히 노골적으로 악이 이 세상에서 어떤 권세를 얻어 인간을 공식적으로 옭아맬 수 있음을 기술한다. 여기서 초점은 단순하게 공관복음서 만큼이나 사회적으로 또는 심리적으로 설명되는 한계들에 있지 않고, 하나님을 거스르는 것과 악한 것이 하나의 권세의 성격을 지녔다는 사실, 그로 인해 개인뿐만 아니라 인간 집단 전체가 정복된다는 사실에 초점이 있다. 이러한 사실은 17–18장의 '음녀 바벨론'에서 분명해진다. 그와 더불어 12장의 '큰 용'의 언급으로 악한 것을 인격화하기 시작한다. 그 용은 '옛 뱀', '마귀', '사탄'과 동일시된다.(*ὁ δράκων ὁ μέγας, ὁ ὄφις ὁ ἀρχαῖος, ὁ καλούμενος Διάβολος καὶ Σατανᾶς*, 12:9) 그러나 악의 권세는 영속하지 못하고, 마귀는 그 무리와 함께 불무불에 던져진다.(20:10)

3.4.3 바울은 이 주제를 매우 자세히 다루었다. 그에게는 무엇보다도 죄의 보편성과 죄의 권세적 성격이 인간에게 어떻게 영향을 미치는가 하는 것이 문제이다. 먼저 그는 로마서 1:18–3:20에서 인간은 예외없이 죄에 빠졌다는 것을 지적한다. 모든 인간이 하나님을 대항하여 죄를 짓고, 유대인이든 이방인이든 '죄 아래'(*ὑφ' ἁμαρτίαν*, 3:9) 있다. 그리고 나서 바울은 첫 번째 주요 부분의 두 번째 단락인 3:21–5:11에서 칭의, 믿음, 소망을 언급하고, 이 편지의 두 번째 주요 부분을 시작하면서 5:12–21에서 앞부분의 사고를 이어간다. 이는 6:1–8:39에서 상술하면서 영 가운데 있는 세례와 생명, 그리고 기독교의 소망을 새롭게 언급하기 위함이다. 1:18–3:20과 달리 5:12–21에서는 인간이 공통적으로 죄에 빠졌다는 것을 제시하는 것이 요지이다. 이를 통해 왜 모든 인간이 하나님을 외면하는 데에 제물이 되었는지가 밝혀진다. 세 개의 하위단락에서

바울은 자신의 사고를 전개한다. 5:12-14, 15-19, 20 이하가 그것이다.

3.4.3.1 도입단락인 5:12-14에는 끝나지 않은 논쟁이 포함되어 있다. 그것은 형태상 시작과 끝이 다른 파격문장이다. 상술한 내용이 너무 과하여 바울은 15절에서 다시 새롭게 시작해야 했다. 12절에서 공들인 비교가 처음에 완성되지 않아, 바울은 이어지는 중간 절에서 계속 이어간다. 바울은 12-14절에 인간의 타락이라는 모티브를 연결하고, 한 인간을 통해 죄와 죽음이 이 세상에 들어왔다고 말한다. 아담 이래로 죽음이 왕 노릇한다는 것은 근원죄가 권세를 얻었음을 암시하는 것이다. 여기서 결정적인 것이 12절 끝부분의 진술인 "에프 호 판테스 헤마르톤"(*ἐφ' ᾧ πάντες ἥμαρτον*)이다. 이것은 '인 쿠오 옴네스 페카베룬트'(in quo omnes peccaverunt, 아우구스티누스가 그의 원죄론과 관련하여 해석한 대로 '모든 인간이 죄를 지은 그 곳에서')로 번역되지 않고, '에오 쿠오드 옴네스 페카베룬트'(eo quo omnes peccaverun, 불가타의 읽기대로), "모든 인간이 죄를 지었기 때문에"로 번역된다. 문제는 모든 인간이 지속적으로 예속되어 있는 운명이 아니라, 오히려 각자가 자기 자신의 행동으로 그 처음 인간의 행위를 증명한다는 것이 문제이다. 맹목적인 운명이 문제가 아니라면 각각의 인간이 그것에 내맡겨진 권세가 문제이다. 인간은 자기 자신의 행동으로 인해 그런 결과를 초래하나 자기 힘으로는 거기서 자유롭게 될 수 없다. 그런 점에서 인간은 아담의 후손이다.

3.4.3.2 죄가 지닌 권세의 성격은 15-19절의 대조를 통해 부각된다. 5:14b에서 아담은 주도적으로 '오실 자의 표상'(*τύπος τοῦ μέλλοντος*)으로 특징지어진다. 여기서 오실 자는 대립형상이 될 것이며, 아담 이래로 강력해진 죄를 정복한다. 이러한 내용은 아담과 그리스도는 비교될 수 없다는 것을 요지로 하는 가운데 부분에서 15a절의 *α*, *β*절, 15b, c절, 16a, b절, 16c, d절, 17a, b절의 대조적 문장들을 통해 분명하게 강조된다.(특별히 15c절과 17b절의 *πολλῷ μᾶλλον* ['더욱 더']는 이러한 대조에 있어 전형적인 것이다.) 18a, b절과 19a, b절에서 이어지는 두 개의 대조도 이에 상응한다. 한 인간의 범죄, 말하자면 모든 인간에게 표본적으로 행해진 범죄를 통해 모든 인간이 죄인으로서 유죄판결을 받도록 결정되고, 죄의 세력을 끊어버린 한 인간의 순종의 행동을 통해 많은 이들이 칭의와 생명에 이르렀다. 이 상술이 목적으로 하는 바는 전체적으로 하나님을 외면한 아담의 인류와 그리스도를 통해 하나님께 되돌아온 인류를 대립시키는 것이다. 여기서 근본적으로 다른 두 개의 통치영역이 있다. 죄의 통치영역과 모든 이에게 열린 은혜의 영역이 그것이다.

3.4.3.3 마지막 부분인 20b, 21절에서는 죄의 권세를 능가하는 은혜의 우월함을

다룬다.(20a절은 율법과 관련된다. 참조. 이 책 12장) 바울은 전형적으로 은혜만이 아니라 죄도 단수형태로 지칭한다. 이는 다른 곳에서도 일반적으로 관찰되는 바이다. 이것은 21절에서 알려진 기본이해와 관련된다. "이는 죄가 사망 안에서 왕 노릇한 것 같이 은혜도 또한 의로 말미암아 왕 노릇하여 우리 주 예수 그리스도로 말미암아 영생에 이르게 하려 함이라."(*ἵνα ὥσπερ ἐβασίλευσεν ἡ ἁμαρτία ἐν τῷ θανάτῳ, οὕτως καὶ ἡ χάρις βασιλεύσῃ διὰ δικαιοσύνης εἰς ζωὴν αἰώνιον διὰ Ἰησοῦ Χριστοῦ τοῦ κυρίου ἡμῶν*)

3.5 멸망에 이르는 죄

인간이 죄와 악에 빠졌고, 자기 힘으로는 죄의 세력에서 빠져나올 수 없으며, 구원을 필요로 한다는 것은 신약성서에 일관되게 전제되어 있다. 바울은 이러한 내용을 로마서 7:7-25a에서 상세하게 숙고하여 기술했다. 먼저 이 단락을 볼 때에 비록 여기 1인칭 단수 화법에도 불구하고 결코 자서전적인 바울의 진술이 아니라 모두에게 유효한 진술임을 기억해야 한다. 그 밖에 이 본문 전체는 그리스도의 계시 외에 인간에 관해 다룬다.(참조. 베르너 게오르크 큄멜[Werner Georg Kümmel], 1929. 주지하는 바와 같이 이 본문을 믿는 자들과 연결시킨 루터[Luther]와는 견해를 달리한다.)

3.5.1 첫 번째 하위 단락인 7-13절에서는 죄와 율법에 대한 이해가 요지이다. 율법문제는 별도로 다루어야 한다. 먼저 하나님의 계명을 사용하는 본래의 주체는 죄라는 것이 결정적이다. "죄가 기회를 타서 계명으로 말미암아 나를 속이고 그것으로 나를 죽였는지라."(*διὰ τῆς ἐντολῆς ἐξηπάτησέν με καὶ δι᾽ αὐτῆς ἀπέκτεινεν*, 7:11b) 죄는 길을 잃음이라는 의미의 죽음으로 이끈다. 이때 율법은 로마서 3:20에 따라 죄를 드러내고 자각하게 만들 뿐 아니라, 로마서 5:20a에 의하면 죄를 유발하는 기능을 갖는다. 이를 넘어서 이제는 죄가 율법을 점령하고 그런 식으로 인간을 지배한다고 말한다.

3.5.1.1 바울은 이러한 문제를 로마서 7:7-9에서 축약하여 인용하고 그런 방식으로 일반화한 십계명인 "탐내지 말라."(*οὐκ ἐπιθυμήσεις*)에서 분명히 한다. 죄는 이 계명으로 비로소 욕심을 일깨우는 계기를 얻었다. 이로 인해 욕심이 공식적으로 되살아났다.(*ἀνέζησεν*) 죄를 인식하게 하고 마침내는 죄를 의식하지 못하도록 막아야 했던 율법은 그렇게 하여 바로 죄의 조력자가 되었다.

3.5.1.2 야고보서 1:14 이하와 비교해 보는 것도 흥미롭다. 그 구절에서도 '욕심'(*ἐπιθυμία*)을 말한다. 이 욕심은 말하자면 '잉태하여'(*συλλαβοῦσα*) "죄를 낳는다."(*τίκτει ἁμαρτίαν*) 그러나 이 구절에서는 무엇을 통해 잉태되었는지 거론되지 않으며, 관건은 유혹 가운데서 영향력을 발휘하는 욕심의 활동성이다.

3.5.2 로마서 7:12에 따르면 율법은 거룩하다. 비록 죄와 얽혀 있긴 하나 거룩한 이 율법은 14절에 의하면 "신령하다." 다시 말하면 영적이다.(*πνευματικός*) 인간은 그에 비해 "육적이다."(*σάρκινος*) 인간은 그의 육체적 실존 가운데서 연약할 뿐만 아니라 유혹받을 가능성도 있으며, 사실상 "죄 아래에 팔린다."(*πεπραμένος ὑπὸ τὴν ἁμαρτίαν*, 7:14) 이 표현이 의미하는 바를 바울은 7:15-23에서 상술한다. 죄에 '팔림'을 바울은 18a절에서 넘겨짐의 의미로 기술하며 다음과 같이 말한다. "내 속 곧 내 육신에 선한 것이 거하지 아니하는 줄을 안다."(*οἶδα γὰρ ὅτι οὐκ οἰκεῖ ἐν ἐμοί, τοῦτ᾽ ἔστιν ἐν τῇ σαρκί μου, ἀγαθόν*, 18a절) "거하다"의 견지에서 볼 때 이 문장은 로마서 8:9이나 고린도전서 3:16과 비교가능하다. 그 구절들은 믿는 자들에 관해 하나님의 영이 그들 안에 "거한다"고 말한다. 이제 결정적인 것은 인간이 자기를 점령하고 자기에게 머무는 죄 때문에(*ἡ οἰκοῦσα ἐν ἐμοὶ ἁμαρτία*, 17, 20절) 피할 수 없는 모순에 처한다는 점이다. 피조물로서 인간은 물론 선한 것과 하나님의 뜻을 알지만, 자주, 그리고 완전히 이것이 덮혀질 수도 있다. 인간이 아무리 기본적으로 율법을 인정하고(16절, 22절) 자기의 가장 깊은 내면에 있는 본질을 따라(*κατὰ τὸν ἔσω ἄνθρωπον*, 22절) 행하고자 하는 바를 인정한다 하더라도, 인간은 무기력하다. 인간은 빠져나올 수 없는 죄에 갇혀 있기 때문이다. 그리하여 인간은 선한 행위를 위해 노력하지만, 그 결과 악한 것이 생겨나는 것을 경험하게 된다. 결국 죄의 세력에 빠져서 혼자 힘으로는 거기서 빠져나올 수 없는 인간은 자기가 인정하려 하지 않아도 그의 피조성 때문에 선한 것을 인정하면서 동시에 길을 잃었다는 것을 인식하게 된다.

3.5.3 따라서 본 단락의 마지막인 24, 25a절은(25b절은 15-23절을 한 번 더 요약하는 추가적 주해이다.) 구원을 향한 인간의 외침과 그에 이어 그리스도를 통해 경험하는 하나님의 관심에 대한 감사를 표현한다. "오호라 나는 곤고한 사람이로다. 이 사망의 몸에서 누가 나를 건져내랴. 우리 주 예수 그리스도로 말미암아 하나님께 감사하리로다."(*ταλαίπωρος ἐγὼ ἄνθρωπος· τίς με ῥύσεται ἐκ τοῦ σώματος τοῦ θανάτου τούτου; χάρις δὲ τῷ θεῷ διὰ Ἰησοῦ Χριστοῦ τοῦ κυρίου ἡμῶν*)

3.6 죄와 죽음

이 주제와 관련하여 죄와 죽음의 관계가 특별한 비중을 갖는다. 모든 것을 지배하는 죄는 성서의 증언에 따르면 종극적인 궁극적인 방향상실인 죽음으로 이끈다. 물론 이것은 결코 구분되지 않은 채 사용되는 진술은 아니다.

3.6.1 먼저 피조물의 무상함으로 인한 죽음과 죄로 인한 죽음을 구분해야 한다. 죽음은 피조물 됨의 표시이다. 죽음은 성서에서 질병과 마찬가지로 인간의 피조된 실존과 연결되어 있다. 구약성서에서 족장들에 관해 그들이 삶을 충분히 누리고 장수하였다고 우연히 말한 것이 아니다.(창 25:7 이하)

3.6.2 그러나 죽음은 인간의 전(全) 생명과 마찬가지로 죄의 징표 아래 있다. 따라서 죽음은 하나님과의 거리를 경험하는 영역으로 여겨진다.(참조. 시 6:6, 30:10) 그뿐만 아니라 죽음은 생명 안으로 침범해 들어올 수 있는 권세의 영역으로도 이해된다. 그런 점에서 고통과 죽음은 '사망의 그늘'에 있고(눅 1:79, 사 9:1[칠십인역]을 인용한 마 4:16), 구원받은 이들은 요한복음 5:24에 따르면 사망의 영역에서 생명으로 "옮겨졌다."(*μεταβέβηκεν ἐκ τοῦ θανάτου εἰς τὴν ζωήν*) 삶 전체를 위협하는 권세가 지닌 이러한 성격 때문에 자연적인 죽음과 죄가 전제된 죽음 사이가 늘 명료하게 구분되지 않는다. 고통과 죽음은 무상한 세상, 그리고 죄의 지배를 받는 세상의 상징(signum)이다. 초기 유대교 시기에 죄 및 질병과 죽음의 현상 사이에 있는 인과 관계에 대한 질문이 여러 번 제기되었다. 요한복음 9:29 이하는 이를 엄격하게 거부한다. 날 때부터 눈먼 사람의 고통에 대해 누가 책임이 있냐는 제자들의 질문에 예수께서는 그에 답하는 대신 치유를 통해 계시되는 하나님의 일을 보여준다.(참조. 눅 13:1-3에 기록된 갈릴리 사람들의 폭력적 죽음에 관한 예수의 말씀)

3.6.3 개인에 관해 질문하는 것의 정당성이 떨어진다면 죽음을 죄의 결과로 이해하는 기본명제가 확고해진다. 앞에서 이미 끌어왔던 구절인 야고보서 1:14 이하에서 욕심이 죄를 잉태할 뿐만 아니라 죄가 사망을 낳는다고 말한다. 요한계시록 6:8에 따르면 죽음은 묵시문학적인 기수(騎手)이다. 20:13 이하에서도 죽음을 하나의 인격화된 형상으로 말한다. 고린도전서 3:22과 로마서 8:38에서 죽음은 인간을 노예화하는 권세들 중의 하나로 언급된다. 죄와 마찬가지로 죽음도 권세의 성격을 지닌다.

3.6.4 바울은 로마서에서 죄와 죽음의 관계를 상세하게 언급하였다.

3.6.4.1 창세기 3장을 해석하면서 바울은 로마서 5:12에서 한 인간 아담을 통하

여 이 세상에 죄가 들어왔을 뿐만 아니라 죄를 통하여 죽음도 들어왔으며, 모든 이들이 죄를 지었기 때문에 죽음이 또한 모든 사람들에게 이르렀다는 것으로 시작한다.(참조. 이 책 11장 3.4.3) 죄와 죽음은 뗄 수 없게 서로 결합되어 있다. 이것은 13절 이하에 따르면 아담의 경우처럼 죄가 특정한 계명을 어기는 형태로 행해지거나 또 다른 형태로 일어나는 것과는 별개의 문제이다. 어쨌거나 죄는 율법을 통해 발견되고(롬 3:20) 죄로 "여겨진다."(*ἐλλογεῖται*, 5:13) 이는 인간이 자기 죄에 책임을 지게 된다는 의미이다. (참조. 롬 1:20, 2:1) 아담 이래로 죄는 그것이 의식적으로 행해지든 무의식적으로 행해지든, 알려지든 알려지지 않든 인류의 표지(標識)가 되었다.(참조. 고전 15:21 이하) 따라서 아담 이후로 죽음이 "왕 노릇 했다."(롬 5:14, 17) 더 정확하게 말하면 "죄가 사망 안에서 왕 노릇 했다."(*ἐβασίλευσεν ἡ ἁμαρτία ἐν τῷ θανάτῳ*, 5:21a)

3.6.4.2 여기서 죽음은 무상함의 표시일 뿐만 아니라 영면(永眠)을 넘어서 길을 잃었다는 표시이기도 하다. 죄에 빠진 육체의 '계획'(*φρόνημα*)은 바로 죽음을 향하며, 이는 로마서 8:6에 기록된 바와 같다. 로마서 7:5에 따르면 이런 식으로 사망을 위하여 '열매를 맺게' 된다.(*καρποφορεῖν*) 더욱이 로마서 7:10, 13에 따르면 죄에 점유된 율법이 결국에는 다름 아닌 죽음을 초래한다. 로마서 6:23에 의하면 죽음은 '죄의 삯'(*τὰ γὰρ ὀψώνια τῆς ἁμαρτίας θάνατος*)이다. 그러나 이것은 결코 단순한 영면(永眠)을 말하는 것이 아니고 '둘째 사망'(*ὁ θάνατος ὁ δεύτερος*, 계 20:14, 21:8)이라는 의미의 영원한 길 잃음에 해당한다. 첫 번째 사망으로서의 죽음에 둘째 사망이 지닌 파멸시키는 힘이 그림자를 드리운다고 해도, 그 때문에 죽음과 궁극적인 길 잃음 사이를 구분하는 것이 포기되지는 않았다.

3.7 죽음과 심판

죄인이 심판에 이른다는 것은 신구약성서의 일반적인 이해이다. 심판 주제는 다른 곳에서 논의되어야 한다.(참조. 이 책 25장) 여기서는 죽음과 심판의 관계만 다룬다.

3.7.1 죄는 그것이 없어지거나 극복되지 않는 한 반드시 파멸에 이른다. 왜냐하면 하나님 외에는 구원이 없기 때문이다. 그런 점에서 하나님의 심판은 처음부터 유효한 사실을 확인해 줄 뿐이다. 모든 죄는 하나님의 심판 아래 있다. 이때 본질적으로 중요한 사실은 징벌을 받는다는 것이 아니라 구원에 참여하지 못한다는 사실이다. 또한 심판이 여러 곳에서 법정적 행위나 징벌 행위의 형태로 묘사되지만, 죄 그 자체가 심판

으로 작용하며 또한 심판이라는 보다 깊은 이해가 이면에 있다. 이러한 이해는 이미 구약성서에서 읽을 수 있다.

3.7.2 이는 죽음과 심판에도 상응한다. 죄와 뗄 수 없게 결합된 죽음이 인간을 능가하는 힘을 지닌 곳에서 인간은 심판을 경험한다. 이런 의미에서 죽음은 인간의 멸망이다. 죄의 결과로서 죽음은 하나님으로부터 결정적으로 분리되는 것과 멸망을 뜻한다. 극악한 죄와 회개하지 않는 것이 문제되는 곳에서 죽음은 '슬피 울며 이를 갈 바깥 어두운 데'로 이끈다.(마 25:30 등) 그렇지만 베드로전서 3:19 이하와 4:6에 따르면 죽음의 영역으로부터의 구원도 있다.

3.7.3 죄와 죽음의 관계처럼 바울은 심판과 죽음의 관계도 죄 주제의 맥락에서 다룬다.

3.7.3.1 로마서 1:18–3:20에서 보편적 죄뿐만 아니라 하나님의 심판 행위가 관건이 된다. 바로 시작부분인 1:18에서 "하나님의 진노가 불의로 진리를 막는 사람들의 모든 경건하지 않음과 불의에 대하여 하늘로부터 나타나나니"(*ἀποκαλύπτεται γὰρ ὀργὴ θεοῦ ἀπ᾽ οὐρανοῦ ἐπὶ πᾶσαν ἀσέβειαν καὶ ἀδικίαν ἀνθρώπων*)라고 우연히 기록된 것이 아니다. '하나님의 진노'는 심판을 가리키는 전통적인 용어이다. 1:16 이하에서 증언한 바대로 복음을 통해 하나님의 의가 계시될 뿐만 아니라 하나님의 심판도 계시된다. 그리고 비록 '하늘로부터', 간접적인 방법이긴 하지만 이미 현재에 유효한 방법으로 계시된다. 하나님의 심판은 하나님이 죄인인 인간을 '그들을 마음의 정욕대로 더러움에 내버려' 두는 식으로 수행된다.(1:24. 참조. 1:26, 28) 바울의 경우 하나님을 불신하는 모든 자들과 악한 이들에게 결정적인 유죄선고가 내려질 미래의 '진노의 심판'이 폐기되는 것이 아니다. 결정적인 사실은 현재에 이미 효력이 미치는 심판이 하나님의 오래 참으심과 인내의 표현이며, 인간이 회개해야 한다는 것이다.(2:4) 하나님께로 돌아올 때에만 구원과 생명을 발견할 수 있다. 그러나 마음의 정욕에서 기인한 악습에 자신을 방치하는 이들은 "사형에 해당한다."(*ἄξιοι θανάτου εἰσίν*, 롬 1:32. 참조. 1:28–31)

3.7.3.2 복음 가운데에 구원이 제공되지만 죄에 얽혀 있기 때문에 구원 메시지의 선포가 회개를 불러일으키기도 하나 거부되기도 한다. 그래서 고린도후서 2:16의 비유적 진술로 복음의 메시지가 어떤 사람에게는 "사망으로부터 사망에 이르는 냄새"요 또 다른 사람에게는 "생명으로부터 생명에 이르는 냄새"(*ὀσμὴ ἐκ θανάτου εἰς θάνατον/ ὀσμη ἐκ ζωῆς εἰς ζωήν*)라고 말한다. 구원의 메시지가 폐기되는 곳에서는 그 메시지

가 죽음으로 이끌며, 그것으로 심판에 이른다.

3.7.4 제4복음서에서는 이 주제가 바울의 경우만큼 그렇게 광범위하게 상술되지 않는다. 로마서 1:18–3:20의 상술에 필적할 만한 것도 없고 미래의 심판을 분명하게 제시하지도 않는다.(요 5:28 이하의 이차적 본문은 제외하고)

3.7.4.1 제4복음서에서도 심판은 복음과 직접 대면함으로 인해 현재 일어난다. 요한복음 8:50에 따르면 아버지 자신이 재판관이다. 그러나 5:22을 보면 그가 아들에게 심판을 넘겨주었고, 그 아들은 그가 '들은 대로' 심판한다. 왜냐하면 그는 자발적으로 아무것도 할 수 없고 아무것도 하지 않으려 하기 때문에, 그는 오로지 그를 보내신 이의 뜻만을 성취하려 한다. 이는 5:30에 기록된 바이다.(참조. 8:15b, 16) 물론 요한복음 3:16–18이나 12:47 이하에 의하면 예수께서는 심판하기 위해서가 아니라 구원하시기 위해 이 세상에 왔으나, 그의 메시지를 믿지 않는 이들은 이미 유죄판결을 받았고, 죄의 영역에서 사는 것이다.(5:24)

3.7.4.2 3:19 이하에 따르면 빛보다 어두움을 너 좋아하는 사람들이 있고, 따라서 그들은 빛을 받아들일 준비가 되어 있지 않다. 9:39(40 이하)의 기록은 모두 그들을 향한 것이라고도 할 수 있다. "내가 심판하러 이 세상에 왔으니 보지 못하는 자들은 보게 하고 보는 자들은 소경되게 하려 함이라." 16:8 11에서는 파라클레토스에 대해 이와 비슷하게 말한다. 그는 죄와 의 및 심판과 관련하여 세상의 죄를 '증명할 것이다.'(*ἐλέγξει*) "죄에 대하여라 함은 저희가 나를 믿지 아니함이다." 그들에게 8:24a에서 "너희가 죄 가운데서 죽으리라."(*ἀποθανεῖσθε ἐν ταῖς ἁμαρτίαις ὑμῶν*, 참조. 8:21a, 24b)고 말한다. 따라서 여기서도 죽음은 멸망으로, 그리고 그것으로 심판으로 이해된다.

3.7.5 파멸의 힘을 지닌 것으로 죽음의 특징을 드러내는 다른 본문들을 주목할 필요가 있다.

3.7.5.1 바울은 고린도전서 15:26에서 죽음을 '마지막 원수'로 칭한다. 이 원수는 구원이 완성될 때에 정복될 것이다. 따라서 15장 전체가 말씀의 성취를 확신하는 15:54–57의 진술로 귀결된다. "사망을 삼키고 이기리라. 사망아 너의 승리가 어디 있느냐, 사망아 네가 쏘는 것이 어디 있느냐."(사 25:8, 호 13:14) 이 인용문에는 다음의 문장이 추가된다. "사망이 쏘는 것은 죄다."(*τὸ δὲ κέντρον τοῦ θανάτου ἡ ἁμαρτία*) 바로 죄가 멸망인 죽음으로 몰아넣고 죽음을 우리의 '마지막 원수'(*ἔσχατου ἐχθρός*)로 만든다.

3.7.5.2 신약성서의 몇몇 구절에서는 죽음이 인격화되고 부분적으로는 사탄과 연

결된다. 히브리서 2:14이 이에 해당한다. 그 구절에 따르면 그리스도가 인간이 되심은 "죽음을 통하여 죽음의 세력을 잡은 자 곧 마귀를 멸하시기 위함"이다.(*ἵνα διὰ τοῦ θανάτοῦ καταργήσῃ τὸν τὸ κράτος ἔχοντα τοῦ θανάτου, τοῦτ' ἔστιν τὸν διάβολον*) 인격화는 디모데후서 1:10b에도 전제된다. 그 구절은 그리스도를 통해 죽음을 이긴다고 말한다.(…*Χριστοῦ Ἰησοῦ, καταργήσαντος μὲν τὸν θάνατον*) 요한계시록 20:13, 14a도 이에 상응한다. 죽음과 지하세계(*ὁ θάνατος καὶ ὁ ᾅδης*)가 죽은 이들을 내어주어야 하고, 죽음과 지하세계도 마귀처럼 불못에 던져진다.(참조. 20:10) 그 다음 20:14b의 진술이 뒤따른다. "이것은 둘째 사망 곧 불못이라."(*οὗτος ὁ θάνατος ὁ δεύτερός ἐστιν, ἡ λίμνη τοῦ πυρός*) 죽음도 그 세력의 결정적인 최후를 맞이하고 심판과 멸망에 떨어진다. 그러므로 요한계시록 21:4b에서 다음과 같이 말할 수 있다. "다시는 사망이 없고, 애통하는 것이나 곡하는 것이나 아픈 것이 다시 있지 아니하리니 처음 것들이 다 지나갔음이러라."

3.7.6 심판과 죄의 진술은 모두 인간이 죄인이라는 징후 아래에 있다. 그런 점에서 죄는 위협적인 힘을 지니고, 마침내는 궁극적인 멸망이라는 의미에서 심판으로 이끈다. 그러나 그렇다고 하여 영면과 파멸을 품은 죽음 사이의 구분이 없어지는 것이 아니다. 인간은 죽어야 하고 따라서 죄의 징조 아래 있는 죽음으로부터의 구원도 있다는 것이 인간의 피조성에 속한다.

3.8 악의 현상

인간과 또한 세상의 현실에도 미치는 악한 것의 현상은 죄와 매우 밀접하게 관련된다.

3.8.1 "사람의 마음이 계획하는 바가 어려서부터 악함이라."는 것은 이미 창세기 8:21b에 나온다. 이러한 이해는 상이하게 강조되며 성서 전체를 일관한다. '악'(*πονηρία*)은 부정적인 것으로 판단되고 해를 끼치는 행위를 특징짓는 용어이다. 악은 근원죄의 결과이며, 어떤 사람도 악으로부터 보호받지 못한다. 나쁜 것은 바로 사람에게서 나와서 사람을 더럽게 한다.(막 7:15) 이는 모든 행동, 그러니까 모든 과오가 처음부터 악한 것은 아니지만 일반적인 경향으로 볼 때 최소한 그것의 영향 면에서 악의 특징을 지닌다는 뜻은 아니다. 악은 가장 사악한 양태에서 치명적인 결과를 가지며, 이는 아벨이 살해된 창세기 4장에서 볼 수 있는 바이다.(참조. 요일 3:11-15, 요 8:44)

3.8.2 죄와 마찬가지로 악도 세상에 만연해 있다. 그러나 악은 저지되어야 한다. 이것은 무엇보다도 인간의 행위에 한계를 설정하는 계명을 통해 일어난다.(예를 들면 출 20-23의 계약책) 우리를 악에서 보호해 달라는 주기도문의 간구를 제외하면, 신약성서에서는 악한 것을 선한 것으로 이기라고 요청한다.(롬 12:21) 악은 사랑으로 극복되어야 하며, 예수의 말씀에 따르면 특히 그러하여, 악에 저항하지 말아야 한다.(마 5:39)

3.8.3 그럼에도 불구하고 상상을 초월하는 힘을 지닌 악이 창궐한다. 이 악이 '고난'(*θλῖψις*)으로 이끌며, 이는 특히 마가복음 13장과 병행구절 및 요한계시록에서 묘사된다.(요 16:33. 참조. 롬 5:3, 고후 1:4) 그 곳에서 죄와 심판에 관한 진술에 상응하여 포괄적으로 통일된 형태로 인간의 악한 행동과 하나님의 판결에 관해 진술한다.(롬 1:24, 26, 28)

3.8.4 악한 것의 현상과 관련하여 '세력들과 권세들'이 중요한 역할을 한다. 창세기 6:1-4 및 천사의 타락 전승과 분명하게 관련짓지는 않지만, 이 표상이 배후에 있다. 골로새서 1:16에 따르면 권세들은 창조주인 선재하신 이의 지배 하에 있으나, 1:20에 따르면 다시 화목케 되어야 한다. 왕권들이나 주권들이나 통치자들이나 권세들은 각각 개인의 한계를 초월하는 힘들이며, 인간과 세상을 그들의 제어 아래 둔다. 개인이 마귀의 지배를 받는 것처럼 세상도 갈라디아서와 골로새서에서 숭배된 '우주의 원리'(*στοιχεῖα τοῦ κόσμοῦ*, 갈 4:9, 골 2:20)[15]와 같은 우주적 권력자의 지배를 받는다. 예수께서는 비유말씀으로 강한 자들의 종말을 이미 예고했다.(참조. 막 3:27과 병행구절, 눅 10:18) 그들은 그들의 창조주에게 다시 굴복한다.(빌 2:10 이하, 골 1:20, 2:15, 엡 1:20 이하) 어쨌든 믿는 자들에게는 그들의 파괴적 권세가 이미 상실되었다.(롬 8:38 이하)

3.8.5 고난이 가장 심한 형태를 띠는 경우에는 적그리스도의 형상과 연결된다.(막 13:14과 병행구절, 살후 2:3 이하, 이 구절에서는 *ἀντίχριστος* 개념을 사용하지는 않는다.) 요지는 전통적으로 제기되어 온 악한 것의 세력을 인격화한 것으로, 이것들은 다른 구절들에서 사탄, 마귀 또는 용과 동일시되었다.(참조. 이 책 11장 3.4.2) 데살로니가후서 2:5-8은 '불법의 비밀이 이미 활동'(*τὸ γὰρ μυστήριον ἤδη ἐνεργεῖται τῆς ἀνομίας*, 7절)한다고 말한다. 그러나 적대자의 권세가 여전히 저지당한다. 그리고 이 권세가 구속당하지 않고 활동하게 되면 그 때에 멸망당할 것이다. 여전히 악한 것의

15) 개역개정판에서는 이 부분을 "세상의 초등학문"이라고 번역하였다. — 역자 주.

세력이 지속되지만, 그것의 권세도 꺾였다. 이는 누가복음 10:18의 주의 말씀에서 사탄의 추락이라는 모티브로 표현된 바이며, 요한계시록 12:7-17에서 비유적으로 묘사되었다. 이에 관해서는 이 책 24장에서 다시 재고해야 한다.

4. 신약성서 인간론의 통일성

앞의 진술들을 돌아보고 결론에 대해 질문한다면 신약성서에는 피조물을 보는 시각에 인간의 죄인 됨과 같은 기본적인 통일성이 있다. 물론 눈에 띄는 점은 그 선이 어디서나 한결같이 그어진 것은 아니라는 사실이다. 수많은 본문들에서 인간론적인 인식들이 명백하게 설명되기보다는 전제가 된다.

4.1 인간의 피조성

인간의 피조성은 성서적 인간상의 기초이다. 또한 죄에 빠졌다고 하여 그가 피조물이라는 것이 간단히 해체되지 않는다.

4.1.1 인간이 피조물임과 관련하여 구약성서와 초기 유대교의 근본적인 전승들이 익숙하게 여겨지고 전수되었다. 인간임은 기본적으로 하나님과의 관계 안에서 관찰된다. 즉 인간은 하나님께 속함, 그에게 의존함, 그리고 그 분과의 의사소통 위에서 만들어졌다는 뜻이다. 인간은 그의 근원 및 관심과 도움을 향한다는 견지에서 보호와 구원을 받아야 할 때, 그런 점에서 인간은 원칙적인 의미로 말해 불완전한 존재이다.

4.1.2 인간의 실존은 한계를 지녔다. 인간의 생명은 무상함과 죽음의 징조 아래에 있다. 구체적인 삶의 상황에 의해 제한당하기도 하며, 개인의 능력과 재능 때문에, 특히 다른 사람에게 예속되어 있기 때문에 속박당한다. 이것을 넘어 질병이나 재난에서부터 미움이나 불화의 경험에 이르기까지 여러 장애요소에 구속받기도 한다. 한계는 하나님에 의해 창조된 세상이 그러한 것처럼 인간실존이 지닌 특징이다. 자기 의지로, 그리고 성공적으로 그 경계를 넘지 못한다는 점에서 인간의 연구에 의해 어느 정도까지 그 경계가 넓혀질 수 있는 곳에도 역시 한계는 존재한다.

4.1.3 하나님의 피조물로서 인간은 독립성과 자기 책임을 지닌다. 이는 하나님을 향한 관계와 세상 가운데 있는 인간의 삶에 모두 해당한다. 인간이 피조물로서 지닌 근

본구조는 죄인임에도 불구하고 유지된다. 따라서 인간은 자신이 피조물이라는 것과 오용해서는 안 될 자신의 책임에 대해 긍정적으로 반응할 수 있다.

4.2 인간은 죄인임

인간이 죄인이라는 것은 인간 상태에 대한 일반적인 묘사가 아니다. 중요한 것은 하나님과의 결합을 잃었다는 것이다. 죄는 도덕적 개념이 아니며 철저하게 신학적인 개념이다.

4.2.1 인간은 구조를 필요로 한다. 인간은 죄에 빠진 자신의 실존에서 스스로 자유롭게 될 수 없다. 전체 인류의 운명은 하나님을 외면한 것과 인간의 자기주장으로 각인되었다. 인간의 구체적인 죄를 넘어서 이야기될 수 있는 모든 것은 하나님을 외면함, 즉 근원죄와 관련이 있으며, 이 근원죄가 철저하게 인간존재에 영향을 미쳐 마침내는 출구가 없는 상태로 몰고 간다. 인간의 피조성과 마찬가지로 인간의 죄 많은 상태 또한 성서의 모든 부분에 전제되어 있다. 신약성서에서는 죄에 빠진 상태의 강도를 상이하게 평가할 뿐이다.

4.2.2 하나님의 구원하시는 행위를 만나면서 인간은 자신의 피조성과 그가 빠져 있는 죄의 권세 사이에 있는 긴장을 경험한다. 인간은 자신의 삶이 모든 인간존재들과 마찬가지로 전반적으로 피조되었음을 통해 규정되지만, 그것을 거부함으로써 영향을 받는다는 사실을 깨닫는다. 이 과정에서 인간은 스스로가 하나님을 외면하는 데에 동참했다는 것을 인식한다. 아무리 자기가 책임진다 하더라도 인간은 죄에 얽혀 있음을 경험한다. 인간의 실존은 전반적으로 개인의 한계를 초월하는 권세로서의 죄에 좌우되고, 모든 잘못된 행동들은 그것 때문에 일어난다. 그리고 하나님과 관계가 상실된 경우라면 높은 도덕적 가치를 지닌 행동이라도 권세로서의 죄에 영향을 받는다. 예수 그리스도 안에 나타난 하나님의 구원하시는 행위가 심판인 죽음에서 우리를 해방시키지 않는 한, 권세로서 죄는 인간의 생명뿐만 아니라 죽음에도 그늘을 드리운다. 인간이 죄인이라는 사실과 관련된 이러한 측면을 특히 바울이 고찰하였다. 그가 집요하게 논증하는 것은 다른 경우에 말한 것들과 모순 되는 것이 아니라, 오히려 그 진술들을 철저하게 숙고된, 그리고 세분화된 형태로 완성한다.

4.2.3 성서의 인간론은 분명히 인간은 피조물이라는 데에서 출발하지만, 구원하시는 하나님의 행위를 기준으로 할 때에야 비로소 인간의 참된 실존이 모든 차원에서

드러난다. 따라서 인간론적 진술은 구원론과 불가분리의 관계이다. 하나님의 계시라는 측면에서 이해해야 할 창조는 구원하시는 하나님의 계시행위와 상관관계이며, 구원하시는 계시행위를 통해 하나님과의 함께함이 새롭게 생겨난다. 그런 점에서 구원론은 앞서 일어나는 하나님의 행위로 소급된다. 구원론은 창조의 회복과 완성의 징조 아래에 있다.

5. 마무리 고찰

인간에 대한 성서의 기본적인 진술 앞에 서면, 다음과 같은 질문이 제기된다. 하나님께 예속됨과 하나님 앞에서 인간이 져야 할 책임을 알아야 하나, 그에 대한 이해가 없다는 것을 특정 시대에 어떻게 전할 수 있을까?

5.1 기독교적 인간론은 우선 성서의 용어와 관련하여서 이해하는 데에 매우 큰 어려움이 있다. 무엇보다도 죄의 개념은 수세기에 걸쳐 잘못 사용되어 그 개념이 모호해졌고, 그리하여 그것의 특수한 신학적 의미를 거의 파악하지 못한다. 그러므로 사람들이 죄의 개념을 광범위하게 포기해야 했던 것은 아닌지를 생각해야 한다. 그러나 그것은 성서의 중심개념이기 때문에 무시할 수 없다. 죄의 개념에 대한 명확한 해석이 필요할수록, 그것은 하나님을 향한 인간의 태도와 관련이 있다는 정황이 중요하다. 그렇다고 하여 구체적인 과오들과 잘못들이 배제되지 않지만, 핵심은 바로 어떤 인간도 결국은 포기하실 수 없는 하나님 앞에서 책임을 져야 한다는 것이다.

5.2 기독교적 인간론은 성서적 인간상의 다양한 차원을 파악해야 할 과제 앞에 서 있다. 이는 무엇보다도 구약성서와 신약성서를 구성하는, 피조물로서의 인간과 죄인으로서 인간 사이에 있는 긴장과 관련된다. 그러나 이는 양자택일의 문제가 아니다. 인간은 피조물로서 죄인이고 또한 죄인이면서 하나님의 피조물이다. 바로 이러한 역설적인 현실에 인간의 실존이 영향을 받는다. 인간존재에 대한 진술들은 양 측면을 모두 고려해야 한다. 인간이 피조물로서 지닌 지위는 죄인이라는 깨달음만큼이나 본질적이다. 그러나 이러한 양극성에 직면하여 양쪽 진술 모두 하나님의 구원하시는 행위의 관점 아래에서만 가능하다는 점을 분명히 해야 한다. 이러한 하나님의 행위의 빛 아래서만 완전히 인식할 수 있다. 또한 그에 상응하여 인간은 피조물로서 존재하고 또한 피조물로서 존재할 수 있다는 사실은 인간이 하나님과 멀어져 실제로 서 있는 곳에서 분명해진다.

5.3 기독교의 인간론은 인간의 피조된 실존을 새롭게 하는 데서 출발할 때에만 자신의 과제를 충족시킨다. 인간이 악에 얽혀 있다는 점을 고려하면 할수록 기독교적 인간론은 긍정적인 의미의 피조성에서 전개될 수 있다. 즉 하나님의 구원하시는 행위를 통해 다시 얻을 수 있는 피조성을 말한다. 이것은 어떤 능력과 과제를 하나님께서 인간에게 넘겨주셨는지를 보여준다. 죄와 악에 연루되어 있다는 것이 의미하는 바를 초기 기독교 선포에서도 사건을 밝히는 뜻으로 논의하지 않았다. 오히려 하나님께서 보이신 구원을 위한 관심 앞에 설 때에 인간의 멸망이 어떤 상태에 이르렀는지를 인식할 수 있다. 구원 사건의 빛 안에서 새로워진 생명을 향한 시야가 열린다. 구원에 참여하는 것을 근거로 할 때에 피조성의 의미에서 참된 생명이 다시 실현될 수 있다.

5.4 기독교의 인간론은 개인과 또한 인간 공동체에 방향을 제공할 수 있는 본보기를 전개해야 한다. 기독교의 인간론은 교회 안에서만 의미가 있는 것이 아니라 모두에게 적용되는 의의를 지녀야 한다. 그려진 인간상이 설득력을 갖게 되면, 그것은 가치 있고 유용한 것으로 느껴지고, 그것이 수용되는 상황이 된다. 바로 이런 방법으로 하나님과의 거리를 극복할 수 있고, 구원의 필요를 경험할 수 있고, 기독교 메시지가 지닌 구원의 차원을 인식할 수 있게 된다.

5.5 기독교의 인간론은 철저하게 인간으로서의 삶에 해당되는 근본적인 진술을 다루어야 한다. 그러나 그것을 넘어 구체적으로 어떤 전제 아래서, 그리고 어떤 방법으로 책임을 자각할 수 있는지를 보여주어야 한다. 그런 점에서 무엇보다도 윤리적 측면을 고려해야 한다.(참조. 이 책 22장과 23장)

12장

율법 문제

초기 기독교에 있어 율법의 문제는 인간론의 맥락에서 생겨났다. 구약성서의 이해에 따라 율법에 충실하는 것이 구원 참여의 전제로 여겨지는 경우, 예수 그리스도의 구원론적 행위 때문에 율법과의 관련성에 대한 문제가 새롭게 제기되었다. 이는 인간이 죄인이라는 측면에서 뿐만 아니라 인간은 구원받은 존재라는 측면과도 관련된다. 이에 대해 초기 기독교에서는 매우 다른 대답들이 주어졌다. 다양한 이해들이 서로 어떻게 관련되는지를 설명하기에 앞서, 율법과 관련 있는 본문들을 논하고 비교해야 한다.

1. 전제들

1.1 언어적 연구결과를 보면 '노모스'(*νόμος*, 율법) 개념은 신약성서에서 헬라적-유대교적 언어 용례에 따라 일반적으로 '토라'의 의미로 사용되었다. 그에 대한 예외는 소수이며, 그것도 논쟁의 여지가 있다.(참조. 예를 들면 롬 7:23, 8:2) 때때로 '모세의 율법'(*νόμος Μωϋσέως*)이라는 표현이 등장하거나, 율법 대신 그것에 대한 대리자로 '모세'의 이름만이 나온다. 그와 더불어 용어 '엔톨레/엔톨라이'(*ἐντολή/ἐντολαί*, 계명[들])가 중요한 역할을 한다. '노모스'(*νόμος*) 개념이 일반적으로 모세 오경 전체에 해당한다면, '엔톨레/엔톨라이'(*ἐντολή/ἐντολαί*)는 개별적인 계명과 연결된다. '셀레마 투 세우'(*θέλημα τοῦ θεοῦ*, 하나님의 뜻)를 말할 때는 하나님의 구원의지와 하나

님의 요구라는 의미가 중첩된다.

1.2 구약에서 결코 통일적이지 않은 율법 이해를 여기서 논할 수는 없다. 포로기 이후에 전체적인 이해가 완성되었다는 것이 결정적이다. 모세 오경의 의미로 토라는 하나님의 선물 및 이스라엘과 하나님 사이의 언약을 통합하는 구성요소로서 이해된다. 그것은 단어 '토라'(תּוֹרָה)의 원래 의미에 따르면 선택된 민족의 삶을 위한 '지침'이다. 그에 상응하여 계명을 따르는 것은 하나님과 하나님의 뜻에 대한 충성의 표현이다. 그러나 초기 유대교에서도 율법주의적인(nomistisch) 의미로 점차 이동하였다. 특히 이런 전제 아래 헬라 유대교에서 통상적으로 헬라어 단어 '노모스'(*νόμος*)로 번역한 것을 이해할 수 있다. 비록 일괄적으로 '행위를 통한 의'라고 말할 수는 없지만, 이러한 방향으로의 추세는 의심의 여지가 없다. 기본적으로 구약성서의 율법은 하나님의 의지의 표명이며, 거기서 중요한 것은 율법이 구원으로 가는 길이라는 이해이다.(참조. 신 32:45-47과 같은 경우)

1.3 신약성서는 모든 부분에서 유대교적 개념과 의미를 전제로 한다. 어떤 경우든 '율법'은 아무리 의미의 변화가 있다 하더라도 '토라'와 같은 의미이다. 이때 한편으로는 율법이 유대교 성서와 초기 기독교 성서의 기본요소임이 중요하다. 다른 한편으로는 율법을 기독교적으로 고유하게 해석하는 것을 동시대 유대교가 어떻게 이해하고 논쟁했는지가 중요하다.

1.4 초기 기독교의 율법해석을 위한 기반을 이루는 것은 율법에 대한 예수의 입장이다. 그러나 그것과 관련하여 율법과 구원의 메시지의 관계에 대한 매우 다른 이해들이 생겨났다. 그 때문에 과연 일치된 율법이해를 말할 수 있는가 하는 문제가 제기된다.

2. 율법에 대한 예수의 입장

예수 전승은 신약성서 복음서에서 무시할 수 없을 만큼 부활 이후의 여러 해석들과 겹쳐져 있다. 율법에 대한 예수의 진술과 행동도 마찬가지이다. 그렇지만 예수의 고유한 율법 이해를 알 수 있게 하는 분명한 실마리들이 있다.(참조. I권 6장)

2.1 예수께서 토라의 계명을 의식적으로 범했다는 점을 간과할 수 없다. 이 때문에 유대교 서기관들과 수없이 충돌했다.

2.1.1 무엇보다도 안식일 논쟁이 이에 해당한다. 예수께서 안식일에 병을 고친

것이 사람들을 자극했고(막 3:1-5와 병행구절, 눅 14:2-6), 그의 제자들이 안식일에 금하는 행동인 밀을 훑은 것에 대해 예수께서 변론했다.(막 2:23-28과 병행구절) 그는 금식의 규정들도 어겼다.(막 2:18, 19a 병행구절) 또한 예수께서는 비윤리적 행동이나 질병을 앓는 것으로 보아 부정한 것으로 여겨지던 사람들과도 접촉했다.(눅 7:36-50, 17:12-19) 급기야 그는 정결법에 대한 바리새인들의 해석에도 대항하였다.(막 7:1-15과 병행구절) 예수에게는 시작하는 하나님의 통치에 직면하여 특정 규정들이 더 이상 절대적이지 않았다. 종말의 안식일이라는 조명 아래에 있는 안식일에 구원이 빛을 발하고, 예수께서는 의심의 여지없는 진정한 그의 말씀으로 인간이 안식일을 위하여 만들어진 것이 아니라, 안식일이 인간과 인간의 구원을 위하여 하나님이 정하셨다는 사실을 지적한다.(참조. 막 2:27, 3:4과 병행구절)

2.1.2 예수께서는 제사규정에도 유사한 방식으로 관여했다. 그가 성전에서 한 행동은 청소를 하려는 것이 아니라, 제물로 사용되는 동물을 몰아냄으로써 하나님의 통치가 이뤄질 때에는 지상 성전의 시대가 끝난다는 점을 확실하게 보여주는 상징행위이다.(막 11:15-17과 병행구절, 요 2:14-17) 재구성하기가 어려운, 성전이 무너지고 종말에 새롭게 세워지리라는 그의 말씀도 이런 의미에서 이해할 수 있다.(마 26:61과 병행구절)

2.1.3 이 모든 것은 의심의 여지없이 예수에게로 소급되는, 새 헝겊은 낡은 옷에 어울리지 않고, 새 포도주는 낡은 부대를 터지게 한다는 마가복음 2:21과 병행구절의 말씀 아래에 있다. "생베 조각을 낡은 옷에 붙이는 자가 없나니 만일 그렇게 하면 기운 새 것이 낡은 그것을 당기어 헤어짐이 더하게 되느니라. 새 포도주를 낡은 가죽 부대에 넣는 자가 없나니 만일 그렇게 하면 새 포도주가 부대를 터뜨려 포도주와 부대를 버리게 되리라 오직 새 포도주는 새 부대에 넣느니라 하시니라."(*οὐδεὶς ἐπίβλημα ῥάκους ἀγνάφου ἐπιράπτει ἐπὶ ἱμάτιον παλαιόν· εἰ δὲ μή, αἴρει τὸ πλήρωμα ἀπ' αὐτοῦ τὸ καινὸν τοῦ παλαιοῦ καὶ χεῖρον σχίσμα γίνεται. καὶ οὐδεὶς βάλλει οἶνον νέον εἰς ἀσκοὺς παλαιούς· εἰ δὲ μή, ῥήξει ὁ οἶνος τοὺς ἀσκοὺς καὶ ὁ οἶνος ἀπόλλυται καὶ οἱ ἀσκοί· ἀλλὰ οἶνον νέον εἰς ἀσκοὺς καινούς*)

2.2 그러나 그럼에도 불구하고 이것으로써 토라가 예수에게 어떤 의미였는지는 설명되지 않는다. 복음서 안에 있는 일련의 본문들이 그에 대해 분명하게 설명한다.

2.2.1 이러한 견지에서 우선 주목해야 할 본문이 마태복음 5:21-48이다. 비록 5:17-20의 도입구와 더불어 상반되는 표현들은 누가의 병행구절이 보여주듯이 이차적

인 것일 수 있고, 부가적인 설명도 있지만, 기본 구성에 있어서 이 해석은 틀림없이 예수 자신에게로 소급된다. 이 구절은 시작하는 하나님 통치에 직면하여 예수에게 개별적인 계명들은 더 이상 필요하지 않다는 것을 보여준다. 맹세에 관한 계명이나 보복에 관한 규정에 대해 예수의 입장이 이에 해당한다.(마 5:34a, 39a) 반대로 다른 계명들은 이런 전제 아래서도 여전히 유효할 뿐만 아니라, 오히려 하나의 새로운, 매우 철저한 방식으로 이해되었다. 살인과 간음을 금하는 것이나 이웃 사랑에 관한 계명이 분명히 보여주는 바와 같다.(마 5:22, 28, 44) 마가복음 10:2-9∥마태복음 19:3-9의 이혼에 관한 논쟁에서 이혼을 허락한 신명기 24:1 이하를 비판하는 것도 이와 평행한다. 예수에게 있어서 신명기 24:1 이하는 인간의 강퍅한 마음을 모세가 용인한 것과 다름없었다. 결혼은 하나님 통치의 빛 안에서 창조적 성격을 다시 회복하고 돌이켜 깨뜨릴 수 없는 것이다.(창 1:27, 2:24) 따라서 이혼은 더 이상 있어야만 되는 것이 아니었다.(마 5:32, 19:9의 예외규정은 이차적이다. 막 10:11 이하, 눅 16:18에서 알 수 있는 바와 같다.)

2.2.2 이러한 연구결과는 한 편으로는 시작하는 하나님의 통치와 더불어 포괄적인 갱신이 일어나며, 이때 토라의 개별적인 규정들이 그 의미를 잃는다는 사실을 보여준다. 다른 한 편으로는 토라는 영속적인 유효성을 지닌 기본요소를 포함한다. 예수에게 있어서 구약성서의 율법이 지닌 형식적인 존재 상태는 더 이상 구속력이 없으며, 계명을 통하여 고지된 근본적인 하나님의 뜻이 중요하다. 덧붙여 근본적인 하나님의 뜻은 하나님 통치의 맥락에서 완전하게 빛을 발하며, 생명으로 가는 참된 길을 보여준다. 따라서 예수에게 있어 토라는 그것이 하나님의 원래 의지를 증언하는 경우에 한하여 포기할 수 없는 기본 토대이다. 그러나 이제 토라는 하나님의 통치가 시작한다는 메시지의 빛 아래 있으며, 거기서부터 이해되어야 한다.

2.2.3 이때 토라를 어떤 중심에서부터 이해해야 하는가 하는 질문이 제기된다. 예수에게 있어서는 그가 선포한 구원 메시지의 맥락에서 볼 때 하나님과 이웃에 대한 사랑이라는 이중 계명이 토라의 심장부이다.(막 12:28-34 병행구절, 이에 대해서는 이 책 22장을 보라.) 토라는 그것이 전수된 형태 가운데서 집중과 변형이 중첩되었고, 폐기되지는 않았다는 이해가 또한 중요하다. 그러나 율법은 더 이상 그 자체로서가 아니라 종말론적 메시지와 조화되어 이해되고 하나님의 참된 의지가 시작하는 구원의 영역에서 실현되는 곳에서만 구원의 의의가 있다.

2.3 토라에 대한 예수의 태도는 전반적인 초기 기독교 전승을 결정적으로 각인시켰다. 의식적으로 율법에 충성하는 것으로부터 시작하여 그리스도의 계명을 통한 율

법의 해체에 이르기까지, 그 개념들이 아무리 다르다 하더라도, 구약에서 표현된, 그리고 구약에서 구원과 관련된 것으로 여겨지는 하나님의 의지를 바라보며 언제나 실현되어가는 구원의 의미를 발견하는 것이 핵심이다.

3. 율법과 구원 메시지의 상호관련성

구원의 메시지를 율법과 결합시키는 것이 유대 기독교 공동체의 관심사가 되었다. 이는 자신들이 유대교에 속해 있다고 힘주어 강조했던, 가장 오래된 부활 이후 예루살렘 공동체에도 해당한다. 그러나 이러한 태도는 1세기 말에 이르기까지 부분적으로 변경된 형태로 목격된다. 처음에는 많은 것들이 간접적으로만 인식되었다. 마태복음이나 야고보서 또는 요한계시록과 같은 후대의 문서들이 비로소 직접적인 유대 기독교의 증언을 담고 있다.

3.1 팔레스틴 유대 기독교의 초기 전승

유대인이라는 실존의 근거인 율법에 아무리 충실하다 할지라도 예수의 위격, 그의 메시지, 죽음과 부활에 대한 고백은 토라에 대한 입장에 중요한 영향을 끼쳤다. 토라에 대한 예수의 태도와 그와 관련된 그의 말씀을 고수한 것은 그것을 그의 구원 메시지에 속하는 요소로서 기본적으로 인정하고 계속 이어갔다는 것에 대한 증거이다. 그럼에도 불구하고 구원의 메시지와 토라 사이의 관련성을 확립하는 것이 중요했다.

3.1.1 예루살렘 초기 공동체에 관해 확인할 수 있는 모든 사항에 따르면, 복음은 토라의 필요성을 무효화하지 않는, 토라의 보충으로 여겨졌었다. 이방 선교 초기에 구원을 위해 할례와 율법준수는 불가피하다고 주장한 유대 기독교인들의 행동은 그렇게 이해될 수밖에 없다. 사도행전 15:5에 그들의 요구가 기록되어 있다. "이방인에게 할례를 행하고 모세의 율법을 지키라 명하는 것이 마땅하다 하니라."(*δεῖ περιτέμνειν αὐτοὺς παραγγέλλειν τε τηρεῖν τὸν νόμον Μωϋσέως*) 앞서 15:1b도 전형적인 내용을 담고 있다. "너희가 모세의 법대로 할례를 받지 아니하면 너희가 구원을 받지 못하리라." (*ἐὰν μὴ περιτμηθῆτε τῷ ἔθει τῷ Μωϋσέως, οὐ δύνασθε σωθῆναι*)

3.1.2 그럼에도 불구하고 초창기부터 이미 분열이 있었고, 그 때문에 이런 엄격

한 태도가 시종일관 고수되지 못했다. 베드로가 할례받지 않은 이방인을 유대 기독교인 공동체에 받아들이는 것을 반대했다. 이는 사도행전 10장의 전승에서 알 수 있는 바이다. 무엇보다도 이른바 예수의 메시지를 좇는 "헬라파"에게서 율법을 매우 강하게 비판하는 견해가 관철되었다.(참조. 이 책 12장 4.1)

3.1.3 예루살렘에서 쫓겨난 헬라파가 안디옥에서 율법으로부터 자유로운 이방 선교를 시작했기 때문에, 예루살렘 공동체와의 분열은 계속 진행되었다. 안디옥에서는 이방인들에게 율법에 대한 자유가 인정된 반면, 팔레스틴 유대 기독교인들에게는 토라와 구원의 메시지를 지속적으로 결합시키는 것이 척도를 제공하는 것이었다. 그 결과 사도회의에서 이방 기독교인들을 향해 자신들의 입장을 명시하였다. 아람어를 사용하는 팔레스틴 유대 기독교에서는 율법과 구원의 메시지를 긴밀하게 결합하는 것을 고수하였다. 즉 옛적의 유대인들에게 토라는 복음서와 더불어 무조건 유효했다. 따라서 율법은, 비록 전적으로는 아니지만, 여전히 구원으로 가는 길의 기능을 유지했다.

3.1.4 사도회의 이후에도 엄격한 유대 기독교인들의 견해가 있었다. 여기서는 그 비중이 분명히 율법준수로 더욱 더 강하게 옮겨졌다. 이것을 대표하는 이가 주의 형제 야고보였다. 그는 이방 선교의 문제에서 중재하는 입장을 취하긴 하였으나, 유대 기독교인들을 향하여는 율법의 무조건적 유효성을 고수하라는 입장을 대표했다.(갈 2:9, 12) 그 외에 이방 기독교인 지역에서 율법준수를 종용하는 유대 기독교인 무리도 있었다. 이는 몇몇 공동체, 특히 갈라디아 공동체와 같은 곳에서 있었던 바울의 논쟁에서 볼 수 있다.

3.2 마태복음의 율법 이해

이방 선교에 대해서는 개방적이면서 동시에 토라와 구원 메시지가 서로 짝을 이룬다는 개념은 후대 헬라파 유대 기독교에서도 지지되었다. 이는 특히 복음서 저자 마태가 보여주는 바이다.

3.2.1 안식일에 예수께서 행한 일, 정결례에 관한 문제나 거절당한 이들에 대한 태도, 그리고 성전에서 예수께서 행한 일에 관한 사화 전승과 더불어 복음서 저자는 마태복음 5:17-7:12에서 율법 주제를 순차적으로 논의한다. 예수의 제자들을 위한 삶의 규정인 산상설교에서 마태의 율법이해를 결정적으로 보여주는 윤곽이 드러난다. 복음서 저자는 5:21-48에 반대명제 형식으로 된 율법에 관한 예수의 말씀을 넘겨받았

다.(부분적으로 보충하면서) 그는 이 말씀을 6:1-7:11에서 제자들의 삶을 지도하는 내용의 진술로 계속 이어간다. 위의 두 본문을 저자는 5:17-20의 주도 사상 아래 둔다. 이 주도 사상은 7:12의 황금률로 집약된다. 산상설교를 실현하는 것은 22:34-40의 사랑의 이중 계명이나 23:23b의 '율법 중에 가장 중요한 것'에 대한 진술과 밀접하게 관련된다.

3.2.1.1 도입 단락인 5:17-20에 있어 결정적인 것은 5:17에 나타나듯이 저자가 약속전승에서 유래한 완성의 사고를 율법에 적용한 것이다. 약속처럼 율법도 그 자체를 넘어 지시하는 것이 중요할 뿐만 아니라 율법의 세부 규정들이 예수의 해석을 통해 실현된다는 것이 관건이다. 따라서 다음과 같이 기록하였다. "내가 율법이나 선지자를 폐하러 온 줄로 생각하지 말라. 폐하러 온 것이 아니요 완전하게 하려 함이라."(*μὴ νομίσητε ὅτι ἦλθον καταλῦσαι τὸν νόμον ἢ τοὺς προφήτας· οὐκ ἦλθον καταλῦσαι ἀλλὰ πληρῶσαι*) 이 진술은 일방적으로 율법과 연결되어서는 결코 안 되며, 율법과 선지자를 병렬시켰다는 것이 본질적으로 중요하다. 선지자를 성취한다는 의미는 복음서 저자가 여러 번 고려한 이른바 숙고 인용문으로 표현되었다.(참조. I권 30장) 율법을 성취한다는 의미는 뒤이어 오는 진술들을 통해 분명해진다. 5:18에 따르면 유대 기독교인인 마태는 우선 기존의 토라 본문을 완전히 인정한다. 그 구절에 기록하기를 일점일획이라도 변경되어서는 안 된다고 하며, 5:19에서 그렇게 행하지 않는 다른 제자들을 비판한다. 여기에 더해 5:20에서 계명을 지키라고 명시한다. "내가 너희에게 이르노니 너희 의가 서기관과 바리새인보다 더 낫지 못하면 결코 천국에 들어가지 못하리라."(*λέγω γὰρ ὑμῖν ὅτι ἐὰν μὴ περισσεύσῃ ὑμῶν ἡ δικαιοσύνη πλεῖον τῶν γραμματέων καὶ Φαρισαίων, οὐ μὴ εἰσέλθητε εἰς τὴν βασιλείαν τῶν οὐρανῶν*, 비교. 6:33) 이와 함께 5:21-48에 토라의 계명을 해석하는 본보기를 제시하였다.

3.2.1.2 위에 인용된 개별 계명들은 이 단락에서 시종일관 구원을 계시하는 빛 아래서 이해된다. 예수 자신이 그의 해석을 통해 토라를 완성한 이이며, 따라서 모든 계명들이 예수께서 행한 해석의 의미에서 파악되어야 하고 실천을 통해 완성되어야 한다. 구약성서의 율법과 그것의 종말론적 의미가 복음서 저자에게는 하나로 통일되었고, 이런 의미에서 종말론적 의미에서 해석된 구약성서의 율법은 제자들의 실존을 위한 규범이다. 구원 메시지 안으로 토라가 완전히 통합되고, 새롭게 이해하는 것이 요지이다.

3.2.1.3 마태는 산상설교의 중간부분을 긍정적으로 표현된 7:12의 황금률로 끝맺는다. "그러므로 무엇이든지 남에게 대접을 받고자 하는 대로 너희도 남을 대접하라."

(*πάντα οὖν ὅσα ἐὰν θέλητε ἵνα ποιῶσιν ὑμῖν οἱ ἄνθρωποι, οὕτως καὶ ὑμεῖς ποιεῖτε αὐτοῖς*) 이 황금률은 전형적으로 다음 진술로 종결된다. "이것이 율법이요 선지자니라."(*οὗτος γάρ ἐστιν ὁ νόμος καὶ οἱ προφῆται*) 이것으로 성취된 율법과 선지자들이 갖는 내용이 단순하면서도 동시에 준수할 것을 많이 요구하는 보편타당한 규범의 형태가 되었다. 이에 상응하여 마태복음 22:40은 사랑의 이중 계명과 관련하여 다음과 같이 말한다. "(마치 문에 붙은 경첩과 같이) 이 두 계명이 온 율법과 선지자의 강령이니라."[16] 5:21-48의 반대명제와 22:34-40의 사랑의 계명은 서로를 설명한다. 여기에 더해 23:23b은 '율법 중에 가장 중요한 것'(*τὰ βαρύτερα τοῦ νόμου*), 즉 '정의, 긍휼, 믿음'(*κρίσις, ἔλεος, πίστις*)에 초점을 맞춘다. 이것이 지속적인 가치를 지닌 전체 토라 중에서 마태가 이해한 율법의 가장 중요한 측면이다.

3.2.2 마태는 율법과 선지자가 동등하다는 관점을 고수한다. 구약성서의 요구와 약속들은 성취되고, 그 가치는 새로운 형태로 유지된다. 만일 예수께서 메시아로서 예언을 완성한 이라면, 율법에 대한 그의 해석은 토라의 완성이다.

3.2.2.1 예수께서는 전권적으로 율법을 해석하면서 토라의 규정들을 매우 강하게 비판하였다. 그러나 그 비판으로 계명들을 대체해서는 안 된다. 오히려 각각의 규정들이 지닌 그것의 참된 가치, 종말론적으로 밝혀진 가치를 인식해야 하며, 그런 방법으로 율법의 완성을 이해해야 한다. 그런 점에서 계명들은 더 이상 형식적인 의미가 아니라 문자적 표현을 넘어서는 의도의 관점에서 가치가 있다. 따라서 계명들은 급진적일 수 있다. 그러나 구원의 현실을 맞이하여 계명들이 더 이상 필요하지 않을 때에는 폐기될 수도 있다. 어쨌거나 토라를 축소하는 것이 아니라, 예수를 통해 볼 수 있게 된 그 중심으로부터 전체 토라를 이해하는 것이 관건이다.

3.2.2.2 마태에게 있어 토라가 구원의 메시지에 용해된다는 것은 개별 계명들이 지금까지와는 다르게 정립되고 다른 무게를 갖게 된다는 의미이다. 각각의 계명들이 새로운 연결관계 및 새로운 질서 가운데 놓인다. 모든 개별 계명들의 중요도를 평가할 수 있는 기준은 사랑의 계명이다. 이 사랑의 계명이 최종적으로 도착해야 할 곳은 원수사랑이다.(5:43 이하) 마태복음 25:31-46의 비유말씀이 설명하듯이, 최후심판 때에 다른 기준들도 유효하다.

16) 개역한글판 성경은 "이 두 계명이 온 율법과 선지자의 강령이니라."로 읽는다. — 역자 주.

3.3 야고보서와 요한계시록

마태복음 외에 야고보서와 요한계시록에도 토라와 구원의 메시지를 결합시킨 유대 기독교적 이해가 나타난다.

3.3.1 야고보서는 헬라적 유대 기독교 전승에 서 있기도 하다. 본 서신은 율법에 관해 이중적 관점에서 말한다. 한 편으로는 사랑의 계명을 '자유롭게 하는 최고의 법'이라는 관점에서, 다른 한편으로는 최후 심판 때의 판결의 관점에서 말한다. 4:12의 신앙고백적 진술이 이 두 관점을 포괄한다. "입법자와 재판관은 오직 한 분이시니 능히 구원하기도 하시며 멸하기도 하시느니라."(*εἷς ἐστιν νομοθέτης καὶ κριτὴς ὁ δυνάμενος σῶσαι καὶ ἀπολέσαι*)

3.3.1.1 율법이 하나님으로부터 왔다는 것은 의심의 여지가 없다. 야고보서 1:25은 '자유롭게 하는 온전한 율법'(*νόμος τέλειος ὁ τῆς ἐλευθερίας*, 참조. 2:12)을 말하고, 2:8a은 '최고의 법'(*νόμος βασιλικός*)을 언급한다. 이때 초점은 분명히 2:8b에 예수 메시지의 의미로 인용된 사랑의 계명에 있다. '최고의 법'이라는 표현으로 율법이 하나님의 '통치'(*βασιλεία*)에 속해 있음을 나타낸다. 하나님의 '통치'는 2:5에 따르면 하나님을 사랑하는 이들에게 약속된(*ἧς ἐπηγγείλατο τοῖς ἀγαπῶσιν αὐτόν*) 유산이다. 그렇다고 하여 2:9-11에서 알 수 있듯이 다른 계명들, 특히 십자가의 계명들이 폐기되는 것은 결코 아니다. 사랑의 계명은 행함을 위한 규정인 반면, 다른 계명들은 과오나 죄를 규정한다.

3.3.1.2 율법은 인간의 모든 행동을 위한 척도로서 최후심판 때에 본질적인 기능을 한다. 따라서 4:11에 따르면 율법을 '판단'(*κρίνειν*)하지 말고, '준행'하라(*ποιεῖν*)고 한다. 예수께서 의도한 바와 똑같은 의미에서 율법을 실행하는 이들은, 2:12이 주장하듯이, "자유의 율법대로 심판받는다."(*διὰ νόμου ἐλευθερίας μέλλοντες κρίνεσθαι*) 바로 이어지는 13절은 율법을 제대로 이해한다면 '긍휼히 여김'이 결정적 핵심이라고 한다. 따라서 "긍휼을 행하지 아니하는 자에게는 긍휼 없는 심판이 있다."(*ἡ γὰρ κρίσις ἀνέλεος τῷ μὴ ποιήσαντι ἔλεος*, 2:13a) 동시에 믿는 자들을 위해서는 유대교의 한 신조를 이용하여(참조. 토브 4:10) "긍휼은 심판을 이기고 자랑한다."(*κατακαυχᾶται ἔλεος κρίσεως*, 2:13b)고 긍정적으로 표현한다.

3.3.1.3 이 모든 것은 야고보서에 있어 율법이 사랑의 계명에 초점을 맞춘 상태로 구원의 메시지에 통합되었다는 것을 의미한다. 본 서신이 특별히 행위를 강조하는

만큼, 올바로 이해된 율법은 절대적으로 구원의 메시지에 속한다. 그러나 하나님의 통치에 참여할 때만 구원과 관련된 의의가 있다.(2:5)

3.3.2 요한계시록도 헬라적-유대 기독교적 전승의 맥락에 속한다. 12:17과 14:12은 흔들리지 않고 믿는 자들을 '하나님의 계명을 지키며 예수의 증거를 가진 자들'(*τῶν τηρούντων τὰς ἐντολὰς τοῦ θεοῦ καὶ ἐχόντων τὴν μαρτυρίαν Ἰησου*)이라고 말한다. 이에 상응하여 죽임당한 순교자들에 관해 6:9b은 '하나님의 말씀과 그들이 가진 증거로 말미암아'(*διὰ τὸν λόγον τοῦ θεοῦ καὶ τὴν μαρτυρίαν ἣ εἶχον*) 죽었다고 기록한다. 비록 '율법'이라고 명기하지는 않으나, 믿는 자들의 '증거'와 관련하여 '하나님의 계명'을 전제한다. '하나님의 말씀'과 순교자들이 지킨 '증거'를 병치시킨 것이 이와 상관이 있다. 하나님의 말씀은 여기서 구약성서에 계시된 하나님의 뜻과 그의 지시로 이해할 수 있다.(1:9, 6:9, 20:4도 같은 의미)

4. 율법과 긴장 관계에 있는 구원의 선포

팔레스틴 초기 공동체를 제외하더라도 마태나 야고보서, 그리고 요한계시록에서 볼 수 있듯이, 헬라-유대 기독교 영역에서 율법과 구원메시지의 상호 관련성에 관한 이해가 고수되었다면, 율법이 구원과 관련하여 어떤 의의가 있는지를 논한 또 다른 경향도 일찍이 있었다. 이러한 경향은 '헬라파'에서 시작되었고, 무엇보다도 바울에게서 뚜렷하게 형성되었다. 물론 하나님의 약속과 의지표명으로서 율법이 중요하지만, 결코 구원으로 가는 길의 구성요소는 될 수 없다는 것이 그들의 이해이다.

4.1 헬라파 기독교인들의 율법 이해

4.1.1 예루살렘 공동체 안에서 처음부터 팔레스틴 유대교를 벗어나지 못하면서 아람어를 사용하는 공동체보다 '헬라 기독교인들'은 처음부터 유대교의 경계를 넘어가는 구원의 메시지에 더 강력한 추진력으로 반응하였다. 율법과 제의에 대해 비판적이었던 예수의 태도도 디아스포라에서 유래한 예루살렘의 유대 기독교인들에게 매우 큰 역할을 하였다. 사도행전 7:54-60의 스데반 전승에서 알 수 있는 바와 같이 '헬라파'와 유대 당국 사이에 부활 이후 첫 번째 갈등이 있었던 것은 우연이 아니다. 스데반이 예

수를 예증으로 내세우며 율법과 성전에 대해 반대하는 입장을 취한다고 하는(6:13 이하) 비난은 확실히 정당한 것이 아니었다. 그렇게 스데반은 기독교의 첫 번째 순교자가 되었다. 이 사건은 헬라파 기독교인들을 예루살렘에서 몰아내는 데까지 이어졌다.

4.1.2 예루살렘에서 추방된 헬라파 기독교인들은 페니키아, 시리아, 사이프러스로 흩어졌고 안디옥의 오론테스에 새로운 중심지를 세웠다.(행 11:19) 이미 율법에 대한 기본 입장이 아람어를 쓰는 초기 공동체보다 더 비판적이었으며, 안디옥에서 시작된 이방인을 향한 복음의 선포는(11:20 이하) 비로소 구약성서의 율법에 대해 바뀐 태도를 내포했고, 그 결과를 이미 통찰할 정도였다. 할례를 받지 않고도, 그리고 유대교 율법에 대한 의무를 지지 않고도 이방인들이 기독교 공동체로 들어갈 수 있는 접근로가 허용되었다. 이것만으로도 율법은 더 이상 구원과 관련된 기능이 없고, 오히려 안디옥의 이해에 따르면 율법과 구원선포는 긴장관계에 있는 것으로 이어졌다.

4.1.2.1 안디옥 공동체의 지도자인 바나바는 바울을 헬라파-유대 기독교의 선교 중심지인 안디옥으로 데리고 왔다.(행 11:25 이하) 바울 자신이 이미 이방인 선교사로서 알려져 있었음은 의심의 여지가 없다. 그런데 바울도 그의 신학과 선교의 실제적 측면에서 안디옥 공동체의 대표자가 되어 갔다. 결정적으로 이방선교에 대한 논쟁 때문에 바울은 율법 문제를 해명하게 되었다. 예루살렘 공동체 편에서 율법 규정 준수와 이방 기독교인들이 할례를 받아야 한다고 주장하였기 때문에 논쟁이 생겨났고, 이는 마침내 사도회의로 이어졌다. 이 회의에 대해서 우리는 특히 바울을 통해 갈라디아서 2:1-10에서 정보를 얻을 수 있다. 도입부인 1-5절을 제외하면 사도행전 15장은 이 회의 이후의 뒷모습을 전해 주면서, 누가 신학의 전형을 보여준다.

4.1.2.2 안디옥 공동체는 바나바와 바울의 지도 아래에 대표단을 파견했다. 율법주의에 엄격하게 서 있는 유대 기독교인들의 숱한 노력에도 불구하고 안디옥 공동체 대표단은 예루살렘 공동체의 세 대표자인 주의 형제 야고보, 베드로, 요한과 합의점을 찾았다.(갈 2:6-9a) 그들은 악수를 통해 서로의 결정을 확인하는 데 이르렀으니, '우리는 이방인에게로, 그들은 할례자에게로' 가는 것이었다.(*ἵνα ἡμεῖς εἰς τὰ ἔθνη, αὐτοὶ δὲ εἰς τὴν περιτομήν*, 2:9b) 그렇게 하여 율법으로부터 자유로운 이방 선교가 인정되었다. 율법은 이전의 유대인들에게는 여전히 구원의 메시지와 결합하여 유효했고, 그에 반해 이방인들은 율법과 상관없이 직접적으로 구원과 대면했다.

4.1.2.3 율법 지향적인 어떤 의무도 예루살렘에서 결정된 사항과 연결된 것은 없다. 이방 기독교인 공동체가 감사의 뜻으로 예루살렘 공동체를 지원하기로 약속한 것은

그것과 아무런 관련이 없다.(참조. 갈 2:10, 롬 15:26 이하) 사도행전 15:1-35의 사도회의와 관련이 있는 사도칙령은 후에, 아마도 바울과 베드로의 안디옥 논쟁과 관련하여(갈 2:11-14) 유대기독교인과 이방기독교인 사이의 식탁공동체를 위한 최소한의 요구로서 약속했을 것이다.(행 15:20, 29, 21:25)

4.1.3 헬라파 기독교인들의 율법이해에 의해 마가복음이 특징지어진다. 마가복음에는 비록 강령적인 표현도, '노모스'(*νόμος*)라는 개념도 없지만, 기본 태도는 분명히 드러난다. 전수받은 예수 전승 가운데 율법 비판적인 진술들과 태도가 중요한 역할을 한다. 마가복음 1:45-3:6의 사화들과 논쟁대화가 이에 해당한다. 논쟁들은 7:1-23의 정결례 문제와 10:1-12의 간음문제에서 첨예화된다. 7:8 이하에서 인간의 유전 때문에 가려진 '하나님의 계명'(*ἐντολὴ τοῦ θεοῦ*)을 제시한 것이나, 10:19에서 부자와 나눈 대화 가운데 십계명을 언급한 것은 율법과 긍정적으로 대립한다. 결정적인 것은 분명하게 제사의 제물과 대비된 12:28-34의 사랑의 이중 계명이다.(참조. 11:15-17, 13:2) 율법과 제사에 대한 비판이 여기서도 서로 관련을 맺고 있다.

4.2 바울의 율법 이해

바울의 전체적인 율법 이해에는 안디옥의 헬라파-유대 기독교인 공동체에서 이미 내려진 결정들이 전제되어 있다. 그의 율법과 구원 이해의 기본 개념을 바울은 이미 사도회의에서 변호하였다. 그 곳에서 바울은, 율법이 더 이상 구원으로 가는 길의 기능을 할 수 없기 때문에, 이방인 가운데서 율법으로부터 자유롭게 복음을 선포하는 것을 옹호하였다. 그가 자신의 편지들에서 상술하였듯이, 위의 입장은 바울에게 있어 선교의 실제적 측면에서 뿐만 아니라 기본원칙으로서도 의의가 있다.

4.2.1 구원의 견지에서 본 율법의 마지막

4.2.1.1 율법이 구원 선포와 대립한다는 것을 바울은 로마서 10:4의 명제로 요약한다. "그리스도는 … 율법의 마침이 되시니라."(*τέλος γὰρ νόμου Χριστός*) 1-4절의 논증하는 문맥에서 '마지막'이라는 뜻을 지닌 '텔로스'(*τέλος*)의 의미는 이론의 여지가 없다. 그런 점에서 '율법 없이' 혹은 '율법의 행함 없이'(*χωρὶς νόμου, χωρὶς ἔργων νόμου*, 참조. 이 책 13장) 구원을 받고 의롭다는 칭함을 받게 된다. 그 밖에 율법이 의도하는 것은 구원의 근거와 아무런 관련이 없다.

4.2.1.2 바울이 예루살렘으로 바나바와 여행할 때에 할례받지 않은 이방 기독교인인 디도를 데리고 간 것(갈 2:1)이 그의 태도를 전형적으로 보여준다. 예상할 수 있듯이 엄격한 유대 기독교인을 방문하게 되었을 때, 디도는 할례를 강요당했고, 바울은 이를 단호히 거부했다. 그는 모든 인간이 구원에 직접 다가갈 수 있는 길이 열려 있다는 '복음의 진리'(*ἀλήθεια τοῦ εὐαγγελίου*)가 훼손되고 그 진리에 근거한 '자유'(*ἐλευθερία*)가 제한당하는 것을 용인하지 않았다.(2:3–5) 사도 바울이 그렇게 한 것은 '유력한 이들'이나 '기둥같이 여기는 이들'(*οἱ δικοῦντες, οἱ στῦλοι*)로부터 왔다는 유대교화된 '거짓 형제들'(*ψευδάδελφοι*)의 요구를 인정하지 않았기 때문이다. 율법이 구원의 근거가 된다는 의미는 더 이상 없으며, 따라서 이방인들에게 율법을 부과해서는 안 된다. 구원으로 가는 길은 복음과 믿음뿐이다.(이 책 14장과 15장)

4.2.1.3 모든 믿는 자들에게 유효한 이러한 기본 원칙에도 불구하고 율법은 유대인들에게 여전히 의미가 있다. 고린도전서 7:17–24에 따르면 각 사람은 자신이 부름받을 당시의 상황대로 살아야 한다. 이는 유대인들에게는 그들이 구원 메시지를 듣고 받아들일 때에 그들이 "율법 아래에"(*ὑπο νόμον*, 고전 9:20) 있었다. 이는 율법을 신실하게 지키는 자들이라는 의미이다. 이러한 상황은 특별한 전역사 및 약속의 전승과 결합되어 있다. 이것이 로마서 1:16과 3:1에 따르면 유대인을 이방인과 구분한다. 반대로 이방인은 그들이 토라를 알지 못한다는 점에서 "율법 없는 자들"(*ἄνομοι*, 고전 9:21)이다. 그들은 구원 메시지나 성령의 활동을 직접 대면한다. 따라서 바울은 갈라디아서 3:2에서 갈라디아인들에게 다음과 같이 질문할 수 있었다. "너희가 성령을 받은 것이 율법의 행위로냐 듣고 믿음으로냐?"(*ἐξ ἔργων νόμου τὸ πνεῦμα ἐλάβετε ἢ ἐξ ἀκοῆς πίστεως;*)

4.2.2 율법이 지닌 약속의 기능

율법이 구약성서의 전승과 달리 더 이상 구원을 일으키는 능력이 없다 해도, 모든 그리스도인들에게 약속의 기능은 갖고 있다.

4.2.2.1 로마서 3:21에서 바울은 계시된 하나님의 의가 미리 "율법과 선지자들에게 증거를 받은 것이라."고 분명하게 제시한다.(*μαρτυρουμένη ὑπὸ τοῦ νόμου καὶ τῶν προφητῶν*) 그는 또 다른 관점에서는 율법과 선지자를 구분하지만 약속의 관점에서는 그 둘을 동일시한다.

4.2.2.2 율법을 통해 구원을 미리 증거했다는 의미는 신명기 30:12–14 본문을

해석한 로마서 10:5-8에서 분명해진다. 율법과 결부된 참된 생명으로의 약속은 그리스도 사건과 연결되어 있다. 약속은 앞서 제시하기만 하는 율법을 통해서가 아니라 그리스도를 통하여 그리스도 안에서 성취된다. 토라의 의미가 새로운 방식으로 열리고 따라서 새롭게 설명될 수 있다. 결과적으로 성서 전체가 그리스도 사건을 기준으로 읽히고, 이해되고, 설명된다.(이에 대해서는 이 책 5장을 보라.)

4.2.3 율법과 죄

약속의 기능과 더불어 율법은 죄인인 인간과 관련하여 영속적인 책임이 있다. 두 가지 논증 과정을 통해 바울은 이것을 갈라디아서와 로마서에서 전개한다.

4.2.3.1 갈라디아서의 관건은 바울의 적대자들이 이방기독교인들에게 복음을 받아들인 이후에도 율법에 대한 충성을 증명해 보이라고 요구하는 문제이다. 이 요구에 굴복하는 것은 '율법의 저주'(*κατάρα τοῦ νόμου*) 아래에 서는 것을 뜻하는 것으로, 거기서부터 그리스도가 우리를 풀어주면서 그리스도 자신이 십자가에 달린 이로서 그 저주를 친히 감당하였다.(갈 3:10-14) 아브라함에게 주어진 구원의 약속(3:6-9)에 대비하여 430년 후에 공포된 율법은 어차피 이차적인 것이며, 따라서 약속은 무효화될 수 없다.(3:15-17) 하나님께서 직접 아브라함에게 약속하신 구원에 참여하는 '유산'은 어쨌거나 성취되는 약속을 근거로 하여 존재한다.(3:18) 그렇다면 율법은 어떤 기능을 하는가?(*τί οὖν ὁ νόμος;*, 3:19a)

4.2.3.1.1 "천사들을 통하여 한 중보자의 손으로 베푸신"(*διαταγεὶς δι᾽ ἀγγέλων ἐν χειρὶ μεσίτου*) 율법은 "죄 때문에 추가되어 왔다."(*τῶν παραβάσεων χάριν προσετέθη*, 3:19b) 어쨌거나 '살 수 있도록' 하기 위해(*δυνάμενος ζῳοποιῆσαι*, 3:21) 율법이 주어진 것이 아니다. 살게 하는 것은 성취된 약속에만 해당하는 것으로 이 약속은 '예수 그리스도를 믿음으로 말미암는'다.(*ἵνα ἡ ἐπαγγελία ἐκ πίστεως Ἰησοῦ Χριστοῦ δοθῇ τοῖς πιστεύουσιν*, 3:22b) 이에 반해 성서는, 특히 토라는 모든 것을 "죄 아래 가둔다."(*συνέκλεισεν … ὑπὸ ἁμαρτίαν*, 3:22a) 이것은 다음의 비유로 설명된다. 즉 우리는 '믿음이 오기 전에'(*πρὸ τοῦ δὲ ἐλθεῖν τὴν πίστιν*) 율법 아래에 "매인 바 되고 갇혔었다."(*ἐφρουρούμεθα συγκλειόμενοι*, 3:23) 이 비유는 '초등교사'(*παιδαγωγός*)라는 모티브로 계속 전개된다. 그 교사는 죄인인 우리를 '그리스도에게까지' 또는 '그리스도께로'(*εἰς χριστόν*, 3:24 이하) 복종시켰다. 또 다른 비유로 '후견인'과 '청지기'(*ἐπίτροποι, οἰκονόμοι*)를 말한다. 우리는 '아버지가 정한 때까지'

(*ἄχρι τῆς προθεσμίας τοῦ πατρός*, 4:1 이하) 후견인과 청지기 아래에 있다. 결론은 분명하다. 율법은 약속과 성취 사이의 중간 시기에 속한다는 것이며, 율법으로서는 구원을 전할 수 없기 때문에 예수 그리스도의 십자가 죽음에서 실현된 구원이 시작할 때까지 죄를 억제하는 기능만 한다는 것이다.

4.2.3.1.2 4:21–31에서 바울은 다시 한 번 율법 문제로 돌아간다. 그는 아브라함의 두 아들을 언급한다. 한 아들은 여종에게서, 또 다른 아들은 '약속으로 말미암아'(*δι' ἐπαγγελίας*) 자유 있는 여자에게서 태어났다. 이는 두 개의 언약(*διαθῆκαι*) 또는 '지금의' 예루살렘과 '위에 있는' 예루살렘에도 상응한다.(*ἡ νῦν/ἄνω Ἰερουσαλήμ*) 자유자의 아들만이 상속자가 되어야 했고, 따라서 다음과 같이 언급한다. "우리는 여종의 자녀가 아니요 자유 있는 여자의 자녀니라."(*οὐκ ἐσμὲν παιδίσκης τέκνα ἀλλὰ τῆς ἐλευθέρας*, 4:31) 율법 아래 있는 실존은 부자유하나 실현된 약속 아래 있는 실존은 자유하다.

4.2.3.1.3 이방 기독교인들을 향하여 할례에 대해 경고한 진술을 흘려들어서는 안 된다. 만일 할례를 받으면 '그리스도께서 너희에게 아무 유익이 없기' 때문이다.(*Χριστὸς ὑμᾶς οὐδὲν ὠφελήσει*, 5:2. 참조. 5:3 이하) 할례받도록 강요하는 유대 기독교인들은 '그리스도의 십자가로 말미암아 박해 받는' 것을 피하기 위해 그렇게 한다.(6:12) 그러면서 율법 전체를 행해야 할 의무를 그들 스스로도 이행하지 않는다.(6:13. 참조. 3:10과 5:3) 이에 반해 사도 바울의 메시지는 다음과 같다. "내가 율법으로 말미암아 율법에 대하여 죽었나니 이는 하나님에 대하여 살려 함이라. 내가 그리스도와 함께 십자가에 못 박혔다."(*ἐγὼ γὰρ διὰ νόμου νόμῳ ἀπέθανον, ἵνα θεῷ ζήσω· Χριστῷ συνεσταύρωμαι*, 2:19) 십자가에 함께 못 박힌다는 것, 이것은 세례받을 때에 일어나는 사건으로, 우리가 죄에 대한 율법의 저주에서 풀려나서 십자가에 못 박히신 이를 통해 오로지 구원을 받았다는 뜻이다. 이러한 전제 아래서 할례나 무할례가 중요한 것이 아니라, 오직 '새 창조'(*καινὴ κτίσις*, 6:15)만이 중요하다.

4.2.3.2 로마서에서 바울은 율법에 대한 설명을 아주 상세히 논한다. 바울이 그렇게 한 것은 무엇보다도 믿은 후에 이방인들에게 요구되는 율법준수를 거부해야만 했기 때문이 아니라, 율법에 대한 가장 기본적인 이해를 표명하기 위함이었다. 로마서 10:4의 본문에서 이미 오해의 여지가 없도록 언급한 것처럼 여기서도 구약성서의 율법이 더 이상 구원의 기능이 없다는 요지이다. 죄 때문에 율법이 더해졌다는 것은 두 가지 관점에서 설명된다. 즉 한편으로는 율법이 '죄를 깨닫게 하는 데'에 기여하고(3:20b),

다른 한편으로는 인간이 율법 때문에 구원을 외칠 수밖에 없는 상황으로(7:24) 빠져 들어가게 된다는 것이다.

4.2.3.2.1 로마서 1:18–3:20에 따르면 바울의 경우 모든 인간은 죄에 빠졌고 하나님의 심판 아래 있다. 심판의 기준은 계시된 하나님의 뜻이다. 이 뜻이 이스라엘 사람들에게는 '율법'으로, 즉 토라로 주어졌고, 따라서 그들은 "율법으로 말미암아 심판 받는다."(*διὰ; νόμου κριθήσονται*, 2:12) 그러나 율법을 행하는 것이 결정적이어서(참조. 2:13, 2:17–29) 심판은 이방인에게도 임한다. 그러나 이방인들은 토라의 형식을 갖춘 율법을 가진 것이 아니라 '마음에 새긴 율법의 행위'를 갖고 있다.(*τὸ ἔργον τοῦ νόμου γραπτὸν ἐν ταῖς καρδίαις αὐτῶν*, 2:15a) 즉 한편으로는 그들의 '양심'으로(*συνείδησις*) 자신들의 행동을 검증할 수 있고(양심으로 "그 생각들이 서로 고발하며 혹은 변명한다." 2:15b), 다른 한편으로는 '본성으로'(*φύσει*) '율법에 상응하는 것'(*τὰ τοῦ νόμου*, 2:14)을 행할 수 있다는 점에서, 이방인들은 부분적으로는 하나님의 뜻을 안다는 의미이다. 주목해야 할 점은 비록 중복되긴 하나 여기서도 '기록되지 않은 율법'(*ἄγραφος νόμος*)이 아니라 '기록된 법'(lex scripta)이 관건이다. 즉 모세의 율법과 유사한 정황이 관건이다. 그런 점에서 이방인이건 유대인이건 모든 인간이 죄인일 뿐만 아니라(*πάντας ὑφ' ἁμαρτίαν εἶναι*, 3:9) 하나님 앞에서 하나님의 뜻을 근본적으로 알게 됨으로써 '유죄'(*ὑπόδικος*)이다.(3:19) "율법으로는 죄를 깨달음이니라."(*διὰ γὰρ νόμου ἐπίγνωσις ἁμαρτίας*, 3:20b)

4.2.3.2.2 로마서 3:21–31에서 율법과 구원이 대조되고 4:13 이하에서 약속과 율법이 대립된다면(참조. 갈 3:6–9, 15–18) 4:15에서는 또 다른 주제가 전개된다. 그 구절의 내용은 다음과 같다. "율법은 진노를 이루게 하나니 율법이 없는 곳에는 범법도 없느니라."(*ὁ γὰρ νόμους ὀργὴν κατεργάζεται· οὗ δὲ οὐκ ἔστιν νόμους οὐδὲ παράβασις*) 이것은 5:12에 따르면 인류 초기 역사에 해당하는 것으로, 그 때에는 죄가 만연해 있었지만, 선언된 법이 존재하지 않아서 죄를 죄로 "여기지 아니하였다."(*οὐκ ἐλλογεῖται μὴ ὄντος νόμου*) 그러나 이것은 다음과 같은 사실의 이면일 뿐이다. 즉 5:20에 따르면 "율법이 끼어들었다."(*ὁ δὲ νόμος παρεισῆλθεν*, 참조. 갈 3:19) 정확히 말해 "이는 범죄를 더하게 하려 함이다."(*ἵνα πλεονάσῃ τὸ παράπτωμα*) 이 진술이 뜻하는 바가 7:7–13, 14–24의 본문에 더 자세히 상술된다.

4.2.3.2.3 바울이 그 본문의 첫 부분에 다음과 같이 질문한 것은 우연이 아니다. "율법이 죄냐?"(*ὁ νόμος ἁμαρτία;* 7:7a) 이 질문에 대해 단호히 부정하며 우선 율법

을 통해 죄를 인식하게 된다는 사실을 다시 지적한다. 그러면서 인간의 '탐심'(*ἐπιθυμία*)에 대해 주의를 환기시킨다. 탐심을 논하기 위해 축약하여 일반화시킨 출애굽기 20:17, 신명기 5:21의 십계명을 인용한다. "탐내지 말라."(*οὐκ ἐπιθυμήσεις*) 욕망, 반항, 자기 의지라는 의미에서 '탐심'은 바로 죄의 근본현상으로 볼 수 있다.(참조. 이 책 11장) 결정적인 것은 죄는 "기회를 타서 계명으로 말미암아 내 속에서 온갖 탐심을 이룬다."는 사실이다.(*ἀφορμὴν δὲ λαβοῦσα ἡ ἁμαρτία διὰ τῆς ἐντολῆς ταύτης κατειργάσατο ἐν ἐμοὶ πᾶσαν ἐπιθυμίαν*, 7:8a) 나-문체로 죄가 율법을 근거로 인간의 삶 속에서 되살아나고 인식되는 것을 서술한다.(7:8b, 9) 이는 결과적으로 "생명에 이르게 할 그 계명이 내게 대하여 도리어 사망에 이르게 하는 것이 되었다."(*ἡ ἐντολὴ ἡ εἰς ζωὴν, αὕτη εἰς θάνατον*, 7:10) 사실상 행동하는 주체인 죄가 계명을 통해 인간을 유혹하고 죽였다.(7:11) 그렇게 계명이 죄에게 점령당했었으니, 다음과 같이 말할 수 있다. "율법은 거룩하고 계명도 거룩하고 의로우며 선하도다."(7:12) 율법은 현재도 하나님의 뜻과 의의 요구에 대한 표명이며 앞으로도 그럴 것이다. 비록 율법이 삶을 주관해야 했지만(7:10), 이제 죄와 관련하여 부정적인 기능을 대변하게 되었다. 따라서 결론적으로 다음과 같이 말할 수 있을 뿐이다. "오직 죄가 죄로 드러나기 위하여 선한 그것으로 말미암아 나를 죽게 만들었으니 이는 계명으로 말미암아 죄로 심히 죄 되게 하려 함이라."(*ἡ ἁμαρτία, ἵνα φανῇ ἁμαρτία, διὰ τοῦ ἀγαθοῦ μοι κατεργαζομένη θάνατον, ἵνα γένηται καθ' ὑπερβολὴν ἁμαρτωλὸς ἡ ἁμαρτία διὰ τῆς ἐντολῆς*, 7:13b)

4.2.3.2.4 이러한 사고는 로마서 7:14-24에서도 계속된다. "율법은 신령하다."(*ὁ νομός πνευματικός ἐστιν*) 그러므로 율법은 영으로 역사하며 하나님께 그 기원을 둔다. 그에 비해 인간은 '육적'(*σάρκινος*)이고 그렇게 "죄 아래 팔렸다."(*πεπραμένος ὑπὸ τὴν ἁμαρτίαν*, 7:14) 이 말은, 나는 율법이 선하다는 것에 동의하지만, 내 안에 거하는 죄 때문에(*ἡ οἰκοῦσα ἐν ἐμοὶ ἁμαρτία*) 율법을 성취할 능력이 없고(7:16 이하) 오히려 선을 행하고자 하지만 악한 것을 행하는 모순에 잡혀 있다는 의미이다.(7:15, 18-21) 이런 현상은 '또 다른 법'(*ἕτερος νόμος*)이 내 지체 속에서 하나님의 법에 대항해 싸우기 때문이며, '내 지체 속에 있는 죄의 법에' 내가 사로잡혀 있기 때문에 벌어진다.(*ἐν τῷ νόμῳ τῆς ἁμαρτίας τῷ ὄντι ἐν τοῦς μέλεσίν μου*, 7:23) 바울은 여기서 하나님의 법을 바로 '죄의 법'(*νόμος τῆς ἁμαρτίας*)과 대립시킨다. 죄에 점령당한 율법, 그리스도가 아니라 이 율법에 인간이 종속되어 있다. 그럼에도 불구하고 바울은 피조물인 인간이 하나님의 뜻과 법을 안다는 견해를 고수한다. 그는 '이성으

로 알 수 있는 법'(*ὁ νόμος τοῦ νοός μου*, 7:23, 옳다고 생각하는 법, 7:16)을 말할 뿐만 아니라, "내 속사람이 동의하는"(*συνήδομαι γὰρ τῷ νόμῳ τοῦ θεοῦ κατὰ τὸν ἔσω ἄνθρωπον*, 7:22) 하나님의 법을 말했다. 그러면서 고린도후서 4:16과 에베소서 3:16에서 믿는 이들에게 적용된 개념인 '속사람'이 여기서는 구원을 갈망하는 사람에게 연결된다. 그는 다음과 같이 외칠 수밖에 없다. "오호라 나는 곤고한 사람이로다. 이 사망의 몸에서 누가 나를 건져내랴."(*ταλαίπωρος ἐγὼ ἄνθρωπος· τίς με ῥύσεται ἐκ τοῦ σώματος τοῦ θανάτου τούτου;* 7:24)

4.2.3.2.5 "율법이 들어온 것은 범죄를 더하게 하려 함이다."라는 로마서 5:20a의 논제는 5:20b에서 다음의 진술로 이어진다. "그러나 죄가 더한 곳에 은혜가 더욱 넘쳤다."(*οὗ δὲ ἐπλεόνασεν ἡ ἁμαρτία, ὑπερεπερίσσευσεν ἡ χάρις*) 이 진술은 6:12-14에 더 이상 자기 몸에서 죄가 지배하지 못하게 하라는 경고와 함께 재수용된다. 이는 "우리가 법 아래 있지 아니하고 은혜 아래에 있기" 때문이다.(*οὐ ὑπὸ νόμον ἀλλὰ ὑπὸ χάριν*) 이에 상응하여 7:4에 기록하기를, 믿는 자들은 그리스도의 (죽으신) 몸으로 말미암아 율법에 대하여 죽임을 당하였으니(참조. 갈 2:19) 이는 곧 살아나신 이에게 속하기 위함이며, 그리하여 "우리가 영의 새로운 것으로 섬길 것이요 율법 조문의 묵은 것으로 아니한다."라고 한다.(*ὥστε δουλεύειν ἡμᾶς ἐν καινότητι πνεύματος καὶ οὐ παλαιότητι γράμματος*, 7:6b) '조문', 즉 율법의 조문은 우리를 우리의 죄인 된 상태 가운데서 괴롭히며 해결책 없이 길을 잃었다는 것을 깨닫게 한다. 이제 거기서부터 우리는 벗어나서 '영의 새로운 것으로' 섬긴다.

4.2.3.3 로마서와 갈라디아서의 진술을 비교하면 율법이 죄를 극복하지 못하고 그것의 죄성 가운데서 폭로될 수 있다는 점이 분명하다. 그런 점에서 율법은 인간의 눈앞에 희망 없는, 그리고 어찌할 수 없는 상황만을 펼칠 뿐이다. 갈라디아서 3:21b에 따르면 율법은 살게 하기 위해 주어진 것이 아니다. 로마서 7:10에 의하면 오히려 율법은 간접적으로 죄 때문에 무능력하게 하는 기능을 한다. 갈라디아서 3:23-25에 따르면 율법이 그리스도와 믿음이 오기까지 '초등교사', 즉 중간시기를 연결한다고 하는 반면, 로마서 5:20b와 7:7-24에 의하면 율법은 인간에게 절망을 인식하게 하는 역할을 한다. 율법은 죄를 인식하게 할 뿐만 아니라 이를 넘어 인간에게 구원이 필요하다는 것을 깨닫게 한다. 율법과 관련하여 하나님의 뜻을 가리는 인간의 죄인 된 상태와 대면한다는 것이 요지이다. 이러한 상황이 율법이 지닌 한계로 이어진다. 로마서 7:7-24이 그리스도 이전의 인간 실존을 그토록 장황하게 묘사하는 것은 우리가 빠져나온 상황을 끊임

없이 기억해야 한다는 것을 강조하기 위함이다. 자신을 끊임없이 인식하게 하는 것이 믿는 자들에게 있어 율법이 지니는 항구적인 의미이다. 따라서 율법과 구원 사이에서 긴장 가운데 있는 인간실존에 대한 이해가 바울에게서 신학적으로 가장 중요한 의의를 지닌다.

4.3 믿는 자들에 의한 율법의 완성

율법이 구원 메시지와 대치하는 것 외에 그것이 지닌 약속의 차원과 죄를 깨닫게 하는 기능만을 고려한다면 바울의 율법이해를 불완전하게 파악한 것이다. 율법은 구원받은 자들에게 새로운 방식으로 의미가 있다. 이에 대해서는 이 책 22장에서 상세하게 다룰 것이다.

4.3.1 바울이 로마서 3:31에서 "그런즉 우리가 믿음으로 말미암아 율법을 파기하느냐, 그럴 수 없느니라. 도리어 율법을 굳게 세우느니라."(*νόμον οὖν καταργοῦμει διὰ τῆς πίστεως; μὴ γένοιτο, ἀλλὰ νόμον ἱστάνομεν*)라고 우연히 말한 것이 아니다. 죄인은 실현할 수 없는 '율법의 요구'(*τὸ δικαίωμα τοῦ νόμου*)를 로마서 8:3 이하에 따르면 죄가 극복되고 구원이 경험되는 곳에서 보게 된다. 그렇다면 생명에 이르게 하는(롬 7:10) 율법의 본래 기능이 실현되는 것이다. 그리하여 7:25a의 감사의 말과 8:1-4의 구원진술에 이어 8:5-11에서 상술하기를 '영의 새로움' 가운데서 하나님의 뜻을 실현하고 '영을 따라'(*κατὰ πνεῦμα*) 산다고 한다.

4.3.2 그와 관련하여 로마서 13:1-14:34의 권면 가운데 사랑의 계명에 관한 핵심진술인 13:8-10이 있다.(참조. 갈 5:13-6:10의 틀 가운데 있는 5:14) 십계명과 토라의 모든 개별적인 계명들은 다음의 한마디로 '요약된다.'(*ἀνακεφαλαιοῦται*) "네 이웃을 네 자신과 같이 사랑하라." 왜냐하면 '사랑은 율법의 완성이기' 때문이다.(*πλήρωμα οὖν νόμου ἡ ἀγάπη*)

5. 구원의 길을 준비하는 율법

예수의 율법 비판적 태도에서 기인된 결과로부터 안디옥 공동체나 바울에서 볼 수 있었던 것과는 또 다른 결론이 도출될 수 있었다. 우선 누가의 이중 저작과 히브리서에서 그러한 사실을 볼 수 있다. 그 문서들에서 율법은 구원계시를 위한 전제이며 선구자로서 한 역할을 한다. 그리하여 율법은 구원 선포와 관련하여 제한적인 의의를 지닌다.

5.1 누가의 이중 저작

누가는 그의 이중 저작을 통해 1세기 후반부에 편만해 있던 이방 기독교 전승의 특징을 대변한다.

5.1.1 누가는 그의 복음서와 사도행전에서 율법에 대한 유대교, 유대기독교인, 이방 기독교인들의 태도를 상세하게 묘사한다.

5.1.1.1 누가에게 있어 경건한 유대인들이 율법에 매여 있다는 것은 자명하다. 따라서 그들의 율법준수가 여러 번 부각된다. 이러한 사실은 누가복음 1장과 2장에 기록된 대로 세례 요한의 부모나 예수의 부모에게서(참조. 1:6, 59, 2:21-24, 27, 39, 41) 또는 18:18-21의 부사에세서 볼 수 있다.(여기서 *ἄρχων*은 산헤드린의 회원을 뜻한다.) 존경받는 '율법교사'(*νομοδιδάσκαλος*, 행 5:34)인 가말리엘도 같은 경우이다. 예수께서 말한 의미로 사랑의 이중 계명을 인용한 '서기관'(*νομικός*)도 그러하다.(눅 10:25-29) 토라의 계명을 근거로 예수에게 해명을 요구하고 마침내 예수를 고소한 서기관과 바리새인들은 예수의 사역을 이해하지 못했기 때문에 그들에게는 탄식의 외침이 해당된다.(눅 11:37-52)

5.1.1.2 누가가 보기에는 유대기독교인들도 시종일관 토라에 결속되어 있다. 이는 사도행전 2:46, 3:1에 나오는 교회공동체의 성전에 대한 충심이나 22장에서 부각된 아나니아의 율법준수에서 볼 수 있다. 16:3의 디모데의 할례와 21:23-26에 기록된 대로 서원한 것을 바울이 넘겨받은 것도 이러한 맥락에 속한다. 사도행전 24:14에 의하면 로마인 총독 벨릭스를 대면하여 바울은 다음과 같이 말할 수 있었다. "이것을 당신께 고백하리이다. 나는 그들이 이단이라 하는 도를 따라 조상의 하나님을 섬기고 율법과 선지자의 글에 기록된 것을 다 믿고 …."(*ὁμολογῶ δὲ τοῦτό σοι ὅτι κατὰ τὴν ὁδὸν ἥν λέγουσιν αἵρεσιν, οὕτως λατρεύω τῷ πατρῴῳ θεῷ πιστεύων πᾶσι τοῖς κατὰ τὸν νόμον καὶ τοῖς ἐν τοῖς προφήταις γεγραμμένοις*, 참조. 15절 이하)

5.1.1.3 유대 기독교인들은 이방기독교인들에게도 율법준수를 요구했다. 사도행전 15:1, 5에 따르면 그들은 이방인들에게 할례와 토라에 대한 의무를 요구한다. 이방

기독교인들은 율법준수에서 자유롭다는 것을 확인하는 15:6-19의 바울과 바나바의 보도에 의하면 베드로와 야고보의 공통적인 태도는 위의 유대기독교인들과 상반된다. 15:20 이하에 따르면 유대기독교인들을 고려하여 4가지 최소한의 계명이 준수되어야 한다. 이는 '예로부터 모세를 전하는 자가 있어 안식일마다 회당에서 그 글을 읽기' 때문이다.

5.1.2 그로 인해 누가에게 있어 율법이 지닌 의의가 무엇인가 하는 근본적인 질문이 제기된다.

5.1.2.1 누가복음 24:44의 진술에 따르면 모세의 율법과 선지자, 그리고 시편은 그 자체를 넘어 예수 그리스도를 지시한다.(24:27. 참조. 행 13:29) 본 복음서의 여러 곳에서 구약성서의 약속의 본문을 끌어온 것도 이러한 의미에서 이루어진 것이다. 따라서 누가복음 16:17에서 전체 토라와 그것에 포함된 모든 내용이 지니는 영속적인 가치를 강조한다. "그러나 율법의 한 획이 떨어짐보다 천지가 없어짐이 쉬우리라."

5.1.2.2 그런데 누가복음 16:16 바로 앞에 있는 진술은 위의 진술과 대립된다. '율법과 선지자는 요한의 때까지며' 그 이후로는 "하나님 통치의 복음이 전파된다."(*ὁ νόμος καὶ οἱ προφῆται μέχρι Ἰωάννου· ἀπὸ τότε ἡ βασιλεία τοῦ θεοῦ εὐαγγελίζεται*) 사도행전 13:37-39도 같은 내용을 기록한다. 하나님이 죽은 자들 가운데서 일으키신 그리스도를 통해 "죄사함을 너희에게 전하며, 또 모세의 율법으로 너희가 의롭다 하심을 얻지 못하던 모든 일에도 이 사람을 힘입어 믿는 자마다 의롭다 하심을 얻는다."(*διὰ τούτου ὑμῖν ἄφεσις ἁμαρτιῶν καταγγέλλεται, καὶ ἀπὸ πάντων ὧν οὐκ ἠδυνήθητε ἐν νόμῳ Μωϋσέως δικαιωθῆναι, ἐν τούτῳ πᾶς ὁ πιστεύων δικαιοῦται*) 바울신학과의 접촉은 차치하고, 이것이 누가에게 있어 핵심적 진술이라는 점에 주목해야 한다.

5.1.2.3 사도행전 6:8-7:60의 스데반의 심문 가운데 있는 율법비판적 진술도 이러한 전제 아래에 있다. 스데반은 변론하는 설교에서 토라 가운데 설명적 부분을 이용하여 그것이 지닌 유형론적 의미와 약속의 성격을 제시한다.(참조. 특별히 7:35) 그는 자신을 고발한 자들이 예언자와 토라의 내용을 따르지 않는다고 비난한다.(7:51, 53) 그리고 예수와 그의 성전 및 율법에 대한 비판을 예증으로 제시한다.(6:13 이하) 그는 하나님 우편에 앉은 인자를 향해 보면서, 구원을 전달할 이는 바로 그분이라고 지적한다. '거룩한 곳과 율법'(6:13)에 대한 그의 비판에서 요지는, 예수께서 "이 곳을 헐고 또 모세가 우리에게 전하여 준 규례를 고치겠다."에 있다.(*Ἰησοῦς ὁ Ναζωραῖος οὗτος* *καταλύσει τὸν τόπον τοῦτον καὶ ἀλλάξει τὰ ἔθη ἃ παρέδωκεν ἡμῖν Μωϋσῆς*, 6:14) 그로 인해 지금까지 기능했던 예배질서와 율법이 폐기되었다. 사도행전 7:53에서 율법이 '천사를 통해' 전해지고 공포되었다고 말한다면(*ἐλάβετε τὸν νόμον εἰς διαταγὰς ἀγγέλων*), 갈라디아서 3:19에 기록된 대로 율법이 하나님으로부터 왔다고 하는 데에는 이론의 여지가 없다. 그러나 예수 그리스도 안에서 나타난 계시에 비해 종속적 위치라는 것이 드러난다.

5.1.2.4 스데반이 자신의 율법비판적 태도 때문에 공격받은 것처럼, 바울도 사도행전 18:13, 21:28(참조. 24:6의 이문)에서 유대교 진영으로부터 그의 선포가 "율법을 어기면서"(*κατὰ τοῦ νόμου*) 행해진다고 비난받는다. 바울의 입장에서는 율법이 그리스도 메시지에 대면하여 지금까지의 지위와 의의를 잃었다. 28:23에 따르면 바울로서는 오히려 '하나님의 통치를 증언'하는 것이 결정적이고, 그러면서 그는 '모세의 율법과 선지자의 말을 가지고 예수에 대하여' 사람들을 설득하고자 한다.(*διαμαρτυρόμενος τὴν βασιλείαν τοῦ θεοῦ, πείθων τε αὐτοὺς περὶ τοῦ Ἰησοῦ ἀπό τε τοῦ νόμου Μωϋσέως καὶ τῶν προφητῶν*) 율법비판은 율법에서 예언된 구원메시지와 관련이 있다.

5.1.2.5 사도행전 15:6-21에 따르면 사도회의의 결정도 이에 상응한다. 그 본문에 따르면 이방인들로서는 구원메시지에 근거하여 할례와 율법을 지킬 필요가 없다. 구원약속에 대해 기독론적으로 논증하는 것과 더불어 사도칙령만으로도 토라의 몇몇 기본 명령들을 고려할 수 있다.(참조. 15:20, 15:29과 21:25) 이 문맥에서 특히 눈에 띄는 것은 15:10의 진술로, '우리 조상과 우리도 능히 메지 못하던 멍에를 제자들의 목에 두어' 하나님을 시험해서는 안 된다는 것이다.(*τί πειράζετε τὸν θεὸν ἐπιθεῖναι ζυγὸν ἐπὶ τὸν τράχηλον τῶν μαθητῶν ὃν οὔτε οἱ πατέρες ἡμῶν οὔτε ἡμεῖς ἰσχύσαμεν βαστάσαι;*) 이 진술은 당연히 구원을 일으키는 복음의 기능이라는 징표 아래에 있다. 그와 더불어 유대 기독교인들에게는 율법이 폐기되지 않고 율법의 의미가 상대화된다.

5.1.2.6 그런 점에서 율법이 예언서 및 시편과 더불어 구원을 가리킨다는 누가의 개념이 결정적이다. 이를 넘어서 유대 기독교인들이 율법의 규정들에 대한 예수의 비판을 고려하면서 방향을 정해야 하는 한, 율법은 제한된 의미를 지닌다. 이런 의미에서 유대인들이 구원을 향해 나아갈 수 있다. 그러나 구원에 이르기 위해서는 복음을 듣는 것과 믿음이 필요하다. 그런 점에서 율법은 개척자의 특성을 지닌다. 이방 그리스도인들

에게 율법은 약속의 차원에서 중요하다. 더 나아가 사도칙령에서 요약된 바와 같이 율법의 기본적 요구를 존중해야 한다. 율법은 구원을 지시하고, 하나님의 뜻에 상응하는 실존방식을 지시하는 성격을 갖는다.

5.2 히브리서

누가는 율법에 구원을 준비하는 기능을 부여하긴 하였으나, 율법의 시대가 끝난 것으로 본 반면, 히브리서의 저자는 옛 언약이 새 언약을 통해 교체되었음을 강조하였다. 물론 히브리서의 저자도 제사가 앞서 지시하는 기능을 지녔다는 점과, 유대인과 그리스도인들이 구원과 완성으로 가는 공통의 길을 고려한다. 비록 유형론을 이용하여 완전히 다른 방식으로 전개되긴 하지만, 그런 점에서 누가에게 익숙한 개념이 등장한다.

5.2.1 기본사상이 10:1에 명확하게 표현되었다. "율법은 장차 올 좋은 일의 그림자일 뿐이요 참 형상이 아니다."(*σκιὰν γὰρ ἔχων ὁ νόμος τῶν μελλόντων ἀγαθῶν, οὐκ αὐτὴν τὴν εἰκόνα τῶν πραγμάτων*) 이런 의미에서 구약성서의 제사 질서가 기술되고 궁극적인 구원의 현실과 대비된다. 이것을 전제하고 율법의 개별규정들을 해석한다.(1:5, 11. 참조. 8:4, 9:19, 22, 10:28) 어쨌든 제사와 제사 율법은 앞서 지시하는 기능만을 가질 뿐이다.(4:14-5:10, 8:1-10:18) 지상의 희생제사와 대제사장 직분의 불완전함은 그리스도의 희생적 죽음, 하늘의 거룩함으로 그가 들어가심, 그리고 자신의 피를 주심으로 실현된 완성을 필요로 했다는 점에서 그리스도의 증인이다.

5.2.2 앞서 지시하는 성격은 7:19에 따라 "율법은 아무것도 온전하게 못한다."는 의미이기도 하다.(*οὐδὲν γὰρ ἐτελείωσεν ὁ νόμος*) 따라서 7:12에 표현된 대로 "율법은 반드시 바뀌게" 된다.(*ἐξ ἀνάκης καὶ νόμου μετάθεσις γίνεται*) 8:10과 10:16은 예레미야 38:33(칠십인역)을 인용하며 인간의 마음에 주어진 각각의 '율법들'(*νόμοι*)을 지적한다. 8:7-12의 요지가 새 언약이고, 새 언약에 대비해 첫 번째 것이 8:13대로 '낡아'진다면(*πεπαλαίωκεν*), 7:16, 18에 따라 이전의 계명도 폐기된다. 왜냐하면 그리스도는 "육신에 속한 한 계명의 법을 따르지 아니하고 오직 불멸의 생명의 능력을 따른" 대제사장이기 때문이다.(*οὐ κατὰ νόμον ἐντολῆς σαρκίνης γέγονεν ἀλλὰ κατὰ δύναμιν ζωῆς ἀκαταλύτου*)

5.2.3 율법의 제사규정이 구원이 실현될 것을 앞서 지시하는 기능을 가지며, 그 원래 의미는 진부해진 반면, 오경의 다른 본문들은 현재와 관련된 기능을 지닌다. 이는

특히 3:7-4:13의 방랑하는 하나님의 백성인 그리스도인 공동체와 11:1-12:39의 '구름같이 허다한 증인들'이 그러한 경우이다.(참조. 12:1) 물론 이 두 본문에서 방랑의 목적과 믿음의 확신에 대한 이유가 그리스도 계시와 함께 비로소 포괄적으로 인식되어 왔음을 지적하지만(4:1-3, 11:39 이하), 그리스도인들도 역시 노정 가운데 있고 소망하는 가운데 있으므로(4:11, 11:1 이하, 12:1 이하) 토라의 이 부분은 직접적인 지시와 훈계의 역할을 한다.

5.2.4 히브리서는 예루살렘 제사가 지닌 구원을 일으키는 기능이 진부해졌고 또한 폐기되었다는 사실을 분명히 강조하면서, 믿는 이들이 구원의 완성으로 가는 바른 길을 발견하도록 도와야 한다는 구약성서의 본문들을 끌어온다. 이런 방식으로 구원의 행위를 유형론적으로 앞서 묘사하는 특성이 토라의 특정본문이 지닌 유형론적 기능과 결합되었다. 이 특정본문들은 훈계하고 격려하는 데 기여하며, 12:4-13:19에서 권고를 통해 보충되었다.

6. 그리스도 명령에 의한 율법의 해체

바울의 경우 율법과 구원 메시지 사이의 긴장이 관건이고, 누가의 경우는 구원 메시지의 견지에서 볼 때 율법의 준비 기능이 관건이며 히브리서에서는 부분적으로는 진부하고, 부분적으로는 길을 제시하는 토라의 의미가 요지라면, 신약성서 후기 문서들에서 구약성서의 율법은 그 고유한 의미를 잃는다. 이는 제2바울서신과 베드로전서, 그리고 특히 유다서와 베드로후서에 해당한다. 비록 모세 율법이 지닌 약속의 성격을 고수하지만, 예수의 말씀을 통해 그것이 해체된 것으로 이해하는 요한의 신학도 이에 속한다.

6.1 요한복음과 요한서신들

요한복음 1:17은 완전히 기본적으로 다음과 같이 말한다. "율법은 모세로 말미암아 주신 것이요 은혜와 진리는 예수 그리스도로 말미암아 온 것이다."(*ὁ νόμος διὰ Μωϋσέως ἐδόθη, ἡ χάρις καὶ ἡ ἀλήθεια διὰ Ἰησοῦ Χριστοῦ ἐγένετο.*) 이 문장은 통합적으로 이해될 수도 있고, 대립적으로 이해될 수도 있다. 어쨌든 위 진술의 절정은 그리스도 계시가 모세의 율법을 능가한다는 것이다.

6.1.1 요한복음 1:17은 통합적 의미에서 앞서 지시하는 기능을 지녔다. 5:46, "모세를 믿었더라면 또 나를 믿었으리니 이는 그가 내게 대하여 기록하였음이라."도 이런 의미에 해당한다.(*εἰ γὰρ ἐπιστεύετε Μωϋσεῖ, ἐπιστεύετε ἂν ἐμοί· περὶ γὰρ ἐμοῦ ἐκεῖνος ἔγραψεν,* 참조. 5:39 이하, 47) 이에 상응하여 '성서를 연구하는 것'(*ἐραυνᾶν τὰς γραφάς*)이 중요한 역할을 한다. 왜냐하면 성서가 '예수에 대한 증거를 제시하기' 때문이다.(*ἐκεῖναί εἰσιν αἱ μαρτυροῦσαι περὶ ἐμοῦ*) 나다나엘이 처음에는 망설였음에도, 예수에 대해 깨달은 것이 이에 대한 예이다.(1:45-49) 이런 약속의 성격 때문에 구약성서 혹은 구약성서들이 여러 번 제시되고, 성취되어야 할 구약성서 본문들이 인용된다.(참조. 7:38, 42, 10:35, 13:18, 15:25, 17:12, 19:24, 28, 36 이하) 3:14에 의하면 모세가 광야에서 뱀을 높이든 것도 예수의 죽음에서 볼 때 약속의 성격을 지녔다.

6.1.2 분명하게 반대 입장을 취하고, 율법이 구원의 메시지와 관련하여 직접적으로는 아무런 기능이 없다는 것을 명확하게 밝히는 본문들은 위의 경우와 대립된다.

6.1.2.1 요한복음 6:32은 영원한 생명의 선물인 참된 하늘의 떡을 전해준 것은 모세가 아니며, 예수만이 생명의 떡이라고 말한다. 흥미롭게 바울의 경우도 고린도전서 10:3 이하에서 만나를 먹은 것을 구원의 전단계나 구원을 주시는 것에 대한 앞선 묘사로 이해하지 않고, 그 둘을 오히려 대립하는 것으로 본다. 요한복음 14:6의 "내가 곧 길이요 진리요 생명이니 나로 말미암지 않고는 아버지께로 올 자가 없느니라."는 진술도 이에 상응한다.(*ἐγώ εἰμι ἡ ὁδός καὶ ἡ ἀλήθεια καὶ ἡ ζωή˙ οὐδεὶς ἔρχεται πρὸς τὸν πατέρα εἰ μὴ δι' ἐμοῦ*)

6.1.2.2 믿지 않는 유대인들과 벌인 논쟁대화 중에서 토라를 '너희들의/그들의 율법'이라고 말하는 수많은 진술도 이와 관련이 있다.(참조. 요 7:51, 8:17, 10:34, 15:25, 18:31, 19:7, 7:19-24도 참조하라.) 9:28에서 명확하게 '모세의 제자'라고 자신들을 칭하고 바로 그런 징표 아래서 예수의 말과 위격(Person)을 거부한 것이 바로 그런 유대인들이다. 이는 9:29과 12:34에서 분명하게 드러난다. 5:46의 의미대로 약속으로 이해되지 않고, 여전히 구원으로 가는 길로서 그들 편에 서 있는 율법은, 예수를 외면하고 그들이 이해하는 율법에 따라 예수를 정죄하고(19:7) 예수의 제자들을 회당에서 내쫓은 자들의 율법이다.(9:22, 16:2)

6.1.3 율법이 박탈당한 구원과 관련된 의의를 '계명'(*ἐντολαί*)이 넘겨받았다.

여기서 이 계명은 율법의 개별규정들이 아니라, 지금 공표되는 하나님과 예수의 말씀을 뜻한다. 그 말씀이 토라의 계명을 대신한다.

6.1.3.1 예수의 죽음과 그의 부활에 이르기까지 예수 자신의 파송 임무는 아버지의 '계명'이다.(참조. 10:17 이하, 14:31) 따라서 예수께서는 자기 스스로 말하지 않고, "나를 보내신 아버지께서 내가 말할 것과 이를 것을 친히 명령하여 주셨으니, 나는 그의 명령이 영생인 줄 아노라."(*ὁ πέμψας με πατὴρ αὐτός μοι ἐντολὴν δέδωκεν τί εἴπω καὶ τί λαλήσω· καὶ οἶδα ὅτι ἡ ἐντολὴ αὐτοῦ ζωὴ αἰώνιός ἐστιν*, 12:49b, 50a) 그러므로 예수의 '계명'은 구원을 제공하는 말씀이면서 동시에 하나님의 말씀이자 명령이다.(14:15, 21, 31) 그의 계명을 '지키고'(*τηρεῖν*) 그 계명 안에 거하는 것이(*μένειν*, 15:10) 중요하다. 그렇게 함으로써만 제자들은 예수와 함께 하고 구원에 참여한다.

6.1.3.2 이와 관련하여 특별히 "새 계명을 너희에게 주노니, 서로 사랑하라. 내가 너희를 사랑한 것 같이 너희도 서로 사랑하라."는 계명이 중요하다.(*ἐντολὴν καινὴν δίδωμι ὑμῖν, ἵνα ἀγαπᾶτε ἀλλήλους, καιθὼς ἠγάπησα ὑμᾶς*, 13:34, 비교. 15:12) 이 사랑의 계명은 예수의 계명으로, 이것은 그의 사랑의 행위에 근거하며(13:1), 제자들의 실존을 위한 대헌장(Magna Charta)이다. 이 말씀은 의심의 여지없이 부활 이전 예수의 말씀으로 거슬러 올라간다. 그러나 여기서는 그 계명의 구약성서적 전제를 제시하지 않고, 사랑의 계명을 단지 예수의 말씀으로만 특징짓는다. 이것이 본 복음서 저자의 의미에서 종말론적으로 새로운 계명이다. 이 계명이 그리스도인 공동체를 위해 유효하며, 공동생활을 위한 질서로서의 토라를 해체한다.

6.1.4 요한복음을 요한일서 및 요한이서와 비교해 보면, 비록 요한일서 3:12이 가인의 행동과 유형론적으로 관련되지만, 구약성서의 '율법'이나 '모세'의 율법을 그 어디에서도 언급하지 않는다. 다른 한편으로 요한일서 및 요한이서는 '하나님을 사랑하라.'는 모티브로 사실상 구약성서 신명기 6:5의 계명을 형제사랑과 더불어 강조한다. 그 밖에 제4복음서에 있는 의미로 예수 혹은 하나님의 '계명' 또는 '계명들'을 번갈아 말한다.(참조. 요일 2:3 이하, 3:22-24, 4:20 이하, 5:2 이하, 요이 4절) 3:23 이하에 따르면 하나님의 계명은 예수를 믿고 그를 사랑하는 데에 있다는 것에 주목해야 한다. "그의 계명은 이것이니 곧 그 아들 예수 그리스도의 이름을 믿고 그가 우리에게 주신 계명대로 서로 사랑할 것이니라."(*καὶ αὕτη ἐστὶν ἡ ἐντολὴ αὐτοῦ, ἵνα πιεστεύσωμεν τῷ ὀνόματι τοῦ υἱοῦ αὐτοῦ Ἰησοῦ Χριστοῦ καὶ ἀγαπῶμεν ἀλλήλους*) 구약성서

적인 사랑의 이중 계명 대신 예수를 믿고 서로 사랑하라는 이중 계명이 등장한다. 물론 하나님을 향한 사랑의 계명이 그 배경에 있다. 그리고 요한서신들은 '새 계명'을 '옛 계명', 다시 말해 '처음부터'(*ἀπ' ἀρχῆς*) 유효한 예수의 계명이라고 칭하는 사실에도 주목해야 한다.(요일 2:7 이하, 요이 5절 이하) 그것으로 본 서신서들의 핵심은 단연 예수의 종말론적인 명령의 의미를 띤 계명 또는 계명들이다. 이것은 그 무엇으로도 대체할 수 없다.

6.1.5 전반적으로 요한 신학의 경우 구약성서의 예언서와 같이 율법도 약속의 성격을 지닌다. 그러나 그렇게 하여 전적으로 구원이 계시되었음을 드러낼 뿐, 훈계의 기능은 없다. 그러므로 율법은 그러한 의미에서만 이해될 수 있다. 예수를 인정하지 않는 곳에서는 율법이 전해 내려온 형태 그대로 믿지 않는 이들에게 맡겨졌다. 그런 율법은 구원을 일으키는 기능도, 예수의 말씀과 더불어 고유한 의미도 지니지 않기 때문에, 그것은 구원의 메시지에 의해 해체된다. 모세의 말과 명령을 궁극적인 하나님의 계명으로서 예수의 말씀이 대치한다. 예수의 제자들에게 있어 토라는 그것의 본질적인 내용에 따라 구원을 일으키는 예수의 말씀과 계명 안으로 수용된다. 예수의 말씀과 계명은 동시에 하나님의 말씀과 계명이기도 하다. 이런 의미로 율법이 본 복음서를 통해, 그리고 본 복음서에서 폐기된다.

6.2 바울 이후의 서신 전승

요한신학이 어쨌든 율법 문제를 숙고한 반면, 앞으로 논의할 문서들에서는 율법 주제가 포괄적으로 잊혀졌다.

6.2.1 놀랍게도 바울 학파에서 유래한 골로새서와 에베소서에서 이미 그러하다. 골로새서 2:16-18은 거짓교사들과 논쟁할 때 생겨난 문제들에 대한 답변이다. 이 거짓교사들은 적어도 부분적으로 유대교의 배경을 갖고 있다. 그러나 '율법' 개념은 더 이상 나타나지 않으며, 4:10의 '계명'은 일상적인 '지시'의 의미로 사용되었다. 에베소서 2:14 이하는 '법조문으로 된 계명의 율법'을 언급한다.(*νόμος τῶν ἐντολῶν ἐν δόγμασιν*) 이것이 곧 '중간에 막힌 담'(*μεσότοιχον τοῦ φραγμοῦ*)이며, 화목하게 하시는 이인 예수께서 유대인과 이방인 사이에 있는 그 담을 허물었고, 더 이상 그 담은 존재하지 않는다. 에베소서 5:31 이하는 창세기 2:24을 인용한다. 결혼에 관한 창세기의 말씀을 '비밀'로 보고, 그리스도와 교회의 관계에 비유적으로 연결하였다. 그 밖에 6:2 이하에

서 교회에 훈계하면서 십계명을 인용한다. 바울의 경우처럼 이 권고와 권고 가운데 있는 사랑의 계명이 중요한 역할을 한다는 사실에 주목해야 한다.(참조. 골 2:2, 3:14, 엡 4:2, 15 이하, 5:2)

6.2.2 목회 서신의 본문 정황은 더 두드러진다. 율법에 관해서는 디모데전서 1:8 이하에서 간단히 언급할 뿐이다. 1:11에서 볼 수 있듯이 율법과 복음의 반명제가 이면에 있다. 따라서 다음과 같이 말할 수 있다. "율법은 사람이 그것을 적법하게만 쓰면 선하다."(*καλὸς ὁ νόμος, ἐάν τις αὐτῷ νομίμως χρῆται*, 8절) 이는 율법을 구원 메시지라는 의미로 이해할 수 있다는 뜻이다. 그러나 다음의 문장이 추가된다. "율법은 옳은 사람을 위하여 세운 것이 아니요 오직 불법한 자와 복종하지 아니하는 자를 위함이다."(*δικαίῳ νόμος οὐ κεῖται, ἀνόμοις δὲ καὶ ἀνυποτάκτοις*, 9절) 그러므로 이 율법으로 말하자면 믿지 않는 자들을 회개로 이끌고 복종하지 아니하는 이들을 훈계하는 데 사용된다. 그러나 이 율법은 그리스도의 신앙 가운데 사는 이들에게는 더 이상 근본적인 의미가 없다. 디도서 3:9은 '율법에 대한 다툼'(*μάχαι νομικαί*)을 언급하는데, 그러한 다툼을 멀리해야 한다. 이는 공동체를 위해 아무 유익이 없고, 신앙과 행위를 위한 모든 것은 건전한 가르침을 통해 규정되어야 한다.

6.2.3 베드로전서에는 율법주제가 전혀 나타나지 않는다. 비록 저자가 자주 구약성서, 특히 예언서 본문을 끌어오긴 하지만, 율법과 구원메시지의 관계는 언급하지 않는다. 그 대신 본 서신은 근본적으로 신학적인 단락과 더불어 상세한 권고 부분을 포함한다. 그 부분에서 사랑의 계명이 중심적 위치를 차지한다. 1:22, 4:8 또는 5:14에서 볼 수 있는 바이다. 물론 구약성서의 표현대로 인용하지는 않았다. 명확하게 언명하지는 않지만, 본 서신에서 사랑의 이중 계명이 예수의 명령과 기독교적 원칙이 되었다.

6.2.4 유다서에서도 역시 율법은 아무런 역할을 하지 않는다. 유다서는 구원 메시지와 그것을 선포하는 것에서 출발한다. 적대자들은 유대교인이 아니며, 그들은 혼합주의적 개념을 대표한다. 이 개념은 무엇보다도 묵시적 전승의 도움으로 극복된다. 베드로후서도 역시 율법 주제에 관여하지 않으면서 초기 기독교 전승 가운데 자리 잡았다. 2:21의 '거룩한 명령'(*ἁγία ἐντολή*)은 기독교적 전승과 연결된다. 이에 상응하여 3:2은 사도들이 전수한 '주 되신 구주의 명령'(*ἐντολὴ τοῦ κυρίου καὶ σωτῆρος*)을 언급한다.

6.2.5 그러므로 전반적으로 율법이 초기 기독교 후기에 그 의미를 잃었다고 말할 수 있다. 이것은 엄격한 유대기독교인들이 쇠퇴한 것과 관련이 있을 뿐만 아니라, 예수

의 명령이 모세의 율법을 해체시켰다는 이해를 통해 결정적으로 야기되었다. 특히 요한의 이해가 이에 해당한다. 그러한 이해가 초기 기독교의 권고(paränese)에서 변형된 형태로 나타난다. 초기 기독교 권고의 중심에는 사랑의 계명이 있다. 그렇게 하여 권고가 율법 대신 등장하게 되었다.

7. 율법 이해에 있어 통일성?

대단히 복잡한 본문 상황이 문제이다. 서로 다른 개념들을 보면서 신약성서에 나타난 율법이해의 조화를 말하는 것은 거의 불가능하다. 신약성서신학을 개관하며 율법에 대한 특정 이해들을 이제 신중하게 확인하였다면, 서로 다른 이해들의 내적 관련성에 대한 질문을 제기할 수 있다. 신약성서적 율법 이해와 관련된 차이점들에 직면하여 통일성을 묻는 질문에 대해 여기서 답하는 것은 바로 의미 있는 발전을 위한 귀감이다. 이때 역사적 조건들이 고려되어야 하며, 특히 공통적인 기본윤곽과 결정적으로 중요한 내용에 대한 질문들이 논의되어야 한다.

7.1 역사적 조건들

개별 이해들 사이에 존재하는 현격한 차이점들과 관련하여 역사적 과정과 각각의 조건들을 고려해 보는 것은 의미심장하다. 비록 결정적인 내용과 관련된 문제들이 그로부터 해결되지 않는다 하더라도 그렇다. 어쨌든 그렇게 함으로써 개별 개념들을 상호 관련성의 측면에서 어느 정도 이해할 수 있다. 왜냐하면 여러 가지 상황에 직면하여 다양한 측면들이 전면에 나타나기 때문이다.

7.1.1 팔레스틴 유대 기독교 공동체 가운데서 율법과의 관련성이 지속적으로 강조되어 온 사실은 쉽게 확인된다. 율법은 유대교 안에 소속되어 있었고, 무엇보다도 율법은 공동체 생활에 있어 실제적인 문제와 전적으로 연관되어 있었다. 비록 하나님의 통치를 알린 예수의 메시지와 함께 토라에 대한 그의 진술이 전해졌지만, 율법 비판적 결론을 전개함에 있어 상황에 의해 제약을 받지는 않았다.

7.1.2 그에 비해 헬라인들은 이미 예루살렘에서부터 율법과 구원메시지 사이의 긴장을 분명하게 강조했다. 특이하게 디아스포라에서 유래한 유대 기독교인들은 예수

의 메시지가 지닌 비판적 잠재력에 대단히 귀를 기울였다. 의심의 여지없이 이는 팔레스틴에 속하지 않은 지중해권의 유대인들이 철저히 토라를 고수했으나 똑같은 방식으로 엄수하지는 않았다는 사실과 관련이 있었다. 그리하여 구원의 메시지에 직면하여 헬라인들에게서 율법의 위치와 유효성에 관한 질문이 훨씬 더 예리하게 제기되었다.

7.1.3 이방선교가 시작되기 시작하면서 호된 시련이 찾아왔다. 이는 단순히 토라에 대한 보다 자유로운 관계가 문제였을 뿐만 아니라, 구원에 직접 접근할 수 있다는 사실 때문에 이방 기독교인들이 토라에 대한 의무를 포기하는 것이 문제였다. 사도회의에서 율법에 대한 이방 기독교인들의 자유가 일반적으로 인정되었으나, 유대기독교인들에게 있어서 율법의 유효성은 유지되었다. 그로 인해 유대기독교인과 이방기독교인들이 함께 하는 공동생활에 문제가 발생하였다.

7.1.4 바울은 그의 선교활동에서 이방 기독교인들이 지닌 율법의 자유를 논리적으로만 실행한 것이 아니라, 율법주의에 입각한 유대기독교인들에 맞서서 확고하게 변호했다. 그렇게 이방기독교인 공동체가 성립되었고, 이들에게 있어서 구약성서의 율법은 약속의 기능과 더불어 단지 죄에 연루시킨다는 견지에서 간접적인 의미만을 지닐 뿐이었다. 또한 이방기독교인 지역 가운데 누가의 이중 저작과 같은 이해가 퍼진 곳이나, 율법이 구원의 전단계로 이해된 그런 곳에서도 구약성서의 계명과 직접적인 충돌은 더 이상 없었다. 구원을 위한 효력은 전적으로 복음을 선포하는 것으로 넘어갔다.

7.1.5 그 밖에서 사도 이후 시대에 율법은 광범위하게 쇠퇴하였고 그리스도 메시지에 의해 해체되었다. 여기서 구약성서의 율법 문제와 직접적으로 관련이 없는 이방기독교 공동체가 그 사이 보다 더 커졌다는 것이 당연히 어느 정도 역할을 하였다. 이방선교가 시작되면서 하나인 기독교가 깨어질 위험에 처하였다. 우리는 그 상황과 관련된 문제가 1세기 말엽에 이미 잊혀져갔다는 사실 앞에 서 있다.

7.1.6 율법 이해에 얽힌 다양한 역사적 조건들이 분명히 어느 정도 역할을 한다. 그러나 그러한 사실이 왜 율법에 대한 자세가 처음부터 그렇게 근본적인 의미를 지녔는지, 그 때문에 해결점을 찾기 위해 비교적 긴 과정이 필요했는지를 설명하지 않는다. 현격히 차이나는 이해들에 직면하여, 이제 그 내적인 여러 한계를 질문해야 한다.

7.2 공통적인 기본 윤곽

출발점은 예수의 선포와 사역이다. 시작하는 하나님 통치라는 그의 메시지와 함께 구약성서의 전승들은 현저히 변형되었고, 거기서 예외인 것은 아무것도 없었다. 율법조차도 그러했다. 가장 분명하게 예레미야 31:31-34과 에스겔 36:25-27에 기록된 율법이해를 보면, 이미 예언서들도 새로운 관점과 미래의 비전을 드러내었다. 그러나 그것을 넘어서 구원의 현실이 실질적으로 시작되면서 새로운 해석을 위한 결론을 광범위하게 이끌어냈다. 예수께서는 하나님으로부터 기인한, 그리고 이제 결정적으로 계시된 하나님의 뜻을 가리키고, 그것과 함께 율법의 본래적인 의도를 지적한다. 예수의 율법 해석은 부활 이후에 매우 다양한 방법으로 계속되었다. 그러므로 직접적으로 이끌려진 결론을 제시한 것이라는 의미에서 볼 때 예수의 진술은 제자들에게 분명히 명확한 것이 아니었다. 그럼에도 불구하고 공통된 전제들은 알 수 있다.

7.2.1 하나님이 구약성서의 율법을 공포했다는 사실은 논쟁의 여지가 없다. 사도행전 7:52과 갈라디아서 3:19도 율법이 하나님으로부터 왔다는 사실에 대해 이의를 제기하지 않는다. 그 두 본문은 천사의 중재를 전제할 뿐이다. 그리스도의 메시지와 권고를 통해 율법이 해체된 곳에서도 율법의 유효성은 원칙적으로 거의 의심받지 않는다. 그런 점에서 토라는 폐기된 것이 아니고, 단지 지금까지의 기능을 상실했을 뿐이다.

7.2.2 모세에 의해 공포된 율법에 대해 하나님의 새로운 의지표명이 대립하기 때문에, 이 둘의 관계는 좀 더 정확하게 규정되어야 한다. 초기 기독교의 구원의 메시지는 필수불가결하게 토라에 대한 이해를 변형시켰다. 토라와 토라를 준수하는 것이 지금까지 구원의 근거로 여겨졌다면, 그리스도 사건에 직면하여 이제 더 이상 그럴 수 없다. 또한 토라에 대한 구원의 계시의 관계가 초기 기독교에서 대단히 다양한 방식으로 규정되었다면, 공통적인 문제제기도 기본적으로 깔려 있다.

7.2.3 예수의 명령에 의해 율법이 해체된 곳에서조차도, 사랑의 계명을 철저히 고수함으로써 이전에 알려진 하나님 의지에 다시 결합됨을 알 수 있다. 이 계명이 더 이상 구약성서의 형태로 인용되지 않고, 예수의 종말적인 새 계명으로 이해되는 곳에서도 역시 그러하다. 이미 예수의 고유한 메시지 가운데 하나님 통치와 관련된 사랑의 계명이 핵심으로 이해되었고, 그 핵심에서부터 전체 율법이 파악될 수 있다. 이것이 초기 기독교의 방향을 제시했다.

7.3 결정적으로 중요한 내용상의 문제들

구약성서 율법에 대한 기독교적 구원의 메시지의 관계를 규정짓는 여러 다양한 다른 모델들이 공통의 전제들을 가진다 하더라도, 그 모델들의 목적과 전개과정에서 공통분모를 찾아 일치시키는 것은 불가능하다. 따라서 이제 다양하게 응답된 내용상의 문제들을 서로 관련이 있는 범위 내에서, 내재적인 통일성을 인식할 수 있도록 설명해야 한다.

7.3.1 토라의 가치와 관련하여, 율법의 구속력을 지닌 성격이 예언서와 상호관련되는 약속의 증거라는 의미에서 고수되었다는 사실이 의미가 있다. 이는 율법의 다른 기능들이 제한되거나 변경되는 곳 또는 제외되는 곳에서도 유효했다.

7.3.2 초기 기독교의 구상 가운데 율법은 약속의 성격과 더불어 하나님의 뜻을 나타내는 기능의 측면에서도 중요했다. 율법은 매우 다양하게 이해되었다. 한 편으로는 구원으로 이어지는 길로(특히 누가), 다음은 죄와 인간적인 절망을 깨닫게 하는 수단으로(바울), 그리고 마지막으로 예수의 말씀에 의해 해체되고 대치된 것으로(요한) 또는 권고에 의해 대체된 것으로(헬라적-유대기독교 전승) 이해되었다. 그런 점에서 개별 사례들에서 십계명이나 다른 구약성서의 본문들을 제시하는 것은 당연하다.

7.3.3 그렇다면 구약성서의 토라가 주장하는 것과 유대교 전승을 구성하는 것이 구원의 의의와 어떤 관계에 있는지를 질문하는 것이 중요하다.

7.3.3.1 초기 유대기독교에서 그러했던 것처럼, 율법과 구원을 관련짓고자 노력했던 곳에서는 위의 질문이 아마도 상대적으로 덜 숙고되었다. 예수의 종말론적 구원의 메시지가 지니는 의미를 진지하게 받아들이면서 구원을 위해 유일한 기능이었던 율법이 최소한 상대화되었다. 결과적으로 율법과 구원의 메시지가 마태복음에서 결합되었다. 그 복음서에서 율법은 구원 메시지와 완전히 융합되었으므로 그리스도의 계시가 유일하게 구원의 의의를 지닌다는 점이 문제되지 않았다.

7.3.3.2 율법이 지닌 구원의 의의에 관한 논쟁에서, 율법을 통해 야기된 죄인식이 인간에게 자신의 절망과 구원의 필요성을 깨닫게 만든다면, 그런 점에서 율법이 지닌 간접적인 의의는 폐기되지 않는다. 이는 특히 바울의 선포에서 나타나는 바와 같다. 그리고 율법을 준수한다고 하여 구원이 있을 수 없고, 구원은 우리들 밖에서(extra nos) 실현되고 또 그런 방법으로만이 구원을 받아들여 영접할 수 있다는 데서도 볼 수 있다.

7.3.3.3 누가나 히브리서의 경우와 같이, 율법을 구원으로 가는 길로 이해한다면 이 길은 결코 직선으로 된 길이 아니다. 왜냐하면 인간은 어쨌든 우선 죄에서 해방되어야 하기 때문이다. 그리고 율법에 근거하여 조건적인 의로움이나 완전함을 추구하는 경우, 그런 방법으로는 종말론적인 예수의 메시지가 의도한 구원에는 이를 수 없다. 그런

점에서 누가가 사도행전 13:37-39에서 바울을 언급한 것은 우연이 아니다. 그렇다고 하여 누가와 바울의 차이점이 없어진 것은 아니다. 그리스도 이전의, 그리고 그리스도 밖의 인간이 하나님의 뜻을 깨닫고 부분적으로 실현할 수 있다는 사실을 바울도 숙고한다.(롬 2:15) 그러나 인간 스스로는 도저히 극복할 수 없는 하나님과의 거리와 전적으로 구원에 의지해야 한다는 사실을 배제하지 않는다.

7.3.3.4 예수의 가르침을 통해 율법이 해체되는 경우에 바울에게서처럼 토라가 지닌 구원의 의의는 큰 역할을 하지 않는다. 그러나 예수께서 강조한 핵심적인 사랑의 계명은 율법과 관련된 하나님의 의지표명에 대한 단초로 이해할 수 있다. 바울 이전에 이미 싹튼 권고적 교육과 예수의 말씀 및 계명에 대한 요한적인 이해도 마찬가지이다. 어쨌든 율법은 방향 지시적이며 영속적인 의의를 지녔다.

7.3.4 하나님의 이전의 계시를 다루는 모든 이해와 관련하여 이전의 의미와 앞서 지시하는 성격을 지녔다는 점에는 이론의 여지가 없다는 것이 결정적으로 중요하다. 시내산의 계시가 전단계, 약속 또는 길을 만든다는 제한된 의미를 지닌다면, 그에 반해 종말론적 구원의 계시는 결정적인 의의를 지닌다고 주장한다. 율법이 구원의 메시지를 통해 해체되었다고 이해하는 곳에서도, 예수 안에 나타난 하나님의 의지가 구약성서적 율법의 근본 의도를 종말론적 관점에서 받아들였다고 이해한다. 그로 인해 토라가 지닌 근본적인 요소에 집중할 수 있다. 즉 한 편으로는 구원 의지 및 구원의 약속이며 다른 한 편으로는 사랑의 계명이 그것이다. 그렇다고 토라의 그 부분만이 그 중요성을 유지한다는 뜻은 아니다. 토라는 포괄적인 의미를 지니고 있다. 2세기 플로라에게 보내는 프톨레메우스(Ptolemäus)의 서신에서 시도했던 것과 같은, 어떤 구분도 초기 기독교에서는 존재하지 않았다. 영지주의자의 그 서신에서 – 하나님의 율법, 모세의 율법, 장로들의 율법을 구분한 것을 제외하고 – 하나님의 율법 자체는 통용되고, 유지되고, 유형론적으로 해석되는 부분과 구분된다. 십계명만이 영속적인 의의를 지닌다고 한다. 마태와 또한 바울도 분명하게 전체 토라가 중요하다고 강조한다. 제사 규정에 포괄적으로 해당하는 것처럼, 개별적인 계명들이 현실적인 의의를 더 이상 지니지 않는 부분에서도 마찬가지이다. 모든 행위가 사랑의 징표 아래 있는 곳에서는 토라가 지닌 구체적인 제도적 및 법적 규정이 그 의의를 상실하지만, 그럼에도 불구하고 이전의 하나님의 계시를 특징적으로 보여준다. 토라를 구분하는 것은 토라의 폐기를 뜻하는 것이 아니라 오히려 구원의 메시지 안으로 통합하는 것을 뜻한다.

7.4 토라에 대한 신약성서적 진술에 나타나는 커다란 차이점에도 불구하고 적어

도 몇 가지 내적인 상호관련성에 대해서 말할 수 있다.

7.4.1 율법은 철저히 구원의 계시라는 빛 아래 있다. 개별적인 상황에서 종말적 구원과 율법 사이의 긴장이나 종말적 구원으로 인한 율법의 폐기를 강하게 주장하긴 하지만, 율법은 결국 이전의 하나님의 계시로서 토라에 묶여 있다. 율법과 대치하고 구원의 메시지 및 권고(Paränese)를 독립시키는 부분에서도 예수의 메시지에 따라 율법의 기본 의도는 유지된다.

7.4.2 율법에 대한 다양한 여러 모델에서, 그들 사이에 현저한 긴장이 존재하긴 하지만, 잠재적으로는 율법의 문제 자체가 관건이기 때문에 완전히 배제시킬 수 없는 각각의 측면들을 숙고하였다. 그런 점에서 위의 모델들은 차이가 난다고 하더라도 긴장감이 팽배한 가운데 서로 관련되며, 그런 의미에서 신학적으로 진지하게 받아들여야 한다.

8. 마무리 고찰

초기 기독교의 율법이해를 다루다보면 필연적으로 구약성서의 토라가 오늘날 우리에게 어떤 위치에 놓이는가에 대한 질문도 제기된다. 율법의 문제가 초기 공동체를 대단히 불안하게 하였다. 율법이 해체되었다고 간주하던 곳에서도, 율법이 하나님의 의지의 표현으로서 그리스도인들에게 어떤 의의를 지니는가에 대한 율법과 관련된 근본 문제는 절박한 것이었다. 물론 그로 인하여 시작하고 있는 종말사건이 변경될 수 있는 것은 아니다.

8.1 토라의 의의를 아무리 비판적으로 수용한다 할지라도 그것의 영속적 의의를 간과해서는 안 된다. 분명히 거리를 두긴 했지만 초기 기독교에 있어 토라는 폐기된 법령(abrogatio legis)이 아니었다. 비록 구원의 계시가 철저히 전면에 위치하긴 했으나, 율법은 하나님 뜻의 계시로서 인정되었다. 처음부터 율법을 새롭게 이해하고 독립적으로 수용하는 문제가 관건이었다. 그 때문에 토라로 소급하는 문제가 기독교 신학에서 희석되면 안 된다. 구약성서의 율법은 하나님의 뜻을 신약성서적으로 이해하고 권고하는 전제이자 토대이다. 당연히 기독교 신앙에 있어 토라는 그 자체로 존재하는 것이 아니라 예수의 역사 및 구원선포와 관련을 맺고 있다. 거기서 연속성과 불연속성, 앞서 지시하는 성격과 새로운 해석, 수용과 변형이 결정적인 역할을 한다. 이미 행한 바와 같

이, 바로 토라 본래의 특성에 직면하여 재차 수고하여 결실을 맺도록 해야 한다.

8.2 구원을 일으킨다는 의미에서나 삶의 질서를 잡는다는 의미에서, 인간은 복음을 통해서 하나님의 뜻에 직면하는 것과 마찬가지로 토라를 통해서도 하나님의 뜻에 직면한다는 것이 결정적인 의미를 갖는다. 따라서 신약성서의 구원메시지와 더불어 사랑의 계명의 의미에서 훈계가 인간의 삶에 등장한다. 이미 신명기에서 살펴보았듯이, 율법적인 규정은 권고적 특성을 지니고 있으며, 훈계가 명령을 대신한다. 권고(Paränese)가 율법을 해체하지는 않으나, 권고는 믿음과 사랑의 징표 아래 있는 율법의 변형이다.

8.3 이와 관련하여 사랑의 계명에 집중하면서 몇몇 초대교회의 훈계는 사랑의 부분적인 측면만을 파악하였고, 그런 점에서 확장의 가능성이 있다는 점을 간과하면 안 된다. 다른 한 편으로 신약성서의 개별적인 이해들이 지닌 역사적 한계는 기독교적 윤리를 고려해야만 하는 또 다른 요구들이 있었음을 보여준다. 비록 그 이해들의 주도적인 원칙이 그로 인해 영향을 받지는 않는다 하더라도 그렇다.

8.4 다각도로 이해된 바울의 율법이해가 바울서신 이외의 신약성서에 그리 많이 표현되지는 않았지만, 그의 율법이해는 특별히 관심을 끈다. 사도 바울은 설득력 있게 율법의 인간론적-구원론적 차원을 보여준 사람이며, 그것이 지닌 영속적 의의를 강조한 사람이었다. 바울의 언어로 표현된, 구원의 길이라는 의미에서 볼 때 율법의 끝인 그리스도 사건과 우리 인간을 향한 끊임없는, 그리고 포기할 수 없는 율법에 대한 이해 사이의 긴장은 그것의 신학적 의의에서 간과되어서는 안 된다. 바울이 율법이해를 의인이면서 동시에 죄인(simul iustus et peccator)의 의미에서 다루고 있음에도 불구하고, 중요한 것은(이에 대한 단초가 요일 1:6-2:2에 있다.) 인간이 죄인 됨을 극복하지만, 그러나 그것의 원천은 늘 자각해야만 한다는 사실이다.

8.5 구약성서의 율법도 신약성서의 율법해석과 마찬가지로 하나님의 계시행위와 관련되어 있다. 어떤 경우에는 이전의 계시행위 및 선택행위가 관건이라면, 다른 경우에는 종말론적 차원을 여는 구원행위가 관건이다. 인간은 의식하든 의식하지 않든 유대인으로, 그리고 비유대인으로 하나님과 함께하는 역사적 사건에서 비롯하며, 보호와 구원을 의미하는 한 가지 목표를 향해 인도되어야 한다. 그러므로 이스라엘에게 주어진 선물로서 토라는 인간의 근원이 되시는 하나님과 대면하기 위한 것이며, 신약성서의 율법해석은 예수를 통해 열려진 하나님께 가까이 나아가는 빛 안에 존재하기 위함이다. 신약성서에서 율법과 복음의 긴장관계에 존재하는 인간론적 차원이 바울에 의해 분명하게 드러났다면, 이 또한 모든 이해 가운데 잠재적으로 포함되어 있고 결코 간과되어

서는 안 된다. 원래 하나님의 계시, 인간론, 구원론은 율법 이해에 대한 문제에서 서로 연결되어 있다.

8.6 유대교와 기독교의 대화에서 토라의 위치가 자명하게 핵심적 위치를 차지한다. 아무리 비판적으로 수용한다 하더라도 토라를 버리는 일이 없음을 기독교 측에서 제기한다는 사실이 결정적으로 중요하다. 오히려 토라는 하나님의 계시를 앞서서 보여주는 증거로서 가치가 있고, 그것의 근본의도가 기독교 전승 안에 흘러들어왔음을 보여준다.

13장

발생한 인간 구원

1. 예비적 고찰

신약성서는 전체 인간을 위한 하나님의 구원 행동이 이미 일어났고, 따라서 모든 인간은 속죄와 구원을 얻을 수 있다고 증거 한다. 하나님은 인간을 그들의 절망에서부터 이끌어내고 그들의 죄, 곧 하나님을 외면한 죄를 폐기하시기 위해 결정적으로 세상에 자신을 내어주셨다.

1.1 예수 그리스도 안에 나타난 계시사건은 그 자체로 구원을 일으키는 하나님의 구원 행동이다. 계시사건과 구원의 밀접한 연관성으로 인해, 기독론과 관련하여 구원의 근거를 설명하는 것이 가능하다고 할 수 있다. 그러나 이 책의 8장에서 보았듯이, 기독론은 우선 예수의 위격과 그가 받은 하나님의 위임의 견지에서 밝혀져야 하고 구원론의 범위 내에서 구원의 실현과 구원의 현재에 대한 진술이 논의되어야 할 충분한 이유가 있다.

1.2 예수의 역사와 사역이 종말적 계시로서 선취적으로 혹은 선행적으로 일어나는 사건이라는 틀에서 궁극적 성격을 지닌다. 이러한 사실은 초기 기독교 증거에 따라 인간의 구원이 이미 일어났다는 데서 표현된다. 신약성서에서 예수 그리스도 안에 나타난 하나님의 유일회적 구원 행위를 말하는 곳에서 요지는 언제나 예수의 역사와 더불어 다시 말해 그의 성육신, 죽음 또는 부활과 더불어 인간을 위한 구원이 실현되어 왔다는 것이다. 그와 더불어 하나님께로 돌이키는 회개와 구원이 있고, 이는 인간이 그것

을 얼마나 인식하고 이해하는지 그것과는 전혀 상관이 없다.

1.3 종말적인 하나님의 계시 행위가 피조물이며 죄인인 인간에게 임한다. 죄로부터 구원이라는 관점에서 이미 인간론적으로 진술되었다. 피조물이라는 것이 의미하는 것, 그리고 죄인이라는 것이 뜻하는 바는 우선 계시 사건의 빛 아래서 인식될 수 있기 때문이다. 반대로 모든 구원론적 진술은 인간론적으로 방향이 설정된 것이 자명하다. 기독론의 계시신학적 관점에서 하나님과 예수의 관계가 관건이라면, 본 주제에서는 인간과 예수의 관계가 관건이다.

1.4 구원론에서는 인간론과 율법에 대한 진술 외에 단번에 이루어지는 인간 구원에 대한 진술과 또한 인류를 위한 하나님의 구원 행위가 지닌 지속적인 능력이 요지이다.

1.4.1 이 구원행위의 결정적 성격과 구원의 실현이 지닌 역사적 유일회적 성격은 서로를 조건 짓는다. 비록 이 결정적-유일회적 사건이 시작과 완성의 긴장 사이에서 경험된다 하더라도 그렇다. 시간과 역사 영역 안에서 일어난나는 사실이 하나님의 계시 행위의 본질에 속한다. 그렇다고 하여 계시 행위의 궁극적 성격이 폐기되지 않는다. 따라서 신약성서의 구원론은 모든 초기 기독교 문서에서, 비록 각기 다르게 강조되긴 했으나, 예수의 유일회적인 역사로부터 이해된다. 구원론은 역사적으로 나타난 구체적인 형태 면에서 종말적 계시 사건과 뗄 수 없이 결합되어 있다. 예수 역사의 유일회성은 하나님의 구원 행위가 지닌 궁극성에 대한 표징(signum)이 된다.

1.4.2 위에 진술된 내용들은 일회적 사건이 지닌 영속적 의의를 결코 무효화하지 않으며, 오히려 늘 새롭게 제시되는 구원을 설명한다. 이에 대해서는 구원 메시지의 현재적 기능을 요지로 하는 이 책의 14장에서 논할 것이다. 그러나 현실적으로 일어나는 각각의 구원메시지들은 예수 그리스도 안에서 이미 유일회적으로 일어난 하나님의 종말론적 계시 행위 안에 접착지점을 갖고 있다. 그런 점에서 구원론은 시간적이며 역사적으로 목격된 과거에 근거한다. 그러나 과거와의 관련성이 우선이 아니라 그때 이후로 현재의 인간을 위해 미래가 열려져 있다는 사실이 관건이다. 구원론적 사건의 중요성이 현재를 포괄하고 이미 일어난 사건에서부터 앞으로 올 사건을 내다본다.

1.4.3 하나님의 계시 행위를 현재, 그리고 미래와 관련지을 때만 계시 행위의 궁극성과 유일회성을 제대로 파악할 수 있다. 그렇다고 하여 하나님의 구원 행위의 유일회성과 지속적 의의를 순차적으로 말할 수 있다는 사실을 배제하지는 않는다. 이는 마치 기독론적 차원과 구원론적 차원을 순차적으로 논할 수 있는 것과 마찬가지이다.

2. 부활 이전 예수 사역이 지닌 구원의 의미

부활 이후에 예수의 역사와 위격(Person)에 대한 구원론적 설명은 예수 고유의 활동에 그 뿌리를 두고 있다. 그 관계를 숙고해야 한다.

2.1 예수께서 하나님 통치를 선언한 것은 하나님의 구원 행위, 즉 이스라엘의 역사 가운데 개별적 행위로 늘 나타나던 것이 이제 종말론적 의미에서 실현된다는 뜻이다. 이러한 사실은 하나님 통치의 현재와 미래라는 긴장의 영역 사이에 있지만, 결정적인 것은 하나님 통치가 시작되었다는 예수의 메시지에서 구원의 궁극성이 관건이 된다는 점이다.

2.2 예수의 선포와 행위에서 결정적 성격이 드러난다는 사실이 기본적으로 중요하다. 예수께서 하나님의 통치를 선포한다면, 하나님이 종말론적으로 현실 가운데 개입하심을 경험한다는 것이다. 예수께서 죄를 용서하면, 그것은 예수께서 자신이 위임받은 것을 근거로, 유대교 서기관들이 그를 비난했던 것처럼 하나님의 유보권리(Vorbehaltsrecht)를 침해하는 것이 아니라, 하나님의 종말론적 죄 용서를 선취하는 것이다.(막 2:5-7과 병행구절) 예수께서 귀신 들린 자를 치료하면, 이것은 그에게 구원의 미래를 알려주기 위해 그 사람을 죄의 세력에서부터 풀어주는 것이다.(눅 11:20) 가난한 사람, 곤궁한 사람, 내쫓긴 사람을 향한 예수의 관심도 역시 그러하다. 식탁 공동체와 같은 그런 비유 행위의 형태로 예수께서는 종말론적 완성의 모티브를 받아들이고, 그렇게 함으로써 자신의 행동을 궁극적인 구원 참여와 관련지었다. 그는 죽음을 받아들이면서, 하나님 통치를 위해 자기 목숨을 잃는 자는 생명을 얻게 될 것이라는 자신의 말을 입증한다.(비교. 막 8:35과 병행구절, 눅 18:29) 그리고 쪼갠 떡과 자신을 동일시하면서 그는 자신의 죽음을 다른 이를 위한 희생으로 특징지었다.(막 14:22b과 병행구절)

2.3 예수의 메시지가 아무리 현재적 의미를 지닌다 하더라도, 미래적 차원도 포함한다. 이 미래적 차원이 없이는 그의 활동을 이해할 수 없다. 하나님의 통치가 아직까지 존재하는 세상 가운데서 빛을 발하고 있음은 아직 도래하지 않은 구원의 완성을 향하고 있음이다. 이는 특별히 겨자씨 비유에서 분명히 드러난다.

2.4 간과할 수 없는 사실은 예수의 생애 및 사역과 함께 하나님의 구원 행위가 나타났다는 것이며 부활과 재림, 그의 죽음 또는 성육신이 어떤 의미가 있느냐 하는 질문과는 상관이 없다. 그의 지상의 역사와 사역의 구체적 형태는 그러한 상징적인 것으

로(signifikativ) 하나님의 구원 행위와 관련된다.

3. 예수 부활의 구원론적 의미

예수의 위격(Person)과 역사를 기독론적으로, 그리고 구원론적으로 밝히는 데 있어, 그가 죽은 사람들 중에서 부활한 사건이 결정적으로 중요했다. 예수 부활의 의미는 옛 신앙고백 전승에서 분명히 드러난다.

3.1 부활과 파루시아

생명을 통해 죽음을 극복한 것이 부활사건의 기본경험이 되었다. 따라서 예수의 십자가 처형은 처음부터 부활의 빛 아래에 있다. 예수께서 하나님에 의해 부활했다고 하는 확신은 동시에 그의 재림에 대한 희망을 뒷받침했다. 이런 확신은 처음에는 승귀 표상과 관련이 없었고, 예수 죽음의 구원론적 진술과도 무관했었다.

3.1.1 부활 신앙이 파루시아 대망과 결합된 것은 무엇보다도 아람어권에서 전수된 기도의 외침인 '마라나타'에서 볼 수 있다. 재림과 함께 예수께서 시작한 구원사역이 완성되어야 했다. 완성에 대한 기다림은 가장 초기의 기독교에 있어 매우 중요했다. 그러나 그것이 현재적 구원에 대한 확신이 쇠퇴되었음을 의미하지는 않는다. 부활사건을 통해 현재적 구원에 대한 확신이 입증되었다.

3.1.2 데살로니가전서 1:(9)10에 기록된 바울에 의해 전수된 신앙고백이 이러한 이해의 전형이다. 그 구절은 이방인들을 보며, 참된 하나님께 예배하기 위해, '또 죽은 자들 가운데서 다시 살리신 그의 아들, 즉 장래의 노하심에서 우리를 건지시는 예수께서 하늘로부터 강림하실 것을 기다리기 위해'(*καὶ ἀναμένειν τὸν υἱὸν αὐτοῦ ἐκ τῶν οὐρανῶν, ὃν ἤγειρεν ἐκ τῶν νεκρῶν, Ἰησοῦν τὸν ῥυόμενον ἡμᾶς ἐκ τῆς ὀργῆς τῆς ἐρχομένης*) 우상을 버린 것을 말한다. 여기서 최후 심판 때의 궁극적인 구원 행위와 예수의 재림이 결합되었다. 그러면서 그의 부활은 앞서 지시하는 사건으로서 기능한다. 바울은 이 전승을 로마서 5:8-10에도 사용한다. 그러나 그 본문에서는 '우리를 위한' 죽음과 그것에 근거한 칭의 및 화해와 결합시켰다. 따라서 5:9은 다음과 같이 기록한다. "… 이제 우리가 그의 피로 말미암아 의롭다 하심을 받았으니 더욱 그로 말

미암아 진노하심에서 구원을 받을 것이다."(… πολλῷ μᾶλλον δικαιωθέντες νῦν ἐν τῷ αἵματι αὐτοῦ σωθησόμεθα δι' αὐτοῦ ἀπὸ τῆς ὀργῆς) 어쨌든 데살로니가전서 1:10도 예수의 부활로 결정적인 일이 일어났고, 그것이 완성으로 이어진다는 예표 아래에 있다.

3.1.3 그와 더불어 로마서 10:9도 시사하는 바가 크다. 그 구절에서는 예수를 주라고 고백하는 것과 관련하여 다음의 신앙고백 진술이 뒤따른다. "하나님께서 그를 죽은 자 가운데서 살리셨다."(ὅτι ὁ θεὸς αὐτὸν ἤγειρεν ἐκ νεκρῶν) 그리고 이 사실이 종말의 구원을 위해 결정적인 것으로 여겨진다.(σωθήσῃ!) 이는 데살로니가전서 1:10에도 해당하는 바이다. 이에 상응하여 로마서 4:24은 '곧 예수 우리 주를 죽은 자 가운데서 살리신 이를 믿는 자'(οἱ πιστεύοντες ἐπὶ τὸν ἐγείραντα Ἰησοῦν τὸν κύριον ἡμῶν ἐκ νεκρῶν)들을 말한다. 부활의 고백은 고린도전서 6:14, 15:12-20, 고린도후서 4:14과 로마서 8:11에서 믿는 자들 자신의 부활과 관련하여 등장한다.

3.1.4 데살로니가전서 4:14a의 이중 진술, "예수께서 죽으셨다가 다시 살아나셨다."(ὅτι Ἰησοῦς ἀπεθανεν καὶ ἀνέστη)도 이 맥락에 속한다. 이 진술 뒤에 14b절, "예수 안에서 자는 자들도 (영광 중에) 하나님이 그와 함께 데리고 오시리라."(ὁ θεὸς τοὺς κοιμηθέντας διὰ τοῦ Ἰησοῦ ἄξει σὺν αὐτῷ)가 온다. 여기서도 결정적 무게는 예수의 부활에 있다. 반면 특이하게 죽음에 대한 진술과 관련된 해석은 없다. 이 본문은 구원론적 기능이 부활 사건에 부여되었다는 것에 대한 분명한 표시이다. 로마서 8:34, "죽으실 뿐 아니라 다시 살아나신 이는 그리스도 예수시니"도 역시 마찬가지이다.(Χριστὸς ὁ ἀποθανών, μᾶλλον δὲ ἐγερθείς) 여기서 이 표현은 물론 파루시아와 연결되지 않고, 승귀 및 하늘에서의 중재와 연결된다.(ὅς καί ἐστιν ἐν δεξιᾷ τοῦ θεοῦ, ὅς καὶ ἐντυγχάνει ὑπὲρ ἡμῶν)

3.1.5 예수 부활의 의미는 예수의 죽음을 언급하나 구원론적 진술과는 연결되지 않는 본문에도 등장한다. 무엇보다도 마가복음 8:31, 9:31, 10:32 이하의 수난예고가 이에 해당한다. 그 구절에서 예수의 죽음은 신적인 필연 또는 인간들의 적대감이라는 예표 아래에 있다. 곧 구원론적 기능이 부활사건에 부여되고, 이 부활사건은 인자 전승의 틀 안에서 내재적으로 재림을 지시한다.

3.1.6 특별한 경우로 바울이 전수한 로마서 4:25의 신앙고백구문을 언급할 수 있다. 이 구절에서는 비록 예수의 희생이 죄용서의 의미에서 구원론적으로 해석되었지만, 칭의는 진정한 바울의 진술과 달리 예수의 죽음과 결합되지 않고, 부활과 결합된다.

즉 다음과 같다. 예수 우리 주, "예수는 우리가 범죄한 것 때문에 내줌이 되고 또한 우리를 의롭다 하시기 위하여 살아나셨느니라."(*ὃς παρεδόθη διὰ τὰ παραπτώματα ἡμῶν καὶ ἠγέρθη διὰ τὴν δικαίωσιν ἡμῶν*) 구원을 위한 희생의 결정적 차원은 예수의 부활로 뒷받침된다는 사실이 초기 기독교에 있어 부활사건이 지니는 의미를 알려준다.

3.2 부활과 승귀

예수의 부활은 이미 일찍이 승귀와 결합되었다. 따라서 부활진술과 승귀진술은 나란히 나오거나(행 2:32 이하), 또는 부활진술이 말하자면 승귀진술과 융합되어 버리거나 승귀진술 안으로 포함되었다.(빌 2:9, 딤전 3:16, 히브리서 여기저기) 물론 그렇다고 하여 예수 죽음이 지닌 구원의 기능에 관한 진술들이 승귀와 결합될 수 있었다는 사실을 배제하는 것은 아니다. 이에 대한 특징을 잘 보여주는 예는 요한계시록 5장의 즉위묘사이다. 그러나 부활과 승귀가 서로 결부된다는 것이 보다 중요한 의미가 있다.

3.2.1 승귀가 결정적으로 구원론적 차원을 지니는 것은 마태복음 28:18b에 따라 부활한 이에게 하늘과 땅의 모든 권세(*ἐξουσία*)가 주어졌고, 그 때문에 그는 믿는 자들 곁에 있고 그들 가운데 거한다는 사실에 있다.(참조. 20b절) 하늘에서의 승위라는 의미의 승귀는 우주의 권세가 부활하고 승귀된 자 아래에 굴복하거나, 또는 그에 의해 중재된다는 뜻이다.(빌 2:9-11, 골 1:18b-20, 빌 2:10에서 예수의 죽음이 복종의 의미에서 승귀 진술 앞에 나오는 반면, 골 1:20에서는 십자가에서 피 흘림에 대한 구원론적 진술이 이차적으로 추가되었다.) 이는 '세상의 초등학문'(*στοιχεῖα τοῦ κόσμου*)에도 역시 해당한다. 이는 구원과 관련해서 아무런 의미가 없다.(갈 4:3, 9, 골 2:20)

3.2.2 예수의 승귀는 계속되는 구원의 실현을 위해 특별한 비중을 얻는다.(참조. 이 책 14장) 초기 기독교의 몇몇 진술에 의하면 승귀의 과정에서 앞으로 실현될 것이 이미 선취되었다. 빌립보서 2:9-11과 골로새서 1:18b-20의 찬양시 본문이 이에 해당한다. 골로새서 3:3의 "너희 생명이 그리스도와 함께 하나님 안에 감추어졌음이라."(*ἡ ζωὴ ὑμῶν κέκρυπται σὺν τῷ Χριστῷ ἐν τῷ θεῷ*), 에베소서 2:6에서 하나님이 우리를 이미 '함께 일으키사 그리스도 예수 안에서 함께 하늘에 앉히시니'(*συνήγειρεν καὶ συνεκάθισεν ἐν τοῖς ἐπουρανίοις ἐν Χριστῷ Ἰησοῦ*, 참조. 골 2:13)라고 말하는 것도 이에 해당한다.

3.2.3 예수의 부활과 승귀는 죽음의 경험과 직접적으로 관련된다. 죄와 관련하여

죽음도 인간에게 적대적 세력이 되었다. 고린도전서 15:54 이하에 바울은 이사야 25:8과 호세아 13:14을 이중으로 인용하면서, 죽음이 져서 삼켜지고 그로 인해 죽음이 가시를 잃었다고 표현한다. 그런 점에서 죽은 자 가운데서 부활은 죽음의 세력을 극복했다는 의미이다. 이는 요한계시록 1:18b에서 승귀된 이의 말씀을 통해 드러난다. 그는 죽었었으나 이제 영원히 살고 "사망과 음부의 열쇠를 가졌다."(*ἔχω τὰς κλεῖς τοῦ θανάτου καὶ τοῦ ᾅδου*) 이에 상응하여 히브리서 2:14은 다음과 같이 기록한다. 그리스도가 모든 면에서 인간과 같이 되었으니 이는 '죽음을 통하여 죽음의 세력을 잡은 자 곧 마귀를 멸하시기' 위함이다.(*ἵνα διὰ τοῦ θανάτου καταργήσῃ τὸν τὸ κράτος ἔχοντα τοῦ θανάτου, τοῦτ᾽ ἔστιν τὸν διάβολον*, 참조. 딤후 1:10) 베드로전서 3:18d, 19도 이 맥락에 속한다. 몸이 죽은 후에 성령의 능력을 통해 살게 된 그리스도는 "영으로 가서 옥에 있는 영들에게 선포하시니라."(*ἐν ᾧ καὶ τοῖς ἐν φυλακῇ πνεύμασιν πορευθεὶς ἐκήρυξεν*, 참조. 4:6)

3.3 누가의 구상(構想)

누가는 그의 이중 저작에 예수 부활이 지닌 구원을 일으키는 의의에 관한 전승을 수용하였다. 그는 그 전승을 상세하게 전개하면서 신약성서 내에서 부활 신학(theologia resurrectionis)의 대변자 가운데 한 사람이 되었다. 예수 죽음의 구원론적 기능은 누가에게 있어, 성만찬 제정말씀을 제외하면, 부차적 역할을 할 뿐이다.(참조. 눅 22:19 이하, 행 20:38)

3.3.1 누가의 경우 예수의 죽음과 관련하여, 수난 예고와 같이 하나님의 뜻에 의한 예수의 운명과 또한 인간의 적대감을 강조하는 두 가지 종류의 진술이 등장한다.(참조. 이 책 8장) 한 편으로는 누가복음 9:22, 44, 18:31, 32a의 인자-진술과 누가복음 24:26 이하, 45 이하, 사도행전 17:3, 26:23의 신앙고백적 정형구문이 이에 해당하고, 다른 한편으로 사도행전 2:23 이하, 3:15, 5:30 이하, 10:39 이하(참조. 13:27-30과 2:36)의 본문이 이에 해당한다. 이에 비해 하나님에 의한 예수의 부활은 결정적 구원사건이며, 이는 증인들에 의해 입증된다.(눅 24:48, 행 1:8, 22, 2:22, 3:15, 5:32, 10:39, 41, 13:31) 이 부활은 사도행전 3:15과 5:30 이하에 기록된 대로, 하나님이 그를 '생명의 주'(*ἀρχηγὸς τῆς ζωῆς*)로 그리고 '구원자'(*σωτήρ*)로 만드셨음을 뜻한다. 부활한 자가 하나님 우편에 들리워졌고, "주와 그리스도"(*κύριος καὶ χριστός*)로 임명되었다

는 사도행전 2:32, 33a, 36의 진술이 이와 일치한다. 사두개인과 이방인들에 대항해 죽은 자의 부활 신앙을 강하게 변호하는 것은 우연이 아니다. 누가복음 20:27–38 외에(병행구절 막 12:18–27) 사도행전 23:6–9와 26:8–23, 그리고 17:31(17:32에 있듯이 아테네인들의 조롱에도 불구하고)의 진술을 참조하라.

3.3.2 부활한 이는 바로, 자기가 살아 있는 동안 그에게 속하였던 제자들에게 선교명령을 부여한 이이며, 그들은 이 임무를 위해 성령을 받는다.(참조. 눅 24:44–48, 행 1:6–8, 2:33b) 사도행전 9:5 이하에 따르면, 바로 얼마 후에 부활한 이를 통해 개심하고 부름받은 이는 바울이다.(이에 대해서는 22:7 이하와 26:14–23, 그리고 22:17–21의 성전환상을 참조할 수 있다.) 사도행전 3:6, 14–16, 4:9 이하 또는 14:8–10, 19:12에서 볼 수 있듯이, 예수로부터 파송 받은 사자들은 부활한 이의 이름으로 능력과 기적을 행하여야 한다. 그에 상응하여 사도행전 4:12에 기록된, 공회 앞에서 자신을 변호하는 베드로의 잘 알려진 진술은 부활한 이와 관련된다. "다른 이로써는 구원을 받을 수 없나니 천하 사람 중에 구원을 받을 만한 다른 이름을 우리에게 주신 일이 없음이라."

3.3.3 누가복음 24:46c, 47에 따르면 성서의 증거대로 사흘 만에 부활하신 이의 이름으로 선포하는 것, 정확히 말하자면 '죄 용서를 위해 회개하라고 보는 인간 가운데에 선포하는 것'(*κηρυχθῆναι ἐπὶ τῷ ὀνόματι αὐτοῦ μετάνοιαν εἰς ἄφεσιν ἁμαρτιῶν εἰς πάντα τὰ ἔθνη*)이 중요하다. 유대인을 향한 한 설교의 한 부분인 사도행전 3:26은 다음과 같이 기록한다. "하나님이 그 종을 세워 복 주시려고 너희에게 먼저 보내사 너희로 하여금 돌이켜 각각 그 악함을 버리게 하였느니라."(참조. 3:15–20) 그리고 하나님이 살리신 자에 관한 사도 바울의 설교인 사도행전 13:30–39의 마지막 부분은 다음과 같이 말한다. "이 사람을 힘입어 죄 사함을 너희에게 전하는 이것이며 또 모세의 율법으로 너희가 의롭다 하심을 얻지 못하던 모든 일에도 이 사람을 힘입어 믿는 자마다 의롭다 하심을 얻는 이것이라."(38절 이하) 끝으로 누가는 부활하신 이가 바울 앞에 나타나신 것과 관련하여 사도행전 26:18에 신앙고백적으로 표현하였다. "그 눈을 뜨게 하여 어둠에서 빛으로, 사탄의 권세에서 하나님께로 돌아오게 하고 죄 사함과 나를 믿어 거룩하게 된 무리 가운데서 기업을 얻게 하리라 하더이다."

3.3.4 죄 용서의 모티브와 예수의 부활이 결합한 것은 누가적인 구상에서 특별히 특징적이다. 예수 부활과 관련된 이 특수한 구원론적 요소는 모든 인간에게 '회개'(*μετάνοια*)가 가능하고 그들에게 '죄용서'(*ἄφεσις ἁμαρτιῶν*)가 약속되었음을 의미한

다. 하나님에 의한 예수 부활의 메시지를 듣고 받아들이는 자는 누구든지 구원을 경험한다. 이것은 인간을 하나님으로부터 분리시키는 모든 것에서의 해방과 동일하다. 그것을 통해 구원의 완성을 향한 길이 열린다. 그것이 유대인과 이방인에게 주어진 결정적인 구원의 메시지이며, 유대인이 그 메시지를 거부한 것에 관한 단락에서 이 거부가 무엇을 의미하는지가 분명해진다. 13:46 이하에 따르면 유대인들은 스스로를 "영생을 얻기에 합당하지 않은 자로 자처한다."(참조. 18:6과 28:26-28) 그래서 예수를 산 자와 동시에 죽은 자를 장차 심판할 자라고 제시한다.(참조. 행 10;42, 17:31)

3.3.5 누가의 구상과 관련하여 예수의 구원론적 기능이 그의 부활 혹은 승귀와 겹치는 초기 기독교의 전승 줄기가 있음을 확인할 수 있다. 그것은 대체로 파루시아와 관련이 있으며, 어쨌든 죽음의 극복, 회개의 가능성, 죄용서의 허락, 현재적인 구원의 경험이 요지이다.

4. 예수 죽음이 지닌 구원의 능력

지금까지 상술한 내용에서는 예수의 살해당함 혹은 예수의 죽음에 관해 해석을 덧붙이지 않은 채 말하는 일련의 진술이 있음을 보여준다. 한 편으로는 사도행전의 수난예고 및 죽음에 관한 진술이 이에 해당하고(막 8:31 병행구절, 행 10:39), 다른 한 편으로는 "예수께서 죽으셨다가 다시 살아나심"(*Ἰησοῦς ἀπέθανεν καὶ ἀνέστη*, 살전 4:14)과 같은 구절이 이에 해당한다. 부활이 지닌 구원론적 능력으로 귀결되는 텍스트들도 마찬가지이다. 그러나 많은 경우 예수의 수난과 죽음에 관한 진술이 구원론적 요소와 결합되어 있다.

4.1 용어

가장 널리 증언되던 초기 기독교의 선포전승은 예수의 죽음에서 일어난 그의 구원론적 사역에 집중한다. 부활진술에 상대적으로 통일된 언어용례가 있는 것에 비해 예수의 죽음에 관한 텍스트에는 다양한 용어가 등장한다.

4.1.1 여러 텍스트에서 '죽다'(*ἀποθνῄσκειν*)라고 말한다. 그러나 '고통 당하다'(*πάσχειν*)라는 동사도 죽음을 포함하여 사용된다. 그와 더불어 '죽이다' 또는 '죽임 당

하다'(*ἀποκτείνειν, ἀποκτανθῆναι*)를 말하며, 또는 죽음의 방식과 관련하여 '십자가', '십자가에 못 박다' 또는 '십자가에 달린 이'(*σταυρός, σταυροῦν, σταυρωθῆναι*)라고 말한다. 더 나아가 '주다', '희생당하다'(*διδόναι/παραδιδόναι, παραδοθῆναι*)와 '자신을 내어주다'(*διδόναι/παραδιδόναι ἑαυτόν*)도 나타난다.

4.1.2 죽음과 희생을 당함 또는 자기 희생에 관한 진술들은 종종 전치사구문과 연결되어 있다. 대부분 '누구를/무엇을 위하여'(*ὑπέρ τινος*. 다음도 같은 의미이다. *περί τινος, ἀντί τινος, διά τινα/τι*)라는 표현이 주를 이룬다. 이와 관련하여 여러 가지 다양한 해석의 가능성 및 번역의 가능성이 존재하며, 이에 대해서 좀 더 설명해야 한다.

4.1.3 해석 부분 가운데 법적인 분야에서 온 몇몇 모티브가 발견된다. '풀다, 상환하다'(*λύειν, ἀπολύειν* 등등) 및 '속량하다'(*ἀγοράζειν, ἐξαγοράζειν*)가 우선 이에 해당한다. '화해시키다, 화해'(*καταλλάσσειν, καταλλαγή*)도 역시 이런 맥락에 속한다.

4.1.4 제의적 분야에서 유래한 개념과 모티브도 이에 추가되며, 대부분 은유적 의미로 사용된다. 제사의 희생제물에 관한 용어도 관련된다.(*προσφέρειν/προσφορά, θυσία*) 그러나 그 용어들은 히브리서 외에는 드물게 나타난다. 제의적으로 사용된 속죄 용어도 이에 해당한다.(*ἱλάσκεσθαι/ἐξιλάσκεσθαι, ἱλασμός, ἱλαστήριον*)

4.1.5 "피"(*αἷμα*)에 관한 진술은 이중적이다. 그 용어는 대체로 죽음의 의미에서 '피를 흘림', 특별히 '피값'과 연결된다. 그러나 그 진술들은 제사와 관련되기도 한다.

4.2 희생 진술

하나님에 의한 희생 또는 예수의 자기 희생에 관한 공식화된 진술들이 가장 복잡하다. 그럼에도 불구하고 그 진술들에서부터 출발할 것을 권한다.

4.2.1 하나님에 의한 아들의 희생은 요한복음 3:16 이하에 파송진술과 결합되어 있다. 하나님은 자신의 사랑을 입증하기 위해 '독생자를 주셨고', 그러면서 하나님은 아들을 "세상에 보내셨다."(*ἔδωκεν … ἀπέστειλεν*) 하나님의 뜻에 따라 희생도 예수의 임무와 전권에 포함되며, 이러한 사실은 14절과의 관계에 근거하여 3:16에서 예수의 죽음과 연결된다. 로마서 8:32의 진술인, 하나님이 그의 아들을 아끼지 아니하시고 "우리 모든 사람을 위하여 내주셨다."(*ὑπὲρ ἡμῶν πάντων παρέδωκεν αὐτόν*)도 역시 마찬가지이다. 로마서 4:25a, '예수는 우리가 범죄한 것 때문에 내줌이 되고'(*παρεδόθη* *διὰ τὰ παραπτώματα ἡμῶν*)도 매우 비슷하다. 여기서 신적 수동태(Passivum divinum)로 표현하고자 하는 바는 다른 구절에서 "해야 한다."(*δεῖ*)로 표현되거나 또는 구약성서의 구절을 제시한다.(참조. 막 8:31 병행구절, 눅 24:26, 46)

4.2.2 예수의 자기희생에 관한 진술이 매우 자주 등장한다. 예수는 자기 쪽에서 죽음으로써 그에게 위임된 구원사역을 실행하였다. '우리를/나를 위하여'(딛 2:14, 갈 2:20), '그들을 위하여'(엡 5:25) 또는 '우리 죄를 위하여'(갈 1:4)라는 구문 외에, '많은 사람 또는 모든 사람을 위한 대속물, 보상'(*λύτρον ἀντὶ πολλῶν*, 막 10:45b 병행구절, *ἀντίλυτρον ὑπὲρ πάντων* 딤전 2:6)으로서 '그의 목숨을 내어주심'(*δοῦναι τὴν ψυχὴν αὐτοῦ*)에 관한 진술들도 있다. 덧붙여 선한 목자에 관한 비유모티브가 있으며, 이 선한 목자는 "양들을 위하여 목숨을 버린다."(*τὴν ψυχὴν τίθησιν ὑπὲρ τῶν προβάτων*, 요 10:11, 참조. 15절)

4.2.3 희생진술의 맥락에 예수의 유월절 만찬에 관한 사항도 속한다. 이 만찬에 관해서는 다른 곳에서 상세하게 논할 것이다.(이 책 17장) 여기서는 떡을 쪼개시고 떡을 축사한 말씀이 자기희생의 표현이라는 것만을 고려한다. "이것은 내 몸이니라."(*τοῦτο ἐστιν τὸ σῶμά μου*) 부서진 몸에 대한 상징인 쪼개진 떡은 제자들을 위한 선물이며, 영속적인 구원을 일으킨다.

4.2.4 희생 또는 자기희생은 그러한 것으로서 구원론적 모티브가 된다. 이때 아들을 줌, 그리고 죽음을 포함하는 하나님에 의한 예수의 희생이 요지이며, 이 희생이 인간의 구원을 위해 결정적이다. 자기를 희생함으로써 예수는 하나님의 구원의지를 자신의 것으로 삼았다. 아들을 줌, 그리고 희생 또는 자기희생은 많은 이들을 위해 결정된 것이며, 이는 하인츠 쉬어만(Heinz Schürmann)의 표현을 사용하자면, 예수의 '타인을 위한 존재'(Proexistenz)의 표현이다. 죽음은 그의 전 생애를 특징짓는 타인을 위한 존재가 나아간 가장 극단의 귀결이다.

4.2.5 희생진술과 관련하여 또 다른 구원론적 진술의 요소들이 있다. '우리를/너희를 위하여' 또는 '우리 죄를 위하여'(롬 4:25, 갈 1:4), 그리고 '대속, 보상'(막 10:45 병행구절, 딤전 2:6)의 표현이 보여주는 바와 같다. 이에 대해서는 이후에 따로 논할 것이다.

4.3 "…를 위하여 죽다"와 속죄의 죽음

다른 이를 위한 예수의 죽음에 관한 진술이 가장 자주 등장한다. 그러한 진술들은 그것이 속죄 진술을 의미하는가, 얼마만큼 속죄 진술을 의미하는가 하는 질문과 관련이 있다.

4.3.1 이미 언급했듯이, "…를 위하여 죽다"라는 표현은 다양하게 형성되었다. 게다가 그 표현은 다양한 의미를 지니며, 그것은 전치사와 상관이 없고, 전치사는 폭 넓게 바뀔 수 있다. 주로 "…을 위하여/… 때문에 죽다."라고 하며, 로마서 5:7 "선인을 위하여'(*ὑπὲρ τοῦ ἀγαθοῦ*)가 그런 경우이다. 또는 "…을 위해서, …하기 위해서 죽다."라고 하며, 요한복음 11:50, '백성을 위하여'(*ὑπὲρ τοῦ λαοῦ*)에서 볼 수 있다. 그리고 "…를 대신하여 죽다."도 관건이며, 이 표현은 몇몇 기독론적 진술에 분명하게 나타난다. 이와 관련하여 예수의 죽음에 대한 모든 진술 가운데 대리사상을 전제할 수 있는가 하는 질문이 제기된다.

4.3.1.1 대리사상은 그리스도가 "우리를 위하여 저주를 받은바 되사"(*γενόμενος ὑπὲρ ἡμῶν κατάρα,* 갈 3:13)라고 말하는 곳이나 하나님이 그를 "우리를 대신하여 죄로 삼으셨다."(*ὑπὲρ ἡμῶν ἁμαρτίαν ἐποίησεν,* 고후 5:21)라고 말하는 곳에 분명히 있다. 이는 "모든 사람이 죽은 것이라."로 이어지는 고린도후서 5:14b의 진술인 '한 사람이 모든 사람을 대신하여 죽었은즉'도 이에 해당한다.(*εἷς ὑπὲρ πάντων ἀπέθανεν, ἄρα οἱ πάντες ἀπέθανον*) 그리스도는 죄와 저주에 빠진 자들을 대신하였다. 예수는 그들을 자신의 죽음에 끌어들였고, 그렇게 하여 절망에서 해방시켰다. 이 한 사람의 대리적 죽음이 모든 사람에게 구원의 가능성을 제공한다. 이 구원은 "그들을 대신하여 죽었다가 다시 살아나신 이"와 함께 살도록 이미 정해진 그들에게 임하였다.

4.3.1.2 그 외에 대리사상이 분명하게 포함되어 있지 않고, 그리하여 여기서 '…을 위하여, 때문에' 또는 '…을 위해서' 죽었다는 의미가 존재하는가 라는 질문이 제기되는 죽음진술도 있다. 그러나 이와 관련하여 텍스트의 의도에서 식별되는 구약성서적이고 유대교적인 전승 배경과 그런 전승 배경이 없어서 듣는 사람 쪽에서 그 진술의 의미를 관습적인 헬라적 의미로 받아들여야 하는 그런 이해는 서로 구분되어야 한다.

4.3.1.2.1 가장 먼저 헬라어 단어의 의미로 말한 것처럼 보이는 텍스트는 로마서 4:25a이다. 왜냐하면 그 구절에서 예수의 희생에 대한 진술이 디아 티(*διά τι*, …을 위해, 때문에)라는 구절과 결합되어 있기 때문이다.(참조. 위의 4.2.1) 그러나 그 이면에

이사야 53장(칠십인역)을 배경으로 하는 언어용례를 생각한다면, 이 전치사구에 있어서 한 편으로는 예수의 죽음에 대해 인과적인 원인이 아니라 결과적으로 죄 용서를 말한다는 것이 관건이라는 것과, 다른 한편으로는 대리적인 고난과 죽음을 근거로 하여 용서가 행해졌다는 것이 관건이다.(사 53:12, *διὰ τὰς ἁμαρτίας αὐτῶν παρεδόθη*, 참조. 5절)

4.3.1.2.2 "…을 위하여 죽다."라는 정형적인 진술에서 '우리 죄를 위하여'(*ὑπὲρ τῶν ἁμαρτιῶν ἡμῶν*, 고전 15:3b. 갈 1:4 또는 *περὶ ἁμαρτιῶν*, 벧전 3:18) 구문은 '우리를/ 너희를/ 많은 이를/ 모든 사람을 위하여'로 대치될 수 있다. 고린도전서 15:3b에서 분명하게 '성경대로'라고 덧붙인다. 이렇게 성서를 언급한 것을 토대로 "우리 죄를 위하여 죽다."는 죄를 무효화한다는 의미에서만 이해될 수 있다. 예수의 죽음은 구원을 일으키는 기능이 있고, 거기서 결정적인 것은 죄로부터의 해방이다. 이는 분명히 예수의 대리적인 고난과 죽음을 통해 야기된다는 것을 전제로 한다. 그러나 그렇다 해도 '희를/우리를 위하여', '많은/모든 사람을 위하여', '경건하지 않은 자를 위하여'가 포함된 수많은 구절들이 단지 다른 이를 위한 죽음의 모티브만을 포함하는가, 즉 언어학적으로 제시하는 것인가 아니면 그 구절들이 역시 대리적 요소를 포함하지 않는 것인가 하는 질문이 제기된다. 이러한 심사숙고는 얼마만큼 위 진술들 가운데 속죄 모티브가 전제되어 있는가 하는 계속되는 질문과 교차된다.

4.3.2 초기 기독교 본문에서 속죄사상은 결정적으로 구약성서적 전승 및 초기 유대교적 전승으로 각인되었다. 이러한 배경 하에서만 예수의 죽음과 관련된 속죄진술의 고유성을 이해할 수 있다.(이에 대해서는 토마스 크뇌플러[Thomas Knöppler]가 상술함) 속죄에서 핵심은 죄의 무효화이다. 일차적으로 법적 영역에서 그 용어는 보상의 의미이다. 그러나 속죄개념은 무엇보다도 하나님과 인간의 관계에서 은혜로 허락된 죄의 무효화라는 의미로 등장한다.

4.3.2.1 신약성서에서는 세 가지 방식으로 속죄를 말한다. 하나는 기도의 맥락에 나오는 것으로서, 이에 대해서는 누가복음 18:13c의 세리의 기도가 시사하는 바가 많다. "하나님이여 불쌍히 여기소서, 나는 죄인이로소이다."(*ὁ θεός, ἱλάσθητί μοι τῷ ἁμαρτωλῷ*) 이어서 다음 속죄사상은 제의적 영역에서 나타난다. 이는 특별히 구약성서의 희생의식에 해당한다. 이는 포로기 이후 시대에 점차 속죄 모티브와 결합되어갔고, 신약성서에서 특히 히브리서에 나타나는 바와 같이 상징적으로 예수에게 전용되었다. 나아가 속죄는 비제의적 영역에서도, 말하자면 한 인간의 고난 및 죽음과 결합되어 어

떤 역할을 하며, 이는 로마서 6:7에 명제적 표현으로 나타나는 바와 같다. "죽은 자가 죄에서 벗어나 의롭다 하심을 얻었음이라."(*ὁ γὰρ ἀποθανὼν δεδικαίωται ἀπὸ τῆς ἁμαρτίας*, 참조. 벧전 4:1) 그러나 마지막에는 대리적 속죄에 적용될 수 있다.

4.3.2.2 신약성서에서 용어상 속죄 진술이 명시적으로 드러나는 경우는 드물다. '힐라스케스타이'(*ἱλάσκεσθαι*, 속죄하다)는 누가복음 18:13c 외에 히브리서 2:17에만 등장하며, 그 구절에서 요지는 종말의 대제사장인 그리스도가 속죄행위를 행한다는 것이다. 히브리서 9:5은 '힐라스테리온'(*ἱλαστήριον*)을 언약궤의 '덮개'의 의미로 말한다. 이에 비해 로마서 3:25에서 이 개념을 사용한 것에 대해서는, 제의적 용어로 사용한 것인지 아니면 '속죄', '속죄의 수단'에 해당하는 일반적인 개념으로 사용한 것인지 이론의 여지가 있다. 분명한 것은 제의상징적 의미로 '힐라스모스'(*ἱλασμός*, 속죄)가 요한일서 2:2, 4:10에서 예수의 죽음에 사용되었다는 점이다. 이런 빈약한 용례에 직면하여 밝혀야 할 점은 구체적인 속죄용어와 상관없이 속죄 표상이 기독론적 진술에 나타난다는 점이다. 어쨌든 희생진술과 죽음 진술에 속죄용어가 없다.

4.3.2.3 이 맥락에서 다시 한 번 이사야 53:10-12이 특별한 역할을 한다. 이 구절은 칠십인역을 제외하면 초기 유대교 전승에 거의 영향력을 갖지 못했다.(그런 점에서 이 구절은 추후에 삭제된 것이 아니다.) 고난과 죽음을 통한 비세의석 속죄라는 이 모티브가 헬라적 유대교에만 있다는 사실은 입증 가능하다.(참조. 제2마카베오서 7:37 이하, 제4마카베오서 6:29, 17:21 이하) 이에 비해 이사야 53장은 초기 기독교 선포에서 영향력이 있었으며, 이는 의심의 여지없이 그 텍스트로 소급하는 '뤼트론/안티뤼트론'(*λύτρον/ ἀντίλυτρον*, 속죄의 수단/보상)이 보여주는 바와 같다.(막 10:45 병행구절, 딤전 2:6. 참조. 위의 4.4.1.3) 이것이 의미하는 바는 여기서 속죄는 분명히 대리적인 고난 및 죽음과 관련이 있다는 것이다.

4.3.2.4 이런 전제 하에 다른 사람을 위한 예수의 죽음에 관한 진술이 전적으로 대리적 속죄의 의미로 이해될 수 없는지를 숙고해야 한다. 또한 죽음구문이 헬라적인 표현의 전승을 환기시킨다 해도, 그 이면에는 대리적 행위와 속죄에 높은 의의를 두는 히브리적 사고방식이 있다. 따라서 죄 용서와 하나님과의 분리를 지양하는 것이 관건이 되는 곳에서는 언제나 속죄사고 또는 대리적 속죄 사고가 존재한다.

4.3.2.5 이런 관찰 결과로부터 오랜 세월 예수의 죽음에 관한 구원론적 진술을 위한 결론을 이끌어 낼 수 있다. 그런 종류의 텍스트들은 모두 헬라적-유대기독교적 공동체에 속한 것으로 생각되어 왔다. 비록 그 진술들의 연대를 매우 이른 시기로 설정

한다 하더라도, 아람어를 사용하는 공동체에서 부활과 파루시아의 의미에도 불구하고 결코 예수의 죽음이 지닌 구원의 의의에 대한 진술은 없었다고 동의하는 것은 개연성이 없다. 히브리어-아람어권에서 고난 및 죽음을 근거로 하는 대리적 속죄의 사고가 이사야 53장에서부터 알려졌다는 사실에 직면하여, 공통적인 초기 기독교 전승에서 다음의 내용은 매우 개연성이 높다. 즉 예수의 죽음은 이사야 53:10-12의 의미에서 대리적 속죄고난으로 이해된다. 일반적인 속죄 모티브 때문에 가장 오래된 전승인 마가복음 10:45 병행구절과 마가복음 14:24의 성만찬 말씀에서 오해의 여지없이 이사야의 텍스트로 소급하는 것은 어쨌든 이 구약성서 텍스트가 초기 기독교에 수용되었다는 것을 분명히 보여준다. 이와 똑같은 전제 아래서 보면, 속죄 모티브 전승과 관련이 있는 희생구문 및 죽음구문이 대리적 죽음을 통해 내용상 각인되어 있다는 점이 쉽게 이해된다. 그렇다면 언어학적 결과와 관계없이 모든 경우에 대리적 속죄 죽음 사고가 영향을 끼치는 것이며, 이는 성만찬에서 떡에 관한 말씀에서 볼 수 있는 경우와 같다.

4.3.2.6 초기 기독교 전승에서 속죄표상이 구체적으로 속죄용어로 등장하는 것과 별 상관이 없는 것처럼, 속죄표상이 항상 이사야 53:10-12과 연관되는 것도 아니다. 이러한 사실은 무엇보다도 '우리를/너희를 위하여'라는 구문만이 자주 사용되나, 이사야 텍스트에서 특징적으로 나타나는 '많은 이들'(*πολλοί*, 사 53:11b, 12)이라는 일반적인 지칭은 부각되지 않는다는 점에서 드러난다.

4.3.2.7 대리적 죽음의 의미에서 속죄표상을 수용하는 것이 물론, 그와 더불어 동시에 '속죄희생물'-표상을 말할 수 있었다는 것을 의미하지는 않는다. 예수의 속죄죽음에 대한 이해는 비제의적인 것이다. 우선 매우 드문 몇몇 경우에 희생 모티브와 결합함으로써 예수의 죽음을 '속죄 희생물'로 보는 견해는 상대적으로 후대에 발생하였다.(참조. 이 책 13장의 4.5) 본래의 구원론적 개념이 대리적 고난 및 죽음의 속죄 기능에 대한 이해를 넘겨받았다. 한편으로는 각 사람이 고난과 예수의 죽음을 통해 확실하게 하나님으로부터 빗나가는 죄에서 자유롭게 되었다는 것, 즉 자기 자신이 속죄를 얻을 수 있다는 것(스스로 속죄를 행하는 것이 아니라!, 롬 6:7, 벧전 4:1)이며, 다른 한편으로 의로운 이는 그의 고난과 죽음을 통해 다른 이를 위한 대리적 속죄를 가능하게 한다는 것이다. 바로 이러한 이해가 예수는 "죄가 없었다." 다시 말해 그는 하나님과 항상 연결되어 있고 하나님과의 결합 속에서 살았고 활동했다는 전제 아래서 예수에게 옮겨졌다.(고후 5:21, 히 4:15, 요 8:46) 이것은 아버지가 아들 안에, 아들이 아버지 안에 있다는 요한의 진술에도 해당된다.(참조. 요 17:21, 10:30)

4.3.3 지금까지의 논의에 속한 수많은 성서 본문의 구절들을 통해 예수의 죽음을 속죄 표상으로 보는 시각이 초기 기독교에서 전면에 있었고, 이에 상응하여 신약성서에 있어서도 핵심이라는 사실을 알 수 있다. 대리적 속죄 사고는 예수의 죽음에 대해 기본이 되는 사고범주이며, 이는 구약성서적 전승에서 유추된 것이다. 인간이 본래 하나님과의 관계 및 연결된 데서 떨어져 나갔기 때문에, 하나님에 대한 인간의 관계에 의식적으로 초점을 맞추면 인간의 죄인 된 상태가 그 중심에 위치한다. 이러한 인간론에서 구원론적 진술이 일차적으로는 속죄 및 죄 용서에 대한 진술이라는 점은 당연하다.

4.4 예수의 죽음에 대한 견해들: 구출, 속전을 내고 죄인을 구제, 화해

위에 언급된 텍스트 외에 신약성서에 그 텍스트들과 내용상 연결된 진술의도를 다르게 묘사하고 달리 이해하게 하려는 시도들이 있다. 그러한 현상은 법률적 용어와 관련하여 이미 초기 유대기독교 영역에서 일어났으며, 반면 헬레니즘 문화권에서 유래하여 익숙해진 개념과 표상들은 특히 이방인 또는 이방 기독교인 청취자들에게 적용되었다.

4.4.1 법률적 용어

구약성서에서 이미 하나님과 인간의 관계에 대한 법률적 표상이 중요한 역할을 한다. 가장 초기의 기독교에서 이 법률적 용어들은 예수의 죽음이 지닌 의미를 언어로 표현하는 데 기여했다. 서로 연관된 일련의 개념들이 이에 해당하며, 그에 속하는 용어들은 다음과 같다. '뤼에인'(*λύειν*, 풀다, 무효화하다), '아폴뤼에인'(*ἀπολύειν*, 떼어 내다), '뤼트루스타이'(*λυτροῦσθαι*, 자유롭게 하다), 더 나아가 '뤼트로시스'와 '아포뤼트로시스'(*λύτρωσις, ἀπολύτρωσις*, 변제, 구제), 그리고 '뤼트론'과 '안티뤼트론'(*λύτρον, ἀντίλυτρον*, 몸값, 속전) 등이다. 그 개념들이 기독론적으로 적용되는 한(*ἀπολύειν*이 기독론적으로 사용된 용례는 입증할 수 없다.), 법적으로 유효한, 그리고 그와 함께 효력이 발생하는 모든 속박으로부터의 '구원'이 핵심이다. '구원'이라는 말에서 무엇보다도 유념해야 할 점은 후대에 이르러서야 그 용어가 순전히 종교적인 의미를 지니게 되었다는 점이다. '뤼트론/안티뤼트론'(*λύτρον/ἀντιλυτρον*)의 용법에서 볼 수 있는 바와 같이, 그것이 지닌 법률적 모티브는 이미 법률적 구성요소를 지니고 있는 속죄표상과 밀접하게 맞닿아 있다는 점이다.

4.4.1.1 동사 '뤼에인'(*λύειν*)은 요한일서 3:8에서 '폐지하다, 파괴하다'의 의미로 등장한다. 이렇게 기록되어 있다. 하나님의 아들이 나타나신 것은 "마귀의 일을 멸하려 하심이라."(*ἵνα λύσῃ τὰ ἔργα τοῦ διαβόλου*) 이에 반해 요한계시록 1:5b은 그리스도가 그의 피로 '우리 죄에서 우리를 해방하시고'라는 구절 가운데서 '해방하다'의 의미로 사용한다.(*λύσας ἡμᾶς ἐκ τῶν ἁμαρτιῶν ἡμῶν, λούσας*라는 단어를 선택하여 '깨끗이 씻다'라고 읽는 이문[varia lectio]도 있다.) 이와 똑같은 의미로 동사 *λυτροῦσθαι*가 디도서 2:14과 베드로전서 1:18에 사용되었다. 그 구절에서 의미는 모든 불의한 것 또는 무익한 품행으로부터 해방이다.

4.4.1.2 명사 '뤼트로시스'(*λύτρωσις*)는 신약성서에서 최종적인 구원을 뜻하는 '속량'(눅 1:68, 2:38)이나 또는 '영원한 속죄'(히 9:12)라는 구속사적 의미로 세 번 등장한다. '아폴뤼트로시스'(*ἀπολύτρωσις*)는 한 편으로는 세례와 관련하여(골 1:14, 엡 1:13b, 14) 다른 한편으로는 기대하는 종말의 구원과 관련하여(눅 21:28, 롬 8:23. 에베소서 4:30은 세례와 완성과 연결시킨다.) 똑같은 의미로 사용되었다. 덧붙여 예수의 죽음과 관련을 맺고 있는 텍스트도 있다. 로마서 3:24 이하, 에베소서 1:7, 히브리서 9:15, 그리고 암시적으로 고린도전서 1:30이 이에 해당한다.

4.4.1.3 마가복음 10:45//마태복음 20:28의 '뤼트론'(*λύτρον*) 개념과 디모데전서 2:6의 '안티뤼트론'(*ἀντίλυτρον*)의 정확한 의미는 논란이 분분하다. 이에 상응하는 개념은 이사야 53:10의 '아샴'(אָשָׁם)이며, 이는 칠십인역에서 '페리 하마르티아스'(*περὶ ἁμαρτίας*)로 번역되었다.

4.4.1.3.1 헬라어 개념과 마찬가지로 히브리어 개념도 제의적 영역에서 사용되었고, 그 영역에서 '속죄제물'(레 5:6-26)을 지칭한다. 따라서 이사야 53:10이 '속죄 제물'로 자주 번역된다. 그러나 눈여겨볼 것은 마가복음 10:45 병행구절과 디모데전서 2:6는 헬라적 법률용어로 번역되었다는 점이다. 개념 '아샴'(אָשָׁם)과 그에 상응하는 번역어 '안티뤼트론'(*ἀντίλυτρον*)은 우선 완전히 일반적으로 '풀어내는 도구'를 지칭한다. 그것에 의해 죄에 빠진 상태로부터 '해결, 해방'에 이르게 되며, 어떤 방식으로 풀려나는지는 상관없다. 제2이사야를 보면 제물 모티브가 전제되어 있는 것인지 그렇지 않은지가 굉장히 궁금하다. 히브리어 개념은 법률적으로 이해된 죄에 대한 책임과 관련될 수 있고 특별히 책임완수를 위한 수단을 지칭할 수 있다. 여기서는 이 수단이 하나님의 종의 죽음을 통해 대리적으로 수행되었다.(롤프 크니림[*Rolf Knierim*]) 관행적으로 '보석금, 몸값'이라고 번역하는 것은 물론 그다지 적절하지 않다. 왜냐하면 '아샴'(אָשָׁם,

'풀어내는 것', 또는 '죄에 대한 책임'['배상의무'])은 순전히 금전적 형태로 고정되어 있는 것이 아니기 때문이다. 상황과 맥락을 볼 때 배상의무의 틀 안에서 '배상'하는 것을 뜻한다.

4.4.1.3.2 이사야 53:10-12에 따르면 하나님의 종의 고난 및 죽음과 관련하여 핵심은 죄로부터 법적으로 유효하게 해방시키는 것이며, 그런 점에서 속죄가 핵심이다. 이것은 온 우주를 향한 대리적 행위인 것이다. 이 구절로 소급되는 마가복음 10:45 병행구절은 따라서 다음과 같이 번역하는 것이 가장 좋다. "그는 왔다. … 그의 목숨을 내어주고 많은 사람을 대신하였다."(*ἦλθεν … δοῦναι τὴν ψυχὴν αὐτοῦ λύτρον ἀντὶ πολλῶν*) 어쨌든 이 구절은 다른 본문에서도 나타나는 대리 사상과 관련된다.

4.4.1.3.3 로마서 8:3의 '페리 하마르티아스'(*περὶ ἁμαρτίας*, 죄를 위하여) 구절도 이사야 53:10-12과 관련지어 이해할 수 있다. '자기 아들을 죄 있는 육신의 모양으로 보내서'(*ὁ θεὸς τὸν ἑαυτοῦ υἱὸν πέμψας ἐν ὁμοιώματι σαρκὸς ἁμαρτίας*)라는 진술은 '죄로 말미암아 육신에 죄를 정하사'(*καὶ περὶ ἁμαρτίας κατέκρινεν τὴν ἁμαρτίαν ἐν τῇ σαρκί*)라는 구절로 이어진다. 예수는 죄 많은 육체를 입고서, 자신의 지상의 실존 안에서 죄에 대해 판결하였고, 그와 더불어 '죄인들을 위한' 화해를 이루었다. 이사야 53장 자체에 그다지 제의적 요소가 전제되어 있지 않듯이, 이 구절도 마찬가지이다. 오히려 '페리 하마르티아스'(*περὶ ἁμαρτίας*, 죄를 위하여)와 관련하여 주목해야 할 바는 화해를 이루어내는 대속물이라는 의미에서 대속적 고난과 죽음, 즉 죄에서 구원하는 예수의 죽음이다.

4.4.1.4 예수 죽음의 구원론적 의미라는 맥락에서 법률적 사고모델이 신약성서에 여러 번 등장한다는 사실을 골로새서 2:14의 특징적인 본문이 잘 보여준다. "우리를 거스르고 불리하게 하는 법조문으로 쓴 증서를 지우시고 제하여 버리사 우리의 모든 죄를 사하셨다."(*ἐξαλείψας τὸ καθ' ἡμῶν χειρόγραφον τοῖς δόγμασιν ὃ ἦν ὑπεναντίον ἡμῖν, καὶ αὐτὸ ἦρκεν ἐκ τοῦ μέσου προσηλώσας αὐτὸ τῷ σταυρῷ*) 증서를 무효하게 한다는 모티브는 십자가에 못박는다는 비유적 모티브와 결합되어 있다. 갈라디아서 3:13에서 그리스도가 저주와 동일시되고, 고린도후서 5:21에서는 그가 대표로 자기 자신에게 받아들인 죄와 동일시되는 것과 마찬가지로, 여기서는 죄의 증서와 동일시된다. 그는 스스로 십자가에 못 박히면서 자기와 함께 죄의 증서를 없애버렸다.

4.4.2 '몸값을 치르고 자유롭게 한다'는 모티브

'뤼트론/안티뤼트론'(*λύτρον/ ἀντίλυτρον*)이 '속전'의 의미일 가능성이 높다면, 다른 용어로 '몸값을 치르고 자유롭게 함'이라는 모티브가 등장한다. 앞서 언급한 법률적 개념들이 유대 전통에서 전수된 반면, '몸값을 치르고 자유롭게 함'이라는 모티브는 분명히 헬라 지역에서 유래한, 이방인들과 관련하여 사용한 진술이다. 이런 방식으로 속죄 모티브를 비유대인들에게 이해시켰다.

4.4.2.1 이 모티브의 요점은 예수 죽음의 구원론적 기능과 죄의 세력으로부터 해방됨을 비유적으로 진술하는 것이다. 여기서 동사 '(엑스-)아고라제인'([*ἐξ-*] *ἀγοράζειν*, 사다)이 일반적으로 사용되었다. 고린도전서 6:20과 7:23에서 바울은 다음과 같이 말한다. "너희는 값으로 사신 것이다."(*ἠγοράσθητε τιμῆς*) 이와 똑같은 모티브가 요한계시록 5:9과 14:3 이하에 등장하며, 베드로후서 2:21에도 사용되었다. 이는 초기 기독교 신앙고백 전승에서 이 모티브가 비교적 광범위하게 확산되었음을 알게 해 준다. 바울은 이 모티브를 갈라디아서 3:13에서 율법의 저주에서부터 해방된다는 자신만의 고유한 표현으로 사용하였다.

4.4.2.2 이 해석을 바르게 이해하기 위해서는 그 모티브의 근원적인 '삶의 자리'(Sitz im Leben)를 질문해야 한다. 그 모티브는 일상적인 전통에서 유래하였으며, 보다 정확하게 말하자면 몸값을 지불하고 사람을 자유롭게 해주는 관습에서 유래하였다. 그것은 노예일 수도 있고 전쟁 포로일 수도 있다. 이런 식으로 죄가 절망적인 노예상태로 묘사되었고, 그리스도는 그러한 노예상태로부터 인간을 자신의 죽음을 통해 해방하였다.

4.4.3 화해

이와 관련된 세 번째 모티브는 바울과 제2바울서신에 나타나는 '카탈라게'(*καταλλαγή*, 화해) 주제에 포함되어 있다. 이 모티브도 역시 예수 죽음의 구원론적 의미를 이방인들에게 이해시키기 위해 사용한 진술과 관련된다는 사실로부터 출발해야 한다.

4.4.3.1 '화해'(Versöhnung)는 그 근원으로부터 보자면 '속죄'(Sühne)와는 아무런 상관이 없다.(그에 해당하는 두 독일어 단어의 어원은 친족관계이지만 그러하다.) 헬라어로는 완전히 상이한 개념들이고, 완전히 다른 영역에서 사용된다. 즉 '힐라스케스타이'(*ἱλάσκεσθαι*)가 한 편에서 사용되었고, '디알라세인', 또는 '카탈라세인'(*δια-* 또는 *καταλλάσσειν*)이 다른 편에서 사용되었다.(참조. 실리어스 브라이텐바흐[Cilliers

Breytenbach]) 전자는 헬라어 기본 개념에서 제의적 전문 용어이고, 후자는 일상적 영역에서 사용되었다. 보다 정확히 말하자면 부부, 가족 구성원 또는 종족간의 화해를 말하며, 무엇보다도 전쟁을 일으킨 민족간에 '특사'가 중재를 하는 화해라는 맥락에서 사용되었다.(고후 5:20)

4.4.3.2 신약성서 마태복음 5:24에서 일반적인 용례를 볼 수 있다. '(예물을 제단 앞에 두고) 먼저 가서 형제와 화목하고'(*πρῶτον διαλλάγηθι τῷ ἀδελφῷ σου*)가 그것이다. 고린도전서 7:11도 마찬가지이다. "그 남편과 화합하든지 하라."(*τῷ ἀνδρὶ καταλλαγήτω*)

4.4.3.3 '카탈라세인/카탈라게'(*καταλλάσσειν/καταλλαγή*)가 구원론적 맥락에서 사용된 예는 먼저 바울에게서 발견된다.(*διαλλάσσειν*은 신약성서에서 사용되지 않았다.) 그는 고린도후서 5:19에 오래된 신앙고백 구문을 인용한다. '하나님께서 그리스도 안에 계시사 세상을 자기와 화목하게 하시며'라는 구문으로서, 이 인용구는 광범위하게 사용되었다. 이 구절은 뒤이어 병행되는 다음의 구절로 설명된다. "그들의 죄를 그들에게 돌리지 아니하셨다."(*θεὸς ἦν ἐν Χριστῷ κόσμον καταλλάσσων ἑαυτῷ, μὴ λογιζόμενος αὐτοῖς τὰ παραπτώματα αὐτῶν*. 여기서 *ἦν καταλλάσσων*은 완곡어법으로 이해할 수 있다.) 하나님과 인간 사이의 화해는 하나님 편에서 이루어지고, 죄를 더 이상 계산하지 않고 그것을 용서하심으로써 화해가 성립된다.

4.4.3.4 바울에게 있어 화해 이해는 비제의적인 대리적 속죄 모티브를 위한 결정적인 하위 카테고리가 된다. 이러한 사실은 특별히 고린도후서 5:14-21에 잘 나타나며, 그 구절에서 "한 사람이 모든 사람을 대신하여 죽었다."(14절)는 신앙고백을 화해사건에 관한 진술로 풀이한다.(18-20절) 그리고 이 화해사건에 관한 진술을 마무리하며 칭의진술로 넘어간다.(21절) 로마서 5:10 이하와 11:15도 역시 같은 의미로 화해 주제를 이해하였다. 분명히 확인되는 점은 바울이 속전 모티브로 속죄 사상을 해석한 것처럼, 비슷하게 화해 모티브로도 해석하였다는 것이다.

4.4.3.5 고린도후서 5:19의 전승 일부나 바울 자신의 언급에서도 나타나는 바와 같이, 화해 진술은 특별히 강조되었고, 이를 눈여겨볼 필요가 있다. 속죄 진술이 신앙고백적 형식과 케뤼그마 형식으로('우리를 위하여', '너희를 위하여'), 그리고 또한 보편적으로('많은 이들을 위해', '모두를 위해') 표현될 수 있는 반면, 화해 진술은 우주적 성격을 띤다. 즉 '카탈라게 코스무'(*καταλλαγὴ κόσμου*), '세상의 화목'이 요지이다.

4.4.3.6 우주적 차원은 제2바울서신인 골로새서 1:20과 에베소서 2:14-16에서

도 결정적 역할을 한다.(이 두 구절은 복합어인 *ἀποκαταλλάσσειν*을 사용한다.) 골로새서 1:20의 요지는 "만물이 그(부활한 이)로 말미암아 자기와 화목하게 하다."(*δι' αὐτοῦ ἀποκαταλλάξαι τὸ πάντα εἰς αὐτόν*)가 요지인 반면, 에베소서 2:14-16은 예수 그리스도의 십자가 죽음을 통해 일어난 유대인과 이방인의 화해를 세상을 분리시키던 벽이 제거되었다는 비유와 연결하였다. 이 벽은 율법과 동일시된다. "그는 중간에 막힌 담을 자기 육체로 허시고 … 또 십자가로 이 둘을(특별히 유대인과 이방인) 한 몸으로 하나님과 화목하게 하려 하심이라."(*τὸ μεσότοιχον τοῦ φραγμοῦ λύσας, τὴν ἔχθραν ἐν τῇ σαρκὶ αὐτοῦ … ἵνα … καὶ ἀποκαταλλάξῃ τοὺς ἀμφοτέρους ἐν ἑνὶ σώματι τῷ θεῷ διὰ τοῦ σταυροῦ*, 14b, 16a절)

4.5 예수 죽음의 제의적 해석

예수 죽음의 구원론적 차원에 관한 본 단락을 마무리하면서, 예수의 죽음과 연결되어 온 제의적 모티브를 언급해야 하겠다. 이미 언급했듯이, '힐라스케스타이'(*ἱλάσκεσθαι*) 등과 같은 전형적인 제의적 용어가 가끔 등장한다는 사실 때문에 제의 전승에서 몇몇 모티브를 수용하였다는 사실을 배제할 수 없다.

4.5.1 제의적 진술은 성전의식을 묘사하는 것 이외에는 기본적으로 은유적으로 사용되었다. 그것은 신약성서에 전제 없이 등장하지 않는다. 비유적으로 사용된 장면들은 구약성서의 전승 가운데서 찾아볼 수 있다.(참조. 위르겐 헤어미손[Jürgen Hermisson]) 처음부터 제의의식에 대한 비판을 의도한 것은 아니며, 신성함에 관한 모티브가 세속의 분야로 확대되어 간 것이다. 그러나 이런 과정이 제의 관례에 대한 논쟁과 결합될 수 있었다는 사실을 간과해서는 안 된다.(마 9:13, 12:7에 인용된 호세아 6:6만 보아도 알 수 있다. "내가 긍휼을 원하고 제사를 원하지 아니하노라.") 신구약 중간기, 특히 쿰란에서 발견된 문서는 제의에 대한 거리감이 좀더 심화되었음을 보여준다.(참조. 크뇌플러[Knöpler]) 초기 기독교 내부에서는 제의 비유가 분명 성전제의로부터의 분리와 관련된다. 이런 전제 하에 제의 표상이 예수의 구원 사역, 특별히 그의 죽음으로 전이되었다. 그러나 그런 이해에 대해 초기 기독교 공동체는 처음에는 주저했다. 흥미롭게도 제의적 개념 및 모티브가 맨 처음에는 권면(Paränese)의 맥락에서(롬 12:1), 또는 복음 선포나 사도들의 사역과 관련하여(고후 2:14 이하, 롬 15:16) 비유적으로 사용되었음을 알 수 있다. 어쨌든 그것과 더불어 제의 모티브를 기독론 안으로 수용하려는 노력

또한 눈에 띈다.

4.5.2 예수의 죽음을 제의적으로 해석하는 것은 우선 성만찬에서 잔을 들고 하신 말씀과 관련하여 문제가 발생한다. 고린도전서 11:23-25의 성만찬 제정사에는 결코 제의적 모티브가 포함되어 있지 않다. 이에 반해 마가복음 14:22-24에서는 '나의 피 곧 언약의 피'(*τὸ αἷμά μου τῆς διαθήκης*)라는 구절로 분명히 제의적으로 이해한 출애굽기 24:8의 언약을 의식적으로 암시한다는 사실을 밝힐 수 있다. 그러나 이러한 사실이 성만찬 말씀에 관한 가장 오래된 표현에는 전제되어 있지 않은, 살과 피에 관한 부차적인 병행과 관련이 있다는 사실을 배제하지 않는다.

4.5.3 예수를 '어린 양'(*ἀμνός, αρνίον*), 또는 '죽임당한 양'(*ἀρνίον ἐσφαγμένον*)으로 말하는 진술들이 여러 번 등장한다. 여기에는 다양한 용례가 있다. 우선 어린 양이 인내와 고난을 감수함을 말한다.(이사야 53:7 이하에 기대어) 그 다음은 유월절 양과 관련이 있다. 마지막으로는 일반적으로 희생제물로 바쳐지는 어린 양을 말하며, 특별히 어떤 희생 행위를 말하는지는 명확하게 밝히지 않는다.

4.5.3.1 첫 번째 경우는 예수의 죽음을 제의적으로 해석하려는 의도가 전혀 없다. 에디오피아 내시가 읽는 이사야 53:7 이하의 본문에서 하나님의 종은 어린 양과 동일시된다. 사도행전 8:32 이하에 나오는 해석에서 요지는 하나님의 종으로서 예수께서 복종하는 것을 말하고자 하며, 그가 복종함으로써 그에게 내려진 죽음의 판결이 영향력을 잃고 그에게 생명이 선물로 주어진다.

4.5.3.2 유월절 양의 도살은 성전에서 이루어졌고, 그런 점에서 제의적 맥락에 있다. 따라서 고린전서 5:7의 진술은 분명히 제의적 의미로 이해해야 한다. "우리의 유월절 양 곧 그리스도께서 희생되셨느니라."(*τὸ πάσχα ἡμῶν ἐτύθη Χριστός*) 뼈를 꺾지 않았다고 보도하는 요한복음 19:36의 배경도 유월절 양의 도살이다. 이에 반해 요한복음 1:29에 기록된 세례 요한의 말, "보라 세상 죄를 지고 가는 하나님의 어린 양이로다."(*ἴδε ὁ ἀμνὸς τοῦ θεοῦ ὁ αἴρων τὴν ἁμαρτίαν τοῦ κόσμου*)는 유월절 어린양도, 화목제에 사용된 속죄양도 의미하지 않는다. 여기서는 이사야 53:10-12에 의거하여 고난당하는 하나님의 종의 대리적 행위를 말하고 있으며, 따라서 '지고 간다'도 짐을 옮긴다는 의미가 아니라 스스로 받아들인다는 의미로 이해해야 한다. 유월절 어린 양 모티브와 관련하여 속죄 모티브가 얼마나 전제되어 있느냐 하는 문제는 당시의 유대 전승을 고려하든 초기 기독교 전승을 고려하든 둘 다 논쟁의 여지가 있다.

4.5.3.3 베드로전서 1:18 이하의 비유는 희생 제물에 적합한 어린 양이라는 일반

적인 의미로 말한다. 그 구절에 따르면 우리의 구원은 금이나 은으로 이루어진 것이 아니고, "오직 흠 없고 점 없는 어린 양 같은 그리스도의 보배로운 피로 된 것이다."(*τιμίῳ αἵματι ὡς ἀμνοῦ ἀμώμου καὶ ἀσπίλου Χριστοῦ*) 이에 상응하여 요한계시록은 '어린 양'이 하나님의 보좌 앞에 서 있다고 말하며, "일찍이 죽임을 당한 것 같다."라고 한다.(*ἀρνίον ἑστηκὸς ὡς ἐσφαγμένον*, 계 5:6. 참조. 5:9, 12, 13:8) 여기서 유대의 희생제의에서처럼 속죄 의미가 포함되었다.

4.5.4 로마서 3:24-26a에서 예수 죽음에 관한 바울의 제의적 해석을 볼 수 있느냐 없느냐 하는 것은 오래된 해석상의 논쟁거리이다. 이때 바울 이전의 본문이 쟁점이며, 이것이 제의 표상이 일찍이 기독론의 틀 안에서 사용된 것에 대한 적합한 증거라고 한다. '힐라스테리온'(*ἱλαστήριον*)은 칠십인역에서 '카포레트'(כַּפֹּרֶת, 언약궤의 '덮개')를 번역한 용어로 알려져 있다. 이 덮개는 레위기 16장의 의식과 관련하여 특수한 역할을 한다. 이러한 해석이 최근에 다시 등장하고 있다.(페터 슈툴마허[Peter Stuhlmacher]) 그러나 여기서도 히브리서의 경우처럼 지성소 안에서 이루어진 피뿌림에 대해 암시하는지는 확실하지 않다. 이에 비해 한편으로는 정관사 없이 '힐라스테리온'(*ἱλαστήριον*)을 사용하고, 다른 한편으로는 '프로에테토 호 테오스 힐라스테리온'(*προέθετο ὁ θεὸς ἱλαστήριον*, 하나님이 화목제물로 공식적으로 세우셨으니)라고 말한다. 이는 레위기 16장의 문맥과 전혀 의미가 맞지 않는다. 따라서 '힐라스테리온'(*ἱλαστήριον*)의 일반적인 헬라어 의미는 '속죄' 또는 '속죄제물'의 의미일 가능성이 높다. 그러므로 이 본문은 예수 죽음의 제의적 해석에 대한 증거에 해당하지 않는다.

4.5.5 예수 죽음의 맥락에서 제의적 모티브는 제2바울서신인 에베소서에 등장한다. 에베소서 5:2에서는 이미 언급한 자기 희생 구문이 희생제의 모티브를 통해 보충된다. "그는 우리를 위하여 자신을 버리사 향기로운 제물과 희생제물로 하나님께 드리셨느니라."(*ὁ Χριστὸς ἠγάπησεν ἡμᾶς καὶ παρέδωκεν ἑαυτὸν ὑπὲρ ἡμῶν, προσφορὰν καὶ θυσίαν τῷ θεῷ εἰς ὀσμὴν εὐωδίας*) 여기서 희생 행위가 속죄 모티브('우리를 위하여') 외에 하나님께 드리는 제의행위로 해석된다. 에베소서 5:25은 본 서신에서 찾아볼 수 있는 두 번째 본문으로서 위의 구절과 일치한다. "그리스도께서 교회를 사랑하시고 그 교회를 위하여 자신을 주심같이 하라."(*ὁ Χριστὸς ἠγάπησεν τὴν ἐκκλησίαν καὶ ἑαυτὸν παρέδωκεν ὑπὲρ αὐτῆς*) 이 구절에서도 희생이 제의적으로 해석되었다는 사실을 바로 이어지는 구절인 26a절에서 볼 수 있다. "이는 곧 그들을 거룩하게 하시기 위함이다."(*ἵνα αὐτὴν ἁγιάσῃ*) 이것은 곧 정결의식인 세례와 동일시된다. 이 진

술은 남편과 아내를 그리스도와 교회의 관계로 비유적으로 전용한 것과 관련된다. 그리하여 희생 구문이 다른 구절에서 일반적으로 나타나는 '우리를 위하여' 대신 '그들을 위하여', 다시 말해 구원 공동체인 '교회를 위하여'와 결합된다.

4.5.6 히브리서의 진술은 당연히 대제사장인 예수와 그의 대제사장적 행위에 대해 분명하게 제의적인 입장을 취한다. 대제사장-기독론은 히브리서 4:14-16에서 드러나듯이, 예수께서 하나님의 아들이라고 하는 신앙고백을 헬라적-유대기독교 공동체에 해석한 것이다.(참조. I권 26장) 세 가지 구성요소가 이와 결합되어 있다. 먼저 예수의 성육신, 이를 통해 그는 모든 형제들과 동일시된다. 그러나 죄는 없으시다.(2:17 이하, 5:7 이하) 두 번째는 희생제물인 예수와 지성소에 들어감, 즉 하늘의 성막에 들어감을 뜻한다.(6:20, 9:11-28) 그리고 마지막 세 번째는 하늘에서 간구하심이다.(7:25, 9:24) 본 맥락에서는 희생제물 진술만을 다룬다.

4.5.6.1 히브리서의 기독론에서는 요한복음의 기독론과 비슷하게 예수의 죽음과 그가 하늘로 가심이 밀접하게 연결되어 있나. 게다가 히브리서에서는 예수의 부활은 고려하지 않는다.(이에 대해서는 13:20에 한 번 언급되어 있을 뿐이다.) 레위기 16장에 따르면 제의적인 도살인 (성전 앞 제단에서의) 동물의 죽음과 그 피를 지성소 안에서 바치는 것은 서로 연결된 희생제사행위이다. 이는 예수를 잠된 대제사장으로 보는 것에 상응한다. 그가 땅 위에서 자신의 피를 쏟아 그 피를 하늘에서 바치면서, '영생'을 이루었다.(*αἰωνία λύτρωσις*, 9:11 이하) 왜냐하면 그리스도의 피는 희생제물로서 '흠이 없고', 그리고 '죄에서부터 속량'을 이루시기 때문이다.(*αἷμα ἄμωμον, ἀπολύτρωσις τῶν … παραβάσεων*, 9:14 이하) 그는 자신이 바친 그의 피를 통하여 '많은 사람의 죄'를 없이 하시려고 단번에 하늘의 성소로 들어갔다.(9:26b-28) 그의 대제사장적 행위는 속죄의 기능, 정확하게 말해 '속죄 희생제물'의 의미에서 속죄의 기능을 지닌다.

4.5.6.2 히브리서는 초기 기독교에 널리 확산되어 있던 '그리스도의 피'라는 언어를 전제한다. 이 언어는 제의적 진술 이외에는 예수의 십자가 죽음에 대한 강렬한 표현으로 사용된 반면, 여기서 이제 제물로 바쳐진 예수의 피를 나타내는 표현으로 사용되었다. 이 피로써 예수 자신이 종말론적 희생의식을 실현하였다. 그리하여 예수는 자신의 피를 하늘의 제단에 "바쳤다"고 말한다. 그와 더불어 예수의 피는 고유한 구원론적 의미를 획득하였고, 이를 신약성서의 다른 구절에서 목격할 수 있으며 이후에 중요한 결과를 가지고 온다.

4.5.7 제의적 배경을 지닌 속죄 진술은 요한일서에도 등장한다. 요한일서 4:10b

파송진술과 연결하여, 하나님이 그의 아들을 '우리 죄를 속하기 위하여 화목 제물로'(*ἱλασμὸς περὶ τῶν ἁμαρτιῶν ἡμῶν*) 보내셨다고만 말하며, 1:7b, 9b 및 2:2은 보다 더 상세히 기술한다. 1:7b은 다음과 같다. "그 아들 예수의 피가 우리를 모든 죄에서 깨끗하게 하실 것이요."(*τὸ αἷμα Ἰησοῦ τοῦ υἱοῦ αὐτοῦ καθαρίζει ἡμᾶς ἀπὸ πάσης ἁμαρτίας*) 의심의 여지없이 제의적으로 이해된 피를 통한 정결의 모티브를 1:9b이 한 번 더 다음과 같은 구절로 표현한다. "우리 죄를 사하시며 우리를 모든 불의에서 깨끗하게 하실 것이요."(*ἵνα ἀφῇ ἡμῖν τὰς ἁμαρτίας καὶ καθαρίσῃ ἡμᾶς ἀπὸ πάσης ἀδικίας*) 2:2은 다음과 같이 말한다. "그는 우리 죄를 위한 화목 제물이니 우리만 위할 뿐 아니요 온 세상의 죄를 위하심이라."(*καὶ αὐτὸς ἱλασμός ἐστιν περὶ τῶν ἁμαρτιῶν ἡμῶν, οὐ περὶ τῶν ἡμετέρων δὲ μόνον ἀλλὰ καὶ περὶ ὅλου τοῦ κόσμου*) 이 구절에서도 마찬가지로 '속죄 제물'을 연상시킨다.

4.5.8 의심의 여지없이 예수의 죽음은 초기 기독교에서 제의적으로 해석되었다. 그러나 이러한 경향은 신약성서 가운데 후기 문헌에 이르러 보다 더 강화된 역할을 하였다. 후기 문헌 이외에서 제의적 진술을 포함한 본문들은 산발적으로 나타난다. 그 본문들은 실제 제사의식이 예루살렘에서 더 이상 행해지지 않는다는 것을 전제로 삼는다. 특징적인 사실은 신약성서에서 제의적 모티브와 관련하여 예수 죽음에 관한 일반적인 구원론적 진술에서 등장하는 다음과 같은 기본 모티브들도 다룬다는 점이다. 즉 죄 용서, 악과 불의의 세력에서 해방, 하나님께로 가는 길의 회복 등이 그것이다.

4.6 예수의 십자가 죽음이 지니는 유일회성

예수께서 십자가에서 죽었다는 사실은 여러 본문에 나온다. 예수 죽음이 지닌 유일회성도 마찬가지이며, 이는 특정 문맥에서 대단히 강조된다.

4.6.1 '스타우룬'(*σταυροῦν*, 십자가에 못 박다)와 '스타우로스'(*σταυρός*, 십자가)는 복음서에서 예수 죽음을 보도할 때에 사용되는 용어이다. 이 개념은 여기서 구체적인 의미를 지니며 특수한 사형집행의 형태를 묘사한다. 그러나 이 외에 이 개념은 신학적으로 특화된 하나의 의미로도 등장한다. 마가복음 8:34 병행구절에 나오는 십자가를 지라는 말씀이 이에 해당한다. 십자가를 지라는 말씀은 여기서 고난과 죽음을 동반한 제자도에 대한 준비와 연결되기 때문이다. 구체적인 용례가 마가복음 16:6 병행구절에 나타난다. "너희가 십자가에 못 박히신 나사렛 예수를 찾는구나."(*Ἰησοῦν ζητεῖτε* *τὸν Ναζαρηνὸν, τὸν ἐσταυρωμένον*) 사도 바울이 '십자가의 말씀'(*λόγος τοῦ σταυροῦ*), '십자가에 달린 그리스도'(*Χριστὸς ἐσταυρωμένος*), 또는 '십자가의 걸림돌'(*σκάνδαλον τοῦ σταυροῦ*)이라고 언급할 때도 등장한다.(고전 1:18, 2:2, 갈 5:11. 참조. 고전 1:13, 17, 23, 고후 13:4, 갈 3:1, 5:24, 6:12, 14, 빌 2:8, 3:18) 이와 똑같은 의미로 골로새서 1:20, 2:14, 에베소서 2:16도 그리스도의 '십자가'를 말한다. 특히 요한계시록 11:8에는 "주께서 십자가에 못 박히셨다."라는 구절이 등장한다. 이는 이렇게 특화된 용례가 철저하게 확산되어 있다는 사실을 알려 준다.

4.6.2 예수의 죽음에 관한 진술에서 특별히 구원이 단번에 실현되었다는 것을 강조하는 경우가 등장한다. 이 사용되는 단어가 '하팍스', 또는 '에파팍스'(*ἅπαξ* 또는 *ἐφάπαξ*, 한번에 또는 단번에)이다.

4.6.2.1 먼저 베드로전서 3:18에 인용된 신앙고백구문에서 출발해야 한다. "그리스도께서 단번에 죄를 위하여 죽으사 의인으로서 불의한 자를 대신하셨다."(*Χριστὸς ἅπαξ περὶ ἁμαρτιῶν ἔπαθεν, δίκαιος ὑπὲρ ἀδίκων*) 바울은 이 구분을 로마서 6장의 세례 진술과 관련하여 자유로운 형태로 수용하였다. 6:9 이하에서 다음과 같이 말한다. "이는 그리스도께서 죽은 자 가운데서 살아나셨으매 다시 죽지 아니하시고 사망이 다시 그를 주장하지 못할 줄을 앎이로라. 그가 죽으심은 죄에 대하여 단번에 죽으심이요 그가 살아 계심은 하나님께 대하여 살아 계심이다."(*εἰδότες ὅτι Χριστὸς ἐγερθεὶς ἐκ νεκρῶν οὐκέτι ἀποθνῄσκει, θάνατος αὐτοῦ οὐκέτι κυριεύει· ὃ γὰρ ἀπέθανεν, τῇ ἁμαρτίᾳ ἀπέθανεν ἐφάπαξ, ὃ δὲ ζῇ, ζῇ τῷ θεῷ*)

4.6.2.2 이 유일회성의 모티브는 히브리서에서 특히 강조된다. 지상의 대제사장들과는 달리 그리스도는 히브리서 7:27 마지막 부분에 따르면 희생제물을 단 한 번만 바친다. 정확히 말하자면 자기 자신을 바친다. "이는 그가 단번에 자기를 드려 이루셨음이라."(*ἐφάπαξ ἑαυτὸν ἀνενέγκας*, 참조. 9:12) 그러므로 10:10에 의하면 우리는 "예수 그리스도의 몸을 단번에 드리심으로 말미암아" 거룩해진다.(*διὰ τῆς προσφορᾶς τοῦ σώματος Ἰησοῦ Χριστοῦ ἐφαπαξ*) 특히 예수의 희생적 죽음에 대한 핵심 단락인 9:11-28의 마지막 부분은 송영 형태의 진술인 9:26b-28로 끝난다. 이 구절에 '하팍스'(*ἅπαξ*)가 세 번 등장한다.(참조. 10:2)

4.6.3 예수의 구원행위가 지닌 유일회성은 당연히 일반적으로 전제된다. 예수의 죽음과 관련하여 이러한 내용을 특별히 강조하는 것을 더욱 주목할 만하다. 결정적인 구원의 실현은 그것이 지닌 유일회성을 영속적인 구원론적 의의와 관련짓는 데에도 중

요하다. 이러한 사실은, '단번에'라고 명확하게 언급하지는 않지만, 로마서 3:24-26의 본문에서 분명하게 드러난다. 24-26a절은 바울 이전 전승의 일부분이라는 것이 중요하며("하나님께서 길이 참으시는 중에"까지), 반면 26b, c절은 바울이 직접 기록한다.(바울이 *διὰ πίστεως*를 25a절에 삽입한다.) 25b절의 "자기의 의로우심을 나타내려 하심이니"(*εἰς ἔνδειξιν τῆς δικαιοσύνης αὐτοῦ*)라는 진술은 예수의 피흘림을 통하여 세워진 '화목제물'(*ἱλαστήριον*)과 관련이 있고, 따라서 십자가 죽음의 유일회성과 연결된다. 바울은 26b절에서 '자기의 의로우심을 나타내사'라고 재차 언급하고, 그 구절을 복음이 선포되는 '이때'(*ὁ νῦν καιρός*)와 연결짓는다. 26c절에 의하면 '이때'란 의롭게 하시는 하나님을 믿는 믿음 가운데서 실현되는 때이다. 유념해야 할 것은 사도 바울에게는 이전의 전승과는 달리 단번에 실현된 하나님의 의가 지닌 현재적인 능력을 강조하는 것이 중요하다는 사실이다. 유일회성을 명백하게 언급하지 않은 채, 십자가 사건에 시선을 향하는 구절이 두 곳 더 있다. 고린도후서 5:21과 갈라디아서 3:13이 그것이다.

5. 예수의 인간 되심이 지닌 구원론적 의의

신약성서 본문에서 가장 광범위하게 입증하는 것은 의심의 여지없이 예수의 죽음에 대한 구원론적 해석이다. 그와 더불어 예수의 부활이 지닌 구원을 일으키는 기능에 대한 진술 외에, 예수의 인간 되심을 전면에 두는 본문들도 있다.

5.1 요한 신학 이외 문서에 나타난 예수의 인간 되심

5.1.1 이미 언급한 파송구문은 예수의 지상 사역 및 그의 전권을 목표로 한다. 갈라디아서 4:4은 '여자에게서 나게 하심'(*γενόμενος ἐκ γυναικός*)이라는 진술을 파송구문에 결합시켰다. 로마서 1:3b의 '다윗의 혈통에서 나셨고'(*γενόμενος ἐκ σπέρματος Δαυίδ*)도 이와 유사한 진술이다. 이에 상응하여 디모데전서 3:16은 '육신으로 나타난 바 되시고'(*ἐφανερώθη ἐν σαρκί*)라고 말한다. 이에 더하여 예수께서 지상에 '나타나심'(*ἐπιφάνεια*)을 말하는 본문들이 있다. 디모데후서 1:9b, 10a은 '은혜'(*χάρις*)를 그런 식으로 말한다. 이 은혜는 영원 전부터 그리스도 예수 안에서 우리에게 주신 것으로, "이제는 우리 구주 그리스도 예수의 나타나심으로 말미암아 나타났다."(*φανερωθεῖσα* *δὲ νῦν διὰ τῆς ἐπιφανείας τοῦ σωτῆρος ἡμῶν Χριστοῦ Ἰησοῦ*) 베드로전서 1:20은 다음과 같이 기록한다. 그는 창세 전부터 미리 알린 바 되신 이나 "이 말세에 너희를 위하여 나타내신 바 되었다."(*φανερωθεὶς δὲ ἐπ' ἐσχάτου τοῦ χρόνου δι' ὑμᾶς*)

5.1.2 본 문맥과 관련하여, 예수께서 완전하게 인간이 되심이나 인간의 연약함에 동참하였다는 것을 강조하는 진술들도 언급할 가치가 있다. 빌립보서 2:6-8에 기록된 선재하신 이의 자기 포기 및 자기 비하도 이에 해당한다. 그 구절은 죽기까지 순종하였다는 내용을 포함한다. 히브리서 2:(14-16)17 이하도 매우 비슷하다. "그러므로 그가 범사에 형제들과 같이 되심이 마땅하도다 이는 하나님의 일에 자비하고 신실한 대제사장이 되어 백성의 죄를 속량하려 하심이라. 그가 시험을 받아 고난을 당하셨은즉 시험받는 자들을 능히 도우실 수 있느니라." 이 구절은 5:7 이하에서 통곡과 눈물로 드린 기도, 죽음에 대한 공포 및 고난에 대한 순종과 연결하여 좀 더 상술된다.(참조. I권 26장) 이 구절로 인하여 빌립보서와 복음서 사이에, 특히 겟세마네 기도와 예수의 죽음으로 그가 인간이 되어 인간적인 고난에 참여함을 표현한 공관복음서의 수난사화 사이에 다리가 놓인다.

5.2 요한 신학에서 예수의 인간 되심이 지닌 의의

요한 신학에서 예수의 인간 되심은 핵심적인 구원론적 기능을 지닌다. 이는 제4복음서뿐만 아니라 요한일서와 요한이서에도 해당된다.

5.2.1 요한복음에 있어서 성육신은 핵심 모티브이다. 그 밖의 모든 기독론적 진술들이 이 주제를 향한다.

5.2.1.1 요한복음에 자주 등장하는 파송 모티브—'나를 보내신 아버지'—는 기본적으로 하늘에서부터 나타난 것으로 이해된다. 예수는 '위에서 온 사람'(*ὁ ἄνωθεν ἐρχόμενος*, 3:31a) 또는 '하늘에서 온 사람'(*ὁ ἐκ τοῦ οὐρανοῦ ἐρχόμενος*, 3:31c)이다. 이 진술과 상응하여 "하늘에서 내려오다."라고 말하기도 한다.(*καταβαίνειν ἐκ τοῦ οὐρανοῦ*, 3:13, 6:33, 38, 41 이하, 50, 51c, 58) 이를 통하여 예수의 인간 되심 및 인간이심은 이미 특별한 비중을 얻는다.

5.2.1.2 도입부인 요한복음 1:1-18의 요지는 선재하신 이를 거쳐 육체적인 실존방식을 수용하였다는 뜻에서 인간 되심이다. 1:14a은 다음과 같이 표현한다. "말씀이 육신이 되었다."(*ὁ λόγος σὰρξ ἐγένετο*) 1:14b, 16은 인간이 되신 이가 지닌 눈에 보이

게 된 '영광'을 말하기를, '은혜와 진리가 충만'(*δόξα πλήρης χάριτος καὶ ἀληθείας*)하며, 이 충만함으로부터 우리가 '은혜 위에 은혜'를 받았다.(*ἐκ τοῦ πληρώματος αὐτοῦ ἡμεῖς πάντες ἐλάβομεν χάριν ἀντὶ χάριτος*) 말씀이 인간이 되심으로써 충만한 구원의 현실이 가시화되었다. 1:4에서 이미 말하기를, 선재하신 이 가운데 생명이 있고, '이 생명은 사람들의 빛'이었다. 사람들이 그 빛을 받아들이지 않았음에도 불구하고 그러하다. 1:9에 의하면 '모든 사람을 비추는' 그 참 빛이 이제 이 세상에 왔다.

5.2.1.3 인간이 되었다고 하는 것은 결정적인 의미가 있다. 왜냐하면 인간이 되신 것과 종말적인 의미의 생명을 주시는 것이 결합되어 있기 때문이다. 하늘에서 내려온 이로서 예수는 요한복음 3:35 이하에 따르면 '영생'(*ζωὴ αἰώνιος*)이다. 다른 말로 하자면, 하늘에서 내려온 이로서 그는 6:35에 의하면 자신을 '생명의 떡'(*ἄρτος τῆς ζωῆς*)이라고 한다. 3:16 이하의 신앙고백적 진술 안에 파송, 영생, 그리고 세상의 구원이 서로 연결되어 있다. 5:24은 다음과 같이 기록한다. "내가 진실로 진실로 너희에게 이르노니 내 말을 듣고 또 나 보내신 이를 믿는 자는 영생을 얻었고 심판에 이르지 아니하나니 사망에서 생명으로 옮겼느니라."(… *ἀλλὰ μεταβέβηκεν ἐκ τοῦ θανάτου εἰς τὴν ζωήν*) 11:25에서 다음의 단어로 표현된다. "나는 부활이요 생명이다."(*ἐγώ εἰμι ἡ ἀναστασις καὶ ἡ ζωή*) 이 구절에 대해 27절은 다음과 같이 상징적으로 대답한다. "주여, 그러하외다 주는 그리스도시오 세상에 오시는 하나님의 아들이신 줄 내가 믿나이다."(*ναὶ κύριε, ἐγὼ πεπίστευκα ὅτι σὺ εἶ ὁ Χριστὸς ὁ υἱὸς τοῦ θεοῦ ὁ εἰς τὸν κόσμον ἐρχόμενος*) 구원과 생명은 인간 되신 이가 주시는 선물이다.

5.2.1.4 참 생명이 계시되었다는 주제 이외에 또 다른 중요한 진술이 인간 되심과 결합된다. 요한복음 18:37에서 예수는 빌라도와의 대화 가운데 다음과 같이 말한다. "내가 이를 위하여 태어났으며 이를 위하여 세상에 왔나니 곧 진리에 대하여 증언하려 함이로라."(*ἐγὼ εἰς τοῦτο γεγεύημαι καὶ εἰς τοῦτο ἐλήλυθα εἰς τὸν κόσμον, ἵνα ματυρήσω τῇ ἀληθείᾳ*) 1:14c와 마찬가지로 여기서도 관건이 되고 있는 진리는 하나님의 구원을 일으키시는 진리이다. 1:17에 따르면 모세는 율법을 주었고, "은혜와 진리는 예수 그리스도로 말미암아 온 것이다."(*ἡ χάρις καὶ ἡ ἀλήθεια διὰ Ἰησοῦ Χριστοῦ ἐγένετο*)

5.2.1.5 예수의 인간이심과 또 그 안에서 계시된 영광에는 예수의 죽음도 포함된다. 그의 죽음은 성육신의 빛 안에서 이해된다. 이미 핵심적 진술인 요한복음 3:16은 희생 구문으로 예수의 죽음을 암시한다. 1:29, 36에 하나님의 어린 양이 세례받는 말씀

과 10:11–13의 선한 목자에 관한 비유도 예수의 죽음이 그의 인간 되심과 불가분 결합되어 있음을 알려준다.(참조. 12:24 이하) 요한복음 7:39b, 12:16, 23, 13:31의 그의 죽음과 관련된 진술들인 '영광스럽게 되심'이 특히 이에 해당한다. 예수의 죽음은 8:28, 12:32에 드러나듯이 '영광스럽게 되심'이며 동시에 '높이 들림'이다. 이로써 예수의 인간 되심으로부터 시작하여, 그것을 통해 구원이 이루어졌다는 결론에 이른다.

5.2.2 요한일서와 요한이서에는 위 주제를 계속 이어가면서 인간 되심을 소홀히 여기는 가르침에 대해 변증한다.

5.2.2.1 요한일서의 도입부인 1:1–3a부터 예수의 인간 되심과 인간이심을 포함하여 분명하게 말한다. 생명이 계시되었다는 것이다.(*ἡ ζωὴ ἐφανερώθη*, 23a절) 그러므로 모든 것은 그가 인간이시라는 현실에 달려 있다. 인간 되신 이로서 그는 '보여지고' '들려지고' '만져질 수' 있다.(1절) 그리고 인간 되심은 아버지와 아들의 하나 됨을 실현하고, 그와 더불어 생명에 참여함을 실현한다.(3b, 4절)

5.2.2.2 신앙고백적인 진술의 형태로 요한일서 4:9은 다음과 같이 말한다. "하나님의 사랑이 우리에게 이렇게 나타난 바 되었으니 하나님이 자기의 독생자를 세상에 보내심은 그로 말미암아 우리를 살리려 하심이라"(*ἐν τούτῳ ἐφανερώθη ἡ ἀγάπη τοῦ θεοῦ ἐν ἡμῖν, ὅτι τὸν υἱὸν αὐτοῦ τὸν μονογενῆ ἀπέσταλκεν ὁ θεὸς εἰς τὸν κόσμον ἵνα ζήσωμεν δι' αὐτοῦ*, 참조. 요 3:16) 이것을 근거로 요한일서 4:2은 모든 가현설적인 잘못된 가르침에 대응해 '예수 그리스도께서 육체로 오신 것에 대한 고백'(*ὁμολογεῖν Ἰησοῦν Χριστὸν ἐν σαρκὶ ἐληλυθότα*)을 변증한다.(요한이서 7절도 이에 해당한다. … *ἐρχόμενον ἐν σαρκί*) 파송과 인간이 되심은 결정적인 구원론적 사건이다.

5.2.3 이와 같이 요한 서신들 안에는 시종일관 '테올로기아 인카르나티오니스'(theologia incarnationis, 성육신 신학)이 등장한다. 예수의 죽음을 포함하여 그의 인간 되심과 인간이심은 구원사건이며, 그것을 통하여 참 생명이 계시되었고 참 생명이 인간에게 선물로 주어졌다. 성육신 신학은 따라서 동시에 '테올로기아 에테르나에 비타에 레베라타에'(theologia aeternae vitae revelatae, 영생 계시의 신학)이다. 예수의 인간 되심과 인간이심은 인간의 참 생명 및 인간과 하나님이 함께함을 회복시키는 데 그 목표가 있다. 이와 더불어 시작된 구원의 현실은 우선적으로 예수의 죽음이나 부활에 기초하지 않고 오히려 그의 삶 전체에 근거한다.

6. 현재적인 구원에 관한 진술

기독론이 예수와 하나님과의 관계 및 거기서부터 도출되는 계시 사건 가운데서 예수의 위치를 서술한다면, 구원론은 구원을 이루시는 인간에 대한 관계가 요지이다. 예수의 위격(Person) 안에 하나님이 나타나심으로써 구원이 단번이 일어났고, 그 이후로 하나님께로 가는 길은 자유롭고 하나님과 함께함이 다시 개방되었다.

6.1 다양한 출발점

구원이 지금 이루어진다는 것에 대한 진술들이 얼핏 보아도 얼마나 다양한지 놀랍다. 비록 몇몇 신학적 구도 가운데서 다양한 출발점들을 엮어 보이지만, 원래는 각각 분리된 전승들이고, 그것을 결합할 때에는 매번 다른 강조점들을 중심에 두고 있다는 사실을 간과해서는 안 된다. 이에 대한 전형적인 예가 누가의 신학, 바울의 신학, 그리고 요한의 신학이다.

6.1.1 전체 초기 기독교 선포와 신학에 있어 예수의 부활이 지닌 의의는 간과할 수 없다. 예수께서 종말적인 하나님의 통치가 현재화되었음을 선포했고 그것을 경험 가능하게 했다면, 그의 부활로써 구원의 현실이 계속된다는 것을 경험하게 되었다. 부활 사건이 없었다면 기독론적인 고백도 형성되지 않았을 것이고 인간 구원이 이미 이루어지고 있다는 의미의 구원론도 전개되지 않았을 것이다. 따라서 오로지 예수의 부활을 구원의 근거가 되는 것으로 볼 수 있었다는 것은 놀랍지 않다.(살전 1:10, 롬 10:9) 부활사건은 확실하게 구원이 계속된다는 것에 대한 근거를 제공했을 뿐만 아니라, 동시에 예수의 위격(Person)을 현재적으로 경험하게 하였고, 그 안에 근거한 제자들의 희망이었다. 예수의 부활과 더불어 죽음이 극복되었고 하나님이 보내주신 생명이 승리하였다는 확신이 결정적이었다. 그렇게 '테올로기아 레수렉티오니스'(*theologia resurrectionis*, 부활 신학)가 형성되었다. 부활한 이는 죽음의 세력을 부수었고, 경험된 구원을 근거로 완성을 향해 달려가는 모든 이들의 선구자가 되었다.

6.1.2 부활경험이 없다면 예수의 십자가 죽음이 지닌 의미를 해석하는 것이 불가능할 것이다. 예수의 부활을 통해 예수의 죽음이 근본적으로 해석된다. 그의 죽음이라는 수수께끼는 그의 부활에서 출발해야 풀린다. 예수의 부활을 통해 그의 운명이 지닌

구원론적 기능이 시야에 들어온다. 부활에서 새로운, 그리고 궁극적인 생명을 미리 경험하게 되었다면, 예수의 죽음의 의미는 죄 많은 인간의 지난날의 실존을 극복하는 데에 초점을 둔다. 믿음으로 받아들인 것은 말로 표현되어야 했다. 응답하기 위하여 다양한 모티브들을 끌어와서 형성하였다.

6.1.2.1 예수의 죽음은 우선, 그가 파송받음으로써 인간 존재의 가장 깊은 심연까지 내려갔음을 의미한다. 그렇게 예수는 하나님의 계시에는 인간 실존의 가장 끔찍한 경험이 포함된다는 것을 보여주었다. 무엇보다도 공관복음의 수난사화가 이런 의미로 서술한다. 이미 수난사화 안에 그의 수난과 죽음의 결정적인 구원론적 차원이 있다. 왜냐하면 계시된 구원의 빛 아래서 이 세상의 고난에 참여하는 것이 그것이다.

6.1.2.2 이와 관련하여 인간의 죄 된 실존을 극복하는 것도 관건이다. 따라서 무엇보다도 죄의 짐에서부터 궁극적으로 자유롭게 된다는 의미의 죄 용서가 중심적 역할을 한다. 예수께서 자신의 생애 동안 제의적 속죄의식과는 별개로 최후 심판을 관망하며 하나님의 이름으로 죄를 용서했다면, 그의 죽음은 이러한 역할에만 소용될 수 있었다. 예수는 죽음을 단지 다른 사람들'처럼', 그리고 다른 사람들과 '함께' 경험한 것이 아니라, 그의 고난과 죽음은 다른 이를 '위한' 희생이었다. 이러한 사실은 매우 일찍부터 제2이사야의 하나님의 종 전승에 기대어 고난과 죽음을 통한 대리적 속죄라는 모티브로 표현되었다. 하나님과 가장 긴밀하게 함께하여서 죄가 없는 이로서 예수는 다른 인간들을 위해 나서서 그들을 그들의 불경건과 죄의 구속으로부터 해방시킬 수 있었다. 따라서 그렇게 이해된 속죄 모티브가 예수의 죽음에 대한 초기 기독교 진술에서 핵심적 의미를 얻었다는 것이 놀랍지 않다. 이것이 바로 유대적 영향권에 있는 사람들이 납득할 만했고, 또한 이방인 청취자들이 다른 사람을 위한 죽음의 의미를 수용할 수 있었던 구원론적 해석의 잣대이다.

6.1.2.3 그 밖의 더 많은 해석 모델들을 끌어온 것이 특징적이다. 무엇보다도 죄인 된 상황에서부터 법적으로 유효하게 '풀어줌'이라는 견해가 이에 해당한다. 따라서 '속죄'(ἀπολύτρωσις)는 결정적으로 죄의 구속으로부터 해방으로 이해되었다. 그 외에 비유적인 요소들이 사용되었음을 '속전을 주고 사다'에 대한 진술이 보여준다. 이 진술 역시 죄와 의무에서 해방하는 것을 목표로 한다. 죄로 인해 야기된 적대적 관계를 제거하는 것을 주제로 하는, '화해' 모티브가 등장하는 구절도 이와 매우 비슷하다. 전반적으로 이런 방식으로 비제의적인 모티브가 동원되었고, 이는 속죄 진술에도 해당된다. 이와 같이 위의 해석모델들이 구원을 이루는 예수의 죽음에 대한 신앙고백적 진술의

기본 토대를 형성한다.

6.1.2.4 시간이 흐르면서 이에 더하여 제의적 모티브가 추가되었으나 부차적인 역할을 한다. 비록 그 모티브들이 이후에 객관적으로 고유한 의미를 지니긴 하지만, 신약성서 안에서 모두 비유적으로 사용된다. 희생제의로부터 받아들인 요소들은 이미 당시에 희생제의 이해에서 핵심적 역할을 했던 속죄 전승을 전제로 삼고 있다. 제의적 속죄 행위는 구약성서적-유대교적 의미에서 볼 때 하나님을 진정시키기 위함이 아니며 죄를 극복하기 위한 인간의 행위도 아니었다. 오히려 제의적 속죄 행위는 죄에 얽매인 구속상태로부터 해방될 수 있는 가능성을 인간에게 주시기 위해 하나님이 정하신 것이었다. 만일 제의적 의식이 각각의 범죄를 용서하도록 규정되었고, 그 행위들이 매 경우마다 거듭 용서를 받을 수 있는 기회를 제공하였다면, 따라서 제의적 의미에서 해석된 예수의 죽음이 유일회적인, 그리고 궁극적인 구원을 이루시는 종말적인 하나님의 계시 행위와 관련을 맺게 되는 것이다.

6.1.2.5 수없이 언급된 개념들, 모티브, 그리고 본문들을 통해 초대 기독교에서 '테올로기아 크루시아'(*theologia crucia*, 십자가 신학)가 얼마나 중요한 의미를 지녔는지를 이해할 수 있다. 이러한 사실은 비록 십자가 주제를 믿는 자들의 실존과 관련하여 바울이 특히 강조하여 전개하기는 하나, 결코 그의 신학에만 해당하는 것이 아니다.(참조. 이 책 24장) 도처에서 예수의 죽음이 죄의 세력을 극복하고 하나님께로 가는 길을 다시 열면서 결정적인 구원을 성취하였음을 표현한다. 구원의 현실을 보며 바로 예수의 죽음을 그렇게 강력하게 중심에 두는 것은 적어도 그의 십자가 죽음이 지닌 거리낌과 관련이 있다. 십자가 죽음은 구약성서적 전승에 따르면 하나님의 저주였다.(신 21:22 이하. 참조. 갈 3:13) 예수의 메시지와 부활의 경험을 통하여 그의 죽음 가운데서 저주가 구원과 축복으로 바뀌었음을 알게 되었다.

6.1.3 예수의 인간 되심과 관련된 구원론적 진술들은 예수의 부활 또는 그의 죽음을 향한 신앙고백진술들과 더불어 고유한 기능을 한다. 수많은 파송구문을 통해 알 수 있듯이, 예수의 지상 역사와 구체적인 사역이 여기서 먼저 관건이 된다면, 인간 되심에 관한 진술들은 그것을 넘어서 핵심적으로 구원을 이루시는 차원이며 그의 성육신 신학(theologia incarnationis)에서 우선적인 위치를 차지한다. 여기서 죽음과 부활이 그것의 의미를 잃은 것이 아니다. 이는 그의 죽음과 아버지께로 가심에 방향을 맞춘 묘사에만 적용되는 것이 아니며, 오히려 예수의 인간 되심이 지상의 삶을 완전히 부활사건의 빛 아래에서 본다. 죽음과 부활에서 인간 되심이 완성되나, 구원은 예수의 지상 사

역을 통해 이미 계시되었다.

6.2 구원론적 진술들의 상호 관련성

위의 구원론적 진술들의 통합에 관한 문제에서 그 진술들 각각의 고유한 의도가 간과되어서는 안 된다. 이때 세 가지 측면이 상호간에 접착점을 포함하는지, 얼마나 포함하는지를 고려해야 한다. 부활이 예수의 죽음으로 소급되고, 죽음은 부활의 빛 아래에서 이해되고, 인간 되심은 예수의 죽음 및 그가 아버지께로 간 것을 지향한다는 점이 이런 정황을 분명히 암시한다.

6.2.1 상호 관련성에 관한 문제에서 예수의 부활은 그것이 초기 기독교 신앙고백에서 차지하는 위치에 상응하여 중심적인 의미를 지닌다.(고전 15:17-19) 부활은 우선 미래를 지시하는 역할을 한다. 예수는 죽음에서 벗어나서 자신을 현재적인 것으로 보여주고, 믿는 사람들을 완성으로 이끈다. 부활은 지상의 존재를 지배하는 모든 죽음의 세력들이 꺾이고 새로운 생명의 능력이 이미 영향력을 발휘한다는 것을 뜻한다. 죽음은 우리 인간에 대해 파괴하는 힘을 더 이상 가질 수 없다. 이것은 죽음에서와 마찬가지로 현재적인 삶에서 이미 경험할 수 있다.

6.2.2 그러나 부활은 뒤를 돌아본다는 의미와도 결합되어 있다. 죽음의 극복을 요지로 하는 곳에서 동시에 죽음이라는 인간 몰락도 시야에 들어온다. 죽음은 피조된 실존의 마지막만을 의미하는 것이 아니다. 죽음 가운데, 그리고 죽음에 대한 공포 가운데 모든 삶의 경험들, 적어도 죄에 포로된 상태가 한 덩어리로 엉켜 있다.

6.2.2.1 고린도전서 15:56에 따르면 죄는 죽음이 쏘는 침이다. 여러 구절에서 '죄들'이라고 복수로 말한다. 그런데 문맥상으로 볼 때 각각의 범죄들이 하나님과의 거리감이라는 원죄 혹은 근원죄와 관련이 있음은 분명하다. 하나님으로부터 멀어졌기 때문에 악이 인간을 지배하게 되었다. 죄와 악의 세력과 더불어 죽음도 적대적인 세력이 되었다. 죄와 악은 인간을 절망으로 내몬다. 이것을 요한계시록 20:6과 21:8b은 '둘째 사망'이라고 칭한다.(롬 6:23에서 죽음을 '죄의 삯'이라고 하는 진술도 이런 의미로 이해할 수 있다.) 그렇게 죽음은 인간의 모든 삶에 그늘을 드리운다. 예수의 부활이 예수의 죽음을 근본적으로 해석하게 한다면, 동시에 새로운 생명을 엶으로써 과거의 실존이 극복된다. 죽음의 세력이 꺾인 곳은 죽음이 생명으로 전환될 뿐만 아니라, 죄의 노예상태에 빠져 있던 삶의 모든 짐이 제거된다.

6.2.2.2 죽음의 세력에 대해 승리함으로써 인간이 그 구속상태에서 해방되고, 죄와 책임이 폐기된다. 이에 대하여 비제의적 속죄사상을 이사야 53장에서 구약성서적 의미로 수용한다면, 이것은 하나님이 은혜로 해방과 구원을 허락하심을 뜻한다. 따라서 예수의 죽음은 하나님에 의해 요구된 또는 하나님을 향한 필수불가결한 희생제물이 결코 아니다. 예수께서 당한 죽음에 함축된 요지는 하나님을 멀리함으로 인한 모든 결과와 함께 하나님과 인간 사이의 거리를 극복하게 하는, 하나님을 통한 하나님 자신의 행위라는 점이다.

6.2.2.3 대리 사상에서 이러한 견해는 정점에 달한다. 예수는 인간이 되셔서 완전하게 우리 인간과 동일시되었고, 그가 우리 대신 우리가 하나님을 떠나 있음과 우리가 책임져야 할 모든 것을 짊어졌다. 그는 악에 대하여 저주와 심판을 받았다. 세상과 이 세상의 세력들에 우리가 빠져 있는 상태를 제거함으로써 하나님 앞에서 우리의 절망을 제거하였다. 따라서 다른 이를 위한 죽음이며 속죄의 고통인 예수의 십자가 죽음은 인간이 그토록 깊이 사로잡혀 있던 하나님을 떠난 모든 것으로부터 해방하기 위한 핵심이 되었다.

6.2.2.4 다양한 형태로 등장하는 대리적인 예수의 속죄 죽음 모티브도 하나의 구체적인 관점에서 숙고되어야 한다. 일반적으로 우리는 예수께서 '우리를 위하여' 또는 '너희를 위하여' 죽었다는 표현을 만난다. 이때 초점은 대화하고 있는 또는 말을 듣고 있는 각각의 공동체에 있다. 유일회적인 예수의 죽음이 그의 구원의 능력 가운데서 복음을 믿는 또는 믿음으로 부르심을 받은 공동체와 관련된다. 그러나 '우리를 위하여'/'너희를 위하여'라는 구절 대신 '많은 사람들을 위하여' 또는 '모든 사람을 위하여'라는 표현이 들어간 진술도 있다. 하나님의 종이 당하는 죽음에 관한 문맥인 이사야 53:10-12에 이미 '많은 사람들'이 언급되어 있다. 이런 포괄적인 형태는 예수의 죽음을 바라보면서 마가복음 10:45 병행구절과 마가복음 14:24의 최후의 만찬 말씀 가운데 사용된다. 고린도후서 5:14이나 디모데후서 2:(5)6에서 '많은 사람을 위하여'라는 표현 대신에 '모든 사람을 위하여'라는 구절이 사용된 것은 이러한 사실을 더욱 강하게 부각시킨다. 고린도후서 5:15은 예수 죽음이 지닌 구원의 능력이 자신들을 위하여 죽고 부활하신 예수를 위해 사는 이들에게 영향력을 끼친다는 점을 분명히 한다.

6.2.2.5 이와 같이 예수의 죽음이 지닌 구원을 이루시는 기능에 대한 진술이 아무리 다양하다 하더라도 죄와 죄의 세력, 그리고 죄의 결과를 극복하였다는 것이 공통된 관심이다. 예수의 부활에 내포된 구원론적 차원과 관련하여 그의 죽음이 지닌 구원

의 기능에 대한 문제가 초기 기독교에서 중심적인 역할을 하였고, 매우 다른 관점에서 해석되었다. 어쨌든 핵심은 인간에 대한 하나님의 관계이다. 그렇게 부활의 빛 아래에서 이해된 예수의 죽음 가운데서, 인간은 스스로 구속 상태에서 빠져나올 수 없기 때문에 인간에게 구원이 주어진다는 사실이 드러난다. 예수의 부활이 새로운 생명을 의미하는 것과 마찬가지로, 그의 죽음은 우리 실존의 방황상태를 드러내고 거기서부터 우리를 해방시킨다. 예수의 죽음 및 예수의 부활이 지니는 구원론적 차원이 상호 연결되어 있음에 대한 특징이 잘 나타나는 구절은 의심의 여지 없이 로마서 4:25에 있는 바울 이전의 진술이다. 그 구절에 따르면 예수의 죽음을 통해 죄가 극복되었고 그의 부활을 통해 의가 전달되었다.

6.2.3 예수의 파송 또는 인간 되심에 해당하는 본문들은 내재적이든 명시적이든 그의 생애 전체를 바라보는 시각과 맞닿아 있다.

6.2.3.1 일찍이 파송진술은 위임으로 이해되었을 뿐만 아니라 하늘에서 내려오심으로도 이해되었다. 파송진술은 인간 되심과 실제로 인간이심이라는 이해의 형태로 설명되었다. 인간이심은 그 자체로 구원을 이루시는 계시가 되었고, 예수의 전체 생애는 이러한 예표 아래에 있다.

6.2.3.2 희생 구문은 특별한 의의가 있다. 희생 구문의 기본적인 진술은 하나님을 통한 희생을 요지로 한다. 그 진술들은 하나님을 통한 예수의 파송과 종말론적 구원의 계시를 위한 그의 사명이라는 예표 아래에 있다. 그 진술들을 통하여 이미 예수의 구원론적 차원 안으로 예수의 전체 생애가 포괄되었다. 왜냐하면 하나님을 통한 파송은 십자가 죽음과 부활에 이르기까지 전 생애를 포함하기 때문이다. 자기희생 가운데서 예수는 자신의 파송 사명을 확인하였다. 그의 죽음과 부활이 그의 파송을 통합하는 요소이다. 구원의 현실은 유일회적인 그의 역사 가운데서 현재화되었다.

6.2.3.3 구원의 계시를 통합적으로 이해하기 위해서는 예수의 생애 전체를 보는 본문들이 특별히 중요하다. 예수의 죽음과 부활에 대한 신앙고백진술보다 더 확실하게 그 본문들은 그의 전체 사역을 아우른다. 이러한 사실은 예수의 인간 되심이 선재하신 이, 창조의 중재자로서 행하신 역사 이전의 행위, 유지하는 이, 그리고 계시자와 관련지어지는 곳에서 가장 분명하게 드러난다. 그리고 이는 앞으로 올 구원의 현실을 앞서 가리킨다.

6.2.4 기본적인 구원론적 측면들이 긴밀하게 관련되어 있다는 사실이 다양한 방법으로 연결될 수 있고, 따라서 처음부터 통일된 개념이 형성되지 않음을 배제하지 않는다.

6.2.4.1 위의 사실이 신약성서 가운데 바울, 누가, 그리고 요한 신학에서 분명하게 드러난다. 물론 '테올로기아 크루시스'(*theologia crucis*, 십자가 신학)에서 인간이심과 인간 되심은 예수의 부활과 같은 것을 전제로 한다. 역으로 예수의 인간 되심과 죽음은 '테올로기아 레수렉티오니스'(*theologia resurrectionis*, 부활 신학)의 필수불가결한 전제조건이고, '테올로기아 인카르나티오니스'(*theologia incarnationis*, 성육신 신학)가 죽음과 부활을 포함하는 것은 자명한다. 한편으로는 개별적 상황들에서 모든 측면들이 명백하게 고려되지 못하고, 다른 한편으로는 매번 또 다른 출발점에서부터 관련되고자 한다. 이런 시도들은 다양한 강조점으로 연결된다.

6.2.4.2 이제 이렇게 다양하게 통합된 구상들에 직면하여 전체적인 개관이 가능한가, 예수의 인간 되심, 죽음, 그리고 부활과 관련하여 각각의 구원론적 관련성 가운데서 잘 숙고하여 균형 잡힌 배열을 형성할 수 있는가 하는 질문이 제기된다. 전체적으로 볼 때 관건은 예수 그리스도 안에 나타난 하나님의 계시가 그 자체로 구원을 이루는 성격을 지닌다는 것이며, 이는 다양한 구원론적 측면을 포함한다. 세 가지 측면을 통합하는 것은 그 측면들이 각각의 특수한 차원 안에서 관찰될 때에 가능하다. 예수의 인간 되심과 인간이심 안에 이미 구원이 현실화되었다는 것은 실현되고 있는 구원에 대한 선취를 뜻한다. 예수의 죽음으로 말미암아 인간을 옭아매는 죄, 악, 죽음의 세력을 극복하였다. 예수의 부활로 말미암아 결정적으로 새로운 무엇이 이 세상에 나타났다. 그러나 이 세 측면은 단순히 서로를 보완하는 것이 아니며, 오히려 각각이 또 다른 측면을 미미하게든 또는 강력하게든 포괄하고 있다. 따라서 그 세 측면은 어떤 의미에서는 서로 융합되나 그들 각각의 고유한 의미를 유지한다. 마치 하나의 중심된 빛에서 사방으로 광선이 뻗어나가듯이, 공통된 중심에서부터 구원론이 여러 방향으로 전개되고 형성된 것이다. 이런 의미에서 다양한 개념들이 그들의 고유한 의미를 잃지 않은 채, 서로서로 관련지어질 수도 있고 따로따로 숙고될 수도 있다.

7. 마무리 고찰

아무리 통합적인 관점을 유지하며 관찰하고자 노력해도, 인간의 구원에 관한 신약성서의 진술은 수많은 개별 모티브들과 세 가지로 분명하게 구별되는 모델들을 요지로 한다. 비록 예수 그리스도 안에 나타난 한 분 하나님의 구원행위에 대한 증거를 말하지만, 그 증거들은 각각의 고유성 가운데서 숙고되어야 한다.

7.1 현재에 있어서 의미가 있는 것은 초기 기독교에는 각각 정당성을 갖는 다양한 모델들이 있었다는 점이다. 예수 죽음이 지닌 구원론적 기능에 관한 진술들이 오늘날 이해하기에는 상당히 어려운 점에 부딪힌다는 사실에 직면하여 이 점을 고려해 볼 필요가 있다. 이런 상황을 보면서 이것이 초기 기독교에서 결코 예수의 위격(Person)이 지닌 구원론적 기능에 대한 유일한 해석이 아님을 숙고해야 한다.

7.2 무엇보다도 예수의 부활의 의미가 하나님의 구원행위의 맥락에서 간과되어서는 안 된다. 초기 기독교의 전승에 있어서 생명을 통하여 경험할 수 있게 된 죽음의 극복이 결정적 역할을 했다. 부활은 이런 관점에서 새롭게 태어난 생명의 축제가 되었고, 이에 비해 죽음은 더 이상 힘이 없다. 죽음의 모든 세력을 극복한 징표로서 예수의 부활은 믿는 자들에게 큰 힘이 될 수 있다. 하나님은 생명의 하나님이며 새 생명을 만드신다는 것이 성서적 인식의 근본이다. 그 인식을 고수하는 것이 예수의 메시지에 응하는 것이며 그의 구원행위에 참여함을 내포한다.

7.3 또한 예수의 인간 되심을 우리 인간의 총체적인 현실에 계시자가 동참하였다는 의미로 이해하는 것도 대단히 중요하다. 예수께서 인간이 되셨고 인간이라는 사실로 말미암아 참 생명과 하나님의 현실에 참여함이 드러난다. 오늘날 목격되는 바, 부활 신앙과 고난 신앙에 비해 성탄 신앙으로 점차 그 무게가 옮겨가는 것은 위의 관점에서 깊이 생각해 보아야 한다.

7.4 그럼에도 불구하고 예수의 죽음에 대한 진술 외에 예수의 구원론적 기능에 대한 접근방법이 있다는 전제 하에 예수의 죽음을 수용할 만하게 이해하는 문제를 그냥 넘길 수 없다. 초기 기독교에서 예수 죽음의 의의에 대한 다양한 해석들이 있었다는 사실을 고려하는 것만으로도 이 부분을 깊이 있게 숙고하게 한다.

7.4.1 수 세기가 흐르는 동안, 마치 각각의 범죄나 또는 총체적인 범죄가 있는 것처럼 죄의 개념이 현저하게 잘못 해석되어 왔다. 근원-죄는 하나님으로부터 멀리 벗어난 것을 말한다. 범죄나 악과 관련이 있는 모든 것은 이 뿌리에 달려 있다. 그 밖에도 예수의 죽음에 대한 견해에 대한 오해도 점차 광범위하게 생성되어 갔다. 이것은 교회 전승이 희생제물 표상에 너무 집중적으로 초점을 맞춘 것과 관련된다. 그 표상은 신약성서에서 주변부에서나 등장하고 예수 죽음의 구원론적 기능에 관한 여타 진술들의 전제 하에서 이해되어야 하는 것이다. 이러한 상황은 무엇보다도 캔터베리의 안셀름(1109년 사망) 이후로 확산된 만족설에 적용된다. 만족설의 요지는 하나님 앞에서의 불

의에 대하여 하나님을 만족시켜야 한다는 것으로, 그 때문에 그리스도가 인간을 대신하여 대리적으로 이 희생제물을 바쳐야 했다는 것이다. 신약성서의 증거에 따르면 예수의 죽음은 하나님을 향하여 필요한 행위가 아니다. 오히려 예수의 죽음은 우리를 위한 계시 사건이라는 예표 아래에 있다. 또한 하나님이 왜 시작하고 있는 구원의 사신(使臣)인 예수를 십자가의 치욕스런 죽음으로부터 구해 주지 않았나 라고 질문하는 것은 잘못된 것이다. 예수의 죽음의 핵심은 불행과 죽음에 연루되어 있는 우리 인간과의 결속이다.

7.4.2 신약성서의 내용과 관련하여 예수의 죽음에 관한 문제는 우리 시대도 회피할 수 없는 문제이다. 결정적인 내용은 예수의 죽음은 고립된 것이 아니며, 오히려 그의 삶 및 사역과 관련시켜 보아야 한다는 것이다. 그의 삶과 사역을 통해 구원이 단번에 실현되었고, 접근 가능하게 되었다. 인간의 삶의 가장 비천한 곳에 이르러서야 구원이 계시되었다. 예수의 죽음은 곤궁, 속박, 책임으로부터의 해방이 바로 모든 것을 잃은 것처럼 보이는 그 곳에 있다는 것에 대한 가시적인 징표이다. 예수의 죽음이 예수에 대해 적대적인 인간들이 한 행동이었다는 신약성서에 등장하는 견해에도 불구하고, 십자가 죽음은 부활과 마찬가지로 그의 사명의 통합적 구성요소가 되었다. 따라서 초기 기독교 선포의 요지는 예수 죽음의 구원론적 차원을 피력하는 것이었다. 그러나 십자가 죽음의 의의에 대한 문제는 근본적으로 예수의 운명이 그의 말씀 및 행동과 관련이 있고 그런 점에서 그의 전체 사역을 제외하고는 이해할 수 없다는 것과 연결되어 있다.

7.4.3 오늘날 선포와 신학에 있어서 가장 유익한 것은 '타인을 위한 존재'(*Pro-eixtence*) 사상에서 출발하는 것이다. 만일 예수의 전체 지상 사역이 이러한 예표 아래에 있었다면, 그의 십자가 죽음도 다른 사람을 위한 그의 희생을 나타내 보여주는 것이다. 예수의 죽음은 그가 인간과 맺은 완전한 결속의 결과이다. 즉 하나님의 계시 행위가 인간 실존의 가장 깊은 심연에까지 이른 것이다. 그러나 관건은 이 결속이 아니라, 인간을 하나님께로 이끄는 것이다. 예수의 전체 삶을 구별 짓는 것은 바로 그의 죽음에도 해당한다. 죄와 의무로부터의 해방은 우리가 하나님의 친밀함과 하나님의 구원 행위를 경험할 수 있게 한다. 예수의 죽음에 대해 다양하게 변하는 진술들, 즉 '우리를 위한/많은 사람을 위한' 죽음, 대리적 속죄 고통, 몸값을 내고 풀어줌, 해방, 화해, 그리고 은유적으로 이해된 제의적 행위라는 진술들은 모두 하나님과 새롭게 함께해야 한다는 예표 아래에 있다. 죄는 극복되고, 죄의 세력에서부터 우리는 해방된다. 죄의 저주에 갇혀 파괴하지 못할 그런 죄의 속박은 없다. 만일 그런 죄가 목격된다면, 누군가가 다른 사람이

져야 할 그 무엇을 자신이 진다는 대리 사상은 자주 주장되어 온 것처럼 어렵지 않게 이해할 수 있다.

7.4.4 결정적으로 중요한 것은 바로 예수의 죽음 또한 계시된 하나님의 사랑이라는 예표 아래에 있다는 것이다. 요한복음 3:16의 핵심적 진술이 이에 해당한다. "하나님이 세상을 이처럼 사랑하사 독생자를 주셨으니 이는 그를 믿는 자마다 멸망하지 않고 영생을 얻게 하려 하심이라." 로마서 5:8도 이에 상응한다. "우리가 아직 죄인 되었을 때에 그리스도께서 우리를 위하여 죽으심으로 하나님께서 우리에 대한 자기의 사랑을 확증하셨느니라." 이것은 로마서 8:31-39 단락에서 전개된 것을 하나의 문장으로 표현한 것이다. 하나님은 우리를 사랑하시고, 그의 구원하시는 사랑을 확증하시고, 고린도후서 5:19에 따르면 자기편에서 화해를 이루시는 분이시다.

7.5 믿는 신자들이 예수 그리스도 안에 나타난 하나님의 계시 행위의 개별적 측면에 매달릴 수 있으며, 신학적인 전체 구상에 있어서는 부분 측면들을 통합한 본질적인 것이 중요하다. 그런 점에서 예수의 인간 되심, 죽음, 부활을 어느 한 측면에 치우치지 않는 하나의 관련성 가운데 두어야 한다. 그것은 평준화나 간단히 균등화시킴으로써 이루어지는 것이 아니다. 예수 그리스도의 위격(Person)을 통해 현재 일어나는 인간 구원을 그의 전체 구원 사역이라는 정적인 전망이 아니라 오히려 역사적 현실이라는 역동성 가운데서 추구한다면, 그의 인간 되심, 죽음, 그리고 부활은 각기 차례로, 또 서로 함께 각각의 특수한 기능을 유지하면서 동시에 다양한 해석들을 통합할 수 있는 전체적인 개관을 가능하게 한다.

14장

구원의 선포 및 현재화로서 복음

1. 예비적 고찰

1.1 하나님의 구원 행위는 결정적으로 예수 그리스도의 위격(Person)과 역사 가운데서 일어났다. 그러나 하나님의 구원 행위는 예수 그리스도의 죽음 및 부활과 더불어 지나간 것이 아니라, 변함없이 현재성을 지니며 모든 시대의 인간들에게 해당된다. 예수 그리스도는 높이 들림 받았기 때문에, 하늘에서 일하시는 언제나 현재의 주님이시다. 성령의 능력으로 제자들은 전권적인 증거를 전하고, 이를 통해 구원이 선포되고 제공된다. 그리하여 인간은 구원의 약속을 경험한다. 그 약속 안에 결정된 구원을 받아들이는 사람은 하나님과 함께함에 동참하며 그런 점에서 그가 받은 구원 안에 머무르게 된다.

1.2 구원론의 핵심이 예수 그리스도 안에 나타난 하나님의 유일회적인 구원 행위라면, 동시에 구원의 계속적인 현재화 및 항상 현재적인 구원의 약속 또한 중요하다. 따라서 생생하게 구원을 일으키는 능력인 복음에 관해 독립적으로 지면을 할애할 수 있다. 이 복음 안에 종말적인 하나님의 계시 행위가 지닌 교회론적인, 그리고 종말론적인 차원 또한 근거한다.(이 책 4부와 5부)

2. 하나님의 구원 행위를 알리며 구원을 일으키는 메시지

신약성서에서 선포 행위가 결정적으로 중요한 역할을 한다. 구원의 메시지는 행동하게 하는 선포이다. 구원이 선포되는 곳에서 구원이 일어난다. 선포의 개념을 사용하는 많은 곳에서 이러한 사실을 분명하게 보여준다.

2.1 복음 선포

단어 '유앙겔리제스타이'(*εὐαγγελίζεσθαι*, 복음을 선포하다)는 어근 '앙겔-'(*ἀγγελ-*)에서 파생되었고, '전령'(*ἄγγελος*)의 활동을 나타낸다. 접두사 '유-'(*εὐ-*)가 보여주듯이, 이 전령은 '좋은', '기쁜 메시지'를 전달해야 한다. 이 통속적인 헬라어가 무엇보다도 승리의 소식을 뜻한다면, 성서적 문맥에서는 전령에 의해 전달된 구원의 메시지를 의미한다.

2.1.1.1 파생어를 포함하여 위의 헬라어 단어는 신약성서에서 구약성서의 '바샤르'(בשׂר) 피엘형과 관련이 있다. 이 히브리어 단어도 역시 전령이 전달한 소식을 뜻하며, 물론 문맥에 따라 좋은 또는 구원을 주는 메시지를 나타낸다. 이사야 52:7과 61:1은 하나님이 위임하신 메시지가 전파되는 그 곳에 구원이 일어난다는 것을 전제한다. 이러한 구약성서적 전제 아래에서 보면 이미 예수 전승 가운데 '유앙겔리제스타이'(*εὐαγγελίζεσθαι*, 복음을 선포하다) 개념을 받아들였다는 사실이 놀랍지 않다. 이러한 사실은 무엇보다도 이사야 61:1과 연결하여 예수께서 세례 요한에게 한 답변인, 마가복음 11:5∥누가복음 7:22에 해당한다. 명백하게 구약성서의 복음 약속으로 소급하여 언급한 누가복음 4:16-21에 기록된 나사렛에서 행한 예수의 취임설교에서 이런 의미는 더욱 분명하다.

2.1.1.2 '유앙겔리제스타이'(*εὐαγγελίζεσθαι*)는 그 단어가 내용상 채워져 있고 신약성서에서 선포 전승과 분명하게 연결되어 있기 때문에 목적어 없이 사용될 수 있다. 그러나 초기 기독교 언어 형태상 '유앙겔리제스타이 텐 바실레이안 투 테우'(*εὐαγγελίζεσθαι τὴν βασιλείαν τοῦ θεοῦ*, 하나님 통치의 복음을 전하다), '유앙겔리제스타이 크리스톤 예순'(*εὐαγγελίζεσθαι Χριστὸν Ἰησοῦν*, 예수 그리스도의 복음을 전하다), 또는 '유앙겔리제스타이 톤 로곤/에이레네 등'(*εὐαγγελίζεσθαι τὸν λόγον/*

εἰρήνην, 복음의 말씀/평화를 전하다)과 같이 특징적으로 단어가 결합될 수 있다.

2.1.2 명사 '토 유앙겔리온'(*τὸ εὐαγγέλιον*, 복음)은 동사에 비해 전승사적으로 보다 후대의 것으로 볼 수 있다. 구약성서의 언어 전승 가운데 위의 단어에 상응하는 적합한 개념이 없다. 구약성서 이후 유대교에서 단어 '브쇼라'(בְּשׂוֹרָה)가 사용되었다. 그러나 언제부터 그 단어가 사용되었는지는 확실하지 않다. '토 유앙겔리온'은 헬라어 전승에서 유래되었고, 우리가 볼 수 있는 범위 내에서는 '타 유앙겔리아'(*τὰ εὐαγγέλια*, 복음, 좋은 소식)와 같이 복수 형태만 등장한다.

2.1.2.1 중요한 점은 헬라어 사용권에 위치한 초기 공동체가 일관되게 단수형 '토 유앙겔리온'(*τό εὐαγγέλιον*, 단독형으로 또는 *τοῦ θεοῦ, Ἰησοῦ Χριστοῦ*와 함께)을 사용하였다는 점이다. 이것은 황제의 승리에 대한 승전보에 사용된 용어였던 복수형 '타 유앙겔리아'(*τὰ εὐαγγέλια*)와 의식적으로 대립시킨 것이다. 구원의 메시지인 복음의 특별함과 유일함을 그 용어로 드러내야 했다.(참조. 막 1:1 또는 롬 1:1)

2.1.2.2 '하나님의 복음' 또는 '그리스도의 복음' 혹은 '예수 그리스도의 복음'(*εὐαγγέλιον τοῦ θεοῦ, τοῦ Χριστοῦ* 또는 *Ἰησοῦ Χριστοῦ*)이라는 속격결합형은 각각 문맥에 따라 상이한 의미를 획득하였다는 점에 주목해야 한다. 핵심은 분명히 하나님 복음 또는 하나님의 구원의 복음, 그리고 예수 그리스도의 복음(*genitivus obiectivus*, 목적격적 속격)을 의미하지만, 복음 가운데서 행하시는 하나님 또는 높이 들린 그리스도(*genitivus subiectivus*, 주격적 속격)를 나타내기도 한다. 이것은 영향력 있는 메시지의 의미로 이해된, 어근 '유-앙겔-'(*εὐ-ἀγγελ-*)과 관련이 있다. 그 메시지는 하나님과 그리스도에 관한 인식을 가능하게 할 뿐만 아니라 하나님과 그리스도의 살아 있는 능력을 경험하게 한다. 복음은 하나님의 구원 행위를 선포하고, 그 구원 행위를 영향력 있게 만든다는 점에서 '하나님의 복음'이다. 그리고 복음은 그리스도의 구원 사역을 알리고 높이 들린 이로서 예수께서 복음에 능력을 부여하기 때문에 '예수 그리스도의 복음'이기도 하다.

2.2 전령의 선포

2.2.1 단어 '케뤼세인'(*κηρύσσειν*, 선포하다)은 매우 비슷한 의미구조를 지녔다. '유앙겔리제스타이'(*εὐαγγελίζεσθαι*) 안에서 어근 '앙겔-'(*ἀγγελ-*)과 개념 '앙겔로스'(*ἄγγελος*, 전령, 그리고 하나님의 전령으로서 '천사')를 식별해 낼 수 있듯이, '케뤼세

인'(κηρύσσειν)에서도 어원인 '케뤽스'(κῆρυξ, 포고자/사자[使者])를 알 수 있다. 이 단어의 주제도 영향력 있는 선포로서, 이 선포는 실현된 구원을 알리면서 더불어 구원을 선포하고 영향력 있게 만든다. 또한 이 동사는 타동사로, 그리고 자동사로 사용된다. 즉 목적어가 있어도 되고 없어도 된다. 타동사로 사용될 때에 목적어로는 '하나님의 통치'(τὴν βασιλείαν τοῦ θεοῦ), '천국(왕적 통치)의 복음'(τὸ εὐαγγέλιον τῆς βασιλείας), '회개의 세례'(βάπτισμα μετανοίας) 및 다른 용어들이 등장한다.(막 1:4, 14, 눅 9:2) '케뤼세인'(κηρύσσειν) 개념의 구체적인 이해를 위해서는 로마서 10:14 이하를 참조할 수 있다. 이 구절에 나타난 연쇄 추론에서 믿음은 들음에 달려 있고, 이 들음은 선포에 의해 좌우된다.

2.2.2 이 동사에 적용되는 내용이 신약성서에서 매우 드물게 사용된 명사인 '토 케뤼그마'(τὸ κήρυγμα)에도 해당한다고 말할 수 있다. 이 단어는 전권적인 전령에 의해 선포되는 것을 뜻한다. 이 명사는 접미사 '-마'(-μα)에서 이미 알 수 있듯이, 행위보다는 선포의 내용과 영향을 나타낸다. 마태복음 12:41∥누가복음 11:32에 기록된 '요나의 선포'(κήρυγμα Ἰωνᾶ)에 관한 진술을 제외하면, 우선 고린도전서 1:21, 2:4, 15:14에서 바울이 사용한 언어를 기억할 수 있다. 이 구절의 핵심은 예수 그리스도의 구원의 메시지이다. 또한 로마서 16:25, 디모데후서 4:17, 디도서 1:3에 기록된 제2바울적인 용례도 비교해 볼 수 있다.

2.3 증인들의 봉사

2.3.1 개념 '유앙겔리제스타이'(εὐαγγελίζεσθαι)와 '케뤼세인'(κηρύσσειν)에 관해 논의되는 것은 또한 신약성서에 등장하는 '증거하다'(μαρτυρεῖν)와 '증거'(μαρτυρία)의 특정 용례에도 적용된다. 이때 명사처럼 동사도 증인들의 헌신이라는 행위뿐만 아니라 증거된 내용도 의미할 수 있다.

2.3.2 그 개념은 법률 전승에서 유래하고, 결정적으로 구속력 있고 유효한 의미를 지닌 어떤 진술을 뜻한다. 그 단어는 신약성서에서도 재판의 틀 안에서 사용될 수 있다.(행 22:5, 26:5) 그러나 무엇보다도 선포와 관련이 있으며, 이때 구속력과 유효성의 요소가 결정적이다.(참조. 고전 15:15, 행 22:18, 23:11) 이 개념은 요한복음과 요한서신, 그리고 요한계시록에서 특별한 의미가 있다.

2.3.2.1 요한복음에서 이 개념은 핵심적 의미를 갖는다. 주로 '…에 대해 증거하

다.'의 의미이다.(대부분 *μαρτυρεῖν περί τινος*, '무엇에 대하여 증거하다'의 형태이나, 여격이나 대격을 취하는 *μαρτυρεῖν*이 등장하기도 함. 참조. 3:11, 18:37) 이것은 세례 요한의 증거(요 1:7 이하, 15, 32, 34, 5:33)와 예수 자신의 증거에 해당하며, 예수 자신의 증거는 다시 하나님 자신과 구약성서가 증언하는 것에 상응한다.(5:31–39, 18:37) 제자들이 그들의 증거로 받아들이고 또 계속 전한 것은 성령의 증거 가운데서 표현된다.(15:26 이하) 제자들은 증거하면서 예수를 하나님의 계시자로 선포하고, 그와 더불어 현재적인 구원과 생명을 전한다. 요한서신에서는 무엇보다도 전권적으로 계속 전달되는 증거가 부각된다.(참조. 요일 1:2, 4:14)

2.3.2.2 요한계시록 19:10에 다음과 같이 기록되어 있다. "예수의 증언은 예언의 영이라."(*ἡ μαρτυρία Ἰησοῦ ἐστιν τὸ πνεῦμα τῆς προφητείας*) 잘 사용하지 않는 이 문장은 예수에 대해 증언해야 하는 성령이 역사하는 예언의 임무를 뜻한다.(참조. I권 제27장) 증언을 하기 위하여 박해와 고난도 당해야 한다.(1:9 참조) 이 개념은 말씀의 증언과 피의 증언이 서로 결합되어 있는 요한계시록에서 처음으로 '순교론적' 의미로 등장하기에 이른다.(참조. 2:13, 6:9, 11:3, 7, 11:6) 그러나 여기서도 결정적인 것은 구원사건을 위해 등장한다는 의미의 구원선포이다.

2.4 하나님과 말씀과 주의 말씀인 구원 선포

이와 더불어 '말씀' 개념이 특히 '하나님의 말씀' 및 '주의 말씀'이라는 결합 형태로 중요한 역할을 한다. 하나님과 그리스도에게서 온 말씀은 그 자체로 인식되고 인정되고자 한다.

2.4.1 '로고스'(*λόγος*, 말씀) 개념은 신약성서에서 다양한 형태로 등장한다. 일반적으로 언급된 어떤 것을 의미할 뿐만 아니라 특별히 선포를 뜻한다. 이때 그 단어의 개념은 내용상 속격 결합에 의해 보다 정확하게 규정된다. 따라서 신약성서에 다음과 같은 표현이 등장한다. '구원의 말씀'(*λόγος τῆς σωτηρίας*, 행 13:26), '그의 은혜의 말씀'(*λόγος τῆς χάριτος αὐτοῦ*, 행 14:3), 또는 '복음의 말씀'(*λόγος τοῦ εὐαγγελίου*, 행 15:7) 나아가 '십자가, 화해, 진리, 생명의 말씀'(*λόγος τοῦ σταυροῦ, τῆς καταλλαγῆς, τῆς ἀληθείας, τῆς ζωῆς*, 고전 1:18, 고후 5:19, 골 1:5, 엡 1:13, 요일 1:1) 등이다. 이 경우에도 어쨌든 영향력이 큰 말씀이 요지이다. 왜냐하면 이 말씀은 하나님의 위탁으로, 그리고 그의 도우심 아래서 선포되기 때문이다.

2.4.2 그것을 넘어서 선포된 말씀 가운데 하나님 자신의 말씀이 현존한다. 데살로니가전서 2:13이 이것을 특징적으로 잘 보여준다. 바울은 하나님께 감사한다. 감사의 이유는 다음과 같다. "너희가 우리에게 들은 바 하나님의 말씀을 받을 때에 사람의 말로 받지 아니하고 하나님의 말씀으로 받음이니 진실로 그러하도다 이 말씀이 또한 너희 믿는 자 가운데에서 역사하느니라."(*παραλαβόντες λόγον ἀκοῆς παρ' ἡμῶν τοῦ θεοῦ ἐδέξασθε οὐ λόγον ἀνθρώπων ἀλλα καθώς ἐστιν ἀληθῶς λόγον θεοῦ, ὅς καὶ ἐνεργεῖται ἐν ὑμῖν τοῖς πιστεύουσιν*) 따라서 선포된 말씀을 바로 '하나님의 말씀' 또는 '주의 말씀'(*ὁ λόγος τοῦ θεοῦ* 또는 *τοῦ κυρίου*)이라고 말할 수 있다.

2.4.3 초기 기독교가 사용한 '하나님의 말씀' 및 '주의 말씀'은 구약성서의 '드바르 엘로힘'(דְּבַר אֱלֹהִים) 또는 '드바르 야웨'(דְּבַר יהוה)와 상응한다. '주의 말씀' 또는 '야웨의 말씀'은 그것이 창조주의 말씀이든, 역사에서 파악된 말씀이든 또는 선지자에 의해 전달된 말씀이든 그 자체로 강력한 단어이다.(창 1, 사 55:11, 그리고 '다음과 같이 야웨가 말씀하시니'라고 시작하는 선지자들의 진술을 참조하라.) 이것은 신약성서에도 해당된다. 그러나 신약성서에서 그 용례는 하나님 자신의 말씀만이 아니라 예수의 말씀도 관련된다. 제자들과 믿는 자들에 의해 선포된 구원을 일으키는 말씀은 구약성서에서 선지자들의 말씀과 마찬가지로 '하나님의 말씀' 또는 '주의 말씀'(즉 예수의 말씀)으로 특징지을 수 있다. 절대형 '말씀'(*ὁ λόγος*)은 본 맥락에서도 한 역할을 한다. 그에 대한 예로는 '로고스 투 테우'(*λόγος τοῦ θεοῦ*, 행 4:31, 8:14, 13:5, 7, 44, 46, 48 또는 고후 2:17, 빌 1:14, 골 1:5), '로고스 투 퀴리우(크리스투)'(*λόγος τοῦ κυρίου*[*Χριστοῦ*], 행 8:25, 12:24, 살전 1:8, 골 3:16), 그리고 절대형 '호 로고스'(*ὁ λόγος*, 막 1:45, 4:14-20 병행구절, 행 4:4, 8:4)가 있다.

2.4.4 요한복음을 특별히 숙고할 필요가 있다. 요한복음은 예수께서 말씀하는 또는 말씀하신 말씀을 자주 언급한다.(요 2:22, 4:50) '내 말'(*ὁ λόγος μου, ὁ ἐμὸς λόγος, ὁ λόγος ὁ ἐμός*)이라는 표현도 자주 등장한다. 이는 '내 말씀'(*τὰ ῥήματα μου*)과 바꿔 쓸 수 있다.(참조. 요 5:24, 8:37, 51) 이와 관련하여 요한복음 14:24과 같은 진술이 중요하다. "너희가 듣는 말은 내 말이 아니요 나를 보내신 아버지의 말씀이니라."(*ὁ λόγος ὃν ἀκούετε οὐκ ἔστιν ἐμὸς ἀλλὰ τοῦ πέμψαντός με πατρός*) 왜냐하면 하나님이 보내신 이는 '하나님의 말씀을 말하기' 때문이다.(*τὰ ῥήματα τοῦ θεοῦ λαλεῖ*, 3:34) 예수 자신의 말씀에 해당하는 영향력을 예수는 고별설교인 17:20에서 그의 제자들을 위해 간구한다. 예수께서는 "그들의 말로 말미암아 나를 믿는 사람들

도 위함이니"라고 기도한다.(*περὶ τῶν πεστευόντων διὰ τοῦ λόγου αὐτῶν εἰς ἐμέ*)

2.4.5 이 모든 용법에 매우 특수한 '말씀' 이해가 있다. 이 이해는 말씀의 권능에서부터 출발한다. 제자들과 증인들의 말씀 또한 영향력 있는 '하나님의 말씀' 또는 '주의 말씀'으로 이해될 수 있다. 왜냐하면 선포된, 그리고 증거된 말씀 가운데 예수 자신이 우리에게 말씀하시기 때문이며, 따라서 예수 자신을 '하나님의 말씀'(*ὁ λόγος τοῦ θεοῦ*, 계 19:13)으로, 그리고 절대형 '말씀'(*ὁ λόγος*, 요일 1:14)으로 칭한 것은 놀라운 일이 아니다.

2.5 선포를 뜻하는 또 다른 개념들

2.5.1 단어 '프로페튜에인'(*προφητεύειν*, 예언하다)은 구약성서에서처럼 미래를 향할 뿐만 아니라, 현재와 관련된 의미를 지니기도 한다. 따라서 초기 기독교에서 예언은 일차적으로 예견이 아니라 오히려 약속이다. 요한계시록에도 해당되는 이러한 사실은 다른 신약성서의 문서들에서 더욱 분명하게 인식할 수 있다. 오순절에 일어난 방언과 결합된 예언을 보도하는 구절이 이에 해당하는 경우이다.(비교. 행 2:17 이하, 19:6) 바울에게 있어 '프로페테이아'(*προφητεία*, 예언)는 선포의 형태로, 이는 공동체 안에서 중요한 역할을 한다.(살전 5:20, 롬 12:6, 고전 12:6, 28. 14:1) 이때 바울에게 중요한 점은 무엇보다도 그 예언적 진술이 이해 가능한 것인가이다. 공동체 구성원과 관련해서뿐만 아니라 그 예언적 메시지의 내용으로 설득해야 할, 앞으로 공동체에 들어올 외부인을 고려하여 그 진술이 이해 가능해야 한다.(14:24 이하) '프로페튜에인'(*προφητεύειν*, 예언하다)은 '라레인 노이'(*λαλεῖν νοΐ*, 이해가 되는 말)이며 '라레인 글로사이스'(*λαλεῖν γλώσσαις*, 방언을 말하다)와는 구분된다.(14:14-19)

2.5.2 그 다음 선포와 관련하여 단어 '디다스케인'(*διδάσκειν*, 가르치다)과 '디다스칼리아'(*διδασκαλία*, 가르침)의 특수한 용례를 언급해야 한다. 유대교 전통에서 '가르치다'는 토라의 해석형태로서 오늘날까지 회당예배에서 고정적 위치를 차지한다. 예수께서 회당에서 '가르치셨다'는 사실을 복음서는 여러 번 언급한다.(막 1:21 병행구절, 눅 4:15, 요 6:59) 그러나 그 개념은 회당 밖에서 이루어진 예수의 선포에도 사용된다.(예를 들면 막 4:1 이하) 그리고 그 개념을 마가는 '케뤼세인'(*κηρύσσειν*, 선포하다)과 바꿔 사용하기도 하는데, 이 점을 특히 눈여겨보아야 한다.(막 1:14, 38 이하, 45.

비교. 5:20과 1:21 이하, 2:13, 6:1 이하) 그로 인하여 '가르치다'가 선포용어가 된다. 누가는 이러한 용례를 광범위하게 전수받았다.(눅 4:14-21, 31 이하, 5:3, 6:6a 등) 이에 비해 마태는 세분화한다. 마태에게 있어 '케뤼세인'(*κηρύσσειν*, 선포하다)은 하나님 통치의 선포가 요지이며(마 4:17, 23, 10:7, 27, 24:14, 26:13), '디다스케인'(*διδάσκειν*, 가르치다)에서는 회당과 성전에서의 가르침과 더불어 특별히 제자들이 뒤따를 것을 준비시키기 위한 예수의 지시가 관건이다.(마 5:2, 28:20)

2.5.3 덧붙여 헬라어권에서 다양한 의미를 갖는 개념인 '아코에'(*ἀκοή*)가 있다. 이 개념은 '아쿠에인'(*ἀκούειν*, 듣다)에서 파생된 것으로, 일차적으로는 '청력', 또는 '귀'를 뜻하며, '청취' 과정을 말하기도 한다. 그리고 '들리는 것'과 '들어야 할 것'의 의미도 있다. 신약성서에서 귀를 뜻하는 것 외에(예를 들면 고전 12:17), '소식'(막 1:28, 마 4:24 등)과 '설교'의 의미로 등장한다. '설교'의 의미는 이사야 53:1과 연관된 요한복음 12:38 및 로마서 10:16에 해당한다. 바울은 로마서 10:17에 이것을 기록한다. 이와는 별개로 갈라디아서 3:2, 5과 데살로니가전서 2:13에 설교용어로 나타난다. '들어야 할' 구원의 메시지가 관련된다.

2.5.4 마지막으로 살펴보아야 할 단어는 일반적으로 볼 때 보다 광범위한 의미를 지닌 '파라칼레인'(*παρακαλεῖν*)과 '파라클레시스'(*παράκλησις*)이다. 이 동사의 원래 의미인 '가까이 부르다'는 신약성서에서 고유한 역할을 수행하지 않는다. 이 단어는 '청하다', '훈계하다'(특별히 권고에서)의 의미로 광범위하게 대체되었다. 동시에 '누구에게 어떤 말로 무엇을 전해주다', '용기를 북돋우다' 또는 '격려'를 의미하기도 한다. 그리고 마지막으로 '위로하다'와 '위로'의 의미도 중요하다.

2.5.4.1 이 개념의 이러한 다의성 때문에 이 단어는 선포를 나타내는 용어로도 사용될 수 있었다. 따라서 데살로니가전서 2:2 이하는 복음을 선포하는 것을 '우리의 권면'(*ἡ παράκλησις ἡμῶν*)이라고 표현하고 계속 이어나간다. '위로'라는 뜻에서 '권면'의 의미에 대해서는 고린도후서 1:3 이하가 특별히 시사하는 바가 많다. 그 구절에는 '모든 환난 중에서 우리를 위로하는' 하나님께 감사한다고 기록되어 있다.(*ὁ παρακαλῶν ἡμᾶς ἐπὶ πάσῃ τῇ θλίψει ἡμῶν*)

2.5.4.2 이로써 '파라칼레인'(*παρακαλεῖν*)을 권면의 의미로 사용한 용례에 대한 결과를 확인하였다. 물론 이 용례가 가장 흔하다. 여기서 관건은 단순히 '훈계하다'의 의미가 아니라(그런 의미로는 *παραινεῖν*이 오히려 더 적합하다), 기독교인들의 삶의 영위에 관련된 특수한 형태의 위로라는 사실이다. 그러나 이는 위로가 인간에 대한 요

구도 포함한다는 사실을 보여준다.(이에 대해서는 이 책 22장을 보라.)

2.5.5 전체적으로 다양한 선포 개념들에 주목할 필요가 있다. 이때 눈에 띄는 점은 원래는 서로 다른 의미 영역에서 유래한, 다양한 개념들이 사용된다는 점이다. 이것은 구원 메시지의 선포가 초기 기독교 공동체에게 어떤 의미가 있었는지를 보여주는 표시이다.

2.6 선포의 사명을 지닌 이들

2.6.1 먼저 '아포스톨로이'(*ἀπόστολοι*, 사도)를 들 수 있다. 그 용어는 '예수 그리스도의 사도'라는 뜻으로 특별한 위치를 차지한다. 그들은 부활하신 이에 의해 부름 받은 복음의 전령들이다. 그런 점에서 그 용어로 불리는 이들은 한정적인 범위 안에 속한다.(갈 1:1, 17, 고전 15:7) 그들에게 근본적인 선교 사명이 부여된다. 따라서 그들의 선포는 규범적인 기능을 갖는다. 이와 더불어 성령에 의해 부름 받은 '사도'들이 있다. 그런 의미에서 사람들이 바울을 '프슈드아포스톨로이', 또는 비꼬는 투로 '휘페르리안 아포스톨로이'(*ψευδαπόστολοι, ὑπερλίαν ἀπόστολοι*, 거짓 사도, 지극히 큰 사도)라고 불렀다.(고후 11:13, 11:5, 12:11) 이들이 초기 기독교 시대를 넘어서 영향을 끼쳤다는 사실이 디도서 11:4-6에 나타난다.

2.6.2 사도들의 사명과 밀접히 관련되어 있는 것이 '프로페타이'(*προφῆται*, 예언하다)이다. 이 용어가 초기 기독교에서 어떤 의미로 사용되었는지가 예언의 성격에 관한 바울의 설명과 요한계시록 저자의 자기 이해에 나타날 뿐만 아니라, 사도행전과 복음서의 내용에서도 나타난다. 사도행전 11:27, 13:1, 15:32과 21:10에서 기독교의 예언자를 언급하며, 마태복음 10:41에도 선지자를 '받아들인다'라는 말이 나온다.(*δέχεσθαι προφήτην*, 참조. 10:40) 또한 마가복음 13:22 병행구절, 마태복음 7:15, 요한일서 4:1의 '프슈도프로페타이'(*ψευδοπροφῆται*, 거짓 선지자들)도 같은 맥락에서 나온 말이다. 특별히 주목해야 할 본문들은 '사도들과 선지자들(그리고 교사)'이라고 나란히 언급한 본문들이다. 그들은 고린도전서 12:28과 에베소서 4:11에서 초기 공동체에 선포의 사명을 지닌 결정적인 대표자들로 언급된다. 에베소서 3:5은 그들에게 구원의 비밀이 맡겨졌다고 말한다. 따라서 에베소서 2:19 이하에서 '사도들과 선지자들의 터 위에' 교회가 세워졌다고 표현한다. 이를 통해 에베소서는 바울과 달리 사도들과 선지자들을 이미 오래 전 초창기에 속하는 인물들로 본다.(비교. 고전 3:11)

2.6.3 '유앙겔리제스타이/유앙겔리온'(εὐαγγελίζεσθαι/εὐαγγέλιον)과 '케뤼세인/케뤼그마'(κηρύσσειν/κήρυγμα)는 매우 자주 등장하는 데 반해, '유앙겔리스테스'(εὐαγγελιστής, 복음전도자)와 '케뤽스'(κῆρυξ, 전도자)는 드물게 사용된다. 첫 번째 개념은 사도행전 21:8에서 헬라인 빌립에게, 그리고 디모데후서 4:5에서 디모데에게 사용되었다. 에베소서 4:11은 사도들과 예언자들과 함께 '복음 전도자'와 '목자'라는 칭호를 언급한다. 그들은 이제 공동체 안팎에서 선포하는 사람들로서 그 사이 초창기의 인물들이 된 사람들과 구분된다. '케뤽스'(κῆρυξ, 전도자)라는 명칭은 디모데전서 2:7과 디모데후서 1:11에서 가상의 발신자인 바울에게 붙여진다.

2.6.4 '마르투스'(μάρτυς, 증인)라는 명칭도 주목해야 한다. 법적 증인의 의미에서 사용된 예를 제외하면 이 단어는 예수의 삶과 사역, 그리고 그의 부활의 증인이었던 예수의 제자들에게 사용되었다.(행 1:8, 22, 3:23, 3:15 등. 참조. 고전 15:15) 구원의 메시지를 전하는 선포자에 대한 특수한 명칭의 의미로 사용된 예는 요한계시록에만 나타난다.(계 2:13, 11:3, 17:6) 그러나 요한계시록에서도 증인의 삶을 살기 위해 자신을 희생한 그런 자들을 칭하는 용어이기도 하다.

3. 지속적인 구원의 선포

예수 그리스도의 위격(Person)과 역사에 나타난 하나님의 구원 행위 및 전권적이며 구원을 일으키는 선포를 행하게 하는 능력으로서 오순절 이후로 활동하는 성령으로 인해 구원은 영원토록 현재적이다. 구원의 현재성은 신약성서에서 예수 제자들의 구체적인 선포 및 전권적인 활동과 결합되어 있다. 여기서 구원의 현재성이 어떻게 전해지고 어떻게 이해되는가에 대한 질문이 제기된다. 이 맥락에서 이미 일어난 구원과 현재의 구원 선포 사이의 관계가 우선 문제가 된다. 이와 관련하여 동시에 등장하는 구원의 현재와 미래에 대한 긴장은 다른 곳에서 다룬다.(참조. 이 책 24장)

3.1 예수의 파송 및 부활 이후의 선포 사명

예수의 말씀 및 행동을 통해 인간은 구원의 여명을 직접적으로 경험하였다. 이미 예수의 지상 생애 동안 예수의 제자들은 하나님 통치의 소식을 전파해야 할 사명을 위임받았고, 이 사명은 부활하신 이를 통해 새롭게 갱신되었다.

3.1.1 마가복음 6:7b-13//누가복음 9:1-6 및 마태복음 10:1-16//누가복음 10:1-12의 파송설교에서 볼 수 있듯이, 예수께서는 제자들을 자신의 사역에 불러들였다. 하나님 통치의 선포 및 치유 혹은 귀신 축출에 대한 위임은 이문을 제외하면 의심의 여지없이 진정한 예수의 말씀이다.(참조. 막 6:7b, 12 이하, 마 10:7 이하, 눅 9:1 이하, 10:9) 통일된 표현으로 전승되지는 않았으나 옷차림에 관한 지시도 진정성이 있다.(참조. 막 6:8 이하 병행구절) 예수 자신이 선포했던 바로 그 소식이 제자들에게 맡겨졌다. 그리고 하나님 통치의 시작에 대한 표적이며 인간을 억압했던 세력으로부터 인간을 자유롭게 하는 이적 행위를 제자들도 행해야 한다.

3.1.2 부활 이후에 겪은 경험 가운데서 파송 말씀이 형성되었다. 무엇보다도 마을과 각 집에서 행해야 할 처신, 예를 들면 체류하는 방식 및 접대를 받는 것에 대한 말씀이 이에 해당한다.(막 6:10 이하 병행 구절 및 눅 10:6-9) 특히 '잃어버린 이스라엘의 양들' 가운데서만 선포하라는 마태복음 10:5 이하의 지시와 더불어 10:16-42에 제자 파송에 관한 광범위한 단락도 그러하다.

3.1.3 예수의 죽음과 더불어 하나님 통치가 미치는 영향력이 쇠퇴한 것이 아니다. 부활과 오순절을 통해 시작된 구원이 계속되고 있음을 알 수 있다. 부활 사건은 제자들에게 있어 파송 위임의 확증이며 갱신이었다. 따라서 마태복음 28:18-20, 누가복음 24:44-48, 요한복음 20:21에 제시되는 바와 같이 부활하신 이가 분명하게 사명을 위임했음을 보도하는 전승들이 있다. 부가적인 마가의 결론부에 포함된 마가복음 16:15-18의 전승도 참조하라. 위임받은 사명은 시공간적으로 제한이 없다.

3.1.4 마가는 사명의 위임을 예수의 지상 생애 기간으로 한정시키며, 마태의 경우 10장에 기록된 이스라엘에 대한 지상 예수의 파송위임과 28:18-20의 온 세상을 향한 선교 명령이 대립한다. 누가는 9:1-6에서 12제자에게 수여된 사명과 10:1-16에서 70(72)제자에게 내려진 파송위임을 병치시켰다. 누가복음 10:1-16은 24:46-49의 온 세상을 향해 내린 부활하신 이의 위임을 앞서 지시한다.

3.2 공관복음 및 사도행전에 나타난 구원 메시지의 선포

마가와 마태에게서 부활 이후에 대한 전망이 미미하게 나타나긴 하나, 그 가운데서 이미 이후의 구원 선포에 대한 이해 및 범위가 반영되어 있다. 누가는 자신의 사

도행전을 시작하고 있는 부활 이후 선포의 때와 연결시켰다.(참조. I권 29-31장)

3.2.1 마가복음

마가복음의 경우 4장과 13장 두 말씀의 상응관계가 보여주듯이, 구원의 완성에 대한 지향이 중요한 역할을 한다. 부활 사건을 넘어 부활 이후의 때를 향한 시각은 산발적으로 나타난다. 그럼에도 불구하고 복음을 계속적으로 선포해야 하는 것이 중요하다는 사실을 분명하게 강조한다.

3.2.1.1 마가복음 16:7에서 제자들은 갈릴리로 가서 부활하신 이를 만나라는 명령을 받는다.(비교. 막 14:28) 그러나 선교 사명에 관해 새롭게 언급하지는 않는다. 마가복음 16:15-18의 본문은 비록 오래된 전승에 근거하기는 하나 원래의 마가복음에 포함되어 있던 요소는 아니다. 선포하고 전권적으로 행하라고 보내신 지상 예수의 파송은 영구적인 지시이다.(3:14 이하, 6:7-13, 30) 두 군데 중요한 구절에서 복음 메시지를 지속적으로 선포해야 함이 고려된다. 부활과 재림 사이에 고난이 있다는 종말론적 말씀 가운데 위치한 마가복음 13:10에 다음과 같이 기록되어 있다. "또 복음이 먼저 만국에 전파되어야 할 것이니라."(*εἰς πάντα τὰ ἔθνη πρῶτον δεῖ κηρυχθῆναι τὸ εὐαγγέλιον*) 온 세상에 파송명령이 성취될 때에야 비로소 완성이 시작될 것이다. 이 내용은 온 천하에 복음이 선포될 때에 예수의 장례를 선취하여 기름을 미리 부은 그 여자도 기억되리라 말한 14:9의 향유사건 말미에 또 한 번 나온다.

3.2.1.2 마가가 복음과 복음의 선포를 어떻게 이해하였는지는 그의 글 시작 부분에 분명하게 나온다. 마가복음 1:1에 따르면, 그가 여기서 보도하는 그것이 바로 "예수 그리스도의 복음의 시작"(*ἀρχὴ τοῦ εὐαγγελίου Ἰησοῦ Χριστοῦ*)이다. 여러 가지로 논의되는 표현인 "시작"을 예수의 부활까지 포함하는 그의 생애로 보는 것이 가장 바람직한 해석이다. 그 표현으로 바로 시작 부분에서 복음 메시지의 계속적인 선포와 그 내용을 지시한다. 마가복음 1:14, 15a에 따르면 예수 자신이 "하나님의 복음을 전파하였다."(*κηρύσσων τὸ εὐαγγέλιον τοῦ θεοῦ*) 그 말씀에 따르면 때가 찼고 하나님의 나라가 가까이 왔다. 따라서 1:15b에서 다음과 같이 외친다. "회개하고 복음을 믿으라." (*μετανοεῖτε καὶ πιστεύετε ἐν τῷ εὐαγγελίῳ*) 특별히 "복음을 믿으라."는 요청은 부활 이후의 선포로 연결하는 다리 역할을 한다.

3.2.1.3 마가복음 1:1, 14 이하의 계획적인 진술의 맥락에서 마가는 계속되는 선포의 내용을 말할 뿐만 아니라, 서술된 내용은 하나의 장르로서 그 기능을 획득한다. 이

것은 특별히 제자도 사화 및 제자도 말씀에서 분명히 드러난다. 마가의 기록은 지상의 예수와 맺은 구체적인 생활을 넘어 제자도를 위해 중요한 의미를 지닌다. 제자도 말씀의 문맥에서 두 번이나 "나와 복음을 위하여"(*ἕνεκεν ἐμοῦ καὶ τοῦ εὐαγγελίου*, 막 8:35, 10:29)라는 표현이 등장하는 것은 우연이 아니다. 회개와 복음을 믿음으로 인하여 예수께 속하게 되고 제자 됨의 모습으로 구원에 참여하게 된다.

3.2.1.4 마가에게 있어 예수의 메시지와 복음의 선포는 동일한 것이다. '바실레이아'(*βασιλεία*)라는 예수의 메시지를 지속적으로 선포하는 것과 전권적인 이적을 행하는 것은 예수의 위격(Person) 안에 계시된 "하나님 나라의 비밀"(4:10 이하)과 연결된다. 부활 이후로 이 비밀은 더 이상 언급되지 않는다.(9:9) 세례 요한의 세례로부터 십자가와 부활에 이르는 예수의 전 여정이 끝난 후에, 그의 재림 때에야 모든 인간에게 밝혀질(13:26) 이 비밀은 믿음에 대한 촉구와 함께 선포된다. 이 메시지를 받아들이고 모든 고난을 견디는 그 곳에는 이미 지금 구원이 있고 미래에 결정적인 구원이 있을 것이다.(13:13)

3.2.1.5 마가에게서 눈에 띄는 것은 예수의 수세와 함께 시작된 기독론적 개념 외에 부활 이후의 시기의 관점에서 승귀 표상이 퇴색하고 성령론은 거의 완전히 결여되고 있다는 점이다.(참조. 막 12:35-37a 및 13:11) 구원의 선포는 오로지 예수의 전권적인 위임에만 근거하여 이 위임은 지상에서의 파송을 넘어 유효하며, 선포된 말씀의 강력함으로 인해 능력과 영향력이 있다.

3.2.2 마태복음

마태의 개념은 마가복음의 기본 개념과 매우 가깝다. 마태는 기존의 마가 텍스트를 의식적으로 받아들였고, 몇몇 곳에서는 알아차릴 수 있을 만큼 본문을 변형하기도 하였다. 본문을 변형할 때에 큰 역할을 한 것은 부활 이후의 시간에 대한 전망이다.

3.2.2.1 마태복음에서 중심적 위치를 차지하는 것은 부활하신 이가 내린 갱신된 파송 위임이다. 마태복음 28:18-20에서 예수는 자신의 제자들에게 지시하기를, 모든 민족을 "제자로 삼으라."(*μαθητεύειν*)고 하며, 세상 끝 날까지 항상 함께할 것을 약속한다. "볼지어다. 세상 끝 날까지 너희와 항상 함께 있으리라."(*ἰδοὺ ἐγὼ μεθ' ὑμῶν εἰμι πάσας τὰς ἡμέρας ἕως τῆς συντελείας τοῦ αἰῶνος*) 여기서 주목할 점이 두 가지이다. 먼저 지상 예수의 파송이 '이스라엘 중에 잃어버린 양'에만 해당하였다면(마 10:5b, 6), 부활하신 이의 파송은 범세계적 성격을 띤다는 점이다. 또 다른 한 가지는 부활

하신 이가 현재 함께한다는 문맥에서 성령의 도우심에 대한 지적이 뚜렷하게 드러나지 않으며, 오히려 부활하신 이 자신이 조력자라는 사실이 드러난다는 점이다. 그럼에도 불구하고 전권적인 선포를 통해 사람들은 성령의 활동을 대면하게 되며, 이는 세례 명령에서 드러나는 바이다.(마 28 : 19) 이 뿐만 아니라 성령 비방에 관한 말씀을 눈여겨보아야 한다. 이 말씀은 어록 자료(Logienquelle)에 있는 것으로 부활 이후 시기의 궁극적인 구원과 관련된다.(12 : 31 이하 병행구절)

3.2.2.2 마태복음 1 : 1에서는 마가복음과 달리 '복음'이라 하지 않고, 구약성서 전승에 기대어 '책'(*βίβλος*)[17]이라 한다. 그럼으로써 마태의 기록이 지닌 거룩한 문서(Heiliger Schrift)로서의 성격과 기독교 공동체를 위해 근간이 되는 본문으로서의 특징이 드러난다. 그러나 이 책에서도 중심은 복음, 보다 정확히 말해 '하나님 통치의 복음'이며, 마태가 4 : 23, 9 : 35 및 24 : 14에서 분명하게 언급한 바와 같다.(*εὐαγγέλιον τῆς βασιλείας*, 마태복음에만 나오는 표현) 26 : 13에는 이런 의미에서 복음을 '토 유앙겔리온 투토'(*τὸ εὐαγγέλιον τοῦτο*, 이 복음)라 칭하며 좀 더 한정하여 표현하였으며, 이런 식으로 복음서로서의 성격을 부여하였다. 물론 마가의 경우와 마찬가지로 마태에게도 '하나님 통치의 복음'이란 그리스도의 메시지를 의미한다.

3.2.2.3 그 밖의 마태복음의 특징은 선포해야 할 복음에서 예수의 가르침이 제자들의 실존을 구현하기 위한 지침으로서 강하게 강조된다는 점이다. 따라서 저자는 예수께서 '가르치신' 모든 것을 종합할 수 있기 위해 대단위 설교복합체들을 구성하였다. 이 말씀들은 예수의 생애를 넘어 부활 이후의 시기를 지시한다.(참조. 마 7 : 21–23) 또한 예수께서 '요구하신' 이 말씀 가운데 부활하신 이의 선교 위임이 포함되어 있음은 우연이 아니다.(28 : 20a)

3.2.2.4 마태가 마가보다 더욱 강하게 강조한 또 다른 한 가지는 이미 구원에 참여함이 허락된 이들의 공동체이다. 마태복음에서 '에클레시아'(*ἐκκλησία*, 교회 또는 공동체, 16 : 18, 18 : 17)라는 개념을 보게 되는 것은 우연이 아니며, 공동체 생활을 위한 틀이 되는 규정을 정하였다.(참조. 16, 19장 및 특히 18장) 비록 규모가 작다 하더라도, 믿는 자들의 연합 가운데서 구원을 현재적으로 경험하게 된다. "두세 사람이 내 이름으로 모인 곳에는 나도 그들 중에 있느니라."(*οὗ γάρ εἰσιν δύο ἢ τρεῖς συνηγμένοι εἰς*

17) 개역개정판은 '계보'라고 읽음. 저자의 표현을 그대로 살려 '책'(Buch)으로 번역하였다. – 역자 주.

τὸ ἐμὸν ὄνομα, ἐκεῖ εἰμι ἐν μέσῳ αὐτῶν, 18:20)

3.2.2.5 마지막으로 마태는 믿는 사람들은 언제나 주의 재림과 그의 심판을 준비해야 함을 분명하게 부각시킨다.(참조. 24:34-25:30 및 25:31-46) 미래에 있을 구원의 완성을 바라보는 시각이 복음의 메시지와 믿음을 통합하는 요소이다. 지금 이미 구원에 참여할 수 있는 만큼, 교회는 '혼합된 공동체'(corpus permixtum, 마 13:24-30, 36-43)이며, 믿는 자들도 인자의 심판 앞에 서야만 한다. 따라서 마태에게서만 다음과 같은 문장을 볼 수 있다. "청함을 받은 자는 많되 택함을 입은 자는 적으니라."(*πολλοὶ γάρ εἰσιν κλητοί, ὀλίγοι δὲ ἐκλεκτοί*, 22:14) 역시 마태복음에만 등장하는 표현이기도 한, '작은 믿음'(*ὀλιγοπιστία*, 17:20. 비교. 6:30, 8:26, 14:31, 16:8의 *ὀλιγόπιστος*)은 극복되어야 하고 극복될 수 있다. 왜냐하면 복음의 메시지 및 살아 있는 믿음은 구원의 완성이 임박하였다는 것을 확신함으로써 지지되기 때문이다.(24:32-35)

3.2.3 누가복음과 사도행전

누가복음이 마가 및 마태와 가깝긴 하지만, 사도행전과의 관계를 통해 특수한 전후 맥락이 생겨나고 하나의 또 다른 기능을 갖는다.

3.2.3.1 이중 저작의 저자는 그의 작품을 '복음'이나 '책'이라 칭하지 않고 '보고'(*διήγησις*, 눅 1:1)[18]라 한다. 저자는 이 '보고'를 예수의 사역에 관해 보고하는 수많은 선구자들 및 초창기 교회와 연결하여 작성하고자 한다. 그는 사료 편찬적인 관심을 갖고 있었으며(1:2 이하), 이는 이 메시지를 받아들이고 지도받은 사람들을 확신시키고자 하는 것과 관련이 있다.(1:4) 그러나 저자가 이러한 보고를 통해 분명히 하고자 하는 바는 기독교 메시지의 중심 주제이다.

3.2.3.2 누가복음 16:16에 따르면 복음의 선포는 세례 요한의 활동 직후, 그러니까 예수의 등장과 더불어 시작되며, 예수의 등장은 누가복음 4:14-21의 취임 설교에 강령적으로 묘사되었다. 예수의 지상 생애 동안에 이미 누가복음 9:1-6에 기록된 이스라엘로 12제자 파송이 이루어졌을 뿐만 아니라, 이미 언급한 대로 누가복음 10:1-20에 70인 또는 72인 제자를 파송하였다. 이 숫자는 온 세상 가운데서 선포함을 상징적으로 지시한다. 제자 파송은 누가복음 24:44-49과 사도행전 1:8에 기록된 부활하신 이의

18) 개역개정판은 '사실'이라고 읽음. 저자의 표현을 그대로 살려 '보고'(Bericht)라고 번역하였다. — 역자 주.

선교 명령을 통해 확증되고 효력을 얻는다.

3.2.3.3 '하나님 통치의 복음을 선포하는 것'이 관건이다.(*εὐαγγελίζεσθαι τὴν βασιλείαν τοῦ θεοῦ* 또는 *περὶ τῆς βασιλείας τοῦ θεοῦ*, 누가는 자신의 복음서에서 동사 '유앙겔리제스타이'[*εὐαγγελίζεσθαι*]를 사용하며, 사도행전 15:7, 20:24에서만 명사 '유앙겔리온'[*εὐαγγέλιον*]도 사용한다.) 예수께서 하나님 통치를 선포하였고(눅 8:1), 그의 생전에 이미 제자들에게 하나님의 통치를 선포하라고 위임한 그대로(9:2, 10:9, 11) 부활 이후에도 이는 유효하다.(행 8:12, 19:8, 20:25, 28:23, 31) 그러나 이제 선포는 예수 그리스도의 이름을 선포하는 것과 연결되었다.(행 5:40, 9:27) "다른 이로써는 구원을 받을 수 없나니 천하 사람 중에 구원을 받을 만한 다른 이름을 우리에게 주신 일이 없음이라."(*οὐκ ἔστιν ἐν ἄλλῳ οὐδενὶ ἡ σωτηρία, οὐδὲ γὰρ ὄνομά ἐστιν ἕτερον ὑπὸ τὸν οὐρανὸν τὸ δεδόμενον ἐν ἀνθρώποις ἐν ᾧ δεῖ σωθῆναι ἡμᾶς*, 행 4:12) 부활하신 예수께서는 '(미래의) 생명으로 이끄시는 분'(*ἀρχηγὸς τῆς ζωῆς*)이며 '구원사'이다.(*σωτήρ*, 참조. 행 3:15, 5:31, 눅 2:11)

3.2.3.4 누가복음 24:47에 그리스도의 죽음과 부활을 토대로 부활 이후의 선포에서 핵심은 '그의 이름으로' '회개'(*μετάνοια*)를 촉구하며 '죄 사함'(*ἄφεσις ἁμαρτιῶν*)을 선언하는 것이다. 이를 통해서만이 구원을 받을 수 있다. 세례 요한이 이미 죄 용서의 관점에서 회개를 촉구하였다.(눅 1:77, 3:3) 이제 "어디에 있는 사람에게나 다 회개하라."(*πάντας πανταχοῦ μετανοεῖν*, 행 17:30) 명하였고, 회개할 때에 '예수의 이름으로' 용서가 선포되고 약속된다.(행 2:38, 5:31, 10:43, 13:38, 26:18) 이것을 기반으로 현재적인 구원 참여가 성립된다.

3.2.3.5 누가가 마가나 마태의 지속적인 구원 선포와 관련하여 구분되는 점은 성령의 두드러진 역할이다. 선포는 성령의 능력 가운데서 이루어지며 성령에 의해 지배된다.(행 4:8, 5:32, 10:19, 11:12, 13:2, 16:6) 사도행전 2:1-41의 오순절 사화에서 기본적으로 나타나고 이후의 서술에서 여러 번 나타나듯이, 복음의 메시지가 수용될 때에 성령의 은사도 역시 전해진다. 이런 사실을 가장 특징적으로 보여주는 것은 무엇보다도 고넬료 사건이다.(행 10:44-48, 11:16 이하)

3.2.3.6 누가에게 있어 매 순간 성령의 활동과 도우심을 신뢰하는 것이 중요한 의미를 지니며, 따라서 다시 오실 이를 영접하기 위하여 항상 준비하라는 촉구는 어느 정도 쇠퇴한다. 성령이 활동하는 곳에 구원이 이미 시작되었고, 성령이 활동하는 곳에 구원 참여가 이미 있다. 물론 그렇다고 완성에 대한 기대를 포기하는 것은 아니다.(눅

17:22-37, 21:25-28) 그러나 완성에 대한 대망은 현재의 경험으로 인해 현저히 미래로 밀려난다.

3.2.3.7 다시 뒤돌아보며 단언할 수 있는 바는 마가와 마태의 복음서들과 마찬가지로 누가의 이중 저작 가운데도 예수 전승이 기독론적으로 교차되고 침투하였음에도 불구하고, 하나님 통치의 선언이 주된 사상으로 남아 있다는 사실이다.

3.3 바울에게 있어 복음의 구원 능력

예수 자신의 메시지와 직접 연결되며 시작하고 있는 하나님 통치의 맥락에서 구원 선포 및 구원의 현실화를 표명하는 전승들 외에, 시작하고 있는 하나님 통치의 표상은 포기했으나 예수 메시지의 기본 의도는 전반적으로 포함하고 있는 개념들도 신약성서에 있다.(참조. 이 책 7장) 바울의 복음 이해가 그러한 특징을 잘 나타낸다.

3.3.1 바울의 경우 핵심적인 그리스도 메시지가 복음이다. '하나님의 복음'은 '예수 그리스도의 복음'이다. 로마서 1:1-4에 따르면 바울은 부름 받은 사도이며 '하나님의 복음을 위해'(*εἰς εὐαγγέλιον θεοῦ*, 1절) 다시 말해 하나님의 복음을 선포하도록 임명받았다. 바울은 바로 이어 하나님의 복음을 '그의 아들'의 복음이라고 칭하며(3절 이하), 복음의 특수한 의미를 언급한다. 예수 죽음의 구원론적 의미 때문에 바울은 복음을 '십자가의 도'(*ὁ λόγος τοῦ σταυροῦ*, 고전 1:18)라고 부른다. 바울은 "예수 그리스도와 그가 십자가에 못 박히신 것"(*Ἰησοῦν Χριστὸν καὶ τοῦτον ἐσταυρωμένον*) 외에는 아무것도 알지 아니하기로 작정하였다.(고전 2:2) 이 예수 그리스도 안에 하나님은 자신의 구원을 보여주셨고, 지속적으로 계시하신다.

3.3.2 그리스도의 메시지인 복음은 구원을 일으키는 선포이다. 바울이 로마서 서문에서 예수 그리스도의 증인으로서 로마에 가기 원한다는 자신의 오랜 소망을 피력한 후, 다음의 내용을 덧붙인다. "내가 복음을 부끄러워하지 아니한다."(*οὐ γὰρ ἐπαισχύνομαι τὸ εὐαγγέλιον*, 16a) 그리고 '복음'에 관한 이중 설명이 이어진다. 첫 번째 설명, "이 복음은 모든 믿는 자에게 구원을 주시는 하나님의 능력이 됨이라. 먼저는 유대인에게요, 그리고 헬라인에게로다."(*δύναμις γὰρ θεοῦ ἐστιν εἰς σωτηρίαν παντὶ τῷ πιεστεύοντι, Ἰουδαίῳ τε πρῶτον καὶ Ἕλληνι*, 16b절)는 선포된 복음이 모든 인간에게 끼치는 구원의 기능을 지시한다. 두 번째 설명, "복음에는 하나님의 의가 나타나서 믿음으로 믿음에 이르게 한다."(*δικαιοσύνη γὰρ θεοῦ ἐν αὐτῷ* [*τῷ εὐαγγελίῳ*] *ἀποκαλύπτεται ἐκ πίστεως εἰς πίστιν*, 17a절)는 믿음으로 복음을 받아들인 곳에서 복음이 끼치는 영향력을 상술하고 있다. 하박국 2:4의 내용을 인용하여 위 내용을 강조한다. "오직 의인은 믿음으로 말미암아 살리라."(*ὁ δὲ δίκαιος ἐκ πίστεως ζήσεται*, 17b절) 물론 이 구절을 바울은 원문과 달리 이해하였다. '의인은 그의 믿음 때문에 살 것이다.'라는 의미가 아니라, 전후 맥락이 보여주듯이, '믿음으로 인한 의인'에게 생명의 약속이 주어진다는 의미이다. 복음의 영향력 및 그것이 지닌 구원을 일으키는, 이신칭의 사상으로 해석되는 기능이 위의 강령적 진술 가운데 통합되어 있다.

3.3.3 구원의 현재화는 예수 그리스도의 위격(Person) 및 역사 가운데 일어난 구원을 근거로 이루어진다. 따라서 바울이 넘겨받은 전승인 로마서 3:24, 25a에 하나님의 구원 행위의 유일회성을 부각시키며, 곧이어 25b, 26a*α*절에서 유일회적인 하나님의 구원 행위가 이루어질 때 나타난 하나님의 의로우심을 '드러냄'(*ἔνδειξις*)에 관해 언급한다.(참조. 이 책 13장) 바울이 보충한 3:26a*β*, b절에 다시 한 번 '자기의 의로우심을 나타냄'(*ἔνδειξις τῆς δικαιοσύνης αὐτοῦ*)을 강조하나, 복음 선포를 토대로 하여 '지금'(*ἐν τῷ νῦν καιρῷ*) 나타나는 것이 관건이다. 이와 맥락을 같이하여 인간을 향한 하나님의 현재적 구원에 관해 언급한다. "자기도 의로우시며 또한 예수 믿는 자를 의롭다 하려 하심이라."(*εἰς τὸ εἶναι αὐτὸν δίκαιον καὶ δικαιοῦντα τὸν ἐκ πίστεως Ἰησοῦ*, 26b) 이어지는 3:28 또는 3:29 이하의 진술은 구원을 일으키는 의로움이 현재적으로 현실화되는 의미를 한 번 더 강조한다.

3.3.4 이신칭의 메시지는 바울 신학의 심장부이다.(참조. I권 15장) 로마서, 갈라디아서 및 고린도후서의 핵심 구절(5:21)과 빌립보서의 핵심 구절(3:7-11)에서 바울은 선포된 복음이 지닌 구원론적 능력을 이신칭의의 메시지라는 의미로 전개하였다. 그는 여기서 기존의 초기 기독교적 전승을 재수용하였다.(참조. 눅 18:14a, 마 6:33, 롬 3:25, 26a, 4:25, 고전 6:11)

3.3.4.1 바울에게 있어 '의로움'(*δικαιοσύνη*)이란 헬라어에서 말하는 윤리적 개념도, 로마 전통의 규범적 법 개념도 아니다. 즉 '주요 덕목' 가운데 한 명칭이나 '분배 정의'(iustitia distributiva), 예를 들면 대가나 벌을 배분할 때의 정의를 칭하는 것이 아니다. '디카이오쉬네'(*δικαιοσύνη*)는 '츠다카'(צְדָקָה)에 부합하는, 함께함을 가능하게 하고 실현화하는 것과 관련된 관계적 개념으로서 '디카이오쉬네'를 기반으로 관계가 성립되고 유지된다. 따라서 이 용어는 '함께함을 위한 충실도'(Gemeinschaftstreue)로 달리 표현할 수 있다. '하나님의 의로움'(*δικαιοσύνη θεοῦ*)이 계시되는 그 곳에서 하나님

은 함께함을 허락하고 갱신하신다. 그런 점에서 한 편으로는 '유스티티아 살루티페라'(iustitia salutifera, 구원의 의), 즉 구원을 일으키는 의이다. 이것은 인간을 의롭게 하는(δικαιοῦν) 하나님의 행위 가운데서 실현된다. 죄인인 인간은 의롭게(δίκαιος) 될 수 있는 처지가 못 된다. 왜냐하면 이를 위해 반드시 필요한 하나님과 무조건적으로 함께하는 데서 떨어졌기 때문이다. 이 때문에 인간은 의롭게 하시는 하나님의 행위에 의존한다.

3.3.4.2 의롭게 하시는 하나님의 행위를 전적으로 신뢰하는 믿음(*πίστις*)으로만 인간은 죄로부터의 해방과 의롭게 됨을 경험하며, 이것은 인간에게 주어진 무조건적인 필요조건이다. 결정적인 내용은 하나님이 "경건하지 아니한 자를 의롭다 하신다."(*δικαιοῦν τὸν ἀσεβῆ*, 롬 4:5)는 것이다. 이에 반해 '율법의 일'(*ἔργα νόμου*)로 스스로 의로움에 이르려는 모든 노력들은 결국 부질없는 자기 의와 헛된 자랑(*καύχησις*, 참조. 3:27)에 이를 뿐이다.

3.3.5 불의한 자를 의롭게 하신다는 맥락에서 펼친 지속적인 구원 메시지에 대한 설명은 그리스도 메시지가 지닌 구원 능력을 설명하기 위해 바울이 사용한 유일한 해석이 아니다. 전통적인 모티브(죄용서, 속죄)를 제외하고 특히 화해 주제를 눈여겨보아야 한다. 로마서 5:6-10에서 바울은 두 개의 모티브를 결합시킨다. 우리가 아직 죄인이었을 때에 잠시 죽은 그리스도의 죽음을 근거로, 우리는 '이제 의롭게 되었고', "하나님과 화해하였다."(*δικαιωθέντες νῦν, καταλλαγέντες τῷ θεῷ*) 이에 상응하여 고린도후서 5:18-21에 기록하기를, 하나님은 '화목하게 하는 직분'(*διακονία τῆς καταλλαγῆς*, 18b절)과 '화목하게 하는 말씀'(*λόγος τῆς καταλλαγῆς*, 19c절)을 주셨고, 이를 근거로 그 때부터 화해를 청한다. "우리가 그리스도를 대신하여 사신이 되어 하나님이 우리를 통하여 너희를 권면하시는 것 같이 그리스도를 대신하여 간청하노니 너희는 하나님과 화목하라."(*ὑπὲρ Χριστοῦ πρεσβεύομεν ὡς τοῦ θεοῦ παρακαλοῦντος δι' ἡμῶν· καταλλάγητε τῷ θεῷ*, 20절) 그러나 동시에 화해는 "우리로 하여금 그(그리스도) 안에서 하나님의 의가 되게 하려 하심이다."(*ἵνα ἡμεῖς γενώμεθα δικαοσύνη θεοῦ ἐν αὐτῷ*, 21절) 곧 그의 의로움에 참여하게 한다는 의미이다.

3.3.6 바울이 위의 주제로 서술하고자 한 바는, 시작하고 있는 하나님 통치의 메시지가 곧 예수에 관한 것이며, 이것이 바로 초기 기독교 선포의 기반이라는 사실이다. 따라서 도처에서 믿음으로의 촉구, 죄에서 해방, 모든 인간을 조건 없이 받아들인다는 것과 계시된 구원에 현재에도 참여함을 말하고 있다.

3.4 요한 신학에 나타난 구원을 이루는 증거들

요한복음은 예수의 생애와 사역에 관한 전승을 받아들였으나, 공관복음과는 매우 다른 방식으로 이해하였고, 이것은 요한 서신도 마찬가지이다.

3.4.1 공관복음보다 요한복음에서 더욱 분명하게 예수 메시지의 지속적인 선포와 제자들의 그리스도 고백이 융합되어 있다. 이를 넘어서 성령의 역사에 의해 예언적인 전권으로 선포되었던 승귀하신 이의 말씀이 지상 예수의 말씀으로서 예수의 지상 역사를 서술하는 부분에 포함되었다. 그런 점에서 예수의 메시지는 명백하게 부활 이후의 선포라는 의미로 변형되었다. 그럼에도 불구하고 요한복음이 예수의 삶과 역사에 대한 보고를 전제로 한다는 점에 주목해야 한다. 이후의 영지주의적 전통 가운데서는 예수 말씀의 전승들을 부활하신 이의 말씀으로 관련시킨 반면, 요한복음에서 정확하게 이와 반대로 부활 이후에 계시된 말씀들을 예수의 지상 사역과 연결시켰다. 예수의 유일회적인 지상 활동과 그것이 지닌 지속적인 의미는 이런 방식으로 영향력을 지닌다.

3.4.2 요한일서 1:1-4에 따르면 제자들의 메시지는 인간 되신 이를 볼 수 있고, 들을 수 있고 만져 볼 수 있는 데에 근거한다. 3a, b절에 다음과 같이 기록되어 있다. "우리가 보고 들은 바를 너희에게도 전함은 너희로 우리와 사귐이 있게 하려 함이니 우리의 사귐은 아버지와 그의 아들 예수 그리스도와 더불어 누림이라."(*ὅ ἑωράκαμεν καὶ ἀκηκόαμεν, ἀπαγγέλλομεν καὶ ὑμὶν, ἵνα καὶ ὑμεῖς κοινωνίαν ἔχητε μεθ' ἡμῶν· καὶ ἡ κοινωνία δὲ ἡ ἡμετέρα μετὰ τοῦ πατρὸς καὶ μετὰ τοῦ υἱοῦ αὐτοῦ Ἰησοῦ Χριστοῦ*) 요한 서신들은 제4복음서의 기본 증거를 받아들이며, 이 증거들을 예수의 구체적인 역사 및 그의 위격(Person)으로부터 분리시켜서 기독교의 메시지로 이해하는 것에 대항해 방어한다.

3.4.3 예수 메시지의 지속적인 선포는 요한복음의 핵심 모티브이다. 이러한 사실은 요한복음 1:35-51의 제자를 부르시는 장면에서부터 이미 해당된다. 안드레는 메시아에 대한 메시지를 가지고 베드로에게 갔고, 빌립은 나다나엘을 예수에게 데리고 간다. 지속적인 선포에 관한 모델의 예가 요한복음 4:3-42에 기록된 사마리아 여인에 대한 이야기이다. 사마리아 여인이 자신을 인식하도록 이끈 7-18절의 생명의 물에 관한 예비 대화 및 그 여인이 예수께서 메시아인지를 인식하도록 이끈 19-26절의 핵심 대화 이후에, 27-30절에서 여인은 자신이 체험한 바를 모든 이에게 알리기 위해 도시로 급히 돌아간다. 그녀의 증거로 인해 그녀의 말을 들은 시민들은 예수에게 오게 되었고, 그

녀에게 이렇게 말한다. "이제 우리가 믿는 것은 네 말로 인함이 아니니 이는 우리가 친히 듣고 그가 참으로 세상의 구주신 줄 앎이라 하였더라."(*οὐκέτι διὰ τὴν σὴν λαλιὰν πιστεύομεν, αὐτοὶ γὰρ ἀκηκόαμεν καὶ οἴδαμεν, ὅτι οὗτός ἐστιν ἀληθῶς ὁ σωτὴρ τοῦ κόσμου*, 42절) 예수에게 오는 것, 그의 말씀을 경청하는 것, 그리고 다른 사람들 앞에서 고백하는 것이 근본적으로 중요하다. 핵심은 예수에 대한 증인들을 통해 그 자체로 끊임없이 이어지고 있다는 점이다.

3.4.4 여기서 중요한 점은 하나님의 말씀이기도 한(요 3:34) 예수 자신의 말씀을 듣는 것이다. 예수의 말씀을 받아들이고 간직하는 것이 구원을 일으키는 기능을 한다. 따라서 요한일서 3:24a에 다음과 같이 기록되어 있다. "그의 계명을 지키는 자는 주 안에 거한다." '계명'(*ἐντολαί*)은 구원에 대한 지침이라는 의미에서 그의 말씀이다.(참조. 이 책 12장) 관건은 '그에게 오는 것'(*ἔρχεσθαι πρὸς αὐτόν*), '그의 곁에' 혹은 '그 안에 머무는 것'이다.(*μένειν παρ' αὐτῷ* 또는 *ἐν αὐτῷ*, 요 1:39, 8:31, 15:4-7. 참조. 요일 3:6, 24) 또한 '그를 믿음'(*πιστεύειν εἰς αὐτόν*)에 관한 진술들은 달리 표현하자면 예수께 개별적으로 속하여 그와 함께함이라고 말할 수 있다. 이에 대해서는 다음 단락에서 보다 상세히 논한다. 예수를 인정하고 그의 말씀을 받아들이면 그와 생명의 연합을 이루게 되며, 그 안에서 구원을 경험하게 된다. 이런 점에서 요한일서 1:3에서 말하기를 지속적으로 선포된 예수의 말씀이 '코이노니아'(*κοινωνία*, 참여, 함께함)를 일으킨다고 한다. 부활 이전과 부활 이후의 예수 말씀이 연결되어 있는 것처럼, 이 진술 가운데 부활 이전과 부활 이후의 제자들의 상황이 함께 관찰되고 있다.

3.4.5 예수 자신의 말씀은 보혜사인 성령을 통해 구체화되고(16:14 이하) 제자들의 증거 가운데 지속적으로 선포된다.(15:26 이하, 17:20) 부활하신 이의 파송 위임이 성령 수여와 결합되어 있는 것은 우연이 아니다.(20:21b, 22) 예수께서는 보혜사 가운데서 그의 제자들에게 오시며, 이 보혜사는 바로 자기편에서 증거하며 제자들의 증거를 지원하는 이이다. 이는 요한복음 14:18, 15:26 이하에 제시된 바이다. 지속적인 선포는 성령의 능력 가운데서 일어난다. 따라서 요한일서 3:24b은 부활 이후의 상황을 전망하며 다음과 같이 기록한다. "우리에게 주신 성령으로 말미암아 그가 우리 안에 거하시는 줄을 우리가 아느니라."(*καὶ ἐν τούτῳ γινώσκομεν ὅτι μένει ἐν ἡμῖν, ἐκ τοῦ πνεύματος οὗ ἡμῖν ἔδωκεν*)

3.4.6 예수의 말씀과 그것을 지속적으로 선포함으로써 전해진 선물은 '영생'(*ζωὴ αἰώνιος*)이다. '영생'이 요한 신학 이외에서는 본질적으로 미래적인 것이며, 구원의 완

성과 연결된 구원의 특징이라면(예를 들면 막 10:17 병행구절, 눅 10:25, 갈 6:8, 롬 2:7, 5:21), 현재적인 구원의 선물로 이해된 '영생' 주제는 요한복음 전체에 걸쳐 퍼져 있고 요한일서에 재차 수용되어 있다. 핵심 진술인 요한복음 3:14-17에 "이는 그를 믿는 자마다 영생을 얻게 하려 하심이니라."(3:15, 16b)가 두 번 나온다. 또한 요한복음 6:26-51b에 따르면 '영생'(*ζωὴ αἰώνιος*)은 구원의 선물이며, 이는 인간에게 주어진 '생명의 양식'이다. 요한복음 5:25에 다음과 같이 기록되어 있다. "진실로 진실로 너희에게 이르노니 죽은 자들이 하나님의 아들의 음성을 들을 때가 오나니 곧 이 때라 듣는 자는 살아나리라."(*ἀμὴν ἀμὴν λέγω ὑμῖν ὅτι ἔρχεται ὥρα καὶ νῦν ἐστιν ὅτε οἱ νεκροὶ ἀκούσουσιν τῆς φωνῆς τοῦ υἱοῦ τοῦ θεοῦ καὶ οἱ ἀκούσαντες ζήσουσιν*) 이 선물은 잘 알려진 구절인 11:25-27에 표현된 대로 죽음에 의해서 영향을 받지 않는다. 예수를 믿는 이는 5:24에 따르면 "사망에서 생명으로 옮겼다."(*μεταβέβηκεν ἐκ τοῦ θανάτου εἰς τὴν ζωήν*) 예수의 말씀 가운데 무한한 방식으로 구원이 포함되어 있으며, 따라서 그 말씀을 신뢰하는 이는 '영생'에 참여한다.

3.5 그 밖의 신약성서에 나타난 지속적인 선포

구원 메시지의 지속적인 선포가 신약성서의 모든 문서에 전제되어 있으나, 모두 주제화된 것은 아니다. 이번 단락에서는 지속적인 선포와 분명하게 관련을 맺고 있는 몇몇 본문들을 좀 더 살펴본다.

3.5.1 후기 바울서신

우선 각각의 방식으로 진정한 바울 전승의 요소들을 받아들이고 전수한 후기 바울서신들이 주목을 끈다.

3.5.1.1 골로새서 1:5b-8에서는 공동체가 에바브라를 통해 그들에게 온 복음을 진리의 말씀으로 받아들인 것에 대해 감사한다. 이 복음은 다른 곳에서와 마찬가지로 그들에게서 열매를 맺고 성장하였다.(참조. 9-11절) 한때는 이방인과 원수였던 이들이 1:21-23에 따르면, 그리스도의 죽음을 통해 '천하 만민에게 전파된'(*τοῦ κηρυχθέντος ἐν πάσῃ κτίσει τῇ ὑπὸ τὸν οὐρανόν*) 복음을 근거로 화해한다. 하나님이 주신 직분을 통해 바울은 그 복음의 일꾼이 되었다.(1:23 끝부분, 25) 메시지를 통해 일어난 믿음이 든든히 세워지고 뿌리를 내릴 수 있게 된 공동체에게 이제부터 그러한 책임이 주어

진다.(2:6 이하)

3.5.1.2 에베소서에서도 이 모티브가 어느 정도 전개되었다. 공동체가 "진리의 말씀, 곧 너희의 구원의 복음을 들었다."(*ἀκούσαντες τὸν λόγον τῆς ἀληθείας, τὸ εὐαγγέλιον τῆς σωτηρίας ὑμῶν*)는 것을 1:13에서 말한다.(참조. 15절 이하) 과거의 원수 관계가 2:11-18에 따르면 그리스도를 통해 극복되었다. 왜냐하면 '그는 우리의 화평'이시기 때문이다.(*αὐτὸς γάρ ἐστιν ἡ εἰρήνη ἡμῶν*) 그는 "평안을 전하시기 위해 오셨다."(*ἐλθὼν εὐηγγελίσατο εἰρήνην*) 그 때부터 전파된 평안의 메시지로 인해 이제 한 성령 안에서 모든 이들이 아버지께로 가며 "성도들과 동일한 시민이며 하나님의 권속"이 되었다.(*συμπολίται τῶν ἁγίων καὶ οἰκεῖοι τοῦ θεοῦ*, 19절)

3.5.1.3 목회 서신의 긴급한 주제는 공동체의 질서와 그에 대한 지침이다. 그러나 바울과 관련하여 복음에 대한 기본적인 선포를 말한다. 그는 한 분 하나님과 및 하나님과 인간 사이의 중재자이신 예수 그리스도에 의해 메시지를 선포하도록 임명되었으며(딤전 2:5 이하), 또한 '전파하는 자와 사도'로, '믿음과 진리 안에서 이방인의 스승'이 되었다.(*κῆρυξ καὶ ἀπόστολος, διδάσκαλος ἐθνῶν ἐν πίστει καὶ ἀληθείᾳ*, 2:7. 참조. 1:11) '우리 구주 그리스도 예수의 나타나심'(*ἐπιφάνεια τοῦ σωτῆρος ἡμῶν Χριστοῦ Ἰησοῦ*)은 그가 "복음으로써 생명과 썩지 아니할 것을 드러내신다."(*φωτίσαντος δὲ ζωὴν καὶ ἀφθαρσίαν διὰ τοῦ εὐαγγελίου*, 딤후 1:10)는 의미이다. 그리하여 '금생과 내생에 약속'(*ἐπαγγελία ζωῆς τῆς νῦν καὶ τῆς μελλούσης*)에 관해 말할 수 있다.(딤전 4:8) 나아가 이렇게 촉구할 수 있다. "영생을 취하라. 이를 위하여 네가 부르심을 받았다."(*ἐπιλαβοῦ τῆς αἰωνίου ζωῆς, εἰς ἣν ἐκλήθης*, 딤전 6:12. 참조. 19절) 그러한 말씀은 요한문서의 진술에 가깝다. 그러나 영생에 있어 미래의 차원이 결정적으로 중요하다.(딤전 1:16, 딤후 1:1, 딛 1:2, 3:7) 바울의 경우와 마찬가지로 미래적인 생명이 이미 현재 가운데서 빛을 발하고 있다는 것이 요지이다.(롬 6:4 또는 고후 4:10)

3.5.2 베드로전서

베드로전서에서 전면에 부각되어 있는 주제는 공동체의 현재 상황과 공동체가 책임져야 할 과제이다. 그럼에도 불구하고 말씀 선포가 근본적인 역할을 한다.

3.5.2.1 도입부의 축복의 인사말인 1:3-12에서 믿는 자들에게 선지자들이 연구했던 것과 앞서 선포했던 것들이 "하늘로부터 성령을 힘입어 복음을 전하는 자들로 이

제 너희에게 알린 것이라."는 사실을 상기시킨다.(*ἃ νῦν ἀνηγγέλη ὑμῖν διὰ τῶν εὐαγγελισαμένων ὑμᾶς πνεύματι ἁγίῳ ἀποσταλέντι ἀπ' οὐρανοῦ*, 12절) 이를 통해 하나님이 예수 그리스도의 구원 행위를 근거로 믿는 자들을 그의 긍휼하심 가운데 거듭나게 하셨고, 그들에게 산 소망을 선물하셨다.(1:3 이하, 13–21. 참조. 2:21–25, 3:18–22)

3.5.2.2 지속적인 선포과 관련하여 선교적 사명이 어렵게 되었고, 무엇보다도 당면한 고난을 견디는 것이 관건임을 알 수 있다. 그러나 "너희 속에 있는 소망에 관한 이유를 묻는 자에게는 대답할 것을 항상 준비하라."는 사실은 유효하다.(*ἕτοιμοι ἀεὶ πρὸς ἀπολογίαν παντὶ τῷ αἰτοῦντι ὑμᾶς λόγον περὶ τῆς ἐν ὑμῖν ἐλπίδος*, 3:15b) 이 밖에 중요한 과제는 어디서든 사람들을 '구원하기 위하여 말로 하지 않고'(*ἄνευ λόγου κερδαίνειν*, 3:1b) '선을 행하는 것'이다.(*ἀγαθοποιεῖν* 여러 번 나옴)

3.5.3 히브리서

히브리서에서 요지는 하나님이 아들을 통해 하셨고 또한 처음 들었던 이들에 의해 증거된 최종적 말씀이다.(1:1 이하, 2:3) 이 말씀은 바로 하나님께서 성령의 강력한 행위와 은사를 통해 확증하신 말씀이다.(2:1, 4) 지속적인 선포에 관해서는 시편 95:7–11을 인용하여 말한다. "오늘(*σήμερον*) 너희가 그의 음성을 듣거든 너희 마음을 완고하게 하지 말라."(3:7. 참조. 3:8–4:13)

3.5.3.1 현재적인 구원의 소식은 다른 초기 기독교 전승과 마찬가지로 예수 그리스도의 구원 행위에 근거한다. "그러므로 형제들아 우리가 예수의 피를 힘입어 성소에 들어갈 담력을 얻었나니 그 길은 우리를 위하여 열어 놓으신 새로운 살 길이요(*ὁδὸς πρόσφατος καὶ ζῶσα*) … 또 약속하신 이는 미쁘시니 우리가 믿는 도리의 소망을 움직이지 말며 굳게 잡자."(10:19 이하, 23절) 위의 본문은 계획된 프로그램의 의미를 지닌다. 예수의 자기희생과 그가 하늘 지성소에 들어간 것은 '많은 사람의 죄를 담당하시기'(9:28, 레 16장과 연결하여) 위해 정해진 것이다. 죄의 용서는 결정적인 구원의 특징이며, 죄의 용서를 통해 선포를 그 근거로 믿는 자들이 '한 번 빛을 받게 되고'(6:4a), 세례로 특징지어지는 인간적인 삶으로 전환하게 된다. 그러나 '성령에 참여'(*μέτοχος πνεύματος ἁγίου*, 6:4b)한 바 된, 한 번 빛을 받은 사람들은 하나님의 선한 말씀과 내세의 능력을 맛본 사람들이다.(참조. 6:5, 3:1, 14의 하늘의 부르심과 그리스도에 참여함에 대한 진술) 따라서 그리스도를 드러내 놓고 욕되게 하는 것은 또 다시 십자가에

못 박는 것이며(6:4–6, 10:29), 따라서 타락한 이들(παραπεσόντες)에게는 '새롭게 하여 회개하게 할' 길이 더 이상 없다.(ἀνακανίζειν εἰς μετάνοιαν, 비교. 눅 12:10 병행구절)

3.5.3.2 최종적인 '안식'(κατάπαυσις)에는 물론 이르지 않았다. 3:7–4:13의 '방황하는 하나님의 백성'의 모티브가 중심 위치를 차지하는 것은 우연이 아니다. 11:1에 따르면 믿음은 미래를 향하며, 동시에 소망이 분명하게 강조된다. '소망의 풍성함' 때문에 믿는 이들은 실망할 필요가 없다.(6:11 이하) 믿는 이들은 방황의 길에서 버텨내고 목적지에 이를 수 있다는 '소망'을 가진 이들이다.(παρρησία, 3:6, 4:16, 10:19, 35) 믿는 이들은 이미 시온산과 살아계신 하나님의 도시인, 하늘의 예루살렘에 들어갔으며, 그 곳에서 그들은 '새로운 약속의 중재자'가 되었다.(12:22–24) 따라서 미래를 향한 방향이 현재적 구원 참여에 대한 확실한 진술과 결합되어 있다.

4. 복음의 선포와 현재적 구원

4.1 신약성서 문서들 사이의 기본적인 공통점은 기독교의 메시지가 구원을 담고 있다는 점에 있다. 선포를 통해 예수 그리스도의 역사 안에 나타난 유일회적인 구원 사건이 영속적으로 구원을 일으키는 능력을 지닌다. 복음을 선포할 때에 메시지의 내용, 메시지의 능력, 그리고 메시지가 현재와 갖는 관련성도 중요하다.

4.1.1 메시지의 핵심 내용은 예수 그리스도의 역사와 위격(Person) 안에 하나님의 계시가 일어났다는 것이다. 결정적 본질은 최종적인 구원을 실현한다는 의미에서 하나님 통치가 시작하고 있다는 사실이며, 이것은 예수의 역사(Geschick)와 불가분의 관계이다. 예수 자신의 메시지는 따라서 제자들의 그리스도 증거와 통일되어 전파되었다. 메시지의 내용이 늘 구원론적으로 해석되었으나, 기본적인 하나님의 구원 행위는 전제된 사실로 남아 있다. 메시지의 다양한 형태들로 인해 이미 일어난 구원의 계시를 증거한다는 점이 퇴색되지 않는다.

4.1.2 예수 그리스도의 역사와 위격(Person) 안에 나타난 하나님의 구원 행위가 지닌 유일회성 및 궁극성과 구원의 효력을 지닌 지속적인 메시지 선포가 일치한다. 하나님의 구원 행위는 종말론적 사건이기도 하다. 왜냐하면 그 사건을 통해 구원의 계시가 지속적으로 중요하기 때문이다. 그 사건에 근거하여 계속 선포된 복음들이 설득력을

갖게 된다. 구원 메시지의 선포는 예수 자신이 파송 받았다는 것과 결부되어 있다. 예수께서는 자신이 하나님으로부터 지시받은 것을 성취한 것과 마찬가지로, 그의 제자들에게 자신의 메시지를 계속 선포할 것을 위임한다. 그의 지상 생애 동안 이미 일어난 사건들은 부활과 오순절을 통해 완전히 영향력을 발휘하게 되었고, 성령의 활동 가운데 계시 사건의 능력이 영향을 끼친다. 선포의 사명과 성령의 도우심이 큰 몫을 하긴 하지만, 말씀의 능력을 위한 결정적인 근거는 선포되어진 사건 자체에 있다. 구원의 메시지는 제자들이 확신한 것으로 인해 정당성을 지니거나 효과가 있는 것이 아니라, 하나님의 계시 행위에 기초한 내용으로 인해 정당성을 확보하고 효과가 있는 것이다. 이런 의미에서 메시지의 구체적인 형태와 상관없이, 예수 그리스도 안에 나타난 유일회적인 계시 사건의 구원론적 기능은 구원 선포의 구원론적 기능과 결합된다.

4.1.3 계속적인 선포가 지닌 구원을 일으키는 능력을 통해 메시지는 언제든지 현재적인 의미를 지닌다. 이를 통해 인간은 구원의 계시와 대면하고 구원에 참여하는 것이 가능해진다. 반복적으로 일어나는 구원의 현재화는 지속적인 선포와 결합되어 있다. 즉 구원의 현실화를 입증하는 다른 형식을 배제하지 않으나, 선포가 구원 전달의 기본 형태라는 의미이다.

4.2 구원의 현재성을 초기 기독교가 공통적으로 증거한 반면, 구원 참여에 대한 이해 및 미래의 완성에 대한 이해에 대한 시각에 있어서는 무시할 수 없는 차이가 존재한다. 구원의 현재성 및 구원의 미래성에 대한 이해는 다른 곳에서 논하겠으나(참조. 이 책 24장), 이와 관련된 차이점이 경우에 따라 신약성서 진술들의 통일성에 얼마나 영향력을 끼치는지 여기서 고려되어야 한다.

4.2.1 이미 언급한 바와 같이, 구원의 선포를 통해 언제든지 각각의 현재에서 구원에 참여하는 것이 가능하다. 선포는 구원을 현재화하며, 따라서 구원을 경험할 수 있고 받아들일 수 있다. 그러나 그것으로 구원 참여의 방식 및 강렬함에 대해 아무것도 언급되지 않는다. 이런 관점에서 마가복음에서 시작하여 요한복음에 이르는 넓은 스펙트럼이 생겨난다.

4.2.2 복음의 선포를 통해 이미 일어난 계시 사건과 우리의 현재 사이에 놓인 긴장이 메워진다. 이 메워짐은 구원의 과거적 성격이 아니라, 우리 밖으로부터의(extra nos) 구원이라는 의미에서 구원이 지닌 과정적 성격으로 인해 발생한다. 그러나 구원에 참여하는 것은 이미 일어난 사건의 현재화일 뿐만 아니라, 미래의 선취이기도 하며 또한 미래를 향한 움직임으로 들어간 것이기도 하다. 구원의 계시와 마찬가지로 구원 참

여도 선취적 구조를 지니고 있다. 현재 일어나는 구원의 계시가 현재에 포함되듯이, 종말론적 유보가 포기되지 않으면서 미래에도 포함된다. 그러나 구원 사건을 현재화함으로써 미래와의 긴장이 성립되기도 한다. 결국 구원의 현재성과 구원의 미래성은 변증법적 관계이다. 요지는 구원 참여에 대한 확신과 동시에 현재적 구원 경험은 한계가 있고 잠정적 성격을 지녔다는 점이다. 이러한 긴장은 초기 기독교의 다양한 증언 가운데 자세하게 서술되어 있으며, 그와 같이 신앙의 삶 가운데서도 다양하게 경험된다. 이 같은 사실이 현재와의 관련성과 미래 지향성 사이의 차이를 없애버려서는 안 되며, 이런 방법으로 그 근원은 동일하다는 것과 다양한 개념들이 수렴되어 가는 경향을 인식할 수 있다.

5. 마무리 고찰

구원 메시지의 계속적인 선포를 주제로 신약성서 본문들을 살펴보는 것은 오늘날 교회 현장과 설교에 직접 적용될 수 있는 의미를 제시한다.

5.1 구원은 구원 메시지를 받아들인 후 그것을 전할 사명을 맡은 사람들을 통해 전파된다. 믿음의 증인들의 헌신 없이는 구원의 현재적 성격도 없다. 제자도와 믿음으로의 부름은 그 자체가(eo ipso), 그것을 인식하느냐 그렇지 않느냐와는 관계없이, 살아 있는 증거를 위한 위임이다. 예수 그리스도의 이름으로 능동적으로 행동하는 것이 중요한 만큼, 구원으로의 부름이며 구원에 대한 확언으로서 메시지 자체가 침묵해서는 안 된다.

5.2 구원의 계속적인 선포는 부활하신 이의 파송 위임을 근거로 성령의 능력 가운데서 일어난다. 구원이 우리 밖에서(extra nos) 실현되고, 은혜로 우리에게 부여된다면, 우리 인간의 선포 임무는 언제나 파송명령의 예표 아래 있으며, 예수 그리스도의 영의 도우심으로 행해진다. 이 도우심은 우리의 행함을 위해 반드시 필요하다. 이 도우심은 인식될 수도 있고 감추어져 있기도 하지만, 현재적 구원은 실현된다.

5.3 파송의 위임과 성령의 도우심이 구원 메시지의 계속적 전파를 구성하는 요소라면, 그로부터 섬김의 행위가 나오게 된다. 그 섬김은 모든 사역에서 예수 그리스도 안에서 자신을 계시하시고 지속적인 계시행위 가운데서 우리 가운데서 체험되는 하나님을 위한 증거일 뿐이다.

4부

하나님의 계시 행위의 교회론적 영역

15장

제자도와 믿음

제자도 및 믿음과 관련하여 다양한 주제들이 언급된다. 그 주제들이 처음부터 일치하지는 않았지만 초기 기독교에서 서로 긴밀하게 연결되어 있었다. 제자도는 부활 이전의 예수 전승에 근거한 공관복음서의 중심주제이다. 반면에 부활 이후 시기에 발전된 믿음의 주제는 특히 바울, 요한복음, 히브리서에 등장한다.

1. 예수의 제자도

1.1 회개를 호소하는 예수의 구원의 메시지

1.1.1 시작하고 있는 구원의 실현이 인간에게 직접 다가온다. 인간에게 회개가 요청된다. "회개하라 천국이 가까이 왔느니라."(*μετανοεῖτε· ἤγγικεν γὰρ ἡ βασιλεία τοῦ θεοῦ*, 마 4:17, 비교. 막 1:15) 예수의 경우 회개 요청은 임박한 심판이 아니라, 구원의 시작에 근거한다. 게다가 하나님의 통치가 가까이 왔다는 것은 세례 요한의 경우처럼 시간적으로 가깝다는 것이 아니라, 누가복음 11:20의 의미로 직접 경험할 수 있는 것이 가까이 왔고 도래했음과 관련된다. "그러나 내가 만일 하나님의 손을 힘입어 귀신을 쫓아낸다면 하나님의 나라가 이미 너희에게 임하였느니라."(*εἰ δὲ ἐν δακτύλῳ θεοῦ ἐκβάλλω τὰ δαιμόνια, ἄρα ἔφθασεν ἐφ᾽ ὑμᾶς ἡ βασιλεία τοῦ θεοῦ*)

1.1.2 구약성서에서처럼 회개는 하나님을 떠난 모든 행동에서 돌이키는 것, 긍휼히 여기시는 하나님을 향하는 것으로 이해된다.(비교. תְּשׁוּבָה ,שׁוּב) 헬라어 개념 메타노이아(*μετάνοια*)는 그 유래에 따르면 '생각의 변화'를 표현한다. 그 단어가 '회개'(Umkehr)라는 히브리어 개념에 대한 번역어로 사용될 때 그 의미는 헬라적 유대교와 헬라어를 사용하는 초기 기독교에서 주도적으로 이끄는 의미가 없이 통합되었다.(비교. 롬 12:2, *ἀνακαίνωσις τοῦ νοός*) 중세 이래 전면에 등장한 '회심'(Buße)의 의미는 파에니텐티아(paenitentia)라는 라틴어 번역으로부터 비로소 비롯된 것이다. 여기서 회개의 행위보다는 뉘우치는 행동을 준비하는 것에 역할이 부여된다. 세례 요한과 예수의 경우에 하나님께로 향한다는 의미에서 회개라는 구약성서적인 단어의 의미가 중요하다.

1.1.3 회개할 때 예수의 경우 듣고 받아들일 것에 대한 준비가 중요하다. 그것으로 구원에 참여함이 확증된다. 예수께서 그것을 수많은 비유에서 명확히 하고 있다. 밭의 보화, 값비싼 진주, 잃어버린 아들은 한 예에 불과하다.(마 13:44-46과 눅 15:11-32) 누군가가 예기치 않고 구원을 맞이하게 되었든, 그가 오래전부터 찾고 있었든, 혹은 그가 가련하게 그것을 갈구하고 있었든, 균등하게, 구원을 붙잡은 자에게 구원이 확증된다. 이는 제공된 구원을 향해 무조건 나아가는 것과 다르지 않다. 이런 의미로 인간이 회개로 부름을 받는다. 그러한 회개는 제자도를 준비하는 가운데 완성된다.

1.2 부활 이전 제자도 이해

1.2.1 용어

1.2.1.1 단어 아콜루세인(*ἀκολουθεῖν*), '뒤따르다'(nachfolgen)는 먼저 '뒤를 따르다'(hinterhergehen)라는 일반적인 의미를 지니며, 이런 의미로 신약성서에서도 산발적으로 사용되었다.(비교. 막 3:7, 5:24 등) 나아가 히브리어의 상응어 할라크 아할리(הָלַךְ אַחֲרֵי)처럼 스승-제자-관계를 특징짓는 특별한 의미를 지닌다. 그것에 상응하는 것은 단어를 그대로 옮긴 에르헤스사이 오피소 티노스(*ἔρχεσθαι ὀπίσω τινός*, '누군가의 뒤를 따라가다'[비교. 막 8:34 병행구절]), 혹은 도이테 오피소 무(*δεῦτε ὀπίσω μου*, '내 뒤를 따르라'[비교. 막 1:17 병행구절])이다. 에르헤스사이 프로스 티나(*ἔρχεσθαι πρός τινα*, '누군가에게 오다, 가다'도 제자도를 나타내는 전문용어에 속한다. 마 11:28, 요 6:35) 물론 그 단어를 비전문적인 의미로 다양하게 사용하였다.(예. 막 1:45c, "사방에서 사람들이 그에게로 나아오더라.") '제자도'에 해당되는 명사형은

신약성서에 없다. '제자도'나 '뒤따르는 사람들'을 표현하기 위해 분사형 아콜루손/아콜루순테스(*ἀκολουθῶν/ἀκολουθοῦντες*)나 마세테스(*μαθητής*), '배우는 사람', 즉 '제자' 개념을 사용한다.

1.2.1.2 '뒤를 따라가다'는 전문적인 의미로 이미 구약성서와 초기유대교에서, 예를 들어 엘리야-엘리사 혹은 예레미야-바룩 같은 예언자들에게, 또는 서기관들에게 주어졌다. 이러한 의미로 그 용어는 예수의 사역 및 그것과 연결된 초기 기독교 전승에서 시사하는 바가 컸다. 따라서 뒤를 따라 간다는 것은 제자도의 의미로 다음 내용을 말한다. 어떤 한 다른 사람에게 속하며, 그 사람의 수하에 있으며, 그에게 종속하고, 그의 이끌림을 받는다. 그것은 다음 두 내용을 포함한다. 뒤따름을 받는 자는 '제자'가 (아직) 행할 필요가 없는 그 무엇인가를 행한다. 게다가 뒤따르는 자는 자신의 고유한 실존을 '스승'의 실존에 연결시킨다. 제자도에서 중요한 것은 개인적인 연대와 종속이다.

1.2.1.3 구약성서-초기 유대교 전승에서는 제자직의 경우에 예언자 직무나 서기관의 기능을 자신의 것으로 넘겨받는 것에 이르기까지의 전이과정의 단계가 중요하다. 그러나 예수와의 관계에서 중요한 것은 그의 위격(Person)에 잠정적으로 연결되는 것이 아니라, 시작하고 있는 하나님의 통치를 전하는 사신으로서의 기능과 관련하여 예수의 인격(Person)에 지속적으로 종속되는 것이다. 따라서 예수와 그의 제자들에게 마태복음 23:8의 다음 말씀이 해당된다. "그러나 너희는 랍비라 칭함을 받지 말라 너희 선생은 하나요 너희는 다 형제니라."(*εἷς γάρ ἐστιν ὑμῶν ὁ διδάσκαλος, πάντες δὲ ὑμεῖς ἀδελφοί ἐστε*) 초기 기독교의 이해에 따르면 제자도 관계는 예수께서 돌아가신 이후에도 유효하며 부활 이후에는 승귀된 자와 관련된다. 그것은 신약성서의 제자 이해의 기본요소이다. 물론 나중에 '뒤따르다'를 대신하는 다른 개념이 등장한다.

1.2.1.4 '제자도(따름)'는 복음서에서 하나님의 통치를 위해 예수에게 나아가, 그때부터 시작된 구원의 실현 위에 자신의 삶의 토대를 세우는 사람들과 관련된다. 제자도는 인간 전체와 관련되며, 인간의 사고, 믿음, 희망 및 일상의 행동 안에서 요구되는 존재의 규명이다. 그런 의미로 제자도 사화와 제자도 말씀이 고정되어 전승되었다.

1.2.2 제자도 사화

제자도 사화는 고유한 양식을 드러낸다. 간략한 형태로 예수께서 제자로 부르는 과정과 사람들의 반응을 묘사한다. 본질적인 내용은 아주 짧게 표현된다. 짧은 상황 묘사에 이어 예수의 전권적인 말씀이 뒤따르며 매우 짧은 실행보도로 마무리된다.

1.2.2.1 레위를 부르시는 사건에 관한 마가복음 2:14의 본문(마태복음 9:9에서는 마태를 부르심)을 예로 들 수 있다. 도입부에서 예수께서 '지나가시다가(*παράγων*) 알패오의 아들' 세리 '레위가 세관에 앉아 있는 것을' 보셨다고 설명한다. 그 다음에 "나를 따르라"(*ἀκολούθει μοι*)는 말씀에 이어 실행보도가 등장한다. 그가 "일어나 따르니라."(*καὶ ἀναστὰς ἠκολούθησεν αὐτῷ*) 중요한 것은 오직, 부름 받은 사람들과 그들의 상황, 그 다음에 예수의 말씀, 이어서 무조건적인 따름에 대한 언급이다. 선행되는 예수의 선포에 관하여, 즉 세리와의 대화에 관하여 아무것도 보도하지 않는다. 결정적인 것은 한 인간이 구체적인 삶의 정황 한 가운데 놓이게 되며 예수께서 부르심으로 새로운 삶과 생활방식으로 부름을 받는다는 것이다.

1.2.2.2 레위에게서 제자도(따름)로의 준비가 중요하다면 마가복음 1:16-18, 19 이하 병행구절의 이중사화에서는 베드로/안드레와 야고보/요한의 형제들의 경우에 그 이상의 새로운 과제가 관건이 되고 있다. 지금까지 어부였던 이들이 그때부터 '사람을 낚는 어부'가 되는 과제를 맡는다. "나를 따라오라 내가 너희로 사람을 낚는 어부가 되게 하리라."(*δεῦτε ὀπίσω μου, καὶ ποιήσω ὑμᾶς γενέσθαι ἁλιεῖς ἀνθρώπων*) 다시 삶의 정황과 부르심이 묘사되며, 그 다음에 예수의 말씀이 인용되고, 끝으로 예수를 뒤따르기 위하여 그 당시까지의 직업과 친척들을 버렸다는 말씀이 나온다. 여기서 예수께서 부르신 이유를 더 자세하게 설명하지 않는다. 17절에서 분명하게 베드로와 안드레를 향해 부르시는 말씀은 또 다른 두 명의 부름받은 자들에게도 마찬가지로 적용된다. 그 대신 20a절에서는 "그가 부르셨다."(*ἐκάλεσεν αὐτούς*)는 전문용어(terminus technicus)만을 사용한다. 복음서 저자 마가는 1:14 이하에서 시작하고 있는 하나님의 통치에 관한 예수 메시지의 요약을 앞에 놓으며, 마태가 4:12-17에서 유사하게 행한다. 물론 제자도 사화는 그 자체로 독립적이다. 결정적인 것은 예수께서 사람들에게 말을 건네고 제자로 삼으시는 예수의 전권이다.

1.2.2.3 한 인간의 뒤따름이 당연(當然)한 것이 아님을, 마가복음 10:17-22 병행구절의 부자에 관한 사화가 밝혀 준다. 그 부자는 예수에게 와서 영생에 이르는 길에 관한 가르침을 받기를 원한다. 그러나 토라의 계명들을 이행할 모든 준비가 되어 있음에도 불구하고 그는 자신의 소유를 포기하고 예수를 뒤따를 수는 없다. 이 세상의 것들에 지나치게 얽매어 있을 때 전권으로 임하는 부르심은 해당되지 않는다. 매우 특징적인 것은 이 본문이 제자도 사화의 문체로 전승되고 있다는 사실이다.

1.2.2.4 이러한 양식의 기본형태를 베드로를 부르시는 사화인 누가복음 5:1-11

이 수정한다. 거기서 요한복음 21:1-14과의 비교가 나타내듯이 부활 이전의 전승이 부활 사화와 융합되고 있다. 예수께서 지상에 계실 때 제자들을 부르시는 것과 부활하신 이가 명하는 과제가 함께 조망된다. 이러한 이유에서 물고기 대신에 사람들을 낚으라는 요구가(눅 5:10, 비교. 막 1:17) 기적적인 고기잡이와 연결된다. 더 나아가 경이로움과 죄의 고백을 강조한다.(눅 5:8 이하)

1.2.2.5 요한복음 1:43 이하(45)에서 제자도 사화의 기본형태가 등장한다. 예수께서 안드레와 베드로의 고향인 벳새다 출신의 빌립을 "만난다." 그리고 빌립에게 "나를 따르라."(*ἀκολούθει μοι*)고 말한다. 뒤따르려는 준비를 언급하는 대신에 45절은 그가 곧바로 예수의 증인이 되었다고 표현한다. 전체적으로 요한복음 1:35-51은 제자들을 부르시는 사화를 많이 변경시켰다.(아래를 보라.)

1.2.3 제자도 말씀

위에서 언급한 제자도 사화와 함께 아포프테그마들(Apopthegmen, 경고적 말씀들)이 있다. 그들은 짧은 상황설명 후에 제자가 되라고 요구하는 예수의 말씀 및 게다가 제자도의 조건에 관한 독자적인 로기온들을 갖는다.

1.2.3.1 누가복음 9:57-62에 세 개의 아포프테그마가 전승되고 있다. 그 중의 처음 두 개는 마태복음 8:19-22에도 등장하여 구두말씀자료 전승임을 나타낸다. 누가복음 9:57 이하, 59 이하 병행구절에서 스스로 예수를 따르려고 준비된 사람과 예수에 의해 부름을 받은 다른 한 사람이 대조되고 있다. 첫 번째 사람은 자신의 거처를 버리라는 요구에 직면한다. 다른 한 사람에게는 아버지의 장례를 치를 의무가 금지된다.("죽은 자들로 자기의 죽은 자들을 장사하게 하라.") 예수의 곁에서 방랑하며 사는 불안정한 삶과 가족적인 모든 관계보다 제자의 길을 우선함이 제자도의 현실이다. 동일한 방식으로 누가복음 9:61 이하에서 예수를 따르려는 사람이 간청하는 가족과의 작별이 단호하게 거절된다.(왕상 19:19 이하) "손에 쟁기를 잡고 뒤를 돌아보는 자는 하나님의 나라에 합당하지 아니하니라."(*οὐδεὶς ἐπιβαλὼν τὴν χεῖρα ἐπ' ἄροτρον καὶ βλέπων εἰς τὰ ὀπίσω εὔθετός ἐστιν τῇ βασιλείᾳ τοῦ θεοῦ*)

1.2.3.2 독자적으로 전승된 제자도 말씀이 동일한 모티브들을 보유한다. 가족, 소유에 대한 포기와 자신의 생명을 헌신하는 것이 중요하다.

1.2.3.2.1 마가복음 8:34-37 병행구절의 제자도 말씀이 베드로의 신앙고백에 이어 세 공관복음서 전체에서 중요한 위치를 차지한다. 예수의 구두 말씀(로기온)인 마가

복음 8:34과 그 병행구절은 전승된 본문 그대로 십자가의 도에 관해 말한다. "누구든지 나를 따라오려거든 자기를 부인하고 자기 십자가를 지고 나를 따를 것이니라."(*εἴ τις θέλει ὀπίσω μου ἐλθεῖν, ἀπαρνησασθω ἑαυτὸν καὶ ἀράτω τὸν σταυρὸν αὐτοῦ, καὶ ἀκολουθείτω μοι*) 십자가를 지는 것은 원래 에스겔 9:4의 의미로 예수께 속한다는 것에 대한 비유적인 표현이었을 것이다.(비교. 계 7:3, 9:4, 14:1 세례로 의미가 전용됨) 그 후에 예수께서 십자가를 지는 것과 상응하여 고난을 준비하는 표현으로 이해되었다. 이 표현과 연결된 것으로 생명을 얻고 잃는 것이나 세상을 얻는 것에 관한 마가복음 8:35, 36 이하의 말씀이 있다. 생명을 잃고 얻은 것을 생명을 위해 다시 팔 수 없다. 마가복음 8:35 병행구절의 '나를 위하여', 즉 '나와 복음을 위하여'라는 표현은 원래 '하나님의 통치를 위하여'를 말하였던 것이다. 그 표현은 누가복음 18:29 이하(비교. 막 10:29 이하)의 제자들을 향한 약속의 말씀 안에 보존되고 있다.

1.2.3.2.2 특히 예리하게 표현된 것은 제자도 조건에 관한 누가복음 14:26의 말씀이다.(비교. 마 10:37) "무릇 내게 오는 자가 자기 부모와 처자와 형제와 자매와 더욱이 자기 목숨까지 미워하지 아니하면 능히 내 제자가 되지 못한다."(*οὐ δύναται εἶναί μου μαθητής*) 물론 여기서 '미워하다'(*μισεῖν*)라는 말을 감정적인 의미로 이해해서는 안 된다. 이 말은 철저하게 거리를 두는 것과 관련된다.(구약성서와 쿰란문서에서도 종종 그렇게 등장한다.) 그렇지만 그것으로써 그 요구의 과격함이 제거되지 않는다. 복음서 저자는 이 구두말씀(로기온)을 십자가를 지고 따르라는 누가복음 14:27(비교. 눅 9:23∥막 8:34)의 말씀, 28–30, 31 이하의 망대와 무리의 힘에 관한 말씀 및 33절의 완전한 소유의 포기에 관한 말씀과 결합시켰다. 누가복음에서 9:23–26(병행구절 막 8:34–37)과 9:57–62 이후에 14:25–33(34 이하)의 제자도 말씀이 주제적으로 서로 결합된 세 번째 단락을 드러낸다.

1.2.3.2.3 이러한 맥락에 속하는 것으로 마가복음 10:23–30 병행구절의 부에 관한 제자들과 예수의 담화도 있다. 이 담화는 나를 따르라는 예수의 요구에 그를 뒤따르지 못하는 부자에 관한 사화와 연결된다. 여기서 예수의 특징적인 다음과 같은 비유의 말씀이 발견된다. "낙타가 바늘귀로 나가는 것이 부자가 하나님의 나라에 들어가는 것보다 쉬우니라."(*εὐκοπώτερόν ἐστιν κάμηλον διὰ τῆς τρυμαλιᾶς τῆς ῥαφίδος διελθεῖν ἤ πλούσιον εἰς τὴν βασιλείαν τοῦ θεοῦ εἰσελθεῖν*, 25절) 다음 말씀은 그 말씀과 대조된다. "사람으로는 할 수 없으되 하나님으로는 그렇지 아니하니 하나님으로서는 다 하실 수 있느니라."(*παρὰ ἀνθρώποις ἀδύνατον, ἀλλ᾽ οὐ παρὰ θεῷ·*

πάντα γὰρ δυνατὰ παρὰ θεῷ) 이어서 부활 이후에 다듬어진 제자들을 향한 다음과 같은 약속의 말씀이 연결된다. 제자도를 생각하고 버린 모든 것에 대해 언젠가 보상이 있을 것이다.(28-30절)

1.2.3.3 제자도 말씀은 제자직을 특징짓는 무조건성으로 모든 것을 이끈다. 그것은 예수에게 속하는 것만이 아니라, 가족, 소유, 자신의 생에 대한 관계와 관련된다. 제자도의 무조건성은 예수께 특징적으로 등장하는 모순적인 진술들에서 특히 분명하게 표현된다. 이는 부자에 관한 낙타와 바늘귀에 관한 비유말씀에도 해당된다. '바늘귀'(*τρυμαλιὰ ῥαφίδος*)가 단지 낮은 출구를 의미한다는 것으로 이 비유말씀을 무디게 만들지 말아야 한다. "죽은 자들로 자기의 죽은 자들을 장사하게 하라"(눅 9:60 병행구절)는 말씀도 마찬가지이다. 여기서 제자도 밖에 있는 인간은 예수의 메시지와 위격(Person) 안에서 아직도 구원을 경험하지 못한 자들로 특징지어진다. 눈을 빼버리고 손을 찍어버리라는 말씀도 언급해야 한다.(막 9:43-48 병행구절) 간과할 수 없는 것은 예수의 나를 따르라는 부름이 지니는 과격함이다. 그러한 과격함은 제자도 사화에서도 표현되고 있다. 그러나 나를 따르라는 부름은 다음 말씀 가운데 주장되는 바, 해방시키는 능력을 지닌다. "수고하고 무거운 짐 진 자들아 다 내게로 오라 내가 너희를 쉬게 하리라."(*δεῦτε πρός με πάντες οἱ κοπιῶντες καὶ πεφορτισμένοι, κἀγὼ ἀναπαύσω ὑμᾶς*, 마 11:28, 비교. 29절 이하) 가족의 자리에 예수의 말씀을 받아들이고 하나님의 뜻을 행하는 공동체가 등장한다.(비교. 막 3:31-35 병행구절)

1.3 부활 이후의 제자도

1.3.1. 제자도 전승의 범례(範例)적 기능

제자도는 원래 예수와 함께 하는 구체적인 생활공동체를 전제한다. 그것은 순회하는 삶과 금욕적인 생활태도를 함께 포함한다. 그런 점에서 제자도 본문은 그 기본 형태를 알 수 있는 것으로 보아 예수의 지상사역의 시기와 상황적으로 연결되어 있다. 부활 이후의 공동체에서 이중 질문이 제기된다. 제자도 사상을 구성하는 인격적인 관계에 대한 질문과, 이어서 구체적 생활 형태에 대한 질문이다.

1.3.1.1 '제자도'의 경우에 예수께 속하여 그의 공동체에 있으려 하는 기본적인 결정이 계속해서 중요하다. 지상의 예수와 함께 하는 생활공동체를 대신하여 이제 부활하시고 승귀하셔서 다시 오실 것이 기대되는 주님과 함께 하는 것이 등장한다. 따라서

제자도는 부활하신 이가 살아서 함께하신다는 관점에서 이해되었다. 이런 의미로 제자도 사화들과 제자도 말씀들이 복음서에 고정되었다. 그것으로 인해 제자도 전승은 범례적인 성격을 지닌다.

1.3.1.2 순회하는 삶과 금욕적인 생활태도만이 중요한 것은 아니다. 예수 그리스도와 그의 공동체에 속한다는 것이 요구하는 무조건성도 매우 중요하다. 물론 선교사역을 하며 순회하는 삶과 금욕적으로 사는 생활방식에 자신을 내맡기는 제자들도 있다. 그러나 또 다른 생활 형태가 필요하여 한 지역에 거주하는 공동체들도 존재한다. 제자도 전승의 틀 안에서는 변경된 생활방식에 대한 질문이 숙고되지 않고 고려되지 않지만, 사도행전에서는 한 지역에 정착하여 사는 예수의 추종자들이 마세타이(*μαθηταί*, '제자'), 즉 아콜루순테스(*ἀκολουθοῦντες*, '따르는 자들')로 명명되고 있다는 사실이 시사하는 바가 크다.(행 6:1 이하, 9:1, 10, 25 등, 비교. 계 14:4)

1.3.2 요한의 제자도 이해

1.3.2.1 공관복음서에 나오는 제자도 전승의 요소들이 요한복음에서도 등장한다. 이는 자신의 생명을 '사랑하고' '미워하는' 것에 관한 요한복음 12:25의 로기온에도 해당된다.(비교. 막 8:35 병행구절, 눅 14:26) 이 로기온은 요한복음 12:26의 말씀과 결합되어 있다. 그 말씀에 따르면 예수를 '섬기기를' 원하는 사람은 또한 그를 '뒤따라야' 하며(*ἐὰν ἐμοί τις διακονῇ, ἐμοὶ ἀκολουθείτω*), 그 말씀은 예수 자신이 있는 곳에 그를 '섬기는 자'도 있을 것이라는 약속을 포함한다.(*καὶ ὅπου εἰμὶ ἐγὼ ἐκεῖ καὶ ὁ διάκονος ὁ ἐμὸς ἔσται*) 그 말씀이 다음 진술을 통해 더 강조된다. "사람이 나를 섬기면 내 아버지께서 그를 귀히 여기시리라."(*ἐάν τις ἐμοὶ διακονῇ τιμήσει αὐτὸν ὁ πατήρ*) 이 본문이 마가복음 10:29 이하 병행구절에 나오는 제자들을 향한 약속을 상기시키지만, 동시에 승귀 되신 이를 따르는 것을 분명하게 가리킨다. 요한복음 13:36에서는 죽음으로 예수를 따르는 것이 관건이 되고 있다. 베드로도 예수의 길을 곧바로 함께 가지는 못하지만, 그를 "후에는 따라갈 것이다."(*ἀκολουθήσεις ὕστερον*) 이 말씀과 마가복음 14:29-31을 비교할 수 있다.

1.3.2.2 요한복음을 특징짓는 '나는-이다-말씀들'이 요한복음 8:12에서 제자도 사상과 결합되고 있다. "나는 세상의 빛이니 나를 따르는 자는 어둠에 다니지 아니하고 생명의 빛을 얻으리라."(*ἐγώ εἰμι τὸ φῶς τοῦ κόσμου· ὁ ἀκολουθῶν ἐμοὶ οὐ μὴ περιπατήσῃ ἐν τῇ σκοτίᾳ, ἀλλ' ἕξει τὸ φῶς τῆς ζωῆς*) 비유언어를 사용하지만

아주 구체적인 의미로 제자도 모티브가 선한 목자에 관한 강화에 등장한다. 선한 목자는 양들을 앞서 가고 양들은 선한 목자를 뒤따른다.(요 10:4 이하, 27) 함께 비교할 수 있는 본문으로 요한복음 끝에 덧붙여진 21:19, 20, 22의 베드로와 사랑 받는 제자에 관한 제자도 진술도 있다.

1.3.2.3 특히 시사(示唆)할 만한 것은 요한복음 1:35-51의 제자도 사화이다. 본문은 네 단락으로 구성되어 있다. 먼저 세례 요한의 두 제자, 안드레와 이름이 거론되지 않은 한 제자의 소명 및 안드레를 통한 베드로의 소명을 언급한다.(35-40절, 41절 이하) 이어서 예수 자신이 빌립을 부르시며, 끝으로 빌립이 나다나엘을 소명으로 이끈다.(43절 이하, 45절 이하) 주목할 만한 것은 예수 혼자만이 아니라, 세례 요한, 안드레와 빌립도 사람들을 제자도로 부른다는 사실이다. 각각의 경우에 예수를 만나는 것으로 인도된다.(42절, 47-51절) 이런 방식으로 복음서 저자는 부활 이전의 부르심과 부활 이후의 부르심을 서로 결합시켰으며, 요한복음서에서 종종 그러하듯이 부활 이후의 상황을 부활 이전의 상황 안으로 삽입시켰다. 이를 통하여 복음서 저자는 지상의 예수를 더 이상 뒤따라갈 수 없는 독자들을 위한 다리를 놓아 주고 있다. 이어서 1:50에서 분명하게 '뒤따르다'(*ἀκολουθεῖν* 37절 이하, 40, 43절) 대신에 '믿는다'(*πιστεύειν*)를 말한다. 그렇게 하여 제자도 전승과 초기 기독교의 신앙이해의 긴밀한 관계를 동시에 표현한다. 이 표현으로 '뒤따르다'와 '믿는다'가 6:35의 '나는-이다-말씀'에서처럼 병행해서 또 서로 교환하여 사용할 수 있게 되었다. "나는 생명의 떡이니 내게 오는 자는 결코 주리지 아니할 터이요 나를 믿는 자는 영원히 목마르지 아니하리라."(*ἐγώ εἰμι ὁ ἄρτος τῆς ζωῆς· ὁ ἐρχόμενος πρὸς ἐμὲ οὐ μὴ πεινάσῃ, καὶ ὁ πιστεύων εἰς ἐμὲ οὐ μὴ διψήσει πώποτε*) 요한복음에 여러 번 나오는 표현인 "나에게 오라."(*ἔρχεσθαι πρός με*)는 제자도를 준비하는 표현이다. "나를 믿으라."(*πιστεύειν εἰς εμέ*)는 제자도와 연결된 신뢰 및 인격적인 결합을 분명하게 가리킨다. 예수께 나아옴은 반드시 믿음과 연결되어 있으며, 거꾸로 예수를 믿음이 제자도 안에 있는 현존을 보장한다.

1.3.3 제자도(따름)와 모방

1.3.3.1 '제자도'(따름)는 '모방'(*μίμησις*)과 다르다. 모방은 고대 그리스의 윤리학에서 하나의 모범을 향한다는 의미로 매우 널리 퍼져 있었다. 에두아르트 슈바이처(Eduard Schweizer)가 아버지와 함께 눈보라 치는 광풍에 휩싸인 어린아이의 비유를 들어 그 차이를 아주 잘 묘사했다. 어린아이는 아버지 곁에서 스스로 길을 찾아가는 것

이 아니라 아버지가 남긴 발자취로 아버지의 뒤를 따라간다. 뒤를 따르는 자를 위해 이미 길이 앞에 놓여졌다. 뒤따르는 사람은 그 발자취를 뒤쫓는 어려움을 스스로 감내해야 한다. 모방은 점차적으로 종종 차이가 벌어지기도 하나, 동등한 위치를 전제한다. 신약성서의 의미에서 예수께서 앞서 계시다는 것이 제자도를 구성하는 요소이다.

1.3.3.2 이러한 구별에도 불구하고 신약성서에서 모방의 모티브가 몇몇 구절에 등장하지만, 분명하게 제자도의 의미로 이해되고 있다. 이는 바울이 자기 자신을 모범으로 삼으라고 공동체를 향해 요구하는 고린도전서 11:1에도 해당된다.(이미 앞서 4:16에서 드러내는 바와 같다.) 이어서 다음 말씀이 추가된다. 이는 '내가 그리스도를 본받는 자가 된 것'(*μιμηταί μου γίνεσθε καθὼς κἀγὼ Χριστοῦ*)과 같다. 마찬가지로 바울은 데살로니가전서 1:6에서 두 요소를 병행시킨다. "너희는 많은 환난 가운데서 성령의 기쁨으로 말씀을 받아 우리와 주를 본받은 자가 되었다."(*ὑμεῖς μιμηταὶ ἡμῶν ἐγενήθητε καὶ τοῦ κυρίου*) 에베소서 5:1은 심지어 '하나님을 본받는 자'를 언급한다.(*μιμηταὶ τοῦ θεοῦ*) 모방의 개념이 없이 본을 보인다는 사고가 등장하는 베드로전서 2:21에서 제자도의 모티브를 분명하게 결합시킨다. "그리스도도 너희를 위하여 고난을 받으사 너희에게 본을 끼쳐 그 자취를 따라오게 하려 하셨느니라."(*Χριστὸς ἔπαθεν ὑπὲρ ὑμῶν ὑμῖν ὑπολιμπάνων ὑπογραμμὸν ἵνα ἐπακολουθήσητε τοῖς ἴχνεσιν αὐτοῦ*)

2. 믿음

제자도(따름)와 믿음은 신약성서 전승에서 긴밀하게 관련된다. 물론 그 둘의 관계는 다양하게 규정된다. 제자도 전승의 틀에서 믿음은 구체적이며 개별적인 신뢰의 행위를 의미하며, 하나님께 전적으로 연결됨을 표현한다. 부활 이후 전승에서 믿음은 더 광범위한 의미를 포함시키며, 현실을 규명한다는 의미에서 제자도 대신에 등장하므로, 제자도와 병행을 이룰 수 있게 된다. 전체적으로 이해된 믿음도 회개를 향한 부름을 전제한다. 구원의 메시지를 신뢰하며 받아들이는 것으로서 믿음도 인간 전체와 관련된다. 이런 의미로 마가복음 1:15은 다음과 같이 말한다. "때가 찼고 하나님의 나라가 가까이 왔으니 회개하고 복음을 믿으라."(*πεπλήρωται ὁ καιρὸς καὶ ἤγγικεν ἡ βασιλεία τοῦ θεοῦ· μετανοεῖτε καὶ πιστεύετε ἐν τῷ εὐαγγελίῳ*)

2.1 용어와 빈도수

신약성서의 중심개념인 '믿는다'와 '믿음'(*πιστεύειν*과 *πίστις*)은 초기 기독교에서 고유한 특징을 갖는다. 이는 특히 헬라어 용법에 견주어볼 때 드러난다. 히브리어 용법과의 관련성이 근본적으로 중요하지만, 구약성서와 대비해 보아도 차이가 나타난다.

2.1.1 단어의 의미

2.1.1.1 피스튜에인(*πιστεύειν*)/피스티스(*πίστις*)는 고전 헬라어와 헬라어에서 단지 이따금 종교적인 맥락에서만 등장하며, 거기서 특징적인 의미를 갖지는 않는다. 그 동사는 일반적인 언어 사용에서 '뜻하다, 옳다고 생각하다'를 의미한다. 명사는 '신뢰할 만한 것', '진실' 또는 '믿을 만한 것'에 대해 사용한다. 이러한 일반적인 의미는 신약성서의 몇몇 구절에서만 등장한다. 고린도전서 11:18에서 바울은 고린도에서 온 소식에 대해 다음과 같이 말한다. "…함을 듣고 어느 정도 믿거니와 …"(*καὶ μέρος τι πιστεύω*) 비슷한 내용이 사도행전 9:26에 나온다. 같은 내용이 사도행전 17:31의 부활진술에 나오는 '증거'라는 의미로 사용된 피스티스(*πίστις*)에도 해당된다.

2.1.1.2 칠십인역 성서는 피스튜에인(*πιστεύειν*)과 피스티스(*πίστις*)를 헤에민(הֶאֱמִין)과 에무나(אֱמוּנָה)에 대한 번역어로 사용한다. 이러한 사용은 초기 기독교 전승에서 헬라어 언어 사용의 기초가 되었던 헬라적-유대교의 디아스포라 공동체들의 언어 사용과 일치한다. 여러 다른 경우들에서처럼 칠십인역 성서에서도 히브리적 사고로 특징지어진 단어 사용이 표준이 되고 있다.

2.1.1.3 히브리어 구약성서에서 도움을 기대할 수 있고 도움을 얻을 수 있는 누군가에게 기댄다는 의미에서 '신뢰하다'와 '근거하다', 및 '확고하게 하다', 그리고 다른 이에게 전적으로 내맡기는 것이 결정적으로 중요하다.(참조. 게르하르트 폰 라트) 무엇보다도 하나님의 확언과 함께하심을 의지하는 것과 관련된다. 그것을 신약성서에 중요한 본문인 창세기 15:6과 하박국 2:4이 분명하게 강조하며(참조. 롬 4:3, 8, 갈 3:6, 롬 1:17, 갈 3:11, 히 10:38), 마찬가지 내용이 이사야 7:9과 28:16에도 해당된다. 그러한 점에서 "믿는다." 및 '믿음'은 관계의 개념이다. 그 개념은 인간 자신 안에 근거하며, 자신의 능력으로 서고자 하는 인간적인 태도(*ἕξις*)를 칭하는 것이 아니다. 믿음은 오히려 자신의 근거를 외부로부터 갖는다. 믿음은 하나님을 향하여 나아감을 통해 자신의 생의 현실을 생명의 완성으로 향유한다. 하나님께 연결되는 것이 믿음 개념의 결정

적인 구성요소이다. 여기서 근본적으로 중요한 것은 신뢰의 행위이다.

2.1.1.4 이러한 이해가 예수의 선포를 특징짓는다. 하나님과 하나님의 권세에 자신을-내어 맡기는 것이 중요하다. 부활 이후의 전승에 두 가지 특징적인 요소가 덧붙여진다. 먼저 예수의 위격(Person)에 연결되어, 하나님이 관심을 갖게 되는, 신뢰의 행위가 핵심이 된다. 이어서 개별적인 믿음의 행동만이 아니라, 포괄적으로 현실을 규명하는 것이 초점이 된다. 그것은 제자도 사상을 함께 통합시킴으로 이루어진다.

2.1.2 신약성서에서 믿음 개념의 사용

신약성서에서 피스튜에인(*πιστεύειν*)/피스티스(*πίστις*)는 거의 500번 사용되며 빈도수나 언어용법의 관점에서 다양한 용례를 드러낸다.

2.1.2.1 세 공관복음서에서 피스튜에인(*πιστεύειν*)과 피스티스(*πίστις*)는 부차적인 역할을 한다. 마가복음 1:15b처럼 보다 후기의 언어사용을 고려하는 몇몇 구절들을 제외하고, '믿는다'는 전적으로 기도 및 이적의 맥락에서 등장하는 진술들과 관련되며, 부활 이전의 예수 전승에 대해 많은 것을 알려준다. 여기서 특별한 신뢰의 행위들이 제자도 사상에 함께 포함되거나 종속된다. 요한복음과 바울의 경우는 아주 다르다. 그러나 나머지 대부분의 바울서신의 경우에 '믿는다'와 '믿음'은 실존을 규명하는 것으로 근본적인 의미를 지니며, 그것으로써 제자도 전승이 거의 해체된다.

2.1.2.2 언어 사용과 관련하여 다양한 복합어를 주목할 만하다. 피스티스(*πίστις*)는 (사람을 가리키는) 속격과 결합될 수 있거나 독립적으로 사용된다. 피스튜에인(*πιστεύειν*)은 여격이나 대격 및 설명적인 호티(*ὅτι*)-문장과 함께 등장한다.(예를 들어 롬 10:9) 전치사와의 결합도 시사하는 바가 크다. 피스튜에인 엔 티니(*πιστεύειν ἔν τινι*, 예를 들어 막 1:15b)와 피스튜에인 에피 티니(*πιστεύειν ἐπί τινι*, 예를 들어 행 11:17)와 함께 특히 피스튜에인 에이스 티나(*πιστεύειν εἴς τινα*)가 중요한 역할을 한다.(이들 모두는 "…을 믿는다"로 번역할 수 있다.) 헬라어에서 일반적이지 않은 피스튜에인 에이스 티나(*πιστεύειν εἴς τινα*)의 사용으로 하나님과 그리스도에 대한 인격적인 관계를 표현한다.(비교. 요 14:1) 피스튜에인 에이스 크리스톤(*πιστεύειν εἰς Χριστόν*)은 곧바로 그리스도인의 현존을 특징짓게 되었다.(비교. 마 18:6, 요 1:12, 2:11 등, 행 10:43, 롬 10:14, 갈 2:16, 빌 1:29 등)

2.2 예수전승에서 믿음 이해

공관복음서의 예수전승에서 진정한 예수말씀과 예수말씀의 이차적인 사용을 구별할 수 있다. 부활 이전의 요소들을 비교적 잘 파악할 수 있으며, 부활 이후의 사용은 원래 전승에 분명하게 종속되고 있음을 드러난다.

2.2.1 산을 옮기는 믿음에 관한 예수의 말씀

그 기본 상태에 있어서 의심의 여지없이 진정한, 산을 옮기는 믿음에 관한 로기온에서 출발할 수 있다. 전승에 대한 이해 문제와 함께, 먼저 전승의 기본 상태에 대한 문제가 제기된다.

2.2.1.1 예수의 말씀이 네 번 전승되었다. 즉 마태복음 17:20//누가복음 17:6(Q-예수의 구두말씀자료)과 마가복음 11:22 이하//마태복음 21:21이다. 누가복음 17:6은 나른 세 본문과 구별되며, 산(*ὄρος*)이 아니라 뽕나무(*συκάμινος*)를 옮기는 것에 대해 말한다. 아마도 그것은 부차적인 완화이었을 것이다. 마태복음 17:20도 분명하게 단순화시킨다. 산이 바다(*θάλασσα*)로 옮겨지는 것이 아니라 '여기서 저기로'(*ἔνθεν ἐκεῖ*) 옮거질 것을 말한다. 마가복음 11:22//마태복음 21:21의 도입구 '내가 진실로 너희에게 이르노니'(*ἀμὴν γὰρ λέγω ὑμῖν*)가 마태복음 17:20에 보충되고 있다. 게다가 제자들에게 불가능하였던 간질병 든 어린 아이의 치유에 관한 마태복음 17:14-19의 사화에 편집적으로 연결되고 있으며, 20절에서 온전한 믿음의 확신과 대조되는 제자들의 작은 믿음(*ὀλιγοπιστία*)을 언급한다. 원래 구두말씀자료 로기온에서 나왔을 이 두 본문은 '겨자씨 한 알만한 믿음'(*πίστις ὡς κόκκος σινάπεως*)을 말한다. 마가복음 11:22 이하 병행구절의 본문은 겨자씨와의 비교를 알지 못한다. 마가복음 11:23은 의심하지-말라(*μὴ διακριθῆναι*)는 모티브를 추가로 포함시키며 믿음으로 말한 것이 이루어짐(*ὅτι ὃ λαλεῖ γίνεται*)을 분명하게 언급한다. 마태복음 21:21은 다른 표현을 전해 받았다. 이전에 보도한 마르게 된 무화과나무에 관한 언급이 함께 등장한다.(*οὐ μόνον τὸ τῆς συκῆς ποιήσετε*, 비교. 막 11:20-22) 이문(異文-다른 본문 읽기)의 수가 많으므로 원래의 말씀을 문자 그대로 재구성하는 것은 더 이상 가능하지 않지만, 결정적인 모티브들을 분명하게 알 수 있다. '겨자씨 한 알 만큼'이 지니는 믿음의 특징이나 산을 바다로 옮기라는 요구는 예수의 말씀으로 보아야 한다.

2.2.1.2 이 로기온에서 다루는 내용은 예수의 선포에서도 등장하는 저 모순적인

말씀들임이 분명하다. 핵심 요지는 신뢰하는 믿음이 지니는 무조건성이다. 겨자씨와 믿음의 비교는 약한 믿음이 아니라, 기적이 지니는 크기와의 관계에서 작은 것을 말한다. 오히려 결정적인 것은 씨알에 해당되는 믿음의 온전함, 바로 그것이다. 누가복음 17:5의 도입구에서 제자들이 프로스세스 헤민 피스틴(*πρόσθες ἡμῖν πίστιν*)이라고 간청할 때, 그것은 (대체로 번역되었듯이) "우리의 믿음을 강하게 하소서."가 아니라, "우리에게 믿음을 주소서."를 의미한다. 여기서 믿음은 하나님의 개입과 행동에 대한 신뢰로 이해된다. 마가복음 11:22에서 "하나님을 믿으라."(*ἔχετε πίστιν θεοῦ*)는 말씀이 먼저 나오는 것은 우연이 아니다. 산을 옮기는 것으로 하나님을 전적으로 의지하는 인간이 하나님의 새 창조의 행위 안에 곧바로 받아들여지고 있음을 표현한다.(비교. 이사야 40:4의 예언적 약속) 부활 이전의 예수 전승의 틀에서 산을 옮길 수 있는 믿음은 구체적인 개별 상황에 적용되는 믿음이다. 이런 의미로 주저하지 않는 신뢰의 믿음이 제자도 안에 통합되는 한 요소가 된다.

2.2.2 믿음과 이적

마가복음 11:20-24 병행구절 및 마태복음 17:19 이하에서 산을 옮기는 믿음에 관한 로기온이 이적과 관련되고 있음은 우연이 아니다.(누가복음 17:3-6은 다르다.) 이적 시에 믿음을 보도하는 더 많은 구절들을 인용할 수 있다. 물론 부활 이후의 전승이 부분적으로 중첩되어 있고 기독론적인 면을 지니고 있는 본문들이 관건이 된다. 그러나 그 본문들은 구체적인 특정 상황에서 믿음을 언급하는 경우, 원래 의도에 대해 많은 것을 설명한다.

2.2.2.1 산을 옮기는 믿음에 관한 로기온과 긴밀하게 관련된 것은 간질병이 든 어린아이의 치유에 관한 사화 중 마가복음 9:23의 다음 진술이다. "할 수 있거든이 무슨 말이냐 믿는 자에게는 능히 하지 못할 일이 없느니라."(*τὸ εἰ δύνῃ, πάντα δυνατὰ τῷ πιστεύοντι*) 여기서 인간에 대한 무조건적인 신뢰만이 아니라, 하나님의 권세만을 의지하는, 예수 자신을 믿는 믿음의 능력이 관건이 되고 있다. 따라서 어린아이의 아버지가 다음과 같이 말한다. "내가 믿나이다 나의 믿음 없는 것을 도와주소서."(*πιστεύω, βοήθει μου τῇ ἀπιστίᾳ*) 하나님의 능력에 대한 신뢰를 선사해 줄 것을 그 자신이 간청한다. 여기서도 강한 믿음이 아니라, 하나님의 도우심에 의지하는 무조건적인 신뢰로 아직 믿음이 없음을 극복하는 것이 관건이 되고 있다. 인간적인 가능성이 없어진 곳에서 하나님이 자신의 권세를 드러내실 수 있다.

2.2.2.2 믿음과 기적이라는 맥락 안에서 치유에 이어 "네 믿음이 너를 도왔다."(*ἡ πίστις σου σέσωκέν σε*, 비교. 막 5:34 병행구절, 10:52 병행구절, 눅 7:50, 17, 19) 고 확증하는 다음 구절들도 포함된다. 이 말씀은 병자 자신뿐만 아니라, 다른 사람들을 위해 애쓴 사람들에게도 해당된다. 따라서 회당장에게 이미 죽은 자신의 딸과 관련하여 마가복음 5:36 병행구절의 다음 말씀이 요구된다. "두려워하지 말고 믿기만 하라."(*μὴ φοβοῦ, μόνον πίστευε*) 마찬가지로 마가복음 2:5 병행구절은 지붕을 뜯어 중풍병자를 예수에게 데리고 온 사람들에 대해 예수께서 '그들의 믿음'을 보고 그 병자를 도와주었다고 말한다. 무엇보다도 그런 말씀이 언급될 때는, 물론 병자 자신의 신뢰가 관건이 되는 경우이다.

2.2.3 믿음과 간구

대체로 파악할 수 없는 것으로 보이는 기도 응답에 대한 확언은 예수의 믿음 이해 안에 기초한다. 산을 옮기는 믿음에 관한 말씀과 함께 많은 것을 알려주는 더 많은 본문들이 있다.

2.2.3.1 산상수훈에서 중심이 되는 말씀은 다음과 같다. "구하라 그리하면 너희에게 주실 것이요(*αἰτεῖτε, καὶ δοθήσεται ὑμῖν*) 찾으라 그리하면 찾아낼 것이요 문을 두드리라 그리하면 너희에게 열릴 것이다."(마 7:7, 병행구절 눅 11:9) 기본적으로 여기서 언급된 것을 예수의 두 비유가 묘사한다. 즉 예기치 않은 손님을 위해 밤중에 떡이 필요하여, 자기 친구와 친구의 자녀들을 괴롭히는 누가복음 11:5-8의 간청하는 친구의 비유, 자신을 도와줄 재판장을 필요로 하는 누가복음 18:1-5(6-8a)의 포기하지 않는 과부의 비유이다. 이 비유들은 매시간 좌절하지 않고 하나님께 기도할 것과 기도의 응답을 신뢰할 것을 격려한다.

2.2.3.2 흥미로운 방식으로 요한전승이 기도응답의 모티브를 강조한다. '예수의 이름으로' 아버지께 간구하는 간청이 중요하다. 요한복음 15:16b은 아버지가 기도에 응답하실 것을 다음과 같이 확언한다. "내 이름으로 아버지께 무엇을 구하든지 다 받게 하려 함이라."(… *ἵνα ὅ τι ἂν αἰτήσητε τὸν πατέρα ἐν τῷ ὀνόματί μου δῷ ὑμῖν*) 이 확언은 14:13, 15:17, 16:23 이하, 요한일서 3:22에 다양하게 등장한다. 그것이 제4 복음서에서 예수의 승귀와 파라클레토스 사역의 전제이다. 14:12에 따르면 파라클레토스를 통하여 제자들이 '더 큰 일'을 할 수 있지만, 기도 응답에 대한 확언은 예수의 기도 이해에 그 기초를 두고 있다. 기도하는 자가 주저하지 않고 하나님께 자신을 맡기

는 곳에서, 그에게 기도의 성취가 약속된다.

2.2.4 의심과 불신앙

의심의 주제가 일찍이 숙고되었다. 이는 산을 옮기는 믿음에 관한 다양한 본문에 나오는 로기온이 드러내는 바와 같다. 의심의 주제와 긴밀하게 연결된 것이 불신앙의 현상이다.

2.2.4.1 산을 옮기는 믿음에 관해 말하는 몇 몇 본문들이 의심의 문제를 함께 고려한다. 마태복음 17:20과 누가복음 17:6은 믿음의 확신을 말한다. 반대로 마가복음 11:22b, 23과 마태복음 21:21은 의심에 관해 언급한다. 마태복음 21:21은 믿음으로 의심을 없애야 함을 "만일 너희가 믿음이 있고 의심하지 아니하면 …"이라고 말한다.(*ἐὰν ἔχητε πίστιν καὶ μὴ διακριθῆτε*) 마가복음 11:23은 의심과 믿음을 더 분명하게 대조시킨다. "누구든지 이 산더러 들리어 바다에 던져지라 하며 그 말하는 것이 이루어질 줄 믿고 마음에 의심하지 아니하면 그대로 되리라."(*ὃς ἂν εἴπη τῷ ὄρει τούτῳ … καὶ μὴ διαθκριθῇ ἐν τῇ καρδίᾳ αὐτοῦ, ἀλλὰ πιστεύη ὅτι ὃ λαλεῖ γίνεται, ἔσται αὐτῷ*) 의심이 믿음을 곧바로 제거시킬 수 있다. 그러나 거꾸로 제한되지 않는 믿음이 의심을 극복하게 한다.

2.2.4.2 불신앙의 문제는 하나님의 권세와 계시를 신뢰하지 않는다는 의미에서 의심과 결부된다. 이는 기도와 이적뿐만 아니라 예수의 파송과 권세에 대한 입장과 관련된다. 처음부터 예수의 역사에서 문제된 것은 누가 그를 인정하여 받아들이고 누가 그를 거부하느냐는 것이었다. 이 문제는 제자도를 향한 준비가 갑자기 거절로 바뀌어, 배교에 이르게 되는 곳에서 첨예화되었다. 그것은 복음서 전승에서 특히 유다의 모습으로 나타난다. 복음서 전승의 초기 전승층(傳承層)은 배교로 이끌 수 있는 거짓 예언자들과 미혹하는 자들도 경고한다. 마가복음 13:21-23 병행구절이나 마태복음 7:15-20이 그런 본문에 해당된다. 불신앙의 주제에 대해서는 이 책 제21장의 세부내용을 참조할 수 있다.

2.2.5 초기 기독교 전승의 영향

초기 기독교 신앙이해는 매우 고유하다. 두 구절에서 예수 말씀의 직접적인 영향력이 나타나고 있다.

2.2.5.1 바울의 경우에 고린도전서 13:2에서 사랑의 무조건성과 관련하여 이적

을 일으키는 믿음을 언급한다. 이 경우 "산을 옮길 만한 모든 믿음이 있을지라도 …"(*ἐὰν ἔχω πᾶσαν τὴν πίστιν ὥστε ὄρη μεθιστάναι* …)라고 말하므로 산을 옮기는 믿음에 관한 예수의 말씀을 분명하게 관련시킨다. 은사목록 중에서도 고린도전서 12:9은 기적을 일으키는 믿음이라는 의미로 '믿음'을 열거한다. 나아가 성령의 능력을 언급하는 맥락에서 바울은 로마서 15:19에서 자신의 '표적과 기사'(*σημεῖα καὶ τέρατα*)를 언급하여 설명한다. 고린도후서 12:12에서도 마찬가지이다. 물론 이 구절에서는 무엇보다도 은사주의자들의 이적행사에 대한 비평이 핵심이기는 하다. 바울은 로마서 4:20에서 의심의 주제를 짧게 취급한다. 거기서 바울은 의심과 불신앙이 얼마나 서로 가깝게 연관되어 있는지를 보여주며, 의심과 불신앙을 믿음 안에서 극복해야 함을 아브라함의 예를 들어 설명한다.

2.2.5.2 야고보서는 예수전승에 나오는 믿음 개념에 분명하게 종속한다. 물론 저자는 '하나님이 유일하시며 한 분이심'(*πιστεύειν ὅτι εἷς ἐστιν ὁ θεός*, 2:19)을 믿으며, 초기 기독교의 의미로 '영광의 수 곧 우리 주 예수 그리스도에 대한 믿음'(*πίστις τοῦ κυρίου ἡμῶν Ἰησοῦ Χριστοῦ τῆς δόξης*, 2:1)을 언급할 수 있고, 동시에 예수전승이 그의 믿음 이해를 특징짓는다. 마가복음 11:23의 산을 옮기는 믿음에 관한 예수의 말씀을 회고하며 야고보서 1:5-8은 믿음과 의심의 주제를 하나님을 향한 간구의 기도라는 맥락에서 설명한다. 하나님이 기꺼이 기도를 들어주신다는 사실은, 조금도 의심하지 않고 믿음으로 기도하는 것을 전제한다. 기도하는 자는 "오직 믿음으로 구하고 조금도 의심하지 말아야 한다."(*αἰτείτω δὲ ἐν πίστει μηδὲν διακρινόμενος*, 6a절) 의심하는 자를 마치 바람에 밀려 요동하는 바다 물결과 비교하며(6b절), '두 마음을 품어 모든 일에 정함이 없는 자'(*ἀνὴρ δίψυχος, ἀκατάστατος ἐν πάσαις ταῖς ὁδοῖς αὐτοῦ*, 8절)로 묘사한다. 이런 사람은 무엇이든지 주께 얻기를 생각하지 말아야 한다. (7절)

2.3 부활 이후 신앙이해의 기본 구조

부활 직후에 믿음은 예수의 위격(Person) 안에서 행하신 하나님의 구원행위를 믿는 것으로 이해되어 폭 넓게 제자도를 대신하여 등장한다. 특히 헬라어 사용 지역에서 그러했다. '뒤따르다'라는 언어 사용의 경우 헬라어 지역에 해당 전제가 없었다. 반면에 '믿는다'의 경우 초기 기독교 이해를 위한 연결 가능성이 늘 존재했다.

2.3.1 초기 기독교의 신앙을 위해 구약성서에서처럼 한 분 하나님과 그의 말씀 및 그의 사역에 대한 신뢰가 기초가 된다. 관계의 관점과 신뢰의 무조건성이 결정적으로 중요했다. 예수 그리스도 안에서 하나님의 계시 행위가 새롭고 결정적인 역할을 한다. 특징적인 것은 '죽은 자를 살리시며 없는 것을 있는 것으로 부르시는 하나님을 믿은' 로마서 4:17b의 아브라함에 대한 언급이다.(*ἐπίστευσεν θεοῦ τοῦ ζῳοποιοῦντος τοῦς νεκροὺς καὶ καλοῦντος τὰ μὴ ὄντα ὡς ὄντα*) 이 언급은 4:24에서 "예수 우리 주를 죽은 자 가운데서 살리신 이를 우리가 믿는다."는 진술로 부연 설명되고 있다. (*πιστεύοντες ἐπὶ τὸν ἐγείραντα Ἰησοῦν τὸν κύριον ἡμῶν ἐκ νεκρῶν*) 하나님을 믿음은 예수의 위격(Person) 안에서 행하시는 하나님의 구원사역을 포함하며, 예수 그리스도에 대한 믿음은 우리의 구원을 위해 행하시는 하나님을 믿는 믿음이다. 따라서 초기 기독교의 이해에 따르면 믿음은 예수 그리스도와의 살아 있는 관계를 의미하며, 구원의 메시지로서 복음에 대한 신뢰를 의미한다.

2.3.2 그것이 신약성서의 언어 사용에 나타난다. 피스튜에인(*πιστεύειν*)과 피스티스(*πίστις*)의 개념은 거의 절대적으로 예수의 위격과 관련하여 등장한다.

2.3.2.1 다양한 전치사 결합이 특징적이다.(비교. 이 책 15장의 2.1.2) 특히 피스튜에인 에이스 크리스톤(*πιστεύειν εἰς Χριστόν*)은 믿음 개념의 관계적인 성격을 강조하며, 예수 그리스도와의 개인적인 연대를 간단하고 명료하게 표현한다. 많은 구절에서 피스튜에인(*πιστεύειν*)을 독립적으로 언급한다. 여기서 매우 자명한 것으로 전제하는 것은 기독교적 의미에서의 믿음이 관건이 되고 있다는 사실이다. 기독교인을 '믿는 자들'(*οἱ πιστεύοντες*)로 명명하는 것도 여기 포함된다.

2.3.2.2 대체로 피스튜에인(*πιστεύειν*)을 현재로 사용한다. 그러나 많은 구절에서 이 단어를 단순과거, 때때로 완료로 사용하기도 한다. 이 경우 '믿음에 이른다', 즉 '믿게 된다'가 요지이다. 이 언어 사용은 특히 사도행전에 등장하지만(비교. 예를 들면 8:12, 13:46), 때때로 바울서신에서도 발견된다.(롬 13:11, 고전 15:2, 11, 갈 2:16)

2.3.3 예수의 이해에 따라 믿음이 하나님의 권세에 무조건적으로 자기 자신을 의탁하는 것이었다면 초기 기독교에서는 무조건적으로 자기 자신을 예수께 맡기는 것이 관건이 되었다. 그 예수 안에서 하나님이 인간을 향해 구원을 제공하셨다. 이는 "예수께서 그 메시아이시다."(*Ἰησοῦς Χριστός*)라는 또는 "주는 예수이시다."(*κύριος Ἰησοῦς*)라는 환호에서 표현되고 있다. 이 환호성들은 짧은 진술들을 포함하며, 그 짧은 진술들로써 신앙고백의 근본내용이 무엇인지를 표현한다. 이와 관련하여 매우 특기할 만한 것

은 로마서 10:9의 다음 내용이다. "네가 만일 네 입으로 예수를 주('주는 예수이시다.')로 시인하며 또 하나님께서 그를 죽은 자 가운데서 살리신 것을 네 마음에 믿으면 구원을 받으리라."(*ἐὰν ὁμολογήσῃς ἐν τῷ στόματί σου ΚΥΡΙΟΝ ΙΗΣΟΥΝ καὶ πιστεύσῃς ἐν τῇ καρδίᾳ σου ὅτι ὁ θεὸς αὐτὸν ἤγειρεν ἐκ νεκρῶν, σωθήσῃ*) 이러한 종류의 짧은 신앙고백문의 수가 상당히 많다. 바울서신 중 로마서에서만도 1:3b, 4a, 4:24b, 25, 5:8, 고린도전서 8:6, 15:3-5이 드러내는 바와 같다. 이들은 '피스티스-고백문'(Pistis-Formeln) 혹은 '크레도-고백문'(Credo-Formeln)으로 올바르게 명명되었다.[19] 이 고백문들은 예수께 대한 신앙고백을 설명하는 기능을 갖는다.

2.3.4 구약성서에서 한 분 하나님께 대한 신앙고백과 개별적인 믿음의 행동이 있었고, 예수에게서 제자도와 믿음의 행위가 서로를 포함시켰다면, 이제 신앙고백과 믿음이 하나로 합쳐진다. 초기 기독교 믿음 이해는 실존을 규명하는 포괄적인 의미를 지니게 되었다. 이미 언급하였듯이, 여기서 제자도 사상을 통합시키는 것이 중요한 역할을 한다. 이로써 믿는 자들 자신들과 관련하여서 뿐만 아니라, 하나님 및 예수 그리스도와 연결된다는 관점에서도 믿음의 위격적인 구조가 더 강화되었다. 하나님을 믿는 믿음이 중시되는 곳에서 어쨌든 예수의 위격(Person)도 중시된다. 예수 안에서, 그리고 예수를 통하여 하나님이 자신을 계시하셨고 행동하셨다. 그것을 넘어서 '복음'을 믿는 믿음을 말하는 곳에서, 선포 가운데 활동하시는 승귀하신 주님이 행하신다.(참조. 막 1:15, 롬 1:16 이하)

2.4 바울의 믿음

그리스도인의 현존의 특징으로서 믿음이 지니는 기본적인 의미를 바울이 상세하게 논구하였다. 거기서 모든 고유성에도 불구하고 기독교의 공통적인 믿음 이해가 핵심요지가 된다.

2.4.1 예수 그리스도에 대한 무조건적인 신뢰로서 믿음

2.4.1.1 믿음은 기본적으로 예수 그리스도의 위격(Person)을 인정하는 것이다. 하나님이 '선지자들을 통하여 그의 아들에 관하여 성경에 미리 약속하신 것'(롬 1:1)이

19) '피스티스'는 명사형 '믿음'을, '크레도'는 동사형 "믿는다."를 의미한다. – 역자 주.

옛 신앙고백문에 따라 '육신으로는 다윗의 혈통에서 나셨고 성결의 영으로는 죽은 자들 가운데서 부활하사(부활에 근거하여/부활 이래로) 능력으로 하나님의 아들로 선포되신, 곧 우리 주 예수 그리스도' 안에서 이루어졌다.(*τοῦ γενομένου ἐκ σπέρματος Δαυὶδ κατὰ σάρκα, τοῦ ὁρισθέντος υἱοῦ θεοῦ ἐν δυνάμει κατὰ πνεῦμα ἁγιωσύνης ἐξ ἀναστάσεως νεκρῶν, Ἰησοῦ Χριστοῦ, τοῦ κυρίου ἡμῶν*, 롬 1:3b, 4) 이에 따라 바울은 언제나 기독론적 진술들을 재차 인용한다. 예를 들어 로마서 4:25이나 고린도전서 15:3b–5의 예수의 죽음과 부활에 관한 신앙고백들이다. 바울은 분명히 '예수 그리스도와 그가 십자가에 못 박히신 것 외에는 아무것도 알지' 아니하려 한다.(*οὐ γὰρ ἔκρινά τι εἰδέναι ἐν ὑμῖν εἰ μὴ Ἰησοῦν Χριστὸν καὶ τοῦτον ἐσταυρωμένον*, 고전 2:2) 바울에게 특징적인 십자가 메시지를 향한 집중이 그리스도 메시지가 지니는 다른 관점들을 배제하지 않는다. 그러나 사도에게 있어서 십자가가 예수의 위격(Person) 안에 나타난 하나님의 계시의 실제 표시(Signum)이며, 동시에 믿는 자들의 현존의 표시(Signum)이다.

2.4.1.2 믿음은 말씀 선포 안에 근거한다. 바울은 그것을 로마서 10:17의 주제적인 표현으로 다음과 같이 말한다. "그러므로 믿음은 들음에서 나며 들음은 그리스도의 말씀으로 말미암았느니라."(*ἄρα ἡ πίστις ἐξ ἀκοῆς, ἡ δὲ ἀκοὴ διὰ ῥήματος Χριστοῦ*) 이 진술은 10:15 이하에서 보내심–선포–들음–믿음–부름의 순서로 구체적으로 전개된다. '설교', '경청하는 것'(*ἀκοή*)으로서의 선포라는 명명(命名)은 다른 구절에서도 나온다.(참조. 갈 3:2, 4 *ἀκοὴ πίστεως*) 이러한 명명은 '케뤼그마' 및 '복음'과 같은 의미를 지닌다. 바울에게서 중심개념은 의심의 여지없이 유앙겔리온(*εὐαγγέλιον*)이다. 믿음을 제공하는 구원의 메시지가 핵심이다. 이 복음을 선포하기 위하여 바울이 '구별되어'(*ἀφωρισμένος*), 사도로 부름을 받았다.(롬 1:1) 복음의 선포가 '모든 믿는 자에게 구원을 주시는 하나님의 능력'이 된다. 메시지 안에, 메시지를 통하여 그리스도가 현재하신다. '성령과 능력의 나타나심'(*ἐν ἀποδείξει πνεύματος καὶ δυνάμεως*, 고전 2:4) 가운데 구원이 실현되며 믿음의 토대가 세워진다. 바울이 '믿음의 순종'(*ὑπακοὴ πίστεως*, 롬 1:5)을 말하는 경우, 중요한 것은 부적절한 순종의 개념과는 거리가 멀며, 듣고 있는 것에 자발적으로 복종하고 받아들이는 것이다. 그 메시지는 믿음을 목표로 하여 믿음의 역사를 일으킨다. 그래서 믿음은 하나님의 말씀에 대한 인간의 응답이다.

2.4.1.3 예수 그리스도를 인정하는 것은 무조건적 신뢰에 근거하며, 그 신뢰는

인간적인 가능성들에 근거하지 않는다. 바울은 로마서 4:17b–21에서 그 신뢰에 대해 자세히 설명하였다. '죽은 자를 살리시며 없는 것을 있는 것으로 부르시는 하나님을' 향한 믿음은 '바랄 수 없는 중에 바라고 믿는' 믿음이다.(*παρ' ἐλπίδα ἐπ' ἐλπίδι πιστεύειν*, 4:17b, 18) 믿음에서 결정적인 것은 믿음이 어떤 것으로도 지상의 것들을 혼란시키는 것이 아니라, 무조건적으로 오직 하나님의 확언만을 신뢰하는 것이다. 이 믿음은 그가 '약속하신 그것을 또한 능히 이루실 줄을(*ὃ ἐπήγγελται δυνατός ἐστιν καὶ ποιῆσαι*) 확신(*πληροφορηθείς*)'하는 것이다.(4:21) 확언된 구원에 의해 확신하게 된 것으로서의 믿음이 모든 의심을 극복하게 한다. 아브라함이 주저하지 않고 믿었듯이 그는 믿음으로 모든 의심도 극복했다. '믿음이 없어 하나님의 약속을 의심하지 않고 (그는) 믿음으로 견고'하여졌다.(*εἰς δὲ τὴν ἐπαγγελίαν τοῦ θεοῦ οὐ διεκρίθη τῇ ἀπιστίᾳ ἀλλ' ἐνεδυναμώθη τῇ πίστει*, 4:19 이하) 믿음이 모든 의심과 불신앙을 극복할 수 있다.

2.4.1.4 구원의 메시지를 영접하는 것으로서의 믿음이 구원에 참여함을 보장해 준다. 이 내용은 특히 하나님을 떠난 자들의 이신칭의에 관한 바울의 진술에서 끄집어낼 수 있다.(롬 3:21–26, 4:3–8) 의롭다 칭하시는 하나님의 행동하심이 복음이 선포되는 가운데 복음의 선포와 함께 현재하며, 믿는 자들에게 구원에 참여함을 보장해 준다. 오직 믿음만이 주저함이 없는 신뢰라는 의미에서 구원에 참여하기 위한 전제가 된다. 자신의 모든 행위와 공로는 계산되지 않는다.(롬 3:28) 그러므로 믿음은 '율법의 행위'에 전적으로 반대한다. 자신의 모든 가능성을 포기하고 구원의 확언을 감사하며 받아들이는 것이 중요하다. 그러한 신뢰는 조건의 성격을 갖지 않는다. 그것은 제공되는 구원에 무조건적으로 자신을 내어맡기는 것이며, 그런 의미에서 주어진 말씀에 응답하는 것이다. 마찬가지로 그것은 자신의 의지 행동으로서의 결정과는 거리가 멀다. 우리가 '하나님을 알 뿐 아니라 더욱이 하나님이 아신 바' 되었다는(*γνόντες θεόν, μᾶλλον δὲ γνωσθέντες ὑπὸ θεοῦ*) 갈라디아서 4:9의 의미에서 볼 때 우리에 관해 결정되어 있는 것, 즉 우리에게 구원으로의 길을 제시하는 결정된 사항이 중요하다. 결정적인 것은 확실하게 약속된 하나님의 구원에 무조건적으로 자기 자신을 내어 맡기는 가운데 하나님께서 행하시는 것이 나에게서 실현된다는 것이다.

2.4.2 생활 양식으로서 믿음

2.4.2.1 존재를 규명하는 것으로서의 믿음에 관한 이해가 바울에게서 근본적이

다. 관건이 되는 것은 인간 전체를 포괄하는 생활 형태, '믿음으로 믿음에 이르는' 존재이다.(*ἐκ πίστεως εἰς πίστιν*, 롬 1:17) 그것은 믿음의 무조건적인 필연성을 언급해야 하는 수사학적인 표현이 아니다. 그 표현은 구원의 메시지를 통하여 근거를 갖게 된 믿음이 늘 거듭하여 살아 있는 믿음으로 이끌며 그로써 기독교인의 존재가 특징지어지고 있음을 밝혀준다. 중요한 것은 지속적으로 구원의 확언을 필요로 하는 것뿐만이 아니라 끊임없이 새롭게 되는 신뢰이다. 그러한 내용은 바울이 피스튜에인(*πιστεύειν*, 믿는다)을 아주 드물게만 단순과거로 사용하며, 거의 전적으로 현재 형태를 사용하고 있다는 점에서도 주목할 만하다. '믿는다'는 것은 기독교인의 현존의 지속적인 특징이다. 그러한 점에서 바울에게 있어서 (믿게 된다는 의미에서의) 믿음과 세례에 관한 이해가 중요할 뿐만 아니라, 세례는 처음 기독교인이 될 때 유일회적인 사건으로 나타난다. 유일회적 세례 사건은 살아 있는 믿음 안에서 계속해서 그 특징이 유지된다.

2.4.2.2 바울에게 있어서 믿음, 희망, 사랑의 결합이 특별한 의미를 지닌다. 이미 그의 가장 초기 서신인 데살로니가전서 1:3에서 기독교인 현존의 이 세 특징이 나란히 등장한다. 소위 사랑의 찬가인 고린도전서 13:13에서 바울은 결론적으로 다음과 같이 말한다. "그런즉 믿음, 소망, 사랑, 이 세 가지는 항상 있을 것인데 그 중의 제일은 사랑이라."(*νυνὶ δὲ μένει πίστις, ἐλπίς, ἀγάπη, τὰ τρία ταῦτα· μείζων δὲ τούτων ἡ ἀγάπη*) 여기서 '뉘니'(*νυνί*)는 분명하게 현재와 관련된다. 믿음은 보는 것으로(고후 5:7), 희망은 성취되는 것으로(롬 8:24 이하) 폐하여지지만, 사랑은 완성되어 그 영향력을 끼친다. 그래서 여기서 특히 사랑을 강조하고 있다.

2.4.2.3 바울에게서 희망은 포기할 수 없는 믿음의 구성부분이다. 구원에 참여하는 믿음은 미래의 완성을 지향한다. 희망은 믿음에서 나오는 통합적인 결과이다. 로마서 5:1-5에 따르면 희망이 믿는 자가 부끄러움을 당하지 않도록 하며, 모든 연단을 거쳐 믿는 자에게 지속된다. 희망은 현재의 구원에 참여하지만 5:8-10에 따르면 구원의 완성에 대한 온전한 확신을 지향한다.(참조. 이 책 24장)

2.4.2.4 마찬가지로 사랑이 무조건적으로 믿음에 속한다. 믿음과 사랑의 결합은 바울에게 있어서 구성적이므로 갈라디아서 5:6b의 중요한 말씀에서 '사랑으로써 역사하는 믿음'(*ἡ πίστις δι᾽ ἀγάπης ἐνεργουμένη*)에 관해 말한다. 믿음이 구체화된 표현이 사랑이다. 믿는 자들의 전체 생활은 사랑에 의해 규정된다. 사랑 가운데 믿음에서 비롯된 책임이 일상생활에서 실현된다. 이에 대한 개별적 내용은 이 책의 제21장을 참조할 수 있다.

2.4.3 믿음과 신앙전승

2.4.3.1 살아 있는 믿음의 행위가 그렇게 근본적이므로 믿음의 내용에 관한 분명한 진술도 신앙고백에서 중요하다. 환호성의 형태이든 신앙문의 형태이든 신앙고백적인 진술들은 공통의 믿음을 표현하며, 그러한 점에서 구두로 된 신앙전승의 구성부분이 되어, 비평적인 기능을 갖는다. 그러므로 로마서 12:6에 따르면 예언은 진술된 신앙고백에 따라 측정되어야 한다. 따라서 '믿음의 분수'(*ἀναλογία τῆς πίστεως*)를 언급한다. 이는 내용상 고린도전서 12:1-3에서도 요구된다. 아주 유사하게 로마서 6:17에 따르면 세례 권고문에서 '교훈의 본'(*τύπος διδαχῆς*)을 받아들이는 것이 중요하다.

2.4.3.2 믿음에 대한 이해에서 본질적으로 바울과 일치하는 제2 바울서신에서 이러한 전승을 계속 뒤좇을 수 있다. 골로새서 2:6이 '그리스도 예수를 주로 받아들이는 것'(*παραλαμβάνειν τὸν Χριστὸν 'Ιησοῦν τὸν κύριον*)을 말한다면, 회개의 행위만을 의미하는 것이 아니라, 동시에 믿음의 내용이 요지이다. 그것을 7절의 "너희가 … 교훈을 받은 대로 믿음에 굳게 서라."(*βεβαιούμενοι τῇ πίστει καθὼς ἐδιδάχθητε*)는 요구와 그와 연결된 거짓교사와의 논쟁이 드러낸다. 에베소서 4:5에서 '하나의 믿음'(*μία πίστις*)을 언급한다면 관건이 되는 것은 같은 방식으로 공통되는 신앙고백이다. 그래서 4:13의 '믿는 것에 하나'(*ἑνότης τῆς πίστεως*)가 되는 것은 아직 진행 중이지만 모든 것이 그것을 향해 나아가는 살아 있는 과정이다.

2.4.3.3 목회서신에서 믿음은 신뢰의 행위로서 '바른 교훈'(*ὑγιαίνουσα διδασκαλία*, 딤전 1:10, 딤후 4:3, 딛 1:9, 2:1)과 강조되어 관련된다. 그것은 '믿음 안에 바르게 머무는 것'(*ὑγιαίνειν τῇ πίστει*)이다. 따라서 '믿음과 바른 교훈의 말씀들'이 나란히 언급된다.(*λόγοι τῆς πίστεως καὶ τῆς καλῆς διδασκαλίας*, 딤전 4:6) 혹은 '믿음과 진리'가 병행되고 있다.(*πίστις καὶ ἀλήθεια*, 딤전 2:7) '믿음의 비밀' 및 '경건의 비밀'(*μυστήριον τῆς πίστεως/τῆς εὐσεβείας*, 딤전 3:9, 16a)은 디모데전서 3:16b에서 찬양시 형태의 신앙고백으로 바뀌어졌다.

2.4.3.4 바울에게서 살아 있는 믿음과 신앙전승에 연결됨이 서로를 제약(制約)한다. 이는 제2 바울서신의 경우에도 광범위하게 해당된다. 물론 그 서신들은 거짓 가르침을 방어하는 것이 매우 긴요하여 믿음의 가르침을 특별히 강조한다. 그러한 강조는 특히 목회서신에 해당된다. 믿음과 신앙전승은 따라서 서로 반대되지 않는다. 신앙전승은 살아 있는 증언으로 계속 전달되어 살아 있는 믿음 생활 안에 수용되며 계속적으로 증언되어진다.

2.5 요한의 신앙이해

믿음에 대한 이해는 바울과 함께 요한복음에서 가장 폭 넓게 발전되었다. 그것을 요한일서가 전제한다. 이러한 관점에서 요한일서가 구별되지 않는다. 요한일서 5:4을 제외하고 요한전승 전체에서 동사 피스튜에인(*πιστεύειν* '믿는다')만이 사용된다.

2.5.1 결정적인 것은 바울에게서처럼 예수 및 그의 이름의 관점에서 본 인격적인 관계이다. 피스튜에인 에이스(*πιστεύειν εἰς*, '…를 믿는다')라는 표현은 복음서에 34회, 요한일서에 5회 사용되며, 에이스 토 오노마 예수(*εἰς τὸ ὄνομα 'Ιησοῦ*), '예수의 이름을', 아우투(*αὐτοῦ*, '그의 이름을'), 에이스 예순(*εἰς 'Ιησοῦν* '예수를'), 크리스톤(*Χρισρόν*, '그리스도를'), 에이스 아우톤(*εἰς αὐτόν*, '그를'), 에이스 에메(*εἰς ἐμέ*, '나를')나 유사한 표현형식으로 나타난다. 때때로 피스튜에인 엔 아우토(*πιστεύειν ἐν αὐτῷ*, 예를 들어 요 3:16)도 등장한다. 기독론적으로 특징지어진 이 믿음 개념은 하나님을 믿는 믿음을 포함한다. 14:1은 "하나님과 나를 믿는다."(*πιστεύειν εἰς τὸν θεὸν καὶ ἐμε*)를 언급한다. 무엇보다도 "나를 보내신 이를 믿는다."(*πιστεύειν τῷ πέμψαντί με*, 5:24, 5:38)가 여러 번 등장한다. 매우 특징적인 구절은 12:44이다. "나를 믿는 자는 나를 믿는 것이 아니요 나를 보내신 이를 믿는 것이다."(*ὁ πιστεύων εἰς ἐμὲ οὐ πιστεύει εἰς ἐμὲ ἀλλὰ εἰς τὸν πέμψαντά με*) 하나님의 아들로서 예수 그리스도를 믿음은 예수께 과업을 부여하신 아버지를 믿음을 말한다. 하나님을 믿음과 그리스도를 믿음이 일치한다.

2.5.2 예수를 하나님의 계시자로 믿는다는 것은 여기서도 듣고 영접한 말씀 안에 근거한다. 동시에 예수 자신의 고유한 '말씀'(*ὁ λόγος μου, ὁ λόγος ὁ ἐμός*), 즉 그의 '말씀들'(*τὰ ῥήματά μου*)이 중요하다. 이는 많은 구절에서 언급되는 바와 같다. 예수의 말씀은 하나님의 말씀과 동일하며, 이는 요한복음 17:6, 7 및 3:34, 8:47에서 강조하는 바와 같다. 14:10이 강조하듯이 예수께서 이르는 말은 스스로 하는 것이 아니다. 그것은 17:8에 따르면 아버지가 아들에게 '주신' 말씀들이며, 아들이 그 말씀들을 다시 전달한다. 따라서 '아버지께 듣고 배운 사람마다 내게로' 온다.(*πᾶς ὁ ἀκούσας παρὰ τοῦ πατρὸς καὶ μαθὼν ἔρχεται πρὸς ἐμέ*, 6:45b) 그것은 말씀들을 '듣고'(*ἀκούειν*), '지키며'(*τηρεῖν*), 그 안에 '머무는 것'(*μένειν*)에 해당된다. 예수를 믿는다는 것과 그의 말씀들을 믿는다는 것은 동일하다. 이러한 동일시가 '나는 …이다.' 말씀들에서 보다 더 분명하게 나타나는 곳은 없다. 거기서 예수께서는 자신의 말과 동일시되며 동시에 다양

한 방법으로 그의 구원의 은사와 구원의 길을 드러낸다.(6:35, 41, 48, 51, 8:12, 10:7, 9, 11, 14, 11:25, 14:6, 15:1, 5)

2.5.3 예수를 신뢰하는 것, 그의 말씀을 받아들이고 보존하는 것이 구원, 즉 '영원한 생명'에 참여함을 의미한다. 중심구절인 요한복음 3:16에 따르면 하나님이 사랑으로 '그를 믿는 자마다 멸망하지 않고 영생을 얻게 하려'(*ἵνα πᾶς ὁ πιστεύων ἐν αὐτῷ ἔχῃ ζωὴν αἰώνιον*) 하시려고 자기 아들을 보내셨다. 자기 아들을 세상에 보내심은 3:17에 따르면 세상을 심판하기 위함이 아니라, '그로 말미암아 세상이 구원을 받게 하려'(*ἵνα σωθῇ ὁ κόσμος δι' αὐτοῦ*) 하심이다. 물론 3:19에 따르면 빛이 세상에 왔다는 사실에서 심판이 이루어졌다. 그러나 사람들이 빛보다 어둠을 더 사랑하였다. 따라서 "믿지 아니하는 자는 … 벌써 심판을 받은 것이니라."(*ὁ μὴ πιστεύων ἤδη κέκριται*)는 3:18의 말씀이 타당하다. 그러나 반대로 거기서 '그를 믿는 자는 심판을 받지 아니하는 것'(*ὁ πιστεύων εἰς αὐτὸν οὐ κρίνεται*)이라고 말한다. 구원이 믿는 자들에게 온전하게 나누어지고 있다. 믿는 자는 지금 이미 참된 생명에 참여할 수 있으며 이미 심판을 뒤로 한다. 죽음도 건드리지 못하는 영생에 현재 참여한다는 것을 믿음이 포함시키고 있음이 매우 다양하게 표현된다.(비교. 요 5:24-26, 6:47, 11:25 이하, 20:31)

2.5.4 요한전승에 따르면 믿음과 결부되어 특정의 결과들, 더 큰 일을 아는 것, 보는 것, 행하는 것이 뒤따른다.

2.5.4.1 '안다'(*γινώσκειν*)는 것은 믿음의 본질적인 한 요소이다. 거기서 '인식하다'(erkennen), '알다'(kennen), '인정하다'(anerkennen)가 서로 교차한다. 인식하는 것 안에서 하나님과 예수 그리스도를 믿는 믿음의 영역이 열려진다. 그 내용이 바울서신(비교. 갈 4:9, 고전 13:9-12)에서보다 더 분명하게 요한신학에서 상술된다. 결정적인 것은 인식의 상호 양면성 안에 표현되는 공동체의 구현이다. 아버지와 아들이 서로 '아는 것'과 마찬가지로(요 10:15a, 비교. 마 11:27 병행구절) 예수와 그의 제자들이 서로를 '아는 것'이 중요하다. 믿음 가운데 예수께서 계시자로 동시에 '한 분이신 참 하나님'으로 인식된다.(17:3, 비교. 8:19, 14:7) 게다가 파라클레토스를 인식하는 것이 있다. "너희는 그를 아나니 그는 너희와 함께 거하심이요 또 너희 속에 계시겠음이라."(14:17b, 20) 반면에 세상은 아버지와 아들의 사역을 '알지 못하였고', '(그것을) 알지 못한다.'(1:10, 16:3, 17:25) 그럼에도 불구하고 제자들의 증언에서 늘 중요한 것은 '네가(하나님께서) 나를(아들을) 보내셨음을 세상이 아는 것'이다.(17:23, 비교. 3:16 이하)

요한일서에서도 하나님을 아는 것(요일 2:13, 4:6 이하)과 '태초부터 계신 이를 아는 것'(*γινώσκειν τὸν ἀπ᾽ ἀρχῆς*)이 중요한 역할을 한다.

2.5.4.2 아는 것에 관한 진술들은 제4 복음서에서 '보는 것'(*ὁρᾶν, βλέπειν, θεωρεῖν*)과 긴밀한 관계에 있다는 점에서 특별한 의미를 지닌다.(비교. 16:17a) 요한복음 1:14에서는 큰 줄거리를 따라(Programmatisch) '그의 영광을 보는 것'(*ἐθεασάμεθα τὴν δόξαν αὐτοῦ*)을 말하며, 2:11에 따르면 그 영광의 계시가 믿음으로 이끈다. 가나의 혼인잔치에서처럼 기적행위를 '표적'(*σημεῖα*)으로 보는 것이 중요한 반면, 단순하게 겉으로 드러내기 위해 행하는 기적에 대한 이해는 거부된다.(4:48) 제자도로 준비된 사람들을 향해 1:39, 46에서 다음과 같이 요구한다. "(너희들이) 와서 보라!"(*ἔρχεσθε καὶ ὄψεσθε*) 및 "(네가) 와서 보라!"(*ἔρχου καὶ ἴδε*) 이 요구는 1:51에서 제자들을 향한 약속과 결합된다. "하늘이 열리고 하나님의 사자들이 인자 위에 오르락내리락 하는 것을 (너희가) 보리라."(*ὄψεσθε τὸν οὐρανὸν ἀνεῳγότα καὶ τοὺς ἀγγέλους τοῦ θεοῦ ἀναβαίνοντας καὶ καταβαίνοντας ἐπὶ τὸν υἱὸν τοῦ ἀνθρώπου*) 이 말씀은 예수께서 아버지와 지속적으로 연결되어 있는 것을 알 수 있음을 말한다. 그러므로 12:45은 다음과 같이 말한다. "나를 보는 자는 나를 보내신 이를 보는 것이니라."(*ὁ θεωρῶν ἐμὲ θεωρεῖ τὸν πέμψαντά με*) 이 진술이 14:9에서 다시 반복된다.(비교. 6:40) 그것은 14:19에 따르면 동일한 방식으로 보혜사를 통해 역사하시는 승귀되신 이를 보는 것에 해당한다. "조금 있으면 세상은 다시 나를 보지 못할 것이로되 너희는 나를 보리니 이는 내가 살아 있고 너희도 살아 있겠음이라."(*ἔτι μικρὸν καὶ ὁ κόσμος με οὐκέτι θεωρεῖ, ὑμεῖς δὲ θεωρεῖτέ με, ὅτι ἐγὼ ζῶ καὶ ὑμεῖς ζήσετε*, 비교. 16:16, 22) 지상 위에 이미 실현되고 있는 구원의 현실을 믿음 안에서 바라볼 수 있는 것이 중요하다. 결론적으로 부활보도에 나오는 두 진술도 이러한 맥락에 속한다. 20:8은 예수께서 사랑하시던 제자가 무덤을 "보았고 믿었다."고 말한다. 여기서 중요한 것은 믿으면서 보는 것이며, 이는 또 다른 증거를 필요로 하지 않는다. 이에 반해 20:29에서는 진정으로 보는 것과 믿는 것에 대한 외적인 근거가 필요하지 않기 때문에, 도마를 향해 "보지 못하고 믿는 자들은 복되도다."라고 언급한다.

2.5.4.3 아주 특별한 방법으로 믿는 것과 행하는 것이 서로 결합된다. 제4 복음서 전체에서 바울의 이해와 어떤 방식으로도 비교할 수 없는 '에르곤'(*ἔργον*)/'에르가'(*ἔργα*)에 대한 이해가 있다. 어느 곳에서도 율법적인 행위가 중시되지 않는다. 중요한 것은 오히려 예수나 하나님 자신의 행하심(4:34, 5:36, 9:3 이하 등) 혹은 진리나 하나님의 뜻

에 일치하는 올바른 행동이다.(3:21) 따라서 6:28 이하에서는 "우리가 어떻게 하여야 하나님의 일을 하오리이까?"라는 질문에 "하나님께서 보내신 이를 믿는 것이 하나님의 일이니라."(*τοῦτό ἐστιν τὸ ἔργον τοῦ θεοῦ, ἵνα πιστεύητε εἰς ὃν ἀπέστειλεν ἐκεῖνος*)라고 답변한다. 여기서 하나님이 요구하시는 일은 믿음 그 자체이다. 그러므로 다른 수많은 경우에 그것은 예수의 계명을 지키는 것이며, 특히 사랑의 행위를 말한다.(13:34, 14:15, 21, 15:10, 12) 이러한 맥락에서 특별히 시사하는 바가 큰 것은 "내가 진실로 진실로 너희에게 이르노니 나를 믿는 자는 내가 하는 일을 그도 할 것이요 또한 그보다 큰 일도 하리니 이는 내가 아버지께로 감이라."는 14:12의 말씀에서 '그보다 큰 일'에 관한 진술이다.(*ὁ πιστεύων εἰς ἐμὲ τὰ ἔργα ἃ ἐγὼ ποιῶ κἀκεῖνος ποιήσει καὶ μείζονα τούτων ποιήσει, ὅτι ἐγὼ πρὸς τὸν πατέρα πορεύομαι*) 그것은 승귀되신 분이 성령을 통하여 역사하시는 그 일들이다. 따라서 그 일들은 더 이상 지역이 제한되지 않고 널리 보편적으로 역사한다.

2.6 히브리서의 신앙이해

히브리서의 믿음 개념은 바울과 요한과는 또 다른 특성을 지닌다. 그 특징은 일종의 개념을 정의하는 구절인 히브리서 11:1과만 관련되지 않고, 히브리서 전체에 드러나고 있다.

2.6.1 신앙교육적 요약인 히브리서 6:1은 기독교 신앙의 전제들을 중시하며 먼저 '피스티스 에피 테온'(*πίστις ἐπὶ θεόν*), 즉 '하나님을 믿는 믿음'을 말한다. 4:2 이하에 따르면 믿는 자들의 '피스튜에인'(*πιστεύειν*)은 출애굽시대에서처럼 '구원의 메시지를 선포하는 것'(*εὐαγγελισθῆναι*)과 관련된다. 다만 그 시대에는 듣는 것이 믿음과 결합되어 있지는 않았으므로 그들이 약속된 '안식'(*κατάπαυσις*)을 경험하지 못하였다. 그러나 옛 계약의 역사에서 비롯되는 믿음에 대한 '구름 같이 둘러싼 허다한 증인들'이 있다.(*νέφος μαρτύρων*, 12:1) 이는 11:2-40에서 설명되는 바와 같다. '그들의 믿음으로'(*πίστει* 18회, *κατὰ πίστιν*과 *διὰ πίστεως* 각기 1회) 그들은 세상이 하나님의 말씀으로 만들어졌음을(3절), (하나님이 계획하고 지으실) 튼튼한 터가 있는 도시가 있음을(10절), 하나님이 신실하시고 자기 약속을 이루실 것임을(11절), 그가 죽은 자들을 일으키실 권세를 지니시고 계심을(19a절), 볼 수 없는 것을 신뢰하는 것이 가치가 있음을(27절) 알았다. 이러한 믿음으로 아벨, 에녹, 노아, 아브라함, 사라, 이삭, 야곱, 요셉,

모세와 많은 다른 이들이 살았고, 그들이 비유의 대상이 되었다.(*παραβολή*, 19b절) '믿음이 없이는 하나님을 기쁘시게 하지 못하나니 하나님께 나아가는 자는 반드시 그가 계신 것과 또한 그가 자기를 찾는 자들에게 상주시는 이심을 믿어야' 하기 때문이다.(*χωρὶς δὲ πίστεως ἀδύνατον εὐαρεστῆσαι· πιστεῦσαι γὰρ δεῖ τὸν προσερχόμενον τῷ θεῷ, ὅτι ἔστιν καὶ τοῖς ἐκζητοῦσιν αὐτὸν μισθαποδότης γίνεται*, 6절) 그러나 그러한 증인들은 (약속된) 미래의 것을 얻지 못하고 다 죽었다. 그들은 그것을 외국인과 나그네로서 멀리서 보고 환영하며 본향으로 구하였다.(13절 이하) 그들에게 약속의 성취가 주어지지 않았다. '이는 하나님이 우리를 위하여 더 좋은 것을 예비하셨은즉 우리가 아니면 그들로 온전함을 이루지 못하게 하려' 하셨기 때문이다.(*τοῦ θεοῦ περὶ ἡμῶν κρεῖττόν τι προβλεψαμένου, ἵνα μὴ χωρὶς ἡμῶν τελειωθῶσιν*, 40절)

2.6.2 이러한 전제하에서 믿음에 대해 일종의 정의하는 말씀인 히브리서 11:1을 이해할 수 있다. 이 진술은 특별히 기독교적 성격을 지니지는 않으며, 오히려 옛 계약의 증인들과 마찬가지로 새 계약의 증인들과 관련된다. 그것은 미래에 기대되는 것과 지금은 아직 볼 수 없는 것들을 지향한다.(이는 바울의 고린도후서 4:16-18과 병행구절을 이룬다.) 그런 점에서 그것은 일차적으로 하나님의 약속을 신뢰하는 희망에 관한 진술이다. 여기서 믿음 안에서 경험되는 구원에의 참여가 아니라, 구원의 완성을 바라는 흔들리지 않는 확신이 관건이다. 물론 믿음이 도래할 것에 대한 하나의 '보증'(*ὑπόστασις*)이며 '증거'(*ἔλεγχος*)이지만, 신약성서의 그 밖의 곳에서, 특히 바울의 경우에 그 믿음이 희망을 포함하는 믿음인데 반해, 여기서 그 믿음은 믿음의 근거가 되는 희망이다. (비교. 이 책 제24장)

2.6.3 예수 자신이 12:2에 따르면 '믿음의 창시자이시고 완성자'이시다.(*ὁ τῆς πίστεως ἀρχηγὸς καὶ τελειωτής*) 그것은 이중적 의미로 이해할 수 있다. 예수 자신이 믿음의 증거자이지만 동시에 선재하는 자와 모든 약속의 성취자로 믿음의 역사의 시작과 끝에 있다. 정확하게 그것이 예수를 향해 '하나님의 아들'과 '대제사장'(4:14)으로 고백하는 기독교 신앙고백에서 관건이 된다. 그는 바로 자신의 지상 생활에서 '그를 죽음에서 건지실 수 있는' 그 분을 신뢰했고 순종을 배워서(5:7 이하) "온전하게 되었다." 그것으로 자기에게 순종하는 모든 자에게 '영원한 구원의 근원이' 되셨다.(*τελειωθεὶς ἐγένετο πᾶσιν τοῖς ὑπακούουσιν αὐτῷ αἴτιος σωτηρίας αἰωνίου*, 5:9) 그가 새로운 계약의 중보자이다.(8:6, 12:24) 그는 자신의 죽음으로 유일회적이며 종국적인 희생제를 드렸으며(9:11-22), 우리를 '앞서 가신 자'(*πρόδρομος* 6:20)로서 이미 구원의

현실 안으로 들어가셨다.(9:23-28) 그를 배반하는 자는 구원을 잃는다. 다시 새롭게 하는 회개는 더 이상 없다.(6:4-6)

2.6.4 히브리서에서 하나님을 향한, 그리고 그의 약속을 향한 희망의 신뢰로서의 믿음과, 그리스도를 구원의 중보자로 고백하는 신앙고백이 구별된다. 새 언약에서도 믿음은 미래를 지향한다. 기독교 신앙고백은 구원을 향한 길이 열려져 있음을 확신하는 표현이다. 그리스도에 대한 신앙을 고백하는 모든 이들이 이미 시온 산에 이르렀지만 아직 종국적으로 거기에 도달하지는 못했다.(12:22-24) 매우 특징적인 것은 히브리서 10:37 이하에서 바울이 끌어들이는 하박국 2:4a의 인용이 하박국 2:3a-4b의 완전한 본문으로 수용된다는 점이다. 먼저 10:37에서 구원자가 속히 오실 것을 다룬다. 이어서 10:38a에서 구약성서 본문의 의미대로 '믿음에 근거하여 사는' 의로운 자에 관해 말한다. 결론적으로 10:38b에서 뒤로 물러서므로 하나님이 기뻐하지 아니하는 자들을 언급한다. 이에 대해 주석하면서 10:39에서 덧붙인다. "우리는 뒤로 물러가 멸망할 자가 아니요 오직 영혼을 구원함에 이르는 믿음을 가진 자니라."(*ἡμεῖς δὲ οὐκ ἐσμὲν ὑποστολῆς εἰς ἀπώλειαν, ἀλλὰ πίστεως εἰς περιποίησιν ψυχῆς*) 이로써 믿음이 가지는 희망의 성격이 강조되고 있다. 여전히 주목할 만한 것은 하박국 2:4a가 바울의 경우처럼 믿음의 의와 관련되는 것이 아니라, 구약성서의 의미에서 희망하면서 신실함 가운데 인내하는 신뢰와 관련된다는 사실이다.

3. 믿음 이해의 일치와 긴장

제자도와 믿음을 함께 다루는 것이 초기 기독교 전승에서 제자도 표상과 믿음 개념이 긴밀하게 관련되었음을 가리킨다.

3.1 제자도의 관점

3.1.1 제자도의 원래 특징은 예수와 직접 함께 살아가는 생활 공동체 안에 있다. 여행이 중요한 생활 형태로, 그것은 제자 파송과 후기의 선교사역으로 이어졌다. 그러나 이미 예수께서 지상에 계실 당시에 다른 형태의 추종자 그룹이 있었다. 제자도는 따라서 곧 더 넓은 의미로 이해되었다. 이는 특히 제자도 전통의 유지와 초기 공동체로의

범례적인 변화를 나타낸다. 결정적으로 중요했던 것은 예수의 부르심을 무조건 뒤따르고 그의 메시지를 기꺼이 영접하는 자세였다.

3.1.2 제자도 말씀은, 예수의 부르심을 뒤따르는 모든 자들의 생활방식에 계속적으로 어떤 결과가 이어지고 있음을 분명히 한다. 급진적인 요구들이 의식화시키는 것은 예수께 속하는 것이 다른 모든 조건들보다 우선한다는 사실이다. 동시에 예수께 속한다는 것은 하나님의 통치를 위해 일하는 것을 의미한다. 거기서 뒤를 돌이켜보는 것이 금지된다. 중요한 것은 제한을 가하거나 뒤로 미루지 않고 시작하는 것이다. 이는 다른 사람들을 위해 기꺼이 희생하는 것, 또는 상황에 따라 자신의 생명을 내 놓는 것을 포함한다.

3.1.3 제자도를 실천하는 생활은 예수의 사역으로 시작된 새로운 현실과 관련됨을 의미한다. 따라서 새로운 현실이 인간을 그의 전 존재 그 자체로 요구하고 규정한다. 제자로 현존한다는 것은 다른 존재 곁에 있는 그 무엇인가가 아니라, 전적으로 감동을 받아 요구된 것을 실천하는 존재를 말한다. 이런 의미에서 제자도는 기독교인의 근본적인 존재 원칙이다.

3.2 제자도와 믿음

3.2.1 제자도 전승에서 믿음은 전 존재가 예수께 연결된다는 것 안에서 하나의 통합적 구성부분을 이룬다. 중요한 것은 새로운 현실에 무조건적으로 자신을 내어 맡기는 것이므로, 신뢰하는 믿음의 행위 가운데 일상을 넘어서는 것이 수행될 수 있다. 초기 기독교의 신앙 이해 안에 제자도 전통이 통합되고 있으며, 그것을 통하여 믿음이 제자들의 존재를 포괄적으로 규명하게 되었다. 믿음이 제자도처럼 이제 전체적으로 이해되었고 제자라는 것 또는 기독교인이라는 것의 포괄적인 특징으로 사용되었다. 제자도와 믿음이 곧바로 동일시될 수 있었음을 요한복음이 드러낸다. 그들은 본질적인 특성에서 볼 때 내용적으로 일치하지만 다양한 관점들과 함께 동반되는 다양한 표상들을 주목해야 한다.

3.2.2 제자도는 믿음과 마찬가지로 예수의 부르심을 듣고 구원의 확언을 영접하는 개인을 중시한다. 인간적인 준비가 구원의 은사에 상응하는 필연적인 상관관계를 이룬다. 인간은 그에게 주어지는 구원을 신뢰하면서 영접하는 것 외에 다른 어떤 것을 행할 필요가 없다. 그것을 통하여 인간이 구원 사건에 관여되며 자신의 생명을 새롭게 하

는 과정 안에 세워진다.

3.2.3 제자도와 믿음을 구별하는 것이 무엇보다도 예수의 위격(Person)과 관련된다. 각기 인격적인 연결이 중요하다. 그러나 제자도에서 하나님의 통치를 위해 예수께 연결되는 것이 중요한 반면에 부활 이후의 믿음 이해에서는 구원을 가져오는 자이신 예수께 연결되는 것이 전면에 등장한다. 게다가 제자도는 지상의 예수와 함께 하는 공동체 안에서 사는 구체적인 생활과 직접 관련된다. 반면에 믿음은 다양한 생활 형태 안에서 승귀된 그리스도와 관련되는 것으로 그 모습을 취할 수 있다. 여기저기서 중요한 것은 구체화된 각각의 모습이 다를지라도 필연적인 결과를 가져온다는 사실이다.

3.3 믿음의 다양한 영역들

3.3.1 이러한 모든 특징에도 불구하고 신약성서의 믿음 개념은 구약성서 전승인 창세기 15:6, 이사야 7:9, 28:16, 하박국 2:4을 근본적인 기초로 갖는다. 중요한 것은 신뢰의 무조건성이다. 그러나 이 기본 구상이 다양한 특징을 갖는다. 우리는 감지할 수 있는 다양한 믿음 이해 세 가지를 접하게 된다. 그들은 예수의 믿음 이해, 바울과 요한의 믿음 이해, 히브리서의 믿음 이해이다. 이 믿음 이해들이 서로 똑같지는 않다. 따라서 어느 정도로 그들이 서로 교차하고 경우에 따라 서로 보충하는지를 질문해야 한다.

3.3.1.1 예수의 믿음 이해는 그를 통하여 역사되는 구원의 시작 앞에서 현실적으로 경험할 수 있는 하나님의 통치와 관련된다. 결정적으로 중요한 것은 개별적인 신뢰 행위와 현재와의 직접적인 관련성이다. 여기서 예수와의 결합의 연속성이나 미래 영역은 인식할 수 있을 정도로 분명한 역할을 하지 않는다. 신뢰의 강도와 뒤로 물러나지 않는 것, 하나님의 개입하심에 대한 확신만이 중요하다.

3.3.1.2 바울과 요한의 믿음 이해는 제자도 전승과 통합되므로 인해 근본적으로 다른 특징을 갖는다. 믿음은 무조건적인 신뢰로서 근본적으로 하나님이 예수 그리스도의 위격(Person) 안에 자신을 계시하셨다는 확신 가운데 있다. 그것이 예수의 위격(Person)에 계속 속하게 되는 근거를 제공한다. 믿음에 이르게 되는 유일회적 행위에 계속되는 믿음으로 연결되는 것이 포함된다. 그에 상응하여 살아 있는 신뢰와 마찬가지로 무조건성이 믿음으로 연결되는 것에 포함된다. 또한 믿음의 삶은 끊임없이 새롭게 신뢰하며 행하는 헌신 가운데서만 가능하다. 그러한 믿음은 구원에 현재 참여하는 것을 넘어서 미래에 대한 확신으로 열려져 있다.

3.3.1.3 히브리서의 경우에 결정적인 것은 구원의 현재에 대한 신뢰가 아니라, 오히려 구원의 미래에 대한 깨어짐 없는 신뢰와 도래할 구원의 완성에 대한 확신이다. 그러므로 하나님의 약속을 신뢰하는 것이 옛 언약의 증인들만이 아니라 그리스도께 신앙을 고백하는 사람들을 함께 포함시킨다. 희망하는 믿음에 대한 확언과 임박한 성취에 대한 기대는 예수의 죽음과 승귀를 통하여 결정적인 방식으로 강화되었다.

3.3.2 초기 기독교 믿음 이해의 모든 특징들이 하나님의 종말적인 구원행위 및 예수의 위격(Person)과 결합되어 있다. 공통적인 것은 신뢰의 무조건성이다. 그러나 그것은 매우 다양하게 강조되고 있다. 예수께서는 현실적인 믿음 행위를 강조한다. 바울과 요한은 믿음 안에서 경험되는 지속적인 구원의 현실을 강조한다. 히브리서는 구원의 미래에 대한 신뢰를 강조한다. 지속적인 연합의 생명력이 유지되어야 한다면, 이제 실존을 규정하는 믿음을 지속적으로 갖기 위해 매번 새롭게 신뢰하는 것을 빠뜨릴 수 없다. 덧붙여 그 세 가지 특징 모두에서 믿음의 현재 영역이 결정적으로 중요한 의미를 지닌다. 믿음의 현재 영역은 예수의 경우에 시작하고 있는 하나님의 통치와 결합되고 있다. 바울과 요한의 경우 중시되는 것은 예수의 위격(Person) 안에서 이루어지는 구원의 실현이다. 히브리서에서는 예수의 대제사장적인 사역이 희망의 무조건적인 확실성을 현재에 제공한다. 거꾸로 예수의 희망 이해가 하나님의 통치라는 맥락에서 미래 영역을 포함한다. 마찬가지로 특히 바울의 경우에, 또 요한의 경우에도 미래 관점은 믿음을 구성하는 통합적 요소이다. 히브리서에서 미래에 대한 확신이 현재의 믿음을 위한 결정적인 구성요소라면 여기서 다른 이해를 반대하는 것은 아니지만, 지향하는 관점은 변경되고 있다. 세 이해가 동일하지 않고, 서로를 조건 짓는다. 현실적인 믿음의 행위가 현재 구원의 실현을 목표로 한다. 믿음 안에서 지속적으로 경험되는 구원의 현재는 끊임없이 새로워지는 예수 그리스도에 대한 신뢰가 없이는 생각할 수 없다. 미래를 지향함은 살아 있는 믿음의 행위와 구원에 근접해간 경험을 전제한다. 달리 말해서 현실적인 신뢰가 제자로 사는 것의 근거가 된다. 믿음으로 사는 것은 끊임없이 실천하는 믿음의 행위를 전제한다. 그 양자는 미래의 확신과 관련되고 있다. 이런 의미에서 믿음 이해의 통일성을 인식할 수 있다. 거기서 차이점이 조절되는 것이 아니라 그들 각각의 고유한 의도가 그대로 유지된다.

3.3.3 믿음에 관한 성서적 이해에서 두 관점을 특히 더 고려해야 한다.

3.3.3.1 신뢰로서의 믿음은, 그것에 대한 이해가 다양한 특징들을 지니는 것과는 별개로 지상의 여건에 근거하지 않으며, 인간적인 기대에 기초하는 것도 아니다. 그 믿

음은 하나님의 확언에 자신을 내어 맡기며, '바랄 수 없는 중에 바라는 것'(롬 4:18)에 근접하는 것이다. 그런 점에서 초월적인 영역이 제외된다면 믿음을 이해할 수 없다. 믿음은 하나님의 약속과 구원을 행하심에 대한 신뢰이다. 우리의 인식의 모든 한계에도 불구하고 파악할 수 없는 저 세상의 현실에 신비스럽게 관련되는 것은 중요하지 않다. 믿음은 관계의 개념이고 인격적인 관계를 갖는다. 믿음은 주저함이 없는 신뢰로서 하나님의 계시 행위에 기초한다. 그런 점에서 믿음은 인간의 행위나 결정이 아니다. 그러나 믿음은 또 참여하지 않고 받아들여지는 은사도 아니다. 믿음은 은혜의 선물을 감사하면서 받아들이는 것이다. 믿음은 구원을 주시는 주어진 말씀에 대한 인간의 응답이다.

3.3.3.2 신뢰로서의 믿음이 살아 있는 관계에 근거하므로 믿음에 관해 질문할 수 있고, 믿음이 연약해질 수도 있다. 그런 점에서 의심과 유혹이 그림자처럼 믿음을 따라다닌다. 의심이 극복되어져야 하고 유혹이 지배되어져야 한다. 여기서 유혹은 이중적인 관점에서 고찰된다. 관건이 되는 것은 하나님이 주도하시는 믿음에 대한 시험이나(마 6:13, 고전 10:13) 아직 지배되지 않은 정욕의 권세(약 1:13-15, 롬 7:7-13)이다.

3.3.4 믿음은 매 순간 신앙전승과 관련된다. 믿음이 증거되고 영접된다. 믿음이 분명한 대상과 뚜렷한 윤곽의 내용을 가지므로 믿음은 전승 형성을 필요로 한다. 이로써 '피데스 쿠바 크레디투어'(*fides qua creditur*)와 '피데스 쿠바이 크레디투어'(*fides quae creditur*)의 관계, 즉 믿음의 생생한 경험과 앞서 주어진 믿음에 대한 증언을 받아들이는 것의 관계 문제가 늘 되풀이하여 제기된다. 단편적으로 경험만으로 또는 믿음의 내용만으로 믿음의 기초가 세워지는 것은 아니다. 믿음에 대한 그 두 가지 표현이 서로 관련되는 상호성 안에서 적절한 관계가 형성된다. 살아 있는 믿음의 행위는 늘 한 위격(Person) 및 결정적인 한 사건과 관련된다. 믿음이 그 사건이 무엇인지를 알려준다. 이는 신약성서가 이미 드러내듯이, 전승된 믿음의 증언을 받아들이고, 그 중심내용을 놓치지 않고 그 각각을 새롭게 해석해야 함을 뜻한다.

4. 마무리 고찰

믿음에 대한 성서적 이해는 계속해서 오해로 축적될 수 있는 위험에 노출되어 있다. 참되다고 생각하는 것(Für-wahr-halten)에 관한 이해가 무엇보다도 매우 넓게 확장되어 있고 진정한 믿음 이해로의 접근을 막는다.

4.1 성서전승에서 주요한 핵심이 되는 것은 만남과 경험에 기초한 신뢰이다. 구원의 공지와 확언은 부르심이며, 그 부르심은 하나님의 계시에 근거하며 새롭게 하는 능력을 지니고 있다. 이 부르심과 이 확언은 응답을 원한다. 이 확언이 갖고 있는 무조건성과 신뢰하면서 수용하는 (인간의) 무조건성이 일치한다. 그를 통하여 전 존재가 파악되고 모든 얽매임으로부터 자유하게 되며 확고한 근거 위에 세워진다.

4.2 예수께서 전하는 하나님의 말씀으로서의 부르심이 살아 있는 관계를 형성한다. 성서적 의미에서 믿음은 종교적인 가르침을 받아들이는 것이 아니라 인격적인 관계를 말한다. 하나님을 잃어버린 상태에 놓인 관계가 하나님의 계시 행위를 통하여 새롭게 열려진다. 신뢰 가운데 다시 하나님과 함께하게 되고 이어서 내가 무엇을 믿고 믿음이 내게 어떤 의미를 지니는지를 표현할 수 있게 된다.

4.3 개인적으로 이해된 확신과 예수 그리스도를 통해 전달된 하나님을 향한 개인적인 관계가 믿음을 구성하는 결정적인 요소가 된다. 그러나 개인적인 믿음은 믿음의 공동체 안에 놓이고 여러 세대와 수백 년을 거쳐 형성된 살아 있는 믿음의 전승 가운데 놓여 있다.

4.4 믿음이 세상과의 관계를 변경시킨다. 세상은 현재 존재하는 현상 방식에도 불구하고 하나님의 창조로서 인식되고 그 실체가 파악될 수 있다. 그러한 사실과 세상에서 인간이 져야 할 책임이 결합되어 있다. 그 책임은 사랑이라는 특징을 지닌다.

16장

제자들의 자기 이해

1. 종말적 하나님의 백성

1.1 예수께서 모으는 종말적 하나님의 백성

1.1.1 종말적으로 모일 수 있는 하나님의 백성에 관한 표상은 하나님의 통치에 대한 기대를 구성하는 고정된 부분이다. 하나님의 통치와 하나님의 백성이 서로 연결되고 있으며 함께 속한다. 하나님의 통치가 시작되고 있음을 예수께서 선포할 때, 그와 동시에 종말적인 하나님의 백성이 모이기 시작한다. 예수께서 거룩한 남은 자들을 생각하는 것이 아니라 하나님의 백성이 새로워질 것을 생각한다. 그것이 예수의 선포와 사역에 일치한다. 예수께서는 경건한 자들의 그룹을 모으려 한 것이 아니다. 오히려 그가 관심을 기울인 자들은 하나님의 백성으로서의 이스라엘이라는 전통 가운데 있는 모든 자들이다.

1.1.2 열두 제자 그룹을 예수 자신이 부활 이전에 임명하였다. 그것은 역사적으로 논박할 수 없다. 그렇지 않다면 유다를 '열둘 중의 하나'(*εἷς τῶν δώδεκα*)로 일관되게 명명하고 맛디아의 선택에 관한 전승을 설명하지 않았을 것이다. 고린도전서 15:5도 다른 내용을 말하는 것이 아니다. 거기서도 숫자가 완전하게 채워지는 것과는 별개로 상징적인 의미로 열두 제자 그룹을 다루고 있기 때문이다.

1.1.2.1 나를 따르라고 제자도로 부르는 것과 함께 '열둘'의 임명은 예수 자신의

고유한 사역이었다. 그래서 마가복음 4:14, 16은 "그가 열둘을 임명하였다."(*καὶ ἐποίησεν τοὺς δώδεκα*)고 말한다. 그것은 제자 소명과 동시에 일어나는 것이 아닌 추가적인 선택을 말한다.(비교. 눅 6:13) 마가복음과 누가복음이 드러내듯이(비교. 막 3:7, 9, 13) 옛 전승에서 보다 더 큰 '제자' 그룹과 숫자상으로 제한된 '열둘'이 분명하게 구별된다. 누가는 나중에 '열둘'을 '사도들'과 동일시한다.(눅 6:13, 초기에는 다르다. 비교. 고전 15:5, 7) 마태는 '열둘'을 '사도들'만이 아니라, '제자들'과 동일시하며 전체 교회의 대표자들로 간주한다.(비교. 마 10:1) 이는 후기에 일어난 일이다. 원래 '열둘'은 이스라엘의 조상들과 유비되는 종말적 하나님의 백성의 대표자들이었다.

1.1.2.2 열두 제자 그룹을 임명할 때 하나님의 백성인 이스라엘의 종말적인 갱신이 관건이 된다. 예수 자신의 파송은 주로 이스라엘과 관련된다. 거기서 멸시당한 자들과 버림받은 자들을 의도적으로 함께 포함시킨다. 산발적으로 이방인들까지도 예수께서 영접한다. 그것으로 유대인이 아닌 백성들을 포함하는 하나님 백성에 대한 이해를 이미 드러내는 것은 아마도 아닐 것이다.(비교. 이 책 제21장)

1.2 부활 이후의 종말적 하나님의 백성

1.2.1 종말적으로 함께 모여져야 하는 하나님의 백성이라는 모티브가 부활 이전에 행하신 예수의 사역만이 아니라 팔레스틴 지역의 초기 교회를 규명하였다.

1.2.1.1 '열둘'의 제도가 유지되고 맛디아를 뽑아 그 '열둘'을 충원한 것은 우연이 아니다.(행 1:15-26) '열둘'은 대표의 기능만이 아니라 지도의 기능을 넘겨받았다. 마찬가지로 제자도와 제자 그룹에 대한 부활 이전의 개념도 유지되었다. 이는 범례적으로 이해된 소명사화와 제자도 말씀이 드러내는 바와 같다.(비교. 이 책 15장)

1.2.1.2 열두 제자 그룹이 지속되는 기구로 간주되지는 않았다. 한 편으로 지도 기능은 곧 '세 기둥'(갈 2:9)으로 이어졌고, 다른 한 편 열두 그룹의 구성원들 각자가 선교과업이나 죽음으로 흩어진 이후 계속적으로 더 많이 충원되었다. 중요한 것은 예수께서 임명하셔서 지속적으로 상징적인 기능을 가졌던 열두 제자 그룹이 지니는 역사적인 유일회성이었다. 그런 이유로 인해 각각의 이름이 완전히 일치하는 것은 아니지만, 마가복음 3:16-19, 마태복음 10:2-4, 누가복음 6:14-16, 사도행전 1:13의 제자목록도 전승되어 왔다. '열둘'이 예수의 부활 이전과 부활 이후 초기 시기를 연결한다는 점에서, 열두 제자 그룹의 유일회성이 특별한 의미를 갖는 것은 아니다. 열두 제자 그룹에

서 베드로가 분명하게 우위를 차지했고 태동하는 교회와 관련하여 그에게 특별한 의미가 약속되었다는 사실이(참조. 아래 설명) 예수의 사역 시기와 부활 이후 및 오순절 이후에 열두 제자 그룹이 지니는 그 의미를 제거시키지 못한다. 중요한 것은 종말 시에 함께 모아져 새롭게 되어야 하는 하나님의 백성에 관한 표상이다.

1.2.2 초기 예루살렘 교회 밖에서도 새로워지는 하나님의 백성에 관한 표상은 계속 지속되었다.

1.2.2.1 그것을 복음서들이 증거한다. 복음서들은 전승물들에서 뿐만 아니라, 편집적인 형태로도 예수의 선포와 관련하여 시작하고 있는 하나님의 통치에 관한 이해를 놓치지 않고 있었다. 그에 상응하여 열두 제자 그룹이 중심적인 위치를 차지하였다. 그것은 보다 더 큰 제자 그룹과 열두 제자 그룹이 서로 구별되는지 혹은 동일한지를 묻는 질문과는 별개이다. 또 부차적으로 열두 제자를 사도들과 동일시하는 것과도 별개이다. 결정적인 것은 제자공동체를 하나님의 백성으로 이해하는 맥락에서 열둘이라는 모티브이다.

1.2.2.2 그것을 같은 방법으로 '라오스 투 세우'(*λαὸς τοῦ θεοῦ*, 하나님의 백성)라는 표현이 드러낸다. 초기 기독교전승에서처럼 그 표현이 하나님의 백성으로서의 이스라엘과 관련됨에도 불구하고, '라오스 이스라엘'(*λαὸς Ἰσραήλ*, '이스라엘의 백성')에 관한 빈번한 사용에서 강조하듯이(참조. 로마서 11:1의 질문), 그 표현은 종말적인 구원의 공동체에 적용되는 개념이다. 이는 예를 들어 로마서 9:24-26이나 고린도후서 6:16 혹은 히브리서 4:9에서 분명하게 인용할 수 있다. 그 모티브는 특히 기독교 공동체를 다른 설명들과 함께 '거룩한 백성'(*ἔθνος ἅγιον*), '그의 소유가 된 백성'(*λαὸς εἰς περιποίησιν*)이라고 명명하는 베드로전서 2:9 이하에서 강조된다.

1.2.2.3 '하나님의 백성'이라는 개념과는 별도로 종말적인 하나님의 백성에 관한 표상이 요한계시록의 중요 구절들에서 등장한다. 그러므로 요한계시록 7:4-8과 14:1-5의 144,000명은 구원받은 하나님의 백성 12,000명을 12배 한 수이다. 요한계시록 21:9-14에서 새 예루살렘을 새로운 도성으로 기술한다. 그 도성의 문 위에 이스라엘의 열두 지파의 이름들이 놓여 있다. 그 도성의 성곽의 열두 개의 돌 위에는 '어린 양의 열두 사도의 열두 이름'이 새겨져 있다.

1.2.2.4 나아가 이러한 맥락 안에 '흩어진 열두 지파'(*δώδεκα φυλαὶ ἐν τῇ διασπορᾷ*)를 언급하는 야고보서도 속한다.(약 1:1) 그러므로 전체 기독교는 기독교가 존재하는 곳에 널리 흩어져 있는 하나님의 백성으로 이해된다. 그에 상응하여 베드로전

서 1:1은 그리스도인들을 '택하심을 받은 흩어진 나그네'로 명명한다.(*ἐκλεκτοὶ παρεπίδημοι διασπορᾶς*, 비교. 1:17, 2:11)

1.2.2.5 하나님의 백성에 관한 표상을 아주 독자적으로 사용한 예는 히브리서, 특히 3:7–4:13에 등장한다. 거기서 '안식'의 땅을 향한 길 위에 있는 이스라엘의 광야 생활과 유형론적으로 일치하는(*κατάπαυσις*, 3:11 등) '유랑하는 하나님의 백성'으로서의 기독교 공동체가 관건이 된다. 이 유랑생활에서 시작하고 있는 구원을 인식하여 붙잡고 약속된 목적을 향해 나아가는 것이 마땅하다. 그 시기는 지치지 않고 확신을 잃지 말아야 할 인내의 시기이다. 그 백성에게 하나님이 '안식'을 남겨두셨다.(*σαββατισμός*, 4:9) 그러므로 이미 시편 95:6 이하에서 언급하는 것처럼 "오늘 너희가 그의 음성을 듣거든 … 너희 마음을 완고하게 하지 말라."고 말한다.(3:7 이하, 15절, 4:7)

1.2.2.6 종말론적 하나님의 백성이 처음에 의심할 것 없이 새로워진 하나님의 백성 이스라엘로 이해되었으므로, 유대인들과 그리스도인들 사이에 긴장과 논쟁이 일어났고 초기 기독교의 후기에 이르러 옛 하나님의 백성과 새로운 하나님의 백성 사이에 대립이 발생했다. 그것을 신약성서 중 마태복음에서 가장 분명하게 주목할 수 있다. 악한 포도원 농부 비유에서 마태복음 21:43은 "하나님의 나라를 너희는 빼앗기고 그 나라의 열매 맺는 백성이 받으리라."고 말한다.(*ἀρθήσεται ἀφ' ὑμῶν ἡ βασιλεία τοῦ θεοῦ καὶ δοθήσεται ἔθνει ποιοῦντι τοὺς καρποὺς αὐτῆς*) 물론 열매 맺는 이 백성은 여기서 이방 기독교인들이 아니라, 오히려 과거에 이방인이었던 사람들과 함께 공동체 안으로 영접된 유대기독교인들임을 주목해야 한다.

2. 새 계약

2.1 구약성서에서부터 하나님의 백성에 관한 표상은 '계약'에 대한 이해와 긴밀하게 연결된다. '브리트'(בְּרִית)는 협약이 아니라 하나님의 선택행위에 근거한다. 따라서 의무와 규정의 성격을 갖으며, 구체적인 생활규율을 포함한다. 이미 예레미야 31:31–34(칠십인역 38:31–34)에 '새 계약'에 관한 약속이 등장하므로, 신약성서가 이 모티브를 담고 있는 것은 놀랍지 않다.

2.2 초기 기독교가 '디아세케'(*διαθήκη*), 즉 '계약' 개념을 사용한 것은 일찍이 주의 만찬전승에서 등장한다. 성찬제정보도에 관한 모든 본문에서 그 개념은 잔–말씀

과 결합되어 있다. 종말적인 하나님의 백성이 모인 곳에서 계약의 갱신이 관건이 된다. 마가복음 14:24∥마태복음 26:38에 따르면 예수의 피를 통하여 곧 대속사역이 이루어졌고, '계약'이 새롭게 체결되었다. 고린도전서 11:24 이하∥누가복음 22:19 이하에 따르면 예수의 피 흘림을 통하여 '새 계약'이 실현되었다.(대속사상은 여기서 떡 말씀과 결합된다.) 한 편으로 유형론적으로 이해된 출애굽기 24:8의 본문이, 다른 한편으로는 예레미야 31:31(칠십인역 38:31)의 약속의 본문이 배후에 놓여 있다. 계약의 모티브가 주의 만찬 전승에서 수용될 때 결정적인 것은 예수 자신이 계약 체결에 관한 사상을 하나님의 통치의 시작과 결합시켰다는 사실이다. 이는 내용에 있어서 진정한 구두말씀자료인 누가복음 22:29, 30a가 강조하는 바와 같다.(이에 대해 비교. 이 책 18장)

2.3 바울에게 있어서 '새 계약'은 옛 계약과 관련되면서 동시에 대립한다. 그러므로 갈라디아서 4:22-32의 유형론에서 '두 계약의 체결'(*δύο διαθῆκαι*)에 관해서 언급할 때, 두 계약 중 하나는 억압으로, 또 다른 하나는 자유로 특징지어진다. 고린도후서 3:7(7-11)에 따르면 복음의 사신(使臣)들은 '율법 조문으로 하지 아니하고 오직 영으로' 된 '새 언약의 일꾼'이다. '율법 조문은 죽이는 것이요 영은 살리는 것'이기 때문이다.(*ἱκάνωσεν ἡμᾶς διακόνους καινῆς διαθήκης, οὐ γράμματος ἀλλὰ πνεύματος· τὸ γὰρ γράμμα ἀποκτέννει, τὸ δὲ πνεῦμα ζῳοποιεῖ*) 이는 새 계약이 옛 계약을 폐기함을 의미하지 않는다. 오히려 고린도후서 3:14-17에 따르면 옛 계약의 전승이 성령을 통하여 파악되고 그 '덮개'(*κάλυμμα*)가 벗겨져, 새 계약과 연결되며 새 계약 안에서 통합된다.(비교. 이 책 5장)

2.4 새 계약에 관한 모티브는 히브리서의 교회론에서도 중요한 역할을 한다. 12:24에 따르면 예수께서는 '새 언약의 중보자'(*διαθήκης νέας μεσίτης*)이며, 7:22에 따르면 '더 좋은 언약의 보증'(*κρείττονος διαθήκης … ἔγγυος Ἰησοῦς*)이다. 첫 번째 계약이 '흠이 없었다면'(*ἄμεμπτος*), 두 번째 계약은 예레미야 31:31-34의 성취로서 그 자리를 대신한다.(비교. 13:20) 바울에 의하면 새로운 계약이 물론 옛 계약과 분명하게 구별되지만, 옛 계약 위에 세워졌으며 옛 계약이 지닌 한계로부터 옛 계약을 자유롭게 한다. 반면에 히브리서 8:13에 따르면 첫 번째 계약은 '낡은 것'(*πεπαλαίωκεν*)으로, '낡아지고 쇠하는 것은 없어져 가는 것'(*τὸ δὲ παλαιούμενον καὶ γηράσκον ἐγγὺς ἀφανισμοῦ*)이다.

3. 교회론

3.1 개념의 유래와 의미

신약성서의 '에클레시아'(ἐκκλησία) 개념이 구약성서적이며—유대적인 하나님 표상과 하나님 용어로 소급하는지 혹은 헬라적인 '폴리스'(Polis)—전승에서 유래된 것인지에 대한 논쟁은(한 편으로 Leonhard Rost, 다른 한편으로 Wolfgang Schrage) 그동안 확정된 것으로 간주될 수 있다.

3.1.1 그것은 구약성서의 칠십인역에서처럼 '에클레시아'(ἐκκλησία)는 '카할'(קָהָל)의 번역어로 사용되었다는 사실에서 출발할 수 있다. 즉 원래 '야훼의 백성'인 '크할 야훼'(קְהַל יהוה)에 관한 표상과 긴밀하게 결합되고 있음을 전제한다.(슈미트[Karl Ludwig Schmidt]가 받아들였듯이 결코 거룩한 남은 자로 이해하지 않는다.)

3.1.2 구약성서의 '크할 야훼'(קְהַל יהוה), 즉 '야훼의 백성' 대신에, 그에 상응하는 아람어, 즉 기독교 이전 쿰란-본문에 나오는 '크할 엘'(קְהַל אֵל)이 신약성서에 사용되고 있다. '에클레시아 투 세우'(ἐκκλησία τοῦ θεοῦ) 개념이 '하나님의 백성'이란 의미로 바울서신과 후기 바울서신에서 기독교 신앙공동체의 명칭으로 여러 번 등장하는 것은 우연이 아니며(참조. 갈 1:13), 그로써 '바실레이아 투 세우'(βασιλεία τοῦ θεοῦ), 즉 '하나님의 통치'와 상관개념이 된다.

3.1.3 그러나 '에클레시아'(ἐκκλησία) 개념은 헬라어의 특징들도 받아들여서 어느 정도 변형과정을 거쳤다. 그리스적이며 헬라적인 이해에 따르면 '에클레시아'(ἐκκλησία)에서 일차적으로 백성 공동체의 모임, 즉 폴리스(도시국가)의 대표자들이 관련된다.(행 19:32, 39 이하) 그에 상응하여 초기 기독교 전승에서도 '에클레시아'(ἐκκλησία) 개념은 개별 공동체와 그 모임에 적용되었다.(비교. 고전 14:23) 여기서부터 신약성서의 특징을 이루는 '교회'(기독교인들의 공동체 전체)와 '공동체'(지역공동체)라는 뜻에서 '에클레시아'(ἐκκλησία)의 이중적 의미가 나온다.

3.1.4 더 많은 언어적인 발전이 교회 내부에서 일어나며, 이는 '하나님의 교회'나 '그리스도의 에클레시아' 대신에 언급되었다는 사실에서 비롯된다. 단수나 복수로 또는 믿는 자들 전체나 개별 공동체와 관련하여 '에클레시아 투 세우'(ἐκκλησία τοῦ θεοῦ)와 함께 '에클레시아 (투) 크리스투'(ἐκκλησία [τοῦ] Χριστοῦ) 및 '에클레시아이 (투)

크리스투'(ἐκκλησίαι [τοῦ] Χριστοῦ)도 등장한다. 이는 마태복음 16:18 이하와 로마서 16:16에서 나타난다.

3.1.5 신약성서의 '에클레시아'(ἐκκλησία) 구절 전체를 개관할 때, 그 개념은 사도행전, 바울서신 전체, 계시록에 빈번히 등장하고 있음을 확인할 수 있다. 그에 반해 복음서에서 단지 마태복음의 두 구절에(16:18, 18:17), 그 밖에 경우 히브리서에 단지 산발적으로(2:12, 12:23), 그리고 소위 공동서신에(약 5:14, 요삼 6, 9, 10) 등장한다. 요한전승에서는 신약성서의 다른 곳에서 일반적인 신앙공동체 개념이 대체로 빠져 있고, 따라서 요한삼서를 제외하면 '에클레시아'(ἐκκλησία) 개념도 등장하지 않는다.

3.2 마태복음 16:18 이하의 약속

마태복음에서는 '에클레시아'(ἐκκλησία) 개념의 이중적 사용이 강령적인(programmatisch) 성격을 갖는다. 마태복음 16:18 이하에서는 '교회'로서 하나님의 백성의 공동체 전체가, 마태복음 18:18에서는 개별적인 '공동체'가 관건이 된다.

3.2.1 마태복음 16:18 이하는 아람어 언어 전승에서 유래하지만, 전승된 형태상 분명히 부활 이후의 로기온이며, 매우 인위적인 형태를 지닌다.(참조. 예레미아스[Joachim Jeremias]의 아람어 번역) 복음서 저자가 그 구절을 마가복음 8:29에 나오는 시몬 베드로의 신앙고백 전승에서 받아들였다. 마태복음 16:16에서 이 신앙고백이 확장되었고 '(주는) 그리스도시요 살아 계신 하나님의 아들'(σὺ εἶ ὁ χριστὸς ὁ υἱὸς τοῦ θεοῦ ζῶντος)이라는 이중 서술어를 담고 있다. 그것과 관련되는 것은 먼저 17절에 나오는 베드로의 복선언이다. "이를 네게 알게 한 이는 혈육이 아니요 하늘에 계신 내 아버지시니라."(σὰρξ καὶ αἷμα οὐκ ἀπεκάλυψέν σοι ἀλλ' ὁ πατήρ μου ὁ ἐν τοῖς οὐρανοῖς) 이 축복선언이 18절 이하의 교회를 향한 약속으로 안내한다. 그 약속의 말씀은 세 부분으로 나누인다. 먼저 18a절은 베드로라는 이름의 수여를, 두 번째 부분인 18b, c절은 '교회'를 향한 약속의 말씀을, 세 번째 부분인 19절은 전권 이양에 관한 말씀을 담고 있다. 시몬에게 덧붙여진 별명의 수여는 의심할 것 없이 예수 자신에게로 소급한다. 그와 달리 이어서 나오는 교회에 대한 약속과 전권 이양은 현재의 단어 그대로가 아니라, 지속적인 구원이 바실레이아(하나님의 통치)에 현재적으로 참여함과 관련된다는 의도에 있어서 예수에게로 소급한다.

3.2.1.1 마가복음 3:16은 예수께서 제자 시몬에게 베드로라는 이름을 주셨다는

(*καὶ ἐπέθηκεν ὄνομα τῷ Σίμωνι Πέτρον*) 것만을 보도하는 반면에, 누가복음 6:14은 예수께서 시몬을 베드로라고 불렀다고(*Σίμωνα ὃν καὶ ὠνόμασεν Πέτρον*) 말하며, 병행구절인 마태복음 10:2은 단순하게 시몬이 베드로라고도 불리어졌음을(*Σίμων ὁ λεγόμενος Πέτρος*) 언급한다. 요한복음 1:42은 형식적으로 다음과 같이 명명(命名)한다. "네가 요한의 아들 시몬이니 장차 게바라 하리라 하시니라. 게바는 번역하면 베드로라."(*σὺ εἶ Σίμων ὁ υἱὸς Ἰωάννου, σὺ κληθήσῃ Κηφᾶς, ὃ ἑρμηνεύεται Πέτρος*) 아주 유사하게 마태복음 16:18a은 "또 내가 네게 이르노니 너는 베드로라."고 말한다.(*κἀγὼ δέ σοι λέγω ὅτι σὺ εἶ Πέτρος*) 계속해서 18b절이 드러내듯이 여기서도 아람어 이름 '게바'가 전제된다. 18a절과 18b절에서 아람어로 '반석'에 해당되는 동일한 단어 형태인 '케파'(כֵּפָא)가 사용될 수 있었다. 반면에 헬라어로 남성 '페트로스'(*Πέτρος*)와 여성 '페트라'(*πέτρα*)를 구별해야 했다. '페트로스'(*πέτρος*)는 원래 '암석(巖石) 덩어리'를 말하고, 그와 달리 '페트라'(*πέτρα*)는 '주춧돌'을 명명하였다.

3.2.1.2 '교회'를 향한 약속은, 18b절에 따르면 베드로가 '반석'(*πέτρα*)으로서 교회의 기초가 되어야 한다는 식의 이름 수여와 연결되고 있다. 이는 부활 이전의 제자 그룹에서 강조된 베드로의 위치 및 부활의 첫 증인으로서 베드로가 차지하는 특징과 상응한다.(눅 24:34, 고전 15:5) 베드로는 열두 제자 그룹을 이끄는 자이다. 열두 제자 그룹 주변에 새로운 하나님의 백성이 모여들었고 모아지고 있다. 그러한 점에서 베드로 위에 '에클레시아'(*ἐκκλησία*)가 '세워진다.' '교회'가 부활 이후의 제자공동체와 관련된다는 사실은 이중적인 관찰에서 비롯된다. "내가 이 반석 위에 내 교회를 세울 것이다."(… *καὶ ἐπὶ ταύτῃ τῇ πέτρᾳ οἰκοδομήσω μου τὴν ἐκκλησίαν*)라는 말씀에서 먼저 미래가 사용되었고, 이어서 '나의 교회', 즉 '예수 그리스도의 교회'가 언급된다. 예수 그리스도의 교회로서 '교회'는 하나님의 백성으로 모인 공동체의 부활 이후 형태이다. 이러한 약속과 결합된 것은 18c절에서 교회가 지속된다는 것과 패배하지 않을 것에 대한 확언이다. '음부의 문들', 즉 악의 권세가 "교회를 이기지 못할 것이다."(*καὶ πύλαι ᾅδου οὐ κατισχύσουσιν αὐτῆς*)

3.2.1.3 '반석'인 시몬 베드로에게 19a절에 따르면 '하늘 통치의 열쇠'가 양도되어(*δώσω σοι τὰς κλεῖδας τῆς βασιλείας τῶν οὐρανῶν*) 19b, c절의 '매이는 것'과 '푸는 것'에 관한 진술로 연결된다.(*δεῖν, λύειν*) 동시에 죄를 그대로 두는 것과 죄의 용서에 대한 전권이 관건이 된다.(비교. 요 20:23은 *ἀφιέναι*[죄를 용서하다]와 *κρατεῖν*[죄를 간직하다]에 대해 언급한다.) 이 땅에서의 결정이 하늘의 결정과 관련된다. "무

엇이든지 너희가 땅에서 매면 하늘에서도 매일 것이요 무엇이든지 땅에서 풀면 하늘에서도 풀리리라."(*καὶ ὃ ἐὰν δήσῃς ἐπὶ τῆς γῆς ἔσται δεδεμένον ἐν τοῖς οὐρανοῖς, καὶ ὃ ἐὰν λύσῃς ἐπὶ τῆς γῆς ἔσται λελυμένον ἐν τοῖς οὐρανοῖς*) '나의 교회', '예수 그리스도의 교회'에 관한 언급과 함께 여기서 지상에서의 구원의 현실로서 '에클레시아'(*ἐκκλησία*)가 저 세상의 미래 구원의 완성인 '바실레이아 톤 우라논'(*βασιλεία τῶν οὐρανῶν*)과 대조된다. 이로써 '에클레시아'(*ἐκκλησία*)가 분명하게 '교회론적'인 개념이 된다. '에클레시아'(*ἐκκλησία*)는 구원받은 자들의 현재 형태로, 완성된 구원의 현실인 '하늘나라'와 구별된다. '에클레시아'(*ἐκκλησία*)가 하나님의 백성에 관한 이해와 전승사적으로 관련되고 있음을 자각했던 시기에, 그 개념은 시작하고 있는 하나님의 통치에 관한 메시지로 인해 함께 모인 자들의 공동체에 적용되었다. '에클레시아'(*ἐκκλησία*)는 지상의 신앙공동체를 대표했고 구원의 완성을 지향해 왔다. 그러나 마태복음 16:18 이하에서 '에클레시아'(*ἐκκλησία*)는 이미 시작된 '하나님의 통치'와 더 이상 상관관계에 있지 않다. 이로써 처음부터 '에클레시아'(*ἐκκλησία*)가 특별한 의미를 지니게 된다.

3.2.2 마태복음 18:17 이하는 전권이 개별공동체의 결정으로 이양되는 것과 관련되며, 동시에 모든 제자들에게 전권이 넘겨진다. 복음서 저자 마태가 말하는 것은 교회가 처음 생성될 때 베드로가 유일회적(einmalig) 수위(首位)를 차지했지만, 열쇠의 권세는 첫 번째로(erstmalig) 그에게 약속되고 있다는 내용이다. 전권의 이양이 베드로(혹은 직제의 후계자)에만 해당되는 것이 아니다. 오히려 전권의 이양은 교회 전체가 받아들인 전권이다.

3.3 그 밖에 에클레시아(*ἐκκλησία*) 개념의 사용

3.3.1 에클레시아(*ἐκκλησία*) 개념에서 주요 내용은 믿는 자들이 구체적으로 함께 속한다는 것이다. 그것은 작은 가정 공동체나 지역공동체 혹은 세계적인 공동체를 말하든 다 동일하다. 그런 점에서 에클레시아(*ἐκκλησία*)는 종종 단수로 사용되며, 또 예를 들어 데살로니가전서 2:14이나 고린도전서 11:16처럼 복수 형태를 갖기도 한다. 개별공동체와 전체 교회에 뒤섞어 에클레시아(*ἐκκλησία*)를 사용하는 것은 개별공동체를 전체 교회의 대표로 이해하고 있음을 드러낸다. 그것을 특별히 바울이 강조한다. 개별공동체가 전체 그리스도인들의 공동체에 속하고 있음을 부각시키기 위해 바울은 편

지 서문에서 '테 에클레시아 테 우세 엔 …'(τῇ ἐκκλησίᾳ τῇ οὔσῃ ἐν…, '…에 있는 교회에게')을 쓴다.(참조. 고전 1:2, 고후 1:1) 거기서 하나님의 백성으로서의 원래 의미가 에클레시아(ἐκκλησία)라는 단어가 사용될 때에도 얼마나 강하게 유지되고 있는지를 알 수 있다.

3.3.2 에클레시아(ἐκκλησία)가 일차적으로 하나님의 백성이라는 의미로 믿는 자들 전체에 대한 명칭이었으므로, 그 개념이 이미 초기 기독교에서 개별공동체의 명칭으로 계속 사용되었다. 그러한 사실을 바울의 구절들과 함께 대부분 사도행전의 많은 증빙구절이, 또 야고보서 5:14, 요한삼서, 혹은 요한계시록이 드러낸다. 교회들에게 보내는 편지인 요한계시록 2장과 3장에서 각 공동체가 천상 위의 대표자로 각기 천사를[20] 갖고 있음이(2:1 등), 그러한 경향을 강조한다. 이는 거꾸로 소아시아 지역의 일곱 교회가 전체 교회를 대표하는 기능을 지니고 있음을 배제하지 않는다.

3.3.3 그 반대의 경향은 골로새서와 에베소서에서 드러난다. 골로새서 4:15 이하를 제외하고 에클레시아(ἐκκλησία)는 단지 전체 교회를 향해 사용된다. 물론 이 경우 그리스도의 몸-표상과 관련된다. 바울의 경우 '그리스도의 몸'과 '교회'가 각기 신앙공동체와 관련하여 특별한 관점들을 담고 있는 반면에, 골로새서와 에베소서에서 두 개념은 동일시되고 있다.

4. '그리스도의 몸'

그리스도의 몸-표상은 신약성서에서 바울과 제2 바울서신인 골로새서와 에베소서에 등장한다. 바울에 비하여 골로새서와 에베소서에서 그 표상이 수정되었지만 동일한 기본의도는 서로 연관된다.

4.1 그리스도의 몸-표상의 등장

4.1.1 그리스도의 몸-표상의 유래는 지금까지 완전하게 설명되지 않았다. 여기서 그 내용을 상세하게 다룰 수는 없다. 중요한 것은 신약성서에서 교회론적 중심 모티

20) 한글 개역개정판 성경에는 '사자'(使者)로 기록하고 있다. ― 역자 주.

브가 관련된다는 사실이다. '그리스도의 몸'(σῶμα Χριστοῦ)에 관한 진술들이 결코 비교 가능한 기능을 갖지는 않는다. 오히려 그들은 지상의 영역을 넘어서는 실재(Realität)에 관한 메타포적 진술들이다. 이 표상으로 우주적인 구원의 현실이 표현되고 있다. 이런 의미에서 바울과 제2 바울서신들의 사용은 동일하다.

4.1.2 차이점은 그리스도 자신이 '몸'(σῶμα)이며 믿는 자들이 그 (몸) 안에 포함되는 것으로 바울이 그 구원의 현실을 이해하고 있다는 데 있다. 반면에 골로새서와 에베소서는 '머리'(κεφαλή)이신 그리스도와 구원에 참여한 자들 전체인 '몸'(σῶμα)을 구별한다. 게다가 바울은 공동체의 구체적인 현실과 관련시키기 위해, 그리스도의 몸-표상을 조직체로서의 몸과 그 지체들에 관한 비유 모티브와 결합시킨다. 이 내용은 제2 바울서신 두 서신에는 나오지 않는다. 바울의 비유는 특히 모든 로마 시민이 함께 속하고 있음을 다루는 메네니우스 아그립바(Menenius Agrippa)에 등장하는 잘 알려진 고대 전승으로 소급한다.

4.2 바울의 개념

바울의 경우 '소마 크리스투'(σωμα Χριστου)는 단수로 사용된 '에클레시아'(ἐκκλησία) 개념과 긴밀하게 관련된다. 그것을 고린도전서 12장이 분명히 강조한다. 그리스도의 몸과 그의 지체에 관한 12:28의 설명은 하나님이 어떤 기능을 '에클레시아'(ἐκκλησία)에 부가하셨는지를 말한다. 한 편으로는 우주적인 구원의 영역이, 다른 한 편으로는 지상의 신앙공동체가 중시된다.

4.2.1 바울의 경우 믿는 자들이 '그리스도의 몸'이 되는 것은 로마서 7:4에 따르면 '그리스도의 몸'이 십자가에서 죽으신 사건 안에 기초한다.(참조. 골 1:22) 고린도전서 12:13에 따르면 믿는 자가 세례를 통해 '한 몸'(ἓν σῶμα)의 구성원이 된다. 우리를 위해 자신의 몸을 내어주신 구원의 능력에 지속적으로 참여하는 것이 믿음의 공동체이며 구원의 공동체인 '그리스도의 몸'에 함께 속하는 데 결정적으로 중요하다. 그것을 고린도전서 10:16 이하의 그리스도의 몸과 피에 참여하는 것에 관한 진술이 강조한다. 그러므로 예수의 죽음은 그리스도의 몸의 구원을 실현하기 위한 전제이며, 세례는 한 몸을 이루는(*incorporatio*) 행위이고, 주의 만찬은 예수의 재림까지 이어지는 여정을 위한 식사이다.

4.2.2 그리스도의 몸-표상의 고유성을 물을 때, 먼저 교회론보다 기독론적 영역

이 관련된다.(*ἐκκλησία*는 먼저 *ἐκκλησία θεοῦ*로 고려된다.) 지상의 신앙공동체로 이해된 '에클레시아'(*ἐκκλησία*)와 비교하여 무엇보다도 '소마 크리스투'(*σῶμα Χριστοῦ*)에서 모두가 함께 속하는, 구원의 현실을 바라보는 시각이 강조되고 있음을 말할 수 있다. 그 구원의 현실에서 시간 및 공간은 고려되지 않는다. 거기에 지상에 있는 자들이나 하늘에 있는 자들, 살아 있는 자들이나 죽은 자들이 그리스도의 구원의 사역에 참여하는 자로 모두가 함께 속한다. 그것을 넘어서 유기체-사상과의 교차는 전체 교회와 개별공동체의 관계 대신에 보편적인 구원의 현실과 믿는 자들 각자가 지니는 기능의 관계를 파악할 수 있는 가능성을 제공한다. 바울의 경우에 은사는 그리스도의 몸-표상과 가장 긴밀하게 관련된다. 고린도전서 12:14-17에 따르면 그리스도에게 속한다는 것으로부터 각자에게 부여된 특별한 은사에 따라 기독교인 각자의 과제가 비롯된다.(비교. 이 책 20장)

4.3 골로새서와 에베소서

4.3.1 '그리스도의 몸'에 관한 골로새서의 진술들은 '그리스도의 몸'과 '교회'의 동일시가 우주적 요소들을 고려한다는 점에서 진정성 있는 바울의 본문과 구별된다.

4.3.1.1 우주적 영역은 특히 저자가 받아들인 골로새서 1:15-20의 찬양시에서 강조된다.(비교. 이 책 8장) 만물의 창조 이전에 먼저 나신 이는 보이지 않는 하나님의 형상으로 죽은 자들 가운데서 먼저 나신 이와 대비된다.(15, 18b절) 만물이 '그 안에서' 창조되었듯이, 그리고 세계를 포괄하는 '소마'(*σῶμα*)로 이해된다는 점에서(16절) 땅 위와 하늘에 있는 만물이 '그를 통하여' 화목하게 된다.(19절 이하) 찬양시의 그 두 연(聯) 사이인 17절과 18a절에 회고적이며 예고적인 이중구절이 삽입된다. 18a절은 두 번째 연과 관련하여 그리스도를 '몸인 교회의 머리'라고 말한다.(*κεφαλὴ τοῦ σώματος τῆς ἐκκλησίας*) 창조된 현실은 그 피조성을 보존하지 못하였으므로, 이제 '교회의 몸'이며, 그 안에서 구원이 실현된다. '몸'은 화목하게 된 현실이라는 의미에서 '교회'로 특징지어진다. 이 두 개념이 동일시되고 있으며, 그것을 1:24이 보다 더 분명하게 강조한다. 거기서 '그의(그리스도의) 몸'을 위한 사도의 고난을 언급하며 '몸이 교회'임을 덧붙인다.(… *ὑπὲρ τοῦ σώματος αὐτοῦ, ὅ ἐστιν ἡ ἐκκλασία*)

4.3.1.2 골로새서의 진술들이 더 분명하게 바울과 구별되는 것은 *κεφαλή*와 *σώμα*의 관계이다. 여기서 그리스도 자신이 '몸'이 아니라, 오히려 그 몸의 '머리'이다.

(골 1:18, 2:10, 19) 바울은 전체 구원의 현실을 σώμα로 이해하고, 그리스도 자신이 현존하고 역사하는 영역으로 파악하는 반면에 여기서 그리스도가 머리가 되신다. 머리로부터 몸을 위한 힘이 시작되며, 몸은 머리에 복종한다. 이 진술은 흥미롭게도 머리와 몸 사이가 구별되지 않는 1:16, 19 이하의 찬양시 진술과 다소 긴장을 이루기까지 한다.(이는 ἐν αὐτῷ-진술들이 인식시키는 바와 같다.)

4.3.2 에베소서에서 골로새서의 경향이 계속 이어진다.(비교. 1:22 이하, 2:16, 4:4, 12, 15 이하, 5:23, 28, 30) 여기서도 '머리'와 '몸' 사이의 구별이 중요하다. 더 나아가 우주적 요소들이 중요한 역할을 한다. 그러나 골로새서에서처럼 피조된 현실과 구속된 현실을 대조시키는 것이 아니라, 우주론이 교회론으로 포함되어 교회론의 한 요소가 되는 방식을 취한다. '그리스도의 몸'은 세계 전체 현실로 들어가 세계 전체가 충만해지도록 규정되었다.(참조. 이 책의 I권 제21장)

5. 그 밖의 교회론적 명칭들

신약성서 전면(前面)에 등장하는 위에 언급된 교회론적 개념들 및 표상들 이외에, 고정된 개념을 허용하지 않는 일련의 교회론적 명칭들과 모티브들이 있다. 이들은 초기 기독교 교회론이 다양한 관점들을 포함하며 그 뉘앙스가 매우 풍부하였음을 드러낸다.

5.1 초기 공동체가 유지했던 교회론적인 용어는 '호이 프토호이'(οἱ πτωχοί), 즉 '가난한 자들'이었다.(참조. 갈 2:10, 롬 15:26) 사도칙령의 결정이 드러내듯이, 예루살렘 공동체는 실제로 물질적인 큰 궁핍을 겪고 있었으며, 구약성서-유대적 전승의 맥락에서 가난을 이해했었다. 그 전승에 따르면 율법에 따라 엄격하게 사는 사람들은 심지어 부자가 될 수 없었고, 그래서 참으로 경건한 자들이었다.

5.2 신앙공동체를 특징짓는 다양한 방식의 명칭들이 일반적으로 널리 퍼져 있었다.

5.2.1 제자도 전승이 부활 이후에 지속되었던 것처럼 '제자들'로서의 자기 이해가 지속되었다. 사도행전이 수용한 안디옥 전승이 알려주듯이(행 6:11 이하) '호이 마세타이'(οἱ μαθηταί), 즉 '제자들'이라는 명칭은 팔레스틴 공동체 밖에서도 믿는 자들에 대해서도 사용되었다. 곧 이어 그 명칭으로부터 '호이 크리스티아노이'(οἱ Χριστιανοί),

즉 '그리스도인들'이라는 명칭이 안디옥에서 사용되었다.(행 11:26b)

5.2.2 공동체 안에서는 종종 '호이 아델포이'(*οἱ ἀδελφοί*)라는 명칭이 사용되었다. 그 배후에 마가복음 3:31-31 병행구절의 '파밀리에 데이'(*familie Dei*)에 관한 예수의 잘 알려진 진술이 있다. "내 어머니와 내 형제들을 보라 누구든지 하나님의 뜻대로 행하는 자가 내 형제요 자매요 어머니이니라." 이 명칭은 신약성서 서신서들에서 분명하게 읽을 수 있듯이 특히 믿는 자들과 교회 구성원들을 향해 '형제들'이라고 말을 걸 때 보존되었다. 그것과 병행되는 것으로 요한전승에 '호이 필로이'(*οἱ φίλοι*) '친구들'이 등장한다.(요 15:13-15, 요삼 15)

5.2.3 '제자들'이나 '형제들'과 마찬가지로 기독교 공동체 전체를 가리키는 명칭인 '호이 피스튜산테스'(*οἱ πιστεύσαντες*) 및 '호이 피스튜온테스'(*οἱ πιστεύοντες*)가 사용되었다. 단순과거나 현재분사 각각의 사용에 따라 믿는 자가 되는(믿는 자가 됨의) 행동이나 현재 믿는 상태를 강조한다.

5.2.4 '테크나'(*τέκνα*), '하나님의 자녀들' 혹은 '휘오이 투 세우'(*υἱοὶ τοῦ θεοῦ*), '하나님의 아들들'로서(*παιδία*나 *τέκνια*도 이에 일치한다) 그리스도인들의 명칭은 세례와 관련된다. 그리스도는 '하나님의 아들'로서 자신을 따르는 자들에게 '아들이 됨'(*υἱοθεσία*)을 중재한다. 이는 갈라디아서 3:27-4:7이 강조하는 바와 같다. 세례 받은 자들은 하나님과 함께하게 된다. 이는 그리스도 자신이 아버지와 긴밀하게 함께하는 것과 같다. 이는 마태가 선호한 '작은 자들', 즉 '나를 믿는 작은 자들'이라는 명칭에도 해당된다.(*οἱ μικροὶ οἱ πιστεύοντες εἰς ἐμέ* 마 18:6 등등)

5.3 이에 덧붙여 선택을 받는 것과 구별되어지는 것의 성격을 특히 강조하는 용어들이 등장한다.

5.3.1 헬라어로 유사한 어원을 갖는 두 개념인 '호이 클레토이'(*οἱ κλητοί*)와 '호이 에클레토이'(*οἱ ἐκλεκτοι*), 즉 '부름 받은 자들'과 '선택된 자들'이 함께 관련된다. 여기서 중요한 것은 제자로 부르시는 것과 결합된 구원 및 구원의 공동체를 위한 선택의 사고이다. 이 두 개념이 교차적으로 사용되고 있다. 마태복음 22:14만이 두 개념을 다음과 같이 구별하여 사용한다. "청함을 받은 자는 많되 택함을 입은 자는 적으니라."(*πολλοὶ γάρ εἰσιν κλητοί, ὀλίγοι δὲ ἐκλεκτοί*) 여기서는 교회공동체에 소속하는 것이 미래적인 구원에 결정적으로 참여하는 것과는 구별된다.

5.3.2 종종 '호이 하기오이'(*οἱ ἅγιοι*), '거룩한 자들'이 등장한다. 여기서 중요한 것은 일차적으로 기독교인의 생활 모범이 아니라, 하나님과 구원의 메시지를 섬기기 위

해 '구별된 것'이다. 교회공동체의 구성원들은 예외 없이 '거룩한 자'들로 인정된다. 이는 특히 고린도전서의 서문에서 수신자를 부르는 명칭이 드러내는 바와 같다. 그 서문에서 많은 문제를 지닌 공동체 상황도 함께 설명되고 있다. 고린도전서 1:2은 설명이 포함된 '호이 헤기아스메노이 엔 크리스토 예수'(*οἱ ἡγιασμένοι ἐν Χριστῷ Ἰησοῦ,*), 즉 '그리스도 예수를 통하여/안에서 거룩함을 받은 자들'이라는 표현도 있다. 그리스도 예수 안에 거룩함의 근거가 있다. 거룩함은 '예수 그리스도를 통하여' 이루어진다. 그것은 고린도전서 6:11에 따르면 세례를 통하여 예수와 함께 하는 공동체의 구성원이 될 때 완성된다. 여기서 세례를 거룩함의 행위로 이해하고 있다.(*ἡγιάσθητε*, '너희들이 거룩하게 되었다.')

5.4 비유적인 사용과 경직화된 메타포 사이를 오가는 명칭은 '타 프로바타'(*τὰ πρόβατα*), '양들'이다. 길 잃은 양들에 관한 비유는 마태복음 18:12-14 병행구절(비교. 마태복음 18:15-18의 부연설명)과 베드로전서 2:25에서 파악되고 있다. 양들의 목자에 관한 언급은 히브리서 13:20에 등장하며 요한복음 21:16 이하에 비슷하게 나온다. 요한복음 10:1-16:26 이하는 양들과 목자들에 관해 말한다. 끝으로 마태복음 10:6과 15:24의 '잃은 양'과 마가복음 14:27 이하 병행구절의 '흩어진 양들' 및 마태복음 25:32 이하의 양과 염소의 구별에 관한 비유를 언급할 수 있다.

5.5 지금까지 언급한 명칭들은 매번 복수로 사용된다. 그것으로 많은 수의 믿는 자들을 가리킨다. 그러나 신앙공동체가 하나이며 함께하고 있음을 더 많이 강조하여 단수로 사용되는 또 다른 용어들이 있다.

5.5.1 거기에 고린도전서 3:16 이하, 고린도후서 6:16, 에베소서 2:21 이하에 나오는 '호 나오스 투 세우'(*ὁ ναὸς τοῦ θεοῦ*), '하나님의 성전'이 속한다. 그것은 마가복음 14:58에서 말하는 '손으로 만들어지지 않은'(*ἀχειροποίητος*) 성전이다. 하나님의 현존의 장소로서 성전에 관한 이해가 교회공동체로 옮겨진다. 고린도전서 6:19이 드러내듯이 '하나님의 성전'이라는 명칭이 물론 믿는 자들 각자에게도 적용될 수 있지만 주로 교회론적으로 사용된다.

5.5.2 그에 상응하여 베드로전서 2:5은 '오이코스 프뉴마티코스'(*οἶκος πνευματικός*), 즉 '신령한 집'을 말한다. 그것은 9절에서 '바실레이온 히에라튜마'(*βασίλειον ἱεράτευμα*), 즉 '왕 같은 제사장'으로 표현된다. 고린도전서 3:16에서 교회공동체 안에 성령이 거하시는 것이 '하나님의 성전'이라는 명칭을 위해 결정적으로 중요하듯이, 여기서도 성령이 충만한 '집'을 언급한다. 그러나 성전 메타포가 그 배후에 있다는 사실은

왕 같은 제사장직과의 병행을 드러낸다.

5.6 끝으로 교회 공동체가 지상에 현존하는 것을 타향에 있는 것으로 이해하는 명칭들도 언급할 수 있다. 히브리서는 '유랑하는 하나님의 백성'에 관한 모티브를 사용한다.

5.6.1 베드로전서 1:1과 야고보서 1:1에는 '디아스포라'(*διασσπορά*), 즉 '흩어짐'의 개념이 나온다. 그 개념과 긴밀한 관계에 있는 것으로 베드로전서 1:1의 '나그네들'(*παρεπίδημοι*) 및 에베소서 2:19의 '외국인들과 나그네들'(*ξένοι καὶ παρεπίδημοι*)이 있다. 이들은 구약성서-초기유대교에서 나온 모티브로 이 세상에서 기독교인들의 상황에 적용되고 있다.

5.6.2 그것과 일치하는 모티브는 빌립보서 3:20의 '하늘에 있는 시민권'(*πολίτευμα ἐν οὐρανοῖς*)이다. 이 모티브는 '성도들과 동일한 시민이요 하나님의 권속'(*συμπολῖται τῶν ἁγίων καὶ οἰκεῖοι τοῦ θεοῦ*)을 말하는 에베소서 2:19에서 더 상세하게 발전된다. 게다가 믿는 자들이 '살아계신 하나님의 도성'(*πόλις θεοῦ ζῶντος*)에 이르지만 아직 그 곳에 살지는 못한다고 언급하는 히브리서 12:22-24을 비교할 수 있다.

6. 신약성서의 교회론적 구상

신약성서에서 개별적인 교회론적인 개념들과 모티브들은 각기 시사(示唆)하는 바가 많은 문맥에 속하며, 다양한 방법으로 서로 결합되기도 한다. 그러므로 다른 관점 아래 다시 한 번 교회론적 진술들에 대해 질문해야 한다. 여기서 중요한 것은 특징적인 개념화를 포기하는 본문들이다.

6.1 공관복음서와 사도행전

공관복음서 저자들에게 있어서 교회론에 대한 질문이 타당성을 갖는 것은 복음서 저자들이 부활 이후 제자들의 현존과 제자 공동체의 모습을 밝혀주고 있기 때문이다. 그것은 물론 다양한 방법으로 일어나고 있다. 마가복음에는 전형적인 교회론적 요소들이 거의 없는 반면에, 마태복음에서는 교회론을 위한 단초를 분명하게 인식할 수 있다. 누가의 경우 교회론적인 구상은 무엇보다도 누가복음서가 사도행전과 결합하여 이중 저작이 되는 것을 통하여 드러난다.

6.1.1 마가의 경우 제자 소명과 제자로 살아가는 조건들이 중요한 역할을 한다. 여기서 제자공동체의 기본 특징들이 그 의미 가운데 밝혀지고 있다. 그러나 부활과 재림 사이에 있는 신앙공동체의 현실로서 '에클레시아'(*ἐκκλησία*)를 말하지 않는다. 새로워진 하나님의 백성에 관한 이해는 열두 제자 그룹과 관련하여 성만찬제정의 맥락에서 간접적으로만 등장한다. 제자공동체의 부활 이후 상황은 마가복음 13:9–13에서 짧게 파악된다. 거기서 종말론적 위협(*θλῖψις*)의 시기가 시작될 때 믿는 자들의 현존을 다룬다. 동시에 박해, 복음 선포의 과제, 인내를 말한다. 중요한 것은 그리스도의 재림까지 끝까지 견디는 것으로 다음과 같이 언급한다. "끝까지 견디는 자는 구원을 받으리라." (*ὁ δὲ ὑπομείνας εἰς τέλος οὗτος σωθήσεται*, 13:13)

6.1.2 마태는 마가의 단초를 발전시켜, 자신이 전해 받은 다른 전승에서 온 해당 자료로 보충하였다. 이미 1:21에서 예수로 말미암은 '자기 백성'의 구원을 언급하며, 나중에 '이스라엘의 어린 양들에게' 보내시는 파송을 강조한다.(10:6, 15:24) 제자들과 동일시되는 열둘은 종말 시의 하나님의 백성을 대표한다. 제자들의 현존은 마태복음 5–7장의 산상수훈을 통해 특징지어지고 있나. 복음 선포의 과제는 마태복음 10장의 파송설교로 더 상세하게 설명한다. 그것을 넘어서 복음서 저자는 중요한 두 요소를 받아들였다. 그는 마태복음 16:18 이하 베드로 신앙고백의 맥락에서 '교회'의 설립을 예고하며, 마태복음 18장의 설교는 개별 '공동체'에서 제자들의 공동생활을 위한 규칙들을 제공한다. 누구도 정복시킬 수 없다는 확언이 주어진 '그리스도의 교회'는 부활과 재림 사이에 전 세계에 걸친 제자 공동체이다. 동시에 고려되는 것은 마태가 여러 번 사용한 '작은 믿음의' 및 '작은 믿음'이(*ὀλιγόπιστος*, *ὀλιγοπιστία*, 8:26, 14:31, 16:8, 17:20) 드러내듯이, 그 공동체 안에 약하고, 의심이 많으며 때에 따라 내적으로 실족한 구성원들이 있다는 사실이다. 그러므로 마땅히 길 잃은 자들을 돌보아야 한다.(18:12–18) 기독교 공동체 안에서 함께 사는 것은 복음서 저자에게 있어서 곡식과 가라지 비유의 예표 아래 있다. 그 비유에 따르면 이 세상의 교회 공동체는 '혼합된 몸'(corpus mixtum)이다. 종국적으로 예수 그리스도에게 속하는가는 마지막 심판에서야 비로소 결정된다.(13:24–30과 무엇보다도 그에 대한 36–43절의 해석, 비교. 22:11–14) 마태복음 25:31–46은 지금 기독교 공동체 밖에 있는 다른 사람들도 종말 심판 시에 그리스도에게 속할 수 있음을 나타낸다.

6.1.3 누가의 이중 저작에서 교회론이 가장 상세하게 발전되고 있다. 이는 무엇보다도 사도행전의 경우이다. 제자들에 관한 범례적인 묘사를 넘어서 그의 복음서에 사도행전의 교회론적인 구상을 위한 하나의 연결점이 누가복음 24:47-49의 성령 수여의 약속으로 주어진다. 누가의 구상 안에 예수의 사역으로 인한 구원의 시작과 종말 사이에 위치하는 고유한 '교회의 시기'가 있다. 이 시기는 먼저 '성령의 시기'이며 성령을 통해 역사된 온 세상에 걸친 복음 선포의 시기이다.(비교. 행 1:8, 28:28) 구원의 메시지를 통하여 사람들이 믿음에 이르게 되고 여러 지역에서 기독교 공동체가 생성된다. '에클레시아'(*ἐκκλησία*)라는 개념은 사도행전에서 개별공동체로 22회 사용된다. 그 개념과 함께 누가는 '제자들', '믿는 자들', '그리스도인들'을 언급한다. '교회'가 신앙공동체 전체의 의미로 사용되는 경우는 몇 몇 구절에서만 등장한다.(5:11, 8:3, 9:31, 20:28) 누가가 '에클레시아'(*ἐκκλησία*)라는 개념을 하나님의 백성에 관한 이해의 맥락에 놓고 있음이 사도행전 15:14에서 드러낸다. 거기서 '이방인 중에서 자기 이름을 위할 백성'(*ἐξ ἐθνῶν λαὸς τῷ ὀνόματι*)을 언급한다. 처음부터 누가는 공동체의 보호와 질서에 대한 문제도 함께 고려한다. 그래서 사도행전 20:28은 장로들이 '자신을 살피고 온 양떼를 돌보아야 한다.'고 말한다.(*προσέχετε ἑαυτοῖς καὶ παντὶ τῷ ποιμνίῳ*) 하나님의 교회를 보살피도록(*ποιμαίνειν τὴν ἐκκλησίαν τοῦ θεοῦ*), 성령이 그들을 '감독자'(*ἐπίσκοποι*)로 임명하셨다.

6.2 바울과 제2 바울적인 교회론

바울과 제2 바울적인 교회론이 긴밀하게 함께 연결된다. 골로새서와 에베소서의 구상이 변경된 형태로 등장함에도 불구하고, 바울서신과 제2 바울서신, 두 경우에 그리스도의 몸-표상이 중심역할을 하기 때문이다. 목회서신에서는 다른 전승들이 영향력을 끼치고 있다.

6.2.1 바울

6.2.1.1 이미 드러났듯이 바울에게 있어서 지상의 신앙공동체로서 '에클레시아'와 그리스도가 정하신 전체 구원의 현실에 포함된다는 표현으로서 '그리스도의 몸'의 결합이 결정적으로 중요한 의미를 지닌다. 한 편으로는 수평적인 관점이, 다른 한 편으로는 수직적인 관점이 관건이 되고 있다. 그러나 그 두 가지는 함께 속한다. 구체적인

신앙공동체의 특징은 시공간을 넘어서는 그리스도의 몸에 속한다는 사실에 있다.

6.2.1.2 그리스도의 몸–표상과 관련하여 중요한 관점들이 나타난다. 고린도전서 12:13에 따르면 세례를 통하여 그리스도의 몸의 구성원이 된 자는, 고린도후서 5:17에 따르면 새 창조에 참여한다. "누구든지 그리스도 안에 있으면 새로운 피조물이라 이전 것은 지나갔으니 보라 새 것이 되었도다."(*εἴ τις ἐν Χριστῷ, καινὴ κτίσις· τὰ ἀρχαῖα παρῆλθεν, ἰδοὺ γέγονεν καινά*) '엔 크리스토'(*ἐν Χριστῷ*)는 여기서 의심의 여지없이 그리스도에 속한다는 의미를 갖지만, 동시에 ('그리스도의 몸 안에'[*ἐν τῷ σώματι Χριστοῦ*]라는 의미에서) 신앙의 공동체인 그리스도의 몸에 속함을 의미한다. 종국적으로 새로운 것이 이 세상의 현실 안에서 이미 그 형태를 취하고 있다. 그것이 아주 본질적으로 중요한 결과를 낳는다. 그러므로 갈라디아서 6:15은 '새 창조' 안에서 할례나 무할례가 아무것도 아닌 것으로 열거한다. 그에 상응하여 교회 공동체 안에 어떤 종류이든 더 이상 구별이 없다. 갈라디아서 3:28은 다음과 같이 언급한다. 그(그리스도) 안에 다양한 신분 상태가 있다는 의미에서의 '유대인이나 헬라인이나 종이나 자유인이나 남자나 여자'는 없다.(*οὐκ ἔνι [= ἔνεστι] Ἰουδαῖος οὐδὲ Ἕλλην, οὐκ ἔνι δοῦλος οὐδὲ ἐλεύθερος, οὐκ ἔνι ἄρσεν καὶ θηλῦ*) '왜냐하면 너희 모두가 그리스도 예수 안에서 하나'이기 때문이다.(*πάντες γὰρ ὑμεῖς εἷς ἐστε ἐν Χριστῷ Ἰησοῦ*) 이로써 단순하게 사회적인 차별이 제거되는 것은 아니다. 이는 다소 연관된 고린도전서 11:2–6의 여자에 관한 설명이 강조하는 바와 같다. 남자의 옆과 아래에 있다는 피조물적인 위치는 그 이후에도 계속 이어진다. 그러나 교회 공동체 안에는 다른 질서가 지배하고 있다. 그러므로 여자가 공동체 안에서 '예언'을 할 수 있다.(참조. 이 책 21장과 23장)

6.2.1.3 바울은 새 창조와 '새 계약'(*καινὴ διαθήκη*)을 결합시킨다. 새 계약은 예수께서 마지막 만찬을 베풀 때 잔 말씀 다음에 제정되었다.(고전 11:25) 이미 드러났듯이 새 계약은 옛 계약이 지니는 죽이는 기능을 제거하고(고후 3:6), 동시에 옛 계약이 새 계약 안으로 통합된다는(고후 3:14–17) 점에서 옛 계약과 대조된다.(갈 4:21–31) 새 계약과 새 창조는 서로 상응하며, 세례로 가능하게 된 '생명의 새로움'(*καινότης ζωῆς*, 롬 6:4. 참조. 7:6)이라는 특징을 갖는다. 그리스도를 통하여 중재되는 자녀 됨에 참여함도 그러한 특징에 포함된다.(갈 4:1–7, 롬 8:12–15) 지나가는 지상의 현존 가운데 구원이 경험되며, 믿는 자들은 이미 지금 '하늘의 시민권'을 지닌다.(빌 3:20)

6.2.1.4 강조된 구절인 고린도전서 3:16에서 교회 공동체가 '하나님의 성전'

(ναὸς τοῦ θεοῦ)으로 불리어지며, 그것은 '하나님의 영이 너희 안에 거하신다.'(τὸ πνεῦμα τοῦ θεοῦ οἰκεῖ ἐν ὑμῖν)는 모티브와 결합되고 있다. 성령 자신이 선취적으로 일하는 능력으로 '보증' 혹은 '성령의 처음 은사'로 언급된다.(ἀρραβὼν τοῦ πνεύματος, 고후 1:22, 5:5, ἀπαρχὴ τοῦ πνεύματος, 롬 8:23) 에클레시아 안에서 에클레시아를 통한 성령의 사역은 바울의 중심 사고 중 하나이다. 그것이 교회 공동체와 그 구성원 전체의 생활방식 안에 드러나고 있다.(로마서 8:5-11) 이는 교회 공동체의 공동생활을 이루는 은사들 가운데 특히 나타나고 있다.(고전 12:12-30) 여기서 바울은 교회 공동체를 위해 다양한 은사가 필연적임을, 그러나 다양성으로 인해 지위 질서가 생겨나는 것이 아님을 명백하게 밝힌다. 각각의 구성원 모두가 공동생활을 하는 데 중요하다. 앞서는 위치는 교회 공동체를 위해 필수적인 봉사와 관련하여서만 존재한다. 그러므로 사도직, 예언, 가르침이 특히 강조되고 있다.(이에 대해 이 책 20장)

6.2.2 골로새서

제2 바울적인 골로새서와 에베소서에서는 더 많은 무게가 교회론으로 옮겨진다. 교회는 세상 가운데서 새 창조의 시작이며, 선취로서 이해되지 않는다. 오히려 교회는 세상에 침입하여 세상을 충만하게 하는 기능을 한다. 바울의 경우에 '교회'와 '그리스도의 몸'은 상호 교차적인 상호관계를 갖는다. 제2 바울적인 골로새서와 에베소서는 '교회'를 일방적으로 '그리스도의 몸' 표상으로부터 이해한다. 따라서 '에클레시아'(ἐκκλησία)의 단수 사용도 강화된다. 이에 덧붙여 앞서서 이미 언급한 '머리'와 '몸'의 구별이 등장한다.

6.2.2.1 골로새서는 1:15-20에서 찬양시를 수용하므로 창조와 창조의 중재자가 고려되고, '교회라는 몸의 머리'인 그리스도를 통한 창조현실의 갱신을 중요시한다는 점에서 특별한 구상으로 출발한다. 결정적인 것은 교회론적인 관점에서 2:19에 따르면 머리이신 그리스도로부터 '온 몸이 … 마디와 힘줄로 공급함을 받고 연합하여'(ἐξ οὗ πᾶν τὸ σῶμα διὰ τῶν ἁφῶν καὶ συνδέσμων ἐπιχορηγούμενον καὶ συμβιβαζόμενον), '하나님이 자라게 하시므로 자라나'(αὔξει τὴν αὔξησιν τοῦ θεοῦ), 하나님이 정하신 목표가 실현된다는 점이다.

6.2.2.2 그리스도의 몸-표상이 어떻게 골로새서의 진술들을 규명하고 있는가는 자주 반복되며, 도구적인 의미와 장소적인 의미가 서로 교차되는 표현인 '그 안에서'(ἐν αὐτῷ 혹은 ἐν ᾧ)나(참조. 2:2 이하, 9, 11, 12b, 15) 더 이상 차별이 없는 '새사람'으

로서의 공동체에 관한 진술이 드러낸다.(3:10 이하) 그리스도의 몸의 현재화라는 측면에서 2:16 이하에 따르면 옛 계약의 질서는 '장래 일의 그림자'(*σκιὰ τῶν μελλόντων*) 일 뿐이다. 논쟁적인 단락인 2:9-3:4에서 '세상의 초등학문'(*στοιχεῖα τοῦ κόσμου*)으로 향하는 '철학'에 반대하는 한계설정을 다룬다. 그래서 저자는 1:15-20의 찬양시를 확장하여 그 앞에 놓고 있다. 그 찬양시에서도 창조는 화목과 마찬가지로 그리스도께로 소급한다. 그 두 관점이 2:9 이하에 다시 수용된다. 그리스도 안에 '신성의 모든 충만이 육체로 거하시며'(*ἐν αὐτῷ κατοικεῖ πᾶν τὸ πλήρωμα τῆς θεότητος σωματικῶς*), '그는 모든 통치자와 권세의 머리'이시다.(*ἡ κεφαλὴ πάσης ἀρχῆς καὶ ἐξουσίας*)

6.2.3 에베소서

에베소서는 신약성서의 다른 책들과 달리 교회론에 의해 규명되고 있다. '에클레시아'(*ἐκκλησία*) 개념은 1:22, 3:10, 21 외에 5:23-32에 6회 등장한다. '그리스도의 몸'을 문자 그대로의 의미로(expressis verbis) 1:23, 4:12, 5:23, 30이 언급한다.(비교. 2:16, 4:4, 16) 그러나 교회론적인 주제는 전체적으로 매우 폭 넓게 분포되어 있다. 이는 서문의 찬송 부분인 1:3-14과 감사 말씀인 2:15-23, 마찬가지로 주 단락인 2:1-3:21과 신학적으로 많이 확장되고 있는 권고 단락인 4:1-6:20에 나타나고 있다.

6.2.3.1 서문의 찬송 글인 에베소서 1:3-14의 네 단락은 믿는 자들을 '그 안에서' 앞서 택하신 선택, '그의 피를 통한' 구원, '그로 말미암아' 자기 아들이 되게 하신 예정, 믿음을 일으키고 보증의 인을 치시는, '그를 통하여 주어진' 진리의 말씀에 관해 말한다.(1:3-6, 7-10, 11 이하, 13 이하. 여기서 여러 번 나오는 *ἐν αὐτῷ*/*ἐν ᾧ*를 주목할 수 있다.) 이 단락의 중심인 9절 이하에 '그(하나님)의 뜻의 비밀'(*μυστήριον τοῦ θελήματος αὐτοῦ*)에 관한 진술이 나온다. 그 비밀에 따라 '그리스도 안에서 하늘에 있는 것과 땅에 있는 바, 만물을 그리스도 안에서 통일시키기 위해, 때가 찬 구원의 경륜'이 실현되고 있다.(*οἰκονομία τοῦ πληρώματος τῶν καιρῶν, ἀνακεφαλαιώσασθαι τὰ πάντα ἐν τῷ Χριστῷ, τὰ ἐπὶ τοῖς οὐρανοῖς καὶ τὰ ἐπὶ τῆς γῆς ἐν αὐτῷ*) 그것으로 서신의 주요 주제가 언급되고 있다. 시종일관된 교회론적 목표설정을 에베소서 1:15-22 감사말씀의 결론부에서도 강조한다. 부활하신 그리스도가 하나님의 오른편에 앉혀지시고 모든 권세 위에 높이 올리워지셨다.(20절 이하) 만물은 그의 발아래 복종하며, 그리스도가 전체 교회 위에 머리로 임명되셨다. 교회는 그의 몸이며 만물 안

에서 만물을 충만하게 하시는 이의 충만함이다.(*αὐτὸν ἔδωκεν κεφαλὴν ὑπὲρ πάντα τῇ ἐκκλησίᾳ, ἥτις ἐστὶν τὸ σῶμα αὐτοῦ, τὸ πλήρωμα τοῦ τὰ πάντα ἐν πᾶσιν πληρουμένου*, 22절 이하)

6.2.3.2 에베소서 2:1–3:21의 주요 부분은 구원론적인 단락(2:1–10) 뒤에, 사도와 그의 중보기도를 언급하는 결론 이전에, 교회론적인 중간단락(2:11–22)으로 이루어진다. 중간단락인 2:11–22의 요지는 이방인들이 구원에 참여하는 것이며(11–13절), '우리의 평화'(*ἡ εἰρήνη ἡμῶν*)이신 그리스도이다. 그는 유대인들과 이방인들 사이에 '중간에 막힌 담'을 허무신 분이다.(14절 이하) 이는 그가 자기 자신을 죽이심으로 원수된 것을 십자가를 통하여 그 둘을 하나님과 함께하는 유일한 한 몸으로 화목하게 하시기 위함이었다.(*ἵνα … ἀποκαταλλάξῃ τοὺς ἀμφοτέρους ἐν ἑνὶ σώματι τῷ θεῷ διὰ τοῦ σταυροῦ, ἀποκτείνας τὴν ἔχθραν ἐν αὐτῷ*, 16절) 이 평화의 메시지는 유대인들과 이방인들을 향한 것이다. 그것을 통하여 그 "둘이 한 성령 안에서 아버지께 나아감을 얻게" 된다.(*… προσαγωγὴν οἱ ἀμφότεροι ἐν ἑνι πνεύματι πρὸς τὸν πατέρα*, 17절 이하) 낯설음이 극복되었다. 모두가 "성도들과 동일한 시민이요 하나님의 권속"이다.(*συμπολῖται τῶν ἁγίων καὶ οἰκεῖοι τοῦ θεοῦ*, 19절) 이러한 사고의 흐름은 건축물로서의 교회라는 모티브로 끝이 난다. 그 건축물은 사도와 예언자들이라는 '기초석' 위에 세워졌고, 그리스도가 그 '모퉁잇돌'이 되신다.(*ἐποικοδομηθέντες ἐπὶ τῷ θεμελίῳ τῶν ἀποστόλων καὶ προφητῶν, ὄντος ἀκρογωνιαίου αὐτοῦ Χριστοῦ Ἰησοῦ*, 20절) 동시에 "그리스도 안에서 건물마다 서로 연결하여 주님의 성전으로 자란난다"고(21a절) 믿는 자들이 "성령 안에서 하나님이 거하실 처소가 되기 위하여 그리스도 예수 안에서 함께 지어져 간다."고 말한다.(*ἐν ᾧ πᾶσα οἰκοδομὴ συναρμολογουμένη αὔξει εἰς ναὸν ἅγιον ἐν κυρίῳ, ἐν ᾧ καὶ ὑμεῖς συνοικοδομεῖσθε εἰς κατοικητήριον τοῦ θεοῦ ἐν πνεύματι*, 21b절) 성장하는 건축물의 비유와 함께 여기서 다시 수용된 것은 1:10, 22 이하에서 때가 찬 구원의 경륜으로, 즉 그리스도 안에서 만물의 통일로 표현된 내용이다. 하나님의 구원의 의지가 이런 방식으로 실현된다면, 이로써 '교회를 통하여'(*διὰ τῆς ἐκκλησίας*) 하늘에 있는 권세들에게 하나님의 각종 지혜가 알려져야 한다.(3:9 이하)

6.2.3.3 에베소서 4:1에서 시작하는 권면은 시작할 때 기초 내용을 담는다. 그래서 4:25에야 올바른 생활을 위한 훈계가 뒤따른다. 그 훈계 자체가 구원론적이며 교회론적인 고찰과 연결되고 있다. 일곱 부분으로 구성된 4:4–6의 믿는 자들의 하나 됨에

관한 신앙고백진술은 '한 몸'(*ἓν σῶμα*)에 관한 신앙고백으로 시작한다. 연이은 진술인 4:7-16은 그리스도께서 주신 은사들에 관해 언급한다. 사도들, 선지자들, 복음 전하는 자들, 목자들, 교사들은 그리스도의 몸을 세우기 위해 임명되었다. 이는 '우리가 다 하나님의 아들을 믿는 것과 아는 일에 하나가 되어 온전한 사람을 이루어 그리스도의 장성한 분량이 충만한 데까지' 이르게 함이다.(*εἰς οἰκοδομὴν τοῦ σώματος τοῦ Χριστοῦ, μέχρι καταντήσωμεν οἱ πάντες εἰς τὴν ἑνότητα τῆς πίστεως καὶ τῆς ἐπιγνώσεως τοῦ υἱοῦ τοῦ θεοῦ, εἰς ἄνδρα τέλειον, εἰς μέτρον ἡλικίας τοῦ πληρώματος τοῦ Χριστοῦ,* 12b, 13절) '온전한 사람'과 '그리스도의 장성한 분량의 충만'함에 관한 비유 모티브는 그리스도의 몸의 온전한 형태를 가리킨다. 그러므로 사랑이 요구되고, '범사에 있어서 그에게까지 자랄 것을 요구한다. 그는 머리이시며, 그로부터 온 몸이 함께 연결되고 있다.'(*αὐξήσωμεν εἰς αὐτὸν τὰ πάντα, ὅς ἐστιν ἡ κεφαλή, Χριστός, ἐξ οὗ πᾶν τὸ σῶμα συναρμολογούμενον,* 15, 16a절, 참조. 16b절과 23절 이하)

6.2.3.4 끝으로 5:21-32도 특별한 기능을 갖는다. 여기서 그리스도와 교회의 관계가 고유한 방식으로 남자와 여자가 서로 함께 속한다는 것과 관련됨으로써, 가훈표가 교회론적으로 해석되고 있다. 그것은 다른 곳에서 언급되어야 한다.(참소. 23장) 이제 고려해야 할 것은, 23절에 따르면, '그리스도가 교회의 머리'이고 '그가 몸의 구원자'라는 것이다. 구원행동은 교회를 향한 그의 사랑의 표현이다. 교회를 위해 자기 자신을 주셨고, 교회가 흠이 없게 하기 위해 '물로 씻어 말씀으로'(*ὁ Χριστὸς κεφαλὴ τῆς ἐκκλησίας, αὐτὸς σωτὴρ τοῦ σώματος*) 거룩하게 하셨다.(26절 이하) 또 그는 계속하여 교회를 '양육하고 돌보는' 분이시다.(29b절)

6.2.4 목회서신

6.2.4.1 또 다른 경향을 목회서신이 드러낸다. 그리스도의 몸-표상은 여기 등장하지 않는다. 그러나 두 번 포괄적인 신앙공동체로서의 '하나님의 교회', 즉 '에클레시아 세우'(*ἐκκλησία θεοῦ*)를 언급한다.(딤전 3:5, 15) 그와 함께 '에클레시아'(*ἐκκλησία*)는 구체적인 지역공동체도 명명한다.(딤전 5:16) 개별공동체와 관련하여 조직화가 시작되고 있음을 분명히 알 수 있다.(참조. 이 책 19장)

6.2.4.2 교회의 질서와 긴밀하게 결합되는 것은 전승을 보존하기 위한 노력이다. 이는 '온전한 가르침'(*ὑγιαίνουσα διδασκαλία*), 즉 '네게 부탁한 것'(*παραθήκη,* 딤전

6:20)을 확고하게 붙잡으라는 여러 차례의 훈계와 관련되는 것만은 아니다. 오히려 그 훈계는 교회 이해와 직접 관련되고 있다. 바로 교회가 올바른 가르침에 대해 책임을 지면서, 동시에 조직화된 교회 안에 올바른 가르침이 있음을 말한다. 그것을 '진리의 기둥과 터'로서 '살아계신 하나님의 교회'(*ἐκκλησία τοῦ θεοῦ ζῶντος, στῦλος καὶ ἑδραίωμα τῆς ἀληθείας*)를 언급하는 디모데전서 3:15이 강조한다.

6.3 요한의 교회론

6.3.1 흔히 말하기를 제4 복음서에는 사실상 교회론이 전혀 없으며, 믿는 자들 개인만을 다루거나, 기껏해야 작은 종교집회 성격을 지니는 믿는 자들의 소그룹이 관건이 되고 있었다고 말한다. 그러한 언급은 맞지 않다. 물론 복음서 저자가 전통적인 교회론적 모티브를 사용하지 않고 있음이 눈에 띈다. 물론 '호이 마세타이'(*οἱ μαθηταί*), 즉 '제자들'과 '호이 프스튜온테스'(*οἱ πιστεύοντες*), 즉 '믿는 자들'이 등장한다. 그러나 이러한 명칭들은 비교적 드물게 나오며, '피스튜온'(*ὁ πιστεύων*), 즉 '믿는 자'만이 더 많이 등장한다. 특별히 요한적인 개념의 성격을 묻는다면 요한복음 13:1(참조 1:11)의 '호이 이디오이'(*οἱ ἴδιοι*) 즉 '자기 사람들'과 요한복음 13:13-15의 '호이 필리오이'(*οἱ φίλιοι*) 즉 '친구들'이 드문드문 사용되고 있음을 언급할 수 있다.

6.3.2 그러나 요한복음에서는 특정의 전문용어들이 아니라, 메타포적 성격을 지니는 돌려쓴 진술들이 관건이 되고 있다. 이는 '파로이미아'(*παροιμία*), 즉 '비유'가 나오는 곳, 요한복음 10:1-16, 27-30과 15:1-6(7절 이하)에 특별히 해당된다.(참조. 10:6) 그 두 비유설교에 기독론적 모티브의 기독론적 영역을 밝히는 나는-이다-말씀들이 특징적인 방식으로 등장한다.

6.3.2.1 요한복음 10:1-16의 선한 목자 말씀은 10:27에 다시 수용되며, 1-5절에서 일종의 비유 본문으로 시작한다. 이 비유 본문은 양의 우리로 들어가는 문, 절도와 강도, 양의 목자, 문지기 및 양들에 관해 언급한다. 그 양들이 목자의 음성을 알고 들으므로, 다른 사람을 뒤좇지 않고 그를 피해 도망간다.

6.3.2.1.1 뒤따르는 비유설교의 해석인 7-10절과 11-15(16)절에서 차례로 개별 모티브들이 수용되면서 보충되고 있다. 먼저 양의 우리의 문을 언급한다. 예수 자신이 '양의 문', 즉 '문'으로 두 번 명명된다.(*ἐγώ εἰμι ἡ θύρα τῶν προβάτων, ἐγώ εἰμι ἡ θύρα*, 7b, 9a절) 그 문을 통과할 때 문이 양들에게 구원과 생명의 풍성함을 제공한다.

(9b절, 비교. 10b절) 그에게 맞서는 다른 이들은 멸망을 가져오는 절도며 강도이다.(8, 10a절) 뒤따르는 11-13, 14절 이하의 이중단락은 예수를 '선한 목자'로 특징짓는다.(*ἐγώ εἰμι ὁ ποιμὴν ὁ καλός*, 11a, 14a절) 그는 '삯군'(*μισθωτός*, 12절 이하)과 달리 자신을 내어주며, "양들을 위하여 (자기) 목숨을 버린다."(*τὴν ψυχὴν αὐτοῦ τίθησιν ὑπὲρ τῶν προβάτων*, 11b절, 비교. 15b절) 그가 그들을 알고 그들이 그를 안다. 이는 아버지께서 그를 알고 그가 아버지를 아는 것과 같다.(14b, 15a절) 계속해서 16절에서 말하듯이 이 목자는 '이 우리' 안에 있지 않는(*ἐκ τῆς αὐλῆς ταύτης*) '다른 양들'도 가지고 있다. 그들도 그 목자가 '인도해야'(*ἀγαγεῖν*) 하며, '한 무리가 되어 한 목자에게 있기 위하여'(*καὶ γενήσονται μία ποίμνη, εἷς ποιμήν*) 그들이 그의 목소리를 들을 것이다. 구원론적인 진술들이 14절 이하의 단락에서 오해의 여지없이 교회론으로 넘어가며, 끝 부분 16절에 1-5절의 비유요소들을 통해 준비되지 않은 중요한 모티브를 추가적으로 포함한다.

6.3.2.1.2 예수의 음성을 듣는 양들에 관한 주제가 27-30절에서 다시 파악된다. 여기서 4절에서 받아들인 제자도 모티브가 결정적인 역할을 한다. "내 양은 내 음성을 들으며 나는 그들을 알며 그들은 나를 따르느니라."(*τὰ πρόβατα τὰ ἐμὰ τῆς φωνῆς μου ἀκούουσιν, κἀγὼ γινώσκω αὐτὰ καὶ ἀκολουθοῦσίν μοι*, 27절) 그들에게 그가 생명을 주며, 아무도 그들을 그와 아버지의 손에서 빼앗을 수 없다.(28절 이하) 목자와 양떼가 서로를 알고 양떼가 하나가 됨은 아버지와 아들이 서로 함께 속한다는 사실에 근거한다. 왜냐하면 '나와 아버지는 하나'이기 때문이다.(*ἐγώ καὶ ὁ πατὴρ ἕν ἐσμεν*, 30절)

6.3.2.1.3 이 비유설교와 설명에서 양떼, 그들의 뒤따름, 함께 오는 양들, 한 목자 아래 양들이 하나가 됨, 아버지에 의해 양들이 보호받음이라는 모티브들과 함께 교회론의 결정적인 관점들이 표현되었다. 이들은 '한 목자'와 함께 '한 양떼'에 함께 속한다는 주제에서 절정을 이룬다. 이 주제는 그 자체로 아버지와 아들이 함께 속함을 표현한다.

6.3.2.2 15:1-8의 포도나무와 그 가지에 관한 비유설교는 그리스도에 대한 믿는 자들의 관계만이 아니라 그것을 넘어서 하나님께 대한 관계를 강조한다.

6.3.2.2.1 그러므로 바로 1절의 시작 부분에서 다음과 같이 말한다. "나는 참 포도나무요 내 아버지는 농부라."(*ἐγώ εἰμι ἡ ἄμπελος ἡ ἀληθινὴ καὶ ὁ πατήρ μου ὁ γεωργός ἐστιν*) 그와 함께 5a절에 두 번째 나는-이다 말씀이 놓인다. "나는 포도나무요 너희는 가지라."(*ἐγώ εἰμι ἡ ἄμπελος, ὑμεῖς τὰ κλήματα*) 많은 가지가 한 그

루의 포도나무에 속함으로 통일성을 지닌다. 구원을 보장하는 예수의 말씀으로 제자들이 정결함을 얻었고, 그가 '너희' 안에 있는 것처럼 그들이 '그 안'에 있다.(3, 4a절) 그러나 그 안에 '머무르는' 자만이 살고, 열매를 맺는다. 그가 없이는 가지들 각각이 아무것도 할 수 없기 때문이다.(4b, 5b절) 따라서 이 포도나무가 깨끗해질 필요가 있다. 가지가 열매를 맺지 않으면, 그 가지는 더 이상 포도나무에 속하지 않고 농부인 아버지에 의해 분리될 것이기 때문이다.(2a, 6절) 다른 한 편 열매를 맺는 모든 가지가 더 많은 열매를 맺게 하기 위해 아버지께서 그 가지를 깨끗하게 한다.(2b절)

6.3.2.2.2 시사하는 바가 큰 것은 어떻게 여기서 하나님을 '농부'(*γεωργός*)로, 그리스도를 '포도나무'(*ἄμπελος*)로, 그의 사람들을 '가지'(*κλήματα*)로 언급하는가이다. 가지의 존재는 포도나무에 생생하게 속하는 것과 포도나무의 깨끗함을 돌보는 아버지에게 의존한다. 그리스도 안에서 구원이 실현된다. 그 안에서 구원받은 자들이 서로서로 연결된다. 아버지는 구원공동체의 지속적인 통전성을 돌보는 분이시다. 정결의 모티브 이외에 포도나무와 가지에 관한 비유 모티브가 그리스도의 몸에 관한 바울과 제2 바울적인 모티브에 대한 유비(類比)를 표현한다.

6.3.3 이 두 비유설교와 함께 교회론적인 주제가 요한복음 17장의 대제사장적인 기도에 전개된다. 영광의 때, 예수께서 자기 사역을 완성한 후에(1–5절), 그는 뒤를 돌이켜 보고 또 앞을 내다본다.(6–19, 20–26절) 그는 먼저 자신이 아버지의 이름을 계시한 자들, 그들이 말씀을 받아들여서 지켰다는 점에서, 그들을 위해 기도한다.(6–8절) 예수께서는 이 구절에서 세상을 위해 구하는 것이 아니라, "내게 주신 자들을 위해 기도한다. 그들은 아버지의 것이기 때문이다." 그가 이제 더 이상 세상에 없을 것이지만, 그들이 계속해서 이 세상에 있으므로, 그가 그들의 보호를 위해 기도한다. 그들을 세상에서 데려갈 것을 위해 기도하는 것이 아니라, 그들이 악으로부터 보호받고 진리 가운데 거룩하게 머무르게 하기 위해 기도한다.(10–14, 15–19절) 이어서 예수께서는 시선을 미래로 향하며, 이제 결정적으로 교회론적인 진술들이 뒤따른다. 예수께서는 더 이상 이미 제자가 된 자들을 위해 기도하지 않고, 오히려 그들의 말씀으로 인해 그를 믿게 될 자들 모두를 위해 기도한다.(20절) 이는 '아버지께서 내 안에, 내가 아버지 안에 있는 것 같이 그들도 다 하나가 되어 우리 안에 있게 하기' 위함이다.(*ἵνα πάντες ἓν ὦσιν, καθὼς σύ, πάτερ, ἐν ἐμοὶ κἀγω ἐν σοί, ἵνα καὶ αὐτοὶ ἐν ἡμῖν ὦσιν*, 21a, b) 여기서 10:30, 38, 14:10 이하에서 기독론적으로, 14:20, 15:4a에서 교회론적으로 등장하는 한 모티브가 받아들여져 확장되고 있다. 믿는 자들은 아버지와 아들이 상

호적으로 '…안에 거함' 가운데 함께 포함되며 그 안에서 서로 통일성을 이룬다. 그들이 영광에 참여해야 하고 하나 됨 안에서 온전하게 되어야 한다.(*τετελειωμένοι εἰς ἕν*, 22, 23a절) 따라서 하나님이 세상에 보내신 자를 위해 그들이 또 증인이 될 것이다.(21c, 23b절)

6.4 그 외 신약성서 교회론적 모델들

교회론이 신약성서 몇 몇 책들에서는 다만 간접적으로만 표현되고 있다. 이는 대략 야고보서, 유다서 혹은 베드로후서가 드러내는 바와 같다. 매우 폭 넓게 상술되고 있지는 않지만 아주 중요한 교회론적 모티브들도 있다. 이는 베드로전서, 히브리서, 요한계시록에 해당된다.

6.4.1 베드로전서는 디아스포라에 흩어져 사는 나그네라는 모티브(1:1, 2:11)를 선택받은 족속과 왕 같은 제사장이라는 사고와 결합시킨다. 그러므로 베드로전서 1:18-2:3의 구원론적인 진술들 다음에 믿는 자들과 세례 받은 자들을 살아 있는 돌들로 언급하는 2:4-10의 진술들이 뒤따른다. 그들이 '성령으로 충만한 집'(*οἶκος πνευματικός*)에 함께 덧붙여지며, 그 안에서 '성령으로 역사된 희생제'(*πνευματικαὶ θυσίαι*)가 하나님께 드려진다.(4절 이하) 이 구절은 시온의 돌에 관한 이사야 28:16의 인용구와 결합되어 있다. 그 돌은 어떤 이들에게는 구원을, 또 다른 이들에게는 부딪히는 돌이 되었다.(6-8절) 거기에 믿는 자들 모두가 제사장이라는 중심 진술이 연결된다. "너희는 택하신 족속이요 왕 같은 제사장들이요 거룩한 나라요 그의 소유가 된 백성이다."(*ὑμεῖς δὲ γένος ἐκλεκτόν, βασίλειον ἱεράτευμα, ἔθνος ἅγιον, λαὸς εἰς περιποίησιν*, 9a절) 이 선택은 "너희를 어두운 데서 불러내어 그의 기이한 빛에 들어가게 하신 이의 아름다운 덕[큰 일]을 선포"하는 과제와 결합되어 있다.(*ὅπως τὰς ἀρετὰς ἐξαγγείλητε τοῦ ἐκ σκότους ὑμᾶς καλέσαντος εἰς τὸ θαυμαστὸν αὐτοῦ φῶς*, 9b절) 이 본문은 다음 진술로 끝난다. "너희가 전에는 백성이 아니더니 이제는 하나님의 백성이요 전에는 긍휼을 얻지 못하였더니 이제는 긍휼을 얻은 자니라."(*οἵ ποτε οὐ λαὸς νῦν δὲ λαὸς θεοῦ, οἱ οὐκ ἠλεημένοι νῦν δὲ ἐλεηθέντες*, 10절) 이 서신의 저자에게 있어서 세상을 향한 특별한 과제는 특히 2:13-4:11의 권고적 단락 안에 상술되는 내용 안에 근거한다.

6.4.2 히브리서는 이미 제시되었듯이, 방랑하는 하나님 백성이라는 유형론적으

로 받아들여진 사고에 우선적으로 집중한다.(3:7-4:10) 히브리서는 그것을 옛 것을 폐하는 새로운 계약의 주제와 결합시킨다.(8:7-13) 그것은 이어서 '에클레시아 프로토토콘'(*ἐκκλησία πρωτοτόκων*), 즉 '처음 난 자[長子]들의 교회'가 언급되는 '살아계신 하나님의 도시'인 시온 산에 이르는 모티브로 흘러간다.(23절) 그 교회에 '하늘에 기록된' 모든 이들이 속하므로, 그들은 거기서 그들의 시민권을 갖는다.(비교. 빌 3:20)

6.4.3 요한계시록에 더 많은 교회론적 모델들이 비교적 서로 연결되지 않은 채 등장한다. 따라서 요한계시록 1:5b, 6에 왕적 제사장의 모티브가 나오며, 이는 5:10과 20:6에 다시 등장한다. 요한계시록 7:4-8과 14:1-5의 144,000명은 하나님 백성의 표상과 결합되어 있다. 이 표상과 21:10-21에 나오는 열두 기초석 위에 세워진 열두 문을 가진 하늘의 도성이 서로 일치한다. 특별히 흥미롭고 영향사적으로 중요한 단락은 요한계시록 12:1-17이다. 해를 옷 입고 달 위에 서 있으며 별의 면류관을 쓰고 아이를 밴 여자는(1절 이하) 구원자의 어머니이면서 동시에 교회의 어머니이다. 유형론적으로 파악된 이 본문은 하늘의 원형[Urbild]과 지상의 반대형태[Gegenbild]를 완전하게 설명하지 않고 있다는 데 그 고유성을 지닌다. 구원자의 어머니와 관련하여 물론 하늘의 형태[Typos](3-5절)와 그에 상응하는 지상의 형태가 서로 대조되지만(13b절), 어머니 역할과 관련하여 지상의 반대형태[Antitypos]는 상징적으로 표현된다.(6, 13-17절) 이미 하늘에서 아이를 추격하고 삼키려 하며, 그 후에 땅으로 내쫓긴 용이(4, 7-12절) 땅에서 '아이를 낳은 여자'를 추격한다.(13절) 용이 그것을 이루지 못했으므로, '그 여자의 남은 자손 곧 하나님의 계명을 지키며 예수의 증거를 가진 자들과 더불어 싸우려' 한다.(*ἀπῆλθεν ποιῆσαι πόλεμον μετὰ τῶν λοιπῶν τοῦ σπέρματος αὐτῆς τῶν τηρούντων τὰς ἐντολὰς τοῦ θεοῦ καὶ ἐχόντων τὴν μαρτυρίαν Ἰησοῦ*, 17절) 여기서 여인은 하늘의 모습뿐만 아니라 이 땅의 모습으로도 이해되며, 두 경우에 이중적인 기능 안에서 예수의 어머니와 교회의 어머니로 비추어진다. 그 여인은 예수의 어머니로 보전(保全)되듯이, 또 교회의 어머니요 대표자로도 보전된다. 그와 달리 교회의 구성원들은 그녀의 자손들로서 용의 적대심에 위험하게 노출되고 있다.

7. 신약성서 교회론의 공통점

교회론적 진술들에 관한 폭 넓은 스펙트럼이 있다. 그들은 낱개의 작은 조약돌들처럼 하나의 모자이크 그림으로 곧바로 요약시킬 수는 없으나, 서로 긴밀한 관계 가운데 있다.

7.1 믿는 자들의 지상공동체로서 교회

모든 본문에서 전제되는 것은 지상공동체가 관건이 된다는 사실이다. 이 공동체는 나를 따르라는 부름과 믿으라는 부름을 들었고, 여러 장소에서 모이며, 자신들이 함께 속하고 있음을 알고 있다.

7.1.1 세상 가운데 나타나는 하나님의 계시가 교회의 기초를 이룬다. 예수께서 인간이 되셨듯이, 그렇게 종말적인 하나님의 백성들의 모임은 이 땅에서 일어난다. 이 모임은 예수께서 살아계실 때 시작했고 부활 이후에 계속된다. 중요한 것은 계속해서 유지되고 확장되는 신앙공동체의 성립이다. 우선적으로 이스라엘과 관련된 함께 모인 갱신된 하나님의 백성이 먼저 전면에 있었다면, 그 뒤를 바로 이어 하나님의 백성에 관한 표상과 긴밀하게 관련된, 보편적으로 정향된 '교회'(*ἐκκλησία*) 개념이 그 자리를 대신한다. 이 개념은 이 땅 위에 있는 세계에 걸친 믿음의 공동체만이 아니라 구체적인 지역공동체를 명명한다. 결정적인 것은 각기 함께 사는 것이며 함께 속하고 있음을 아는 것이다. 두세 사람이 함께 있을 때에도(마 18:20) 구체적으로 경험되는 교회 공동체가 관건이 된다.

7.1.2 믿음의 공동체는 눈으로 볼 수 있는 형태를 취한다. 그 공동체의 고유성(固有性)은 분명한 세속성과 동시에 탈(脫)세상성이 함께 하고 있다는 데에 있다. 그러한 점에서 여타의 지상 생활에 곧바로 적응하지 않으므로, 교회는 또 끊임없이 미움을 당하고, 압박을 받고 추격을 당한다. 이 내용은 거의 모든 신약성서 본문에서 고려되며, 기독교인의 생활이 디아스포라에 흩어져 사는 존재로(약 1:1, 벧전 1:1, 2:11) 특징지어지는 곳에서 특히 표현되고 있다.

7.2 종말적 현실로서 교회

교회가 이 땅 위에 현존한다는 것이 단지 그 구체적 현상방식으로만 파악될 수는 없다. 교회의 가시적인 형태에서 오직 믿음으로만 인식되고 표현될 수 있는 종말적 현실이 현실화된다.

7.2.1 교회는 본질상 하나님의 통치 및 시작된 구원의 현실에 의해 기초되고 유지된다. 교회는 '하나님의 교회' 혹은 '그리스도의 교회'로 하나님의 종말적인 행동과 관련된다. 그러한 점에서 교회는 하나의 공동체로 나타난다. 그 공동체는 이미 경험된 구원에 근거하여 구원의 완성의 목적을 향한 도상에 함께 있기 위해 부름을 받고 함께 이끌린다.

7.2.2 교회에 관한 신약성서의 모든 진술들은 기독론적으로 기초되었다. 이러한 상황을 마태복음 16:18 이하가 아주 분명하게 표현한다. 에클레시아(*ἐκκλησία*)는 부활 이후의 시기를 위해 '나의 교회'로 선포되고 있다. 이는 고린도전서 15:25–28에 따르면 승귀로부터 종말의 완성까지 이르는 바실레이아 예수 크리스투(*βασιλεία Ἰησοῦ Χριστοῦ*), 즉 '예수 그리스도의 왕적 통치'에 관한 표상과 일치한다. 이 통치는 하나님에 의해 그에게 이양된다. 이는 '그리스도의 교회'를 바꾸어 '하나님의 교회'로 말하는 곳에도 해당된다. 중요한 것은 예수 그리스도를 믿고 그의 제자공동체를 형성하는 사람들의 모임이다. 지옥의 문들이 이기지 못할 것이라는 약속이 그 공동체에 해당된다.

7.2.3 그것과 일치하는 것으로 '새 계약'으로서의 특징이 표현된다. 이는 상호간에 동시적으로 체결할 때 다시 재개되는 하나님과의 체결관계를 말한다. 결정적인 내용은 종말적인 구원의 현실에 관련되는 것이다. 그것을 통해 모든 옛것이 극복되고 폐기된다.

7.2.4 지상에서 시작하지 않는 현실로서 교회의 고유성은 '그리스도의 몸'에 관한 이해로 특징지어진다. 그러한 이해는 이 땅과 하늘의 현실이 함께 속하고 있음을 분명하게 밝혀준다. 여기서 이 땅의 영역에서 구체화되지만 그것을 훨씬 더 넘어서는 구원의 영역이 관건이 된다. 바울의 경우에 그 내용은 에클레시아로서 구체적인 믿음의 공동체와 관련된다. 중요한 것은 시간과 공간을 넘어서는 차원이다. 교회는 그리스도의 구원의 현실에 관련되며, 교회 스스로가 하나님과 하나님의 구원의 현실이 세상 가운데에서 경험되게 할 것을 위해 있다. 골로새서와 에베소서에서 교회와 그리스도의 몸이 동일시되지만, 거꾸로 그리스도는 '머리'로서 '교회의 몸'과 구별된다. 골로새서에서 교회의 고유성은 선재하시는 그리스도 안에 기원을 두고 '교회의 몸' 안에서 그리스도와 화해하는 창조의 현실과 추가적으로 관련된다. 이어서 에베소서에서 '그리스도의 몸'은 이 땅의 모든 것들을 받아들이며, 그리스도 안에서 하나가 되는 목표를 향하여 이끄는 현실이다.

7.2.5 아주 비슷하게 요한 전승에서 포도나무로서, 또 함께 인도된 양 떼로서의

교회의 특징이, 아버지와 아들의 상호 관계 안에서 영접되고 그 안에서 하나가 됨을 발견하는 자들의 공동체에 대한 살아 있는 비유가 된다. 그러한 본문들의 비유 모티브들과 대제사장적 기도의 간구들은 하나님과 함께 또 그리스도와 함께 하는 공동체가 이 땅의 모든 것들을 이긴다는 확신을 표현한다.

7.2.6 요한계시록 12:1-17에 약속된 구원을 가져오는 자의 어머니로서, 또 교회의 어머니로서 하늘의 여인에 관한 비유가 받아들여진다면 결정적으로 중요한 것은 추격을 받는 이 땅의 믿음의 공동체가 그 근거와 입장을 하나님의 현실(現實)에서 갖는다는 사실이다. 공동체의 존재는 하나님께서 정하시고 실현시키시는 구원에 함께 속한다는 사실에 근거한다.

7.2.7 그것은 하늘의 도성이 본향으로 또 교회의 목표로 간주되는 경우에만 타당하다. 교회는 세계에 널리 퍼져 있고 시간을 넘어서는 부활과 재림 사이에 있는 공동체이다. 그 공동체는 빌립보서 3:20에 따르면 하늘에 그 시민권을 두고 있으며, 히브리서 12:22-24에 따르면 이미 시온 산에 이르고 있다. 그 공동체는 성령의 활동을 통하여 세계사 안에서 특별하게 특징지어진 한 시기가 시작된, 시간 가운데 살고 있다. 관건이 되는 것은 종말 직전의 현존이다. 마지막 종국에 교회가 하나님의 하늘의 현실 안으로 받아들여질 것이다.

7.3 신약성서 교회론의 다양성 가운데 통일성

신약성서의 교회론적 진술들의 다양성은 가시적(可視的)이며 제거되지 말아야 한다. 그러나 통일성을 말할 수 있는가?

7.3.1 어쨌든 근본적인 구성요소들이 유지되고 있음을 인식할 수 있다. 결정적인 것은 세 관점이다. 이 지상에 사는 구체적인 제자공동체가 관건이 된다. 동시에 지상의 모든 것들을 넘어서는 종말적인 현실에 함께 관련되는 것이 중요하다. 그것은 예수 그리스도 안에 나타나는 하나님의 계시행위에 근거한다. 따라서 다양한 진술들이 분명하게 일치(Konvergenz)되고 있음을 말할 수 있다. 이런 의미에서 여러 개념들과 비유들로 다양한 방식으로 표현되는, 신약성서 교회론은 내적인 통일성을 지닌다.

7.3.2 교회론적인 구상들이 구별하는 것은 개별적인 구성요소들 각각에 대한 강조이다. 이는 이스라엘-관련성, 보편성, 선택받았음에 대한 사고, 세상에서의 책임과 함께 내적인 결속(結束)에 대한 강조, 강한 미래 및 피안지향성이나 현재 현존에 대한

우선권 부여, 교회의 하나 됨을 위한 노력과 관련된다. 수많은 개념들과 비유들은 믿음의 공동체가 갖는 자의식의 다양한 특징을 가능하게 했다. 그로써 다른 주제들의 경우와 마찬가지로 기본이해에 있어서 심각한 긴장들이 생기지는 않았다.

8. 마무리 고찰

8.1 교회론의 경우에 결정적인 것은 구체적이며 역사적인, 그리고 시간과 공간을 넘어서는 구성요소들의 결합이다. 교회는 예수 그리스도의 죽음, 부활, 기대된 구원의 완성 사이에 나타나는 이 땅 위의 실상(實狀)이다. 동시에 구원은 이미 이 세상의 공동체 안에서 경험되고 있다. 교회는 그 고유성에 있어서 이러한 이중 구성요소로부터만 이해될 수 있다. 피안으로 정향된 내재성을 향하거나 순전히 이 세상을 위한 행동공동체로 나아가지 말아야 한다.

8.2 교회는 예수 그리스도의 교회이다. 교회는 예수의 위격(Person) 안에 나타난 하나님의 계시행위 안에 근거한다. 교회는 현존하시는 승귀하신 주님과의 관계로 살아간다. 교회의 목적은 교회가 하늘의 현실에 들어가게 될 때의 구원의 완성에 있다. 동시에 예수 그리스도와의 살아 있는 관계는 아버지이신 하나님과 함께 함이다. 교회는 그것을 증언하고 선포할 과제를 갖는다.

8.3 이 땅의 믿음의 공동체로서 교회는 구체적인 형태를 취하며 동시에 교회의 질서를 위해 세상적인 형태를 사용해야 한다. 왜냐하면 오직 그런 방식으로 보다 큰 결속, 연속성, 공동의 책임이 가능하기 때문이다.(비교. 이 책 20장) 다른 한 편 무조건적으로 피할 수 없는 것은 구체적인 현상 안에서 교회의 본질을 구성하는 그러한 차원이 가시적일 수 있고 경험될 수 있다는 사실이다. 이 세상적인 모든 것에도 불구하고 지상적인 것을 초월하는, 현실이 관련되고 있음을 더 이상 인식할 수 없는 곳에서는 교회가 자신의 과업을 수행하지 못하였다. 이 차원이 분명하게 표현되는 경우에만 교회가 교회로만 존재한다. 교회의 봉사자들 모두의 신학적인 책임은 결정적으로 이러한 기본 관심사가 유지되도록 하는 데에 있다.

8.4 예수 그리스도의 교회에 교회의 통일성이 포함된다. 통일성은 다양성을 제거하지 않으며 외적인 결속이 아직 이루어지지 않은 곳에서도 감추어진 방식으로 존재한다. 심지어 진리를 위하여 일시적으로 분열이 불가피할 수 있다. 그러나 분열은 극복

되어져야 한다. 그 목적은 언제나 오직 실제적인(real) 통일성일 수 있다. 이 통일성이 실현되지 않는 곳에서 무엇보다도 중요한 것은 이미 현존하는 공통성이 인식되고, 더 포괄적인 통일성이 추구되는 것이다. 이는 통일성이 교회의 본질에 속하기 때문이다.

17장

기독교 세례

믿음과 세례가 서로 긴밀하게 함께 관련된다. 그 둘은 믿는 자들과 세례 받은 자들의 공동체에 동시에 들어가는 인간 개개인과 먼저 관련된다. 현존을 포괄적으로 규명한다는 의미에서 믿음이 제자도를 대신하듯이, 세례가 예수와 함께하는 구체적인 생활공동체로 들어가는 것을 대신한다.

1. 세례 요한의 세례와 기독교 세례

초기 기독교 세례가 요한의 세례를 전제한다. 초기 기독교 세례가 요한의 세례의 확장이면서, 동시에 요한 세례의 철저한 기독교화이기도 하다.

1.1 세례 요한과 예수

1.1.1 세례 요한의 경우에 세례는 종말적인 심판의 메시지와 관련된다. 그가 베푼 물세례는 하나님 자신의 원래 이해에 따라 수행되는 '성령과 불로'(마 3:11∥눅 3:16) 베푸는 도래할 세례에 상응한다.(이 말씀이 막 1:8과 요 1:33b에서 분명하게 기독론적으로 해석된다.) 성령세례와 불세례가 도래하는 심판을 표현하듯이, 물세례는 회개를 원하는 사람들을 앞서서 인치는 것이며(스 9:4), 임박한 심판의 때에 죄 용서 및

구원의 약속과 결합되어 있다. 물세례는 이런 형태와 의미에 있어서 새로운 것이며(Novum), 그러한 점에서 구약성서 및 유대교의 모든 정결의식들과 달리 자기정결은 아니며, 세례자를 통하여 수행된다. 물세례는 예전적인 성격을 전혀 갖지 않으며, 오히려 성소 밖인 유대 광야 지역 요단강가에서 수행된다.(막 1:4 이하) 세례 행위의 이러한 독특성 때문에 요한은 유대전승에서도 증거 되는 '세례자'(*ὁ βαπτίζων, ὁ βαπτιστής*)라는 별명을 지닌다.(요세푸스, 유대고대사 XVIII, 116)

1.1.2 예수께서는 세례자를 무제한적으로 인정했다. 그 스스로 회개를 부르짖는 세례 요한의 외침을 뒤따랐고 요한이 자신에게 세례를 베풀게 하기도 하였다.

1.1.2.1 예수의 세례 설교인 누가복음 7:24-35//마태복음 11:7-19 안에 함께 제시된 로기온들은 예수께서 세례자의 설교를 높이 평가했었음을 분명하게 인식시킨다. 해당되는 말씀은 요한이 "선지자보다도 훌륭한 자니라."(*περισσότερος προφήτου*, 눅 7:24-27 병행구절)라는 것과 그가 '여자가 낳은 자 중에' 가장 큰 자로 간주되어야 한다는 것이다.(*μείζων ἐν γεννητοῖς γυναικῶν*, 눅 7:28a 병행구절) 이 말씀이 타당한 것은 요한이 종말(Eschaton)의 문턱에 서 있기 때문이다. 반면에 이미 하나님의 통치에 참여하는 극히 작은 자라도 "그보다 크다."(*μείζων αὐτοῦ ἐστιν*, 눅 7:28a 병행구절. 비교. 눅 7:31-35 병행구절) 예수께서는 요한의 세례도 인정했다. 이는 마가복음 11:30과 그 병행구절에 나오는 예수의 전권(全權)을 묻는 질문에 대한 대답에서 강조하는 바와 같다. 거기서 예수께서는 자신의 대적자들에게 요한의 세례가 '하늘로부터'인지, 즉 하나님께서 인정하신 것인지 혹은 아닌지를 말할 것을 강요한다.

1.1.2.2 결정적인 것은 예수께서 세례 요한으로 하여금 자신에게 세례를 베풀도록 하셨다는 사실이다. 예수께서 세례자의 메시지를 인정하셨을 뿐만 아니라, 그 스스로 그 메시지에 따라 행동하셨다. 그러한 세례에 참여함은 예수께서 하나님의 심판에 자신을 내어 놓기를 원했었고 요구된 회개를 이행했음을 의미한다. 누가복음 12:50의 로기온은 예수에게 소급시킬 수 있다. 그 로기온에 따르면 그가 '받아야 할 세례가 있고' '그것이 이루어지기까지' 괴로움을 당한다는 것이다.(*βάπτισμα ἔχω βαπτισθῆναι, καὶ πῶς σύνεχομαι ἕως ὅτου τελεσθῇ*) 여기서 세례는 누가복음 3:16 병행구절의 의미에 의하면 심판의 행위로 이해된다. 그것이 예수를 괴롭힐지라도 예수 자신이 그 심판 행위에 순종한다. 그에 상응하여 바로 앞에 놓인 로기온인 누가복음 12:49에서 예수께서는 자신의 구원의 메시지와 함께 "(심판의-) 불을 땅에 던지고 그 불이 이미 붙었기를 바란다."(*πῦρ ἦλθον βαλεῖν ἐπὶ τὴν γῆν, καὶ τί θέλω εἰ ἤδη ἀνήφθη*)

여기서처럼 예수께서 세례자의 메시지에 그토록 많이 다가가는 곳은 없다. 마가복음 10:38 이하에서 세베대의 두 아들에게 적용되듯이, 이러한 심판 세례의 모티브는 (*βάπτισμα βαπτισθῆναι*의 표현과 함께) 초기 기독교 공동체에서 죽음의 세례라는 의미로 이해되었고, 따라서 예수의 십자가 죽음과 마찬가지로 제자들의 순교와 관련되었다.

1.1.2.3 예수의 편에서 볼 때 세례 요한에 의한 세례가 예수의 과업과 자신의 사역을 인식하는데 어느 정도로 직접적인 동기가 되었는지를 확실하게 단언할 수 없지만 상당 정도 개연성이 있다. 그와 반대로 요한복음 3:22(25–30)과 4:1에서 이끌듯이, 예수께서 먼저 세례자를 뒤따라 활동하셨고 스스로 세례를 받으셨는지를 더 이상 결정할 수 없다. 오히려 생각할 수 있는 내용은 이 구절들에서 시기의 소급 적용이 중요하다는 것이다. 그러한 소급을 통하여 초기 기독교의 세례는 예수 자신의 세례활동에 기초되어야 했다. 그것을 이미 요한복음 4:2의 기록만으로도 짐작할 수 있다. 그 기록에 따르면 예수 자신이 아니라, 그의 제자들이 세례를 베풀었다.

1.2 기독교 세례의 기본요소들

기독교 세례는 성령강림 시기부터 일반적으로 실행되었고 신약성서가 드러내듯이 초기 기독교 도처에서 전제되고 있다.

1.2.1 세례 이해에 대한 근본적인 의미는 예수의 세례를 설명하는 마가복음 1:9–11의 병행구절이 지니고 있다. 이 본문은 기독론적으로 중요할 뿐만 아니라, 기독교 세례의 원형(Urbild)이다.

1.2.1.1 그 이중적 관점은 무엇보다도 세 공관복음서 본문에서 유래한다. 마태복음 3:14 이하의 편집적인 추가와 3:17에서 하늘의 음성의 선포적인 본문을 간과한다면, 물에 잠기는 것과 함께 세 가지 결정적인 모티브가 인식될 수 있다. 하늘이 열림은 종말시기의 시작을 표시한다. 인식이 가능한 것으로 성령의 내려오심은 비둘기 모습을 사용하여 표현한다.(누가복음 3:22에서 *σωματικῷ εἴδει*, 즉 '형체'가 추가적으로 강조된다.) 아들 됨이 확언된다. 이런 의미로 예수의 세례는 세례 요한이 베푼 세례의 확장이고 새로운 형태이다.

1.2.1.2 이러한 결정적인 요소들이 같은 방식으로 믿는 자들의 세례를 규명한다. 그것은 종말 사건에 포함되는 것, 성령의 수여, 아들로 받아들여지는 것이다. 주의 만찬이 예수의 마지막 만찬에서 결정적인 기초를 가지듯이, 기독교의 세례는 예수 자신이

세례를 받는 것에 기초한다. 이것으로 예수의 세례가 지니는 특별한 위치가 제거되지 않는다. 왜냐하면 예수께서 자신과 함께 종말 시 구원 사건이 시작되는 바로 그 분이기 때문이다. 그는 독특한 방식으로 성령을 지니며, (하나님의) 아들이 되신다. 그가 아들이 되시는 것에 다른 모든 이들이 아들이 되고 자녀가 되는 것이 기초한다.(참조. 예수께서 아들이 되시는 것에 대한 이해는 이 책 8장) 이러한 상응관계는 부활 이후 세례 이해의 기초가 된다. 이미 마태의 본문이 기독론적 구성요소들을 특히 강조했다면 그것은 먼저 요한복음 1:32-24에 해당된다. 거기서 중요한 것은 성령을 받으심과 함께 무엇보다도 요한을 통하여 구원을 가져오시는 분을 계시하는 것이다. 요한 자신이 스스로 예수께서 하나님의 아들이시라는 고백을 선포한다.

1.2.2 기독교 세례 안에 요한 세례의 근본적인 요소들이 수용되었고 수정된 방식으로 고정되었다. 언급된 모티브들을 넘어서 그 밖에 다섯 가지 내용으로 구성되고 있다.

1.2.2.1 요한의 세례처럼 기독교 세례는 회개와 관련된다. 중요한 것은 지금까지의 생활에서 돌이키는 것과 복음의 메시지를 기꺼이 받아들이는 것을 준비하는 것이다. 그것이 불가피한 생활의 변화를 특징짓는다.

1.2.2.2 기독교 세례는 '예수의 이름으로'(*ἐν/ἐπι τῷ ὀνόματι 'Ιησου*) 또는 '예수의 이름을 위해'(*εἰς τὸ ὄνομα 'Ιησοῦ*) 베푸는 세례'이다. '예수의 이름으로 (베푸는) 세례'는 사도행전과 바울의 구절들이 드러내듯이(예를 들어 행 2:38, 10:48, 롬 6:3), 의심의 여지없이 원래적이며(Campenhausen에 반대), 1세기 말에야 비로소 마태복음 28:19에 전승된 삼중적인 세례양식으로 바뀌어졌다. 예수의 이름을 언급하는 것으로 언급된 자 아래 놓이며 그와 함께함을 받아들이는 것이 뒤따른다. 예수의 이름을 말하므로 요한의 세례와의 결정적인 차이가 표현된다. 기독교의 세례는 예수의 메시지 및 그의 위격(Person)과 관련된다. 이러한 전제 아래 기독교 세례는 이미 요한의 세례처럼 확증하는 성격을 갖는다.(비교. 고후 1:22, 엡 1:13, 4:30, 계 14:1) 예수의 지상생애에서 스스로 그를 따를 것과 그의 확언을 신뢰할 것에 대한 준비이었던 것이 지금 '예수의 이름으로 (베푸는) 세례' 행위에서 표현된다. 이 의식을 통해 인간이 그의 구원의 영역으로 받아들여지고 그의 보호 아래 놓여진다.

1.2.2.3 죄의 용서가 세례와 불가분리하게 결합되어 있어, 하나님을 떠난 모든 것과 과거의 죄책이 제거된다. 요한의 세례와 달리 중요한 것은 하나님께서 심판하실 미래의 죄 용서에 대한 확언이 아니라 현재의 죄 용서에 대한 위로의 말씀이다. 예수

자신이 하나님께 유보된 결정적인 전권으로 죄를 용서하듯이(막 2:5-7 병행구절), 죄 용서에 대한 전권이 제자들에게 이양되며(마 18:18, 요 20:23), 세례를 베풀 때 특별한 자리를 차지하였다.

1.2.2.4 성령을 받아들이는 것, 즉 성령강림 이후 계시되고 있는 종말 시 성령의 영향권 안에 포함되는 것이 세례에 속한다. 신약성서 본문에서 세례와 성령의 효력에 대한 정확한 관계는 성령이 세례를 앞서 있을 수 있고 또는 추가적으로도 경험될 수 있다는 점에서 아직 해결되지 않았다.(행 10:44-48 및 8:14-17, 19:1-7) 그러나 그 둘은 불가분리하게 함께 속하며, 물세례와 성령세례로 나누일 수 없다.

1.2.2.5 기독교 세례는 요한의 세례처럼 미래를 지향하지만 아주 변경된 의미에서 그러하다. 예수의 이름으로 수행되는 세례는 이미 현실화된 구원과 관련된다. 그 세례는 이 지상에 살면서 승귀된 주님께 속하고 있음을 표현하는 효과적인 표시이다. 이러한 전제 아래 기독교 세례가 아직 도래하지 않은 구원의 완성을 지향한다.

1.3 사도행전의 보도에 따른 초기 기독교 세례

사도행전의 설명에 따르면 제자들이 성령으로 세례를 받을 것에 대한 약속은(행 1:5) 증인의 사역을 위탁받는 것과 결합되어 있다.(1:8, 비교. 눅 24:47-49)

1.3.1 증인의 사역에서 구원의 메시지가 널리 선포되었고 예수의 이름으로 수행되었다. 그러한 점에서 듣는 자들을 향해 세례를 받으라는 다음 호소는 부활 이후 선포에 속한다. “베드로가 이르되 너희가 회개하여 각각 예수 그리스도의 이름으로 세례를 받고 죄 사함을 받으라 그리하면 성령의 선물을 받으리라.”(*μετανοήσατε, καὶ βαπτισθήτω ἕκαστος ὑμῶν ἐπὶ τῷ ὀνόματι Ἰησοῦ Χριστοῦ εἰς ἄφεσιν τῶν ἁμαρτιῶν καὶ λήμψεσθε τὴν δωρεὰν τοῦ ἁγίου πνεύματος*, 행 2:38) 회개로의 호소가 실천되는 곳에서 예수 그리스도의 이름으로 베푸는 세례가 수행되며 죄의 용서가 보장된다. 그것과 성령의 은사에 대한 약속이 결합되고 있다.

1.3.2 이런 의미로 초기 기독교에서 세례가 실행되었다. 이는 사도행전 8:12 이하, 14-16의 사마리아 지역의 선교, 사도행전 8:36, 38의 에디오피아의 국고를 맡은 관리인, 10:44-48(11:15-17)의 백부장 고넬료, 16:14 이하의 자색 옷감 장사 루디아, 16:32 이하에 나오는 빌립보의 간수, 18:8의 회당장 그리스보, 19:1-7에 나오는 에베소의 요한의 제자들에(비교. 18:25) 관한 보고(報告)들이 드러내는 바와 같다. 같은 내

용이 바울에게 해당된다. 이는 고린도전서 1:13에서 바울이 자신의 이름으로 세례를 베풀지 않았음을 언급하는 것과, 1:16에서 바울이 베푼 스데바나 집의 세례를 언급하는 경우이다. 동시에 이 본문들에서 세례 이해를 위해 많은 것을 시사하는 몇 몇 문제들이 제기된다.

1.3.2.1 사도행전 8:36과 10:47, 11:17에서 세례 받는 것을 거리끼는 이유를 묻는 질문이 등장한다.(*τί κωλύει;*) 이는 옛 전승과 관련된다.(비교. 막 10:14 병행구절) 진정으로 회개를 준비했는지가 확인되었어야 했다. 따라서 그 질문은 필연적인 것이었다. 왜냐하면 사도행전의 다양한 보도에서 드러나듯이 대체로 매우 급하게 세례를 받았기 때문이다.

1.3.2.2 대답하기 어려운 문제는 초기 기독교 생활에서 요한의 세례와 기독교 세례의 관계이다. 이미 부활 이전에 예수에게 속하였던 제자들이 예수의 이름으로 베푸는 물세례에 관해 어느 곳에서도 언급하지 않으며, 그들이 받은 성령세례에 관해서만 사도행전 2:1-4에 인급되고 있다. 그들이 자신의 스승처럼 요한의 세례를 받았는가? 혹은 새롭게 된 물세례가 필요하지 않았는가? 어쨌든 아볼로에 관하여 사도행전 18:25 이하는 '열심이 있었지만'(*ζέων τῷ πνεύματι*) 요한의 세례만을 알고 있었다고 보도한다. 브리스길라와 아굴라로부터 그가 가르침을 받기는 했지만 세례를 받지는 않았다. 거꾸로 19:1-7은 에베소의 요한의 제자들의 경우에 그들이 성령에 관해 아무것도 알지 못했지만 요한의 세례로 세례를 받았다고 언급한다. 그래서 바울이 예수의 이름으로 그들에게 세례를 베풀었고 그들에게 안수함으로 성령이 그들에게 임하였다. 아볼로가 성령을 소유하므로 요한의 세례가 이미 기독교화되어 있었고, 그 반면에 성령을 받음이 없이 여전히 먼저 기독교 세례가 안수와 함께 수행되었어야 했다는 데 차이점이 있지 않는가? 기껏해야 그렇게 상황이 설명될 수 있다.

1.3.2.3 여러 번 논의된 문제는 자발적으로 회개하는 사람이 그의 온 '집'(*οἶκος*)과 함께 세례를 받았다는 다수의 기록이다. 이는 16:15의 루디아, 16:31-33의 간수, 18:8의 그리스보의 경우에 언급되는 바와 같다. 바울도 고린도전서 1:16에서 '스데바나의 집'에 세례를 베풀었음을 말한다. 여기서 제기되는 문제는 누가 그 모두를 그러한 집에 소속시키는가 하는 것이다. 집주인이나 루디아의 경우처럼 가정의 권위 있는 여주인이 한 가정에 속하는 사람들을 함께 결정하며, 그 가정에 가족구성원만을 포함시키지는 않았다는 사실은 고대사회구조에서 놀라운 일이 아니다. 그러나 미해결된 문제는 그들 중에 어린아이나 젖먹이 아이들이 어느 정도로 포함되었었느냐는 것이다. 초기 기독

교의 경우 이미 숙고되고 통일된 실행을 거의 전제할 수 없으므로, 이러한 소위 '오이코스-구문'으로부터 유아세례의 실행에 관한 분명한 결론을 끄집어 낼 수는 없다.

2. 바울의 세례 이해

위에 언급된 기본 모티브들과 함께 세례에 대한 바울의 견해에서 두 가지 관점이 특히 특징적이다. 그것은 예수 그리스도의 죽음과 부활에 참여함이며 교회론적인 중요성이다.

2.1 '예수의 이름'이나 '예수 그리스도의 이름으로' 베푸는 세례가 바울에게 전제되고 있다. 이는 고린도전서 1:13b가 드러내는 바와 같다. 거기서 바울은 그들이 그러면 '바울의 이름으로' 세례를 받았는지를 공동체를 향해 질문한다. 그것과 또 관련되는 것이, 바울이 고린도후서 1:21 이하에서 '그리스도 안에서 굳건하게 하심'(*βεβαιοῦν εἰς Χριστόν*)을 말하는 경우이다. 이는 하나님이 우리에게 '기름을 부으셨고'(*χρίσας ἡμᾶς*), '인치셨으며'(*σφραγισάμενος ἡμᾶς*), '보증으로 우리 마음에 성령을 주셨다.'(*δοὺς τὸν ἀρραβῶνα τοῦ πνεύματος ἐν ταῖς καρδίαις ἡμῶν*)는 모티브와 결합되고 있다. 짧게 잘 표현된 이 두 연(聯)에서 첫 번째와 세 번째 구, 마찬가지로 두 번째와 네 번째 구가 병행을 이루고 있음은 오해의 여지가 있을 수 없다. 따라서 한 편으로 굳건하게 됨과 인침이, 다른 한 편으로 기름을 부음과 성령의 은사가 함께 속한다. 그래서 예수의 이름으로 베푸는 세례 행위가 (…) 아래에 놓임, (…에) 소속함, 세례 받은 자들에게 주는 은사로서의 성령의 수여라는 의미로 구별된다. 그것을 넘어서 '보증'이라는 개념으로 종말론적인 유보가 고려된다.(비교. 고후 5:5, 롬 8:23) 바울에게서도 중요한 회개의 사고가 덧붙여진다면(비교. 롬 2:4), 짧게 잘 표현된 이 진술 안에 초기 기독교의 세례 이해의 기본 모티브가 요약되고 있다. 고린도전서 10:1 이하의 '모세로 세례를 받음'에 관하여 이 책 18장을 참조할 수 있다.

2.2 '그리스도로 세례를 받음'은 또 로마서 6장의 논의를 위한 출발점이다. 3a절의 도입구문은 옛 전승을 받아들이고 있음을 가리킨다. 바울이 그 전승을 로마서 6:3-5에 혹은 오히려 6:8에 수용했는가 하는 문제와는 별도로 이 본문에서 중요한 것은 사도의 중심적 설명이다. 거기서 바울은 고린도전서 15:3b-5이 인용하듯이 기독론적인 신앙고백을 세례 전승과 결합시킨다.

2.2.1 죽음의 세례라는 모티브는 그 기원상 바울 이전의 것이다. 이는 누가복음 12:49 이하와 마가복음 10:38 이하가 드러내는 바와 같다.(위를 보라.) 결정적인 것은 로마서 6:3과 6:8a의 세례 시에 수행되는 예수의 죽음에 참여함에 관한 진술이다. '그리스도로 세례를 받는 것'은 '그의 죽음으로 세례를 받는 것'(*εἰς τὸν θάνατον αὐτοῦ βαπτισθῆναι*, 3b절)이며, '그리스도와 함께 죽는 것'(*ἀποθνῄσκειν σὺν Χριστῷ*, 8절)이다. '그리스도와 함께 죽음'은 구원을 보장하는 예수의 죽음에 참여하는 것을 의미한다. 동시에 믿는 자들의 이 땅에서의 현존이 그것에 의해 특징지워지고 있음을 의미한다.(비교. 고후 4:10, 17 이하, 빌 3:10 이하) 세례를 받은 자들에게 있어서, 그가 살아 있는 동안에 예수의 고난에 참여함(participatio)이 특징적이다.(비교. 24장) 모든 낮아짐, 모든 고난과 죽음은 예수의 고난과 죽음의 예표 아래 특별히 세례를 받을 때 그리스도와 함께 죽었다는 예표 아래 놓인다. 이는 기독론적인 신앙고백과 상응되게, 그리스도와 함께 죽었음이 로마서 6:4a에 따르면 동시에 그가 장사되었음에 참여함을 의미하는 것으로 강조된다. 그리스도의 죽음이라는 전체 현실에 세례 받은 자가 참여한다.

2.2.2 함께 죽는 것과 함께 장사되는 것은 로마서 6:4b에 따르면 "이는 아버지의 영광(의 힘)으로 말미암아 그리스도를 죽은 지 가운데서 살리심과 같이 우리로 또한 새 생명 가운데서 행하게 하려 함이다."(*ἵνα ὥσπερ ἠγέρθη Χριστὸς ἐκ νεκρῶν διὰ τῆς δόξης τοῦ πατρός, οὕτως καὶ ἡμεῖς ἐν καινότητι ζωῆς περιπατήσωμεν.*) 우리가 세례 받은 자로서 아직 함께 부활하지 못하였음에도 불구하고, 우리는 '생명의 새로움' 가운데, 즉 부활하신 자에게서 우리의 지상생활로 비추이는 능력에 근거하여 산다. 책임을 지는 새로운 생명으로의 문이 이 세상에 열려져 있다. 그 안에 권고가 근거한다.(비교. 롬 8:3-8, 12:1 이하)

2.2.3 그리스도와 함께 죽었음은 미래에 '함께 부활하는 것'과 관련된다. 로마서 6:8b은 다음과 같이 말한다. "만일 우리가 그리스도와 함께 죽었으면 또한 그와 함께 살 줄을 믿는다."(*πιστεύομεν ὅτι συζήσομεν αὐτῷ.*) 바울은 미래에 '그리스도와 함께 있음'도 말할 수 있다.(비교. 살전 4:14, 5:10) 그것에 이 지상의 몸이 영광의 몸으로 변화하는 것이 속한다.(비교. 고전 15:35-49. 참조. 이 책 25장) 그것은 로마서 6:5에서 다음과 같이 짧게 잘 표현되고 있다. "왜냐하면 우리가 그의 죽으심과 같은 모습으로 함께 자라났다면, 오히려 더욱 더 우리는 그의 부활과 같은 모습으로도 함께 있을 것이기 때문입니다."(*εἰ γὰρ σύμφυτοι γεγόναμεν τῷ ὁμοιώματι τοῦ θανάτου* *αὐτοῦ, ἀλλὰ καὶ τῆς ἀναστάσεως ἐσόμεθα.*)[21]

2.2.3.1 이 구절은 먼저 문헌학적 문제를 갖는다. 여격 토 호모이오마티(*τῷ ὁμοιώματι*)는 예수의 죽음의 '모습'(Abbild)으로서 세례 행위와 관련짓는 도구의 여격이 아니라, 쉼퓌토이(*σύμφυτοι*)의 쉰(*σύν*)에 종속하는 사회적인 여격이다. 따라서 '같은 모습'으로 이해할 수 있다. 세례 받은 자는 그의 죽음과 동일하게 되어졌다. 게다가 그 후반구인 5b절은 줄여서 표현한다. 거기서 5a절과의 대비가 다음과 같이 의도되었다. "오히려 더욱 더 우리는 또한 그의 부활의 모습과 함께 자라날 것입니다."(*ἀλλὰ καὶ σύμφυτοι γενησόμεθα τῷ ὁμοιώματι τῆς ἀναστάσεως αὐτοῦ*) 연결시키는 사고는 쉼퓌토이 게네스사이(*σύμφυτοι γενέσθαι*), 함께 자라나는 일이다.

2.2.3.2 이는 함께 자라났음의 모티브가 예수의 죽음뿐만 아니라, 그의 부활에 참여함에도 적용되는 것에 대한 이해를 의미한다. 자연과 관련된 용어인 쉼퓌토이(*σύμφυτοι*), '함께 자라남'은 바로 물리적으로 작용하는 사건의 의미로 이해될 수 없다. 그것은 오히려 지속적으로 함께 속함을 표현해야 한다. 세례를 통하여 죽은 자와 계속적으로 함께 하는 기초가 세워진다. 그러나 곧바로 아직 부활하신 자와 함께하지는 못한다. 세례 사건이 지향하는 종말적인 방향설정과 그것으로 주어지는 유보는 오해의 여지가 없다. 그에 상응하여 빌립보서 3:10 이하에서 '그의 죽음에 참여함'(*κοινωνία τῶν παθημάτων αὐτοῦ*), '그의 죽음과 같은 형태를 지님'(*συμμορφιζόμενος τῷ θανάτῳ αὐτοῦ*)을 언급한다. 그것과 일치하는 것이 죽은 자들의 부활을 기대함이다. 이에 덧붙여 이어서 3:21에서 다음과 같이 말한다. "그가 우리의 낮은 몸을 자기 영광의 몸의 형체와 같이 변하게 하시리라."(*ὃς μετασχηματίσει τὸ σῶμα τῆς ταπεινώσεως ἡμῶν σύμμορφον τῷ σώματι τῆς δόξης αὐτοῦ*) 세례는 아직 종결되지 않은 사건이며, 부활할 때 같게 되는 것으로 비로소 종결되며 완성된다.

2.2.4 로마서 6:3-5의 기본진술이 6:6-7:6에서 더 상세하게 전개된다. 여기서 먼저 주목해야 할 것은 바울의 십자가 신학을 가리키는 바, 쉬스타우로세나이(*συσταυρωθῆναι*), '함께 십자가에 못 박혀지다.'의 개념이 6:6에 등장하는 것이다. 이 개념과 예수의 죽음과 부활로 역사되는 죄의 권세로부터의 해방되는 것에 관한 6:6 이하, 9-11의 진술이 서로 관련된다. 이것으로 바울은 (지금까지 지은) 죄 용서의 전통적인

21) 한글개역개정은 "만일 우리가 그의 죽으심과 같은 모양으로 연합한 자가 되었으면 또한 그의 부활과 같은 모양으로 연합한 자도 되리라."로 번역한다. — 역자 주.

모티브를 받아들이고 있다. 이는 세례 받은 자들이 '죄에 대하여는 죽은 자요 그리스도 예수 안에서 하나님께 대하여는 살아 있는 자'(*λογίζεσθε ἑαυτοὺς εἶναι νεκροὺς μὲν τῇ ἁμαρτίᾳ ζῶντας δὲ τῷ θεῷ ἐν Χριστῷ Ἰησοῦ*, 6:11)로 여겨져야 한다는 주장으로 유입된다. 그것으로부터 6:12-23에 따르면 생활 형태를 위한 결론이 나온다. 7:1-4에 죄와 아주 밀접하게 연루된 율법의 모티브가 추가적으로 수용된다.(비교. 7:7-25) 이어서 7:5 이하에서 죽음으로 이끄는 옛 존재가 새로운 존재와 부딪쳐 결론적으로 우리가 '영의 새로운 것' 안에(*ἐν καινότητι πνεύματος*) 산다고 말한다. 6:12-7:6 전체에서 6:4b의 설명이 중요하다면, 이 구절에서는 거기서 사용된 "새 생명 가운데 행한다."(*ἐν καινότητι ζωῆς*)는 것에 대한 해석이 중요하다. 그래서 바울에게 있어서 세례와 죄용서 뿐만 아니라, 세례와 성령의 활동의 관계가 결정적인 의미를 지님이 분명하게 된다.

2.3 세례는 먼저 인간 개개인과 관련된다. 동시에 세례는 믿는 자들의 공동체 안에 영접되어 그 구성원이 되는 것이다. 바울은 그것을 소마 크리스투(*σῶμα Χριστοῦ*)라는 교회론적인 개념으로 설명한다.

2.3.1 고린도전서 12:13a은 다음과 같이 표현한다. "우리가 … 다 한 성령으로 세례를 받아 한 몸이 되었다."(*ἐν ἑνὶ πνεύματι ἡμεῖς πάντες εἰς ἓν σῶμα ἐβαπτίσθημεν*) 세례 시에 역사하는 '한 성령'은 그리스도와 함께하게 할 뿐만 아니라, 동시에 '한 몸', '그리스도의 몸'(집합적인 인격체, corporate personality)의 구성원이 되게 한다. 예수 그리스도의 이름으로 베푸는 세례는 개인 각자가 그리스도에게 속하는 것을 넘어서, 동시에 세례 받은 자 모두가 속하는 그의 몸의 구원의 영역, 영향력의 영역으로, '그 안으로 세례 받는 것'이다. 그러므로 세례와 함께, 단어의 엄격한 의미 그대로 하나의 합체(合體, incorporatio)가 실행된다. 그리스도의 몸은 '새 창조'의 현실이다. 그것을 고린도후서 5:17이 다음과 같이 분명하게 표현한다. "그런즉 누구든지 그리스도 안에 있으면 새로운 피조물이라."(*εἴ τις ἐν Χριστῷ, καινὴ κτίσις*) 여기서 엔 크리스토(*ἐν Χριστῷ*)는 인격적인 소속 외에 여럿이 함께 하는 소속을 명명한다. 즉 엔 토 소마티 크리스투(*ἐν τῷ σώματι Χριστῳ*), '그리스도의 몸 안에'라는 의미를 지닌다.

2.3.2 그리스도의 몸의 구성원이 된 모두에게 고린도전서 12:13b에 따르면 새로운 질서가 적용된다. '유대인이나 헬라인이나 종이나 자유인이나'(*εἴτε Ἰουδαῖοι εἴτε Ἕλληνες εἴτε δοῦλοι εἴτε ἐλεύθεροι*) 그들 모두가 이 공동체 안에서 똑같다. 그것을 바울은 갈라디아서 3:27 이하에서 동일하게 표현한다. 거기서 그는 다음 진술로 시작

한다. “누구든지 그리스도와 합하기 위하여 세례를 받은 자는 그리스도로 옷 입었느니라.”(*ὅσοι γὰρ εἰς Χριστὸν ἐβαπτίσθητε, Χριστὸν ἐνεδύσασθε.*) 여기서 옷을 입는 모티브는 그의 몸이라는 그리스도의 현존에 포함되는 것을 다르게 표현한다. 바울은 이어서 계속한다. “그 안에 유대인이나 헬라인이나 종이나 자유인이나 남자나 여자는 없다.”(*οὐκ ἔνι Ἰουδαῖος οὐδὲ Ἕλλην, οὐκ ἔνι δοῦλος οὐδὲ ἐλεύθερος, οὐκ ἔνι ἄρσεν καὶ θῆλυ.*)[22] 이 구절은 에네스티(*ἔνεστι*)의 축약이며, 엔 토 소마티(크리스투)(*ἐν τῷ σώματι* [*Χριστοῦ*])를 대신하는 에니(*ἔνι*)로 인해 특별함을 지니게 된 문장이다. 이 진술은 다음 문장으로 종결된다. “왜냐하면 너희는 다 그리스도 예수 안에서 하나이기 때문이다.”(*πάντες γὰρ ὑμεῖς εἷς ἐστε ἐν Χριστῷ Ἰησοῦ.*) 우리들은 그와 함께, 그리고 서로서로 세례를 통하여 하나로 함께 연결되었다.

2.4 갈라디아서 3:26–4:7에서는 이 세례 진술이 아들 됨의 모티브와 연결된다. 예수께서 세례를 받을 때 하늘의 음성이 들리므로 ‘하나님의 아들’로 특징지어지듯이, 믿는 자들도 세례를 통하여 휘오세시아(*υἱοθεσία*), ‘아들이 됨’으로 영접된다. 모두가 휘오이 세우/테크나 세우(*υἱοὶ θεοῦ/τέκνα θεοῦ*), ‘하나님의 아들들’이며 ‘하나님의 자녀들’이다.(3:26, 4:5, 비교. 롬 8:16 이하) 미성숙과 노예의 시대가 ‘하나님의 아들’의 구속사역으로 지나갔다.(4:1–5) 그들은 성령을 받았고 하나님을 ‘아빠 아버지’라고 부르짖을 수 있다.(비교. 롬 8:14–17) 세례의 기독론적-교회론적 영역에 창조된 원래 인간 존재의 회복(*restitutio*)이 덧붙여진다. 아들이 되는 것과 함께 기도할 때 호칭인 아바(*ἀββα*)라고 부르는 아버지에 대한 직접성이 표현된다. 그 호칭을 예수 자신이 사용하였고 그의 제자들에게 남겨 주었다.(비교. 갈 4:7, 롬 8:17, 또 막 14:36에서 호칭 파테르(*πάτερ*), ‘아버지’와 함께, 누가의 주기도문 본문인 눅 11:2)

2.5 바울에게 있어서 구원을 보장하는 사건으로서 그리스도의 죽음과 부활에 참여함(*participatio*), 구원의 공동체에 소속하는 것으로서 한 몸이 됨(합체, *incorporatio*), 창조된 존재의 갱신과 관련된 회복(*restitutio*)의 관점들이 결정적으로 중요하다. 동시에 초기 기독교 세례 본문이 지니는 기본적인 관점들이 생략되지 않는다. 그러므로 바울은 고린도전서 6:11에서 전승된 다음 표현을 넘겨받는다. 너희가 “주 예수 그리스도의 이름과 우리 하나님의 성령 안에서 씻음과 거룩함과 의롭다 하심을 받았느니

---

22) 한글개역개정은 “유대인이나 헬라인이나 종이나 자유인이나 남자나 여자나 다 그리스도 예수 안에서 하나이니라.”로 번역한다. – 역자 주.

라."(*ἀλλὰ ἀπελούσασθε ἀλλὰ ἡγιάσθητε, ἀλλὰ ἐδικαιώθητε ἐν τῷ ὀνόματι τοῦ κυρίου Ἰησοῦ Χριστοῦ καὶ ἐν τῷ πνεύματι τοῦ θεοῦ ἡμῶν*) 씻어짐의 모티브에서 기본적인 죄용서가 관건이 된다면, '예수 그리스도 안에서 거룩하게 되는 것'(고전 1:2)으로서 거룩하게 됨은 바울에게 있어서 '거룩한 자들'(성도들, *ἅγιοι*)로서의 믿는 자들과 세례 받은 자들을 빈번히 일컫는 명칭의 전제이다. 인간이 의롭게 되는 것이 여기서 주목할 만한 정도로 세례와 연결되고 있다. 반면에 바울은 의롭게 되는 것을 선포되어져서 믿음으로 영접된 말씀과 관련짓는다.

3. 제2 바울서신의 세례 이해

골로새서와 에베소서에서는 바울에게 매우 중요한 종말론적인 유보가 다르게 표현되거나 후퇴한다는 점에서, 바울 진술들의 확장과 동시에 추적이 가능한 위치변화를 인식할 수 있다. 디도서의 세례진술도 바울의 진술과 구별된다. 골로새서와 에베소서가 로마서 6:3-5, 8에 직접 연결되는 반면에, 디도서의 저자는 고린도전서 6:11에 근접하는 세례전승을 수용하였다.

3.1 골로새서

골로새서 2:11-15의 세례 단락은 이 서신의 저자가 바울의 세례진술들을 논쟁적인 관계로 배치하여 그 문맥 안에서 해석하는 특징을 지닌다.

3.1.1 골로새서 2:8-10의 도입부는 '세상의 초등학문'(*στοιχεῖα τοῦ κόσμου*)을 숭배하는 잘못된 가르침에 대해 한계를 지으며 우주의 모든 권세의 머리이신 그리스도를 언급한다.(비교. 2:20) 그 안에 '신성의 모든 충만이 육체로' 거하듯이(*ἐν αὐτῷ κατοικεῖ πᾶν τὸ πλήρωμα τῆς θεότητος σωματικῶς*, 2:9), 그를 통하여 믿는 자들도 '충만해지고'(*πεπληρωμένοι*, 10절) 그의 '충만함'에 참여한다. 이는 11절에 따르면 '손으로 하지 아니한 할례'(*περιτομὴ ἀχειροποίητος*)로 이루어지는 것이며, 그것으로 '육의 몸'이 벗겨진다. 그리스도의 이 할례에 12절에 따르면 '세례로 그리스도와 함께 장사되는 것'(*συνταφέντες αὐτῷ ἐν τῷ βαπτισμῷ*)이 속한다. 동시에 '함께 일으킴을 받는 것'(*συνεγερθῆναι*)이 뒤따른다. 즉 '죽은 자들 가운데서 그(그리스도)를

일으키신 하나님의 역사를 믿음으로 말미암아 그 안에서 함께 일으키심을'(*διὰ τῆς πίστεως τῆς ἐνεργείας τοῦ θεοῦ τοῦ ἐγείραντος αὐτὸν ἐκ νεκρῶν.*) 받는다. 그것은 13절에 따르면 범죄와 육체의 무할례로 죽었던 자들을 하나님이 '그와 함께 살리셨고'(*συνεζωοποίησεν ὑμᾶς σὺν αὐτῷ*), 동시에 은혜로 그들의 모든 범죄가 용서되었음을 의미한다. 이는 14절 이하에서 결론적으로 언급되듯이, 그리스도가 우리를 반대하여 말하였던 죄의 증서를 도말하시고 십자가에 못 박으신 후에, 통치자들과 권세들에 예속된 것으로부터 자유하게 하셨다는 것에 근거한다. 이는 그리스도 찬양시를 도입하는 1:13 이하의 다음 진술과 관련된다. 그가 우리를 흑암의 권세에서 건져 내사 그의 사랑의 아들의 나라로 옮기셨고, "그 아들 안에서 우리가 속량 곧 죄 사함을 얻었다." (*ἐν ᾧ ἔχομεν τὴν ἀπολύτρωσιν, τὴν ἄφεσιν τῶν ἁμαρτιῶν*, 골 1:14, 비교. 엡 1:7)

3.1.2 바울의 제자인 골로새서의 저자가 여기서 종말론적인 유보를 잊지 않았음을 3:1-4의 단락이 드러낸다. 그리스도와 함께 부활하는 것이 '하늘에 있는 것을 추구하고', 그리스도가 종말 시에 나타날 것을 기다리는 계기가 된다. 여전히 우리의 생명은 '그리스도와 함께 하나님 안에 감추어졌고', '우리의 생명'이신 그리스도 자신이 나타나실 그때에야 비로소 "너희도 그와 함께 영광중에 나타날 것이다."(*τότε καὶ ὑμεῖς σὺν αὐτῷ φανερωθήσεσθε ἐν δόξῃ*, 4절) 종말론적 유보는 2:11-13과 3:1에서 물론 시간적인 의미에서보다는 오히려 하늘의 것과 땅의 것 사이의 긴장으로 설명되고 있다. 그래서 함께 부활하는 것이 아주 본질적으로 믿음뿐만 아니라 하늘에 있는 것을 추구하는 것에 달려 있다.

3.1.3 골로새서의 저자는 할례의 모티브를 끌어들이는 것과 함께 경향과 표상방식에 있어서 구별됨에도 불구하고, 바울의 기본 의도를 충실하게 따른다. 바울과의 근본적인 차이는 세례가 믿음 안에서 경험되는 하늘의 것임에도 불구하고, 세례를 통하여 인간이 이미 "함께 부활되었다."는 데에 있다.

3.2 에베소서

에베소서는 세례이해에서 바울의 구상과 더 분명하게 동떨어져 있고, 그러한 점에서 골로새서의 세례진술과도 구별된다.

3.2.1 죽음 및 죽었다는 것과 관련되는 모든 것은 에베소서 2:1-3에 따르면 기

독교 이전의 현존과 관련된다.(비교. 골 2:13a) 그리스도와 함께 죽고 함께 장사됨을 더 이상 말하지 않는다. 세례 받은 자들에게 해당되는 것은 2:4 이하에 따르면, 하나님이 그의 긍휼과 그의 사랑에 근거하여 "허물로 죽은 우리를 그리스도와 함께 살리셨다."(*ὄντας ἡμᾶς νεκροὺς τοῖς παραπτώμασιν συνεζωοποίησεν τῷ Χριστῷ*)는 것이다. 이것은 6절에서 그가 우리를 '함께 일으키사', 즉 "그리스도 예수 안에서 함께 하늘에 앉히셨다."(*συνήγειρεν καὶ συνεκάθισεν ἐν τοῖς ἐπουρανίοις ἐν Χριστῷ Ἰησοῦ*)고 말함으로써 상세히 설명되고 있다. 그것은 7절에 따르면 그의 은혜의 풍성함을 오는 여러 세대에 나타내기 위함이다. 바울의 경우에 현재에 함께 죽는 것과 미래에 함께 부활하게 되는 것(롬 6:3-5)이 중요하고, 그에 반하여 골로새서에서는 현재에 함께 죽는 것, 함께 부활하게 되는 것, 함께 살아나게 되는 것이 중요하다면(골 2:12b, 13), 에베소서에서는 '예수 그리스도' 안에서 이미 일어난 함께 세워지는 것의 모티브와 결부시켜 함께 부활하게 되는 것만을 언급한다. 바울에게서 은혜의 성격이 강조되듯이, 에베소서 2:5b은 "너희는 은혜로 구원을 받은 것이라."(*χάριτί ἐστε σεσῳσμένοι*)고 말한다. 이는 8절 이하에서 믿음 및 모든 사역에 종속되는 하나님의 은혜를 언급하며 반복된다. 그것을 넘어서 10절에서 바울에게서도 한 역할을 하는 새 창조의 사고가 받아들여진다.(비교. 고후 5:17, 나아가 약 1:17 이하) "우리는 그가 만드신 바라 그리스도 예수 안에서 … (새로) 지으심을 받은 자이다."(*αὐτοῦ γάρ ἐσμεν ποίημα, κτισθέντες ἐν Χριστῷ Ἰησοῦ.*) 이러한 전제 아래 해당되는 말씀이 에베소서 5:14의 호소이다. "잠자는 자여 깨어서 죽은 자들 가운데서 일어나라." 이 호소는 "그리스도께서 너에게 비추이시리라."는 확언과 결합되고 있다.(*ἔγειρε, ὁ καθεύδων, καὶ ἀνάστα ἐκ νεκρῶν, καὶ ἐπιφαύσει σοι ὁ Χριστός*)

3.2.2 에베소서에서 세례가 믿는 자 각자와 관련될 뿐만 아니라, 에클레시아의 근본 표시로 여겨진다는 사실을 에베소서 5:25-27의 단락이 드러낸다. 거기서 구원의 공동체와 관련하여 '물로 씻어 말씀으로 깨끗하게 하는 것'이 언급된다.(*καθαρίσας τῷ λουτρῷ τοῦ ὕδατος ἐν ῥήματι*) 중요한 것은 교회가 거룩함을 입고 깨끗하며 흠이 없는 공동체로 하나님 앞에 서 있고, 그런 방식으로 자신의 과제를 세상 가운데 수행해 갈 수 있다는 것이다. 교회론적 관점과 함께 루트론 투 휘다토스 엔 레마티(*λουτρὸν τοῦ ὕδατος ἐν ῥήματι*)라는 어구(語句)가 중요하다. "물로 씻는다."는 표현은 이미 세례 요한의 경우에 규범적인 이해에 해당되는 것으로, 물로 부분을 깨끗하게 하는 것이 아니라 물에 완전히 담그는 것을 말한다. '말씀으로', 즉 '말씀의 힘으로'라는 추가는

'물세례'를 거꾸로 관련시키며, 세례 정형 구문(定型句文), 즉 물세례가 비로소 세례가 되는 '예수의 이름으로 (베푸는) 세례'를 명명한다. 에베소서 4:4-6에서 '한 세례'(*ἓν βάπτισμα*)가 한 몸, 한 성령, 한 소망, 한 주, 한 믿음, 한 하나님과 함께 신앙고백문의 구성부분이 되고 있으므로 에베소서 저자가 세례를 매우 중요하게 보고 있음을 알 수 있다.

3.2.3 어떻게 에베소서에서 바울과 비교하여 내용상의 강조점이 그토록 강하게 변화할 수 있었는지를 묻는다면, 에베소서 저자의 경우 현재 구원의 현실이 전적으로 결정적인 역할을 하고 있음을 생각할 수 있다. 믿는 자들과 세례 받은 자들의 그룹 안에 구원이 이미 현실화되었다. 공동체는 온 세상으로 나아가 온 세상을 공동체의 목적으로 인도하는 과제를 갖는다. 여기서 미래의 관점이 완전히 결여되고 있음을, 세례전승에서 유래하는 성령으로 '인침'에 관한 에베소서 1:13b, 14와 에베소서 4:30의 두 진술이 드러낸다. 거기서 "너희가 구원의 날까지 인치심을 받았느니라."(*ἐσφραγίσθητε εἰς ἡμέραν ἀπολυτρώσεως*, 4:30b)고 말한다. 질문할 수 있는 것은 세례 이해에 대한 미미하지 않은 변경이 오직 저자의 신학으로 인해 한정된 것인지, 또는 어떤 한 경향, 즉 다른 곳에서 위험한 열광주의자에 해당되는 흐름을 저자가 여기서 고려하지는 않는가이다.(비교. 딤후 2:18)

3.3 디도서

디도서는 하나님의 자비와 인간을 향한 하나님의 사랑 및 인간의 칭의를 다루는 3:4-7의 찬양시 진술의 틀 안에 나오는 5b절에서 하나의 세례전승을 통합시킨다.

3.3.1 간과할 수 없는 것은 이 본문 단락의 근본적인 사상이 진정성 있는 바울의 견해로 소급한다는 것이다. 무엇보다도 인간의 '행함이 없이', 오직 하나님의 '긍휼'과 '은혜'에 근거하여 의롭게 된다는 사고가 그러하다.(4, 5a, 7절) 구원 자체가 세례와 성령의 수여로 일어난다.(5b, 6절) 동시에 이제 다음과 같이 진술한다. "우리를 구원하시되 … 중생의 씻음과 성령의 새롭게 하심으로 하셨다."(*ἔσωσεν ἡμᾶς διὰ λουτροῦ παλιγγενεσίας καὶ ἀνακαινώσεως πνεύματος ἁγίου.*) 성령으로 새롭게 하는 모티브는 바울의 진술과 상응하는 반면(롬 6:4, 7:6, 12:2), '중생의 씻음'이라는 '세례'의 명칭은 다른 전승에서 유래한다.

3.3.2 '씻는 것'(*λουτρόν*)으로서의 세례를 에베소서 5:26도 언급한다. '중

생'(*παλιγγενεσία*)의 모티브는 요한복음 3:3-8(*ἄνωθεν γεννηθῆναι*)과 베드로전서 1:23, 2:2(*ἀναγεννηθῆναι, ἀρτιγέννητα βρέφη*)에 등장한다. 이로써 세례와 결합된 새로워짐의 사고가 이 구절들에서 새로운 출생의 비유 모티브로 설명되고 있다. 여기서 중요한 것은 성령으로 일어나는 사건이다. 그러므로 디도서 3:6에서 하나님이 자신의 영을 "우리 구주 예수 그리스도로 말미암아 우리에게 … 풍성히 부어 주셨다."고 덧붙인다.(*οὗ ἐξέχεεν ἐφ' ἡμᾶς πλουσίως διὰ Ἰησοῦ Χριστοῦ τοῦ σωτῆρος ἡμῶν.*)

3.3.3 디도서 3:7a에 따르면 우리가 의롭다 함을 얻게 하는 세례와 성령의 수여는, 바울이 고린도전서 6:11에서 인용한 옛 전승과 일치하는 것이다. 종결구절인 3:7b에 바울이 근본적으로 매우 중시하는 종말적인 유보가 고려된다. "이는 … 영생의 소망을 따라 상속자가 되게 하려 하심이라."(*ἵνα … κληρονόμοι γενηθῶμεν κατ' ἐλπίδα ζωῆς αἰωνίου.*) 이 본문단락에서도 구원의 현재가 매우 강조되나, 종말적 영역이 어쨌든 에베소서에서 보다 더 강하게 고려된다.(비교. 딛 2:13) 전체적으로 주장할 수 있는 것은 디도서 3:4-7에 비교적 후기의 초기 기독교 본문이 있다는 것이다. 그 본문 안에 바울 이전의 전승들, 바울의 전승들, 바울과 유사한 전승들이 요약되고 있다.

4. 히브리서와 베드로전서의 세례 말씀

4.1 히브리서

히브리서는 믿음의 무감각과 위협적인 배교에 관한 진술인 5:11-6:8과 관련하여 세례를 다루며, 10:22에서 다시 한 번 짧게 언급한다.

4.1.1 5:11-14에서 저자는 이미 얻은 것을 잊지 말 것과 함부로 하지 말 것을 공동체를 향해 권고한다. 6:1-3에서 세례 이전의(präbaptismale) 가르침이 관련된다. 이 가르침은 신약성서에서 여기서만 고려되고 있지만 아주 처음 믿는 자들에게 해당되는 것이다. 이어서 6:4-8에서 배교 및 두 번째 회개(*μετάνοια*)가 불가능하다는 문제를 다룬다. 여기서 세례가 관련되고 있으며, 물론 "한 번 빛을 받는다."(*ἅπαξ φωτισθέντες*)는 의미에서이다. 동시에 이것은 '하늘의 은사가 맛보아질 수 있음'(*γευσάμενοι τῆς δωρεᾶς τῆς ἐπουρανίου*)을 의미하며, 세례 받은 자들이 '성령에 참여되었음'(*μέτοχοι γενηθέντες πνεύματος ἁγίου*)을 의미한다. 그래서 그들은 지금 이미 하나님의 말씀

의 능력으로 '도래할 세대의 능력'(*δυνάμεις μέλλοντος αἰῶνος*)을 감지할 수 있었다. 유일회적인 사건인 세례를 통하여 인간의 삶이 새로워지는 체험이 여기서 강조하여 부가되고 있다. 훨씬 더 나쁜 것은 구원의 체험으로부터 배교하는 것이며, 이는 주님을 다시 십자가에 못 박는 것과 동일하다.(6:6b)

4.1.2 권고의 처음 시작인 10:22에서 '올바른 마음과 믿음의 온전한 확신을 가지고' 주님께 나아가라는 요구는, 이는 공동체 구성원들이 "마음에 뿌림을 받아 악한 양심으로부터 벗어나고 몸은 맑은 물로 씻음을 받았다."는 진술과 연결된다.(*ῥεραντισμένοι τὰς καρδίας ἀπὸ συνειδήσεως πονηρᾶς καὶ λελουσμένοι τὸ σῶμα ὕδατι καθαρῷ.* 여기서 *τὰς καρδίας*와 *τὸ σῶμα*는 관계의 대격이다.) 중요한 것은 병행구문이며, 거기서 물로 몸을 씻는 것은 뿌리는 것으로 악한 양심으로부터 벗어나 마음이 깨끗해지는 것에 해당한다. 특히 세례가 씻는 것으로 특징지어지는 것은 '나쁘고', '악한 양심'으로부터 벗어나 씻는 것이다. 신약성서에서 '양심'은 한스 폰 조덴(Hans von Soden)의 적절한 표현대로 '열린 마음으로 우리가 하나님 앞에 서는 바, 그 열려 있음'이다. 그것은 여기서 세례 받은 자들의 마음이 하나님을 떠나는 것으로 인해 부담을 갖게 된 양심으로부터 벗어나 씻음을 받고, 그것으로 '믿음의 온전한 확신'(*πληροφορία πίστεως*)을 가지고 하나님 앞에 설 수 있는 것을 말한다. 왜냐하면 그들에게서 악의 짐이 제거되었기 때문이다.

4.2 베드로전서

4.2.1 베드로전서에서도 3:21b에 양심의 모티브가 등장한다. 그러나 여기서는 나쁘고 악한 양심이 아니라, 예수의 부활에 근거한 '선한 양심의 간구'(*συνειδήσεως ἀγαθῆς ἐπερώτημα*)를 말한다. 세례 자체가 회개의 행위로서 그 본성상 선한 양심을 구하는 하나님을 향한 그러한 간청이며, 단순히 '육체의 더러움'으로부터 깨끗하게 되는 것이 아니다.

4.2.2 3:21b의 진술은 3:20, 21a의 홍수-유형론과 결합되어 있다. 세례는 노아 및 그와 함께 방주에 올라간 몇 몇 사람들이 구원받는 유형에 대조되는 반대유형(*ἀντί-τυπος*)이다. 하나님이 오래 참고 기다리심에도 불구하고 불순종하는 나머지 사람들은 그 자체로, 3:19에 따르면 '옥에 있는 영들에게 구원을 선포'하기 위해(*τοῖς ἐν φυλακῇ πνεύμασιν πορευθεὶς ἐκήρυξεν*), 예수께서 죽음의 나라로 내려가심에도 불구하고,

하나님을 떠나는 자들을 대표하는 유형이다. 현재에 세례를 통해 보장된 구원이 예수 그리스도의 부활에 근거하여 일어난다. 3:22에 따르면 “그가 하늘에 오르사 하나님 우편에 계시니 천사들과 권세들과 능력들이 그에게 복종하였다.” 우리는 여기서 부활에 집중하는 세례 진술을 만난다.

4.2.3 그것과 일치하는 것이 베드로전서 1:23-2:3에서 세례의 모티브가 중생으로 파악되는 것이다. 1:23에 따르면 우리들은 세례 받은 자들로서 ‘거듭난 자들’이며(*ἀναγεγεννημένοι*), 즉 “썩어질 씨로 된 것이 아니요 썩지 아니할 씨로 된 것이니 살아 있고 항상 있는 하나님의 말씀으로 되었다.”(*οὐκ ἐκ σπορᾶς φθαρτῆς ἀλλὰ ἀφθάρτου διὰ λόγου ζῶντος θεοῦ.*) 그러므로 ‘갓난아기들’ 같이(*ὡς ἀρτιγέννητα βρέφη*) 더럽혀지지 않은 신령한 음식을 사모하여 구원에 이르도록 자라나는 것이 마땅하다.(비교. 히 5:13 이하) ‘더럽혀지지 않고, 구원의 말씀에 해당되는 이 젖’(*τὸ λογικὸν ἄδολον γάλα*)에서 성령이 거룩하게 하시는 사역이 고려되고 있다. 1:2에 따르면 성령이 ‘거룩함’(*ἁγιασμός*)을 일으키시고 2:5에 따르면 세례 받은 자들을 건축에 사용하는 개개의 돌들로 ‘신령한 집’(*οἶκος πνευματικός*)을 세우는 데 포함시킨다.

4.2.4 베드로전서가 세례를 조망할 때 생명의 부활과 새로워짐에서 출발하지만(비교. 1:3), 어쨌든 종말적 유보를 알고 있다.(비교. 4:1-6) 흥미로운 것은 베드로전서에서 고난의 주제가 특별한 위치를 차지한다는 것이다. 그러나 바울의 경우와 달리 세례전승과 직접 연결되지는 않는다.

5. 요한문서의 세례 이해

요한문서에서 세례는 시종일관 성령론적으로 기초되고 있다. 성령에 사로잡히는 것이 세례이해에 결정적으로 중요하다. 이는 니고데모와의 대화인 3:1-12의 틀 안에서 발전되고 있으며 요한일서에서 더 상술되고 있다.

5.1 요한복음 3:1-12은 니고데모와 예수의 만남에 관한 1절 이하의 설명 후에 3-10절에 사실상의 대화를 담고 있다. 이는 11절 이하에서 계시사건이 일어나는 땅의 일과 하늘의 일에 관한 기본적인 진술로 완성된다.

5.1.1 저자에게 있어서 결정적인 것은 이 대화의 틀 안에서 게네세나이 아노센(*γεννηθῆναι ἄνωθεν*)이다.(요 3:3) 이는 의도적으로 이중적 의미로 사용된 요한복음

의 표현으로 이중적으로 '위로부터 나다.'와 '새롭게 나다.'로 번역될 수 있다. 이 두 관점이 근본적인 역할을 한다는 사실은 예수와 니고데모와의 대화에서 알 수 있다. '원하는 곳으로 움직이는' 하나님의 성령은 '위로부터' 역사한다.(8절) 성령 자신이 인간을 다시 '새롭게 태어나는 것'으로 인도한다. 다른 모든 것에서 예수를 인정하지만, 그것을 유대관원은 이해할 수 없다.(4, 9절) 그래서 받아들여지지 않은 증언에 관한 진술이 뒤따르지 않는다.(11절 이하)

5.1.2 '사람이 물과 성령으로 나지 아니하면 …'(*ἐὰν μή τις γεννηθῇ ἐξ ὕδατος καὶ πνεύματος*)이라는 표현을 갖는 요한복음 3:5의 본문은 원래의 진정성이 반박될 수 없다.(불트만과 다른 이들의 견해에 반대한다.) 복음서 저자는 이 구절에서 보다 옛 전승을 수용하였다. 이는 또한 "하나님의 나라에 들어갈 수 없느니라."는 후반 5c절이 드러내는 바와 같다.(*οὐ δύναται εἰσελθεῖν εἰς τὴν βασιλείαν τοῦ θεοῦ.*) 이 말씀에 앞서 복음서 저자의 독자적인 해석이 3b절에 나온다. "사람이 (위로부터/) 거듭나지 아니하면 하나님의 통치(나라)를 볼 수 없느니라."(*ἐὰν μή τις γεννηθῇ ἄνωθεν, οὐ δύναται ἰδεῖν τὴν βασιλείαν τοῦ θεοῦ.*) 하나님의 통치를 보는 것이 전통적으로 사용된 하나님의 통치에 들어가는 것을 대신하며 요한복음이 뜻하는 의미에서, 현재 구원의 현실은 믿게 되는 것뿐만 아니라, 믿으면서 보게 될 수 있는 것임을 언급한다. 요한복음 3:8b에서 '성령으로 나는 것'을 말한다면(*γεγεννημένος ἐκ τοῦ πνεύματος*), 그와 병행하여 1:13에서 '하나님으로부터 나는 것'을 말한다.(*ἐκ θεοῦ γεννηθῆναι.*)

5.2 요한일서의 여러 구절에서 세례에 관해 언급한다. 거기에 5:7 이하의 '물'에 관한 언급과(비교. 5:6과 요 19:34b) '하나님으로부터 나는 것'에 관한 여러 번 사용된 모티브가 포함된다.(*ἐκ θεοῦ γεννηθῆναι*, 비교. 2:29, 3:9, 4:7, 5:1, 4, 18) 물론 각 문맥 안에서 이러한 말씀들은 설명되기보다는 오히려 더 많이 전제되고 있다.

5.2.1 다소 더 많은 것을 요한일서 2:20, 27과 3:9b의 말씀에서 인용할 수 있다. 2:20, 27은 (편지의) 수신자들이 공동체에 속하여 세례를 받았고 '기름 부음'을 받았다고(*χρῖσμα ἔχετε*), 즉 그(주)로부터 기름 부음, 즉 기름을 받았으며(*τὸ χρῖσμα ὃ ἐλάβετε ἀπ᾽ αὐτοῦ*), 그것이 '너희 안에 머물며'(*μένει ἐν ὑμῖν*) 모든 것을 가르친다고(*τὸ αὐτοῦ χρῖσμα διδάσκει ὑμᾶς περὶ πάντων*) 말한다. 이 표현은 요한복음 14:17, 26의 파라클레토스 말씀을 상기시킨다. 여기만 나오는 크리스마(*χρῖσμα*)의 모티브는 전승사적으로 '기름 붓다'의 모티브와 관련되며, 이는 성령의 수여라는 뜻으로 사용될 수 있다. 이는 (이사야 61:1의 인용과 함께) 누가복음 4:18, 사도행전 10:38,

고린도후서 1:21이 드러내는 바와 같다. 그와 똑같은 의미를 갖는 것이, 요한일서 3:9에서 '하나님으로부터 나는 것'에 관한 말씀과 결합하여, '하나님의 씨가 그의 속에 거함'(*ὅτι σπέρμα αὐτοῦ ἐν αὐτῷ μένει*)이기 때문이라고 말하는 경우이다. '하나님으로부터 나는 것'과 관련하여 이제 성령의 은사라는 뜻으로 '씨'를 강조하여 말하는 것은 당연히 우연이 아니다.(비교. 벧전 1:23) 하나님에게서 태어난다는 사실에 우리가 '하나님의 자녀로 일컬음을 받을 뿐만 아니라, 하나님의 자녀'임이 근거한다.(요일 3:1, 비교. 3:9 이하)

5.2.2 그 밖에 초기 기독교 전승과 마찬가지로 요한서신에서도 죄의 용서가 전제되고 있다. 성령을 받는다는 모티브와 결합되어 있는 것이, '하나님께로부터 난 자마다 죄를 짓지 아니하고', '더 이상 죄를 지을 수 없으며'(3:9), 오히려 "의를 행한다."(2:29)이다. 그가 사랑을 구현하고 이런 방식으로 세상을 이긴다.(5:1, 4) 그가 하나님을 붙잡으므로, '악한 자'가 그를 만지지 못한다.(5:18) 죄가 없다는 이러한 주제가 물론 잃어버릴 수 없는 소유를 갖는 것으로 간주되지 않는다. 그 반대로 요한일서 1:6–2:2에서 믿는 자들이 죄가 없다는 문제가 분명하게 주제화되고 있다.

6. 그 밖의 문서들에서 개별적인 세례 말씀

6.1 마태복음의 결론

6.1.1 마태복음 28:18–20이 특별한 위치를 차지한다. 여기서 세례는 예수 그리스도의 부활과 관련된다. 선교명령과 결부되어 제자들이 세례를 베풀고 예수의 가르침으로 가르치라는 과제를 받는다. "가서 모든 민족을 제자로 삼으라."(*πορευθέντες οὖν μαθητεύσατε πάντα τὰ ἔθνη*)는 본문에서 사실상 선교명령은 실행과 관련되는 이중의 분사로 결합되어 있다. 이 분사는 먼저 세례(*βαπτίζοντες αὐτούς*)와 관련되고, 이어서 예수께서 명령한 모든 것을 가르치라는 가르침(*διδάσκοντες αὐτοὺς τηρεῖν πάντα ὅσα ἐνετειλάμην ὑμῖν*)과 관련된다. 이 구절은 회개를 일으키는 설교 후에 비교적 급히 세례를 받았고 옛 실행을 고려하고 있다. 이어서 믿음의 진리로 인도하는 세례 후(postbaptismal) 교육이 연결되었다.

6.1.2 마태복음 28:19에서 '예수의 이름으로' 혹은 '아들의 이름으로 베푸는 세

례'뿐만 아니라, '아버지와 아들과 성령의 이름으로 베푸는 세례'가 언급되고 있음은 주목할 만한 가치가 있다. 그러나 과도하게 해석되지 말아야 한다. 이 진술과 삼위일체적 고찰은 아직 연결되지 않고 있다.(이 책의 10장) 오히려 구원의 기원자(起源者, Urheber)이신 아버지, 구원의 중재자(Vermittler)이신 아들, 구원을 중재할 때 역사하는 힘이신 성령이 언급된다.(비교. 고후 13:13) 그러한 점에서 이 본문에서 구원의 실현이라는 관점이 요약되고 있다. 이 본문으로 이미 널리 확장되고 있는 어떤 결론이 도출되지는 않는다.

6.1.3 마가복음의 부록인 마가복음 16:15 이하에 마태복음 28:18-20에 대한 옛 병행전승이 나온다. 여기서도 온 세상에 있는 모든 피조물들에게 복음을 선포하라는 제자들을 향한 과업(*πορευθέντες εἰς τὸν κόσμον ἅπαντα κηρύξατε τὸ εὐαγγέλιον πάσῃ τῇ κτίσει*)과 세례 진술이 결합되고 있다. "믿고 세례를 받는 사람은 구원을 얻을 것이요 믿지 않는 사람은 정죄를 받으리라."(*ὁ πιστεύσας καὶ βαπτισθεὶς σωθήσεται, ὁ δὲ ἀπιστήσας κατακριθήσεται.*) 여기서 세례 정형구문(定型句文)이[23] 고려되지는 않는다.

6.2 야고보서

6.2.1 야고보서 2:7은 '너희에게 대하여 일컫는 바'(*τὸ ἐπικληθὲν ἐφ' ὑμᾶς*) '아름다운 이름'(*καλὸν ὄνομα*)을 언급한다. 이것이 세례, 즉 예수의 이름으로 (베푸는) 세례에 관한 진술임은 오해의 여지가 있을 수 없다. 이 진술은 '예수의 이름으로 (베푸는) 세례'에서 예수의 이름이 강조되어 불리어지고 있음에 대한 분명한 증빙 구절이다.

6.2.2 마찬가지로 그 밖에 다른 한 구절에서 야고보서의 저자가 세례를 다룬다. 1:17 이하의 말씀으로 거기서 저자는 세례 개념을 사용하지는 않지만, 좋은 은사, 위로부터 아버지로부터 내려오는 은사를 말하고, 하나님이 자신의 "피조물 중에 우리로 한 첫 열매가 되게 하시려고 자기의 뜻을 따라 진리의 말씀으로 우리를 낳으셨다."고 표현한다.(*βουληθεὶς ἀπεκύησεν ἡμᾶς λόγῳ ἀληθείας εἰς τὸ εἶναι ἡμᾶς ἀπαρχήν τινα τῶν αὐτοῦ κτισμάτων.*) 중요한 것은 세례 시에 역사하는 하나님의 구원의 의지

23) 세례 정형구문(定型句文)은 물세례가 비로소 세례가 되는 '예수의 이름으로 (베푸는) 세례'를 말한다. — 역자 주.

이다. '진리의 말씀'으로 하나님의 창조의 말씀이 의도되고 있다. 그 말씀이 구원받은 자들의 공동체 안으로 우리를 옮긴다. 결정적인 것은 (새) 창조의 모티브와 결합된 새로운 탄생의 모티브이다. 아파르케(ἀπαρχή), 첫 열매는 (이미) 시작하고 있는 새 창조와 관련된다.

6.3 요한계시록

전문용어(*terminus technicus*)인 '세례/세례를 베풀다.'가 요한계시록에 나오지 않지만, 세례를 가리키는 몇 몇 관련구절들을 인식할 수 있다.

6.3.1 먼저 인침에 관한 진술들인 7:2-4, 9:4, 14:1을 언급할 수 있다. '하나님의 종들'이 7:2 이하에 따르면 '살아계신 하나님의 인'(σφραγὶς θεοῦ ζῶντος)을 가지고, 하늘로부터 내려온 천사들에 의해 '그들의 이마'(ἐπὶ τῶν μετώπων αὐτῶν)에 인침을 받는다. 이 일이 이루어지기까지 이 땅에 어떠한 해도 가해지지 않는다. 이어서 7:4(5-8)에 '인침 받은 자의 (상징적인) 수'(ἀριθμὸς τῶν ἐσφραγισμένων)가 언급된다. 그들은 144,000명이다. 이에 상응하여 9:4에서 여섯 째 나팔이 울려 퍼지는 것과 관련된 사건들이 하나님의 인침을 이마에 받지 않은 사람들에게만 해당됨을 언급한다. 14:1-5의 완성을 향한 통찰에서 이어서 144,000명이 다시 언급된다. 동시에 이 구절은 "그들의 이마에는 어린 양의 이름과 그 아버지의 이름을 쓴 것이 있더라."고 말한다. 이것으로 에스겔 9:4로부터 수용한 이 모티브가 분명하게 세례를 통한 인침과 관련된다.

6.3.2 믿는 자들을 인치는 것과 생명책의 모티브가 긴밀하게 관련된다. 3:5에서 승귀된 자, 그의 '이름'에 대한 신앙고백뿐만 아니라, 먼저 '이기는' 자와 관련하여 '생명책'(βίβλος τῆς ζωῆς)을 말한다. 이는 20:11-15의 심판 장면에서 다시 등장한다. 거기서 '생명책'에 기록된 자들이 구원을 경험한다.(비교. 12절과 15절) 이 모티브는 부정적으로도 적용된다. 따라서 이름이 생명책에 기록되지 못한 자들은 멸망하게 된다. (13:8, 17:8, 21:27)

7. 세례 말씀들의 관련성

세례에 관한 신약성서의 다양한 흐름들을 요약하려고 시도하는 경우, 먼저 주장할 수 있는 것은 서로 긴밀하게 관련되며, 서로 확장시켜 보충하며, 다양하게 강조되지만 기본적으로 모순 되지 않는, 모티브들이 중요시된다는 사실이다. 그러한 점에서 구성요소들 각각의 병렬이 가능하며 필연적이다. 그러나 동시에 전체 구상 안에서 모티브들 각각의 비중이 존중되고 있다.

7.1 기본 관점들

자신을 내어 맡겨 누군가의 소유가 되는 성격(Zueignung), 모든 억눌림으로부터의 자유, 믿음의 공동체의 구성원이 되는 것, 종말론적인 방향설정이 기본관점들에 속한다.

7.1.1 신약성서가 뜻하는 바대로 이해된 세례 가르침을 위해 자신을 내어맡겨 누군가의 소유가 되는 행위가 결정적으로 중요하다. 그것은 예수의 위격(Person)과 역사를 통해 구체화된 하나님의 구원의 행위와 불가분리하게 관련된다. 거기서 '예수의 이름으로', 즉 '아버지와 아들과 성령의 이름으로' 베푸는 세례가 수행되고 있음이 표현된다.

7.1.2 세례는 세례 받은 자 각자에게 구원사건이 적용(applicatio)되는 것으로 하나님을 떠나게 하고 죄를 범하게 하는 권세로부터의 자유를 포함한다. 세례는 인간의 생활에 전환점을 표시하며 근본적인 갱신을 창출한다. 그것이 요한신학에서처럼 바울신학에서 분명하게 표현되고 있다. 또한 야고보서 1:17 이하, 베드로전서 1:22-2:3, 디도서 3:4-7, 히브리서 6:4-6, 10:22에 언급되며, 다른 여러 구절에 최소한 전제되고 있다.

7.1.3 개인이 예수께 속함을 받아들이는 것으로서 세례는 세례 받은 자들의 공동체와 관련된다. 고린도전서 12:13에 따르면 '그리스도의 몸'의 구성원이 되게 하는 것은 성령이다. 세례 받은 자들의 공동체에서 근본적인 것은 종말적인 새 창조의 현실이 이미 실현되고 있다는 사실이다. 그것을 갈라디아서 3:28(비교. 골 3:11)은 모든 믿는 자들이 동등한 위치를 지니고 하나가 되는 것으로 표현한다. 그러나 이것은 동시에 세

례가 공동체의 생활에 대해서처럼 개인의 구체적인 생활에 영향력을 끼쳐야 함을 의미한다. 그러므로 신약성서의 세례 진술들은 필연적으로 권고로도 이어진다. 귄터 보른캄(Günther Bornkamm)이 적절하게 표현했듯이 "세례는 새로운 삶에 자신을 내어 맡겨 몰입시키는 것(Zueignung)이며 새로운 삶은 세례를 자신의 것으로 만드는 것(Aneignung)이다."[24)]

7.1.4 종말론적인 방향설정이 세례에 포함된다. 종말적인 유보가 세례 받은 상태 이해의 근본적인 요소이다. 이것을 특히 요한계시록 7:1-4, 9:4, 14:1의 인침의 모티브가 잘 표현한다. 예수 그리스도의 이름으로 이마에 인침을 받은 자들이 구원의 완성에 참여하도록 결정되었다. 이에 상응하는 내용이 로마서 6:5과 골로새서 3:1-4에 나온다. 세례를 통하여 중재된 구원의 현재가 강조되는 곳에서도 미래로의 방향설정은 신약성서의 세례 이해의 배경이다. 그런 점에서 다양한 강조점에도 불구하고 이러한 차원은 구성적인 요소로 간주될 수 있다. 세례는 종결된 사건이 아니다. 세례는 예수 그리스도의 구원의 행위에 의해 결정지어진 새로운 현실로 옮겨지는 것이다. 그러나 시기적으로 미래에 하나님의 구원에 완전히 참여하는 것을 향해 나아가는 도상에 있다.

7.2 세례의 기독론적이며 성령론적 영역

세례 시에 구원이 중재되는 것이 다양하게 이해되고 있다. 한 편으로 직접적으로 기독론적으로, 다른 한 편으로 성령론적으로 구원(Heilszueignung)을 설명하는 것이 중요하다.

7.2.1 기독론적인 설명에서 예수의 죽음과 부활이 결정적인 역할을 한다. 여기서 예수의 위격과 그의 운명에 참여함이 결정적인 모티브이다. 바울의 경우에 예수의 죽음에 참여함이 세례 받은 자의 현존을 특징지으며 예수의 부활에 참여함은 아직 일어나지 않았다.(롬 6:3-5, 빌 3:20 이하) 반면에 골로새서는 예수의 죽음과 그의 부활에 참여함을 전제한다.(2:11-15) 그에 반하여 에베소서는 단편적으로 예수의 부활과 승귀에 참여함을 말한다.(2:5-10) 이러한 차이는 중요하지 않다. 오히려 개개의 구상들 각각이 구원을 보장하는 예수의 죽음 및 그의 부활에 대한 신앙고백을 전제하며, 그 안에서

24) Günther Bornkamm, "Taufe in frühchristlicher Zeit," *Studien zum Neuen Testament*, München 1985, 177.

통일된 관점을 갖는다. 여기서 구원론적인 기능이 더욱 예수의 죽음과 또는 더욱 그의 부활 및 승귀와 결합되어 있다면, 그의 운명에 함께 관련된다는 것은 구원을 보장하는 그의 행위에 참여한다는 의미에서 결정적으로 중요하다. 그러한 점에서 다양한 강조는 다양한 관점을 의미하며 수많은 영역을 포함한다. 그 영역들은 각각의 문맥과 상황에 따라 구원을 보장하는 예수의 행위에 참여함을 강조하는 방식으로 서로를 보충한다.

7.2.2 세례 사건에 대한 다소 다른 관점이 세례의 성령론적인 근거가 제공되는 곳에 나온다. 물론 이는 기독론적인 예표 아래 놓인다. 성령으로 역사하시는 이가 부활한 자이며 승귀된 자이다. 이미 그것을 마태복음 28:18-20의 선교명령 및 세례 명령이 표현한다. 그가 세상 끝까지 우리 가운데 있을 것이다. 우리는 성령을 통해 그가 함께하고 있음을 경험한다. 무엇보다도 요한문서에서 성령론적인 관점이 강하게 강조된다. 여기서 관건이 되는 것은 위로부터 역사하는 새로움, 하나님 통치의 현재 현실을 바라보는 것, 성령이 지속적으로 함께하심이다. 세례 시에 우리에게 나누어지는 성령은 세례 받은 자들 가운데 머물러 그들을 지키는 '씨'이다.(요일 3:9) 성령이 우리를 옛 현실로부터, 하나님을 떠나 사는 것으로부터 해방시킴으로써, 성령이 새로운 생명(*ζωὴ αἰώνιος*)을 중재하신다. 마찬가지로 디도서 3:5에 따르면 우리에게 우리 생명의 새로움, 즉 '거듭남'(*παλιγγενεσία*)을 주시는 분이 바로 성령이다.

7.2.3 세례에 관한 성령론적인 진술은 다른 방식으로도 기독론적인 진술과 결합되어 있다. 세례 시에 성령을 받아들이는 것은 예수께서 세례 받을 때 성령을 받아들인 것에 상응한다. 그의 세례가 기독교 세례의 원형(Urbild)이다. 그가 세례 요한을 통하여 세례를 받게 됨으로써 자신의 일을 행하실 수 있었다. 이 사실은 그의 이름으로 수행되는 세례에도 마찬가지로 해당된다. 동시에 예수께서는 자신을 죽음과 부활로 이끄는 길로 나아갔다. 이 길을 세례 받은 자들도 그와 함께 걸어가야 한다. 그것으로써 그들이 예수의 삶과 운명에 참여하는 것이다. 예수께서 세례 시에 '하나님의 아들'로 계시되었듯이, 그렇게 세례 받은 자들도 아들의 신분으로 영접되며, 그들 자신이 성령의 능력 안에서 '하나님의 아들들', 즉 '하나님의 자녀들'이 될 수 있다.(갈 3:6 이하, 롬 8:14) 그러므로 예수의 위격(Person)과 그의 구원행위에 참여시키며, 세례 받은 자들을 어느 때나 예수의 길로 인도하여 동행하시는 분이 바로 성령이다.

7.3 유아세례의 문제

신약성서 본문에서 상황에 따라 임의적으로 울려 퍼지는 특별한 문제는 유아세례이다. 물론 어느 곳에서도 유아나 영아(嬰兒) 세례에 관한 진술을 분명하게 참조할 수는 없다. 그러나 오해의 여지가 있을 수 없는 것은 유아세례 문제가 이미 제기되고 있다는 사실이다.

7.3.1 여러 번 사용된 한 '가정'(家庭, *οἶκος*)이 믿게 되는 것과 세례 받는 것에 관한 표현에서 분명한 결론을 끌어낼 수 없다. 그러나 이 맥락에서 두 본문이 중요하다.

7.3.1.1 마가복음 10:13–16의 병행구문에서 제자들에 의해 쫓겨난 어린아이들을 예수께서 다시 영접하여 손을 얹어 축복하는 보도가 나온다.(*κατευλόγει τιθεὶς τὰς χεῖρας ἐπ' αὐτά*, 16절) 예수께서 바로 그들에게도 하나님의 통치가 임한다고 밝히면서 그것을 행하셨다.(*τῶν γὰρ τοιούτων ἐστὶν ἡ βασιλεία τοῦ θεοῦ*, 14b절) 어린아이들이 하나님의 통치에 참여함은 불가피한 다소의 변경과 함께(*mutatis mutandis*) 부활 이후 시기에 공동체 안에 속하게 되는 것을 전제한다. 그러므로 이것은 드문 증빙 구절들이 드러내듯이, 공공연하게 고대 교회에서 초기에 유아축복을 실행하는 것으로 이끌었다.(비교. 아리스티데스, Apol. 15:11)

7.3.1.2 그와 함께 고린도전서 7:14을 참조할 수 있다. 거기서 믿지 않는 남편이나 아내, 또 부모의 한 쪽이 기독교인인 자녀들의 거룩함이 언급된다. "그렇지 아니하면 너희 자녀도 깨끗하지 못하니라 그러나 이제 거룩하니라."(*ἐπεὶ ἄρα τὰ τέκνα ὑμῶν ἀκάθαρτά ἐστιν, νῦν δὲ ἅγιά ἐστιν*, 14c절) 물론 그것이 세례의 필연성에 대한 이해를 결론짓지 않았다. 그러나 다른 한편으로 어린아이들이 기독교 공동체에 함께 속한다는 것이 문제되지 않았다. 함께 속한다는 이러한 증거가 어떻게 실생활에서 표현되었는지를 초기 기독교에서 더 이상 설명할 수는 없지만, 또 다양하게 사용되었다.

7.3.2 고대 교회에서 다양한 경향들이 있었다. 세례를 통하여 중재되는 죄 없음에 대한 강조가, 세례를 연기하도록 하였다. 이는 정결함을 경험하고 나서 위험에 빠지지 않도록 하기 위함이었다. 그래서 죽은 자들의 침상에서 수행되는 세례가 등장하였다. 다른 한 편 유아세례의 필연성이 특히 4세기 이래 원죄론(原罪論)으로 논증되었다. 죄의 문제에 집중하는 것은 초기 기독교 세례에 합당한 것이 결코 아니다. 죄의 권세로부터의 자유가 처음부터 세례와 결합되어 있었기 때문이다. 예수의 공동체 안으로 영접

되는 것과 그의 구원 사역에 참여하는 것으로서의 세례 이해로부터 출발한다면, 부모와 공동체가 세례 받는 자에 대한 책임이 있다는 점에서, 그것은 유아세례의 정당성을 기본적으로 배제하지 않는다. 여기서 기독교 공동체로 통합되는 것과 함께 빈번히 함께 고려된 선행하는 은혜(*gratia praeveniens*)라는 모티브를 고려해야 한다. 이 모티브가 초기에는 세례의 문맥 안에 분명하게 등장하지 않지만, 은혜와 하나님의 구원의 의지에 관해 말하는 신약성서 말씀들이 지니는 내재적 요소이다. 최소한 사도행전 10장의 백부장 고넬료에 대한 사화(史話)는 앞서 선택하신 하나님의 행동이 세례의 기초가 되었음을 드러낸다. 이에 상응하여 사도행전 26:16b은 바울의 회개와 관련하여 다음과 같이 언급한다. "그를 종과 증인으로 선택하기 위해, 그리스도가 그에게 나타나셨다." 이는 17절 이하에서 세례의 의미에 관한 말씀과 결합되고 있다. 그러한 점에서 이 모티브가 전적으로 유아세례에 적용될 수 있다. 유아세례의 기본적인 정당성은 논쟁될 수 없다.

8. 마무리 고찰

이미 제2차 세계대전 직후에 파울 쉠프(Paul Schempp)가 동 시대의 '세례의 세속화'에서 '최후만찬의 기독교화'를 언급했다. 이 문제가 세례와 관련하여 지금까지 지속된다.

8.1 세례의 이해와 세례의 실행은 초기 기독교에서 서로 일치한다. 이는 그 이후 세기에 선교영역에서도 흔히 해당되었다. 세례가 복음을 영접하기 위한, 그리고 기독교 공동체에 영접되기 위한 준비 행동이 되는 곳에서 세례의 의미와 실행 사이의 내적인 일치가 존재한다. 그러한 일치는 세례 받은 자들이 공동체에 소속하는 것이 자명한 것이 되며 진실하게 받아들여지는 곳에서도 존속한다. 그러나 세례와 한 공동체 안으로 묶여지는 것이 서로 분리되는 곳에서 그러한 일치는 상실된다. 이는 우리 시대의 배교에만 관련되지 않는다. 그러한 배교는 이미 초기 기독교 안에서도 존재하였었다. 오히려 그러한 일치의 상실은 세례를 하나의 통과의례(通過儀禮, *rite de passage*)로서 아주 세속적으로 이해하는 것과 세례 받은 자들이 기독교 공동체의 삶과 거리를 두는 것과도 관련된다. 그것은 세례에 대한 가르침으로, 그 가르침이 매우 중요하지만, 제거될 수 없다. 교회 주변이나 교회 밖에 있는 사람들의 실천이 물론 어렵지만, 철저한 자의식의 변화가 필요하다.

8.2 구체적인 상황과는 별개로 기독교 세례의 독특성이 사라져서는 안 된다. 확언(確言), 그리스도와 함께 하는 공동체로의 영접, 공동체에 함께 속함, 성령의 중재, 미래로 나아가는 종결되지 않은 사건으로서 세례의 성격이 세례의 가르침과 실행에서 인식될 수 있어야 한다. 이는 세례가 성인세례 혹은 유아세례로 수행되는 것과는 별개의 것이다. 유아세례의 기본적인 정당성은 지금까지 교회가 실행하는 것을 숙고하지 않고 계속 지속할 수 있음을 결정적으로 의미하는 것은 아니다. 광범위한 탈 기독교화에 직면한 현재 상황과 관련하여 매우 조심스럽게 유아세례를 실행해야 하고, 가족 및 공동체와 관련된 전제 조건들에 대해 질문해야 한다. 여기서 아마도 세례의 실행을 지체하는 것에 대해 새로운 방식으로 생각해야 할 것이다.

18장

주의 만찬

1. 주의 만찬[食事]의 삼중적 뿌리

만찬의 축제는 그 기원뿐만 아니라 그 형태에서 볼 때 순수한 기독교 축제이다. 이는 전문용어인 퀴리아콘 데이프논(κυριακὸν δεῖπνον), '주의 만찬'으로 강조된다.(비교. 고전 11:20) 기독교 세례가 세례 요한의 세례의 변형이고, 말씀 중심의 예배가 근본적으로 회당 예배의 전통에 연결되는 반면에, 주의 만찬에서는 새로운 예배 축제의 형성이 관건이 되고 있다. 주의 만찬을 그 고유성에서 이해하기 위해 초기 기독교 만찬에서 결정적이었던 삼중(三重)의 뿌리를 주목해야 한다.

1.1 예수의 만찬공동체

예수께서는 그의 제자들뿐만 아니라 소외 받은 자들 및 많은 백성의 무리와 함께 식탁공동체를 가지셨다. 그는 자신을 대적하는 자들이 식탁공동체로 준비되었다면, 대적하는 그들과도 그렇게 행하셨다. 이는 시작하고 있는 하나님의 통치에 관한 그의 메시지에 대한 구체적인 표시였고 모든 사람들을 향한 그의 관심에 대한 가시적인 표현이었다. 그의 만찬공동체들은 그런 점에서 구원의 시기의 만찬이라는 빛 아래 놓이며(비교. 사 25:6-8), 그것으로부터 그 독특한 특성을 지닌다. 이는 특히 그 기본 형태상 의심의 여지없이 진정한 비유인 누가복음 14:15-24 병행구절의 큰 잔치비유에서 드러난다.

1.1.1 예수께서 그의 제자들과 함께 만찬공동체를 가지셨다는 사실은 공동체적 생활방식에서 볼 때 자명한 것이었다. 훨씬 더 눈에 띄고 충돌을 야기하는 것은 소외당하는 자들과 함께 하는 만찬공동체였다.(비교. 막 2:15-17 병행구절, 눅 15:1 이하, 19:1-10) 만찬공동체야 말로 함께 속한다는 표현이었고 토라에 따르는 생활의 표시로서 의식에 따라 손을 씻는 것(막 7:1-5 병행구절)과 같은 특정한 전제들 위에 있다. 그러나 유대교의 율법에 충실한 대표자들의 비평적이거나 거부하는 태도도 예수께서 그들과 함께 식탁공동체를 행하는 것을 막지 못하였다.(눅 7:36-50, 14:1, 7-14)

1.1.2 많은 무리와 함께 만찬공동체를 나누는 것은 어쨌든, 매우 다양한 생활태도와 경건의 태도를 지닌 사람들이 참여할 수 있었음을 의미하였다. 그러한 모임들 및 그 모임들과 연결된 축제들에 관한 보도들은 초기 기독교에서 특별한 방식으로 고정되었고 기적행위라는 의미에서 그 형태가 갖추어졌다. 이는 오천 명 또는 사천 명을 먹인 급식만찬사화들이 드러내는 바와 같다.(비교. 막 6:30-44 병행구절, 요 6:1-14, 막 8:1-10 병행구절) 여기서 언제나 함께 작용할 수 있는 것은 결정적으로 시작하고 있는 예수와 함께하는 만찬공동체를 체험할 수 있었다는 많은 사람들의 경험이었다. 그 만찬공동체는 시작하고 있는 하나님의 통치의 빛 아래 있었다. 물론 이러한 보도들이 기독론적으로 또 부분적으로 보다 후기의 주의 만찬의 실행으로 뒤덮여져 있지만, 원래적인 고유성을 여전히 아주 잘 보유한다.

1.1.3 예수께서는 만찬공동체에서 유대 풍습에 연결되어 있었고, 시작할 때 축복의 말씀과 관련하여 떡을 떼었다. 마찬가지로 예수께서는 잔을 나눌 때 축복을 말하거나 감사의 기도를 드렸다. 예수도 축제의 잔치가 있을 때에 포도주를 나누었음이, '먹기를 탐하고 포도주를 즐기는 사람'(*φάγος καὶ οἰνοπότης*)이라는 마태복음 11:19 병행구절의 비난에서 드러난다.

1.2 예수의 고별 만찬

죽기 전날 밤에 예수께서 자신에게 속하였던 사람들과 함께 만찬을 나누었다는 사실은 사복음서 모두가 전하는 전승의 본문 정황 및 고린도전서 11:23b의 진술에 근거하여 의심의 여지가 있을 수 없다.

1.2.1 논쟁이 되는 것은 그 만찬이 유월절 만찬(Passamahl)과 관련이 되고 있는

지 혹은 아닌지의 문제이다. 유월절 성격이 요아킴 예레미아스(Joachim Jeremias)의 매우 상세한 연구와 함께 옹호되었다. 그러나 또 그에 반대하는 많은 의견이 연구사에서 소리 높게 등장하였다.

1.2.1.1 그 문제에 대한 해결은 먼저 복음서의 다양한 연대기와 그 평가에 의존한다. 공관복음서의 기록에 따르면 고별만찬은 유월절 축제 전날 밤, 즉 니산월 14일 가정에서 드리는 축제(Seder)에 있었다. 그러나 요한복음에 따르면 예수께서는 그 날에 십자가에 못 박혀졌고, 그래서 고별만찬은 이미 니산월 13일 저녁에 개최되었어야만 했다. 예루살렘 성전이나 쿰란공동체에서 일반적으로 인정되었던 대로, 월력(月曆)이나 태양력을 따라 서로 다른 두 시기를 받아들이는 것은 아니 야우버트(Annie Jaubert)[25]가 최초로 상세하게 주장했듯이, 더 이상 도움이 되지 못한다. 그것 이외에 에세네파의 다른 특성들을 예수에게서 증명할 수 없기 때문이다. 공관복음서에서뿐만 아니라, 요한복음에서도 연대기적인 기록들이 신학적 의도를 갖는다는 사실이 어떤 결정을 내리는 것을 어렵게 한다. 결국 역사적인 개연성에 근거하여 요한의 연대기를 선호할 수 있다. 십자가 처형이 유대교 축제의 순례자들을 자극하기 위한 것으로서 축제의 첫 날에 있었던 것으로 감지될 수 있을 수 있기 때문이다. 물론 이러한 추측은 예수의 고별만찬이 유월절 식사가 아니었음을 의미할 수도 있을 것이다.

1.2.1.2 이에 덧붙여 등장한 주장은 공관복음서 저자들의 경우에 만찬제정의 보도 자체가 아니라 결국 전체 틀을 형성하는 본문들이 유월절 만찬을 가리킨다는 것이다. 마찬가지로 고린도전서 11:23-26에서 유월절 축제를 특징짓는 요소를 거의 발견할 수 없다. 떡과 잔을 나누는 행위는 개개의 축제 잔치에 속한다. 그럼에도 불구하고 구조에 있어서 두 가지 내용은 상응한다. 하나는 떡 말씀이 지니는 해석하는 말씀으로서의 기능 안에 유월절 축제와의 몇 몇 유사점이 놓여 있다는 것이다. 이어서 '기억'의 모티브가 물론 구약성서-유대교적 전승 안에 널리 퍼져 있지만, 유월절 축제에서 그 특별한 자리를 차지한다는 점이다.(출 12:14, 13:3, 9, 신 16:3) 이 모든 관찰로부터 결정적인 해결책을 끄집어낼 수는 없다. 유월절 요소들이 추가될 수 있듯이 또 제거될 수도 있기 때문이다. 하나는 예수의 죽음의 시점과 관련하여 유대적인 유월절 축제와의 연속성으로 인한 것을 말한다. 다른 하나는 부활 이후에 규칙적으로 베풀어진 주의 만찬에 대한 고려를 말한다. 시기 설정과 역사적으로 증명할 수 있는 유월절 시기와의 관

25) Annie Jaubert, La date de la cène, *Études bibliques 27*(Paris: Gabalda), 1957. — 역자 주.

련성에 대한 문제는 결국 해결되지 않은 채로 남아 있다.

1.2.2 예수께서 만찬 시에 자신의 제자들과 고별했다는 사실은 논쟁될 수 없다. 이 만찬이 임박한 자신의 죽음의 빛에서 베풀어졌다는 사실이 그 상황에서 볼 때 앞서 주어지고 있다. 마가복음 8 : 34-37 병행구절의 제자도 말씀에서 밝히듯이, 예수께서는 생명을 '잃는 것'을 참된 생명을 '얻기' 위한 길로 간주했으며, 받을 세례에 관한 누가복음 12 : 50의 말씀을 이미 스스로 죽음의 세례라는 의미로 이해했다. 겟세마네사화와 자신의 죽음에 대한 마가의 서술에도 불구하고 그의 죽음은 그의 메시지와 대립되지 않는다. 이러한 전제 아래 그가 자신의 제자들과 함께 고별잔치를 열었다.

1.2.3 이것으로 고별만찬의 역사적인 재구성에 대한 문제가 제기된다. 이러한 재구성의 가능성이 아주 확실할 수는 없지만, 예수의 죽음과의 분명한 관계 및 (종말) 완성의 미래적인 만찬에 대한 언급이 지니는 진정성은 상당한 개연성이 있다. 이는 유대교에서 일반적으로 떡을 떼는 것을 예수 자신께서 자기 희생의 표시로 해석하셨음을 의미할 수 있을 것이다. 그래서 "이것은 내 몸이니라."(*τοῦτό ἐστιν τὸ σῶμά μου*, 막 14 : 22b 병행구절)는 떡에 관한 말씀의 짧은 형태는 예수 자신께 소급되어야 한다. 이에 덧붙여 마가복음 14 : 25 병행구절의 로기온은 원래적인 잔 말씀으로서 완성된 하나님의 통치의 때에 갱신된 만찬공동체의 약속으로 등장한다. 이로써 떡을 떼는 것과 해석의 말씀이, 연이어 나누어주는 잔 말씀과 약속이 결합되어 있다.

1.3 부활현현의 만찬

'현현(顯現)만찬'의 중요성을 오스카 쿨만(Oscar Cullmann)이 처음으로 강조하여 언급하였다. 이 만찬이 초기 기독교의 주의 만찬을 이해하는 데 역시 특별한 중요성을 지닌다.

1.3.1 누가복음 24 : 13-35의 엠마오 제자들에 관한 사화는 만찬을 나눌 때 부활하신 자가 현재하신다는 사실의 의미를 분명하게 인식시킨다. 그것은 축제에 관한 보도로, 그 축제에서 부활하신 자께서 스스로 현재하고 있음을 증명하며, 제자들과의 식탁공동체가 계속 이어졌다. 그것은 특별한 만찬의 축제로 거기서 부활하신 자가 가까이에 있고 현존하고 있음을 늘 거듭하여 경험하였다. 이로써 부활하신 자의 현존에 대한 확신이 부활 이후 만찬 축제가 지속되는 것을 위한 결정적인 근거가 되었다. 누가복음 24 : 36-43과 요한복음 21 : 9-13에서도 만찬 축제에 즈음하여 부활하신 자를 만나는 것

에 대한 기억이 보존되고 있다.

1.3.2 사도행전 2:46에 따르면 부활 이후 공동체 만찬은 종말론적 '기쁨'으로(*ἐν ἀγαλλιάσει*) 축하되었다. 축제를 특징지었던 것은 바로 부활하신 자가 가까이에 있고 현재한다는 확신이었다. 주의 만찬전승과 주의 만찬에 관한 다른 본문들이 이러한 관점을 강조하여 언급하지는 않지만, 그 관점은 승귀의 표상과 함께 전적으로 전제될 수 있다.

2. 주의 만찬 전승

초기 기독교 공동체에서 원인론(原因論)의 의미에서 만찬축제의 고유성과 형태를 규명했던 한 전승이 매우 일찍이 형성되었다. 여기서 예수의 고별만찬이 결정체(結晶體)적 핵심이 되었다.

2.1 본문 비교

만찬제정보도가 세 공관복음서와 바울서신에 전승되고 있다. 거기서 두 가지 기본형태가 한편으로는 마가복음과 마태복음에, 다른 한 편으로는 누가복음과 바울서신에 등장한다. 두 형태는 외형상 일치하지만, 내용상의 모티브는 서로 다르다. 누가복음 22:18-20은 원래적인 긴 본문에서 출발한다. 짧은 본문은 그 긴 본문으로 소급될 수 있다.

2.1.1 바울은 고린도전서 11:23a에서 제정보도를 "내가 너희에게 전한 것은 주께 받은 것이니 …."(*ἐγὼ γὰρ παρέλαβον ἀπὸ τοῦ κυρίου, ὃ καὶ παρέδωκα ὑμῖν*)라는 특징적인 전승으로 강조하여 특징짓는다. 짝을 이루는 단어인 파라람바네인(*παραλαμβάνειν*, 받다)과 파라디도나이(*παραδιδόναι*, 전하다)는 전승에 의존하고 있음을 가리킨다. '주께로부터'(*ἀπὸ τοῦ κυρίου*)라는 표현은 바울이 이 전승(Paradosis)을 자신이 회심할 때 부활하신 자에게서 개인적으로 받았다는 사실과 관련되는 것은 아니다. 오히려 공동체에 주어진 전승이 주님 자신에게 소급한다는 것에 대한 언급이다. 여기서 바울의 경우에 지상의 퀴리오스(*κύριος*)와 천상적이며 다시 오시는 퀴리오스(*κύριος*)와의 동일시가 근본적으로 중요하다. '주께 받은 것'이라는 표현은 따라서 양자택일적

으로 이 지상에 계시는 주나 승귀하신 주와 관련될 수 없다. 이 예수 전승(Paradosis)이 어느 정도로 예수 자신의 말씀을 보존했는지, 혹은 승귀하신 주님의 전권으로 공동체에 의해 설명된 해석을 포함시켰는지는 여기서 바울에게 의미가 없다. 이 전승과 복음서의 제정보도와의 비교가 분명하게 밝혀주는 것은 거기 인용된 본문단락들도 역사적인 보도들이 아니라는 것이며, 오히려 예수의 고별 만찬이 초기 공동체에서 어떻게 축하되었는지를 설명한다는 것이다.

2.1.2 네 개의 본문 모두가 수난사건 안에 정렬되고 있음이 공통적이다. 공관복음서에서 수난 역사 안에 위치하므로 표현되는 내용을 고린도전서 11:23b의 도입구문이 강조한다. 거기서 '예수께서 잡히시던' 밤이 언급된다.(여기서 *παραδιδόναι*는 23a절과 달리 심판법정으로 인도하는 것을 표현하는 법률적인 전문용어이다.)

2.1.3 제정보도의 본문인 마가복음 14:22-25∥마태복음 26:26-30와 누가복음 22:19 이하∥고린도전서 11:24-26은 여러 점에서 각기 다르다.

2.1.3.1 마가복음과 마태복음의 경우 처음에 공동만찬이 언급된다.(*καὶ ἐσθιόντων αὐτῶν*) 누가복음과 바울서신의 경우 떡의 분여와 잔의 분여 사이에 '만찬 후에'(*μετὰ τὸ δειπνῆσαι*)라는 표현이 삽입된다. 이것은 마가복음 및 마태복음의 경우에 제정의 말씀과 떡과 잔의 분여가 만찬축세의 끝에 자리하였었고, 반면에 누가복음과 바울서신에 따르면 만찬 축제 시에 떡을 나누는 행위가 애찬이 시작할 때 있었고 잔을 나누는 행위는 끝에 이어졌었다는 결론을 짓게 한다.

2.1.3.2 바울서신과 누가복음의 경우에 떡 말씀에서 "이것을 행하여 나를 기념하라."(*τοῦτο ποιεῖτε εἰς τὴν ἐμὴν ἀνάμνησιν*)라는 추가 말씀이 발견된다. 바울은 이 아나므네시스-구문을 잔 말씀에서 두 번째로 확장된 형태로 "이것을 행하여 마실 때마다 나를 기념하라."(*τοῦτο ποιεῖτε, ὁσάκις ἐὰν πίνητε, εἰς τὴν ἐμὴν ἀνάμνησιν*)고 말한다. 구약성서의 치카론(זִכָּרוֹן)이라는 의미에서 아나므네시스(*ἀνάμνησις*)는 현재화하는 것으로서의 기억을 의미한다. 이것으로 원인론적(原因論的)인 의미와 규칙적인 축제의 성격을 강조하여 가리킨다. 그것은 언급되고 있지는 않지만 마가복음과 마태복음의 본문에도 해당된다. 그들의 경우에 다른 종류의 요구들이 등장한다. 마가복음 14:22b에서 떡을 떼는 것과 연결하여 "받으라!"(*λάβετε*)는 말씀이 나오고, 이는 마태복음 26:26b에서 "받아서 먹으라!"(*λάβετε φάγετε*)는 말씀으로 확장된다. 마태복음은 잔을 나눌 때 26:27b에서 "그들이 다 이를 마셨다."(*ἔπιον ἐξ αὐτοῦ πάντες*)는 마가복음의 표현 대신에 "너희가 다 이것을 마시라."(*πίετε ἐξ αὐτοῦ πάντες*)는 확장된

요구를 갖는다.

2.1.3.3 제정행위의 설명에서 눈에 띄는 것은 마가복음과 마태복음에서 떡을 뗄 때 '축복하다'(*εὐλογεῖν*)와 잔을 나눌 때 '감사하다'(*εὐχαριστεῖν*)가 서로 구별되는 점이다. 누가복음과 바울서신은 이미 떡 말씀에서 '감사하다'(*εὐχαριστεῖν*)라는 말씀을 갖는다. 이 말씀은 잔을 나눌 때에 "그리고 그가 잔도 그와 같이 하였다."(*ὡσαύτως καὶ τὸ ποτήριον*)라는 표현으로 전제되고 있다. 여기서 고대 교회에서 일반화된 표현인 축제 전체를 위한 '감사함'(Eucharistia)의 첫 시작이 드러난다.

2.1.3.4 마가복음과 마태복음의 떡 말씀이 오직 "이것은 내 몸이다."(*τοῦτό ἐστιν τὸ σῶμά μου*)라고 말하는 반면에, 바울서신과 누가복음은 "이것은 너희를 위하는 내 몸이다."(*τοῦτό μού ἐστιν τὸ σῶμα τὸ ὑπὲρ ὑμῶν*) 및 "이것은 너희를 위하여 주는 내 몸이라."(*τοῦτό ἐστιν τὸ σῶμα μου τὸ ὑπὲρ ὑμῶν διδόμενον*)고 언급한다. 또한 마가복음과 마태복음은 예수와 떼어 주는 떡이 동일한 것만을 알고 있다. 반면에 바울과 누가는 이 말씀과 대리적인 속죄라는 의미의 구원론적인 표현을 결합시킨다.

2.3.3.5 잔 말씀이 시작할 때 마가복음과 마태복음은 떡 말씀과 병행하여 "이것은 나의 피니 …."라는 말씀을 기록한다.(*τοῦτό ἐστιν τὸ αἷμά μου*) 누가복음과 바울서신은 반대로 "이 잔은 …이다."(*τοῦτο τὸ ποτήριον … ἐστίν*)로 표현한다. 이 말씀과 관련되는 것은 마가복음과 마태복음이 잔 말씀에서 속죄와 계약의 모티브를 결합시킨다는 사실이다. 반대로 바울서신과 누가복음에서 잔 말씀은 오직 계약의 모티브만을 갖는다. 속죄의 모티브는 이미 떡 말씀과 결합되어 있기 때문이다. 게다가 마가복음과 마태복음이 '계약'(*διαθήκη*)에 대해서만 말하는 반면에, 바울서신과 누가복음은 '새 계약'(*καινὴ διαθήκη*)을 말한다.

2.2 구원론적 모티브

만찬의 축제는 구원론적인 모티브를 통해 근본적인 특징을 소유한다. 세 요소가 이러한 해석에 기여한다. 그것은 예수와 떼어진 떡의 동일시, 속죄의 모티브, 계약의 사고이다.

2.2.1 떡을 떼는 것 및 그것과 결합된 "이것은 내 몸이다."(*τοῦτό ἐστιν τὸ σῶμά μου*)라는 상당히 개연성 있는 진정한 떡 말씀의 짧은 형태는 예수께서 해석하시는 비

유행위를 표현한다. 예수께서 떼어진 떡과 동일시된다. 이는 이런 방식으로 찢겨진 예수의 몸을 가리키기 위함이다. 그것이 시작하는 하나님의 통치의 예표 아래 있는 자기희생의 표시이며, 따라서 생명을 얻는 것을 의미한다. 죽음이 구원에 참여하는 것을 폐지할 수 없다. 그러한 점에서 예수의 죽음은 그의 제자들을 향한 약속의 성격을 지닌다. 예수께서 죽음으로 그들을 앞서고 있다.

2.2.2 떡 말씀의 짧은 형태와 바울–누가 본문의 '너희를 위하여', '너희를 위하여 주는'(*τὸ ὑπὲρ ὑμῶν, τὸ ὑπὲρ ὑμῶν διδόμενον*)이라는 표현이 서로 결합되고 있다. 속격과 결합된 전치사인 휘페르(*ὑπέρ*)는 '…에게 이익이 되는'(*περί τινος*도 있다.)이라는 기본의미를 갖는다. 그것은 일찍이 속죄의 사고와 결합되어 있었으며 '너희 죄들을 위하여'(*ὑπὲρ τῶν ἁμαρτιῶν ὑμῶν*, 비교. 고전 15:3)라는 표현을 축약하는 것으로 사용되었다. 주의 만찬전승의 틀에서 중요한 것은 마가복음 14:24과 무엇보다도 마태복음 26:28(*τὸ περὶ πολλῶν ἐκχυννόμενον εἰς ἄφεσιν ἁμαρτιῶν*)의 병행구절들이 드러내듯이, 죄 용서를 위한 대리적인 속죄의 모티브이다. 고난이 지니는 속죄의 능력은 초기 유대교에 널리 퍼진 사고이다. 이는 먼저 자신의 죄와 관련된다.(신약성서에서도 벧전 4:1b에 나온다.) 그것을 넘어서 특히 선택받은 자들이나 모범적인 경건한 자들의 경우에 다른 사람들을 위한 대리적인 속죄가 관건이 된다. 예수의 죽음은 그가 다른 사람들을 죄의 짐으로부터 해방시킴으로써, 다른 사람들에게 긍정적인 영향력을 끼친다. 마가–마태 본문에서는 '많은 사람들을 위하여'(*ὑπὲρ/περὶ πολλῶν*)라는 본문 안에 속죄의 모티브가 등장한다. 대신하여 행하는 속죄행위의 무제한성이 강조된다. 이로써 보편적인 대속의 표상이 네 번째 하나님의 종의 노래인 이사야 53:10–12로부터 수용되고 있다.(비교. 이 책의 13장)

2.2.3 예수의 자기희생의 속죄의 효력과 함께 만찬 제정 말씀들 가운데 나오는 예수의 죽음이 지니는 계약체결의 기능이 두드러진다.

2.2.3.1 바울과 누가의 경우 그것은 잔 말씀에서 "이 잔은 내 피로 세운 새 언약이다."(*τοῦτο τὸ ποτήριον ἡ καινὴ διαθήκη ἐστὶν ἐν τῷ ἐμῷ αἵματι.* 누가의 경우 이차적으로 *τὸ ὑπὲρ ὑμῶν ἐκχυννόμενον*으로 보충된다.)라는 진술과 함께 일어난다. 이것으로 간과할 수 없는 방식으로 예수께서 돌아가실 때 이루어지는 새로운 계약에 대한 예언적인 약속의 말씀인 예레미야 31:31(칠십인역 38:31)이 언급되고 있다. '피'는 여기서 피의 본질이 아니라, 오히려 죽는다는 의미로 '피를 흘리는 것'을 말한다. 마찬가지로 이 단어는 죽인다는 의미에서 '피로 책임지는 것'도 말할 수 있다. 잔을 함

께 마시는 것은 이 본문에 따르면 예수의 죽음으로 제정된 새 계약에 참여하는 것이다.

2.2.3.2 마가와 마태의 본문은 계약의 사고를 다른 방식으로 표현한다. 여기서 시내산 계약 체결인 출애굽기 24:8이 관련된다. 바울과 누가의 계약이 피를 흘리는 것으로 체결되었다면, 여기서는 속죄를 보증하는 예수의 피 흘림으로 일어난다. 유형론에 근거하여 여기서도 새로운 계약이 핵심이다. 속죄와 계약체결은 잔 말씀에서 서로서로 직접 관련된다. 그러므로 "이것은 많은 사람을 위하여 흘리는 바, 나의 피 곧 언약의 피니라."는 강조된 표현이 등장한다.(*τοῦτό ἐστιν τὸ αἷμά μου τῆς διαθήκης τὸ ἐκχυννόμενον ὑπὲρ πολλῶν.*)

2.2.3.3 속죄의 모티브는 자기희생에 관한 예수의 진술에 연결된다. 계약의 모티브도 예수의 선포에 뿌리내리고 있다. 이는 기본 상태에서 볼 때 진정성 있는 누가복음 22:29, 30a 말씀에서 유래한다.(이는 제자들에 관한 누가의 표현인 28절 및 마 19:28에도 전승된 것으로, 제자들이 열두 보좌에 앉는 로기온인 30b절과 결합되어 있다.) 관건이 된 것은 아버지에 의해 아들에게 이양된 것에 상응하여 예수에 의해 바실레이아(*βασιλεία*)가 제자들에게 이양되는 것이다. 이는 종말론적인 약속으로 종결된다. "내 아버지께서 나라를 내게 맡기신 것 같이 나도 너희에게 맡겨 너희로 내 나라에 있어 내 상에서 먹고 마시게 하기 위함이다."(*κἀγὼ διατίθεμαι ὑμῖν καθὼς διέθετό μοι ὁ πατήρ μου βασιλείαν, ἵνα ἔσθητε καὶ πίνητε ἐπὶ τῆς τραπέζης μου ἐν τῇ βασιλείᾳ μου*, 눅 22:29, 30a) 바실레이아(*βασιλεία*)의 이양은 '계약'의 제정을 포함한다. 이는 디아테케(*διαθήκη*)와 어근이 직접 관련되는 동사 디아티세스사이(*διατίθεσθαι*)가 드러내는 바와 같다. '이양하다'(*διατίθεσθαι*)와 '계약'(*διαθήκη*) 개념의 언어적인 상응은 독일어로 유사하게 다시 옮길 수 없다. 하나님의 통치와 계약이 서로 일치한다.(비교. 이 책의 16장) 예수에게 '바실레이아가 이양되는 것'으로 새 계약을 체결하라는 하나님의 위탁이 표현된다. 제자들에게 '이양되는 것'으로 이 계약은 구원의 공동체로서 체결된다.

2.2.3.4 누가복음 22:29의 계약체결의 모티브는 30a절에서 종말론적인 완성을 바라보는 것과 결합되고 있다. 이는 마가복음 14:25 병행구절의 로기온과 상응한다. 그 로기온은 다음과 같은 마가-마태의 제정보도로 종결된다. "진실로 너희에게 이르노니 내가 포도나무에서 난 것을 하나님 나라에서 (너희와 함께) 새 것으로 마시는 날까지 다시 마시지 아니하리라."(*ἀμὴν λέγω ὑμῖν ὅτι οὐκέτι οὐ μὴ πίω ἐκ τοῦ γενήματος τῆς ἀμπέλου ἕως τῆς ἡμέρας ἐκείνης ὅταν αὐτὸ πίνω [μεθ' ὑμῶν] καινὸν ἐν* *τῇ βασιλείᾳ τοῦ θεοῦ*, 비교. 마 26:29) 미래 완성에 대한 이러한 약속은 누가복음 22:18에서는 주의 만찬 제정 앞에 놓인다.(사소한 변경과 함께) 바울의 경우에 이 약속은 '그가 오실 때까지'(*ἄχρι οὗ ἔλθῃ*)라는 표현으로 보충된다.

2.3 만찬 제정 말씀의 의미

가장 오래된 본문에 대한 질문은 전혀 가능성이 없는 네 본문 배후에 놓여 있는 공통적인 원 본문을 재구성하는 것과 관련이 적으며, 오히려 사고의 전제들 및 본문 이해와 관련된다.

2.3.1 설명할 수 있는 것은 제정의 말씀들, 무엇보다도 떡 말씀이 예수께서 사용한 아람어로 소급될 수 있는지, 어느 정도로 그러한지이다. 에스틴(*ἐστίν*)은 어쨌든 보충어이다. 셈어는 주어와 서술어를 연결하는 동사(Kopula)를 모르기 때문이다. 더 어려운 것은 소마(*σῶμα*)에 상응하는 단어에 대한 질문이다. 물론 히브리어 구프(גוּף)라는 개념, 아람어 구파(גּוּפָא)라는 개념이 있지만, 이들은 주로 생기가 없는 죽은 육체를 표현한다. 그러므로 대체로 개연성이 있는 것은 '몸'이라는 개념에 바사르(בָּשָׂר), 아람어 비스라(בִּשְׂרָא)가 기초한다는 것이다. 그 밖에 '몸'은 규칙적으로 사륵스(*σάρχ*), '살'로 번역된다. 지나가는 모든 것을 표현하는 데 자주 사용된 이 개념은 지상적인 현존과 존재 상태에 있는 인간을 명명할 수 있다. 이것이 떡 말씀에 전제될 수 있다는 것은 요한복음 6:51c로 입증된다. 거기서 만찬 제정 보도와 다르게 "내가 줄 떡은 곧 세상의 생명을 위한 내 살이니라."(*ὁ ἄρτος ὃν ἐγὼ δώσω ἡ σάρξ μού ἐστιν ὑπὲρ τῆς τοῦ κόσμου ζωῆς*)고 언급된다. 헬라어 본문에서는 적절하게 소마(*σῶμα*)를 사용하여 인격적인 이해를 강조한다. 잔 말씀의 용어는 의미 내용과 관련하여 어려움을 야기하지는 않는다. '잔'(כּוֹס) 뿐만 아니라, '피'(דָּם)와 '계약'(בְּרִית)이 분명한 셈어 상응어를 갖기 때문이다.

2.3.2 투토 (에스틴)(*τοῦτό [ἐστιν]*)을 쓰므로 동일시라는 의미에서 몸과 잔, 즉 몸과 피 및 주의 만찬의 은사들 사이의 관계가 형성된다.

2.3.2.1 마가-마태의 짧은 본문 안에 "이것은 내 몸이니라."는 떡 말씀에서 떡을 떼는 행위가 함께 관련된다는 것에 근거하여 그것이 의미하는 바는, 다른 사람들을 위한 자기희생이 중요하다는 것이다. "이것은 너희를 위하여 (주는) 내 몸이라."는 바울-누가 본문이 분명하게 강조하는 것은 이 희생이 다른 사람들을 위한 것이며, 동시에 그

것으로 속죄의 기능을 표현한다는 것이다.

2.3.2.2 바울-누가 본문에서 "이 잔은 내 피로 세우는 새 언약이니 (곧 너희를 위하여 붓는 것이라.)"는 잔 말씀이 말하는 것은 잔에 참여함이 예수의 피 흘림으로 성립된 새 계약에 참여함이라는 것이다. 마가-마태 본문에서 '몸'과 '피'가 병행되며, 축제가 거행될 때도 직접적으로 나란히 놓인다. 잔은 지금 여기서 투토 에스틴(*τοῦτό ἐστιν*)으로 속죄와 계약을 이루는 예수의 '피'와 연결된다. 물론 여기서 주의되어야 할 것은 구약성서-유대교의 사고전제들에 따라 '구성요소'라는 의미로 그리스도의 몸과 피의 물질적인 현존(Präsenz)을 언급하지는 않는다는 사실이다. 이러한 이해는 신약성서 제정보도들의 경우에 낯선 것이다. 제정 보도의 배후에는 분명히 지상에서 사신 예수의 위격(Person)이라는 관점에서의 '살과 피'가 있다. 결정적인 것은 구원을 보장하는 그의 행위라는 맥락에서 그의 인격적인 현존(Präsenz)이다.

2.3.2.3 이미 언급했듯이, "이것을 행하여 나를 기념하라."는 표현이 마가-마태 본문에서 고려되지 않고 있다. 그러나 모든 경우에 중요한 것은 반복되는 축제이다. 그 축제로 예수의 유일회적인 희생이 구체화되며 구원의 기능이 지속되며, 그 영향력을 끼친다. 속죄와 계약의 구원론적인 모티브들이 동일함에도 불구하고, 여기저기 매우 다양한 외형과 강조점을 갖는다.

2.3.3 제정보도들 중에서 어떤 본문이 더 오래되고 혹은 더 원래적인 것으로 간주될 수 있는지는 제한적으로만 답변할 수 있으며, 부활 이후 제정보도에 공통이 되는 원 본문의 재구성은 불가능하다. 두 본문에 더 오래된 부분과 보다 후기의 부분이 존재한다. 한 편으로 마가-마태 본문에 나오는 떡 말씀의 짧은 형태는 오래된 것을 말한다. 거꾸로 바울과 누가의 본문에서 '몸'과 '잔' 사이의 불일치는 오래된 것임을 분명하게 암시한다. '만찬 후에'(*μετὰ τὸ δειπνῆσαι*)라는 표현도 '떡'과 '잔'의 밀접한 병렬과 병행보다 더 오래되었을 것이다. 공공연하게 속죄의 모티브는 계약 사상처럼 원래 추가적으로 설명하는 해석이었다. 나중에 이 해석이 떡 말씀과 잔 말씀에 관한 두 본문 안에 포함되었다.

2.4 유월절 전승

주의 만찬전승 자체에는 이미 단언하였듯이, 유월절 모티브들은 없다. 바울의 경우 주의 만찬전승 맥락 안에 유월절 모티브들이 완전히 생략되고 있지만, 공관복음서에서는 본문의 틀 안에 등장한다. 그러므로 이 모티브들이 어떤 의미를 지니는가의 문제가 드러난다.

2.4.1 바울은 주의 만찬에 관한 진술들에서 유월절 상황을 어느 곳에서도 암시하지 않는다. 반대로 그는 유월절 양의 도살의 모티브를 고린도전서 5:7b에서 기독론적으로 사용한다. "우리의 유월절 양 곧 그리스도께서 희생되셨느니라."(*τὸ πάσχα ἡμῶν ἐτύθη Χριστός*) 고린도전서에서 사용되고 있는 두 전승 사이의 결합은 이루어지지 않고 있다.

2.4.2 마가와 마태의 경우에 고별만찬은 그 틀로 인해 분명하게 유월절 만찬으로 특징지어지고 있다. 이는 마가복음 14:12-17 병행구절에서 유월절 만찬의 준비에 관한 도입단락 뿐만 아니라, 축제를 종결짓는 마가복음 14:26 병행구절의 찬양시에 대한 언급에서 나타난다. 배신자를 묘사하는 14:18-21 병행구절의 단락에서 그릇에 손을 담그는 것이 마찬가지로 유월절 만찬을 상기시킨다. 그러므로 예수의 만찬 제정이 유월절 만찬과 연속성 가운데 놓이지만, 동시에 유월절 만찬을 폐지한다. 마가복음 14:25 병행구절의 약속의 말씀은 종말 완성의 때에 갱신된 예수 만찬의 축제를 가리킨다.

2.4.3 예수의 고별 만찬이 갖는 유월절 성격에 누가가 더 많은 관심을 갖는다. 이는 마가복음 14:12-17과 병행하는 유월절 준비에 관한 누가복음 22:7-14의 단락과 함께(막 14:18-21의 병행구절은 누가복음 22:21-23에서 비로소 이어진다.) 여기서만 발견되는 유월절 축제와 관련되는 누가복음 22:15-18의 만찬축제의 도입구가 드러낸다.

2.4.3.1 예수께서 이 유월절 만찬을 자신의 제자들과 함께 축하하기를 매우 원했다는 진술과(15절) 다음 로기온이 결합되어 있다. "이 유월절이 하나님의 나라에서 이루기까지 다시 먹지 아니하리라."(*λέγω γὰρ ὑμῖν ὅτι οὐ μὴ φάγω αὐτὸ ἕως ὅτου πληρωθῇ ἐν τῇ βασιλείᾳ τοῦ θεοῦ*, 16절) 이런 관점 아래 예수께서 잔을 들고, 감사기도를 드리며, 제자들에게 잔(의 내용)을 서로 나누라고 요구하며(17절), 그리고 이어서 말한다.(18절, 막 14:25과 상응한다) "내가 너희에게 이르노니 내가 이제부터 하나님의 나라가 임할 때까지 포도나무에서 난 것을 다시 마시지 아니하리라."(*λέγω γὰρ ὑμῖν, οὐ μὴ πίω ἀπὸ τοῦ νῦν ἀπὸ τοῦ γενήματος τῆς ἀμπέλου ἕως οὗ ἡ βασιλεία τοῦ θεοῦ ἔλθῃ*) 눈에 띄는 것은 이것으로 생겨나는 17절과 20절의 잔 말씀의 중복이다. 누가복음 22:15-20에서 의도된 것은 예수의 진정한 만찬과 유월절 만찬의 축제를 결합시키는 것이다. 거기서 17절의 잔은 두 번째 잔(하가다 잔)에, 20절의 잔

은 세 번째 잔(축복의 잔)에 상응해야 한다. 여기서 결정적인 것은 예수께서 (종말) 완성의 때에야 비로소 자신의 제자들과 다시 유월절을 축하할 것이라는 점이다.

2.4.3.2 이 단락의 의도에 대한 질문이 제기된다. 15-18절과 19절 이하가 직접 결합되어 있기 때문에, 본문단락을 통일체로 이해할 수 있으며, 그 단락 전체가 예전적인 기능을 갖는다. 이것이 의미할 수 있는 것은 누가가 받아들인 전승에 따르면 16절과 18절의 예수의 두 말씀 및 처음 잔을 나누는 것이 예수의 만찬 축제에 함께 속한다는 사실이다. 대체로 개연성이 있는 것은 복음서 저자가 여기서 기독교화된 유월절 축제를 생각하고 있다는 점이다. 이는 2세기의 소위 '크바르타데지마너'(Quartadezimaner)의 경우에서 증명할 수 있는 바와 같다. 거기서 유월절 양을 먹는 것이 유월절을 기념하는 것으로 대체되었다.

3. 바울의 주의 만찬

고린도전서에서만 바울이 주의 만찬에 관해 진술한다. 그는 각기 특별한 주제를 다루는 문맥 아래 놓인 세 구절들에서 그렇게 한다. 당면한 문제제기에 직면하여 중요하지 않은, 다양한 문학층에 그 진술이 속할 수 있는가에 관한 설명과는 별도로, 밝힐 수 있는 것은 본문들이 어떻게 서로 관련될 수 있는가이다. 동시에 고린도전서 11:17-34에서 시작할 것을 권한다. 여기서 만찬제정보도가 바울 이전의 전승과 분명하게 관련되기 때문이다. 그 후에 고린도전서 10:(1절 이하) 3 이하와 10:16 이하의 두 구절에 대한 언급이 권장된다.

3.1 고린도전서 11:17-34의 남용에 대한 입장

고린도전서 11:17-34에서 세 개의 하부단락이 분명하게 구별된다. 바울은 17-22절에서 고린도 교회가 주의 만찬을 실행할 때 남용이 있음을 다룬다. 이어서 23-26절에서 규범이 되는 파라도시스(전승 — 역자 주)를 언급하고, 27-32절에서 경고가 이어진다. 바울은 33절 이하에서 17-22절로 되돌아가는 것으로 자신의 진술을 종결짓는다.

3.1.1 23-26절에서 주의 만찬 전승을 불러들이는 것은 규범적인 기능을 갖는다.

거기서 사도에게 중요한 것은 무엇보다도 찢겨지지 말아야 할 주의 만찬의 통일성이다. 바울은 여기서 한 전승 가운데 서 있으며, 거기서 기독교의 만찬 축제는 공동체 만찬과 공고하게 결합되어 있었고, 이는 '만찬 후에'라는 표현이 드러내는 바와 같다. 그러므로 배고픔을 채우는 만찬의 때가 축제에 통합되는 한 구성부분을 이루며, 임의로 해체될 수 없다. 그 파라도시스에 따라 만찬행위와 만찬 말씀이 이해된다. '너희를 위한 나의 몸'은 십자가에서 자신을 헌신하신 주님의 몸이다. 그 몸이 만찬축제에 참여하는 각 사람을 위해 대속의 능력을 지닌다. 그에 상응하여 각자가 잔을 받으며 예수의 피로 성립된 새로운 계약에 참여하게 된다.

3.1.1.1 바울에 의해 전승된 제정보도에서 눈에 띄는 것은 먼저 25b절에 나오는 두 번째 아나므네시스-구문이다. 이것을 행하여 예수를 "기억하라."는 25b절의 요구는 여기서 '너희가 마실 때마다'(*ὁσάκις ἐὰν πίνητε*)와 결합되고 있다. 이것은 24b절의 첫 번째 구문에 비하여 공공연하게 제한되고 있음을 의미한다. 잔을 나누는 실행이 모든 만찬축제에서 일상적이지는 않았다. 이는 짐작컨대 가난한 공동체들 안에서 포도주가 없었다는 사실과 관련된다. 그에 반해 훨씬 더 일반적인 것은 26a절에 나오는 '너희가 이 떡을 먹으며 이 잔을 마실 때마다 …'라는 요약진술이다.

3.1.1.2 이에 덧붙여 26b절에 "주의 죽으심을 너희가 전하라."(… *τὸν θάνατον τοῦ κυρίου καταγγέλλετε*)는 말씀이 보충된다. 여기서 카탕겔레테(*καταγγέλλετε*)는 직설법이나 명령법으로 이해될 수 있다. 직설법으로 이해하는 것을 선호할 수 있다. 사도는 공공연하게 주의 만찬의 축제 자체를 선포의 행위로 특징짓기를 원하고 추가적인 설교를 생각하지 않기 때문이다. 이 말씀은 바울이 덧붙인 진정한 것으로 바울의 십자가 신학이 얼마나 긴밀하게 이 전승과 결합되어 있고 그 안에 뿌리를 두고 있는가를 드러낸다.

3.1.1.3 바울에게서 생략되고 있는 마가복음 14:25 병행구절의 약속의 말씀은 고린도전서 11:26c에서 "그가 오실 때까지 …"(… *ἄχρι οὗ ἔλθῃ*)라는 말씀으로 보충된다. 바울의 경우에도 종말론적인 전망이 중요하다. 잡히시던 밤에 관한 23b절의 도입구문과 함께 주의 만찬이 이런 방식으로 예수의 죽음과 그의 재림 사이의 시기를 위한 예배의 축제로 특징지어지고 있다.

3.1.2 17-22절의 도입단락은 주의 만찬으로서 합당한 축제에 관해 언급한다. 바울은 고린도 교회가 만찬 축제를 잘못 시행하고 있음을 들었다. 그래서 이미 스키스마타(*σχίσματα*), 즉 '분파'가 등장했음을 알고 있다. 물론 바울은 그러한 스키스마타

(*σχίσματα*)나 하이레세이스(*αἱρέσεις*)에서 – 두 개념은 여기서 구별이 없이 사용되며 아직 가치를 경감시키는 연상개념을 지니지 않는다. – 긍정적인 관점을 본다. 그러한 분열에서 명료화가 이루어질 수 있고, 신실한 자들이 인식될 수 있다는 점에서 그렇다. 여기서 잠정적인 것으로 보이는 분열들이 여전히 어느 정도 의미를 지니지만, 동기 자체는 상당히 회의적이다. 20절에 따르면 주의 만찬의 올바른 성격에 대한 문제가 제기된다. 그래서 함께 모이는 것이 더 이상 공동체를 세우는 데 기여하지 못하며 오히려 공동체를 파괴하게 한다. 이는 "너희의 모임이 유익이 못되고 도리어 해로움이라."(*οὐκ εἰς τὸ κρεῖσσον ἀλλὰ εἰς τὸ ἧσσον συνέρχεσθε.*)는 17b절의 말씀이 분명하게 드러내는 바와 같다. 고린도에서 수행된 것과 같은 만찬의 실행은 22b절에 따르면 '하나님의 집'(*ἐκκλησία τοῦ θεοῦ*)인 교회를 '업신여기고'(*καταφρονεῖν*) 가지지 못한 자들을 부끄럽게 만든다. 21절에서 알 수 있듯이, 아직 모두가 참석하지 않았음에도 불구하고, 떡과 잔이 함께하는 예전 행위만을 끝으로 연기하고, 함께 가지고 온 음식과 음료수를 먼저 먹는 것이 일반적이었다. 예속된 자들로 오랫동안 일해야 했던 가난한 교인들이 특히 이 일에 관련되었다. 그러나 어떤 사람들은 취하고 어떤 사람들은 배가 고파서는 안 된다. 이와 관련하여 바울은 17a절에 따르면 공동체를 칭찬할 수 없으며, 오히려 비난해야 한다. 오히려 33절이 말씀하듯이 서로 기다려야 마땅하다. 이러한 이유에서 바울은 그가 전해 받은 제정보도를 가지고 떡의 제정 분병과 잔의 제정 분잔 사이에 애찬의 시간을 위치시킨다.

3.1.3 고린도전서 11:17–34에서 가장 어려운 부분은 27–32절의 세 번째 하부단락이다. 종결부인 34b절에 따르면 사도에게 있어서 중요한 것은 공동체가 "판단받는 모임이 되지 말아야 한다."(*ἵνα μὴ εἰς κρίμα συνέρχησθε*)는 점이다. 그러므로 바울은 잘못된 실행과 관련하여 그들을 비난하는 것이 아니라, 오히려 경고해야 한다. "주의 몸과 피에 대해 죄를 지을 수 있기 때문이다."(*ἔνοχος εἶναι τοῦ σώματος καὶ τοῦ αἵματος τοῦ κυρίου*, 27b절) 이것이 본문 단락의 주요 사상이다. 그러므로 바울은 그러한 죄를 짓게 되는 근거와 결과를 설명한다.

3.1.3.1 죄를 짓는 근거는 27a절에서 '아낙시오스'(*ἀναξίως*)로 특징지어진다. '합당하지 않게' 떡을 먹고 잔을 마시는 것이 중요하다. 개인이 가져야 할 전제조건이라는 뜻으로서의 위엄성이 아니라, 나누어지는 선물을 존중한다는 의미에서 합당함이 거론되고 있다. 이러한 전제하에서 28절에 자신을 살필 것을 호소한다. 이는 바울의 경우에 단지 구원의 선물에 대한 필요를 깨닫는 것을 의미할 수 있다. 29b절에 따르면 이 결정

은 디아크리네인 토 소마(διακρίνειν τὸ σῶμα), 즉 올바르게 '몸을 분별하는 것'에 해당된다. 여기서 바울은 분명하게 의도적으로 부정확하게 표현한다. 여기 의도된 '몸'이 우리를 위해 죽음으로 내어주며 우리에게 만찬의 선물로 제공되는 예수 그리스도의 몸일 뿐만 아니라, 또한 예수 그리스도를 통하여 형성된 공동체의 몸이기 때문이다.

3.1.3.2 바울이 30-32절에서 말하는 결과들과 관련하여, 결정적으로 중요한 사상은 구원과 마찬가지로 심판도 이미 현재 역사하고 있다는 것이다. 치유가 구원을 가리키듯이, 거꾸로 30절에 따르면 병, 고난, 죽음은 심판을 가리킨다. 이는 개인의 죄와 그로 인해 겪는 벌이라는 맥락에서 이해되어져서는 안 된다. 동시에 그것은 31절 이하에 따르면, 주님의 심판을 징계(παιδευθῆναι)로 경험하고 세상에 대한 심판을 피하기 위해, 자기 자신을 기꺼이 심판 아래 두는 것을 의미한다.

3.2 고린도전서 10:3 이하와 10:16 이하의 주의 만찬에 관한 말씀

고린도전서 10:3 이하(1절 이하)와 10:16 이하는 배교 및 우상숭배에 대한 경고의 맥락에 놓이지만, 직접적인 상황과 관련된 고린도전서 11:17-34 보다 더 근본적인 성격을 지닌다.

3.2.1 고린도전서 10:3 이하(1절 이하)와 10:5-13은 8:1-11:1의 복잡한 문맥의 일부이다. 물론 서신의 이 단락을 문학비평적으로 구분하는 것이 요구되지는 않는다. 중요한 것은 매우 의미 있는 사고과정이다.

3.2.1.1 바울이 10:1-13의 처음에 세례와 주의 만찬을 말한다면, 유형론의 틀에서 그렇게 한다. 그에 대해 11절에서 다음과 같이 언급한다. 예전에 이스라엘의 역사 가운데 일어난 것이 '종말 사건들'(τέλη τῶν αἰώνων)을 경험하는 자들에게는 '유형론적인'(τυπικῶς) 의미를 지닌다. 이스라엘 백성의 역사 가운데서 행하시는 하나님의 행위의 초기와 종말 시기가 상관관계를 갖는다. 종말 시기는 시작하고 있는 구원으로 특징지어지는 현재의 사건을 말한다. 그런 방식으로 바울은 모세의 인도 아래 홍해를 통과하는 것을 세례(1절 이하)와, 만나를 먹고 반석으로부터 마시는 것을 주의 만찬(3절 이하)과, 광야시기에 많은 이스라엘 백성들이 불평하고 배교하는 것을 믿는 자들의 배교와 관련시킨다(5-10절). 구원의 선물은 잃어버릴 수 있는 소유가 아니다. 경험한 구원을 믿음으로 붙잡을 것에 대한 준비가 결여된 곳에서 인간은 구원을 상실한다. 그러나 바울은 이러한 경고와 관련하여 또 확언한다. "그런즉 선 줄로 생각하는 자는 넘어

질까 조심하라."고 결론적으로 다시 한 번 바울이 권고할 때, 시험(*πειρασμός*)이 인간이 감당할 수 있는 능력을 넘어서지 못하며, 오히려 하나님께서 시험당하는 자와 함께 하셔서, '너희들이 시험을 감당할 수 있게 하기 위해'(*τοῦ δύνασθαι ὑπενεγκεῖν*, 13절) 그들을 위해 피할 길을 주신다는 약속이 결합된다.

3.2.1.2 10:1-4의 세례와 주의 만찬에 관한 설명에서 먼저 판테스(*πάντες*)가 강조된다. 바다를 건너고 '모세에게 세례를 받은'(*εἰς τὸν Μωϋσῆν ἐβαπτίσθησαν*) '모든 사람들', 광야 유랑생활에서 음식과 음료를(*βρῶμα, πόμα*) 받은 '모든 사람들'이 하나님의 사랑을 경험했다. 마찬가지로 그리스도께 나아가고 수 세기를 거쳐 기독교 공동체의 길을 함께 걸은 자들 중 그 누구도 하나님의 선하심과 은혜에서 배제되지 않았다. 모든 사람들이 세례의 인침을 받았고, 만찬의 때에 늘 거듭하여 힘을 얻었다.

3.2.1.3 반석으로부터 마시는 경우에 그 사건이 세례와 주의 만찬을 앞서 설명하는 것이라는 사실과 그 이유에 대한 더 상세한 근거가 주어지고 있다. 반석은 "그들을 뒤따르는 신령한 반석이며, 그 반석은 그리스도이었다."(4b절) '뒤따르는 반석'(*ἀκολουθοῦσα πέτρα*)이라는 이해로 유대교의 해석전통을 받아들이고 있으며, '신령한 반석'(*πνευματικὴ πέτρα*)으로서의 반석이라는 명칭으로 또 그것을 그리스도와 동일시함으로 독특하게 기독교적인 해석을 덧붙이고 있다. 주목할 만한 것은 이 해석이 기독론적이며, 성령론적인 요소를 포함한다는 것이다. 기독론적인 요소가 기독교 공동체에서 후재자(der Postexistente)의 사역에 상응되게 옛 계약의 역사 가운데서 선재자(der Präexistente)의 사역을 전제한다. 성령론적인 요소는 선재자로서뿐만이 아니라 승귀하신 그리스도로 구체적으로 역사하는 능력으로서의 성령을 언급한다. 이로부터 음식과 음료가 '신령한 음식'(*πνευματικὸν βρῶμα*)과 '신령한 음료'(*πνευματικὸν πόμα*)로 특징지어진다. 주의 만찬의 성령론적인 이러한 해석은 놀랍지 않다. 그 밖에 초기 기독교 고별만찬전승에서 직접적으로 기독론적인 차원이 결정적인 역할을 하기 때문이다. 어쨌든 만찬의 선물이 승귀하신 주님에게서 시작하는 프뉴마(*πνεῦμα*)를 통해 우리를 위해 주신 몸으로 새 계약의 잔으로 규명됨을 표현한다.

3.2.2 고린도전서 10:16 이하의 본문단락은 10:1-13에 직접 연결되는 문맥에 놓인다. 14절 이하에서 우상숭배가 경고되고 있다. 주의 만찬에 관한 설명인 16절 이하 다음에 18절과 19절 이하에서 14절 이하의 교훈이 펼쳐진다. 이어서 21절 이하에서 주의 만찬과 우상숭배가 서로를 배제한다는 결론을 내린다.

3.2.2.1 고린도전서 8:10 이하를 돌이키며 10:14b에서 "우상 숭배하는 일을 피

하라."(φεύγετε ἀπὸ τῆς εἰδωλολατρίας)고 우상숭배에 참여하는 것을 경고한다. 이는 물론 10:8에서도 '음행'(πορνεύειν)이라는 모티브로 암시되지만, 10:5-10에서 일반적으로 시험 및 배교의 가능성과 관련된다. 여기서 특히 관건이 되고 있는 것은 공동체 구성원들 몇 몇이 우상의 제단 만찬에 참여하는 것을 문제없는 것으로 본 사실이다. 희생제사가 드려지는 곳에서 일종의 인정과 소속의 모습이 갖추어진다. 이는 '육신을 따라 난 이스라엘'이 드리는 제사에도 해당되며(18절) 이방 신들에게 드려지는 제사에도 해당된다.(19절 이하) 8:4-6에 따르면 기독교의 믿음에 다른 신들이 없고 그로써 우상이 없음에도 불구하고, 귀신의 권세가 작용한다. 제단을 섬기는 일 각각이 그 제단 아래 놓이는 것을 요구한다. 따라서 '귀신의 식탁'(τράπεζα δαιμονίων)과 '주의 식탁'(τράπεζα κυρίου)에 참여하는 것이 서로를 배제한다.(21절 이하)

3.2.2.2 바울이 이런 맥락에서 주의 만찬을 말한다면, 전체 단락에서 기준이 되는 핵심단어는 코이노니아(κοινωνία), '참여'이다. 이는 특히 코이노니아(κοινωνία)/코이노노이(κοινωνοί)가 메테케인(μετέχειν)과 함께 받아들여지고 있음에서 밝혀진다. 코이노니아(κοινωνία)의 개념은 단지 '함께한다는 공동체성'(Gemeinschaft)보다 훨씬 더 많은 것을 표현한다. 관건이 되는 것은 참여, 즉 몫을 받고 몫을 갖는다는 의미이다. 이에 덧붙여 다른 문맥에서 몫을 주는 것도 등장한다. 함께 몫을 빋고 나누는 것을 통하여 형성되는 소속이 관련되는 곳에서 결국 함께함을 말할 수 있다. 동시에 소속은 서로 몫을 나누어 주는 것을 포함한다.

3.2.2.3 이는 16절에 따르면 주의 만찬에도 해당된다. 지금까지 언급된 본문들에 비해 몇 가지 특성들이 이 구절에서 주목될 수 있다. 16절에서 잔과 떡의 순서를 바꾸는 것이 17절의 떡 모티브의 의도적인 확장과 관련되며, 따라서 다른 실행으로 적용시킬 수 없다. 그러나 16절에 고린도전서 11:23-25과 차이 나는 전승에 관해 두 가지가 시사된다. 하나는 여기서 동사 '감사하다'(εὐχαριστεῖν) 대신에 '축복하다'(εὐλογεῖν)가 등장한다는 것이다. 이어서 '나의 몸'과 '새 계약의 잔'이 아니라, 오히려 '몸'과 '피'가 병행을 이룬다. 다만 그렇게 '그리스도의 몸과 피에 참여함'(κοινωνία τοῦ σώματος τοῦ Χριστοῦ와 κοινωνία τοῦ αἵματος τοῦ Χριστοῦ)에 관한 표현이 설명되고 있다. 이는 마가-마태의 제정보도에 상응하는, 만찬실행을 가리킨다. 바울에게 있어서 이 말씀들의 경우에 중요한 것은 참여이며, 그 참여는 구원을 제공하는 예수의 죽음의 능력이 만찬이라는 선물 가운데 살아 있고 승귀하신 주께서 그 안에 현존하심을 뜻한다.

3.2.2.4 17절은 이러한 사고를 정말 바울적인 방식으로 계속 전개한다. 만찬축제에서 오직 '떡'(*εἶς ἄρτος*)이 쪼개어지는 그대로 "많은, 우리가, 한 몸이다."(*ἕν σῶμα οἱ πολλοί ἐσμεν*) 우리가 함께 쪼개어진 떡의 몫을 갖기 때문이다. 공동체 구성원 각자가 그리스도의 몸과 피가 제공하는 구원의 능력에 참여한다는 사고와 함께, 여기서 바울에게 있어서 근본적으로 중요한 것은 '그리스도의 몸'으로서의 구원의 공동체이다.

4. 요한의 주의 만찬 말씀

요한복음에서 주의 만찬의 주제는 요한복음 6장의 식사 이적과 예수의 떡 말씀의 맥락에서 다루어진다. '요한'적인 이해가 제2 요한전승에서 다양하게 계승되고 있다.

4.1 요한복음 6장의 떡 이적과 떡 말씀

요한복음 6:1-65에 나오는 큰 단위의 말씀 복합체가 주의 만찬이라는 주제에 할애된다. 부분을 이루는 큰 단락들이 6:1-13, 14-25, 26-51b, 51c-58, 59-65 안에 있다. 중앙에 위치하는 6:26-51b의 떡 말씀은 전승된 본문 가운데 부차적으로 보충되고 있다. 이는 (5:28 이하와 마찬가지로) 6:39c, 40c, 44c에 나오는 '마지막 날에'라는 부활에 관한 표현 및 6:51c-58의 추가적인 전체 단락과 관련된다.

4.1.1 제4 복음서 저자가 기독교 세례의 시작을 예수의 고유한 행위로 돌리듯이 (3:22, 4:1) 주의 만찬은 예수의 지상사역, 즉 수난 이전의 그의 사역에 근거하며 기초하고 있다. 그러므로 우리가 공관복음서 저자들이나 바울을 통해 아는 바와 같은 제정의 보도가 빠져 있다. 물론 요한복음 13장이 예수의 고별만찬에 관해 보도하지만, 주의 만찬제정 대신에 복음서 저자는 13:2-5에서 세족식에 관해 설명한다. 세족식은 13:12-17에 따르면 예수께서 제자들을 떠날 때 강조한 서로 사랑하라는 계명에 대한 구체적인 예이며, 13:6-11에 따르면 언제나 부분적인 정결이 새롭게 요구될 때, 예수께 속한다는 소속을 표현한다. '목욕한 자'(*λελουμένος*, 10절)가 전체 정결이라는 뜻으로 의심의 여지없이 세례를 암시하므로, 여기서 '발을 씻는 것'(*τοὺς πόδας νίψασθαι*)이 주의 만찬을 의미하는 것인지가 고려된다. 복음서 저자가 이런 방식으로 주의 만찬의 주제를 파악한다는 것은 거의 개연성이 없다. 오히려 세례 이후에 범하게 되는 범과 및

죄에 관한 숙고(비교. 요일 1:6-2:1)와 일종의 회개의 성례가 관련된다. 그 대신에 요한복음 6장이 주의 만찬을 언급한다.

4.1.2 요한복음 6장은 1-4절의 도입 구문 다음에 '바다 건너편에서' 행하신 5,000명을 먹이신 식사에 관한 5-13절의 설명으로 시작한다. 이 이적에 대한 무리의 반응인 14절 이하는 6:16-21의 예수께서 바다를 걸으시는 사건 및 6:22-25의 예수께서 무리를 찾는 것에 관한 보도와 결합되고 있다. 예수와 무리는 그 사이에 가버나움에 있다. 거기서 예수께서는 6:26-51b의 긴 떡 설교를 시작한다. 이 강화는 중간에 질문과 반발로 여러 번 중단된다. 이로써 6:26-29, 30-35, 36-40, 41-51b의 네 단락이 드러난다.

4.1.2.1 많은 무리의 백성이 먹는 기적적인 식사는 복음서 저자에게 있어서 주의 만찬을 유형론적으로 미리 표현하는 것이다. 결정적인 것은 예수의 축복을 받은 떡이다.(11절) 제자들을 통해 나누어진 이 떡이 모든 사람들에게 배부되며, 다른 많은 사람들을 위해 충분히 남겨져 있다.(12절 이하) 함께 언급된 물고기들은 주의 만찬 시에 애찬이 관련되고 있음을 가리킨다.(참조. 요 21:12 이하)

4.1.2.2 공동식사의 의미는 6:26 이하에서 진정한 배부름이 중요하므로 예수께서 썩을 양식을 위해 일하지 말며, 오히려 그가 주시는 '참된 양식, 영생하도록 있는 양식'(…*τὴν βρῶσιν τὴν μένουσαν εἰς ζωὴν αἰώνιον*)을 위하여 하라고 요구하는 말씀으로 강조된다. 예수께서 6:30에서 과거의 만나 식사와 같이 유효한 표적을 행하라는 요구를 받을 때, 모세가 하늘로부터 참된 떡을 준 것이 아니라, '하나님의 떡'은 '하늘에서 내려와 세상에 생명을 주시는 …' 것이라고 대답한다.(*ὁ γὰρ ἄρτος τοῦ θεοῦ ἐστιν ὁ καταβαίνων ἐκ τοῦ οὐρανοῦ καὶ ζωὴν διδοὺς τῷ κόσμῳ*, 33절) 이것으로써 예수의 위격(Person)과 떡의 동일시가 이루어지며, 35절의 "나는 …이다." 말씀으로 이전된다.

4.1.2.3 요한복음 6:35이 전체 설교의 핵심 로기온이다. "나는 생명의 떡이니 내게 오는 자는 결코 주리지 아니할 터이요 나를 믿는 자는 영원히 목마르지 아니하리라."(*ἐγώ εἰμι ὁ ἄρτος τῆς ζωῆς· ὁ ἐρχόμενος πρὸς ἐμὲ οὐ μὴ πεινάσῃ, καὶ ὁ πιστεύων εἰς ἐμὲ οὐ μὴ διψήσει πώποτε.*) 이 말씀 자체에서 이제 눈에 띄는 것은 목마름의 모티브가 고려되지 않는다는 것이다. 갈증의 해소라는 주제는 4:7-15과 7:37-39에서 다루어진다. 그러나 그 두 경우에 만찬축제와 관련되지 않는다. 배고픔뿐만 아니라 목마름에 관한 이중적인 설명에서, 상위의 주문장이 떡에 관해서만 말한다는

점에서, 6:35의 로기온은 아주 통일적이지는 않다. 어쨌든 이 설교의 주된 내용은 35a절에 따르면, 계속 잇달아 나오듯이, 오직 '생명의 떡'이다.

4.1.2.4 6:36-40에서 먼저 중시하는 것은 예수께서 하늘에서 내려오신 분으로 아버지의 구원의 뜻을 성취한다는 것이다. 하늘에서 내려온 자라는 자기 증언으로 인해 야기된 유대인들의 수군거림과 신앙고백의 필요성이 41-47절에서 언급된다. 48절에서 "내가 생명의 떡이다."라고 재차 언급한 후에, 6:31-33로 되돌아가 조상들이 광야에서 만나를 먹었어도 죽었지만, 하늘에서 내려온 떡을 "먹는 자는 영원히 살 것이다."(*ἐάν τις φάγῃ ἐκ τούτου τοῦ ἄρτου ζήσει εἰς τὸν αἰῶνα*)라는 말씀이 뒤따른다.

4.1.3 떡 말씀에서 오직 떡의 선물이 관건이 된다. 이것이 '요한'적인 만찬의 실행과 이해로 이끈다.

4.1.3.1 떡의 선물을 향한 거의 절대적인 집중은, 복음서 저자에게 있어서 떡 행위가 최소한 주의 만찬의 결정적인 부분으로 간주되고 있다는 결론에 이르게 한다. 그가 다른 전승을 알고 있음을 요한복음 6:35c로부터 추측할 수 있다. 그렇지만 대체로 축제가 전제되고 있는지, 그 축제에서 6:1-13에 나오는 사화의 경우처럼, 떡을 나누는 행위가 애찬과 결합되고 있는지를 고찰해야 한다.

4.1.3.2 결정적으로 중요한 내용은 떡 선물과 예수 위격(Person)의 동일시이다. 다른 본문에서 그의 '몸'에 대한 언급으로 이어지는 것이, 여기서는 아버지가 '보내셨고'(*ὁ πέμψας με*, 38절 이하), '인을 치신'(*τοῦτον γὰρ ὁ πατὴρ ἐσφράγισεν ὁ θεός*, 27c절) 자와 관련시키는 것으로 이어진다. 주목을 끄는 것은 여기서 관건이 되는 것이 쪼개진 몸을 내어 주는 것이 아니라, 하늘로부터 내려오는 지상의 예수라는 것이다. 이러한 내용은 요한 기독론과 관련된다. 거기서 성육신이 결정적으로 중요한 계시 사건이 되며, 그 계시 사건은 죽음과 부활을 포괄하는 '승귀'에서 상관관계를 이룬다.

4.2 제2 요한적인 본문

요한복음 6:51c-58에 나오는 떡 말씀에 대한 추가와 주의 만찬과 관련된 요한일서의 진술이 제2 요한적인 전승에 속한다.

4.2.1 원래적인 요한의 떡 말씀은 6:51a, b로 종결된다. 먼저 그 뒤를 잇는 것이 전승적인 성격을 지니는 6:51c의 말씀이며, 이어서 대화가 뒤따른다. 이 대화는 52, 57절 이하와 53-36절로 다시 구별되어야 한다.

4.2.1.1 만찬제정보도의 첫 번째 말씀과 유사하게 6:51c에 비슷한 말씀이 나온다. "내가 줄 떡은 곧 세상의 생명을 위한 내 살이니라."(*ὁ ἄρτος δὲ ὃν ἐγὼ δώσω ἡ σάρξ μού ἐστιν ὑπὲρ τῆς τοῦ κόσμου ζωῆς*) 이미 언급했듯이, 여기서 사륵스(*σάρξ*)가 소마(*σῶμα*)보다 더 원래적이다. 반면에 보편적인 '세상의 생명을 위한', 즉 '많은 사람을 위한'(막 14:24 병행구절)이라는 말씀이 요한의 언어 안에 수용되고 있다. (비교. 6:33)

4.2.1.2 6:51c에서는 떡 말씀만이 고려된다. 이는 6:52에 나오는 유대인들의 논쟁에 관한 진술처럼 6:57 이하의 결론적인 두 진술과도 관련된다. 여기서 6:52은 특징적으로 유대인들에게 상당히 거리낌이 되는 '살을 먹는 것'과 관련된다. 6:57 이하에서 '나를 먹는 것'에 해당되는 '떡을 먹는 것'과 영원한 생명의 약속이 결합된다. 그와 달리 6:53-56에서 '나의 살을 먹는 것'(*φαγεῖν/τρώγειν τὴν σάρκα μου*)뿐만 아니라, '나의 피를 마시는 것'이 언급된다. 그것으로 잔 말씀도 고려되고 있다. 예수께서는 6:27에서처럼 53절에서 '인자'와 동일시된다. 그것을 넘어서 54c절은 '마지막 날에' 있을 부활에 관한 말씀을 포함시킨다. 이 말씀은 57절 이하에서도 미래에 관한 말씀이 나오므로 6:39c, 40c, 44c에 추가되기 이전에 여기서 그 자리를 확보했었을 것이다.

4.2.1.3 내용상의 강조점의 이동이 상당한 비중을 지닌다. 6:51c가 자기헌신이라는 의미로 이해될 수 있다면, 이러한 말씀은 6:52, 57 이하에서 뿐만 아니라 6:53-56에서도 '살', 즉 '살'과 '피'로 이해된다. 따라서 여기서 주의 만찬 시에 베풀어지는 선물이라는 의미가 물질적으로(substantiell) 이해되는 요소로 그 강조점이 이동된다. 이러한 이동이 그 시점부터 주의 만찬 이해에 상당한 중요성을 지니게 되었다. 신약성서의 다른 모든 본문들에서는 '떡을 먹는 것'과 '잔을 마시는 것'만을 언급한다. 제2 요한적인 추가에서는 '살을 먹는 것'(*φαγεῖν τὴν σάρκα*)만이 아니라, 바로 '살을 곱씹어 먹는 것'(*τρώγειν τὴν σάρκα*, 54, 56절과 57절 이하)을 말한다. 그와 함께 '피를 마시는 것'도 언급한다. 이러한 언급은 "내 살은 참된 양식이요 내 피는 참된 음료로다."(*ἡ γὰρ σάρξ μου ἀληθής ἐστιν βρῶσις, καὶ τὸ αἷμά μου ἀληθής ἐστιν πόσις*)라는 6:55의 말씀에서 그 절정을 이룬다. 참여하는 현실이 매우 격렬한 방식으로 표현되고 있다. 이러한 말씀은 주의 만찬에 관한 신약성서의 다른 본문들에서 병행구가 발견되지 않는다. 때때로 "내세의 능력을 맛본다."(*γεύσασθαι … δυνάμεις μέλλοντος αἰῶνος*)는 히브리서 6:5의 진술이 요한복음 6:51c-58의 근접하는가가 질문될 수 있지만, 그러한 질문은 확실하게 단정 지을 수 없다.

4.2.2 마찬가지로 제2 요한적인 요한일서가 일종의 비슷한 추론을 인식하게 한다. 이 서신은 한 편으로 영생에 현재 참여하는 것에 대한 요한적인 기본사상을 유지한다.(비교. 3:14, 5:11) 다른 한 편 요한일서 5:6-8의 본문은 요한복음 6:52-58과 비교할 만한 의도를 내포하지는 않는다. 5:6에서 예수 그리스도께서 '물과 피로'(*δι' ὕδατος καὶ αἵματος*) 오심은 그의 세례와 마찬가지로 피를 흘린다는 의미에서 그의 죽음을 표현한다. 이와 유사하게 5:8에서 '물과 피'는 기독교의 세례와 구원을 제공하는 죽음의 축제로서 주의 만찬을 가리킨다. 비슷하게 이미 요한복음 19:34에서 예수께서 죽을 때 피와 물이 언급된다.

5. 가장 오래된 주의 만찬 축제의 다양한 형태?

5.1 축제의 다양한 형태에 대한 근거

5.1.1 팔레스틴 지역에서는 지상 예수의 만찬공동체가 계속되고 있었고, 반면에 헬라 지역에서는 특히 바울의 영향을 받은 만찬축제의 형태가 고별만찬에 연결되어 축하되고 있었다는 한스 리츠만(Hans Lietzmann)에 의해 제시된 주장이 20세기 전반기에 매우 널리 퍼져 있었다. 이 견해는 한 경우에는 갈릴리 유형이, 다른 경우에는 예루살렘 유형이 고려될 수 있을 것이라는 의미로 수정이 되었다. 최근에 베른트 콜만(Bernd Kollmann)에 의해 다양하게 형성된 초기 기독교 만찬 축제에 관한 주장이 제시되었다.

5.1.2 이러한 이해에 관한 주요 논증은 사도행전에 여러 번 나오는 표현으로 구원론적인 진술이 없으며, 잔-예전이 언급되지 않는 '떡을 떼다'(*κλάσις τοῦ ἄρτου, κλᾶν ἄρτον*, 행 2:42, 46, 20:7, 11)라는 말씀이다. 그러나 '떡을 떼다'라는 표현만으로 그러한 견해가 지지될 수는 없다. 그 표현과 함께, 오직 떡-예전만을 언급하는 본문들을 주목할 수 있다.

5.1.2.1 이러한 내용은 비교적 독자적이며 복음서 저자 이전에 주어진 6:35의 '나는 …이다' 말씀을 제외하고, 요한복음 6:25-51b의 떡-설교에도 해당된다. 급식사화에서처럼 여기서 인간이 되신 이가 공급자이며 선물이다. 예수께서 죽음으로 헌신하는 것이 결정적으로 중요한 내용인 요한복음 6:51c의 전승구절도 단지 떡에 관한 해석

을 담고 있다.(52, 57절 이하도 마찬가지이다.) 떡-예전으로 제한하는 것은 나아가 고린도전서 11:26a에서 추론할 수 있다. 그러나 짐작컨대 거기서는 실행상의 이유로 그렇게 했을 것이다. 그러한 점에서 사도행전의 짧은 보도들은 보다 더 큰 맥락 안에 놓이며, 최소한 떡-행위가 실제로 초기 기독교 만찬을 특징짓는 것이었음을 알게 한다.

5.1.2.2 여기에서부터 누가복음 22:15-19a에 나오는 누가의 짧은 본문에 빛이 던져진다. 18-22의 유월절 모티브들에 따라 그 본문은 19a절에서 결국 떡-행위와 ('너희를 위하여 주는 …'이라는 말씀이 없이) "이것은 내 몸이다."라는 말씀을 포함한다. 여러 번 논의된 이 짧은 본문은 신앙을 위한 비밀훈련(Arkandisziplin)과 관련된 것으로 설명될 수 없고, 이중의 잔-행위가 피해져야 했던 것으로도 설명할 수 없다. 오히려 관건이 되는 것은 떡-말씀으로 제한되었던 예전이 실행되었음을 고려하는 것이다. 그러한 예전은 해당내용을 지니는 수사본들(특히 D 사본과 it)의 본거지였던 곳에서 공공연하게 일반적으로 실행되었다. 흥미롭게도 더 원래적인 긴 본문 또한 단지 누가복음 22:19c에 따르면 바울과 달리 아나므네시스-구문을 갖는다. 이 사실도 반드시 잔-행위를 포함하지는 않는 만찬의 실행이 있었음을 암시한다.

5.1.3 물론 그것과 함께 떡-행위와 잔-행위가 서로 결합되어 있는 주의 만찬전승(Paradosis) 본문이 있었다. 이 전승 본문이 널리 퍼져 있었음은, 선승이 다양하게 표현되지만, 세 공관복음서에서와 마찬가지로 바울에게서도 등장하고 있다는 사실만으로도 드러난다. 또한 요한복음 6:51c-58의 제2 요한적인 진술들도 53-56절에서 떡과 포도주의 사용을 가리킨다. 그러한 전승에 맞서서 이제 떡-행위로 제한시키는 논쟁되는 본문들이 있다. 여기서 중요한 것은 대다수의 경우에 떡에 대한 예수의 죽음과 관련된 해석이다. 급식사화와 결합된 요한복음 6:26-51b의 떡-설교 안에서만 다른 해석이 등장한다. 그것은 아마도 요한적인 성육신신학에 근거했었을 것이다. 어쨌든 논박될 수 없는 것은 초기 기독교 만찬 축제가 다양한 형태를 지니고 있었다는 사실이다.

5.2 전승사적 고찰

5.2.1 예수의 고별만찬의 원래 형태가 아주 확실하게 재구성될 수 없다. 그러나 다음 두 가지 사실은 오해의 여지가 있을 수 없다. 만찬이 예수의 죽음과 관련된다. 따라서 쪼개어 떼어진 떡은 예수 자신에 의해 자기희생으로 해석되었다. 이에 덧붙여 종말 완성 시에 하늘의 만찬을 바라보는 종말론적인 전망이 잔-예전과 결합된다. 이 두

가지 내용이 그러한 방식으로 해석된 만찬에 참여하는 제자들과 관련된다. 이로써 구원론적인 구성요소들이 최소한 내재적으로 앞서 주어지고 있었다.

5.2.2 쪼개어 떼어진 떡에 대한 해석의 말씀을 갖는 의심의 여지없이 진정한 짧은 본문은 예수의 선포와 관련된다. 이 본문과 결정적으로 중요한 구원론적인 이해가 함께 결합되어 있다. 그것을 규명하는 모티브들이 어느 정도로 만찬제정말씀 안으로 이미 통합되었었는지의 문제는 아직 해결되지 않았다. 예수의 희생과 구원을 보장하는 그의 죽음에 참여함이 결정적인 관점들이었으며, 그들에 대한 표현은 별개의 문제이었다. 떡에 관해 언급된 축복의 말씀이 이러한 사실정황을 표현할 수 있는 가능성을 제공해 주었다. 동시에 대속의 모티브는 본문 안으로 통합되기 이전에도 처음부터 특별한 역할을 했다. 어쨌든 떡-말씀은 다른 사람들을 위해 희생한다는 의미로 방향을 제시하고 있었다. 그러므로 떡-말씀은 대속과 보편적인 구원이라는 뜻으로 강조하여 해석되었다.(고전 11:24a, 요 6:51c)

5.2.3 원래 잔-행위와 결합되어 있는 약속의 말씀과 병행하여 혹은 그 말씀 대신에, 제정보도들이 드러내듯이, 예수의 죽음과 관련된 잔-말씀이 일찍이 등장한다. 이 잔-말씀이 초기 공동체의 팔레스틴 전승으로 소급한다는 것은 상당히 개연성이 있다. 그 밖에 유대 기독교인들과 이방 기독교인들의 공동 식탁공동체가 갈라디아서 2:11-13에 전제되듯이, 안디옥 공동체에서 있었을 것이고, 거기서 고린도전서 11:23-26에 나오는 전승의 의미로 만찬이 확실하게 축하되었었는지는 전혀 생각할 수 없다. 여기서 대속과 계약사상의 모티브가 결정적인 역할을 했다. 마가-마태 본문 안에 변경되지 않고 남아 있는 떡-말씀과 함께, 잔-말씀 안에 요약되고 있는 내용은 바울-누가 본문에서 떡-말씀과 잔-말씀으로 나누어지고 있다.

5.2.4 그러므로 잔-행위와 잔-말씀이 규칙적이지 않으며 모든 공동체에서 일반적이지 않았음에도 불구하고, 초기 기독교의 만찬축제가 지니는 공통된 기본형태가 있었다는 사실로부터 출발해야 한다. 그러한 점에서 문제는 기본형태가 다양하게 형성된 것이 아니라, 오히려 공통된 기본 형태가 떡-행위와 떡-말씀으로 제한되고 있었던 예배가 실행되고 있었다는 사실이다. 이는 누가복음 22:19a의 짧은 본문에만 해당되는 것은 아니다. 그러므로 중요한 것은 아주 널리 퍼진 예전의 관행으로, 그 관행에서 결국 기독교화된 떡-예전이 애찬과 결합하여 실행되고 있었다. 이러한 전제하에 떡-말씀의 구원론적인 구성요소들이 특별한 무게를 지닌다. 떡-예전만을 포함하는 축제들은 어쨌든 그 자체로 요한복음 6:25-51b을 제외하고, 예수의 고별만찬전승과 그의 죽음의 구

원론적 이해를 전제한다. 그러한 종류의 축제들은 공공연히 비교적 오랫동안 유지되었다. 그러한 점에서 초기 기독교 안에 나중에 표현된 용어로 커뮤니오 숩 우나(communio sub una)[26]가 있었다. 물론 여기서 잔에서처럼 떡에서 예수의 희생죽음을 현재화시키는 전체 희생미사를 포함하는 융합설(Konkomitanz)[27]에 관한 중세의 설명이 전제되어서는 안 된다.

5.2.5 고별만찬은 지상 예수의 식사공동체들과 주의 만찬 축제들 사이의 다리를 표현한다. 주의 만찬의 축제들은 그 자체로 주의 현현 만찬에 근거하여 결정적으로 부활하신 자가 현재하신다는 확신으로 특징지어진다. 예수의 고별만찬은 초기 기독교 만찬축제를 위한 결정체(結晶體)가 되었다. 그러므로 주의 만찬은 구원의 근거가 되는 예수의 죽음을 '기억'하기 위해 베풀어진다. 거기서 부활 이전의 그의 사역이 절정에 이르고 그의 지속적인 현존이 경험된다. 강조하여 표현된 '아나므네시스'에 대한 요구에 근거하여 만찬보도는 분명하게 원인론(原因論)적인 기능을 지닌다. 그러나 그것은 만찬을 반복할 것에 대한 요구가 분명하게 언급되지 않는 곳에도 해당된다.

6. 초기 기독교 주의 만찬 이해의 공통점

초기 기독교의 예전 실행 이외에 주의 만찬에 관한 신약성서 전승이 광범위한 일치를 드러낸다. 그럼에도 불구하고 수많은 개별 특징들이 지니는 중요성에 대해 질문해야 한다.

6.1 떡과 잔을 나누는 의미

초기 기독교에서 주의 만찬축제의 다양한 형태뿐만 아니라 다양한 해석도 있었다. 그러한 점에서 그 해석들이 서로 일치하고 있는지와 어느 정도로 그러한지를 질문해야 한다.

26) 성찬 시에 신도들이 떡 만을 받는 성례를 말한다. – 역자 주.

27) 그리스도의 몸 안에 피가 흐르므로 주의 만찬에서 떡을 떼어줄 때 그의 피가 함께 주어진다는 스콜라철학에서 유래한 표상이다. – 역자 주.

6.1.1 예수의 죽음과 관련되는 만찬의 형태에서 속죄의 모티브가 결정적인 역할을 한다.(참조. 속죄 이해에 관하여 이 책 13장) 대속에 대한 견해가 초기 기독교 주의 만찬에서 매우 초기부터 꽤 큰 의미를 지녔다. 그것을 만찬제정보도들과 "내가 줄 떡은 곧 세상의 생명을 위한 내 살이니라."(*ὁ ἄρτος ὃν ἐγὼ δώσω ἡ σάρξ μού ἐστιν ὑπὲρ τῆς τοῦ κόσμοῦ ζωῆς.*)는 요한복음 6:51c의 말씀이 드러낸다. 이 말씀은 '살'이라는 개념을 사용하므로 오래된 말씀으로 파악된다. 동시에 만찬제정보도에서 속죄 모티브가 떡-말씀 또는 잔-말씀과 결합되었을 수 있다. 이는 바울-누가 및 마가-마태의 본문이 드러내는 바와 같다. 더 중요한 것은 바로 주의 만찬에서 대속사상이 공동체와 관련된 정형구문인 '너희를 위하여'(바울과 누가)와 함께 보편적으로 향하는 '많은 사람들을 위하여', 혹은 '세상의 생명을 위하여'(마가, 마태, 요 6:51c)가 고려된다는 사실이다. 예수의 자기희생은 처음부터 구성적인 요소였으며 이미 매우 일찍이 이 보편적 사고 안에 특징적으로 표현되고 있었다.

6.1.2 속죄의 모티브와 함께 만찬제정보도들 중에서 계약사상이 확고한 자리를 잡고 있다. 계약사상은 전적으로 잔 말씀의 구성부분이 된다. 예수의 희생이 자신의 과업에 해당되듯이, 계약사상은 그의 메시지에 해당된다. 구원의 근거가 되는 속죄의 죽음이라는 선물은 동시에, 만찬에 참여하는 자들로 구성된 공동체의 근거가 된다. 그러한 점에서 구원론적인 이 두 관점들이 서로를 보충한다.

6.1.3 요한복음 6:25-51b의 떡 말씀에서 주의 만찬이 다르게 해석된다. 거기서 예수가 행하는 생명의 헌신은 결정적이지 않다. 오히려 '생명의 떡'(35, 48, 51a절)이 성육신하신 이와 동일시된다. 주의 만찬의 축제를 지상 예수의 삶으로 되돌리는 것은 부활 이전의 식탁공동체들과 연결된다. 그럼에도 불구하고 결정적으로 중요한 것은 부활 이후의 축제가 지니는 기독론적이며 구원론적 차원이다. 예수께서 지상에 있을 때 베푼 예수의 세례에 관한 말씀들과 병행하여(요 3:22, 4:1), 주의 만찬의 축제는 부활 이전의 시기와 관련된다. 부활 이전과 부활 이후의 상황이 여기서 함께 조망되고 있다. 예수의 삶 가운데 이미 후기의 현실이 반영된다. 이는 시종일관 생각되고 있는 지상에 계신 자와 승귀하신 자의 동일시에 상응된다. 예수의 이해에 따르면 죽음과 부활이 성육신에 함께 속한다. 승귀가 성령이 역사하는 전제이다. 따라서 요한복음 6:60-65의 떡 말씀에서 단지 제자들에게만 관련되는 종결단락은 '인자가 이전에 있던 곳으로', 그 곳으로 '올라가는 것'에 관한 말씀과(62절) 동시에 "살리는 것은 영이니 육은 무익하니라."(*τὸ πνεῦμά ἐστιν τὸ ζῳοποιοῦν, ἡ σὰρξ οὐκ ὠφελεῖ οὐδέν,* 63a절)는 성령의 사역에

관한 언급을 포함한다.

6.1.4 이러한 다양한 관점들을 고려한다면, 이 모든 다양성에도 불구하고, 주의 만찬에 관한 진술들이 지니는 통일성을 규명하는 데 중요한 공통점이 중심부에 위치하고 있음이 드러난다. 각각의 경우에 전제되는 것은 주의 만찬이 예수 자신의 만찬축제 안에 그 기원을 갖는다는 것, 주의 만찬이 구원을 위한 예수의 희생의 표시라는 것, 구원론적인 차원이 주의 현존과 그의 선물 안에 역사한다는 것이다. 그러므로 직접 그와 함께하고 있음이 경험되고 믿음이 강해진다. 개별적으로 아나므네시스-구문은 축제가 매번 열릴 때마다 구원을 일으키는 예수의 사역의 현재화가 중요함을 강조한다.

6.2 실재적 임재(Realpräsenz)의 문제

교회 및 신학역사에서 매우 자주 논의된 실재적 임재의 문제는 신약성서 본문상황에 근거한다.

6.2.1 만찬제정 보도말씀들과 요한복음의 떡 말씀에서 만찬 시에 주어지는 선물과, 예수의 위격(Person), 그의 몸 및 그의 피 흘림과의 동일시가 이루어진다면, 그것은 초기 기독교의 구약성서적이며-유대적인 사고라는 전제 아래, 재현(*repraesentatio*)이 수행되는 예수의 파송 및 전권에 관한 진술들과 유비하여 이해할 수 있다. 인간 예수의 전권 가운데서 하나님의 현재를 경험할 수 있었다면, 주의 만찬 시에 떡, 떡과 잔과 함께 지상에서의 예수의 현존, 그의 생명의 헌신, 그의 피 흘림 및 그의 지속적인 구원사역이 동일시되고 있다. 만찬제정의 말씀 중 "이것은 …이다."(*τοῦτό ἐστιν*)라는 표현에서 중요한 것은 예수의 위격(Person)과 그의 구원사역에 참여함을 가능하게 하는 동일시이다. 이러한 근거에서 바울은 '(몫을) 나눔'(*κοινωνία*)이라는 개념을 끌어들였다. 관건이 되는 것은 자신의 생명을 내어주고 자신의 피를 흘리신 자의 '인격적 현존'(Personalpräsenz)이다. '기념하다'는 표현은 현재화라는 의미로 인간의 구원을 다루시는 자가 현재하고 있음을 포괄한다.

6.2.2 살을 먹고, 무엇보다도 피를 마신다는 문제는 유대교와 유대기독교인들에게 굉장히 거리끼는 것이었을 것이며, 초기 주의 만찬전승에 결코 등장할 수 없었다. 더욱 놀라운 것은 제2 요한적인 추가인 요한복음 6:51c-58에서 떡을 먹고 잔을 마시는 것 대신에 나오는 '살을 먹고'(*φαγεῖν, τρώγειν τὴν σάρκα*) '피를 마시는 것'(*πίνειν τὸ αἷμα*)에 관한 언급이다. 이는 주의 만찬에 관한 이해가 주목할 수 있을 정도로 변경

되었음을 가리킨다. 그것은 유대기독교적인 전제 아래에서는 결코 가능할 수 없었던 것이다. 요한복음 6:52에서 유대인 적대자들이 살을 먹는 것에 대한 문제를 제기한다. 여기서 위격적인(personal) 현존이 예수의 살과 피의 현존으로 이전되고 있다. 이 본문은 추가적으로 만찬제정 보도와 결합하여 주목할 만한 영향사를 갖게 되었다. 그러나 간과하지 말아야 할 것은 이 본문이 주의 만찬에 관한 초기의 본문과 일치하지 않는다는 사실이다. 요한복음 자체가 지니는 전승된 본문 안에서도 주목할 수 있을 정도로 긴장이 존재한다. 떡 말씀에서는 떡의 선물 가운데 존재하는 예수의 위격적인(personal) 현존이 결정적으로 중요하며, 그것은 만찬제정 보도말씀 전승에 해당되는 내용이다. 반면에 추가 본문에서 관건이 되는 것은 구원을 일으키는 선물로서 살과 피에 집중하는 것이다. 물론 본문은 만찬을 구성하는 요소들에 집중하는 후기의 다른 전제 아래 놓인다. 제2 요한적인 전승이 기독론과 관련하여 온갖 영성화(Spiritualisierung)에 맞서서 성육신의 실재(Realität)를 강조하는 것처럼 주의 만찬의 축제와 만찬의 선물에서도 그의 현존의 실재가 강조되었어야 할 것이다. 그러나 간과할 수 없는 모순이 존재한다. 어쨌든 그러한 모순이 이차적인 본문 단락이 중심이 되는 말씀에 입각하여 해석할 것을 요구한다.

6.2.3 고대교회에서 원래적인 이해가 존재론적인 사고로, 무엇보다도 실체적인(substanzhaft) 사고로 변형되었고, 이는 성만찬을 구성하는 요소들인 '몸'과 '피'에 단편적으로 집중하는 결과를 수반하였다. 신약성서에서 결정적으로 중요한 인격적인 관계와 그 관계로부터 발생하는 구원론적인 관점들은 광범위하게 뒤로 처지게 되었다. 이러한 해석이 중세기 동안 더 폭 넓게 형성되었다. 동시에 성례전의 사건을 가능한 더 정확하게 설명하려고 노력하였다. 결정적인 의미를 지니게 된 것은 화체론(化體論, 즉 실체변화론[Transsubstantiationslehre])으로, 가톨릭교회에서 지속적으로 기준이 되었다. 그것에 대하여 루터(Luther)가 성체 공재론(共在論, Konsubstantiationslehre)으로 반대하였고, 거기서 루터는 그리스도의 실재적인 임재(reale Präsenz Christi)를 주장하였다. 그러나 루터는 변화에 대한 생각을 희생시켰다. 그에 반하여 깔뱅(Calvin)은 그리스도가 승귀하신 이후 직접 현존하실 수 없다는 이유로(소위 '극도의 깔뱅주의'), 성령의 임재를 강조하였다. 그 사이에 기본적인 위격적(personal) 관계가 폭 넓게 재수용되었고 성체를 구성하는 요소에 단편적으로 집중하는 것에 대한 문제가 인식되었다. 또한 이로부터 개별적인 신앙고백적 가르침들 각각이 그리스도의 임재(Präsenz)의 비밀을 깊이 알려는 시도로 드러났으며, 이러한 의미에서 최종적으로 인정받을 것을 요구하지

않고도, 상대적인 타당성을 지니게 되었다. 결정적인 내용은 바로 성령의 사역에서도 일어나는 주님의 임재에 대한 증거이며, 성체의 선물을 통해 중재되는 구원에 참여함이다.

6.2.4 실재적 임재라는 맥락에서는 신약성서 안에서 아무 역할도 하지 않는 성례의 개념이 큰 의미를 지닌다.(*sacramentum*, 성례는 나중에 *μυστήριον*[비밀, 신비]의 개념에 대한 번역어로 사용되었다. 그러나 비밀의 개념은 초기 기독교 본문에서 아주 다른 의미와 기능을 지닌다.) 여기서 관건이 되었던 것은 상징(*signum*)과 실체(*res*)의 관계이었다. 이는 매우 타당한 문제제기이다. 최근 신학이 성례의 개념을 고수함에도 불구하고, 상징적인 행위가 효력을 일으키는 말씀과 결합된다는 점에서 그러한 문제제기는 부당한 것이 아니다. 그 말씀을 통하여 함께 기억하고(*commemoratio*) 인격적인 재현(*repraesentio*)이 일어난다. 이런 방식으로 기독교의 진정한 주의 만찬 축제가 지니는 고유성을 다르게 표현할 수 있으며, 이는 세례에도 유사하게 적용된다.

6.3 주의 만찬의 실행

6.3.1 초기 기독교의 예배는 축제였으며, 거기서 주의 만찬이 중심에 놓였다. 예배 모임은 만찬의 축제이었고, 거기서 중요했던 것은 공동체 구성원들이 배불리 먹는 것이었다. 그것은 바울과 누가의 본문이 전제하듯이 떡 행위와 잔 행위가 만찬의 기본 골격임을 표현한 것인지, 혹은 마가와 마태의 만찬제정보도 본문에서 추론할 수 있듯이 떡 행위와 잔 행위로 공동체 만찬을 종결시켰는지와는 별개의 것이다. 그리고 그것은 결국 애찬과 결합한 떡 예전이 관건이 되는 곳에서도 동일하게 적용된다. 2세기 이래 공동체의 애찬과 성례전적인 축제 사이의 일반적인 분리는 원래적인 만찬의 성격을 근본적으로 변경시켰으며, 이러한 변경은 더 성장해 가는 공동체들 안에서 피할 수 없는 것이었다.

6.3.2 예수와 초기 공동체의 만찬축제들을 특별하게 특징짓는 것은 그 축제들이 개방된 식사공동체였다는 사실이다. 여기에 어떤 전제가 없었다. 많은 수의 백성이든지, 세리나 죄인이든지, 바리새인이나 예수를 대적하는 자들이든지, '믿지 아니하는 자들'이나 '알지 못하는 자들'이든지(고전 14:24) 누구나 초대를 받았다. 예수께서 자신의 고별만찬을 축하할 때, 물론 그의 곁에 자신의 제자들만 있었다. 그러나 그 제자들은 갱신된 하나님의 백성을 위해 대리적으로 예수에 의해 임명된 열둘이었다. 언제나 예수와

함께하는 공동체를 떠난 유다도 거기에 속하고 있다. 중요한 것은 진정으로 믿는 자들만이 아니라, 예수와 그의 제자들의 메시지를 통해 어루만져질 것을 찾는 모든 이들을 위한 만찬이었다.

6.3.3 만찬의 축제들은 종말론적인 만찬 공동체를 예수께서 지상에 계실 때 앞서 취하는 성격을 지녔다. 이러한 관점이 주의 만찬에 관한 부활 이후의 본문들 안에 남아 있다. 이는 우선 '마라나타'라는 기도 시의 부름이 드러내는 바와 같다. 이는 지나가는 도상 가운데 있는 축제로서 만찬이 지니는 성격과도 관련된다. 우리가 이미 경험한 구원으로부터 그 완성에 다다르는 도상에 있으면서, 구체적으로 우리가 받은 세례로부터 우리가 죽음에 이르기까지의 도상에 있으면서, 우리는 그 축제에 참여함으로 힘을 얻게 된다. 고린도전서 10:1-4에서 세례와 주의 만찬이 서로 결합되어 있는 것은 우연이 아니다. 세례는 그리스도께 속하는 근거를 형성하며, 그리스도께서 구체화시키는 구원에 근본적으로 참여하게 한다. 주의 만찬은 그러한 참여를 지속적으로 갱신하며, 생생하게 재현한다. 주의 만찬이 예수의 죽음과 그의 재림 사이에 일어나는 공동체의 축제이듯이, '영적인 음식'과 '영적인 음료'로서의 떡과 잔은 세례 받은 자들을 위한 여정을 위한 음식이다.

7. 마무리 고찰

주의 만찬의 이해 및 실행과 관련하여 교회들이 서로 많이 근접함에도 불구하고 초기 기독교 만찬 축제들이 지니는 기본 의도가 공통적인 기초로 여겨지는 경우에 극복해야 할 많은 문제들이 여전히 존재한다. 해석상의 모든 문제에도 불구하고 주의 만찬의 이해를 위해 근본적인 기초로 주어진 것을 거듭 의식하는 일이 불가피하다. 이어서 다양한 설명들을 서로 배제시킬 필요가 전혀 없다.

7.1 주의 만찬의 이해

주의 만찬에 대한 초기 기독교의 이해는 구원을 위해 결정적인 근거가 되는 예수 그리스도의 희생으로 각인되어 있다. 그가 현재하시며 주의 만찬에서 주어지는 성체 선물 가운데서 그의 사역에 참여하신다.

7.1.1 비전통적인 입장이 변경되지 않은 채 주장되는 경우, '실재적 임재'(Realpräsenz)에 대한 옛 논쟁은 초기 기독교의 이해에 근거하여 극복될 수 있다. 그 개념을 실체적인(substanzhaft) 사고방식과 결합시키는 것에서 벗어난다면, 그 개념은 주의 만찬이 행해질 때 예수의 부활의 예표와 주의 계속적인 현존 아래 있는 위격적 임재라는 의미로 이해될 수 있다. 이런 의미에서 실재적 임재가 주의 만찬 축제의 결정적인 특징이 된다. 근본적으로 성체의 선물 안에 주님이 현존하신다는 증거를 중요시하는 경우 신앙고백에 따른 여러 해석들 사이의 결정적인 차이는 더 이상 존재하지 않는다. 주님의 현존은 신비로 남으며, 주님의 현존은 믿음의 확신으로서 결국 그에 대한 모든 해석의 시도가 포기된다.

7.1.2 우리가 주의 만찬 시에 기념하는 예수의 희생은 그의 구원의 기능과 뗄 수 없이 결합되어 있다. 우리는 대리로 행하시는 그의 '…를 위하여 있는 현존'(Pro-existenz)을 경험하고 있다. 그것으로 죄가 제거되었고 하나님과 함께하는 공동체가 다시 세워지거나 강화된다. 동시에 우리는 주의 만찬의 축제를 통하여 새 계약의 생명력 있는 구원의 현실 안으로, 믿는 자들 모두와의 공동체 안으로 세워진다. 만찬 축제의 행위와 말씀에서 관건이 되는 것은 구원의 근거가 되며 믿음을 강하게 하는 주님의 관심이다. 주의 만찬 시의 성체 선물은 효력을 일으키는 표적으로 이해되어야 한다. 표석(Zeichen)과 사실 내용(Sache, 또는 사건-역자 주)이 함께 융합되고 있다.

7.1.3 만찬 축제에서 주님께서 위격적(personal)으로 현재하신다는 의미에도 불구하고 성체의 선물에 집중하는 것이 근본적으로 중요하다. 초기 기독교의 경우에는 그러나 성만찬의 '요소'들을 중시하지 않고, 오히려 구원하시는 관심이 구체화하는 것을 중시하였다. 예수 그리스도가 우리를 위하여 몸으로 자기 자신을 희생하셨듯이, 우리에게 그의 구원의 성체 선물이 몸으로 제공되고 있다. 몸은 위격적인(personal) 전체를 표현한다. 그 안에서 주님이 우리를 만나시고 그가 가까이에 계심을 우리가 경험한다.

7.2 주의 만찬 축제의 형태

신약성서에서 주의 만찬은 예배를 구성하는 부분이다. 선교적인 말씀의 선포가 수행되는 것이 예배의 축제 영역 밖에서 불가피한 것일 수 있다면, 공동체 예배는 주의 만찬의 축제를 포기하지 말아야 한다.

7.2.1 초기 기독교 예배는 열린 축제이었다. 복음의 메시지를 듣고 기독교 공동

체를 배우기를 원했던 모든 이들이 그 축제에 초대되었다. 그에 상응하여 진실하게 만찬 공동체에 함여하기를 원했던 모든 이들이 만찬에 초대를 받았다. 이 사실이 계속하여 잊혀졌다. 주의 만찬의 '교회화'(Verkirchlichung)는 우선 결정적인 조건들이 전제되어야만 경험된다는 점에서 드러난다. 이러한 경우가 해당되는 것은 특히 다른 교회 공동체에 속하는 사람들을 문제시하는 곳이다. 그러나 신앙고백에 따른 소속에 근거한 상호간의 제한은 주의 만찬의 의도에 모순 된다. 큰 공동체가 개최하는 기본적으로 열린 축제가 작은 그룹의 만찬 공동체를 배제하지 않는다. 이는 예수께서 행한 바와 같지만, 규칙이 되지는 말아야 할 것이다. 주의 만찬 시에 문을 개방하는 시도는 필연적이며 타당한 것이다. 그것은 또 복음의 메시지에 내적으로 다가가 있지만 공동체 및 예배와의 접촉을 잃어버린 사람들이 갖고 있는 소심함을 극복하도록 하는 데 효력이 있다.

7.2.2 두 가지 형태의 축제가 오랫동안 논쟁의 주제가 되었었다. 그것이 극도에 달한 것은 성찬의 잔을 포기하는 것은 기본적으로 더 이상 존재하지 않는다는 사실에서이다. 이에 덧붙여 거꾸로 성찬의 떡의 선물에 참여하는 것으로 제한하는 것은 이미 초기 기독교에서 주의 만찬 축제의 적절한 한 형태이었다는 인식에 이르게 되었다. 그러나 여기서 잊지 말아야 할 것은 원래 애찬이 주의 만찬을 구성하는 고정된 요소이었다는 사실이다. 최소한 그에 관한 참조로 떼어진 떡이 사용되었고, 그것이 하나의 성체를 갖는 상징적인 형태로만 사용되지는 않았을 것이다. 게다가 숙고해야 할 것은 애찬과 결합된 주의 만찬의 축제가 어느 정도 경우에 따라 수행되지 않았는가 하는 것이다.

7.2.3 에큐메니칼 토의에서 성례와 직제의 긴밀한 결합 및 감독이 주재하는 교회 공동체 안으로 하나로 묶여지는 것이 늘 반복적으로 언급된다. 이 경우 기억해야 하는 것은 신약성서에 따르면 주의 만찬의 축제가 직제를 맡은 자와 반드시 연결되는 것은 아니라는 사실이다. 그러한 연결은 초기 기독교 본문 그 어느 곳에서도 전제되지 않는다. 책임을 맡은 공동체 지도자들이 대체로 예배와 주의 만찬 시에 앞에 서는 사실은 맞지만, 무조건적인 것은 아니다. 언제나 직제 문제에 관해 이해할 수 있듯이, 교회 직제에 따라 인정된 주의 식탁공동체를 더 오랜 기간 밀어내도록 하지 않기 위하여, 직제 문제는 최소한 주의 만찬과 묶어서 해결해야 할 것이다.

19장

기도, 신앙고백, 예배

1. 기도

1.1 신약성서에서 기도의 의미

1.1.1 기도가 이스라엘 백성의 생활 가운데서 중심 역할을 했다. 이는 무엇보다도 구약성서의 시편이 드러내는 바와 같다. 초기 유대교에서는 회당이 성서를 읽고 해석하며 모이는 장소로서 공동기도의 장소이었다. 이미 기독교 이전 시기에 '십팔기도문'이라는 기도의 기본형태가 형성되었으며 예배 시에 사용되고 있었다.

1.1.2 예수 자신의 기도에 대해 복음서에서 자주 언급된다. 예수의 기도는 예수 자신께서 하나님과 연결되었음을 표현하며, 예수의 선포와 행위를 위한 원천(源泉)이다.

1.1.2.1 공관복음서의 표현에 따르면 예수께서 종종 기도하기 위해 한적한 장소나 산으로 물러났다.(막 1:35, 6:46, 눅 4:42, 5:16 병행구) 특히 누가는 예수의 기도의 의미를 강조하였다. 예수께서 세례를 받을 때 기도하셨다.(눅 3:21) 예수께서 열둘을 임명하기 전에, 베드로가 신앙을 고백하기 전에, 용모가 변화되기 전에 기도했다.(6:12, 9:18, 28 이하) 그의 기도는 제자들의 기도에 관한 가르침을 간청한 것이 동기가 되었다.(11:1) 예수께서는 하나님과의 관계를 생생하게 유지하였다. 동시에 그의 기대가 유혹 가운데 강해지기도 했다. 마가복음 14:32-42 병행구절의 겟세마네 기도는 다음 말씀에서 절정에 이른다. "아빠 아버지여 아버지께는 모든 것이 가능하오니 이 잔

을 내게서 옮기시옵소서. 그러나 나의 원대로 마시옵고 아버지의 원대로 하옵소서." (*ἀββά, ὁ πατήρ, πάντα δυνατά σοι· παρένεγκε τὸ ποτήριον τοῦτο ἀπ' ἐμοῦ· ἀλλ' οὐ τί ἐγὼ θέλω ἀλλὰ τί σύ*, 막 14:36) 이 기도는 제자들을 향한 요구와 결합되고 있다. "시험에 들지 않게 깨어 있어 기도하라."(*γρηγορεῖτε καὶ προσεύχεσθε, ἵνα μὴ ἔλθητε εἰς πειρασμόν*, 막 14:36) 누가의 본문은 22:43에서 천사가 나타나 예수께 힘을 더하였다고 강조하여 덧붙인다. 마가복음 15:34과 마태복음 27:46에 전승된 십자가 위에서 하신 말씀인 "나의 하나님, 나의 하나님 어찌하여 나를 버리셨나이까?"는 시편 22:2의 인용으로 죽음의 시간에 예수께서 기도하신 호소의 기도이다. 또 십자가 위에서 하신 두 말씀인 누가복음 23:34의 "아버지 저들을 사하여 주옵소서 자기들이 하는 것을 알지 못함이니이다."와 23:46의 "아버지 내 영혼을 아버지 손에 부탁하나이다."가 기도로 표현되고 있다. 마찬가지로 요한복음도 예수의 기도에 관해 보고한다. 이에 대한 예들은 요한복음 11:41의 감사기도 "아버지여 내 말을 들으신 것을 감사하나이다."(*πάτερ, εὐχαριστῶ σοι ὅτι ἤκουσάς μου*, 비교. 42절), 12:27 이하의 '이 때를 면하게' 해달라는 구원을 호소하는 간구와 하나님의 이름을 영화롭게 하실 것을 위한 간구(*πάτερ, σῶσόν με ἐκ τῆς ὥρας ταύτης – πάτερ, δόξασόν σου τὸ ὄνομα*), "아버지여 때가 이르렀사오니 아들을 영화롭게 하사 아들로 아버지를 영화롭게 하게 하옵소서."(*πάτερ, ἐλήλυθεν ἡ ὥρα· δόξασόν σου τὸν υἱόν, ἵνα ὁ υἱὸς δοξάσῃ σε*, 17:1b)라는 특징적인 도입구를 갖는 17:1-26의 소위 대제사장적 기도이다.

1.1.2.2 예수의 기도가 갖는 특별한 특징은 '아빠'라는 하나님의 호칭이다. 물론 이 호칭이 예수의 말씀 중 마가복음 14:36에만 남아 있지만(그 밖에 롬 8:15와 갈 4:6에 초기 기독교의 기도 호소로 나온다.), '나의 아버지'(*ὁ πάτηρ μου*) 혹은 '아버지'(*πάτερ*)를 언급하는 수많은 말씀들이 일반적으로 다른 곳에 등장하지 않는 기도할 때 부르는 이 호칭의 특별한 형태를 암시한다. 절대적으로 사용된 '아버지'(*ὁ πάτηρ*)도 초기 기독교 전승에 나오는 그 호칭에 대한 분명한 간접증거가 된다. 초기 공동체가 기도 시에 부르는 호칭을 아람어로 '아빠'라고 고수한 것은 결국 예수 자신에게 소급할 수 있다.(참조. Joachim Jeremias) '아빠'는 가족 사이에 사용하는 언어에서 나온다. 예수께서 기도하실 때 등장하는 이러한 하나님 호칭은 하나님과 긴밀하게 함께 하고 계심과 하나님을 아버지로 부르는 직접적인 관계를 표현한다.

1.1.3 예수의 기도만이 자주 언급되는 것이 아니라, 예수께서 제자들에게 그들의 위치와 과업에 합당한 기도를 요청한다. 그러므로 예수께서 그의 제자들이 어떻게 기도

해야 하는지를 가르친다.(눅 11:1-4) 하나님과 갖는 살아 있는 관계가 예수와 함께하는 제자도 형태의 생활공동체에 속한다. 그래서 예수께서 그들에게 끊임없이 기도할 것을 요구한다. 이는 간청하는 친구(눅 11:5-8), 간청하는 어린아이(11:11-13 병행구절), 끈질긴 과부(18:1-8)의 비유들이 드러내는 바와 같다. 이것과 결합되어 있는 것이 너희들의 간구도 들어주실 것이라는 확언이다.(막 11:24 병행구절, 마 7:7 이하 병행구절, 요 14:13 등등) 하나님이 인간의 간청과 감사의 기도를 들으신다는 신뢰도 기도에 속하기 때문이다. 이것을 넘어서 예수의 전승 안에 올바른 기도를 위한 가르침이 담겨져 있다. 그것을 바리새인과 세리의 비유(눅 18:9-14), 먼저 용서로 준비할 것과(막 11:25, 비교. 마 5:23 이하) 은밀하게 기도할 것에 대한 요구들이(마 6:5-8) 나타낸다.

1.1.4 신약성서 본문으로부터 초기 기독교 공동체에서 기도가 어떤 의미를 지니고 있었는지를 인식하는 것은 어렵지 않다. 주기도문은 예수의 제자들을 위한 부활 이전 시기의 기도였다. 이 기도가 초기 기독교 공동체에서 중심이 되는 의미를 지녔다. 기도할 때, 그리고 기도를 통하여 믿는 자들이 함께 모였다. 생활 전체가 기도로 표현되는 하나님을 향한 사랑에 의해 영위되었다. 사도행전 2:42에서 '사도들의 가르침'(*διδαχὴ τῶν ἀποστόλων*), '교제'(*κοινωνία*), '떡을 뗌'(*κλάσις τοῦ ἄρτου*)과 함께, 기도(*προσευχή*)가 기독교 공동체의 네 번째 근본적인 특징으로 언급되고 있음은 우연이 아니다. 또 기도할 것을 자주 권한다.(참조. 롬 12:12, 빌 4:6, 골 4:2, 엡 6:18) 데살로니가전서 5:17에 나오는 '끊임없이 기도할 것'에 대한 요구(*ἀδιαλείπτως προσεύχεσθε*)는 쉬지 않고 기도하라는 의미보다는 오히려 지속적으로, 게으름을 부리지 않고 기도하라는 관점을 뜻한다.(비교. 빌 1:3 이하, 딤후 1:3, 롬 9:2 이하)

1.1.5 기도와 관련하여 다양한 용어들이 사용된다. 디모데후서 2:1은 '간구'(*δεήσεις*), '기도'(*προσευχαί*), '간청'(*ἐντεύξεις*), '감사'(*εὐχαριστίαι*)의 네 가지 기도형태를 구별한다. 그에 상응하는 동사가 마찬가지로 사용되고 있다.(*δεῖσθαι, προσεύχεσθαι, ἐντυγχάνειν, εὐχαριστεῖν*) 이에 덧붙여 '찬송'(*εὐλογεῖν, εὐλογία*), '호소'(*ἐπικαλεῖσθαι*), '경배'(*προσκυνεῖν*, 파생어 *προσκύνησις, προσκυνητής*)가 등장한다.

1.2 예수와 기독교인들의 기도로서 주기도문

주기도문은 믿는 자들 각자의 기도이듯이 공동체의 기도이기도 하다. 주기도문은 부활 이전의 제자 공동체를 모든 시대의 믿는 자들과 결합시킨다.

1.2.1 기도의 정의

1.2.1.1 주기도문은 제자들과 예수를 따르기로 준비한 모든 자들을 위한 기도이다. 제자도 자체가 시작하고 있는 하나님의 통치에 관한 예수의 메시지를 전제하거나, 부활 이후 시기에는 복음에 대한 믿음을 전제한다.(막 1:15) 회당에서 십팔기도문이 언급되고 세례 요한이 자신의 제자들에게 고유한 기도를 가르쳤듯이, 예수께서 주기도문으로 자신의 제자들에게 그들의 상황에 적합한 기도로 길을 제시해 준다.

1.2.1.2 이것으로 예수께서 제자들에게 글로 표현된 기도를 남겨주었을 뿐만 아니라, 스스로 하나님을 '아빠'라고 부르듯이 그렇게 하나님을 부를 것을 그들에게 허락하였다. 공관복음서의 본문 상황에 따르면 물론 예수께서 '우리 아버지'라고 부르심으로 자신의 제자들과 자신을 결코 일치시키지는 않았지만, '나의 아버지', 그리고 독특한 방식으로 '너희 아버지'도 언급한다.(비교. 마 5:45, 5:48 병행구절, 눅 6:36 등등.)

1.2.2 주기도문의 전승

누가복음 11:2-4와 마태복음 6:9-13의 두 본문이 문자적으로 완전히 일치하지는 않는다. 그러나 그들의 기본 형태를 복구할 수는 있다. 호칭, 간구의 수, 개별 문장의 표현에서 차이점이 있다.

1.2.2.1 눈에 띄는 것은 호칭의 다양한 형태이다. 누가복음에 '아버지'(*πάτερ*)만 나오는 반면에, 마태복음에는 '하늘에 (계신) 우리 아버지'(*πάτερ ἡμῶν ὁ ἐν τοῖς οὐρανοῖς*)를 말한다. 마태의 본문이 유대교의 기도전승과 일치하므로 '아버지'라는 호칭이 누가복음이 전하는 대로 원래적이라는 것으로 출발할 수 있다. 누가복음이 근본적으로 히브리어나 아람어의 음역을 피하므로, 이 구절에서 예수의 기도문을 특징짓는 '아빠'를 전제할 수 있다. 또 이 호칭으로 그의 제자들도 하나님을 부르는 것이 허락되었을 것이다.

1.2.2.2 하나님의 이름이 거룩히 여겨질 것과 그의 나라가 올 것에 대한 처음 두 간구는 두 본문에서 동일하다. 마태복음에만 나오는 하나님의 뜻이 하늘에서와 땅에서 이루어질 것에 대한 세 번째 간구는 두 번째 간구에 대한 계속된 설명이다. 이는 명백하게 나중에 추가된 것이다. 매일의 떡에 대한 네 번째 간구와 죄 용서에 대한 다섯 번째 간구는 내용상 서로 일치하지만, 표현에 있어서 서로 구별된다. 시험으로부터 보존

될 것에 대한 여섯 번째 간구는 다시 문자적으로 일치한다. 반면에 악으로부터의 구원에 대한 일곱 번째 간구는 계속적인 추가이다. 그러므로 원래 본문은 (마태본문의 일상적인 순서대로) 첫 번째, 두 번째, 네 번째에 이어 여섯 번째까지의 간구를 포함한다.

1.2.2.3 언어적인 특수성이 세 번째 간구에 등장한다. 이에 대한 짧은 고찰이 필요하다.

1.2.2.3.1 양식(糧食)에 대한 간구에서 기독교 밖에서는 결코 증빙되지 않고 신약성서에서 이곳에만 나오는, 대체로 '매일매일'로 번역되는 단어인 에피우시오(*ἐπιούσιος*)가 논쟁이 되고 있다. 이는 접두어 에피(*ἐπι*)가 에이나이(*εἶναι*), '있다'의 분사형과 결합되는가, 혹은 이네나이(*ἰέναι*), '가다, 오다'와 결합되는가에 대한 문헌학적인 질문과 관련된다. 여기서 두 경우에 다시 두 가지 이해의 가능성들이 나타난다. 첫 번째 경우에 간구는 "우리에게 오늘 필요한 양식(우리가 필요로 하는 양식)을 주시오."이거나 "우리에게 오늘을 위해 정해진 양식(매일의 양식)을 주시오."로 번역된다. 두 번째 경우에 간구는 "우리에게 오늘 내일을 위한 양식을 주시오."이거나 혹은 "우리에게 오늘 도래하는 시대를 위한(미래의 양식) 양식을 주시오"로 번역된다. 에이나이(*εἶναι*)와의 결합이 선호될 수 있다. 여기서 '우리가 필요로 하는 양식'과 '매일의 양식'이라는 의미는 서로 멀리 동떨어져 있지 않다. 이러한 기도 간구의 표현구문이 두 병행본문에서 관련시키는 것은 이쪽이나 저쪽에서 먼저 '우리의 매일의/필요한 양식'(*τὸν ἄρτον ἡμῶν τὸν ἐπιούσιον*)을 말한다. 이는 마태복음 6:11에서 "우리에게 오늘 주시오."(*δὸς ἡμῖν σήμερον*)로, 누가복음 11:3에서는 "우리에게 매일 주시오."(*δίδου ἡμῖν τὸ καθ' ἡμέραν*)로 전개된다. '날마다/매일'이라는 누가의 표현은 에피우시오스(*ἐπιούσιος*)가 매우 일찍이 '우리가 필요로 하는 양식'을 표현하고 있음을 가리켜 준다.

1.2.2.3.2 마태복음에 나오는 용서를 위한 간구에 비유말씀인 '빚'과 '빚진 자'가 등장한다. "우리가 우리에게 빚진 자를 사하여 준 것 같이 우리 빚을 사하여 주시옵고 …"[28](*καὶ ἄφες ἡμῖν τὰ ὀφειλήματα ἡμῶν, ὡς καὶ ἡμεῖς ἀφήκαμεν τοῖς ὀφειλέταις ἡμῶν*) 이 대신에 누가 본문에서는 '죄'를 언급한다. 그러나 그것과 함께 나오는 것은 '빚진 자'이다. 이는 '빚'에서 '죄'로의 부차적인 변형을 가리킨다. "우리가 우리에게 빚진 모든 사람을 용서하오니 우리 죄도 사하여 주시옵고 …"로 나온다.[29]

28) 개역개정은 "우리가 우리에게 죄 지은 자를 사하여 준 것 같이 우리 죄를 사하여 주시옵고 …"로 번역한다. – 역자 주.

(*καὶ ἄφες ἡμῖν τὰς ἁμαρτίας ἡμῶν· καὶ γὰρ αὐτοὶ ἀφίομεν παντὶ ὀφείλοντι ἡμῖν*) 그에 반해 주기도문에 연결된 로기온인 마태복음 6:14 이하에서 '잘못, 범과'를 언급한다. 이것으로 비유 모티브가 포기되고 있다. "너희가 사람의 잘못을 용서하면 너희 하늘 아버지께서도 너희 잘못을 용서하시려니와 …"(*ἐὰν γὰρ ἀφῆτε τοῖς ἀνθρώποις τὰ παραπτώματα αὐτῶν, ἀφήσει καὶ ὑμῖν ὁ πατὴρ ὑμῶν ὁ οὐράνιος*) 의심의 여지없이 주기도문 본문에서 비유로 된 표현이 원래적이며 나중에 죄의 개념으로 부분적으로 대체되었을 것이다.

1.2.2.3.3 구원을 간청하는 마지막 간구에서(*ῥῦσαι ἡμᾶς ἀπὸ τοῦ πονηροῦ*) 문헌학적으로 분명하지 않은 것은 여기서 남성 '악한 자'(*ὁ πονηρός*)를 말하는가 혹은 중성 '악'(*τὸ πονηρόν*)을 말하는가이다. 독일어 번역 "우리를 악(dem Bösen)으로부터 구하소서."는 헬라어 구문에서와 마찬가지로 아직 해결되지 않고 있다.

1.2.2.3.4 기도의 본문은 의심의 여지없이 아람어로 된 기본형으로 소급하며, 상당 정도의 개연성을 가지고 재구성할 수 있다. 역(逆) 번역의 문제에 대하여 칼 게오르크 쿤(Karl Georg Kuhn, *Achtzehngebet und Vaterunser und der Reim*, 37쪽 이하)[30] 과 조셉 피츠마이어(Joseph A. Fitzmyer, *The Gospel according to Luke I/II*, 900쪽 이하)[31]를 참조하라.

1.2.3 주기도문의 간구

마태복음 6:9-13의 주기도문의 간구들은 첫 번째 부분에서 우리의 지상의 현실 가운데에서 구원의 근거가 되시는 하나님의 사역과 관련되며, 두 번째 부분에서 하나님이 짊어지시고 보호하시는 생명과 관련된다.

1.2.3.1 첫 번째 부분에서 하나님의 이름을 거룩하게 하는 것에서 관건이 되는 것은 우리 가운데에서, 그리고 세상 가운데에서 하나님을 올바르게 경외하는 것이다. 성서전승에 따르면 하나님의 이름은 하나님 자신을 위하여 존재한다. 십계명에 따라 하

29) 개역개정의 본문은 "우리가 우리에게 죄 지은 모든 사람을 용서하오니 우리 죄도 사하여 주시옵고…"로 번역한다. 표준새번역이 원문에 맞게 "우리가 우리에게 빚진 모든 사람을 용서하오니, 우리 죄를 용서하여 주시옵고"로 번역한다. – 역자 주.

30) Karl Georg Kuhn, *Achtzehngebet und Vaterunser und der Reim* (WUNT 1), Tübingen, 1950.

31) Joseph A. Fitzmyer, *The Gospel according to Luke I/II* (AncB 28/28a), New York, 1979/85.

나님의 이름이 함부로 사용되지 말아야 하듯이(출 20:7, 신 5:11), 여기서 하나님의 이름이 거룩히 여김을 받으실 것을 위해 간구한다.(*ἁγιασθήτω τὸ ὄνομά σου*) 하나님의 통치가 임할 것(*ἐλθέτω ἡ βασιλεία σου*)에 대한 두 번째 간구는 미래적인 의미와 마찬가지로 현재적인 의미로 이해할 수 있다. 이 간구는 예수의 사역과 함께 이미 시작하고 있는 하나님의 통치의 완성을 비롯하여 마찬가지로 경험할 수 있는 현재 하나님의 통치의 사역과 관련된다. 설명적인 세 번째 간구인 하나님의 뜻이 이루어지는 것에 대한 간구(*γενηθήτω τὸ θέλημά σου ὡς ἐν οὐρανῷ καὶ ἐπὶ γῆς*)에서 중요한 것은 하나님의 구원의 의지가 실현되는 것이다. 그런 점에서 이 간구는 앞선 간구와 긴밀하게 관련된다.

1.2.3.2 네 번째 간구는 우리가 우리의 지상 현존을 위해 필요로 하는 것, 우리 각자가 하나님께 새롭게 간청할 수 있는 것을 다룬다. 양식(떡, *ἄρτος*)은 지상 생활의 기초이다. 여기서 중요한 것은 우리가 지금－'오늘', 즉 '매일' 필요로 하는 것이다. 그러한 점에서 이 간구는 하루 하루가 자신의 괴로움을 가지고 있으므로, 우리가 내일을 걱정하지 말아야 한다는 마태복음 6:34의 로기온과 긴밀하게 관련된다. 주의 만찬의 선물이라는 의미에서 '미래의 양식'에 대한 해석이 여기서 의도되지 않았으며, 관건이 된 것은 우리의 지상 현존이다. 양식은 동시에 광범위한 의미로 생활을 위해 필요한 모든 것들로 이해되고 있다. 다섯 번째 간구는 우리가 범한 잘못을 용서받는 것과 관련된다. 이는 다른 사람에 대하여 우리 자신이 죄를 용서할 준비를 해야 하는 것과 상응한다. 마태복음 6:12에서 비교형으로 표현된 내용이('우리가 …한 것 같이') 누가복음 11:4a에서 바로 이유문장으로 진술된다.('우리가 …하오니') 의심의 여지없이 원래적인 '빚'과 '빚진 자'에 관한 비유말씀으로 상황이 생생하게 묘사되고 있다. 하나님이 우리를 시험에 들게 하지 말아 달라는(마 6:13a // 눅 11:4b) 여섯 번째 간구는 하나님이 부과하신 개인적인 믿음의 시험(비교. 창 22장의 아브라함의 시험)이나 외적인 핍박으로부터 오는 일반적인 위험으로부터 보호받는 것과 관련된다.(계 3:10은 승귀하신 이의 확언으로 "내가 또한 너를 지켜 시험의 때를 면하게 하리니 이는 장차 온 세상에 임하여 땅에 거하는 자들을 시험할 때라."는 말씀이 주어진다.) 이 말씀과 긴밀하게 관련된 마태복음의 마지막 간구는 위협하는 악의 권세로부터의 구원과 관련된다.

1.2.3.3 제자들에게 부탁한 주의 기도와 함께 초기 공동체에 의해 기도문이 고정되었다. 이 기도문은 예수의 선포에 완전히 일치하며 기독론적 수정과는 거리가 멀다. 예외는 다만 누가복음 11:2에 대한 이문(異文)이다. 이 이문은 두 개의 후기 소문자 사

본(162와 700)에서 증거 되며, 두 명의 교부인 니사의 그레고르(4세기)와 막시무스 콘페소르(7세기)에 의해 언급된다. 거기서 두 번째 간구는 다음과 같다. "당신의 성령이 오셔서 우리를 정결하게 하소서."(*ἐλθέτω τὸ πνεῦμά σου τὸ ἅγιον καὶ καθάρισον ἡμᾶς*) 터툴리안의 보도에 따르면 이 간구는 이미 마르시온(2세기)에게서 등장한다. 그러나 결코 그에게 소급되지는 않는다. 어쨌든 이 간구는 비교적 오래된 것이다. 여기서 하나님의 통치의 도래가 오순절 성령 강림으로 대체되고 있으며, 정결에 대한 간구는 짐작컨대 세례 시에 사용하는 기도와 관련된다.

1.3 찬송, 찬양, 간구, 감사기도

하나님을 향한 찬송과 찬양은 간구 및 감사와 마찬가지로 기도에 속한다. 다양한 형태로 믿는 자가 하나님께 나아간다. 이는 구약성서-유대적 전승에 상응한다.

1.3.1 찬송과 하나님 경배

하나님 찬송과 경배가 기도를 구성하는 일부이다. 이 맥락에서야 비로소 간구, 중보기도 및 감사가 적절한 자기 자리를 확보한다.

1.3.1.1 '찬송'에 대한 전문용어로 무엇보다도 유로기아/유로게인(*εὐλογία/εὐλογεῖν*)이라는 단어와 그로부터 파생된 '찬송을 받다, 찬양을 받다'에 해당되는 유로게토스(*εὐλογητός*) 및 유로게메노스(*εὐλογημένος*)가 나온다. '좋게 말하다, 영예를 돌리다'가 핵심내용이 되는 헬라어 일상언어에서와 달리, 신약성서의 개념은 내용상 구약성서 바라크(ברך), '축복하다, 찬양하다'에 의해 각인되었다. 여기서 중요한 것은 인간을 향한 하나님의 관심과 하나님을 향한 인간의 관심이 함께 진술될 수 있는 상호 관계의 표현이다. 이러한 의미로 그 개념이 헬라적 유대교와 초기 기독교의 헬라어 안으로 받아들여졌다. 그 이중적인 의미에 적합한 독일어 개념은 없다. 우리는 '축복하다'나 '찬송하다, 찬양하다'로 번역해야 한다. 마찬가지로 엑쏘몰로게이스사이(*ἐξομολογεῖσθαι*)의 개념도 실제로 신앙고백을 표현하며(비교. 이 책 19장 2.1), 로마서 14:11, 15:9의 인용구와 누가복음 10:21 병행구절의 경우처럼 고백적인 찬송으로 사용된다. 이에 덧붙여 프로스쿠네인/프로스쿠네테스(*προσκυνεῖν/προσκυνητής*)의 단어가 등장한다. 이 단어는 이마를 발에 대는 절을 드리며 '환호하는 숭배'와 '경배'를 표현한다. 그런 방식으로 요한복음 4:23 이하는 "아버지께 참되게 예배하는 자들은 영과 진리로 예배한다."

(*οἱ ἀληθινοὶ προσκυνηταὶ προσκυνήσουσιν τῷ πατρὶ ἐν πνεύματι καὶ ἀληθείᾳ*) 라고 말한다. 거꾸로 마태복음 4:9 이하의 병행구절에서는 사탄이 예수께 경배를 요구하며, 예수께서 신명기 6:13로 그에게 반박한다. "주 너의 하나님께 경배하고 다만 그를 섬기라."(*κύριον τὸν θεόν σου προσκυνήσεις καὶ αὐτῷ μόνῳ λατρεύσεις*) 이에 상응되게 요한계시록에 하나님 숭배(계 4:10, 5:14, 7:11, 11:16, 19:4)와 짐승 숭배(계 13:4, 8, 12, 15, 19:20, 20:4)가 대조되어 나타난다. 고린도전서 14:25에 따르면 하나님을 경배하고 인정하여 고백하는 것이 예배를 이루는 구성 부분이다. 공관복음서에서는 무릎을 꿇는 것이 예수를 경배하는 행위이며, 몇 몇 구절에서 경배의 성격을 취한다.(마 14:33, 28:9, 17, 눅 24:52)

1.3.1.2 하나님을 찬송하는 기본 형태는 영광송이다. 그것은 특징적인 기본 형태를 갖는다. "그에게 … 영예가(영광이) 영원히 있을지어다. 아멘."(*αὐτῷ … ἡ δόξα εἰς τοὺς αἰῶνας, ἀμήν*) 이 영광송은 더 짧거나 더 많이 확장된 형태로 신약성서의 수많은 구절에 등장한다. 로마서 11:36b, 16:25-27, 갈라디아서 1:5, 빌립보서 4:20, 에베소서 3:20 이하, 디모데전서 1:17(비교. 6:15 이하), 디모데후서 4:18(여기서 그리스도와 관련된다.), 요한계시록 1:6, 5:13, 7:10, 12(비교. 계 4:9, 11:13)들이다. 요한계시록에서 '존귀'를 드리는 환호가 영광송과 긴밀히게 관련된다. 4:11에서 "우리 주 하나님이여 영광과 존귀와 권능을 받으시는 것이 합당하오니 …"(*ἄξιος εἶ, ὁ κύριος καὶ ὁ θεὸς ἡμῶν, λαβεῖν τὴν δόξαν καὶ τὴν τιμὴν καὶ τὴν δύναμιν*)라는 이 환호는 분명하게 영광송과 관련된다. 5:9 이하와 5:12에서 존귀-환호는 그리스도에게 돌려진다. 이 존귀-환호와 병행되는 것이 하나님을 향한 환호인 요한계시록 16:5 이하(7절)의 "당신은 의로우시도다."(*δίκαιος εἶ*)라는 말씀이다.

1.3.1.3 예수 전승 가운데 누가복음 10:21 // 마태복음 11:25에서 예수께서 하나님께 찬송을 드리는 것이 언급된다. 누가복음에서 예수의 찬송은 칠십 인 제자들의 파송 및 귀환과 관련되며, 마태복음에서는 예수의 메시지를 영접하지 않은 갈릴리 도시들에 관한 화 선언과 연결된다. 예수께서 하나님, '아버지'를 '하늘과 땅의 주'로 찬송한다.(*ἐξομολογοῦμαί σοι, πάτερ, κύριε τοῦ οὐρανοῦ καὶ τῆς γῆς*) 그가 그렇게 하는 것은 하나님이 "이것을 지혜롭고 슬기 있는 자들에게는 숨기시고 어린아이들에게는 나타내셨기" 때문이다.(*ὅτι ἀπέκρυψας ταῦτα ἀπὸ σοφῶν καὶ συνετῶν, καὶ ἀπεκάλυψας αὐτὰ νηπίοις*) '이것'(*ταῦτα*)으로 의심의 여지없이 그의 구원의 메시지가 의도되었다. 그 메시지는 모든 것을 알고 이해한다고 생각하는 자들에 의해 거절당

한다.(비교. 고전 1:18-20) 찬송은 다음 진술로 종결된다. "옳소이다 이렇게 된 것이 아버지의 뜻이니이다."(*ναί, ὁ πατήρ, ὅτι οὕτως εὐδοκία ἐγένετο ἔμπροσθέν σου*, 마 11:26 병행구절) 이것으로 감추어진 하나님의 경륜이 언급되고 있다. 이것과 연결된 아버지와 아들의 상호 인정에 관한 누가복음 10:22//마태복음 11:27의 로기온은 예수와 하나님 사이의 직접적인 관계에 근거한 예수의 계시전권과 관련된다. 분명하게 언급되지는 않지만 공관복음서에서 예수께서 여러 번 하나님을 찬송하는 것이 언급된다.(눅 1:64, 2:38, 2:28-32에 상세하게 진술된다.) 이는 축복으로 즉각 넘어가는 떡을 뗄 때의 찬송에도 해당된다.(막 6:41 병행구절, 14:22 병행구절) 동일한 내용이 마리아(눅 1:42), 예수의 부모(눅 2:34), 예루살렘에 입성하는 예수(막 11:9 이하 병행구절)와 같은 사람들이 관련되는 곳에도 해당된다.

1.3.1.4 기독교 이전의 하나님 찬송은 누가복음 1:68-75에 나오는 사가랴의 '베네딕투스'(*Benedictus*)로 전해지고 있다. '찬양문'(*Eulogie*)의 양식을 대표한다. 이는 이미 68a절의 특징적인 도입구문이 드러내는 바와 같다. "찬송하리로다 주 이스라엘의 하나님이여."(*εὐλογητὸς κύριος, ὁ θεὸς τοῦ Ἰσραήλ*) 이 찬송은 68b-75절의 긴 이유문장에서 경험한 하나님의 선하신 행위와 관련하여 설명된다.(*ὅτι κτλ.*) 1:76-79에서 본문은 기독교적이며 세례 요한과 관련된 내용이 추가된다. 마찬가지로 내용적으로 비슷한 모습을 갖지만, 다른 도입구문을 갖는 누가복음 1:46 이하, 49-55의 '마그니피카트'(*Magnificat*)가 유대전승에서 유래한다. 이는 48절에서 예수의 어머니와 관련되어 보충된다.

1.3.1.5 신약성서의 여러 서신들에서 서두(Proömium)로 '찬양문'(Eulogie)에 해당되는 본문이 수용된다. 그러나 이 본문은 "찬송하리로다 그는 우리 주 예수 그리스도의 하나님이시요."(*εὐλογητὸς ὁ θεὸς καὶ πατὴρ τοῦ κυρίου ἡμῶν Ἰησοῦ Χριστοῦ*) 라는 일정한 도입구문만으로도 이미 알 수 있듯이(고후 1:3, 엡 1:3, 벧전 1:3) 내용상 기독교적으로 각인되었다.

1.3.1.5.1 그 밖에 일상적인 감사와 간구의 기도 대신에 바울이 고린도후서를 '찬양문'(Eulogie)으로 시작한다. 바울은 1:3-7에서 하나님을 '자비의 아버지시요 모든 위로의 하나님'(*πατὴρ τῶν οἰκτιρμῶν καὶ θεὸς πάσης παρακλήσεως*)으로 부른다. 그가 환난과 고난 가운데 위로를 제공하시고 인내하는 힘을 주신다. "그리스도의 고난이 우리에게 넘친 것 같이 우리가 받는 위로도 그리스도로 말미암아 넘치는도다."(*τὰ παθήματα τοῦ Χριστοῦ*)라는 5절의 진술로 이 찬송은 기독론적인 모티브를 갖는다.

1.3.1.5.2 에베소서 1:3–14에서 '찬양문'(Eulogie)은 훨씬 더 기독론적이며, 교회론적인 형태를 취한다. 중요한 것은 하나님 찬송이다. 하나님은 창세 이전에 이미 그리스도 안에서 우리의 구원을 예정하신 분이시며(3–6절), 그리스도의 죽음 안에서 구원을 실현하셨고(7–10절), 우리가 선택받은 자로서, 세례 받은 자로서 그 구원에 참여할 수 있다.(11–14절)

1.3.1.5.3 베드로전서 1:3–12의 찬양문은 우리 주 예수 그리스도의 아버지이신 하나님께 돌려진다. 그 하나님이 "그의 많으신 긍휼대로 예수 그리스도를 죽은 자 가운데서 부활하게 하심으로 말미암아 우리를 거듭나게 하사 산 소망이 있게 하셨다."(*ὁ κατὰ τὸ πολὺ αὐτοῦ ἔλεος ἀναγεννήσας ἡμᾶς εἰς ἐλπίδα ζῶσαν δι' ἀναστάσεως Ἰησοῦ Χριστοῦ ἐκ νεκρῶν*, 3절) 하나님 안에 믿음, 확신, 희망이 근거한다. 예언자들이 약속하고 바랐던 바가 그대로 이루어졌기 때문이다.(4–12절)

1.3.1.6 찬송 형태로 된 본문은 요한계시록에서도 발견된다. 거기서는 물론 도입 단어인 유로게토스(*εὐλογητός*)는 나오지 않는다. 요한계시록에서 시적 형태를 취하는 다른 진술들처럼 찬송본문은 내용상 문맥과 관련된다. 그러므로 11:15과 12:10 이하에서 구원의 시작이 찬양되며, 할렐루야–환호가 결합되고 있는 19:1–8에서는 바벨론의 멸망을 찬양한다.

1.3.1.7 하나님 찬송이 예배 시에 중요한 역할을 한다. 그것을 고린도전서 14:26이 분명하게 주장한다.(이에 대해 이 책 20장을 보라.) 마가복음 14:22∥마태복음 26:26에 언급된 떡을 떼기 전의 유로게인(*εὐλογεῖν*)은 축복하는 찬송이다. 이는 잔을 수여하기 전에 감사하는, 유카(ㅎ)리스테인(*εὐχαριστεῖν*)에 상응한다.(고전 11:24∥눅 22:19의 만찬제정말씀 본문에서 두 경우에 유카(ㅎ)리스테인(*εὐχαριστεῖν*)이 전제된다.)

1.3.2 시, 찬양, 노래

골로새서 3:16 및 그와 병행하는 에베소서 5:19에서 공동체는 서로 신령한 "시와 찬송과 노래를 부르라."는 요구를 받는다.(*ψαλμοί, ὕμνοι καὶ ᾠδαὶ πνευματικαί*, 여기서 프뉴마티카이(신령한, *πνευματικαί*)는 공공연하게 세 가지 양식 모두와 관련된다.[32] 고린도전서 14:26은 예배와 관련하여 가르침, 계시, 방언과 함께 시로 노래하는

32) 개역개정 성경은 '시와 찬송과 신령한 노래'로 번역한다. – 역자 주.

것도 언급한다.

1.3.2.1 골로새서 3:16과 에베소서 5:19에 언급된 세 가지 양식을 서로 구분하기는 어렵다. '시'에서 고린도전서 14:26에서처럼 구약성서 전승에 의거하여 성령으로 역사된 기독교 본문들이 다루어질 수 있을 것이다. '노래'는 요한계시록 5:9 이하, 14:3-5, 15:3 이하에 언급되지만, 거기서 문맥과 관련하여 전개되고 있다. 인식할 수 있는 것은 다만, 환호송이 신앙고백의 진술과 결합되고 있음이다. '찬양'은 바울과 실라가 빌립보의 옥중에서 한밤중에 "기도하고 하나님을 찬송했다."는 사도행전 16:25 이외에 다른 곳에서는 언급되지 않는다.(마가복음 14:26 병행구절은 유월절 축제와 연결된 구약성서적인 찬양 노래를 다룬다.) 신약성서 안에 인위적으로 만들어진 것으로 시적인 양식에 근거하여 찬양으로 인정될 수 있는 서로 배타적인 일련의 본문들이 있다. 유대 전승에서처럼 찬양문(Eulogie)이 하나님을 향해 드려진다면, 남겨진 찬양들은 전적으로 기독론적으로 구상되었다.(참조. 내용에 관하여는 이 책의 8장)

1.3.2.1.1 빌립보서 2:6-11은 두 부분으로 구성된 찬양시이며, 바울이 전해 받은 것으로 8절 끝에 십자가 신학의 의미로 '십자가에서 죽으시기까지'(*θανάτου δὲ σταυροῦ*)라는 표현으로 확장된다. 찬양시 자체가 선재사상을 전제하고 죽음에까지 이르는 예수의 낮아지심이 그의 승귀 및 주로 임명되는 것과 대조를 이룬다. 예수를 모든 권세 위에 계시는 '주'로 고백하는 것이 결론부에 따르면 동시에 하나님께 영광을 돌리는 것이다.(*εἰς δόξαν θεοῦ πατρός*)

1.3.2.1.2 골로새서 1:15-20의 찬양시는 15절 이하 첫 번째 연에서 선재자와 창조의 중재자를 '보이지 아니하는 하나님의 형상'(*ὅς ἐστιν εἰκὼν τοῦ θεοῦ τοῦ ἀοράτου*)으로 찬양한다. 그것과 대조적으로 그가 '근본이시요 죽은 자들 가운데서 먼저 나신 이'(*ὅς ἐστιν ἀρχή, πρωτότοκος ἐκ τῶν νεκρῶν*)로 명명되는 18b-20절의 두 번째 연에서 화목과 화평을 이루는 그의 행위가 언급된다. 중간 연인 17, 18a절에서 그리스도는 찬양 받으시는 분으로, 무엇보다도 만물이 그 안에 함께 서고, '몸의 머리'(*κεφαλὴ τοῦ σώματος*)가 되는 분이시다. '몸의 머리'는 창조되어지고 화목하게 된 원래 현실과 관련되지만, '교회'(*τῆς ἐκκλησίας*)가 추가되어 교회론적으로 보충되고, 수정되었다.

1.3.2.1.3 디모데전서 3:16의 짧은 본문도 그 인위적인 양식으로 인해 찬양시로 명명될 수 있다. 지상과 천상의 사건들이 여섯 개 진술들 가운데 교차적으로 대조된다. 각 절들만이 아니라, 도입 및 결론 절이 서로 대응되고 있다.(A-B-B-A-A-B)

1.3.2.1.4 요한복음 1:1-18의 서문도 찬양시에 기초한다. 선재하시고 이 세상에 오신 로고스, 그를 영접하고 그를 믿는 자들 외에는 예나 지금이나 거절되는 그 로고스에 관한 1:1-5, 9-13의 진술들에 맞서서, 1인칭 복수 형태로 된 14, 16절의 응답송(Responsorium)이 대조된다. 응답송에서 믿는 자들은 로고스의 성육신, 그의 은혜 및 진리를 고백한다.(6-8, 15, 17절 이하는 복음서 저자의 보충이다.) 설명적인 주요 단락과 신앙고백적인 결론의 병렬이 인위적인 본문 양식과 함께 곧바로 본문의 기원이 예배에서 유래하고 있음을 가리켜 준다.

1.3.2.2 때때로 찬양시로 여겨진 다른 본문들은 그렇게 분명하게 여러 부분으로 구성된 구조적인 통일체로 구분할 수 없다. 찬양시적인 문체에 근접하는 세련된 언어도 고려해야 한다. 로마서 11:33-36, 에베소서 1:3-14, 디모데후서 2:11b-13, 또는 히브리서 1:3 이하가 그러한 것들에 해당된다. 베드로전서 1:18-21과 3:18-22에서 찬양시 형태의 본문이 어느 정도로 재구성될 수 있는지가 논쟁된다.

1.3.3 감사기도와 간구기도

신약성서 안에 일정한 형태를 갖춘 일련의 기도들이 있다. 거기서 간구와 감사가 긴밀하게 관련된다. 이 기도들은 의심의 여지없이 공동체의 예전적인 실행과 관련된다. 이들은 사도행전과 초기 기독교 서신들 가운데 발견된다.

1.3.3.1 하나님께 드리는 기도

기도가 하나님을 향하고 있다는 것은 구약성서와 유대교로부터 전해 받은 전승이다.

1.3.3.1.1 하나님께 드리는 기도가 사도행전에 종종 언급된다.(1:24 이하, 6:4, 12:5, 20:36 혹은 21:5 등) 상술된 기도는 사도행전 4:23-30에서만 발견된다. 거기서 예루살렘 공동체는 베드로가 요한이 석방된 후에 하나님께 감사를 드린다. 중요한 것은 문맥과 관련된 문학적인 기도 양식이다. 이 기도양식이 초기 기독교 기도 언어의 전형적인 특징을 알게 해 준다. 하나님을 '주', 즉 '통치자'(*δέσποτα*)로 부른 후에 하나님을 창조자로 찬양한다.(24b절) 이어서 '하나님께서 기름 부은 거룩한 종 예수'(*ἐπὶ τὸν ἅγιον παῖδά σου Ἰησοῦν, ὃν ἔχρισας*)를 거슬리려고 맹세한 자들과 관련하여 시편 2:1 이하의 인용이 전이(轉移) 구문으로 뒤따른다. 그러나 이것은 하나님의 뜻과 예정에 따라 이루어진 것이다.(25-28절) 여기에 하나님이 그들의 위협에도 불구하고 '하나

님의 종들에게 담대하게 하나님의 말씀을 선포'하게 하고(*δὸς τοῖς δούλοις σου μετὰ παρρησίας πάσης λαλεῖν τὸν λόγον σου*), 표적과 기사가 '거룩한 종 예수의 이름으로 이루어지게'(*διὰ τοῦ ὀνόματος τοῦ ἁγίου παιδός σου Ἰησοῦ*) 해달라는 기도가 연결된다. 기도의 구성 및 선포와 이적행위를 행할 능력에 대한 이중적인 간구는 무엇보다도 아주 오래된 기독론적 표현으로 주목할 수 있다.(비교. 함께 연결되는 31절)

1.3.3.1.2 바울은 자기 서신에서 갈라디아서를 제외하고 서언(Präskript) 다음에 본문의 서두(Proömiun)로 감사기도와 간구기도를 가져온다.(고후 1:3-7은 그 대신에 찬송문, Eulogie를 포함한다.)

1.3.3.1.2.1 그 구조는 특히 빌립보서 1:3-11에서 분명하게 인식할 수 있다. 그 앞에 강조된 감사 표현이 놓인다. "내가 너희를 생각할 때마다 나의 하나님께 감사하며 간구할 때마다 너희 무리를 위하여 기쁨으로 항상 간구한다."(*εὐχαριστῶ τῷ θεῷ μου ἐπὶ πάσῃ τῇ μνείᾳ πάντοτε ἐν πάσῃ δεήσει μου ὑπὲρ πάντων ὑμῶν, μετὰ χαρᾶς τὴν δέησιν ποιούμενος*, 3절 이하) 이 간구에 이어서 바울이 한 편으로는 감사의 이유를 말하고, 다른 한편으로는 자신의 상황과 관련시키는 중간단락이 연결된다.(5절 이하, 7절 이하) 이어서 공동체 안에서 사랑과 지식이 더 풍성해지고 공동체가 그리스도의 날까지 보존되기를 바라는 간구가 이어진다.(9-11절)

1.3.3.1.2.2 아주 비슷하게 빌레몬서 4-7절의 짧은 본문서두(Proömium)가 형성된다. 고린도전서 1:4-9의 본문서두는 감사와 감사의 이유(4, 5-7절) 다음에, 내재적인 면에서 간구로 이해할 수 있는 하나님이 자신의 신실하심으로 공동체를 견고하게 하시고 끝까지 보존하실 것이라는 확언을 포함시킨다.(8절 이하) 상세하게 이유를 설명한 순수한 감사기도는 데살로니가전서 1:2-10에 등장한다.

1.3.3.1.2.3 로마서 1:8-17의 본문서두는 감사와 감사의 이유(8절 이하) 다음에, 자신의 길이 하나님의 뜻에 따라 로마교회 공동체로 인도될 수 있기를 바라는 사도의 특별한 간구기도를 포함한다.(10-13절) 이어서 이 기도는 곧바로 그가 헬라인이나 야만인에게 다 빚진 자이며(14절 이하), 예수 그리스도의 복음을 부끄러워하지 않는다는 진술로 넘어간다. 곧 이어서 바울은 서신의 주요 주제인 하나님의 의에 관해 말한다.(16절 이하)

1.3.3.1.3 감사 및 간구 기도의 양식으로 된 그러한 본문서두는 제2 바울서신에서도 발견된다.

1.3.3.1.3.1 골로새서 1:3-11은 '우리 주 예수 그리스도의 아버지'이신 하나님께 드리는 감사로 시작한다.(*εὐχαριστοῦμεν τῷ θεῷ πατρὶ μοῦ κυρίου ἡμῶν Ἰησοῦ Χριστοῦ,* 3절) 이어서 그 이유와(4-8절) 끝으로 공동체를 위한 간구가 뒤따른다.(9-11절)

1.3.3.1.3.2 에베소서에서 눈에 띄는 것은 찬양문(1:3-14) 및 또 감사문(Eucharistie)과 함께, 감사기도, 간구기도가 수용되고 있다는 사실이다.(1:15-23) 감사(15절 이하)에 간구(17-19절)가 연결된다. 이 간구는 신앙고백적이면서 편지의 주제와 관련된 단락으로 이끌린다.(20-23절)

1.3.3.1.3.3 데살로니가후서 1:3-12의 본문서두는 감사와 감사의 이유(3a, 3b+4절) 다음에, 위로의 말씀이라는 의미로 하나님의 심판에 관한 보다 긴 단락이 뒤따르는 고유한 특성을 갖는다. 하나님의 심판은 공동체에 환난을 가하는 자들에게 해당되지만, 환난을 받는 자들은 구원을 얻는다.(5-9, 10절) 그 뒤에 공동체를 위한 간구가 이어진다.(11절 이하)

1.3.3.1.3.4 감사기도의 양식이 나아가 요한계시록 11:17b, 18에서도 등장한다. 저자에 의해 문맥과 관련되어 형성된 본문은 "감사하옵나니 옛적에도 계셨고 지금도 계신 주 하나님 곧 전능하신 이여"(*εὐχαριστοῦμέν σοι, κύριε ὁ θεὸς ὁ παντοκράτωρ, ὁ ὢν καὶ ὁ ἦν*)로 시작한다. 이어서 다른 곳에서도 종종 관찰할 수 있듯이, 감사 이유를 밝히는 '왜냐하면'(*ὅτι*)으로 시작하는 도입문장이 뒤따른다.

1.3.3.2 승귀하신 주님께 드리는 기도

신약성서에 전승되었거나 언급된 기도들의 대다수는 하나님께 드리는 기도이다. 그러나 승귀하신 주님을 향한 호소도 있다.

1.3.3.2.1 전적으로 하나님을 향한 수많은 기도들과 함께, 골로새서 3:1의 경우처럼(비교. 찬양문 고후 1:3, 엡 1:3, 벧전 1:3), 하나님을 '우리 주 예수 그리스도의 아버지'(*πατὴρ τοῦ κυρίου ἡμῶν Ἰησοῦ Χριστοῦ*)로 부르는 감사말씀과 간구들이나, 로마서 1:8처럼 '예수 그리스도를 통하여'(*διὰ Ἰησοῦ Χριστοῦ*) 하나님께 드리는 기도가 있다. 요한복음 14:13, 15:16c, 16:23 이하는 '나의 이름으로'(*ἐν τῷ ὀνόματί μου*) 하나님께 드리는 기도를 언급한다. 물론 요한복음 14:13 이하에서는 승귀하신 자 자신이 그러한 간구를 이루실 것이라는 확신으로 넘어간다.

1.3.3.2.2 더 분명하게 나오는 것은 주님의 이름을 부르는 것(*ἐπικαλεῖσθαι τὸ*

ὄνομα κυρίου)에 관한 진술이다. 주님의 이름을 부르는 자가 구원을 받을 것이라는 원래 하나님과 관련된 요엘 3:5의 진술은 사도행전 2:21과 로마서 10:12 이하에서 그리스도와 관련된다. 그것에 상응하는 것으로 고린도전서 1:2b(σὺν πᾶσιν τοῖς ἐπικαλουμένοις τὸ ὄνομα τοῦ κυρίου ἡμῶν Ἰησοῦ Χριστοῦ ἐν παντὶ τόπῳ), 마찬가지로 사도행전 9:14, 21, 22:16에 나오는 "그의, 너의 이름을 부른다"는 표현이 있다.

1.3.3.2.3 내용상 예수께 드리는 기도는 신약성서의 세 구절에 나온다.

1.3.3.2.3.1 의심의 여지없이 가장 오래된 본문은 아람어로 전승된 '마라나타'라는 기도 외침이다. 이 기도는 고린도전서 16:22와 디다케 10:6에 고정되어 있으며, 두 경우 모두 주의 만찬 예전의 틀 안에 놓인다. 이 표현을 "우리 주여, 오소서."(μαράνα θά)의 의미로 혹은 "우리 주가 오셨습니다."(μαρὰν ἀθά)라는 의미로 이해해야 하는가에 대한 문헌학적으로 해결되지 않은 문제는 요한계시록 22:20에 나오는 번역인 에르쿠, 퀴리에 예수(ἔρχου, κύριε Ἰησοῦ)에 근거하여 명령형으로 결정할 수 있다. 그것은 부활하신 자가 곧 재림하실 것을 간구하는 호소이다. 주의 만찬의 축제 시에 이 기도가 어느 정도로 이미 시작된 구원이라는 의미에서, 또 현재 오시는 것에 대한 간청으로 이해되어야 하는지는(Oscar Cullmann) 확실하게 결정할 수 없다.

1.3.3.2.3.2 사도행전 7:59 이하에서 스데반은 죽기 바로 직전에 목격한 예수께 이중적인 간구를 드린다. "주 예수여 내 영혼을 받으시옵소서."(κύριε, δέξαι τὸ πνεῦμά μου)와 "주여 이 죄를 그들에게 돌리지 마옵소서."(κύριε, μὴ στήσῃς αὐτοῖς ταύτην τὴν ἁμαρτίαν)이다. 이 두 말씀은 누가복음 23:34a, 46에 나오는 십자가상에서 하신 예수의 말씀과 유사하다. 그러나 사도행전에서는 하나님이 아니라 승귀하신 주님께 드리는 기도로 나타난다.(참조. 행 7:56)

1.3.3.2.3.3 세 번째 구절은 고린도후서 12:7b-10이다. 바울이 자신의 사역을 방해하며 우리에게 알려지지 않은 병인, '육체에 가시'(σκόλοψ τῇ σαρκί, 7b절)로 고통을 받으므로, 거기서 그가 자유롭게 되기를 "세 번 주께 간구하였다."(ὑπὲρ τούτου τρὶς τὸν κύριον παρεκάλεσα, 8절) 그러나 주께서 "나에게 이르시기를 내 은혜가 네게 족하도다 이는 내 능력이 약한 데서 온전하여짐이라 하신지라."(καὶ εἴρηκέν μοι· ἀρκεῖ σοι ἡ χάρις μου, ἡ γὰρ δύναμις ἐν ἀσθενείᾳ τελεῖται, 9a절)고 하셨다. 승귀하신 그리스도께 호소하는 것이 중요하다는 사실은 '그리스도의 능력'(δύναμις τοῦ Χριστοῦ)을 말하는 뒤따르는 문맥에서 분명하게 강조된다.(9b, 10절)

2. 신앙고백

믿는 자가 기도 시에 하나님께 나아가는 반면에, 신앙고백에서 관건이 되는 것은 이중적인 방향성이다. 그것은 인간을 향한 증언이며, 하나님 즉 예수 그리스도에 대한 인정이 관건이 된다. 따라서 신앙고백은 영광을 드리는 성격을 갖는다.

2.1 신앙고백의 성격

무엇이 신앙고백인지가 신약성서에 정확하게 기술된다. 이는 신앙고백의 내용만이 아니라 형태와 표현방식과도 관련된다.

2.1.1 신앙고백을 특징짓는 개념은 호모로기아/호모로게인(*ὁμολογία/ὁμολογεῖν*), 나아가 엑소모로게이스사이(*ἐξομολογεῖσθαι*)이다. 세속적인 헬라어 사용에서 관련되는 것은 보다 덜 중요한 다른 의미들과 함께 공식적으로 '무엇에 대해 보증하는 것' 혹은 '무엇을 공공연히 자백하는 것'이며, 이는 야다흐(ידה)의 히필(Hiphil)형과 어느 정도 상응한다. 그러므로 헬라어의 개념은 요한복음 9:22, 로마서 10:9 또는 빌립보서 2:11에 나오듯이 인정이라는 의미에서의 신앙고백을 나타낼 뿐만 아니라, 마가복음 1:5 병행구절, 사도행전 19:18, 야고보서 5:16이 드러내듯이 죄의 고백도 나타낸다. 인정하는 신앙고백으로 사용되는 상관개념은 아르네이스사이(*ἀρνεῖσθαι*), '부인하다'이다. 누가복음 12:8 이하 병행구절 또는 요한복음 1:20의 예를 참조할 수 있다. 신앙고백의 개념으로 마르튀레인/마르튀리아(*μαρτυρεῖν/μαρτυρία*)도 사용된다. 거기서 관건이 되는 것은 먼저 일반적인 의미로 법정에서뿐만 아니라(예. 막 14:55 이하), 증인의 형태로(행 26:5) 행하는 것으로서 '증거하다' 및 '증언'이다. 그러나 이어서 성서(롬 3:21, 행 10:43 등)나 신앙고백이 관련된다면, 특수한 의미의 증언이 관건이 된다. 그것과 결합된 것으로 '(신앙의) 증인'이라는 의미에서 종종 사도행전에 등장하는 마르튀스(*μάρτυς*)라는 개념이 있다.(행 1:8, 2:32, 3:15, 5:32 등) 사도행전 22:20과 요한계시록 17:6에서 그 개념은 피의 증인이라는 특별한 의미를 갖는다.

2.1.2 신앙고백은 환호적인 성격을 지닌다. 이는 고대에도 해당된다.(비교. Erik Peterson) 그에 대한 좋은 예가 사도행전 19:28, 34에 언급된 "크다 에베소 사람의 아데미여."(*μεγάλη ἡ Ἄρτεμις Ἐφεσίων*)라는 두 시간 동안 반복된 외침이다. 이스라

엘의 쉐마(Sch^{e}ma)도 확장되기는 하지만 "야웨가 우리 하나님이시다."라는 환호적인 기본형태를 갖는다. 이에 상응하는 "예수(가) 그리스도(이시다.)", "주(는) 예수(이시다.)", 혹은 "예수(는) 하나님의 아들(이시다.)"와 같은 기독교 신앙고백의 환호적인 기본형태들이 있다. 초기 기독교 신앙고백의 내용 진술들은 다른 곳에서 언급되었다.(비교. 이 책의 8장) 여기서 결국 중요한 것은 그 의미와 기능을 더 상세하게 규명하는 것이다.

2.1.3 공개적인 신앙고백의 의미가 신약성서 여러 구절에 표현된다. 이미 최고법정 앞에서 예수의 신앙고백(막 14:62 병행구절), 사도의 공식적인 입장 표명(행 4:12), "너희 속에 있는 소망에 관한 이유를 묻는 자에게는 대답할 것을 항상 준비하라." (*ἕτοιμοι ἀεὶ πρὸς ἀπολογίαν παντὶ τῷ αἰτοῦντι ὑμᾶς λόγον περὶ τῆς ἐν ὑμῖν ἐλπίδος*, 벧전 3:15)는 요구가 그에 해당된다. 공개적인 것과 마찬가지로 예배에서도 신앙고백이 자리한다. 이는 고린도전서 12:1-3이나 요한일서 4:2 이하가 분명하게 드러내는 바와 같다.

2.2 신앙고백의 예배 기능

공식 석상에서와 마찬가지로 예배 시에 신앙고백이 확고한 자리를 차지한다. 하나님과 예수 그리스도를 인정한다는 기능에서 신앙고백이 교회 안에서 중심 위치를 차지한다.

2.2.1 바울은 고린도전서 12:3에서 예배에 관한 자신의 설명을, 성령의 역사로 예수를 주로 고백하는 신앙고백에 대한 언급으로 시작한다. 이 신앙고백이 기독교 모든 모임의 기초이다. 예배 시에 신앙고백은 찬양과 긴밀하게 관련되며, 빌립보서 2:9-11이 드러내듯이, 때때로 찬양시 본문과 결합된다. 감사기도에 관한 사도행전 4:23-31의 설명이 하늘과 땅의 창조자로 하나님을 부르는 것과, 예수를 하나님께서 기름 부으신 '하나님의 거룩한 종'으로 고백하는 신앙고백 안에 그 중심을 두고 있음은 우연이 아니다.(24, 27, 30절) 게다가 신앙고백의 예배 기능은 하늘의 예배를 묘사하는 요한계시록 4장과 5장에 뚜렷하게 반영된다. 거기서 관건이 되는 것은 거룩과 존귀의 외침(4:8, 11, 5:9 이하, 12)에서처럼 하나님과 예수 그리스도를 인정하는 것이다.

2.2.2 예배 시의 신앙고백은 공동체가 하나가 되는 것을 위해 결정적으로 중요한 의미를 지닌다. 성령의 역사에 따른 환호송(Homologie)은 바울서신에서 그리스도의

몸이 하나 되는 것과 관련된다. 모든 믿는 자들은 그 몸 안으로 세례를 받으므로 모든 지체들 또한 그 몸에 속한다.(고전 12:3b, 12 이하) 한 몸이 그리스도께 속하는 모두를 포함한다. 에베소서 4:3-6에서 신앙고백의 주제가 공동체가 하나가 되는 것을 위해 중요하다는 점에서 특히 강조되어 표현되고 있다. 중요한 것은 '성령이 하나'(*ἑνότης τοῦ πνεύματος*)라는 것이며 그 사실이 일곱 번의 외침에 상응한다. "몸이 하나요 성령도 한 분이시니 이와 같이 너희가 부르심의 한 소망 안에서 부르심을 받았느니라. 주도 한 분이시요 믿음도 하나요 세례도 하나요. 하나님도 한 분이시니 곧 만유의 아버지시라." 이 말씀은 이 서신에서 모든 만물이 그리스도 안에서 하나가 되어야 한다는 모티브와 관련된다.(1:9 이하, 4:15 이하)

2.2.3 이어서 잘못된 하나님 예배로 오도하는 온갖 형태의 거짓교사들과의 논쟁에서 신앙고백이 관건이 된다. 이미 바울이 갈라디아서 1:6-9에서 적대자들을 향해 오직 구원의 근거가 되는 '진리의 복음'으로 그들을 반박했다. 그러므로 고린도전서 12:1-3에서 올바른 신앙고백의 의미가 특별히 암시되고 있다. 오해의 여지가 있을 수 없는 것은 요한복음 4:2 이하와 요한이서 7절에 나오는 신앙고백이 지니는 비평적 기능이다. 거기서 또 드러나는 것은 어쨌든 환호적인 단순한 신앙고백은 충분하지 않으며, 상세한 설명이 필요했다는 사실이다.(참조. 거짓 가르침의 현상에 대하여 이 책 24장)

2.2.4 우리가 볼 수 있듯이, 죄의 고백은 초기 기독교 예배에서 아직 확고한 자리를 잡지 못하였다. 죄로부터 자유하게 된다는 확신이 전면에 놓인다.(비교. 롬 6:6-11) 예배 모임으로 가져오게 되는 개별적인 범죄 사례가 늘 존재하였다.(마 18:15-18, 고전 5:1-5) 게다가 그리스도인들이 끊임없이 새로운 죄 용서를 필요로 하고 그들의 범죄를 고백해야 한다는 자의식이 시종일관 계속하여 증가하였다.(요일 1:8-10)

3. 예배

예배가 아주 넓은 의미로 파악될 수 있으므로 믿는 자들의 생활 전체를 포괄하고 그것과 함께 개인의 경건 형태뿐만 아니라 세상에 대한 책임도 포함한다.(이에 대해 이 책 23장을 보라.) 여기 제시하는 맥락에서는 특수한 의미로 하나님을 경외하는 공통적인 행위로서의 예배가 관건이 된다. 예배 축제 시에 하나님께로 나아가는 것과 믿는 자들을 견고케 함이 공동체적인 연합과 결합된다.

3.1 초기 기독교 예배의 전제

전제되는 것들은 한 편으로 구약성서와 초기 유대교의 예배 전통들이며, 다른 한 편으로 초기 기독교의 기본 경험들이다.

3.1.1 이스라엘 백성이 드리는 하나님 예배의 중심에 성전 예배가 있었다. 요시야 왕 치하의 예배 중심화로 예루살렘이 유일한 성전의 장소로서 그 의미가 강화되었다. 포로기 이후에 파괴된 성전을 가능한 매우 급히 재건하려고 시도했다. 예수와 초기 기독교 시기에 이르기까지 여러 번 제2 성전의 모습이 바뀌어졌고, 끝으로 헤롯 대왕에 의한 성대한 건축이 있었다. 처음부터 예루살렘 성전과 희생제의가 결합되어 있었다. 제사장의 율법수여로 희생제의에 법적인 순서와 해석이 부여되었다. 예배 중심화로 인해 성전 예배와 함께, 더 이상 증명이 불가능한 시기이지만, 최소한 기원전 2세기에 지방 회당들에서 드리는 예배가 생성되었다. 거기서 토라와 예언서들을 규칙적으로 읽는 것, 그들을 통용되는 아람어로(탈굼) 옮기는 것, 성서해석의 형태로 된 가르침들이 중시되었다. 덧붙여 기도와 찬양이 있었다.

3.1.2 근본적으로 새로운 것을 경험하게 한 예수의 등장, 이어서 구원론적 차원에서 이해되는 그의 죽음과 부활, 끝으로 오순절 이후 성령 체험이 진정한 기독교 하나님 예배의 전제조건들에 속한다. 그러한 것들이 예배 축제의 고유한 형태가 생성되도록 이끌었다. 가정집(들)에 모였고, 그 자체로 독특한(*sui generis*) 행위로서 주의 만찬이 예배 중심에 놓였다.(참조. 이 책 18장) 회당 예배의 전통적인 형태들이 거기서 수정되어 수용되었다. 카트 오이콘(*κατ' οἶκον*), 즉 '집에 모이는 방식'의 이러한 축제들로 새로운 예배 중심지와 예배 형태가 주어졌다.

3.1.3 신약성서에 특수한 예배 개념은 없다. 여러 용어들이 등장한다.

3.1.3.1 후세대에 중요하게 된 개념인 '예전'(Liturgie)의 기초 단어인 레이투르게인/레이투르고스(*λειτουργεῖν/λειτουργός*)는 매우 다양한 종류의 섬김의 형태들과 관련하여 '섬기다/섬기는 자'라는 아주 일반적인 의미를 여전히 지니고 있었다.(비교. 빌 2:25, 30의 에비브로디도 혹은 롬 13:6의 국가공무원) 이 단어는 제사장직과도 관련될 수 있다.(예. 눅 1:23, 히 9:21, 10:11, 8:2, 6) 아주 일찍이 사도행전 13:2에 나오는 "주를 섬긴다."(*λειτουργεῖν τῷ κυρίῳ*)로 후기의 이해가 암시되고 있다.(비교. 롬 15:16)

3.1.3.2 더 특수한 것은 라트류에인/라트레이아(*λατρεύειν/λατρεία*)라는 단어

의 사용이다. 마찬가지로 이 단어도 '섬기다/섬기는 자'라는 단어에 해당되며, 헬라어에서는 드물지만 칠십인역에서는 이스라엘 예배와 관련되었다. 로마서 9:4과 히브리서 9:1, 6에서도 같은 의미로 사용된다. 초기 기독교의 언어에서 이 단어는 상당히 수정되어 사용되고 있다. 이는 '(새롭게 된) 이성에 따른 예배'(*λογικὴ λατρεία*)에 관한 로마서 12:1 이하의 진술이 드러내거나, '하나님의 성령으로 섬기는 자들'(*οἱ πνεύματι θεοῦ λατρεύοντες*)이라는 빌립보서 3:3의 표현이 밝히는 바와 같다.

3.1.3.3 스레스케이아(*θρησκεία*), '예전 시의 경배', 쉬시아(*θυσίαμ*), '희생제', 쉬시아스테리온(*θυσιαστήριον*), '희생의 제단', 프로스페레인/아나페레인(*προσφέρειν/ἀναφέρειν*), '바치다'와 같은 특별한 예전 개념들은 초기 기독교에서 성전예배와의 관련을 제외하고 다만 전이되어서 사용된다. 그들은 특히 기독론적이거나 권고적인 맥락에 등장한다.(비교. 고전 5:7 혹은 약 1:26 이하) 기독교 예배와 관련된 예외는 성전의 제사장들이 먹어서는 안 되는 '제단'(*θυσιαστήριον*)과 '찬송의 제사'(*ἀναφέρειν θυσίαν αἰνέσεως*)에 관한 히브리서 13:10, 15의 언급이다. 이러한 본문 상태는 성전 및 희생제사와 결합된 '예전' 개념과 개별적인 예전 용어들이 초기 기독교 예배에서 많이 거리껴졌음을 나타낸다.

3.1.3.4 이러한 예전 개념들에 대비되는 것으로, 기독교인들의 예배 모임의 명칭인 단순한 쉬네르헤스사이/쉬나게스사이(*συνέρχεσθαι/συνάγεσθαι*), '함께 오다'가 있다.(비교. 예를 들면 고전 11:17 이하, 20, 33; 14:23, 행 4:31, 그에 상응하는 것으로 야고보서 2:2의 쉬나고게, *συναγωγή*, '모임'이라는 의미도 있다.) 이로써 초기 공동체는 회당의 언어사용에 연결되지만, 매우 의도적으로 중립적인 명칭을 사용하였다.

3.2 초기 기독교 예배의 기본 형태

초기 기독교 예배의 포괄적인 모습을 신약성서 문서에서 가져올 수는 없다. 마찬가지로 현재 본문에 근거하여 다만 불완전하게 재구성할 수 있는 꽤 큰 변이영역을 고려해야 한다. 특별한 경우는 고린도전서 14장이지만, 대체로 이방기독교 공동체 예배를 묘사한 것을 결코 일반화시키지 말아야 한다. 여기서 계속 언급하는 것은 다만 예배의 근본적 요소들에 대한 질문이다.

3.2.1 초기 기독교예배에서 결정적인 것은 경우에 따른 참여를 제외하고, 성전이나 회당이 아니라, 공동체 구성원의 가정집에 모인다는 사실이다. 그렇게 하여 기독교

초기를 특징짓는 '가정공동체들'이 생겨났다.(롬 16:5, 고전 16:19, 몬 2, 골 4:15. 참조. Hans-Josef Klauck) 기독교 예배는 처음부터 고유한 장소를 가졌다.

3.2.2 예배모임은 근본적으로 공동식사와 결합되어 있었다. 그것은 떡 행위 및 잔 행위와 결합하여 '주의 만찬'으로 축하된 애찬이었다.(참조. 이 책 18장) 그것을 통하여 기독교 예배는 특수한 중심점을 갖게 되었다. 예배는 애찬으로 인해 공동생활의 중심점이라는 성격을 갖게 되었다.

3.2.3 공식적으로 예배는 처음에, 모든 공동체 구성원들이 일을 끝냈을 때인 저녁에 드려졌다.(비교. 고전 11:20 이하, 33 이하) 아침에 드리는 예배에 관하여 우리는, 2세기 초엽 트라얀 황제에게 보내는 플리니우스의 서신에서 처음으로 듣게 된다.(Plinius 서신 X 96,7) 빈번하게 매일 모이는 회합(행 2:46) 이외에 부활의 날인 '한 주간의 첫날'에 드리는 예배가 특별한 의미를 지녔다. 이 날은 이미 초기 기독교 시기에 '주의 날'이라는 특징적인 명칭을 갖는다.(*κυριακὴ ἡμέρα*, 계 1:10, 디다케 14:1)

3.2.4 읽혀지고 기독교적 의미로 해석된 구약성서가 예배에 속한다. 이는 신약성서 서신에 나오는 숙고에서 강조되는 바와 같다.(비교. 특히 고후 3:14-17) 이에 덧붙여 처음에 다만 구전으로 전수된 예수와 사도들에 관한 전승들과 함께 곧바로 수난사나 복음서들 같은 특별하게 기독교적인 본문들이 등장했다.(Justin, Apologie I 67,3은 *ἀπομνημονεύματα τῶν ἀποστόλων*, '사도들의 기억들'을 언급한다.) 마찬가지로 교회공동체에서 편지가 읽혀졌다.(살전 5:27, 골 4:16) 편지의 틀을 갖춘 요한계시록은 분명하게 읽혀질 것을 정하고 있다.(계 1:3) '읽는 것'에 '권하는 것'과 '가르치는 것'이 함께 등장한다.(딤전 4:13, *ἀνάγνωσις, παράκλησις, διδασκαλία*) 물론 예언도 구원의 메시지를 선포한다는 의미에서 거기에 속한다.(고전 14:1-5) 성서읽기, 해석, 복음의 선포는 주의 만찬의 축제와 함께 예배 모임의 근본적인 구성요소였다.

3.2.5 이어서 공동체 구성원 개인이 앞에서 드리거나, 최소한 주기도문이 포함되었을 공동으로 드리는 것이든, 기도가 예배의 구성요소이다. 그와 함께 찬송과 찬양이 고정된 자리를 차지하였다. 기도와 찬양은 초기 기독교 예배의 중요한 특징이다.(비교. 살전 5:17, 골 3:16 이하)

3.2.6 이러한 본문 상황을 개관한다면, 다음과 같은 결론이 나온다. 예배는 고유한 한 장소에 모이는 모임과 주의 만찬의 축제에서 특수한 특징을 갖게 되었다. 이에 덧붙여 회당 전통에서 성서읽기와 선포, 기도와 찬양이 등장했으며, 그들이 철저하게 기독교화되었다. 그와 달리 어느 것도 결코 성전예배에 종속되지 않았다. 그것은 분명

하게 예루살렘 성전에 대한 예수의 태도에 근거한다. 예수께서 시작하고 있는 하나님의 통치에 직면하여 성전에 관한 말씀과 성전을 정화하는 비유행위로 성전의 종말을 예고하였다.(막 13:2 병행구절, 14:58 병행구절, 15:29 병행구절, 행 6:14와 막 11:15-17 병행구절) 짐작컨대 헬라적 유대교에서 발생되었던 바, 대체로 예배의 표상들이 성전예배에서 취해지고 있다는 점에서 그 표상들은 메타포적으로 이해되고 있다.

3.3 초기 기독교 예배의 세부 특징

예배의 기본 요소들과 함께 다양한 세부 사항들이 남아 있다. 어느 정도로 그 세부사항들이 모든 공동체에서 일반적이었는지는 결정하기가 어렵다. 그러나 어느 정도의 확장이 전적으로 고려될 수 있다.

3.3.1 구약성서-유대교에서 유래하는 환호인 '할렐루야'(*ἀλληλουϊά,* 계 19:1, 3, 4, 6), '호산나'(*ὡσαννά,* 막 11:9 병행구절, 요 12:13)와 응답으로 사용된 '아멘'(*ἀμήν*, 여러 곳에)을 먼저 언급할 수 있다. 이에 덧붙여 예수 전승에서 나온 예배에서 사용된 '아빠 아버지'(롬 8:15, 갈 4:6)와 초기 기독교에서 나온 기도의 외침인 '마라나타'(*μαράνα θά*, 고전 16:22b, 비교. 계 22:20)가 등장한다.

3.3.2 축복의 문구도 의심의 여지없이 예배의 기능을 가지고 있었다. 이 축복 문구가 신약성서 서신의 서언(Präskript)과 후기(後記, Postskript)에 수용되지만 다양하게 확장도 되었고 또 변경되기도 했다. 유대전승에서 빈번하게 '긍휼과 평강'(*ἔλεος καὶ εἰρήνη*)이 기원되었던 반면에, 신약성서에서는 시종일관 '은혜와 평강'(*χάρις καὶ εἰρήνη*)이라는 표현을 사용한다. 대부분 "하나님 우리 아버지와 주 예수 그리스도로부터 은혜와 평강이 있기를 원하노라."(*χάρις καὶ εἰρήνη ἀπό θεοῦ πατρὸς ἡμῶν καὶ τοῦ κυρίου 'Ιησοῦ Χριστοῦ,* 비교. 롬 1:7b, 고전 1:3 등)로 표현되며, "은혜와 평강이 너희에게 더욱 많을지어다."(*χάρις ὑμῖν καὶ εἰρήνη πληθυνθείη*, 벧전 1:2b)라는 표현도 나온다. 결론의 인사로 예를 들어 "평강의 하나님께서 너희 모든 사람과 함께 계실지어다. 아멘."이라는 로마서 15:33이 있다.(*ὁ δὲ θεὸς τῆς εἰρήνης μετὰ πάντων ὑμῶμ· ἀμήν.*)

3.3.3 말씀 선포에 관하여서는 조금만 말할 수 있다. 아주 일찍이 문학적으로 형성된 사도행전의 설교들이 선포의 기본구조를 위한 몇 몇 기준을 제공한다.(비교. 행 2:14-36, 3:12-26, 10:34-43, 13:16-41) 거기서 물론 선교설교가 다루어지지만 최

소한 공동체 설교형태와 비슷했을 것이다. 비교적 변함없는 요소로 상황관계, 성서의 약속, 예수의 케뤼그마와 믿음을 일으키는 호소를 인식할 수 있다.

3.3.4 예배 중심에 놓인 주의 만찬 축제를 위한 전승단편들이 남아 있으며, 이들은 뚜렷하게 예배로 각인되어 있고 예전적인 성격을 지닌다.

3.3.4.1 만찬제정보도들의 모든 본문형태가 예배에서 사용된 흔적을 드러낸다. 이는 마가-마태 본문(막 14:22-25 병행구절)뿐만 아니라, 바울-누가 본문에도 해당된다.(고전 11:23-26 병행구절) 이러한 형태로 이 본문들이 의심의 여지없이 주의 만찬 축제에 사용되었으며, 거기서 언급되는 '찬양문'(Eulogie)과 '감사'(Eucharistie)가 각각 더 자유로운 형태로 설명되고 있다. 예전적인 각인(刻印)은 누가복음 22:15-18의 유월절 만찬 전승에서도 드러난다.

3.3.4.2 그것을 넘어서 주의 만찬 축제로부터 온 몇 몇 잔재들이 남아 있다. 이는 초청의 문구와 관련되며, "볼지어다 내가 문 밖에 서서 두드리노니 누구든지 내 음성을 듣고 문을 열면 내가 그에게로 들어가 그와 더불어 먹고 그는 나와 더불어 먹으리라."는 요한계시록 3:20에 나오는 말씀과 같다.(*ἰδοὺ ἕστηκα ἐπὶ τὴν θύραν καὶ κρούω· ἐάν τις ἀκούσῃ τῆς φωνῆς μου καὶ ἀνοίξῃ τὴν θύραν, εἰσελεύσομαι πρὸς αὐτὸν καὶ δειπνήσω μετ' αὐτοῦ καὶ αὐτὸς μετ' ἐμοῦ.*) 이러한 초청과 결합하여 출교구문도 있다. 이는 고린도전서 16:22a에서 아나테마(Anathema, 저주)와 연결된 '거룩한 법 구문'(Formel heiligen Rechts, Ernst Käsemann)이 드러내는 바와 같다. "누구든지 주를 사랑하지 아니하면 저주를 받을지어다."(*εἴ τις οὐ φιλεῖ τὸν κύριον, ἤτω ἀνάθημα.*) 고린도전서 14:23-25에서 '알지 못하는 자들과 믿지 아니하는 자들'(*ἰδιῶται καὶ ἄπιστοι*)도 공동체 모임에 들어왔다. 그들을 믿음의 진리로 설득했어야 했을 것이다. 그러나 믿음의 준비 없이 떡 및 잔 행위에 참여하는 것을 경고했다. 그러한 경고가 디다케 10:6b에 남겨진 문장 가운데 긍정적으로 표현된다. "누구든지 거룩한 자는 오라. 그렇지 못한 자는 누구든지 회개하라."(*εἴ τις ἅγιός ἐστιν ἐρχέσθω, εἴ τις οὐκ ἐστιν μετανοείτω,* 이 문장과 직접 연결되는 것은 고전 16:22b *μαράνα θα*와 같은 구절이다.) 그에 반하여 디다케 9:5에 언급되어 계속 공인된 규칙인 "주의 이름으로 세례를 받은 자 이외에는, 누구도 너희 성만찬에서 먹거나 마시지 말게 하라."(*μηδεὶς δὲ φαγέτω μηδὲ πιέτω ἀπὸ τῆς εὐχαριστίας ὑμῶν, ἀλλ' οἱ βαπτισθέντες εἰς ὄνομα κυρίου*)는 말씀이 제자들에게 주어진다.

3.3.5 예배를 드릴 때 처음부터 성령의 자유로운 사역이 전제되었다. 그에 관하

여 누가가 사도행전 4:31, 6:5 이하, 10:44 이하, 13:2, 19:6에서 보고한다.(비교. 나아가 히 6:4, 요일 2:20, 27) 여기서 특별히 중요한 것은 이 책의 다음 장에서 다루게 될 성령의 은사들이다. 동시에 예배를 드릴 때 여인들의 위치도 고려되었다. 예배 중 성령 사역의 의미와 관련하여 고린도전서 14:26-33a가 시사하는 바가 크다. 26절에 성령의 여러 사역들이 예배 모임을 위해 기여하는 바를 언급한다. 그들은 '찬송시', '가르치는 말씀', '(특별한) 계시', '방언', 방언의 '통역'이다.(*ψαλμός, διδαχή, ἀποκάλυψις, γλῶσα, ἑρμηνεία*) 이어서 27절 이하에서 특별히 방언이 관건이 되고 있다. 방언은 두 명 혹은 많아야 세 명의 공동체 구성원들에게 허용되어야 할 것이고, 각 경우에 통역되어져야 한다. 그것과 연결하여 29-33절에서 예언이 다루어진다. 다시 많아야 세 사람이 순서대로 예언해야 할 것이며, 예언을 하는 자는, '만일 다른 이에게 계시가 있으면'(*ἐὰν δὲ ἄλλῳ ἀποκαλυφθῇ*) 침묵해야 한다. 중요한 것은 무엇보다도, 나머지 공동체 구성원들이 예언을 '분별해야 한다.'는 사실이다.(*οἱ δὲ ἄλλοι διακρινέτωσαν*, 29b절) 그러나 중요한 것은 자기통제이다. 왜냐하면 "예언하는 자들의 영의 진술들이 예언하는 자들에게 예속하기 때문이다."(*πνεύματα προφητῶν προφήταις ὑποτάσσεται*, 32절)[33]

3.3.6 초기 기독교 예배에 관한 완성된 그림은 없다. 그러나 기본토대와 특징적인 세부요소들은 인식할 수 있다. 그것과 별개로 분명한 예배 구조와 고정된 예배 순서는 2세기부터야 비로소 나타났다.

4. 근본적인 공통점과 통일성

기도, 신앙고백, 예배에 관한 신약성서의 진술들은 모든 다양성과 변화의 폭에도 불구하고 꽤 통일적이다.

4.1 기도

기독교 이전의 유대교에서처럼 기도는 예수 자신의 생애와 제자들과 함께하는

33) 개역개정은 "예언하는 자들의 영은 예언하는 자들에게 제재를 받나니…"로 번역한다. – 역자 주.

그의 공생애에서 중요한 역할을 하였다. 그에 상응하여 초기 기독교에서 기도가 공동체 생활에서처럼 개인의 생활에서 중요한 위치를 차지한다.

4.1.1 예수의 기도는 하나님을 향하는 직접성으로 특징지어졌다. '아빠'(Abba)라는 호칭 가운데 그 특징이 드러났다. 예수의 제자들이 하나님을 향하는 그 직접성에 참여할 수 있고, 또 '아빠'(Abba)라는 호칭을 사용할 수 있다. 이 내용은 누가 본문이 드러내듯이, 먼저 제자들에게 주어진 '주기도문'에 해당된다. 그에 반하여 마태의 본문에 나오는 호칭은 유대전승에 동화하고 있다. 그것으로써 구약성서 및 유대교에 나오는 기도에 견주어 기독교 기도전승의 연속성이 고정되어야 했을 것이다. '주의 기도'로서 '주기도문'은 전체 기독교 전승 가운데 원래 형태 그대로 남겨져 있다. 오래 전에 추가된 세 번째와 일곱 번째의 두 간구가 기본성격을 변경시키지 않았다. 기독론적 진술을 통한 보충은 포기되었다.

4.1.2 초기 기독교의 기도는 유대적인 기도처럼 하나님을 향한 기도이다. 호칭과 호소가 하나님을 향한다. 하나님께 찬양을 드린다. 하나님께 감사와 간구를 드린다. 분명하게 기독교화가 이루어진 것은 '예수의 이름으로' 또는 '예수 그리스도를 통하여' 하나님께 기도하는 것을 통해서이다.

4.1.3 그와 함께 예수를 향한 기도도 단초적으로 등장하였다. 그러므로 아주 초기로부터 유래한 기도 외침인 '마라나타', "우리 주여, 오소서."에서 부활하신 자에게 그가 곧 오실 것을 간구한다. 다소 후기에 형성된 승귀사상이 직접 예수께 드리는 기도를 비로소 가능하게 하였다. 이는 자신의 질병으로부터 자유롭게 될 것을 구하는 고린도후서 12:7-9에 나오는 사도 바울의 간구나 사도행전 7:59 이하의 스데반의 마지막 말에 해당되는 바와 같다. 이 기도는 예수의 중보(intercessorisch) 직무에 관한 이해로 신학적인 토대가 마련되었다. 예수께서 바로 하나님 앞에서 우리를 대신하여 간구하시는 분이시다.(*ὃς ἐντυγχάνει ὑπὲρ ἡμῶν*, 롬 8:34b, 비교. 히 7:25, 요일 2:1) 그러므로 예수께 드리는 기도는 예수를 통한 중재로 하나님께 드리는 기도이다.

4.2 신앙고백

하나님과 그의 구원사역을 인정하는 것으로서 신앙고백은 믿는 자들 개개인에 의해, 그리고 기독교 공동체에 의해 공동으로 증거 된다. 신앙고백은 외부를 향할 뿐만 아니라, 내부를 향하는 기능을 갖는다. 신앙고백은 믿음을 일으킬 뿐만 아니라, 믿음을 견고하게 하고 확고하게 한다.

4.2.1 환호적인 기본 구조 안에 신앙고백은 언급된 내용과의 동일시뿐만 아니라, 증거 된 내용에 대한 인정도 포함한다. 사실상 신앙고백은 그 형태상 짧고 대부분 서술어가 없는 문장이다. 이런 형태가 근본적인 인정과 확신을 표현하는 데 기여한다.

4.2.2 환호적으로 진술된 신앙고백에 설명적인 진술이 이미 초기 기독교 시기에 덧붙여진다. 이들은 '짧은 형태의 신앙고백문들'이었다. 신앙고백은 그것에 근거한다. 거기서 사람들이 믿는 것에 관해 포괄적으로 진술하는 것이 아니라, 신앙고백에 결정적이었던 특별한 관점을 강조하는 것이 중요하다.

4.2.3 신약성서 이후 시기에야 비로소 초기 기독교의 가장 중요한 짧은 고백 문구들을 결합시키고 삼위일체적인 기본 신앙고백에 정렬시키고자 애를 썼다. 2세기 말에 나온 것으로 증명할 수 있는 로마 신앙고백(Symbolum Romanum)은 그 이후에 등장하는 사도신경(Symbolum Apostolicum)의 원래 형태이며, 초기 기독교의 고백문들을 일관되게 유지하는 특징을 지닌다. 이에 반하여 4세기 이래 고대 교회의 신학적인 숙고에서 비롯된 것으로 헬라적 사고의 전제 아래 놓인 요소들도 신앙고백 진술들 안에 포함되어졌다. 신앙고백이 생성되는 시기에 다른 사고의 전제들 아래서 잘못된 해석을 막고 올바르게 이해하기 위해 그러한 과정은 필연적일 수 있었을 것이다. 그러나 그러한 전제들을 더 이상 알지 못하는 후세대를 위해 그 과정을 재현하는 일은 상당히 어렵다.

4.3 예배

초기 기독교 예배는 고정된 형태를 아직 지니지 않는다. 첫 번째 시발점은 디다케 및 저스틴의 변증에서 발견되며, 이어서 히폴리트(Hippolyt)의 사도 전승(*Traditio Apostolica*)에 나온다. 그러나 기본구조는 초기 기독교에 이미 나타나고 있다.

4.3.1 구약성서-유대적 전제들에서 출발하는 경우 드러나는 것은 물론 회당전승의 요소들이 수용되기는 하지만, 반대로 성전 예배의 예전 전승은 수용되지 않는다는 것이다. 특징적인 것은 신약성서에서 예전의 모티브가 '하나님의 성전'이라는 기독교 공동체의 자기 명칭에서부터 시작하여 제사장직과 희생제의 표상에 이르기까지 메타포적으로만 사용되는 것이다. 주목할 만한 가치가 있는 것은 신약성서의 예전 전승이 우선적으로 권고 안에 또는 사도의 사역과 관련하여 받아들여지고 있다는 사실이다. 예를

스트 캐제만(Ernst Käsemann)이 예전의 메타포와 관련된 로마서 12:1 이하의 진술들과 관련하여 '이 세상의 일상에서 드리는 예배'를 말한 것은 근거가 없는 것이 아니다. 이제 단초적으로 신약성서에서 예전의 개념들이 예배 자체에 적용되고 있다. 클레멘스 일서에서 처음으로 제사장과 관련된 전문용어들이 파악되었다.(비교. 40-44장) 그것이 전이된 의미로 이해될 수 있다면, 여기서 이미 메타포적인 성격은 뒤로 물러난다. 이는 예전적인 표상을 수용하는 것이 후세대에 증가하게 되었음을 말한다. 확장된 기독교 예배 전승은 어쨌든 적지 않게 예전적인 모티브들로 각인되며 교차되어졌다.

4.3.2 가정공동체에서 열리는 공동의 주의 만찬 축제가 결정적으로 중요한 의미를 지니게 되었다. 그것이 기독교 예배의 실제적인 뿌리이다. 주의 만찬의 축제는 처음부터 선포, 찬양, 기도와 확실하게 결합되어 있었다. 그러므로 회당의 말씀 예배 전승을 주의 만찬 축제와 결합시키는 것을 쉽게 생각할 수 있다. 신약성서에 담겨진 몇 몇 예전적인 요소들은 무엇이 구성적인 요소로 간주되었는가를 대강 알 수 있게 한다. 예배에 대한 신약성서의 기준은 어쨌든 예배 전체와 관련된다. 그 예배에 말씀선포와 주의 만찬이 함께 포함된다. 전체로 보아 아직 고정된 예배 형태를 알 수 없고, 성령의 자유로운 사역이 중요한 역할을 했다는 것이 이러한 사실 정황을 배제시키지 못한다.

5. 마무리 고찰

5.1 기도할 때 믿는 자 각자가 또는 믿음의 공동체가 하나님께 나아간다. 기도는 하나님과의 살아 있는 관계를 표현하며, 하나님과 함께한다는 표현이다. 더 이상 기도가 없는 곳에서 믿음, 기독교적 생활 형태, 자발적인 책임은 마비된다. 주기도문이 공동기도의 기본 형태라면, '예수의 이름으로' 하나님께 드리는 기도는 개인기도의 중심 형태이다. 각 경우에 기도가 지니는 하나님과의 관계가, 상실되지 말아야 할 기도의 구성요소이다. 그러나 초기 기독교 본문이 드러내는 것처럼 그리스도께 직접 나아가는 것도 믿음 생활에서 한 자리를 차지한다.

5.2 기도처럼 신앙고백이 살아 있는 믿음을 표현한다. 초기 기독교의 신앙고백 진술들과 신앙의 표현들은 '짧은 형태의 신앙고백문들'이다. 이 짧은 구문들은 아주 짧게 인상적으로 무엇이 믿는 자 각자나 믿음의 공동체를 위해 결정적으로 중요했는지를 말해 준다. 칼 라너(Karl Rahner)가 바르게 요구했듯이, 짧은 형태의 그러한 신앙고백

문들을 새롭게 표현하는 것이 확신과 인정의 진정한 형태로 신앙고백을 다시 돌이키는 데 도움을 줄 수 있을 것이다. 전통적인 신앙고백문들을 체득하기가 종종 어렵게 느껴졌기 때문이다. 그것은 각기 직접 당면하여서 내가 누구를 믿는지를 고백하는 것, 믿음이 무엇에 근거하는지와 믿음이 내게 무엇을 의미하는지를 진술하는 것에 해당된다. 거기서 믿음의 증거가 성서의 기본진술과 관련된다는 것이 중요하다. 성서의 진술이 새로운 신앙고백 각각을 위해 (올바른) 길을 제시해 준다. 짧은 형태의 신앙고백이 예나 지금이나 중심된 것으로 제한된다. 그러나 믿음에 관한 더 많은 성찰을 배제하지는 않는다. 오히려 그러한 성찰과 신학적인 숙고가 불가피하다.

5.3 기독교 예배가 우리 시대에 여러 번 경직된 것으로 여겨졌다. 초기 기독교에서 성령의 자유로운 사역이 중요한 역할을 했었음을 기억해야 마땅하다. 성령의 자유로운 사역이 이미 아주 일찍 형성된 고정된 기본구조를 제거하지는 않는다. 그러나 동시에 속박되지 않은 부분들을 위한 자유공간이 충분히 남아 있어야 한다. '예배 순서'(*Ordinarium missae*)와 변경되는 '시간들'(*De tempore*-Teile)은 이러한 관점에서 예전적으로 중요한 결정이었다. 그러나 변경되는 부분들이 시간이 지나면서 또 계속해서 고정되어진다. 그래서 대부분 특정 목적을 갖고(ad hoc) 관련되거나 저절로 삽입된 부분들의 변경 가능성은 대체로 적다. 바로 그것이 초기 기독교 예배를 생생하게 특징지었다. 이와 관련된 요소들이 특정 경우에 그렇게 문제가 될 수 있다면, 예배 형태에 자유가 있음을 잊지 말아야 한다. 분명히 고린도전서 14장에 묘사된 예배를 직접 모방하여 우리 시대에 적용시킬 수는 없다. 그러나 그 예배는 예배가 엄격하게 진행되는 것이 아니라 살아 있는 공동체 축제이었음을 상기시킬 수 있다. 그에 상응하여 예배 언어는 특정 표현과 연결됨에도 불구하고, 새롭게 만들어져야 마땅하다. 초기 기독교 공동체에서 예전상의 언어를 포기한 것이 그것에 대한 좋은 참조가 되어야 할 것이다.

20장

은사와 공동체 지도

1. 기본 내용

여러 은사는 공동체 예배에서 중요한 역할을 하는 성령의 역사이다. 그러나 은사는 예배로만 한정되지 않고 기독교 생활 전체를 함께 규정한다. 마찬가지로 공동체 지도에서도 예배 모임만이 아니라 공동체 생활 전체가 중시된다.

1.1 성령의 사역

오순절과 재림 사이의 시기는 결정적으로 성령의 사역으로 특징지어진다. 기독교인과 교회의 존재는 하나님과 그리스도의 현존이 없이는 생각할 수 없다. 그러나 여기서 상세하게 다루어야 할 성령의 특별한 사역이 있다.

1.1.1 성령은 승귀 한 자에게서 비롯되며 믿는 자들 각 개인과 공동체의 생활을 규명하는 초기 기독교의 살아 있는 능력이다. 성령의 사역 안에서 공동체는 주님의 지속적인 현존을 경험한다. 이는 성령의 위격화(Personalisierung)가 이루어지며, 파라클레토스 성령이 예수 그리스도를 대표하는 곳에서 당연히 강력하게 드러난다.

1.1.2 성령이 먼저 역동적인 원칙으로 간주되어, 인간을 일으키고 인도하므로, 성령이 분명하게 은사로도 이해되어진다. 그 은사가 믿는 자들에게 주어지며, 믿는 자들이 특별한 일들을 행할 수 있게 한다. 이는 무엇보다도 성령의 은사와 은혜의 은사인

카리스마에 대한 이해에서 나타난다.

1.1.3 기본적으로 중요한 것은 성령의 자유로운 사역을 통하여, 그리고 특별한 성령의 은사와 은혜의 은사를 통하여 기독교인의 공동체 생활이 특징지어지고 그로써 각자가 합당한 모습을 지니게 된다는 사실이 중요하다. 그러므로 시간이 흐르면서 공동체 생활을 위해 불가피하게 미리 돌보아야 할 기능들이 생겨난다. 은사에 근거하여 자발적으로 수용한 과제들 대신에, 성령의 사역을 신뢰하면서 지속적으로 인정된 교회 직제가 등장한다. 이러한 맥락에서 더 고정된 형태의 공동체 직제가 생성되었다. 이것으로부터 교회의 제도적인 구조를 형성하는 처음 단초들이 나타났다.

1.2 성령과 직제

성령과 직제는 여러 면에서 서로 대립되어 왔다.(비교. Rudolf Sohm) 의심의 여지없이 둘 사이에 분명하게 긴장이 있지만, 서로 제약을 받는나.

1.2.1 직제가 제도적인 직제로만 이해된다면, 문제가 충분히 파악된 것일 수 없다. 여러 요소들이 다른 곳으로부터 수용되고 순응 자체가 불가피한 것으로 나타날지라도, 교회의 외적인 직제는 내적인 원칙에 근거하여서만 형성되고 이해될 수 있다. 그러한 점에서 직제는 늘 그 전제조건들에 대해 질문해야 한다. 그리고 그 전제들은 기독교 생활을 위해 역사하는 성령의 사역 위에 근거할 수 있다. 이는 교회의 과제들을 위해 필요한 신학적 틀을 만드는 경우에 해당된다.

1.2.2 이에 덧붙여 자유로운 성령의 사역에도 불구하고 성령이 그 자체로 일정한 직제를 만들게 된다. 그러한 직제는 여전히 잠정적이며 변경이 가능한 것일 수 있다. 시사하는 바가 매우 큰 것은 예를 들어 아주 초기에 주의 만찬에 참여하는 경우 어떤 형식상의 규칙이 없었다는 사실이다. 그러나 '거룩한 법조문'(Satz heiligen Rechtes)으로 예배에 참여한 불신자들이 제지를 받고, 회개의 요청을 받았다.(이 책 19장) 바울이 묘사한 고린도 공동체의 생활은 꽤 생동감 있지만, 어떤 규칙이 없었고, 사도는 "모든 것을 품위 있게 하고 질서(직제에 따라) 있게 하라."고도 언급한다.(*πάντα δὲ εὐσχημόνως καὶ κατὰ τάξιν γινέσθω*, 고전 14:40)

1.2.3 물론 더 커진 공동체들 안에서 예배와 생활을 위해 내적인 결속과 연속성을 가능하게 하는 더 고정된 직제를 만드는 과제가 제기되었다. 제도적인 구조로의 전이는 초기 기독교의 후기에 일어났다. 그때에도 물론 성령이 기본원칙이며 제도를 유지

시킨다. 이로써 성령과 법규에 대한 질문에 제기되었다. 특히 각각의 제도적인 직제 안에서 법규가 고유한 의미를 지녔기 때문이다. 이로써 계속하여 성령으로 역사하는 법규와 직제의 권리가 대립되며, 그 둘은 내용상 서로 관련되어져야 한다. 결정적인 기준은, 어느 정도로 제도적인 틀이 섬기며 보존하는 기능을 담고 있느냐는 것이지만, 동시에 성령의 사역에 자유 공간을 허락하느냐는 것이다.

2. 은사들

성령사역의 능력이 초기 기독교에서 중요한 역할을 했다. 이들은 여러 구절에서 언급되며 바울의 경우 원칙적인 의미에서 강조되고 있다.

2.1 초기 기독교에서 은사의 의미

'은사'(*χαρίσματα*)로 표현된 명칭과 별도로 성령의 은사와 성령의 영향력이 기독교 태동기에 상당히 중요한 의미를 지녔다.

2.1.1 먼저 초기 기독교에서 적지 않게 공공연히 일어났었던 기적행위를 들 수 있다.

2.1.1.1 이미 부활 이전에 카리스마적인 능력이 중요한 역할을 하였다. 이는 자신의 메시지와 관련하여 권능 있는 많은 일들을 행하셨던 예수 자신에게만 해당되는 것은 아니다. 그의 제자들도 파송 받을 때 설교만이 아니라, 이적도 행하라는 전권을 부여 받았다. 그들은 마가복음 6:7b에 따르면 '귀신을 제어하는 권능'을 받았다.(*ἐξουσία τῶν πνευμάτων τῶν ἀκαθάρτων*, 눅 9:2) 마태복음 10:8에 따르면 그것은 예수 자신의 사역과 완전히 유사하게 병든 자를 고치며 죽은 자를 살리며 나병환자를 깨끗하게 하며 귀신을 쫓아내는 일과 관련된다.(*ἀσθενοῦντας θεραπεύετε, νεκροὺς ἐγείρετε, λεπροὺς καθαρίζετε, δαιμόνια ἐκβάλλετε.*)

2.1.1.2 마찬가지로 사도행전이 드러내듯이, 부활 이후에 병자치유도 마찬가지로 중요한 역할을 하였다.(비교. 행 3:1-10, 5:12-16, 9:32-43, 14:8-11 등) 치유 능력과 다른 이적 행위들도 은사목록에 언급된다.(참조. 아래) 바울 자신은 로마서 15:18 이하에서 '말과 행위로 표적과 기사의 능력으로 성령의 능력으로' 이방인들 가운데서

행한 자신의 사역을 언급한다.(λόγῳ καὶ ἔργῳ, ἐν δυνάμει σημείων καὶ τεράτων, ἐν δυνάμει πνεύματος, 비교. 고후 12:12)

2.1.1.3 사도행전 6:3에서 헬라파 공동체가 뽑아야 할 '성령과 지혜가 충만한' 사람들이 언급된다.(πλήρης πνεύματος καὶ σοφίας) 스데반의 경우 특히 그가 '믿음과 성령이 충만'하였다고 언급된다.(6:5, 비교. 8절) 이는 그의 소송과 관련하여 다시 한 번 반복된다.(7:55) 바나바에 관해서도 그가 '성령과 믿음이 충만'하였다고 언급된다.(11:24)

2.1.2 이 기적들과 함께 성령의 역사에 의한 예언이 초기 기독교에서 꽤 중요한 의미를 지녔다.

2.1.2.1 사도행전 2:17 이하에서 성령강림절에 성취된 요엘 3:1 이하의 약속에 따르면, 성령의 은사와 함께 기본적으로 모든 기독교인들에게 예언으로 사역하는 능력이 부여된다. "내가 내 영을 모든 육체에 부어 주리니 너희의 자녀들은 예언할 것이요." (ἐκχεῶ ἀπὸ τοῦ πνεύματός μου ἐπὶ πᾶσαν σάρκα, καὶ προφητεύσουσιν οἱ υἱοὶ ὑμῶν καὶ αἱ θυγατέρες ὑμῶν.) 그러나 이들 각각은 공동체에서 특히 뛰어난 대표자들이었다. 이들에게 성령의 권능에 찬 선포라는 뜻으로 예언의 과제가 주어진다. 성령강림절과 에베소에서 요한의 제자들이 경우처럼 예인과 방언이 동시에 일어나는 것이 여러 번 분명하게 전제되고 있다.(행 2:5–13, 19:6) '방언으로 말하다'(λαλεῖν γλώσσαις)가 대체로 이해할 수 없거나 제한적으로만 이해할 수 있는 언어로 간주되는 반면에(고전 14:1–3, 13 이하, 비교. 13:1), 성령강림절에 듣는 이적이라는 의미에서의 황홀경의 언어는 여러 언어로 이해될 수 있었던 선포로 표현되고 있다. 베드로의 설교에서 이 기적적인 사건이 해석되며 예수 역사의 맥락 안에 놓여진다.(2:14–36)

2.1.2.2 예언자들과 예언은 신약성서에서 성서의 마지막 책에 이르기까지 여러 번 언급된다. 예언자들이 초기 기독교에서 중요한 기능을 지니고 있었고, 직접 사도들 옆 자리를 차지하고 있었다는 것이 에베소서 2:20에서 강조된다. 그 구절에 따르면 교회는 '사도들과 선지자들의 터 위에' 세워졌다.(ἐπί τῷ θεμελίῳ τῶν ἀποστόλων καὶ προφητῶν)

2.1.3 바울의 경우와 바울 이후의 문서들에서 산발적으로 우리는 다양한 은사들에 관하여, 그리고 그것에 의해 규정되는 공동체 생활에 관하여 상세한 것들을 경험한다. 그러한 현상을 바울 선교 영역으로만 제한시키기를 원했다면 그것은 틀린 것일 것이다. 다른 공동체들에서도 그러한 종류의 성령의 역사에 의한 은사가 전제될 수 있다.

2.2 바울의 은사 이해

바울은 여러 은사의 고유성과 기능에 관해 상세하게 보도한다. 바울에게 있어서 그들은 공동체 생활을 위한 근본 요소이다. 고린도전서 12장과 14장뿐만 아니라, 로마서 12:3-8에서도 사도는 성령의 여러 은사를 상세하게 다룬다. 덧붙여 데살로니가전서 5:19-21을 고려할 수 있다.

2.2.1 용어

주목할 가치가 있는 것은 바울이 고린도전서 12:1, 4-6에서 카리스마적 현상들을 어떤 개념으로 바꾸어 표현하는가이다. 바울이 성령의 역사에 의한 기능들을 명명하는 네 가지 특징적인 용어들이 있다. 프뉴마티카(*πνευματικά*), 카리스마타(*χαρίσματα*), 에네르게마타(*ἐνεργήματα*), 디아코니아이(*διακονίαι*).

2.2.1.1 프뉴마티카(*πνευματικά*), '성령의 은사들'(12:1)은 공동체와 그 구성원들에게 주어지는 성령의 영향력과 관련되고 있음을 가리킨다. 이들은 구체적으로 인식할 수 있으며, 공동체를 세우는 데 기여하는 은사들, 즉 하나님의 성령이 끼치는 영향력들이다. 이에 상응하여 '성령의 은사를 받은 자들', 즉 성령을 지닌 자들로서 프뉴마티코이(*πνευματικοί*)가 언급될 수 있다.(예를 들어 고전 14:37)

2.2.1.2 카리스마타(*χαρίσματα*), '은혜의 은사들'(12:4)은 이러한 은사와 영향력이 지니는 은혜의 성격을 가리킨다. 카리스(*χαρίς*), 즉 하나님의 '은혜의 행위'와 관련되는 현상들이 관건이 됨을 더 말할 수 있다. -마(*μα*)를 갖는 단어 형성에 근거하여 은사, 카리스마는 은혜의 행위를 통하여 역사되는 것이다. 특별한 성령의 은사에 대한 카리스마(*χάρισμα*)의 사용과 함께 바울의 경우에 하나님의 다른 은사를 위한 개념도 등장한다.(비교. 롬 5:15, 6:23, 11:29, 고후 1:11) 중재되거나 받아들여진 성령의 은사라는 의미로 그 개념은 로마서 1:11, 고린도전서 1:7, 7:7, 12:31에도 등장한다. 나아가 베드로전서 4:10에도 나오지만 디모데전서 4:14, 디모데후서 1:6에도 등장한다.

2.2.1.3 엔네르게마타(*ἐνεργήματα*), '(성령의) 영향력'(12:6)이 실제 경험할 수 있는 성령의 활동의 관점을 강조한다. 바울이 그 개념을 하나님에 관한 진술과 관련하여 특징적으로 가져온다. 하나님은 호 에르곤 타 판타 엔 파신(*ὁ ἐνεργῶν τὰ πάντα ἐν πᾶσιν*), 즉 '모든 것을 모든 사람 가운데서 이루시는' 분이시다. 즉 하나님이 지상에서 하나님의 전체 사역에 성령으로 영향력을 끼치신다.

2.2.1.4 끝으로 디아코니아이(*διακονίαι*), '봉사'는 전형적인 바울의 언어이다. 사도는 여기서 하나님, 즉 하나님의 성령에 의해 역사된 것만이 아니라, 은사의 은혜의 성격을 가리킨다. 동시에 바울은 공동체와 복음을 섬기기 위해 규정된 은사들을 다루고 있음을 분명히 한다. 성령의 은사들이 특별한 과제를 포함한다.

2.2.2 개별 은사

구체적인 여러 은사를 위한 수많은 명칭들이 신약성서에 등장한다. 고린도전서 12:8-11:28, 14:26, 로마서 12:6-8에 근거하여 세 그룹을 인정할 수 있다.

2.2.2.1 먼저 전권으로 가득 찬 말씀과 관련되는 은사들이다. 이는 무엇보다도 '예언'(*προφητεία*, 고전 12:10b, 롬 12:6b)에 해당되며, 그런 맥락에서 '지혜의 말씀'이나 '인식의 말씀'에 해당된다.(*λόγος σοφίας, λόγος γνώσεως*, 고전 12:8) 여기에 전권에 의한 '계시'가(*ἀποκάλυψσις*, 14:26) 해당된다. 나아가 다양한 '방언의 종류들'과 '방언의 통역/해석'(*γένη γλωσσῶν, ἑρμηνεία γλωσσῶν*, 고전 12:10c, d, 28d, 14:26) 및 '영 분별'(*διάκρισις πνευμάτων*, 12:10b)이 나온다.

2.2.2.2 두 번째 그룹은 성령으로 역사된 행위들과 관련된다. '기적의 능력들'과 '치유' 능력(*ἐνεργήματα δυνάμεων, χαρίσματα ἰαμάτων*, 고전 12:9b, 10a, 28b)들이다. 기적을 일으키는 믿음이라는 의미에서의 '은사들'에 대한 언급도 여기에 속한다. (*πίστις*, 고전 12:9a, 비교. 13:2b)

2.2.2.3 마지막 그룹은 '위로와 권고', '기도', '긍휼히 여김', '봉사'와 같이 영혼을 돌보며, 자선을 베푸는 과제들(*παρακαλεῖν, μεταδιδόναι, ἐλεεῖν, διακονεῖν*, 롬 12:7 이하) 및 '앞에 서는 일'(롬 12:8b)과 마찬가지로 '여러 가지 돕는 일', '행정을 맡아 하는 여러 가지 일'(*ἀντιλήμψεις, κυβερνήσεις*, 고전 12:28c)과 관련된다.

2.2.2.4 은사들이 앞서 주어진 인간의 능력들과 어떤 관계에 놓이는가라는 종종 제기되어진 질문은 양자택일적으로 답변할 수 없다. 여러 은사가 인간의 특별한 능력에 근거함은 의심의 여지가 없다. 그러나 은사들이 공동체를 섬기기 위해 세워지는, 단순히 천부적인 '자질들'(Begabungen)에 불과한 것은 아니다. 오히려 은사들은 성령에 의해 인도되고 성령의 사역을 통해 각인되고 있다.

2.2.3 은사의 합동 사역

2.2.3.1 바울에게 있어서 근본적으로 중요한 사실은 모든 공동체 구성원들이 성

령을 받았다는 것이다. "각 사람에게 성령을 나타내셨다."(*ἑκάστῳ δὲ δίδοται ἡ φανέρωσις τοῦ πνεύματος*. 고전 12:7) 이는 믿음과 세례를 받은 것에 근거한다. 동시에 하나님이 각 사람에게 일정한 "믿음의 분량을 나누어주셨다."(*ἐμέρισεν μέτρον πίστεως*, 롬 12:3c) 그것은 공동체 구성원들 각각에게 은사로 구체화되는, 성령의 특별한 각각의 은사이다. 이러한 이유에서 공동체 구성원들의 위치가 기본적으로 구별되지 않는다. 그러나 기능상으로는 구별된다.

2.2.3.2 이러한 기능들이 함께 작용하여 공동체를 세우는 데 기여하는 경우에만, 그 기능들이 바르게 인지된다. 바울이 그러한 내용을 명확하게 하기 위해, 그리스도의 몸 표상을 사용한다.(비교. 이 책의 16장) 믿고 세례를 받은 자 각자가 그리스도의 몸의 한 지체가 되며, 로마서 12:4 이하에 따르면 이 몸 안에서 특별한 과제를 갖는다. "우리가 한 몸에 많은 지체를 가졌으나 모든 지체가 같은 기능을 가진 것이 아니니 이와 같이 우리 많은 사람이 그리스도 안에서 한 몸이 되어 서로 지체가 되었느니라."(*καθάπερ γὰρ ἐν ἑνὶ σώματι πολλὰ μέλη ἔχομεν, τὰ δὲ μέλη πάντα οὐ τὴν αὐτὴν ἔχει πρᾶξιν, οὕτως οἱ πολλοὶ ἕν σῶμα ἐσμεν ἐν Χριστῷ*, 비교. 고전 12:12 이하) 그리스도의 몸에 관한 표상이 그리스도와 함께 속하며 하나가 됨을 표현한다. 이러한 교회론적 표상으로 바울은 그리스도의 몸 사상을 은혜의 은사들 및 그 상호관계를 전개시키기 위해, 이제 추가로 몸의 기관과 그 지체들에 관한 모티브를 가져온다.(고전 12:14-27) 이런 방식으로 바울은 모든 지체들에게 그들 각각의 과제를 요구하며, 그래서 낮은 자리의 봉사도 존귀한 것임을 드러낸다. 그러므로 언급된 은사들은 이적 행위와 치유를 넘어서, '여러 가지 도와 주는 일'(*ἀντιλήμψεις*), '행정을 맡아 하는 여러 가지 일'(*κυβερνήσεις*, 고전 12:28c)과 같은 아주 객관적인 기능에 이르기까지 광범위한 영역에 걸쳐 있다.

2.2.3.3 바울에게서 중요한 사실은, 기독교인 각자가 자신에게 고유한 은혜의 은사를 받았다는 것이며, 그로써 아주 특정한 과제가 그에게 주어진다는 것이다. 또한 각자가 주어진 은사를 통하여 그에게 할당된, 특별한 은혜와 과제에 머물러야 한다. 그러므로 바울은 로마서 12:6-8에서 다른 이들에게 "혹 섬기는 일이면 섬기는 일로, 혹 가르치는 자면 가르치는 일로 하라."(*εἴτε διακονίαν ἐν τῇ διακονίᾳ, εἴτε διδάσκων ἐν τῇ διδασκαλίᾳ*, 7절)고 권한다.

2.3 성령의 은사의 기준

2.3.1 어렵지만 중요한 설명인 고린도전서 2:6-16에서 바울은 은사들을 판단하기 위한 전제조건들을 다룬다.

2.3.1.1 바울은 여기서 '온전한 자들 중에서 지혜'를 말한다.(*σοφία ἐν τοῖς τελείοις*) '온전한 자들'은 공동체 안에 있는 특별하게 제한된 작은 그룹이 아니라—아직 주변에 있는 '미성숙한 자들'과(*νήπιοι*) 구별되는—세례 받은 자들로서 하나님의 성령에 참여하는 공동체 구성원들이다.

2.3.1.2 고린도전서 2:6-10a에 따르면 하나님이 예전에 '은밀한 가운데 감추어진 지혜'를(7절) "성령을 통하여 우리들에게 나타내셨다."(*ἡμῖν δὲ ἀπεκάλυψεν ὁ θεὸς διὰ τοῦ πνεύματος*, 10a절) 이제 '사람의 영'이 사람의 모든 일을 세세히 연구하여 알 수 있듯이(11절) '하나님의 영'이 하나님의 일을 아신다. "성령은 모든 것 곧 하나님의 깊은 것까지도 통달하시느니라."(*τὸ γὰρ πνεῦμα πάντα ἐραυνᾷ, καὶ τὰ βάθη τοῦ θεοῦ*, 10b절) 그러므로 세상의 영이 아니라, 하나님의 영을 가진 자들이 '하나님께서 우리에게 은혜로 주신 것들을' 알 수 있다.(*τὰ ὑπὸ τοῦ θεοῦ χαρισθέντα ἡμῖν*, 12b절)

2.3.1.3 믿는 자들은 '사람의 지혜가 가르친 말로 아니하고, 오직 성령께서 가르치신 것으로' 말하며(*ἃ καὶ λαλοῦμεν οὐκ ἐν διδακτοῖς ἀνθρωπίνης σοφίας λόγοις, ἀλλ' ἐν διδακτοῖς πνεύματος*, 13a), 그것을 넘어서 성령의 은사들을 판단할 수 있다. 성령의 은사들을 판단하는 것에 관한 표현인 프뉴마티코이스 프뉴마티카 쉥크리논테스(*πνευματικοῖς πνευματικὰ συγκρίνοντες*, 13b절)는 물론 논쟁이 되고 있다. 프뉴마티코이스(*πνευματικοῖς*)는 프뉴마티코이(*πνευματικοί*, '영의 은사를 받은') 혹은 프뉴마티카(*πνευματικά*, '영의 표현들')의 여격일 수 있고, 그것을 넘어서 쉥크리네인(*συγκρίνειν*)이 여기서 '비교하다', '판단하다' 혹은 '해석하다'라는 의미를 갖는지가 결정되어야 하기 때문이다. 아낭크리네인(*ἀνακρίνειν*), '판단하다'(14절 이하) 및 디아크리네인(*διακρίνειν*), '구별하다'(비교. 12:10의 *διάκρισις*)와 달리 쉥크리네인(*συγκρίνειν*)은 '비교하다' 및 '비교하여 시험하다'라는 의미로 이해될 수 있다.(비교. Wolfgang Schrage) 프뉴마티코이스(*πνευματικοῖς*)가 여기서 남성으로 사용되고 있음이 대체로 개연성이 있으므로, 그 표현은 "성령의 여러 말씀이 성령을 지닌 (다른) 사람들을 통해 비교하여 판단되어야 한다."는 것을 말한다.(개연성이 적지만 양자택일적으

로 "성령의 여러 말씀이 성령의 여러 다른 말씀과의 비교를 통하여 판단되어져야 한다."는 것을 말할 수도 있다.) 결정적인 것은 각 경우에 성령의 사역에 의해 판단이 내려질 수 있다는 것이다.(*πνευματικῶς ἀνακρίνεται*, 14c절) '세속적인 뜻으로 사람들'이 관건이 된다는 점에서는(*ψυχικὸς ἄνθρωπος*, 14a, b절) "영의 은사를 받은 자가 모든 것을 판단하나 자기는 아무에게도 판단을 받지 아니하느니라."는 말씀이 해당된다.(*ὁ δὲ πνευματικὸς ἀνακρίνει πάντα, αὐτὸς δὲ ὑπ' οὐδενὸς ἀνακρίνεται*, 15절) 성령의 은사를 받은 자들 사이에서의 판단과 외부에서의 판단이 이로써 명백하게 구분된다.

2.3.2 그러므로 바울이 데살로니가전서 5:(19 이하)21에서 성령의 사역 및 예언과 관련하여 "범사에 헤아려 좋은 것을 취하라."(*πάντα δοκιμάζετε, τὸ καλὸν κατέχετε*)고 권고하는 것을 이해할 수 있다. 이 권고는 "영을 다 믿지 말고 오직 영들을 분별하라."(*μὴ παντὶ πνεύματι πιστεύετε ἀλλὰ δοκιμάζετε τὰ πνεύματα*)는 요한일서 4:1 이하의 말씀과 병행한다. 이에 상응하여 고린도전서 12:10은 "영들을 분별하라."(*διάκρισις πνευμάτων*)고 요구한다. 매우 특징적인 것은 이제, 여기서 바울이 고유한 은사를 다룬다는 사실이다. 예언의 경우 시험하는 것이 특별한 역할을 한다. 그러므로 바울은 또 예언과 연결하여 언급한다. 믿음과 회개는, 공동체에 전하는 전권을 지닌 선포로서 예언을 말하는 것이 갖는 진리와 확신시키는 능력에 달려 있기 때문이다.(비교. 고전 14:24 이하) 그러므로 예배를 드릴 때 고린도전서 14:29에 따르면, 둘이나 세 명의 예언자들이 말을 하고, '다른 사람들은 (그들을) 분별해야 함'(*οἱ ἄλλοι διακρινέτωσαν*)이 기대된다. 이제 그렇게 하여 바울의 경우 참된 선포가 가능해진다.

2.3.3 바울은 고린도전서 12-14장에서 아주 분명한 분별 기준을 설명한다. 좋지 않은 경험에 직면하여 바울은, 이교도 지역에서 등장했듯이, 어떠한 열광적 현상도 성령의 은사로 오해되지 말아야 함을 먼저 중시한다.(고전 12:2) 이에 덧붙여 분명한 내용상의 기준들이 등장한다.

2.3.3.1 모든 경우에 있어서 그 중심에 예수를 '주님'으로 고백하는 신앙고백이 놓여야 한다. 오직 그것을 통하여서만 예언이 기독교적인 것으로 드러난다.(고전 12:3) 그러나 마가복음 7:22 이하 병행구절에서 주장되듯이, 단순히 예수 그리스도를 부르는 것으로는 충분하지 않다. 오히려 바울에 의하면 예언이 '믿음(의 고백)에 상응'해야 한다.(*κατὰ τὴν ἀναλογίαν τῆς πίστεως*, 롬 12:6) 예언은 복음의 진리에 합당해야 한다. 그렇지 않은 경우 유대교적으로 혹은 이교도적으로 동기화되었건, 잘못된 가르침으

로 논쟁에 이르게 된다.(참조. 이 책 24장)

2.3.3.2 그러나 올바른 가르침만이 아니라, 올바른 행동도 중요하다. 그러므로 광범위한 기준으로서 '사랑'이 더 많이 등장한다. 의도적으로 바울은 고린도서신에서 은사와 하나님 예배에 관한 설명 사이에 사랑에 관한 13장을 삽입시켰다. 그것으로 "그가 모든 것을 더 능가하는 길을 제시한다."(*ἔτι καθ' ὑπερβολὴν ὁδὸν δείκνυμι*, 12:31b) 그래서 14:1에서도 먼저 "사랑을 추구하라."고 말한다.(*διώκετε τὴν ἀγάπην*.)

2.3.3.3 끝으로 이에 덧붙여 도움이 되는 중심 기준으로 '세우는 것'(*οἰκοδομή/οἰκοδομεῖν*)이 등장한다. 특히 사랑 자체가 '세우는 것'이기 때문이다.(*ἡ δὲ ἀγάπη οἰκοδομεῖ*, 고전 8:2) 중요한 것은 공동체를 향한 올바른 관계이다. 즉 공동체 전체가 '건축물'로 비유되듯이 인간관계를 세우는 것이 중요하다. 기독교의 자유와 관련하여 바울은, "모든 것이 가하나 모든 것이 유익한 것은 아니요."라고 말할 수 있다.(*πάντα ἔξεστιν ἀλλ' οὐ πάτα οἰκοδομεῖ*, 고전 10:23, 비교. 6:12) 특별히 바울은 이러한 기준을 가지고 14장에서 방언과 예언에 관해 말한다. "예언하는 자는 사람에게 말하여 세우며 권면하며 위로하는 것이요. 방언을 말하는 자는 자기를 세우고 예언하는 자는 교회를 세운다."(*ὁ προφητεύων ἀνθρώποις λαλεῖ οἰκοδομὴν καὶ παράκλησιν καὶ παραμυθίαν· ὁ λαλῶν γλώσσῃ ἑαυτὸν οἰκοδομεῖ, ὁ δὲ προφητεύων ἐκκλησίαν οἰκοδομεῖ*, 3절 이하) 방언에서 표현되는 하나님과의 위격적인 관계가 문제시 되지 않으며 그 문제는 퇴장되어야 한다. 이는 "공동체가 경험되도록 하기 위함이다."(*ἵνα ἡ ἐκκλησία οἰκοδομὴν λάβῃ*, 5절, 비교. 12, 17-19절) 끝으로 바울은 하나님 예배와 관련하여 아주 일반적으로 다음과 같이 말한다. "모든 것이 (공동체를) 세우는 데 도움이 되도록 하라."(*πάντα πρὸς οἰκοδομὴν γινέσθω*, 26c절) 로마서 14:19, 15:2에서 사도는 서로를 세울 것을 권한다. 이는 데살로니가전서 5:11에서도 마찬가지이다.(*οἰκοδομεῖτε εἷς τὸν ἕνα*.)

2.4 성령의 은사를 받은 여성들과 공동체에서 그들의 위치

신약성서에 이름이 언급된 수많은 여성들 가운데 초기 기독교 시기에 높은 자리를 차지했던 여성들은 소수에 불과하다.

2.4.1 여러 번 언급된 아굴라의 부인인 브리스가/브리스길라는 물론 어느 곳에서도 성령의 은사를 받은 것으로 분명하게 묘사되지는 않았다. 그러나 사도행전

18:24-26에 따르면 자기 남편과 함께 성령으로 충만한 아볼로를 가르쳤다는 사실이 그녀가 특별한 은사를 소유했음을 말해 준다. 그녀가 대체로 아굴라 앞에 이름이 거론되고 있음은 우연이 아니다.(행 18:18, 26, 롬 16:3, 딤후 4:19) 두 사람이 가정 공동체의 선두에 있었으며(고전 16:19), 로마서 16:3(이하)에서는 '동역자'(*συνεργοί*)로 언급된다.

2.4.2 로마서 16:1에서 바울이 추천하는 뵈뵈는 '겐그레아 교회의 집사'(*διάκονος τῆς ἐκκλησίας τῆς ἐν Κεγχρεαῖς*)로 명명된다. 바울은 그녀를 12:7a에 따라 공공연하게 성령의 은사로 주어진 기능을 소유한 자로 열거한다. 이에 상응하여 바울은 12:5-8에 근거하여 로마서 16장에 언급된 다른 모든 여인들도 성령의 은사를 받은 동역자들로 간주한다. 먼저 '많이 수고한 마리아'(6절), 언제나 그녀의 명칭이 '사도'로 이해된 유니아(7절), 나아가 드루배나, 드루보사와 버시(12절), 루포의 어머니(13절), 끝으로 율리아와 네레오의 자매들이 있다.(15절)

2.4.3 신약성서의 두 구절에서 여자 예언자들이 거론된다. 하나는 사도행전 21:8 이하이다. 거기서 복음전도자 빌립의 네 딸들이 처녀로 예언하는 자들로 언급된다.(*θυγατέρες τέσσαρες παρθένοι προφητεύουσαι*) 게다가 요한계시록 2:20(21-23)은 '여자 예언자'(*προφῆτις*) 이세벨을 언급한다. 그녀는 두아디라 공동체에 속하지만 거짓교사로 낙인찍혔다.

2.4.4 특별히 중요한 것은 물론 모순적이기는 하지만 바울 서신 전체의 설명이다.

2.4.4.1 고린도전서 11:2-16의 본문 5절이 공동체 집회에서 여인들이 '기도하는 것'과 '예언을 말하는 것'을 말하고 있음은 오해의 여지가 있을 수 없다. 이 본문단락에서 나오는 복잡한 논증은 의심의 여지없이 고린도 공동체의 문제들과 관련된다. 흥미로운 것은 바울이 여자가 남자에서 예속한다는 전통적인 이해를 3절 이하와 8절 이하에서 논박하지 않지만, 갈라디아서 3:28의 의미에서 종말론적으로 상대화시킨다는 것이다. 바울은 11절 이하에서 "그러나 주 안에는 남자 없이 여자만 있지 않고 여자 없이 남자만 있지 아니하니라. 이는 여자가 남자에게서 난 것 같이 남자도 여자로 말미암아 났음이라. 그리고 모든 것은 하나님에게서 났느니라."(*πλὴν οὔτε γυνὴ χωρὶς ἀνδρὸς οὔτε ἀνὴρ χωρὶς γυναικὸς ἐν κυρίῳ· ὥσπερ γὰρ ἡ γυνὴ ἐκ τοῦ ἀνδρός, οὕτως ὁ ἀνὴρ διὰ τῆς γυναικός· τὰ δὲ πάντα ἐκ τοῦ θεοῦ.*)고 말한다. 5b-10절과 13-16절에서 바울은 왜 여자가 기도할 때와 예언을 말할 때 머리를 가려야 하는지에 대한 뒤좇기 어려운 논증의 근거를 제시하려고 시도한다. 우리가 찰나적인 생을 살고

종말의 완성이 아직 이르지 않았기 때문에, 아마도 바울이 창조직제에 따른 여자의 위치와 '주 안에서'의 위치 사이의 긴장을 유지하기를 원했던 것으로 이해할 수 있다. 그럼에도 불구하고 그리스도께 속한다는 것의 결과는 여자들의 위치와 과제규명을 변경시키도록 한다.

2.4.4.2 그에 반하여 고린도전서 14:33b-36에 따르면 — 이 본문은 본문의 역사와 11:5a, 11 이하의 관계에서 알 수 있듯이, 의심의 여지없이 추가적으로 삽입된 단락이다. — 예배드릴 때 여인들의 능동적인 모든 협력이 배제된다. "여자는 교회에서 잠잠하라. 그들에게는 말하는 것을 허락함이 없나니 율법에 이른 것 같이 오직 복종할 것이요."(*αἱ γυναῖκες ἐν ταῖς ἐκκλησίαις σιγάτωσαν· οὐ γὰρ ἐπιτρέπεται αὐταῖς λαλεῖν, ἀλλὰ ὑποτασσέσθωσαν, καθὼς καὶ ὁ νόμος λέγει*, 34절) 여자들이 무엇인가를 알기 원하면, 집에서 자기 남편에게 물어보아야 한다.(35a절) 공동체 집회에서 말하는 것은 '부끄러운 것'(*αἰσχρόν*)으로 표현된다.(35b절) 이와 아주 유사하게 디모데전서 2:11 이하에서 유대교 전통에 따라 여자는 침묵을 지켜야 하고 배우기만 해야 한다고 결정적으로 주장한다. "여자가 가르치는 것과 남자를 주관하는 것을 허락하지 아니하노니 오직 조용할지니라."(*διδάσκειν δὲ γυναικὶ οὐκ ἐπιτρέπω οὐδὲ αὐθεντεῖν ἀνδρός*, 12절) 이 주장은 13절 이하에서 여자가 남자 뒤에 창조되었다는 것뿐만이 아니라, 또 아담이 아니라 오히려 이브가 그를 유혹하여 하나님의 계명을 어겼다는 것을 근거로 논증된다. 이로써 여기서 바울 시대의 여러 공동체 안에서 길을 제시하는 단초들이 전통적인 유대교 시각으로 완전하게 희생되고 있다.

2.4.4.3 여자들이 받은 카리스마적인 은사와 그 결과로 주어진 공동체 안에서의 특별한 위치를 다루는 소수의 본문들은 한결같이, 이미 초기 기독교 안에 여인들의 지위 변경을 위한 단초들이 존재했었음을 드러낸다. 갈라디아서 3:28의 기본명제는 실제 생활에서도 그러한 결과가 도출되도록 이끌었다. 그밖의 경우에는 산발적인 증거에 불과함에도 불구하고, 그것이 바울 공동체들을 넘어서 중요한 의미를 지녔었을 것이다. 그에 반하여 여자들의 종속적인 위치에 대한 이해는 주변 사회에 적응하는 것이었다.

2.5 초기 기독교 후기의 여러 은사

신약성서에서 성령의 여러 은사에 관한 그밖의 몇 몇 보도들은 초기 기독교의 후기에 성령의 은사가 어떠한 의미를 지녔었는지를 알게 해 준다.

2.5.1 바울에게 의존하면서 에베소서 4:7은 "우리 각 사람에게 그리스도의 선물의 분량대로 은혜를 주셨다."(*ἑνὶ ἑκάστῳ ἡμῶν ἐδόθη ἡ χάρις κατὰ τὸ μέτρον τῆς δωρεᾶς τοῦ Χριστοῦ*)고 말한다. 여기서 카리스마(*χάρισμα*) 대신에 카리스(*χάρις*)가 사용되고 있는 것 이외에, 다음 본문에서 단지 다섯 개의 '더 높은 은사들', 즉 '사도, 예언자, 복음전도자, 목사, 교사'가 언급된다. 이 은사들은 '성도를 온전하게 하여 봉사의 일을 하게 하며 그리스도의 몸을 세우는' 과제를 갖는다.(… *πρὸς τὸν καταρτισμὸν τῶν ἁγίων εἰς ἔργον διακονίας, εἰς οἰκοδομὴν τοῦ σώματος τοῦ Χριστοῦ,* 11절 이하) 여기서 공동체의 모든 지체들이 갖는 성령의 은사에 관한 바울의 진정한 사상은 제한적으로만 인식할 수 있다. 공동체 구성원들처럼 '성도들'이 거론되며, 그들은 종속적인 의미로 봉사의 기능만을 갖는다.

2.5.2 모두에게 나누어지는 은사에 관한 전승을 베드로전서 4:10에서 더 분명하게 인식할 수 있다. "각각 은사를 받은 대로 하나님의 여러 가지 은혜를 맡은 선한 청지기 같이 서로 봉사하라."(*ἕκαστος καθὼς ἔλαβεν χάρισμα εἰς ἑαυτοὺς αὐτὸ διακονοῦντες ὡς καλοὶ οἰκονόμοι ποικίλης χάριτος θεοῦ*) 청지기라는 뜻으로 상호 봉사가 각각의 은사로 논증되고 있으며, 동시에 하나님의 은혜 행위의 풍요로움을 표현한다. 이어서 11절에서 물론 설교의 과제와 자선 행위라는 의미의 봉사로만 요약된다. 설교는 하나님의 말씀을 중재하는 것으로 이해된다. 거기서 전권으로 가득 찬 예언적인 선포가 고려되고 있다. "만일 누가 말하려면 하나님의 말씀을 하는 것 같이 하라."(*εἴ τις λαλεῖ, ὡς λόγια θεοῦ*) 그에 반하여 여기서 다른 모든 성령의 은사를 포괄하는 봉사에서 중요한 것은 하나님이 주시는 능력에 대한 신뢰이다.(*εἴ τις διακονεῖ, ὡς ἐξ ἰσχύος ἧς χορηγεῖ ὁ θεός*)

2.5.3 다른 관점에서 많은 시사를 하는 것은 요한계시록이다. 여기서 물론 다양성을 지니는 여러 은사를 다루는 것이 아니라, 예언이 나타나는 방식에 관해 더 상세한 것들을 경험하게 한다. 다른 곳에서 단지 짧게만 보도되는(비교. 행 9:10-16, 10:3-6, 10-16, 16:9 이하, 22:17-21, 고후 12:1-4) 환상이 여기서 결정적인 역할을 수행한다. 동시에 우리는 예언 설교의 특징적인 형태를 만난다.

2.5.3.1 승귀하신 주님에 관한 환상을 통하여 예언자 요한이 요한계시록 1:9-20에 따르면 이미 자신의 과업을 갖게 된다. 그 과업의 내용이 하나님, 즉 예수에 의해 천사를 통해 그에게 전달된다.(비교. 1:1 이하, 19:9, 10a, 22:6, 8 이하, 16a) 예언자는 이어서 스스로 계속 전달해야 할 세 개의 큰 환상을 받는다. 보좌환상(4장과 5장), 각기

일곱 개의 인, 나팔, 대접을 갖는 세 개의 연속 환상 그룹(6:1-19:10), 재림, 심판, 완성의 결론부 환상(19:11-22:5)이다. 이들이 알려지므로 위협받는 기독교인들은 만물 가운데 하나님이 일하시고 세상의 역사는 종말과 갱신으로 나아간다는 확신 가운데 강건해진다.

2.5.3.2 교회들에게 보내는 2장과 3장의 서신들은 예언적인 설교가 초기 기독교에서 어떻게 이해되고 있는지를 분명하게 인식시킨다. '공동체의 사자들'(하늘의 대표자들) 각각에게 보내는 서신으로서의 문체 이외에, 예언자는 승귀하신 자의 이름으로 그를 대신하여 공동체를 향해 호소한다. 그러므로 '그가 이르시되 …'(*τάδε λέγει ὁ …*)라고 언급한다. 이것과 기독론적인 존귀칭호가 결합되며, 이어서 구약성서에 나오는 예언자들의 경우와 비슷하게 '내가-형식'으로 승귀하신 그리스도의 확언, 권고, 혹은 경고가 뒤따른다. 서신의 끝에 이기라는 말씀과 함께 "귀 있는 자는 성령이 교회들에게 하시는 말씀을 들을지어다."(*ὁ ἔχον οὖς ἀκουσάτω τί τὸ πνεῦμα λέγει ταῖς ἐκκλησίαις*)라는 특징적인 말씀이 등장한다. 이 말씀은 승귀하신 자가 성령의 중개에 힘입어 예언자를 통해 말하고 있음을 의미한다. 이런 의미에서 "예언의 영은 예수의 증인이다."(*ἡ γὰρ μαρτυρία Ἰησοῦ ἐστιν τὸ πνεῦμα τῆς προφητείας*)라는 요한계시록 19:10c의 말씀도 이해할 수 있다. 예언을 가능하게 하는 성령이 동시에 예수에 대해 증언한다. 요한계시록 22:6에서 '예언자들의 영의 하나님'(*ὁ θεὸς τῶν πνευμάτων τῶν προφητῶν*)을 말한다. 이는 공관복음서와 요한복음서에 나오는 일련의 예수 말씀 전체가 그러한 의미로 예언적으로 알려진 승귀하신 주님의 말씀으로 이해될 수 있다는 점에 근거한다.

2.5.4 여전히 주목할 가치가 있는 것은 예언자 아가보에 관한 사도행전의 두 보도이다. 이 사람이 사도행전 11:28에서는 '글라우디오 황제 때 임한 기근을 성령을 통하여'(*διὰ τοῦ πνεύματος*) 예언하는 반면에, 21:10b, 11(12-14)에 따르면 바울의 띠를 가져다가 자기의 수족을 결박하는 것으로 표적을 행하고 "성령이 말씀하시되(*τάδε λέγει τὸ πνεῦμα τολ ἅγιον*) 예루살렘에서 유대인들이 이같이 이 띠 임자를 결박하여 이방인의 손에 넘겨주리라."고 말한다.(11b절) 여기서 확장된 예언자-설교의 특징적인 한 예가 등장하고 있다.

2.5.5 추가로 성령에 의한 것으로 규정된 설교가 2세기까지 영향을 끼쳤음을 더 언급할 수 있다. 성령의 여러 주된 은사들이 감소하는 것을 인식할 수 있지만, 카리스마적인 은사를 받은 예언자들과 교사들의 기능은 초기 기독교를 넘어서 계속 유지되었다.

우리는 그것을 사도교부들의 본문, 특히 디다케 11-13장과 헤르마스의 목자, 계명 XI장, 마찬가지로 몬타니스주의자들의 보도에 나오는 예언에서 경험한다. 나아가 2세기에서 3세기로의 전환기에도 알렉산드리아의 클레멘스가 카리스마적인 은사를 받은 교사로 기독교 공동체에서 활동했으며, 부분적으로 고대교회의 대(大) 신학자이기도 했음을 주장할 수 있다.

3. 공동체 직제의 초기 형태

공동체와 공동체 지도를 위해 형성되는 직제가 등장하기 이전에, 당시 상황과 관련되어 생성된 과도기적 기능을 갖는 규칙들이 등장한다.

3.1 예루살렘에서의 시작

공동체가 시작될 시기에 대한 묘사는 희미한 윤곽으로만 그릴 수 있다. 어쨌든 몇 가지 주요 사실은 정확하게 그려진다.

3.1.1 사도행전의 보도에 따르면 먼저 열두 제자 그룹이 생성되는 교회를 위한 책임을 맡았다. 예수께서 지상에 계실 때처럼 열두 제자는 상징적인 성격을 지니는 하나의 기구로 존재했다. 그들은 갱신된 하나님 백성의 대표자들이었고, 동시에 그러한 자들로서 지도적인 기능도 받아들였다. 의심의 여지없이 시몬 베드로가 부활 이전 시기와 마찬가지로 앞선 자리를 차지했다. 그에게 이미 예수께서는 '반석'이라는 별명을 부여했고(막 3:16 병행구절), 베드로가 제일 먼저 부활현현을 경험함으로(눅 24:34, 고전 15:5) 그것이 확증되었다. 베드로와 함께 공공연하게 세베대의 아들 요한이 뛰어난 역할을 하였다. 그가 여러 번 베드로와 함께 언급되기 때문이다.(행 3:1-10, 11, 4:13, 19) 그럼에도 불구하고 열두 제자가 맡은 공동책임을 생각할 수 있을 것이다.

3.1.2 40년대에 세 '기둥들'(*στῦλοι*)로 책임이 이전된다. 베드로, 세베대의 아들 요한과 함께 주의 형제 야고보가 중요한 기능을 맡았다. 그래서 야고보를 먼저 언급한다.(갈 2:9) '기둥들'이라는 명칭은 '에클레시아'처럼 마태복음 16:19에 언급된 '교회를 세우는 것'과 관련하여 구원사적인 의미를 지닌다. 베드로가 자신의 선교사역을 위해 예루살렘을 떠났고(행 12:17) 요한은 추측컨대 일찍 죽었기 때문에(막 10:39) 얼마의

시간이 흐른 후 야고보만이 예루살렘 공동체를 위해 일하였다.

3.1.3 언급할 가치가 있는 것은 열두 제자 그룹과 함께 헬라어를 말하는 예루살렘의 초기 공동체의 책임을 맡은 '일곱 집사'의 전문가 그룹이다. 그 그룹에 관해 사도행전 6:1-7이 보도한다. 이들은 자신들의 공동체를 대표하는 자들이었고 성령으로 충만한 것으로 나타난 특별한 두 증인 스데반과 빌립이 있다.(행 6:5, 8, 8:5 이하) 선포 과제와 함께 일곱 집사가 의심의 여지없이 그들 자신의 공동체 안에서 지도적인 기능을 받아들였다. 예루살렘 전체 공동체와 관련하여 가난한 자들 중에서 일하는 일상의 식탁 봉사의 직무가 그들에게 부여되었다.(6:3 이하) 이는 이런 방식으로 보다 긴밀한 협동 사역을 이루기 위함이었다.

3.1.4 대체로 팔레스틴 공동체와 관련하여, 한 장소에 일시적으로만 머무는 카리스마를 지닌 순회 선교사들을 생각할 수 있다. 그러나 개개의 공동체 안에 일찍이 한 장소에 거주하는 은사 받은 자들도 있어야 했다. 그들이 자신들의 영적인 과제와 함께 공동체의 공동생활과 직제를 위한 책임을 맡았다. 이는 아마도 우선적으로, 그러나 확실히 절대적이지는 않지만 초기 기독교의 예언자들이었을 것이다.

3.1.5 흥미로운 것은 옛 유대교 전승에서 유래하며 복음서 저자에 의해 편집적으로 형성된 공동체 설교인 마태복음 18장이 사실상 지도적 과제를 언급하고 있다는 것이다. 15-20절에 따르면 죄를 범한 공동체 구성원과 교제할 때 하나의 규칙을 공동체 전체가 적용시키는 것이 중시된다. 16:(18)19에 따르면 교회의 대표자로서 베드로에게 이양된 집행권(천국의 열쇠)을 18:18에서는 공동체 모임이 맡고 있다. 그것은 교회 전체에 주어진 전권과 관련된다.(참조. 이 본문에 관하여 이 책 16장)

3.2 사도, 예언자, 교사의 과제

우리는 일찍 여러 사도, 예언자, 교사에 관해 듣는다. 이는 초기의 헬라적이며-유대기독교적인 공동체들에도 해당된다. 같은 방식으로 이 지역에서 공동체 지도가 집단적으로 받아들여졌음을 생각할 수 있다. 동시에 특히 성령의 은사를 받은 자들에게 특별한 책임이 주어진다.

3.2.1 안디옥 공동체의 경우 사도행전 13:1에서 다섯 명의 '예언자들과 교사들'(*προφῆται καὶ διδάσκαλοι*)이 언급된다. 바나바와 바울이 거기에 속한다. 의심의 여지없이 이들이 주요 책임을 맡았었다. 그들이 사도회의에서도 공동체를 대표했기 때문

이다.(행 15:2, 갈 2:1 이하) 다른 구절에서 예언자들이 공동체를 뛰어넘는 과제를 받아들였다는 인상을 받는다. 그러므로 아가보가 예루살렘의 다른 예언자들과 함께 안디옥에 갔고, 거기서 임박한 기근을 예고했다.(행 11:27 이하) 나중에 그는 유대에서 가이사랴 해변가로 갔으며 바울에게 임박한 수감을 알려준다.(21:10 이하) 예언자들인 유다와 실라는 사도회의의 규정에 관한 결정을 안디옥에 알리라는 과제를 부여받고 거시서 얼마 동안 체류한다.(행 15:32 이하) 그것에 적용되는 것은 자체 행정력을 갖는 다수의 공동체의 경우 한 명의 예언자가 책임적인 기능을 맡았다는 내용이다. 이는 소아시아 서부 지역의 일곱 교회를 향하는 예언자 요한의 지위에 해당된다. 그가 일곱 교회를 향해 계시의 서신을 보낸다.(계 1:4, 11) 보다 후기에 카리스마로 공동체를(공동체들을) 돌보는 것과 그 사이에 이미 존재하게 된 기구화된 공동체 지도 사이에 대립이 생겨났음을 요한삼서가 드러낸다. 디오드레베는 자신의 공동체에서 '장로'가 파송한 사신을 더 이상 허용하지 않으려 한다.

3.2.2 바울은 은혜의 은사들이 동등한 것임을 강조함에도 불구하고 사도, 예언자들, 교사들의 특별한 위치를 부각시킨다. 공동체와 관련하여 필요한 은혜의 은사들이 있으므로 그 은사들이 앞선 자리를 차지하게 된다. 반면에 다른 은사들은 공동체 생활을 풍요롭게 해주지만 공동체의 구성요소는 아니다. 그런 이유로 고린도전서 12:28a에서 바울은 순서대로 나열함으로 다른 은사들과 구별하는, 공동체 안에서의 세 가지 은사와 과제를 언급한다. "하나님이 교회 중에 몇을 세우셨으니 첫째는 사도요 둘째는 선지자요 셋째는 교사요."(*ἔθετο ὁ θεὸς ἐν τῇ ἐκκλησίᾳ πρῶτον ἀποστόλους, δεύτερον προφήτας, τρίτον διδασκάλους*) 다른 모든 은사들은 고린도전서 12:28b에서 '그 다음은'(*ἔπειτα*)이라는 말로 요약된다. 그러므로 바울은 심지어 '더 큰 은사'에 관해 말할 수 있다.(*τὰ χαρίσματα τὰ μείζονα*, 고전 12:31a, 비교. 14:1b) 그러므로 어떤 과제가 사도들, 예언자들, 교사들에게 주어지는지를 설명할 수 있다.

3.2.3 '사도들'(*ἀπόστολοι*)은 선교를 하며 공동체를 세우는 과제를 갖는다. 이는 '예수 그리스도의 사도들'과 관련되며, 그들이 특별한 위치를 차지하며 역사적으로 유일회적인 기능을 갖는다.

3.2.3.1 '예수 그리스도의 사도들'로서 '사도들'은 공동체의 사신들인 '사도들'(고후 8:23, 빌 2:25), 무엇보다도 스스로 성령의 사역에 의해 전권을 부여받았다고 하는 '사도들'과 구별된다.(바울의 경우 이들은 '거짓 사도들'이다. 고후 11:13, 비교. 디다케 11:3-12) '예수 그리스도의 사도들'은 부활하신 자가 부여하신 특별한 위임에 근거하

여 봉사한다.(고전 15:7, 갈 1:1) 누가복음에서와 달리 바울의 경우에 이들은 열두 제자와 동일한 인물들이 아니다.(비교. 행 1:21 이하) 이들은 오히려 제한되기는 하지만 보다 더 큰 그룹을 표현한다.(고전 15:5b, 7b) 이들에게는 근본적으로 온 세상으로 나아가 여러 백성들 가운데 복음을 전할 과업이 맡겨진다.

3.2.3.2 고린도전서 12:28과 관련하여 사도들이 예언자들 및 교사들과 어떤 관계에 있는지의 문제가 제기된다. 본문은 바울이 사도직도 은사로 이해했다는 짐작을 하게 한다. 그러나 그러한 짐작은 그 밖의 다른 바울의 설명과 일치하지 않는다. 그가 자신의 소명과 관련하여 매우 의도적으로 그에게 특별히 주어진 카리스(*χάρις*), '은혜'(롬 1:5, 12:3, 15:15)를 언급하기 때문이다. 동시에 바울은 카리스(*χάρις*)와 카리스마(*χάρισμα*), '은혜'와 '은사'를 자신의 서신에서 시종일관 분명하게 구분한다. 고린도전서 12:28a의 순서는 은사사상을 통해서 정해진 것이 아니라, 하나님에 의해 제정된 세 가지 가장 중요한 교회 안의 과제들을 병렬시킨 것이다. 물론 사도도 은혜의 은사에 참여하지만, 그것이 자신의 실제 위치와 과제를 특징짓지는 않는다.

3.2.3.3 사도가 기독교 시초에 속하고 그의 위치가 연장될 수 있었던 것이 아니므로, 선교로 섬기는 불가피한 기능이 사도 시기의 끝에 어떻게 받아들여졌는지에 대한 확장된 질문이 제기된다. 한 가지 참조사항을 우리는 에베소서 4:11에서 발견한다. 여기서 2:20과 3:5에서 알 수 있는 제2 바울적인 이해에 따르면 거슬러 올라가 이미 기독교 시초에 속하는, '사도들' 및 '예언자들'과 함께 다음 세 가지 기능을 지닌 자들이 거론된다. 그들은 '복음을 전하는 자들'(*εὐαγγελισταί*), '목사들'(*ποιμένες*), 그리고 고린도전서 12:28에서처럼 '교사들'(*διδάσκαλοι*)이다. 이로부터 '복음을 전하는 자들'이 사도의 자리에 대신 등장하고 그들의 선교적인 기능을 넘겨받았다는 결론에 이를 수 있다. 이에 상응하여 '목사들'이 공동체 차원에서 예언자들을 대신한다.(비교. 행 20:28, 벧전 5:2. 나중에 그들의 자리에 '감독들'이 등장한다. 딤전 3:1, 딛 1:7, 디다케 15:1) 반면에 '교사들'은 지금까지 그들의 자리를 유지하여 왔다. '복음을 전하는 자들'이 이미 초기에 선포하는 자들로 존재했었음을 빌립에 관한 사도행전 21:8의 언급이 드러낸다.

3.2.4 두 번째 위치에 바울은 고린도전서 12:28에서 '예언자들'(*προφῆται*)을 거론한다. 그들의 과제를 바울이 어떻게 이해했는지를 예배에 관한 고린도전서 14장에서 상세하게 설명했다. 거기서 세 가지 주요 사실이 다음과 같이 나타난다.

3.2.4.1 예언은 선교하는 복음 선포와 달리 무엇보다도 공동체 내부에서 행하는

선포이다. 예언은 믿음 가운데 공동체를 강하게 하고 보존한다. 그러므로 예언의 기능은 일차적으로 '하나님의 집'이며 '하나님의 성전'인 교회 공동체를 '세우는 것'(*οἰκοδομεῖν*)이다.(비교. 고전 3:16) 예언적인 설교는 단어가 지니는 이중적 의미로 볼 때 구원의 확언(Heilszusage)과 구원의 공고(公告, Heilsansage)를 뜻하는 약속(*promissio*)이다. 예언적인 설교가 확언, 위로, 인식, 교육, 계시를 중개한다. 이것은 미래적인 요소들과 믿음에 대한 희망이 하나의 역할을 함에도 불구하고, 예언하는 것이 '앞의 것을 말한다.'라는 의미로 단순하게 이해되지 말아야 함을 뜻한다. 그러므로 바울이 산발적으로 미래진술과 관련하여 '비밀'을 예언적으로 계시하는 것에 관해 언급한다.(비교. 고전 15:51 이하, 롬 11:25-27)

3.2.4.2 예언은 드러내는 기능을 갖는다.(*ἐλέγχειν*, '드러내다, 증명하다') 예언은 고린도전서 14:23-25에 따르면 '마음에 숨은 일들'(*τὰ κρυπτὰ τῆς καρδίας*)을 드러나게 하며, 인간에게 자기 자신을 알게 하지만, 동시에 하나님께서 가까이 계심을 경험하게 한다. 그러므로 이러한 과정에서 불신자들의 확신과 회개도 가능하게 된다.

3.2.4.3 예언은 바울의 경우에 랄레인 글로세(*λαλεῖν γλώσσῃ*)(*γλώσσαις*), 즉 방언과 달리 원칙적으로 '이해할 수 있게 말하는 것', 즉 랄레인 노이(*λαλεῖν νοΐ*, 고전 14:14 이하, 18 이하)이다. 그러므로 예언자들이 하는 이해할 수 있고 뒤따를 수 있는 설교가 '방언'과 분명하게 구별된다.(행 19:6b은 다르다.) 바울의 경우에 황홀경에서의 방언은 개인적인 기도를 표현한다.(14:2, 7) 물론 그가 예배를 드릴 때 방언을 금하지 않지만, 방언은 '방언 통역'의 은사를 지닌 누군가가 거기 있을 경우에만 허락된다.(*ἑρμηνεία γλωσσῶν*, 고전 12:10d) 그런 방식으로 공동체가 방언으로 기도하고 설교하는 일에 참여할 수 있다. 그에 대하여 공동체가 '아멘'을 말할 수 있다.(14:13-16) 그러므로 자신이 방언을 말할 수 있는 바울은 "교회에서 네가 남을 가르치기 위하여 깨달은 마음으로 다섯 마디 말을 하는 것이 일만 마디 방언으로 말하는 것보다 나으니라."라고 말한다.(*ἐν ἐκκλησίᾳ θέλω πέντε λόγους τῷ νοΐ μου λαλῆσαι, ἵνα καὶ ἄλλους κατηχήσω, ἢ μυρίους λόγους ἐν γλώσσῃ*, 14:19)

3.2.5 '교사들'(*διδάσκαλοι*)에 관하여서 우리는 바울에게서 단지 몇 가지만을 듣게 된다. 고린도전서 14:6, 26에 따르면 교사들은 공동체 예배에 기여한다. 그들은 공공연하게 전승, 근본적인 기독교 증언의 보존자이며 해석자라는 점에서 자신들의 특별한 과제를 갖는다. 신약성서에서 고린도전서 11:23, 15:3, 로마서 6:17b처럼 전승과 관련되는 곳에서는 언제나 교사들이 본문을 올바르게 계속 전달하는 책임을 맡았었을

것이다. 이는 초기 기독교 신앙전승과 마찬가지로 예수전승에도 해당된다. 게다가 그들이 초기 기독교의 성서로서 구약성서를 해석할 때 책임의 과업을 맡았었음을 생각할 수 있다. 결국 그들에게 여러 경우에 이단과의 논쟁도 맡겨졌을 것이다.(비교. 골 2:6 이하)

3.2.5.1 바울이 가르침의 과제를 마태복음 13:52처럼 기독교적 서기관의 의미로 이해하지 않고 있음을 주목할 수 있다. 거기서도 전승의 풍요로운 곳간에서 '새것과 옛것'을 길어오는 성령이 인도하시는 인식이 관건이 될 수 있다면, 바울의 경우에 결정적인 특징은 카리스마적인 은사를 받은 교사에게 있다. 바울에게서 가르침은 영의 은사이며, 교사는 은사를 받은 자로 공동체를 위해 특별한 책임을 진다.

3.2.5.2 예언과 가르침 사이의 한계설정이 초기에 해결되지 않았을 것이다. 그럼에도 특징적인 것은 곧바로 예언자와 교사의 두 기능이 이미 구별되어졌다는 것이다. 앞으로 더 많이 나가고 또 뒤로 더 많이 후퇴하는 방향설정이 거기서 결정적이었을 것이다.

3.2.6 사도들, 예언자들, 교사들을 앞자리에 놓음으로 제도적인 직제 형성에 중요한 전제가 주어졌다. 덧붙여 카리스마적인 은사를 받은 예언자들과 교사들이 점점 더 드물어졌고, 선포의 과제와 교육의 과제가 그 밖이 다른 곳을 통해 받아들여져야 했다.(비교. 디다케 15:1)

4. 지도직의 형성

신약성서신학에서 일차적으로 관건이 되는 것은 교회 직제의 역사적인 발전이 아니다. 중요한 것은 오히려 초기 기독교 교회 직제가 형성될 때의 주도적인 원칙들이다. 그 원칙들이 인식될 수 있는 범위 안에서 그러하다.

4.1 '봉사'와 '직제' 이해

은사를 받은 자들에 의해 실제로 수행된 공동체 지도에서 조직화된 공동체 지도로의 전이는 유동적이다. 언제나 공동체를 지도하는 과제를 정렬할 때 마다 새로운 윤곽이 그려진다. 일의 여러 기능이나, 특별한 은사로 특징지어지는(비교. 롬 12:7 이하)

지속적인 일을 자발적으로 받아들이는 것 대신에 고정된 구조들이 등장하며, 그 구조들은 직제적인 성격이 증가하는 것을 수용한다. 이로써 신학적인 특별한 문제들이 등장하게 된다.

4.1.1 먼저 주목할 수 있는 것은 신약성서에 전문적인 직제 개념이 없다는 사실이다. 그 당시 언어사용에 근접하는 상위 지도기관의 명칭인 아르케(*ἀρχή*)나 특정 과제를 특징짓는 레이투르기아(*λειτουργία*)도 사용되지 않는다. '집안 살림'이라는 의미를 갖는 단어인 오이코노미아(*οἰκονομία*)와 '집사'라는 의미의 오이코노미스(*οἰκονόμος*)도 산발적으로만 사용된다.(고전 4:1 이하와 9:17, 딛 1:7, 벧전 4:10)

4.1.2 대체로 어느 정도의 지도 기능을 갖는 유일한 개념은 디아코니아(*διακονία*), '봉사'이다. 그러나 초기 기독교 시기에 이 개념은 '직제 개념'과 아주 달랐다. 오히려 이 개념은 아주 일반적으로 책임감 있고 도울 준비가 된 태도와 행동을 명명하였다. 봉사로의 방향설정은 결코 우연이 아니다. 그것은 기독교 공동체 안에서의 모든 기능들을 근본적으로 상세하게 규명하는 것과 관련된다. 이는 은사와 마찬가지로 단계적으로 형성되고 있는 직제들에도 해당된다. 그 배후에 의심의 여지없이 "너희 중에 누구든지 크고자 하는 자는 너희를 섬기는 자가 되라."(*ὃς ἂν θέλῃ μέγας γενέσθαι ἐν ὑμῖν ἔσται ὑμῶν διάκονος*, 막 10:43 병행구절)는 말씀이 있다. 이 말씀은 신약성서에서 "나는 섬기는 자로 너희 중에 있노라."(*ἐγὼ δὲ ἐν μέσῳ ὑμῶν εἰμι ὡς ὁ διακονῶν*, 눅 22:27b, 비교. 막 10:45 병행구절)는 말씀으로 기독론적으로 논증되고 있다. '디아코니'(Diakonie)라는 개념이 원래 광범위한 의미로 사용되었다. 그래서 사도행전 6:2, 4에서 '말씀의 봉사'(*διακονία τοῦ λόγου*)와 '식탁의 봉사'(*διακονεῖν τραπέζαις*)가 나란히 언급될 수 있었다.(비교. 롬 12:7a)

4.1.3 여러 은사가 저절로 등장하며, 진정하고 참된 성령의 은사로 인정되는 곳에서는 봉사를 받아들이는 것이 분명하였다. 그것은 일정한 기능과 과제들이 정해져 있고, 각기 다시 그 과제들을 충족시켜야만 했던 곳에서는 훨씬 더 어려웠다. 이에 덧붙여 당연히 일을 부과해야 할 공동체 자체가 개인적인 적합성을 지니고 있는가에 대한 질문이 생겼다. 직접적인 전권이양 대신에 이제 공동체에 의한 간접적인 전권의 부여가 등장하였다. 보다 상세하게 규정된 과제와 함께 계속 확장될 수 있는 그러한 기능과 그 기능과 결합된 고정된 위치가 '직제'를 특징 짓는다.

4.2 장로직제

4.2.1 지속적인 공동체 직제를 형성하려는 경향은 아주 일찍 예루살렘 지역에서 등장하였다. 주의 형제 야고보는 우리가 사도행전 15:2, 4, 6, 22 이하에서와 21:18에서 경험하듯이 유대적인 모범에 따른 '장로집단'(Presbyterium), 즉 '장로들'의 협의회(Kollegium)를 가능하게 한(eingerichtet hat) 사람이었다. 유대전승에 의거하여 이런 방식으로 공동체의 책임을 맡은 사람들이 함께 소집된 고정된 전문위원회(Gremium)가 만들어졌다. 한스 폰 캄펜하우젠(Hans von Campenhausen)이 이 과도기가 이리저리로 이끌려졌음을 올바르게 지적했다. 처음에는 실제로 특별한 그룹으로 함께 모였던 연로한 공동체 구성원들이 관련되었다. 동시에 나이보다 공동체에 속한 소속기간의 길이가 더 중시되었다.

4.2.2 장로직제는 곧 예루살렘 지역 밖의 공동체들에서도 시행되었다. 언제 그것이 이루어졌는지는 난언하기가 어렵다. 사도행전 14:23에 따르면 바울 자신이 바나바와 함께 자신이 세운 여러 공동체 안에서 '장로들'을 임명하였다. 그러나 그것은 그의 서신에 나오는 내용과 일치하지 않는다. 어쨌든 이 본문에서 드러나는 것은 바울 선교지역에서도 사도가 죽은 직후 이미 장로직제가 시행되어지고 있었다는 사실이다. 에베소서 4:11에 언급되고 스스로 공동체를 위하여 일했던 복음서 저자들, 목자들, 교사들이 중간단계를 형성했다.

4.2.3 야고보서 및 그와 유사하게 베드로전서에서 추론할 수 있는 것은 헬라적-유대기독교 영역에서 장로직제가 아마도 비교적 널리 퍼져 있었을 것이라는 사실이다. 야고보서 5:14은 특히 영적인 과제를 맡았던 '공동체의 장로들'을 언급한다.(병자를 위해 기도하고 기름 바르는 일) 같은 내용을 베드로전서 5:1에서 주장할 수 있다. 거기서 베드로가 (가상의) 저자로 쉼프레스뷔테로스(συμπρεσβύτερος), '함께 장로 된 자'로 명명된다. 그러나 요한이서와 삼서의 저자가 자기를 칭하는 명칭인 호 프레스뷔테로스(ὁ πρεσβύτερος), '장로'는 다른 의미를 지닌다. 전문위원(Gremium)에 속하지 않는 카리스마적인 개인과 관련되기 때문이다.

4.3 바울의 공동체에서 직제?

바울공동체는 시종일관 현존하는 은사들로 특징지어졌다. 거기서 사도들, 예언자들, 교사들이 일정한 지위를 차지했다. 그러나 직제와 같은 것들도 단초적으로 존재했었는지에 대한 질문이 바울서신의 두 구절에 나타난다.

4.3.1 때때로 바울은 '앞에 서는 자들'을 언급한다. 데살로니가전서에서 바울은 '너희들 가운데 수고하는 자들'(*οἱ κοπιῶντες ἐν ὑμῖν*)과 함께, '주 안에서 너희 앞에 서는 자들'(*οἱ προϊστάμενοι ὑμῶν ἐν κυρίῳ*)[34]을 거론한다. 그러나 거기서 특별한 지도적인 직제가 생각되지는 않았다. 복수형이 나오기 때문이다. 관건이 되는 것은 간단하게 특별한 과제를 넘겨받은 공동체 구성원들이다. 이에 연결하여 5:19 이하에 "성령을 소멸하지 말라."와 "예언을 멸시하지 말라."는 권고가 강조적으로 뒤따른다. 특징적으로 로마서 12:8에 여러 은사들 중에서 앞에 서는 기능이 언급된다. 이로써 어떤 과제가 명명되지 않고 있으며, 단지 '앞에 서는 자가 부지런함으로'(*ὁ προϊστάμενος ἐν σπουδῇ*) 일해야 함을 요구한다. 유사한 내용이 '조종(操縱)기능'에 대한 잠정적인 언급인 고린도전서 12:28d(*κυβερνήτης*에서 파생된 "조종자," *κυβερνήσεις*)에도 해당된다. 이것은 행정활동과 관련되었을 수 있을 것이다. 주의 만찬의 축제에서 앞에 서는 것이 관건이 된다는 지금까지의 주장은 어떠한 것으로도 논증될 수 없다. 그렇지 않으면 고린도전서 11:17-34에서 그러한 것들에 관한 암시가 전적으로 주어졌을 것이다.

4.3.2 논쟁이 되는 것은 빌립보서 서문(Präskript)에 나오는 '감독들과 집사들'에 관한 언급이다.(*ἐπίσκοποι καὶ διάκονοι*) 그러나 이미 여기서 후세대가 이해한 의미로 지도직제가 관건이 된다는 주장은 아주 개연성이 희박하다. 그와 반대로 이미 에피스코포이(*ἐπίσκοποι*)의 복수형을 말한다. 게다가 '에피스코펜'(Episkopen)은 단어의 의미 그대로 '감독들'이다. 그들의 기능은 각각에게 부여된 감독 차원에 따라 결정된다. '감독'(Bischof)이라는 의미는 보다 후기의 기독교전승에서야 비로소 나타났다. 공공연하게 빌립보서 1:1에서 '감독들'(Episkopen)은 '집사들'(Diakonen)과 함께 바울이 공동체로부터 받고 그에 대해 감사하는 헌금에 관여한다.(비교. 빌 4:10-20) 그러므로 그 명칭들은 공동체 내부에서 부분 과제를 수행하기 위한 명칭들이지만, 어떠한 종류의 직제 구조를 갖지 않는다.

34) 개역개정은 '다스리는 자들'로 번역한다. 참조. 데살로니가전서 5:12 "… 너희 가운데서 수고하고 주 안에서 너희를 다스리며 권하는 자들을 너희가 알고 …." — 역자 주.

4.4 목회서신의 감독직

목회서신에서 기원후 1세기 말경의 다양한 직제 모델이 설명되고 있다. 그것을 통하여 후세대를 위해 방향을 제시해 주는 공동체 구조가 생성된다.

4.4.1 근본적인 것은 장로직이다. 목회서신에서 여러 번 '장로들'(*πρεσβύτεροι*), '장로집단'(*πρεσβύτεριον*)이 언급된다.(딤전 5:19, 딛 1:5, 딤전 4:14) 공동체 '앞에 서는' 장로들에 관해서도 언급한다.(*οἱ προεστῶτες πρεσβύτεροι*, 딤전 5:17) 그들은 임명되고 있다. 그러므로 디도에게 그레데에서 '각 성에 장로들을 세울 것'을 요구한다.(*καθιστάναι κατὰ πόλιν πρεσβυτέρους*, 딛 1:5)

4.4.2 이것과 결합되고 있는 것이 목회서신에 나오는 개별적인 '감독'(Episkopos)과 그 감독에게 함께 속하는 '집사'(Diakone)직으로 특별히 강조된 직제들이다.(딤전 3:1-7, 8-13) 그 전(前) 단계를 사도행전 20:28이 형성한다. 거기서 '장로'가 '하나님의 교회를 돌보는'(*ποιμαίνειν τὴν ἐκκλησίαν τοῦ θεοῦ*) '감독'(*ἐπίσκοποι*)으로 명명된다. 그러나 여기서 감독의 기능을 목자의 과제와 마찬가지로 모든 장로들도 공동으로 갖는다. 이어서 디모데전서에서는, 공공연하게 빌립보서 1:1에서 서로 관련되는 두 기능들에 의거하여, '감독'과 '집사'의 이중 직제가 장로직과 결합되고 있다. 두 구조가 융합하여 '감독' 각자가 '집사들'뿐만 아니라 '장로들' 앞에 놓인다. 마찬가지로 집사를 언급하지 않는 디도서 1:5 이하, 7-9에서도 장로직제와 감독직제(*ἐπίσκοπος*)가 서로 융합되고 있다.

4.4.3 디모데전서 3:1에 따르면 '감독'(Episkopos)직에서는 공동체 구성원 각자의 과제가 중요하며, 그 과제가 직제의 성격을 갖는다. 이는 이미 누군가가 '감독의 직분을 얻으려'(*εἴ τις ἐπισκοπῆς ὀρέγεται*) 할 수 있다는 데서 드러난다. 이 직제를 맡은 자에게 아주 특정의 과제를 수행할 의무가 주어진다. 그것에 관해서는 물론 상대적으로 조금 언급할 뿐이다. 자격에 대한 질문이 전면에 등장한다. 디모데전서 3:2-7과 디도서 1:7-9에서 무엇보다도 도덕적인 기준이 중시된다. 그밖의 경우에 자기 가정을 잘 관리할 수 있는 능력이 중요하다.(*τοῦ ἰδίου οἴκου καλῶς προϊστάμενος*) 그것으로 감독이 '하나님의 집의 청지기'(*οἰκονόμος θεοῦ*, 딤전 3:4, 딛 1:7)로서 '하나님의 집'(딤전 3:15)인 공동체를 이끌 수 있다. 그러므로 감독은 새로 세례를 받은 사람이어서는 안 되며, 공동체 밖의 사람들에게 존경을 받아야 한다.(딤전 3:6 이하) 그러나 또 가르칠 수 있어야 한다. 즉 '올바른 가르침으로 가르칠 수 있어야 하고 적대자들을 향해

대항'할 수 있어야 한다.(*παρακαλεῖν ἐν τῇ διδασκαλίᾳ τῇ ὑγιαινούσῃ καὶ τοὺς ἀντιλέγοντας ἐλέγχειν*, 딛 1:9) 장로들(딛 1:6) 및 집사들(딤전 3:8-13)에 관해서도 유사한 기준목록이 목회서신에서 발견된다. 그 기준들은 과제내용에 대하여 아직 분명한 한계설정이 이루어지지 않았고 상호관계가 아직 결정적으로 규정되지 않았음을 드러낸다. 어쨌든 '감독'의 수위(首位)를 인식할 수 있다. 계급적인 어떤 체제가 관련되지는 않는다. 그러한 체제는 2세기에서야 안디옥의 이그나티우스에게서 등장한다. 디모데서와 디도서에서 감독의 위치와 기능은 '동료들 가운데 수위'(*primus inter pares*)라는 표현으로 가장 잘 표현되고 있다.

4.4.4 어떻게 이러한 직제구조에 이르게 되었는지를 디다케 15:1 이하에서 아주 분명하게 알 수 있다. 공동체 안에서 카리스마적인 전권에 근거한 '예언자들과 교사들의 봉사'(*λειτουργία τῶν προφητῶν καὶ διδασκάλων*)가 더 이상 보장 받지 못하게 되자, 마땅히 '감독들과 집사들'을 뽑아야 했다.(*χειροτονήσατε οὖν ἑαυτοῖς ἐπισκόπους καὶ διακόνους*) 그 이후로 그들이 공동체를 이끌고 동시에 예언자들과 교사들의 과제를 맡아야 했다.

4.4.5 목회서신의 감독직제에서 일방적이며 조직적으로 이해되는 구조를 결코 다루지 않는다. 중요한 것은 지도기능과 영적인 과제의 융합이다. 여기서 무엇보다도 중요한 것은 참된 기독교인의 과제를 수행하기 위해, 가르침의 보존과 연속성 및 공동체 강화에 기여하는 적절한 제도 직제를 발견하는 것이다. 영적인 과제가 결정적으로 중요한 의미를 지닌다는 것은 기름을 붓는 제도를 유입하는 것에서 드러난다.

4.5 기름부음

제도적으로 자리 잡은 직제를 위한 주도적 원칙들은 안수제도와 관련하여 가장 분명하게 읽을 수 있다. 성령의 은사에서 전권의 문제가 이미 주어져 있었다. 은사들은 그 자체로 성령으로 역사되는 과업의 부과를 표현하며 증언한다. 물론 '영 분별'의 문제가 등장하지만, 중요한 것은 전권을 올바르게 맡느냐와 잘못 맡느냐이다. 또 다른 문제가 제기되는 것은 공동체가 선택하는 경우와 직제를 임명하는 경우이다.

4.5.1 목회서신에서 직제의 유입은 기름부음과 결합되고 있다. 기름부음은 디모데전서 4:14과 디모데후서 1:6이 처음으로 우리에게 증거 한다.(비교. 딤전 1:18, 6:11-16) 선택이 되어 직제를 맡은 자에게 전제되고 있는 모든 자격에도 불구하고 중요

한 것은 그의 활동을 위해 필요한 영적 능력을 간구하고 그것을 인정하는 일이다. 기름부음은 구약성서적-유대적 전제를 갖는 안수라는 특별한 한 형태로 일어난다.

4.5.1.1 구약성서 민수기 27:18-23에서 우리는 '손을 얹는 것'으로 행해지는 개인의 직제 임명에 관해 듣는다. 여기서 모세의 후계자로 임명되는 여호수아가 관련된다. 그에게 손을 얹음으로, 앞으로 이스라엘 지파들의 지도를 맡는 전권이 이양된다. 이와 유사한 설명을 우리는 민수기 11:10-30에서 발견한다. 거기서 모세의 직무를 덜기 위해 백성들 가운데 나이 들은 남자(장로) 칠십 명으로 구성된 전문위원회(Gremium)가 임명된다. 여기서도 손을 얹음으로 임명이 이루어진다. 여호수아의 경우에 그가 성령을 이미 지니고 있었고, 따라서 특정한 과제를 위한 전권이 관건이 되고 있음이 언급되는 반면에, 칠십인 장로의 경우에 주께서 모세에게 임하게 하셨던 성령을 그들에게도 임하게 하신다. 즉 그들이 모세의 특별한 능력과 과제에 참여해야 했다.

4.5.1.2 직제를 임명할 때만 안수가 행해졌던 것은 아니다. 안수는 치유나 특정한 축복행위에도 속한다. 그러므로 신약성서에서 다양한 방식으로 안수에 관해 말한다. 치유에 관한 예로 마가복음 5:23 병행구절, 6:5, 7:32이 거론된다. 더 중요한 것은 안수의 형태로 행해지는 축복이다. 이는 마가복음 10:16 병행구절에 나오는 예수의 유아축복과, 짐작컨대 성령의 은사와 관련되는 세례 맥락에 나오는 축복에 해당된다. 이는 사도행전 8:16 이하(18 이하), 19:6과 히브리서 6:2에서 추론할 수 있다. 나아가 특정과제를 위한 축복이 사도행전 6:6에 나오는 가난한 자를 돌보는 일들과 사도행전 13:3에 나오는 바울과 바나바의 파송에서 한 역할을 수행한다.

4.5.2 목회서신의 기름부음에 관한 진술에서 중요한 것은 기름부음이 교회 직제의 맥락에 놓인다는 사실이다. 그렇게 된 것은 유대교적 차원의 전(前) 단계를 제외하고도, 이미 그와 유사한 축복의 안수 및 안수가 성령사역과 결합되는 일 이후에 일어난 것이며, 놀라운 일은 아니다. 이제 다른 안수들과 구별하여 여기서 중요한 것은 안수를 통해 수행되는 교회 직제를 맡을 준비라는 뜻으로서 성령의 중개이다.(딤전 4:14, 딤후 1:6) 여기서 교회 직제와 영적인 전권이 단단하게 서로 묶여져 있다. 특징적인 방식으로 '카리스마'라는 개념이 사용된다.(비교. 딤전 4:14, 딤후 1:6) 그러나 이제 카리스마가 성령의 자유로운 은사가 아니라, 오히려 직제를 맡은 자에게 요구되며 그에게 이양되는 은사로 이해된다. 성령의 수여와 직제의 이양이 안수를 받는 자가 살아 있는 동안 맡게 되는 공동체를 위한 과제의 근거가 된다. 이는 물론 직제 이행을 실패하는 경우에 박탈당하거나 다른 사람에게 이양될 수 있음을 배제하지 않는다. 이는 우리가 1세기 90

년대 중반으로 시기를 설정할 수 있는 클레멘스 일서에서 알게 되는 바와 같다.

5. 다양한 여러 모델의 상호관계

우리가 은사에 관한 신약성서의 진술들을 교회 직제에 관한 진술들과 비교하는 경우, 매우 다양한 경향을 지니는 꽤 넓은 폭이 드러난다. 중요한 것은 간단히 말해서, 교회 직제의 카리스마적이며 기구(機構)화된 모델이다. 그 둘이 물론 서로 긴장 가운데 놓이지 말아야 하지만, 성령께서 은사들 가운데서 역사하는 자유가, 고정된 직제와 어느 정도로 조화를 이루는가에 대한 질문이 제기된다.

5.1 기본 내용

은사들의 의미와 기구화된 공동체 지도에 대한 질문이 논의되기 이전에 두 가지 기본문제를 살펴보아야 한다.

5.1.1 은사와 기구화된 직제 사이의 관계에 대한 질문에서 잘못된 양자택일을 조심해야 한다. 한 편으로 중요한 것은 순전한 성령의 역사이다. 다른 한 편으로 중요한 것은 대개 인간이 정한 규칙이다. 이것이나 저것이나 관련되는 것은 구체적인 현상방식이며, 그것은 예수 그리스도의 사역과 관련하여 영적이며 인간적인 구성요소들을 동시에 지닌다. 그러한 점에서 공동체 생활의 각각의 형태 안에 성령이 역사하시는 요소와 세속적인 요소가 서로 교차한다. 기구화된 직제와 마찬가지로 은사들도 현상학적으로 파악할 수 있다. 은사나 그 은사에 의해 규정된 공동체 생활의 극도의 황홀경 형태는 설득력 있게 규정된 기구화된 직제와 마찬가지로 문제가 있을 수 있다. 아주 초기에 황홀경 현상이 특별한 역할을 했다면, 그와 동시에 처음부터 비(非) 황홀경적 성격을 지닌 현상도 있었으며, 바울은 모든 은사들이 똑같은 가치를 지니고 있음을 분명하게 강조했다. 거꾸로 기구화된 직제로 성령의 사역이 결코 제한되지 말아야 했다. 은사들 가운데서 일하시는 성령의 역사가 고정된 직제의 틀 안에 존재하는 것으로 직접 나타날 수 있다면, 중요한 것은 추적이 불가능한 성령의 능력과 구체적인 세속의 형태 사이의 교차이다. 그 안에 교회생활의 모든 본질적 특성이 있다.

5.1.2 의심의 여지없이 초기 기독교 시기에 카리스마적으로 각인된 공동체 생활

에서 보다 강력하게 기구화된 직제로의 이동이 있었다. 이는 외적인 이유만으로 발생한 일은 아니었다. 대체로 카리스마적인 직제는 교회가 생성될 때 나타나는, 논쟁의 여지가 있을 수 없는 특별한 위치와 관련되고 있다. 예수의 생애와 사역만이 역사적인 유일회성의 성격을 지니는 것은 아니다. 같은 내용이 초기 사도시대에도 해당된다. 이는 목격한 증인의 대표자로서 베드로가 지니는 위치에서 분명해진다. 그는 예수께서 특별히 이끄신 제자였고 부활의 첫 증인이었다.(비교. 막 3:16 병행구절, 눅 24:34, 고전 15:5) 맛디아로 충원되었지만(행 1:21 이하), 더 이상 보충되거나 계속되지 않은 열두 제자 그룹에도 같은 내용이 해당된다. 그에 상응하여 부활하신 자로부터 위임받은 증인으로서 예수 그리스도의 사도들이 숫자상으로 제한된 그룹을 이루었고, 바울은 나중에 부름받은 것으로 인해 자신이 사도에 속함을 변호해야 했다.(고전 15:5-10) 이러한 내용은 사도와 열두 제자 그룹의 빈번한 동일시가 드러내듯이 일반적으로 인정되지는 않았다.(마 10:2, 누가복음의 여러 구절) 누가는 교회 생성시기의 특징을 사십일 간의 전승으로(행 1:3b), 에베소서의 저자는 사도와 예언자들의 기초 위에 세워진 교회의 모습으로(엡 2:19 이하), 요한계시록의 저자는 하늘에 있는 열두 사도의 이름을 가진 성전의 기초석이라는 언급으로(계 21:14) 부각시켰다. 예수 그리스도의 교회가 지니는 기초와 형태화는 어쨌든 계속해서 연장할 수 없는 유일회성 안에서 특별한 윤곽을 갖는다.

5.2 은사의 고유성과 의미

성령이 주신 선물이라는 의미에서 여러 은사는 교회 생활에서 불가피한 것이다. 그러나 은사가 나타나는 현상 형태와 그 의미에 대한 질문이 제기된다.

5.2.1 가장 어려운 것은 초기 기독교에서 의심의 여지없이 중요한 역할을 했던 수많은 황홀현상들에 대한 답변이다. 교회역사에서도 지금까지 그러한 종류의 은사들이 산발적으로 등장하였다.

5.2.1.1 방언과 관련하여 바울은 그것이 개인적인 기도의 표현일 수 있지만, 공동체 안에서 이해할 수 있는 언어로 옮길 필요가 있음을 분명하게 주장하였다. 방언은 어쨌든 고린도전서 14:21 이하에 따르면 표적의 기능을 갖는다. 방언은 공동체를 세우는 데 아주 제한적으로만 기여한다. 그에 반하여 선포와 가르침은 긴요하지만 황홀경을 필요로 하지 않는 과제로 볼 수 있다. 중요한 것은 성령의 사역에 의해 규명되며 이해할 수 있는 언어로 표현되는 선포이다. 바로 그 언어로 선포가 그 자체의 전권을 드러

낸다. 같은 내용이 전권을 갖고 전승을 전달하며 해석하므로 카리스마적으로 이해되는 가르침에도 해당된다.

5.2.1.2 더 어려운 문제는 기적의 능력과 치유가 관건이 되는 곳에 있다. 기적의 능력과 치유는 황홀경의 방식으로 전권이 등장하여 치유의 과정에 역사하므로 그 특별한 영향력을 갖는다. 그러나 동시에 이미 초기 기독교 시기에 황홀경이 아닌 형태로 성령이 역사하신 치유가 있었다. 그러므로 야고보서는 환자를 위한 기도와 기름 부음에 관해 보도한다. 그것은 치유를 목적으로 하며, 황홀경을 포기한 활동이 시행되었음을 암시한다.(약 5:14 이하, 막 6:13) 의심의 여지없이 믿는 자와 그의 기도가 집중적으로 동반되는 것에 근거한 치유들이 있다. 그 외에 인간이 자신의 믿음에 근거하여 병을 이기는 곳에서도 기적적인 치유가 일어날 수 있다. 그러나 이런 맥락에서 의사의 개인적인 입장은 별도로 하고, 의학적으로 중개된 행위에서도 기적적인 치유가 있음을 마찬가지로 언급할 수 있다. 그 밖에 결코 모든 병이 다 치유될 수 있는 것은 아님을 잊지 말아야 한다. 이미 예수의 이적에 관한 보도들에서도 모든 인간이 다 치유 받지는 않았다.

5.2.1.3 전체적으로 주장할 수 있는 것은 기적을 일으킬 수 있는 은사들이 있었고, 현재도 있지만, 그것은 하나의 예외로 나타난다는 것이다. 이미 초기 기독교 시기에 기적을 일으키는 그러한 은사들이 기독교 공동체를 이루는 구성요소로 간주되지 않았다. 영적인 전권을 가지고 영향력을 끼치는 다른 형태들이 있었다.

5.2.2 그러므로 특수한 은사들과 함께 다른 많은 은사들이 있다. 그 은사들로 공동체 구성원들이 자연적인 여러 능력을 가지고 교회를 섬기는 데 기여했고, 그 여러 능력들은 성령의 역사를 통해 은사로서 그들의 기능을 유지했다. 이런 의미에서 은사들은 교회의 생명을 위해 포기할 수 없는 성령의 역사이다.

5.2.2.1 은사로 명명된 수많은 봉사들은 선포, 가르침, 인간관계의 과제 및 돕는 기능과 관련된다. 특징적인 것은 바울이 고린도전서 12장에서 이러한 은사들 각각의 기능이 서로 구별됨에도, 그들이 기본적으로 동등한 가치를 지니는 것으로 본다는 점이다. 뛰어난 봉사나 겸손하게 남을 돕는 행위가 성령의 역사를 신뢰하고 하나님과 그리스도를 향한 책임으로 행해진 것이라면, 그 두 행위가 서로 다르게 평가되지 않는다. 그러한 점에서 아주 눈에 띄지 않는 방식으로도 은사들이 등장할 수 있다.

5.2.2.2 은사들은 협동사역에 기초하며 협동사역을 필요로 한다. 은사들은 그들 자체가 서로 통합할 수 있는 것으로 드러나고, 그 자체로 커뮤니케이션과 연대감을 형성한다는 점에서, 그들의 진정한 가치를 알 수 있다. 개별 은사가 수많은 여러 은사들이

나 직제에 따른 봉사들로 이루어지는 전체를 구성하는 한 구성요소가 된다. 공동의 과제를 공동으로 맡을 수 있는 능력이 진정한 성령의 은사가 존재한다는 표징이다. 여기서 특별한 과제를 맡는 일이 선교적인 선포, 공동체 내부를 향한 확언, 가르침을 위해 불가피한 봉사를 수행하는 일에 기여한다. 그러나 과제를 나누어 맡는 것이 반드시 요구된다.

5.2.2.3 은사들을 특별하게 특징짓는 것은 그들의 자발성이다. 고린도전서 14장에서 바울의 설명은 은사와 관련된 어느 정도의 직제가 반드시 필요하다는 것을 드러낸다. 그러한 직제를 통해 은사의 자발성이 제한되는 것이 아니라 상호 흐름을 가능하게 한다. 중요한 것은 은혜로 받은 여러 은사 사이의 상호 검증만이 아니다. 공동체 생활의 공동형태도 마찬가지로 중요하다. 어쨌든 자발적인 은사들을 위한 자리가 보장된다. 자발적인 은사들이 공동체 생활에 활력을 부여하며, 경직되는 모든 것을 막는다.

5.3 교회 직제 이해

한스 폰 캄펜하우젠(Hans von Campenhausen)이 아직도 여전히 표준이 되고 있는 1953년 간행된 '처음 3세기 동안의 교회 직제와 영적인 전권'[35]에 관한 자신의 저작에서, 직제와 전권의 관계에 대해 질문했던 것은 근거가 없지 않다. 그러나 그 관계는 은사가 갖고 있는 지속적인 의미 및 기구화된 공동체 직제가 지니는 필연적인 한계와 어떻게 관련되는가?

5.3.1 의심의 여지없이 초기 기독교 안에 점점 커져가는 공동체들과 관련하여 어느 정도 안정되는 것이 필요하였다. 작은 그룹의 형태로 가볍게 구현될 수 있었던 생활방식이 지속적으로 유지될 수 없었다. 게다가 초기에 적지 않은 역할을 수행했던 카리스마적 현상들이 점차 뒤로 처지게 되었다. 따라서 초기 기독교 시기에도 기구화의 과제가 제기되었다.

5.3.2 기구화가 시작되는 것과 관련하여, 이미 카리스마적으로 이끌려진 공동체들 안에서 어느 정도의 직제는 긴요했으며 또 시행되고 있었다. 고린도전서 12:28에 언급된 사도, 예언자, 교사라는 특별한 과제 이외에, 바울이 로마서 12:7 이하에서 은사들 각각에 근거하여 받게 된 그 밖의 여러 봉사들을 계속하여 맡을 것을 권고하는 일

35) Das kirchliche Amt und die geistliche Vollmacht in den ersten drei Jahrhunderten.

이 매우 특징적이다.

5.3.3 결국 성령의 은사에 근거하여 받게 된 기능들 대신에, 초기 기독교 후기에 교회 직제들이 유입되었다면, 그것은 연대감에 대한 관심과 긴요한 과제들을 확실하게 책임 맡으려는 관심 가운데서 이루어졌다. 그것을 위해 기름 부음이 실행되게 되었다는 사실은 매우 중요한 의미를 지닌다. 기름 부음을 통하여 영적인 전권과 구체적인 과제가 공동체 직제의 틀 안에서 분명하게 서로 관련되었기 때문이다. 이런 의미에서 '직제'는 교회의 본질과 모순 되지 않는다.

5.3.4 우리가 은사에 관한 신약성서의 진술들을 교회 직제에 관한 진술들과 비교하는 경우에, 두 가지가 서로 대립되지 말았어야 했고, 또 지금도 대립되지 말아야 함을 인식할 수 있다. 이미 여러 은사들은 매우 자유로운 것임에도 불구하고 직제에 따른 공동체 생활로 나아가는 경향이 있었다. 마찬가지로 거꾸로 기구화된 직제도 결정적으로 은사를 통하여, 그리고 성령의 동행하심을 통해 규명되고 있었다. 물론 모든 것은 교회 직제가 성령의 역사에 대한 끊임없는 신뢰 가운데 행사되고 있다는 사실에 달려 있다. 게다가 마땅히 주목해야 할 것은 신약성서에서 직제는 어느 곳에서도 공동체와 맞서지 않는다는 사실이다. 그러한 대립은 클레멘스 일서에서 사제직과 평신도의 모델로 처음으로 발생했었다.(*ἱερεῖς, λαϊκοί* 40:5) 오히려 직분을 맡은 자가 근본적으로 공동체 안에 포함되며, 공동체를 대표하여 자신의 과제를 완성한다. 기구화 된 직제에도 마땅히 해당되는 내용은 갈라디아서 3:28에 근거하여 모든 공동체 구성원들이 동등하다는 사실이다. 여자들이 끝에 있는 것이 아니다. 따라서 여자들에게도 각각의 과제가 맡겨질 수 있다.

5.3.5 기구화된 직제 자체도 예수 그리스도의 교회가 지니는 본질과 과제에 합당한 경우에만 정당하다. 교회의 외적인 직제가 교회의 과제와 일치되어야 하듯이, 그러한 일치는 각각의 기구와 결합되어 있는 법규에도 마땅히 해당된다. 그것은 필수사항들을 규정하지만 무엇보다도 교회를 위해 결정적인 사항을 배려하며 성령이 주시는 은사가 지니는 자유와 모순 될 수 있는 지나친 모든 규정을 피하는 합법적인 구조가 발견되어야 함을 말한다. 믿는 자들이 한시적으로 존재하듯이, 직제의 특징을 갖는 교회에서도 한시적인 직제만을 다룰 수 있다. 한시적인 직제로서 직제는 이미 초기 기독교에서 관찰할 수 있듯이, 다양한 형태로 실현될 수 있으며, 끊임없이 변경될 수 있어야 한다.

6. 마무리 고찰

초기 기독교의 과제와 문제는 모든 시대의 교회에 해당된다. 따라서 신약성서에서 얻게 된 관찰들은 오늘의 시대를 위해서도 상당히 중요하다.

6.1 교회는 개개의 은사 가운데 구체화되며 드러나는 성령의 사역으로 살아간다. 따라서 여러 은사가 무조건적으로 존재한다. 그러나 특별하게 눈에 띄며, 심지어 황홀경 안에 일어날 수 있는 은사들로 은사를 집중시키지 말아야 한다. 물론 성령이 주시는 은사의 특별한 형태들이 배제되지는 않지만, 그러한 특별한 은사들은 다른 여러 은사들 가운데 하나로 정렬되어야 하며, 공동체를 세우는 데 기여해야 한다. 은사와 관련하여 기본적으로 중요한 것은 성령의 동행하심 안에 기초하고 있는 전권이며, 복음을 위해 일하는 과세를 책임지고 떠맡는 것이다.

6.2 은사에 관한 신약성서 진술들의 중요한 관점은 은사의 다양성과 협동사역이다. 그러한 점에서 중요한 것은 개별적인 은사에 각기 집중하는 것에 맞서서 긴요하게 요구되는 교정책이다. 공동체 전체가 공동체에 맡겨진 일에 책임이 있다. 공동체 구성원 각자에게 특별한 은사가 각기 주어진다. 다양한 여러 은사가 있듯이 또 다양한 형태를 지닌다. 이는 공동체 생활을 위해 긴요한 과제들과 마찬가지로 추가적으로 확장되는 은사들에도 해당된다. 눈에 띄지 않는 사소한 일을 맡는 것이 끝자리에 속하는 것이 아니다.

6.3 기구화된 교회 직제는 영적인 위탁과 특정 과제 및 의무를 갖는 구체적 형태 사이의 긴장 가운데 위치한다. 세속적인 구조를 섬기는 일을 피할 수 없으므로, 결정적으로 중요한 것은 영적인 전권과 교회 직제의 효과적인 관계를 형성하는 것이다. 그것이 지속적으로 새롭게 제기되는 과제이다. 존속하는 모든 직제는 고정되고 지배적인 경향을 지니기 때문이다. 그래서 자발적으로 일어나는 성령의 사역을 위한 공간을 충분히 남겨 두지 않는다.

21장

유대인들과 이방인들을 향한 복음의 선포

1. 부활 이전과 부활 시기의 파송위탁

복음의 선포라는 의미에서 선교사역은 예수 자신의 파송과 전권에 근거한다. 제자들의 과업은 예수의 위탁에 참여함을 의미하며 구원의 메시지를 널리 선포하는 일이다. 마가복음 13:10 병행구절에 따르면 복음을 세계로 선포하는 것이 구원의 시작과 완성 시기의 특징이다. 선교적 차원은 증언되고 전달되어져야 하는 믿음을 구성하는 부분이 된다. 부활 이후의 선교는 지상 예수의 파송위탁에 그 뿌리를 두고 있다.

1.1 예수의 제자 파송

세 공관복음서에서 파송설교들이 부활 이후에 서로 교차되어 전달되어졌지만, 원래적인 상태와 원래적인 의미를 인식할 수 있다.

1.1.1 파송설교의 본문이 마가복음과 예수의 구두말씀자료의 두 본문 안에 전승되고 있다. 누가복음 9:1-6에서 마가복음 6:7-13의 본문을, 누가복음 10:1-16에서 예수의 구두말씀자료의 본문을 받아들인 반면에, 마태복음 10:1-16에서 두 본문은 서로 결합되고 있으며 10:17-42에서는 다른 전승들을 통하여 보충되고 있다. 마가복음에서 파송 위탁이 공간적인 목표 설정 없이 주어지고 있는 반면에, 누가복음의 두 파송설교에서는 먼저 열두 제자에게 주는 위탁으로 이스라엘을 향하며, 이어서 칠십 명 또

는 칠십이 명의 제자들에게 주는 위탁으로 모든 백성들을 향한다.(지구 전체에 존재하는 칠십 명 또는 칠십이 민족에 대한 초기 유대교의 이해에 따른다.) 그에 반하여 마태복음 10:5 이하에 따르면 부활 이전의 파송은 '이스라엘의 잃어버린 양'에게로만 한정되며, 그 구절에서 이방인들과 사마리아인들을 향한 선교가 분명하게 거부된다. 누가복음에서 부활 시기의 파송이 칠십 인 파송 안에 이미 선취되고 있는 반면에, 마태복음의 경우에 백성들을 향한 선교는 부활에서야 비로소 주어진다. 마치 두 개의 집중된 그룹을 나타내듯이 유대인을 향한 선교와 비유대인을 향한 선교가 서로 결합되고 있다.

1.1.2 오해할 수 없는 것은 예수께서 자신의 제자들을 자기 자신의 과제에 관련시켰고, 그들에게 자신의 특별한 전권을 이양했다는 것이다. 예수 자신께서 하나님의 파송을 받았듯이(마 10:40) 그가 제자들을 파송한다. '보내다, 파송하다'(*ἀποστέλλειν*) 라는 단어는 기독론적 진술에서 전권과 위탁을 포함한다. 제자들은 예수 자신이 행하셨듯이, 또 예수와 함께 시작하고 있는 하나님의 통치를 선포하고 표징을 통해 가시화시킨다. 그들은 부정한 영들을 다스리며(*ἐξουσία τῶν πνευμάτων τῶν ἀκαθάρτων*, 막 6:7, 비교. 마 10:8b), 병든 자들을 치유하고(*θεραπεύειν τοὺς ἀσθενεῖς*, 눅 10:9a, 마 10:8a), 또 죽은 자들을 일으키며 나병환자들을 깨끗하게 하는(*νεκροὺς ἐγείρετε, λεπροὺς καθαρίζετε*, 마 10:8) 전권을 지니고 있다. 그러나 무엇보다도 마땅히 예수의 메시지를 널리 전해야 한다. "하나님의 통치가 너희에게 가까이 임하였다."(*ἤγγικεν ἐφ' ὑμᾶς ἡ βασιλεία τοῦ θεοῦ*, 눅 10:9b, 마 10:7, 비교. 눅 9:2, *κηρύσσειν τὴν βασιλείαν τοῦ θεοῦ*, 막 6:12은 1:14 이하를 고려한다. *κηρύσσειν ἵνα μετανοῶσιν*)

1.1.3 주목할 가치가 있는 것은 또 행동규칙이다. 제자들은 집이나 장소로 들어가 거기서 메시지를 선포해야 한다. 그들의 평화의 인사가 받아들여지고 그들 자신이 영접되는 곳에 그들이 머물러 거할 수 있다. "일꾼이 그 삯을 받는 것이 마땅하기 때문이다."(눅 10:5-8 병행구절, 7b 병행구절, *ἄξιος γὰρ ὁ ἐργάτης τοῦ μισθοῦ αὐτοῦ*) 그들의 메시지가 거절되는 곳에서 제자들은 그 집과 도시를 떠나야 하고, 구원의 메시지를 선포하였지만 받아들여지지 않았다는 표시로 발에 먼지를 떨어야 한다.(*τὸν κονιορτὸν ἀπομάσσεσθαι*, 막 6:10 이하 병행구절, 눅 10:10 이하 병행구절) 이것과 결합된 누가복음 10:12-15의 화(禍) 선언은 부활 이후 시기로부터 유래한다.(마태복음의 경우 화 선언은 11:21-23에서 뒤따른다.) 중요한 것은 다양한 본문으로부터 오는 결론부의 예수 구두말씀자료이다. 이 구두말씀자료는 그 기본형태상 원래적이었을 것이며, 다음과 같이 언급되고 있다. "너희를 영접하는 자는 나를 영접하는 것이요 나를 영

접하는 자는 나를 보내신 이를 영접하는 것이니라."(*ὁ δεχόμενος ὑμᾶς ἐμὲ δέχεται, καὶ ὁ ἐμὲ δεχόμενος δέχεται τὸν ἀποστείλαντά με*, 마 10:40) 또 유사하게 "너희 말을 듣는 자는 곧 내 말을 듣는 것이요 너희를 저버리는 자는 곧 나를 저버리는 것이요 나를 저버리는 자는 나 보내신 이를 저버리는 것이라."(*ὁ ἀκούων ὑμῶν ἐμοῦ ἀκούει, καὶ ὁ ἀθετῶν ὑμᾶς ἐμὲ ἀθετεῖ· ὁ δὲ ἐμὲ ἀθετῶν ἀθετεῖ τὸν ἀποστείλαντά με*, 눅 10:16)고 언급한다.

1.1.4 덧붙여 흥미로운 개별지침들이 등장한다. 파송받은 사신들은 둘씩 나가야 한다.(*δύο δύο*, 막 6:7) 그들은 지팡이 외에 양식이나 배낭이나 전대의 돈이나 아무것도 가지지 말아야 한다. 그들은 신발을 신을 수 있으나 두 벌 옷을 가지지 말아야 한다.(막 6:8 이하 병행구절, 눅 9:3에 따르면 여행지팡이가 여러 번 금지된다.) 마태복음 10:16b에 따르면 "너희는 뱀 같이 지혜롭고 비둘기 같이 순결하라."(*γίνεσθε οὖν φρόνιμοι ὡς οἱ ὄφεις καὶ ἀκέραιοι ὡς αἱ περιστεραί*)는 말씀이 그들에게 주어진다. 독특한 것은 "길에서 아무에게도 문안하지 말라."(*μηδένα κατὰ τὴν ὁδὸν ἀσπάσησθε*)는 누가복음 10:4b의 지침이다. 여기서 공공연하게 중시된 것은 급박함이며, 개개인이 아니라 집이나 지역공동체에 이르려는 노력이다. 모든 행동지침 가운데 아주 금욕적으로 이해된 지상생애 동안 예수께서 사신 방랑하는 삶이 여전히 분명하게 반영되고 있다.

1.2 부활하신 주님의 파송위탁

제자들의 전권이 지상 예수의 파송위탁으로 이미 주어지고 있으며, 예수께서 살아계실 때 행하신 파송 가운데 부활 이후의 선교 위탁이 선취되고 있다. 그것을 특히 누가가 강조한다. 이 파송이 우선적으로, 그리고 마태복음 10:5 이하에 따라 심지어 배타적으로 이스라엘과 관련되었다면, 온 세상을 향한 보편적인 위탁은 부활사건 안에 그 결정적인 근거를 갖는다.

1.2.1 마태복음 28:18-20에 '하늘과 땅의 모든 권세가 주어진'(*ἐδόθη μοι πᾶσα ἐξουσία ἐν οὐρανῷ καὶ ἐπὶ γῆς*) 부활하신 주님이 계시된다. 이것으로 하나님의 우편으로 가신 그의 승귀가 전제되고 있다. "내가 세상 끝 날까지 너희와 항상 함께 있으리라."(*ἰδοὺ ἐγὼ μεθ' ὑμῶν εἰμι πάσας ἡμέρας ἕως τῆς συνελείας τοῦ αἰῶνος*)는 부활하신 주님이 현존하며 함께 한다는 결론적인 확언이 그것에 해당된다. 그의 포괄적인 통치와 영원한 현존 가운데 "너희는 가서 모든 민족을 제자로 삼으라."

(*πορευθέντες οὖν μαθητεύσατε πάντα τὰ ἔθνη*)는 온 세상을 향한 보편적인 선교위탁이 근거한다. 분사 사용형태로 그들에게 세례를 베풀고 그들을 가르치라(*βαπτίζοντες, διδάσκοντες αὐτούς*)는 이중적인 정의가 그 위탁에 주어지고 있다. '아버지와 아들과 성령의 이름으로'(*εἰς τὸ ὄνομα τοῦ πατρὸς καὶ τοῦ υἱου καὶ τοῦ ἁγίου πνεύματος*, 비교. 이 책 17장) 베푸는 세례가 뒤따라야 한다. 가르침은 세례 받은 자들에게 끊임없이 필요한, "내가 너희에게 분부한 모든 것을 가르쳐 지키게 하라."(*διδάσκοντες αὐτοὺς τηρεῖν ὅσα ἐνετειλάμην ὑμῖν*)는 예수의 메시지와 요구를 받아들이는 것과 관련된다. "모든 민족을 제자로 삼으라."는 요구와 함께 세례와 가르침의 순서를 주목할 만하다. 메시지를 받아들일 준비가 되어 있는가에 따라 세례가 수행된다. 가르침은 제자도 안에서 사는 올바른 생활 형태와 관련된다. 가르침은 구체적으로 마태복음에 전승된 예수의 가르침과 관련되며, 특히 다섯 개의 대 설교에 요약되어 있는 바와 같다.(5-7장, 10장, 13장, 18장, 24장과 25장)

1.2.2 누가복음의 선교위탁인 24:46-49 앞에 구약성서의 약속이 언급된다. 이 약속은 예수의 죽음과 부활에서 성취된다. 그러므로 이제 "그의 이름으로 죄 사함을 받게 하는 회개가 예루살렘에서 시작하여 모든 족속에게 전파될 것이다."(*κηρυχθῆναι ἐπὶ τῷ ὀνόματι αὐτοῦ μετάνοιαν εἰς ἄφεσιν ἁμαρτιῶν εἰς πάντα τὰ ἔθνη, ἀρξάμενοι ἀπὸ Ἰερουσαλήμ*) 여기에 실제 과제인 48절 이하가 연결된다. "너희는 이 모든 일의 증인이라. 볼지어다 내가 내 아버지께서 약속하신 것(약속된 은사)을 너희에게 보내리니 너희는 위로부터 능력으로 입혀질 때까지 이 성에 머물라 하시니라."(*ὑμεῖς μάρτυρες τούτων. καὶ ἐγὼ ἀποστέλλω τὴν ἐπαγγελίαν τοῦ πατρός μου ἐφ' ὑμᾶς· ὑμεῖς καθίσατε ἐν τῇ πόλει ἕως οὗ ἐνδύσησθε ἐξ ὕψους δύναμιν*) 이 말씀이 사도행전 1:8에 다시 수용되고 있다. "오직 성령이 너희에게 임하시면 너희가 권능을 받고 예루살렘과 온 유대와 사마리아와 땅 끝까지 이르러 내 증인이 되리라."(*λήμψεσθε δύναμιν ἐπελθόντος τοῦ ἁγίου πνεύματος ἐφ' ὑμᾶς καὶ ἔσεσθέ μου μάρτυρες ἔν τε Ἰερουσαλὴμ καὶ πάσῃ τῇ Ἰουδαίᾳ καὶ Σαμαρείᾳ καὶ ἕως ἐσχάτου τῆς γῆς*) 승귀하신 주께서 직접 함께 하는 것이 관건이 되는 마태복음과 달리 여기서는 성령의 사역이 강조되고 있다.

1.2.3 이와 유사한 전승부분은 나중에 마가복음에 부록으로 통합된 마가복음 16:15 이하이다. 거기서 "너희는 온 천하에 다니며 만민에게 복음을 전파하라. 믿고 세례를 받는 사람은 구원을 얻을 것이요 믿지 않는 사람은 정죄를 받으리라."는 말씀이 언

급된다.(*πορευθέντες εἰς τὸν κόσμον ἅπαντα κηρύξατε τὸ εὐαγγέλιον πάσῃ τῇ κτίσει. ὁ πιστεύσας καὶ βαπτισθεὶς σωθήσεται, ὁ δὲ ἀπιστήσας κατακριθήσεται*) 이 말씀은 초기 기독교 기적보도에 관한 요약인 17절 이하의 표적에 관한 진술을 통해 더 확장되고 있다. 15절 이하의 본문은 온 세상을 향하는 보편적인 관점으로, 또 믿음과 세례가 결합되는 것으로 특징지어진다. 동시에 16b절에 따르면 주목할 만하게도 결국 세례가 아니라, 믿음만이 구원을 위해 결정적이다.

1.2.4 전권의 위임과 성령의 수여의 결합이 누가복음의 경우와 비슷하게 요한복음 20:21 이하에 등장한다. 여기서 제자들의 파송이 예수 자신의 파송과 강조되어 병행되고 있다. "아버지께서 나를 보내신 것 같이 나도 너희를 보내노라."(*καθὼς ἀπέσταλκέν με ὁ πατήρ, κἀγὼ πέμπω ὑμᾶς*, 21절) 그 뒤에 성령의 수여가 뒤따른다.(22절) 온 세상을 향한 보편적인 파송을 언급하지는 않지만, 하나님이 이 세상을 구하기 위해 예수를 이 세상에 보내셨다는 3:16의 말씀과 '세상의 구주'로서 예수께서 선포되는(*οὗτός ἐστιν ἀληθῶς ὁ σωτὴρ τοῦ κόσμου*) 4:42c에 따르면, 온 세상을 향한 파송이 관건이 되고 있음이 분명하다. 20:21 이하가 그 자리에 있는 제자들과 관련된다면, 17:20-23은 그의 말씀을 통해 믿음에 이른 모든 자들과 관련된다. 그들은 아버지와 아들이 하나가 된 것에 상응하여 모두 '하나'(*ἕν*)가 되어야 한다.

1.2.5 다양한 본문의 병렬이 드러내듯이, 부활 시기의 선교위탁들은 진정성 있는 주의 말씀이 아닐 수도 있다. 그러나 부활 시기의 파송이 확실함은, 예수의 부활 및 하나님 우편에 앉으시는 것과 함께 제자들에게 나누어진 전권이 전 세계를 향한 보편적인 지평에서 이해되고, 실행되어져야 한다는 공동체의 확신에 근거한다. 이러한 인식은 먼저 단계적으로 이루어졌지만, 충분한 근거를 가지고 부활 사건과 관련되어졌다.

2. 유대인 선교

예수께서는 유대인이었고 유대 백성이 지니는 믿음의 세계 가운데 있었다. 구약성서의 약속과 초기 유대교-묵시문학적 전승을 들으며 예수께서 성장하였고, 예수께서는 그 약속이 자신에게 위탁된 메시지로 성취되기 시작하고 있다고 확신하였다. 그의 사역이 이스라엘로 국한된 것은 아니었지만, 어쨌든 이스라엘에 집중하고 있다.

2.1 구약성서와 초기 유대교의 구원의 희망

이스라엘이 가지는 구원의 기대를 여기서 상세하게 설명할 수 없다. 예수와 초기 기독교의 선포를 위해 어떤 전제가 있었는지를 밝힐 수 있을 뿐이다.

2.1.1 이스라엘의 믿음은 그 기원에서부터 미래를 향한 믿음이다. 이것은 출애굽 백성들에게 해당되는 것처럼 족장들에게도 해당된다. 자신이 선택한 백성을 인도하고 앞으로 이끄는 하나님을 향한 집중이 열왕기 시대에 후퇴할 수 있지만 포로기에 다시 생생하게 살아난다. 하나님이 개입하시고 도움을 주실 것이라는 희망이, 이스라엘이 포기하지 않고 인내하여, 긴 고난의 시기 후에 자신의 땅에서 다시 새롭게 시작할 수 있도록 이끌었었다. 그러나 이제 구원의 기대가 점차 미래로 옮겨지게 되었다.

2.1.2 미래 희망이 여러 관점에서 구원이 지상에서 실현되는 것으로서 아주 구체적으로 이해되고, 진권을 가지고 지배하는 메시아 왕에 관한 표상과 결합되었던 반면에, 늦어도 기원전 2세기 이래 완전한 갱신에 대한 기대가 지배하게 되었다. 다니엘서에서 처음으로 분명한 형태를 취했던 묵시문학적 예언에서, 지상의 모든 것이 종말을 고하고 새로운 현실로 인해 폐지된다는, 미래 기대가 관건이 되었었다.

2.2 이스라엘에서 예수의 사역

예수께서는 세례 요한처럼 묵시적 예언의 전승 가운데 놓인다. 그러나 예수께서는 세례 요한과 많이 구별된다. 예수에게 있어서 아직 기다릴 수 있는 구원의 현실이 관건이 되는 것이 아니라 구원의 현실이 현재의 생활 가운데 이미 직접 개입하고 있기 때문이다.

2.2.1 예수께서는 유대인들 가운데 유대인으로 등장하였다. 유대적 신앙 안에서 성장하였고 유대교의 신앙고백과 성서에 묶여 있었다. 동시에 그는 자신의 백성의 기대를 대표하였다. 예수께서 '하나님의 통치'를 선포할 때, 듣는 자 모두는 그 선포가 무엇에 관한 것인지를 알고 있었다. 백성들의 희망이 다를 수 있었지만, 예수의 선포에서 구원의 메시지가 관련되고 있음을 모두가 이해할 수 있었다. 이미 세례 요한이 자신의 회개설교로 수많은 추종자 그룹을 얻었듯이 예수 자신도 자신의 메시지와 그 메시지와 결합된 행동들로 백성들 가운데 큰 반향을 얻었다.

2.2.2 논쟁할 수 없는 것은 예수께서 자신의 파송을 이스라엘을 향한 파송으로

이해했다는 것이다. 그를 특징지었던 것은 무엇보다도 그가 소외받은 자들과, 주변에 머무는 자들, 약한 자들을 기꺼이 받아들였다는 것이다. 세리, 창녀, 나병환자들을 대하는 그의 태도에 대한 수많은 설명들이 그 사실을 밝혀준다. '이스라엘 집의 잃어버린 양들에게' 보내는 그의 파송말씀은 그러나 예수 사역의 기본특성을 분명하게 해 준다. 그럼에도 불구하고 예수께서 몇 몇 경우에 이스라엘의 경계를 넘어선다는 사실은, 소외받은 자들과 약한 자들을 향한 그의 관심과 마찬가지로 그의 사역의 특징에 속한다.

2.3 부활 이후 유대인 가운데 복음의 선포

이미 지상생애에서 예수께서는 큰 그룹의 제자들을 모았다. 그들은 출신 상 모두 유대인들이었다. 마찬가지로 부활 이후 가장 초기의 제자 그룹이 유대기독교적 그룹이었다.

2.3.1 유대인들 가운데에서 복음을 선포하는 사실이 초기 기독교 시기에 자명한 것으로 여겨졌다는 것은 놀랍지 않다. 예수의 메시지가 주로 이스라엘 백성에게 해당되었고, 시작하고 있는 하나님의 통치를 선포하기 위하여 제자들이 부활 이전에 유대인들에게 파송되어졌듯이, 부활 이후에 다시 그러한 일이 일어났다. "우리는 이 사람이 이스라엘을 속량할 자라고 바랐노라."(*ἡμεῖς δὲ ἠλπίζομεν ὅτι αὐτός ἐστιν ὁ μέλλων λυτροῦσθαι τὸν Ἰσραήλ*, 눅 24:21)는 엠마오 도상의 제자들이 언급한 말씀이 그러한 특징을 나타낸다. 그러므로 초기에 구원의 메시지를 널리 선포하는 것은 시종일관 유대인들을 향하고 있었다. 사도행전 2:9-11에 언급된 수많은 나라에서 온 오순절 설교의 청취자들도 '유대인들과 유대인으로 개종한 자들'(*Ἰουδαῖοι καὶ προσήλυτοι*)이며, 사도행전 6:1-7에 언급된 '헬라인들'(*Ελληνισταί*)도 헬라어로 말하는 디아스포라 출신의 유대인들이다. 사도행전 2-5장, 8장과 9장, 12장의 보도들은 팔레스틴 지역의 유대 기독교인들과 관련되며, 6장과 7장, 11:19-30, 13:1-3은 디아스포라 지역의 유대 기독교인들과 관련된다.

2.3.2 초기 유대기독교의 경우에 이방인들 가운데의 선교가 결코 자명하지는 않았다. 백부장 고넬료와 사도회의에 관한 보도들이 이를 드러낸다. 그 이유에 대해 질문한다면, 먼저 선택받은 백성을 향한 약속이 한 역할을 했었을 것이다. 덧붙여 토라와 결합시키는 것이 등장하였다. 이교도적인 모든 것에 대한 전통적인 한계설정도 마찬가지로 유효했었을 것이다. 다른 한 편 구약성서 안에 종말 시 구원과 이방인들의 도래에

대한 수많은 약속들도 있었다.(비교. 사 66:18–20) 그러나 이는 이방인들을 향한 선교와 관련되지는 않았다. 유대교로 입교하는 경우에만 예외가 있었다. 엄격한 유대 기독교인들의 태도에 대해 시사하는 바가 큰 신약성서 본문이 있다. 요한계시록 14:6에 따르면 이방인들을 향한 회개와 통합이 종말 시기에서야 비로소 기대되고 있었다. 이방인들을 위한 복음의 선포가 사람을 통하여서가 아니라, 천사의 입을 통해 일어난다.

2.3.3 엄격하게 토라에 연결된 유대기독교는 팔레스틴 지역, 특히 예루살렘에 그 중심을 가졌었지만, 다른 영역으로도 영향을 끼쳤다. 주의 형제 야고보가 점차 이러한 방향의 대표자가 되었다.(비교. 유세비우스, 교회사 II. 23.4–18. Hegesipp의 전승된 보도) 사도회의에서 물론 율법에서 자유로운 이방선교가 인정되었지만 그 이전의 유대인들에게는 토라와의 연결이 전제로 남아 있었다. 이러한 결정 후에도 이러한 협의가 인정되지 않고 곧바로 이방 기독교인들을 향한 유대 기독교인의 역선교가 있었다. 이는 특히 갈라디아서가 드러내는 바와 같다.(비교. 3:1–5, 5:1–7) 이방인들이 기독교의 믿음을 받아들이기를 원했다면, 그들은 할례로 토라의 책무를 이행해야 했다. 그것은 유대기독교인의 이해에 따르면 구원을 위해 마땅히 필수적인 것이었다.(비교. 행 15:1, 5)

2.3.4 엄격한 유대기독교 전승은 신약성서 시대를 넘어서도 여전히 존재했었다. 유감스럽게도 그것에 관하여서는 단지 단편들로만 우리에게 남겨져 있으며, 이들은 종종 이단적으로 왜곡되어 있다. 그에 반하여 헬라적-유대 기독교 전승은, 그것이 야고보서, 히브리서, 베드로전서에 반영되듯이, 훨씬 더 개방적이며 비유대인들을 향한 선교에 개방적이다.

3. 이방인 선교

예수의 파송 위탁이 모든 인간에게 해당된다는 인식은 초기 기독교에서 매우 일찍 인정되었다. 시작하고 있는 구원은 이스라엘에게 한정될 수 없으며, 모든 인간을 위한 것이다. 비유대인들의 구원에 대한 열망에 관하여 초기 기독교에서는 물론 산발적으로만 숙고되었다.

3.1 세상의 구속에 대한 희망

구원사건 이전과 구원사건 밖에서 인간의 상황은 하나님을 떠나는 것으로, 따라서 하나님을 잃어버리는 것으로 특징지어졌다.(비교. 롬 1:18-3:20, 요 1:5, 9-11) 그럼에도 불구하고 하나님의 피조물로서 세상은 구속에 대한 감추어진 갈망을 지니고 있다.

3.1.1 바울이 물론 데살로니가전서 4:13에서 이방인들이 '소망이 없다.'고 말하지만(*μὴ ἔχοντες ἐλπίδα*, 비교. 엡 2:12), 로마서 15:11에서 칠십인역 이사야 11:10을 인용하여, 백성들이 (무의식적으로) 이새의 뿌리에서 나오는 구원자를 '바란다.'고도 말한다.(*ἐπ' αὐτῷ ἔθνη ἐλπιοῦσιν.*) 그에 상응하여 바울은 로마서 8:18-25에서 얼마나 세상이 구속을 갈망하는지를 표현한다. 이 세상의 고난이 장차 우리에게 나타날 영광과 비교할 수 없다는(18절, 비교. 고후 4:16-18) 확신을 언급한 뒤에 종국적으로, 그리고 감추어지지 않고 '하나님의 아들들이 나타날 것'(*τὴν ἀποκάλυψιν τῶν υἱῶν τοῦ θεοῦ ἀπεκδέχεται*, 19절)을 기대하는 '피조물의 간절한 바람'을 말한다.(*ἀποκαραδοκία τῆς κτίσεως*) 세상은 하나님에 의해 피조된 세상으로 존재하고 하나님을 향하여 존재한다. 물론 세상이 '지나가는 허무한 것에 굴복'하지만(*τῇ γὰρ ματαιότητι ὑπετάγη*), 굴복하는 것은 자기 자신의 자유로운 뜻(*οὐχ ἑκοῦσα*)이 아니라, 굴복하게 하신 분(*διὰ τὸν ὑποτάξαντα*)으로 말미암아, 즉 하나님 자신으로 말미암는 것이다. 그러나 이것은 '희망 가운데'(*ἐφ' ἐλπίδι*, 20절) 일어났다. 이 세상의 지나가는 허무한 것이 하나님의 새로운 창조와 상관관계에 놓이기 때문이다. 이 세상은 "썩어짐의 종 노릇 한 데서 해방되어 하나님의 자녀들의 영광의 자유에 이르러야 한다."(*ὅτι καὶ αὐτὴ ἡ κτίσις ἐλευθερωθήσεται ἀπὸ τῆς δουλείας τῆς φθορᾶς εἰς τὴν ἐλευθερίαν τῆς δόξης τῶν τέκνων τοῦ θεοῦ*, 21절) 물론 22절 이하에 따르면 현 시점에 이르기까지 전체 피조물이 '함께 탄식하고' '함께 고통 가운데 있는 것'(*συστενάζει, συνωδίνει*)은 당연하다. 여기서 '함께'는 서로서로뿐만 아니라 믿는 자들과 함께로도 일어난다. 믿는 자들 중에서 그것은 곧바로 이어서, 우리가 성령의 첫 열매를 받았음에도 불구하고 '우리 가운데 서로 탄식하는 것'(*ἐν ἑαυτοῖς στενάζομεν*)을 말한다. 이는 우리 또한 '우리 몸의 속량'이라는 의미에서 '양자 될 것을 기다리기' 때문이다.(*υἱοθεσίαν ἀπεκδεχόμενοι, τὴν ἀπολύτρωσιν τοῦ σώματος*, 23절) 그러므로 모든 사람들 안에 뿌리내리고 있는 갈망과 희망이 공통으로 경험된다. 바로 이 구절에서 희망에 관한 사도의 근본적 진술

이 이어지는 것은 우연이 아니다.(24절 이하. 이에 대해 이 책 24장을 보라.)

3.1.2 이방인들의 구속에 대한 갈망은 사도행전 17 : 22-31의 아레오바고 설교에서도 주제화되고 있다. 누가의 서술에 따르면 바울은 아덴에서 참된 하나님 예배에 대한 인간의 갈망을 가리키는 바, '알지 못하는 신'에게 예배하는 제단을 본다.(*ἀγνώστῳ θεῷ*, 23절) 바울은 그 신이 세상을 창조하시고 인간에게 생명의 차원을 나누어 주시는 하나님이라고 선포한다. "우리가 그를 힘입어 살며 기동하며 존재하기 때문이다."(*ἐν αὐτῷ γὰρ ζῶμεν καὶ κινούμεθα καὶ ἐσμέν*. 28절) 그러나 또 한 날이 정해져 있다. 그 날에 인간이 거하는 세상(*οἰκουμένη*)은 '하나님이 정하시고, 죽은 자들 가운데서 그를 일으키심으로 모든 사람에게 확증하신 한 사람을 통해' 공의로 심판을 받는다.(… *ἐν ἀνδρὶ ᾧ ὥρισεν, πίστιν παρασχὼν πᾶσιν ἀναστήσας αὐτὸν ἐκ νεκρῶν*, 31절) 성서의 창조자 신앙이 여기서 아덴 사람들에 의해 경배를 받은 알지 못하는 신과만 결합된 것이 아니라, 28절에서는 스토아 사상에서 넘겨받은 유일하신 참된 하나님은 전지전능하시다는 의미로 이해된 범신론적 모티브와도 결합되어 있다. 이 본문에서도 창조는 종말론과 상호 관련된다. 이 세상에서 하나님의 사역은 하나님이 일으키신 자가 수행하는 종말 심판을 향하고 있다. 이 구절에서 회개를 위해 선포하고 심판할 때 구원의 약속이 남아 있다.

3.2 비유대인들을 향한 예수의 관심

소외된 자들 및 추방된 자들과 관련하여 예수께서 유대교의 일상적인 경계를 넘어섰을 뿐만 아니라, 예외적인 몇 몇 경우에는 비유대인들을 향하여서도 관심을 기울였다.

3.2.1 마가복음 7 : 24-30의 사화는 예수께 자신의 딸을 치유해 줄 것을 간구하는 이방인인 수로보니게 여인을 다루고 있다.(*Ἑλληνίς, Συροφοινίκισσα τῷ γένει*) 자녀들을 위한 떡을 '개들'(*κυνάρια*)에게 주는 것이 좋지 않다는 예수의 말씀에 28절에서 "주여 옳소이다마는 상 아래 개들도 아이들이 먹던 부스러기를 먹나이다."라고 답변한다.(*ναί, κύριε, καὶ τὰ κυνάρια ὑποκάτω τῆς τραπέζης ἐσθίουσιν ἀπὸ τῶν ψιχίων τῶν παιδίων*) 그 답변에 이어서 예수께서 그녀의 간청을 들어주셨다. 그에 반하여 마태복음 15 : 21-28의 병행본문은 세 가지 차이점을 갖는다. 하나는 비유대교 지역 출신의 이방인이 아니라, 구약성서 이해에 따르면 (유대인과 함께 거하는) '거류민'

에 속하기 때문에 유대인들과 긴밀한 관계를 갖는 가나안 여인(*Χαναναία*)을 다룬다는 것이다. 이어서 예수께서 "이스라엘 집의 잃어버린 양에게만 보냄을 받으셨다."는 말씀이 분명하게 고려되고 있다.(*οὐκ ἀπεστάλην εἰ μὴ εἰς τὰ πρόβατα τὰ ἀπολωλότα οἴκου Ἰσράηλ*. 24절. 비교. 10:6) 끝으로 "여자여 네 믿음이 크도다. 네 소원대로 되리라."는 말씀이 덧붙여진다.(*ὦ γύναι, μεγάλη σου ἡ πίστις· γενηθήτω σοι ὡς θέλεις*, 28a절. 막 7:29에서는 치유를 확언하며 *διὰ τοῦτον τὸν λόγον ὕπαγε*, 즉 "이 말을 하였으니 돌아가라."고 말한다.) 여기서 문체가 후대에 다듬어진 것으로 보인다. 결정적인 것은 경계를 넘어서는 예수의 행동이 부활 이후 시기에 길을 제시하는 것으로 간주되었다는 사실이다.

3.2.2 동일한 내용이 예수의 구두말씀자료(로기온 자료)에서 유래하는 가버나움의 백부장에 관한 사화에도 해당된다. 마태복음 8:5-13의 본문에서 예수의 전권에 대한 이방인의 신뢰를 다루고 있다. 그래서 예수께서 "이스라엘 중 아무에게서도 이만한 믿음을 보지 못하였노라."고 자기 제자들에게 말씀하신다.(*ἀμὴν λέγω ὑμῖν, παρ᾽ οὐδενὶ τοσάυτην πίστιν ἐν τῷ Ἰσραὴλ εὗρον*. 10b절) 이를 위해 복음서 저자는 11절 이하에서 조상들과 함께 하는 천국의 식탁공동체에 관한 로기온을 보충하였다.(비교. 눅 13:28-30) "가라. 네 믿은 대로 될지어다."라는 말씀이 본문의 끝에 놓인다.(*ὕπαγε, ὡς ἐπίστευσας γενηθήτω σοι*, 13절, 비교. 15:28a) 누가의 병행본문인 누가복음 7:1-10의 사화에서도 예수께서 이스라엘 중에서도 이만한 믿음은 만나보지 못하였다는 로기온으로 끝난다.(9b절) 확장된 결론 대신에 여기서는 보충된 도입구가 발견된다. 그 도입구에서 이방인 백부장의 간청은 "그가 우리 민족을 사랑하고 또한 우리를 위하여 회당을 지었나이다."(*ἀγαπᾷ γὰρ τὸ ἔθνος ἡμῶν καὶ τὴν συαγωγὴν αὐτὸς ᾠκοδόμησεν ἡμῖν*, 5절)라고 말하는 '유대인 장로들'에 의해 지지되고 있다. 이런 방식으로 백부장은 누가에게서 '하나님을 경외하는 자'(*φοβούμενος τὸν θεόν*, 비교. 행 10:2)로, 따라서 유대교 가까이에 있는 이방인으로 특징지어진다. 두 본문은 유대인들의 믿음을 능가하는 이방인들의 믿음을 푯대로 삼고 있다.

3.2.3 모든 백성 가운데 복음을 선포하는 것에 관한 로기온인 마가복음 13:10은 (*καὶ εἰς πάντα τὰ ἔθνη πρῶτον δεῖ κηρυχθῆναι τὸ εὐαγγέλιον*) 진정한 예수의 말씀으로 간주되지 않을 수도 있다. 다소 다르게 표현된 마태복음 24:14a의 병행본문도 마찬가지이다.(*καὶ κηρυχθήσεται τοῦτο τὸ εὐαγγέλιον τῆς βασιλείας ἐν ὅλῃ τῇ οἰκουμένῃ*,) 여기서 부활 시기의 선교위탁과 마찬가지로 초기 기독교의 이해에 따

르면 예수의 의도에 일치하고, 그러므로 복음서 전승으로도 수용된 말씀을 중시한다.

3.3 부활 이후 이방인 가운데 복음의 선포

이방선교의 시작은 사도행전에서 특히 11:19–30과 13장부터 설명되고 있다. 외형적인 사건들보다 더 중요한 것은 신약성서신학과 관련하여 사도행전과 바울서신에서 발견되는 논증들이다.

3.3.1 사도행전의 설명

사도행전은 이방인들을 향한 선교에 관하여서 보고할 뿐만 아니라, 그것을 넘어서 숙고하고 있다.

3.3.1.1 순차적인 방식으로 나가는 사도행전 10:1–11:18의 백부장 고넬료의 회개에 관한 사화를 구성하였다. 여기서 베드로가 이방선교를 위한 개척자로 묘사된다. 결정적인 내용은 정결과 부정에 관한 토라의 전통적인 규정을 전제로 하는 사화의 논증적인 성격이나. 이중적인 비전(Doppevision) 가운데 하나님을 경외하는 고넬료에게 베드로를 데리고 올 것이 요구된다. 동시에 베드로는 하나님이 창조하신 모든 동물은 정결하므로, "하나님께서 깨끗하게 하신 것을 네가 속되다 하지 말라."는 가르침을 받는다.(*ἃ ὁ θεὸς ἐκαθάρισεν, σὺ μὴ κοίνου,* 10:15) 이로써 정결과 부정에 관한 토라의 기본 명제가(비교. 막 7:1–23 병행구절) 유대인들 및 비유대인들의 관계와 관련하여 폐지되고 있다. 그러므로 바울이 복음을 선포할 때 이방인 백부장이 성령을 받으므로, 바울은 그에게 세례를 베풀고 공동체 안으로 그를 영접하게 할 수 있다.(10:23–48) 이어서 바울은 예루살렘에서 자신의 행위를 정당화시킨다. 그래서 모든 사람들이 "하나님께서 이방인에게도 생명 얻는 회개를 주셨도다."라고 하나님을 찬양하여 말한다.(*ἄρα καὶ τοῖς ἔθνεσιν ὁ θεὸς τὴν μετάνοιαν εἰς ζωὴν ἔδωκεν,* 11:18b)

3.3.1.2 이방인들 가운데서 시작하는 선교에서 소위 '헬라 사람들'이 중요한 역할을 하였다. 그들의 율법 비판적인 행위로 인해 예루살렘에서 추방된 후에 그들은 베니게와 구브로와 안디옥으로 흩어졌다.(행 11:19) 오론테스 지역에 위치한 안디옥이 그들의 새로운 중심지가 되었다. 거기서 복음이 곧바로 '헬라인들'(*Ἕλληνες*, varia lectio, 즉 다른 읽기로 *Ἑλληνισταί,* 11:20) 가운데에서도 선포되었다. 바울이 다소에서 공공연하게 이방인선교도 수행했다는 사실이(9:30) 바나바에게 바울을 안디옥으로 데리고

오는 동기가 되었을 것이다.(11:25 이하)

3.3.1.3 사도행전 9:1-19, 22:3-21, 26:9-20에서 바울의 회개를 세 번 설명할 때 각기 비유대인들을 향한 선교적인 위탁이 주요 관건이 되고 있다.

3.3.1.3.1 그러므로 첫 보도에서 승귀하신 주님이 아나니아에게 환상 중에 다음과 같이 말씀하신다. "이 사람은 내 이름을 이방인과 임금들과 이스라엘 자손들에게 전하기 위하여 택한 나의 그릇이라."(*σκεῦος ἐκλογῆς ἐστίν μοι οὗτος τοῦ βαστάσαι τὸ ὄνομά μου ἐνώπιον ἐθνῶν τε καὶ βασιλέων υἱῶν τε Ἰσραήλ*, 9:15)

3.3.1.3.2 두 번째 보도에 따르면 조상들의 하나님이 '자기 뜻을 알게 하시며 그 의인을 보게 하시고 그 입에서 나오는 음성을 듣게 하기 위해' 바울을 택하셨다고 아나니아가 바울에게 말한다.(*γνῶναι τὸ θέλημα αὐτοῦ καὶ ἰδεῖν τὸν δίκαιον καὶ ἀκοῦσαι φωνὴν ἐκ τοῦ στόματος αὐτοῦ, ὅτι ἔσῃ μάρτυς αὐτῷ πρὸς πάντας ἀνθρώπους ὧν ἑώρακας καὶ ἤκουσας*, 22:14 이하) 그 후 곧바로 바울은 예루살렘 성전에서 황홀경에 이르며, 스스로 주님의 음성을 듣고 예루살렘을 떠나라는 요구를 받는다. 거기서 사람들이 그의 증언을 받아들이지 않을 것이기 때문이다. 그 대신에 그는 "떠나가라. 내가 너를 멀리 이방인에게로 보내리라."는 위탁을 받는다.(*πορεύου, ὅτι ἐγὼ εἰς ἔθνη μακρὰν ἐξαποστελῶ σε*, 22:21)

3.3.1.3.3 세 번째 보도에 따르면 바울은 회개할 때 바로 동시적으로 주님 자신으로부터 예수 그리스도의 '종과 증인'(*ὑπηρέτης καὶ μάρτυς*, 26:16)이 되라는 위탁과 '이스라엘과 이방인들에게서 내가 너를 구원하여 그들에게 보내어 그 눈을 뜨게 하여 어둠에서 빛으로, 사탄의 권세에서 하나님께로 돌아오게 하고 죄 사함과 나를 믿게 할 것'이라는 확언을 받는다.(*ἐξαιρούμενός σε ἐκ τοῦ λαοῦ καὶ ἐκ τῶν ἐθνῶν εἰς οὓς ἐγὼ ἀποστέλλω σε ἀνοῖξαι ὀφθαλμοὺς αὐτῶν, τοῦ ἐπιστρέψαι ἀπὸ σκότους εἰς φῶς καὶ τῆς ἐξουσίας τοῦ σατανᾶ ἐπὶ τὸν θεόν, τοῦ λαβεῖν αὐτοὺς ἄφεσιν ἁμαρτιῶν καὶ κλῆρον ἐν τοῖς ἡγιασμένοις πίστει τῇ εἰς ἐμέ*, 26:17 이하) 세례전승에 의거한 이 진술로 이방선교사로서 바울의 특별한 위탁이 주님 자신을 통하여 기초가 세워진다.

3.3.1.4 유대인들 가운데 구원을 선포하는 것이 지니는 우선성은 전체 기독교에 자명한 것이었으며 바울 자신에 의해서도 주장되었다.(롬 1:16 이하) 곧바로 사도행전에서 바울이 줄곧 먼저 유대인들 가운데 설교하고 그들이 (듣기를) 거절하고 난 후에야 비로소 이방인들에게 나아간다는 모델이 구조적으로 이행되고 있다. 비시디아 안디옥

지역에서 선교할 때 처음으로 그 모티브가 등장한다. 그에 관해 13:46이 다음과 같이 언급한다. "하나님의 말씀을 마땅히 먼저 너희에게 전할 것이로되 너희가 그것을 버리고 영생을 얻기에 합당하지 않은 자로 자처하기로 우리가 이방인에게로 향하노라." (*ὑμῖν ἦν ἀναγκαῖον πρῶτον λαληθῆναι τὸν λόγον τοῦ θεοῦ· ἐπειδὴ ἀπωθεῖσθε αὐτὸν καὶ οὐκ ἀξίους κρίνετε ἑαυτοὺς τῆς αἰωνίου ζωῆς, ἰδοὺ στρεφόμεθα εἰς τὰ ἔθνη*, 13:46) 동일한 내용이 고린도(18:6)와 로마(28:23-28)에서 선교할 때 반복된다.

3.3.1.5 바울이 자신의 생애 말기에 로마 황제의 수도에서 '방해받지 않고 아주 자유롭게'(*μετὰ πάσης παρρησίας ἀκωλύτως*) 복음을 선포할 수 있었던 것을(행 28:31) 누가는 이방인들 가운데 행하는 선교가 계속 이어져 갈 표시로 본다.

3.3.2 바울의 선교 이해

안디옥 지역에 관한 소식이 드러내듯이 바울이 매우 일찍 이방선교를 시작한 유일한 사람은 아니었지만, 이방 선교의 결정적인 대표자가 되었다. 그가 먼저 이방인들 가운데 행하는 복음에 합당한 선교의 문제를 깊이 숙고하고 옹호했기 때문이다.

3.3.2.1 바울은 특이한 방식으로 자신에게 부과된 파송위탁에 관해 여러 구절에서 언급한다.(갈 1:13-16, 고전 15:8-10, 빌 3:7-11) 하나님 자신이 자기 아들을 바울에게 계시하셨다. 이는 자기 아들을 '이방에 전하기' 위함이었다.(*ἵνα εὐαγγελίζωμαι αὐτὸν ἐν τοῖς ἔθνεσιν*, 갈 1:16b) 바울은 자신이 행한 핍박활동으로 인해 '사도'로 불리어질 자격이 없음을 확신하고 있었지만, 하나님의 은혜로 말미암아 부름을 받았으므로(고전 15:8-10) 그때까지의 모든 것을 떠나 뒤에 남겨 두었다.(빌 3:7-11) 갈라디아서 1:1에 따르면 그는 '사람들에게서 (위탁을 받고) 난 것도 아니요 사람으로 말미암은 것도(예언적으로 임명받은 것도) 아니요 오직 예수 그리스도와 그를 죽은 자 가운데서 살리신 하나님 아버지로 말미암아 사도가 된' 사람이다.(*ἀπόστολος οὐκ ἀπ' ἀνθρώπων οὐδὲ δι' ἀνθρώπου ἀλλὰ διὰ Ἰησοῦ Χριστοῦ καὶ θεοῦ πατρὸς τοῦ ἐγείραντος αὐτὸν ἐκ νεκρῶν*) '예수 그리스도의 사도'라는 명칭이 부활하신 주의 위탁과 연결되어 있으므로, 바울은 '늦게 부름을 받은 자'로서 자신의 사도 지위를 공공연하게 변호해야 했다. 사도들은 그들이 지니는 역사적 유일회성으로 교회를 세우는 기능을 갖는다. 그것에 자신들의 권위가 근거하며 이는 선포의 내용과 관련된다.(비교. 갈 1:6-9)

3.3.2.2 바울에게 있어서 사도가 갖는 지위는 이방인들 가운데 행하는 복음 선포를 위한 위탁과 결합되어 있다. 이 위탁이 바울의 전체 사역을 이끄는 주요 모티브이다. 그는 '하나님의 복음을 위해 선택된, 부름 받은 사도'이다.(*κλητὸς ἀπόστολος, ἀφωρισμένος εἰς εὐαγγέλιον θεοῦ*, 롬 1:1) 그 복음은 예수 그리스도에 관한 복음을 말하며(1:3 이하), '그 복음을 통하여 우리가 은혜와 사도의 직분을 받아 그의 이름을 위하여 모든 이방인 중에서 믿어 순종하게' 한다.(*δι' οὗ ἐλάβομεν χάριν καὶ ἀποστολὴν εἰς ὑπακοὴν πίστεως ἐν πᾶσιν τοῖς ἔθνεσιν ὑπὲρ τοῦ ὀνόματος αὐτοῦ*, 1:5) 여기서 '믿음의 순종'(*ὑπακοὴ πίστεως*)은 '믿음의 설교'(*ἀκοὴ πίστεως*, 갈 3:2, 5)와 상응한다. 믿음으로 '듣게 되는' 설교는 들려진 것에 자발적으로 순종하는 것과 일치한다. 이방인들 가운데서 행하는 선포를 위한 위탁이 이스라엘의 우선권을 무효화시키지 않는다. 또 복음이 '먼저 유대인에게' 해당된다는 것도 바울의 경우에 논쟁되지 않는다.(롬 1:16, 2:9 이하) 그들에게 '하나님의 말씀이 맡겨졌기' 때문이다.(*ἐπιστεύθησαν τὰ λόγια τοῦ θεοῦ*, 3:2b)

3.3.2.3 이방인들 가운데 행하는 복음의 선포는 유대인들 가운데 행하는 선포와 완전히 다른 상황을 전제한다. 바울은 이러한 정황을 매우 신중하게 받아들이므로 고린도전서 9:19-23에서 자신의 '선교 원칙'(missionarische Kanon, Georg Eichholz)을 다음과 같이 진술한다. "유대인들에게 내가 유대인과 같이 된 것은 유대인들을 얻고자 함이요. 율법 아래에 있는 자들(*τοῖς ὑπὸ νόμον*)에게는 내가 (더 이상) 율법 아래에 있지 아니하나 율법 아래에 있는 자 같이 된 것은 율법 아래에 있는 자들을 얻고자 함이요. 율법 없는 자에게(*ἄνομοι*)는 내가 하나님께는 율법 없는 자(*ἄνομος θεοῦ*)가 아니요 도리어 그리스도의 율법 아래에 있는 자(*ἔννομος χριστοῦ*)이나 율법 없는 자와 같이 된 것은 율법 없는 자들을 얻고자 함이라." 여기서 관건이 되는 것은 외적인 적응이 아니라, 서로 다른 각각의 전제들에 대한 존중이다. 유대인들 가운데 행하는 선교는 토라와의 관계를 고려하여 수행되며, 이방인들 가운데 행하는 선교는 이방인들이 구약성서에 증거 된 하나님의 율법에 관한 지식을 가지고 있지 않다는 사실을 고려하여 수행된다. 바울 자신이 스스로 '그리스도의 율법'에 매여 있음을 알기 때문에 그는 유대적인 전제들뿐만 아니라 이방적인 전제들을 신중하게 다룰 자유를 가지고 있다. 이는 이방인들의 경우에, 선교가 율법으로부터 자유로운 복음의 선포이어야 함을 의미한다. 율법으로부터의 자유가 구원의 메시지의 근본적 구성요소이다. 여기서 중요한 것은 구원의 확언이 지니는 직접성이기 때문이다. 그것은 어떠한 종류의 조건과도 결합될 수 없

다.(비교. 이 책 14장)

3.3.2.4 로마서 15:16-21에 따르면 "이방인을 위하여 그리스도 예수의 일꾼이 되어 하나님의 복음의 제사장 직분을 하게 하사 이방인을 제물로 드리는 것이 성령 안에서 거룩하게 되어 받으실 만하게" 하기 위하여 바울에게 사도직이 부여되었다.(*εἰς τὸ εἶναί με λειτουργὸν Χριστοῦ 'Ιησοῦ εἰς τὰ ἔθνη, ἱερουργοῦντα τὸ εὐαγγέλιον τοῦ θεοῦ, ἵνα γένηται ἡ προσφορὰ τῶν ἐθνῶν εὐπρόσδεκτος, ἡγιασμένη ἐν πνεύματι ἁγίῳ.* 롬 15:16) '일꾼'(*λειτουργός*)이라는 개념이 아직 특별한 의미를 갖지는 않으며, 오히려 '종'(*ὑπηρέτης*)과 교대로 사용되고 있다. 그러나 눈에 띄는 것은 '제사장적인 행위'(*ἱερουργεῖν*)가 사도직으로 옮겨지는 것과 '이방인을 제물로'(*προσφορὰ τῶν ἐθνῶν*)에 관한 언급이다. 이러한 내용은 로마서 12:1 이하에서 희생제의와 관련된 전문용어가 세례 받은 자들의 생활 및 행위로 옮겨지는 것과 병행을 이룬다. 바울이 전이된 의미에서 제사장적으로 행동하는 곳에서, 15:18 이하에 따르면 그리스도를 섬길 때 이방인들을 믿음으로 순종하게 하도록 하는 것 이외에 다른 것을 행하지 않는다. 이런 의미로 그가 '예루살렘으로부터 두루 행하여 일루리곤까지'(롬 15:19) 복음이 아직 들려지지 않은 곳에 복음을 선포하였으며, 복음이 그곳으로부터 널리 전파될 것을 확신하였다.

3.3.2.5 사도로서 바울은 고린도전서 3:11에 따르면 근본기초를 세우는 과제를 갖는다. 그 근본기초 위에 다른 사람들이 (집을) 세워 나간다. 바울에게 있어서 그 근본기초는 예수 그리스도 이외에 다른 것이 아니다. 그래서 바울은 "이 닦아 둔 것 외에 능히 다른 터를 닦아 둘 자가 없으니 이 터는 곧 예수 그리스도라."고 말한다.(*θεμέλιον γὰρ ἄλλον οὐδεὶς δύναται θεῖναι παρὰ τὸν κείμενον, ὅς ἐστιν 'Ιησοῦς Χριστός,* 11절) 그러나 다른 사람들이 바울의 사역을 계속 이어가는 것도 그러한 일에 속한다. 고린도전서 3:10에 따르면 바울은 '지혜로운 건축가'(*σοφὸς ἀρχιτέκτων*)로서 터를 닦았고, 다른 이들은 그 터 위에 '세우는'(*ἐποικοδομεῖν*) 과제를 갖는다. 언제나 복음이 선포되는 곳에서, 그리고 언제나 누구를 통해 복음이 선포되든, 파송위탁이라는 의미에서 지니게 되는 전권이 중요하다. 그러한 점에서 바울이 고린도후서 5:20에서 다음과 같이 말한다. "우리가 그리스도를 대신하여 사신이 되어 하나님이 우리를 통하여 너희를 권면하시는 것 같이 그리스도를 대신하여 간청하노니 너희는 하나님과 화목하라."(*ὑπὲρ Χριστοῦ οὖν πρεσβεύομεν ὡς τοῦ θεοῦ παρακαλοῦντος δι' ἡμῶν· δεόμεθα ὑπὲρ Χριστοῦ, καταλλάγητε τῷ θεῷ*)

3.3.3 그 밖의 신약성서의 진술

대부분의 초기 기독교 문서들의 경우에 이방인들 가운데 행하는 선교와 예수 그리스도의 교회에 이방 기독교인들이 함께 속한다는 것은 자명한 것으로 전제되고 있다. 그것은 마가복음 13:10∥마태복음 24:14의 본문에도 해당된다. 제2 바울서신에 나오는 소수의 다른 구절들만이 이방인들 가운데 행하는 선교과제에 관해 숙고하고 있다.

3.3.3.1 골로새서 1:25-29에서 바울의 선교직무를 다룬다. '만세와 만대로부터 감추어졌던 비밀'(*τό μηστήριον τὸ ἀποκεκρυμμένον ἀπὸ τῶν αἰώνων καὶ ἀπὸ τῶν γέεῶν*)을 선포하는 직무가 그에게 부과된다. 그 비밀이 "이제 성도들에게 계시되었다."(*νῦν δὲ ἐφανερώθη τοῖς ἁγίοις αὐτοῦ*, 26절) 그들에게 하나님께서 '이방인들 가운데 그 비밀의 풍성함'을 알게 하시기를 원하셨다. '그 비밀은 너희 안에 계신 그리스도, 곧 영광의 소망'이다.(*τὸ πλοῦτος τοῦ μυστηρίου τούτου ἐν τοῖς ἔθνεσιν, ὅ ἐστιν Χριστὸς ἐν ὑμῖν, ἡ ἐλπὶς τῆς δόξης*, 27절) 각자가 '그리스도 안에서 완전하게' 되기 위하여(*τέλειος ἐν Χριστῷ*, 28절) 모든 사람이 그것에 이르러야 한다. 그러므로 비밀의 계시는 특히 여기서 전 인류를 대표하는 이방인들과 관련된다.

3.3.3.2 에베소서 2:14-18에 따르면 그리스도는 '중간의 막힌 담'(*μεσότοιχον τοῦ φραγμοῦ*)을 제거하므로 모든 원수를 폐하시는, 화평케 하시는 분이시다. 이 막힌 담이 유대인들과 이방인들 사이에 놓인 '법조문으로 된 계명의 율법'(*νόμος τῶν ἐντολῶν ἐν δόγμασιν*)이다. 그리스도께서 '평화의 복음을 선포하기 위해 오셨고'(*ἐλθὼν εὐηγγελίσατο εἰρήνην*), 이는 먼 데 있는 자들이나 가까운 데 있는 자들 모두에게 해당된다. 그들이 '새 사람'(*εἷς καινὸς ἄνθρωπος*)으로 함께 연합된다. 보편적인 복음의 메시지에 근거하여 인류가 하나가 되는 것이 관건이 되고 있다.

3.3.3.3 다른 곳에서 이미 언급한 작은 찬양시인 디모데전서 3:16을 언급할 가치가 있다. 거기서 네 번째와 다섯 번째 연에 만백성을 향한 선포와 온 세상의 믿음이 언급되고 있다. "그가 만국에서 선포되고 세상이 그를 믿었다."(*ἐκηρύχθη ἐν ἔθνεσιν, ἐπιστεύθη ἐν κόσμῳ*)

3.4 사도회의의 결정

바울과 초기 기독교의 다른 증인들에게 있어서 이방인들 가운데 행하는 선교위탁은 매우 분명하였지만, 이방인 선교가 율법으로부터의 자유로 인해 논쟁되지 않았던 것은 아니었다. 엄격한 유대기독교 편에서 토라에 대한 의무를 지우지 않고 이방인들을 받아들이는 것에 대한 상당한 반대가 있었다.

3.4.1 사도행전 15:1–5과 갈라디아서 2:1–5에서 사도회의 이전의 상황을 알 수 있다. 유대지역에서 율법에 충실한 유대 기독교인들이 안디옥으로 와서, “너희가 모세의 법대로 할례를 받지 아니하면 능히 구원을 받지 못하리라.”는 주장을 내세운다.(*ἐὰν μὴ περιτμηθῆτε τῷ ἔθει τῷ Μωϋσέως, οὐ δύνασθε σωθῆναι*, 행 15:1) 더 분명한 것은 예루살렘 지역에 있는 과거 바리새인들의 다음과 같은 주장이다. “이방인에게 할례를 행하고 모세의 율법을 지키라 명하는 것이 마땅하다.”(*δεῖ περιτέμνειν αὐτοὺς παραγγέλειν τε τηρεῖν τὸν νόμον Μωϋσέως*, 15:5) 바울이 할례 받지 않은 이방인 디도를 동역자로 예루살렘으로 이끌고 갔다면 중요한 것은 그가 강제로 할례를 받지 않았다는 사실이다.(*οὐδὲ Τίτος ὁ σὺν ἐμοί, Ἕλλην, ὤν, ἠναγκάσθη περιτμηθῆναι*, 갈 2:3) 바울에게 중요하였던 것은 ‘그리스도 예수 안에서 우리가 가진 우리의 자유’(*τὴν ἐλευθερίαν ἡμῶν ἣν ἔχομεν ἐν Χριστῷ ᾿Ιησοῦ*)와 그와 동시에 ‘복음의 진리’(*ἡ ἀλήθεια τοῦ εὐαγγελίου*, 2:4 이하)이었다. 유대 기독교인들의 경우에 토라가 계속해서 구속력을 가진다면 이방인들의 경우에 복음이 그런 종류의 조건에 얽매일 수 없다. 계시에 근거하여 예루살렘으로 향하는 여행을 결정한 바울의 경우 율법으로부터 자유로운 선교가 인정될 것을 기대하면서 동시에 중요했던 것은 그가 ‘헛되이 달음질하는 것이나 달음질한 것이 되지 않는 것’이다.(*μή πως εἰς κενὸν τρέχω ἢ ἔδραμον*, 갈 2:2) 교회의 통일성이 위험에 처해 있었다.

3.4.2 사도회의의 결과를 보기 위해 우리는 갈라디아서 2:6–9을 주목한다. 사도행전 15:6–21(22–29)은 협정의 내용을 후대의 시각에서 설명하기 때문이다. 바울과 바나바는 안디옥 공동체의 대표자들이었다. 예루살렘의 유대 기독교인들의 대표자들은 거기서 ‘명망 있는 사람들’(*οἱ δοκοῦντες*), 즉 세 ‘기둥’인(*στῦλοι*) 야고보, 베드로, 요한이었다. 결정적인 사실은, 바울과 바나바가 주장한 ‘율법으로부터 자유로운 복음의 선포’인 ‘무할례자들을 위한 복음’(*εὐαγγέλιον τῆς ἀκροβυστίας*)이 인정되었다는 것이다. 그래서 ‘우리는 이방인들에게로, 그들은 할례자들에게로 가는 것’이 결정되었다.(*ἵνα ἡμεῖς εἰς τὰ ἔθνη, αὐτοὶ δὲ εἰς τὴν περιτομήν*, 갈 2:9) 이로써 서로에 대한 공격이 피해져야만 했다. 이러한 결정과 상호 악수로 유대기독교인들과 이방기독교인들의 선교의 통일성이 다양한 선교실행에도 불구하고 확증되었고 유지되었다. 각기 기독교인이라는 전제들을 고려해야 했다. 마땅히 베드로는 계속해서 유대인들을 향한

선교의 대표자가 되었고, 바울은 이방인들을 향한 선교의 대표자가 되었다. 이것으로 모든 문제가 아직 해결되지 않았다는 사실을 바울이 갈라디아서 2:11-14에서 보고하는 안디옥 지역의 논쟁이 드러내 준다. 이러한 근거에서 나중에 소위 사도칙령이 유대인들과 이방인들 사이의 식탁공동체를 위한 최소한의 조건들에 관한 규칙으로 결정되었다.(행 15:20, 29, 21:25) 그것은 사도행전 15:6-21의 사도회의에 관한 보도에 함께 포함되고 있다.

3.5 유대인과 이방인이 교회에 함께 속함

어느 정도는 독자적으로 나아가는 경향에도 불구하고, 때때로 등장하는 유대기독교인들과 이방기독교인들 사이의 긴장에도 불구하고 유대인들과 이방인들로 구성된 하나의 교회에 대한 확신이 시종일관 유지되었다. 이것에 대한 매우 인상적인 여러 본문이 신약성서에 등장한다.

3.5.1 로마서 15:7-13에서 바울은 서로 받아들이라는 요구를 한다. 이 요구는 그 이전에 교회 안에서의 태도와 관련되었던 것이며, 교회가 유대기독교인들과 이방기독교인들의 관계를 포괄적으로 관련시키도록 하는 동기가 되었다. "내가 말하노니 그리스도께서 하나님의 진실하심을 위하여 할례의 추종자가 되셨으니 이는 조상들에게 주신 약속들을 견고하게 하시고 이방인들도 그 긍휼하심으로 말미암아 하나님께 영광을 돌리게 하려 하심이라."(*λέγω γὰρ Χριστὸν διάκονον γεγενῆσθαι περιτομῆς ὑπὲρ ἀληθείας θεοῦ, εἰς τὸ βεβαιῶσαι τὰς ἐπαγγελίας τῶν πατέρων, τὰ δὲ ἔθνη ὑπὲρ ἐλέους δοξάσαι τὸν θέον*, 8절) 구약성서를 인용하므로 유대인들과 이방인들이 공동으로 함께 하나님을 찬양하는 것을 말하고 있다.

3.5.2 이미 언급된 본문인 유대인들과 이방인들 사이에 평화를 만드시는 분으로서의 그리스도에 관한 에베소서 2:14-22의 본문에서 결정적으로 중요한 내용은, 그가 '둘로 하나를 만드셨다.'는 사실이다.(*ποιήσας τὰ ἀμφότερα ἕν*, 14절) 그가 중간에 막힌 담을 무너뜨리셨고, 그것으로 '그 둘을 한 몸으로 화목하게 하셨다.'(*ἵνα* … *ἀποκαταλλάξῃ τοὺς ἀμφοτέρους ἐν ἑνὶ σώματι*, 16a절) 그러므로 우리 둘이 한 성령 안에서 아버지께 나아감을 얻었다.(18절)

3.5.3 요한복음 10:16의 목자에 관한 설교의 끝 부분에 '무리에 들지 않은 양들'(*πρόβατα ἃ οὐκ ἔστιν ἐκ τῆς αὐλῆς ταύτης*)을 언급한다. 선한 목자가 그들을 또

한 인도해야 하고 그들도 목자의 소리를 들어야 한다. 그렇게 하여 '하나의 양 떼, 하나의 목자'(*καὶ γενήσονται μία ποίμνη, εἷς ποιμήν*)가 된다. 이 모티브는 대제사장적인 기도에서 다시 받아들여지고 있다. 17:21에 따르면 중요한 것은 '그들 모두가 하나'(*ἵνα πάντες ἓν ὦσιν*)라는 사실이다. 이는 아버지와 아들이 하나임과 같다.

3.5.4 물론 하나의 교회에 대한 이러한 이해에서 이방기독교인들이 1세기 말경에 여러 공동체에서 이미 다수를 형성했으며, 결정적인 역할을 했었음을 간과하지 말아야 한다. 그러므로 초기 기독교의 이른 시기에서처럼 이방기독교인들이 유대기독교 공동체에 속하는 문제는 더 이상 중요하지 않다. 오히려 계속하여 중시하는 것은 여러 공동체들 가운데 유대기독교인들과 이방기독교인들의 상호결속이다.

4. 구원을 제공하는 선물의 거절

구원의 기대와 구속에 대한 열망에도 불구하고 복음의 선포에 직면하여 불신앙이 등장한다. 구원을 제공받은 사람들이 자유를 주는 메시지를 거절한다. 구원의 메시지를 받아들이지 않는 경우에 세상일에 빠지는 것과 마찬가지로, 종교적 전통에 완고하게 얽매이는 것도 결정적인 역할을 한다. 이러한 정황이 신약성서 안에 다양하게 논증되고 있다. 그러한 정황은 인간의 죄와 마음의 강퍅함 또는 세상 및 이 세상의 통치자인 하나님께도 소급된다.

4.1 인간의 완악함

불신앙은 여러 경우에 죄의 결과로 이해된다. 그 경우에 인간은 그들의 죄성이 폭로되는 것에 저항한다. 그래서 공관복음서는 인간의 '완악함'(*σκληροκαρδία*)을 말할 수 있다.(막 10:5 병행구절) 바울은 회개하지 않는 마음과 함께 인간의 '고집'(*σκληρότης*)을 말한다.(롬 2:5)

4.1.1 하나님으로부터 등을 돌린 인간이 자신의 죄 가운데 붙잡혀 있다. 그가 하나님과 거리가 아주 먼 곳에 연루되어 있으므로 구원이 제공되는 것을 들으려 하지 않고 받아들이려 하지 않는다. 회개하지 않는 마음은 자신의 경건 가운데 하나님과의 살아 있는 관계를 잃어버린, 일반적으로 경건한 사람들에게 먼저 해당된다. 이는 신약성

서에서 무엇보다도 유대교의 모든 대표자들, 특히 바리새인들과 관련된다. 그것이 복음서의 논쟁사화 가운데 드러나며, 특히 마태복음 23장에 나오는 예수 설교의 주제이다. 현재 본문형태는 복음서 저자의 구상과 관련되지만, 여기서 복음서 저자는 오래되고 부분적으로 진정성 있는 자료를 가져오고 있다.(비교. 눅 11:37-12:1의 구두말씀자료의 전승)

4.1.2 그러한 종류의 여러 말씀은 인간이 하나님에 의해 창조되었다는 성서전승의 중요한 이해와 관련된다. 자신의 피조성에 근거하여 인간은 구원이 제공되는 것을 받아들일 수 있거나 반대할 수 있다. 인간에게 구원은 다만 제공되기 때문에, 대체로 구원을 받아들이거나 거절할 수 있는 가능성을 인간이 지닌다. 구원의 확언이라는 말씀은 응답을 가능하게 하고 응답을 요구한다. 인간은 그 말씀이 없이는 응답할 수 없다. 그러나 인간은 응답을 거부할 수 있다. 인간이 피조물로서 하나님께 묶여 있기를 원하는지 혹은 예나 지금처럼 하나님으로부터 등을 돌리든지를 아주 일찍부터 자유롭게 결정할 수 있기 때문이다.

4.2 세상에 빠짐

인간의 불신앙은 그가 피조물의 자유를 지님에도 불구하고 순전히 개인적인 결정은 아니다. 각자 인간은 세상을 지배하는 죄의 권세 아래 연루되어 있다. 따라서 종종 '세상'이나 '이 세상의 신'에게 빠진다고 말한다. 세상은 인간을 자기 마음대로 이용한 초인적인 세력으로 이해된다.

4.2.1 이방인들의 경우에 '땅의 일', 즉 에피게이아(*ἐπίγεια*)에 종속되는 것이 전면에 등장한다.(비교. 빌 3:19) 그러나 그러한 종속은 기본적으로 모든 인간에게 해당된다. 땅의 일들이 결코 물질적인 것들만은 아니다. 바울은 고린도전서 1:18-25에서 '세상의 지혜'(*σοφία τοῦ κόσμου*)에 사로잡혀 있는 것을 말한다. 십자가에 달리신 그리스도를 선포함이 유대인들에게는 '거리끼는 것'(*σκάνδαλον*)이라면, 이방인들에게는 어리석은 것(*μωρία*)이다. 이곳저곳에서 인간은 자신의 죄 많은 태도로부터 자유로워질 수 없다.

4.2.2 죄 및 불신앙과 관련하여 신약성서는 종종 '세상' 혹은 '이 세상'을 말한다. (*ὁ κόσμος, ὁ κόσμος οὗτος*) 이는 묵시문학전승에서 받아들인 '이 세대'라는 개념과 상응한다.(*ὁ αἰὼν οὗτος* 마 12:32, 눅 16:8, 롬 12:2, 고전 1:20, 2:6 등) 요한복음은

종종 '세상' 혹은 '이 세상'을 말한다. 하나님이 자신의 구원의 행위를 온 세상에 나누어 주신다는(비교. 예, 요 3:16 이하) 표현이 등장하는 여러 구절에서처럼, 코스모스 개념이 요한복음에서도 중성적으로 사용되지만, 코스모스 개념은 매우 자주 부정적으로 사용된다.(요 8:23, 12:25, 31, 13:1, 비교. 고전 1:20 이하 등) '이 세상'은 하나님의 구원행위에 문을 닫으므로 믿는 자들을 미워하고 박해하기도 하는 사람들에게 사용된다.(예를 들어 요 1:10, 8:23, 12:31, 15:18-25. 고전 5:10, 엡 2:2) 아주 비슷하게 요한일서 2:11b에서 눈을 멀게 하는 '어둠'에 관해 언급된다.(*ἡ σκοτία ἐτύφλωσεν τοὺς ὀφθαλμούς*) 이러한 종류의 본문에서는 불신앙도 세상의 세속성 및 세상의 노예화시키는 권세와 관련되고 있다.

4.2.3 세상 및 세상의 어둠을 말하는 대신에 몇 몇 구절에서는 '이 세상의 통치자' 혹은 악의 대표자로서 '악마'를 말한다.(비교. 이에 대해 이 책 24장을 보라.)

4.2.3.1 그와 같이 고린도후서 4:4은 '이 세상의 신이 믿지 아니하는 자들의 마음을 혼미하게'(*ὁ θεὸς τοῦ αἰῶνος τούτου ἐτύφλωσεν τὰ νοήματα τῶν ἀπίστων*) 하였고, 이는 그들이 '하나님의 형상이신 그리스도의 영광의 복음의 광채가 비침'을(*τὸν φωτισμὸν τοῦ εὐαγγελίου τῆς δόξης τοῦ Χριστοῦ, ὅς ἐστιν εἰκὼν τοῦ θεοῦ*) 보지 못하게 하기 위함이라고 말한다. 복음이 지니는 구원하는 기능을 결코 인정하지 않으려는 쪽으로 이끄는 세상적으로 생각하게 하는 권세가 곧바로 하나님을 대적하는 폭력으로 특징지어지고 있다.

4.2.3.2 아주 유사한 방식으로 요한복음 8:43 이하에서 불신앙의 현상을 '악마'(*διάβολος*)에게 돌린다. 그러므로 예수를 비난하는 자들이 예수의 말씀을 결코 들을 수 없다.(*οὐ δύνασθε ἀκούειν τὸν λόγον τὸν ἐμόν*, 43b절) 그들은 자신들이 스스로를 부르는(41절) 하나님의 자녀들이 아니라, 오히려 악마를 아버지로 삼으므로, 악마의 욕망에 따라 행동한다. 그러나 악마는 "처음부터 살인자요. 진리 가운데 있지 않다."(*ἐκεῖνος ἀνθρωποκτόνος ἦν ἀπ' ἀρχῆς καὶ ἐν τῇ ἀληθείᾳ οὐκ ἔστηκεν*, 44b절) 진리가 그 안에 있지 않으며, 악마는 단지 거짓에 불과하다. 그래서 예수께서 사람들에게 진리를 말함에도 불구하고 그들이 자신들의 불신앙을 고집한다. 여기서 특별히 유대인인 적대자들이 관련되고 있지만, 유대인들에 대한 일반적인 판단이 관건이 되는 것이 아니라, 오히려 유대인들과 비 유대인들 가운데 존재하는 불신앙에 관해 언급하는 진술이다.

4.2.3.3 그러한 여러 본문에서 이중적인 모티브가 받아들여지고 있음을 논박할

수 없다. 이것을 하나님과 세상, 진리와 거짓, 빛과 어둠이라는 대립 쌍이 드러낸다. 이중적인 사고구조들이 구약성서 안에 이미 단초적으로, 또 초기 유대교 묵시문학과 신약성서의 여러 특정 구절 가운데 집중적으로 등장한다.

4.2.3.3.1 먼저 이원론 개념을 세분화할 필요가 있다. 구성요소로 포기할 수 없는 기본적인 이원론이 있다. 종국에 가서는 극복이 가능한 제한된 이원론이 있다. 그와 함께 다양한 기능을 받아들일 수 있는 이중적인 모티브들이 있다. 다른 관점에서 보아 절대적인 이원론(하나님과 하나님의 적대자), 우주적인 이원론(하늘과 땅), 인간론적인 이원론(몸과 영혼), 윤리적인 이원론(선과 악, 진리와 거짓), 종교적인 이원론(빛과 어둠, 육과 영, 구원과 비구원)을 구별할 수 있다. 절대적인 이원론이 성서에서 어떠한 역할도 하지 않는 반면에, 우주적인 이원론은 다만 부수적인 의미를 지니며 인간론적인 이원론은 전인적 인간이해에 직면하여 주변적으로만 등장하고, 윤리적이고 종교적인 이원론이 여러 구절에 등장한다.

4.2.3.3.2 인간이 이 세상에 연루되어 있다는 것과 이 세상의 하나님께 종속되어 있다는 것에 관한 진술들에서 구원과 멸망(Unheil)의 예표 아래 놓여 있는 이원론이 초점이 되고 있다. 그것에 따르면 인간은 스스로 떠나갈 수 없는 전체 권세에 함께 묶여 있다. 초기 유대교의 묵시문학적 사고에 근거하여 이러한 종류의 이원론적 모티브가 받아들여지는 곳에서 관건이 되는 것은 초자아적 현실로부터 인간의 태도를 설명하려는 시도이다. 불신앙을 이 세상의 악의 권세와 관련시킨다는 사실은 개개 인간이 초인격적 권세에 연루되는 것과 관련되는 관점이지만, 매우 제한적으로만 그 이유를 설명하고 있다.

4.2.3.3.3 성서에서 이중적인 모티브들은 모든 사건이 하나님 자신에게 종속되는 전체적인 맥락 안에 놓인다. 이는 인간의 자유 및 권세에의 종속이 관건이 되는 곳에서도 해당된다. 하나님을 떠난 인간은 하나님을 떠난 권세와 마찬가지로 하나님의 절대권 아래 놓여 있다. 일찍이 사탄이 하나님의 법정에 속했었다는 것은 우연이 아니다.(욥 1:6-12) 이는 하나님을 대적하는 권세에도 당연하게 해당된다.(비교. 창 6:1-4) 신약성서에서도 사탄이 하늘에서 떨어지는 모티브가 등장한다.(눅 10:18, 요 12:31, 계 12:8 이하) '이 세상의 신' 혹은 '악마'는 결코 하나님과 똑같은 기원을 갖는 존재가 아니라, 태초부터 일관되게 계속 이어지는 죄의 권세의 대표자들이다. 이원론적 모티브가 받아들여지는 정도에 따라, 하나님 경외나 죄, 신앙이나 불신앙이 초점이 된다. 죄로부터의 자유가 거절되는 곳에서 세상의 권세와 '이 세상의 신'인 악마에 사로잡히게 된다.

그러한 점에서 계속해서 존재하는 불신앙과 관련하여, 인간이 구원에 반대되는 것에 묶여 있다는 주장만이 존재한다.

4.3 눈이 멀고 완악함

4.3.1 강퍅한 마음과 세상에 연루됨이 매우 제한적으로만 불신앙을 설명하므로, 하나님의 구원하시는 행위를 비난하는 수수께끼 같은 사실이 신약성서 안에 존재하며, 또 강퍅한 마음과 세상에 연루됨이 하나님으로부터 비롯되는 '눈이 멀음' 혹은 '완악함'과 관련지어지고 있다.

4.3.1.1 이는 마가복음 4:10-12 병행구절, 사도행전 28:26 이하, 요한복음 12:39-41의 경우이며, 먼저 이사야 6:9이 인용된 구절들에 해당된다. 그 구절들에 따르면 인간의 완악함은 오해의 여지가 없이 하나님 자신의 사역으로 소급된다. 요한복음 12:40에 "그들의 눈을 멀게 하시고 그들의 마음을 완고하게 하셨다."(*τετύφλωκων αὐτῶν τοὺς ὀφθαλμοὺς καὶ ἐπώρωσεν αὐτῶν τὴν καρδίαν*)는 이사야 본문의 첫 부분이 인용되고 있다. 그리고 이것은 마가복음 4:12에 따르면 '그들로 보기는 보아도 알지 못하며 듣기는 들어도 깨닫지 못하게 하여 돌이켜 죄 사함을 얻지 못하게 하려'(*ἵνα βλέποντες βλέπωσιν καὶ μὴ ἴδωσιν, καὶ ἀκούοντες ἀκούωσιν καὶ μὴ συνιῶσιν, μήποτε ἐπιστρέψωσιν καὶ ἀφεθῇ αὐτοῖς*) 하기 위함이다.

4.3.1.2 유사한 방식으로 바울이 로마서 9:14-33에서 "나는 은혜 베풀 자에게 은혜를 베풀고 긍휼히 여길 자에게 긍휼을 베푸느니라."(*ἐλεήσω ὃν ἂν ἐλεῶ καὶ οἰκτιρήσω ὃν ἂν οἰκτίρω* 15b절)는 칠십인역 출애굽기 33:19의 본문을 끌어들이며, 이 진술을 이사야 29:16 및 예레미야 18:6에 나오는 토기장이 비유와 결합시킨다. 그 구절에 따르면 토기장이는 자기의 진흙을 자유롭게 사용할 수 있다. 이사야 6:9 이하의 인용에서 구원과 멸망(Unheil)이 하나님 자신의 고유한 의지로 결정된다는 것이 표현되듯이, 구원이 제공되는 것을 인간이 왜 거절하는지는 우리의 이해로는 파악할 수 없다.

4.3.1.3 이러한 맥락 안에 사도의 직무가 구원 받는 자들에게나 망하는 자들에게나 '하나님을 위한 그리스도의 향기'(*Χριστοῦ εὐωδία τῷ θεῷ*)라는 고린도후서 2:15 이하의 진술도 함께 포함된다. 저 사람에게는 '생명으로부터 생명에 이르는 냄새'(*ὀσμὴ ἐκ ζωῆς εἰς ζωήν*)이고, 이 사람에게는 '사망으로부터 사망에 이르는 냄새'(*ὀσμὴ ἐκ θανάτου εἰς θάνατον*)이다.

4.3.1.4 이어서 눈이 머는 모티브가 바울의 경우에 이스라엘의 불신앙과 관련하여 중요한 역할을 한다. 그러나 거기서 중요한 것은 하나님의 행동이며 그것은 기한이 정해져 있다.(아래에 기술되는 내용을 보라.)

4.3.2 그러한 종류의 본문들은 근본적으로 심사숙고를 하도록 이끈다. 거기서 불신앙에 대한 문제가 예정의 문제와 결합하고 있다.

4.3.2.1 최종 결론으로 완악함에 관한 진술 안에 구원만이 아니라 멸망도 하나님으로부터 시작한다는 이미 구약성서에 등장하고 있는 사고가 면면히 흐르고 있다. 그래서 아모스 3:6b은 "여호와의 행하심이 없는데 재앙이 어찌 성읍에 임하겠느냐?"고 말한다. 더 근본적으로 이사야 45:6b, 7은 "나는 여호와라 다른 이가 없느니라. 나는 빛도 짓고 어둠도 창조하며 나는 평안(구원)도 짓고 환난(멸망)도 창조하나니 나는 여호와라 이 모든 일들을 행하는 자니라."고 말한다.

4.3.2.2 그러므로 위에 언급된 본문에 강조되었듯이 초기 기독교의 확신에 따르면 불신앙과 함께 하나님을 떠나는 것도 하나님의 사역과 결합되어 있다. 성서적 사고를 특징짓는 것으로, 하나님이 홀로 영향력을 끼치신다는 확신은 절대적인 모든 이원론을 배제하지 않는다. 동시에 불신앙도 하나님의 경륜(經綸) 안에 뿌리박고 있다는 진술은, 곧 결국 우리가 하나님의 비밀을 파고 들어갈 수 없음을 표현한다.(롬 11:33-36) 많은 것들이 우리들에게 그렇게 수수께끼처럼 존재할 수 있다면, 신앙은 하나님의 전능과 홀로 역사하심을 신뢰하도록 한다.

4.3.2.3 불신앙이 하나님의 감추어진 경륜 안에 뿌리박고 있다는 사고는 결코 결정론적인 의미로 해석된 이중 예정론을 위한 출발점이 되지 말아야 할 진술이다. 결정(Determination)과 예정(Prädestination)을 분명하게 구별할 수 있다. 하나는 현대적이며, 자연과학적인 사고에서 유래하는 범주이며, 다른 하나는 어떤 사건에 앞서서 행하시는 하나님의 뜻을 표현하는 성서적 모티브이다. 하나님의 뜻은 '하나님의 후회'에 관한 언급이 드러내듯이 변개할 수 없다.(비교. 삼상 15:10 이하, 15:29) 예정의 사고는 그 자체로 체계화시킬 수 없고 이미 합리적으로 결코 설명하려 하지 않는 한계의 진술이다. 예정의 진술은 신앙고백적 성격을 지니며 신앙이 인간 자신의 능력이 아니라, 앞서서 행하시는 하나님의 은혜의 덕분임을 표현하려 한다.(비교. 요 6:37, 44, 65, 17:2, 6 이하) 그러나 그 진술들이 동시에 고려하고 있는 것은 오직 하나님 자신만이 그 이유를 아신다는 사실이다.

4.4 이스라엘과 하나님의 신비

초기 기독교에서 수수께끼와 같은 것은 무엇보다도 이스라엘의 불신앙이다. 그러한 점에서 그 사실의 의미에 대한 질문이 제기된다. 그에 대해 초기 기독교 안에서 다양한 답변이 주어졌다.

4.4.1 여러 면에서 예수와 복음에 대한 유대인들의 거부가 징벌심판의 표시로 이해되었다. 이는 구두말씀자료에서 유래하는 말씀인 마태복음 23:32-36//누가복음 11:49-51에 해당된다. 그 말씀에 따르면 이미 많은 예언자들과 증인들이 이스라엘에 파송되었지만, 그들에 의해 거절되었다. 이제 '너희 조상들의 분량'(*τὸ μέτρον τῶν πατέρων ὑμῶν*)이 채워져야 한다.(마 23:32) 그러므로 죄를 '이 세대가 담당'한다.(*ἐκζητηθήσεται ἀπὸ τῆς γενεᾶς ταύτης*, 눅 11:51b) 그에 상응하는 내용이 예루살렘에 관한 예언인 마태복음 23:37-39//누가복음 13:34 이하에도 해당된다. 그 예언은 '너희의 집이 황폐하여질 것'(*ἀφίεται ὑμῖν ὁ οἶκος ὑμῶν*)이라고 예고한다. 예수께서 재림하실 때 "찬양받을지어다. 주의 이름으로 오시는 이여."라고 고백할 때까지 그들이 예수를 더 이상 보지 못할 것이라는 결론적인 진술은 심판을 위해 오시는 분과 관련되었을 것이다. 여기에 마태복음 27:25에 나오는 눈이 먼 백성에 대한 말씀이 속한다. "그 피를 우리와 우리 자손에게 돌릴지어다."(*τὸ αἷμα αὐτοῦ ἐφ' ἡμᾶς καὶ ἐπὶ τὰ τέκνα ἡμῶν*) 유사한 내용은 '유대인들'(*οἱ Ἰουδαῖοι*)이 믿지 않음을 종종 주장하는 요한복음에서도 해당된다. 그러나 요한복음 3:18-21에 따르면 "믿지 아니하는 자는 … 벌써 심판을 받은 것이니라."(*ὁ δὲ μὴ πιστεύων ἤδη κέκριται*) 물론 요한복음에서 '유대인들'에 관한 세분화된 언급이 등장한다. 불신앙에 빠진 유대인들만이 하나님을 떠난 '세상'과 동일시되며 심판을 받는다.

4.4.2 이것과 긴밀하게 관련되어 등장하는 것은 갱신된 것이 아니라 새로운 이스라엘이 옛 이스라엘을 대신하여 나타나야 한다는 이해이다. 그것을 히브리서 8:7-13이 가장 분명하게 언급한다. 거기서 예레미야 31:31-34(칠십인역 38:31-34)의 인용은 옛 계약을 폐기하는 새 계약을 가리킨다. "새 언약이라 말씀하셨으매 첫 것은 낡아지게 하신 것이다."(*ἐν τῷ λέγειν καινὴν πεπαλαίωκεν τὴν πρώτην*) 동일한 내용을 악한 포도원 농부에 관한 마태의 해석이 표현하고 있다. 마태복음 21:33-42, 45 이하의 비유가 물론 마가복음 12:1-12과 누가복음 20:9-19에서처럼 직접적인 대적자들과 관련되기는 하지만, 추가구절인 마태복음 21:43을 통하여 기본적인 성격을 유지하게 된

다. “그러므로 내가 너희에게 이르노니 하나님의 나라를 너희는 빼앗기고 그 나라의 열매 맺는 백성이 받으리라.”(*διὰ τοῦτο λέγω ὑμῖν ὅτι ἀρθησεται ἀφ᾿ ὑμῶν ἡ βασιλεία τοῦ θεοῦ καὶ δοθήσεται ἔθνει ποιοῦντι τοὺς καρποὺς αὐτῆς*) 그러한 점에서 나중에 매우 비극적으로 작용하게 되는 대리이론(Substitutionstheorie)이 전적으로 신약성서적인 전거(典據)를 갖게 된다. 동시에 여기서 물론 히브리서 8장처럼 유대기독교적 진술이 관건이 되고 있음을 주목할 수 있다.

4.4.3 바울이 이 문제에 가장 많이 집중하였다. 아직은 비교적 불명확한 데살로니가전서 2:14 이하에 이어서 바울은 로마서 9-11장에서 예언자적 인식에 근거하여 기독교의 믿음의 길을 제시하는 진술을 한다.

4.4.3.1 데살로니가전서 2:14 이하에서 바울은 데살로니가교회를 ‘유대에 있는 하나님의 교회들을 본받은 자’(*μιμηταὶ τῶν ἐκκλησιῶν τοῦ θεοῦ τῶν οὐσῶν ἐν τῇ Ἰουδαίᾳ*)로 명명한다. 왜냐하면 유대에 있는 교회들이 유대인들로부터 고난을 받은 것처럼 그들이 그들의 동족으로부터 동일하게 고난을 받기 때문이다. 이어서 15, 16a절에 유대인들에 관한 논쟁이 나온다. “주 예수와 선지자들을 죽이고 우리를 쫓아내고 하나님을 기쁘시게 하지 아니하고 모든 사람에게 대적이 되어 우리가 이방인에게 말하여 구원받게 함을 그들이 금하였다.”(*τῶν καὶ τὸν κύριον ἀποκτεινάντων Ἰησοῦν καὶ τοὺς προφήτας καὶ ἡμᾶς ἐκδιωξάντων καὶ θεῷ μὴ ἀρεσκόντων καὶ πᾶσιν ἀνθρώποις ἐναντίων, κωλυόντων ἡμᾶς τοῖς ἔθνεσιν λαλῆσαι ἵνα σωθῶσιν*) 마태복음 23:34 병행구절뿐만 아니라 이방인에 대한 비평을 상기시키는 매우 날카로운 진술이 다루어지고 있다. 그 뒤에 마태복음 23:32 병행구절과 유사한 “그들이 금하여 자기 죄를 항상 채우기 위함이다.”라는 진술이 뒤따른다.(*εἰς τὸ ἀναπληρῶσαι αὐτῶν τὰς ἁμαρτίας πάντοτε*) 본문 단락은 아주 분명하지 않은 문장인 “노하심이 끝까지 그들에게 임하였느니라.”(*ἔφθασεν δὲ ἐπ᾿ αὐτοὺς ἡ ὀργὴ εἰς τέλος*)로 종결된다. 이 문장은 “진노의 심판이 그들에게 결정적으로 임하였다.” 혹은 “진노의 심판이 그들에게 종말 시까지 (한시적으로) 임하고 있다.”는 의미로 이중적으로 이해할 수 있다. 논쟁의 여지가 없는 것은 이미 영향력을 끼치고 있는 심판에 관한 사고이며, 이는 로마서 1:18-32의 본문에 해당된다. 질문되는 것은 이 문장이 단지 종국적인 심판의 뜻으로 이해되는가 하는 것이다. 로마서 9-11장을 고려할 때 종말 시에 이스라엘에게 무엇이 일어날 것인지에 관해서는 의도적으로 유보하고 있다.

4.4.3.2 로마서 9-11장에서 바울은 확장된 맥락에서 이스라엘과 교회의 문제를

언급한다. 그 문제가 얼마나 바울을 개인적으로 동요시키는지를 9:1-3의 시작부에서 바로 말하고 있다. 바울은 혈육관계에 있는 자기 동족을 위하여 심지어 자신이 저주 받기를 원한다.(*ἀνάθεμα εἶναι*) 그들은 9:4 이하에 따르면 "이스라엘 사람이라 그들에게는 양자됨과 영광과 언약들과 율법을 세우신 것과 예배와 약속들이 있고 조상들도 그들의 것이요 육신으로 하면 그리스도가 그들에게서 나셨다."(*οἵτινές εἰσιν Ἰσραηλῖται, ὧν ἡ υἱοθεσία καὶ ἡ δόξα καὶ αἱ διαθῆκαι καὶ ἡ νομοθεσία καὶ ἡ λατρεία καὶ αἱ ἐπαγγελίαι, ὧν οἱ πατέρες καὶ ἐξ ὧν ὁ Χριστὸς τὸ κατὰ σάρκα*)

4.4.3.2.1 "그러나 하나님의 말씀이 폐하여진 것 같지 않도다."(*οὐχ οἷον δὲ ὅτι ἐκπέπτωκεν ὁ λόγος τοῦ θεοῦ,* 6a절) 그러나 물론 구별은 존재한다. "이스라엘에게서 난 그들이 다 이스라엘이 아니기" 때문이다.(*οὐ πάντες ἐξ Ἰσραὴλ οὗτοι Ἰσραήλ,* 6b절) 바울은 이것을 아브라함의 두 아들과 이삭의 두 아들의 예를 들어 설명하고(7-9, 10-13절), 이사야 29:16 및 예레미야 18:6의 토기장이 비유를 덧붙인다.(19-21절) 여기서 14-16절의 진술이 결정적이다.(비교. 17절 이하, 22절 이하) 하나님께 불의하심이 없다는 것과 함께, 오히려 출애굽기 33:19 이하에 따라 하나님의 특별한 긍휼이 표현된다. 그러므로 "원하는 자로 말미암음도 아니요 달음박질하는 자로 말미암음도 아니요 오직 긍휼히 여기시는 하나님으로 말미암음이니라."는 말씀이 언급된다.(*ἄρα οὖν οὐ τοῦ θέλοντος οὐδὲ τοῦ τρέχοντος ἀλλὰ τοῦ ἐλῶντος θεοῦ,* 16절) 그러므로 하나님께서 유대인들 중에서 뿐만 아니라, 이방인들 가운데서도 부르셨고, 그것을 성서인용을 통해 입증한다.(24-29절)

4.4.3.2.2 중간단락인 9:30-10:21은 하나님의 긍휼하심에 관한 사고를 이신칭의의 주제로 확장시킨다. 여기서 도입부분에 이스라엘과 구별되게 하나님의 의를 추구한 이방인들, 그들이 의에 이르렀음을 언급한다.(9:30 이하) 반면에 이스라엘은 부딪칠 돌에 부딪쳤으며(9:32 이하), 구원의 메시지의 선포 앞에서 메시지를 듣고 영접할 준비가 되어 있지 않았다.(10:16-21)

4.4.3.2.3 결론부인 11:1-36은 과거 엘리야 시대에서처럼 선택된 남은 자가 있음을 언급한다. "지금도 은혜로 택하심을 따라 남은 자가 있느니라."(*οὕτως οὖν καὶ ἐν τῷ νῦν καιρῷ λεῖμμα κατ' ἐκλογὴν χάριτος γέγονεν,* 5절) 이는 하나님이 자기 백성을 버리시지 않는다는 것에 대한 하나의 표시이다.(1절) 그러나 구원은 지금까지 "오직 택하심을 입은 자가 얻었고 그 남은 자들은 우둔하여졌느니라."(*ἡ δὲ ἐκλογὴ ἐπέτυχεν, οἱ δὲ λοιποὶ ἐπωρώθησαν,* 7b절) 구약성서의 예언에 따르면 그들에게 하

나님이 '혼미한 심령'(*πνεῦμα κατανύξεως*)을 주셨다.(8절) 그러나 그것은 하나님의 구원의 계획에 따라 일어났으며, 이는 그들의 넘어짐으로 구원이 이방인에게 이르게 하기 위함이다.(11절) "그들의 넘어짐이 세상의 풍성함이 되며 그들의 실패가 이방인의 풍성함이 되거든 하물며 그들의 충만함이리요."(*εἰ δὲ τὸ παράπτωμα αὐτῶν πλοῦτος κόσμου καὶ τὸ ἥττημα αὐτῶν πλοῦτος ἐθνῶν, πόσῳ μᾶλλον τὸ πλήρωμα αὐτῶν,* 12절, 비교. 15절) 이러한 사고를 더 전개시키기 앞서 바울은 11:17-24에 감람나무의 비유로 이방기독교인들을 향한 경고를 삽입한다. 왜냐하면 그들이 유대인들 대신에 감람나무에 접붙임을 받았다면, 그들이 자랑할 근거는 없기 때문이다. 뿌리가 그들을 보전하기 때문이다.(18절) 믿음에 근거하여 그들이 접붙임을 받았듯이 잘린 가지들도 불신앙 가운데 머무르지 않는다면 다시 접붙임을 받을 수 있다.(23절 이하) 이것으로부터 바울은 예언적인 권위를 갖고 '비밀'이라고 알리면서 목표로 한 사고의 절정에 이른다. "이방인의 충만한 수가 들어오기까지 이스라엘의 더러는 우둔하게 된 것이라. 그리하여 온 이스라엘이 구원을 받으리라 기록된 바 구원자가 시온에서 오사 야곱에게서 경건하지 않은 것을 돌이키실 것이다."(*ὅτι πώρωσις ἀπὸ μέρους τῷ Ἰσραὴλ γέγονεν ἄχρι οὗ τὸ πλήρωμα τῶν ἐθνῶν εἰσέλθῃ, καὶ οὕτως πᾶς Ἰσραὴλ σωθήσεται, καθὼς γέγραπται· ἥξει ἐκ Σιὼν ὁ ῥυόμενος, ἀποστρέψει ἀσεβείας ἀπὸ Ἰακώβ,* 25절 이하) 이 불신앙은 종말 시 예수 그리스도가 재림할 때 그를 인정하는 자들에게서 '제거'될 것이다.(비교. 23절) 그러므로 9:6a로 돌아가 11:29에 "하나님의 은사와 부르심에는 후회하심이 없느니라."(*ἀμεταμέλητα τὰ χαρίσματα καὶ ἡ κλῆσις τοῦ θεοῦ*)는 말씀이 나오고, 결론적으로 11:32에서 바울은 "하나님이 모든 사람을 순종하지 아니하는 가운데 가두어 두심은 모든 사람에게 긍휼을 베풀려 하심이로다."라고 말한다.(*συνέκλεισεν γὰρ ὁ θεὸς τοὺς πάντας εἰς ἀπείθειαν, ἵνα τοὺς πάντας ἐλεήσῃ*)

4.4.3.2.4 그러므로 바울은 이스라엘 백성에게 제공되는 구원에 직면하여 불신앙의 특별한 경우를 주장한다. 그것이 로마서 9-11장에서 주요한 역할을 하는 결정적으로 중요한 세 가지 사고이다. 남은 자 모티브, 이방인들을 위한 완악함이라는 구원사적 모델, 예수께서 재림할 때 종말 구원의 모티브이다. 여기서 결정적으로 중요한 역할을 하는 것은 믿음이다.

5. 구원선포를 위한 지속적 과제

그리스도의 교회는 구원의 메시지를 선포하는 과제를 갖는다. 구원의 메시지는 보편적인 성격을 지니며 모든 시대에 유효하다. 그것은 메시지가 거절되는 곳에서도 해당된다.

5.1 복음의 세계적 선포

복음이 부활과 재림 사이에 온 세상에 선포되어야 한다. 메시지를 받아들이는 사람들은 이미 실현되고 있는 하나님의 구원에 참여한다. 이들은 미래의 완성을 향한 여정 가운데 있다.

5.1.1 복음의 메시지는 구약성서의 약속들 가운데 그 전제를 갖는다. 그러므로 예수 시대와 초기 기독교의 유대교에서 매우 다양한 표상들과 결합되어 있기는 하지만 아주 생생한 구원에 대한 기대가 있었다. 그것이 신약성서의 도처에 전제되고 있다. 몇몇 구절들에서 창조 신앙 안에 그 근거를 갖는 세상을 구원하려는 열망이 언급된다. 하나님에 의해 선하게 창조된 세상은 하나님을 떠나는 것과 악 가운데서도 원래 규정된 것을 유지하며, 그것이 구원하는 행위를 필요로 한다.

5.1.2 복음은 구원의 메시지로서 모든 인간을 향한다. 복음의 계속적인 선포가 기독교인의 현존을 규명하는 과업이다. 그 과업이 마가복음 13:10 병행구절과 누가복음 24:46-49에 따르면 부활과 재림 사이의 시기의 지속적인 과제이며 지속적인 특징이다. 옛 하나님의 백성인 이스라엘을 향한 집중이 원래 있었다면, 예수의 부활 및 승귀와 관련하여 전 세계에 걸친 선포사역이 과업으로 인식되었고 체득되었다. 사도회의에서 이방인들 가운데 행하는 선교가 함께 인정되었다. 여기서 이스라엘이 갖는 우선적인 위치가 논쟁되지 않는다.

5.1.3 선포의 직무가 도처에서 주제화되고 있지는 않지만, 선포의 과업과 관련하여 초기 기독교의 모든 문서들 간에 공통점이 존재한다. 교회의 선교적 구조는 기본적으로 존재하는 것으로 신약성서 전체에 중요한 것으로 등장한다.

5.2 기독교의 절대성?

전 세계에 걸친 복음 선포의 과업과 관련하여 소위 '기독교의 절대성'이라는 문제가 제기된다. 이 문제는 기독교가 모든 종교들 가운데 최고의 형태이며, 다른 종교들은 기껏해야 기독교가 보유하는 부분적인 진리들을 보유한다는 것으로 다양하게 이해되었다. 그러나 메시지의 계속적인 전달이 기독교 공동체와 연결되고 있음에도 불구하고, 여기서 하나님의 계시 행위에 관한 메시지가 지니는 보편적인 유효성과 하나의 구체적인 종교로서의 기독교가 원칙적으로 구별될 수 있다.

5.2.1 이러한 맥락에서 "내가 곧 길이요 진리요 생명이니 나로 말미암지 않고는 아버지께로 올 자가 없느니라."(*ἐγώ εἰμι ἡ ὁδὸς καὶ ἡ ἀλήθεια καὶ ἡ ζωή· οὐδεὶς ἔρχεται πρὸς τὸν πάτερα εἰ μὴ δι' ἐμοῦ*)는 요한복음 14:6의 말씀이 특별한 역할을 한다. 내용상 이 말씀과 긴밀하게 연결된 것이 사도행전 4:12의 그리스도 증언이다. "다른 이로써는 구원을 받을 수 없나니 천하사람 중에 구원을 받을 만한 다른 이름을 우리에게 주신 일이 없음이라 하였더라."(*οὐκ ἔστιν ἐν ἄλλῳ οὐδενὶ ἡ σωτηρία, οὐδὲ γὰρ ὄνομά ἐστιν ἕτερον ὑπὸ τὸν οὐρανὸν τὸ δεδομένον ἐν ἀνθρώποις ἐν ᾧ δεῖ σωθῆναι ἡμᾶς*) 그러나 이 말씀들은 판단을 도출해 낼 수 있는 이론적인 진술들이 아니라, 신앙의 증언이다. 이 말씀들은 계속하여 증언을 하는 자에게 기독교 신앙이 무엇인지를 표현한다. 기독교인 각각의 정체성이 이 확신에 달려 있다. 오직 그런 방식으로만 메시지가 계속 전달되므로, 선포하는 자가 절대적인 방식으로 자신의 정체성을 갖게 된다. 그러한 점에서 중요한 것은 이론적인 의미에서의 절대성이 아니라, 존재론적인 의미에서 확실성이다.

5.2.2 이러한 확신과 결합되고 있는 것이 창조자이며 모든 인간의 구원자이신 한 분 하나님에 관한 증언이 중요하다는 인식이다. 전적으로 절대성이 언급된다면, 오직 하나님과 관련하여서만 말할 수 있다. 이러한 방식으로 하나님이 다른 종교들 안에서 역사하시며 그가 그들에게 어떤 길을 미리 정하셨는지 우리에게는 감추어져 있다. 선교 과업의 내용은 그 한 분 하나님이 증언하시며, 예수 그리스도 안에서 일하시는 그의 구원에 관한 메시지가 계속 전파되고 있다는 사실이다. 동시에 중요한 것은 인간을 모든 얽매임으로부터 자유롭게 하고 그들에게 미래를 여시는 종말론적인 새로움이다. 성서 밖의 종교들은 대체로 과거와 관련되거나 현재에 집중한다. 기독교의 신앙은 하나님의 미래로부터 규정되며, 현재와 접촉하는 미래를 향해 집중하는 것에서 그 특징을 갖는

다. 종국적인 것이 지상적인 것을 포괄하며, 종국적인 것이 우리가 사는 세상 가운데 빛을 비추이고, 이미 그 발자취를 인식하게 한다. 이러한 목표설정이 종국적인 것을 계속해서 마땅히 선포해야만 하는 살아 있는 희망을 위한 능력이 된다. 이 메시지 안에 기독교의 특수성(Specificum Christianum)이 근거하며, 그것은 각기 다양한 여러 종교적인 전제들 가운데서도 유효한 것이 되어야 한다.

5.3 불신앙의 현상

복음의 메시지가 영접될 뿐만 아니라, 거절되기도 한다. 이 사실에 관해 초기 기독교가 집중적으로 숙고하였다. 여기서 중요한 것은 합리적인 설명이다. 불신앙의 이유에 관한 신약성서의 진술들 자체가 그러한 현상에 접근하려는 신앙의 진술들이다.

5.3.1 동시에 우리는 신약성서에서 다양한 세 가지 모델을 만나게 된다. 이들은 앞에서 밝혀졌듯이 인간에게 주어진 피조성을 지닌 자유에 의한 것으로, 또는 하나님을 떠나버린 세상에 연루된 것으로, 또는 하나님의 감추어진 사역에 기인한 것으로, 불신앙의 이유를 설명한다.

5.3.1.1 일련의 여러 본문에서 불신앙의 이유를 인간이 죄인이라는 사실로 논증한다. 이는 인간에게 주어진 피조성을 지닌 자유로 인해, 죄로부터 해방이 제공되고 있음을 심지어 인간 스스로 거절한다는 점에서 그러하다. 인간은 하나님을 상실한 상태에 머무르며, 그의 행동은 강퍅함과 회개하지 않는다는 특징을 갖는다.

5.3.1.2 다른 본문들에서 불신앙은 죄의 권세에 연루된 결과로 이해된다. 죄의 권세 자체는 '이 세상의 신'인 마귀로 대표된다. 여기서 관건이 되는 것은 인간이 벗어날 수 없는 초인격적인 구조들의 상징화이다. 마찬가지로 여기서도 인간의 행동능력이 박탈당했다. 이 세상의 것에 묶여 있으므로 인간은 구원이 제공되는 것을 들을 수 없다.

5.3.1.3 끝으로 불신앙은 하나님 자신에게서 비롯되는 것으로 보지 못하는 것이나 완악함과 관련된다. 그것은 특히 이스라엘의 불신앙에 해당된다. 여기서 하나님이 홀로 행하신다는 사고가 철저하게 유지되고 있다.

5.3.2 이 세 모델은 양자택일적으로 나란히 존재하지 않는다. 그 각각이 다양한 관점을 지니며, 그 안에서 불신앙이 드러난다. 이 모델들은 불신앙을 다양한 방식으로 가늠하게 한다. 중요한 것은 각각의 모델이 창조자이며 구원자이신 하나님과 관련된다는 사실이다. 인간이 하나님 앞에서 죄를 인정하지 않으며 구원의 메시지를 영접하지

않는다. 인간의 강퍅함이 관건이 되건, 세상에 종속함이 관건이 되건, 혹은 하나님이 행하신 보지 못함이 관건이 되건, 결국 모든 것은 헤아릴 수 없는 하나님의 경륜에 뿌리를 두고 있다.

6. 마무리 고찰

예수 그리스도의 교회는 선교 없이 존재하지 않는다. 교회는 세상에 구원과 평화의 메시지라는 빚을 지지 말아야 한다. 오늘날 세상 가운데서 그 과제들을 수행하는데 상당히 뒤쳐져 있다. 세속화된 주변 상황과 다른 종교들을 향해서도 그 과제들을 수행하는 데 뒤쳐져 있다. 유대인들을 향한 선교 문제도 마지막으로 제기되는 것이 아니다.

6.1 현(現) 세상에서 복음의 선포

6.1.1 수많은 비기독교 여러 종교들 가운데 오늘날 자의식과 단호한 방어적 태도가 증가하고 있음을 주목할 수 있다. 이는 특히 이슬람 및 불교의 다양한 여러 종파들과 관련된다. 그 밖의 다른 영역에서 어느 정도의 개방이 있을 수 있으므로 복음 선포의 공간은 존재한다. 그러나 이로써 지금까지 행했던 대로 선교하는 것이 어느 정도로 올바르며 허용될 수 있는지, 그것 대신에 종교들 간의 대화를 수행할 수 있는가의 문제가 최근에 두드러지게 제기되고 있다. 다른 종교들에 대한 이해가 중요하며, 대화를 위한 노력과 서로를 아는 것이 근본적으로 중요하다는 사실은 논박할 수 없다. 그러나 모든 사람들을 구원하기 위한 복음의 요구는 거론되지 않고 있다. 재차 요구되고 있는 대화가 물론 긴요하지만 선교적인 과업과 단순하게 일치하는 것은 아니다. 대화에서 중요한 것은 서로를 아는 것과 공통점을 확인하는 것을 넘어서 각기 고유한 확신을 효력 있게 하는 것이다. 그것으로 대화는 신앙의 증언을 넘어서고 있다. 대화 중에도 나는 고유한 정체성이 포기되거나 상대화되지 말아야 할 기독교의 메시지를 확증해야 한다. 물론 결정적으로 중요한 것은 단호하게 설득하는 과정 가운데 복음의 진리를 따르는 사람들을 얻게 된다는 사실이다. 복음이 증언되는 곳에서는 언제나, 고린도전서 2:4 이하에 따르면 세속적인 기준에서 똑똑한 말로 설득하는 것이 아니라, “성령의 나타나심과 능력으로 하여 너희 믿음이 사람의 지혜에 있지 아니하고 다만 하나님의 능력에 있게 하려

하는 것"이 중요하다.(… *ἐν ἀποδείξει πνεύματος καὶ δυνάμεως, ἵνα ἡ πίστις ὑμῶν μὴ ᾖ ἐν σοφίᾳ ἀνθρώπων ἀλλα᾽ ἐν δυνάμει θεοῦ*) 각기 실제적이며 상황과 관련된 메시지의 형태가 요구되는 것을 그 어느 때보다도 오늘날 더 지나칠 수 없다.

6.1.2 덧붙여 수백 년 동안 기독교 전통으로 각인되었지만, 심각한 세속화 과정에 노출되어 있는 유럽-미국지역의 특별한 상황이 있다. 세속세계에서는 선포의 과업이 상당히 뒤쳐지게 된다. 여기서 기독교 메시지가 일차적으로 다른 종교사상으로 대치되는 것은 아니다. 오히려 특히 무신론적 태도에 직면하고 있다. 구원으로의 열망과 감추어진 종교적 차원이 실제적인 혹은 의식적인 무신론자들 가운데서도 물론 존재한다. 사람들을 새롭게 복음으로 이끄는 것이 중요하다. 기독교의 전통적인 형식이 많은 이들에게 낯선 것이 되었기 때문이다.

6.1.3 회개로의 호소와 앞으로 전진하도록 하는 복음의 메시지는 기독교 전통이 여전히 보존되지만 상당 정도 외형화한 곳에서도 긴요하다. 이는 독자적으로 나아가는 것이 정당하며 필연적임에도 불구하고 상호보완적으로 충분히 개방되지 않은 여러 교파에만 해당되는 내용이 아니다. 이는 경직된 자의식을 지니며 현재의 요구들을 결코 충족시키지 못하는 개개의 여러 교파들 내부에 존재하는 다양한 그룹들에도 마찬가지로 해당되는 것이다.

6.2 유대인을 향한 선교?

오늘날 선교의 특별한 문제는 유대인들에게 복음을 선포하는 것이다. 이 주제가 지난 십년간 많이 논의되었다. 이 주제는 매우 세분화된 시각을 필요로 한다.

6.2.1 역사적인 관점에서 반박할 수 없는 내용은, 예수의 메시지가 주로 이스라엘 백성을 향했었다는 것이며, 초기 기독교에서부터 복음이 먼저 팔레스틴 지역과 디아스포라 유대인들 가운데 선포되었다는 것이다. 그에 반하여 이방선교는 단계적으로 시행되었다. 가장 초기의 공동체는 유대기독교적이었다. 그러나 이방기독교는 1세기에서 2세기로의 전환기 이래 더 큰 비중을 지니게 되었고 점차로 유대적 전제들이 망각되거나 의도적으로 부정되었다.

6.2.2 근본적인 정황은 역사적 사실과 연결된다. 신약성서의 증언에 근거하여, '먼저 유대인에게' 해당되는 구원의 메시지가 중요함을 단순하게 반박할 수 없다. 기독교가 자신의 유대적 뿌리를 진지하게 받아들이고, 모든 차이점에도 불구하고 유대적이

며 기독교적 신앙의 광범위한 공통점을 의식하는 한, 예수의 메시지와 예수 그리스도에 관한 복음에 있어서 기독교가 유대적 신앙전승과 함께 속하고 있음을 간과할 수 없다. 기독교 신앙의 뿌리를 유대교에 둘 수 있을 것이지만, 복음의 유효성이 최소한 예수의 메시지라는 형태로 유대인들에게 반박될 수 있을 것이라면 그것은 하나의 '수식어의 모순'(contradictio in adiecto)일 것이다.

6.2.3 많은 유대인들이 복음을 거절했다는 사실이 이제 초기 기독교에서도 중심적인 역할을 한다. 이스라엘의 불신앙에 관한 숙고가 신약성서의 여러 본문들 안에 새겨져 있다. 동시에 반박할 수 없는 것은 나중에 숙명적인 역할을 했던 부정적인 판단이 거기에 등장한다는 사실이다. 자기 민족을 비판했던 유대 기독교인들의 진술도 예외 없이 존재했었음이 잊혀졌다. 그것은 외부에서 가한 비판이 아니라, 자기 전통과 자기 역사에 대해 비평하는 자기비판이었다. 자신의 과거를 돌이켜보는 자는 누구나 자신의 과거를 비판할 수 있고 또 그 비판이 허락된다. 그러나 외부에 있는 자들이 여러 비판을 하는 경우 부적절한 정죄에 이르게 된다. 그러한 종류의 여러 진술이 이제 그 진술의 성격을 완전히 변경시켜 버렸었다. 그들이 스스로를 그 당시 과거의 이방인들에 동화시켜 유대교에 대항하였다. 그래서 비극적으로 발전하게 되었으며, 대리이론에 근거한 회개의 강요, 적대감, 핍박이 의심할 것 없이 종교적인 잠재동기가 숨어 있는 유대인 핍박(*Holocaust*)에 이르게 된다.

6.2.4 유대인들에 대한 교회의 태도가 가지고 온 숙명적인 역사로 인하여 신약성서의 증언을 구성하며 초기 기독교에서 자명한 것이었던, 유대인들을 향한 복음의 선포는 중세에 이어 현대에서도 우리에게 불가능한 것이 되었다. 제거될 수 없는 예수의 원래적인 의도가 그대로 남아 있지만, 처음부터 우리의 입은 닫혀져 있었다. 유대인들을 향한 선교적 선포를 진지하게 받아들이는 것이 오늘날 우리의 과제는 아니다. 게다가 다른 이유가 더 있다. 우리가 선교를 이해할 때, 우리는 회개가 한 종교에서 다른 종교로 바꾸는 것을 의미한다는 것으로부터 출발한다. 그러나 이러한 이해는 유대인들의 경우에 전혀 해당되지 않는다. 예수께서 유대인으로서 유대인들을 향해 구원의 메시지를 선포했으며, 그 메시지는 그들의 종교 안에서 유효한 것이었다. 유대인들이 예수 그리스도를 믿는 믿음에 이르게 된다면, 그 경우에도 유대인들은 유대인들로 남아 있다.

6.2.5 로마서 9-11장에 언급된 바울의 진술이 방향을 제시해 준다. 이방인들의 사도로서 바울은 선지자적인 통찰에 근거하여 변경되지 않는 유효성을 그대로 유지하는 방식으로 유대인들과 이방인들의 관계를 규명한다. 그에게 있어서 결정적인 것은

'남은 자'가 그리스도를 믿는 믿음에 이른 후에, 많은 유대인들이 세상의 역사 가운데서 자신의 길을 가야 한다는 것이다. 그들이 선택되었다는 사실에 근거하여 하나님께서 그들에게 우리가 존중해야 할 특별한 위치를 부여하셨다. 우리가 비록 그동안 분리되어 왔을지라도, 우리는 유대인들로서, 그리고 그리스도인들로서 공통의 전(前)역사로부터 출발하고 있으며, 공통의 목적을 향해 나아간다. 그것이 왜 그러한지는 우리에게 감추어져 있다. 로마서 11:33-36에 따라 우리는 헤아릴 수 없는 하나님의 경륜을 마땅히 신뢰해야 한다.

22장

기독교 생활을 위한 기초(윤리 I)

1. 예비적 고찰

신약성서 윤리를 다룰 때 미리 염두에 두어야 할 몇 몇 기본 문제들에 부딪힌다. 동시에 한 편으로는 윤리적 진술들이 전달된 형태가, 또 다른 한 편으로는 예수의 제자도 윤리와 부활절 이후 공동체 윤리 사이의 관계가 관건이 된다.

1.1 신약성서에서 상술된 초기 기독교 윤리를 발견할 수 없다. 복음서 전승의 틀에서 예수의 말씀들과 윤리적 중요성을 갖는 사화(史話)들이 발견되며, 서신들에서는 권고적 성격을 지니는 수많은 단락들이 등장한다. 어쨌든 예수의 제자도 윤리와 공동체 윤리를 기본성격에 있어서 재구성할 수 있다. 동시에 제기되는 것은 한 편으로는 윤리를 위한 기본원칙들이며 다른 한 편으로는 그것의 적용을 위한 수많은 본문들과 예들이다. 그러므로 그 두 복합체에 대한 서술에 몰두해야 한다.

1.2 신약성서에서 후기의 중첩(重疊)에도 불구하고 공관복음서에서 분명히 인식할 수 있는 예수의 제자도 윤리와 신약성서 서신들의 권고적 부분들에 새겨져 있는 부활 이후 공동체 윤리 사이에 적지 않은 긴장이 존재한다. 눈에 두드러지는 것은 먼저, 종말론적 전망이 결여되지 않음에도 불구하고, 미래지향적인 예수의 윤리 대신에 더 강하게 현재와 관련되는 윤리적 구상들이 등장한다는 것이다. 이에 덧붙여 실현가능성이 숙고되지 않은 채, 제자도 윤리가 제자들을 향해 최고의 것들을 요청하고 있다. 반면에 초기 기독교 공동체 윤리는 각각의 상황과 실천가능성을 배려함으로써 더 강하게 실천

성을 추구한다.

1.3 위에 언급된 내용들은 그 두 가지가 서로 관련되지 않는다는 것을 의미하지는 않는다. 예수의 요구들이 제거되지 않으며, 현재적 진술들의 배후로 인식할 수 있다. 공동체 윤리는 제자들의 윤리를 전제하며, 문자 그대로(expressis verbis) 다중적(多重的)으로 제자도 윤리와 관련된다. 모든 차이에도 불구하고 제자도 윤리와 공동체윤리가 공통된 기본의도를 갖는다. 중요한 것은 예수의 제자도, 즉 믿음 안에서 이루어지는 인간 생활의 갱신이다.

2. 예수의 제자도(따름) 윤리

공관복음서들이 예수의 메시지를 부활 이후의 관점에서 부연 서술하는 것에 관심을 기울인다는 점에서 부활 이전의 기본 줄기가 보존되고 있다. 이는 특히 예수의 윤리적 요구들에도 해당된다.

2.1 하나님의 통치와 윤리적 행위

예수의 윤리적 진술들은 예수의 선포 안에서 서로 고립되어 있지 않으며 중심 메시지와 단단하게 결합되어 있다. 오직 그 중심으로부터 그 진술들을 이해할 수 있으며 그 의미를 갖게 된다.

2.1.1 예수의 윤리적 선포는 시작하고 있는 하나님의 통치에 근거하여 일어난다. 그 둘이 서로 묶이지 않은 채 병존하며 윤리적 진술들은 오로지 창조전승에 기초한다는(예. Hans Conzelmann) 때때로 주장된 명제는 고수될 수 없다. 선포된 하나님의 통치와 예수의 요구들은 상호 제약(制約)적이다. '행위의 원칙으로서 하나님의 통치'를 언급하는 것이 올바르다.(Helmut Merklein) 이는 시작하고 있는 하나님의 통치 안에서 사는 생활상과 관련된 요구들이 중요함을 언급한다. 그 요구들은 종말론적인 동기를 갖는다.

2.1.2 제자도로의 부름과 하나님 백성의 모임이 하나님 통치에 관한 예수의 메시지에 속한다. 제자도는 경험된 하나님의 사랑의 빛에서 사는 삶을 준비하는 것을 의미한다.(비교. 이 책 15장) 제자도가 예수의 윤리적 요구들을 위한 무조건적 전제이다. 산

상수훈에 요약된 예수 윤리의 기본성격은 복음서 저자들에 의해 특징적인 틀 안에 놓여졌다. 거기서 예수께서는 물론 그를 경청할 준비가 된 모든 사람들을 향해 말하지만, 마태복음 5:1 이하에 따르면 그에게 나아가는 제자들에게 말씀하고 있음을 분명하게 밝힌다. 그에 상응하여 말씀설교가 먼저 무리를 향하고 그들에게 5:3-10의 팔복선언이 해당된다. 팔복선언은 구원의 확언이자 제자도로의 초대이다. 이미 5:11 이하의 결론적인 복 선언이 특히 제자들과 관련되며, 그들에게 이어서 5:13-16에 땅의 소금과 세상의 빛에 관한 말씀이 언급된다. 뒤따라 5:17-7:23에 나오는 모든 것들이 오해의 여지없이 제자들을 향하고 있다. 7:24-27의 결론적 비유에서야 예수께서 비로소 모든 청중을 향한다. 7:28 이하에 따르면 무리가 예수의 말씀에 접한다. 그 말씀을 듣고 얼마나 제자가 되었는지는 알려져 있지 않다.

2.1.3 예수의 요구들은 실현된 하나님의 통치 가운데 사는 것과 관련된다. 그 요구들 모두는 율법적인 규정들과는 다르다. 오히려 그 요구들은 인간이 하나님의 통치에 완전히 내맡겨지는 경우 그 생활이 어떠한 것인지를 눈앞에 드러나게 한다. 그들은 이미 실현된 구원을 바라보며, 그런 점에서 또 미래를 지향한다. 그렇지만 그 요구들은 현재를 위해서도 직접적인 의미를 갖는다. 산상수훈에 모범적으로 잘 요약되었듯이 엄격한 요구들이 분명하게 밝혀주는 내용은, 하나님 통치의 시작이 생활에 주목할 만한 영향력을 끼치며, 동시에 근본적으로 옛 삶의 형태와 구별되는 삶의 갱신과 관련된다는 것이다. 마가복음 2:21 이하 병행구절에 나오는 낡은 옷에 붙이는 생베 조각 및 낡은 가죽 부대에 담는 새 포도주에 관한 두 비유말씀들은 오해의 여지가 있을 수 없는 명백한 내용을 표현한다. 이러한 갱신 가운데 창조자의 원래 의지가 동시적으로 작용한다. 그러므로 행위의 기초가 되는 종말론적인 근거가 몇 몇 구절들에서 시원론(始原論)적인 내용과 결부되고 있다.(비교. 예를 들면, 막 10:6-8 병행구절 또는 마 5:45)

2.1.4 예수의 윤리적 선포에서 자연히 제기되는 문제는 급격한 요구의 실현이 어느 정도로 가능하고, 또 구체적으로 드러나야 하는가이다. 결정적으로 중요한 내용은 예수의 메시지가 동시적으로 현재와 관련될 때 미래지향성을 띤다는 것이다. 하나님의 통치가 아직 완성된 형태로 등장하지 않았듯이, 윤리적인 요구들도 현존하는 세상의 제약들 아래서 성취될 수 있다. 무제한적으로 성취될 수는 없지만 실제적으로 유효한 목적을 규정하는 것들이 있다. 오히려 그 규정들이 이미 현재를 사는 방향을 제시하며, 그것에 근거하여 제자들을 향한 높은 요구가 뒤따른다는 사실에 모든 것이 달려 있다. 지상의 조건 아래서 실천이 가능하다는 점에서 중요한 것은 기껏해야 실천을 확장시키는 것이다.

2.2 사랑의 이중 계명

예수의 윤리적 요구에서 사랑의 이중 계명이 중심이 된다. 하나님의 사랑에 근거하여 하나님과 동료 인간들을 향한 사랑으로 규명되는 새로운 생활방식이 가능하게 된다. 사랑의 이중 계명이 예수의 메시지의 핵심부분이며 신약성서 모든 윤리의 기본토대이다.

2.2.1 성서적 개념 '사랑'

이중 계명에 전제된 사랑의 이해는 구약성서에 근거한다. 그것이 유대적이고 기독교적인 전승을 규정한다.

2.2.1.1 단어 사용을 위해 주장할 수 있는 것은 히브리어나 독일어와 달리 헬라어에 '사랑하다'와 '사랑'에 대한 여러 개념들이 있다는 사실이다. 성적(性的) 관계를 특징짓는 에란(*ἐρᾶν*), 에로스(*ἔρως*) 외에 필레인(*φιλεῖν*), 필리아(*φιλία*)가 우정관계를 표현한다. 훨씬 너 드물고 디듬어지지 않은 형태의 아가판(*ἀγαπᾶν*), 아가페(*ἀγάπη*)가 사용되었으며, 이들이 성서언어에서야 비로소 특별한 내용과 최고의 의미를 얻게 되었다.

2.2.1.2 칠십인역은 히브리어 아하바(אַהֲבָה), 아하브(אהב)를 다시 옮기기 위해 번역어로 아가판(*ἀγαπᾶν*), 아가페(*ἀγάπη*)를 결정했다. 구약성서의 개념은 성적이거나 우정의 관계를 드러내지 않는다. 그 개념은 훨씬 더 포괄적인 의미를 갖는다. 동시에 결정적으로 중요한 것은 동료 인간뿐만 아니라 하나님을 바라볼 수 있는 인격적인 관계이다. 사랑은 일차적으로 감정적인 느낌, 그와 결부된 행동으로 이해되지 않는다. 내적이며 외적인 요소들이 여기서 아직 다른 의미로 분명하게 표현될 수 없고 전체적으로 함께 관련된다.

2.2.2 사랑의 이중 계명을 위한 전제

2.2.2.1 형태와 내용에 있어서 사랑의 이중 계명은 전혀 새로운 것으로 보이지 않는다. 예수께서는 아주 의도적으로 사랑의 이중 계명으로 구약 전승을 이해하고자 했다. 그러나 거기서 직접 관련되지 않는 두 본문이 중요하다. 하나님을 향한 사랑의 계명은 신명기 율법에 나오는 신명기 6:5(또는 4절)에, 이웃을 향한 사랑의 계명은 성문법

의 틀 안에 나오는 레위기 19:18에서 발견된다. 중요한 것은 – 오해의 여지없이 – 성서적 기본 토대이다. 마가복음 12:(28-31)32-34에서 예수께서 표현한 이중 계명이 한 서기관(*γραμματεύς*)에 의해 확증되고 있으며, 누가복음 10:25-28의 본문에서 그 두 계명은 예수만이 아니라, 한 율법교사(*νομικός*)에 의해 인용되고 있다. 이중 계명에 관한 본문은 그렇게 앞서 주어져 있었다.

2.2.2.2 또 그 당시 유대교 안에 토라의 주요 관점들을 비교할 수 있도록 요약한 것들이 있었음을 언급해야 한다. 물론 모든 개별 계명들과 함께 토라가 변경이 불가능하게 고정되어 있지만, 특별하게 중요한 계명들과 수많은 다른 계명들 사이의 차이, 613조항의 계명과 금지를 이루는 기본 토대에 대한 질문이 중요했었다. 게다가 율법을 해석할 때 심하게 곁가지로 빠지는 경향에 반대하려 하였다. 기독교 이전의 유대교에 이웃사랑 계명을 많이 강조하는 시사성이 큰 수많은 예들이 있다. 또 비교적 폭 넓게 해석하는 많은 예들도 있다.(비교. 12족장의 유언서, 특히 요셉의 유언) 사랑의 이 두 계명에 대한 그러한 관계설정은 예수의 경우에 아직 특징적인 실제로 나타나지는 않았다.

2.2.3 예수의 이중 계명의 본문전승

신약성서에서 본문전승은 통일적이지 않다. 진정한 의도가 무엇인가에 대한 질문은 부활 이후 전승에서 사랑의 계명을 수용하는 것을 묻는 질문과 결합되고 있다. 원래의 기본토대와 부차적인 요소들을 여전히 완전하게 구별할 수 있다.

2.2.3.1 공관복음서에서 사랑의 이중 계명에 관한 대화의 서로 다른 세 본문들은 먼저, 두 계명이 나란히 등장한다는 사실이 결정적으로 중요한 것임을 인식시킨다. 거기서 그 두 계명이 동등한 위치에 있음이 강조된다. 누가복음 10:25-28에 따르면 두 계명은 율법교사에 의해 인용되며 동시에 '그리고'로만 결합된다. 그것이 예수에 의해 확증된다. "네 대답이 옳도다."(*ὀρθῶς ἀπεκρίθης*) 마가의 경우에 "모든 계명 중에 첫째가 무엇이니이까?"(*ποία ἐστὶν ἐντολὴ πρώτη πάντων;* 막 12:28c)라는 한 서기관의 질문은 예수께서 신명기 6:4 이하의 인용에 레위기 19:18의 본문을 덧붙여, "이(두 계명)보다 더 큰 계명이 없느니라."(*μείζων τούτων ἄλλη ἐντολὴ οὐκ ἔστιν*, 막 12:31b)로 답변된다. 마태의 경우는 더 분명하다. "율법 중에서 어느 계명이 크니이까?(*ποία ἐντολὴ μεγάλη ἐν τῷ νόμῳ;* 마 22:36)라는 질문에 대해 예수께서는 "이것이 크고 첫째 되는 계명이요 둘째도 그와 같으니 …"(*αὕτη ἐστὶν ἡ μεγάλη καὶ πρώτη* *ἐντολή· δευτέρα ὁμοία αὐτῇ,* 마 22:38 이하)라고 답변한다.

2.2.3.2 세 본문에서 더 많은 의도가 그 두 계명과 그들의 동등한 위치에 대한 강조와 함께 결합되고 있다.

2.2.3.2.1 마가의 경우 예수께서 표명한 이중 계명이 가장 큰 계명을 질문하는 서기관에 의해 반복하여 확증되며(12:32, 33a), "전체로 드리는 모든 번제물과 기타 제물보다 나으니이다."(*περισσότερόν ἐστιν πάντων τῶν ὁλοκαυτωμάτων καὶ θυσιῶν,* 12:33b)라는 진술과 결합된다. 그것과 관련하여 예수께서 저가 "하나님의 나라에서 멀지 않도다."(*οὐ μακρὰν εἶ ἀπὸ τῆς βασιλείας τοῦ θεοῦ*)라고 분명하게 말씀한다.

2.2.3.2.2 누가의 경우 율법교사에 의해 인용되고 예수에 의해 확증된 사랑의 이중 계명은 도입부에 제시된 영원한 생명의 유산에 대한 질문과 결합된다.(눅 10:25) 그러므로 "이를 행하라 그러면 살리라."(*τοῦτο ποίει καὶ ζήσῃ,* 10:28)고 말한다. 이어서 그러면 내 이웃이 누구이니까(10:29)라는 추가질문이 뒤따른다. 예수께서는 선한 사마리아인의 비유로 답변한다.(10:30–37)

2.2.3.2.3 마태의 경우 유대인 대화 상대자의 반응이 나오지 않는다. 그 대신에 복음서 서사는 예수의 종결짓는 말씀을 덧붙인다. "이 두 계명이 온 율법과 선지자의 강령이니라."(*ἐν ταύταις ταῖς δυσὶν ἐντολαῖς ὅλος ὁ νόμος κρέμαται καὶ οἱ προφῆται,* 22:40) 이것으로 예수께서는 이미 산상수훈에서 중요한 역할을 한 하나의 모티브를 받아들인다. 거기서 '황금률'이 적절한 진술로 이어진다. "무엇이든지 남에게 대접을 받고자 하는 대로 너희도 남을 대접하라 이것이 율법이요 선지자니라."[36](*πάντα οὖν ὅσα ἐὰν θέλητε ἵνα ποιῶσιν ὑμῖν οἱ ἄνθρωποι, οὕτως καὶ ὑμεῖς ποιεῖτε αὐτοῖς· οὗτος γάρ ἐστιν ὁ νόμος καὶ οἱ προφῆται,* 7:12)

2.2.3.3 마가의 경우에 예수의 기본 태도에 반대하지는 않지만, 희생제를 비평하는 진술은 부차적일 수 있을 것이다. 누가에 나오는 사랑의 계명과 사마리아인의 비유와의 결합은 결코 원래적인 것으로 여겨질 수 없다. 이중 계명 안에 율법과 선지자가 닻을 내리고 있다는 모티브는 예수의 관점과 일치하며 전형적인 마태의 해석일 수 있다. 예수 자신에게(jesuanische) 기본 토대가 놓여 있는 세 본문에서 이중 계명의 특별한 위치 및 하나님 사랑과 이웃사랑이 동등함을 읽을 수 있다.

36) 저자는 여기서 "이 두 계명 안에 전체 율법과 예언자들이 확고하게 닻을 내리고 있다."로 번역한다. – 역자 주.

2.2.4 예수의 이중 계명의 이해와 영향 범위

이중 계명에 대한 예수의 이해를 묻는 질문과 그 의미는 예수의 메시지와 관련하여 설명할 수 있다. 중요한 것은 일차적으로 토라의 계명들이 지니는 지속적인 유효성이 아니라, 시작하고 있는 하나님의 통치와 관련된 이 두 계명의 기능이다.

2.2.4.1 간과할 수 없는 것은 예수께서 사랑의 이중계명으로 하나님의 뜻을 근본적으로 규명한다는 사실이다. 하나님의 통치가 시작되고 있음을 경험한 것에 근거하여 주저함 없이 하나님께 매이며, 무제한적으로 이웃을 향하는 것이 마땅하다. 예수의 모든 요구들은 이러한 전제 아래 놓인다. 그것을 마태복음 5:21-48에 나오는 산상수훈의 반대명제들이 오해할 수 없도록 분명하게 밝히고 있다. 한 편으로는 하나님의 통치의 시작으로 인해 유대적인 율법해석이 알지 못하는 그러한 방식으로 과격하게 이해된다.(첫 번째 반대명제의 살인금지, 두 번째 반대명제의 이혼금지, 여섯 번째 반대명제의 무제한적 원수사랑) 다른 한 편으로는 사랑을 철저하게 이해하여 계명들을 지나친 것으로 파악한다.(세 번째부터 다섯 번째까지의 반대명제에 나오는 이혼, 맹세, 보복)

2.2.4.2 하나님 사랑의 계명이 초기 유대교 전승에서 무엇보다도 율법을 신뢰하는 것으로 이해된 반면에, 예수에게 중요한 것은 하나님과의 직접적인 관계이다. 그 직접성은 예수와 예수의 제자들에게서 '아빠'(Abba)라는 호칭으로 표현된다.(이에 대해 비교. 19장) 이로써 하나님과의 관계가 철저히 인격적인 관계의 영역으로 넘어간다. 의심할 것 없이 이러한 관점이 구약성서와 초기 유대교에서 완전히 결여되지는 않지만, 예수 자신의 하나님 관계에 근거하여 중심적인 의미를 갖게 된다.

2.2.4.3 이웃사랑의 계명이 예수에 의해 철저하게 원수 사랑의 의미로 이해되어졌다. 이는 마태복음 5:44와 그 병행구절 누가복음 6:27 이하와 35절, 누가복음 10:30-37의 사마리아인의 비유에서 드러난다. '이웃'은 기본적으로 선택된 하나님의 백성에 속하는 사람으로 여겨졌다. 땅의 정복 이후에 소위 '함께 거하는 거류민들'이 단계적으로 함께 포함되었다. 동일한 과정이 유대 디아스포라 지역에서도 일어났으며, 특히 그들이 '하나님을 경외하는 자들'로 유대 신앙에 동화되는 경우에 그러하였다. 어쨌든 이 계명에 대한 이해가 확장되어가는 산발적인 이전 단계들을 초기 유대교 안에서 인식할 수 있다. 거꾸로 '원수'는 이스라엘을 위협하는 민족의 대표자일 뿐만 아니라 하나님을 떠난 자들이었으며, 개인적인 적대자는 부차적으로 등장한다. 예수에게 있어서 이웃사랑의 당위성과 관련하여 각각의 단계만이 아니라, 다양한 범주로 원수를 구별하는 것이 빠진다. 이웃사랑은 원수를 포함하여 모든 사람에게 무제한적으로 해당된다.

2.2.4.4 이웃사랑의 계명에 대한 예수의 진정한 해석은 누가복음 6:27-36에 나오는 누가의 평지설교와 마태복음 5:39-42, 43-48에 나오는 마태의 산상수훈의 반대명제들 안에 담겨져 있다. 누가가 보복이라는 주제를 원수사랑에 관한 진술로 제한시키는 반면에, 마태의 다섯 번째와 여섯 번째 반대명제 안에서 그 두 주제가 분리되어 등장한다. 반대 형태의 명제는 부차적일 수 있을 것이다. 예수의 말씀이 이런 방식으로 보복에 관하여 출애굽기 21:24 이하('눈은 눈으로, 이는 이로'), 이웃사랑에 관하여 레위기 19:18의 구약성서 본문으로 강조하여 대조되고 있다. 레위기 19:18에서 짧게 인용한 계명 "네 이웃을 사랑하고 …"(*ἀγαπήσεις τὸν πλησίον σου*)는 마태복음 5:43에서 "네 원수를 미워하라."(*καὶ μισήσεις τὸν ἐχθρόν σου*)는 진술과 결합되어 있다. 이러한 대조는 구약성서적인 것이 아니며, 쿰란의 본문에만 등장한다.(비교. 1QS 1:9 이하) '원수사랑'의 모티브에 관하여 시편 139:19-22을 비교할 수 있다.

2.2.4.5 보복을 포기하는 것이 누가의 평지설교에서 이웃사랑의 계명을 해석하는 것으로 이해된다. 마태의 전승에서 그 두 가지가 구별되고 있다. 한 번은 원수의 공격을 기꺼이 받아들이는 것과 관련되며, 이어서 원수에 대한 긍정적인 반응이 관련되기 때문이다. 마태의 다섯 번째 반대명제는 "악한 자를 대적하지 말라."(*ἐγὼ δὲ λέγω ὑμῖν μὴ ἀντιστῆναι τῷ πονηρῷ*, 마 5:39a)는 중심사고 아래 놓인다. 그것을 세 가지 예를 들어 묘사한다. 누구든지 네 오른편 뺨을 치거든 왼편도 돌려 대며, 너를 고발하여 속옷을 가지고자 하는 자에게 겉옷까지도 가지게 하며, 누구든지 너로 억지로 오 리를 가게 하거든 그 사람과 십 리를 동행하라.(마 5:39b-41) 이어서 결론적으로 말한다. "네게 구하는 자에게 주며 네게 꾸고자 하는 자에게 거절하지 말라."(*τῷ αἰτοῦντί σε δός, καὶ τὸν θέλοντα ἀπὸ σοῦ δανίσασθαι μὴ ἀποστραφῇς*, 5:42) 누가복음 6:29 이하에서는 (아주 근소한 차이를 갖고) 오직 세 가지 예만 등장하며, '황금률'로 결론지어진다. "남에게 대접을 받고자 하는 대로 너희도 남을 대접하라."(*καὶ καθὼς θέλετε ἵνα ποιῶσιν ὑμῖν οἱ ἄνθρωποι, ποιεῖτε αὐτοῖς ὁμοίως*, 6:31)

2.2.4.6 이웃을 사랑하라는 계명에 대한 예수의 해석은 마태의 경우 여섯 번째 반대명제에서 두 부분으로 나누어진다. "나는 너희에게 이르노니 너희 원수를 사랑하며 너희를 박해하는 자를 위하여 기도하라."(*ἐγὼ δὲ λέγω ὑμῖν· ἀγαπᾶτε τοὺς ἐχθροὺς ὑμῶν καὶ προσεύχεσθε ὑπὲρ τῶν διωκόντων ὑμᾶς*, 마 5:44) 누가의 경우 본문 상태가 더 복잡하다. 예수의 중심적인 말씀이 누가복음 6:27 이하에서 네 개 본문으로 구성되며, 6:35에서 다시 세 가지 형태의 본문이 반복하기 때문이다. 여기서 먼저 "너희

원수를 사랑하며 너희를 미워하는 자를 선대하며 너희를 저주하는 자를 위하여 축복하며 너희를 모욕하는 자를 위하여 기도하라."고 언급한다.(*ἀγαπᾶτε τοὺς ἐχθροὺς ὑμῶν καλῶς ποιεῖτε τοῖς μισοῦσιν ὑμᾶς, εὐλογεῖτε, τοὺς καταρωμένους ὑμᾶς, προσεύχεσθε περὶ τῶν ἐπηρεαζόντων ὑμᾶς*, 6:27 이하) 두 번째로 "오직 너희는 원수를 사랑하고 선대하며 아무것도 바라지 말고 꾸어 주라."고 언급한다.(*ἀγαπᾶτε τοὺς ἐχθροὺς ὑμῶν καὶ ἀγαθοποιεῖτε καὶ δανίζετε μηδὲν ἀπελπίζοντες*, 6:35)

2.2.4.7 그 두 전승에서 원수사랑은 똑같이 사랑을 드러내는 그런 사람들에 대한 사랑(마 5:46∥눅 6:32), 선대하는 사람들을 선대하는 것(눅 6:33), 친구들에게 문안하는 것(마 5:47), 돌려받게 되는 사람들에게 돈을 빌려주는 것과 같이 동일한 행동이 되돌려지는 사람들에 대한 태도와 비교된다. 그런 것으로 아무것도 특별하게 행해지지 않았다.(*τί περισσὸν ποιεῖτε*) 세리, 죄인, 이방인들도 그렇게 행동하기 때문이다.(마 5:46b, 47b∥눅 6:32b, 33b, 34b)

2.2.4.8 이에 덧붙여 하나님의 행동하심과 하나님의 자녀들에 상응하는 모티브들이 등장한다. 원수 사랑의 계명(6:27)에 따라 보상에 대한 포기를 요구하고(6:28-31) 이어서 비교에 대한 언급이 연결되는(6:32-34) 누가의 본문은 계명의 반복(6:35a), 보상에 대한 확언(6:35b), "(너희가) 지극히 높으신 이의 아들이 되리니 그는 은혜를 모르는 자와 악한 자에게도 인자하시니라."는 진술로 계속 이어진다.(*καὶ ἔσεσθε υἱοὶ ὑψίστου, ὅτι αὐτὸς χρηστός ἐστιν ἐπὶ τοὺς ἀχαρίστους καὶ πονηρούς*, 6:35c) 마태의 경우에는 그 대신에 원수 사랑의 계명과 직접 연결되어 언급된다. "이같이 한즉 하늘에 계신 너희 아버지의 아들이 되리니 이는 하나님이 그 해를 악인과 선인에게 비추시며 비를 의로운 자와 불의한 자에게 내려주심이라."(*ὅπως γένησθε υἱοὶ τοῦ πατρὸς ὑμῶν τοῦ ἐν οὐρανοῖς, ὅτι τὸν ἥλιον αὐτοῦ ἀνατέλλει ἐπὶ πονηροὺς καὶ ἀγαθοὺς καὶ βρέχει ἐπὶ δικαίους καὶ ἀδίκους*, 5:45) 이어서 하나님의 행동하심에 합당하게 하는 것이 다시 한 번 결론 진술에서 강조된다. 누가에게서는 "너희 아버지의 자비로우심 같이 너희도 자비로운 자가 되라."고 언급된다.(*γίνεσθε οἰκτίρμονες, καθὼς ὁ πατὴρ ὑμῶν οἰκτίρμων ἐστίν*, 눅 6:36) 마태는 더 원칙적으로 진술한다. "하늘에 계신 너희 아버지의 온전하심과 같이 너희도 온전하라."(*ἔσεσθε οὖν ὑμεῖς τέλειοι, ὡς ὁ πατὴρ ὑμῶν ὁ οὐράνιος τέλειός ἐστιν*) 거기서 온전함의 개념은 전체성과 무제한성을 강조한다.

2.2.5 사랑의 계명과 예수의 윤리적 요구

예수의 제자도 요구는 시작하고 있는 하나님의 통치에 관한 메시지와 관련되며, 윤리적인 요구들은 특히 사랑의 이중 계명과 관련된다.

2.2.5.1 예수께서는 일련의 구체적인 정황들 전체와 관련하여 윤리적인 가르침들을 주었다. 거기서 각기 매우 과격한 요구들이 제기된다. 생명의 보호에 관한 진술들, 폭력에 대한 포기, 다른 사람들에 대한 모든 종류의 판단을 피하는 것과 함께 결혼, 이혼 혹은 맹세와 같은 인간 삶의 개별적 문제들에 대한 지침도 있다. 각기 관건이 되는 것은 특별한 상황에서 철저하게 이해되어진 이중 계명이 무엇을 의미하느냐는 것이다. (이에 대한 세부내용은 23장을 보라.)

2.2.5.2 예수께서 사랑의 이중 계명을 모든 개별적 규정들 각각의 기준으로 삼았다. 하나님의 통치의 시작에 직면하여 토라의 규정들을 넘어서는 원래적이고 종국적인 하나님의 뜻이 가시화될 수 있다. 그러므로 예수께서는 하나님과의 관계만이 아니라 또 동료 인간과의 관계와 관련되는 계명에 대하여 토라의 문자를 건드리는 것을 두려워하지 않았다.

2.2.5.2.1 하나님과의 관계와 관련되는 계명에 대한 예는 안식일 질서를 범하는 것이며, 그에 대한 수많은 증거본문들이 있다.(비교. 막 2:23-3:6, 눅 13:10-17, 14:1-6, 요 5:1-16, 9:1-38) 예수에게서 안식일은 종말의 빛 아래 있다. 그러므로 안식일에 마땅히 선을 행하고, 치료하고, 도와야 한다.(비교. 막 3:4, 눅 14:3b)

2.2.5.2.2 동료 인간과의 관계와 관련하여 마가복음 10:2-9 병행구절에 나오는 논쟁사화가 많은 귀띔을 준다. 여기서 두 본문 사이의 긴장은 주석적으로 설명되지 않는다. 서기관들에게 일반적이었듯이, 여기서 창세기 2:24의 인용으로 특히 신명기 24:1, 3의 규정에 대한 문제가 제기된다.

2.2.5.3 복음서에 나오는 수많은 논쟁대화는 토라에 대한 예수의 태도가 상당한 분쟁 요소를 포함하고 있음을 드러낸다. 토라의 문자가 물론 마땅히 설명을 필요로 하지만 어떠한 경우에도 건드려질 수 없다. 안식일 질서를 도발적으로 어기는 것은 출애굽기 31:12-18과 민수기 15:27-36에 따르면 사형에 처해지는 범죄이다. 그러므로 그 두 가지가 예수의 소송에서 미미하지 않은 역할을 하였다.

3. 초기 기독교 공동체 윤리

공동체 윤리가 초기 기독교에서 예수의 제자도 윤리를 광범위하게 대체시켰다. 그러나 그것이 단계적으로 수행되었다는 것, 예수의 가르침으로 소급되었다는 것, 모든 변경에도 불구하고 내용상 기본적인 공통점이 있다는 것을 주목해야 한다. 예수의 윤리에서처럼 공동체 윤리에서 구원의 시작에 직면하여 갱신된 생활을 위한 가르침이 중요하다.

3.1 제자도 윤리에서 공동체 윤리로의 전이(轉移)

3.1.1 제자도 윤리의 전개

부활 이후 초기에 예수의 제자도 윤리가 계속 표준으로 남아 있었다는 사실에서 출발해야 한다. 여기서 원래 개별전승들이 근본적으로 다루어졌음을 알 수 있다. 이는 작은 부분들 안에 부분적으로 놓여 있었지만 복음서에서야 비로소 요약되었다. 이것이 다양한 방식으로 일어났다.

3.1.1.1 마가는 예수의 윤리적인 가르침을 위해 특별한 부분을 먼저 보지 않았다. 그는 윤리적으로 중요한 일련의 사화들, 특히 논쟁대화를 제공했고 이어서 12:28-34의 두드러진 구절에 사랑의 이중 계명을 가지고 온다. 여기서 흥미로운 사실은 그에게 있어서 모든 예물과 비교하여 사랑의 계명을 우선시하는 것이 특별한 역할을 한다는 것이다.(12:33)

3.1.1.2 누가는 말씀자료전승과 연결하여 평지설교를 복음서 안으로 받아들였다. 그 주제는 6:27 이하(29-31, 32-34)에서 보복을 포기하는 것과 연결되어 원수를 사랑하는 것으로, 6:37-42에서 비판하지 말라는 것으로 제한된다. 원수를 사랑하는 것이 10:25-37에 나오는 사랑의 이중 계명과 관련하여 새롭게 강조된다. 거기서 예수께서는 그러면 이제 이웃이 누구인가라는 질문에 자비를 베푸는 사마리아인의 비유로 답변한다. 전통적으로 사마리아인은 적으로 간주되었고, 그러므로 유대인들과 사마리아인들 사이에 어떠한 교류도 없었다.(비교. 요 4:9b)

3.1.1.3 마태는 복음서에서 아주 철저하게 예수의 제자 윤리를 고려하였다. 이는 무엇보다도 마태복음 5-7장의 산상수훈의 구성에서 드러난다. 그가 5:17-7:12의 설

교 중간부분에 먼저 구약성서의 계명들에 대한 예수의 말씀들을 반대명제의 형태로 요약했고(5:17–20, 21–48), 이어서 개인적인 경건을 위한 가르침들을(6:1–34), 나아가 비판하지 말라는 말씀들을, 그리고 기도(7:1–6, 7–11)를 받아들였으며, 이러한 설명을 황금률로(7:12) 종결지었다. 마태의 주요사고는 토라의 계명들과 선지자들의 말씀들이 예수에게서 성취되었다는 것이다.(5:17) 그러므로 구약성서의 가르침들은 그 해석상 서로 연결되어 요약되었다. 이는 특히 사랑의 계명에 해당되는 것이며, 5:43–48과 7:12, 22:34–40에서 강조된다.

3.1.2 사랑의 계명의 수용

공관복음서를 제외하면 이중 계명의 형태로 된 예수의 사랑의 계명은 신약성서의 어떤 구절에서도 발견되지 않는다. 수많은 구절에서 단지 이웃사랑의 계명이 관련되며, 때때로 형제사랑의 의미로 제한된다. 그럼에도 불구하고 결정적으로 중요한 의미를 지니는 이중 계명은 공동체의 가르침으로 남아 있고, 다른 방식으로 수용되고 있다. 사랑의 이중 계명은 단지 예수의 윤리적인 요구들을 위한 출발점인 것이 아니라, 오히려 초기 기독교 전체 윤리의 출발점이 된다.

3.1.2.1 먼저 주의해야 하는 것은 이웃사랑의 계명에 집중함에도 불구하고 여러 구절들에서 전적으로 하나님을 향한 사랑을 언급한다는 사실이다.

3.1.2.1.1 분사적 표현인 호이 아가폰테스 톤 테온(*οἱ ἀγαπῶντες τὸν θεόν*), 즉 '하나님을 사랑하는 사람들'이 종종 등장한다.(롬 8:28, 고전 2:9, 약 1:12, 2:5) 이는 초기 유대교 전승과 연결하여 나타나며, "하나님이 자기를 사랑하는 자들을 위하여 예비하신"이라는 고린도전서 2:9의 난해한 인용이 드러내는 바와 같다.(시락서 1:10, 솔로몬 시편 4:25?) 고린도전서 8:3에서 바울은 "누구든지 하나님을 사랑하면 그 사람은 하나님도 알아 주시느니라."고 진술한다.(*εἰ δέ τις ἀγαπᾷ τὸν θεόν, οὗτος ἔγνωσται ὑπ᾽ αὐτοῦ*) 하나님 사랑에 관한 이러한 진술들은 초기 기독교 권고(파레네제) 안에 하나님 통치에 관한 언급이 담겨져 있다는 사실과 병행한다.(비교. 살전 2:12, 고전 6:9 이하, 갈 5:21, 롬 14:17, 약 2:5. 에베소서 5:5은 '하나님과 그리스도의 통치'를 말한다.)

3.1.2.1.2 요한일서에서 하나님 사랑이 가장 강조된 형태로 언급된다. 요한일서 4:20은 말한다. "누구든지 하나님을 사랑하노라 하고 그 형제를 미워하면 이는 거짓말하는 자니 보는 바 그 형제를 사랑하지 아니하는 자는 보지 못하는 바 하나님을 사랑할

수 없느니라."(*ἐάν τις εἴπῃ ὅτι ἀγαπῶ τὸν θεὸν καὶ τὸν ἀδελφὸν αὐτοῦ μισῇ, ψεύστης ἐστίν· ὁ γὰρ μὴ ἀγαπῶν τὸν ἀδελφὸν αὐτοῦ ὃν ἑώρακεν, τὸν θεὸν ὃν οὐχ ἑώρακεν οὐ δύναται ἀγαπᾶν*) 이에 상응하여 5:2 이하에서 하나님 사랑에 대해 언급한다. 이는 4:7-10에서 하나님 자신이 사랑이시므로 모든 사랑이 하나님으로부터 나온다는 것과 관련된다. 하나님의 사랑이 예수 그리스도 안에서 우리 가운데 계시되었고, 하나님을 향한 우리의 사랑과 서로 간의 사랑은 그것에 근거하기 때문이다.

3.1.2.2 하나님 사랑에 관한 진술들이 뒤로 물러나는 것은 분명하게 바실레이아(하나님의 통치) 메시지와 제자도 전승에서 부활 이후 시기의 제자도 전승으로 넘어가는 전이과정과 관련된다.

3.1.2.2.1 제자도는 예수와 관련되는 모든 경우에 하나님의 사랑을 전제한다. 제자도를 대신하여 등장한 믿음(비교. 이 책 15장)이 물론 유사한 방식으로 하나님과 관련되지만, 무엇보다도 예수 그리스도 안에서 행하시는 하나님의 구원의 행동을 지향한다. 그러므로 하나님의 사랑을 향한 호소는 하나님이 보내시고, 넘기어 주시고, 일으키신 예수 그리스도를 믿는 믿음을 향한 호소로 대체된다. 여기서 근본적인 내용이 '하나님을 믿는 믿음'(*πίστις θεοῦ*)과 마찬가지로 '예수 그리스도를 믿는 믿음'(*πίστις Ἰησοῦ Χριστοῦ*)으로서의 피스티스(믿음, *πίστις*) 개념으로 표현되었다.

3.1.2.2.2 믿음은 하나님을 향한 믿음이며 동시에 그가 보낸 자를 향한 믿음이라는 전제하에 하나님을 향한 사랑의 모티브는 하나님의 계시자인 예수에게로 전이되고 있다. 그러므로 베드로전서 1:8에서 예수 그리스도 안에 나타난 하나님의 계시가 언급된다. "예수를 너희가 보지 못하였으나 사랑하는도다."(*ὃν οὐκ ἰδόντες ἀγαπᾶτε*) 특히 요한복음에서는 예수를 믿는 것과 함께 '나를 사랑하는 것'이 여러 번 언급된다. (*ἀγαπᾶν με*, 비교. 요 8:42, 14:15, 21, 23, 28) 예수를 사랑함이 하나님을 사랑하는 것을 포함한다. 그러므로 요한복음 14:21은 "나를 사랑하는 자는 내 아버지께 사랑을 받을 것이요 나도 그를 사랑하여 …"(*ὁ ἀγαπῶν με ἀγαπηθήσεται ὑπὸ τοῦ πατρός μου κἀγὼ ἀγαπήσω αὐτόν*)라고 말한다. 이것으로써 경험이 되어지고, 완성되어지는 사랑의 상호작용이 강조된다. 요한복음 14:1b은 "하나님을 믿으니 또 나를 믿으라!"고 강조하여 말한다.(*πιστεύετε εἰς τὸν θεὸν καὶ εἰς ἐμὲ πιστεύετε*)

3.1.2.3 하나님을 향한 사랑의 모티브가 뒤로 물러나는 것과 함께 이웃사랑을 언급하는 종류와 방식이 두드러지게 주목을 끈다. 로마서 12:14이 드러내듯이, 레위기

19:8의 계명을 원수 사랑의 의미로 해석하는 예수의 해석이 잊혀지지 않고 있다. "너희를 박해하는 자를 축복하라 축복하고 저주하지 말라."(*εὐλογεῖτε τοὺς διώκοντας ὑμᾶς, εὐλογεῖτε καὶ μὴ καταρᾶσθε*) 그러나 이 계명이 대부분 공동체 구성원들과 관련하여서만 언급되므로, 서로 사랑과 형제 사랑이 중시된다. 반면에 마태복음 5:46 이하와 그 병행구절에서는 원수 사랑이 곧바로 상호적인 서로 사랑과 대조된다.

3.1.2.3.1 바울서신 데살로니가전서 4:9에서 서로 사랑의 모티브를 만나게 된다. "형제 사랑에 관하여는 너희에게 쓸 것이 없음은 너희들 자신이 하나님의 가르치심을 받아 서로 사랑함이라."(*περὶ δὲ τῆς φιλαδελφίας οὐ χρείαν ἔχετε γράφειν ὑμῖν, αὐτοὶ γὰρ ὑμεῖς θεοδίδακτοί ἐστε εἰς τὸ ἀγαπᾶν ἀλλήλους*) 마찬가지로 로마서 13:8이 '서로 사랑'을 언급한다.(*ἀλλήλους ἀγαπᾶν*) 그러나 거기서는 '다른 사람을 사랑하는 것'과 관련된다.(*ἀγαπᾶν τὸν ἕτερον*) '형제사랑'(*ἀδελφότης*)의 개념이 베드로전서 2:17에, '친구사랑'(*φιλαδελφία*)의 개념은 로마서 12:10, 히브리서 13:1, 베드로전서 1:22에 등장한다. 각각의 요점은 다른 사람들을 사랑함이 무엇보다도 제일 먼저 공동체 안에서 실현되어야 한다는 것이다.(비교. 갈 6:10)

3.1.2.3.2 서로 사랑, 즉 형제 사랑의 의미를 갖는 사랑의 계명은 요한복음과 요한일서에서 가장 강하게 전개된다. 요한복음 13:34a은 다음과 같이 언급한다. "새 계명을 너희에게 주노니 서로 사랑하라."(*ἐντολὴν καινὴν δίδωμι ὑμῖν, ἵνα ἀγαπᾶτε ἀλλήλους*) 그 근거가 34b절에서 "내가 너희를 사랑한 것 같이 너희도 서로 사랑하라."(*καθὼς ἠγάπησα ὑμᾶς, ἵνα καὶ ὑμεῖς ἀγαπᾶτε ἀλλήλους*)로 설명되며, 35절에서 중요한 말씀으로 계속된다. "너희가 서로 사랑하면 이로써 모든 사람이 너희가 내 제자인 줄 알리라."(*ἐν τούτῳ γνώσονται πάντες ὅτι ἐμοὶ μαθηταί ἐστε, ἐὰν ἀγάπην ἔχητε ἐν ἀλλήλοις*) 한 편으로 이 말씀은 사랑의 계명에서 직접적으로 하나님의 뜻이 아니라, 오히려 예수의 말씀과 사랑의 행위가 관련되고 있음을, 다른 한 편으로는 제자들이 서로 사랑함이 모든 사람들을 위해 생명력을 지녀야 함을 의미한다.(비교. 요 15:12, 17) 요한일서에서는 서로 사랑과 함께(3:11, 23; 4:7, 11) 특히 형제사랑이 중요한 역할을 한다.(*ἀγαπᾶν τὸν ἀδελφὸν αὐτοῦ*, 2:10, 3:10, 14; 4:20 이하) 여기서는 곧바로 궁핍한 형제를 돌보는 것이 잊혀지지 않으며, 이와 관련된 구절은 오로지 공동체 구성원만 관련된다는 인상을 주지는 않는다.(3:17 이하, 비교. 약 2:15 이하) 요한일서 2:7 이하에서 '옛' 계명과 '새' 계명에 관한 설명은 '처음부터'(*ἀπ᾽ ἀρχῆς*) 효력을 지녀온 예수의 계명이 현실화되는 것을 강조하고자 한다. 예수의 가르침은 예수의 오심과

구원을 베푸는 그의 메시지와 관련되기 때문에 '새로운 계명'으로 지속된다.

3.2 권고(Paränese)의 기독론적 근거

예수의 윤리적인 권고 안에서 실현되는 하나님의 통치가 성취를 위한 전제라는 것이 분명하다. 초기 기독교 공동체의 윤리는 무엇보다도 하나님의 통치와 관련되는 자리에 기독론적 근거가 등장하는 것으로 예수의 윤리와 구별된다.

3.2.1 초기 기독교 권고들 모두는 바울서신이나 베드로전서에서처럼 폭 넓게 상술되고 있든, 야고보서신에서처럼 단지 짧게 언급되었든 똑같이 구원 선포의 틀 안에 놓인다.(2:1, 5) 그런 점에서 이미 보다 큰 맥락 안에 둘러싸임으로써 기독론적 근거를 드러낸다. 그러나 권고와 직접 결합된 기독론적 동기화도 있으며, 그것은 다양한 형태로 새겨져 있다.

3.2.2 이러한 관점에서 특히 많은 귀띔을 주는 것은 소위 가훈표이다. 골로새서 3:18-4:1의 가훈표는 매우 단순한 형태로 동기가 부여되었다. 여기서는 헬라적 윤리에서 기원하는 '마땅하다'(*ὡς ἀνῆκεν*) 또는 '기쁘게 하다'(*εὐάρεστόν ἐστιν*)라는 표현들이 '주 안에서'(*ἐν κυρίῳ*)로 보충되고 있다. 여기에 한 편으로는 3:24b에서 "주 그리스도를 섬기라."(*τῷ κυρίῳ Χριστῷ δουλεύετε*)는 요구가 다른 한 편으로는 4:1b에서 "너희에게도 하늘에 상전이 계심을 알지어다."(*εἰδότες ὅτι καὶ ὑμεῖς ἔχετε κύριον ἐν οὐρανῷ*)라는 언급이 덧붙여서 나타난다. 에베소서 5:21-6:9의 가훈표에 기독론적 요소가 훨씬 더 강하게 몰려 있다. 여기서는 모든 것이 '그리스도를 경외함'(*φόβος Χριστοῦ*)이라는 주요 사상과 그에게 복종하라는 말씀 아래 놓일 뿐만 아니라, 그리스도의 몸에 관한 교회론적인 모티브도 권고와 결합되고 있다.

3.2.3 바울은 다양한 방식으로 권고의 기독론적 전제들과 관련되고 있다. 그가 관심을 두는 것은 권고 부분들을 가능한 한 자신의 신학적인 전체 논증 안으로 긴밀하게 관련시키는 것이다.

3.2.3.1 로마서 권고 부분의 시작인 로마서 12:1a에서 '하나님의 자비하심'(*οἰκτιρμοὶ τοῦ θεοῦ*)이 언급되는 동시에, 특히 로마서 8:3 이하에서는 권고의 기독론적인 논증이 전제되고 있다. '영 안에서 행할 것'(*περιπατεῖν κατὰ πνεῦμα*)에 대한 요구 이전에 "율법이 육신으로 말미암아 연약하여 할 수 없는 그것을 하나님은 하시나니 곧 죄로 말미암아 자기 아들을 죄 있는 육신의 모양으로 보내어 육신에 죄를 정하사 육신

을 따르지 않고 그 영을 따라 행하는 우리에게 율법의 요구가 이루어지게 하려 하심이니라."는 말씀이 언급된다.(*τὸ γὰρ ἀδύνατον τοῦ νόμου ἐν ᾧ ἠσθένει διὰ τῆς σαρκός, ὁ θεὸς τὸν ἑαυτοῦ υἱὸν πέμψας ἐν ὁμοιώματι σαρκὸς ἁμαρτίας καὶ περὶ ἁμαρτίας κατέκρινεν τὴν ἁμαρτίαν ἐν τῇ σαρκί, ἵνα τὸ δικαίωμα τοῦ νόμου πληρωθῇ ἡμῖν τοῖς μὴ κατὰ σάρκα περιπατοῦσιν ἀλλὰ κατὰ πνεῦμα*) 복잡하게 구성된 이 문장은 육신으로 인하여 연약하여져서 구원의 능력이 없는 율법과 관련되고 있는, 불분명한 목적격으로 시작한다.(8:3a) 주문장은 하나님에 의한 아들의 파송과 육체 안에서 지배하는 죄가 정죄되고 극복되는 속죄(贖罪)의 고난을 다룬다. 이어서 목적 문장에서 영을 따라 행하는(4절) 사람들을 통하여 '율법의 요구'가 성취됨을 언급한다. 죄와 율법, 성육신과 죄로부터의 자유는 (이 책의) 다른 곳에서 언급하고 있으며(비교. 이 책 12장과 13장), 성취되어져야 하는 율법의 요구가 의미하는 것은 이어서 계속 설명되고 있다. 여기서 결정적인 내용은 먼저, 그리스도 안에서 하나님의 구원의 행위가 성령의 능력 안에서 가능하게 된다는 것이다.

3.2.3.2 아주 유사하게 갈라디아서 4:4-7에서 하나님의 아들의 파송을 통한 속량(贖良)과 아들 됨이 언급된다. 그것에 근거하여 갈라디아서 5:13-6:10에 권고가 나온다.(비교. 고전 6:20, 7:23) 데살로니가전서 4:1에서 시작되는 권고는 1:4 이하에 나오는 구원하는 복음에 관한 진술을 전제하며, 5:9 이하에서 다시 그 말씀으로 소급한다.

3.2.4 제2 바울서신적인 골로새서 1:12-20의 그리스도 찬양시는 거짓교사와의 논쟁만이 아니라 3:5로 시작하는 권고를 위한 토대로 주어지며, 거기서 2:20-3:4이 중요한 전이 기능을 한다. 에베소서는 4:17로 시작하는 권고 앞에 4:7-17을 위치시킨다. 거기서 중요한 것은 특히 그리스도의 승귀와 그의 몸 안에서 역사(役事)하는 은사이다.

3.2.5 베드로전서는 1:13-17, 18-21 안에 기본적인 권고들을 기독론적 근거와 결합시키는 도입 단락을 포함하고 있다. 중요한 것은 세상의 창조 이전에 미리 예정되어 있었고 시간의 끝에 계시되어지는 죄 없는 양인 예수의 피를 통한 구속에 근거한 거룩함이다. 이어서 2:11-4:11의 권고 안에서는 2:21-25에 나오는 종들에 대한 권고의 맥락 가운데 기독론적인 근거가 중요한 역할을 한다. 거기서 이사야 53:4, 6, 9, 12이 인용되고 해석된다. 그리스도의 구원 행위에 관한 언급이 동시에 하나의 예로서 기능한다. 이는 베드로전서 2:21에서 두드러진다. 거기서 그리스도가 우리를 위해 고난을 받

으셨다는 신앙고백은 그가 동시에 "너희에게 본을 끼쳐 그 자취를 따라오게 하려 하셨느니라."는 말씀으로 보충되고 있다.(*ὑμῖν ὑπολιμπάνων ὑπογραμμὸν ἵνα ἐπακολουθήσητε τοῖς ἴχνεσιν αὐτοῦ*)

3.3 공동체 윤리의 전제로서 그리스도인이 됨

제자도 전승에 해당되는 것은 불가피하게 다소 변경되며(*mutatis mutandis*) 부활 이후 공동체 윤리를 위해서도 결정적으로 중요하다. 거기서 중요한 것이 예수의 제자 그룹에 속하는 것이라면, 여기서 중요한 것은 세례를 받은 존재라는 사실에 근거하여 공동체에 속하는 것이다. 그리스도 사건과 그리스도인이 된다는 것은 일치한다.

3.3.1 권고의 기본모델과 관련하여 다음 단락들에서 더 밝혀져야 하듯이, 세례를 회고하는 것이 권고의 통합적인 요소이다. 믿음과 세례 받음이 함께 속한다는 사실을 바울이 갈라디아서 3:26 이하의 진술로 간명(簡明)하게 표현하였다. "너희가 다 믿음으로 말미암아 그리스도 예수 안에서 하나님의 아들이 되었으니 누구든지 그리스도와 합하기 위하여 세례를 받은 자는 그리스도로 옷 입었느니라."(*πάντες γὰρ υἱοὶ θεοῦ ἐστε διὰ τῆς πίστεως ἐν Χριστῷ Ἰησοῦ· ὅσοι γὰρ εἰς Χριστὸν ἐβαπτίσθητε, Χριστὸν ἐνεδύσασθε.*) 옷을 입는다는 비유 모티브는 고린도전서 12:13의 의미로 그리스도의 몸에 소속되는 것을 말한다. "(우리가 한 몸 안으로) 세례를 받아 한 몸이 되었다."(*ἡμεῖς πάντες εἰς ἓν σῶμα ἐβαπτίσθημεν.*) 초기 기독교 공동체 윤리는 세례를 통하여 예수 그리스도께 소속함이 확증되었다는 이러한 전제 아래 놓인다. 기독론적인 근거에서 인간의 행위가 변경될 수 있다는 전제가 중요하다면 세례에서는 개인적으로 구원을 얻는 것과 하나님 앞에서 사는 삶의 능력이 중요하다.

3.3.2 믿음을 호소하는 복음을 기꺼이 영접하는 것을 세례가 확증한다면, 믿음은 매순간 구체화되는 신뢰이며 책임 있는 행동으로 이끄는 원동력이다.

3.3.2.1 믿음과 행위가 함께 속함은 이미 예수 전승에서 한 역할을 한다. 이것을 예수의 말씀을 행할 것을 전제하는 누가복음 6:46 병행구절과 13:26 이하의 병행구절이, 무엇보다도 누가복음 6:45에서 선인과 악인 및 그 행위에 강조하여 적용되는 마태복음 7:16-20과 누가복음 6:43 이하의 나무와 그 열매에 관한 비유말씀이 드러내고 있다. 모래와 반석 위에 지은 집의 건축에 관한 이중 비유도 마찬가지이다. 거기서 마태복음 7:24-27 병행구절에 따르면 예수의 말씀을 순전히 듣는 것과 듣고 행하는 것이

중요하다.

3.3.2.2 바울은 믿음과 행위가 함께 속함을 자명한 것으로 본다. 그는 이 정황을 갈라디아서 5:6b에서 "사랑으로 역사하는 믿음"(*πίστις δι' ἀγάπης ἐνεργουμένη*)을 언급함으로써 인상적으로 표현한다. 그러므로 믿음이 끼친 구체적인 영향력으로서의 사랑의 주제가 권고에서 중심적 위치를 차지한다.(비교. 이 책 23장) 사랑의 힘으로 하는 행위가 믿음의 표현이라면, 거꾸로 "믿음을 따라 하지 아니하는 것은 다 죄니라."(*πᾶν δὲ ὃ οὐκ ἐκ πίστεως ἁμαρτία ἐστίν*)는 로마서 14:23b의 진술도 아주 보편적으로 타당하다. 믿음으로 행해지는 것은 하나님 앞에서 지는 책임 가운데 일어난다. 그것이 일어나지 않는 곳에서 하나님과의 교제 및 그의 구원을 보장하는 행위가 포기된다. 그러므로 바울에게서 '믿음에서 비롯되는 행위'(Otto Merk)가 아주 근본적으로 중요한 내용이다.

3.3.2.3 믿음과 행위가 하나 됨은 그 밖의 다른 신약성서 문서들의 권면들에도 내재적으로 해당된다. 그 둘의 필연적인 관련성을 야고보서가 강조하여 설명한다. 야고보서 1:19-25에 나오는 듣는 것과 행함에 관한 설명과 함께 2:14-26의 단락이 상당히 중요하다.(비교. 이 책의 I권, 24장) 거기서 이 주제는 이신칭의에 관한 이해를 묻는 질문과 결부되고 있지만, 그것과는 별개의 의미를 지닌다. 결정적으로 중요한 것은 '믿음'(*πίστις*)이 '여러 행위'(*ἔργα*)와 '함께 일한다.'(*συνεργεῖν*)는 사고이다. 거기서 '행위'는 바울의 이해와 마찬가지로, 구원의 근거를 제공하는 것으로 이해된 율법의 행위와 아무 관련이 없으며, 오히려 믿음에서 비롯되는 행위를 말한다.

3.4 성령의 능력 안에서 행함

세례 받은 자들은 새로운 갱신을 경험하고 있으며 성령의 은사를 받아들였다. 이는 윤리적인 진술들을 위해 특별한 의미를 지닌다. 세례 받은 자들은 성령의 능력 안에서 살고 행한다.

3.4.1 성령의 역사가 믿는 자들의 행동에 결정적으로 중요한 의미를 지닌다는 사실을 여러 구절에서 바울이 상술하고 있다. 데살로니가전서 4:8, 5:19, 로마서 12:11에서 권고와 관련하여 성령이 언급된다. 그것은 로마서 8:5-11과 갈라디아서 5:22-25에서 더 상세하게 상술되고 있다.

3.4.1.1 로마서 8:5-9의 단락은 6:3-11 및 7:4-6에 나오는 세례진술과 연결된

다. 거기서 '새 생명'(*καινότης ζωῆς*, 6:4)과 '영의 새로운 것'(*καινότης πνεύματος*, 7:6)이 교대로 언급된다. 이미 언급된 진술과 관련하여 8:3 이하에서 '육신을 따라 행하는 것'이 아니라 '영을 따라' 행하는 것이 언급된다.(*περιπατεῖν κατὰ σάρκα, περιπατεῖν κατὰ πνεῦμα*) 그것에 이어서 8:5-8에서 육신과 영으로부터의 자유가 무슨 결과를 가져오는지를 하나하나 상술한다. 한 편으로는 세속적인 추구, 죽음, 하나님과 원수를 맺음이 있으며, 다른 한 편으로는 영적인 추구, 생명, 평화가 있다. "만일 너희 속에 하나님의 영이 거하시면 너희가 육신에 있지 아니하고 영에 있다."(*ὑμεῖς δὲ οὐκ ἐστὲ ἐν σαρκὶ ἀλλὰ ἐν πνεύματι, εἴπερ πνεῦμα θεοῦ οἰκεῖ ἐν ὑμῖν*, 9a절) 성령에 참여함은 그리스도께 속하는 것을 의미한다. "누구든지 그리스도의 영이 없으면 그리스도의 사람이 아니라."(*εἰ δέ τις τὸ πνεῦμα Χριστοῦ οὐκ ἔχει, οὗτος οὐκ ἔστιν αὐτου*, 9b절)

3.4.1.2 마찬가지로 사도 바울의 서신 밖에서도 성령의 역사는 기독교적 행동의 관점에서 중요한 주제이며, 이는 에베소서 4:23-30이나 베드로전서 4:14에 드러나는 바와 같다. 이는 성령이 아니라, 오히려 '세상적인' 지혜와 대조되는 '위로부터 오는 지혜'(*ἡ σοφία ἄνωθεν κατερχομένη*)를 말하는 야고보서 3:13-18에 해당된다. 세상적인 지혜와 위로부터 오는 지혜의 특징은 갈라디아서 5:19-21:22 이하의 진술과 광범위하게 일치한다. 이 구절에 전제된 지혜와 영의 비유설정은 '하나님이 우리 속에 거하게 하신'(*τὸ πνεῦμα ὃ κατῴκισεν ἐν ἡμῖν*) 성령을 언급하는 야고보서 4:5b를 통하여 확인된다.

3.5 자유 안에서 행함

성령의 능력 안에서 행하는 것은 초기 기독교 이해에 따르면 자유 안에서 행하는 것이다. 성령의 역사와 자유 안에서 행함이 서로 상관관계에 놓여 있다. 자유는 이중적인 관점을 갖는다. 그것은 기존에 얽매인 것으로부터의 자유와 새로운 결단을 가능하게 하는 자유와 관련된다. 자유는 마음대로 하는 것이나 나아갈 방향을 잃는 것을 의미하지 않으며, 오히려 하나님의 뜻을 향한 방향설정을 전제한다.

3.5.1 자유에 대한 이해

3.5.1.1 자유의 주제는 바울에 의해 갈라디아서에서 특히 강조되고 있다. 이미 사

도회의를 회고할 때 '그리스도 예수 안에서 우리가 가진 자유'(*ἡ ἐλευθερία ἣν ἔχομεν ἐν Χριστῷ*, 갈 2:4)가 강조된다. 마찬가지로 4:21-31의 유형론이 그러한 예표 아래 놓인다. 하늘의 예루살렘은 자유자의 어머니로서 시내 산과 대조된다.(26절, 31절) 그것과 직접 관련하여 바울은 갈라디아서 5:1a에서 "그리스도께서 우리를 자유롭게 하려고 자유를 주셨다."(*τῇ ἐλευθερίᾳ ἡμᾶς Χριστὸς ἠλευθέρωσεν*, 비교. 5:13)고 기록한다. 그것이 곧 이어지는 권고의 주요 사상이다. 그러므로 "굳건하게 서서 다시는 종의 멍에를 메지 말라!"고 권고한다.(*στήκετε οὖν καὶ μὴ πάλιν ζυγῷ δουλείας ἐνέχεσθε*, 5:1b) 이어서 사랑의 계명과 관련하여 5:13-15에서 자유의 남용을 강조하여 경고한다. 자유를 '육체의 기회'(*εἰς ἀφορμὴν τῇ σαρκί*, 5:13b)로 삼지 말아야 한다. 바울에게서 참된 자유는 하나님의 자녀가 되는 것과 관련되며, 이는 갈라디아서 4:1-7과 로마서 8:14-17에서 강조되는 바와 같다. 참된 자유는 죄, 율법, 죽음의 권세로부터의 자유이며 올바른 행위를 위한 자유이다.

3.5.1.2 자유의 주제는 결코 바울에게만 한정되지 않는다. 베드로전서의 권고에서 2:15의 '선을 행하라'(*ἀγαθοποιεῖν*)는 요구에 따르면, '자유로 악을 가리는 데 쓰지 말고 오직 하나님의 종과 같이 하는' 자유자로서 믿는 자들이 선을 행해야 한다고 언급한다.(*ὡς ἐλεύθεροι καὶ μὴ ὡς ἐπικάλυμμα ἔχοντες τῆς κακίας τὴν ἐλευθερίαν ἀλλ' ὡς θεοῦ δοῦλοι*, 2:16) 요한복음 8:32-36에서도 자유의 주제가 설명된다. 예수께서 그의 청중들에게 요구한다. "진리를 알지니 진리가 너희를 자유롭게 하리라."(*γνώσεσθε τὴν ἀλήθειαν, καὶ ἡ ἀλήθεια ἐλευθερώσει ὑμᾶς*, 요 8:32) 노예상태는 죄의 결과로 존재한다.(33-35절) "그러므로 아들이 너희를 자유롭게 하면 너희가 참으로 자유로우리라."(*ἐὰν οὖν ὁ υἱὸς ὑμᾶς ἐλευθερώσῃ, ὄντως ἐλεύθεροι ἔσεσθε*, 36절)

3.5.1.3 여러 관점에서 접근이 어려운 야고보 서신이 지니는 놀랄 만한 특징은 자유의 주제가 권면 가운데서 고려된다는 것이다. 1:25은 '자유롭게 하는 온전한 율법을 들여다볼 것'(*παρακύπτειν εἰς νόμον τέλειον τὸν τῆς ἐλευθερίας*)을 요구하며, 2:12은 사랑의 계명과 연결되어 '자유의 율법'(*νόμος ἐλευθερίας*)에 대한 책임을 언급한다. 2:8에 따르면 이웃사랑이 '(하나님의) 왕적 통치'에 속하는 것에 합당한(2:5) '최고의 율법'(*νόμος βασιλικός*)이다. 사랑의 계명은 자유의 율법으로서 윤리적 가르침의 유일한 근본 토대이다. 율법주의적인 모든 경향은 신약성서에서 낯선 것이다.

3.5.2 로마서 12:1 이하

이 단락에서 '사도적 권면의 본질'(Heinrich Schlier)을 근본적인 방식으로 언급한다. 기독교적 행위에 관해 결정적으로 중요한 것이 여기서 언급된다. 본문의 구절이 마가복음 12:28-34 병행구절에 나오는 사랑의 이중 계명과 함께 신약성서 윤리의 기초 본문이다.

3.5.2.1 본문단락의 시작부인 로마서 12:1a에 '하나님의 모든 자비하심'(*οἰκτιρμοὶ θεοῦ*)이 언급된다. 복수형이 본문 맥락에서 특별한 의미를 지닌다. 그것으로 믿는 자들의 생활 가운데서 끊임없이 새롭게 경험되는 하나님의 사랑이 시사(示唆)되고 있다. 이러한 하나님의 자비행위에 근거하여 12:1b에서 온전하며 다함이 없이 하나님을 섬기라는 공동체를 향한 권면이 주어진다. 그 권면이 은유적 방식으로 예배용어를 통해 표현된다. '각기 자신의 몸'(*τὰ σώματα ὑμῶν*)을, 즉 자기 자신을 "하나님이 기뻐하시는 거룩한 산 제물로 드리라."(*θυσίαν ζῶσαν ἁγίαν εὐάρεστον τῷ θεῷ*) 이러한 자기 헌신이 전 생애를 포괄하며, 그것이 '이 세상의 일상 가운데서 하나님께 드리는 예배'이다.(Ernst Käsemann)

3.5.2.2 요구된 자기 헌신은 로마서 12:2a에 따르면 믿는 자들이 계속하여 '이 세대'를 '본받지 말고'(*μὴ συσχηματίζεσθε τῷ αἰῶνι τούτῳ*) 오히려 '이성(理性)을 새롭게 함으로 변화를 받는 것'(*ἀλλὰ μεταμορφοῦσθε τῇ ἀνακαινώσει τοῦ νοός*)을 전제한다. '이성'을 새롭게 할 때 믿는 자들을 세속적인 본질로부터 자유롭게 하고 구별짓는 변화가 완성된다. 여기서 전제되는 것이 그러한 새로움이며, 그것은 세례로 확증된다.(6:3-11) 도상(道上)에 있는 것으로서 세례가 아직 완성되지 않은 사건이듯이 우리 이성을 변화시키는 것이 늘 새롭게 완성되어야 한다.

3.5.2.3 이 단락에서 주요개념은 로마서 12:1c의 로기케 라트레이아(*λογικὴ λατρεία*)이다. 라트레이아(*λατρεία*)의 개념은 분명하다. 그 개념은 여기서 하나님께 드리는 예배를 말한다. 그러나 형용사 로기케(*λογική*)의 의미에 관해서 논쟁이 진행 중에 있다. 베드로전서 2:5에 나오는 '영적인 제사'(*πνευματικαὶ θυσίαι*)에 관한 언급에 근거하여 언제나 반복하여 고려되는 것은 로기코스/로기케(*λογικός/λογική*)가 프뉴마티코스/프뉴마티케(*πνευματικός/πνευματική*), '영적인'에 해당되는 단어인가의 문제이다. 만일 그렇다면 '영적인', 즉 '성령이 역사하시는 예배'가 관건이 될 것이다. 그러나 로마서 12:2a의 이성(*νοῦς*)에 관한 진술로부터 그 표현을 이해하는 것이 보다 더 본래 의미에 근접한다. 관건이 되는 것은 '이성적인 예배'(Luther)이지만, 그것은 인간

에게 부여된 일반적인 이성적 은사에 근거하지 않으며, 오히려 세례를 받을 때 경험되는 이성, 사고, 감각이 새롭게 되는 것과 관련된다. '참되고 합당한 하나님 예배'라는 번역은 (독일어 공동번역 성경) 바울의 진술에 제한적으로만 해당된다.

3.5.2.4 이러한 이성의 변화에 근거하여 믿는 자는 12:2b에 따르면 '(하나님의) 선하시고 기뻐하시고 온전하신 뜻이 무엇인지 분별'할 수 있다.(*εἰς τὸ δοκιμάζειν τί τὸ θέλημα τοῦ θεοῦ, τὸ ἀγαθὸν καὶ εὐάρεστον καὶ τέλειον*) 이러한 독특한 진술은 하나님의 자비하심을 통해 일어난 인간 존재의 갱신을 전제한다. 그러한 갱신은 그것에 합당한 삶을 기꺼이 사는 것을 포함한다. '하나님의 뜻'(*θέλημα τοῦ θεοῦ*)은 신약성서에서 무엇보다도 하나님의 구원의 의지와 관련된다.(비교. 마 6:10b, 요 4:34, 갈 1:4, 엡 1:5-11) 그러나 동시에 관련되는 것은 인간의 행위를 규명하는 하나님의 의지이다. 기독교 공동체에서 중요한 것은 생명을 얻기 위한 구원사건에서 비롯된 결과로 나온 바, 그것을 실현하는 것이다. 그러므로 데살로니가전서 4:3은 '거룩함'(*ἁγιασμός*)을, 베드로전서 2:15은 '선을 행함'(*ἀγαθοποιεῖν*)을 하나님의 뜻으로 말한다. 로마서 12:2b에 따르면 중요한 것은 선한 모든 것, 하나님을 기쁘게 하는 것, 온전한 것이다. 이에 상응하여 골로새서 4:12에 따르면 마땅히 '하나님의 모든 뜻 가운데서 완전하고 확신 있게' 서 있어야 한다.

3.5.2.5 갱신, 희생, 결단 능력이 로마서 12:1 이하의 본문을 특징짓는다. 바울에게서 구원의 경험, 내적인 변화, 하나님의 뜻의 성취를 향한 자유가 구체적인 권면의 결정적인 특징들이다. 예수의 선포 및 요구와 유사하게 여기서 믿는 자들의 실존과 과제는 예수 그리스도 안에서 계시된 하나님의 구원의 행위라는 전제 아래 설명되고 있다.

3.6 토라와 초기 기독교 윤리의 관계

위에서 마지막으로 언급한 진술에 직면하여 신약성서 윤리에서 토라가 갖는 의미에 대한 질문이 제기된다. 이러한 관점 아래 이 책 12장에서 이미 주목한 내용들을 다시 한 번 가져와야 한다. 초기 기독교 권고에서 토라가 결코 도처에서 고려되지는 않는다. 행위를 위한 토라의 지속적인 기능에 관한 숙고는 오직 바울서신, 야고보서, 마태복음에서만 등장한다. 마태복음의 맥락에서는 토라에 대한 예수의 입장도 한 역할을 한다. 다른 본문에서 토라는 완전히 뒤로 물러나 있다.

3.6.1 이 문제를 바울이 가장 집중적으로 논구(論究)한다. 바울은 토라가 구원이

실현될 때 그 의미를 갖는지 혹은 이 세상에서 믿는 자들의 책임과 관련하여 의미를 갖는지를 근본적으로 구분한다. 한 편으로는 구원이 '율법 없이'(*χωρὶς νόμου*), 즉 '율법의 행위 없이'(*χωρὶς ἔργων νόμου*) 우리에게 주어진다. 다른 한편으로는 토라가 상당히 변형되기는 하나, 지속적인 출발점이 되고 있다.

3.6.1.1 바울이 구원의 근거설정과 관련하여 로마서 10:4에서 그리스도를 '율법의 마침'으로 표현한다면, 로마서 3:31에서 그가 주장하는 바는 율법이 결코 폐지되지 않았다는 것이다. "그런즉 우리가 믿음으로 말미암아 율법을 파기하느냐 그럴 수 없느니라 도리어 율법을 굳게 세우느니라."(*νόμον οὖν καταργοῦμεν διὰ τῆς πίστεως; μὴ γένοιτο· ἀλλὰ νόμον ἱστάνομεν*) 그것이 내용적으로 의미하는 바가 로마서 8:3 이하에 언급된다. 율법이 죄로 인하여 구원할 수 없기 때문에 하나님이 죄를 이기기 위해 자기 아들을 보내셨다. 이는 "육신을 따르지 않고 그 영을 따라 행하는 우리에게 율법의 요구가 이루어지게 하려 하심이니라."(4절) 율법이 요구하는 것은 지속적으로 그 유효성을 갖는다. 그러나 율법은 단지 죄를 제한시킬 뿐이었으므로(갈 3:19, 23 이하) '율법의 요구'가 실현되지 못했던 반면에, 율법의 요구는 죄가 극복되는 그곳에서 실현될 수 있다.

3.6.1.2 성령이 역사하는 곳에서 율법의 '문자'(*γράμμα*), 본문 글자, 전체 문서는 더 이상 중요하지 않다. 문자는 죽이는 기능을 한다. 문자가 죄를 드러내고 정죄하기 때문이다. 그러나 새 계약은 문자의 계약이 아니라 성령의 계약이다. '율법 조문(條文)은 죽이는 것이요 영은 살리는 것'이기 때문이다.(*τὸ γὰρ γράμμα ἀποκτέννει, τὸ δὲ πνεῦμα ζῳοποιεῖ*, 고후 3:6. 비교. 갈 5:18) 그러므로 율법의 '문자'가 더 이상 결정적으로 중요하지 않으며, 오히려 그 안에 계시된 '율법의 요구들'이 중요하다.(롬 8:4) 토라는 그 중심에서 파악되어지기를 원하며, 그 중심은 사랑의 계명이다. 그러므로 서로 사랑에 대한 요구가 "남을 사랑하는 자는 율법을 다 이루었느니라."는 문장으로 논증된다.(*ὁ γὰρ ἀγαπῶν τὸν ἕτερον νόμον πεπλήρωκεν*, 롬 13:8) 십계명의 계명들과 모든 다른 조문들은 "네 이웃을 네 자신과 같이 사랑하라 하신 그 말씀 가운데 다 들었느니라."(*ἐν τῷ λόγῳ τούτῳ ἀνακεφαλαιοῦται· ἀγαπήσεις τὸν πλησίον σου ὡς σεαυτόν*, 13:9) 이는 다시 "그러므로 사랑은 율법의 완성이니라."는 결론 문장으로 강조된다.(*πλήρωμα οὖν νόμου ἡ ἀγάπη*, 13:10) 아주 유사하게 바울은 갈라디아서에서 "오직 사랑으로 서로 종노릇 하라."고 요구한다.(*διὰ τῆς ἀγάπης δουλεύετε ἀλλήλοις*, 5:13b) 이웃사랑에 관한 '그 한 말씀 안에서' '온 율법이 이루어졌기' 때문이

다.(*ὁ γὰρ πᾶς νόμος ἐν ἑνὶ λόγῳ πεπλήρωται, ἐν τῷ· ἀγαπήσεις κτλ.*, 5:14)

3.6.1.3 사랑의 계명을 통한 율법의 성취가 갈라디아서에서 다시 한 번 다른 단어로 표현된다. "너희가 짐을 서로 지라 그리하여 그리스도의 법을 성취하라."(*ἀλλήλων τὰ βάρη βαστάζετε καὶ οὕτως ἀναπληρώσετε τὸν νόμον τοῦ Χριστοῦ*, 6:2) 여기서 놀라운 것은 '그리스도의 율법'이라는 표현이다. 다른 율법은 없다. 그것은 예수의 메시지에 따라 사랑의 계명 안에 요약된 토라의 요구이다. 아주 비슷하게 '믿음의 율법'(*νόμος πίστεως*, 롬 3:27)과 '예수 그리스도 안에서 생명의 성령의 법'(*νόμος τοῦ πνεύματος τῆς ζωῆς ἐν Χριστοῦ Ἰησοῦ*, 롬 8:2)이 언급될 수 있다. 각기 구원사건의 빛 아래 이해된 토라와 관련된다.

3.6.1.4 사랑이 무엇이고 무엇을 일으키는지를 바울이 고린도전서 13장 소위 사랑의 찬가에서 강조하고 있다. 그는 먼저 어떠한 예언, 기적행사, 빈민구제, 자기희생도 사랑이 없으면 아무 의미가 없음을 상기시킨다.(13:1–3) 이어서 다른 사람과 지낼 때 사랑이 모든 것을 가능하게 함을 설명한다.(13:4–7) 결론적으로 그는 사랑이 결코 다함이 없음을 언급한다.(13:8–13) 예언, 믿음의 인식은 부분적인 것으로 폐하여질 것이지만 사랑은 그렇지 않다. 믿음은 보는 것으로 폐하여지며(고후 5:7), 희망은 이루어지지만 사랑은 그 의미를 잃지 않을 것이다. 그러므로 현재 결정적으로 중요한 것인 믿음, 희망, 사랑 중에 사랑이 가장 큰 것이다. "그런즉 믿음, 소망, 사랑, 이 세 가지는 항상 있을 것인데 그 중의 제일은 사랑이라."(*νυνὶ δὲ μένει πίστις, ἐλπίς, ἀγάπη, τὰ τρία ταῦτα· μείζων δὲ τούτων ἡ ἀγάπη*, 13:13)

3.6.2 사랑의 계명과 토라의 관계는 초기 기독교전승에서 그러나 다르게도 규명되고 있다. 바울의 경우에 토라의 모든 계명들은 사랑의 계명 안에 요약되고 있으며, 사랑의 계명과 십계명이 야고보서에서 상호 관계를 갖는다.(약 2:8–13) 십계명의 계명들은 가르침의 기능과 사랑의 계명에 대한 통제를 표현한다.(2:9–11) 때때로 누가 '율법을 범한 자'(*παραβάτης νόμου*, 2:11)가 될 수 있는지가 가시화될 수도 있다. 구원의 근거를 제공하는 토라 이해에 관해 바울이 논구하는 문제성을 야고보서가 모르지 않는다. 바울에게서 사랑의 계명 안에 요약된 토라가 올바른 행위와 관련하여 절대적인 의미를 갖는다.(비교. 이 책 22장의 3.5.1) 그에 상응하여 야고보는 '여러 행위'(*ἔργα*)도, 믿음의 확신을 필연적으로 보충하는 구체적인 행동으로서 믿는 자의 행위라는 의미로만 이해한다.

3.6.3 또 다른 구상이 마태복음에 등장한다. 여기서 예수의 원래적인 입장과 복

음서 저자의 이해가 구별될 수 있다.

3.6.3.1 토라에 대한 예수의 입장과 관련하여 어쨌든 예수께서 토라를 죄의 타락 이후 시기를 위한 질서로 인정했었다는 것을 언급하지만, 이미 시작되고 있는 종말 시 하나님의 통치와 관련하여 토라를 비평적으로 해석했다. 예수께서는 현재화되고 있는 구원이라는 전제와 빛 아래 토라를 시종일관 수용하였다. 예수께서는 토라를 하나님의 의지의 표현으로 인정한다. 그러나 종말의 시작에 직면하여 토라가 새로운 위치와 기능을 보유한다. 그러므로 공관복음서 안에 나타나는 묘사는 예수의 계명이 토라와 충돌하고 토라를 시기적절하지 못한 것으로 설명했고 과격하게 만들었음을 드러낸다. 이것으로 토라가 폐지되지 않지만, 사랑의 계명이라는 중심에 입각하여 새로운 방식으로 이해되었다.

3.6.3.2 마태의 경우에 그것은 야고보서에서처럼 옳은 행위만을 의미하지 않는다. 거꾸로 마태의 경우에 생명을 위한 구원의 근거와 결과들이 바울의 경우처럼 구별되지 않는다. 생명을 위한 구원의 근거와 가르침이 일치한다. "내가 율법이나 선지자를 폐하러 온 줄로 생각하지 말라 폐하러 온 것이 아니요 완전하게 하려 함이라."(*μὴ νομίσητε ὅτι ἦλθον καταλῦσαι τὸν νόμον ἢ τοὺς προφήτας· οὐκ ἦλθον καταλῦσαι ἀλλὰ πληρῶσαι*, 5:17) 토라에서 아무것도 변경시키지 말아야 한다. 오히려 중요한 것은 진정한 의(義) 가운데 토라를 행하는 것이다. 옛 계약의 계명들과 약속들이 앞서 예수를 가리키듯이, 그들은 예수의 오심과 그의 말씀 안에서 성취된다. 그런 점에서 율법과 선지자들은 예수의 위격 안에서 성취되는 우리 구원의 근거와 마찬가지로 중요하다. 그것을 넘어서 율법과 선지자들은 그의 말씀을 통하여 해석되는 우리의 실제 행위를 위해 방향을 제시하는 기준이 된다.

3.6.3.3 구약성서의 계명에 대한 해석은 시작하는 하나님의 통치에 직면하여 생명의 갱신이 가능하며 필연적이라는 전조(前兆) 아래 시종일관 놓인다. 이러한 의미에서 반대명제들이 이해된다. 그 반대명제들은 구약성서 계명들을 제거하는 것이 아니라, 오히려 그 계명들에 대한 새로운 이해와 새로운 기능의 부여를 포함시킨다. 이는 처음 네 개의 반대명제, 특히 사랑의 이중 계명의 상호관계에 있는 마지막 두 개의 반대명제에 해당된다. 언급된 내용이 긍정적으로 진술되는 황금률로 표현된다. 이는 물론 예수의 메시지라는 맥락에서 파악되고 있다.(마 7:12, 22:40, 비교. 눅 6:31)

3.6.4 다른 본문들에서 토라는 윤리적인 가르침과 행위를 위해 더 이상 어떤 종류의 의미도 갖지 못한다. 토라는 예수의 가르침이나 윤리적인 권고로 대체된다.

3.6.4.1 요한복음서의 여러 구절들에서 유대인에게 소급되는 '너희의 율법'을 다룬다.(7:19, 8:17, 10:34, 15:25) 이는 토라가 기독교 공동체를 위해 더 이상 어떠한 의미도 지니지 않음을 의미한다. 그러나 "율법은 모세로 말미암아 주어진 것이요 은혜와 진리는 예수 그리스도로 말미암아 온 것이라."는 말씀은 근본적으로 유효하다.(*ὁ νόμος διὰ Μωϋσέως ἐδόθη, ἡ χάρις καὶ ἡ ἀλήθεια διὰ Ἰησοῦ Χριστοῦ ἐγένετο*, 1:17) 그런 점에서 토라는 단지 미리 앞서서 그리스도를 예시하는 기능을 갖는다.(요 1:45, 비교. 5:39 이하, 46 이하) 이런 의미에서 토라가 예수에 대한 '증거'가 된다.(5:39) 그러나 토라는 생명의 수여와 관련하여 더 이상 중요하지 않다. 그 자리에 예수의 '새로운 계명'이 등장하며, 계명의 성취로 믿는 자들이 예수의 제자로 인정된다. "새 계명을 너희에게 주노니 서로 사랑하라 내가 너희를 사랑한 것 같이 너희도 서로 사랑하라."(13:34 이하)

3.6.4.2 그 밖의 신약성서의 다른 책들에서 믿는 자들의 삶과 관련하여 토라에 대해 질문하는 것이 완전히 위축되고 있다. 그러한 예가 디모데전서에 매우 특징적으로 나타난다. "율법은 옳은 사람을 위하여 세운 것이 아니요 오직 불법한 자와 복종하지 아니하는 자를 위함이다."(*δικαίῳ νόμος οὐ κεῖται, ἀνόμοις δὲ καὶ ἀνυποτάκτοις*, 1:9) 믿는 자들에게 있어서는 권면이 토라를 대체한다.

4. 신약성서 윤리의 고유성과 중요성

공관복음서 전승에서 아주 분명하게 부각시킬 수 있는 제자도 윤리와 초기 기독교 공동체 윤리가 신약성서의 두 구성부분이다. 그러므로 그 둘의 관계에 대해 질문해야 한다.

4.1 예수의 제자도 윤리의 특수성

제자도 윤리는 예수의 메시지와 직접적으로 관련된다. 중요한 것은 하나님의 통치를 위한 제자도이다. 이러한 윤리의 중심부에 사랑의 이중 계명이 놓인다. 예수의 개별적인 모든 요구들이 그 계명에 의해 규명된다. 그 요구들은 하나님과 인간을 향한 사랑의 구체적 형태로 이해되어야 한다.

4.1.1 시작하고 있는 하나님의 통치의 경우 생명의 갱신이 관건이 된다. 거기서 창조자의 원래 의지가 다시 의미를 얻는다. 동시에 중요한 것은 구원이 시작되므로 미래의 생명이 완성 가운데 이미 빛을 비추는 것이다. 예수에 의해 해석된 토라가 사랑의 이중 계명과 함께 토라의 중심으로서 방향을 제시한다. 예수의 급격한 요구는 이러한 전제 아래 놓인다. 그 모든 결과로 변경된 생활방식이 구체화되어야 한다.

4.1.2 이러한 요구들에서 그 실현가능성에 대한 문제가 제기된다. 미래와 관련된 한 행동이 중시된다면 요구들은 분명하게 현재와 관련된다. 개인의 삶에서 적대감, 폭력이 잘못된 행동과 함께 고려되며, 이는 죄로 물든 현 세상의 존재를 특징짓는다. 거꾸로 제자들을 향한 요구들이 전적으로 하나의 입장을 전제로 하며, 이는 그러한 입장이 완성 중에 있는 삶을 특징짓는 바와 같다. 하나님의 통치에 사로잡혀서 자신의 깊은 내면에서 새롭게 된 사람은 그 스스로 하나님의 구원의 의지와 미래 완성에 합당한 방식으로 이미 지금 그렇게 행해야 한다. 처음부터 현실화가 불가능하다는 것에서 출발한다면 예수의 요구들은 그 중요성을 잃는다. 현 세상에서 진실로 하나님의 뜻에 합당한 것이 마땅히 실현되어야 한다.

4.1.3 예수의 윤리적 요구들은, 시작하고 있는 하나님의 통치 아래서 올바른 행위가 가능하다는 의미로 이해되는 경우에만 올바르게 파악된다. 이들은 실현시킬 수 있는 생명을 위한 지침들이다. 그들은 그러한 목적을 갖는 제자도 안에서 살도록 격려하는 성격을 갖는다. 우리가 이 세상에 사는 동안 그 요구들이 단지 제한적으로만 실현될 수 있을 뿐이지만, 중요한 것은 그 요구들을 실현하는 것이다. 모든 율법화는 잘못된 것이다. 어쨌든 교회사에서 율법화의 시도는 오직 이혼에 관한 계명의 경우에만 실천될 수 있었다. 그러나 예수의 제자도 윤리는 모든 형태의 율법화와는 거리가 멀다.

4.2 공동체 윤리의 특징

4.2.1 초기 기독교 공동체윤리에서 시작하고 있는 하나님의 통치의 자리에 기독론과 성령론이 놓인다. 그것은 구원이 실현되는 구체화이며, 이는 예수의 죽음과 부활 이후, 성령강림절 이후에 경험되는 바와 같다. 그러므로 윤리의 근본적인 전제 안에 공통점이 놓여 있다. 예수의 윤리적인 요구들에서처럼 구원의 시작이 물론 다양한 방식으로 현실화되지만, 생활 형태를 광범위하게 변경시킬 수 있다는 것을 전제하고 있기 때문이다.

4.2.2 제자도의 자리에 세례와 믿음이 등장한다. 이에 덧붙여 제자도 윤리는 오히려 집을 떠나 돌아다니는 존재(Wanderexistenz)의 특징으로 나타났다. 그에 반하여 초기 기독교 윤리는 폭 넓게 지역공동체 안에서의 삶을 전제한다. 여기서도 주요사상은 사랑이다. 물론 행위를 위한 여러 요구에서 이웃사랑의 계명만을 계속해서 고려하는 것이 눈에 띈다. 하나님과 예수 그리스도의 관계는 믿음의 이해 안으로 통합된다. 개인적으로 참된 경건을 모두 고려함에도 불구하고 중요한 것은 인간의 공동생활과 관련되는 윤리이다. 무엇보다도 이는 기독교 공동체 안에서 서로 함께 사는 것과 관련되고 있다. 그러나 공동체 밖에 있는 사람들에 대한 행동과도 관련된다. 예수 그리스도의 구원의 행위라는 전제 아래 또 구원의 완성에 대한 기다림 가운데 실현될 수 있는 바가 현재에서 상징적으로 가시화되어져야 한다. 예수의 메시지, 그리고 첫 공동체의 메시지라는 의미에서 사랑은 세상의 갱신을 위한 '참된 특징'이다.

4.2.3 초기 기독교 공동체가 가장 분명하게 예수의 윤리적 요구들과 차이나는 것은 실천적 입장이다. 현재의 생활 조건들 아래 공동체 안에서와 외부와의 관계에서 여러 요구들을 실천할 수 있는 것이 무엇보다도 중요하다. 이것은 결코 나약화로 이해되지 말아야 하며, 오히려 사랑의 계명과 하나님의 뜻을 실제로 현실화시키는 데 기여해야 한다. 제자도 윤리가 종국적인 것을 현재 안에 비추이게 하는 반면에 초기 기독교에서 중요한 것은 도상(途上) 중에 있는 윤리이다. 그 윤리는 그들의 존재와 구원에의 참여가 갖는 잠정성 안에서 믿는 자들의 책임과 관련된다. '종말 직전'이라는 영역에서 져야 할 책임으로서 그 윤리는 '종말'의 빛 가운데 놓인다.(비교. 이 책 24장)

4.3 제자도 윤리와 공동체 윤리의 결속(結束)

4.3.1 시작하고 있는 하나님의 통치와 권면의 기독론적인 논증에서 생활방식의 새로운 구체화를 전적으로 가능하게 만드는 인간 됨의 갱신이 중요하다면, 예수의 제자도 윤리와 초기 기독교 공동체 윤리 사이에 구별은 하나도 없다. 시작하는 하나님의 통치에 관한 예수의 메시지와 공동체를 통한 복음의 선포는 세상에서 사는 삶과 분명히 구별되는 생활의 구체화를 위한 근본 토대가 된다. 그렇게 전제 및 근본토대에 있어서 신약성서 문서들 안에 광범위한 공통점이 존재한다. 다른 한 편 제자도 윤리와 공동체 윤리의 상호 맞물림에도 불구하고 두 구상 사이의 긴장을 간과할 수 없다. 제자도 윤리는 모든 일치에도 불구하고 급격하게 변경된 생활방식을 전제하며, 공동체 윤리는 광범

위하게 실현가능한 생활 형태를 목표로 한다.

4.3.2 이 모든 차이점에도 불구하고 예수의 제자도 윤리와 초기 기독교 공동체 윤리는 함께 속하며 서로를 보충한다. 공동체 윤리는 먼저 제자도 윤리에서 한 역할을 했던 주제들을 받아들여 구체적인 상황과 관련하여 발전시키며 더 넓은 행동반경을 고려하는 것으로 특징지어진다. 거기서 전적으로 예수의 윤리적인 진술들이 방향을 제시한다. 이들이 다른 논증관계 가운데 제기되어 초기 공동체에서 비롯된 상황과 관련하여 구체화된다. 제자도 윤리와는 달리 우선적으로 목표개념을 눈앞에 두지는 않았으며, 오히려 개별적인 경우에 필요하며 가능한 것이 무엇인지를 더 분명하게 언급하였다. 그러므로 권면들은 근본적으로 구체적인 성격을 갖는다. 여기서 취해지는 입장은 공동체와 세상 안에서 제각기 직면하게 되는 과제들과 관련되고 있다.(이 책 23장)

4.3.3 초기 기독교 공동체 윤리의 성격은 예수의 윤리적인 요구들이 지니는 성격과 일치한다. 그런 점에서 확정적인 의미에서든 이유를 캐는 의미에서든 율법적인 규정은 하나도 없다. 여기서 지혜전승에 연결된 권고 양식이 표준이 된 것은 우연이 아니다. 이로써 이미 구약성서에서 뚜렷하게 나타나는 하나의 경향이 계속 이어지고 있다. 먼저 지혜 권면들이 율법 규정을 보충하였으므로, 이미 신명기 안에 계명들의 권고적 변형이 나타난다. 신약성서 윤리에서는 십계명의 인용을 도외시하면 어떤 구절에서도 율법적인 가르침이 등장하지 않는다.

4.3.4 제자도 윤리와 초기 기독교 공동체 윤리는 긴장이 있음에도 불구하고 하나의 통일성을 드러낸다. 신약성서 윤리는 제자도 윤리 형태로 뿐만 아니라 초기 기독교 공동체 윤리 형태로도 일반적이며-인간적인 생활지침이 아니며, 제자도의 예표(豫表)나 믿음의 예표(豫表) 아래 놓인다. 그러므로 제자도 윤리는 특별히 하나님과 그리스도께 신앙을 고백하고 부름을 받아 하나님 앞에서 책임적인 삶을 구체화하는 사람들에게 해당된다.

5. 마무리 고찰

5.1 신약성서 윤리는 그 형태상 기본원칙으로 인해 제자도 윤리로서 또 공동체 윤리로서 방향을 제시하는 성격을 갖는다. 신약성서 윤리는 시작하고 있는 하나님의 구원의 현실과 관련되며 그 중심에 일관되게 이해된 사랑의 계명이 있다. 관건이 되는 것

은 기독교 신앙을 고백한 모든 사람들이 그 윤리의 실천자가 되는 그러한 윤리이다. 여기서 기독교 공동체가 늘 문제시되는 것은 그 공동체가 어느 정도로 그러한 종류의 요구들 자체에서 바라볼 때 합당한가 하는 것이다.

5.2 그럼에도 불구하고 특별히 기독교적인 윤리로서 신약성서 윤리는, 하나님의 구원의 의지가 창조자로서의 하나님의 의지와 관련된다는 점에서 모든 사람에게 중요하다. 중요한 것은 모든 사람에게 의미 있는 생활방식이다. 예수의 산상수훈에서처럼 생활의 갱신을 추구하는 모든 사람이 그러한 생활방식으로 초대된다. 그러므로 비폭력 및 원수 사랑과 같은 예수의 개별적인 요구들이 기독교 공동체 밖에서도 주목받고 있는 것은 우연이 아니다.

5.3 기독교 윤리는 자유의 윤리이다. 로마서 12:2b 말씀의 의미를 결코 평가절하하지 말아야 한다. 하나님의 뜻이 무엇인지를 제각기 스스로 살필 때 구체적인 상황을 고려해야 한다면, 결정적으로 중요한 것은 거기에 전제되어 있는 구원 실현의 가능성이다. 이미 예수의 요구들 가운데 율법적인 가르침이 없고 오히려 목표설정이 있었다면, 초기 기독교 윤리는 올바른 행위를 위한 지침이 된다. 거기서 물론 한계설정이 나타나지만, 무엇보다도 자유 안에서 책임을 감당해 나갈 수 있는 안내 지침이 세워지고 있다.

5.4 예수의 윤리적 요구와 초기 기독교 권면들은 물론 다양한 방식으로 이루어지지만 갱신된 생활이 실현 가능하다는 것으로부터 출발한다. 예수의 요구에서 실현가능성은 언제나 목표를 향해 나아가는 단지 한 걸음에 불과할 수 있지만, 초기 기독교 윤리에서는 실현을 위한 구체적인 가능성이 제시되고 있다. 이러한 의미에서 그 두 구상은 서로를 보충된다. 현재에 대한 책임을 인식하지만, 미래적 차원을 향한 시야를 놓치지 말아야 하기 때문이다.

23장

책임을 지는 기독교인의 생활(윤리 II)

1. 신약성서의 윤리 형태

신약성서에서는 이미 언급하였듯이 예수의 제자도 윤리와 초기 기독교 공동체 윤리가 서로 나란히 병렬한다. 이들은 서로 연결되지만 각기 고유한 의도와 특별한 내용을 지닌다.

1.1 예수의 윤리적 요구

예수의 윤리적 지침들은 그의 메시지에 통합되는 구성부분이다. 구원의 시작이 관련되는 곳에서 동시에 새로운 행위가 관건이 된다. 형태상으로 그 지침들은 사화(史話), 비유, 로기온(주의 말씀들)으로 등장한다.

1.1.1 제자도로 부르는 예수의 초청과 그의 윤리적 요구들이 서로 교차된다. 중요한 것은 자발적으로 메시지를 영접하는 것과 그에 상응하는 삶이다. 여기에 부활절 이전 시기에는 지금까지의 생업을 떠나고, 소유와 고향을 잃는 것을 포기하는 것이 속한다. 그것이 부자에게 곧바로 어떤 결과를 가져올 수 있는지가 마가복음 10:17-22 병행구절에서 분명하게 언급된다. 다른 사화들은 금식(막 2:18, 19a 병행구절), 안식일 준수(막 2:23-3:6 병행구절, 눅 14:2-6), 근심하지 말라(막 4:35-41 병행구절), 이혼(막 10:2-9 병행구절), 자리 다툼(막 9:33-37 병행구절, 10:35-40 병행구절), 또는 구

제헌금(막 12:41-44 병행구절)과 관련된다.

1.1.2 주목할 가치가 있는 것은 윤리적인 중요성을 갖는 비유들이다. 근심하지 말라는 것(막 4:26-20), 기도(마 7:9-11 병행구절, 눅 18:1-8), 화해의 준비(마 5:25 이하, 18:23-35), 혹은 부의 문제가 여기서 관련된다.

1.1.3 예수의 수많은 윤리적 요구들이 대부분 말씀 수집록이나 설교의 형태로 요약되어 있는 로기온들에 등장한다. 이는 특히 누가복음의 평지설교나 마태복음의 산상수훈에 해당된다. 여기서 특별한 경우가 마태복음 5:21-48에 나오는 반대명제이다. 이들은 설교양식으로는 부차적이지만 윤리적인 문제에 관한 예수의 특징적인 말씀들을 담고 있다.

1.2 보편적이고 구체적인 권고(Paränese)로서 공동체 윤리

예수의 요구들이 제자들에게 해당되듯이 초기 기독교의 권고는 세례 받은 자들에게 해당된다. 세례받기 전의 교리문답적인 가르침은 처음에 존재하지 않았다. 그에 관한 처음 가르침들은 히브리서 6:1-3에 표현된다. 본 단락에서는 먼저 권고(Paränese)의 개념과 권면(Ermahnungen)의 여러 다양한 형태들을 나눌 수 있다.[37]

1.2.1 '권고'(Paränese) 개념은 오래 전부터 초기 기독교 윤리적 권면의 여러 다양한 형태에 대해 사용된다. 근거되는 단어는 헬라어 단어 파라이네인(*παραινεῖν*), '권면하다, 경고하다'이며, 그런 맥락에서는 신약성서에서 등장하지 않는다.(행 27:9의 세속적인 맥락에서야 나타난다.) 그 대신에 권면의 틀에서 동사 파라칼레인(*παρακαλεῖν*), '권유하다, 요구하다, 권면하다'가 사용된다.(비교. 예를 들면, 롬 12:1, 살전 4:1, 엡 4:1) 그러므로 헬레니즘의 윤리적인 전승에서 기원하는 '권고'(파레네제 Paränese)의 개념을 '파라클레제'(paraklese)로 대체하는 것이 제안되었다. 그 경우 신약성서 권면이 갖는 의미의 다양성이 위로, 권면, 요구의 뜻으로 분명하게 표현되기 때문이다. 그렇지만 초기 기독교 권면 양식을 위해 '파레네제'의 개념을 유지하는 것이 장려되고 있다.

1.2.2 마틴 디벨리우스(Martin Dibelius)가 행한 근본적인 구별이 드러내듯이 권면의 서로 다른 특징적인 두 가지 형태를 구별해야 한다. 예를 들어 고린도전서가 드러

37) 이 책에서 Paränese를 '권고'(勸告)나 음역하여 '파레네제'로, Ermahnung을 '권면'(勸勉)으로 번역한다. – 역자 주.

내듯이 공동체 안의 개별적 문제들을 종종 아주 상세히 다루는, 상황과 관련된 '구체적 파레네제'가 있다. 그것과 함께 상황과 직접 관련되지는 않고, 오히려 각각의 구체적 상황에 적용되는, 일반적인 의미를 갖는 '보편적 파레네제'가 있다. 그 예로 데살로니가전서 4:1-12, 5:1-11, 갈라디아서 5:13-6:10, 로마서 12장과 13장, 골로새서 3:5-4:6, 에베소서 4:20-6:20이 있으며, 베드로전서 2:13-4:11이나 야고보서 1:16-5:11의 권면들도 마찬가지의 특징을 지닌다. 이들은 개별공동체의 특정 문제들에 대한 추론(推論)을 허용하지 않고 오히려 초기 기독교 공동체의 일반적 상황을 반영한다.

1.2.3 파레네제의 성격은 율법적인 규정이나 그 해석이 아니라, 오히려 무엇보다도 먼저 지혜전승을 통해, 그러나 또 헬라적 도덕이론의 요소(비교. 빌 4:8)를 통해서 특징지어진다. 이에 덧붙여 예수 전승 요소들의 수용이 등장한다.(비교. 예를 들면, 롬 12:14, 19-21, 고전 7:10) 야고보서의 경우가 드러내듯이 보편타당한 예들이나 설명들도 권면과 결합될 수 있다.(비교. 약 2:1-7 부자에 관한 태도, 3:1-12 혀의 권세, 4:13-17 자기안전, 5:1-6 무의미한 부)

1.3 파레네제의 기본모델

보편적인 파레네제는 초기 기독교 윤리를 위해 매우 중요한 의미를 지니는 기본모델을 따른다. 신약성서 서신서들에서 권면적인 단락들을 비교하면 위에 언급된 본문에 의거할 때 신약성서 서신 안에 공통된 기본구조를 인식할 수 있다. 기초되는 본문 및 그 순서와 관련하여서는 파레네제가 매우 가변적이나 세례, 사랑의 계명, 종말론적 전망의 세 가지 고정된 요소는 인식이 가능하다.

1.3.1 세례 받은 존재

말씀을 듣는 사람이 세례 받은 존재라는 것이 도처에 전제된다. 보편적인 파레네제는 외부인들을 위해 규명된 것이 아니라, 기독교 공동체의 구성원들을 위한 것이다.

1.3.1.1 야고보서에서는 시험을 견디어 내라는 도입 말씀 후에 1:16-18의 실제 파레네제가 하나님의 좋은 은사에 대한 찬양과 함께 다음 진술로 시작된다. "그가 그 피조물 중에 우리로 한 첫 열매가 되게 하시려고 자기의 뜻을 따라 진리의 말씀으로 우리를 낳으셨느니라."(*βουληθεὶς ἀπεκύησεν ἡμᾶς λόγῳ ἀληθείας εἰς τὸ εἶναι ἡμᾶς ἀπαρχήν τινα τῶν αὐτοῦ κτισμάτων*) 오해의 여지없이 관건이 되고 있는 것

은 세례와의 관련이다. 이는 2:5, 7에 나오는 선택의 진술 및 '너희에게 대하여 일컫는 바 그 아름다운 이름'에 관한 언급으로 부연(敷衍)되고 있다.

1.3.1.2 베드로전서에서는 1:13–17로 시작하며 2:11–5:11에 부연되는 파레네제에서 보다 긴 신학적 단락이 형성되고 있다. 1:18–21의 구원론적 기본 진술들과 2:4–10의 교회론적 진술들, 또 1:22–2:3의 단락이 그것에 속한다. 동시에 '진리를 순종함으로 깨끗하게 하는 것'(*ἡγνικότες ἐν τῇ ὑπακοῇ τῆς ἀληθείας*)과 '썩어질 씨로 된 것이 아니요 썩지 아니할 씨로 된 것이니 살아 있고 항상 있는 하나님의 말씀으로 된 거듭남'(*ἀναγεγεννημένοι οὐκ ἐκ σπορᾶς φθαρτῆς ἀλλὰ ἀφθάρτου διὰ λόγου ζῶντος θεοῦ καὶ μένοντος*)의 모티브들이 근본적인 역할을 한다. 이러한 전제 아래 '너희 마음의 허리를 동이라는 것', '거룩함', '올바른 행실'에 대한 기본적인 권면이 이미 1:13–17에, 또 구체적인 권면들은 2:11–4:11과 4:12–5:11에 나온다.

1.3.1.3 바울의 경우에 데살로니가전서 4:1–8의 파레네제는 세례와 직접 관련된 '거룩함'의 모티브 아래 나온다.(비교. 고전 6:11) 갈라디아서에서 3:26–4:7의 세례말씀은 4:8–31의 논쟁적 단락뿐만 아니라, 5:1–6:10의 파레네제 단락을 위한 전제이다. 로마서에서 6:1–7:6의 세례 주제가 계속하여 8:1–17과 이어서 12:1 이하로 이어지며, 이로써 권면부분이 도입되고 있다.(참조. 이 책 22장) 주목할 만한 사실은 갈라디아서 3:27에서 짧게 고려된 세례와 함께 '그리스도로 옷을 입었다'라는 모티브가 로마서 13:14에서 '주 예수 그리스도로 옷 입으라'(*ἐνδύσασθε τὸν κύριον Ἰησοῦν Χριστόν*)는 요구 형태로 등장한다는 것이다. 세례 받은 자들이 그리스도의 실재하심(Wirklichkeit)으로 옷을 입었듯이, 또한 그 옷을 의식적으로 받아들여 그것에 따라 살아야만 한다. 확언하는 직설법이 책임을 지고 유지할 것을 말하는 명령법으로 이전한다.

1.3.1.4 골로새서와 에베소서의 기본적인 신학적 단락들에서 세례의 주제가 폭넓게 부연되고 있다. 골로새서 2:11–15과 에베소서 2:4–10을 참조할 수 있다.(참조. 이 책 17장) 의복의 모티브는 골로새서 3:8–12의 파레네제 안에 등장하며 거기서 '옛 사람과 그 행위를 벗어 버리고 새 사람을 입었으니 이는 자기를 창조하신 이의 형상을 따라 지식에까지 새롭게 하심을 입는 것'이 관련된다.(*ἀπεκδυσάμενοι τὸν παλαιὸν ἄνθρωπον σὺν ταῖς πράξεσιν αὐτοῦ καὶ ἐνδυσάμενοι τὸν νέον τὸν ἀνακαινούμενον εἰς ἐπίγνωσιν κατ' εἰκόνα τοῦ κτίσαντος αὐτοῦ*, 골 3:9b, 10) 관건이 되는 것은 초 개인적인 옛 아담과 새 아담의 표상이다. 그 모티브가 거기서 다시 직설법적으로 또 명령법적으로 사용되고 있음을 특히 주목할 수 있다.(3:12–15, 비교.

3:5-9a) 파레네제도 옷 입는 표상과 마찬가지로 논증되어 주의가 환기(喚起)되고 있다. 이와 아주 유사한 방식으로 이 모티브가 에베소서 4:22-24에 등장한다.(비교. 4:13-16)

1.3.2 사랑의 계명

사랑의 계명의 의미를 이 책의 앞 장에서 다루었다. 지금 언급하는 것은 보편적 파레네제의 맥락과 관련된 사랑의 계명의 위치이다. 사랑의 계명이 분명하게 인용되지 않는 곳에서도 사랑의 주제가 중심적 위치를 차지한다.

1.3.2.1 바울서신의 권면 부분을 구성하는 사랑의 계명의 주요 기능은, 분명하게 인용된 사랑의 계명을 사도가 율법의 주제와 관련시키는 방식으로만 강조된다.(비교. 이 책 22장) 사랑의 계명으로 토라의 모든 계명이 성취되므로 로마서 13:8-10과 갈라디아서 5:14에 사랑의 계명이 파레네제의 중심부에 놓인다. 앞이나 뒤에 나오는 모든 권면들이 그 한 계명의 빛 아래 놓인다. 데살로니가전서 3:12 이하에서 주께서 '너희도 피차간과 모든 사람에 대한 사랑이 더욱 많아 넘치게' 하실 것에 대한 기도는 4:1에서 시작하는 보편적 파레네제로 넘어간다. 거기서 사랑의 주제는 "너희들 자신이 하나님의 가르치심을 받아 서로 사랑함이라."는 4:9의 말씀으로 다시 수용된다.(*θεοδίδακτοί ἐστε εἰς τὸ ἀγαπᾶν ἀλλήλους*)

1.3.2.2 제2 바울서신인 골로새서와 에베소서에서도 사랑의 주제가 두드러진 위치를 차지한다. 골로새서 3:14의 권면 안에 "이 모든 것 위에 사랑을 더하라 이는 온전하게 매는 띠니라."는 말씀이 언급된다.(*ἐπὶ πᾶσιν δὲ τούτοις τὴν ἀγάπην, ὅ ἐστιν σύνδεσμος τῆς τελειότητος*) 에베소서의 파레네제 부분은 4:1 이하의 "모든 겸손과 온유로 하고 오래 참음으로 사랑 가운데서 서로 용납하라."는 요구로 시작한다.(*μετὰ πάσης ταπεινοφροσύνης καὶ πραΰτητος, μετὰ μαρκοθυμίας ἀνεχόμενοι ἀλλήλων ἐν ἀγάπῃ*) 그리스도의 몸으로서 공동체가 성장하는 것에 관해 말하는 에베소서 4:16에서 그러한 성장은 '사랑 안에서 스스로 세우는 것'(*εἰς οἰκοδομὴν ἑαυτοῦ ἐν ἀγάπῃ*)을 돕는다고 언급한다. 5:2은 결론적으로 "사랑 가운데서 행하라."(*περιπατεῖτε ἐν ἀγάπῃ*)고 요구한다. 거기서 그리스도의 사랑과 자기희생이 표현되고 있다.(비교. 4:15)

1.3.2.3 베드로전서에서는 서로 사랑의 주제가 신학적인 기본 단락 안에 1:22에 이미 고려되어 2:17의 파레네제에 나오며, 또 4:8에서 다시 새롭게 반영된다. 1:22은

공동체가 '거짓이 없이 형제를 사랑'(*εἰς φιλαδελφίαν ἀνυπόκρτον*)하기에 이르렀다고 말하며 그러므로 계속해서 순결한 "마음으로 뜨겁게 서로 사랑하라."(*ἐκ καθαρᾶς καρδίας ἀλλήλους ἀγαπήσατε ἐκτενῶς*)고 공동체를 향해 요구한다. 2:17에서는 형제 사랑에 대한 긴급한 권면이 나온다.(*τὴν ἀδελφότητα ἀγαπᾶτε*) 4:8은 "무엇보다도 뜨겁게 서로 사랑하라."(*πρὸ πάντων τὴν εἰς ἑαυτοὺς ἀγάπην ἐκτενῆ ἔχοντες*)고 말하며 이 말씀은 사랑은 허다한 죄를 덮는다는 잠언 10:12의 인용으로 다시 보충되고 있다.

1.3.2.4 야고보서에서도 사랑의 계명이 중심적인 의미를 차지한다. 이 계명이 야고보서 2:8에 강조하여 인용되며 '최고의 법'으로 표현된다. 그 계명이 깊이 들여다보고, 붙잡고 살아야 할 '자유롭게 하는 온전한 율법'이다.(1:25) 바울에게서 그 계명이 토라의 자리를 대신하지만, 그 관계가 다르게 규명되고 있다.(비교. 이 책 22장) 어쨌든 사랑의 계명이 기본적인 가르침이다. 그 계명을 통하여 개별적인 모든 계명들이 실현될 수 있기 때문이다.

1.3.3 종말론적 전망

초기 기독교 윤리에서 종말론적 전망이 권면을 이루는 주요 구성부분이다. 보편적 파레네제 중 종말론적으로 동기화된 결론부의 경우 신약성서에 다양한 특징적 예들이 등장한다.

1.3.3.1 로마서 12:9-13:10의 파레네제는 13:11-14의 단락으로 유입되며, 그 단락에서는 가까이 다가온 종말에 직면하여 깨어 있을 것을 언급한다. "또한 너희가 이 시기를 알거니와 자다가 깰 때가 벌써 되었으니 이는 이제 우리의 구원이 처음 믿을 때보다 가까웠음이라."(*καὶ τοῦτο εἰδότες τὸν καιρόν, ὅτι ὥρα ἤδη ὑμᾶς ἐξ ὕπνου ἐγερθῆναι, νῦν γὰρ ἐγγύτερον ἡμῶν ἡ σωτηρία ἢ ὅτε ἐπιστεύσαμεν*) 데살로니가전서 5:11에서 종말론이 상세하게 고려되고 있으며 임박한 재림의 형태로 다시 나타난다. 갈라디아서 6:7-9에서도 심판에 관한 언급과 함께 종말론적인 전망을 갖는 결론이 등장한다.(비교. 빌 4:5b) 임박한 재림의 문제는 다른 곳에서 언급해야 한다.(비교. 이 책의 25장) 여기서 다루는 것은 보편적 파레네제 안에 나오는 종말론적 전망에 대한 고려이다.

1.3.3.2 구체적인 파레네제에서 종말론적 영역이 결여되지 않고 있음을 고린도전서 7:29-31이 드러낸다. 거기서 바울은 시간이 단축되었음(*ὁ καιρὸς συνεσταλμένος* *ἐστίν*, 29a)과 이 세상이 지나갈 것임을 언급한다.(*παράγει γὰρ τὸ σχῆμα τοῦ κόσμου τούτου*, 31b) 중요한 내용은 모든 파레네제가 시작하고 있는 구원의 전조(前兆)와 완성을 향한 전망 아래 놓인다는 것이다. 거기서 중요한 것은 심판 시의 책임(갈 5:7-9)만이 아니라, 무엇보다도 구속받음이 없이 그리스도와 함께하는 것(비교. 살전 5:9 이하), 또 현재 행동의 긴급함이다.

1.3.3.3. 제2 바울서신에서 종말론적 전망은 파레네제의 종결부에서는 위축되고 있다. 골로새서 3:1-4에서는 파레네제 부분이 시작하기 전에 종말론적 전망이 등장한다. 거기서 임박한 종말에 대한 기대가 이미 강하게 공간적으로 수정되어 있지만, 재림의 모티브를 담고 있다. 그에 반하여 에베소서 4:13-16에서는 전통적인 종말론적 기대가 상당히 변형되어 나타난다. 두 서신의 끝 부분에서는 "세월을 아끼라."(*ἐξαγοραζόμενοι τὸν καιρόν*, 골 4:5, 엡 5:16)는 요구만이 등장한다.

1.3.3.4 반대로 베드로전서와 야고보서는 원래적인 파레네제의 전승을 대표한다. 따라서 보편적인 파레네제의 결론은 베드로전서 4:7-11에서 "만물의 마지막이 가까이 왔다."(*πάντων δὲ τὸ τέλος ἤγγικεν*, 7a절)라는 주요 사고 아래 놓인다. 5:17 이하와 5:10에서 두드러지듯이 4:12-5:11에 나오는 파레네제의 확장에서는 그 모티브도 빠지지 않는다. 야고보서 5:7-11은 파레네제의 권고 끝 부분에 주(主)와 심판주의 재림이 가까이 왔음을 언급한다. 거기서 무엇보다도 인내가 권면되고 있다. "형제들아 주께서 강림하시기까지 길이 참으라."(*μακροθυμήσατε οὖν, ἀδελφοί, ἕως τῆς παρουσίας τοῦ κυρίου*, 7절)

1.4 파레네제의 개별 문학유형

위에 언급된 파레네제의 기본모델과 함께 파레네제의 개별문학형태들이 있다. 이들은 부분적으로 권면의 틀 안에 나오지만, 부분적으로는 독립적으로 등장하기도 한다.

1.4.1 첫째로 '하나님의 통치의 유산'이라는 모티브와 연결된 본문들을 거론할 수 있다.(*κληρονομεῖν τὴν βασιλείαν τοῦ θεοῦ*, 갈 5:21, 고전 6:9 이하, 약 2:5) 거기서 올바른 행동방식과 잘못된 행동방식이 미래 구원에 참여하거나 참여하지 못하는 조건이 된다. 그런 점에서 바울서신의 다른 곳에서는 드물게만 사용된 '하나님 통치'의 개념이 파레네제의 단락 안에 여러 번 등장하고 있음은 놀라운 일이 아니다.(비교. 살

전 2:12, 고전 4:20, 롬 14:17)

1.4.2 초기 기독교 전승으로부터 덕 목록과 악덕 목록이 유래한다. 그 목록들 안에서 하나님을 기쁘시게 하는 윤리적 행동과 하나님을 떠난 윤리적 행동이 대조되고 있다. 바울은 로마서 1:29–31에서 많이 열거된 악덕 목록을 사용하며, 로마서 13:13, 고린도전서 6:9 이하, 고린도후서 12:20 이하에서도 짧게 열거한다. 악덕 목록과 함께 갈라디아서 5:19–21, 22 이하에 덕 목록도 열거되고 있다. 이 구절들에서는 잘못된 생활방식이나 올바른 생활방식을 특징짓는 개념들이 단순하게 열거되는 것이 특징적이다. 골로새서 3:5–8, 디모데전서 1:9 이하, 디모데후서 3:2–5도 비교할 수 있다.

1.4.3 끝으로 고대전승에서 유래하는 소위 가훈표도 언급할 수 있다. 원래 가정공동체와 관련되었던 것이 초기 기독교에서 공동체로 이전되고 있다. 이는 무엇보다도 골로새서 3:18–4:1, 에베소서 5:22–6:9, 디도서 2:2의 본문에 해당된다.(비교. 딤전 2:8–15, 5:1 이하, 6:1 이하) 베드로전서 2:11–3:12에 나오는 가훈표는 무엇보다도 사회적 위치 및 기독교인들의 책임과 관련된다.

1.5 가르침의 전승으로서 파레네제

보편적 파레네제에서 발견되는 공통점은 문학적인 종속이 아니라, 오히려 가르침을 통해 계속 전달되어 주어지는 전승으로 설명될 수 있다.

1.5.1 로마서 6:17b의 '교훈의 본'(*τύπος διδαχῆς*)이라는 언급은 요구된 순종의 구체적 형태와 관련된다. 마찬가지로 골로새서 2:6과 에베소서 4:20 이하가 권면의 성격을 가지는 교훈 전승을 가리킨다.

1.5.2 목회서신에 나오는 '건전한 가르침'은 우선적으로 올바른 가르침과 관련되지만, '바른 교훈'과 '복음'이 대조되는 디모데전서 1:9–11의 악덕 목록이 드러내듯이 생활의 영위(營爲)와 관련된다. 디모데후서 4:3, 디도서 1:9, 2:1에 나오는 말씀들도 참조할 수 있다.

2. 기독교인의 개인생활

올바른 행위에 관한 신약성서의 기본적인 말씀들이 구체적인 생활 가운데 유지되어야 한다. 이를 위해 개별 권면들도 주어지고 있다. 이 권면들은 먼저 개개 그리스도인들과 관련되고 있다.

2.1 올바른 기도

예배를 드릴 때 교회 공동체가 기도할 뿐만 아니라(비교. 이 책 19장), 믿는 자들 각각이 기도의 요청을 받는다. 기도는 하나님과의 관계에서 가장 개인적인 형태에 속한다.

2.1.1 데살로니가전서 5:17은 공동체 구성원 모두를 향해 "쉬지 말고 기도하라."고 호소한다.(*ἀδιαλείπτως προσεύχεσθε*, 비교. 엡 6:18) 이러한 요구는 생활 전체가 하나님을 향해야 하고 감사와 간구로 영위되어야 함을 의미한다. 산상수훈에서 온갖 종류의 기도의 외형화가 경고되며, 이를 마태복음 6:5-7은 '중언부언'(*βατταλογεῖν*) 및 '말을 많이 하는 것'(*πολυλογία*)과 함께 외식하는 것으로 특징짓는다. 마태복음 6:8에 따르면 많은 말을 하는 것이 아니라, '구하기 전에 너희에게 있어야 할 것을 … 아시는' 하나님 아버지에게 감추어져 있는 것을 아는 것이 중요하다.(*οἶδεν γὰρ ὁ πατὴρ ὑμῶν ὧν χρείαν ἔχετε πρὸ τοῦ ὑμᾶς αἰτῆσαι αὐτόν*) 이 말씀으로 그러한 종류의 기도를 문제 삼은 것이 아니다. 오히려 신뢰에 가득 차서 하나님께 연결되는 것으로 기도를 이해하고 있다. 기도할 때 하나님께 모든 것을 가지고 와서 하나님의 돌보심에 내어 맡겨야 한다. 이 의미는 우선적으로 로마서 8:26에 나오는 '우리는 마땅히 기도할 바를(어떤 방식으로 기도해야 하는지를)'(*τὸ γὰρ τί προσευξώμεθα καθὸ δεῖ οὐκ οἴδεν*) 알지 못한다는 구절에 해당되는 것이 아니라, 바로 그러한 상황 가운데서 우리가 "성령이 우리의 연약함을 도우신다."(*τὸ πνεῦμα συναντιλαμβάνεται τῇ ἀσθενείᾳ ἡμῶν*)는 말씀을 신뢰해야 함을 말한다. "성령이 말할 수 없는 탄식으로 우리를 위하여 친히 간구하시느니라."(*τὸ πνεῦμα ὑπερεντυγχάνει στεναγμοῖς ἀλαλήτοις*)고 말할 때 분명하게 관련되는 것은 우리가 말로 표현할 수 없는 탄식이 아니라, 말할 수 없는 방식으로 표현되는 탄식이다.(추측컨대 바울에게 있어서 고린도전서 14:2-5, 13-18에 따르면 개인 기도의 특별한 특징일 수 있는 방언과 같은 의미를 지닐 것이다.)

2.1.2 기도에 대한 격려도 이러한 맥락에 놓인다. 이는 마태복음 7:9-11과 누가복음 11:11-13의 간청하는 아들, 누가복음 11:5-8의 간청하는 친구, 누가복음 18:1-8의 간청하는 과부에 관한 비유사화에서 표현되는 바와 같다. 이러한 격려와 연결된 것

이 마태복음 7:7 이하의 하나님이 기도를 들어주신다는 확언이다. "구하라 그리하면 너희에게 주실 것이요 찾으라 그리하면 찾아낼 것이요 문을 두드리라 그리하면 너희에게 열릴 것이다."(*αἰτεῖτε, καὶ δοθήσεται ὑμῖν· ζητεῖτε, καὶ εὑρήσετε· κρούετε, καὶ ἀνοιγήσεται ὑμῖν*) 요한복음에 기도를 들으신다는 확언과 확신이 여러 번 언급되고 있다. 요한복음 14:13, 15:7, 16, 16:23 이하 또는 요한일서 3:22을 그 예로 들 수 있다. 기도를 들으신다는 것은 하나님이 우리의 간구를 받아들이실 것을 말하며, 하나님이 그 간구를 이루어 주실 것이라는 것과는 별개이다.

2.1.3 누가복음 18:9-14에 나오는 바리새인과 세리에 관한 예수의 비유에 따르면 올바른 기도의 한 가지 특징은 연약함 가운데 하나님께 나아가며 자신의 죄를 기꺼이 고백하는 것이다. 기도는 우리 자신이 스스로 완전히 열려져 있고 하나님의 도움을 필요로 함을 자각하는 것에 대한 표현이다. 요한일서 1:8 이하의 말씀도 죄를 인정하고 고백할 필요성을 언급한다. 그 말씀은 '미쁘시고 의로우사 우리 죄를 사하시며 우리를 모든 불의에서 깨끗하게 하실' 예수에 관한 진술과 결합되어 있다.(*πιστός ἐστιν καὶ δίκαιος, ἵνα ἀφῇ ἡμῖν τὰς ἁμαρτίας καὶ καθαρίσῃ ἡμᾶς ἀπὸ πάσης ἀδικίας*, 2:1 이하)

2.2 금식과 포기의 준비

금식이 초기 유대교 경건에서 중요한 역할을 하였으며 나중에 수정이 되어 초기 기독교 전승으로 받아들여졌다. 신약성서에서 주목해야 할 중요한 의도로 사용되고 있다.

2.2.1 금식은 마태복음 6:16-18에서 기도에 관한 예수의 말씀들과 긴밀하게 연결되고 있다. 여기서 중요한 사실은 금식이 기도와 마찬가지로 하나님을 향한 인간의 관계 안에 위치하므로 공개적이지 않다는 것이다. 금식은 오직 '슬픈 기색'(*σκυθρωπός*)을 갖고 행하는 강요된 경건행위가 되지 말아야 한다. 생동감 넘치는 이러한 경건을 실천할 때는 마땅히 즐겁고 감사해야 한다. 그러므로 "머리에 기름을 바르고 얼굴을 씻어야 한다." 축제의 기쁨에 근거하여 금식이 포기될 수 있는 상황이 있다. 이는 마가복음 2:18, 19a에 나오는 대화에서 강조되며 거기서 예수께서는 "혼인 집 손님들이 신랑과 함께 있을 때에 금식할 수 있느냐?"라고 답변한다.(*μὴ δύνανται οἱ υἱοὶ τοῦ νυμφῶνος ἐν ᾧ ὁ νυμφίος μετ᾽ αὐτῶν ἐστιν νηστεύειν;* 19a절) 임박한 구원에 관한 기쁨이

금식을 배제시킨다. 그러나 나중에 "그러나 신랑을 빼앗길 날이 이르리니 그 날에는 금식할 것이니라."라는 말씀이 덧붙여지고 있다.(*ἐλεύσονται δὲ ἡμέραι ὅταν ἀπαρθῇ ἀπ' αὐτῶν ὁ νυμφίος, καὶ τότε νηστεύσουσιν ἐν ἐκείνῃ τῇ ἡμέρᾳ*, 20절) 그것으로 예수께서 떠난 이후 행하게 될 애도의 금식이 고려되고 있다. 물론 우리는 디다케 8:1 이전에 다른 곳에서 금식에 관해 아무것도 듣지 못한다. 사도행전 13:2 이하에서 바울과 바나바를 파송하기 전에 금식과 기도가 언급된다.

2.2.2 금식에서 중요한 것은 음식과 음료를 억제하는 것뿐만이 아니라 제자도를 위해 기꺼이 자신을 포기하는 것이 중요하다. 처음 제자들에게 관건이 되었던 것은 가족, 소유, 생업을 떠나는 것이었다. 그러한 포기가 마가복음 10:28-30 병행구절에도 반영되고 있다. 거기서 현세와 미래에 얻을 이익이 대조되고 있다. 포기는 인간관계에서만이 아니라 세상의 재물과 자신의 생명에 대한 태도와도 관련된다.

2.2.3 예수의 말씀 가운데 표현된 내용이 유사한 방식으로 초기 기독교 파레네제 가운데 요구되고 있다. 특징적인 것은 현존하는 세상의 것들에 대해 '마치 그것들을 가지지 않은 것처럼' 대해야 된다는 고린도전서 7:29-31에 나오는 말씀이다. 이렇게 내적으로 거리를 두라는 것과 함께 초기 기독교에 금욕적인 경향도 있었다는 사실을 간과하지 말아야 한다. 바로 고린도전서 7장에서 바울이 그것을 다루고 있다. 그러한 경향에 대해 바울이 부정적으로 대립하지는 않지만, 바울의 경우에 모든 종류의 금욕생활은 자유의지의 결정이며 일반적인 의무는 아니라는 전제 아래 놓인다.

2.3 맹세와 진실성

금식에서 포기가 중요하듯이, 맹세에서는 진실성이 중요하다. 그러므로 일반적인 맹세의 실행이 새로운 전제 아래 놓인다.

2.3.1 다른 복음서에 병행구절이 없는 마태복음 5:33-37의 네 번째 반대명제에 대해 많은 귀띔을 주는 다른 형태의 본문이 야고보서 5:12에 나온다. 그 본문은 아주 원래적이지는 않지만 보다 오래된 본문을 담고 있으며, 마태복음 5:33-37이 전승사의 흐름 가운데서 확장되었음을 분명하게 밝혀준다. 관련되는 것은 먼저 33, 34a절에 나오는 반대명제를 사용한 도입부분, 이어서 34b절과 35a절에 나오는 하늘과 땅에 대한 설명, 나아가 "아무 다른 것으로도 맹세하지 말라."는 야고보서 5:12을 대신하는 35b절과 36절에 나오는 보충설명이다. 공통적인 내용은 맹세에 대한 기본적인 금지와 단순한 긍

정 및 부정에 관한 말씀이다. 그 말씀은 물론 통일적으로 전승되지는 않았다. 야고보서는 "오직 너희가 그렇다고 생각하는 것은 그렇다 하고 아니라고 생각하는 것은 아니라 하라."(*ἤτω δὲ ὑμῶν τὸ ναὶ ναὶ καὶ τὸ οὔ οὔ*)를 마태복음은 "오직 너희 말은 옳다 옳다, 아니라 아니라 하라."(*ἔστω δὲ ὁ λόγος ὑμῶν ναὶ ναί, οὔ οὔ*)를 말한다. 나아가 결론의 표현은 더 차이가 난다. 야고보서는 "정죄 받음을 면하라."(*ἵνα μὴ ὑπὸ κρίσιν πέσητε*)를 말하고, 마태복음은 "이에서 지나는 것은 악으로부터 나느니라."(*τὸ δὲ περισσὸν τούτων ἐκ τοῦ πονηροῦ ἐστιν*)를 말한다. 그 기초가 되는 본문으로 "하늘로나 땅으로나 다른 아무 것으로도 너희는 맹세하지 말라. 너희가 그렇다고 생각하는 것은 그렇다 하고 아니라고 생각하는 것은 아니라 하라."를 추정할 수 있다.(*μὴ ὀμνύετε μήτε τὸν οὐρανὸν μήτε τὴν γῆν μήτε ἄλλον τινὰ ὅρκον· ἤτω δὲ ὑμῶν τὸ ναὶ ναὶ καὶ τὸ οὔ οὔ*) 이 말씀은 야고보서가 대체로 우선적이었음을 의미한다. 단순하게 '그렇다.' 또는 '아니다.'를 말하는 것과 대비하여 마태복음 5:37에서 거듭하여 이중으로 '그렇다.' 및 '아니다.'를 말하는 것이 이미 맹세를 대신하는 것과 같은 효력을 지닌다. 결정적인 것은 각 진술이 지니는 무제한적인 진실성이므로 더 이상 맹세를 할 필요가 없다.

2.3.2 바울은 자신의 여행계획으로 인해 고린도교인들과 의견 차이가 날 때에 고린도후서 1:15-18에서 예수께서 하신 말씀으로 돌아간다. 물론 본문 비평적으로 보아 통일되지 않게 전승된 17b절에서 추측이 필요하다. 내가 앞서서 상세하게 논증하였듯이 "내 계획이 육체를 따라 한 계획이라면, 내게 있어서 예는 '예'이고 '아니다'일 수 있었을 것이다."(*ἢ ἃ βουλεύομαι κατὰ σάρκα βουλεύομαι, ἵνα ᾖ παρ᾽ ἐμοὶ τὸ ναὶ ναὶ καὶ οὔ*)라고 말하는 18절에서 바울은 자신의 말이 동시에 '예'이고 '아니다.'는 아니라는 것에 대해 하나님이 증인이심을 분명하게 주장한다. 나아가 바울은 19절 이하에서 자신과 실루아노와 디모데가 전한 예수 그리스도에 관한 복음이 "예 하고 아니라 함이 되지 아니하셨으니 그에게는 예만 되었다."는 것을 강조한다.(*οὐκ ἐγένετο ναὶ καὶ οὔ ἀλλὰ ναὶ ἐν αὐτῷ γέγονεν*) 여기서 예는 예수 그리스도 안에 계시된 하나님의 진리에 대한 예이다.

2.3.3 초기 기독교 파레네제에서 진실성에 대한 요구가 여러 구절에서 다시 등장한다. 여기서 무엇보다도 '사랑 안에서 참된 것'(*ἀληθεύειν ἐν ἀγάπῃ*)을 말하는 에베소서 4:15의 표현이 기억될 수 있을 것이다. 이 표현은 중요한 의미를 지니며 게다가 사랑이 기본적으로 우선됨을 드러낸다. 사랑과 연결되는 곳에서 진실성이 그 힘을 드러

낸다. 사랑이 결여된 곳에서 진실성이 경우에 따라 폭력적인 성격을 가질 수 있다.

2.4 걱정하지 않음과 깨어 있음

걱정하지 말라는 것과 깨어 있으라는 말씀이 함께 속한다. 관건이 된 것은 가볍게 행하는 것이 아니라 하나님의 돌보심과 주님이 오실 것을 향한 끊임없는 방향설정이기 때문이다.

2.4.1 걱정하지 않는 것이 참된 경건에 속한다. 마태복음 6:25-34에서 걱정하지 말라는 요구는 "그런즉 너희는 먼저 그의 나라와 그의 의를 구하라 그리하면 이 모든 것을 너희에게 더하시리라."는 말씀과 뗄 수 없는 관계에 놓인다.(*ζητεῖτε δὲ πρῶτον τὴν βασιλείαν τοῦ θεοῦ καὶ τὴν δικαιοσύνην αὐτοῦ, καὶ ταῦτα πάντα προστεθήσεται ὑμῖν*, 33절) 이 세상일과 관련하여 걱정하지 말라는 것이 관건이다. 왜냐하면 아주 다른 종류의 노력이 우선되기 때문이다. 그래서 이방인들처럼 먹을 것과 마실 것, 또는 입을 것을 걱정하지 말라는 격려(25, 28a, 31, 32a절)가 공중의 새(26절)와 들의 백합화(28b-30절)에 관한 비유말씀으로 묘사되고 있다. 덧붙여 아무도 자신의 생명의 길이를 연장시킬 수 없음(27절)이 언급된다. 결정적인 것은 오직 "너희 하늘 아버지께서 이 모든 것이 너희에게 있어야 할 줄을 아신다."는 사실이다.(*οἶδεν γὰρ ὁ πατὴρ ὑμῶν ὁ οὐράνιος ὅτι χρῄζετε τούτων ἁπάντων*, 32b절) 걱정하지 않는 것은 하나님이 우리를 위해 걱정해 주신다는 확신에 근거한다. 비슷하게 한 날의 괴로움은 그 날로 족하므로 최소한 내일 일을 위하여 염려하지 말라는 실천적인 적용을 결론부에 나오는 구절이 제공한다.(34절) 걱정하지 말라는 말씀의 의미는 풍랑을 잠잠하게 하신 마가복음 4:35-41 병행구절의 사화에서도 표현되고 있다.

2.4.2 걱정하지 말라는 예수의 격려를 바울이 빌립보서 4:6에 가져와 기도하라는 요구와 결합시키고 있다. "아무것도 염려하지 말고 다만 모든 일에 기도와 간구로, 너희 구할 것을 감사함으로 하나님께 아뢰라."(*μηδὲν μεριμνᾶτε, ἀλλ᾽ ἐν παντὶ τῇ προσευχῇ καὶ τῇ δεήσει μετὰ εὐχαριστίας τὰ αἰτήματα ὑμῶν γνωριζέσθω πρὸς τὸν θεόν*)

2.4.3 걱정하지 않는다는 것에서 일차적으로 창조자에 대한 신뢰가 관건이 된다면, 구원의 완성에 대한 기대도 동시에 핵심요지가 된다.(비교. 빌 4:5b) 그러므로 걱정하지 말라는 요구와 (특히 *ἀγρυπνεῖν*과 *γρηγορεῖν*의 개념으로) 깨어 있으라는 호소가

결합되고 있다. 그러한 호소가 복음서의 수많은 구절들에서 발견된다. 마가복음 13:33-37, 마태복음 24:37-25:30, 누가복음 12:35-46, 17:22-37, 19:12-27, 21:34-36을 예로 들 수 있다. 같은 내용이 서신에 나온다. 그것은 데살로니가전서 5:2와 요한계시록 3:3 이하에 나오는 복음서 전승에서 받아들여진 도적에 관한 비유, 혹은 고린도전서 16:13, 데살로니가전서 5:6, 9 이하, 베드로전서 5:8 이하의 진술이 드러내는 바와 같다. 요한계시록 16:15도 참조할 수 있다.

2.5 자기절제와 인내

믿는 자 개인 각자의 올바른 생활에 대해 언급된 특성들과 함께 올바른 기독교 생활을 위해 대부분 핵심 단어로 고려되고 있는 일련의 지침들이 있다. 그것을 선택적으로 언급해야 한다.(완전하게 파악하기 위해 콘코던스의 단어 개념들 낱낱을 참조할 수 있다.)

2.5.1 여러 번 등장하는 '온유'(*πραΰτης*), '선함'(*ἀγαθωσύνη*,) '친절'(*χρηστότης*) 같은 단어들은 '자기절제'(*ἐγκράτεια*)의 개념으로 가장 잘 요약할 수 있다. 여기에 '자기교만'(*ἀλαζονεία*)에 대한 경고와 대조되는 '낮아짐'(*ταπεινοφροσύνη*)을 위한 준비가 속한다. 매우 특징적인 것은 번역하기 어려운 일종의 단어유희인 "마땅히 생각할 그 이상의 생각을 품지 말고 … 지혜롭게 생각하라."는 로마서 12:3의 말씀이다.(*μὴ ὑπερφρονεῖν παρ' ὃ δεῖ φρονεῖν ἀλλὰ φρονεῖν εἰς τὸ σωφρονεῖν*)

2.5.2 '인내'에 대한 호소가 특별한 의미를 갖는다. 닥쳐오는 일들을 '견디라는 것'(*ἀνέχεσθαι*)과 '유혹'(*πειρασμός*)의 상황이나 '환난'(*θλῖψις*) 중에 '참으라는 것'(*ὑπομονή*)이 나온다. 매우 특징적인 말씀은 데살로니가전서 5:8과 폭 넓게 상술된 에베소서 6:10-18에 등장하는 영적 무장에 관한 비유이다. 그러한 맥락과 관련된 것으로 공동체와 세상 가운데서 행해야 할 과제로 이미 넘어가고 있는 섬김에 대한 준비가 있다.

2.5.3 기본적으로 중요한 것은 '단정한 생활'(*εὐσχημόνως περιπατεῖν*)이며, 그것에 대해 다양한 여러 관점이 고려되고 있다. 빌립보서 4:8에서 바울이 "무엇에든지 참되며 무엇에든지 경건하며 무엇에든지 옳으며 무엇에든지 정결하며 무엇에든지 사랑받을 만하며 무엇에든지 칭찬 받을 만하며 무슨 덕이 있든지 무슨 기림이 있든지 이것들을 생각하라."고 말할 수 있는 것은 우연이 아니다.(*ὅσα ἐστὶν ἀληθῆ, ὅσα σεμνά,* *ὅσα δίκαια, ὅσα ἁγνά, ὅσα προφιλῆ, ὅσα εὔφημα, εἴ τις ἀρετὴ καὶ εἴ τις ἔπαινος, ταῦτα λογίζεσθε*)

3. 공동체 생활

예수의 메시지와 마찬가지로 초기 기독교의 보편적이며 구체적인 파레네제에서 공동체 생활이 중요한 역할을 한다. 거기서 주요사상은 사랑의 계명이며, 무엇보다도 이웃사랑과 형제 사랑의 형태로 나타난다.(비교. 이 책 22장)

3.1 생명의 보호

인간의 공동생활을 결정적으로 규정하는 것은 공동체에 해를 가하는 행동 양식들이 배척됨으로써 이다. 살인과 판단이 그러한 행동에 해당된다.

3.1.1 모든 종류의 상해에 대한 포기

3.1.1.1 출애굽기 20:13과 신명기 5:17에 나오는 살인의 금지를 예수께서는 마태복음 5:21 이하에서 다른 사람에 대한 분노가 이미 그러한 금지 조항에 해당되는 것으로 해석한다. 여기서 '분노'(*ὀργή*)는 감정이 아니라, 다른 사람을 향해 생명의 권리를 문제 삼는 어떤 입장으로 이해된다. 이 개념이 생명의 구원의 실현이 관건이 될 수 있는 종말 시 법정적 심판에 대해 적용되고 있음은 우연이 아니다.(비교. 예를 들어 살전 1:10)

3.1.1.2 "살인하지 말라!"(*οὐ φονεύσεις*, 21a절)는 십계명의 필연적(apodiktische) 계명은 먼저 "누구든지 살인하면 심판을 받게 되리라."는 문장으로 해석되고 있다.(*ὃς δὲ ἂν φονεύσῃ, ἔνοχος ἔσται τῇ κρίσει*, 21b절) 그것에 "나는 너희에게 이르노니 형제에게 노하는 자마다 심판을 받게 된다."라는 말씀이 대조된다.(*ἐγὼ δὲ λέγω ὑμῖν, ὅτι πᾶς ὁ ὀργιζόμενος τῷ ἀδελφῷ αὐτοῦ, ἔνοχος ἔσται τῇ κρίσει*, 22a절)

3.1.1.3 원래 종말심판과 관련되었던 내용이 22b, c절의 부차적인 확장을 통해 해석되고 있다. 이제 실생활과 관련하여 죄의 세 단계가 나란히 언급되고 있다. (단순

한) 분노는 지방법정에서, '바보'(*ῥακά*)라고 욕하는 자는 공회에서, '하나님을 떠난 자'(*μωρέ*)라고 모욕하는 자는 지옥불로 심판을 받을 것이다. 이것으로 예수의 말씀은 날카로움을 상실하였다. 그것은 초기 기독교 파레네제에서도 비슷하게 등장한다. 시편 4:5(칠십인 역)을 인용하면서 에베소서 4:26은 '분을 내어도 죄를 짓지 말 것'을 말하며(*ὀργίζεσθε καὶ μὴ ἁμαρτάνετε*), '해가 지도록 분을 품지 말 것'을 덧붙인다.(*ὁ ἥλιος μὴ ἐπιδυέτω ἐπὶ τῷ παροργισμῷ ὑμῶν*)

3.1.1.4 살인금지의 과격화는 다섯 번째 계명이 구약성서에서처럼 살인만을 금지하는 것이 아님을 포함한다. 중요한 것은 인간의 생명에 대한 기본적인 보호이다. 결국 다른 사람의 생존권을 위협하는 어떤 한 행동으로 인해 인간의 생명이 결코 문제되지 말아야 한다.

3.1.2 비판에 대한 포기

분노를 하나님이 심판하신다면 모든 비판이 배제되어야 함은 자명한 일이다. 이와 관련된 본문이 마태복음 5-7장의 산상수훈과 누가복음 6:37-42의 평지설교 가운데 등장한다. 누가복음의 경우에 원수 사랑에 이어 평지 설교의 두 번째 주제와 관련되며, 마태복음의 경우에 마태의 특수자료에서 유래하는 '경건 규칙들'(6:1-18, 19-34) 다음에 5:21-48의 주제가 계속 이어진다.

3.1.2.1 마태복음 7:1-5의 단락은 두 부분으로 이루어지며, 그와 달리 누가복음 6:37-42은 세 부분으로 이루어진다. 마태복음의 경우에 7:1 이하에 나오는 비판하지 말라는 말씀 뒤에 눈 속에 있는 티와 들보에 관한 비유가 7:3-5에 이어진다. 누가의 경우에 6:37 이하에 나오는 판단하지 말라는 말씀은 확장된 형태로 등장한다. 이어서 맹인이 맹인을 인도하는 비유와 제자와 선생이 같아지는 것에 관한 말씀이 6:39 이하에 등장한다. 이 비유와 말씀은 마태복음의 경우에는 다른 곳에 나온다. 눈 속에 있는 티와 들보에 관한 비유는 누가복음 6:41 이하에서 복합된 말씀을 종결하며 이는 마태복음 7:3-5과 병행구절을 이룬다.

3.1.2.2 비판하지 말라는 로기온은 마태복음에서 아주 간략하게 언급된다. "비판을 받지 아니하려거든 비판하지 말라."(*μὴ κρίνετε, ἵνα μὴ κριθῆτε*, 7:1a) 거기에 왜냐하면 "너희가 비판하는 그 비판으로 너희가 비판을 받을 것이요. 너희가 헤아리는 그 헤아림으로 너희가 헤아림을 받을 것…"이기 때문이라는 말씀이 덧붙여진다.(*ἐν ᾧ γὰρ κρίματι κρίνετε, κριθήσεσθε, καὶ ἐν ᾧ μέτρῳ μετρεῖτε μετρηθήσεται ὑμῖν,*

마 7:1b, c) 누가복음에서 이 로기온은 다양한 관점으로 확장된다. 먼저 "비판하지 말라 그리하면 너희가 비판을 받지 않을 것이요 정죄하지 말라. 그리하면 너희가 정죄를 받지 않을 것이요. 용서하라. 그리하면 너희가 용서를 받을 것이요."라고 말한다.(*μὴ κρίνετε, καὶ οὐ μὴ κριθῆτε, μὴ καταδικάζετε, καὶ οὐ μὴ καταδικασθῆτε, ἀπολύετε, καὶ ἀπολυθήσεσθε*, 눅 6:37) 이어서 긍정적인 진술이 대조된다. "주라 그리하면 너희에게 줄 것이다."(*δίδοτε, καὶ δοθήσεται ὑμῖν*, 눅 6:38a) 또 그 말씀에 상응하여 주는 정도에 관한 약속으로 가득 찬 말씀이 이어진다. "곧 후히 되어 누르고 흔들어 넘치도록 하여 너희에게 안겨 주리라. 너희가 헤아리는 그 헤아림으로 너희도 헤아림을 도로 받을 것이니라."(눅 6:38b, c) 이어 덧붙여서 여기서는 제한적으로만 들어맞는 맹인이 맹인을 인도하는 것에 관한 비유와 제자가 선생과 동등하게 되는 것에 관한 말씀이 등장한다.(눅 6:39 이하) 이 경우에 마태의 본문이 더 원래적인 것으로 추측할 수 있을 것이다.

3.1.2.3 눈 속에 있는 티와 들보에 관한 비유말씀은 판단하지 말라는 요구에 대한 결론을 묘사한다. 그 비유말씀은 표현의 차이를 제외하면 마태복음과 누가복음에서 서로 일치한다. 모순적으로 첨예화되는 가운데 예수의 설교방식의 특징이 드러난다. "어찌하여 형제의 눈 속에 있는 티는 보고 네 눈 속에 있는 들보는 깨닫지 못하느냐?"(*τί δὲ βλέπεις τὸ κάρφος τὸ ἐν τῷ ὀφθαλμῷ τοῦ ἀδελφοῦ σου, τὴν δὲ δοκὸν τὴν ἐν τῷ ἰδίῳ ὀφθαλμῷ οὐ κατανοεῖς;* 눅 6:41) 이 말씀은 "너는 네 눈 속에 있는 들보를 보지 못하면서 어찌하여 형제에게 말하기를 형제여 나로 네 눈 속에 있는 티를 빼게 하라 할 수 있느냐"(눅 6:42a)는 말로 강화된다. 그 말씀에 바로 "외식하는 자여(*ὑποκριτά*) 먼저 네 눈 속에서 들보를 빼라 그 후에야 네가 밝히 보고 형제의 눈 속에 있는 티를 빼리라."는 풍자적인 고소가 대조된다.(눅 6:42b) 자기 자신의 실수를 보라는 전제 아래서 모든 비판과 정죄는 불가능하게 된다.

3.1.2.4 비판하기를 그치라는 요구들이 신약성서 서신들에서도 발견된다. 거기서 분명하게 관련되는 것은 아니지만 예수의 말씀이 오해의 여지없이 그 배후에 놓여 있다.

3.1.2.4.1 특징적인 것은 고린도전서 4:5의 가르침이다. "그러므로 때가 이르기 전 곧 주께서 오시기까지 아무것도 판단하지 말라."(*μὴ πρὸ καιροῦ τι κρίνετε ἕως ἂν ἔλθῃ ὁ κύριος*, 비교. 롬 2:1, 14:4) 이 가르침은 심판 시에 어둠에 감추어진 것들과 마음의 뜻이 드러나고 각자가 하나님으로부터 칭찬을 받을 것이라는 말씀으로 보충된다.

3.1.2.4.2 유사하게 야고보서 4:11 이하는 모두가 서로 비방하는 것을(*καταλαλεῖν ἀλλήλων*) 중단해야 함을 말한다. 왜냐하면 형제를 비방하거나 그를 판단하는 자는 곧 율법에 대해 반항하는 자이기 때문이다. "입법자와 재판관은 오직 한 분이시니 능히 구원하기도 하시며 멸하기도 하시느니라. 너는 누구이기에 이웃을 판단하느냐?" (*εἷς ἐστιν ὁ νομοθέτης καὶ κριτὴς ὁ δυνάμενος σῶσαι καὶ ἀπολέσαι· σὺ δὲ τίς εἶ ὁ κρίνων τὸν πλησίον;* 비교. 5:9)

3.1.2.4.3 바울은 고린도전서 6:1-8(9-11)에서 특별한 한 경우를 다루고 있다. 고린도에서 두 명의 교회 교인이 이방 법정에 소송사건을 제기하고자 한 일이 발생했다.(1, 6절) 바울은 이러한 태도를 원칙적으로 금지한다. 왜냐하면 믿는 자는 불의를 당할지라도 보상에 관한 예수의 말씀에 따라 자신의 권리를 포기해야 하기 때문이다.(7절 이하) 그럼에도 불구하고 바울은 다음과 같이 주장한다. "내가 너희를 부끄럽게 하려 하여 이 말을 하노니 너희 가운데 그 형제간의 일을 판단할 만한 지혜 있는 자가 이같이 하나도 없느냐?"(*οὐκ ἔνι ἐν ὑμῖν οὐδεὶς σοφός, ὃς δυνήσεται διακρῖναι ἀνὰ μέσον τοῦ ἀδελφοῦ αὐτοῦ*, 5절) 이방 법정을 피하는 것과 공동체 내부 분쟁에 대한 과제를 바울은 언젠가 성도들이 세상에 관한 심판에 참여할 것이라는 언급으로 논증한다.(2-4절)

3.2 화해와 용서를 위한 준비

공동체(Gemeinschaft)는 비판하는 것 대신에 화해를 위해 노력하고 공동체의 다른 구성원을 용서할 준비가 있을 때만 생명력이 있다.

3.2.1 성전에 예물을 드리는 마태복음 5:23의 예에서 예수께서는 용서의 필연성과 화해를 언급한다. 예수께서는 형제와 먼저 화해할 수 있도록 하기 위해(*πρῶτον διαλλάγηθι τῷ ἀδελφῷ σου*) 예배드리는 것을 전혀 허락하지 않으므로 예배의 중단을 요구한다. 이 전승 부분은 첫 번째 반대명제와 독특하게 결합되고 있다. 화해를 위한 준비가 모든 형태의 극심한 분노를 대신한다. 그것은 "우리가 우리에게 죄 지은 자를 사하여 준 것 같이…"라는 말씀이 덧붙여진 주기도문에 나오는 용서의 간구와 긴밀하게 관련된다.(*ὡς καὶ ἡμεῖς ἀφήκαμεν τοῖς ὀφειλέταις ἡμῶν*, 6:12b) 복음서 저자가 마태복음 6:14 이하의 로기온을 주기도문에 연결시키는 것은 우연이 아니다. 그 말씀에 따르면 하나님의 죄 용서는 바로 인간의 죄 용서에 달려 있다. "너희가 사람의 잘

못을 용서하면 너희 하늘 아버지께서도 너희 잘못을 용서하실 것이다."

3.2.2 마태복음 5:25 이하에 나오는 첫 번째 반대명제는 누가복음 12:58 이하의 병행구절을 갖는 확장된 로기온을 통해 강조된다. 고발하는 자(*ἀντίδικος*)와 함께 재판관을 향해 길을 갈 때에 급히 사화(私和)할 것에 대한 요구가 나온다. 그렇지 않을 경우 재판관이 심판할 수 있기 때문이다. 단호하며 확실히 부차적인 아멘(진실로) 말씀은 종말 심판 때의 정죄의 말씀과 관련되고 있다.

3.2.3 죄 용서는 예수의 비유의 주제이기도 하다. 마태복음 18:23-34에서 하나님의 통치를 어떤 왕의 태도와 비교하는 도입 구문 이후에 세 단락에서 종과 빚진 자가 어떻게 행하였고 변명하였으며, 참아줄 것을 간청하여, 주인의 자비로 빚을 완전히 탕감 받았음을 설명한다.(23-27절) 이 종은 이어서 자신에게 작은 빚을 진 동료를 만나지만 관용을 베풀지 않고 오히려 그를 옥에 집어넣는다.(28-30절) 다른 동료 종들이 그 종에게 분노하여 주인에게 그 사실을 알린다. 그 주인이 그에게 질문한다. "내가 너를 불쌍히 여김과 같이 너도 네 동료를 불쌍히 여김이 마땅하지 아니하냐?"(*οὐκ ἔδει καὶ σὲ ἐλεῆσαι τὸν σύνδουλόν σου, ὡς κἀγω σὲ ἠλέησα;*) 그 후에 그를 심판한다. 악한 종에 관한 이 비유는 편집적으로 형제를 몇 번이나 용서해야 하고 일곱 번으로 충분한지를 묻는 베드로의 질문으로 시작한다. 그는 일곱 번뿐 아니라 일곱 번을 일흔 번까지 용서하라는 답변을 들으며(마 18:21 이하), 이 말씀은 용서의 무제한성을 가리킨다. 이 비유는 "너희가 각각 마음으로부터 형제를 용서하지 아니하면 나의 하늘 아버지께서도 너희에게 이와 같이 하시리라."는 말씀으로 끝난다.

3.2.4 용서의 필연성은 신약성서 서신에서도 강조되고 있다. 그러므로 골로새서 3:13b은 "주께서 너희를 용서하신 것 같이 너희도 그리하라."고 말한다.(*καθὼς καὶ ὁ κύριος ἐχαρίσατο ὑμῖν, οὕτως καὶ ὑμεῖς*) 아주 유사한 언급이 에베소서 4:32b에 나온다. "서로 용서하기를 하나님이 그리스도 안에서 너희를 용서하심과 같이 하라." (*χαριζόμενοι ἑαυτοῖς, καθὼς καὶ ὁ θεὸς ἐν Χριστῷ ἐχαρίσατο ὑμῖν*) 여기서도 예수의 말씀과 분명하게 관련되고 있다.

3.3 공동체의 하나 됨과 세움

공동체 생활은 믿는 자들의 경우에 특별히 기독교 공동체 안에서 공동생활의 구체적인 형태가 관련되는 곳에서 드러나야 한다. 중요한 것은 무엇보다도 하나 됨을 유지하며 (공동체를) 세우는 것을 장려하는 일이다.

3.3.1 이미 예수께서 자신의 제자들에게 일치와 결속을 권면하시므로 온갖 지위 논쟁을 금하였다.(비교. 막 10:41-44, 병행구절, 눅 22:24-27) 바울은 고린도전서 12:14-26에서 '그리스도의 몸'에 관한 자신의 교회론적 진술을 보충할 때 구성원들이 서로를 필요로 하고 있음을 강조하기 위해 고대(古代)에서 일상적이었던 유기체에 관한 표상을 받아들인다. 거기에서부터 일치를 위한 호소를 이해할 수 있다. 예루살렘 초기 공동체가 '마음을 같이하여' 함께 생활했다는 모범적인 예가 사도행전에 보고되고 있다.(*ὁμοθυμαδόν*, 행 1:14, 2:46, 4:24, 5:12) 바울은 "마음을 같이 하여 같은 사랑을 가지고 뜻을 합하며 한 마음을 품어" 자신의 기쁨을 충만하게 할 것을 빌립보교회를 향해 요구한다.(*ἵνα τὸ αὐτὸ φρονῆτε, τὴν αὐτὴν ἀγάπην ἔχοντες, σύμψυχοι, τὸ ἓν φρονοῦντες*, 빌 2:2) 이로써 자기유익과 교만함도 제거되어야 하며 각자가 다른 사람을 자기 자신보다 더 높이 존중하며 자기 유익이 아니라 다른 사람의 유익을 돌보아야 한다.(2:3 이하, 비교. 롬 12:16) 그리므로 야고보서 4:1도 다투는 일에 대해 날카롭게 경고한다. 요한문서에서 믿는 자들의 하나 됨이 특별한 역할을 한다. 스스로 세상을 향해 증인이 되어야 할 형제들을 사랑할 것에 대한 권면에 집중하는 것은 우연이 아니다.(요 13:34 이하, 요일 2:7-11, 3:11-18, 4:19-21) 일치를 향한 호소와 예수의 대제사장적인 기도에 나오는 모두가 '온전함을 이루어 하나가 되게 하려 할 것'을 위한 간구가 서로 일치한다.(*ἵνα ὦσιν τετελειωμένοι εἰς ἕν*, 요 17:23)

3.3.2 교회 공동체의 공동생활에서 하나 됨을 위협하거나 의문시하는 문제들도 있다.

3.3.2.1 기독교인의 공동체에서 구성원 하나가 죄를 지을 경우, 그 공동체에 특별한 과제가 부과된다. 복음서에서 이 문제는 마태복음 18장의 공동체를 향한 설교에서 논의되고 있다. 거기서는 의심의 여지없이 부활 이후의 상황이 전제된다. 잃어버린 양의 비유가 드러내듯이 길을 잃은 공동체 구성원을 찾아 데리고 돌아와야 한다.(12-14절) 먼저 죄 지은 사람을 상대로 권고하고, 이어서 두세 증인의 입으로 확증하게 하고 끝으로 이러한 노력이 효과가 없을 때 공동체 앞으로 데리고 나와야 한다.(15-17절) 죄를 범한 자가 자신의 범과를 인정할 준비가 되어 있으면 공동체가 그의 죄를 용서할 전권(全權)을 갖는다. 왜냐하면 "진실로 너희에게 이르노니 무엇이든지 너희가 땅에서 매면 하늘에서도 매일 것이요 무엇이든지 땅에서 풀면 하늘에서도 풀릴 것이기 때문이다."(*ἀμὴν λέγω ὑμῖν· ὅσα ἐὰν δήσητε ἐπὶ τῆς γῆς ἔσται δεδεμένα ἐν* *οὐρανῷ, καὶ ὅσα ἐὰν λύσητε ἐπὶ τῆς γῆς ἔσται λελυμένα ἐν οὐρανῷ*, 18절. 비교. 16:19. 참조. 이 책 20장) 교회 공동체들이 드물지 않게 결정을 해야 할 입장에 놓였고, 죄 지은 구성원을 꾸짖었으며(비교. 딤전 5:20), 경우에 따라서 출교시켰음을 고린도전서 5:1-7에 나오는 근친상간 죄를 범한 자의 사건이 드러낸다.(비교. 이 책 23장 4.1.4) 기독교인들의 죄에 대해 특히 요한일서 1:6-2:2도 상세히 언급한다. 거기서 믿는 자들에게 범죄 함이 없어야 할 것을 경고한다. 동시에 모든 죄를 위해 화목제물로 죽으신 '대언자'(*παράκλητος*)로서 들림 받으신 그리스도를 향한 신뢰가 호소되고 있다.

3.3.2.2 공동체를 위협하는 위험은 그룹이 형성되는 경우에도 나타난다. 바울이 고린도전서 11:18 이하에서 해명을 위한 변론소송의 기회가 (이 서신 중 오래된 부분으로 짐작된다.) 고린도전서 1:10-17, 3:1-4:21에 따르면 상당한 문제가 되고 있었다. 고린도전서 11:18 이하에 따르면 바울이 '분쟁'에 관해 들었으며(바울은 *σχίσματα*와 *αἱρέσεις*를 번갈아 가며 사용한다.), 그것으로써 '옳다 인정함을 받은 자들이 나타날 수 있을 것'이라고 생각한다.(*ἵνα οἱ δόκιμοι φανεροὶ γένωνται ἐν ὑμῖν*) 그러나 1:10 이하에서 바울은 그러한 '분쟁'(*σχίσματα*)을 경고한다. 분쟁이 싸움을 이끌었기 때문이다. 1:12에서 자신들을 각기 다른 믿음의 원 증인들인 바울, 아볼로, 베드로, 심지어 그리스도 자신에게로 소급시키는 그룹들을 언급한다. 그래서 13절에서 묻고 있다. "그리스도께서 어찌 나뉘었느냐? 바울이 너희를 위하여 십자가에 못 박혔느냐?" (*μεμέρισται ὁ Χριστὸς; μὴ Παῦλος ἐσταυρώθη ὑπὲρ ὑμῶν;*) 그러한 종류의 공동체 분열은 있을 수 없으며 복음에 근거하여 있어서도 안 된다. 아볼로의 비유에서 바울은 3:5-11에서 오히려 협력이 중요함을 밝힌다. "내게 주신 하나님의 은혜를 따라 내가 지혜로운 건축자와 같이 터를 닦아 두매 다른 이가 그 위에 세우나 … 이 닦아 둔 것 외에 능히 다른 터를 닦아 둘 자가 없으니 이 터는 곧 예수 그리스도"이시기 때문이다. (*κατὰ τὴν χάραν τοῦ θεοῦ τὴν δοθεῖσάν μοι ὡς σοφὸς ἀρχιτέκτων θεμέλιον ἔθηκα, ἄλλος δὲ ἐποικοδομεῖ· … θεμέλιον γὰρ ἄλλον οὐδεὶς δύναται θεῖναι παρὰ τὸν κείμενον. ὅς ἐστιν Ἰησοῦς Χριστός*, 10절 이하) 복음의 모든 증인은 4:1 이하에 따르면 '그리스도의 일꾼이요 하나님의 비밀을 맡은 자' 외에 다른 것이 아니다.(*ὑπηρέται Χριστοῦ καὶ οἰκονόμοι μυστηρίων θεοῦ*) 그들은 오로지 그들의 충성심에 따라서만 검증될 수 있다.

3.3.2.3 거짓교사가 관련되는 경우에 상황이 첨예화된다. 이는 엄격하게 율법을

신봉하는 갈라디아 지역에 있는 바울의 적대자들이나 요한계시록 2:20-23에 나오는 여선지자 이세벨을 따르는 자유방임적인 추종자들의 경우에 해당된다.(비교. 딤후 3:1-9) 요한일서와 이서에서는 기독론적인 거짓교사들이 관련되며 그들의 대표자가 바로 적그리스도로 명명되고 있다.(요일 2:18 이하, 22 이하) 초기 기독교 거짓교사들의 현상에 관한 상세한 내용은 이 책 24장에서 참조할 수 있다.

3.3.3 바울이 공동체를 '세울 것'을 늘 거듭하여 호소하는 것은 우연이 아니다. 로마서 14:19에서 "그러므로 우리가 화평의 일과 서로 덕을 세우는 일을 힘쓰자."고 아주 근본적으로 언급한다.(*ἄρα οὖν τὰ τῆς εἰρήνης διώκωμεν καὶ τὰ τῆς οἰκοδομῆς τῆς εἰς ἀλλήλους*) 그것은 로마서 15:3에서 그리스도께서도 "자기를 기쁘게 하지 아니하셨다."는 언급으로 강조되고 있다.(*καὶ γὰρ ὁ Χριστὸς οὐχ ἑαυτῷ ἤρεσεν*) 고린도전서 8:1, 10, 10:23에서는 공동체를 세우는 모티브가 이교도적 주변 세계 안에서 공동체의 태도와 관련되며, 14장에서는 기독교인의 올바른 하나님 예배 태도와 관련된다.(비교. 고후 10:8, 12:19, 13:10)

3.4 상부상조(相扶相助)

다양한 방식으로 서로서로의 올바른 행동이 언급된다. 이미 구약성서와 초기 유대교에서 이스라엘 백성의 공동체 안에서 궁핍한 자들을 돌보는 것이 중요한 관심사였다. 기독교 공동체 안에서 서로 관심을 갖고 돕는 것이 최고의 일이었다. 도움을 베푸는 것은 일차적으로 믿음의 동료들에게 해당된다.(*μάλιστα δὲ πρὸς τοὺς οἰκείους τῆς πίστεως*, 갈 6:10, 비교. 롬 12:13a)

3.4.1 로마서 12:15에 따르면 기본적으로 즐거워하는 자들과 함께 즐거워하고 우는 자들과 함께 우는 것이 마땅하다.(*χαίρειν μετὰ χαιρόντων, κλαίειν μετὰ κλαιόντων*) 이 말씀은 "만일 한 지체가 고통을 받으면 모든 지체가 함께 고통을 받고 한 지체가 영광을 얻으면 모든 지체가 함께 기뻐한다."는 것을 의미한다.(*εἴτε πάσχει ἓν μέλος, συμπάσχει πάντα τὰ μέλη· εἴτε δοξάζεται ἓν μέλος, συγχαίρει πάντα τὰ μέλη*, 고전 12:26) 그러나 이 말씀은 누구나 다른 사람의 짐을 함께 질 준비가 되는 경우에 적용된다.(갈 6:2a)

3.4.2 특별히 '믿음이 연약한 자들'을 배려해야 마땅하다.(*ἀσθενῶν τῇ πίστει*, 롬 14:1) 바울에게 있어서 배려가 특별히 긴요한 것은 우상제물에게 바친 고기나 고기

를 먹는 음식과 관련하여 의혹이 제기될 때이다. 이는 고린도전서 8:1-13, 10:23-33과 로마서 14:1-15:6의 경우와 같다.

3.4.2.1 고린도전서 8-10장은 여러 주제를 동시에 다룬다. 바울이 자기 자신의 사역과 관련된 단락인 9:1-27을 삽입시키는 자유의 올바른 사용 및 10:1-22에서 전면에 등장하는 자유의 남용이 야기하는 위험이라는 맥락에서 우상 제물에 바친 고기를 먹는 문제가 취급된다. 한 우상 신전에서 우상 제물로 베풀어진 만찬에 참여하는 것은 허락되지 않으며(8:10 이하), 이교도인의 집에서 특정한 조건하에 만찬식사에 참여하는 것이 가능하며(10:27 이하), 시장에서 사온 고기를 먹게 되는 것은 허락된다. 또 일반적인 규칙에 따라 예전에 맞게 도살한 것인지 '양심을 위하여 질문'할 필요가 없다.(*μηδὲν ἀνακρίνοντες διὰ τὴν συνείδησιν*) "땅과 거기 충만한 것이 주의 것이기 때문이다."(10:25 이하, 시편 24:1의 인용) 이것은 양심에 어려움을 겪는 사람들에게 거리낌을 주지 않는다는 점에서만 타당하다. 그 밖에 다른 경우에는 배려하는 것이 불가피하다.(8:7-9, 13, 10:29 이하) 왜냐하면 '(더 나은) 지식은 교만하게 하며 사랑은 덕을 세우기' 때문이다.(*ἡ γνῶσις φυσιοῖ, ἡ δὲ ἀγάπη οἰκοδομεῖ*, 8:1b, 비교. 2절 이하) 그러한 점에서 동료 기독교인과 관련하여 기독교인의 자유에 한계가 있다.

3.4.2.2 로마서 14:1-15:7에 따르면 로마 교회의 공동체 구성원들 중 한 그룹이 사도가 경험한 것처럼, 기본적으로 고기를 먹는 즐거움을 포기했다. 그것이 채식주의가 동기가 되었던 것인지 혹은 시장에서 사온 고기의 예전에 따른 도살 문제 때문인지는 부차적인 의미를 갖는다. 결정적으로 중요한 것은 그에 대한 논쟁이 발생하였다는 사실이었다. 이와 관련하여 사도는 먼저 다양한 이해가 서로 관용되어야 할 것에 관심을 기울인다.(3-12절) 여기서 바울에게 유효한 기본명제는 "먹는 자도 주를 위하여 먹으니 이는 하나님께 감사함이요. 먹지 않는 자도 주를 위하여 먹지 아니하며 하나님께 감사하느니라."는 말씀이다.(… *εὐχαριστεῖ γὰρ τῷ θεῷ*, 6절) 다른 한편으로 중요한 것은 '믿음에 연약한 자들'을 배려하며 그들에게 어떠한 거리낌도 주지 말아야 한다는 점이다.(13-21절) 모든 것을 먹을 수 있다는 확신은 하나님 앞에서만 가져야 한다. 물론 그러한 행동에 어떠한 의심도 결부되지 말아야 한다.(비교. 22절 이하) 기본적으로 바울은 "믿음이 강한 우리는 마땅히 믿음이 약한 자의 약점을 담당하고 자기를 기쁘게 하지 아니할 것이라."고 말한다.(*ὀφείλομεν δὲ ἡμεῖς οἱ δυνατοὶ τὰ ἀσθενήματα τῶν ἀδυνάτων βαστάζειν καὶ μὴ ἑαυτοῖς ἀρέσκειν*, 15:1, 비교. 2-7절)

3.4.3 서로 돕는 일이 다양하게 표현되고 있다. '손님을 대접하는 일'(*φιλοξενία*,

롬 12:13)이 특별한 역할을 한다. 그러므로 그것을 히브리서 13:2은 "이로써 부지중에 천사들을 대접한 이들이 있었느니라."는 말씀으로 강조한다.(*διὰ ταύτης γὰρ ἔλαθόν τινες ξενίσαντες ἀγγέλους*) 이미 파송설교에서 손님을 대접하는 일이 고려되고 있다.(눅 10:5-7 병행구절, 비교. 디다케 12:1 이하) 게다가 '나그네'(*ξένοι*)를 영접하는 일이 마태복음에 나오는 세상의 심판에 관한 설교에서 배고픈 자에게 음식을 주고, 목마른 자에게 물을 주며, 헐벗은 자에게 옷을 입히고, 병든 자를 돌보며, 감옥에 갇힌 자를 방문하는 것(비교. 히 13:3)과 함께 중요한 역할을 한다.(마 25:35 이하, 42 이하) 이러한 일들은 나중에 명명되었듯이 '자비를 베푸는 행동'이며, 그것으로 또 자신의 공동체의 경계를 넘어서고 있다.

3.5 가난한 자들을 돌봄

서로 도울 때 가난한 자들을 돌보는 일이 특별한 역할을 한다. 거기서 공동체 구성원들을 후원하는 것이 전면에 놓이지만 그것만 중요한 것은 아니다.

3.5.1 예수에게 있어서 가난한 자들을 후원하는 것이 중요한 자리를 차지한다. 이는 자신의 마지막 소유를 다른 사람을 위해 내어 놓는 가난한 과부에 관한 마가복음 12:41-44 병행구절의 사화가 드러내는 바와 같다. 덧붙여 구제(救濟)가 '자비를 행한다.'(*ποιεῖν ἐλεημοσύνην*)는 의미로 이해되는 말씀이 등장한다. 구제는 은밀하게 행해져야 하며, 무엇보다도 "오른손이 하는 것을 왼손이 모르게 해야 한다."(*μὴ γνώτω ἡ ἀριστερά σου τί ποιεῖ ἡ δεξιά σου*) 그것은 자선을 베풀 때 사려 깊지 못함과 배려가 없음을 암시한다. 이러한 맥락 안에 누가복음 14:12-21에 나오는 가난한 자들을 초대하라는 요구, 누가복음 16:19-31의 나사로의 비유, 나아가 마가복음 14:7 병행구절 및 항상 돌보아야 할 가난한 자들에 관한 요한복음 12:6의 말씀이 포함된다.

3.5.2 부활 이전에 소유를 포기하는 것이 제자들의 특징이었다면, 그에 상응하여 예루살렘 초기 교회 공동체에서 물질을 공동으로 통용하는 공동체를 향한 노력이 있었다.(비교. 행 2:44 이하, 4:32, 34 이하) 그러나 아나니아와 삽비라의 비유가 드러내는 바와 같이(행 5:1-11, 특히 4절), 이미 초기에 그러한 공동소유 공동체가 일반적으로 의무화되지는 않았으며 곧바로 포기되었다. 그 대신에 물질적으로 소외된 사람들을 위한 자선행위가 그것을 위한 직제가 생기기까지 특별한 방식으로 공동체의 고유한 과제가 되었다. 그 좋은 예로 사도행전 6:1-6에 나오는 '헬라파' 대표자들을 들 수 있다. 나

중에 빈민구제는 특별히 '남자 봉사자'(집사)와 '여자 봉사자'(집사)의 직무와 관련되었다.(비교. 롬 12:7a, 16:1 이하)

3.5.3 자신이 새로 세운 교회 공동체에서 바울이 모은 헌금이 예루살렘 초기 교회를 위한 구제금으로 생각되었다. 그 구제금은 특별히 예루살렘 교회 공동체 안에서 물질적으로 궁핍한 구성원들을 널리 후원하는 기능을 하였다. 그것은 '예루살렘 성도 중 가난한 자들'(*οἱ πτωχοὶ τῶν ἁγίων τῶν ἐν Ἰερουσαλήμ*, 비교. 갈 2:10)에 관해 바울이 언급하는 로마서 15:26의 말씀에서 두드러진다.

3.5.4 공동체 안에 가난한 자들과 부자들이 함께 공존했었다는 사실은 논쟁의 여지가 없다. 어떤 경우에도 막대한 부를 결코 말할 수 없다. 언제나 부유한 자들이 자신들의 집을 예배를 위한 집회장소로 제공하였고 필요로 하는 곳에 도움을 베풀었다. 교회 공동체 안에서 야고보서 2:1에 따르면 차별이나, '사람들의 얼굴을 보고 대우하는 일'(*προσωποληµψία*)은 없었다. 그러나 가난한 사람 앞에서 부유한 사람에게 상석을 내어주는 일이 심각한 한 예로 경고되는 야고보서 2:2-7에 나오듯이, 때때로 여러 문제가 발생할 수 있었다.(비교. 고전 11:17-22, 33) 야고보서 전체는 초기 기독교에 존재했었던 전형적인 가난의 경건으로 특징지어진다. 따라서 부를 향한 날카로운 비평이 거기서도 등장하며 이는 특히 4:13-17과 5:1-6에서 강조되었다.

4. 세상의 질서 안에서 삶

4.1 남자와 여자

4.1.1 결혼 공동체

4.1.1.1 초기 기독교에서 결혼을 이해하는 데 기초가 되는 것은 남자와 여자를 함께 창조한 것에 관한 창세기 1:27b과, 남자와 여자가 서로를 규명하며, '둘이 한 몸을 이룰 것"이라는 창세기 2:24의 말씀이다.(*καὶ ἔσομται οἱ δύο εἰς σάρκα μίαν*) 결혼관계는 하나님의 형상에 따라 창조된 인간에 대한 표현으로 이해된다. 그것을 창세기 1:27a이 언급한다. '하나님의 형상'(*εἰκὼν θεοῦ*)이 하나님과 인간 사이에 인격적인 관계를 포함하듯이 그에 상응하여 남자와 여자 사이의 긴밀한 인격적인 파트너 관계가 관련된다.

4.1.1.2 창세기 1:27이 남자와 여자를 하나님의 피조물로 나란히 세우는 반면에, 창세기 2:22–24은 여자에 대한 남자의 우선순위를 전제한다. 그 결과 남자 아래 여자를 종속시키는 이해를 가져왔다. 고대사회에서 남자에게 여자가 종속되는 일반적인 관계가 성서전통에 수용되었다. 기독교 이전의 유대교에서처럼 초기 기독교에서도 여자의 종속성이 자명한 상황으로 여겨졌다. 특별히 신약성서의 권고(Paränese)에서 소위 가훈표들이 이러한 사회 구조를 전제한다. 골로새서 3:18 이하, 에베소서 5:22, 베드로전서 3:1, 디모데전서 2:9 이하와 13절 이하를 참조할 수 있다.

4.1.1.3 종말적 구원이 시작하는 곳에서 종속적인 이러한 위치는 더 이상 계속 유지될 수 없다. 예수께서는 아주 의도적으로 관습이 행하는 것과 다르게 여인들을 대하였다. 예수의 추종자들 중에 여자들이 있었다.(눅 8:1–3) 그 중의 몇 명은 십자가와 무덤에까지 그를 좇았으며 부활하는 날 함께 있었다.(막 15:40 이하, 47 병행구절, 16:1–8 병행구절, 요 20:11–18) 그러므로 예수 그리스도의 교회 공동체에서 갈라디아서 3:28에 따르면 원칙적으로 남자와 여자가 동등한 위치를 갖는 것이 마땅하다. 거기서 유대인들과 헬라인들, 종이나 자유인, 남자와 여자 사이에 구별이 없다.(비교. 이 책 16장) 그러나 여자의 위치를 위한 결론적인 실천의 단초만이 주어지고 있다. 따라서 아주 다양한 이해들이 존재했음을 알 수 있다. 그것은 여자가 공동체 직무의 과제를 맡는 것이 허용되는가라는 질문에서 특히 잘 나타난다.(참조. 이 책 20장)

4.1.1.4 골로새서 3:18 이하에서 여자의 종속적 위치와 자기 부인에 대한 남자의 사랑이 '주님 안에서'(*ἐν κυρίῳ*) 일어나야 한다고 아주 일반적으로만 언급되는 반면에, 에베소서 5:21–33에서는 이 주제에 관해 아주 더 많이 언급한다. 거기서는 결혼이 그리스도와 교회의 공동체성의 모형으로 간주된다. 그러므로 권면은 "그리스도를 경외함으로 *피차* 복종하라."는 5:21의 전조(前兆) 아래 놓인다.(*ὑποτασσόμενοι ἀλλήλοις ἐν φόβῳ Χριστοῦ*) 흥미로운 것은 어떻게 교회에 대한 그리스도의 관계가 결혼과 관련되느냐는 것이다. 그리스도는 '교회의 머리'로서 그 자신이 '몸의 구원자'이다.(*Χριστὸς κεφαλὴ τῆς ἐκκλησίας αὐτὸς σωτὴρ τοῦ σώματος*, 23절) 그가 교회를 사랑하였고 교회를 위해 자신의 몸을 내주었으며, 물로 씻어 말씀으로 깨끗하게 하사 거룩하게 하시고 영광스럽게 나타나게 하셨다.(25b–27절) 이러한 구원론적 행위로 그리스도 자신이 교회와 연결되셨으며 교회와 하나가 되셨다. 이는 비밀이라는 의미에서 교회론적으로 해석된 창세기 2:24이 드러내는 바와 같다.(31절 이하, 비교. 이 책 16장) 우리가 '그의 몸의 지체'이므로(*μέλη ἐσμὲν τοῦ σώματος αὐτοῦ*, 30절), 남자와 여자가 하나인

그의 몸에 함께 관련되며, 서로 다르게 창조되었어도 하나이며, 오직 서로서로 사랑하고 존경하는 것만이 중요한 역할을 한다.(33절)

4.1.1.5 남자와 여자가 결혼으로 함께 속하는 것을 끝없이 하나가 되는 것(uneingeschränkte Gemeinschaft)으로 이해한다. 그것은 다른 여자와의 내적인 어떤 관계를 배제한다. 이런 의미에서 마태복음 5:27 이하의 반대명제에 나오는 십계명의 이혼금지가 해석된다. 따라서 이미 모든 형태의 '(육욕을 품은) 갈망'(*ἐπιθυμῆσαι*)은 단지 바라보는 것만으로도 금지되고 마음에 이미 간음한 것으로 평가된다. 특별히 남자와 관련하여 "음욕을 품고 여자를 보는 자마다 마음에 이미 간음하였느니라."로 언급된다.(*πᾶς ὁ βλέπων γυναῖκα πρὸς τὸ ἐπιθυμῆσαι αὐτὴν ἤδη ἐμοίχευσεν αὐτὴν ἐν τῇ καρδίᾳ αὐτοῦ*) 이것은 29절 이하에서 종말론적 관점 아래 말씀의 유효성을 강조하기 위해 눈을 빼어 내버리거나 손을 찍어 내버리는 서로 모순되는 비유 언어와 결합되고 있다. 이로써 실천하려 애쓸 때 매우 긴급히 해야 함을 강조해야 한다. 결혼 공동체는 다른 모든 관계를 배제한다. 기본적으로 온전하게 함께 속한다는 의미에서 이해되고 있기 때문이다. 그것을 바울이 고린도전서 6:12-20에서 창녀와 합하는 문제와 관련하여 상세하게 다룬다. 함께 속하는 것과 '합하는 것'(*κολλᾶσθαι*)은 두 사람이 '한 몸'이 되도록 작용한다.(여기서 한 육체[*μία σάρξ*] 대신에 한 몸[*ἓν σῶμα*]을 말한다.) 이 몸이 더럽혀져지지 말아야 한다. '너희가 하나님의 성전'이기 때문이다.(*ναὸς τοῦ ἐν ὑμῖν ἁγίου πνεύματος*, 19절, 비교. 고전 3:16)

4.1.1.6 많은 귀띔을 주는 것은 초기 기독교 권면에서도 결혼이라는 공동생활을 위한 아주 구체적인 조언이 주어졌다는 사실이다. 고린도전서 7:3-6에 따르면 합의하여 기도하기 위한 경우를 제외하고 남자와 여자는 그들이 서로에 대한 의무를 다해야 하고 또 서로 분방하지 말아야 한다.(*μὴ ἀποστηρεῖτε ἀλλήλους*) 데살로니가전서 4:4 이하에서 비유적인 표현으로 "각각 거룩함과 존귀함으로 자기의 아내('그릇'이라는 단어 사용) 대할 줄을 알고 하나님을 모르는 이방인과 같이 색욕을 따르지 말라."고 말한다.(*εἰδέναι ἕκαστον ὑμῶν τὸ ἑαυτοῦ σκεῦος κτᾶσθαι ἐν ἁγιασμῷ καὶ τιμῇ, μὴ ἐν πάθει ἐπιθυμίας καθάπερ καὶ τὰ ἔθνη τὰ μὴ εἰδότα τὸν θεόν*) 베드로전서 3:7에서 우리는 다음 말씀을 읽는다. "남편들아 이와 같이 지식을 따라 너희 아내와 동거하고 그를 더 연약한 그릇이요 또 생명의 은혜를 함께 이어받을 자로 알아 귀히 여기라 이는 너희 기도가 막히지 아니하게 하려 함이라."(*οἱ ἄνδρες ὁμοίως, συνοικοῦντες κατὰ γνῶσιν ὡς ἀσθενεστέρῳ σκεύει τῷ γυναικείῳ, ἀπονέμοντες* *τιμὴν ὡς καὶ συγκληρονόμοις χάριτος ζωῆς εἰς τὸ μὴ ἐγκόπτεσθαι τὰς προσευχὰς ὑμῶν*)

4.1.2 이혼

이혼이 고대에서 널리 퍼져 있었다. 유대교에서도 이혼은 충분히 가능한 일이었다. 율법의 범위 안에서 이혼이 어떻게 진행되었는지는 신명기 24:1–3에 규정되고 있다.

4.1.2.1 마가복음 10:2–9과 마태복음 19:3–8의 병행단락에서 예수께서는 바리새인들과 함께 이혼에 관한 계명에 대해 논쟁한다. 신명기 24:1(2–4)의 규정은 예수에게 있어서 인간의 '완악함'(*σκληροκαρδία*)을 배려한 모세의 양보지만, 창세기 1:27과 2:24에 표현된 것과 같은 하나님의 창조의지에 맞지 않다. 결혼한 사람들은 '한 육체'(*μία σάρξ*)가 된다. 그러므로 "하나님이 짝지어 주신 것을 사람이 나누지 못한다."(*ὃ οὖν ὁ θεός συνέζευξεν, ἄνθρωπος μὴ χωριζέτω*) 시작하고 있는 하나님 통치의 빛 아래서 그 말씀은 하나님의 원래 의지가 다시 무제한적으로 유효해야 함을 의미한다. 이혼에 관한 규칙은 죄의 시대를 위한 긴급한 처방이다. 종말이 시작하는 곳에서 결혼은 원래 규정대로 올바르게 유지되고 영위(營爲)되어야 마땅하다.

4.1.2.2 이 논쟁설화의 부록으로 마가복음 10:11 이하와 마태복음 19:9에 예수의 구두 말씀 로기온이 발견되며, 그 로기온은 마태복음 5:31 이하에서도 반대명제의 틀 가운데 등장한다. 나아가 그 로기온은 누가복음 16:18에 전승되며, 고린도전서 7:10에서 바울이 그 로기온을 관련시킨다. 그러나 모든 구절들에서 각기 다른 본문이 놓여 있다. 주제는 이혼과 재혼으로, 세 가지 문제가 나타난다. 먼저 이혼의 금지가 무조건 유효한 것인지, 두 번째로 남자에게만 관련되는지 또는 여자에게도 관련되는지, 그리고 어떤 이유로 이혼이 금지되고 있는가의 문제이다.

4.1.2.2.1 고린도전서 7:10에 따르면 주의 계명에 근거하여 결혼한 사람들에게 이혼은 허락되지 않는다.(*παραγγέλλω οὐκ ἐγὼ ἀλλὰ ὁ κύριος*, 비교. 25절) 무조건적으로 마가복음 10:11 이하와 누가복음 16:18에서도 이혼이 금지되고 있다. 그에 반하여 마태복음 5:32과 19:9의 두 구절에서 예외로 아내가 음행한 경우에 이혼이 허용된다.(*μὴ ἐπὶ πορνείᾳ* 및 *παρεκτὸς λόγου πορνείας*)

4.1.2.2.2 두 번째 문제와 관련하여 구약성서 이해에 따르면 이혼이 남편에 의해서만 실행될 수 있다는 것으로부터 시작할 수 있다. 이는 마태복음의 두 구절과 누가복

음 16:18에도 해당된다. 마가복음 10:11 이하에서 아내에 의해서 실행되는 이혼을 언급하며(*ἐὰν αὐτὴ ἀπολύσασα τὸν ἄνδρα αὐτῆς*), 이는 고린도전서 7:10 이하에서도 전제되고 있다.(*γυναῖκα ἀπὸ ἀνδρὸς μὴ χωρισθῆναι*) 헬라식 관행에 적응한 내용이다. 여기서 공동체 안에서 여자의 동등한 위치 또한 어떤 한 역할을 하고 있는지는 불확실하다.(비교. 갈 3:28)

4.1.2.2.3 고린도전서 7:10을 제외하면 이혼의 금지는 이혼과 결혼파기 사이의 긴밀한 관계로 논증되고 있다. 그러므로 누가복음 16:18a은 "무릇 자기 아내를 버리고 다른 데 장가드는 자는 간음함이요."(*πᾶς ὁ ἀπολύων τὴν γυναῖκα αὐτοῦ καὶ γαμῶν ἑτέραν μοιχεύει*)라고 말한다. 이는 마태복음 19:9와 마가복음 10:11에도 해당되며 동시에 마가복음 10:11은 더 강조하여 "본처에게 간음을 행함이요."를(*μοιχᾶται ἐπ' αὐτήν*) 덧붙인다. 이는 거꾸로 마가복음 10:12에 따르면 아내에게도 해당된다. "또 아내가 남편을 버리고 다른 데로 시집가면 간음을 행함이니라."(*καὶ ἐὰν αὐτὴ ἀπολύσασα τὸν ἄνδρα αὐτῆς γαμήσῃ ἄλλον, μοιχᾶται*) 누가복음 16:18b은 추가로 "버림당한 여자에게 장가드는 자도 간음함이니라."고 말한다.(*καὶ ὁ ἀπολελυμένην ἀπὸ ἀνδρὸς γαμῶν μοιχεύει*) 여기서 분명하게 미혼 남자가 고려되고 있다. 마태복음 5:32에서는 다소 다르게 논증된다. 일반적으로 아내가 재혼이 필요하다는 관점에서 누구든지 음행한 이유 없이 아내를 버리면 "이는 그로 간음하게 함이요."(*ποιεῖ αὐτὴν μοιχευθῆναι*)라고 말한다. 이어서 마찬가지로 "또 누구든지 버림받은 여자에게 장가드는 자도 간음함이니라."고 언급되며(*καὶ ὃς ἐὰν ἀπολελυμένην γαμήσῃ, μοιχᾶται*), 이는 누가복음 16:18b의 말씀과 일치한다.

4.1.2.2.4 복잡한 정황에서 다음 내용을 알 수 있다. 이혼은 근본적으로 금지되고 있다. 오직 마태복음 5:32과 19:9에서만 간음의 경우에 이혼이 허용된다. 이 두 구절의 본문과 누가복음 16:18에서 전통적으로 남편에 의한 이혼이 언급되며, 마가복음 10:12과 고린도전서 7:10에서만 아내 쪽에서 제기한 이혼의 가능성도 전제되고 있다. 이어서 이혼 자체가 아니라 오히려 재혼, 즉 이혼한 사람의 결혼이 결혼파기와 동일시된다. 유사하게 재혼이 유지되고 있는 결혼의 파기에 인을 친다. 결혼파기의 주제를 언급함이 없이 어쨌든 바울도 고린도전서 7:11에서 "만일 그녀가(아내가) 갈라섰으면 그대로 지내든지 다시 그 남편과 화합하든지 하라."고 말한다.(*ἐὰν δὲ καὶ χωρισθῇ, μενέτω ἄγαμος ἢ τῷ ἀνδρὶ καταλλαγήτω*) 이 말씀은 반대의 경우에도 마찬가지로 유효하다. 이 말씀은 여기서 재혼이 없는 이혼의 가능성이 고려되고 있음을 의미한다. 이 모든

진술들은 결혼이 일평생 유효한 것으로 유지되어야 함을 전제하고 있다.

4.1.2.3 기독교인들과 비(非) 기독교인들의 결혼 공동체와 관련하여서 바울은 이혼의 문제도 다루어야만 했다. 고린도전서 7:12-16의 단락에서 사도는 기독교 공동체에 속하는 결혼한 남자나 여자가 믿지 않는 상대방이 요구하기 전에 스스로 갈라서지 말아야 함을 충고한다.(12절 이하) 그러나 믿지 않는 자 자신이 헤어지기를 원하면 기독교인 상대자는 헤어질 준비가 되어 있어야 한다. "형제나 자매나 이런 일에 구애될 것이 없느니라."(*οὐ δεδούλωται ὁ ἀδελφὸς ἢ ἡ ἀδελφὴ ἐν τοῖς τοιούτοις*, 15절) 흥미로운 것은 14절에서 함께 사는 것을 위한 다음 논증이다. "믿지 아니하는 남편이 아내로 말미암아 거룩하게 되고 믿지 아니하는 아내가 남편으로 말미암아 거룩하게 된다."(*ἡγίασται γὰρ ὁ ἀνὴρ ὁ ἄπιστος ἐν τῇ γυναικὶ καὶ ἡγίασται ἡ γυνὴ ἡ ἄπιστος ἐν τῷ ἀδελφῷ*, 14ab절) 동일한 내용이 (세례 받지 않은) 자녀들에게도 해당된다. 이들은 깨끗하지 못한 것이 아니라, '거룩하다.'(*ἅγιά ἐστιν*) 여기 전제된 거룩함에 관한 이해는 파트너와 자녀들을 (믿는 자) 자신의 삶과 구원의 영역 안으로 함께 포함시키는 전체적으로 이해된 결혼과 관련된다. 그러므로 바울에 따르면 믿지 않는 파트너와 갈라서지 말아야 할 중대한 이유가 믿는 자들에게 존재한다. 그러나 거꾸로 이혼이 불가피한 것으로 나타날 수 있다.

4.1.3 독신

그러므로 초기 기독교에 등장한 독신의 관행은 놀라운 것이다. 독신이 물론 이교적 환경에서 널리 퍼져 있었으나 (기한에 제한이 있었던?) 쿰란공동체를 제외한 구약성서와 유대교에서 널리 퍼져 있지 않았기 때문이다.

4.1.3.1 예수 전승에 나오는 기이한 전승말씀은 마태복음에 나오는 논쟁대화와 이혼에 관한 로기온과 연결된 본문인 마태복음 19:12이다. 거기서 태어날 때부터 결혼을 할 수 없는 사람들과, 인간의 개입으로 결혼하지 않게 된 다른 사람들과, 끝으로 하늘의 통치를 위해 결혼을 포기한 사람들에 관해 언급한다. 여기서 눈에 띄는 것은 모두 세 가지 형태의 고자의 개념이다. "어머니의 태로부터 된 고자도 있고 사람이 만든 고자도 있고 천국을 위하여 스스로 된 고자도 있도다."(*εἰσὶν γὰρ εὐνοῦχοι οἵτινες ἐκ κοιλίας μητρὸς ἐγεννήθησαν οὕτως, καὶ εἰσὶν εὐνοῦχοι οἵτινες εὐνουχίσθησαν ὑπὸ ἀνθρώπων, καὶ εἰσὶν εὐνοῦχοι οἵτινες εὐνούχισαν ἑαυτοὺς διὰ τὴν βασιλείαν τῶν οὐρανῶν*) 이 말씀이 예수에게 소급하는지는 논쟁이 되고 있다. 어쨌든 끝맺는 진

술에서 이 말씀을 은유적으로 이해할 수 있다. "이 말을 받을 만한 자는 받을지어다."(*ὁ δυνάμενος χωρεῖν χωρείτω*)라는 말씀이 뒤따르는 것은 우연이 아니다. 교회사에서 때때로 이 말씀이 축자적으로 이해되고 실행되어졌음에도 불구하고(참조. Origenes), 이 말씀이 자유의지로 결혼을 포기하는 것을 뜻함은 논쟁의 여지가 없다. 게다가 마태복음 19:10 이하의 도입구는 "사람마다 이 말을 받지 못하고 오직 타고난 자라야 할지니라."(*οὐ πάντες χωροῦσιν τὸν λόγον ἀλλ' οἷς δέδοται*)는 말을 언급한다. 따라서 이 말씀은 결코 일반적으로 적용되지 않는다.

4.1.3.2 바울은 고린도교회 공동체로 인해 금욕주의의 문제에 직면하게 되었고 그에 대한 입장을 상세하게 표명한다.

4.1.3.2.1 분명하게 관련되는 것은 사도가 고린도전서 7:1에서 "남자가 여자를 가까이 아니함이 좋다."(*καλὸν ἀνθρώπῳ γυναικὸς μὴ ἅπτεσθαι*)라고 표명할 때 인정하는 고린도 공동체 안에 널리 퍼진 주장이다. 물론 바울은 2-6절에서 '음행'(*πορνεία*)을 피하기 위해 남자와 여자가 결혼하고 서로 떨어지지 말아야 함을 충분히 객관적으로 말할 수 있다. 그러나 7절의 말씀이 결정적으로 중요하다. "나는 모든 사람이 나와 같기를 원하노라 그러나 각각 하나님께 받은 자기의 은사가 있으니 이 사람은 이러하고 저 사람은 저러하니라."(*θέλω δὲ πάντας ἀνθρώπους εἶναι ὡς καὶ ἐμαυτόν· ἀλλὰ ἕκαστος ἴδιον ἔχει χάρισαμ ἐκ θεοῦ, ὁ μὲν οὕτως, ὁ δὲ οὕτως*) 바울 자신이 결혼을 하지 않았고(혹은 과거의 바리새인으로 부인과 떨어져 살았고?) 그가 그러한 생활 형태를 선호하였음은 오해의 여지없이 명백하다. 물론 바울은 그러한 생활 형태를 모든 사람에게 주어지지 않은 특별한 은사로 이해한다.

4.1.3.2.2 사도는 고린도전서 7:8 이하에서 결혼하지 않은 사람들(*ἄγαμοι*)과 과부들(*χῆροι*)을 고려한다. 가능한 대로 그들은 자신의 신분 상태를 유지해야 한다. 그러나 경우에 따라 결혼도 할 수 있다. 7:25-35에서 바울은 특별히 처녀에 관한 주제에 몰두한다. 그에 대해 바울은 이혼의 경우처럼 주님의 가르침(*ἐπιταγὴ κυρίου*)을 갖고 있지 않지만, "주의 자비하심을 받아서 충성스러운 자가 되어" 충고한다.(*γνώμη δὲ δίδωμι ὡς ἠλεημένος ὑπὸ κυρίου πιστὸς εἶναι*) 그는 다시 결혼하지 않은 상태로 있는 것이 좋다고 강조한다. 그 당시 분명히 설득력이 있었던 두 가지 논거를 제시하며 그것을 논증한다. 하나는 임박한 위협에 관한 언급이며 현세의 때의 단축이다.(26-28, 29a, 31b절) 이어서 결혼한 사람 각자가 애써 상대의 마음에 들기 위하여 걱정하며 마음이 '나누어지는'(*μεμέρισται*) 것에 반해 결혼하지 않은 사람은 마음이 나누이지 않

고 "주의 일을 염려한다."(*μεριvâν τὰ τοῦ κυρίου*)는 것이다.(32–35절) 그렇지만 바울은 여기서도 결혼을 단순하게 부정적으로 평가하지는 않는다.(27절 이하) 그러나 '아내 있는 자들은 없는 자 같이 하는 것'이 마땅하다.(*ἵνα καὶ οἱ ἔχοντες γυναῖκας ὡς μὴ ἔχοντες ὦσιν*, 29b절) 세속과 관련된 일에 종속되는 것 마다 무엇이든지 피해야 한다.

4.1.3.2.3 바울은 고린도전서 7:36–38에서 특별한 문제를 다룬다. 여기서 관련되는 것은 특별히 까다로운 금욕의 한 형태로 미혼 남자와 처녀가 함께 사는 것이다. 바울은 이러한 생활 형태가 시종일관 철저하게 유지되는 경우라면 그것을 허용한다. 그러나 성적 교제에 대한 욕구를 갖는 자는 결혼을 하여야 하며, 그것으로 불의를 행하는 것이 아니다.

4.1.3.3 때때로 요한계시록에 성적 금욕이 전제되고 있는가가 질문되고 있다. 요한계시록 14:4a에 144,000명이 '여자와 더불어 더럽히지 아니하고 순결한 자들'로 명명되기 때문이다.(*οὗτοί εἰσιν οἳ μετὰ γυναικῶν οὐκ ἐμολύνθησαν, παρθένοι γάρ εἰσιν*) 그러나 창녀가 요한계시록에서 비유적으로 이해되듯이, 처녀의 모티브에서도 그것이 전제되어야 한다. 중요한 것은 14:4b, 5에서 표현되듯이 아무런 거리낌이 없이 예수를 따르는 제자도에 대한 주장이다.

4.1.4 동성연애와 방종(放縱)

이혼 및 독신과 구별되게 동성연애와 음란이 일반적으로 정죄되고 있다.

4.1.4.1 동성연애에 관하여 신약성서는 고린도전서 6:9, 디모데전서 1:10에 나오는 '남색 하는 자'(*ἀρσενοκοῖται*)에 관한 언급을 제외하고 오직 한 구절에서만 특별하게 언급한다. 그것은 로마서 1:26b, 27이다. 여기서 언급되는 것은 사람들이 "순리대로 쓸 것을 바꾸어 역리로 쓴다."(*μετήλλαξεν τὴν φυσικὴν χρῆσιν εἰς τὴν παρὰ φύσιν*)는 사실이다. 이는 남자들과 마찬가지로 여자들과도 관련되며 "그들의 그릇됨에 상당한 보응을 그들 자신이 받았느니라."는 말씀으로 이어진다.(*τὴν ἀντιμισθίαν ἣν ἔδει τῆς πλάνης αὐτῶν ἐν ἑαυτοῖς ἀπολαμβάνοντες*) 이스라엘에서처럼 초기 기독교에서도 터부시되었던, 전형적으로 이교도적인 죄와 관련되며, 구약성서의 행위에 따른 보상이라는 사고와 일치하는, 이미 명백하게 된 하나님의 진노(1:19)가 범죄 행위 자체 안에서 경험되고 있음을 전제로 한다.

4.1.4.2 결혼하지 않고 성적인 교제를 한다는 의미에서 '음행'(*πορνεία*)을 구약

성서에서처럼 근본적으로 정죄한다.(이에 상응하여 '음란한 여자나 남자' *πόρνος/πόρνη*에 관해 여러 번 언급한다.) 보편적인 권고의 본문들 중 특히 데살로니가전서 4:3과 갈라디아서 5:19을 언급할 수 있다. 구체적인 권고문 안에서 바울은 두 구절에서 이 주제를 다룬다.

4.1.4.2.1 바울은 고린도전서 6:12-20에서 음란의 문제를 취급한다. 그가 전적으로 수용한 "모든 것이 가하다."라는 명제를 그는 "다 유익한 것이 아니요."라는 언급으로 제한(制限)시킨다.(*πάντα μοι ἔξεστιν ἀλλ' οὐ πάντα συμφέρει*, 12절. 비교. 10:23) 바울에게 많은 귀띔을 주는 것은 '창녀'(*πόρνη*)와의 성적 교제가 아내와의 육체적 결합에 상응하는 둘이 '한 몸'이 되도록 이끈다는 사실이다.(16절) 그러나 우리의 몸은 '그리스도의 지체'이고, '창녀의 지체'(*πόρνης μέλη*)로 만들지 말아야 한다.(15절) 다른 죄들은 '몸 밖에서'(*ἐκτὸς τοῦ σώματος*) 범하지만, 음란은 몸 자체와 관련된다. "음행하는 자는 자기 몸에 죄를 범하느니라."(*ὁ δὲ πορνεύων εἰς τὸ ἴδιον σῶμα ἁμαρτάνει*, 18c절) 바울의 몸 이해라는 의미에서 인간의 전인성(全人性)이 중요하며, 그것은 그리스도에게 속하는 자들에게 부적절한 육체적 관계를 허락하지 않는다. 그러므로 요구하는 것은 '음행을 피하라!'이다.(*φεύγετε τὴν πορνείαν*, 18a절)

4.1.4.2.2 고린도전서 5:1-5에서 바울은 한 남자가 계모와 성적인 관계를 갖는 특별히 악한 음란의 한 형태를 다룬다. 이것은 사도의 이해에 따르면 교회 공동체 밖으로 쫓아내야 할 일이다. 관련된 자를 사탄에게 내어 주어야 한다. 이는 "육신은 멸하고 영은 주 예수의 날에 구원을 받게 하려 함이라."(*ἵνα τὸ πνεῦμα σωθῇ ἐν τῇ ἡμέρᾳ τοῦ κυρίου*, 5b절) 이 구절은 분명하게 죄인에게 주어진 영혼 및 그 영혼과 함께 그 자신이 마지막 심판 날에 혹시나 여전히 구원받게 되는 것을 희망하는 표현이다.(비교. 고전 3:15. 참조. 이 책 25장)

4.2 어린이들의 위치

그 당시 주변 세계와는 아주 많이 다르게 예수께서는 어린이들을 그들이 지니는 고유성으로 인해 이미 많이 주목했다. 그에 상응하여 초기 기독교 공동체 윤리도 어린이들을 배려한다.

4.2.1 예수께서 어린이들을 모범으로 삼으셨을 뿐만 아니라, 그들을 공동체 안으로 성인들과 함께 포함시켰다. 무엇보다도 마가복음 10:15과 그 병행구절의 다음 로기

온이 향방(向方)을 제시해 준다. "내가 진실로 너희에게 이르노니 누구든지 하나님의 나라를 어린아이와 같이 받들지 않는 자는 결단코 그 곳에 들어가지 못하리라."(*ἀμὴν λέγῳ ὑμῖν, ὅς ἄν μὴ δέξηται τὴν βασιλείαν τοῦ θεοῦ ὡς παιδίον, οὐ μὴ εἰσέλθῃ εἰς αὐτήν*) 여기서 성인을 기준으로 삼은 것이 아니다. 어린아이로서, 그리고 어린아이처럼 구원이 영접되고 있음을 말한다. 그러므로 예수께서는 또 마가복음 10:13 이하, 16절 병행구절에 따르면 어린아이들을 내쫓으려 하는 제자들을 거부하고 자신에게 오는 어린아이들을 축복한다.

4.2.2 두 개의 초기 기독교 가훈표가 부모와 어린아이의 관계를 주제로 삼는다. 소위 가훈표들은 그 성격상 공동체의 가훈표이므로 그것으로 기독교 공동체 안에서의 여러 위치가 함께 고려되고 있다. 골로새서 3:20 이하는 아주 전통적으로 자녀들이 "모든 일에 부모에게 순종하라."(*ὑπακούειν κατὰ παύτα*)고 요구한다. 그것이 '주 안에서 기쁘게 하는 것'이기 때문이다.(*τοῦτο γὰρ εὐάρεστόν ἐστιν ἐν κυρίῳ*) 거꾸로 아버지들에게 기대되는 것은 그들이 자녀들을 노엽게 하지 않는 것이며 그들의 용기를 꺾지 말아야 하는 것이다.(*μὴ ἐρεθίζετε τὰ τέκνα ὑμῶν, ἵνα μὴ ἀθυμῶσιν*) 에베소서 6:1-4에 병행으로 나오는 말씀은 자녀들의 순종의 이유를 십계명의 부모에 대한 계명으로 논증한다. 그것은 "약속이 있는 첫 계명이니(*ἐντολὴ πρώτη ἐν ἐπαγγελίᾳ*) 이로써 네가 잘되고 땅에서 장수하리라." 아버지들에게 전형적으로 기대되는 것은 그들이 자녀들을 '주의 교훈과 훈계'로 자라게 하는 것이다.(*ἐν παιδείᾳ καὶ νουθεσίᾳ κυρίου*) 이 두 경우에 오해의 여지가 없는 것은 '주 안에서' 행해지는 자녀교육이 중요하다는 사실이다.

4.2.3 특별한 문제는 유아 세례에 관한 질문이다. 양친이 기독교인인 부모에 의해 어린아이가 세례를 받았다는 것은 전적으로 가능하지만 증명할 수 없다. 많이 연구된 '…와 그의 집'이라는 표현은 이러한 관점에서 분명한 추론을 허락하지 않는다.(비교. 이 책 17장) 고린도전서 7:14에서 어쨌든 우리가 알게 되는 것은 최소한 기독교인들과 이방인들 사이의 결혼관계에서 세례 받지 않은 유아들이 있었다는 사실이다. 거룩하게 되는 것이 그 밖의 다른 경우에 세례와 관련되는 반면(비교. 고전 1:2, 6:11), 이러한 경우에 유아들에게 거룩함이 주어지는 것은 어머니 및 아버지의 거룩함을 통하여 그들이 구원의 영역 안으로 함께 포함되고 그로써 기독교 공동체에 속하게 되는 방식을 통해서이다.

4.3 종과 주인

초기 기독교에서 상당히 특별하게 몰두했던 문제는 사회에 이미 존재하고 있었던 노예제도의 실행이었다. 여기서 사회적인 위치 이외에 구체적인 노동관계가 관련되고 있었다. 사회질서가 소수를 통해 변경될 수 없었으므로 노예제도와 관련하여 어떻게 바르게 처신하느냐는 문제가 더욱 더 긴급하게 제기되었다. 문제는 세 가지 방식으로 나타났다. 먼저 기독교인인 주인이 기독교인이 된 노예를 노동력으로 가지고 있었던 경우이다. 이어서 기독교인이 교회 공동체에 속하지 않았던 노예를 가지고 있었던 경우이다. 끝으로 짐작컨대 가장 빈번하였을 기독교인이 노예로 기독교인이 아닌 주인에게서 일했던 경우이다.

4.3.1 첫 번째 경우에 많은 귀띔을 주는 예를 빌레몬서가 제공한다. 바울은 감옥에서 오네시모라는 노예를 알게 되었고 그가 믿음을 갖도록 개종시켰다. 이제 바울이 그를 이전의 주인이면서 기독교인이고 자신의 집에서 '가정공동체'(*κατ' οἶκον ἐκκλησία*)가 모이고 있었던 빌레몬에게 되돌려 보낸다. 바울은 자신의 자녀를 위해 하듯이 오네시모를 위해 간청한다.(10절) 오네시모가 빌레몬에게 해를 끼쳤을지라도 빌레몬이 '종과 같이 대하지 아니하고 종 이상으로 곧 사랑 받는 형제'로 오네시모를 다시 받아들이기를 원한다.(*οὐκέτι ὡς δοῦλον, ἀλλ' ὑπὲρ δοῦλον, ἀδελφὸν ἀγαπητόν*, 16절) 의심의 여지없이 오네시모는 다시 자신의 옛 노동관계로 되돌려졌다. 그러나 갈라디아서 3:28의 의미에서 볼 때 기독교 교회 공동체 안에서 사회적인 경계는 무의미한 것이었다. 그러므로 오네시모는 종속된 자로, 그리고 동등한 위치에 있는 자로서의 이중적 위치를 갖는다.

4.3.2 골로새서 4:1의 가훈표에서는 노예를 가지고 있는 기독교인들을 향해 그들이 지니는 주인으로서의 위치에서 호소한다. 여기서는 일차적으로 비기독교인 노예를 염두에 두고 있다. 주인들을 향해 아주 일반적으로 "의와 공평을 종들에게 베풀라."고 권면한다.(*τὸ δίκαιον καὶ τὴν ἰσότητα τοῖς δούλοις παρέχεσθε*) 그들이 하늘에 주인을 가지고 있음을 스스로 기억해야 한다. 아주 유사하게 에베소서 6:9이 논증한다.

4.3.3 특별히 긴급하게 제기되었던 처신에 대한 문제는 (예수를) 믿게 된 노예가 이교도인 주인의 집에서 일해야 했던 곳에서 발생한다.

4.3.3.1 특정 조건 아래 로마 제국 안에서 노예가 자유롭게 팔리든지 혹은 예외의 경우에 저축한 돈으로 스스로 자기 자신을 자유롭게 살 수 있었으므로 노예가 석방

되었던 가능성이 있었다. 바울은 고린도전서 7:17, 20-24에서 그것에 대해 언급한다. 바울은 다음 말씀을 맨 앞에 위치시키고 다시 끝에서 반복한다. "각 사람은 부르심을 받은 그 부르심 그대로 지내라."(*ἕκαστος ἐν τῇ κλήσει ᾗ ἐκλήθη, ἐν ταύτῃ μενέτω*, 20절. 비교. 27절) 그런 점에서 21b절에 나오는 말론 크래사이(*μᾶλλον χρῆσαι*), 즉 "오히려 그것을 이용하라."는 표현을 문법적으로 가능한 의미에 따라, 자유롭게 되는 것을 자유롭게 이용하라는 것과 관련시키는 것은 개연성이 없다. 그것이 가능할지라도 오히려 의도되었던 것은 노예가 오히려 자신의 위치에 머물러야 한다는 내용이다.(비교. 21a절) 왜냐하면 '주 안에서 부르심을 받은 자는 종이라도 주께 속한 자유인'이기 때문이다.(*ὁ γὰρ ἐν κυρίῳ κληθεὶς δοῦλος ἀπελεύθερος κυρίος ἐστίν*, 22절) 이 지상에서 대금을 치르고 자유를 얻은 것이 아니라 오히려 "(그리스도께서) 너희를 값으로 사신 것이라."는 사실이 유효하다.(*τιμῆς ἠγοράσθητε*, 23a절) 결정적으로 중요한 것은 외적인 신분이 아니라, 그리스도 앞에서의 위치와 그것에 합당하게 사는 것이다.(17절) 물론 바울은, 그 말씀을 때가 단축하여졌고(29절), "이 세상의 외형은 지나간다."(*παράγει γὰρ τὸ σχῆμα τοῦ κόσμου τούτου*, 31b절)는 예표 아래 말한다. 어쨌든 바울은 자유로워지는 것을 이용할 수 있다는 가능성을 열어 놓고 있으며, 그것을 금하지 않는다.

4.3.3.2 가훈표는 믿음에 이르게 된 노예들을 향해 단정(端正)할 뿐만 아니라 스스로 증인이 될 수 있도록 직무를 행할 것을 호소한다. 골로새서 3:22-25에 따르면 중요한 것은 "무슨 일을 하든지 마음을 다하여 주께 하듯 하고 사람에게 하듯 하지 말라."는 것이다.(*ἐκ ψυχῆς ἐργάζεσθε ὡς τῷ κυρίῳ καὶ οὐκ ἀνθρώποις*, 23절) 그것이 하늘의 보상을 약속한다. 아주 유사하게 에베소서 6:5-8이 기독교인 노예들을 향해 육신의 주인에게 온전하게 순종하고 마음으로 참 주인을 섬기라고 훈계한다. 이러한 노예의 직무가 여러 면에서 매우 힘들었음이 베드로전서 2:18-20에 고려되고 있다. '선하고 관용하는 자들에게만 아니라 또한 까다로운' 주인들에게도 순종해야 한다.(*οὐ μόνον τοῖς ἀγαθοῖς καὶ ἐπιεικέσιν ἀλλὰ καὶ τοῖς σκολοῖς*) '부당하게 고난을 받아도 하나님을 생각함으로 슬픔을 참으면' 그것이 곧 은혜로 표현된다.(*εἰ διὰ συνείδησιν θεοῦ ὑποφέρει τις λύπας πάσχων ἀδίκως*, 19절) 그러나 결정적으로 중요한 것은 무엇보다도 기독교인이 고난을 당할지라도 '선을 행하는 것'(*ἀγαθοποιεῖν*)이다.(20절) 그것은 21-25절에서 이사야 53장의 빛 아래 해석된 그리스도의 고난으로 논증되고 있다. '너희에게 본을 끼쳐 그 자취를 따라오게 하려 하신' 분이 바로 그리스도이시

다.(*ὑμῖν ὑπολιπάντων ὑπογραμμὸν ἵνα ἐπακολουθήσητε τοῖς ἴχνεσιν αὐτοῦ*, 21b절)

4.4 외인(外人)에 대한 책임

4.4.1 세상에 대한 책임은 일차적으로 구원의 예고인 기쁜 소식을 선포하는 것이다.(비교. 이 책 21장) 베드로전서 3:15b에 따르면 '너희 속에 있는 소망에 관한 이유를 묻는 자에게는 대답할 것을 항상 준비하는 것'이 그것에 속한다.(*ἕτοιμοι ἀεὶ πρὸς ἀπολογίαν παντὶ τῷ αἰτοῦντι ὑμᾶς λόγον περὶ τῆς ἐν ὑμῖν ἐλπίδος*)

4.4.2 예수의 메시지 안에서 근본적으로 원수 사랑으로 특징지어진 구체적인 행동이 선교 과제와 결합되고 있다. 마태복음 5:43-48에 언급되고 있는 내용이 로마서 12:14, 17-21에 나오는 "너희를 박해하는 자를 축복하라 축복하고 저주하지 말라."는 권고 안에 분명하게 수용되고 있다.(*εὐλογεῖτε τοὺς διώκοντας, εὐλογεῖτε καὶ μὴ καταρᾶσθε*, 14절) 이는 "아무에게도 악을 악으로 갚지 말라."(*μηδενὶ κακὸν ἀντὶ κακοῦ ἀποδιδόντες*, 17절)는 훈계와 "할 수 있거든 너희로서는 모든 사람과 더불어 화목하라."(*εἰ δυνατὸν τὸ ἐξ ὑμῶν, μετὰ πάντων ἀνθρώπων εἰρηνεύοντες*, 18절)는 요구로 이어진다. 거기에다 원수 갚는 것을 포기할 것을 덧붙이며, 그 대신에 원수를 도와야 하고 그것으로써 잠언 25:21 이하의 비유 말씀의 뜻에 따라 원수의 머리에 숯불을 쌓아 놓아야 한다.(19절 이하) 어쨌든 결정적으로 중요한 것은 "악에게 지지 말고 선으로 악을 이기라."는 것이다.(*μὴ νικῶ ὑπὸ τοῦ κακοῦ ἀλλὰ νίκα ἐν τῷ ἀγαθῷ τὸ κακόν*, 21절. 비교. 살전 5:15)

4.4.3 베드로전서 3:9에서도 악을 악으로 갚지 말고 오히려 축복하라는 훈계가 등장한다. 무엇보다도 여기서 언제나 거듭하여 선을 행하고 그런 방식으로 증언하라고 요구하고 있다. 그것에 대하여 요약적으로 '선을 행하는 것'과 '선행'이라는 표현이 여러 번 사용된다.(*ἀγαθοποιεῖν, ἀγαθοποιΐα*, 2:15, 20, 3:6, 17, 4:19) 한 예로 3:1-6은 외모를 단장하는 것을 포기하며 그 대신에 참된 단장으로 온유하고 정숙한 태도를 통해 믿지 않는 남편을 '말 없이'(*ἄνευ λόγου*) 하나님을 경외하게 한 여인들을 언급한다.

4.4.4 특별한 문제는 이방인들과의 친근한 교제와 관련된다. 시장에서 구입한 고기가 이방인의 도살예식과 관련됨에도 불구하고 어려움을 야기하는 것은 아니다.(고전

10:25) 다른 한 편 이방 성전에서 행해지는 희생만찬에 참여하는 것을 배제한다.(고전 8:10) 따라서 제기되는 문제는 그리스도인으로서 이방인의 집에서 베풀어지는 식사 공동체에서 어떻게 행동해야만 했느냐는 것이다. 고린도전서 10:27 이하에 따르면 참여하는 것은 허락된다. 그런 점에서 고기가 지니는 제물의 성격이 분명하게 강조되지 않는다. 그러한 일이 일어나는 곳에서 그 고기가 제물임을 '알게 한 자와 양심을 위하여' 그 고기를 먹지 말아야 한다.(*δι' ἐκεῖνον τὸν μηνύσαντα καὶ τὴν συνείδησιν*, 28b절) 흥미로운 것은 그 다음 말씀이다. "내가 말한 양심은 너희의 것이 아니요 남의 것이니 어찌하여 내 자유가 남의 양심으로 말미암아 판단을 받으리요?"(*συνείδησιν λέγω οὐχι τὴν ἑαυτοῦ ἀλλὰ τὴν τοῦ ἑτέρου· ἱνατί γὰρ ἡ ἐλευθερία μου κρίνεται ὑπὸ ἄλλης συνειδήσεως;* 29절) 이 말씀은 그리스도인에게 그러한 고기를 먹는 양심의 자유가 전적으로 주어지지만, 그리스도인이 아닌 자가 자신의 양심에 비추어 잘못된 판단을 하도록 하지는 말아야 한다는 의도로 언급되고 있다.(비교. 30절) 먹든지 마시든지 무엇을 하든지 유대인에게나 이방인에게나 자신의 교회 공동체에 '거리끼는 것이 되지 않도록'(*ἀπρόσκοπος*) 행해야 한다.(31절 이하, 비교. 골 4:5 이하)

4.5 국가에 대한 태도

특별한 문제는 로마제국에 대한 태도에서 제기된다. 로마제국은 팔레스틴 지역에 군사가 주둔하고 있었으며 제국의 그 밖의 지역에서는 규범이 되는 정치적 통치권만을 갖고 있었다. 케사르[38]의 통치 이후로 유대인들이 특권을 지니고 있었다. 그 특권은 처음에는 기독교인들에게도 주어졌지만 1세기 말 유대인들과 기독교인들의 결정적인 분리 이후 상실되게 되었으며, 기독교인들은 계속하여 권리를 잃게 되었다.

4.5.1 마가복음 12:13-17과 그 병행구절에 나오는 가이사에게 세금을 바치는 것에 관한 예수와 바리새인과의 논쟁대화가 팔레스틴의 상황을 반영한다. 거기서 세금 거부와 군사 주둔에 대항하는 봉기가 상당히 현실적인 문제가 되었다. 예수에게 그에 대한 입장을 묻는 까다로운 질문이 던져졌지만, 그는 아주 원칙적으로 답변한다. 질서를 필요로 하는 세상의 일들이 있으며, 그것과 구별되어야 하는 종교적 의무들이 있다. 가이사의 형상과 관련된 글이 새겨진 동전이 사용되는 곳에 실제로(de facto) 가이사가

38) Gaius Julius Caesar, BC 100~BC 44 — 역자 주.

인정되고 있으며 그에게 속하는 것을 또 그에게 주는 것이 당연하다. 그러나 반대로 하나님께 영광과 순종을 드려야 한다. "가이사의 것은 가이사에게, 하나님의 것은 하나님께 바치라."(*τὰ Καίσαρος ἀπόδοτε Καίσαρι καὶ τὰ τοῦ θεοῦ τῷ θεῷ*) 여기서 형식상의 병행으로 분명한 위계질서가 지켜지고 있다. '하나님의 것'으로 세상의 모든 것에 대한 분명한 한계를 긋고 있다. 거꾸로 이 세상의 권세가 질서 잡힌 생활공동체를 위한 조건으로 전적으로 인정되고 있다. 그러므로 초기 기독교 권면에서도 국가와 국가 안에서의 몇 가지 의무사항들이 아주 자명한 것으로 전제되고 있음은 놀라운 일이 아니다. 그러나 동시에 국가의 요구에 대한 한계선도 분명하게 설정되고 있다.

4.5.2 많이 연구된 본문인 로마서 13:1-7은 먼저 세상의 '권세들'을 다룬다. 그 권세들에게 각 사람이 순종해야 하며 기꺼이 순종할 준비를 해야 한다.(*πᾶσα ψυχὴ ἐξουσίαις ὑπερεχούσαις ὑποτασσέσθω*, 1a절) 여기서 '권세들'(*ἐξουσίαι*)이라는 개념은 세상 통치의 구체적인 형태들과 관련되며, 초인격적이거나 심지어 형이상학적인 어떤 권세들과 관련되지 않는다. 그에 상응하여 3절에서 아르콘테스(*ἄρχοντες*), 즉 '다스리는 자들'이 특정영역에서 권세를 행사하는 사람들로 언급되고 있다. 바울은 이제 중요한 말을 한다. "권세는 하나님으로부터 나지 않음이 없나니 모든 권세는 다 하나님께서 정하신 바라."(*οὐ γὰρ ἔστιν ἐξουσία εἰ μὴ ὑπὸ θεοῦ, αἱ δὲ οὖσαι ὑπὸ θεοῦ τεταγμέναι εἰσίν*, 1b절) 앞 문장이 국가 권력과 질서를 원칙적으로 하나님이 예정하신 것과 관련시키므로, 뒤의 문장은 현존하는 국가 제도들이 파생된 의미로 볼 때 마찬가지로 하나님이 원하신 것이라고 말한다. 그러므로 2절에 따르면 국가질서에 대항하는 것은 그에게 부과된 기능상 하나님의 질서에 대항하는 것에 해당된다. 이로써 명백하게 무정부적 경향이 거부되어야 한다. 그것과 연결되어 국가의 권력을 지닌 자들이 행해야 하는 것이 3절에서 명료하게 언급되고 있다. 그들은 '하나님의 사역자'로서 '선'을 도모해야 하며(*θεοῦ γὰρ διάκονός ἐστιν εἰς τὸ ἀγαθόν*), 악을 막아야 한다. 그들이 '공연히 칼을 차고 있는 것'이 아니며(*οὐ γὰρ εἰκῇ τὴν μάχαιραν φορεῖ*), 악을 행하는 자들에게 징벌을 집행해야 한다.(*ἔδικος εἰς ὀργὴν τῷ τὸ κακὸν πράσσοντι*) 모든 사람들이 선을 위해 애써야 한다. 그러므로 5절에 따르면 징벌이 무서워서가 아니라 '양심'(*διὰ τὴν συνείδησιν*)을 위해 '복종해야 한다.'(*διὸ ἀνάγκη ὑποτάσσεσθαι*) 이어서 끝으로 6절 이하에서 그러한 질서에 근거하여 세금을 내어야 하며 그 밖의 의무들을 이행해야 한다. 5b절의 양심에 대한 언급이 결정적으로 중요한 의미를 갖는다. 바울에게서 양심은 늘 하나님과 관련된 양심이다. 그런 점에서 본문의 단락은 두 가지 내

용을 담고 있다. 하나는 국가 권력에 대한 기본적인 인정이다. 또 양심을 하나님에게 연결시킴으로써 때때로 요구되어지는 것으로 국가가 자체의 권한을 넘어서는 경우 그 국가를 부정하는 것이다.

4.5.3 디모데전서 2:1-4은 모든 사람들, 특별히 '임금들과 높은 지위에 있는 사람들'을 위해 기도할 것을 호소한다.(*ὑπὲρ βασιλέων καὶ πάντων ἐν ὑπεροχῇ ὄντων*, 2a절) 그것은 "우리가 모든 경건과 단정함으로 고요하고 평안한 생활을 하기 위함이다."(*ἵνα ἤρεμον καὶ ἡσύχιον βίον διάγωμεν ἐν πάσῃ εὐσεβείᾳ καὶ σεμνότητι*, 2b절) 1세기 말경에 위협적이었던 논쟁에 직면하여 이러한 간청은 단조로운 시민생활로 돌아가는 것 이상을 의미한다. 덧붙여 그러한 간청은 "하나님이 모든 사람이 구원을 받으며 진리를 아는 데에 이르기를 원하신다."는 관점 아래 놓이며(*ὅς πάντας ἀνθρώπους θέλει σωθῆναι καὶ εἰς ἐπίγνωσιν ἀληθείας ἐλθεῖν*, 4절), 동시에 방해받지 않은 선교행위를 위한 가능성이 존재함을 의미한다. 디도서 3:1의 짧은 훈계도 아주 유사하게 국가 권력에 순종할 것을 요구하며, 그것은 "모든 선한 일 행하기를 준비하라."는 요구와 결합시킨다.(*πρὸς πᾶν ἔργον ἀγαθὸν ἑτοίμους εἶναι*)

4.5.4 베드로전서 2:13-17에서도 가이사와 그가 보낸 총독이 만든 인간제도에 순종할 것을 요구한다. 14절에 의하면 그 총독은 악을 행하는 자를 징벌하고 선을 행하는 자를 포상하기 위하여 임명되었다. 그러나 15절에 의하면 하나님이 원하시는 것은 무엇보다도 선을 행하며 참된 진리를 실행하므로 어리석고 무식한 사람들의 '입을 막는 것'이다.(*φιμοῦν*) 기독교인들은 '하나님의 종들로서'(*ὡς θεοῦ δοῦλοι*) 자신의 자유를 '악을 가리는 덮개'로 남용하지 않는 '자유인들'(*ὡς ἐλεύθεροι*)로서 국가 안에서 생활하며 활동해야 한다. 모든 사람들을 존경하며(*πάνας τιμήσατε*), 형제 사랑을 실천하라는(*τὴν ἀδελφότητα ἀγαπᾶτε*) 요구와 함께 이어서 17절에 "하나님을 두려워하며 왕을 존대하라."고 말한다.(*τὸν θεὸν φοβεῖσθε, τὸν βασιλέα τιμᾶτε*) 모든 사람들이 왕을 존경하듯이, 왕도 자신의 위치에서 사람들을 존경해야 한다. 그러나 진정한 경외는 하나님께 돌려짐이 마땅하다. 예수의 말씀에 소급함으로써 도입부에서 요구되는 순종의 한계가 최소한 암시적으로 설정되고 있다. 베드로전서에서 교회 공동체는 이미 기독교 박해가 시작됨을 감지할 수 있었으며, 그것은 특히 4:12-19의 단락에서 드러난다. 만일 '그리스도인으로서의 고난'(*ὡς Χριστιανός*)을 받게 된다면, 믿는 자는 "부끄러워하지 말고 도리어 그 이름으로 하나님께 영광을 돌려야 한다."(*δοξαζέτω δὲ τὸν θεὸν ἐν τῷ ὀνόματι τούτῳ*, 16절)

4.5.5 요한계시록이 생성될 당시에 정치적으로 극심한 논쟁이 발생하였다. 따라서 요한계시록에서 국가가 하나님을 대항하는 모습으로 나타나고 묘사된다. 요한계시록 13:1-8에 따르면 국가는 혼돈의 바다에서 올라온 짐승이 출현한 것이다. 그 짐승은 자기를 경배하도록 하며 적그리스도(이에 대해 이 책 24장)로 교회 공동체를 핍박한다. 교회를 향해서는 스스로 인내와 믿음으로 견디어 나갈 것이 호소된다.(9절 이하) 두 번째 짐승의 출현은 오해의 여지없이 여기서 황제숭배가 관련되고 있음을 밝혀준다. 13:11-17에 따르면 두 번째 짐승이 사람들로 하여금 첫 번째 짐승을 위해 경배할 우상을 세우도록 만들며, 그것을 거부하는 자들이 살 수 없도록 한다. 그러므로 13:18은 "총명한 자는 그 짐승의 수를 세어 보라 그것은 사람의 수니 그의 수는 육백육십육이니라."(*ὁ ἔχων νοῦν ψηφισάτω τὸν ἀριθμὸν τοῦ θηρίου, ἀριθμὸς γὰρ ἀνθρώπου ἐστίν, καὶ ὁ ἀριθμὸς αὐτοῦ ἑξακόσιοι ἑξήκοντα ἕξ*)고 말한다. 게마트리아의[39] 규칙에 따르면 히브리어 알파벳을 전제로 한 '네로 황제'의 이름이 관련되고 있다. 다시 돌아온 네로가 더 이상 순종할 의무가 없는 잘못된 국가를 대표하는 자이다. 그를 순종하는 것을 거부하는 경우 물론 박해와 때로는 순교를 낳는다. 국가나 국가 권력을 지닌 자가 종교적인 요구를 하며 하나님의 권세 영역을 침입하는 경우 그 권력자에 대한 순종을 거부해야 한다.

5. 신약성서 윤리의 전체 성격

이 장(이 책 23장)에서는 기독교 생활의 구체적인 형태를 다루고 있다. 그러나 여기서 신약성서 윤리가 지니는 전체 성격에 대한 문제가 다시 제기된다. 그러므로 제자들의 윤리와 공동체 윤리 또 개별 문서들과 전체 문서 사이를 구별하는 것이 긴요하다. 여기서도 공통되는 모티브들에 대해 질문할 수 있다. 이 모티브들의 출발점은 종말론적으로 논증된 예수의 윤리 원칙들과 요구들이다. 따라서 어떻게 그 모티브들이 초기 기독교 윤리 안에 포함되고 있는지를 드러내는 일이 중요하다. 개별적인 행동 범위를 다루는 것은 (이 책의) 앞선 장들에서 언급된 기본근거 및 주요원칙들과 관련된다.

---

39) Gematrie 또는 Gematria. 알파벳 문자로 숫자를 계산하여 뜻을 알아내는 방법. — 역자 주.

5.1 다양한 전승층(傳承層)에 대한 종합적 조망

공동체 윤리는 예수의 윤리적 원칙들을 받아들이고 동시에 그것을 생활 조건에 올바르게 적용시키며 구체적인 지침을 전달하도록 한다.

5.1.1 제자도 윤리와 부활 이후 공동체 윤리의 요소들이 우리에게 주어진 설명 안에 의도적으로 서로 결합되고 있다. 이로써 이미 신약성서 전승의 초기에 나타나고 있는 내용이 시종일관 유지되었다. 구체적이며 일반적인 권고(Paränese) 안에 예수의 말씀이 고려되고 있으며 부활 이후 전승으로 통합되고 있다. 그것에 대한 매우 특징적인 내용은 고린도전서 7장에 나오는 바울의 설명이다. 거기서 한 편으로는 '예수의 계명'(*ἐπιταγὴ κυρίου*)이 암시되며, 그러나 다른 한편으로는 자기 자신의 '의견'(*γνώμη*)을 고려한다.(7:10, 25) 그에 상응하여 로마서 12:14이나 베드로전서 3:9에서 악으로 악을 갚지 말고 오히려 축복하라는 예수의 요구가 권고 가운데 수용되고 있고, 거기서는 심지어 그 말씀의 출처를 언급하지 않는다. 이미 예수의 말씀이 알려진 것으로 선제되었기 때문이다. 시종일관 진행된 예수께서 하신 말씀을 기독교의 가르침과 결합시키려는 과정에서 또 차이점이 주장될 수 있다는 사실은 예수의 윤리적 요구들과 초기 기독교의 권고들이 지니는 각각의 기본 성격과 관련된다.(참고. 이 책 22장)

5.1.2 유사한 방식으로 신약성서 문서들 가운데 똑같지 않게 등장하는 윤리적 권고들이 내용상 서로 예속되고 있다. 또 그러한 영향력이 본문에서 낯설지 않게 등장한다. 한 편으로는 특정 주제와 유사한 성격을 지니는 말씀들이 서로 결합되며, 다른 한편으로는 특히 일반적인 권면이 매우 다양하게 나타나 아주 상이한 가르침들이 서로 병렬될 수 있다. 권면들 가운데 수많은 주제들이 서로 독립적으로 반영되고 있으므로 여러 주제들을 비교적 쉽게 교차적으로 결합시킬 수 있다. 그것을 넘어서 초기 기독교 윤리가 관련되는 영역에서 볼 때, 더 넓은 영역으로 확장되는 공통성이 등장한다. 신약성서 문서들에서 윤리에 대한 통일된 어떤 구상이 적용되지 않음에도 불구하고 전체 모습을 얻어낼 수 있다. 물론 그것이 모든 영역을 다 포괄하지는 못한다. 여기서 전체의 모습이 내용상 상위의 관점에서 얻어진다면, 신약성서가 어떤 윤리적인 문제들에 대해 언급하는지를 개관적으로 파악할 수 있는 가능성이 제공된다.

5.1.3 신약성서 윤리는 대체로 신약성서신학과 마찬가지로 체계적이 아니며, 오히려 신학적으로 다루어진다. 즉 먼저 예수의 윤리적 선포, 이어서 초기 공동체의 윤리적 원칙, 나아가 바울, 요한, 야고보서에 나타나는 윤리로 언급된다. 이는 가장 잘 알

려진 두 사람, 볼프강 슈라게(Wolfgang Schrage)와 루돌프 슈나켄부르크(Rudolf Schnackenburg)의 윤리서술에도 해당된다. 에드와르트 로제(Eduard Lohse)만이 그의 『신약성서의 신학적 윤리』[40]를 다르게 구성하며 내용적인 관점에 따라 서술한다. 그것이 책의 서술의도와도 일치한다.

5.2 신약성서 윤리의 고유성

내용상의 원칙들과 구체적인 가르침과 함께 주목해야 할 신약성서 윤리의 특징들이 있다.

5.2.1 기독교 윤리는 신약성서 증언에 따르면 명백한 전제들에서 출발한다. 하나님이 자신의 사랑을 계시한다는 것과 세상에 사로잡히게 되는 특징을 지니는 생활방식으로부터 예수 그리스도께서 우리를 구원했다는 사실이 모든 윤리 말씀의 출발점이다. 세례를 받을 때 각자에게 생명의 갱신이 확언된다. 세례가 아직 종결되지 않은 사건이며 구원의 완성을 향한 여정(旅程)이듯이 세례 받은 자의 행동은 이러한 토대를 늘 새롭게 신뢰하는 것이며, 종말을 바라보며 사랑의 계명에 따라 책임지는 생활을 하려고 끊임없이 애쓰는 것이다. 구원의 확언은 구원을 베푸시는 사랑에 합당한 생활을 하라는 믿는 자를 향한 요구와 상관관계를 갖는다.

5.2.2 초기 기독교 권면과 마찬가지로 예수의 윤리적 가르침의 그 밖의 근본적 특징은 모든 율법성의 결여이다. 그러한 의미를 따르면 예수의 요구들이 수용 가능한 것은 결코 아니다. 바로 그러한 과격함으로 인해 법제화를 위한 모든 가능성의 저 편에 그의 요구가 위치한다. 거꾸로 초기 기독교 가르침들은 권면과 권고의(Paraklese) 성격이 지니는 모든 실천 가능성을 고려할 때 권고이면서 동시에 위로이다. 이곳이나 저곳에서 중요한 것은 자유의 윤리이며 그것에 대해 바울이 로마서 12:1 이하에서 간명하게 설명하였다. 동시에 중요한 것은 사랑의 윤리이다. 사랑의 윤리를 많이 요구한다. 인간은 자신의 연약함 가운데서도 그 과제를 이행하려고 애써야 한다. 기독교 윤리는 이미 시작되어서 완성되어 가고 있는 구원의 전조(前兆) 아래 있는 길을 제시해 주며, 자유롭고 진정한 사랑으로 가득 찬 결정을 하도록 격려한다.

40) *Theologische Ethik des Neuen Testaments.*

5.2.3 이것으로 기독교 윤리의 전체 구상을 위한 포괄적인 기본 질문들이 함께 관련된다. 그러므로 어느 정도로 인문학적 인식을 고려하여, 어떤 방식으로 포함시킬 수 있는지를 묻는 합법적인 질문이 제기되고 있다. 믿음과 함께 윤리가 인간의 존엄성 안에 그 고유한 전제를 지닌다는 주장(Wolfgang Trillhaas가 윤리에 관한 자신의 책에서 그러한 주장을 한다. 1959) 및 윤리를 교의학 안으로 철저하게 포괄시키려는 시도(특히 Karl Barth)와 함께, 믿음의 책임과 생활의 실천 사이의 긴장관계를 올바르게 파악하려는 수많은 노력이 있었다. 신약성서의 기본입장은 분명하다. 중요한 것은 자발적으로 인간이 생활 가운데 실천하는 것이며, 기독교적인 사고의 전제들 및 원칙들 사이의 관계가 아니라, 제자도 및 신앙 윤리를 철저하게 단순화 시키는 것이다. 제자도 및 신앙 윤리 자체가 창조신앙에 근거하며 일반적이며 인간적인 원칙들을 함께 포괄한다.

5.3 신약성서 가르침의 중요성

예수의 윤리적 요구와 초기 기독교 권면이 분명하게 밝히기를 원하는 것은 기독교인의 삶이 구원의 시작이라는 전제 아래 어떻게 구현될 수 있느냐는 것이다.

5.3.1 믿는 자 각자의 생활을 위하여 기도, 신실함과 진실함, 희생할 각오, 자기 절제, 인내가 중요한 역할을 한다. 여기에 하나님의 돌보심을 바라며 근심하지 않는 것도 포함된다.

5.3.1.1 구약성서와 비교할 때 눈에 띄는 것은 예배와 관련된 의무가 배후로 물러날 뿐만 아니라 완전히 결여되고 있다는 사실이다. 예수께서는 예루살렘 성전(성전축출과 성전말씀)에 대한 자신의 기본적인 입장과 예배를 상대화하는 인간 상호간의 화해와 용서(마 5:23 이하)로 예배행위를 규정했고 그것이 초기 기독교 권면의 기초가 되고 있다. 그러므로 그 결과 희생제가 초기 기독교에서 새로운 의미를 갖게 되었고 로마서 12:1 이하나 베드로전서 2:5에 따르면 믿는 자들의 자기희생과 관련되었다.

5.3.1.2 예수께서 문제를 제기한 안식일 시행은 초기 기독교의 안식일 계명에도 영향을 끼친다. 안식일 대신에 '주간의 첫 날', '주의 날'(*ἡμέρα κυρίου*)이 예수의 부활을 기념하는 날로 등장한다. 나중에서야 비로소 안식일의 안식 계명이 이 날과 관련되었다. 하나님 예배가 공동체 예배의 축제로 옮겨진다.(참조. 이 책 19장)

5.3.1.3 동일한 내용이 정결규례(막 7:1-13 병행구절)와 음식계명(행 10:9-15)에도 적용된다. 그 내용은 소위 사도회의의 규정에서 음식계명에 대한 배려가 드러내듯

이 엄격한 팔레스틴 지역의 유대교에서와 아주 다를 수 있으며(행 15:20, 29, 21:25), 신약성서 윤리는 그 중의 아무것도 수용하지 않는다.

5.3.2 공동체와 관련된 가르침들은 믿는 자들이 다른 사람들에 대한 아주 많은 책임을 진다는 사실에 그 의미를 둔다. 특히 '믿음의 가정들'(*οἰκεῖοι τῆς πίστεως*, 갈 6:10)을 돌보아야 한다. 여기서 근본이 되는 것은 생명을 보호하고, 화목하게 하고, 도와줄 것에 대한 요구이다. 그 요구들을 무조건적으로 진실하게 받아들여야 한다. 오직 그런 방식으로만 시작된 구원이 빛을 발할 수 있기 때문이다. 그 요구들은 실제로(de facto) 늘 씨앗이 발아(發芽)하는 방식으로만 실현될 수 있다는 사실은, 가능한 한 최선의 것에 몰입하고 사랑할 것을 추구하는 것과 반대되지 않는다. 거기서 전제되는 것은 기독교인들 가운데서 진정한 공동체가 실현되며, 그 공동체는 모범적인 특징을 지녀야 한다는 사실이다.

5.3.2.1 개별 문제들은 이미 초기 기독교에서처럼 조심스러운 검토와 평가를 필요로 한다. 다양한 그룹들이 나타나는 곳에서 그것이 분명하게 드러난다. 어느 정도의 다양성이 허락될 뿐만 아니라 오히려 그 다양성이 전적으로 합법적인지, 또는 그 다양성이 어떤 위험이 될 수 있는지를 설명해야 한다. 논쟁 중인 질문이 설명되어야 하는 곳에서도 마찬가지이다. 어쨌든 공동체 내부의 단순화에 대한 권면을 고려해야 하지만, 그것을 율법적인 법칙으로 이해하지 말아야 한다. 배교를 협박하거나 배교한 교회 공동체 구성원들과의 교제에서 마찬가지이다. 거기서도 구체적인 상황에 따라 사랑의 계명에 근거하여 접근할 길을 모색해야 한다.

5.3.2.2 어떻게 가난한 사람들을 지원하고 어떻게 부자들을 판단해야 하는지도 마찬가지로 오직 각각의 당면 문제를 함께 고려하는 경우에만 답변할 수 있다. 각 경우에 신약성서의 권면과 경고를 깊이 숙고해야 한다.

5.3.3 특히 많이 논란되는 것은 세상의 질서 관계와 관련된 표현들이다. 여러 면에서 오늘날의 실생활은 신약성서 당대의 상황과는 아주 많이 다르게 보이기 때문이다.

5.3.3.1 가장 명백한 것은 남자와 여자의 관계에서이다. 신약성서에서 결혼이 특히 마태복음 5:27 이하의 두 번째 반대명제에 근거하여 절대적으로 이해될 때, 거기서 중요한 것은 남자와 여자가 서로를 향해 무제한적인 관심을 기울이고 사랑하는 진정한 파트너 관계이다. 우리가 없어질 세상의 잠정성 가운데 살기 때문에, 그러한 관계가 언제나 완전하게 실현되게 할 수는 없지만, 실현해야 할 끊임없는 과제로 남는다. 인간이 그 과제를 실현하는 것에 실패할 수 있다는 사실을 이미 늘 보아왔고 우리 시대에 그러

한 실패는 더 많이 증가하고 있다. 법적인 결혼을 유지하기를 원한다고 해서, 예수의 요구와 초기 기독교 권면이 지니는 기본 성격에 합하는 것은 아니다. 그러므로 바울이 고린도전서 7:10-16에서 특정 조건 아래 이혼의 가능성을 헤아렸으며 또 용인하기도 했다. 결혼은 창조의 선물이자 창조의 질서로 이해되며, 시작되고 있는 구원의 때에 새롭게 된다. 스스로 지킨 독신이 신약성서에서 받아들여지고 있으나, 남자들 간의 또 다른 관계 형태는 거부된다. 이는 진정한 파트너 관계가 존재하지 않으며 결혼 관계에 영향을 끼치는 고의적으로 창녀와 교제하는 경우에도 해당된다. 동성연애도 거부된다. 동성연애에 대한 거부는 창조질서와 관련하여 거리를 두어야 할 이교도적 생활의 특징으로 동성연애를 이해한다는 데에 그 결정적인 근거를 두고 있다. 여기서 인류학의 기본문제들이 관련되므로 새로운 결정을 내릴 때 깊은 숙고가 필요하다. 동시에 정죄하지도 말아야 하며 또 그것으로 결혼이 지니는 성격을 상대화하지도 말아야 한다.

5.3.3.2 신약성서의 권면은 어린이가 갖는 고유한 특성을 전혀 고려하지 않고 양친의 지배하에 어린이가 완전히 예속된다는 것을 자명하게 보는 시각에서 출발한다. 따라서 우리의 현실과는 근본적으로 다른 상황이 전제될 수 있다. 그러나 예수 전승과 초기 기독교에서 비롯되는 말씀들이 상기시키는 내용은 어린이가 사랑과 관심으로 가정에 묶여 있어야 할 뿐만 아니라, 그것을 넘어서 어린이들에게 기독교 공동체 안에서 자신의 고유한 위치가 주어진다는 것이다. 어린이들이 기독교 공동체 안에 함께 포함되며 그들 나름대로 공동체를 위해 함께 책임을 져야 한다.

5.3.3.3 고대사회 전체에서 시행되었던 노예제도라는 사회질서는 오늘날 공적으로 더 이상 존재하지 않는다. 물론 현실에서 실제로 여러 지역과 여러 상황에서 노예제도 현상이 존재한다. 노예제도는 기독교 공동체 질서에 반대될 뿐만 아니라, 창조사상에 근거하여 근본적으로 허락되지 않는다. 노예와 주인의 관계는 고대사회와 초기 기독교에서도 노동관계에만 해당되며, 따라서 그것과 관련된 권면들은 예나 지금이나 늘 상대적이다. 친절하며 서로 인정하고 협조하는 노동을 제공하는 사람의 태도와 기쁘게 일하는 동역자의 태도가 기독교인에게 기대된다. 그러나 긴장으로 가득 찬 상호관계에서 필수적인 것과 장려되는 것을 행하기 위한 쌍방의 수고가 함께 기대된다.

5.3.3.4 외인들을 향한 태도에 대한 기본적 가르침들은 계속 유효하다. 물론 그것으로써 구체적인 개별 상황 가운데 어떻게 행동해야 하는지가 언급되는 것은 아니다. 원수 사랑이나 저항을 포기할 것에 관한 계명이 일반적으로 생각되는 것보다 훨씬 더, 믿음에 대한 증언보다도 더 자주 의미가 있었거나 필연적이었을 것이다. 그러나 특정의

경우에, 특히 다른 사람들이나 불특정 다수의 불쾌한 행동이 작용하는 경우에 잘못된 행동이 나올 수 있다.

5.3.3.5 국가에 대한 태도에 관한 가르침에서 신약성서는 국가제도 전체의 합법성과 구체적인 국가형태를 분명하게 구별한다. 국가가 개인의 권리와 질서를 돌볼 때 지지를 받는다. 그것이 우리 시대의 국가 조직에 공동의 책임으로 함께 포함된다. 한 국가가 과업을 이행하는 데 실패하고 스스로 절대 권력화하면 하나님 앞에서 양심에 근거하여 국가에 대한 순종을 거부해야 한다.

6. 마무리 고찰

기독교적 책임에 관한 다양한 말씀들을 고려할 때, 신약성서의 상이한 여러 본문들은 어려움 없이 쉽게 서로 연결되지 않는다. 그러나 서로 의미 있는 관계를 형성시킬 수는 있다.

6.1 공관복음서에 나오는 제자도 윤리와 신약성서 서신들에 나오는 공동체 윤리 사이의 긴장이 중요한 문제로 계속 남아 있다. 제자도 윤리를 돌아다니는 제자들의 과격주의의 표현으로, 초기 기독교 권고(Paränese)의 윤리를 지역 교회 공동체를 위한 생활 규칙으로, 요한문서에 나오는 권면들을 소수 비밀집회 윤리의 특징으로 이해하여 구분하려는 시도도 있었다. 그러나 그러한 이해는 실제 상황과 맞지 않는다. 공관복음서의 제자도 윤리도 공동체 윤리로 이해되어야 하며 이는 아주 특별한 것이 있지만 요한문서의 윤리에도 해당된다. 공관복음서에서 주장된 제자도가 물론 예수의 제자 공동체가 지니는 불안정한 생활과 부활 이후 시기의 선교 활동 방식에 그 기원을 두고 있으며, 거꾸로 여러 권고(Paränese)가 (한 곳에서) 지속되는 공동생활에 그 뿌리를 두고 있지만, 한 편이 또 다른 한 편을 보충하고 또 서로 교차하고 있다.

6.2 제자도 윤리나 공동체 윤리의 중심은 구약성서에 이미 증거 되고 있는 사랑의 이중 계명이다. 그 사랑의 이중 계명을 예수께서 모든 행동방식의 기준으로 강조했다. 그런 점에서 토라는 예수의 말씀과 초기 기독교 윤리에서 이중적인 의미로 '보존되고 있다.' 이로써 토라가 하나님의 뜻을 표현한다는 의미를 상실하지는 않지만 그 가르침의 성격과 영향력이 바뀌어진다. 초기 기독교에서 사랑의 계명은 그리스도 사건과 관련되며, 따라서 기본적이며 보편적인 타당성을 갖는다. 중요한 것은 갈라디아서 5:6b

에 따르면 사랑으로 역사하는 믿음이다. 지속적으로 구현되는 사랑은 그런 점에서 동일한 방식으로 기독교 믿음과 신앙고백을 증언한다. 여기서 사랑은 갈라디아서 6:10이 특별히 강조하듯이 믿음의 동지들뿐만 아니라, 사랑의 의미를 원수 사랑의 의미로 파악하는 예수의 해석과 연결하여 로마서 12:14이 강조하듯이, 외인들을 향한 의무로도 이해된다. 최고의 사랑이 무엇인지, 사랑이 어떤 역사를 일으키는지를 바울이 고린도전서 13장 '사랑의 찬가'에서 다시 표현하고 있다.

6.3 사랑으로 행하는 것은 세례 받은 자들에게 주어지고 있는 자유와 관련된다. 그 자유는 구체적인 상황 가운데서 하나님의 뜻이 무엇인지를 스스로 살피는 자유이다. 이는 종종 오해되고 있는 성 아우구스티누스의 말인 "내가 옳다고 여기는 바를 사랑하고 행하라."(ama et fac quod vis)는 의미에 따라 순전히 상황윤리를 중시하는 것을 뜻하지 않는다. 모든 자유에도 불구하고 분명한 근거 및 한계 설정과 행위를 위한 분명한 방향지침들이 신약성서 윤리 안에 존재한다. 구약성서-유대교 전승이나, 헬라적 대중윤리, 혹은 초기 기독교 전승에서 나오는 모든 가르침들은 나아갈 방향을 도와주는 기능을 한다.

6.4 공동체 윤리가 예수의 과격한 가르침들보다 근본적이며 구체적인 생활방식 및 문제들과 더 많이 관련되고 있다는 사실이, 물론 실천이 가능하지만 요구들이 약화된 것과 최소한의 것으로도 아무런 관련이 없다. 공동체 윤리도 그 배후에 철저하게 이해된 제자도가 존재한다는 사실에서만 이해할 수 있다. 이는 특히 믿는 자들의 생활 책임이 일반적으로 강조되지만 구체적인 범위가 결코 고려되지 않는 요한 문서 같은 경우에도 해당된다. 거꾸로 구체적인 생활의 문제가 취급되지만 권면의 내용이 매우 신학적으로 중첩(重疊)되어 있는 문서들에도 해당된다. 따라서 거기서 무엇보다도 중시되는 것은 믿음에 대한 질문으로 보이며, 이는 예를 들어 에베소서의 경우와 같다. 이로써 신약성서 전체에서 믿음과 생활이 하나가 되는 것이 가장 중요한 것임이 표현되어져야 한다. 세례에서 출발하여, 사랑의 계명에 근본적인 중요성을 부여하며, 그 사랑이 완성될 것을 향해 나아가는, 기독교인의 삶은 믿음의 확신과 외적인 생활모습 및 책임을 전혀 구별하지 않는 전체성으로 특징지어진다.

5부

하나님의 계시 행위의 종말론적 영역

24장

계속되는 구원과 세상에서의 위협

구원의 현재에 관해 이미 언급하였다. 그것이 모든 구원론적인 진술, 기독교 생활과 기독교 공동체에 관한 모든 진술을 결정적으로 특징짓는다. 이 주제를 다시 한 번 파악하여 특별히 구원의 완성이라는 맥락에서 상고할 필요가 있다.

1. '종말론' 개념

1.1 신(神)-학(學), 기독(基督)-론(論), 교회(교회)-론(論)과 유사하게 종말(終末)-론(論)에서 에스카톤(*ἔσχατον*) 및 에스카타(*ἔσχατα*), 즉 '마지막'과 '종국적인 것'이 중요하다. 그러나 그 실 상황은 신약성서와 관련하여 아주 다양한 '마지막'의 영역이 있다는 점에서, 다른 단어 형성들처럼 그렇게 분명하지는 않다.

1.1.1 하나님의 미래 행동에 관한 진술이 종말론에 속한다는 것은 논박할 수 없다. 그러나 시작되는 하나님의 통치에 관한 예수의 메시지 이후 종국적인 것의 선취(先取)가 결정적인 역할을 하므로, 그것도 종말론의 맥락에 속한다. 그러한 점에서 선취되는 구원의 현재가 구원의 미래 및 완성처럼 종말론의 구성요소가 된다. 그러므로 신약성서의 본문상황을 설명하기 위하여 구약성서나 초기 유대교의 이해와 다른 근본적으로 변경된 종말론 이해를 고려해야 한다. 그러한 이해가 종말론 개념의 내용을 수정하도록 하였다.

1.1.2 종말론 개념의 독특한 내용이 유지되어야 한다면, 현재와 미래의 순서 및 긴장이 그 구성내용이 되어야 한다. 이는 종말론이 아직 도래하지 않은 '마지막 것들'이라는 의미에서 미래에 대한 기대로 제한되지 말아야 할 것을 의미한다. 마찬가지로 미래 영역이 생략되거나 비중이 없어진 '현재화된 종말론'이나 '실현된 종말론'을 언급해야 한다. 구원의 완성이라는 의미에서 미래를 구성하는 요소들이 가능성(가능한 것)과 현실에 의해 실존론적인 긴장으로 바뀌어지지 말아야 한다. 이는 루돌프 불트만의 경우이다. 구원의 현재를 매우 많이 강조하는 요한복음도, 현재와 관련하여 단편적으로 종말론을 해석하는 것을 허용하지 않는다. 이는 오해의 여지가 없는 구절들인 요한복음 14:3 및 17:24과 함께, 죽음과 부활에 관한 말씀인 5:25 이하 및 11:25 이하가 드러내는 바와 같다.(5:28 이하처럼 후대의 첨가로 볼 수 있는 구절은 제외시킬 수 있다.) '실현되는 종말론'(참조. 요아힘 예레미아스[Joachim Jeremias])을 언급하는 것이 적절하다. 이미 그러한 이유로 시간적인 차원이 차단되지 않는다. 시간적인 차원은 인간의 인식의 한계를 구성하는 부분이기 때문이다. 영원이 현재화하므로 시간적인 경험의 세계가 침입된다는 사실이 결정적으로 중요하다. 그러므로 신약성서의 종말론은 분명하게 존재했었던 임박한 재림에 대한 기대가 아니라, 종말론 자체가 지니는 고유성 안에서 이해되어야 한다.(비교. 이 책 25장)

1.2 특별한 문제가 여러 번 고찰된 '종말론'과 '묵시문학'의 관계와 관련되고 있다. 묵시문학은 (예언적인) 종말론을 해체시키지 않았다. 또한 초기 기독교의 종말론이 (유대교) 묵시문학의 대안(代案)도 아니다. 옛 예언서, 초기 유대교 묵시문학, 신약성서에서 종말론이 다양한 형태로 등장한다. 묵시문학은 포로기 이후로 예언의 특별한 한 형태가 되었다.

1.2.1 포로기 이전의 예언서에서처럼 묵시적 예언 안에 종말론적인 기대가 들어 있다. 그러나 묵시적 예언은 종말론적인 진술만을 담고 있는 것이 아니라, 우주론적이며 역사와 관련하여 확장된 부분들을 포함한다. 포로기 이전과 포로기 이후의 묵시적 예언 사이를 구별해야 하듯이, 종말론의 두 개념을 구분해야 한다. 한편으로는 이 세상과 관련된 미래표상이 관건이 된다. 다른 한 편으로는 피안(彼岸)에 대한 기대가 있다. 그러한 점에서 종말론이 상위 개념이고, 묵시문학이 하위개념이다. 개개의 경우에 어떤 미래 기대가 관건이 되는지를 각기 규명해야 한다. 이는 초기 기독교에 이르기까지 피안에 집중했던 묵시적 예언과 함께 이 세상과 관련된 미래 기대가 지속적으로 살아 있었기 때문이다.

1.2.2 신약성서는 상당한 정도로 묵시적 사고에 의해 규정되고 있다. 이는 특히 종말론에 해당된다. 묵시적인 모티브들과 표상의 모델들이 예수의 선포와 부활 이후 공동체의 선포에서 근본적으로 미래적인 구원관을 특징짓는다. 묵시적인 기대가 꽤 수정되고 있음은 오해의 여지가 없지만, 전제되고 있는 전승 조건과 이해의 조건을 간과하지 말아야 한다. 초기 기독교 종말론의 특수성은 현재 구원의 실현과 아직 도래하지 않은 미래 사이의 긴장이다. 그 긴장의 근거는 묵시적인 표상방식이다.

2. 기독교적 희망 이해

초기 기독교의 종말론 이해와 신약성서의 희망의 개념이 밀접하게 관련된다. 같은 방식으로 희망의 개념이 현재 및 미래와도 관련된다.

2.1 희망의 개념

2.1.1 헬라어 동사 엘피제인(ἐλπίζειν)과 명사형 엘피스(ἐλπίς)는 아주 일반적인 인간의 기대를 표현한다. 그것은 이미 존재하는 것과 현재의 것을 넘어서 소원을 갖고 표상을 만드는, 인간의 본성에 속한다. 이러한 일반적인 개념이 신약성서 몇 몇 구절들에서도 등장한다. 예를 들어 누가복음 6:34에서 '모든 것을 돌려 받으리라는 기대 속에' 죄인이 죄인들에게 돈을 빌려준다. 또는 사도행전 24:26은 '바울에게 돈을 받고자 기대하는'(비교. 행 16:19) 총독 벨릭스에 관해 언급한다. 바울은 그와 동일한 의미로 공동체가 그를 이해할 것이라는 희망을 표현할 때(고후 1:13. 비교. 5:11), 혹은 자신의 여행계획과 그 계획이 실현될 것에 대한 기대를 언급할 때, 그 단어를 사용한다.(고전 16:7, 빌 2:19, 23, 몬22) 물론 이 단어는 바울이 받은 위임 및 그 위임에 근거한 확신과 내적으로 관련된다.

2.1.2 신약성서의 다른 모든 구절들의 언어 사용에서 중시하는 것은 신앙에 기초를 두고 있으며, 하나님의 확언 및 미래와 관련되는 희망이다. 이러한 관점에서 구약성서 전승이 초기 기독교의 개념을 결정적으로 특징짓는다. 엘피제인(ἐλπίζειν)을 칠십인역 구약성서, 특히 히브리어 바타흐(בטח)로 사용하는 것은 우연이 아니다. 여기서 중요한 것은 하나님이 함께 하신다는 것에 대한 신뢰와 확신 중에 하나님을 향하는 기대

이다. 하나님을 바라는 것이 결정적으로 중요한 관점이다. 후기 구약성서-유대교 전승에서 종말에 대한 기대가 점차 한 역할을 한다.

2.1.3 신약성서에서 희망 개념이 빈번히 다양하게 사용되고 있다. 그 개념은 바울에게서 자주 등장하며, 제2 바울서신, 히브리서, 베드로전서에서도 중요한 기능을 한다. 희망은 공관복음서, 요한복음서, 요한서신(요한일서 3:3을 제외한)에서 완전히 결여되고 있다. 요한계시록이 희망의 책으로서 우선적인 위치를 차지함에도 요한계시록 안에 희망이 많이 나타나지는 않는다. 하나님과 하나님의 구원을 바라는 충만한 기대로서 희망은 다른 진술들에서도 표현된다.(예. 기다림, 깨어 있음 등) 그러한 점에서 이 개념과 그것으로 표현되는 사실 사이를 구별해야 한다. 어쨌든 오해가 있을 수 없는 것은 희망이 전체적으로 신약성서 선포에 담겨진 한 구성요소라는 사실이다. 제시된 이런 맥락에서 신약성서의 희망 이해를 희망의 개념에 근거하여 설명하는 것으로 충분하다.

2.2 믿음의 요소로서 희망

2.2.1 믿음과 희망이 신약성서에서 서로 밀접하게 관련된다. 바울의 경우에 희망이 믿음의 결정적인 특징이 된다. 히브리서의 경우에도 희망이 믿음을 규정한다.

2.2.1.1 로마서 4:16-21에서 바울은 믿음으로 의롭게 된 아브라함의 모습에서 믿음이 무엇인지를 설명한다. 믿음은 '죽은 자를 살리시며 없는 자를 있는 것으로 부르시는'(17b절) 하나님을 향하는 관계적인 행위이다. 믿음은 하나님의 확언과 약속에 대한 신뢰의 행위이다. 그러한 신뢰는 하나님께서 확언을 실현시키신다는 희망과 관련되는 곳에서만 존재한다. 하나님이 약속하신 것을 행하실 수 있으며 행하실 것을 전혀 의심하지 않고 확신하는 상태가 중요하다.(20절 이하) 그것은 아브라함과 사라의 나이에 후손을 바라보는 데서 분명하게 나타나듯이, 세상적인 가능성 및 기대와 관련되지 않는 희망이 관건이 되고 있음을 전제한다.(19절) 오히려 믿음은 '바랄 수 없는 중에 바라고 믿는 것'이며(*παρ' ἐλπίδα ἐπ' ἐλπίδι πιστεύειν*), 지상의 모든 현실에 맞서서 오직 하나님과만 관계를 맺는 믿음이다. '사람들에게 보이는 희망'은 로마서 8:24b, 25에 따르면 희망이 아니다. '보는 것을 누가 바라리요 만일 우리가 보지 못하는 것을 바라면 참음으로 기다리기' 때문이다.(*ἐλπὶς δὲ βλεπομένη οὐκ ἔστιν ἐλπις· ὃ γὰρ βλέπει τίς ἐλπίζει; εἰ δὲ ὃ οὐ βλέπομεν ἐλπίζομεν, δἰ ὑπομονῆς ἀπεκδεχόμεθα*, 비교. 고후 4:18) 희망의 개념이 여기서 철저하게 하나님, 그리고 하나님의 확언과 관련된다.

이것이 미래 영역과 마찬가지로 현재 영역에도 관련된다.

2.2.1.2 히브리서 11:1은 미래적인 요소를 훨씬 더 강조하므로, 거기서는 희망이 곧 믿음을 규정한다. 주석적으로 오랫동안 논쟁된 문장은 휘포스타시스(*ὑπόστασις*)와 엘렝코스(*ἔλεγχος*)의 개념을 '신뢰' 및 '의심하지 않음'(참조. 루터 번역)에 대한 주관적인 의미로, 즉 '확고히 서 있음'과 '확신함'(참조. 독일어 공동번역)으로 사용되지 않고, 최근 연구가 드러내듯이, '담보'와 '증명'이라는 의미로(참조. 하인리히 되리[Heinrich Dörrie]) 객관적으로 사용된다. 따라서 다음과 같이 번역할 수 있다. "믿음은 바라는 것을 보증하며, 보지 못하는 사실을 증명한다."(*ἔστιν δὲ πίστις ἐλπιζομένων ὑπόστασις, πραγμάτων ἔλεγχος οὐ βλεπομένων*) 이것은 믿음이 희망하는 것에 의해 역사되는 '보증'이며, 동시에 볼 수 없는 것들을 통해 입증되는 '증명'임을 말한다. 여기서 믿음은 바울의 경우와 같은 희망을 포함시키지 않는다. 오히려 믿음은 희망하는 것이라는 의미에서 희망의 힘으로 구체적으로 역사되는 표시이다. 이것은 동시에 희망이 일차적으로 '그것을 통해 바라게 되는 바, 그 희망'(spes qua speratur)이 아니라, '그것이 바라게 되어지는 바 그 희망'(spes quae speratur)임을 의미한다. 그 희망은 살아 있는 믿음의 행위로, 즉 '그것을 통해 믿게 되는 바, 그 믿음'(fides qua creditus)으로 표현되는 희망이다. 히브리서 11:3 40의 믿음의 증인들의 예가 그것을 분명히게 강조한다.

2.3 옛 계약과 새 계약의 희망이 지니는 공통점

앞에 제시한 맥락에서 중요한 것은 구약성서의 희망의 표상을 서술하는 것이 아니라, 오히려 초기 기독교가 희망의 공통성에 관해 어느 정도로 숙고하는지를 묻는 질문이다.

2.3.1 희망은 신약성서에서 예수 그리스도 안에서 시작된 구원과 그것의 완성에 집중한다. 그러한 점에서 특별히 전형적인 기독교의 희망을 언급한다. 두 본문에서 옛 계약의 인간의 희망을 언급하며, 그 희망을 기독교의 희망과 관련시킨다.

2.3.1.1 '구름같이 둘러싼 허다한 증인들'(히 12:10)은 믿음을 움직이고 믿음을 갖게 한 희망이 태초부터 있었음을 밝혀준다. 이것은 히브리서 11장에서 특히 보이지 않는 것을 신뢰한 노아의 모습에서(7절), 하나님 자신이 건축하시는 견고한 성을 바라며 고향을 떠날 때 나타나는 아브라함의 모습에서 강조되고 있다.(8절 이하) 게다가 아

브라함은 약속을 받은 자로서 자기 아들인 이삭을 데리고 갔다. 하나님이 죽은 자도 일으키시는 권세를 지니고 있음을 아브라함이 신뢰하였기 때문이다.(17-19절. 여기서 비유적이며 모범이 되는 행동을 비유[*παραβολή*]로 분명하게 언급한다.) 중간에 삽입된 회고에서 언급된 수많은 증인들이 죽었고 약속을 받지 못하였음을 말한다.(13-16절) 그래서 끝으로 '그들이 우리가 아니면 온전함을 이루지 못하도록 하기 위하여'(*ἵνα μὴ χωρὶς ἡμῶν τελειωθῶσιν*) 하나님이 우리를 위하여 더 좋은 것을 예정하셨음을 언급한다.

2.3.1.2 누가는 자신의 이중 저작에서 '이스라엘의 희망'(행 28:20)에 관해 말한다. 거기서 누가는 희망이라는 개념을 사용하지 않지만, 이미 누가복음서의 전(前)역사에서는(눅 1-2장, 역자 주) 분명하게 그 개념이 표현되고 있다. 반대로 누가복음 24:21에서는 이스라엘의 구속에 대한 희망인 희망을 문자 그대로(expressis verbis) 언급한다. 사도행전 2:26에서는 칠십인역 시편 15(16):9을 인용하면서 이미 다윗이 증거 하는 죽음을 이기는 희망을 말한다.(참조. 2:24-32) 사도행전 23:6에서 바울은 법정 앞에서 바리새인들이 함께 공유하는 부활에 대한 희망을 표현한다. 그에 상응하여 바울은 벨릭스 앞에서의 자신의 변호설교에서 그가 조상들이 가졌던 것과 같은 동일한 믿음과 '하나님을 향한 (동일한) 희망'(*ἐλπὶς εἰς τὸν θεόν* 24:15)을 지니고 있음을 말한다. 아그립바와 베스도 앞에서 변호할 때 바울은 다음과 같이 말한다. "이 약속은 우리 열두 지파가 … 얻기를 바라는 바인데 … 이 소망으로 말미암아 내가 유대인들에게 고소를 당하는 것이니이다."(*εἰς ἣν τὸ δωδεκάφυλον ἡμῶν … ἐλπίζει καταντῆσαι*, 26:7) 이 소망과 그것의 성취로 말미암아 바울이 쇠사슬에 매인 바 되었다.(28:20)

2.3.2 기독교 증언에서 '이스라엘의 희망'을 중시함이 신약성서 도처에 전제되고 있다. 그 희망은 구약성서의 전승에 따라 하나님과 그의 약속에 집중한다. 예언적인 본문의 폭 넓은 수용이 그것을 오해 없이 분명하게 밝혀준다. '구원에 대한 희망'(*ἐλπὶς σωτηρίας*, 살전 5:8)을 이제 시종일관 예수 그리스도 안에 나타난 하나님의 계시와 관련하여 이해한다. 따라서 구원은 더 이상 미래 희망의 대상이 아니다. 중요한 것은 물론 믿음 안에서만 파악할 수 있지만, 이미 성취되기 시작하고 있는 희망이다.

2.4 희망의 능력

희망이 과거의 약속 안에 기초하고 있고 약속이 그리스도 안에서 하나님의 행동하심에 대한 믿음 가운데 신뢰하면서 받아들여진다면, 희망은 현재 구원의 경험을 넘어서 결정적인 목표를 향해 펼쳐진다.

2.4.1 바울은 로마서 4:17-21에서 믿음을 구성하는 요소로 희망을 언급한 후에, 5:1-11에서 희망의 주제를 전개한다. 믿음 안에서 받아들여지는 확언과 약속이 이신칭의를 포함한다. 그 안에서 우리가 '하나님과 평화를' 누리고(1절), "우리가 그 안에 서 있는 바, 그 은혜에 들어간다."(2a절) 동시에 우리는 여전히 '하나님의 영광에 대한 희망'(*ἐλπὶς τῆς δόξης τοῦ θεοῦ* 2b절)을 계속하여 지닌다. 이러한 확실한 희망을 우리가 자랑할 수 있다. 희망이 우리를 위협 가운데 인내로 견디어낼 수 있게 하기 때문이고(3절 이하, 비교. 15:3 이하), 우리가 '부끄러움을 당하지 않도록'(*οὐ καταισχύνει*) 하기 때문이다. 이는 하나님의 사랑이 성령을 통하여 우리의 마음에 부어지기 때문이다.(5절) 따라서 믿음에 속하는 희망이 우리가 이미 경험한 은혜로 인하여 수치를 당함이 없이 희망의 목적에 이를 수 있다는 확신을 갖게 한다. 경험한 칭의와 화해 자체가 종말적으로 의롭게 되는 것을 암시한다. '우리가 진노의 심판 앞에서 구원을 받게' 되며 '그의 생명 안으로 함께' 포함된다.(*σωθησόμεθα ἀπὸ τῆς ὀργῆς, σωθησόμεθα ἐν τῇ ζωῇ αὐτοῦ*, 8-10절) 그러므로 바울이 데살로니가전서 5:9에서 "하나님이 우리를 세우심은 … 오직 우리 주 예수 그리스도로 말미암아 구원을 얻게 하신 것이라."(*ἔθετο ἡμᾶς ὁ θεὸς … εἰς περιποίησιν σωτηρίας διὰ τοῦ κυρίου ἡμῶν Ἰησοῦ Χριστοῦ*)고 말할 수 있다. 매우 특징적으로 바울이 '구원, 구속'(*σωτηρία*) 및 '구원 받는다'(*σωθῆναι*)의 개념을 구원의 완성과 결합시키고, '구원자'(*σωτήρ*)라는 칭호도 빌립보서 3:20에서만 다시 오실 분과 관련하여 사용한다.(비교. 눅 2:11, 요 4:42, 딤후 1:10과 다르다.) 그러한 의미로 바울은 로마서 15:13의 축복에서 다음과 같이 말할 수 있다. "소망의 하나님이 모든 기쁨과 평강을 믿음 안에서 너희에게 충만하게 하사 성령의 능력으로 소망이 넘치게 하시기를 원하노라."(*εἰς τὸ περισσεύειν ὑμᾶς ἐν τῇ ἐλπίδι ἐν δυνάμει πνεύματος ἁγίου*, 비교. 롬 12:12) 결정적인 것은 희망이 현재의 구원에 참여함과 미래 완성에 참여함에 이중적으로 관련된다는 것이다. 그로써 바울은 "우리가 소망으로 구원을 얻었다."(*τῇ γὰρ ἐλπίδι ἐσώθημεν*)는 로마서 8:24a의 진술내용을 표현한다.

2.4.2 바울이 특히 희망의 살아 있는 능력을 강조한다면, 제2 바울서신인 골로새서는 희망의 대상을 훨씬 더 많이 강조한다. 이는 '너희를 위하여 하늘에 쌓아 둔 소망'(*ἡ ἐλπὶς ἡ ἀποκειμένη ὑμῖν ἐν τοῖς οὐρανοῖς*)을 언급하는 골로새서 1:15에서

매우 분명하게 표현되고 있다. 이어서 1:27에서 예수 그리스도를 '영광의 소망'(*ἐλπὶς τῆς δόξης*)이라고 말한다. 이 내용은 3:1-4에서 '너희의 생명이 그리스도와 함께 감추어지는'(*ἡ ζωὴ ὑμῶν κέκρυπται σὺν τῷ Χριστῷ*) 장소인 '위의 것'(*τὰ ἄνω*)을 찾아야 한다는 권면으로 다시 수용되고 있다. 마찬가지로 에베소서 1:18 및 4:4과 목회서신(딤전 1:1, 딛 2:13, 3:7. 딛 1:2만이 다르다)도 같은 것을 말한다. 히브리서에서도 특히 희망의 대상이라는 뜻으로 희망을 말한다. 이는 11:1과 함께, 특히 3:6, 6:18, 10:23의 구절이 드러내는 바와 같다.(비교. 11:9 이하, 13, 39 이하, 12:14)

2.4.3 그와 반대로 베드로전서는 바울처럼 일차적으로 희망의 살아 있는 행위를 중시한다.(1:3, 13, 21) 따라서 3:15에서 '너희 속에 있는 소망에 관한 이유를 묻는 자에게는 대답할 것을 항상 준비'(*ἕτοιμοι ἀεὶ πρὸς ἀπολογίαν παντὶ τῷ αἰτοῦντι ὑμᾶς λόγον περὶ τῆς ἐν ὑμῖν ἐλπίδος*)하라는 믿음을 요구한다.

3. 구원의 현재와 구원의 미래

구원의 현재와 미래의 관계는 신약성서 전체를 관통하는 주제이다. 최소한으로라도 이 문제를 내포하지 않는 문서는 하나도 없다. 이 주제가 초기 기독교 문서들을 후기 구약성서 및 초기 유대교 전승과 구별시킨다. 종말 시의 구원을 전적으로 미래적인 것으로 보기 때문이다. 따라서 구원의 현재와 구원의 미래 사이의 긴장을 특별하게 고려해야 한다.

3.1 계속되는 구원 사건

종말 시에 이루어질 구원의 현재에 대한 경험은 분명하게 예수의 사역과 결합되고 있다. 그것이 그의 말을 듣고 만나기를 원했던 수많은 사람들과 그를 따르는 제자 그룹이 있었던 결정적인 이유이었다. 예수의 사역은 예수께서 죽음으로 실패한 것처럼 보였다. 그래서 "우리는 이 사람이 이스라엘을 속량할 자라고 바랐노라."고 말한다.(눅 24:21) 따라서 옛 계약의 역사 안에서 종종 일어났듯이 하나님이 역사 안에 개입하시는 것만이 중요한지, 혹은 구원이 계속하여 유효한 것인지에 대한 질문이 생겨났다.

3.1.1 예수의 메시지와 그의 행위는 시작하고 있는 종말론적 구원의 선포에 의해

각인되었다. 물론 계약의 역사 안에서 지금까지 행하신 하나님의 사역이 계속 진행되는 것이 중요했지만, '하나님의 통치'가 시작될 때 모든 것을 새롭게 하는 현실이 초점이 되었다. 예수의 사역이 하나님의 종국적이며 지속적인 구원의 행위라면 그의 사역은 사라질 수 없다.

3.1.2 죽은 자들 중에서 예수께서 부활하신 것이 제자들의 인식의 근거가 되었다. 그들은 예수의 생애에서 시작된 구원이 지나가는 한 경험이 아니며, 하나님의 종말적인 구원의 행동이 지속된다는 것을 인식하였다. 이어서 오순절 성령 강림사건은 부활하신 분이 자신의 현존을 성령으로 증명하고 있음을 확인하는 합당한 근거가 되었다. 예수의 지상사역과 함께 시작된 구원의 현실은 일시적인 사건이 아니었으며, 오히려 성령의 능력 안에서 지속되었다. 시작된 구원이 이미 종말론적인 구원이었고 종말론적인 구원이라면, 그 구원은 중간에 중단되거나 문제됨 없이 완성을 향하여 나아가야 한다. 그러므로 예수의 지상사역에서부터 계속되는 시간을 넘어 완성에까지 이르는 노정(路程)을 인식할 수 있다. 그 안에 현재적이며 계속되는 구원의 경험이 존재한다.

3.1.3 이러한 뜻으로 예수와 부활 이후 공동체의 구원의 메시지는 구약성서가 말하는 증언의 메시지와는 다른 성질을 갖는다. 구약성서는 역사 안에서의 하나님의 사역과 관련되거나 미래의 종국적인 구원을 약속한다. 종국적인 구원이 여전히 존속하는 세상 가운데서 이미 시작하고 있다는 사실은 구약성서적이며 초기 유대교적인 전승에서 볼 때 새로운 것(Novum)이었다. 이로써 예수와 부활 이후의 공동체는 지금까지의 하나님의 사랑하시는 구원의 역사 안으로 포함시킬 수 없는 것을 요구하였다. 그것은 유추가 가능한 것이 아니고 전통적인 카테고리로 설명이 가능한 것도 아니다. 중요한 것은 선택의 기원에서 유래하는 사고가 아니라, 종국적인 것(Echaton)을 선취함이다.

3.1.4 예수의 말씀과 행동, 죽음과 부활 및 성령에 의한 그의 사역 안에 구원이 현재한다는 경험이 지니는 이러한 역사적인 정황이 구원의 현재가 지속되고 있음을 경험하는 전제이었다. 이미 시작하고 있으며 계속하여 진행 중에 있는 구원과 아직 완성에 이르지 않은 구원 사이의 긴장이 그 안에 그 뿌리를 두고 있다. 여기에 마태복음 28:20의 다음 확언이 해당된다. "볼지어다 내가 세상 끝 날까지 너희와 항상 함께 있으리라."

3.2 이미 시작된 새로운 창조

다른 어떤 주된 사고(思考)도 현재 구원의 현실이 지니는 완성을 지향하며 완성으로 이끄는 성격을 '새로운 창조'(*καινὴ κτίσις*)의 모티브처럼 그렇게 분명하게 표현하지 못한다.

3.2.1 새로움이라는 사고가 이미 예수 자신의 선포에 등장한다. 그는 마가복음 2:21 이하와 병행구절의 비유 말씀에서 낡은 옷을 헤어지게 하는 새로운 생베조각을 말하며, 낡은 가죽 부대를 터뜨리는 새로운 포도주를 언급한다. 새로운 것이 옛 것과 함께 할 수 없다. 변화를 가하면서 옛 것에 영향을 끼치고 결국 옛 것을 제거시킴으로써 새로운 것이 지속된다. 의심의 여지없이 진정한 이 말씀은 하나님의 통치에 관한 예수의 메시지의 통합적인 구성부분이다. 모든 옛것에 맞서서 그것을 유지하지 않는, 종국적인 의미에서의 새로움이 초점이 된다. 예수의 메시지에 있어서 그것은 포괄적인 미래 갱신의 맥락 가운데 있다. 물론 결정적으로 중요한 것은 이 갱신이 지금 이미 관철되기 시작한다는 것이다. 마가복음 4장의 하나님의 통치에 관한 비유도 무엇인가 근본적으로 새로운 것이 시작되었다는 것을 가리킨다.

3.2.2 그것이 바울에 의해 바로 강령(綱領)적인 의미로 파악되고 있으며, 그는 고린도후서 5:17에서 다음과 같이 표현한다. "그런즉 누구든지 그리스도 안에 있으면 새로운 피조물이라 이전 것은 지나갔으니 보라 새 것이 되었도다."(*εἴ τις ἐν Χριστῷ, καινὴ κτίσις· τὰ ἀρχαῖα παρῆλθεν, ἰδοὺ γέγονεν καινά*) 새로운 것은 ("…모든 것이 새롭게 되었다."는 잘못된 번역이 드러내듯이) 회복이라는 의미로 옛 것을 단순하게 갱신하는 것이 아니다. 오히려 시종일관 옛것에 맞선다. 그리스도에게 속함으로 새로운 것을 경험할 수 있다면, 새 창조가 현존한다. 그것을 '그리스도 안에 있음'(*ἐν Χριστῷ εἶναι*)이라고 이중적인 의미로 표현한다. 믿는 자들 각자가 그리스도 안에 있음과 믿는 자들의 공동체 안에 있음(*ἐν τῷ σώματι Χριστοῦ εἶναι*)이 관건이 된다. 이 구절이 근본적으로 말하고자 하는 것을 바울은 갈라디아서 6:15에서 할례와 무할례에 관한 구체적인 논쟁에 적용시킨다. 그 논쟁적 질문은 바울에게 있어서 새 창조라는 관점 아래 그 중요성을 상실하였다. '새로움'(*καινότης*)이라는 모티브가 바울의 세례 교훈도 규정한다. 거기서 새롭게 하시는 성령의 능력이 강조되고 있다. 이는 로마서 6:4과 7:6이 강조하는 바와 같다.(비교. 롬 8:9-11) 로마서 12:1 이하의 강령적인 진술이 표현하는 것처럼, 같은 내용이 권면에도 해당된다. 거기서 '마음을 새롭게 함'

(ἀνακαίνωσις τοῦ νοός)을 중시한다. 물론 이신칭의의 메시지로 현재 구원의 확언을 말하며, 믿는 자를 구원의 완성을 향한 도상 위에 세우는 곳에서도 같은 내용이 언급된다.(롬 3:21-5:11)

3.2.3 새로움이라는 용어가 디도서 3:5에서도 세례와 관련하여 등장한다. 거기서 '중생의 씻음과 성령의 새롭게 하심'(*λουτρὸν παλιγγενεσίας καὶ ἀνακαινώσεως πνεύματος ἁγίου*)을 언급한다. 히브리서 6:6도 비슷한 내용을 말한다.(*ἀνακαινίζειν εἰς μετράνοιαν*, 비교. 4절 이하) 야고보서 1:18과 베드로전서 1:23도 함께 비교할 수 있다. 요한복음 3:1-12에 나오는 니고데모와의 대화는 같은 내용을 다른 용어로 표현하고 있다. 거기서 '새롭게', 즉 '위로부터 나는 것'(*γεννηθῆναι ἄνωθεν*)을 언급한다. 5절에서는 세례와 관련시키며, 존재의 갱신 전체를 나타낸다. 요한복음의 그 밖의 구절에서는 새로움이라는 표현은 종말론적인 현실을 나타내는 주요 개념인 '새 계명'(*καινὴ ἐντολή*)의 맥락에서만 등장한다. 이미 현재에서 경험할 수 있는 '영생'(*ζωὴ αἰώνιος*)에 참여함을 언급함으로써, 새 창조의 주제가 내용에 따라 폭 넓게 등장한다.

3.3 구원의 현재와 미래에 대한 다양한 강조

신약성서에서 구원의 현재와 구원의 미래 사이의 긴장이 시종일관 유지되고 있지만 각기 다른 강조점을 갖는다.

3.3.1 신약성서에 구원의 미래를 전면에 부각시키는 전승이 있다. 구원의 현재는 짧은 중간시기를 지나 완성을 향해 질주한다. 이러한 구상(具象)은 마가복음 13장의 종말설교가 드러내듯이, 마가복음이나 요한계시록 및 베드로후서 3장의 특징이다. 그러한 구상이 마태복음, 히브리서, 야고보서에서도 변형되어 나타난다. 여기서 초점이 되고 있는 이해는 강한 재림기대가 있는 초창기에도 증명될 뿐만 아니라, 베드로후서가 인식시키듯이 초기 기독교의 후기에 이르기까지 철저하게 유지된다.

3.3.2 본질적으로 조화로운 구원의 현재와 구원의 미래의 병렬은 바울에게서 등장한다. 이러한 조화는 바울이 임박한 재림에 대한 강한 기대를 대표하지만(비교. 롬 13:11), 구원의 현재가 지니는 의미를 매우 강조하므로 주목할 만하다. 비슷한 내용이 베드로전서에도 해당된다. 누가의 이중 저작에서 구원의 현재는 무엇보다도 성령론의 맥락에서 강조되고 있다. 물론 거기서 완성에 대한 기대가 더 먼 미래로 나아가지만, 현

재 구원의 경험에 분명하게 대칭되는 극으로 나타난다.

3.3.3 그러나 구원의 현재를 특히 강조함으로 미래기대가 상당히 다른 가치를 보유하는 신약성서 문서들이 있다.

3.3.3.1 이는 먼저 제2 바울적인 골로새서에 해당되며, 에베소서에서도 강조되고 있다. 믿는 자들의 공동체에서 구원은 이미 현재에 완전하게 경험된다. 그러한 내용을 세례 교훈은 함께 부활하는 것에 대한 이해로 인식시킨다.(골 2:13, 엡 2:5 이하) 구원의 현재 및 구원의 완성의 관계와 관련하여 시간적인 긴장 대신에 땅과 하늘이라는 공간적인 긴장이 등장한다. 그러한 공간적인 긴장은 골로새서에서 아직 전통적인 의미로 희망의 사고와 결합되고 있다.(골 1:23, 3:1-4) 반면에 에베소서에서는 하늘과 땅 사이의 한계가 곧 제거된다. 교회(*ἐκκλησία*)는 '그리스도의 몸'(*σῶμα Χριστοῦ*)으로 확장되고 하늘의 영역으로 성장한다. 거기서 그리스도가 교회의 '머리'(*κεφαλή*)이시다.(비교. 엡 1:10, 22 이하, 4:15 이하) 따라서 희망의 개념을 하늘의 구원의 대상이라는 의미로 사용한다. 그 구원의 몫이 우리를 부르시는 부르심의 근거가 된다.(엡 1:18, 4:4) 목회서신도 구원의 현재를 매우 강하게 강조한다. 물론 미래 영역을 몰아내지는 않는다.(참조. 딛 3:4-7, 2:11-14)

3.3.3.2 요한문서에서 구원의 현재가 훨씬 더 강조되고 있다. 이러한 강조는 '영생'(*ζωὴ αἰώνιος*)을 언급하는 곳에서 가장 분명하게 등장한다. 이러한 모티브는 신약성서의 다른 곳에서는 완성의 때에 얻을 생명과 관련된다. 그와 다르게 요한문서에서 우리는 구원의 현재와 함께 제한됨이 없이 곧바로 종말의 구원에 속하게 된다는 진술을 만난다. 여기서도 미래영역이 제거되지는 않고 있다.(참조. 요 14:3, 17:24) 그러나 미래영역은 감지할 수 있을 정도로 뒤로 물러나 있다. '영원한 생명'을 현재에 적용시키는 경우, 그로써 구원의 시작과 구원의 완성이 얼마나 긴밀하게 함께 속하는지를 표현하게 된다. 바울이 현재와 관련하여 종말론적인 유보를 강조하면서, 구원에 무제한적으로 참여함을 중시한다.

4. 종말 직전에 기독교인의 존재

구원의 현재에 대한 경험이 세상에서의 현존을 배제하지 않는다. 이미 종국적인 것이 시작되었음에도 불구하고 잠정적으로 계속 존재하는 것이 관건이 된다. 디트리히 본회퍼((Dietrich Bonheoffer)가 사용한 '종말 직전'(Vorletzten)이라는 개념이 그것을 잘 표현해 준다. 그것은 인간의 한계, 잠정성, 위협받는 상태에 직면하여 종국적인 구원을 경험하는 것을 말한다.

4.1 환난 중에 믿음의 보존

고난과 궁핍 가운데서 믿음을 지키는 것도 구원의 현재 경험에 속한다. 고난은 피조된 실존세계의 구성부분일 뿐만 아니라, 종말적인 환난의 맥락에도 속한다. 여기서 전제되는 것은 세상을 종말로 이끄는 환난이 재림 시까지 계속하여 현저하게 증가한다는 사실이다.

4.1.1 종말 환난

4.1.1.1 슬립시스(*θλῖψις*)라는 개념은 헬라어에서 인간에게 닥칠 수 있는 모든 종류의 '환난'을 나타낸다. 이 개념은 신약성서에서 무엇보다도 바로 앞에 일어나는 사건들의 종말이라는 맥락에서 사용되고 있으며 그러한 점에서 종말론적인 '환난'을 말한다. 흥미롭게도 이 개념은 임신한 여인이 해산하는 '고통'(*ὠδῖνες*)에 관한 비유 모티브와 연결되고 있다. 그 고통이 새 시대를 시작하기에 앞서 일어난다.(막 13:8 병행, 요 16:21, 살전 5:3) 그런 방식으로 '환난'이 완성을 향한 필연적인 과정으로 특징지어진다. 종말 시 환난의 모델은 세계의 시간을 여러 시대로 구분하는 초기 유대교 묵시문학에서 유래한다. 거기서 극심한 어려움을 동반하는 종말 직전의 시기가 구원의 시기 앞에 놓인다.

4.1.1.2 마가복음 13장의 종말설교는 환난의 모티브를 기독교 선포의 특징으로 이해한다. 예수의 죽음 및 부활과 함께 종말을 향해 나아가는 환난의 시기가 이미 시작되고 있다. 13:7 이하에서 전쟁, 지진, 기아와 같은 사건들이 종말을 미리 예고한다. 그것은 겨우 '재난의 시작'(*ἀρχὴ ὠδίνων*)일 뿐이다. 환난과 핍박이 있음에도 불구하고 그때가 복음이 전 세계에 전파되어야 하고 전파될 수 있는 시기이다.(13:9-13) '멸망의 가증한 것'(*βδέλυγμα τῆς ἐρημώσεως*)이 나타나고, '환난'이 시작될 때, '창조하신 시초부터 지금까지 그러한 환난이 없었던 것처럼' 환난은 더 심해질 것이다.(13:14-23, 특히 19절, *θλῖψις οἵα οὐ γέγονεν τοιαύτη ἀπ' ἀρχῆς κτίσεως*) 그 후에 전 세계 질서가 붕괴되며 인자가 올 것이다.(13:24-27) 여기서 예수의 위격(Person) 안에 현재

화된 구원과 함께 종말 시의 환난이 시작된다는 점에서, 묵시적인 모델을 아주 간명(簡明)한 형태로 받아들여 특징적으로 변경시키고 있다.

4.1.1.3 마태복음 24:4-31은 마가복음 13장이 짧은 형태로 진술하는 내용 중 몇 가지를 변경시키고 확장하여 수용한다.(마태는 24:9, 21에서 '환난'[*θλῖψις*]과 '큰 환난'[*θλῖψις μεγάλη*]을 구별한다.) 반면에 누가는 21:8-28에서 '환난'이라는 개념을 포기할 뿐만 아니라, 종말론적인 성격을 부여하지 않고 인자가 오시기까지의 사건들을 역사적인 것으로 묘사한다.

4.1.1.4 요한계시록이 아주 상세하게 종말 시 환난의 주제를 다룬다. '환난'의 개념이 자주 언급되지는 않지만(1:9, 2:9 이하, 22에서 *θλῖψις*, 7:14에서 *θλῖψις μεγάλη*), 환상보도들이 환난의 개념과 연결된 구상과 정확하게 일치한다. 마가복음 13장과 마태복음 24장에서처럼 예수께서 부활하여 보좌에 앉으시는 것으로(계 5장) 종말 시 환난이 시작된다. 개별 모티브들이 많이 반복되지만, 세 개의 환상보도에서 동일한 사건들을 중복하여 묘사하는 것이 아니라, 점층적으로 강화하여 설명한다. 일곱 개 인을 뗄 때에 예수의 보좌즉위에 연결되어(6:1-8:1) 발생하기 시작하는 사건 내용이 일곱 나팔이 울려 퍼질 때에 점층적으로 강화되며(8:2-14:20), 일곱 대접이 쏟아질 때 절정에 이르러 그 끝에 이른다.(15:1-19:8) 추가적인 몇 몇 단락, 예를 들어 요한계시록 12장이나 13장이 설명을 보충한다. 환상보도는 믿는 자들이 현재 구원에 참여함을 특별한 방법으로 이해한다. 요한계시록 7:1-17, 14:1-13, 19:1-8은 종말 시의 완성을 조망한다. 환난에 대한 묘사가 지배적이지만, 거기서 비유 모티브들은 세상과 함께 하시는 하나님의 역사 안으로 사건들을 정렬시키는 데 기여한다.

4.1.1.5 마가복음 및 마태복음의 종말설교와 요한계시록만이 묵시문학에서 받아들인 종말 이전의 일어나는 환난의 모델을 상세하게 설명한다. 신약성서의 다른 부분에서도 환난에 대한 언급이 생략되지 않는다. 이는 바울에게 해당되는 내용으로 특히 로마서 8:18-25이 드러내는 바와 같다. 데살로니가후서 2:1-12의 적그리스도에 관한 제2 바울적인 단락도 언급할 수 있다. 같은 내용이 요한복음에도 적용된다. 요한복음 16:21에 해산하는 여인에 관한 비유가 사용되며 16:33은 다음과 같이 말한다. "세상에서는 너희가 환난을 당하나 담대하라 내가 세상을 이기었노라."(*ἐν τῷ κόσμῳ θλῖψιν ἔχετε, ἀλλὰ θαρσεῖτε, ἐγὼ νενίκηκα τὸν κόσμον*)

4.1.2 십자가의 표시 안에 있는 기독교인

환난의 시기로서 현재에 대한 묘사와 병행하여 십자가의 표시 안에서 사는 삶인 기독교의 존재에 대한 특징이 신약성서에 나타난다. 예수 자신의 생애가 십자가를 향한 여정이었다. 따라서 예수의 십자가는 구원론적인 의미를 넘어서 이 세상에서 기독교적 생활의 표징(表徵)이다.

4.1.2.1 예수의 생애가 그의 제자들의 생애와 마찬가지로 전제하는 말씀은, 참된 생명을 얻는 것은 이 땅에서 생명을 포기할 것을 조건으로 한다는 것이다.(막 8:35-37 병행구절) 그 내용이 예수 자신이 받아야 할 세례인 죽음의 세례라는 모티브로 표현되었다.(눅 12:50) 죽음의 세례라는 이 모티브가 제자들에게도 적용되고 있음은 우연이 아니다.(막 10:39) 그런 점에서 십자가를 진다는 뜻으로 인(印)을 치듯이 강조된 예수께 속한다는 것에 관한 말씀에 대한 부차적인 해석이 결과적으로 뒤따라 왔었을 것이다.(막 8:34와 병행구절)

4.1.2.2 마가는 13:9-13에서 부활 이후 기독교 공동체의 위치를 환난의 시기 가운데 있는 상태로 규정한다. 거기서 믿음을 보존하는 것이 중요하다. "끝까지 견디는 자는 구원을 받으리라."(*ὁ δὲ ὑπομείνας εἰς τέλος οὗτος σωθήσεται*) 그 내용이 마태복음 24:9-13에 수용되며 10:5-42의 파송설교에서는 핍박과 고난 가운데 수행되어야 할 선포사역(24:14!)과 관련하여 더 상술되고 있다.(참조. 10:16-25) 고난에 대한 언급은 누가복음 21:12-19에서도 결여되지 않는다. 물론 이미 언급하였듯이 환난의 모티브는 빠져 있다. 마찬가지로 사도행전이 고난과 위험을 자주 충분하게 언급한다. 요한복음서도 '세상의 증오'라는 모티브로 고난의 주제를 부활 이후의 시기를 미리 조망하는 고별 설교 안으로 가지고 왔다.(요 15:18-16:4)

4.1.2.3 바울이 고난을 상세하게 연구한다. 그가 복음의 선포를 '십자가의 말씀'으로 명명할 때(*λόγος τοῦ σταυροῦ*, 고전 1:18, 비교. 2:2), 예수 죽음의 구원의 의미만이 아니라 십자가의 표시 가운데 사는 기독교인의 존재도 중요시한다.

4.1.2.3.1 먼저 언급할 수 있는 것은 고린도전서 4:9-13과 고린도후서 6:4-10의 소위 고난목록이다. 거기서 바울 자신이 사도로서 몸소 경험했고 믿는 자들이 일반적으로 부딪힐 수 있는 다양한 고난의 형태를 열거한다. 믿음을 확신하는 가운데 그러한 고난들을 견뎌낼 수 있다.(참조. 고후 4:8 이하) 바울은 고린도전서 4:13에서 그가 세상의 찌꺼기(*περίψημα*)가 되었다고 말하면서, 고린도후서 6:10에서 믿는 자들을 '가난한 자로서 많은 사람을 부요하게 하는 자'라고 명명한다.(*ὡς πτωχοὶ πολλοὺς δὲ* *πλουτίζοντες*) 이 주제를 바울이 고린도후서 11:16-31의 '바보설교'에서 다시 받아들였고 자신이 겪은 수많은 난관을 열거했다.(23-29절)

4.1.2.3.2 바울은 고난의 주제를 근본적으로 숙고한다. 그러한 특징은 고린도후서 4:7-18의 본문에서 드러난다. 복음과 현재 경험하는 구원의 보배를 우리가 '질그릇에'(*ἐν ὀστρακίνοις σκεύεσιν*) 가졌다는 것이 주요내용이다.(7절) 이로써 이중적인 내용이 암시되고 있다. 보배는 이 세상의 껍질 안에 감추어져 있다. 그 껍질은 매우 쉽게 부서질 수 있어서 조심하여 다루어야 하지만, 동시에 고난으로 특징지어진다. 거기서 우리가 "항상 예수의 죽음을 몸에 짊어짐은 예수의 생명이 또한 우리 몸에 나타나게 하려 함"임을 알 수 있다.(*πάντοτε τὴν νέκρωσιν τοῦ 'Ιησοῦ ἐν τῷ σώματι περιφέροντες, ἵνα καὶ ἡ ζωὴ τοῦ 'Ιησοῦ ἐν τῷ σώματι ἡμῶν φανερωθῇ*, 10절) 물론 "우리의 겉사람은 낡아지나 우리의 속사람은 날로 새로워"진다.(*ὁ ἔξω ἡμῶν ἄνθρωπος διαφθείρεται, ἀλλ' ὁ ἔσω ἡμῶν ἀνακαινοῦται ἡμέρᾳ καὶ ἡμέρᾳ*, 16절) 마찬가지로 중심 문장인 고린도후서 12:9a을 정확하게 번역하면 다음과 같다. "내 은혜가 네게 족하도다 이는 능력이 약함 가운데 그 목표에 이르기 때문이다."(*ἀρκεῖ σοι ἡ χάρις μου, ἡ γὰρ δύναμις ἐν ἀσθενείᾳ τελεῖται*)[41] 여기서 '능력'은 8절에서 바울이 간구한 대상이며 바울에게 확언된 주님의 능력이다. 그에 상응하여 9b절에서 '그리스도의 능력'을 언급한다. 이 모든 진술에서 결정적인 것은 그리스도의 십자가의 예표 아래 있는, 그리고 그가 함께하신다는 예표 아래 있는 고난이 관건이 되고 있다는 사실이다.

4.1.2.3.3 그리스도와 '함께 고난 받는다'와 '함께 죽는다'는 진술은 세례 사건에서 특히 중요한 의미를 지닌다.(비교. 롬 6:3) 그 진술은 고난으로 특징지어지는 이 세상 가운데 그리스도인이 존재한다는 맥락에서도 등장한다. 따라서 로마서 8:17은 그리스도와 '함께 고난 받는 것'(*συμπάσχειν*)을, 빌립보서 3:10은 '그의 고난에 참여함, 그의 죽으심을 본받음'(*κοινωνία τῶν παθημάτων αὐτοῦ, συμμορφιζόμενος τῷ θανάτῳ αὐτοῦ*)을 중요시한다. 이 세상에서 믿는 자들의 현존은 바울에게 있어서 십자가 신학(theologia crucis)의 예표 아래 있다. 그들은 이미 경험한 구원과 기대하는 구원의 완성에 직면하여(참조. 롬 8:17 끝부분, 빌 3:11) 모순 가운데(sub contrario) 있

41) 개역개정은 "내 은혜가 네게 족하도다 이는 내 능력이 약한 데서 온전하여짐이라."로 번역한다. - 역자 주.

는 존재이다. 환난과 궁핍 가운데 있는 모든 이들을 '자비의 아버지이시며 모든 위로의 하나님'이 도우신다. 이는 고린도후서 1:3-7의 서언에서 바울이 감사를 드리며 언급하는 바와 같다. 바울의 십자가 신학은 기독론적으로 또 구원론적으로 중요할 뿐만 아니라, 이 세상에서 믿는 자들의 현존과 관련하여서도 중요한 의미를 지닌다.

4.1.2.4 믿는 자들의 현존하는 형태로서 고난이 베드로전서에서도 주제화되고 있다. 두 구절에서 그리스도의 고난을 언급한다.(2:21-25, 3:18) 그리스도가 우리를 위해 고난 받으셨고(2:21a), 우리를 '하나님 앞으로 나아가게 하기' 위하여 '불의한 자를 위하여 의인'으로서 우리의 죄를 단 한 번에 용서하셨다.(3:18a) 동시에 그는 '너희에게 본을 끼쳐 그 자취를 따라 오게' 하셨다.(*ὑπολιμπάνων ὑπογραμμὸν ἵνα ἐπακολουθήσητε τοῖς ἴχνεσιν αὐτοῦ*, 2:21b) 이미 종들을 향한 권고인 2:13-3:12의 가훈표 안에서 고난의 주제가 언급되고 있고, 그 주제는 3:13-17과 4:12-19의 단락에서 전체 교회 공동체와 관련하여 계속된다. '욕을 먹는 것'에서 시작하여 '치욕을 당하는 것'과 '비방을 받는 것'을 넘어 '고난을 당하는 것'(*καταλαλεῖσθαι, ὀνειδίζεσθαι, βλαυφημεῖσθαι, πάσχειν*)에 이르기까지 믿는 자들은 불신앙의 세상으로부터 환난을 당한다. 연단하기 위해 오는 불시험(*πύρωσις πρὸς πειρασμόν*, 4:12)에 직면하여 의를 위하여(*διὰ δικαιοσύνης*, 3:14), 선을 행함으로(*ἀγαθοποιεῖν*, 3:17) 고난을 받는 것은 당연하다. '그리스도인으로 고난을 받는 것'이 결정적으로 중요하다.(*πάσχειν ὡς Χριστιανός*, 4:15 이하) 그리스도의 고난과 연결되는 모든 고난(*κοινωνεῖτε τοῖς τοῦ Χριστοῦ παθήμασιν*, 4:13)은 하나님의 뜻에 따른 것이다.(4:19) 그것에 다음 확언이 해당된다. "모든 은혜의 하나님 곧 그리스도 안에서 너희를 부르사 자기의 영원한 영광에 들어가게 하신 이가 잠깐 고난을 당한 너희를 친히 온전하게 하시며 굳건하게 하시며 강하게 하시며 터를 견고하게 하시리라."(*ὁ δὲ θεὸς πάσης χάριτος ὁ καλέσας ὑμᾶς εἰς τὴν αἰώνιον αὐτοῦ δόξαν ἐν Χριστῷ, ὀλίγον παθόντας αὐτὸς καταρτίσει, στηρίξει, σθενώσει, θεμελιώσει*, 5:10)

4.2 위험에 처한 공동체

교회공동체에 대한 위협은 여러 형태로 나타난다. 믿는 데 지치고, 배교의 위험에 빠진다. 거짓교사들에게 미혹되기도 한다. 적대적인 세상과 악으로 인한 위협이 존재한다.

4.2.1 나약함과 배교의 위험

4.2.1.1 한 번 갖게 된 믿음이 지속적이고 변하지 않는 생활의 기본토대는 아니다. 믿음은 약해질 수 있다. 믿음은 공격과 의심으로 위협을 받는다.(참조. 이 책 15장) 바울이 '믿는다'(*πιστεύειν*)는 단어를 일차적으로 현재로 사용하는 것은 우연이 아니다. 믿는 자는 늘 새로운 확언과 늘 새로운 신뢰의 행위를 필요로 하기 때문이다. 종말 직전의 현존을 위해 현재 유효한 구원을 향한 끊임없이 새로운 관심이 불가피하다. 흐르는 시간의 경험에 직면하여, 공동체와 세상의 또 다른 요구들에 늘 직면하여, 지나가는 것과 죽음으로 인한 위협의 상태에 직면하여 믿음을 붙잡고 믿음 안에 강하게 머무르는 것은 시사해 주는 바가 크다. 그러한 요구는 고린도전서 16:13에서 깨어 있으라는 빈번한 요구와 특징적으로 연결되고 있다. "깨어 믿음에 굳게 서서 남자답게 강건하라."(*γρηγορεῖτε, στήκετε ἐν πίστει, ἀνδρίζεσθε, κραταιοῦσθε*) 히브리서 13:9의 다음 진술도 거기에 속한다. "마음은 은혜로써 굳게 함이 아름답다."(*καλὸν γὰρ χάριτι βεβαιοῦσθαι τὴν καρδίαν*)

4.2.1.2 개별적인 상황에 따라 믿음은 연약해질 수 있다. 따라서 믿음이 경직되기도 하며, 이어서 쉽게 기독교 공동체를 배반하게 된다. 이러한 내용은 고린도전서 10:5-13과 히브리서의 여러 구절에서 주제화되었다.

4.2.1.2.1 고린도전서 10:1-13의 모형론에서 바울은 세례와 성만찬에 관한 진술로 시작한다. 거기서 바울은 '뒤따르는 신령한 반석'(*πνευματικὴ ἐπακολουθοῦσα πέτρα*)인 예수 그리스도를 언급한다. 그는 이미 옛 계약의 시기에 현존하고 있었다.(1-4절) 따라서 광야 시대의 태도가 공동체를 위한 경고가 된다. 이는 "우리로 하여금 그들이 악을 즐겨한 것 같이 즐겨하는 자가 되지 않게 하려 함"이다.(6절) 우상숭배, 방탕함, 탐욕, 원망은 심판을 받는다.(7-9절) 따라서 "그들 중의 어떤 사람들이 원망하다가 멸망시키는 자에게 멸망하였나니 너희는 그들과 같이 원망(*γογγύζειν*)하지 말라."는 경고가 뒤따른다.(10절) 그들에게 일어난 '모형대로'(*τυπικῶς*), 그런 일은 '우리를 깨우치는 데' 도움이 된다.(*πρὸς νουθεσίαν ἡμῶν*, 11절) 그러므로 "선 줄로 생각하는 자는 넘어질까 조심하라."(*ὥστε ὁ δοκῶν ἑστάναι βλεπέτω μὴ πέσῃ*, 12절)는 말씀은 결론적으로 감당할 시험과 관련되는 확언과 결합되고 있다.(13절)

4.2.1.2.2 히브리서의 여러 구절에서 배교의 위험을 다루고 있다. 이미 2:1-4에서 "흘러 떠내려가지 않도록 하라."(*μήποτε παραρυῶμεν*)는 경고를 하고, 3:7-4:13에서 '오늘이라 일컫는 동안에'(*ἄχρις οὗ τὸ σήμερον καλεῖται*) 구원의 메시지를 유

의하라는 호소를 하며, 6:4-6에서 믿음을 떠나는 것을 언급한다. '한 번 빛을 받고'(*ἅπαξ φωτισθέντας*) 하늘의 은사에 참여하였지만 타락한 자들은(*παραπεσόντας*) '다시 새롭게 하여 회개하게 할 수 없나니 이는 그들이 하나님의 아들을 다시 십자가에 못 박아 드러내 놓고 욕되게 함'이다.(*πάλιν ἀνακαινίζειν εἰς μετάνοιαν, ἀνασταυροῦντας ἑαυτοῖς τὸν υἱὸν τοῦ θεοῦ καὶ παραδειγματίζοντας*) 이 주제는 10:22-31에서 재수용되고 있다. 먼저 믿는 도리의 소망을 굳게 잡고 모이기를 폐하지 말 것을 요구한다.(10:22-25) 이어서 '하나님의 아들을 짓밟지 말 것'을 경고한다.(*τὸν υἱὸν τοῦ θεοῦ καταπατεῖν*) 그것에 대해 피할 수 없는 하나님의 심판이 있을 것이다.(10:26-31) 이 주제가 12:12-27에서 세 번째로 등장한다. 거기서 피곤한 손과 연약한 무릎을 일으켜 세울 것과 '하나님의 은혜에 이르지 못하는 자가 없도록'(*μή τις ὑστερῶν ἀπὸ τῆς χάριστος τοῦ θεοῦ*) 할 것을 호소한다. 이는 에서와 같이 망령되지(*μὴ βέβηλος ὡς 'Ησαῦ*) 않기 위함이다. 그는 눈물을 흘리며 구하였지만 회개할 기회를 더 이상 얻지 못했다.(*μετανοίας γὰρ τόπον οὐχ εὗρεν καίπερ μετὰ δακρύων ἐκζητήσας αὐτήν*)

4.2.2 거짓교사의 유혹

공관복음서로부터 시작하여 바울, 제2 바울서신, 소위 공동서신을 지나 요한계시록에 이르기까지 신약성서의 여러 곳에서 거짓교사를 경고한다. 거짓교사는 공동체 내부에서 등장하는 한 현상이다. 여기서 외부 영향력이 어느 정도로 관여하는지에 대한 질문은 별개의 것이다. 스스로 그리스도인으로 위장하고 예수의 이름으로 가르치는 사람이 초점이 된다. 초기 교회 당시에 거짓 교사의 다양한 형태들을 여기서 언급할 수는 없다. 기초가 되는 모델 세 가지만을 고려할 수 있다.

4.2.2.1 복음이 더 이상 기쁘고 자유하게 하는 메시지로 선포되는 것이 아니라 부가된 의무와 결합되는 곳에서 바울은 거짓교사의 위험을 보았다. 그러한 위험은 갈라디아의 대적자들의 경우에서처럼 복음의 메시지와 일치하지 않는 토라의 규정들일 수 있었다.(비교. 갈 3:1-5, 5:1-12) 또 고린도의 경우와 같이 공동체에 짐이 되는 은사들의 요구일 수도 있었다.(비교. 고후 11:1-4) 끝으로 복음에 해당되지 않는 이교도의 전승과 생활 형태가 혼합된 메시지이었을 수도 있다.(고전 8장)

4.2.2.2 종말론적 열광주의가 상당한 역할을 한다. 그리스도가 이미 왔다. 즉 이미 마지막 날에 이르렀다는 주장이 있었다.(막 13:6, 21-23 병행구절, 살후 2:2) 이미

부활이 일어났다는 주장이 있었다.(딤후 2:18) 이러한 주장은 일상생활에서의 구체적인 책임을 더 이상 감지하지 않으려는 태도와 때때로 관련되고 있었다.(비교. 살후 3:6-13)

4.2.2.3 복음에 일치할 수 없었던 표상들로 인한 이질화도 꽤 위험하였다. 그러한 현상을 늘 종교사적으로 자리매김할 수 있듯이 실제 내용 자체가 중요한 의미를 지닌다. 이는 골로새서 2:8, 16-19이 논박하는 '철학'에 해당된다. 또는 서로서로 공공연히 긴밀하게 결합된 이단들인 '니골라 당', '발람의 교훈', '선지자 이세벨'에 해당된다. 요한계시록은 교회들을 향한 서신에서 그들을 경고한다.(계 2:6, 14, 15, 20) 유다서 5-16절과 베드로후서 2장에 묘사된 거짓교사의 맥락에서도 '발람의 유혹'을 언급한다. 혼합주의적인 추구는 나아가 기독론에도 영향을 끼칠 수 있었다. 그래서 요한일서 2:22 이하, 4:2 이하, 요한이서 7절에 따르면 거짓교사들은 예수께서 인간이심을 부인했고, 그 이유로 그들을 곧바로 ' 적그리스도'로 명명한다.(요일 2:18 이하, 요이 7)

4.2.3 세상의 적대

'세상'은 신약성서에서 다양한 관점으로 등장한다. 세상을 하나님이 창조하셨다. 세상은 인간으로 인해 불행하게 되었다. 세상은 하나님의 구원 행위로 인해 하나님을 떠난 것과 악으로부터 자유롭게 되었다. 세상 가운데 복음이 선포되고 세상에서 기독교 공동체가 모인다. 그러나 세상은 하나님의 구원행위를 거절하고 믿는 자들에게 적대적으로 행동하기도 한다.

4.2.3.1 신약성서의 여러 구절이 핍박과 법적 소송에 관해 언급한다. 마가복음 6:11∥누가복음 9:5과 마태복음 10:14∥누가복음 10:10 이하가 제자들의 메시지를 거절하는 것에 관해 말하며, 그것을 마태의 추가부분인 마태복음 10:17-23에서 함께 일어나는 핍박의 상황을 언급함으로 보충한다. 거기서 복음서 저자는 광범위한 말씀자료들(Logien)을 수용하였다. 그 말씀들은 마가복음의 경우에 종말론적인 설교 안에 놓이며 부활 이후에 시작되는 환난의 시기와 관련된다. 물론 그 말씀들을 마태가 24:9-13에서도 짧게 요약하여 싣고 있지만, 마태에게 있어서 중요한 것은 이 파송설교를 부활 이후 시기의 관점에서 이미 명료화시키고 있다는 것이다. 마가복음 13:9-13 및 그 병행구절과 마태복음 10:17-23(24 이하)에서는 있을 수 있는 여러 위험들이 열거되고 있다. 제자들이 법정에 '넘겨지며'(*παραδιδόναι*), 총독들과 임금들 '앞에 끌려갈'(*ἀχθῆναι*, *σταθῆναι*) 것이다. 사람들이 그들을 '묶고' '매질'을 하며(*δέρειν*, *μαστιγοῦν*), '감옥'

(φυλακαί)에 집어 넣고 그들을 죽일 것이다.(ἀποκτείνειν, θανατοῦν) 사람들이 그들을 '핍박하고'(διώκειν), 그들이 "내 이름으로 말미암아 모든 사람에게 미움을 받을 것이다."(μισούμενοι ὑπὸ πάντων διὰ τὸ ὄνομά μου)

4.2.3.2 사도행전은 구체적인 수많은 사례들을 묘사한다. 이미 초기에 베드로와 요한(4:1-22, 5:17-40) 및 스데반(6:8-14, 7:54-60)을 반대하는 법적 소송이 있었다. 예루살렘 공동체의 핍박과 시도되었던 다메섹 공동체의 핍박을 언급한다.(8:1, 9:1 이하) 결국 바울을 로마로까지 이끌고 간 소송에 이르기까지 바울은 일련의 법적 소송과 감금상태에 노출되어 있었다.(16:19-40, 18:12-17, 19:23-40) 특히 증가하는 악의 세력에 직면한 믿는 자들에 대한 핍박은 요한계시록에서 한 역할을 수행한다.(비교. 계 2:10, 13, 6:9-11, 12:11, 18:24) 거기서 안디바라는 인물이(계 2:13) 스데반 외에 이름이 거론된 피의 순교자로 등장한다.

4.2.3.3 세상의 적대가 요한복음 15:18-16:4a에서 근본적으로 주제화되고 있다. 제자들은 자신들에 대한 세상의 '증오'를 경험하지만(ὁ κόσμος ὑμᾶς μισεῖ), 세상이 그들의 주인을 '먼저 증오했음'(ἐμὲ πρῶτον μεμίσηκεν)을 알아야 한다. 그 이유는 제자들이 '세상에 속하지'(ἐκ τοῦ κόσμου εἶναι) 않고, 오히려 예수께서 그들을 '세상으로부터 선택했기'(ἐξελεξάμην) 때문이다. 그러므로 예수 자신이 '핍박을 받았던' 것처럼, 그들이 핍박을 받는다.(εἰ ἐμὲ ἐδίωξαν, καὶ ὑμᾶς διώξουσιν) 분명히 종은 자신의 주인보다 크지 못하다.(비교. 요 13:16) 세상이 예수를 보낸 자를 알지 못하므로 그들의 죄가 드러난다.(15:21-25) 제자들은 예수에 대한 파라클레토스(보혜사 성령)의 증언을 계속할 과제를 갖는다.(15:26 이하) 그 증언으로 인해 제자들은 회당에서 쫓겨날 것이다. 그들을 죽이는 자는 그것이 하나님을 섬기는 일이라고 생각한다.(16:1-4a) 예수와 그의 메시지를 영접하지 않는 것이 세상의 증오와 적대를 유발한다.

4.3 악의 권세

악의 권세를 언급하는 경우에 세상의 적대가 특별하게 표현된다. 성서적인 사고에서 세상을 지배하는 악은 하나님을 떠난 죄의 결과이다. 죄와 같이 악은 인간을 지배하는 세력을 획득했다. 악은 다양한 형태, 즉 귀신(데몬, Dämonen), 마귀, 적그리스도들로 구체화된다. 하나님의 구원하시는 개입이 죄와 죄의 결과를 이겼다. 그러나 반면에 악의 권세가 창궐(猖獗)하고 있다. 분명히 악의 권세는 점점 강력해지고 있다. 그러한 현상은 종말심판에서 악의 권세를 이기기까지 계속될 것이다. 구원을 향해 문을 닫는 세상은 하나님을 떠나는 것과 악에 언제나 더 깊이 연루되어진다.

4.3.1 악의 힘은 '귀신'(*δαίμονες*, 대체로 *δαιμόνια*), 즉 '부정한 영들'(*πνεύματα ἀκάθαρτα*)이다. 이들은 대부분 인격적인 형태로 나타나 인간과 세상을 찬탈(簒奪)한다.

4.3.1.1 복음서들은 인간을 노예로 만드는 귀신이 어떤 종류의 힘을 행사하는지를 생생하게 그린다. 귀신들리는 것과 병드는 것을 귀신에게 소급시키는 것은 당시의 표상과 일치한다. 그것으로 멸망시키는 권세에 인간이 넘겨지는 것을 표현했다. 이러한 표현은 신화론적인 배경을 지니지만 각 시대마다 인간에게 영향력을 끼치는 초인격적인 힘에 인간이 예속되는 것을 표현하는 방식임을 간과하지 말아야 한다. 심지어 귀신의 인식능력과 언어능력이 확인되는 경우(참조. 막 1:24) 함께 파악해야 하는 것은 귀신에게 사로잡힌 인간 자신이 스스로 반응하지만 그의 인격이 장애를 받고 있고 낯선 것에 의해 규정되고 있다는 사실이다.

4.3.1.2 예수의 대적자들은 예수께서 귀신을 쫓아냈다는 사실을 논박하지 않았지만, 마가복음 3:22 병행구절에 따르면 예수께서 귀신의 힘을 빌려 귀신을 쫓아낸다고 그를 비난했다. 그 비난에 대해 예수께서는 3:23-27 병행구절에서 스스로 분열된 나라의 멸망에 관한 비유말씀으로 답변한다. 예수 자신에게 있어서 귀신축출은 누가복음 11:20과 그 병행구절에 따르면 하나님의 통치가 이미 현재를 어루만지고 있다는 표시이다. "그러나 내가 만일 하나님의 손을 힘입어 귀신을 쫓아낸다면 하나님의 나라가 이미 너희에게 임하였느니라."(*εἰ δὲ ἐν δακτύλῳ θεοῦ ἐγὼ ἐκβάλλω τὰ δαιμόνια, ἄρα ἔφθασεν ἐφ᾽ ὑμᾶς ἡ βασιλεία τοῦ θεοῦ*) 이에 상응되게 귀신축출에 관한 사화에서 인간이 그가 예속된 악한 세력으로부터 어떻게 자유롭게 되는지를 설명한다. 그것은 마태복음 12:43-45 병행구절에서 악령의 회귀에 관한 구두말씀자료(Logion)가 말하듯이 더러운 영이 다시 되돌아올 수 있으므로 이전 상태보다 마지막이 더 악할 수 있음을 배제하지 않는다. 귀신들이 계속하여 인간 생활에 침입한다. 아직 그들의 권세가 결정적으로 파멸되지 않았다.

4.3.2 악의 대표는 '사탄' 또는 '악마'(*σατανᾶς, διάβολος*)로, '이 세대의 하나님' 또는 '이 세상의 통치자'(*θεὸς τοῦ αἰῶνος τούτου, ἄρχων τοῦ κόσμου τούτου*)이기도 하며 그와 비슷하게 명명한다. '바알세불'과 '귀신의 왕' 같은 명칭도 등장한다.(*Βεελζεβούλ, ἄρχων τῶν δαιμονίων*)

4.3.2.1 신약성서의 이러한 상징형태는 구약성서-초기유대교의 전승을 전제한

다. 그 배후에 하나님 앞에서 인간을 고소하는 자로 기능하는 과거의 천사의 존재가 초점이 되고 있다.(참조. 욥 1:6-12) 그 천사는 하늘에서 자신의 자리를 상실하였다. 그래서 누가복음 10:18에 따르면 예수께서는 다음과 같이 말한다. "사탄이 하늘로부터 번개 같이 떨어지는 것을 내가 보았노라."(*ἐθεώρουν τὸν σατανᾶν ὡς ἀστραπὴν ἐκ τοῦ οὐρανοῦ πεσόντα*) 그에 상응하여 요한계시록 12:7-13은 천사장 미가엘과 그의 천사가 사탄에 대항하는 싸움을 언급한다. 사탄이 패하고 땅으로 내쫓김을 당한다. 그와 함께 '우리 형제들을 참소하던 자'(*κατήγωρ τῶν ἀδελφῶν ἡμῶν*)가 쫓겨났다는 진술이 특징적으로 덧붙여지고 있다. (10b절) 물론 마귀는 지금도 이 땅 위에서 제한된 권세를 행사하고 있다.(12b절)

4.3.2.2 요한일서 3:8b은 다음과 같이 언급한다. "하나님의 아들이 나타나신 것은 마귀의 일을 멸하려 하심이라."(*εἰς τοῦτο ἐφανερώθη ὁ υἱὸς τοῦ θεοῦ, ἵνα λύσῃ τὰ ἔργα τοῦ διαβόλου*) 이미 하나님의 아들의 지상사역으로 사탄의 세력권이 침노 당하고 있음을 예수의 지상사역이 드러낸다. 특히 예수의 죽음과 관련하여 사탄을 이기는 승리가 강조되고 있다. 요한복음 12:31 이하에서 '쫓겨난다'는 모티브가 예수의 죽음 및 승귀와 관련되며, 16:11에서는 '세상을 심문'하는 맥락에서 파라클레토스는 "이 세상 임금이 심판을 받았다"고 말한다.(*ὁ ἄρχων τοῦ κόσμου τούτου κέκριται*) 요한복음 16:33b에 따르면 예수 그리스도가 '세상을 이겼듯이'(*ἐγὼ νενίκηκα τὸν κόσμον*) 요한일서 5:4에 의하면 '세상을 이기는 승리'(*ἡ νίκη ἡ νικήσασα τὸν κόσμον*)는 믿음이다.

4.3.3 그러나 여전히 믿는 자들은 위협적이고 유혹적인 악의 권세에 노출되어 있다. 그러한 상황을 적그리스도를 언급하는 곳이 가장 강조한다. 요한일서가 '적그리스도'(*ἀντίχριστος*)의 개념을 사용하지만 거기서는 거짓교사와 관련짓는다.(요일 2:18, 22, 4:3, 요이 7) 적그리스도에 관한 신화적 특징의 표상을 여러 구절에서 분명하게 인식할 수 있다.

4.3.3.1 마가복음 13장에서 '하나님께서 창조하신 시초부터 지금까지 없었던 환난'(19절)이 '멸망의 가증한 것'(*βδέλυγμα τῆς ἐρημώσεως*, 14절)의 등장과 함께 시작된다. 다니엘서 12:12과 달리 단순히 우상 형상으로 성전을 더럽히는 것을 말하는 것이 아니라, '서지 못할 곳에 선 자'(*ἑστηκότα ὅπου οὐ δεῖ*)라는 남성형의 표현으로 하나님께 대적하는 자의 등장이 초점이 되고 있음을 암시한다. 마태는 그것을 24:15에서 '거룩한 곳에 선 것'(*ἑστὸς ἐν τόπῳ ἁγίῳ*)이라는 중성형 표현으로, 다시 약화시킨다.

누가는 '멸망의 가증한 것'이라는 모티브를 대체로 포기한다.

4.3.3.2 제2 바울적인 본문인 데살로니가후서 2:3–12은 '대적자'(*ἀντικείμενος*)를 언급한다. 그가 '신이라 불리는 것과 예배의 대상이 되는 모든 것에 대항하여 자신을 높여' '하나님의 성전에 앉아 자신을 하나님이라고 내세운다.'(*ὥστε αὐτὸν εἰς τὸν ναὸν τοῦ θεοῦ καθίσαι ἀποδεικνύντα ἑαυτὸν ὅτι ἐστὶν θεός*, 4절) 그것으로 적그리스도를 분명하게 명명한다. 동시에 믿음에서 떠나 배교하는 일이 있고, '불법의 사람, 멸망의 아들'(*ὁ ἄνθρωπος τῆς ἀνομίας, ὁ υἱὸς τῆς ἀπωλείας*)이 나타나야 함을 말한다.(3절) 물론 '불법의 비밀'이 이미 활동 중에 있지만(*τὸ μυστήριον ἤδη ἐνεργεῖται τῆς ἀνομίας*, 7절), 불의와 악은 잠정적으로 이름이 거론되지 않은 세력에 의하여 아직 '억제 당하고 있다.'(*ὁ κατέχων, τὸ κατέχον*) 결국 불법한 자는 인간을 유혹하기 위해 '사탄의 힘으로'(*ἐνέργεια τοῦ σατανᾶ*) 올 것이지만, 다시 오시는 예수께서 그를 '그 입의 기운으로 멸하실 것'이다.(*ἀνελεῖ τῷ πνεύματι τοῦ στόματος αὐτοῦ*, 8절)

4.3.3.3 적그리스도의 모티브는 요한계시록 13장에서 가장 상세하게 전개된다. 본문은 12:13–18에 연결된다. 거기서 쫓겨난 '용'(*ὁ δράκων*)을 말한다.(비교. 눅 10:18) 그 용이 광야에 사는 하늘의 여자, 그녀의 아이, 그녀의 추종자들을 핍박한다. 12:18에 따르면[42] 용은 이른바 혼돈과 세상 사이에 위치한 바닷가 모래 위에 서 있다. 이는 두 짐승의 등장을 유발하고 주목하기 위함이다. 첫 번째 짐승은 바다에서 나오고, 두 번째 짐승은 땅에서 나온다.(13:1, 11) 힘 있게 등장하는 첫 번째 짐승에게 용이 자기 권세와 보좌를 내어준다.(*ἔδωκεν αὐτῷ ὁ δράκων τὴν δύναμιν αὐτοῦ καὶ τὸν θρόνον αὐτοῦ καὶ ἐξουσίαν μεγάλην*, 13:2 이하) 그가 치명상을 입어 죽게 되었지만 그 상처가 나았다. 그래서 죽임을 당하셨다가 부활하신 그리스도와 유사한 표징을 그가 지니게 되었다. 온 땅이 아주 놀랍게 여기고 그 짐승에게 권세를 부여한 용에게 사람들이 경배한다.(*προσεκύνησαν τῷ δράκοντι*, 4절과 8절) 그의 활동이 모든 인간들에게 미치고, 특히 '성도들과 싸워서 그들을 이기는' 과제가 그 짐승에게 부여된다.(*ποιῆσαι πόλεμον μετὰ τῶν ἁγίων καὶ νικῆσαι αὐτούς*, 7절) 이어서 두 번째 짐승이 등장한다. 마찬가지로 그 짐승이 첫 번째 짐승의 모든 권세를 행사한다. 그의 특별한 과제는 이적을

42) 한글 개역개정 성경은 공동번역이나 표준새번역과 달리 요한계시록 12:17로 끝나며, 18절의 말씀을 17절 마지막 부분에 기록하고 있다. – 역자 주.

행함으로 사람들을 미혹하며 '칼에 상하였다가 살아난 (첫 번째) 짐승을 위하여 우상을' 만드는 것이다.(*ποιῆσαι εἰκόνα τῷ θηρίῳ, ὃς ἔχει τὴν πληγὴν τῆς μαχαίρης καὶ ἔζησεν*, 14절) 용 및 두 짐승과 관련하여 '악마적인 삼위일체'가 언급되었다.(최근에 Otto Böcher가 그렇게 말하였다.) 그러나 사탄으로서 용, 적그리스도로서 첫 번째 짐승, 전권을 지닌 예언자로서 두 번째 짐승을 말하고 있다. 의도된 상황은 분명하며 수수께끼 형태의 결론적인 수로 표현되고 있다. 히브리어 알파벳에 부가된 수(數) 체계(Gematria)에 따라 666이라는 수는 '네로'라는 이름으로 나타난다. 신격화를 요구하는 로마황제가 적그리스도로서 네로라는 이름으로 등장한다. 그를 따르는 추종자들이 있으며 그 추종자들이 도처에서 황제를 우상화시키도록 사람들을 선동한다.

4.3.3.4 또한 적그리스도의 등장과는 별개로 '음녀 바벨론'에 관한 단락인 요한계시록 17장과 18장은 완전히 타락한 악으로 더럽혀진 것에 대해 언급한다. 선지자 요한이 여기서도 물론 로마를 염두에 두고 있지만(참조. 17:7-13), 황제를 먼저 염두에 둔 것은 아니며 오히려 하나님을 떠난 사회현상 전체를 향하고 있다.(참조. 18:1-24) 여기서 부유함과 풍요로움 가운데 사는 인간 공동체가 초점이 되고 있다. 법과 의, 약자에 대한 보호가 발로 짓밟혀졌으므로 그 공동체 안에는 믿는 자들을 위한 자리 또한 존재하지 않는다.(17:14, 18:24) 적그리스도 또는 여기서처럼 완전하게 타락한 악을 말하는 곳에서 관건이 되는 것은 악의 권세가 하나님 앞에서 존속할 수 없고 동시에 결정적으로 제거될 것에 대한 믿음의 확신이다. 믿는 자들을 향해 그들이 악의 세력 앞에서 신앙을 잃어버리거나 좌절하지 말 것을 호소한다. 그들에게 요한계시록에서 일곱 교회에 보내는 서신들에 기록된 승리의 말씀과 마가복음 13:13의 다음 말씀이 주어진다. "끝까지 견디는 자는 구원을 받으리라."(*ὁ ὑπομείνας εἰς τέλος οὗτος σωθήσεται*)

5. 서로 관련되는 신약성서 진술들

계속되는 구원 및 환난과 관련된 신약성서 증언들의 다양성에 직면하여 다양성의 방향들이 서로 관련될 수 있는지 또 어떻게 관련되고 있는지를 결론적으로 질문해야 한다.

5.1 기본 관점

의심의 여지없이 분명한 근본적인 진술들이 있다. 이 진술들은 시간과 결부된 표상들이나 서로 다른 의도들과는 별개로 믿음, 선포, 신학을 위해 중요한 의미를 지닌다.

5.1.1 희망은 인간이 존재하는 기본 현상이다. 그러나 기대하는 태도는 대체로 구체적이며 이 세상과 관련된 목적을 향하거나 일정하지 않는 방법으로 미래나 저 편의 세상을 향해 펼쳐진다. 성서의 희망은 늘 새로우며 종국(終局)에는 우리를 향해 다가오시는 하나님에 대한 기대를 중시한다는 점에서 분명한 방향을 갖는다. 그 희망은 세상과 관련된 기대의 모든 형태와 대조될 뿐만 아니라, 무한대의 시간이나 공간으로 뻗어가는 입장과도 대립한다. 그러한 대립은 하나님의 확언과 이미 실현되어가는 약속에 근거한 희망을 중시한다는 점에서 발생한다. 따라서 성서의 희망은 신뢰하는 믿음과 불가분리의 관계에 놓인다.

5.1.2 신약성서의 증언에 따르면 종국적인 구원이 미래에야 비로소 있는 것이 아니다. 그 구원은 시작되었고 모든 현재를 규명한다. 하나의 관점 또는 다른 관점이 지니는 각각의 중요성과는 별개로 구원의 현재와 구원의 미래에 관한 주제가 기독교의 모든 문서에서 중요할 뿐만 아니라, 기독교의 신앙을 구성한다. '종말 직전'과 '종말'에 관한 디트리히 본회퍼(Dietrich Bonheoffer)의 다음 언급이 여기서 도움이 된다. '종말 직전'은 언제나 '종말'과 관련하여서만 '종말'의 빛에서만 파악할 수 있고 이해될 수 있다.

5.2 긴장과 모순

5.2.1 중심적인 것으로 시종일관 구원의 현재와 구원의 미래가 신약성서 각 책들을 규정하며 도처에서 분명하게 구원이 현재 실현되고 있음을 언급하지만, 상당한 차이점도 드러난다. 신약성서 각 책들의 진술들을 곧바로 조화시킬 수는 없다. 구원의 현재나 구원의 미래가 지니는 중요성에 대한 다양한 가치 부여는 전승사적인 전환(轉換) 과정(Wandlungsprozess)이라는 의미로도 설명할 수 없다. 임박한 재림 및 완성에 대한 기대가 초기 기독교의 처음부터 특징적으로 유지되고 있다.

5.2.2 신약성서가 수많은 구상들을 나란히 간직하고 있듯이 각기 고유한 추진력을 갖는 그러한 다양한 요소들은 신학과 선포에서도 등장한다. 여기서 외형상의 조화는 고려되지 않았다. 그러한 증언들이 서로 함께 관련된다는 것이 기독교 신학의 근본적

인 특징이다. 기독교 신학은 논리적이며 이성적으로 가능한 어떤 체계에 관심을 두는 것이 아니라, 오히려 신앙고백의 한계와 신학적으로 말할 수 있는 것들의 한계를 고려한다.

5.2.3 긴장들은 계속되는 전승들을 통하여서만 우리에게 유익을 가져온다. 모든 경우에 개별적인 체험과 여러 다양한 삶의 정황에서 비롯되는 신앙의 진술이 관건이 되고 있다. 구체적으로 믿음을 체험하는 것이 방향을 제시해 준다. 따라서 수많은 신앙 체험들 가운데에 존재하는 긴장들 각각이 또한 중요하다. 바로 임박한 재림에 대한 증언이 우리 존재의 지속적인 제한성과 잠정성에 직면하여 깨어 있으라고 호소하며, 그것은 올바른 호소이다. 반대로 구원이 완전히 실현된다는 증언은 미래의 완성이 아직 이루어지지 않았지만, 구원이 우리에게 현실적으로 보장되고 있다는 확신을 강화시킨다. 긴장에 대한 이러한 이해는 당연히 이런 관점이나 저런 관점을 상대화시키지 못하도록 한다. 현재의 구원에 대한 확언과 마찬가지로 아직 도래하지 않은 완성에 관한 위협적인 메시지는 그 각각의 고유한 의도대로 타당성을 지닌다. 단순하게 서로를 보충하거나 배제하지 말아야 한다. 그러한 방식으로 긴장을 올바르게 유지해야 하고 긴장이 기독교적 삶의 정황을 특징짓는 것으로 파악해야 한다.

5.3 종말 직전(直前)의 상황과 과제

부활과 재림 사이의 시기는 믿음을 체험하고, 증언하며, 특히 믿음을 보존하는 시기이다.

5.3.1 성서적인 의미에서 믿음은 끊임없이 새롭게 될 때에만 유지되는 하나님과 그리스도에 대한 살아 있는 관계이다. 배교의 유혹과 위험은 단순히 경우에 따라 일어나는 주변 상황이 아니라 기독교인 각자의 삶에 언제나 반복적으로 첨예하게 등장하는 동반현상이다. 따라서 믿음을 붙잡는 것이 끊임없이 요구된다.

5.3.2 환난의 시기에 희망을 지키는 것처럼 믿음을 지키는 것이 중요하다. 그것은 십자가의 표시 아래 사는 것을 의미한다. 구원의 현재와 구원의 미래 사이의 긴장을 시종일관 유지해야 하듯이 외적으로 현존재가 낮아지는 것과 우리를 둘러싸고 있는 구원의 현실 사이의 긴장도 시종일관 유지해야 한다. 그러한 점에서 고난과 환난이 기독교인의 존재방식에 속한다. 믿음을 붙잡는 것은 환난 중에 믿음을 유지하는 것을 포함한다.

5.3.3 나의 신앙의 근거가 되는 것을 말로 표현하는 것이 중요하다는 관점에서 믿음을 붙잡는 것은 신앙고백을 붙잡는 것을 포함한다. 동시에 무엇이 믿음의 공동체를 서로 연결시키고 하나로 만드는지를 표현해야 한다. 그러한 점에서 믿음은 앞서 주어진 전승을 필요로 하며, 그 전승을 경솔하게 희생시키지 말아야 한다. 그러나 앞서 주어진 신앙고백 전승을 믿음에 대한 각각의 새로운 체험 및 믿음에 대한 각각의 새로운 설명과 연결시켜야 한다. 신앙고백의 중요한 내용 안에 연속성이 없을 때 기독교 신앙은 생명력을 잃는다.

5.3.4 선포와 믿음이 올바른지 혹은 잘못되었는지에 대한 질문도 믿음을 붙잡는 것에 속한다. 여기서 다양할 수 있고 다양해야 하는 고정된 진술들이 관련되지 않을 수 있다. 오히려 그 진술들의 경계가 관건이 될 수 있다. 그 경계를 넘어설 때 기독교 증언 자체가 희생된다. 경계를 넘어서는 일이 때에 따라 어떤 방식으로 일어나는지를 오늘날도 검토해야 한다. 복음의 기쁜 소식을 덮어버리는 출판물들, 메시지의 본래 내용을 더 이상 인식하지 못하게 하는 열광주의, 종교혼합주의적인 혼돈으로 본질적인 내용이 희생된다. 거짓교사들을 비판할 때 반드시 분명해야 하지만 신중해야 한다. 복음서들 안에 서로 관련되지만 표면적으로 서로 모순 되는 주의 말씀들(로기온들)이 있다는 사실이 여기서 결정적인 도움이 될 수 있다. 이미 알려져 있듯이 한편으로 “우리를 반대하지 않는 사람은 우리를 지지하는 사람이다.”(막 9:40 병행구절)라고 말씀하지만, 다른 한 편 “나와 함께 하지 않는 사람은 나를 반대하는 사람이요.”라는 말씀도 나오며, 덧붙여 “나와 함께 모으지 않는 사람은 헤치는 사람이다.”라는 말씀이 추가된다.(마 12:30) 게다가 ‘영을 분별하는 은사’가 있어서(고전 12:10) 은사가 이성적인 논증으로 행해져야 함을 염두에 두어야 한다.

5.3.5 종말 직전에 기독교인의 현존은 외적으로 환난을 겪는 현존이다. 따라서 믿음으로 인해 고난을 당하는 것도 때에 따라 핍박과 마찬가지로 그러한 현존에 함께 속한다. 이는 질병이나 외적인 상황으로 인한 개인적인 고난과도 관련되지만, 적대적인 주변 환경 가운데 있는 기독교인의 상황과도 관련된다. 세상의 적대는 (새로운 관점에서) 이교도적인 사회의 거대한 압박에서부터 직접적인 적대감을 넘어서, 극도의 경우 자신들의 고유한 세속적인 목적을 상대화시키는 모든 것을 막기 위해, 기독교의 증언을 억압하는 정치권력에 의한 핍박에 이르기까지 다양한 형태로 나타난다. 부활과 재림 사이의 시기는 환난의 시기로 존속된다. 그 환난의 시기는 시작된 구원과 도래할 구원의 완성의 빛 가운데 놓여 있다.

5.3.6 적대적인 세상의 배후에 악의 권세가 있다. 세상 가운데 존재하는 악의 비밀을 우리가 상세하게 밝혀낼 수는 없다. 따라서 악에 대해 질문하는 경우에 우리의 제한된 인식의 한계를 진실하게 받아들여야 한다. 그렇지만 악을 현상적으로 우리가 분명하게 인식할 수 있으며 최소한 그 윤곽을 명백하게 설명할 수 있다. 의심의 여지없이 이와 관련된 신약성서의 말씀들은 기원상 신비적인 전승들에 의해 매우 많은 영향력을 받았다. 매우 개인적으로 이해된 '악마'나 '사탄'에 관한 표상이 있으며, '귀신'에 대한 견해가 있다. 여기서 비평적이며 해석학적인 숙고가 불가피하다. 해석을 위한 길은 초월적인 악의 권세, 구체적으로 악에 종속되는 것, 상황조건에 따라 체험되는 인간을 위협하는 악의 등장 사이를 구별함으로 발견할 수 있다. 초월적인 악의 권세가 관련되는 것은 대체로 지배적이며 해를 끼치는 사회구조들과 강요들이다. 구체적으로 악에 종속되는 경우에 모든 인간이 개인적으로 상당 정도 부정적인 모티브나 생활방식에 연루되고 있다는 사실이 한 역할을 한다. 상황조건에 따라 생명을 위협하는 악이 등장하는 경우에 대표성을 갖는 몇 몇 사람들이나 전체 그룹의 공격적인 태도가 문제가 된다. 따라서 개인적인 보복을 포기하고 마땅히 선으로 악을 이겨야 한다.(마 5:39-42, 롬 12:21) 동시에 악에 저항해야 하며 악의 권세에 자신을 내어 맡기지 말아야 한다.(벧전 5:8 이하)

6. 마무리 고찰

6.1 '종말론'이라는 개념이 신약성서 전승에서 하나의 고유한 특징을 갖는다. 이미 시작된 하나님의 통치에 관한 예수의 선포에서 종국적이며 미래적인 구원이 현재적인 구성요소들을 갖는다. 이미 지금 선취적으로 구원을 경험한다. 초기 기독교의 전체 선포는 구원의 현재와 구원의 미래 사이에 긴장으로 가득 찬 관계로 특징지어져 있다. 이는 다양한 형태로 발생하지만, 각기 그 질서를 유지한다. 그것에 상응하여 기독교 선포와 신학에서 종말론 개념은 결코 단면적이지 않으며 그 자체가 갖는 복합성 안에서만 이해될 수 있다.

6.2 구원의 현재와 구원의 미래 사이의 상호관계가 기독교의 희망에 대한 이해를 특징짓는다. 현재 구원의 경험에 기초하여 모든 지상적인 것을 넘어서는 구원의 완성을 바라보는 희망이 중요하다. 믿음은 '바랄 수 없는 중에 바라고' 확신한다.(롬 4:18) 인간적이며 이 세상과 관련된 모든 기대에 맞서서 믿음은 오직 하나님의 확언과 관심

만을 의지한다.

6.3 구원이 현존하는 세상 가운데 이미 시작되고 있다는 확신은 동시에 모든 환난, 공격, 고난 중에서 믿음과 희망을 끝까지 지킬 수 있음을 의미한다.(막 13:13) 이 땅에서 믿음으로 사는 것은 예수의 십자가의 예표 아래 사는 것이다.

6.4 믿는 자들을 포함하여 모든 인간을 위협하는 것은 악의 권세이다. 그것이 우리가 살고 있는 이 세대의 특징이다. 악의 권세가 아직도 활동하고 있지만, 믿음은 악의 권세가 예수의 죽음 이후로 무너졌음을 확신한다. 따라서 적대적인 세상과 온갖 종류의 악에 대해 놀라고 두려워하지 말아야 한다.

25장

구원의 미래적 완성

1. 예비적 고찰

기독교 희망에 대한 이해 및 현재 계속 진행되는 이 땅에서의 생활을 위해 종말론이 지니는 중요성을 언급한 것에 이어서 이제 완성을 희망하는 다양한 관점들을 다룬다.

1.1 앞서 설명하였듯이, 희망은 믿음을 통합시키는 한 요소이다. 믿음과 희망은 서로를 전제한다. 사랑이 줄곧 믿음과 결합되듯이, 희망은 계속하여 믿음과 관련된다. 임박한 미래이든 종국적인 미래이든, 희망이 미래를 기대하는 근거를 지속적으로 제공한다. 믿음의 희망을 규정하는 것은 우리 인간과 세상 앞에 놓인 모든 것에 있어서 우리에게 다가오시는 하나님과 관련된 확신이다. 하나님이 예수 그리스도 안에서 자신을 계시하시므로 하나님의 구원이 이미 예수 그리스도 안에서 선취적으로 실현되었기 때문에, '이미 도래한 미래'(Zukunft des Gekommenen)가 중요하다.(봘터 크렉[Walter Kreck])

1.2 미래 희망은 묵시문학적인 여러 모티브와 표현의 모델로 설명된다. 여기서 초기 유대교의 묵시문학 전승에 종속되고 있음이 다양하게 강조되어 드러난다.

1.2.1 세례 요한과 예수께서는 그들의 사고와 선포에 있어서 기독교 이전의 유대교 묵시문학적 예언에서 유래한다. 이는 계속하여 초기 기독교에도 해당되며, 무엇보다도 미래기대에 있어서 그러하다. 기본적으로 구원의 저편, 즉 이 땅의 모든 것을 넘어서

는 구원의 완성으로 시작하는 선포는 그 성격상 묵시문학적이다. 이는 포로기까지의 구약성서 예언전승과 비교할 때 드러난다. 물론 예언전승이 창조이해와 관련하여 하나님의 저 편으로부터 출발하지만, 하나님의 행동의 역사적인 경험과 때에 따라 기대된 하나님의 구원행위를 이 세상 가운데 일어나는 사건으로 이해한다. 그러나 후기의 구약성서와 초기 유대교의 묵시문학적 예언과 함께 기독교의 구원에 대한 기대는 오해의 여지없이 분명하게 저 편의 영역을 붙잡고 있다.

1.2.2 신약성서 전승이 묵시문학적 사고와 연결되고 있음에도, 초기 유대교의 묵시문학적 개념이 예수의 등장 및 사역 이래 상당하게 수정되고 있음을 주목해야 한다. 종말 시의 구원이 순전히 미래적이고 저 편의 것만은 아니며, 이미 이 공간과 시간 안에 실현되기 시작했다는 예수의 메시지가 묵시문학적 개념에 경계를 긋는다. 이는 비유로 표현된 앞서 주어진 기대를 상당히 수정하고 있으며, 묵시문학적인 여러 모티브와 표현의 모델을 적지 않게 포기하고 있음을 의미한다. 그러나 여기서 탈-묵시문학을 언급하는 것은 옳지 않다. 묵시문학적 사고를 이루는 근본영역이 분명하게 남아 있기 때문이다. 어쨌든 묵시문학적 표상요소들이 많이 줄어들었음을 말할 수 있다. 그러한 격감은 미래 희망에 관한 신약성서 본문들 안에서 분명하게 알 수 있다. 이는 초기 유대교 묵시문학과 비교할 때 드러나는 바와 같다.

1.2.3 구원의 미래 완성에 대한 희망은 비유형태들을 빌려서만 언급될 수 있다. 거기서 전통적인 모티브들이 광범위하게 파악되었다. 물론 신약성서 자체 안에 주목할 만한 차이점들이 있다. 바울의 경우에는 아주 적게 사용되고 있으며, 요한복음에서는 많이 수정되며, 마가복음 13장에서 시작하여 데살로니가후서를 넘어 요한계시록 및 베드로후서에서는 묵시문학적 표상들이 의도적으로 강조되어 사용된다. 이러한 관점에서 어느 정도 재(再)묵시화를 언급할 수 있다. 물론 여기서 기독교의 기본 관심이 포기되지 않고 있음을 주목해야 한다. 게다가 초기 유대교의 묵시문학적 본문들처럼 묘사가 그렇게 길게 부연되지는 않는다.

1.3 유대교 묵시문학은 미래에만 단편적으로 집중하지 않으며, 대체로 포괄적인 역사상(象)을 주려고 한다. 그에 반해 기독교 묵시문학은 구원의 실현과 완성에 집중하며 예수의 사역 및 부활로부터 세상의 종말 및 새 창조로까지 나아간다. 이는 공관복음서의 묵시록인 마가복음 13장과 요한계시록이 분명하게 강조하는 바와 같다.

2. 미래 희망의 관점

완성에 대한 희망이 내적으로 통일된 내용을 표현하지만, 신약성서에서 그 희망은 다양한 관점으로 설명되고 있다. 예수의 파루시아, 죽은 자들의 부활, 마지막 심판, 현실의 완전한 갱신이 관건이 된다.

2.1 예수의 파루시아

종말 시 주님의 재림은 신약성서를 관통하는 주제이다. 많은 경우에 '오신다'(*ἔρχεσθαι*)만을 언급한다. 문맥을 통해서야 비로소 종말 시에 새롭게 오심이 관건이 되고 있음이 밝혀진다. 그에 상응되게 '파루시아'(*παρουσία*) 개념은 원래 미래적인 사건이 아니라 개인적인 '도착'과 현재에 '함께 있음'을 표현한다.(비교. 고전 16:17, 고후 7:6 이하, 10:10, 빌 1:26, 2:12) '재림'이라는 의미로 복음서에서 마태복음 24:3, 27, 37, 39에서만 나오며, 그 밖에 신약성서에서 고린도전서 15:23, 데살로니가전서 2:19, 3:13, 4:15, 데살로니가후서 2:1, 9 이하, 야고보서 5:7 이하, 요한일서 2:28에 등장한다. 이러한 의미로 파루시아 개념이 용어상으로 고정되었다. 저스틴(Justin)이 예수 그리스도의 첫 번째 재림과 두 번째 재림에 대해 말하고 있음은 매우 특징적이다.(저스틴의 변호 52:3, 대화 14:8 등등)

2.1.1 재림 기대

재림 기대에서 초기 기독교의 매우 오래된 옛 전승이 중요하다. 이 전승은 처음에 아주 단순하게 형성되었으며, 곧 이어 초기 유대교 묵시문학에서 유래하는 모티브들과 표상들이 함께 결합되었다.

2.1.1.1 파루시아 기대의 가장 오래된 형태를 중요한 두 본문이 증거 한다. 하나는 아람어로 전승된 기도문인 '마라나타', 즉 '우리 주여, 오소서.'이다.(*μαρανα θά* 고전 16:22, 디다케 10:6, 요한계시록은 *ἔρχου, κύριε 'Ιησοῦ*로 번역한다.) 여기서 '주'는 승귀 되신 분의 위치를 표현하는 후기의 존칭이 아니라 기대된 분과 제자들 사이의 관계를 관련짓는 '선생'(Meister)과 병행하여 사용하는 호칭이다. 또 다른 본문은 바울이 인용하는 고린도전서 11:23-26의 주의 만찬전승이다. 그 말씀은 다음과 같이 끝난다.

"그의 죽으심을 그가 오실 때까지 전한다."(*τὸν θάνατον τοῦ κυρίου καταγγέλλετε ἄχρι οὗ ἔλθῃ*) 요한복음 14:3, 빌립보서 3:20b, 데살로니가전서 5:2, 야고보서 5:7 이하의 다른 본문들도 그가 재림하실 것에 대해 간략하게 언급한다.

2.1.1.2 마가복음 13:26의 병행구가 드러내듯이, 일찍이 다니엘서 7:13 이하의 전승이 재림의 주제와 결합되어 있다. 하늘의 인자가 '구름을 타고 올' 것이다.(*ἐρχόμενος ἐν νεφέλαις*) 다니엘의 환상에서 하나님 앞에 나아가는 것이 중요한 반면에, 이제 여기서는 누구나 볼 수 있게(*ὄψονται*) 지상으로 오심이 관건이 되고 있다. 이로써 이 땅에서의 종말적인 통치를 위해 인자가 오심을 의미한다. 마가복음 13:24 이하 병행구절에 따르면 세대의 종말과 지상의 모든 것이 인자의 오심과 연결되기 때문에, 천사가 온 세상에서 택함받은 자들을 '모은다.'(*ἐπισυνάγειν* 13:27)

2.1.1.3 유대교 묵시문학의 모티브를 받아들여 데살로니가전서 4:16에 따르면 천사장의 호령 소리와 하나님의 나팔소리가 날 때 주님이 하늘로부터 내려오신다.(*αὐτὸς ὁ κύριος ἐν κελεύσματι, ἐν φωνῇ ἀρχαγγέλου καὶ ἐν σάλπιγγι θεοῦ καταβήσεται ἀπ' οὐρανοῦ,* 비교. 마 24:31과 고전 15:52) 마태복음 24:30에 따르면 그 이전에 (해석하기 어려운) '인자의 표'(*τὸ σημεῖον τοῦ υἱοῦ τοῦ ἀνθρώπου*)가 하늘에 나타날 것이다. 요한계시록 19:11-13은 비유 모티브를 이용하여 파루시아를 상세하게 묘사한다. 하늘이 열릴 때 백마를 타고 '충신과 진실'이라 명명된 그리스도가 나타날 것이다. 그의 눈은 불꽃 같고 관들을 쓴 그의 머리는 빛난다. 그러나 그의 옷이 피에 젖어 있다. 그가 아무도 알지 못하고 자신만 알릴 수 있는 '하나님의 말씀'(*ὁ λόγος τοῦ θεοῦ*)이라는 또 다른 이름을 가지고 있다. 요한일서에서 선재하신 이이시며 성육신하신 이에게 사용된 용어가 여기서 재림하시는 이의 특징으로 나타나고 있다.

2.1.1.4 갑자기 오신다는 모티브가 재림기대에 속한다. 누가복음 17:24a 병행구절의 예수 자신의 선포에서 유래하는 빛나는 번개, 누가복음 17:25-33 병행구절의 노아와 롯의 시대의 사건들, 누가복음 12:39 병행구절의 밤 사이에 예기치 않은 도둑의 등장에 관한 비유말씀들은 원래 하나님의 통치가 완성되어 나타나고 있음과 관련되지만 일찍이 예수의 파루시아와 결합되었다. 이를 누가복음 17:24b, 26b 병행구절과 12:40과 병행구절이 인자의 오심에 적용시켜 드러낸다.

2.1.1.5 이에 상응하여 바울은 데살로니가전서 5:1-3의 권고에서 도둑에 관한 비유말씀을 받아들여 다음과 같이 진술한다. "주의 날이 밤에 도둑 같이 이를 줄을 너희 자신이 자세히 [안다]."(*αὐτοὶ γὰρ ἀκριβῶς οἴδατε ὅτι ἡμέρα κυρίου ὡς* κλέπτης ἐν νυκτὶ οὕτως ἔρχεται) 여기서 퀴리오스(主, κυρίος)는 4:13-18에 따르면 분명하게 다시 오시는 그리스도이다. 게다가 이 비유 모티브가 요한계시록 3:3, 16:15과 베드로후서 3:10에 두 번 등장한다. 이 모든 문맥에서 깨어 있으라고 요구한다. 그 요구는 마가복음 13:28 이하 병행구의 무화과나무 비유나 권고 본문의 수많은 권면들에서 알 수 있듯이 비유말씀과 별개로 등장한다. 기본적으로 중요한 것은 예수께서 다시 오실 때 인간이 올바른 모습으로 있어야 한다는 것이다. 그것을 모든 인간에게 호소한다. 예수의 재림이 믿는 자뿐만 아니라, 온 세상에 해당되기 때문이다.

2.1.2 파루시아와 세계 종말

2.1.2.1 세상의 종말이 파루시아와 관련된다. 그것을 예수의 종말설교인 마가복음 13:24 이하 병행구절이 이사야 13:10, 34:4을 인용하여 우주적인 질서가 붕괴되는 것으로 묘사한다. 다른 구절은 세상의 종말을 언급하지 않고, 파루시아 및 구원의 완성에 대한 기대와 결합시켜 세상의 종말을 전제한다. 마태복음 28:20은 승귀되신 분이 '세상 끝 날까지'(ἕως τῆς συντελείας τοῦ αἰῶνος) 믿는 자들과 함께 할 것이라고 말한다. 또 고린도전서 7:31에서 바울은 "이 세상의 외형은 지나감이니라."고 상기시킨다.(παράγει γὰρ τὸ σχῆμα τοῦ κόσμου τούτου)

2.1.2.2 요한계시록은 세상의 종말을 단지 두 번 언급한다. 그 주제를 위해 고유한 한 장(章)을 할애하지는 않는다. 요한계시록 20:11은 심판보좌 위에 앉으신 이 앞에서 "땅과 하늘이 피하여 간 데 없다."(ἔφυγεν ἡ γῆ καὶ ὁ οὐρανὸς καὶ τόπος οὐχ εὑρέθη αὐτοῖς)라고 말한다. 마지막 환상에서 21:1은 새 하늘과 새 땅의 등장을 말한다. "처음 하늘과 처음 땅이 없어졌고 바다도 다시 있지 않기 때문이다."(ὁ γὰρ πρῶτος οὐρανὸς καὶ ἡ πρώτη γῆ ἀπῆλθαν καὶ ἡ θάλασσα οὐκ ἔστιν ἔτι) 물론 여기서의 시점은 예수의 즉위식으로 시작하여 환상보도로 계속되는 환난의 시기, 즉 세상의 질서가 이미 단계적으로 멸망되는 기간이다.

2.1.2.3 나중에 베드로후서 3:5-7, 10-13이 세계 멸망의 주제를 비교적 상세하게 취급한다. 먼저 홍수에 상응하는 종말 시 멸망의 불을 언급한다.(5-7절) 이어서 밤 사이에 도둑의 도래에 관한 모티브와 연계하여 하늘이 '큰 소리로 떠나가고', '물질'(στοιχεῖα)이 녹아서, '땅과 땅 위에서 행해진 모든 일이 더 이상 발견되지 않을 것'(10절)[43]이라고 언급한다. 그 말씀은 스토아 사상에서 넘겨받은 세상의 불에 관한 표상과 결합되어 있으며(12b절), 새로운 하늘과 새로운 땅에 대한 약속으로 이어진다.(13절)

2.1.3 인간 모두의 경험

예수의 재림은 모든 인간에게 해당된다. 그런 의미에서 예수의 재림도 기독교 선포의 본질적 요소이다. 믿는 자와 믿지 않는 자가 다양한 방식으로 예수의 재림을 경험한다.

2.1.3.1 믿는 자들에게 예수의 재림은 희망의 대상이며 믿음의 확신을 굳게 해준다. 파루시아로 예수(Person)를 새롭게 직접적으로 만난다.(참조. 살전 2:19, 요 14:3, 요일 2:28) 현재 활동하시는 승귀되신 분과 관계를 갖는 대신에 이제 인간의 형상이 아니라 하늘의 형상을 지니신 예수를 얼굴과 얼굴을 맞대어 볼 것이다. 우리가 그의 '영광'을 보는 것(요 17:24), '그의 참 모습 그대로를 보는 것'(*ὄψονται αὐτὸν καθώς ἐστιν*, 요일 3:2)이 중요하다. 그것을 넘어서 다음과 같이 말할 수 있다. "우리 생명이신 그리스도께서 나타나실 그 때에 너희도 그와 함께 영광 중에 나타나리라."(*ὅταν ὁ Χριστὸς φανερωθῇ, ἡ ζωὴ ὑμῶν, τότε καὶ ὑμεῖς σὺν αὐτῷ φανερωθήσεσθε ἐν δόξῃ*, 골 3:4)

2.1.3.2 불신앙의 세상에서 파루시아는 모든 이들의 눈이 열려지는 것을 의미한다. 마가복음 4:10 이하, 21 이하에 따르면 지금까지 제자들만 이해할 수 있었던 '하나님의 비밀'이 이제 모든 사람에게 계시될 수 있다. 마가복음 13:26 병행구절이 묘사하듯이, 인자가 공공연하게 하늘로부터 나타날 것이다. 따라서 스가랴 12:10에 의거하는 요한복음 19:37대로 모든 인간이, 즉 "그를 찌른 모든 자들이 그를 볼 것이다."(*ὄψονται εἰς ὃν ἐξεκέντησαν*) 요한계시록 1:7에서 다니엘서 7:13의 재림약속은 (아퀼라와 데오도티온의 본문으로) 스가랴 12:10과 결합되며 다음 진술로 보충된다. "이 땅의 모든 족속이 그로 인하여 가슴을 칠 것이다."(*καὶ κόψονται ἐπ᾽ αὐτὸν πᾶσαι αἱ φυλαὶ τῆς γῆς*) 이 진술은 마태복음 24:30b에 상응한다. 온 세상이 예수 그리스도가 누구인지를 알아야 하며, '공의로 심판하시는' 자 앞에 서야 한다.(*ἐν δικαιοσύνῃ κρίνει*, 계 19:11)

2.1.3.3 바울의 경우 로마서 11:25-27에 의하면 종말 시 구원자가 이스라엘을 다시 만나는 것도 재림의 기대에 속한다. 이스라엘을 향한 하나님의 신실성을 반박할

---

43) 한글 공동번역이 저자처럼 다음과 같은 번역을 한다. "그 날에 하늘은 요란한 소리를 내면서 사라지고 천체는 타서 녹아버리고 땅과 그 위에 있는 모든 것은 없어지고 말 것입니다." 그에 반해 개역개정은 "그 날에는 하늘이 큰 소리로 떠나가고 물질이 뜨거운 불에 풀어지고 땅과 그 중에 있는 모든 일이 드러나리로다.(어떤 사본에, 타지리라)"로 번역한다. – 역자 주.

수 없다. 선택하시는 하나님의 말씀은 폐하여지지 않았다.(9:6) 시간적으로 한정된 이스라엘의 완악함은 '이방인의 충만한 수'(*πλήρωμα τῶν ἐθνῶν*, 25절, 비교. 12절)가 들어오게 하여, 이방인들의 많은 수가 복음을 듣고 영접하도록 하는 기능을 갖는다. 이제 파루시아의 시기에 '구원자가 시온에서 올 때'(*ἥξει ἐκ Σιὼν ὁ ῥυόμενος*) '온 이스라엘이 구원을 받을 것'이다.(*πᾶς Ἰσραὴν σωθήσεται*, 26b절) 모든 죄가 제거되어야 하고 약속된 언약이 다시 세워져야 한다. 로마서 9-11장의 전체 맥락에 따르면 오직 하나의 신앙결단만이 있을 수 있다. 그러나 이스라엘 중 믿음을 지닌 남은 자들(11:1-6) 대신에 '그들의 많은 수'(*το πλήρωμα αὐτῶν*)가 등장할 것이다.

2.1.4 임박한 기대와 파루시아의 지연

임박한 기대 및 파루시아의 지연에 대한 문제가 초기 기독교의 파루시아 기대와 결합된다. 여기서 의심의 여지없이 현존하는 한 주제가 관건이 된다. 그 주제가 초기 기독교의 선포 및 신학의 발전에 있어서는 의미를 지니지 못하지만, 종종 인급되어 왔다. 주님의 현존에 대한 경험이 진정한 위기를 야기시킬 정도로 훨씬 더 강력하다.

2.1.4.1 가장 초기의 기독교에서 임박한 기대가 중요한 역할을 했다는 사실이 문제가 될 수 없다. 이는 특히 바울의 경우에 분명하다. 로마서 13:11에서 깨어 있으라는 권고를 바울은 다음 진술과 결합시켰다. "이는 이제 우리의 구원이 처음 믿을 때보다 가까웠음이라."(*νῦν γὰρ ἐγγύτερον ἡμῶν ἡ σωτηρία ἢ ὅτε ἐπιστεύσαμεν*) 따라서 그 자신도 죽은 자들이 부활할 때 살아 있는 자들에 속할 것을 기대한다.(참조. 살전 4:17, 고전 15:52)

2.1.4.2 세 공관복음서의 비교가 많은 것을 귀띔해 준다. 마가복음 13:32-36이 그날과 그때의 불확실성을 언급하지만, 임박한 도래는 숙고하지 않은 채 전제만 되어 있다. 이미 마태의 경우는 다르다. 마태는 의심의 여지없이 부차적인 파루시아의 지연과 관련된 마태복음 25:1-13의 열 처녀에 대한 비유를 종말설교 안에 포함시켰다. 누가의 경우는 더 분명하다. 누가는 달란트에 관한 비유를 누가복음 19:12-27에서 왕위를 받아오려고 먼 나라로 여행하는 어떤 귀인에 관한 모티브와 결합시켰다. 이에 덧붙여 전체적으로 누가의 이중 저작이 더 길게 연장된 기다림의 시기를 계산하고 있음을 알 수 있다.

2.1.4.3 베드로후서 3:1-16에서 파루시아의 지연이 고유한 주제가 되었다. 여기서 다음과 같이 말하는 조롱을 언급한다. "주께서 강림하신다는 약속이 어디 있느냐?"

(*ποῦ ἐστιν ἡ ἐπαγγελία τῆς παρουσίας αὐτοῦ;* 4a절) 하나님 앞에서 천 년이 하루 같다는 시편 90:4의 말씀을 언급하며(8절), 베드로후서 저자는 다음과 같이 결론짓는다. "주의 약속은 어떤 이들이 더디다고 생각하는 것 같이 더딘 것이 아니라 오직 주께서는 너희를 대하여 오래 참으사 아무도 멸망하지 아니하고 다 회개하기에 이르기를 원하시느니라."(*οὐ βραδύνει κύριος τῆς ἐπαγγελίας, ὥς τινες βραδύτητα ἡγοῦνται, ἀλλὰ μαρκοθυμεῖ εἰς ὑμᾶς, μὴ βουλόμενός τινας ἀπολέσθαι ἀλλὰ πάντας εἰς μετάνοιαν χωρῆσαι*, 9절)

2.2 죽음과 삶

2.2.1 죽음의 체험

2.2.2.1 죽음은 인간의 피조성에 속한다. 그러나 죽음은 하나님을 떠나 버리게 되는 타락과도 관련된다. 이는 죽음이 위협적인 권세가 되었음을 의미한다.(참조 롬 7:25) 불행과 멸망이라는 의미로 '둘째 사망'이 죽음을 뒤덮었다.(계 2:11, 20:6, 14, 21:8. 비교. 롬 6:23)

2.2.1.2 초기 기독교의 이해에 따르면 죽음은 위협하는 능력(Schrecken)을 상실하였다. 왜냐하면 그리스도께서 죄로 인해 위협적이 된 죽음의 권세를 이겼기 때문이다. 고린도전서 15:26에 따르면 '마지막 원수인 사망이 제거'되었다.(*ἔσχατος ἐχθρὸς καταργεῖται ὁ θάνατος*) 그러므로 15:54b, 55은 (호세아 13:14과 결합되어) 이사야 묵시록 25:8의 말씀으로 다음과 같이 말할 수 있다. "사망을 삼키고 이기리라. … 사망아 네가 쏘는 것이 어디 있느냐?" 사망의 쏘는 것으로 분명하게 죽음을 거론한다. 이에 상응하여 요한계시록 2:11은 '이기는 자'가 둘째 사망의 해를 더 이상 받지 않을 수 있음을 말한다.(*ὁ νικῶν οὐ μὴ ἀδικηθῇ ἐκ τοῦ θανάτου τοῦ δευτέρου*) 종말 시에도 그에게 둘째 사망은 더 이상 없을 것이다.(계 20:14)

2.2.1.3 주님을 따르는 가운데 자신의 지상 생명을 헌신할 준비가 된 제자들에게 죽음은 생명으로 나아가는 통로이다. 자신의 생명을 잃는 자는 생명을 진실로 얻을 것이다.(막 8:35 이하 병행구) 세례를 받고 그리스도와 함께 죽고 장사된 자는 그리스도와 함께 부활할 것이다.(롬 6:3-5, 8) 물론 생명이 죽음으로 나타나지만(고후 4:10), 그 죽음은 이미 이긴 죽음이다. 제2 바울적인 전승도 그렇게 해석한다. 세례와 함께 감추어진 방법으로 이미 부활에 참여한다.(골 2:12 이하, 3:1-4, 엡 2:5 이하) 그러한 내

용은 요한복음과 요한일서에도 해당된다. 거기서 '영생'이 이미 현재에 경험되고 죽음으로 상실되지 않는다.(비교. 요 11:25 이하) 어쨌든 다음 말씀은 합당하다. "우리가 살아도 주를 위하여 살고 죽어도 주를 위하여 죽나니 그러므로 사나 죽으나 우리가 주의 것이로다."(*ἐάν τε γὰρ ζῶμεν, τῷ κυρίῳ ζῶμεν, ἐάν τε ἀποθνήσκωμεν, τῷ κυρίῳ ἀποθνήσκωμεν· ἐάν τε οὖν ζῶμεν ἐάν τε ἀποθνήσκωμεν, τοῦ κυρίου ἐσμέν*, 롬 14:8)

2.2.1.4 죽은 자들 중에서 부활을 대체로 미래의 사건으로 간주하고(참조. 살전 4:16 이하) 중간상태를 죽음의 잠으로 이해하는 반면, 몇 몇 진술들은 대조적으로 죽음이 완전한 생명에 참여하는 것과 직접 연결되어 있음을 말한다. 이는 누가복음 23:42 이하에서 뉘우치는 행악자를 향한 예수의 다음 말씀에도 해당된다. "오늘 네가 나와 함께 낙원에 있으리라."(*σήμερον μετ' ἐμοῦ ἔσῃ ἐν τῷ παραδείσῳ*) 빌립보서 1:21-23에서 바울의 다음 진술이 많이 논의되었다. "이는 내게 사는 것이 그리스도니 죽는 것도 유익함이라."(*ἐμοὶ γὰρ τὸ ζῆν Χριστὸς καὶ τὸ ἀποθανεῖν κέρδος*) 덧붙여서 바울은 그가 그 둘 사이에 끼었으나 차라리 "떠나서 그리스도와 함께 있는 것이 훨씬 더 좋은 일이라 그렇게 하고 싶다."라고 말한다.(*ἐπιθυμίαν ἔχων εἰς τὸ ἀναλῦσαι καὶ σὺν Χριστῷ εἶναι*) 누가의 경우 헬라적 사고의 영향을 짐작할 수 있다면, 바울의 진술들은 명백하게 바울 자신의 그 밖의 다른 진술들과 관련되고 있다. 어쨌든 다른 서신들에서 뿐만 아니라, 빌립보서 자체에서도 부활 및 변화에 대한 기대가 분명하게 파루시아와 결합한다.(빌 3:11, 20 이하, 바울사상의 계속적인 발전에 대한 사고를 수용하는 것은 부적절한 돌파구이다. 빌립보서 본문의 분리 상태 및 여러 본문의 다양한 생성에 관한 가설은 더욱이 고린도후서와의 차이에서 볼 때 근거가 불충분하다.) 이는 바울이 로마서 14:8과 같이 죽음 이후에 그리스도 안에 감추어진 존재의 특별한 형태를 고려하고 있음을 의미한다. 바울의 경우 그것이 죽은 자들의 미래 부활을 배제시키지 않는다. 그러한 종류의 전이과정에 관한 그 밖의 다른 표상들도 존재했다는 사실을 요한계시록 6:9-11이 드러낸다. 거기서 최소한 피를 흘려 순교한 증인들이 하늘의 영역에 잠정적으로 받아들여졌다. '지금 이후로 주 안에서 죽은 자'들인 사자(死者)들을 향한 축복선언인 요한계시록 14:13도 그와 비슷하게 이해할 수 있다.

2.2.2 죽은 자의 부활과 영생

죽은 자들의 부활이 구약성서의 후기문서와 구약성서 이후의 문헌들에서 기대되었다. 이는 이사야 25:8, 다니엘서 12:2, 초기 유대교 묵시문학이 드러내는 바와 같다.(겔 37:1-14은 이스라엘의 회복이라는 관점에서 전이된 의미에서만 죽은 자들의 부활을 언급한다.) 예수 시대 유대교 안에 모든 그룹이 물론 죽은 자들의 부활을 옹호하지는 않는다. 이는 마가복음 12:18-27 병행구절의 논쟁사화에서 사두개인들의 입장이 나타내는 바와 같다.(참조. 행 23:6-9) 죽은 자들의 부활을 고려할 때, 초기 기독교 증거들이 알게 하듯이 신약성서에도 영향을 끼친 서로 다른 두 이해가 있다. 하나는 모든 사람이 멸망에 이르는 반면에 오직 의인들만이 부활한다는 견해이다.(참조. 눅 14:14) 또 하나는 하나님의 심판 앞에서 스스로가 책임을 져야 하는 죽은 자들 모두의 부활을 말한다.(참조. 행 24:15) 여기서 전적으로 몸의 부활이 고려된 반면에, 기독교 이전 시기에서는 [몸의] 변화를 단지 단초적으로만 숙고하였다.(참조. 에디오피아 에녹서 15:6 이하, 시리아어 바룩서 49:2-51:16)

2.2.2.1 예수 부활의 의미

2.2.2.1.1 죽은 자들의 부활에 관한 기대는 신약성서를 구성하는 요소이다. 이미 예수의 메시지가 그것에 해당된다. 마가복음 12:18-27을 제외하고 더 많은 본문증거가 빈약하지만 예수의 메시지가 분명히 묵시문학적 전승 안에 놓이기 때문이다.(눅 14:14, 16:29-31은 부차적인 언급이다.) 이는 특히 부활사건에 기초한 초기 기독교의 선포에도 같은 방식으로 적용된다.(참조. 살전 4:15 이하, 히 6:1 이하)

2.2.2.1.2 여기서 제자들이 경험하는 내용은 죽은 자들의 부활 표상과 관련하여서만 이해할 수 있다. 죽은 자들 중에서 예수 부활의 의미를 초기 기독교 신앙고백과 부활사건에 관한 사화들이 알려준다. 부활 이후의 기본적인 신앙고백은 하나님이 '다시 살리신' 예수에 대한 신앙고백이다.(*ὁ θεὸς αὐτὸν ἤγειρεν ἐκ νεκρῶν*, 롬 10:9b, 비교. 4:23 이하) 그것을 중심으로 다른 모든 신앙고백전승이 형성된다. 예수께서 하나님으로 인해 "다시 사셨다.", 즉 하나님이 그를 "일으키셨다."는 표현은 전승이 처음 시작될 때 등장하며, 미래에 죽은 자들이 부활할 때 하나님께서 행하실 행동에 관한 표상과 일치한다. 예수께서 "일어나셨다."라는 언급은 비교적 옛 본문에 이미 등장한다.(참조. 살전 4:14a)—이 두 비유 모티브들이 서로 근접한다. 요한복음에서야 비로소 하나님께서 예수께 자기 목숨을 '버리고' 그 목숨을 '다시 얻을' 권세도 부여하셨음을 숙고하고 있다.(요 10:17 이하)

2.2.2.1.3 부활사건은 예수(Person Jesu)를 향하신 하나님의 확증이었으며, 약속

한 미래 사건이 예수(Person Jesu) 안에 이미 실현되고 있음에 대한 표시였다. 부활사건은 동시에 죽은 자들에 대한 기대 자체를 확증하였다. 모든 믿는 자들이 경험해야 할 것이 선취적으로 일어났다. 따라서 고린도전서 15:20에서도 부활하신 예수를 '자는 자들 중에서 첫 열매'(*ἀπαρχὴ τῶν κεκοιμημένων*)로 표현한다. 예수의 부활과 우리의 부활 사이의 관계를 고린도후서 4:14이 다음 같이 분명하게 강조한다. "주 예수를 다시 살리신 이가 예수와 함께 우리도 다시 살리사 너희와 함께 그 앞에 서게 하실 줄을 아노라."(*εἰδότες ὅτι ὁ ἐγείρας τὸν κύριον Ἰησοῦν καὶ ἡμᾶς σὺν Ἰησοῦ ἐγερεῖ καὶ παραστήσει σὺν ὑμῖν*, 비교. 고전 6:14, 살전 4:14b, 롬 8:11)

2.2.2.2 바울의 부활희망

영원한 생명에 대한 기대가 신약성서 전체에 일관되게 흐르고 있다. 죽은 자들의 부활이라는 주제는 특히 바울에 의해 상세하게 논의되었다.

2.2.2.2.1 데살로니가전서 4:13-18에서 믿는 자들이 예기치 않게 죽음으로 인해 사도가 처음으로 죽은 자들의 미래 부활에 대한 입장을 밝힌다. 그는 14절에서 먼저 예수의 부활을 병행구절로 끌어들인다. "우리가 예수께서 죽으셨다가 다시 살아나심을 믿을진대 이와 같이 예수 안에서[예수로 말미암아] 자는 자들도 하나님이 그와 함께 (영광으로) 데리고 오시리라."(*εἰ γὰρ πιστεύομεν, ὅτι Ἰησοῦς ἀπέθανεν καὶ ἀνέστη, οὕτως καὶ ὁ θεὸς τοὺς κοιμηθέντας διὰ τοῦ Ἰησοῦ ἄξει σὺν αὐτῷ*) 하나님이 '예수를 통하여[예수로 말미암아]' 행동하시며, 자는 자들이 '그와 함께' 새로운 생명과 영광으로 이끌린다는 이중 진술을 주목해야 한다. 바울은 자신의 진술과 앞서 주어진 '주의 말씀'(*λόγος κυρίου*)을 구별한다. 그 말씀으로 바울은 공동체를 향해, 파루시아 때에 살아 있는 자들이 (바울 자신도 함께 포함하여) 이미 죽은 자들을 결코 앞서지 못할 것임을 말한다. 16절 이하에 인용된 주의 말씀에 따르면 죽은 자들이 일으켜지고, 살아 있는 자들과 함께 "구름 속으로 끌어 올려 공중에서 주를 영접하게 된다."(*ἁρπαγησόμεθα ἐν νεφέλαις εἰς ἀπάντησιν τοῦ κυρίου εἰς ἀέρα*) 파루시아와 죽은 자들의 부활이 간략하게 묘사된 이 '주의 말씀'은 의심할 여지없이 공동체 전승이 분명하다. 이 전승을 사용하여 바울은 예수의 부활에 근거하여 죽은 자들이 확실하게 부활할 것과 구원이 믿는 자들 모두에게 공통적으로 해당된다는 구원에 관한 자신의 진술을 분명하게 밝히고 있다.

2.2.2.2.2 바울은 고린도전서 15장에서 죽은 자들의 부활에 대해 더 상세하게 진

술한다. 그 설명은 부활을 부인하는 자들로 인해 야기되었다.(12절) 여기서 어떤 의미로 그 설명을 의도하고 있는지의 문제는 해당 문맥에서 볼 때 보류할 수 있다. 사도에게 관건이 된 것은 예수의 부활과 죽은 자들의 부활이 지니는 불가분리의 관련성이다.(13-19절) 예수의 부활을 위해 그는 근본적인 신앙고백과 부활 사건을 증언하는 자들의 선포가 지니는 공통성을 끌어들인다.(1-11절) 그는 아담 그리스도 유형론과 예수의 파루시아로 시작하는 종말 사건들을 언급한다.(20-28절) 잠시 숙고한 후(29-34절) 죽은 자들의 부활이 '어떻게' 일어나는지를 다룬다.(35-49절) 그에게 두 가지가 중요하다. 하나는 몸의 부활이며, 이어서 몸의 변화이다. 씨앗과 몇 몇 자연현상을 예로 들어 변화의 필연성을 설명한다.(36-41절) 그로부터 '썩을 것'과 '약한 것'으로 심은 것이(*ἐν φθορᾷ, ἐν ἀσθενείᾳ*) '썩지 않을 것'과 '영광으로' 다시 살아날 것을(*ἐν ἀφθαρσίᾳ, ἐν δόξῃ*) 추론한다. 그 후에 열쇠가 되는 다음 문장이 뒤따른다. "육의 몸으로 심고 신령한 몸으로 다시 살아난다."(44a절) 지상의 몸을 육의 몸(*σῶμα ψυχικόν*)으로 칭하는 것은 창조자가 인간에게 선사한 '생명'을 상기시킨다.(*ψυχή*, 따라서 45a절은 창 2:7을 암시한다.) 하늘의 몸을 영의 몸(*σῶμα πνευματικόν*)으로 칭하는 것은 새로운 생명을 주시는 성령의 천상적인 능력과 관련된다.(참조. 고후 3:6c) 이는 그리스도를 죽은 자들 가운데서 살리신 이가, "너희 안에 거하시는 그의 영으로 말미암아 너희 죽을 몸도 살리시리라"(*ζῳοποιήσει καὶ τὰ θνητὰ σώματα ὑμῶν διὰ τοῦ ἐνοικοῦντος αὐτοῦ πνεύματος ἐν ὑμῖν*, 고전 15:45b은 살려 주는 영[*πνεῦμα ζῳοποιοῦν*]인 마지막 아담에 관해 언급한다.)는 로마서 8:11의 진술과 일치한다. 44절에서 소마(*σῶμα*), '몸' 개념의 이중적인 사용이 결정적이다. 몸의 성질(Leiblichkeit)은 하나님이 창조하신 인격 및 자아 정체성을 지닌 인간의 특징이다. 따라서 몸의 성질(Leiblichkeit)이 지상적이며 천상적인 인간존재 사이에서 연속성을 이룬다. 필연적인 변화도 그 연속성과 관련된다. 이제 긍정적인 의미에서 다시 파악된 아담 그리스도 유형론의 맥락에서(45-49절) 결론적으로 다음과 같이 말한다. "우리가 흙에 속한 자의 형상을 입은 것 같이 또한 하늘에 속한 이의 형상을 입으리라."(*καθὼς ἐφορέσαμεν τὴν εἰκόνα τοῦ χοϊκοῦ, φορέσομεν καὶ τὴν εἰκόνα τοῦ ἐπουρανίου*) 그것으로 바울이 데살로니가전서 4:13-18에서 고려되지 않은 질문들을 상고하며, 고린도전서 15:50-53에서 파루시아 때에 살아 있는 자들에 대한 주제를 다시 검토한다. '비밀'을 예언적으로 알린다는 의미에서 바울은 다음과 같이 말한다. "우리가 다 잠 잘 것이 아니요 … 다 변화되리니 … 죽은 자들이 썩지 아니할 것으로 다시 살아나고 우리도 변화되리라."(*πάντες οὐ κοιμηθησόμεθα, πάντες δὲ ἀλλαγησόμεθα … οἱ νεκροὶ ἐγερθήσονται ἄφαρτοι καὶ ἡμεῖς ἀλλαγησόμωθα*, 51b, 52절)

2.2.2.2.3 변화의 주제는 빌립보서에서도 등장한다. 빌립보서 3:10 이하에서 바울은 그리스도의 고난에 참여함과 '그의 죽으심과 같은 형태를 취하는 것'(*συμμορφιζόμενος τῷ θανάτῳ αὐτοῦ*)에 관해 언급하며, 그가 '죽은 자들 중에서 부활에 이르게 될 것'이라는 희망을 표현한다.(*καταντήσω εἰς τὴν ἐξανάστασιν τὴν ἐκ νεκρῶν*) 이 내용을 빌립보서 3:20b, 21에서 '구원자'(*σωτήρ*)이신 예수 그리스도의 파루시아에 관한 진술과 연결하여 다시 받아들여 다음과 같이 말한다. "그는 만물을 자기에게 복종하게 하실 수 있는 자의 역사로 우리의 낮은 몸을 자기 영광의 몸의 형체와 같이 변하게 하시리라."(*ὅς μετασχηματίσει τὸ σῶμα τῆς ταπεινώσεως ἡμῶν σύμμορφον τῷ σώματι τῆς δόξης αὐτοῦ κατὰ τὴν ἐνέργειαν τοῦ δύνασθαι αὐτὸν καὶ ὑποτάξαι αὐτῷ τὰ πάντα*) 여기서도 죽은 자의 부활과 변화를 함께 관련시킨다.

2.2.2.2.4 예수의 부활과 상응하는 우리 죽은 자들의 부활에 관한 고린도후서 4:14의 진술이 5:1-10에서 변화에 관한 비유 모티브를 가지고 더 상술되고 있다. '땅에 있는 우리의 장막 집'(*ἡ ἐπίγειος ἡμῶν οἰκία τοῦ σκήνους*) 대신에 '손으로 지은 것이 아닌, 하늘에 있는 영원한 집'(*οἰκίαν ἀχειροποίητον αἰώνιον ἐν τοῖς οὐρανοῖς*)을 우리가 기다려야 한다.(1절) 따라서 우리는 "하늘로부터 오는 우리 처소로 덧입기를 간절히 사모한다."(*τὸ οἰκητήριον ἡμῶν τὸ ἐξ οὐρανοῦ ἐπενδύσασθαι ἐπιποθοῦντες*, 2절) 옷을 입는 모티브가 벌거벗음과 대조되고 있다.(3절) 이 땅에 있는 동안 우리는 "무거운 짐에 눌려 탄식한다."(*στενάζομεν βαρούμενοι*) 이는 우리가 '벗고자'(*ἐκδύσασθαι*) 하는 것이 아니라, '덧입는 것'(*ἐπενδύσασθαι*)을 원하기 때문이다.(4절) 하나님이 '성령의 보증'(*ἀρραβὼν τοῦ πνεύματος*)을 주심으로, 그것을 이루도록 우리에게 준비해 주시고 가능하게 하셨다.(5절. 참조. 롬 8:11, 23) 그 성령의 보증이 우리에게 확신을 주어, 우리가 여전히 몸 안에서 사는 동안에, 우리가 이미 주님과 함께 있음을 원할지라도 믿음으로 행하고, 보는 것으로 살지 않는다.(6-8절) 우리가 주님께 영광을 돌리며 사는 것이 결정적이다.(9절) 우리가 다 반드시 '그리스도의 심판대'(*βῆμα τοῦ Χριστοῦ*) 앞에 나타나게 되어 우리가 행한 모든 것에 대해 책임을 져야 하기 때문이다. 이 결론이 '벗는 것', 즉 '벌거벗은 것'을 어떻게 이해해야 하는가를 오해의 여지없이 암시해 준다. 그것은 심판의 때에 존속되지 못하는 것과 관련된다. 그에 반하여 '덧입는 것'에 대한 확신은 변화와 영원한 생명에 참여함을 포함한다.

2.2.2.3 부활과 영생에 관한 그 밖의 말씀들

2.2.2.3.1 요한복음과 요한일서에서는 부활과 영생에 관한 진술들이 다른 성격을 갖는다. 복음서 저자에게 있어서 중요한 것은 죽은 자들의 부활 사건뿐만 아니라 영생에 참여함이 이미 현재에 구원의 경험과 관련되는 것이다. 이는 요한복음 5:25-27과 11:23-26이 강조하는 바와 같다.(5:28 이하, 6:39c, 40c, 44c, 54c의 전통적인 진술들은 이차적인 추가로 볼 수 있다.) 이는 동시에 생명이 그 온전한 의미에 있어서 죽음 이후에서야 비로소 주어질 것임을 의미한다. 죽는다는 것은 죽은 자들이 부활한다는 사실에 영향을 끼치지 못한다. 죽음 이후에 부활과 영생에 어떻게 참여하는 것에 관해 복음서 저자는 그리스도와 함께 있는 것과 그리스도와 같은 모습을 지니게 되는 것으로서만 언급한다.(요 17:24, 요일 3:2)

2.2.2.3.2 요한계시록 20:1-6의 천년왕국은 특별한 주제로 죽은 자들의 부활과 연결된다. 묘사된 내용에 따르면 적그리스도의 유혹에 저항하여 '첫째 부활'(5b, 6절)에 참여한 믿는 자들을 위한 잠정적인 구원의 현실을 다루고 있다. 최후 심판과 새 하늘 및 새 땅의 도래 이전에 그들이 천년 동안 그리스도와 함께 통치해야 할 것이다.(4d, 6b절) 전승사적으로 이 본문은 이 세상 안에서 일어나는 구원에 대한 기대와 초월적인 구원의 기대를 조화시키려는 시도로 소급한다. 그러한 시도는 초기 유대교 묵시문학에서 증거되며, 에스라4서 7:26-44에 등장하는 바와 같다. 요한계시록 20장에서 이러한 모티브는 단지 은유적인 모티브만을 가질 수 있다. 예수 그리스도의 파루시아에 직면하여 옛 에온이 붕괴되는 한 가운데에서 믿는 자들이 이미 부활과 구원을 경험한다. 그것이 천년이라는 상징수로 묘사되고 있다. 교회의 시기에 관한 종종 선호된 해석은 의도된 것과 상관이 없다. 현재에서처럼 완전한 파멸의 시기에도 믿는 자들은 특별한 방식으로 그들의 주(主)가 가까이 계심을 경험할 것이고 다른 이들보다 먼저 구원의 완성에 참여할 것임이 핵심내용이다.

2.2.2.3.3 죽은 자들의 부활이 몸의 부활로 이해되고 있음을 전체적으로 주장할 수 있다. 인간 존재의 전체성이 관건이 되고 있기 때문이다. 그러나 죽은 자들의 부활은 육체적인(fleischliche) 부활, 즉 다시 살아나는 것이 아니다. 복음서에서 다시 살아나는 것에 관한 사화들은 결국 예수를 생명과 죽음의 주인으로 드러내는 기능을 갖으며, 그 자체가 죽은 자들의 부활 사건을 미리 설명하는 예표이다. 죽은 자들에 관한 내재적인 진술들이 수많은 다른 구절들에서도 등장한다. 그 모든 본문에서 예수의 부활과 함께 믿는 자들의 부활이 관련되는 진술들을 중시한다. 믿지 않는 자들이 어느 정도로 관련

되고 있는지는 심판의 주제와 관련하여서 비로소 언급할 수 있다.

2.3 최후 심판

2.3.1 초기 기독교 심판표상의 전제

2.3.1.1 초기 유대교 전승에서 부분적으로 외부의 영향 아래 하나님의 심판에 관한 전형적인 표상들이 형성되었다. 초기 유대교의 묵시문학적인 전승과 초기 기독교의 심판 이해 사이에 매우 밀접한 관계가 드러난다. 많이 종속되기도 하며, 수정되는 것들도 있고, 새로운 이해를 위한 단초도 나타난다. 따라서 신약성서의 심판진술들은 다양하며, 단순하게 서로 조화시킬 수 없다. 그러한 심판 표상이 분명히 존재한다.

2.3.1.2 이미 구약성서의 여러 구절이 하나님의 심판에 관하여 언급한다. 거기서 심판은 역사 안에서의 실제적인 경험과 관련된다. 이어서 포로기 이후에는 종말의 때에 하나님이 모든 악을 징벌하고 멸망하실 종말심판에 관한 기대가 생긴다. 동시에 묵시문학전승에서 기본 모델 두 가지가 형성되었다. 하나는 징벌심판의 표상이다. 징벌심판에서 멸망시키는 행위로 믿지 않는 모든 자들과 모든 악이 종말을 고할 것이다.(참조. 예를 들어 에스라4서 13장) 이어서 법정적 심판에 대한 기대가 있다. 거기서 인간의 '행위들'이 판단되며 그 결과 구원 혹은 징벌에 이른다. 오직 의인의 부활과 하늘의 심판보좌 앞에 세워질 모든 죽은 자들의 부활에 대한 다양한 기대가 그 두 이해와 관련된다. 곧바로 파루시아의 때이거나 형식상의 심판행위에 잇대어서거나 양자의 경우 징벌 심판이 고려되었다. 대체로 하나님 자신이 심판자이었지만, 인자가 그 자리를 대신할 수도 있었다.(에디오피아 에녹서 45장 이하, 55장, 71장)

2.3.1.3 멸망 심판 및 법정적인 심판 행위에 관한 두 이해는 신약성서에도 등장한다. 물론 여기서는 모든 인간이 하나님 앞에서 스스로 책임을 지는 '행위에 따른 심판'에 관한 표상이 전면에 놓인다. 하늘의 책들, 즉 법정적인 심판 시에 열리게 될 책들에 관한 비유가 신약성서에서 여러 번 발견된다.(눅 10:20, 빌 4:3, 히 12:23, 계 3:5, 13:8, 17:8, 20:12, 15, 21:27) 여기서 하나님을 잃어버린 자들에 대한 징벌만이 아니라, 하나님을 경외하고 의를 위해 애를 썼지만 충분하지 못하여 배교하게 된 자들에 관한 판단도 중시한다. 하나님과 인자가 심판자로 등장하는 에디오피아 에녹서와 유사하게 신약성서에서 하나님의 심판과 그리스도의 심판에 대해 번갈아서 언급한다. 이것을 긴장으로 이해하지 말아야 한다. 하나님의 심판 시에 증인이나 대언자로서의 그리스도

에 관한 표상이 있음에도 불구하고(눅 12:8 이하, 요일 2:2), 그리스도는 심판자로서 끊임없이 하나님을 대표하며 하나님의 뜻과 이름으로 판결을 집행한다.

2.3.1.4 세례 요한은 묵시문학 전승 가까이에 서서, 하나님의 심판이 임박해 있고 위협적으로 가까이에 있음을 강조하였고, 공공연하게 법정적인 심판을 생각했다. 심판의 메시지를 위해 세례 요한은 이미 나무뿌리에 놓인 도끼에 관한 비유나(마 3:10 병행구절), 알곡과 쭉정이를 구별시키는 키에 관한 비유(마 3:12 병행구절)를 설명하는 모티브로 사용하였다. 이에 덧붙여 자기가 베푸는 세례와 관련하여 물세례 및 불세례에 관한 로기온을 말한다. 그 로기온에 따르면 회개를 준비하는 것에 근거하여 수행되는 세례는 종말심판과 관련하여 구원의 인을 치는 행위를 묘사한다.(비교. 겔 9:4) 하나님의 고유한 심판행위와 관련되는, '불과 성령'으로 하는 심판은 징벌 및 구원에 상응한다.(막 1:8과 요 1:33b에서 이 로기온이 짧아졌고 그런 방식으로 기독론적으로 해석되었다.) 심판의 표시로서 불의 모티브는 마태복음 3:10 끝부분, 12절 끝부분, 그 병행구절에도 등장한다.

2.3.2 예수에게서 심판의 주제

세례 요한과 다르게 예수께서는 심판 설교자가 아니라, 시작하고 있는 구원의 사신(使臣, Bote)이다. 이사야 61:1 이하를 인용하는 누가복음 4:18 이하에서 '보복의 날'에 관한 마지막 진술이 생략되는 것은 매우 특징적이다. 심판에 관한 용어는 다양하다. 종말 시의 '심판자' 및 '심판받다'(*κριτής, κριθῆναι*)가 언급된다. 멸망(*ἀπώλεια*)을 말하기도 하며, '지옥'(*γέεννα* 또는 *ᾅδης*)을 언급하기도 한다. 게다가 보상(*μισθός*)사상이 한 역할을 한다.

2.3.2.1 주목할 만한 것은 먼저 비유에 나오는 심판진술이다. 마태복음 5:25 이하 병행구절의 법정으로 가는 길, 마태복음 5:29 이하(비교. 막 9:43 병행구절, 9:45, 47)의 눈을 빼어내고 손을 베어버리라는 것, 마태복음 7:13 이하의 좁은 길과 넓은 길, 마태복음 7:16-19 병행구절의 좋은 나무와 나쁜 나무에 관한 비유 말씀들과 누가복음 12:16-21의 부유한 농부, 마태복음 18:23-34의 악한 종, 마태복음 25:14-20의 맡겨진 달란트 비유를 여기서 열거할 수 있다. 심판진술을 포함하는 로기온들도 등장한다. 마태복음 5:21, 22a의 살인 금지, 마태복음 6:1 이하의 구제, 마태복음 7:1 이하 병행구절의 비판 금지, 마태복음 12:41 이하의 니느웨 사람들과 남방여왕, 나아가 마가복음 8:35-37 병행구절의 제자도에 관한 말씀들이다. 마태복음 11:20-24 병행구절, 누가복

음 6:24 이하, 11:42 병행구절의 화 선언 등도 이 문맥에 속한다. 보상사고 자체가 예수 전승에 자유롭게 등장한다.(비교. 마 6:1-4, 5 이하, 16-18, 20:1-16)

2.3.2.2 언급된 모든 본문들이 전승된 형태로 볼 때 어느 정도로 진정성이 있는지를 여기서 개별적으로 검토할 수 없다. 어쨌든 종말심판에 대한 경고는 근본적이다. 전승의 과정에서 심판진술들이 강화되었음을 마가복음 9:48, 마태복음 5:22b, c, 18:35, 25:30과 같은 이차적인 추가부분이 드러낸다. 마태복음 13:47-50에 나오는 일차적으로 심판 모티브에 집중하는 그물망에 관한 비유도, 마태복음 25:1-13의 젊은 처녀에 관한 비유와 마찬가지로 부차적일 수 있을 것이다. 심판 주제에 관한 예수의 구원의 메시지는 마태복음의 편집요소에서 가장 많이 중첩(重疊)되어 있다. 예를 들어 마태복음 23장에서 구원의 메시지를 거부하는 바리새인들 및 서기관들과 관련한 언급들 혹은 공동체 자체와 관련된 언급들이 있다. 마태복음 13:24-30, 36-43의 비유가 많은 것을 귀띔해 준다. 거기서 기독교 공동체는 종말 시에 정결하게 될 혼합체(corpus permixtum)로 이해된다. 지금 여기서 사람들을 판단하지 말아야 한다. 미래에 가서야 비로소 누가 구원의 공동체에 속하고, 누가 속하지 않는지를 하나님이 결정하신다. 동일한 내용을 결혼식 예복이 없는 것에 관한 마태복음 22:14의 비유 모티브가 설명한다. 다른 많은 구절에서 깨어 있으라는 호소가 광범위한 심판 위협, 특히 마태복음에 자주 등장하는, 사람들이 '울며 이를 갈게 되는' 바깥 어두운 데, 즉 불 아궁이에 관한 모티브와 결합된다.(*ὁ κλαυθμὸς καὶ ὁ βρυγμὸς τῶν ὀδόντων*, 8:12, 13:42, 50, 22:13, 24:51, 25:30) 구두 말씀 자료에서 받아들인 구절들이 있다.(비교. 눅 13:28 병행구절)

2.3.2.3 하나님의 은혜와 현재 시작되고 있는 구원에 대한 예수의 선포는 세례 요한의 심판 선포를 뒤따른다. 예수께서는 세례 요한의 사역을 인정했고 그의 메시지를 전제했다.(비교. 마 11:7-19 병행구절) 그러나 예수께서는 심판 시에 아주 다른 기준을 적용한다. 이는 보상 사고와 관련된 마태복음 20:1-16의 포도원 농부에 관한 비유에서 분명하게 추론된다. 그 비유에서 마지막에 온 자도 동일한 방식으로 삯을 받는다. 예수의 심판 이해와 관련하여 특별히 중요한 것은 마태복음 25:31-46이다. 이 본문으로 전승에서 지금까지 전제된 기준들과는 다른 기준들이 적용되고 있음이 분명해졌다. 여기서는 사랑의 계명이 의도하는 대로 행하는 것이 결정적이다. 따라서 종말 심판 시에 많은 이들이 기대했던 바와 아주 다른 결정에 이른다. 심판의 모티브를 그토록 강조하는 마태가 이 두 본문을 예수의 메시지의 결정적인 본문단락으로 그의 복음서에 흥미로운

방식으로 받아들였다. 인자이면서 동시에 왕적 심판자로서의 예수에 관한 표상이 마태복음 25:31에 함께 포함되었다.

2.3.3 바울에게서 마지막 심판

바울에게서도 행위에 따른 심판은 확고부동하다. 이는 '하나님', 즉 '그리스도의 심판대'(*βῆμα τοῦ θεοῦ, τοῦ Χριστοῦ*) 앞에서 인간이 책임을 져야 하는 것에 관한 진술인 로마서 14:10과 고린도후서 5:10만으로도 추론된다.(비교. 행 14:42, 17:31, 딤후 4:1)

2.3.3.1 바울은 먼저 죄 많은 세상에 관한 심판을 언급한다. 이는 바울이 로마서 1:18-3:20의 단락을 이미 계시된 '하나님의 진노'(*ὀργὴ θεοῦ*)라는 주요사상 아래 전개시키는 경우이다. 그러나 이 진노는 사람들을 '회개'(*μετάνοια*)로 이끌기를 원하시는 하나님의 '오래 참으심'(*μακροθυμία*)과 결합되어 있다.(롬 2:4) 회개하지 않는 마음은 "진노의 날 곧 하나님의 의로우신 심판이 나타나는 그 날에 임할 진노를 … 쌓는(도)다. 하나님께서 각 사람에게 그 행한 대로 보응"하신다.(*θησαυρίζεις σεαυτῷ ὀργὴν ἐν ἡμέρᾳ ὀργῆς καὶ ἀποκαλύψεως δικαιοκρισίας τοῦ θεοῦ, ὃς ἀποδώσει ἑκάστῳ κατὰ τὰ ἔργα αὐτοῦ*, 2:5 이하) 모든 인간을 향한 행위에 따른 심판은 하나님이 판단하실 때에 하나님 자신이 스스로 의로우심을 드러내는 것과 일치한다.(3:4) 세상을 향한 심판에 관해 수많은 다른 구절들이 언급한다.(롬 3:6, 9:22, 고전 5:13, 11:32, 빌 1:28, 3:19)

2.3.3.2 심판은 믿는 자들에게도 적용된다. 물론 "장래의 노하심에서 우리를 건지시는 예수"(*Ἰησοῦς ὁ ῥυόμενος ἐκ τῆς ὀργῆς τῆς ἐρχομένης*, 살전 1:10) 혹은 우리가 "그로 말미암아 진노하심에서 구원을 받을 것"(*σωθησόμεθα δι' αὐτοῦ ἀπὸ τῆς ὀργῆς*, 롬 5:9)이 언급된다. 더욱이 그것을 넘어서 믿는 자들이 심판에 참여하게 될 것이라는 눈에 띄는 진술도 있다.(고전 6:2 이하) 그러나 바울은 믿는 자들도 하나님의 심판대 앞에 서야만 할 것을 배제하지 않는다. 이미 집중하여 다룬 이신칭의에 대한 강한 강조에도 불구하고 그 사실이 적용된다. 이제 바울이 그 심판을 어떻게 이해하는가가 많은 것을 귀띔해 준다. 이는 고린도전서 3:11-15에 매우 분명하게 개진되었다. 믿는 자들을 심판할 때 구원이나 비(非)구원이 중시되지 않는다. 오히려 관건이 되는 것은 믿음을 보존하는 것(Bewahrung)과 확증하는 것(Bewährung)이며 '세우기', 즉 오이코도메인(*οἰκοδομεῖν*)을 위해 힘쓰는 것이다. 인간의 개별적인 행위가 심판 시

에 존속할 수 없어서 불에 탈지라도 구원이 문제가 되는 것은 아니다. 그 "자신은 구원을 받되 불 가운데서 받은 것" 같을 것이다.(*αὐτὸς δὲ σωθήσεται, οὕτως δὲ ὡς διὰ πυρός*, 15b절) 이는 고린도전서 10:5-13에서 강조하여 경고한 배교를 배제하지 않는다. 배교가 구원을 상실하는 것으로 전락하기 때문이다.(비교. 고전 16:22, 갈 1:8 이하) 그 사실은 특히 주의 만찬을 합당하지 않게 받는 것과 관련하여 적용된다. 합당하지 않게 먹고 마시는 것이 '자기 자신을 심판에' 이르게 할 수 있다.(고전 11:27, 29) 따라서 자기 자신을 살피는 것이 중요하다.(28절) 이는 우리가 다만 '주께 징계를 받고', '세상과 함께 정죄함을 받지 않게' 하기 위함이다.(11:28, 31 이하)

2.3.4 그 밖의 서신에서 심판의 표상

신약성서의 많은 책들이 심판의 주제를 자세하게 상술하지는 않지만, 심판 주제를 전제하거나 형식적으로 수용한다.

2.3.4.1 제2 바울서신 중에서 골로새서와 에베소서가 심판의 주제에 적은 관심을 드러낸다. 권면의 틀에서만 도래하는 '하나님의 진노'를 아주 전통적인 방식으로 언급한다.(골 3:6, 엡 5:6) 그와 반대로 목회서신에서 신앙고백에 해당되는 진술들이 등장한다. 이는 '살아 있는 자와 죽은 자를 심판하실' 그리스도에 관해 말하는 경우이다.(*ὁ μέλλων κρίνειν ζῶντας καὶ νεκρούς*, 딤후 4:1) 또는 '그 날'에 행하실 '의로우신 재판장'(*ὁ δίκαιος κριτής*)으로 '주'(主)를 말하는 경우이다.(딤후 4:8)

2.3.4.2 야고보서는 초기 기독교의 다른 권면에서처럼 5:7-11에 종말론적인 전망을 담고 있다. 주님의 파루시아를 참고 기다리라는 권고의 맥락에서 다음과 같이 아주 짧게 언급한다. "보라 심판주가 문 밖에 서 계시니라."(*ἰδοὺ ὁ κριτὴς πρὸ τῶν θυρῶν ἕστηκεν*, 5:9b, 비교. 4:12)

2.3.4.3 베드로전서에서는 만물의 마지막이 가까이 왔으므로(4:7) 여러 구절에서 심판을 언급한다. 아버지로서 하나님은 '인간의 외모'(*ἀπροσωπολήμπτως*)가 아니라 각 사람의 행위대로 판단하시는 심판자이시다.(1:17. 비교. 롬 2:11) 그리스도 자신이 그의 고난 중에 '공의로 심판하시는 이'에게 심판을 부탁하였다.(2:23) 악을 행한 자 모두가 "산 자와 죽은 자를 심판하시기로 예비하신 이에게 사실대로"(*οἳ ἀποδώσουσιν λόγον τῷ ἑτοίμως ἔχοντι κρῖναι ζῶντας καὶ νεκρούς*, 4:5) 고하여 책임을 져야 한다는 언급에 잇대어, 죽은 자들에게도 복음이 선포되었고(*καὶ νεκροῖς εὐηγγελίσθη*, 비교. 3:19 이하), "이는 육체로는 사람으로 심판을 받으나 영으로는 하나님을 따라 살

게 하려 함이라."(ἵνα κριθῶσι μὲν κατὰ ἀνθρώπους σαρκὶ, ζῶσι δὲ κατὰ θεὸν πνεύματι, 4:6)는 형식적으로 간명하나, 내용적으로는 얼핏 보기에 어려운 진술이 뒤따른다. 두 개의 절을 가진 이 문장에서 이중 여격인 '육체로/영으로'(σαρκί/ πνεύματι)는 먼저 관계적으로, 그리고 이어서 도구적으로 이해된다. 두 개의 'κατά-' 표현은 종류와 방법을 특징짓는다. '육'과 '영'은 지상적인 존재와 천상적인 존재를 표현한다.(비교. 롬 1:3b, 4a, 딤전 3:16a) 이는 심판이 지상적인 존재와 인간적인 삶의 방식과 관련되지만 동시에 성령의 힘으로 영원한 생명이 열리게 됨을 의미한다.

2.3.4.4 히브리서, 베드로후서, 요한계시록에서도 심판사상이 분명하게 강조되어 등장한다. 히브리서 3:7-10과 10:23-27은 믿음의 확신이 약해지는 것에 직면하여 하나님의 음성을 들을 것과 심판으로 멸망에 이르지 않도록 믿음의 고백을 확고히 붙잡으라고 권고한다. 6:4-8은 '하나님의 말씀과 내세의 능력을 맛보았지만' 배교하여 하나님의 아들을 '다시 십자가에 못 박은'(ἀνασταυροῦντες) 사람들을 경고한다. 그러한 경우에 회개의 가능성과 구원은 더 이상 없다.(비교. 10:26) 이러한 결정적인 태도가 주지하듯이 고대교회에서 히브리서를 경전으로 수용하는 것에 관한 논쟁을 야기시켰다.

2.3.4.5 베드로후서에서 종말심판은 거짓교사와 관련하여 다루어진다. 유혹하는 자들의 충동적 행동이 상세히 묘사되며(2:12-22), 그들에게 멸망(ἀπώλεια 2:3)의 위협이 주어지고 있다. 하나님이 범죄하는 천사나 옛 세상이나 소돔과 고모라를 보호하시지 않았기 때문이다. 그들이 '후세에 경건하지 않은 자들의 본보기'이다.(2:4-6. 비교. 3:7b, 10 끝부분)

2.3.4.6 요한계시록에서 심판사상이 시종일관 한 역할을 수행한다. 보좌에 앉은 어린 양에게 '일곱 인으로 봉한 책'이 양도된다.(5:1-4) 그 책을 여는 것으로(6:1) 이미 세상을 향한 심판이 시작된다. 먼저 여러 단계의 예비적인 심판행위로 봉인을 여는 것, 일곱 나팔이 울리는 것, 일곱 대접이 쏟아지는 것에 따라 심판이 집행된다. 여기서 환난의 시기를 특징짓는 사건이 관건이 되고 있으며, 예수의 파루시아(19:11-16) 이후에 최종 심판에 이른다. 최후 심판도 두 단계로 완성된다. 먼저 악의 권세에 대한 멸망의 심판이 있으며(19:14-21, 20:7-10), 이어서 법정적인 심판이 있다. 법정적인 심판에서 열려진 '책들'에 근거하여 구원에 참여하거나 구원받지 못하고 멸망에 이르는 것에 관한 판결이 주어진다. 종말 완성에 대한 전망이 요한계시록 7:1-14, 14:1-5, 19:1-8에 제시되는 것처럼, 14:(6-13)14-20의 비전(Vision)이 종말심판을 조망한다.

2.3.5 요한신학에서 심판이해

요한복음과 요한서신이 의심의 여지없이 특별한 위치를 차지한다. 여기서 요한일서 4:17만이 전통적인 방법으로 '심판의 날'을 말한다.(요 5:28 이하는 이차적인 추가부분으로 볼 수 있다.)

2.3.5.1 요한복음과 요한서신 이외의 신약성서 전승에서 신앙과 불신앙이 종말심판과 관련되는 반면에, 요한복음과 요한서신에서 신앙과 불신앙은 심판과 직접 관련된다. 기본명제가 요한복음 3:18에 다음과 같이 언급된다. "그를 믿는 자는 심판을 받지 아니하는 것이요 믿지 아니하는 자는 하나님의 독생자의 이름을 믿지 아니하므로 벌써 심판을 받은 것이니라."(*ὁ πιστεύων εἰς αὐτὸν οὐ κρίνεται· ὁ δὲ μὴ πιστεύων ἤδη κέκριται, ὅτι μὴ πεπίστευκεν εἰς τὸ ὄνομα τοῦ μονογενοῦς υἱοῦ τοῦ θεοῦ*) 이 내용은 요한복음 5:24에서 다음 진술로 다시 수용된다. "내가 진실로 진실로 너희에게 이르노니 내 말을 듣고 또 나 보내신 이를 믿는 자는 영생을 얻었고 심판에 이르지 아니하나니 사망에서 생명으로 옮겼느니라."(*ἀμὴν ἀμὴν λέγω ὑμῖν ὅτι ὁ τὸν λόγον μου ἀκούων καὶ πιστεύων τῷ πέμψαντί με ἔχει ζωὴν αἰώνιον καὶ εἰς κρίσιν οὐκ ἔρχεται*) 믿는 자들이 영생에 현재 참여하는 것에 상응하여 믿지 않는 자들은 현재 심판을 경험한다. 예수(Person Jesus) 안에서 그들은 이미 그들의 심판자를 만난다.(5:22 이하, 27, 30. 비교. 8:16, 50) 그러므로 12:31a에서 다음과 같이 말할 수 있다. "지금 이 세상에 대한 심판이 이르렀다."(*νῦν κρίσις ἐστὶν τοῦ κόσμου τούτου*) 이는 16:11에 따르면 '이 세상 임금이 판단을 받았음'을 뜻한다.(*ὁ ἄρχων τοῦ κόσμου τούτου κέκριται*, 비교. 12:31b) 여기서 판단한다는 것은 심판하는 판결이 아니라, 징벌(懲罰)하는 심판의 의미로 이해되고 있다. 믿는 자들은 그러한 징벌로부터 자유롭다.

2.3.5.2 심판의 주제가 이제 특히 '어둠'(*σκοτία, σκότος*)이 언급되는 곳에서 다른 방식으로도 등장한다. 따라서 요한복음 3:19–21 가운데 3:18의 주제는 빛과 어둠 및 빛보다 어둠을 더 사랑하는 인간이 있다는 언급으로 설명된다. 그러나 '세상의 빛'(*φῶς τοῦ κόσμου*)이신 분을 뒤따르는 사람은 8:12의 말씀대로 어둠 가운데 행하지 않으며, "오히려 생명의 빛을 얻을 것이다."(*ἕξει τὸ φῶς τῆς ζωῆς*) 따라서 "빛이 있을 동안에 다녀 어둠에 붙잡히지 않게 하라."(*ὡς τὸ φῶς ἔχετε, ἵνα μὴ σκοτία ὑμᾶς καταλάβῃ*)는 12:35 이하의 경고가 등장한다. 마찬가지로 요한일서 1:6에서 어둠 가운데 행하는 것에 대해 경고한다.(비교. 2:9) 참 빛이 이미 비추었고(요일 2:8), 하나님에게 조금도 어둠이 없으므로(1:5) 어둠의 권세가 지나가지만, 빛을 영접하지 않

는 자는 멸망에 이른다. 제자들에게도 배교와 멸망이 있을 수 있다는 사실이, '적그리스도'로 특징지어진 거짓교사들 이외에(요일 2:18 이하) 유다의 모습에서 제시되었다.(요 6:70 이하, 17:12)

2.4 구원의 완성

수많은 구절에서 최종적인 구원에 관해 언급한다. 이는 종종 영생에 관한 언급만으로 일어난다. 그 밖에 종말 기대를 분명하게 밝히는 수많은 비유 모티브들도 등장한다.

2.4.1 예수 자신의 선포에서 완성된 하나님의 통치가 중요하다. 이는 무엇보다도 소위 성장비유가 밝히는 바와 같다. 보잘것없는 시작이 기적적인 종말을 맞이한다.(마 13:31 이하, 33 병행구절) 원래 상태에서 볼 때 예수에게로 소급될 수 있는 '하나님 나라, 즉 영생에 들어감'에 관한 말씀들도 종말 시의 완성을 말한다.(막 9:47, 10:23–25 병행구절, 마 5:20, 7:12, 21, 막 9:43, 45 병행구절, 마 19:17 등) 이어서 이사야 25:6의 종말 시 식탁공동체에 관한 모티브도 한 역할을 한다. 하나님의 통치가 예수의 임재 안에 이미 시작하고 있듯이 예수께서 그의 제자들, 그에게 오는 모든 사람들과 함께 잔치를 벌인다. 그리고 마가복음 14:25에서 예수께서는 자신의 고별잔치에서 미래에 있을 하늘의 만찬을 약속한다.(비교. 눅 22:29, 30a) 이에 상응하는 내용이 누가복음 14:16–24의 축제 잔치나 마가복음 2:18, 19a의 결혼식 잔치에도 해당된다.(비교. 마 22:1–10) 하나님의 통치 안으로 '들어가는 것' 대신에 생명을 '얻는 것'에 관해서도 언급한다.(비교. 막 8:35 이하 병행구절)

2.4.2 초기 공동체에서 더 확장된 수많은 진술들이 추가되고 있다. 로마서 5:8–10이 강조하듯이 바울에게서 "구원을 받는다."(*σωθῆναι*)가 결정적으로 중요하다. 우리가 이신칭의와 죄 용서를 경험하며 미래구원과 관련하여 확신을 가질 수 있다. 종말의 완성과 관련하여 사도는 시종일관 '구원'과 '구원자'라는 개념들을 사용한다.(*σωτηρία, σωτήρ*) 로마서 1:16과 빌립보서 3:20을 예로 들 수 있다. 현재와 관련하여 로마서 8:24a에 따르면 이 구원은 희망과 관련하여서만 등장한다.(*τῇ γὰρ ἐλπίδι ἐσώθημεν*) 골로새서 1:20에서 만물의 화목(*ἀποκαταλλάσσειν τὰ πάντα*)은 미래 완성을 표현한다.(엡 2:14–16에서 화목의 사건은 현재와 관련된다.) 히브리서 11장에서 완성이라는 미래 목적에 초점을 둔다. 이미 옛 계약의 조상들은 완성에 이르지 못하고 사

라졌다. 이는 '우리가 아니면 그들로 온전함을 이루지 못하게 하려' 하시기 위함이다.(ἵνα μὴ χωρὶς ἡμῶν τελειωθῆναι, 11:40) 이에 상응되게 예수의 '완성'(τελείωσις)도 그가 천상세계에 참여함을 말한다.(히 2:10, 5:9, 비교. 12:23) 유사하게 '목표'(τέλος)라는 개념도 사용한다.(비교. 막 13:13 병행구절) 게다가 비유 모티브, 무엇보다도 하늘에 있는 하늘의 도성에 관한 비유 모티브도 등장한다. 우리가 지금 이미 이 하늘의 도성에 속하지만 미래에야 그 곳으로 들어갈 것이다.(갈 4:26, 빌 3:20a, 히 12:22-24) 마태는 19:28에서 미래에 만물이 '거듭나게 될 것'(παλιγγενεσία)을 언급한다. 사도행전의 저자는 3:19-21에서 현실의 전체적인 갱신을 의미하는 모든 만물의 '회복'(ἀποκατάστασις)이 파루시아와 함께 일어날 것에 대한 옛 전승을 말한다. 시사하는 바가 매우 큰 것은 요한계시록에서 승리의 선언에 등장하는 완성을 가리키는 모티브들이다.(2:7b, 11b, 17b, 26-28, 3:5, 12, 21)

2.4.3 지금까지 언급한 본문구절들이 미래를 가리키는 개념들과 비유들을 말한다면 마찬가지로 그 주제가 요한계시록에서도 광범위하게 개진되고 있다. 환상보도들에서 이미 결정적인 구원을 다양하게 조망하고 있으며, 마지막 환상보도에서 갱신된 세상을 표현한다.

2.4.3.1 7:4-8의 완성을 바라보는 첫 번째 조망에서 선지자는 종말의 구원을 위해 '인침을 받은 자들'(ἐσφραγισμένοι)의 수를 "듣는다." 이들은 144,000으로 이스라엘 12지파 각 지파의 수 12,000의 합이다. 14:1-5의 두 번째 조망에서 선지자는 시온 산 위에 있는 144,000을 '보며', '땅에서 구속함을 받은 자들'인 그들이 '새 노래'(ᾠδὴ καινή)를 부르는 것을 "듣는다." 19:1-8에서 선지자는 끝으로 모든 악이 정복될 때 하늘의 환호송을 듣는다.

2.4.3.2 이어서 요한계시록 21:1-22:5은 전체적인 갱신을 묘사하는 마지막 큰 계시를 담고 있다. 수많은 비유 모티브들이 여기서 서로서로 중첩되고 있다. 하늘의 예루살렘에 관한 모티브와 생명수 강과 지상적인 것을 초월하는 만나가 있는, 다시 도래하는 파라다이스에 관한 전승은 이사야 65:17-25로 소급되는 새 하늘과 새 땅의 모티브로 이어진다. 수많은 하부 단락이 완성된 실현(實現, Wirklichkeit)을 기술한다.

2.4.3.2.1 단락의 시작 부분에서 먼저 '단장한 신부'처럼 하늘에서 내려오는(21:1 이하, 신부의 모티브, 비교. 22:17) '새 예루살렘'과 동일시되는 '새 하늘'과 '새 땅'을 언급한다. 이어서 더 이상 궁핍과 사망이 없는 '사람들과 함께 있는 하나님의 장막'에 대한 묘사가 이어진다.(3절 이하) 그리고 하나님이 친히 말씀하신다. "보라 내가 만물을

새롭게 하노라."(ἰδοὺ καινὰ ποιῶ πάντα, 21:5) 이로써 믿는 자들을 위해 모든 것이 성취되었다. 반면에 하나님을 잃어버린 자들과 믿음을 잃은 자들은 [구원에서] 제외된다.(6-8절)

2.4.3.2.2 그 뒤를 이어 새 예루살렘인 하늘의 도성을 상세하게 묘사한다.(21:9-22:5) 여기서 완성의 특성이 먼저 밝혀진다. 하늘의 도성의 성곽은 열두 문과 열두 기초석을 갖는다. 그 위에 사도들의 이름이 있으며 정방형(正方形)으로 되어 있다. 게다가 귀금속만이 사용되었다.(21:18-21) 먼저 하늘의 예루살렘 안에 성전이 하나도 없음을 말한다. "이는 주 하나님 곧 전능하신 이와 어린양이 그들의 성전"이기 때문이다.(21:22) 이어서 백성들이 도성 안으로 드나드는 것을 언급한다. 그러나 부정한 자들은 아무도 그 안으로 들어가지 못한다.(21:23-27) 끝으로 하늘의 보좌에서 발원하는 생명수와 하늘의 만나를 말한다.(22:1-5)

2.4.3.3 중심주제는 무한히 존속하는 하나님 및 그리스도와 함께하는 것이다. 그 내용은 21:7의 계시에서 승리의 선언에도 해당된다. "이기는 자는 이것들을 유업으로 얻으리라." 지상의 모든 것들이 사라진다. 이 땅에서 사는 삶의 고통스러운 모든 경험도 사라진다. 그러므로 21:4은 더 이상 고난, 애통, 아픔이 없으며 하나님께서 눈물을 씻기시고, 더 이상 사망이 없을 것을 말한다. 죄의 특성을 지니는 첫 창조의 불완전함에 대비하여 하나님의 완전한 실재로서 새 창조를 설명한다. 그 새 창조에 믿는 자들이 들어갈 수 있다.

3. 미래진술의 기본의도

위에서 언급한 네 가지 관점의 미래기대가 신약성서 안에서 다양한 특징을 지니며 나타난다. 따라서 파루시아, 죽은 자들의 부활, 심판, 전체적인 갱신에 관한 진술들이 어떻게 함께 속하며 초기 기독교 메시지에 어떤 영향력을 끼쳤는지를 끝으로 질문할 수 있다.

3.1 언어형태

3.1.1 먼저 언어형태에 대한 질문이 제기된다. 종교적인 언어는 기본적으로 은유

적인 언어이다. 따라서 이미 이 단락의 시작에서 언급하였듯이, 종교적인 언어는 상당 정도 비유의 요소들을 갖는다. 종교적인 언어가 개념적인 전문용어로 사용되는 곳에서도, 그 언어는 은유적인 구성요소를 지닌다. 믿음에 관한 진술들은 이런 방식으로만 광범위하게 만들어질 수 있고 특정 문맥을 통해 내용적으로 더 정확하게 규명될 수 있다.

3.1.2 앞에서 말한 내용은 미래에 관한 진술에 더 많이 해당된다. 거기서 비유 요소들이 전면에 놓인다. 이는 부활하신 자가 다시 오실 것을 기대하는 파루시아, 잠에서 깨어나는 것으로 비교되는 죽은 자들의 부활(비교. 엡 5:14), 멸망의 행위 혹은 최후심판의 때에 서게 될 심판대에도 해당되며, 하늘과 땅의 갱신에 관한 수많은 비유 모티브에도 마찬가지로 적용된다. 그러한 종류의 진술들은 순전히 자구적인 이해에 구애됨이 없이 보존된다. 비유 모티브들은 지시의 성격을 지니며 그러한 의미로 이해되어져야 한다.

3.1.3 미래에 관한 진술들이 형성될 수 있다는 사실은 이중적인 전제를 갖는다. 한 편으로 하나님의 창조로서 지상적인 현실은 하늘의 것의 모형(模型, Abbild)이며, 그로써 '장래 일의 그림자'이기도 하다.(*σκιὰ τῶν μελλόντων*, 골 2:17) 그러므로 희망은 유비를 통하여(per analogiam), 즉 부정의 방법으로(via negationis) 표현될 수 있다. 신약성서의 미래진술들은 이미 현재에 경험할 수 있는 새 창조와 불가분리의 관계에 놓인다. 이것이 미리 내다보며 완성에 관해 진술할 수 있게 하는 결정적 근거이다.

3.1.4 초기 기독교의 미래 진술에서 비유자료는 구약성서-초기 유대교 전승에서 폭 넓게 취해지고 있다. 비유자료는 그 당대의 인간에게 있어서 분명한 표상의 지평과 기대의 영역 안에 놓인다. 초기 유대교의 묵시문학과 비교하여 신약성서 진술들을 특징짓는 것은 중심 모티브를 향한 집중과 한계설정이다. 수많은 비유 모티브들이 병렬적으로 등장하고 있음에도 불구하고, 모든 경우에 제각기 필요한 것만을 언급한다. 여기서 초기 기독교 스스로가 시종일관 의도적으로 주저하고 있음을 볼 수 있다. 더 상세하게 묘사하려는 경향이 분명한 요한계시록에도 그러한 주저가 있었다.

3.2 시간과 공간의 문제

시간과 공간의 문제가 비유적 성질(Bildhaftigkeit)의 문제와 긴밀하게 관련되고 있다. 비유들이 지상의 현실에서만 파악되고 받아들여질 수 있듯이, 시간과 공간에 대한 이해도 지상의 경험과 결부되어 있다.

3.2.1 시간문제는 신약성서의 미래진술과 관련하여 무엇보다도 파루시아의 기대, 죽은 자들의 부활 시점에 대한 문제, 영원의 이해에서 드러난다.

3.2.1.1 임박한 기대 및 파루시아가 지연되는 경험이 초기 기독교 시간이해를 위한 특징적인 한 예이다. 영원에 대해 구약성서, 유대교, 초기 기독교는 끝없이 지속되는 시간, 세대들의 연속(*εἰς αἰῶνας τῶν αἰώνων*), 하나님과 인간에게 있어서 길이가 서로 다른 시간으로만 생각할 수 있었다. 이런 의미로 베드로후서의 저자가 시편 90:4에 잇대어 인간의 천 년과 하나님의 하루를 구별하여 말한다.(3:8 이하) 그러나 결정적인 것은 재림지연의 경험에도 불구하고 승귀하신 이와 그의 영이 현재한다는 확신이었다. 그래서 임박한 재림기대가 이루어지지 않는 것이 어떠한 위기도 야기하지 않았다. 그러나 시간에 대한 자의식에 영향을 끼쳤다.

3.2.1.2 동일한 문제가 현재의 죽음과 죽은 자들의 미래 부활 사이의 중간상태에 대한 이해에 나타난다. 당시의 시간이해에 따르면 어쨌든 특별하게 보존된 믿음의 증인들이 선취적으로 하늘로 영접될 것을 고려할 수 있었고, 특별한 형태로 그리스도와 함께 있을 것을 전제할 수 있었다. 그렇지만 죽음과 죽은 자들의 부활을 함께 조망하는 내재된 경향도 인식할 수 있다.

3.2.1.3 우리에게 일상적인 시간과 영원 사이의 구별을 엄밀한 의미에서 성서는 아직 알지 못하고 있었고, 그것이 여기서 우리의 이해를 돕는다. 시간은 지상적으로 피조된 생명의 현상이고 인간적인 인식의 현상이다. 영원은 모든 시간을 포괄하며 시간의 구조로 규명되지 않는다. 그러한 점에서 재림의 지연이나 중간상태에 대한 질문은 신학적으로 중요한 문제가 아니다.

3.2.2 공간에 대한 표상이 시간문제와 결합되어 있다. 시사해 주는 바가 큰 것은 재림의 지연이나, 또는 새 하늘과 새 땅의 기대에서 공간적 표상이 시간적 영역과 결합된다는 사실이다. 우리 인간이 시간에 대하여 또 공간에 관해서도 우리에게 익숙한 범주들로만 사고할 수 있듯이, 그러한 익숙한 범주들은 기껏해야 부정하는 방법으로 제거할 수 있을 뿐이다.

3.2.2.1 파루시아의 기대에서 관련 본문들 안에 양자택일이 드러나고 있음은 우연이 아니다. 파루시아는 하늘로부터 일어난다. 그러나 동시에 하늘로 이끌려진다.(비교. 막 13:26과 살전 4:17) 예수의 재림은 공간적인 표상 이외에 다른 것으로 표현할 수 없었다. 그러나 이러한 관점이 구성요소가 될 수는 없다. 결정적인 것은 다시 만나는 것이다. 그러한 사건에 관해 우리가 적절한 표상을 만들 수 없다.

3.2.2.2 새 하늘과 새 땅의 경우도 비슷하다. 요한계시록 21:1 이하에 따르면 새 하늘과 새 땅이 지상의 실재를 대신하여 참 예루살렘과 함께 하늘로부터 내려온다. 그러나 결정적인 것은 하늘의 실재 안으로 들어가는 것이다. 우리가 파악할 수 없는 방식으로 갱신이 완성된다는 사실 앞에서 공간적인 영역은 근본적인 특징이 될 수 없다.

3.2.2.3 시간의 경우 영원과의 상관개념이 이해를 돕는 데 반해, 공간의 경우 상관되는 표상이나 개념성은 존재하지 않는다. 어쨌든 공간적인 표상모델 자체가 갖고 있는 제한성도 유의해야 마땅하다. 하나님의 영원한 실재가 이미 현재하며 시간적으로 경험되는 지상적 존재에 영향을 끼치므로, 지상적인 공간에서도 새로운 것이 현재함을 이미 인식할 수 있다. 종말적인 유보가 이로써 결코 제거되지 않는다. 종말적인 유보는 표현할 수 없고 정의할 수 없는 구원의 완성을 언급한다.

3.3 심판표상

유사하게 관련된 문제들이 심판기대에서 등장한다. 신약성서 전체 구성에 나타나는 종말 심판에 대한 기대를, 광범위하게 유대교 묵시문학에서 받아들인 다양한 심판사건에 관한 표상과 동일시할 수 없다. 그러한 표상들 자체가 오직 비유적으로만 겨우 표현할 수 있는 내용을 암시한다.

3.3.1 파루시아의 기대는 예수의 재림이 온 세상이 보는 앞에서 이루어진다는 이해와 결합되어 있다. 지금까지 감추어진 구원사건을 아주 공공연하게 인식할 수 있으며, 모든 악과 사망을 이기기까지 그리스도가 그의 통치권을 행사할 것이다.(고전 15:25-28) 이러한 방식으로 파루시아의 표상이 종말 심판의 기대와 결합되고 있다.

3.3.2 종말심판은 두 개의 주요한 비유 모티브로 묘사되고 있다. 죄인들 모두가 징벌심판에 예속되며 믿는 자들이 그때 구원을 받거나, 혹은 믿지 않는 자들과 같이 믿는 자들이 하나님의 심판대 앞에 서야 한다. 거기서 지상에서의 그들의 생활상이 드러나며 이어서 멸망에 이르거나 구원에 이르게 된다. 그러나 지상의 전쟁 상황이나 판결집행에서 차용된 이 두 이해가 실제로 무엇을 의미하는지 파악할 수 없다. 그러므로 그들이 기준이 될 수 없다. 이 두 모델의 배후에 놓인 것은 모든 인간이 그들의 삶과 행위를 하나님과 그리스도 앞에 고해야 하며, 구원받지 못할 수도 있다는 이해이다.

3.3.3 심판진술은 일차적으로 경고의 기능을 갖는다. 이들은 올바른 책임감을 호소한다. 이러한 이유로 이들은 종종 깨어 있으라는 권고의 맥락에 놓인다. 이는 믿는 자

들에게 해당되며, 그로써 믿는 자들이 지치지 않고 구원을 확신하며 언젠가 그들의 삶의 행위가 시험받는다는 사실을 잊지 않도록 하게 하기 위함이다.(고전 3:13-15) 이는 아직 믿지 않는 자들에게도 해당된다. 그들은 제공되는 은혜를 흘려듣지 말고 하나님 앞에서 자신을 책임져야 함을 스스로 깨달아야 한다.

3.3.4 그러나 심판진술은 징벌이 갖는 위협의 성격도 받아들이고 있다. 심판진술들이 다시 회개하는 것, 불신앙, 불의가 심판받는다는 진술을 내포하기 때문이다. 여기서 전제되는 것은 구원의 메시지를 경시하는 자는 누구든지, 불의를 행하는 자는 누구든지 멸망에 이른다는 사실이다. 이와 관련된 본문들은 종종 그것을 각기 세분화시키지 않는다. 마태복음 25:31-46의 심판 비유가 지니는 의미를 계속 더 생각해야 한다. 바로 또 거기서 구원의 메시지를 결코 듣지 못했거나 혹은 그들이 수용할 수 없는 형태로 그것을 들었지만, 구원을 갈망하는 사람들, 마찬가지로 그들의 행위에서 볼 때 예수께서 말씀하신 나를 따르라는 합당한 사람들이 관련이 되기 때문이다.

3.3.5 그러나 이제 결정적으로 하나님을 경시하고 악의 권세에 빠진 저 사람들은 어떻게 되는가에 대한 질문이 남아 있다. 완전하게 하나님을 떠나는 것과 믿음을 배반하는 것은 종국적인 멸망의 예표 아래 놓인다. 하나님의 넘치는 은혜에 관한 메시지가 올바르게 이해된다는 관점에서 심판과 관련된 진술들을 전혀 옹호할 수 없다는 종종 등장한 이해는 분명히 부적절하다. 오리게네스에 의해 2세기에서 3세기 전환기에 처음으로 등장되었듯이, 만물의 화해라는 의미에서 회복(Apokatastasis)에 관한 이해는, 성서본문에 비추어볼 때 지탱될 수 없다. 이는 교회사에서 오랜 영향력을 끼치며 등장한, 하나님과 그리스도에게 믿음을 고백하지 않거나 그리스도인으로 사는 것을 거부한 모든 사람들을 향한 영원한 저주(Unheil)에 관한 이해에도 해당된다. 여기서 복음이 한 편으로는 값싼 은혜의 메시지, 다른 한 편으로는 위협의 메시지가 되는 것을 경고한다. 동시에 마땅히 우리 인식의 가능성의 한계를 주목해야 한다. 물론 하나님을 떠난 존재에 관한 간과할 수 없는 말씀들이 존재한다. 그러나 그것으로 하나님께서 최종적인 말씀을 하신 것이 아니다. 여기서 우리에게 판단이 금지된다. 이것과 관련하여 마태복음 20:1-6의 포도원 농부의 비유를 늘 주시해야 한다.

3.3.6 신약성서에서 여러 심판 표상들이 넓은 공간을 차지한다. 의심의 여지없이 그들은 또 지나칠 수 없는 여러 의도들을 지니고 있다. 결정적으로 중요한 것은 바로 심판의 말씀들이 인간의 책임과 관련되어야 한다는 사실이다. 인간 자신이 스스로 자백한 것이 중시되지 않는다면, 자신의 근본 존재 및 자신의 책임과 관련하여 인간은 진지

하게 받아들여지지 않을 것이다. 나아가 중요한 것은 악의 권세가 결정적으로 제거되는 일이다. 그것을 바울이 명료하게 언급한다. 죄와 멸망을 유발하는 죽음으로 생각하는 하나님의 모든 원수들이 패해야 할 것을 바울은 고린도전서 15:25, 56에서 말한다. 그 대신에 요한계시록 20:7-10에서는 악의 권세에 대한 상징형태로서 용, 즉 사탄에 대한 승리가 언급된다. 하나님 앞에서 악은 지속하지 못한다.

3.4 구원의 완성에 대한 기대

구원의 완성에 있어서 그리스도 및 하나님과의 만남, 영원한 생명에 참여, 실재(Wirklichkeit)의 완전한 갱신이 중요하다.

3.4.1 예수의 재림에 관한 기대는 의심의 여지없이 분명하게 완성 중인 하나님 통치에 대한 기대 위에 놓였다. 먼저 하나님의 통치와 관련된 모티브들은 예수의 파루시아와 관련되어졌다. 이러한 공통된 조망은 우연이 아니다. 완성된 하나님의 통치로 예수께서 받으신 위탁과 사역이 그 목표에 이른다. 예수께서 이 땅에 계실 때 종말적 구원의 대표자이며 중개자이었듯이, 그는 동일한 방식으로 미래 완성 시에 존재하실 것이다. 완성되고 있는 하나님의 통치에 대한 기대가 기독론과 융합되므로 나오는 결과가 파루시아 표상에서 드러난다. 하나님의 통치에서 하나님의 실재에 참여하는 것이 중요하다면, 이로써 '얼굴과 얼굴을 맞대어' 보는 것이 중요하다. 따라서 중요한 것은 우리를 위해 아버지께로 나아갈 길을 여신 승귀하신 그리스도이신 예수와 새롭게 직접 만나는 것이다.

3.4.2 죽은 자들의 부활과 영원한 생명이 하나님이 확증하시는 종국적인 구원의 현실에 참여하기 위한 전제가 된다. 그 두 가지가 이미 이 땅의 현실 안으로 들어와 있음을 요한복음이 매우 강조하여 언급한다. 반대로 부활과 새로운 생명은 지상의 경험 가운데서 시작하지 않는다. 오히려 지상의 경험을 훨씬 넘어선다. 그러나 여기서도 우리가 구체적인 표상을 발전시키는 것이 금지되고 있다. 죽음의 잠으로부터 일어나는 부활과 변화에 관한 비유 모티브를 대신하여 더 나은 것을 제공할 수 없다. 다만 제한된 진술만이 가능할 뿐이다. 여기서 근본적으로 중요한 것은 몸의 성질(Leiblichkeit)에 대한 모티브와 결합된 인간의 정체성에 관한 이해이다. 우리의 '나'-존재는 죽음으로 끝나지 않고 하나님 안에 지속적으로 머무른다는 약속 아래 놓여 있다.

3.4.3 파루시아 및 죽은 자들의 부활에서처럼 새 하늘과 새 땅 및 새 예루살렘의

경우에서도 관건이 되고 있는 표상들의 의미는 간접적으로만 파악된다. 표현되어야 하는 것은 잠정성, 고통과 환난, 악의 권세, 불의로 특징지어지는 이 땅의 현실과 완전하게 대비된다. 하나님의 새 창조의 완전성이 눈앞에 펼쳐질 것이다. 따라서 파악할 수 없는 최후의 것으로서 구원 받은 자들이 참여하게 될 완성을 수많은 비유들로 설명한다. 여기서 핵심내용은 다음 진술이다. "주 하나님 곧 전능하신 이와 및 어린 양이 그 성전"이시다.(계 21:22) 하나님과 그리스도와 함께함이 실제로 최종적인 목적이다.(살전 5:9 이하)

4. 마무리 고찰

끝으로 무엇이, 언급된 본문들을 결합시키고 그 본문들이 현재 우리에게 어떤 의미를 갖는지를 질문하고자 한다.

4.1 미래에 관한 신약성서의 진술들에서 결정적으로 중요한 것은 시작되어서 이미 얻게 된 구원이 계속될 뿐만 아니라, 그 구원이 상상할 수 있는 모든 것을 뛰어넘는 결정적인 종말을 경험하게 될 것이라는 확신이다. 하나님의 창조로서 이 세상이 시초를 갖듯이, 종말을 맞이할 것이며, 그 종말과 함께 불변하는 새로운 현실이 시작된다. 새로운 현실에서 중요한 것은 하나님과 그리스도와 함께 지속적으로 함께하는 것이다. 이 땅에서의 구원의 경험이 예수 그리스도의 위격(Person)과 결부되어 있듯이, 신약성서의 이해에서 예수 그리스도가 없는 완성을 생각할 수 없다. 사나 죽으나 우리는 예수 그리스도 안에 안전하게 거하며 완성의 때에 그와 함께 있을 것을 기대한다.

4.2 매우 중요한 것은 구원의 미래에 관한 모든 진술들이 지니는 비유적 성질을 고려하는 것이다. 우리는 이미 선취하여 경험한 구원에 근거하여서만 우리의 시선을 미래로 돌릴 수 있다. 동시에 우리는 지상적이며 세상적인 표상들을 통과하여 그것을 넘어서지만 은유적인 성격 자체 안에서도 인식할 수 있는 방법으로 그 표상들을 사용하여야 한다.

4.3 현재 우리 기독교 신앙에서 미래 기대는 무엇을 말하는가? 모든 것이 인간의 손 안에 놓여 있다는 생각이 광범위하게 주도적으로 지배하지만, 동시에 미래에 대한 두려움에 에워싸여 있는 이 시대에 성서적인 미래 기대는 해방의 메시지가 된다. 성서적인 미래 기대는 희망에 찬 증언이다. 그 증언에서 결정적인 것은 모든 사건이 하나님

의 손 안에 놓여 있다는 사실이다. 이것은 우리가 이 세상에 대한 책임을 져야 함에도 불구하고 미래에 대한 확신으로 나아갈 수 있음을 의미한다. 하나님의 목적은 멸망이 아니라, 구원이다.

26장

신약성서 통일성 고찰에 대한 회고적 전망

1. 과제

1.1 신약성서는 초기 기독교 증언들의 수집록이다. 그것은 다양한 성격의 수집록이다. 구원의 메시지가 매우 다양한 관점에서 기록되고 전달되었다. 그 다양성을 존중해야 하며 감소시키지 말아야 한다. 수많은 긴장들은 초기 기독교 전승의 근본적인 특징이다. 따라서 다양한 종류의 전승과 문서들의 기록은 신약성서신학 각각이 지니는 변경시킬 수 없는 구성부분이다.

1.2 그러나 다양성에 직면하여 내적인 관련성과 통일성에 대한 질문도 피할 수 없다. 초기 기독교의 전승들은 동일한 한 사건, 즉 예수 그리스도 안에 나타난 하나님의 계시 사건에 관한 증언이고자 한다. 그 전승들은 다양한 관점 아래 공통되는 기본 신앙고백을 설명하고자 한다. 따라서 중심 주제들에 근거하여 상응하는 진술들이 어떻게 서로 관련되는지를 드러내야 한다. 공통점을 질문하여 밝혀내야 한다. 그래서 초기 기독교 모든 선포, 신학, 교회의 초석이 무엇인지를 요약적으로 밝혀야 한다.

1.3 이로써 근본적인 신학적(fundamentaltheologisch) 과제가 제시된다. 그 과제가 해석사 및 영향사뿐만 아니라 현재와 관련된 교의학적 기도들을 위한 가교(架橋)를 형성시킨다. 신학적인 성찰은 어쨌든 믿음 및 믿음의 증언에 관한 부차적인 숙고이다. 이는 이미 가장 초기의 신앙고백과 그것에 근거하여 세워진 초기 기독교 전승에 해당되는 내용이다. 믿음은 하나님의 구원의 행동 안에 근거하고 있다. 믿음은 그 자체로

실존론적인(existentiell) 인식의 과정이며 직접적인 경험의 성격을 갖는다. 그것이 설명되고 언어적으로 표현된다는 점에서 처음부터 신학적 성찰이 한 역할을 수행한다. 신학적 성찰은 각각의 상황에 따라 조건이 주어지고 제한되었다. 구체적인 개별증언을 넘어서 신약성서 메시지의 내적인 관계에 대해 질문하는 곳에서도 그 사실을 주의해야 한다. 여기서 구체적인 믿음의 증언에 맞서는 초월적인 영역(Metaebene)은 결코 중요하지 않다. 다양한 믿음의 증언 자체가 오히려 그 얽혀진 상태 그대로 표현되어야 한다. 계속되는 고찰이 함께 수용되고 있다는 사실이 이러한 목표설정을 제거하지 않는다. 교의학적 기도와 달리 신약성서신학에서는 초기 기독교 증언이 지니는 사고의 전제들과 표상방식을 유지하며 방향을 제시하는 기능을 명확하게 하는 것이 중요하다.

2. 구성과 전개

2.1 신약성서는 초기 기독교의 성서인 구약성서 없이 이해할 수 없다. 결정적인 것은 역사의 창조주이며 주인인 한 분 하나님에 대한 믿음이다. 이것이 첫 단락에서 하나님에 대한 믿음과 함께 과거의 하나님의 계시 및 구원의 행위, 그리고 약속되어진 도래하는 하나님의 계시 및 구원 행위를 언급할 것을 요구한다. 그 요구가 초기 기독교 전승에서 기독교적 해석(Interpretatio Christiana)을 포함시킨다. 과거의 하나님의 행동과 그의 약속의 전제 아래 구원의 현재가 이해되고, 마찬가지로 구약성서의 본문이 종말적인 구원이 시작되고 있다는 빛 안에서 읽혀져야 하기 때문이다.

2.2 초기 기독교 원(原) 본문의 분석은 초기 기독교 메시지와 신학에서 계시의 사고가 결정적으로 중요함을 드러낸다. 하나님의 구원의 계시는 그의 왕적 통치의 실현이 시작되는 것으로 수행된다. 구원의 계시가 예수에 의해 선포되고 현실화될 뿐만 아니라 예수(Person Jesu)와 불가분리로 관련되기 때문에 그의 메시지의 전수는 분명하게 구분되어 널리 분포된 기독론적 증언과 결합되어 있다. 그것을 넘어서 메시지의 지속적인 현재성과 미래지향은 성령의 사역으로 특징지어진다. 성령의 사역 가운데 부활하시고 승귀되신 주님 자신이 현재하신다. 이러한 부분 관점에 근거하여 하나님, 예수 그리스도, 성령의 행하심의 상호적 관계를 규명하고, 초기 기독교 증언의 내재적) 삼위일체적 구조를 인식하는 과제가 제기된다. 따라서 구약성서의 전제와 함께 이어지는 주요 본문에서 하나님의 계시행위가 그 자체의 다양한 영역에서 기술되어야 한다.

2.3 하나님의 계시 행위는 구원의 사건이다. 아직 종결되지 않은 사건이지만 신약성서에서 종국적인 것이 관건이 된다. 따라서 결론적인 세 번째 주요 단원에서는 계시 사건의 구원론적인 중요성을 다루어야 한다. 이로써 인간이 피조물과 죄인으로서 시야에 펼쳐진다. 그는 하나님으로부터 등을 돌리고 하나님을 떠나 산다. 그것으로 인간의 피조성이 제거되지는 않는다. 물론 인간은 자신의 죄를 지닌 상태 안에 갇혀 있으며 그로부터 스스로 벗어날 수 없다. 그러한 내용은 신약성서의 여러 문서에서 율법문제와 함께 특별히 첨예하게 논구(論究)되었다. 그로써 율법문제는 인간론의 통합적인 구성부분이 되었다. 그러나 인간이 구원을 경험하였으며 죄를 지닌 자신의 상태에서 해방되었다. 초기 기독교 메시지에 있어서 결정적인 것은 구원이 유일회적으로 일어났다는 것으로 신약성서에서 다양한 진술로 설명되고 있다. 마찬가지로 의미 있는 것은 일어난 구원이 계속적인 복음 선포를 통하여 끊임없이 현실화되며 현재의 각 상황에서 살아 있는 힘을 얻는다는 것이다.

2.4 구원을 경험한 인간은 주변과의 새로운 생활 가운데 새로운 과제 앞에 놓인다. 그에게 예수를 따르는 제자의 삶과 믿음이 요구되며, 개인으로서 또 공동체로서 책임을 맡아 지는 행위를 요구한다. 이로써 믿는 자들 및 믿음의 공동체와 관련된 네 번째 주요 단원이 등장한다. 여기서 그리스도인들 각자의 자기 이해 및 제자공동체의 자기 이해만을 중시하는 것이 아니라, 그것을 넘어서 생활의 실천을 질문해야 한다. 생활의 실천은 기독교 공동체의 경우 세례, 주의 만찬, 기도, 예배, 은사들, 계속적인 복음의 선포 가운데 구체화된다. 그러나 기독교 윤리의 기본토대와 책임지는 기독교인의 생활형태도 거기에 속한다.

2.5 희망이 기독교적 삶의 현재와 긴밀하게 관련된다. 하나님의 구원의 계시를 신뢰하는 자들이 종국적인 구원에 참여하는 길 위에 있다. 따라서 결론부에서 하나님의 계시행위의 종말론적 영역을 논구해야 한다. 구원의 현재와 구원의 미래는 끊임없는 상호관계 안에 놓인다. 그러므로 계속되는 구원이 오실 자의 예표 아래 놓인다. 믿는 자들은 여전히 존속하는 세상과 세상의 위협들 가운데 자리하고 있다. 구원의 완성과 관련하여 무엇보다도 신약성서에서 고려해야 할 세 가지 주제가 있다. 죽은 자들의 부활, 종말심판, 영원한 구원이 그것이다.

2.6 통일성을 묻는 신약성서신학에 대한 이러한 구상이 본문에서 주어지지는 않지만, 초기 기독교전승을 통하여 쉽게 얻게 되는 순서와 관련된다. 교회와 신학의 역사적 흐름 가운데 유사한 구상이 등장하였다면, 그것은 성서증언에 근거하여 비롯된 것이다.

3. 초기 기독교 선포와 신학의 고유성

3.1 구약성서가 초기 기독교의 성서였다는 사실은 내용적으로 중요할 뿐만 아니라, 신약성서의 고유성도 규정한다. 이는 사고방식과 재작업된 전승에도 해당된다. 헬라적 주변 세계 안에서 사는 기독교 공동체 내부에서 수행되어진 모든 변경에도 불구하고, 구약성서적이며 초기 유대교적인 전승에 근거하여 신학적 사고의 기본 구상이 유지되었다. 그것은 형이상학적 존재론에서 유래하는 이해와 논증이 아니라, 오히려 관계와 기능, 참여와 대신함이 결정적인 역할을 하는 사고이다. 헬라적 유대기독교 및 초기의 이방기독교의 헬라어 언어 전승에서도 이 유산이 확립되었다.

3.2 물론 새로운 일들로 특징지어지는 여러 상황들 안에서 마땅히 그러한 사고의 전제들을 보존하고 유지시켜야 했다. 예수의 메시지와 사역이 완전하게 초기 유대교 전승의 틀 안에 놓여 있었다면, 약속된 종말 구원의 시작으로 특별한 내용이 주어졌다. 그 내용은 언어적으로 표현되어야 했다. 무엇보다도 그것을 의식시키고 경험시켰던 것은 예수의 비유였다. 이어서 수난의 성금요일과 부활로 초기 공동체는 주어지는 여러 모델에 따라 계속적으로 새로운 해석을 하도록 했던 사건들에 직면하게 된다. 그래서 앞서 주어진 약속들과 기대들이 용해되어 상당히 변형되었다. 신학적 사고를 지속적으로 요구한 것은 세상 가운데 신앙공동체 및 신앙공동체의 과제를 확립시키는 것이었다. 구체적인 정치 사회적 상황으로 인한 각각의 요구도 있었다.

3.3 결국 1세기에서 2세기로의 전환기 이래 헬라적 사고방식으로 점점 전환되었다는 사실은 공동체들의 많이 변화된 상황에 직면하여 철저하게 상황과 관련된 해석학의 의미에 따라 이해할 수 있다. 그러나 그 사실이 신약성서 증언이 그 자체의 특성에 따라 해석되어야 하는 구약성서적-유대교적 전승으로 각인된 고유한 언어형태를 드러내고 있음을 감추지는 못한다.

3.4 신약성서신학을 기술할 때 믿음의 언어가 지니는 양면성을 시종일관 주의해야 한다. 그것은 비유 모티브들이나 비유설교에서 간과할 수 없는 내용이다. 그러한 주의는 물론 필요한 변경을 가하여(mutatis mutandis) 다른 언어형태들에도 해당된다. 이미 신학적 숙고가 담겨 있는 기존 모델에 근거하여서만 믿음의 인식을 표현할 수 있기 때문에, 이러한 관점에서 신약성서의 선포가 전제를 갖는다면, 신약성서의 선포는 일차적으로 생생한 믿음의 인식과 생생한 믿음의 경험에 대한 증언이다. 이는 무엇보다도

전해 받은 표상들을 많이 수정할 때 드러나는 바와 같다. 동시에 믿음의 인식 및 신학적 통찰을 포함하여 모든 인간적인 인식은 우리가 이 지상에 있는 동안에는 부분적임을 다시 한 번 기억해야 할 것이다.

4. 일치성(Konvergenz)과 상이성(Divergenz)을 지니는 개별 주제들

4.1 신약성서의 통일성에 대한 질문은 다양한 개별 주제들에 근거하여 전체 전승 상태에 대한 검토를 요구한다. 여기서 관련된 진술에서 비롯되는 상호보완적 연관성이 만들어질 수 있다. 개별주제들은 초기 기독교 선포와 신학의 부분 관점들을 대표한다. 이들은 전체 맥락에서 파악할 것을 요구하지만, 각기 고유한 비중을 지닌다.

4.2 개별주제들에서 꽤 많은 공통성이 드러난다. 동일한 전승들과 신앙고백진술들이 사용되지 않지만 최소한 분명하게 인식할 수 있는 일치성이 드러난다. 이는 무엇보다도 근본적인 믿음의 내용이 다양한 모티브들과 표상들로 설명되는 곳에 해당된다. 이는 기독론 혹은 유, 일회적으로 일어난 구원에 관한 진술에서 제시되는 바와 같다. 이는 표면적으로 상당히 어긋나지만 같은 의도를 인식하게 하는 진술들에도 적용된다. 이는 특히 하나님의 통치에 관한 예수의 메시지, 사도 바울의 이신칭의 신학, 혹은 구원에 관한 바울과 요한의 진술들에서 분명하게 드러나는 바와 같다.

4.3 그와 함께 서로 긴장될 뿐만 아니라, 또 서로 모순 되는 차이성이 있음도 반박할 수 없다. 이는 다음 네 가지 예에서 분명하다. 하나님의 인식에 대한 질문, 인간의 죄 된 상태, 율법 이해, 믿음과 행위의 관계, 종말론이 그 네 가지 예이다.

4.3.1 하나님을 인식하는데 인간이 전적으로 실패하였다는 바울의 진술들과 인간이 죄를 지니고 하나님을 잃어버렸음에도 제한적으로 하나님을 인식한다는 누가의 이해 사이에 어떠한 가교도 형성될 수 없다. 그렇지만 바울도 인간 자신의 기원을 하나님에게 둘 수 있으며, 누가의 경우 인간이 회개하지 않을 때 결정적인 멸망에 이른다. 여기저기 그 배후에 놓인 것은 인간의 피조성과 죄에 연루됨이다. 그 두 가지 내용을 표현해야 한다. 그러나 그것은 오직 모순 되는 방법으로만 표현될 뿐이다.

4.3.2 율법에 관한 신약성서의 진술들에서 긴장이 고조되고 있다. 구약성서의 율법이 아무 역할을 하지 못하는 초기 기독교 전승들이 있음을 완전히 도외시하면, 율법

은 아주 모순적으로 평가된다. 한 편으로 율법이 기독교인들에게 긍정적인 성격을 지닌다면, 다른 한 편으로 죄인과 관련된 부정적인 기능에서 파악되고 있다. 물론 여기저기에서 관건이 되는 것은 율법 그 자체로 더 이상 구원의 중요성을 지니지 않으며, 율법이 사랑의 계명을 향해 새로운 해석으로 이끌리는 바, 예수 그리스도와 관련하여서만 중요하다는 사실이다. 그 사실이 모순을 제거시키지는 못하지만, 왜 율법이 다양하게 판단될 수 있었는지를 밝혀준다.

4.3.3 한 편으로 인간의 행위가 구원에 중요한 것으로 파악될 수 있다는 것과, 다른 한 편으로 행함으로 기독교의 믿음이 경직되었다는 것으로 인해 믿음과 행위의 관계에 대한 언급이 폭발적인 긴장을 이루었다. 따라서 바울과 야고보서신이 드러내듯이 행위가 매우 다르게 평가될 수 있었다. 물론 믿음과 행위도 다양하게 이해되었다. 또 다시 반대모순을 제거할 수 없지만 다양한 문제제기와 조건에서 설명할 수는 있다.

4.3.4 신약성서의 종말론적 진술들은 매우 다양하며 기대치에 있어서 서로 일치하지 않을 수 있다. 현재를 종말적인 위협을 통과하는 과도기로 이해하는 임박한 기대로부터, 이 세상에서 이미 경험할 수 있는 영생을 말하는 요한의 진술에 이르기까지 긴장의 폭이 넓을 뿐만 아니라 모순의 정도가 상당히 크다. 그러나 이러한 모든 이해들은 팽배한 긴장을 이루지만 서로 관련되는 구원의 현재와 구원의 미래라는 예표 아래 놓인다. 이미 시작된 구원의 확실성은 계속 유지되며, 임박한 기대와 관련된 모든 절망에 맞서서 저항한다.

4.4 긴장들과 모순들을 간과하지 말아야 한다. 신약성서 증언의 통일성이 그들을 제거시키지 못한다. 분명하게 일치성이 지배하는 전체 틀 안에 상이성(相異性)이 존재한다. 상이성들이 일치성으로 통합이 되지만 서로 균등하게 되지는 않는다. 상이성은 그 자체의 모순을 지닌다. 표면적인 모순 가운데 오히려 일치된 경향을 드러내고 있지는 않는가를 각기 설명해야 한다. 그 사실이 모순 되는 진술들을 서로 관련시키고 신학적으로 계속하여 열매 맺을 수 있는 과제로 이끈다. 긴장들은 초기 기독교에서 분명한 해결책을 발견하지 못한 여러 문제점들을 드러내지만, 신학적 사고를 요구한다.

5. 신약성서의 통일성

5.1 신약성서의 통일성은 동일하게 같은 형태가 아니라 초기 기독교 메시지의

다양한 발전 형태로 존재한다. 하나님 신앙 및 약속의 전승과 함께 초기 기독교의 성서로 구약성서가 전제가 되듯이, 초기 기독교의 특징적인 신앙고백문들이 구원의 현재 및 구원의 미래와 관련하여 방향을 제시하며 규범이 되는 의미를 지닌다. 그 두 가지 사실로부터 메시지의 토대가 되어 다양하게 숙고될 수 있는 기초석이 주어졌다. 그러한 점에서 신약성서의 선포와 신학의 개별 주제들은 꽤 많은 공통성을 보유한다. 반면에 긴장들은 아직 충분하게 해결되지 않은 내용에 질문이 남아 있음을 가리켜 준다.

5.2 개별 주제들을 다룰 때 결정적이며 통일성을 제공하는 구성요소들이 드러난다. 그것은 구약성서의 하나님 신앙과 함께 예수 그리스도 안에 나타난 하나님의 계시 행위와 기대된 구원의 완성이다.

5.2.1 초기 기독교의 메시지는 하나님 신앙과 옛 계약의 약속의 전승을 전제한다는 데 그 자체의 결정적인 특징이 있다. 더 이상 구약성서 전승과의 직접적인 관계가 없는 곳에서도, 그러한 기본 의도는 계속 이어진다. 이 땅에서의 예수(Person Jesu), 그의 죽음, 부활, 성령을 통한 그의 사역으로 얻어진 경험들은 이스라엘의 신앙이라는 중심 구조 안으로 통합되었다. 여기서 성서전승의 핵심을 향한 집중이 이루어졌다. 그러한 점에서 구약성서의 다층성(多層性)은 아무 역할도 하지 못한다. 앞서 주어진 성서 증언과의 연결이 그 단초에 있어서 초기 기독교 메시지의 통일성을 위한 결정적인 구성요소이다.

5.2.2 현재화된 종말적 구원이 구약성서의 약속의 역사로 통합되는 것은 거꾸로 질적인 변형을 의미하였다. 하나님 신앙은 기독교 사건에 근거하여 새로운 차원을 지니게 되었고 그 새로운 차원이 옛 계약의 전승에 대한 이해에 있었서도 회고적으로 작용하였다. 이스라엘의 믿음과 희망이 계속하여 기독교 증언 안으로 하나로 용해되어간다. 구약성서의 증언을 수용하는 것과 새롭게 해석하는 것이 함께 관련된다. 여기서 기독교 사건이 결정적으로 중요하다. 이미 구약성서 안에 증언된 하나님의 계시 행위는 초기 기독교 증언에서 시종일관 주도적 기능을 지니는 예수 그리스도(Person Jesu)와 그의 역사 안에서 그 절정을 이룬다. 그것이 신약성서의 내적인 통일성을 위한 두 번째 중심 구성요소이다. 그러한 점에서 신약성서의 중심으로서 예수 그리스도에 대한 질문은 무조건 타당하다.

5.2.3 그러나 통일성이 공통된 중심으로서만 구성되지는 않는다. 이미 구약성서 하나님 신앙의 단초가 매우 중요하다면 기대된 구원의 완성도 똑같이 매우 중요하다. 이러한 의미에서 신약성서는 그 자체를 넘어선다. 신약성서가 모든 선포의 기본토대라

면 신약성서는 앞을 향해 개방되어 있다. 증언된 계시 사건이 아직 완결되지 않았으며 하나의 동일한 목적을 향해 나아가고 있다는 점에서 신약성서 자체의 통일성을 지닌다. 그러한 관점에서 다양한 초기 기독교 증언이 우리가 파악할 수 없는 미래 사건과 관련되어 있다는 사실로 인해 특별히 함께 연결된다.

5.3 구체적인 증언으로서 신약성서의 메시지가 개별진술들을 요약하여 드러낼 수 있게 하며, 내적인 통일성을 설명할 것을 필요로 한다는 하인리히 슐리어(Heinrich Schlier)의 요구는 정당할 뿐만 아니라 실행이 가능한 것이기도 하다. 물론 통일성은 전체 증언에서처럼 개별 주제들 안에서도 직접 드러나는 것이 아니며, 오히려 제시되어져야 한다. 신약성서는 그 자체로 완결된 통일체로 나타나지만 동시에 지속적인 신학적 숙고와 인식을 가능하게 하며, 끊임없이 새로운 성찰을 요구한다.

부록

참고문헌 개관

색인(索引)

참고문헌 개관

제II권의 참고문헌개관은 제I권의 부록을 전제한다. 그러나 주제와 관련하여 긴요한 경우에 참고문헌이 다시 언급된다. 내게 중요한 것은 단행본들이다. 제1장을 제외하고 신약신학과 주석에 관한 참조는 예외의 경우에만 주어진다.

1장 과제의 제시

나의 연구

Hahn, Ferdinand. "Exegese, Theologie und Kirche." *ZThK* 74(1977), 25–37.

__________. "Exegese und Fundamentaltheologie." *ThQ* 155(1975), 262–280.

__________. "Urchristliche Lehre und neutestamentliche Theologie." Walter Kern(Hrsg.). *Die Theologie und das Lehramt*(QD 91). Freiburg I. B. 1982, 63–115.

__________. "Vorfragen zu einer biblischen Theologie." *Schritte zur Freiheit*(Festschrift für Christian Diezfelbinger, hrsg. von Sabine Großhennig u.a.). Tübingen 1989, 21–34.

__________. "Vielfalt und Einheit des Neuen Testaments. Zum Problem einer neutestamentlichen Theologie." *BZ* 38(1994), 161–173.

__________. "Neue Beiträge zur Theologie des Neuen Testaments. Zu Joachim Gnilka und Klaus Berger." *BThZ* 12(1995), 250–268.

__________. Rez. "Peter Stuhlmacher, Biblische Theologie des Neuen Testaments. Erwägungen zu einem beachtenswerten exegetischen Werk." *EvTh* 62(2002), 153–162.

__________. "Das Zeugnis des Neuen Testaments in seiner Vielfalt und Einheit. Zu den Grundproblemen einer neutestamentlichen Theologie." *KuD* 48(2002), 240–260.

연구사

Balla, Peter. *Challenges to New Testment Theology*(WUNT II/95). Tübingen 1997, 1-85.

Berger, Klaus. "Neutestamentliche Theologien." *ThR* 53(1988), 354-370.

Boers, Hendrikus. *What is New Testament Theology? The Rise of Criticism and the Problem of a Thoelogy of the New Testament*. Philadelphia 1979.

Kümmel, Werner Georg. *Das Neue Testament. Geschichte der Erforschung seiner Probleme*. München 1958, ²1980.

Merk, Otto. *Biblische Theologie des Neuen Testaments in ihrer Anfangszeit. Ihre methodischen Probleme bei Johann Philipp Gabler und Georg Lorenz Bauer und deren Nachwirkungen*(MarbThSt 9). Marburg 1972.

Strecker, Georg(Hrsg.). *Das Problem der Theologie des Neuen Testaments*(WdF 367). Darmstadt 1975.

옛 주요 저작

Baur, Ferdinand Christian. *Vorlesungen über neutestamentliche Theologie*(posthum hrsg. von Ferd. Fried. Baur). Leipzig 1864, Nachdruck Darmstadt 1973.

Bousset, Wilhelm. *Kyrios Christos. Geschichte des Christusglaubens von den Anfängen des Cristentums bis Irenaeus*. Göttingen 1913, ²1921=⁵1965.

Feine, Paul. *Theologie des Neuen Testaments*. Leipzig ⁵1931=Berlin ⁸1949.

Gabler, Johann Philipp. "Von der richtigen Unterscheidung der biblischen und der dogmatischen Theologie und der rechten Bestimmung ihrer beider Ziele(1787)." Strecker. *Problem*. 32-44.

Hofmann, Johann Christian Konrad von. *Biblische Theologie des neuen Testaments*(Posthum hrsg. von W. Volck). Nördlingen 1886.

Holtzmann, Heinrich Julius. *Lehrbuch der neutestamentlichen Theologie I/II*. Tübingen 1897; ²1911(posthum hrsg. von A. Jülicher und W. Bauer).

Schlatter, Adolf. *Die Geschichte des Christus/Die Theologie der Apostel*. Stuttgart ²1922/23.

Weinel, Heinrich. *Biblische Theologie des Neuen Testaments. Die Religion Jesu und des Urchristentums*. Tübingen ⁴1928.

Weiß, Bernhard. *Lehrbuch der Biblischen Teologie des Neuen Testaments*. Stuttgart-Berlin 1868, ⁷1903.

Wrede, William. "Über Aufgabe und Methode der sogenannten Neutestamentlichen Theologie (1897)." Strecker. *Problem*. 81-154.

최근 전체 서술

Albertz, Martin. *Die Botschaft des Neuen Testaments*. I/1. Zürich 1947; I/2. 1952;II/1. 1954; II/2. 1957.

Berger, Klaus. *Theologiegeschichte des Urchristentums. Theologie des Neuen Testaments.*

Tübingen-Basel 1994.
Bultmann, Rudolf. *Theologie des Neuen Testaments.* Tübingen 1948-53; [9]1984(hrsg. von Otto Merk, UTB 630).
Conzelmann, Hans. *Grundriß der Theologie des Neuen Testaments.* München 1967; bearbeitet von Andreas Lindemann. Tübingen [4]1987(UTB 1446).
Gnilka, Joachim. *Theologie des Neuen Testaments.* Freiburg I.B. 1994.
Goppelt, Leonhard. *Theologie des Neuen Testaments* I/II(hrsg. von Jürgen Roloff). Göttingen 1975/76, Nachdruck 1978(UTB 850).
Hübner, Hans. *Biblische Theologie des Neuen Testaments* I. Göttingen 1990; II. 1993; III. 1995.
Jeremias, Joachim. *Neutestamentliche Teologie* I. Gütersloh 1971, [3]1979.
Klein, Hans. *Leben neu entdecken. Entwurf einer Biblischen Theologie.* Stuttgart 1991.
Kümmel, Werner Georg. *Die Theologie des Neuen Testaments nach seinen Hauptzeugen* (NTD Erg. Bd. 3). Göttingen 1969, [5]1987.
Ladd, George Eldon. *A Theology of the New Testament.* Grand Rapids/Michigan 1974.
Lohse, Eduard. *Grundriß der neutestamentlichen Theologie* (ThW 5). Stuttgart 1974, [2]1979.
Mildenberger, Friedrich. *Biblische Dogmatik* I-III. Stuttgart 1991-93.
Schelkle, Karl Hermann. *Theologie des Neuen Testaments* I. Düsseldorf 1968; II. 1973; III. 1970; IV/I. 1974; IV/2. 1976.
Stauffer, Ethelbert. *Theologie des Neuen Testaments.* Stuttgart 1941. [4-5]1948.
Strecker, Georg. *Theologie des Neuen Testaments*(posthum hrsg. von Friedrich Wilhelm Horn). Berlin 1996.
Stuhlmacher, Peter. *Biblische Theologie des Neuen Testaments* I/II. Göttingen 1992/99.
Theißen, Gerd. *Die Religion der ersten Christen. Eine Theorie des Urchristentums.* Gütersloh 2000.
Thüsing, Wilhelm. *Die neutestamentlichen Theologien und Jesus Christus* I. Düsseldorf 1981; Münster [2]1996; II. Münster 1998; III(posthum hrsg. von Thomas Söding). Münster 2001.
Weiser, Alfons. *Theologie des Neuen Testaments* II: Die Theologie der Evangelisten. Stuttgart 1993.

최근 신약성서신학 문헌

Braun, Herbert. "Die Problematik einer Theologie des Neuen Testaments(1961)." Strecker. *Problem.* 405-424.
Bultmann, Rudolf. "Das Problem einer theologischen Exegese des Neuen Testaments(1925)." Strecker. *Problem.* 249-277.
Cullmann, Oscar. *Christus und die Zeit.* Zürich 1947, [3]1962.
_________. *Heil als Geschichte.* Tübingen 1965.

Dunn, J. D. G. *Unity and Diversity in the New Testament. An Inquiry into the Character of Earliest Christianity*. London 1977, [2]1991.

Goppelt, Leonhard. "Die Pluralität der Theologien im Neuen Testanment und die Einheit des Evangeliums als ökumenisches Problem." Vilmos Vajta(Hrsg.). *Evangelium und Einheit. Bilanz und Perspektiven der ökumenischen Bemühungen*. Göttingen 1971, 103-125.

Köster, Helmut/Robinson, James M. *Entwicklungslinien durch die Welt des frühen Christentums*. Tübingen 1971.

Lohse, Eduard. "Die Einheit des Neuen Testaments als theologisches Problem(1975)." ders. *Die Vielfalt des Neuen Testaments*(Exeg. StudienII). Göttingen 1982, 231-246.

Räisänen, Heikki. *Beyond New Testaments Theology. A Story and a Programm*. London 1990.

_________. *Neutestamentliche Theologie? Eine religionswissenschafrliche Alternative*(SBS 186). Stuttgart 2000.

Reumann, John. *Variety and Unity in New Testament Thought*. Oxford 1991.

Robinson, James M. "Die Zukunft der neutestamentlichen Theologie." *Neues Testament und christliche Existenz*(Festschrift für Herbert Braun, hrsg. von Hans Dieter Betz und Luise Schottroff). Tübingen 1973, 387-400.

Schlier, Heinrich. "Über Sinn und Aufgabe einer Theologie des Neuen Testaments(1957)." Strecker. *Problem*. 323-344.

_________. "Biblische und dogmatische Theologie(1963)." Strecker. *Problem*. 425-437.

Schmithals, Walter. *Theologiegeschichte des Urchristentums. Eine problemgeschichtliche Darstellung*. Stuttgart 1994.

Schrage, Wolfgang. "Die Frage nach der Mitte der Schrift und dem Kanon im Kanon in der neueren Diskussion." *Rechtferigung*(Festschrift für Ernst Käsemann, hrsg. von Johannes Friedrich u.a.). Tübingen 1976, 415-442.

Schröter, Jens. "Religionsgeschichte des Urchristentums statt Theologie des Neuen Testaments?." *BThZ* 16(1999), 3-20.

Schulz, Siegfried. *Die Mitte der Schrift*. Stuttgart 1976(참조. 나의 서평 *ÖR* 26. 1977, 99).

Thüsing, Wilhelm. *Studien zur neutestamentlichen Theologie*(hrsg. von Thomas Söding) (WUNT 82). Tübingen 1995.

Warnach, Victor. "Gedanken zur neutestamentlichen Theologie(1952/53)." Strecker. *Problem*. 309-322.

경전 문제

Appel, Nikolaus. *Kanon und Kirche. Die Kanonkrise im heutigen Protestantismus*. Paderborn 1964.

Balla, Peter. *Challenges to New Testament Theology*(WUNT II/95). Tübingen 1997, 86-146.

Childs, B. S. *The New Testament as Canon. An Introduction.* London 1984.
Frank, Isidor. *Der Sinn der Kanonbildung*(FrThSt 90). Freiburg i.B. 1971.
Hübner, Hans. *Biblische Theologie des Neuen Testaments* I. Göttingen 1990, 37–76.
Käsemann, Ernst(Hrsg.). *Das Neue Testament als Kanon.* Göttingen 1970; 참조. 편집자의 비평적인 분석과 요약 336–398, 399–410.
Kümmel, Werner Georg. "Notwendigkeit und Grenze des neutestamentlichen Kanons (1950)." ders. *Heilsgeschehen und Geschichte* I(Ges. Aufs.). Marburg 1965, 230–259, 또한 Käsemann. *Kanon.* 62–97.
Lönning, Inge. "*Kanon im Kanon.*" *Zum dogmatischen Grundlagenproblem des neutestamentlichen Kanons.* Oslo–München 1972.
Ohlig, Karl–Heinz. *Die theologische Begründung des neutestamentlichen Kanons in der alten Kirche.* Düsseldorf 1972.
Pannenberg, Wolfhart/Schneider, Theodor(Hrsg.). *Verbindliches Zeugnis I. Kanon–Schrift–Kirche.* Göttingen 1992.
Paulsen, Henning. "Sola Scriptura und das Kanonproblem." ders. *Zur Literatur und Geschichte des frühen Christentums*(WUNT 99). Tübingen 1997, 344–361.
Stemberger, Günter/Baldermann, Ingo(Hrsg.) *Zum Problem des biblischen Kanons*(JBTh 3). Neukirchen 1988.
Stuhlmacher, Peter. *Biblische Theologie des Neuen Testaments* II. Göttingen 1999, 287–349.

근본적인 신학의 개념과 이해

Ebeling, Gerhard. "Erwägungen zu einer evangelischen Fundamentaltheologie(1970)." ders. *Wort und Glabe*(Ges. Aufs.)IV. Tübingen 1995, 377–419.
__________. *Studium der Theologie. Eine enzyklopädische Orientierung*(UTB 446). Tübingen 1975, 162–175.
Fries, Heinrich. *Fundamentaltheologie.* Granz–Wien–Köln 1985.
Joest, Wilfried. *Fundamentaltheologie. Theologische Grundlagen– und Methoden–probleme* (ThW II). Stuttgart 1974, [3]1988.
Pannenberg, Wolfbart. *Wissenschaftstheorie und Theologie.* Frankfurt a.M. 1973, 406–442.
Petzold, Matthias. "Fungamentaltheologie II. Systematisch." *RGG* [4]III. Tübingen 2000, 431–436.

2장 성서와 경전으로서 구약성서

나의 연구

Hahn, Ferdinand. "Die Heilige Schrift ald älteste christliche Tradition und als Kanon(1980)." ders. *Exegetische Beiträge zum ökumenischen Gespräch.* Göttingen 1986, 29–38.

_________. "Die Bedeutung der alttestamentlich-jüdischen Traditionen für die christliche Theologie." ders. *Die Verwurzelung des Christentums im Judentum. Exegetische Beiträge zum christlich-jüdischen Gespräch*. Neukirchen 1996, 34-48.

옛 주요 저작

Beyer, Hermanm Wolfgang. "*κανών*." *ThWNT* III. Stuttgart 1938, 600-606.

Harnack, Adolf von. *Marcion. Das Evangelium vom fremden Gott*. Leipzig 1920, [2]1924, Nachdruck Darmstadt 1960.

_________. *Neue Studien zu Marcion*. Leipzig 1923, 지금은 Marcion에 관한 책의 재판의 부록.

Horst, Friedrich. "Das Alte Testament als Heilige Schrift und als Kanon." *ThBl* II(1932), 특히 161-172.

Schrenk, Gottlob. "*γράφω, γραφή κτλ*." *ThWNT I*. Stuttgart 1933, 742-773.

최근 문헌

Campenhausen, Hans Freiberr von. *Die Entstehung der christlichen Bibel*(BHTh 39), Tübingen 1968.

_________. "Das Alte Testament als Bibel der Kirche vom Ausgang des Urchristentums bis zur Entstehung des Neuen Testaments." ders. *Aus der Frühzeit des Christentums*. Tübingen 1963, 152-196.

Hengel, Martin/Schwemer, Anna Maria(Hrsg.). *Die Septuaginta zwischen Judentum und Christentum*(WUNT 74). Tübingen 1994.

Maier, Johann. *Zwischen den Testamenten. Geschichte und Religion in der Zeit des Zweiten Tempels*(Neue Echter Bibel/Altes Testament, Erg.Bd. 3). Würzburg 1990.

Sundberg, Albert C. *The Old Testament of the Early Church*. New York 1969.

Würthwein, Ernst. *Der Text des Alten Testaments*. Stuttgart 1952, [2]1963.

Zenger, Erich. *Das Erste Testament. Die jüdische Bibel und die Christen*. Düsseldorf 1991.

3장 초기의 하나님 행위의 증거로서 구약성서

나의 연구

Hahn, Ferdinand. "Das Bekenntnis zu dem einen Gott im Neuen Testament(1978)." ders. *Verwurzelung*. 55-68.

_________. "Die Schöpfungsthematik in der Johannesoffenbarung." *Eschatologie und Schöpfung*(Festschrift für Erich Gräßer, hrsg. von Martin Evang u.a.)(BZNW 89). Berlin 1997, 85-93.

옛 주요 저작

Foerster, Werner. "κτίζω κτλ." *ThWNT* III. Stuttgart 1938, 999–1034.

Peterson, Erik. "*ΕΙΣ ΘΕΟΣ.*" *Epigraphische, formgeschichtliche und religionsgeschichtliche Untersuchungen* (FRLANT 41). Göttingen 1926.

최근 문헌

Baldermann, Ingo u.a. (Hrsg.). *Der eine Gott der beiden Testamente* (JBTh 2). Neukirchen 1987.

Becker, Jürgen. "Geschöpfliche Wirklichkeit als Thema des Neuen Testaments." ders. *Annäherungen (Ausgewählte Aufsätze)*(BZNW 76). Berlin 1995, 282–319.

Betz, Hans Dieter. "θεός." *EWNT* II. Stuttgart 1981, 특히 346–352.

Breytenbach, Cilliers. "Schöpfer/Schöpfung III. Neues Testament." *TRE* 30. Berlin 1999, 283–292.

Herrmann, Siegfried. "Der alttestamentliche Gottesname(1966)." ders. *Gesammelte Studien zur Geschichte und Theologie des Alten Testaments* (ThB 75). München 1986, 76–88.

Klumbies, Paul-Gerhard. *Die Rede von Gott bei Paulus in ihrem zeitgeschichtlichen Kontext* (FRLANT 155). Göttingen 1992.

Lindeskog, Gösta. *Studien zum neutestamentlichen Schöpfungsgedanken* I. Wiesbaden 1952.

Lohfink, Norbert(Hrsg.). "Ein einziger ist Gott"(Röm 3,30). *Beispiele biblischen Redens von Gott* (SBS 100). Stuttgart ²1982.

Öhler, Markus(Hrsg.). *Alttestamentliche Gestalten im Neuen Testament.* Darmstadt 1999.

Rendtorff, Rolf. *Die "Bundesformel" Eine exegetisch-theologische Untersuchung* (SBS 160). Stuttgart 1995.

Schrage, Wolfgang. *Unterwegs zur Einheit und Einzigkeit Gottes. Zum "Monotheismus" des Paulus und seiner alttestamentlich-frühjüdischen Tradition* (BThSt 48). Neukirchen 2002.

Smend, Rudolf. "Die Bundesformel(1963)." ders. *Die Mitte des Alten Testaments* (Ges. Aufs. I). München 1986, 11–39.

Thüsing, Wilhelm. "Das Gottesbild des Neuen Testaments." Josef Ratzinger(Hrsg.) *Die Frage nach Gott* (QD 56). Freiburg i.B. 1972, 59–86.

Zimmerli, Walther. *Grundriß der alttestamentlichen Theologie* (ThW3). Stuttgart 1972, 12–48.

4장 도래하는 하나님 행위의 증거로서 구약성서

최근 문헌

Cazelle, Henri. *Alttestamentliche Christologie.* Einsiedeln 1983.

Cerfaux, Lucien u.a.(Hrsg.). *L'attende du Messie*. Bruges 1954.
Mowinckel, Sigmund. *He That Cometh. The Messiah Concept in the Old Testament and Later Judaism*. Oxford 1956.
von Rad, Gerhard. *Theologie des Alten Testaments* II. München 1960, [4]1965, Dritter Hauptteil.
Scharbert, Josef. *Heilsmittler im Alten Testament und im Alten Orient*(QD 23/24). Freiburg i.B. 1964.
Westermann, Claus. *Prophetische Heilsworte im Alten Testament*(FRLANT 145). Göttingen 1987.
Zimmerli, Walther. *Grundriß der alttestamentlichen Theologie*(ThW 3). Stuttgart 1972, 205–207.

5장 구약성서의 기독교적 해석(Interpretatio Christiana)

나의 연구

Hahn, Ferdinand. "Genesis 15,6 im Neuen Testament." *Probleme biblischer Theologie* (Festschrift für Gerhard von Rad, hrsg. von Hans Walter Wolff). München 1971, 90–107.
_________. "Die Interpretation Christiana des Alten Testaments bei Paulus." *Ja und Nein. Christliche Theologie im Angesicht Israels*(Festschrift für Wolfgang Schrage, hrsg. von Klaus Wengst und Gerhard Saß). Neukirchen 1998, 65–75.

옛 주요 저작

Dittmar, Wilhelm. *Vetus Testamentum in Novo* I/II. Göttingen 1900/1903.
Harris, J. Rendel. *Testaments* I/II. Cambridge 1916/1920.
Hühn, E. *Die alttestamentlichen Citate und Reminiscenzen im Neuen Testament*. Tübingen 1900.
Schniewind, Julius/Friedrich, Gerhard. "*ἐπαγγέλω, ἐπαγγελία*." *ThWNT* II. Stuttgart 1935, 573–583.

최근 문헌

Bultmann, Rudolf. "Heilsgeschichte und Geschichte(1948)." ders. *Exegetica*. Tübingen 1967, 356–368.
_________. "Ursprung und Sinn der Typologie als heilsgeschichtlicher Methode(1950)." ders. *Exegetica*. 369–380.
Campenhausen, Hans Freiherr von. "Zur Entstehung der Heilsgeschichte(1970)." ders. *Urchristliches und Altkirchliches*. Tübingen 1979, 20–62.
Ellis, E. Earle. *The Old Testament in Early Christianity*(WUNT 54). Tübingen 1991.

Freed, Edwin D. *Old Testament Quotations in the Gospel of John*(NT Suppl. ii). Leiden 1965.
Goppelt, Leonhard. *Typos. Die typologische Deutung des Alten Testaments im Neuen*. Gütersloh 1939; Nachdruck Darmstadt 1966 einschließlich: Apokalyptik und Typologie bei Paulus. 1964.
Gundry, Robert H. *The Use of the Old Testament in St. Matthew's Gospel*(NT Suppl. 18). Leiden 1967.
Hengel, Martin/Löhr, Hermut(Hrsg.) *Schriftauslegung im antiken Judentum und im Urchristentum*(WUNT 73). Tübingen 1994.
Hübner, Hans. *Vetus Testamentum in Novo*. Bd. 2: Corpus Paulinum. Göttingen 1997.
Koch, Dietrich-Alex. *Die Schrift als Zeuge des Evangeliums*(BHTh 69). Tübingen 1986.
Obermann, Andreas. *Die christologische Erfüllung der Schrift im Johannesevangelium*(WUNT II/83). Tübingen 1996.
Rese, Martin. *Alttestamentliche Motive in der Christologie des Lukas*(StNT I). Gütersloh 1969.
Rothfuchs, Wilhelm. *Die Erfüllungszitate des Matthäusevangeliums*(BWANT V/8). Stuttgart 1969.
Stendahl, Krister. *The School of St. Matthew and its Use of the Old Testament*(ASNU 20). Uppsala 1954, [2]1967.
Zimmerli, Walther. "Verheißung und Erfüllung(1952/53)." Claus Westermann(Hrsg.). *Probleme alttestamentlicher Hermeneutik*(ThBüch ii). München 1960, 69-101.

6장 스스로 계시하시는 하나님

옛 주요 저작

Bultmann, Rudolf. "Der Begriff der Offenbarung im Neuen Testament(1929)." ders. *Glauben und Verstehen* III. Tübingen 1960, 1-34.
_________. "*γινώσκω κτλ.*" *ThWNT* I. Stuttgart 1953, 688-719.
Herrmann, Wilhelm. "Der Begriff der Offenbarung(1887)." ders. *Schriften zur Grundlegung der Theologie* I(ThB 36). München 1966, 123-139.
Kähler, Martin. "Offenbarung." *RE* [3]XIV. Leipzig 1904, 339-347.
Oepke, Albrecht. "*ἀποκαλύπτω, ἀποκάλυψις.*" *ThWNT* III. Stuttgart 1938, 565-597.

최근 문헌

Barth, Karl. *Das christliche Verständnis der Offenbarung*(THE NF 12). München 1948.
Héring, Jean. *Le royaume de Dieu et sa venue*. Neuchatel-Paris [2]1959.
Holtz, Traugott. "*ἀποκαλύπτω, ἀποκάλυψις.*" *EWNT* I. Stuttgart 1980, 312-317.
Hübner, Hans. *Biblische Theologie des Neuen Testaments* I. Göttingen 1990, 101-239.
Klauck, Hans-Josef(Hrsg.). *Monotheismus und Christologie*(QD 138). Freiburg i.B. 1998.

Lührmann, Dieter. *Das Offenbarungsverständnis bei Paulus und in den paulinischen Gemeinden*(WMANT 16). Neukirchen 1965.
Merklein, Helmut. "Die Einzigkeit Gottes als die sachliche Grundlage der Botschaft Jesu (1987)." ders. *Studien zu Jesus und Paulus* II(WUNT 105). Tübingen 1998, 154-173.
Schmithals, Walter. "*γινώσκω*." *EWNT* I. Stuttgart 1980. 596-604.
Schottroff, Wilhelm. "ידע erkennen." *ThAT* I. München-Zürich 1971. 682-701.
Schulte, Hannelies. *Der Begriff der Offenbarung im Neuen Testament*. München 1949.
Westermann, Claus/Albertz, Rainer. "גלה aufdecken." *ThAT* I. München Zürich 1971, 418-426.

7장 하나님 통치의 실현

옛 주요 저작

Schweitzer, Albert. *Die Geschichte der Leben-Jesu-Forschung*. Tübingen(1906) [2]1913, [6]1951, passim.
Weiß, Johannes. *Die Predigt Jesu vom Reiche Gottes*. Göttingen 1982, [2]1900; [3]1964(hrsg. von Ferdinand Hahn).

최근 문헌

Camponovo, Odo. *Königtum, Königsherrschaft und Reich Gottes in den frühjüdischen Schriften*(OBO 58). Freiburg/Schw.-Göttingen 1984.
Dechow, Jens. *Gottessohn und Herrschaft Gottes. Der Theozentrismus des Markusevangeliums* (WMANT 86). Neukirchen 2000.
Flender, Helmut. *Die Botschaft Jesu von der Herrschaft Gottes*. München 1968.
Grappe, Christian. *Le royaume de Dieu, avant, avec et après Jésus*(Le monde de la Bible 42). Genève 2001.
Jeremias, Jörg. *Das Königtum Gottes in den Psalmen*(FRLANT 141). Göttingen 1987.
Kelber, Werner. *The Kingdom of God in Mark*. Philadelphia 1974.
Klein, Günter. "'Reich Gottes' als biblischer Zentralbegriff." *EvTh* 30(1970), 642-670.
Kraus, Hans-Joachim. *Die Königscherrschaft Gottes im Alten Testament*(BHTh 13). Tübingen 1951.
Liebenberg, Jacobus. *The language of the Kingdom and Jesus*(BZNW 102). Berlin/New York 2001.
Merk, Otto. "Das Reich Gottes in den lukanischen Schriften." *Jesus und Paulus*(Festschrift für Werner Georg Kümmel, hrsg. von E. Earle Ellis/Erich Gräßer). Göttingen 1975, 201-220.
Merklein, Helmut. *Jesu Botschaft von der Gottesherrschaft*(SBS III). Stuttgart 1983.

Merklein, Helmut. "Die Reich-Gottes-Verkündigung Jesu(1988)." ders. *Studien zu Jesus und Paulus* II(WUNT 105). Tübingen 1998, 125-153.

Perrin, Norman. *Jesus and the Language of the Kingdom*. London 1976.

Sauca, Mark. *The Kingdom of God in the teaching of Jesus in 20th century theology*. Dalls/Texas 1997.

Schmidt Werner H. *Königtum Gottes in Ugarit und Israel*(BZAW 80). Berlin 1966.

Schnackenburg, Rudolf. *Gottes Herrschaft und Reich*. Freiburg i.B. 1959, [4]1965.

Wolff, Peter. *Die frühe nachösterliche Verkündigung des Reiches Gottes*(FRLANT 171). Göttingen 1999.

8장 하나님의 계시자로서 예수 그리스도

나의 연구

Hahn, Ferdinand. *Christologische Hoheitstitel. Ihre Geschichte im frühen Christentum*(FRLANT 83). Göttingen 1963, mit Anhang [5]1995(UTB 1873).

_________. "Methodenprobleme einer Christologie des Neuen Testaments." *VF* 2/1970 (1971), 3-41.

_________. "Das Problem alter christologischer Überlieferungen in der Apostelgeschichte unter besonderer Berücksichtigung von Act 3,19-21." Jacob Kremer(Hrsg.). *Les Actes des Apôtres*(BEThL XLVIII). Gembloux-Leuven 1979, 145-154.

_________. "Bekenntnisformeln im Neuen Testament." *Unterwegs zur Einheit*(Festschrift für Heinrich Stirnimann, hrsg. von Johannes Brantschen u.a.). Freiburg i.B.-Wien 1980, 200-214.

_________. "Die Schöpfungsmittlerschaft Christi bei Paulus und in den Deuteropaulinen." *Parola e Spirito*(Studi in onore de Settimio Cipriani). Brescia 1982. vol. I. 661-678.

_________. "*υἱος*." *EWNT* III. Stuttgart 1983, 912-937.

_________. "*Χριστός*." *EWNT* III. Stuttgart 1983, 1147-1165.

_________. "Jesus: Gott und Mensch." Paulus Gorden(Hrsg.). *Gott*(Vorlesungen der Salzburger Hochschulwochen 1985). Graz 1986, 145-172.

_________. "Christus. der Erstgeborene der Schöpfung." Paulus Gordan(Hrsg.). *Im Anfang schuf Gott Himmel und Erde*(Salzburger Hochschulwochen 1990). Graz 1991, 143-167.

_________. "Die Verkündigung Jesu und das Osterzeugnis der Jünger." *Vorgeschmack* (Festschrift für Theodor Schneider, hrsg. v. Bernd Jochen Hilberath und Dorothea Sattler). Mainz 1995, 125-133.

_________. "Jüdische und christliche Messiaserwartung." *Das Ende der Tage und die Gegenwart des Heils*(Festschrift für Heinz Wolfgang Kuhn, hrsg. von Michael Becker und Wolfgang Fenske). Leiden 1999, 131–144.

옛 주요 저작

Beyschlag, Willibald. *Die Christologie des Neuen Testaments.* Berlin 1866.

Bousset, Wilhelm. *Kyrios Christos. Geschichte des Christusglaubens von den Anfängen des Christentums bis Irenaeus.* Göttingen 1913, ²1921, Nachdruck 1965.

Foerster, Werner. *Herr ist Jesus. Herkunft und Bedeutung des ursprünglichen Kyriosbekenntmnisses*(Nt.Forsch. II/I). Gütersloh 1924.

Frövig, D. A. *Der Kyriosglaube des Neuen Testaments und das Messiasbewußtsein Jesu* (BFchrTh 31/2). Gütersloh 1928.

Lohmeyer, Ernst. *KYRIOS JESUS. Eine Untersuchung zu Phil. 2,5–11.* Heidelberg 1928; Nachdruck Darmstadt 1961.

최근 문헌: 일반적인 것

Breytenbach, Cilliers/Paulsen, Henning(Hrsg.). *Anfänge der Christologie*(Festschrift für Ferdinand Hahn). Göttingen 1991.

Cullmann, Oscar. *Die Christologie des Neuen Testaments.* Tübingen 1957, ⁵1975.

Dunn, James D. G. *Christology in the Making.* London 1980, ²1992.

Dupont, Jacques(Ed.). *Jésus aux origines de la christologie*(BEThL XL). Leuven–Gembloux 1975.

Fuller, Reginald H. *The Foundations of New Testament Christology.* London 1965.

Gnilka, Joachim. *Jesus Christus nach frühen Zeugnissen des Glaubens.* München 1970.

Grillmeier, Alois. *Jesus Christus im Glauben der Kirche.* Bd. I: *Von der Apostolischen Zeit bis zum Konzil von Chalcedon*(451). Freiburg i.B. 1979, 특히 3–221.

Hengel, Martin/Schwemer Anna Maria. *Der messianische Anspruch Jesu und die Anfänge der Christologie*(WUNT 138). Tübingen 2001.

Hoppe, Rudolf u.a.(Hrsg,). *Von Jesus zu Christus*(Festschrift für Paul Hoffmann)(BZNW 93). Berlin 1998.

Jonge, Marinus de. *Christology in Context. The Earliest Christian Response to Jesus.* Philadelphia 1988; 독일어 번역 *Christologie im Kontext. Die Jesusrezeption des Urchristentums.* Neukirchen 1995.

Karrer, Martin. *Jesus Christus im Neuen Testament*(NTD Erg.Bd. II). Göttingen 1998.

Marshall, I. Howard. *Die Ursprünge der neutestamentlichen Christologie.* Wuppertal 1985.

Moule, C. F. D. *The Origin of Christology.* Cambridge 1977.

Pokorný, Petr. *Die Entstehung der Christologie.* Stuttgart 1984.

Sabourin, Léopold. *Les noms et les titres de Jésus.* Bruges–Paris 1963.

Schnackenburg, Rudolf. "Christologie des Neuen Testaments." Feiner, Johannes/Löhrer, Magnus(Hrsg.). *Mysterium Salutis* III/I. Einsiedeln–Zürich 1970, 227–388.

Schreiber, Stefan. *Gesalbter und König. Titel und Konzeptionen der königlichen Gesalbtenerwartung in frühjüdischen und christlichen Schriften*(BZNW 105). Berlin/New York 2000.

Schröter, Jens. *Jesus und die Anfänge der Christologie*(BThSt 47). Neukirchen 2001.

Schweizer, Eduard. "Jesus Christus." *TRE* 16. Berlin 1987, 671–726.

_________. *Jesus, das Gleichnis Gottes*. Göttingen ²1996.

Stanton, G. N. *Jesus of Nazareth in New Testament Preaching*(SNTS MS 27). Cambridge 1974.

Stuhlmacher, Peter. *Jesus von Nazareth-Christus des Glaubens*. Stuttgart 1988.

Taylor, Vincent. *The Names of Jesus*. London 1954.

_________. *The Person of Christ in New Testament Teaching*. London 1966.

Thüsing, Wilhelm. "Neutestamentliche Zugangswege zu einer transzendental-dialogischen Christologie." Rahner, Karl/Thüsing, Wilhelm. *Christologie-systematisch und exegetisch*(QD 55). Freiburg i.B. 1972, 81–303.

Welte, Bernhard(Hrsg.). *Zur Frühgeschichte der Christologie*(QD 51). Freiburg i.B. 1970.

Wengst, Klaus. *Christologische Formeln und Lieder des Urchristentums*(StNT 7). Gütersloh 1972.

Zimmermann, Heinrich. *Jesus Christus. Geschichte und Verkündigung*. Stuttgart 1973.

최근 문헌: 전문 연구

Brown, Raymond E. *The Birth of the Messiah*. Garden City N.Y. 1977.

Bühner, Jan-A. *Der Gesandte und sein Weg im 4.Evangelium*(WUNT II/2). Tübingen 1977.

Burger, Christoph. *Schöpfung und Versöhnung. Studien zum liturgischen Gut im Kolosser-und Epheserbrief*(WMANT 46). Neukirchen 1975.

Cullmann, Oscar. *Die ersten christlichen Glaubensbekenntnisse*(ThSt 15). Zürich 1949.

Evans, C. F. *Resurrection and the New Testament*(StBiblTh II/12). London 1970.

Ghiberti, Giuseppe. *La resurrezione die Gesù*. Brescia 1982.

Graß, Hans. *Ostergeschehen und Osterberichte*. Göttingen 1956, ³1964.

Habermann, Jürgen. *Präexistenzaussagen im Neuen Testament*(EHS 23/362). Freankfurt a.M.-Bern 1990.

Hamerton-Kelly, R. G. *Pre-existence, Wisdom and the Son of Man. A Study of the Idea of Pre-existence in the New Testament*(SNTS MS 21). Cambridge 1973.

Hegermann, Harald. *Die Vorstellung vom Schöpfungsmittler im hellenistischen Judentum und Urchristentum*(TU 82). Berlin 1961.

Hengel, Martin. *Der Sohn Gottes*. Tübingen 1975, ²1977.

_________. "Ps 110 und die Erhöhung des Auferstandenen zur Rechten Gottes." *Anfänge der Christologie*(Festschrift für Ferdinand Hahn, hrsg. v. Cilliers Breytenbach und Henning Paulsen). Göttingen 1991, 43–74.

Hoffmann, Paul(Hrsg.). *Zur neutestamentlichen Überlieferung von der Auferstehung Jesu*

(WdF 522). Darmstadt 1988.

Hofius, Otfried. *Der Christushymnus Philipper 2,6–11* (WUNT 17). Tübingen 1976, [2]1991.

Jossa, Giorgio. *Dal Messia al Cristo* (Studi biblici 88). Brescia 2000.

Karrer, Martin. *Der Gesalbte. Die Grundlagen des Christustitels* (FRLANT 151). Göttingen 1991.

Kramer, Werner. *Christos Kyrios Gottessohn. Untersuchungen zu Gebrauch und Bedeutung der christologischen Bezeichnungen bei Paulus und den vorpaulinischen Gemeinden* (AThANT 44). Zürich 1963.

Laufen, Rudolf(Hrsg.). *Gottes ewiger Sohn. Die Präexistenz Christi.* Paderborn 1997.

Lips, Hermann von. *Weisheitliche Traditionen im Neuen Testament* (WMANT 64). Neukirchen 1990, 267–355.

Martin, R. P. *Carmen Christi. Philippians ii.5–11 in recent Interpretation and in the Setting of Early Christian Worship* (SNTS MS 4). Cambridge 1967.

Merklein, Helmut. "Die Auferweckung Jesu und die Anfänge der Christologie." ders. *Studien zu Jesus und Paulus* I(WUNT 43). Tübingen 1987, 221–246.

_________. "Zur Entstehung der urchristlichen Aussage vom präexistenten Sohn Gottes (1979)." *Studien* I. 247–276.

Polag, Athanasius. *Die Christologie der Logienquelle* (WMANT 45). Neukirchen 1977.

Rengstorf, Karl Heinrich. *Die Auferstehung Jesu.* Witten 1952, [4]1960.

Schweizer, Eduard. *Erniedrigung und Erhöhung bei Jesus und seinen Nachfolgern* (AThANT 28). Zürich 1955, 수정 개작 [2]1962.

Steinmetz, Franz Josef. *Protologische Heils-Zuversicht. Die Strukturen des soteriologischen und christologischen Denkens im Kolosser- und Epheserbrief* (FrThSt 2). Frankfurt a.M. 1969.

Theobald, Michael. *Die Fleischwerdung des Logos* (NTA NF 20). Münster 1988.

Vögtle, Anton. *Biblischer Osterglaube* (posthum hrsg. v. Rudolf Hoppe). Neukirchen 1999.

Wengst, Klaus. *Christologische Formeln und Lieder des Urchristentums* (StNT 7). Gütersloh 1972.

Wilckens, Ulrich. *Auferstehung* (Themen d. Theol. 4). Stuttgart 1970.

9장 성령의 사역

나의 연구

Hahn, Ferdinand. "Das biblische Verständnis des Heiligen Geistes. Soteriologische Funktion und "Personalität" des Heiligen Geistes." Heitmann, Claus. Mühlen, Heribert(Hrsg.). *Erfahrung und Theologie des Heiligen Geistes, Hamburg.* 1974, 131–147.

_________. "Sendung des Geistes – Sendung der Jünger. Die pneumatologische Dimension des Missionsauftrages nach dem Zeugnis des Neuen Testaments(1976)." ders. *Mission in neutestamentlicher Sicht*(Missionswiss.Forsch. NF 8). Erlangen 1999, 27-42.

_________. "Die biblische Grundlage unseres Glauvens an den Heiligen Geist, den Herrn und Lebensspender." *Communicatio fidei* (*Festschrift für Eugen Biser, hrsg. von Horst Bürkle und Gerhold Becker*). Regensburg 1983, 125-138.

옛 주요 저작

Büchsel, Friedrich. *Der Geist Gottes im Neuen Testament.* Gütersloh 1926.

Gunkel, Hermann. *Die Wirkungen des heiligen Geistes.* Göttingen 1888.

최근 문헌

Albertz, Rainer/Westermann, Claus. "רוּחַ." *ThAT* II. München-Zürich 1976, 726-753.

Barrett, Charles Kingsley. *The Holy Spirit and the Gospel Tradition.* London 1958.

Chevallier, Max-Alain. *Souffle de Dieu. Le Saint-Esprit dans le Nouveau Testament.* Paris 1978.

Dunn, James D. G. *Jesus and the Spirit.* London 1975.

Horn, Friedrich Wilhelm. *Das Angeld des Geistes. Studien zur paulinischen Pneumatologie* (FRLANT 154). Göttingen 1992.

Kasper, Walter(Hrsg.). *Gegenwart des Geistes. Aspekte der Pneumatologie* (*QD85*). Freiburg i. B. 1979.

Kraus, Hans-Joachim. *Heiliger Geist. Gottes befreiende Gegenwart.* München 1986.

Kremer, Jacob. "*πνεῦμα.*" *EWNT* III. Stuttgart 1983, 279-291.

Lampe, G. W. H. *God as Spirit.* Oxford 1977.

Moule, C. F. D. *The Holy Spirit.* London 1978.

Rabens, Volker. "The Development of Pauling Pneumatology." *BZ* NF43. 1999, 161-179.

Rebell, Walter. *Erfüllung und Erwartung. Erfahrungen mit dem Geist im Urchristentum.* München 1991.

Schäfer, Peter. *Die vorstellung vom Heiligen Geist in der rabbinischen Literatur* (StANT XXVIII). München 1972.

Schweizer, Eduard. *Heiliger Geist.* Stuttgart 1978.

_________. "*πνεῦμα κτλ.*(Teile E und F)." *ThWNT* VI. Stuttgart 1959, 394-453.

Schütz, Christian. *Einführung in die Pneumatologie.* Darmstadt, 1985. Teil II.

Stalder, Kurt. *Das Werk des Geistes in der Heiligung bei Paulus.* Zürich 1962. Teil I.

Vos, Johannes Sijko. *Traditionsgeschichtliche Untersuchungen zur paulinischen Pneumatologie.* Assen/NL 1973.

Woods, Edward. *The 'Finger of God' and pneumatology in Luke-Acts* (JstNT Suppl. 205). Sheffield 2001.

10장 신약성서 증거 안에 내재된 삼위일체 구조

옛 주요 저작

Feine, Paul. *Die Gestalt des apostolischen Glaubensbekenntnisses in der Zeit des Neuen Testaments.* Leipzig 1925.

Harnack, Adolf. "Materialien zur Geschichte und Erklärung des alten römischen Symbols aus der christlichen Litteratur der zwei ersten Jahrhunderte." Hahn, August/ Hahn, G. Ludwig(Hrsg.). *Bibliothek der Symbloe und Glaubensregeln der Alten Kirche.* Breslau 1897, *Neudruck.* Hildesheim 1962, 364–390.

Seeberg, Alfred. *Der Katechismus der Urchristenheit.* Leipzig 1903; *Neuauflage mit einer Einführung von Ferdinand Hahn*(ThB 26). München 1966.

최근 문헌

Frankemölle, Hubert. *Glaubensbekenntnisse. Zur neutestamentlichen Begründung unseres Credo.* Düsseldorf 1974, 49–65.

Kelly, J. N. D. *Early Christian Creeds.* london. [3]1972, *Altchristliche Glaubensbekenntnisse. Geschichte und Theologie.* Göttingen 1972, 9–65.

Kretschmar, Georg. *Studien zur frühchristlichen Trinitätstheologie*(*BHTh 21*). Tübingen 1956, 94–124, 217–223.

Neufeld, Vernon H. *The earliest Christian Confessions.* Leiden 1963.

Schierse, Franz Josef. "Die neutestamentliche Trinitätsoffenbarung." Feiner, Johannes/Löhrer, Magnus(Hrsg.). *Mysterium Salutis* II. Einsiedeln–Zürich 1967, 85–131.

Theobald, Michael. "Gott, Logos und Pneuma. "Trinitarische" Rede von Gott im Johannesevangelium." Hans-Josef Klauck(Hrsg.). *Monotheismus und Christologie*(QD 138). Freiburg i.B. 1998, 41–87.

11장 피조물이며 죄인으로서 인간

옛 주요 저작

Bultmann, Rudolf. "Römer 7 und die Anthropologie des Paulus(1932)." ders. *Exegetica.* Tübingen 1967, 198–209.

Gutbrod, Walter. *Die paulinische Anthropologie*(BWANT IV/15). Stuttgart 1934.

Kümmel, Werner Georg. *Römer 7 und die Bekehrung des Paulus.* Leipzig 1929. ders. *Römer 7 und das bild des Menschen im Neuen Testament*(ThB 53). München 1974, 1–160.

최근 문헌

Biser, Eugen. *Der Mensch-das uneingelöste Versprechen.* Düsseldorf, 1995.

Bornkamm, Günther. "Sünde, Gesetz und Tod. Exegetische Studie zu Röm 7(1950)." ders. *Studien zum Neuen Testament*. München 1985, 178–196.

Brandenburger, Egon. *Adam und Christus*(WMANT 7). Neukirchen 1962.

Bultmann, Rudolf. *Theologie des Neuen Testaments*. Tübingen ^{9}1984, 193–270.

Fankemölle, Hubert(Hrsg.). *Sünder und Erlösung im Neuen Testament*. Freiburg i.B. 1996.

Gundry, R. H. *Soma in Biblical Theology with Emphasis on Pauline Anthropology*(SNTS MS 29). Cambrige 1976.

Jewett, R. *Paul' s Anthropological Terms*(AGJU 10). Leiden 1971.

Käsemann, Ernst. "Zur paulinischen Anthropologie." ders. *Paulinische Perspektiven*. Tübingen 1969, 9–60.

Köhler, Ludwig. *Der hebräische Mensch*. Tübingen 1953.

Kümmel, Werner Georg. "Das Bild des Menschen im Neuen Testament(1948)." ders. *Römer 7 und das Bild des Menschen im Neuen Testament*(ThB 53). München 1974, 161–214.

Kuhn, Karl Georg. "*Πειρασμός – ἁμαρτία – σάρξ* im Neuen Testament und die damit zusammenhängenden Vorstellungen." *ZThK* 49(1952), 200–222.

Leroy, Herbert. *Zur Vergebung der Sünden*(SBS 73). Stuttgart 1974.

Metzner, Rainer. *Das Verständnis der Sünde im Johannesevangelium*(WUNT 122). Tübingen 2000.

Sand, Alexander. "*σάρξ*." *EWNT* III. Stuttgart 1983, 549–557.

Schmithals, Walter. *Die theologische Anthropologie des Paulus*(Kohlhammer TB 1021). Stuttgart 1980.

Schnelle, Udo. *Neutestamentliche Anthropologie*(BThSt 18). Neukirchen 1991.

Schunack, Gerd. *Das hermeneutische Problem des Todes im Horizont von Römer 5 untersucht*(HUTh 7). Tübingen 1967.

Schweizer, Eduard. "*σῶμα*." *EWNT* III. Stuttgart 1983, 770–779.

Strobel, August. *Erkenntnis und Bekenntnis der Sünde in neutestamentlicher Zeit*(Arb.z.Theol.1/37). Stuttgart 1968.

Taeger, Jens-W. *Der Mensch und sein Heil. Studien zum Bild des Menchen und zur Sicht der Bekehrung bei Lukas*(StNT 14). Gütersloh 1982.

Urban, Christina. *Das Menschenbild nach dem Johannesevangelium*(WUNT II/37). Tübingen 2001.

Wolff, Hans-Walter. Anthropologie des Alten Testaments. München 1973.

Zimmerli, Walther. *Das menschenbild des Alten Testamentes*(TEH NF 14). München, 1949.

12장 율법 문제

나의 연구

Hahn, Ferdinanad. *Das Gesetyesverständnis im Römer-und Galaterbrief. ZNW* 67(1976), 29-63.

__________. "Die Stellung des Paulus zum Judentum und zur Tora." ders. *Die Verwurzelung des Christentums im Judentum.* Neukirchen 1996, 85-98.

최근 문헌

Banks, Robert. *Jesus and the Law in the Synoptic Tradition*(SNTS MS 28). Cambridge 1975.

Bergmeier, Roland. *Das Gesetz im Römerbrief und andere Studien zum Neuen Testament* (WUNT 121). Tübingen 2000.

Betz, Hans Dieter. "Geist, Freiheit und Gesetz." *ZThK* 71(1974), 78-93.

Bornkamm, Günther. "Wandlungen im alttestamentlichen und neutestamentlichen Gesetzesverständnis." ders. *Studien zum Neuen Testament.* München 1985, 25-71.

Dülmen, Andrea van. *Die Theologie des Gesetzes bei Paulus*(SBM 5). Stuttgart 1968.

Dunn, James D. G. (Ed.). *Paul and the Mosaic Law*(The Third Durham-Tübingen Research Symposion, Durham 1994). Grand Rapids/Mich. 2001.

Hübner, Hans. *Das Gesetz bei Paulus*(FRLANT 119). Göttingen 1978, [2]1980.

Kertelge, Karl(Hrsg.). *Das Gesetz im Neuen Testament*(QD 108). Freiburg i.B. 1986.

Klinghardt, Matthias. *Gesetz und Volk Gottes. Das lukanische Verständnis des Gesetzes nach Herkunft, Funktion und seinem Ort in der Geschichte des Urchristentums*(WUNT II/32). Tübingen 1988.

Kuss, Otto. "Nomos bei Paulus." *MüThZ* 17(1966), 173-227.

Limbeck, Manfred. *Das Gesetz im Alten und Neuen Testament.* Darmstadt 1997.

Loader, William R. G. *Jesus' Attitude towards the Law*(WUNT II/97). Tübingen 1997.

Räisänen, Heikki. *Paul and the Law*(WUNT 29). Tübingen 1983, [2]1987.

Smend, Rudelf/Luz. Ulrich. *Gesetz*(KohlhammerTB 1015). Stuttgart 1981.

Spanje, Teunis Erik van. *Inconsistency in Paul? A critique of the work of Heikki Räisänen* (WUNT II/110). Tübingen 1999.

Tomson, Peter J. *Paul and the Jewish Law. Halakha in the letters of the Apostle to the Gentiles.* Assen 1990.

13장 발생한 인간 구원

나의 연구

Hahn, Ferdinand. "Jesu Tod-unsere Erlösung. Jesu eigenes Todesverständnis und die

Kreuzesbotschaft seiner Jünger." *Erfahrung des Absoluten-Absolute Erfahrung?* (Festschrift für Josef Schmitz, hrsg. von Jochen Hilberath). Düsseldorf 1990, 150-162.

_________. "Das Verständnis des Opfers im Neuen Testament(1983)." F. H. *Exegetische Beiträge zum ökumenischen Gespräch*. Göttingen 1986, 262-302.

_________. "Streit um "Versöhnung"." *VF* 36(1991), 55-64.

_________. "Der Tod Jesu nach dem Zeugnis des Neuen Testaments." *An-Denken* (Festschrift für Eugen Biser, hrsg. von Erwin Möde u.a.). Graz 1998, 254-268.

옛 주요 저작

Büchsel, Friedrich. "*λύω, λύτρον, ἀπολύτρωσις κτλ.*" *ThWNT* IV. Stuttgart 1942, 337-359.

Jeremias, Joachim. "*ἀμνός, ἀρχή, ἀρνίον.*" *ThWNT* I. Stuttgart 1933, 342-345.

Schmitz, Otto. *Die Opferanschauungen des späteren Judentums und die Opferaussagen des Neuen Testaments*. Tübingen 1910.

최근 문헌

Barth, Gerhard. *Der Tod Jesu Christi im Verständnis des Neuen Testaments*. Neukirchen 1992.

Becker, Jürgen. "Die Neutestamentliche Rede vom Sühnetod Jesu." *ZThK* Beih.8(1990), 29-49.

Breytenbach, Cilliers. *Versöhnung. Eine Studie zur paulinischen Soteriologie*(WMANT 60). Neukirchen 1989.

_________. "Versöhnung, Stellvertretung und Sühne." *NTS* 39(1993), 59-79.

Clark, G. H. *The Atonement*. Jefferson 1987.

Delling, Gerhard. *Der Kreuzestod Jesu in der urchristlichen Verkündigung*. Göttingen 1972.

Dettwiler, Andreas/Zumstein, Jean. *Kreuzestheologie im Neuen Testament*(WUNT 151). Tübingen 2002.

Friedrich, Gerhard. *Die Verkündigung des Todes Jesu im Neuen Testament*(BThSt 6). Neukirchen 1982, [2]1985.

Gubler, Marie-Louise. *Die frühesten Deutungen des Todes Jesu*(OBO 15). Freiburg/Schw.-Göttingen 1977.

Haubeck, Werner. *Loskauf Durch Christus. Herkunft, Gestalt und Bedeutung des paulinischen Loskaufmotivs*. Gießen-Basel 1985.

Hengel, Martin. *The Atonement. The Origins of the Doctrine in the New Testament*. London 1981.

Hermisson, Hans-Jürgen. *Sprache und Ritus im altisraelitischen Kult. Zur "Spiritualisierung" der Kultbegriffe im Alten Testament*(WMANT 19). Neukirchen 1965.

Hofius, Otfried. *Paulusstudien*(WUNT 51). Tübingen 1989, 1-49.

Janowski, Bernd. "Auslösung verwirkten Lebens. Zur Geschichte und Struktur der biblischen

Lösegeldvorstellung." ders. *Gottes Gegenwart in Israel* (Beiträge zur Theologie des Alten Testaments). Neukirchen 1993, 5–39.

________. *Stellvertreturng. Alttestamentliche Studien zu einem theologischen Grundbegriff* (SBS 165). Stuttgart 1997.

Käsemann, Ernst. Zum Verständnis von Röm 3,24–26(1950/51). ders. *Exegetische Versuche und Besinnungen* I. Göttingen. 1960, 96–100.

________. "Erwägungen zum Stichwort "Versöhnungslehre im Neuen Testament"." *Zeit und Geschichte* (Festchrift für Rudolf Bultmann, hrsg. v. Erich Dinkler). Tübingen 1964, 47–59.

Kertelge, Karl(Hrsg.). *Der Tod Jesu im Neuen testament* (QD 74). Freiburg i.B. 1976.

________. "*ἀπολύτρωσις*." *EWNT* I. Stuttgart 1980, 331–336.

Kessler, Hans. *Die theologische Bedeutung des Todes Jesu. Eine traditionsgeschichtliche Untersuchung*. Düsseldorf 1970, 228–337.

Knierim, Rolf. "אָשָׁם Schuldverpflichtung" *THAT* I. München–Zürich 1971, 251–257.

Knöppler, Thomas. *Sühne im Neuen Testament. Studien zum urchristlichen Verständnis der Heilsbedeutung des Todes Jesu* (WMANT 88). Neukirchen 2001.

Kraus, Worlfgang. *Der Tod Jesu als Heiligtumsweihe* (WMANT 66). Neukirchen 1991.

Kremer, Jacob. *Das älteste Zeugnis von der Auferstehung Christi* (SBS 17). Stuttgart 1966.

Léon–Dufour, Xavier. *Face à la mort–Jésus et Paul.* Paris 1979; *Als der Tod seinen Schrecken verlor. Die Auseinandersetzung Jesu mit dem Tod und die Deutung des Paulus.* Olten/Schw. 1981.

Lohse, Eduard. *Märtyrer und Gottesknecht. Untersuchungen zur urchristlichen Verkündigung vom Sühnetod Jesu Christi* (FRLANT 64). Göttingen 1963.

Merklein, Helmeut. "Die Bedeutung des Kreuzestodes Christi für die paulinishce Gerechtigkeits–und Gesetzesthematik." ders. *Studien zu Jesus und Paulus* I(WUNT 43). Tübingen 1987, 1–106.

________. "Der Sühnetod Jesu nach dem Zeugnis des Neuen Testments." ders. *Studien zu Jesus und Paulus* II(WUNT 105). Tübingen 1998, 31–59.

Morris, Leon. *The Atonement. Its meaning and significance.* Leicester 1983.

Oberlinner, Lorenz. *Todeserwartung und Todesgewißhei Jesu* (SBB 10). Stuttgart 1980.

Ortkemper, Franz–Josef. *Das Kreuz in der Verkündigung des Apostels Paulus* (SBS 24). Stuttgart 1968.

Popkes, Wiard. *Christus traditus. Eine Untersuchung zum Begriff der Dahingabe im Neuen Testament* (AThANT 49). Zürich 1967.

Roloff, Jürgen. "Anfänge der soteriologischen Deutung des Todes Jesu."(MK X.45 und LK XXII.27)(1972/73) ders. *Exegetische Verantwortung in der Kirche* (Aufsätze). Göttingen 1990, 117–143.

________. "*ἱλαστήριον*." *EWNT* II. Stuttgart 1981, 455–457.

Schürmann, Heinz. *Jesu ureigener Tod*. Freiburg i.B. 1975.

_________. *Gottes Reich-Jesu Geschick. Jesu ureigener Tod im Licht seiner Basileia-Verkündigung*. Freiburg i.B. 1983.

_________. *Jesus. Gestalt und Geheimnis*(Ges. Beiträge, hrsg. v. Klaus Scholtissek). Paderborn 1994, 특히 286-345.("Pro-Existenz"에 대하여)

Stuhlmacher, Peter. *Versöhnung, Gesetz und Gerechtigkeit*(Aufs.z.bibl.Theol.). Göttingen 1981.

Taylor, Vincent. *The atonement in New Testament Teaching*. London 1963.

Vögtle, Anton. Grundfagen der Diskussion um das heilsmittlerische Todesverständnis Jesu. ders. *Offenbarungsgeschenhen und Wirkungsgeschichte*. Freiburg 1985, 141-165.

Weder, Hans. *Das Kreuz Jesu bei Paulus*(FRLANT 125). Göttingen 1981.

Wengst, Klaus. *Christologische Formel und Lieder des Urchristentums*(StNT 7). Gütersloh 1972, 55-129.

Zager. Werner. "Wie kam es im Urchristentum zur Deutung des Todes Jesu als Sühnegeschehen? Eine Auseinandersetzung mit P. Stuhlmachers Entwurf einer Biblischen Theologie des Neuen Testaments." *ZNW* 87(1996), 165-185.

_________. "Der Sühnetod Jesu in der neutestamentlichen Überlieferung." A. Wagner (Hrsg.). *Sühne-Opfer-Abendmahl*. Neukirchen 1999, 37-61.

14장 구원의 선포와 현재화로서 복음

나의 연구

Hahn, Ferdinand. ""Siehe, jetzt ist der Tag des Heils." Neuschöpfung und Versöhnung nach 2. Korinther 5,14-6,2." *EvTh* 33(1973), 244-253.

_________. "Gerechtigkeit Gottes und Rechtfertigung des Menschen nach dem Zeugnis des Neuen Testaments." *EvTh* 59(1999), 335-346.

옛 주요 저작

Cremer, Hermann. Die paulinishe Rechtfertigungslehre. Gütersloh 1899, [2]1900.

Firedrich, Gerhard. "*εὐαγγελίζομαι, εὐαγγέλιον κτλ.*" *ThWNT* II. Stuttgart 1935, 705-735.

Molland, Einar. *Das paulinische Euangelion. Das Wort und die Sache*. Oslo 1934.

Schniewind, Julius. *Euangelion. Ursprung und erste Gestalt des Begriffs*. I. und 2. Lieferung. Gütersloh 1927/1931; Nachdrunk. Darmstadt 1970.

최근 문헌

Beutler, Johannes. *Martyria*(FrThSt 10). Frankfurt a.M. 1972.

_________. "*μαρτυρέω.*" "*μαρτυρία.*" "*μάρτυς.*" *EWNT* II. Stuttgart 1981, 958-973.

Brox, Norbert. *Zeuge und Märtzrer*(StANT 5). München 1961.
Delling, Gerhard. *Wort Gottes und Verkündigung im Neuen Testament*(SBS 53). Stuttgart 1971.
Jüngel, Eberhard. *Paulus und Jesus*(HUTh 2). Tübingen 1962, [6]1986.
Kertelge, Karl. "*Rechtfertigung*" *bei Paulus*(NTA NF 3). Münster 1967.
Kümmel, Werner Georg. "*Πάρεσις und ἔνδειξις. Ein Beitrag zur paulinischen Rechtfertigungslehre*(1952)." ders. *Heilsgeschehen und Geschichte* I(MarbThSt 3). Marburg 1965. 260-270.
McDonald, J. I. *Kerygma and Didache*(SNTS MS 37). Cambridge 1980.
Merk, Otto. "*κηρύσσω, κήρυγμα, κῆρυξ.*" *EWNT* II. Stuttgart 1981, 711-720.
Nellessen, Ernst. *Zeugnis für Jesus und das Wort. Exegetische Untersuchungen zum lukanischen Zeugnisvegriff*(BBB 43). Köln 1976.
Osten-Sacken, Peter von der. *Römer 8 als Beispiel paulinischer Soteriologie*(FRLANT 112). Göttingen 1975.
Reumann, John. Righteousness in the New Testament. Philadelphia 1982.
Seifrid, Mark A. *Justification by Faith*. Leiden 1992.
Stuhlmacher, Peter. *Gerechtigkeit Gottes bei Paulus*(FRLANT 87). Göttingen [2]1966.
_________. *Das paulinische Evangelium*. I. *Vorgeschichte*(FRLANT 95). Göttingen 1968.
Trites, A. A. *The New Testament Concept of Witness*(SNTS MS 31). Cambridge 1973.

15장 제자도와 믿음

나의 연구

Hahn, Ferdinand. "Die Nachfolge Jesu in vorösterlicher Zeit." F. H. /August Strobel/Eduard Schweizer. *Die Anfänge der Kirche im Neuen Testament* (*Evang. Forum 8*). Göttingen 1967, 7-36.
_________. "Genesis 15,6 im Neuen Testament." *Probleme biblischer Theologie*(Festschrift für Gerhard von Rad, hrsg. von Hans Walter Wolff). Müchen 1971, 90-170.
_________. "Die Jüngerberufung Joh 1,35-51." *Neues Testament und Kirche*(Festschrift für Rudolf Schnackenburg, hrsg. von Joachim Gnika). Freiburg i.B. 1974, 172-190.
_________. "Das Verständnis des Glaubens im Markusevangelium." *Glaube im Neuen Testament*(Studien zu Ehren von Hermann Binder, hrsg. von Ferdinand Hahn und Hans Klein)(BThSt 7). Neukirchen 1982, 43-67.
_________. "Das Glaubensverständnis im Johannesevangelium." *Glaube und Eschatologie* (Festschrift für Werner Georg Kümmel, hrsg. von Erich Gräßer u.a.). Tübingen 1985, 51-69.
_________. "Jesu Wort vom bergeversetzenden Glauben." *ZNW* 76(1985), 149-169.

옛 주요 저작

Mundle, Wilhelm. *Der Glaubensbegriff des Paulus.* Leipzig 1932.

Schlatter, Adolf. *der Glaube im Neuen Testament.* Stuttgart [4]1927, Nachdruck [5]1963.

최근 문헌

Betz, Hans Dieter. *Nachfolge und Nachahmung Jesu Christi im Neuen Testament*(BHTh 37). Tübingen 1967.

Bracht, Werner. "Jüngerschaft und Nachfolge. Zur Gemeindesituation im Markusevangelium." Josef Hainz(Hrsg.). *Kirche im Werden.* München 1976, 143–165.

Dörrie, Heinrich. "Zu Hebr 11,1." *ZNW* 46(1955), 196–202.

Egger, Wilhelm. *Nachfolge als Weg zum Leben*(ÖBS I). Klosterneuburg 1979.

Gräßer, Erich. *Der Glaube im Hebräerbrief*(MarbThSt 2). Marburg 1965.

Hengel, Martin. *Nachfolge und Charisma. Eine exegetisch-religionsgechichtliche Studie zu Mt 8,21f und Jesu Ruf in die Nachfolge*(BZNW 34). Berlin 1968.

Käsemann, Ernst. "Der Glaube Abrahams nach Röm 4." ders. *Paulinische Perspektiven.* Tübingen 1969, 140–177.

Kuhn, Heinz Wolfgang. "Nachfolge nach Ostern." *Kirche*(Festschrift für Günther Bornkamm, hrsg. von Dieter Lührmann u.a.). Tübingen 1980, 105–132.

Kuss, Otto. "Der Glaube nach den paulinischen Hauptbriefen." ders. *Auslegung und Verkündigung* I(Aufsätze zur Exegese des Neuen Testaments). Regensburg 1963, 187–212.

Lührmann, Dieter. *Glaube im frühen Christentum.* Gütersloh 1976.

Schulz, Anselm. *Nachfolgen und Nachahmen. Studien über das Verhältnis der neutestamentlichen Jüngerschaft zur urchristlichen Vorbildethik*(StANT VI). München 1962.

Söding, Thomas. *Glaube bei Markus*(SBB 12). Stuttgart 1985.

Wildberger, Hans. ""Glauben" im Alten Testament." *ZThK* 65(1968), 129–159.

_________. "אמן fest, sicher." *ThAT* I. München-Zürich 1971, 177–209.

16장 제자들의 자기 이해

나의 연구

Hahn, Ferdinand. "Die Einheit der Kirche nach dem Zeugnis des Apostels Paulus." *Ekklesiologie des Neuen Testaments*(Festschrift für Karl Kertelge, hrsg. von Rainer Kampling u.a.). Freiburg i.B. 1996, 288–300.

_________. "Die eine Kirche-ewiger Wunschtraum?" *Kirche, Geschichte, Glaube*(Festschrift für Hermann Pitters, hrsg. von Hans Klein u.a.). Erlangen 1998, 169–175.

옛 주요 저작

Behm, Johannes. *Der Begriff ΔΙΑΘΗΚΗ im Neuen Testament.* Leipzig 1912.

Dahl, Nils Alstrup. *Das Volk Gottes. Eine Untersuchung zum Kirchenbewußtsein des Urchristentums.* Oslo 1941, Nachdruck, Darmstadt 1963.

Holl, Karl. "Der Kirchenbegriff des Paulus in seinem Verhältnis zu dem der Urgemeinde (1921)." ders. *Gesammelte Aufsätze zur Kirchengeschichte* Bd. II. Tübingen 1928, Nachdruck. 1964, 44-67.

Jeremias, Joachim. *Golgotha*(*ΑΓΓΕΛΟΣ* Beih.I). Leipzig 1926, 68-77.(Mt 16,18f에 관하여)

Käsemann, Ernst. *Leib und Leib Christi*(BHTh 9). Tübingen 1933.

Kümmel, Werner Georg. *Kirchenbegriff und Geschichtsbewußtsein in der Urgemeinde und bei Jesus.* Uppsala-Zürich 1943, Göttingen ²1968.

Michel, Otto. *Das Zeugnis des Neuen Testaments von der Gemeinde.* Göttingen 1941.

Rost, Leonhard. *Die Vorstufen von Kirche und Synagoge im Alten Testament*(BWANT IV/24). Stuttgart 1938.

Schlier, Heinrich. *Christus und die Kirche im Epheserbrief*(BHTh 6). Tübingen 1930.

Schmidt, Karl Ludwig. "Die Kirche des Urchristentums." *Festgabe für Adolf Deissmann.* Tübingen 1926, 259-319, selbständige Veröffentlichung ²1932.

최근 문헌

Cerfaux, Lucien. *La thélogie de l'église suivant Saint Paul.* Paris ²1948.

Downing, F. Gerald. *The Church and Jesus*(StBiblTheol 2/10). London 1968.

Frankemölle, Hubert. *Jahwebund und Kirche*Christi(NTA NF 10). Münster 1974.

Gräbe, Petrus J. *Der neue Bund in der frühchristlichen Literatur unter Berüksichtigung der alttestamentlich-jüdischen Voraussetzungen*(fzb 96). Würzburg 2001.

Gräßer, Erich. "Der Alte Bund im Neuen." ders. *Der Alte Bund im Neuen*(WUNT 35). Tübigen 1985, 1-134.

Hainz, Josef. *Ekklesia. Strukturen paulinischer Gemeinde-Theologie und Gemeinde-Ordnung* (BU 9). Regensburg 1972.

_________. *Koinonia. "Kirche" als Gemeinschaft bei Paulus*(BU 16). Regensburg 1982.

Hainz, Josef(Hrsg.). Kirche im Werden. Paderborn 1976.

Hegermann, Harald. "*διαθήκη.*" *EWNT* I, Stuttgart 1980, 718-725.

Herrmann, Siegfried. "'Bund' eine Fehlübersetzung von "b^e^rit"? Zur Auseinandersetzung mit Ernst Kutsch." ders. *Gesammelte Studien zur Geschichte und Theologie des Alten Testaments*(ThB 75). München 1986, 210-220.

Käsemann, Ernst. "Das theologische Problem des Motivs vom Leibe Christi." ders. *Paulinische Perspektiven.* Tübingen 1969, 11-34.

Klaiber, Walter. *Rechtfertigung und Gemeinde*(FRLANT 127). Göttingen 1982.

Klauck, Hans-Josef. *Hausgemeinde und Hauskirche im frühen Christentum*(SBS 103).

Stuttgart 1981.

_________. *Gemeinde-Amt-Sakrament. Neutestamentliche Persektiven.* Wüzburg 1989, 11-129.

Kraus, Wolfgang. *Das Volk Gottes*(WUNT 85). Tübigen 1996.

Kutsch, Ernst. *Verheißung und Gesetz. Untersuchungen zum sogenannten "Bund" im Alten Testament*(BZAW 131). Berlin 1972.

_________. *Neues Testament-Neuer Bund? Eine Fehlübersetzung wird korrigiert.* Neukirchen 1978.

Lohfink, Gerhard. *Wie hat Jesus Gemeinde gewollt?*. Freiburg i.B. 1982.

_________. "Die Korrelation von Reich Gottes und Volk Gottes bei Jesus(1985)." ders. *Studien zum Neuen Testament*(SBA 5). Stuttgart 1989, 77-90.

Luz, Ulrich. "Unterwegs zur Einheit. Gemeinschaft der Kirche im Neuen Testament." Christian Link u.a.(Hrsg.). *Sie aber hielten fest an der Gemeinschaft. Eingeit der Kirche als Prozeß im Neuen Testament und heute.* Zürich 1988, 43-183.

Merklein, Helmut. "Die Ekklesia Gottes. Der Kirchenbegriff bei Paulus und in Jersualem." ders. *Studien zu Jesus und Paulus* I(WUNT 43). Tübingen 1987, 296-318.

_________. "Entstehung und Gehalt des paulinischen Leib-Christi-Gedankens." ders. *Studien* I, 319-344.

Oepke, Albrecht. *Das neue gottesvolk.* Gütersloh 1950, 17-245.

Roloff, Jürgen. *Die Kirche im Neuen Testament*(NTD Erg.Bd. 10). Göttingen 1993.

Schlier, Heinrich. "Ekklesiologie des Neuen Testaments." Johannes Feiner/Magnus Löhrer (Hrsg.). *Mysterium Salutis* IV/1. Einsiedeln-Zurich 1972, 101-221.

Schnackenburg, Rudolf. *Die Kirche im Neuen Testament*(QD 14). Freiburg i.B. 1961.

Schrage, Wolfgang. "Ekklesia und synagoge." *ZThK* 60(1963), 178-202.

Schweizer, Eduard. "Die Kirche als Leib Christi in den paulinischen Homologoumena." ders. *Neotestamentica.* Zürich-Stuttgart 1963, 272-292.

_________. "Die Kirche als Leib Christi in den paulinischen Antilegomena." *Neotestamentica.* 293-316

_________. "*σῶμα.*" *EWNT* III. Stuttgart 1983, 770-779.

17장 기독교 세례

나의 연구

Hahn, Ferdinand. "Die Taufe im Neuen Testament." Herbert Breit/Manfred Seitz(Hrsg.) *Calwer Predigthilfen: Taufe.* Stuttgart 1976, 9-28.

_________. "Taufe und Rechtfertigung. Ein Beitrag zur paulinischen Theologie in ihrer Vor- und Nachgeschichte." *Rechtfertigung*(Festschrift für Ernst Käsemann, hrsg.

von Johannes Friedrich u.a.). Tübingen–Göttingen 1976, 95–124.
_________. "Das Verständnis der Taufe nach Römer 6." *Bewahren und Erneuern*(Festschrift für Theodor Schaller, hrsg. com Prot. Landeskirchenrat der Pfalz). Speyer 1980, 135–152.
_________. "Kindersegnang und Kindertaufe." *Vom Urchristentum zu Jesus*(Festschrift für Joachim Gnika, hrsg. von Hubert Frankemölle u.a.). Freiberg i.B. 1989, 497–507.

옛 주요 저작

Heitmüller, Wilhelm. "*Im Namen Jesu.*" *Eine sprach- und religionsgeschichtliche Untersuchung zum Neuen Testament.* speziell zur altchristlichen Taufe(FRLANT I/2). Göttingen 1903.
Windisch, Hans. Taufe und Sünde im ältesten Christentum. Tübingen, 1908.

최근 문헌

Aland, Kurt. *Die Säuglingstaufe im Neuen Testament und in der Alten Kirche*(TEH 86). München 1961, ²1963.
Avemarie, Friedrich. *Die Tauferzählungen der Apostelgeschichte*(WUNT 139). Tübingen 2002.
Barth, Gerhard. *Die Taufe in frühchristlicher Zeit*(BThSt 4). Neukirchen 1981.
Bornkamm, Günther. "Taufe und neues Leben bei Paulus." ders. *Studien zum Neuen Testament.* München 1985, 161–177.
Campenhausen, Hans Freiherr von. "Taufen auf den Namen Jesu?(1971)." ders. *Urchristliches und Altkirchliches*(Vorträge und Aufsätze). Tübingen 1979, 197–216.
Cullmann, Oscar. *Die Tauflehre des Neuen Testaments. Erwachsenen und Kindertaufe*(AThANT 12). Zürich 1958.
Delling, Gerhard. *Die Zueignung des Heils in der Taufe.* Berlin 1961.
_________. *Die Taufe im Neuen Testament.* Berlin 1963.
Dunn, James D. G. *Baptism in the Holy Spirit*(StBiblTheol 2/15). London 1970.
Hartman, Lars. *Auf den Namen des Herrn Jesus. Die Taufe in den neutestamentlichen Schriften*(SBS 148). Stuttgart 1992.
Jeremias, Joachim. *Hat die Urkirche Kindertaufe geübt?*. Göttingen ²1949.
_________. Nochmals. *Die Anfänge der Kindertaufe*(TEH 101). München 1962.
Lampe, G. W. H. *The Seal of the Spirit.* London 1951.
Schempp, Paul. "Die Verweltlichung der Taufe(1949)." ders. *Gesammelte Aufsätze*(*ThB 10*). München 1960, 146–158.
Schnelle, Udo. Gerechtigkeit und Christusgegenwart. Vorpaulinische und paulinische Tauftheologie(GThA 24). Göttingen 1983.
Tannehill, Robert C. *Dying and Rising with Christ. A Study in Pauline Theology*(BZNW 32).

Berlin 1967.
Wedderburn, Alexander J. M. *Baptism and Resurrection*(WUNT 44). Tübingen 1987.
Umbach, Helmut. *In Christus getauft-von der Sünder befreit*(FRLANT 181). Göttingen 1999.

18장 주의 만찬

나의 연구

Harn, Erdinand. "Die alttestamentlichen Motive in der urchristlichen Abendmahls-überlieferung." *EvTh* 27(1967), 337-374.
_________. "Abendmahl." Gert Otto (Hrsg.). *Praktisch-Theologisches Handbuch*. Hamburg (1970) ²1975, 32-64.
_________. "Thesen zur Frage einheitsstiftender Elemente in Lehre und Praxis des urchristlichen Herrenmahls(1980)." *F. H. Exegetische Beiträge zum ökumenischen Gespräch*. Göttingen 1986, 232-241.
_________. "Das Abendmahl und Jesu Todesverständnis(1980)." *ebd.* 253-261.
_________. "Herrengedächtnis und Herrenmahl bei Paulus(1982)." *ebd.* 303-314.
_________. "Das Herrenmahl bei Paulus." *Paulus, Apostel Jesu Christi*(Festschrift für Günter Klein, hrsg. von Michael Trowitzsch). Tübingen 1998, 23-33.
_________. "Abendmahl I. Neues Testament." *RGG* ⁴I. Tübingen 1998, 10-15.

옛 주요 저작

Lietzmann, Hans. *Messe und Herrenmahl. eine Studie zur Geschichte der Liturgie*(AKG 8). Bonn 1926, 211-255.
Schweitzer, Albert. *Das Abendmahl im Zusammenhang mit dem Leben Jesu und der Geschichte des Urchristentums* I/II. Tübingen-Leipzig 1901, Nachdruck. Hildesheim 1983.
Seesemann, Heinrich. *Der Begriff KOINΩNIA im Neuen Testamen*(BZNW 14). Gießen 1933.

최근 문헌

Betz, Hans Dieter. "Gemeinschaft des Glaubens und Herrenmahl. Überlegungen zu I Kor 11, 17-34." *ZThK* 98(2001), 401-421.
Bösen, Willibald. *Jesusmahl-Euchristisches Mahl-Endzeitmahl. Ein Beitrag zur Theologie Des Lukas*(SBS 97). Stuttgart 1980.
Bornkamm, Günther. "Herrenmahl und Kirche bei Paulus(1956)." ders. *Studien zum Neuen Testament*. München 1985, 270-308.
_________. "Die eucharistische Rede im Johannesevangelium(1956)." *Geschichte und Glaube* I(Ges. Aufs. III). München 1968, 60-67.

Feld, Helmut. *Das Verständnis des Abendmahls*(EdF 50). Darmstadt 1976, 4-76.

Higgins, A. J. B. *The Lord 's Supper in the New Testament*(StBiblTheol 6). London 1952.

Hofius, Otfried. "Herrenmahl und Herrenmahlsparadosis(1988)." ders. *Paulusstudien*(WUNT 51). Tübigen 1989, 203-240.

Jeremias, Joachim. *Die Abendmahlsworte Jesu.* Göttingen 1936, [2]1949, [3]1960.

Kilpatrick, George D. *The Eucharist in Bible and Liturgy.* Cambridge 1983.

Klauck, Hans-Josef. *Herrenmahl und hellenistischer Kult*(NTA NF 15). Münster 1982.

_________. *Gemeinde-Amt-Sakrament. Neutestamentliche Perspektiven.* Würzburg 1989, 273-372.

Klinghardt, Matthias. *Gemeinschaftsmahl und Mahlgemeinschft. Soziologie und Liturgie frühchristlicher Mahlfeiern*(TANZ 13). Tübigen 1996.

Kollmann, Bernd. *Ursprung und Gestalten der frühchristlichen Mahlfeier*(GöThA 43). Göttingen 1990.

Léon-Dufour, Xavier. *Le partage du pain eucharistique selon le Nouveau Testament.* Paris 1982, 독어역: *Abendmahl und Abschiedsrede im Neuen Testament.* Stuttgart 1983.

Lohse, Bernhard. *Das Passafest der Quartadezimaner.* Gütersloh 1953.

Marshall, I. Howard. *Last Supper and Lord's Supper.* Exeter 1980.

Merklein, Helmut. "Erwägungen zur Überlieferungsgeschichte der neutestamentlichen Abendmahlstraditionen(1977)." ders. *Studien zu Jesus und Paulus* I(WUNT 43). Tübingen 1987, 157-180.

Neuenzeit, Paul. *Das Herrenmahl. Studien zur paulinische Eucharistieauffassung*(StANT I). München 1960.

Patsch, Hermann. *Abendmahl und historischer Jesus*(CThM A I). Stuttgart 1972.

Pesch, Rudolf. *Das Abendmahl und Jusu Todesverständnis*(QD 80). Freiburg i.B. 1978.

Reumann, John. *The Supper of the Lord.* Philadelphia 1984.

Schempp, Paul. "Die Verkirchlichung des Abendmahls(1949)." ders. *Gesammelte Aufsätze*(ThB 10). München 1960, 159-170.

Schürmann, Heinz. *Ursprung und Gestalt. Erörterungen und Besinnungen zum Neuen Testament.* Düsseldorf 1970, 77-196.(주의 만찬에 관한 여러 기고들이 있다.)

Schweizer, Eduard. "Das Herrenmahl im Neuen Testament. Ein Forschungsbericht(1954)." ders. *Neutestamentica.* Zürich 1963, 344-370.

19장 기도, 신앙고백, 예배

나의 연구

Hahn, Ferdinand. *Der urchristliche Gottesdienst*(SBS 41). Stuttgart, 1970.

_________. "Schabbat und Sonntag." ders. *die Verwurzelung des Christentums im Judentum.*

Neukirchen 1996, 69-84.

_________. "Gottesdienst III. Neues Testament." *TRE* XIV. Berlin 1985, 28-39.

옛 주요 저작

Bornkamm, Günther. "HOMOLOGIA. Zur Geschichte eines politischen Begriffs(1936)." ders. *Geschichte und Glaube* I(Ges. Aufs.III). München 1968, 140-156.

Goltz, Eduard Frieherr von der. *Das Gebet in der ältesten Christenheit.* Leipzig 1901.

Greeven, Heinrich. *Gebet und Eschatologie im Neuen Testament*(Nt. Forsch. III/I). Gütersloh 1931.

Harder, Günther. *Paulus und das Gebet*(Nt. Forsch.I/10). Gütersloh 1936.

Harnack, Theodosius. *Der christliche Gemeindegottesdienst im apostolischen und altkatholischen Zeitalter.* Erlangen 1854, Nachdruck, Amsterdam 1969.

Nielen, Josef Maria. *Gebet und Gettesdienst im Neuen Testament.* Freiburg i.B. 1937.

Norden, Eduard. *AGNOSTOS THEOS. Untersuchungen zur Formengeschichte religiöser Rede.* Stuttgart 1912, Nachdrunk. Darmstadt 1956, 143-276.

최근 문헌

Brocke, Michael/Petuchowski, Jakob J./Strolz, Walter(Hrsg.). *Das Vaterunser. Gemeinsames im Beten von Juden und Christen.* Freiburg i.B. 1974.

Campenhausen, Hans Freiherr von. *Das Bekenntnis im Urchristentum (1972).* ders. *Urchristliches und Altkirchliches*(Vorträge und Aufsätze). Tübingen 1979, 217-272.

Cullmann, Oscar. *Urchristentums und Gottesdienst*(AThANT 3). Zürich 1944, ^{2}1950.

_________. *Das Gebet im Neuen Testament.* Tübingen 1994, ^{2}1997.

Deichgräber, Reinhard. *Gotteshymnus und Christushymnus in der früfen Christenheit*(StUNT 5). Göttingen 1967.

Delling, Gerhard. *Der Gottesdienst im Neuen Testament.* Göttingen 1952.

Fenske, Wolfgang. "Und wenn ihr betet…"(Mt 6,5). *Gebete in der zwischen-menschlichen Kommunikation der Antike als Ausdruck der Frömmigkeit*(StUNT 21). Göttingen 1997.

Gebauer, Roland. *Das Gebet bei Paulus. Forschungsgeschichtliche und exegetische Studien.* Giessen-Basel 1989.

Greshake, Gisbert/Lohfink, Gerhard(Hrsg.). Bittgebet-Testfall des Glaubens. Mainz. 1978.

Hofius, Otfried. "*ὁμολογέω, ὁμολογία.*" *EWNT* II. Stuttgart 1981, 1255-1263.

Jeremias, Joachim. "Abba." ders. *Abba. Studien zur neutestamentlichen Theologie und Zeitgeschichte.* Göttingen 1966, 15-67.

Kennel, Gunter. "Frühchristliche Hymnen? Gattungskritische Studien zur Fage nach den Liedern der frühen Christenheit(WMANT 71)." Neukirchen 1995.

Kuhn, Karl Georg. *Achtzehngebet und Vaterunser und der Reim*(WUNT 1). Tübingen 1950.

Lohmezer, Ernst. *Das Vater-Unser.* Göttingen 1946.

Martin, Ralph P. *Worship in the Early Church.* London 1964.

Moule, C. F. D. *Worship in the New Testament.* London 1961.

Nikolakopoulos, Konstantin. *Die "unbekannten" Hymnen des Neuen Testaments*(Veröff. d.Inst.f.Orth.Theol.München 7). Aachen 2000, 51-113

Obermann, Andreas. *An Gottes Segen ist allen gelegen. Eine Untersuchung zum Segen im Neuen Testament*(SNTS MS 15). Cambridge 1971.

Sanders, Jack T. *The New Testament Christological Hymnus*(SNTS MS 15). Cambridge 1971.

Schille, Gottfried. *Frühchristliche Hymnen.* Berlin 1965.

Schürmann, Heinrich. *Das Gebet des Hern.* Freiburg i.B. 1957, ^{4}1981.

Westermann, Claus. *Der Segen in der Bibel und im Handeln der Kirche.* München 1968.

20장 은사와 공동체 지도

나의 연구

Hahn, Ferdinand. *Kirchliches Amt und ökumenische Verständigung*(Inst.f.Europ.Geschichte Mainz, Vorträge 61). Wiesbaden 1975.

________. "Neutestamentliche Grundlagen für eine Lehre vom kirchlichen Amt(1981)." ders. *Exegetische Beiträge zum ökumenischen Gespräch*, Göttingen 1986, 159-184.

________. "Die Petrusverheißung Mt 16,18f(1977)." *ebd.* 185-200.

________. "Charisma und Amt. Die Diskussion über das kirchliche Amt im Lichte der neutestamentlichen Charismenlehre(1979)." *ebd.* 201-231.

________. "Berufung, Amtsübertragung und Ordination im ältesten Christentum." Alex-andre Ganoczy(Hrsg.). *Der Streit um das Amt in der Kirche.* Regensburg 1983, 37-61.

________. "Grundfragen von Charisma und Amt in der gegenwärtigen neutestamentlichen Forschung." Trutz Rendtorff(Hrsg.), *Charisma und Institution.* Gütersloh 1985, 335-349.

옛 주요 저작

Behm, Johannes. *Die Handauflegung im Urchristentum.* Leizig 1911, *Nachdruck.* Darmstadt 1968.

Harnack, Adolf. *Die Lehre von den zwölf Aposteln nebst Untersuchungen zur ältesten Geschichte der Kirchenverfassung und des Kirchenrechts.* Leipzig 1884.

Hatch, Edwin. *The Organization of the Early Christian Churches.* London 1981, übersetzt und mit Excursen versehen von Adolf Harnack. *Die Gesellschaftsverfassung der christlichen Kirchen im Alterthum.* Giessen 1883.

Linton, Olof. *Das Problem der Urkirche in der neueren Forchung*. Uppsala 1932.
Sohm, Rudolph. *Kirchenrecht I. Die geschichtlichen Grundlagen*. Leipzig 1892.

최근 문헌

Aune, David E. *Prophecy in Earlz christianity*. Grand Rapids/Mich. 1983.
Brockhaus, Ulrich. *Charisma und Amt. Die paulinische Charismenlehre auf dem Hintergrund der frühchristlichen Gemeindefunktinen*. Wuppertal 1972.
Brosch, Joseph. *Charismen und Ämter in der Urkirche*. Bonn 1951.
Brown, Raimond/Donfried, Karl P./Reumann, John. *Peter in the New Testament*. Minneapolis 1973, 독일어 hrsg. von Ferdinand Hahn und Rudolf Schnackenburg. *Der Petrus der Bibel. Eine ökumenische Untersuchung*. Stuttgart 1976.
Campenhausen, Hans Freiherr von. *Kirchliches Amt und geistliche Vollmacht in den ersten drei Jahrhunderten* (BHTh 14). Tübingen 1953.
Cullmann, Oscar. *Petrus, Jünger-Apostel-Märtyrer*. Zürich 1952, ²1960.
Dautzenberg, Gerhard. *Urchristliche Prophetie* (WANT VI-4). Stuttgart 1975.
Dautzenberg, Gerhard/Merklein, Helmut/Müller, Karlheinz(Hrsg.). *Die Frau im Urchristentum* (QD 95). Freiburg i.B. 1983.
Ellis, E. Earle. *Prophecy and Hermeneutic* (WUNT 18). Tübingen 1978.
Fitzer, Gottfried. *Das Weib schweige in der Gemeinde. Üver den unpaulinischen Charakter der mulier-taceat-Verse in 1 Kor 14* (*TEH 110*). München 1963.
Hasenhüttl, Gotthold. *Charisma, Ordnungsprinzip der Kirche*(Ökum, forsch. I/V). Friburg i.B. 1969.
Heine, Susanne. *Frauen der frühen Christenheit*. Göttingen 1986.
Kähler, Else. *Die Frau in den paulinischen Gemeinden*. Zürich 1960.
Käsemann, Ernst. "Sätze heiligen Rechts im Neuen Testament(1954/55)." ders. *Exegetische Versuche und Besinnungen* II. Göttingen 1964, 69-82.
Kertelge, Karl. *Gemeinde und Amt im Neuen Testament*. München 1977.
Kertelge, Karl(Hrsg.). *Das kirchliche Amt im Neuen Testament* (WdF 439). Darmstadt 1977.
Klauck, Hans-Josef. *Gemeinde-Amt-Sakrament. Neutestamentliche Perspektiven*. Würzburg 1989, 131-272.
Leipoldt, Johannes. *Die Frau in der antiken Welt und im Urchristentum*. Berlin 1962.
Lips, Hermann von. *Glaube-Gemeinde-Amt. Zum Verständnis der Ordination in den Pastoralbriefen* (FRLANT 122). Göttingen 1979.
Lohse, Eduard. *Die Ordination im Spätjudentum und im Neuen Testament*. Göttingen 1951.
Merklein, Helmut. *Das kirchliche Amt nach dem Epheserbrief* (StANT 33). München 1973.
Müller, Ulrich B. *Prophetie und Predigt im Neuen Testament* (StNT 10). Gütersloh 1975.
Rohde, Joachim. *Urchristliche und frühkatholische Ämter*. Berlin 1976.
Schweizer, Eduard. *Gemeinde und Gemeindeordnung im Neuen Testament* (AThANT 35).

Zürich 1959.
Wagener, Ulrike. *Die Ordnung des "Hauses Gottes"* (WUNT II/65). Tübingen 1994.
Zimmermann, Alfred F. *Die urchristlichen Lehrer*(WUNT II/12). Tübingen 1984.

21장 유대인들과 이방인들을 향한 복음의 선포

나의 연구

Hahn, Ferdinand. *Das Verständnis der Mission im Neuen Testament*(WMANT 13). Neukirchen 1963, [2]1965(영어 1965).
_________. "Die Verantwortung für das Evangelium in der Welt." *F. H. /Gerhard Sauter, Verantwortung für das Evangelium*(TEH 167). München 1970, 9–37.
_________. "Der Apostolat im Urchristentum. Seine Eigenart und seine Voraussetzungen." *KuD* 20(1974), 54–77.
_________. "Der Sendungsaufrag des Auferstandenen Matthäus 28,16–20(1980)." ders. *Mission in neutestamentlicher Sicht*(Missionswiss. Forsch. NF 8). Erlangen 1999, 11–26.
_________. "Die Bedeutung des Apostelkonvents für die Einheit der Christenheit einst und jetzt." *Auf Wegen der Versöhnung*(Festchrift für Heinrich Fries, hrsg. von Peter Neuner/Franz Wolfinger). Frankfurt a.M. 1982, 15–44.
_________. "Zum Verständnis von Röm 11,26a : ,...und so wird ganz Israel geretter werden." *Paul and Paulinism*(Essazs in honour of C. K. Barrett, ed. M. D. Hooker and S. G. Wilson). London 1982, 221–236.
_________. *Der christliche Missionsauftrag in der Sicht des Neuen Testaments*(1998). ders. *Mission.* 67–76.

옛 주요 저작

Dibelius, Martin. "Paulus auf dem Areopag(1939)." ders. *Aufsätze zur Apostel-geschichte, Göttingen.* 1951, 29–70.
Harnack, Adolf von. *Mission und Ausbreitung des Christentums in den ersten drei Jahrhunderten I/II.* Leipzig 1902, [4]1924.

최근 문헌

Adna, Jostein/Kvalbein, Hans(Hrsg.). *The Mission of the Early Christian Church to Jews and Gentiles*(WUNT 127). Tübingen 2000.
Berger, Klaus. *Gottes einziger Ölbaum. Betrachtungen zum Römerbrief.* Stuttgart 1990.
Bosch, David. *Die Heidenmission in der Zukunftsschau Jesu*(AThANT 36). Zürich 1959.
Eichholz, Georg. "Der misionarische Kanon des Paulus(1963)." ders. *Tradition und Interpretation*(ThB29). München 1965, 114–120.

Gärtner, Bertil. *The Areopagus Speech and Natural Tevelation*(ASNU XXI). Uppsala 1955.
Gnilka, Joachim. *Die Verstockung Israels. Isaias 6,9-10 in der Theologie der Synoptiker*(StANT 3). München 1961.
Jeremias, Joachim. *Jesu Verheißung für die Völker*. Stuttgart 1956, [2]1959.
Kasting, Heinrich. *Die Anfänge der urchristlichen Mission*. München 1969.
Kertelge, Karl(Hrsg.). *Mission im Neuen Testament*(QD 93). Freiburg I.B. 1982.
Lichtenhan, Rudolf. *Die urchristliche Mission. Voraussetzungen, Motive und Methoden*(AThANT 9). Zürich 1946.
Mayer, Bernhard. *Unter Gottes Heilsratschluß. Prädestinationsaussagen bei Paulus*(fzb 15). Würzburg 1974.
Müller, Christian. *Gottes Gerechtigkeit und Gottes Volk. Eine Untersuchung zu Römer 9-11* (FRLANT 86). Göttingen 1964.
Mußner, Franz. *Die Kraft der Wurzel. Judentum-Jesus-Kirche*. Freiburg i.B. 1987.
Niebuhr, Karl-Wilhelm. *Heidenapostel aus Israel*(WUNT 62). Tübingen 1992.
Okure, Teresa. *The Johannine Appoach to Mission*(WUNT II/31). Tübingen 1988.
Park, Eung Chun. *The Mission Discourse in Matthew's Interpretation*(WUNT II/81). Tübingen 1995.
Röhser, Günter. *Prödestination und Verstockung. Untersuchungen zur frühjüdischen, paulinischen und johanneischen Theologie*. Tübingen 1994.
Roloff, Jürgen. *Apostolat-Verkündigung-Kirche. Ursprung, Inhalt und Funktion des kirchlichen Apostelamtes nach Paulus, Lukas und den Pastoralbriefen*. Gütersloh 1965.
Schmithals, Walter. *Das kirchliche Apostelamt*(FRLANT 79). Göttingen 1961.
Scott, James M. *Paul and the Nations*(WUNT 84). Tübingen 1995.
Zeller, Dieter. *Juden und Heiden in der Mission des Paulus*(fzb I). Stuttgart 1973.

22장 기독교 생활을 위한 기초(윤리 I)

나의 연구

Hahn, Ferdinand. "Neutestamentliche Grundlagen einer christlichen Ethik." *TrThZ* 86(1977), 31-41.
__________. "Die christologische Begründung urchristlicher Paränese." *ZNW* 72(1981), 88-99.

옛 주요 저작

Dibelius, Martin. *Geschichte der urchristlichen Literatur*. Berlin 1926; *Neuausgabe von Ferdinand Hahn*(ThB 58). München 1975, 140-152.(zur Paränese)
Lütgert, Wilhelm. *Die Liebe im Neuen Testament*. Leipzig 1905.

최근 문헌

Bornkamm, Günther. "Das Doppelgebot der Liebe(1954)." ders. *Geschichte und Glaube* I (Ges.Aufs.III). München 1968.

Burchard, Christoph. "Das doppelte Liebesgebot in der frühen christlichen Überlieferung." *Der Ruf Jesu und die Antwort der Gemeinde*(Festschrift für Joachim Jeremias, hrsg. v. Eduard Lohse). Göttingen 1970.

Dihle, Albrecht. *Die Goldene Regel Eine Einführung in die Geschichte der antiken und frühchristlichen Vulgärethik.* Göttingen 1962.

Dodd, Charles Harold. *Gospel and Law.* New York 1951; 독어역 *Das Gesetz der Freiheit.* München 1960.

Furnish, Victor Paul. *Theology & Ethics in Paul.* Nachville 1968.

_________. *The Love Command in the New Testament.* Nashville 1972.

Gerhardsson, Birger. *The Ethos of the Bible.* Philadelphia 1981.

Grabner-Haider, Anton. *Paraklese und Eschatologie bei Paulus*(NTA NF 4). Münster 1968. ^{2}1985.

Hoffmann, Paul/Eid, Volker. *Jesus von Nazareth und eine christliche Moral*(QD 66). Freiburg i. B. 1975.

Kertelge, Karl(Hrsg.). *Ethik im Neuen Testament*(QD 102). Freiburg i.B. 1984.

Lattke, Michael. "Einheit im Wort. *Die spezifische Bedeutung von* (ἀγάπη, ἀγαπᾶν) *und* (φιλεῖν) *im Johannesevangelium*(StANT 41)." München 1975.

Lohse, Eduard. *Theologische Ethik des Neuen Testaments*(ThW 5/2). Stuttgart 1988.

Merk, Otto. *Handeln aus Glauben. die Motivierungen der paulinischen Ethik*(MarbThSt 5). Marburg 1968.

Merklein, Helmut. *Die Gottesherrschaft als handlungsprinzip. Untersuchung zur Ethik Jesu* (fzb 34). Würzburg 1978, ^{3}1984.

Nissen, Andreas. *Gott und der Nächste im antiken Judentum*(WUNT 15). Tübingen 1974.

Osborn, E. *Ethical Patterns in Early Christian Thought.* Cambridge 1976.

Penna, A. *Amore nella Bibbia.* Brescia 1972.

Piper, John. "Love your Enemies." *Jesus' Command in the Synoptic Gospels and the Early Christian Paraenesis*(SNTS MS 38). Cambridge 1979.

Popkes, Wiard. *Paränese und Neues Testament*(SBS 168). Stuttgart 1996.

Preisker, Herbert. *Das Ethos des Urchristentums.* Gütersloh 1949.

Sanders, J. T. *Ethics in the New Testament.* Philadelphia 1975.

Schlier, Heinrich. "Vom Wesen der apostolischen Ermahnung(1941)." ders. *Die Zeit der Kirche* (Aufsätze und Vorträge I). Freiburg i.B. 1956, 74-89.

_________. "Die Bruderliebe nach dem Evangelium und den Briefen des Johannes(1969)." ders. *Das Ende der Zeit*(Aufsätze und Vorträge III). Freiburg i.B. 1971, 124-135.

Schnackenburg, Rudolf. *Die sittliche Botchaft des Neuen Testamentes*(Handb. d. Moraltheol.

6). München. 1962 ; Neubearbeitung(HThK Suppl.), Bd. I. Freiburg i.B 1986, Bd. II. 1988.

Schrage, Wolfgang. *Ethik des Neuen Testaments*(NTD Erg. Bd. 4). Göttingen 1982, [2]1989.

Schürmann, Heinz. *Studien zur neutestamentlichen Ethik*(SBA 7). Stuttgart 1990.

Söding, Thomas. "Das Liebesgebot bei Paulus." *Die Mahnung zur Agape im Rahmen der paulinischen Ethik. Münster* 1995.

__________. *Die Trias Glaube, Hoffnung, Liebe bei Paulus.* Stuttgart 1992.

Spicq. Cecil. *Agapè dans le Nouveau Testament* I–III. Paris 1957–59.

Strecker, Georg. *Handlungsorientierter Glaube. Vorstudien zu einer Ethik des Neuen Testaments.* Stuttgart 1972.

__________. "Strukturen einer neutestamentlichen Ethik." *ZThK 75.* 1978, 117–146.

Warnach, Viktor. *AGAPE. Die Liebe als Grundmotiv der neutestamentlichen Theologie.* Düsseldorf 1951.

Wilder, Amos N. *Eschatology and Ethic in the Teaching of Jesus.* New York 1950.

Wischmeyer, Oda. *Der höchste Weg. Das 13. Kapitel des I. Korintherbriefs*(StNT 13). Gütersloh 1981.

23장 책임을 지는 기독교인의 생활(윤리 II)

옛 주요 저작

Weidinger, Karl. *Die Haustafeln. Ein Stück urchristlicher Paränese.* Leipzig 1928.

Windisch, Hans. *Der Sinn der Bergpredigt*(UNT 16). Leipzig 1929, [2]1937.

최근 문헌

Baltensweiler, Heinrich. *Die Ehe im Neuen Testament*(AThANT 52). Zürich–Stuttgart 1967.

Baumert, Norbert. Ehelosigkeit und Ehe im Herrn. *Eine Neuinterpretation von IKor 7.* Würzburg [2]1986.

Betz, Hans Dieter. *Studien zur Bergpredigt.* Tübingen 1985.

Broer, Ingo. *Freiheit vom Gesetz und Radikalisierung des Gesetzes. Ein Beitrag zur Theologie des Evangelisten Matthäus*(SBS 98). Stuttgart 1980.

Campenhausen, Hans Freiherr von. "Zur Auslegung von Röm 13. Die dämonistische Deutung des *ἐξουσία*–Begriffs(1950)." ders. *Aus der Frühzeit des Christentums.* Tübingen 1963, 81–101.

Cullmann, Oscar. *Der Staat im Neuen Testament.* Tübingen 1956, [2]1961.

Davies, W. D. *The Sermon on the Mount.* London 1966 ; 독어역 *Die Bergpredigt.* München 1970.

Delling, Gerhard. *Römer 13,1–7 innerhalb der Briefe des Neuen Testaments.* Berlin 1962.

Eckstein, Hans-Joachim. *Der Begriff Syneidesis bei Paulus*(WUNT II/10). Tübingen 1983.

Eichholz, Georg. *Auslegung der Bergpredigt*(BSt 46). Neukirchen 1965.

Gielen, Marlis. *Tradition und Theologie neutestamentlicher Haustafelethik*(BBB 75). Meisenheim-Frankfurt a.M. 1990.

Guelich, Robert A. *The Sermon on the Mount*. Waco/Texas 1982.

Gülzow, Henneke. *Christentum und Sklaverei in den ersten drei Jahrhunderten*. Bonn 1969.

Käsemann, Ernst. "Grundsätzliches zur Interpretation von Römer 13(1959)." ders. *Exegetische Versuche und Besinnungen* II. Göttingen 1964, 204-222.

Lambrecht, Jan. *Ich aber sage euch. Die Bergpredigt als programmatische Rede Jesu*. Stuttgart 1984.

Lohfink, Gerhard. *Wem gilt die Bergpredigt? Zur Glaubwürdigkeit des Christlichen* (Herderbücherei 1777). Freiburg i.B. 1993.

McArthur, Harvey. *Understanding the Sermon on the Mount*. London 1960.

Merklein, Helmut. "Sinn und Zweck von Röm 13,1-7. Zur semantischen und pragmatischen Struktur eines umstrittenen Textes(1989)." ders. *Studien zu Jesus und Paulus* II (WUNT 105). Tübingen 1998, 405-437.

Müller, Peter. "In der Mitte der Gemeinde." *Kinder im Neuen Testament*. Neukirchen 1992.

Niederwimmer, Kurt. *Askese und Mysterium. Über Ehe, Ehescheidung und Eheverzicht in den Anfängen des christlichen Glaubens* (*FRLANT 113*). Göttingen 1975.

Pokorný, Petr. *Der Kern der Bergpredigt*. Hamburg 1969.

Schnackenburg, Rudolf (Hrsg.). *Die Bergpredigt. Utopische Vision oder Handlungsanweisung?*. Düsseldorf 1982.

Schrage, Wolfgang. *Die konkreten Einzelgebote in der paulinischen Paränese*. Gütersloh 1961.

_________. *Die Christen und der Staat nach dem Neuen Testament*. Gütersloh 1971.

Strecker, Georg. *Die Bergpredigt. Ein exegetischer Kommentar*. Göttingen 1984.

Weder, Hans. *Die "Rede der Reden". Eine Auslegung der Bergpredigt heute*. Zürich 1985.

24장 계속되는 구원과 세상에서의 위협

나의 연구

Hahn, Ferdinand. "Teilhabe am Heil und Gefahr des Abfalls. Eine Auslegung von 1 Kor 10, 1-22." Lorenzo de Lorenzi(Hrsg.), *Freedom and Love* (*Benedictina, Biblical-Ecumenical Series 6*). Rom 1981, 149-181.

_________. "Heilsgewißheit angesichts irdischer Bedrohung. Endzeiterwartung im Neuen Testament," *Zeitwende* 59. 1988, 193-206.

_________. *Frühjüdische und urchristliche Apokalyptik*(BThSt 36). Neukirchen 1998.

옛 주요 저작

Bousset, Wilhelm. *Der Antichrist in der Überlieferung des Judentums, des Neuen Testaments und der alten Kirche.* Göttingen 1895.

Bultmann, Rudolf. "*ἐλπίς κτλ.*" *ThWNT* II. Stuttgart 1935, 515–520, 525–531.

최근 문헌

Balz, Horst Robert. "*Heilsvertrauen und Welterfahrung.*" *Strukturen der paulinischen Eschatologie nach Röm 8.18–39.*(BEvTh 59). München 1971.

Baumbach, Günther. *Das Verständnis des Bösen in den synoptischen Evangelien.* Berlin 1963.

Brandenburger, Egon. *Das Böse*(ThSt 132). Zürich 1986.

Dörrie, Heinrich. "Zu Hebr 11,1." *ZNW* 46(1955), 196–202.

Ernst, Josef. *Der eschatologische Gegenspieler in den Schriften des Neuen Testaments*(Bu 3). Regensburg 1967.

Frey, Jörg. *Die johanneische Eschatologie* Bd. III(WUNT 117). Tübingen 2000.

Güttgemanns, Erhardt. *Der leidende Apostel und sein Herr*(FRLANT 90). Göttingen 1960.

Harnisch, Wolfgang. *Eschatologische Existenz. Ein exegetischer Beitrag zum Sachanliegen von I. Thessalonicher 4,13–5,11.*(FRLANT 110). Göttingen 1973.

Jeremias, Joachim. *Die Gleichnisse Jesu,* Göttingen [6]1962. (227쪽 실현되고 있는 종말론)

Kasper, Walter/Lehmann, Karl(Hrsg.). *Teufel–Dämonen–Besessenheit. Zur Wirklichkeit des Bösen.* Mainz 1978.

Limbeck, Manfred. "Satan und das Böse im Neuen Testament." Herbert Haag(Hrsg.). *Teufelsglaube.* Tübingen 1974, 271–388.

Lips, Hermann von. "Die "Leiden des Apostels" als Thema paulinischer Theologie." "*…was ihr auf dem Weg verhandelt habt*"(Festschrift für Ferdinand Hahn, hrsg. v. Peter Müller u.a.). Neukirchen 2001, 117–128.

Nebe, Gottfried. "Hoffnung" bei Paulus. *Elpis und ihre Synonyme im Zusammenhang der Eschatologie*(StUNT 16). Göttingen 1983.

Paulsen, Henning. *Überlieferung und Auslegung in Römer 8*(WMANT 43). Neukirchen 1974.

Schnankenburg, Rudolf(Hrsg.). *Die Macht des Bösen und der Glaube der Kirche.* Düsseldorf. 1979.

Schrage, Wolfgang. "Leid, Kreuz und Eschaton. Peristasenkataloge als Merkmal paulinischer theologia crucis." *EvTh* 34(1974), 141–175.

Woschitz, Karl Matthäus. *Elpis–Hoffnung.* Wien–Freiburg i.B. 1979.

25장 구원의 미래적 완성

나의 연구

Hahn, Ferdinand. "Die Rede von der Parusie des Menschensohnes Markus 13." *Jesus und der Menschensohn*(Festschrift für Anton Vögtle, hrsg. von Rudolf Pesch u.a.). Freiburg i.B. 1975, 240–266.

_________. "Die eschatologische Rede Matthäus 24 und 25," *Studien zum Matthäusevangelium*(Festschrift für Wilhelm Pesch, hrsg. von Ludger Schenke)(SBS Sonderband). Stuttgart 1988, 107–126.

_________. "Das irdische und das himmlische Jerusalem." ders. *Die Verwurzelung des Christentums im Judentum.* Neukirchen 1996, 130–143.

_________. "Das neue Jerusalem. Die Darstellung der Heilsvollendung im Rahmen der Schlußvision der Johannesoffenbarung." *Kirche und Volk Gottes*(Festschrift für Jürgen Roloff, hrsg. von Martin Karrer u.a.). Neukirchen 2000, 284–294.

최근 문헌

Avemarie, Friedrich/Lichtenberger, Hermann(Hrsg.). *Auferstehung-Resurrection*(WUNT 135). Tübingen 2001.

Barth, Christoph. *Die Errettung vom Tode in den individuellen Klage-und Dank-liedern des Alten Testaments.* Zürich 1947.

Beasley-Murray, G. R. *Jesus and the Future. An Examination of the Criticism of the Eschatological Discourse Mark 13.* London 1954.

Becker, Jürgen. *Auferstehumg der Toten im Urchristentum*(SBS 82). Stuttgart 1976.

Brandenburger, Egon. *Markus 13 und die Apokalzptik*(FRLANT 134). Göttingen 1984.

_________. *Das Recht des Weltenrichters. Untersuchung zu Mt 25,31-46*(SBS 99). Stuttgart 1980.

Delling, Gerhard. *Zeit und Endzeit*(BSt 58). Neukirchen 1970.

Ernst, Josef. *Johannes der Täufer*(BZNW 53). Berlin 1989, 300–319.

Friedrich, Johannes. "Gott im Bruder. Eine methodenkritische Untersuchung von Redaktion." *Überlieferung und Traditionen in Mt 25,31-46*(CThM A7). Stuttgart 1977.

Froitzheim Franzjosef. *Christologie und Eschatologie bei Paulus* (*fzb 35*). Würzburg 1979, [2]1982.

Greshake, Gisbert/Lohfink, Gerhard. *Naherwartung-Auferstehung-Unsterblichkeit*(QD 71). Freiburg i. B. 1975, [3]1978.

Greshake, Gisbert/Kremer, Jacob. *Resurrectio mortuorum. Zum theologischen Verständnis der leiblichen Auferstehung.* Darmstadt 1986.

Hoffmann, Paul. *Die Toten in Christus. Eine religionsgeschichtliche und exegetische Untersuchung zur paulinischen Eschatologie*(NTA NF 2). Münster 1966, [2]1969.

Holleman, Joost. "*Resurrection and Parusia." A traditio-historical Study of Paul's Eschatology in I Corinthians 15*(NT Suppl.84). Leiden 1996.

Klauck, Hans-Josef(Hrsg.). *Weltgericht und Weltvollendung*(QD 150). Freiburg i.B. 1994.

Kreck, Walter. *Die Zukunft des Gekommenen. Grundprobleme der Eschatologie.* München 1961.

Kuhn, Karl Georg. "*μαραναθά*" *ThWNT* IV. Stuttgart 1942, 470-474.

Lona, Horacio E. *Über die Auferstehung des Fleisches. Studien zur frühchristlichen Eschatologie* (BZNW 66). Berlin 1993.

Mattern, Liselotte. *Das Verständnis des Gerichts bei Paulus*(AThANT 47). Zürich 1966.

Mell, Ulrich. *Neue Schopfung*(BZNW 56). Berlin 1989.

Oberlinner, Lorenz(Hrsg.). *Auferstehung Jesu-Auferstehung der Christen*(QD 105). Freiburg i. B. 1986.

Pesch, Rudolf. *Naherwartungen. Tradition und Redaktion in Mk 13.* Düsseldorf 1968.

Reise, Marius. *Die Gerichtspredigt Jesu. Eine Untersuchung zur eschatologischen Verkündigung Jesu in ihrem frühjüdischen Hintergrund*(NTA NF 23). Münster 1990.

Schnackenburg, Rudolf(Hrsg.). *Zukunft. Zur Eschatologie bei Juden und Christen.* Düsseldorf 1980.

Schneider, Gerhard. *Neuschöpfung oder Wiederkehr?.* Düsseldorf 1961.

Sellin, Gerhard. *Der Streit um die Auferstehung der Toten. Eine religionsgeschichtliche und exegetische Untersuchung von I. Korinther 15*(FRLANT 138). Göttingen 1986.

Siber, Peter. *Mit Christus leben. Eine Studie zur paulinischen Auferstehungshoffnung* (AThANT 61). Zürich 1971.

Venetz, Hermann-Josef. *Der Glaube weiß um die Zeit. Zum paulinischen Verständnis der "Letzten Dinge."* Einsiedeln-Stuttgart 1975.

Vögtle, Anton. *Das Neue Testament und die Zukunft des Kosmos.* Düsseldorf 1970.

Wolter, Michael. *Rechtfertigung und zukünftiges Heil. Untersuchung zu Röm 5,1-11*(BZNW 43). Berlin 1978.

Zager, Werner. *Gottesherrschaft und Endgericht in der Verkündigung Jesu*(BZNW 82). Berlin 1996.

성서와 성서 이외 문헌 색인

1. 성서

마가복음

고린도후서

갈라디아서

2. 초기 유대교 문서

3. 초기 기독교 이후 문서와 저자

4. 비기독교 문헌

인명 색인

Z